Wissen aus erster Hand

Immer gut informiert
News, Service, Updates unter:

www.microsoft-press.de
www.twitter.com/mspress_de

Mourad Louha, Monika Weber

Microsoft Excel Programmierung – Das Handbuch

Liebe Leserin, lieber Leser,

mit dem Kauf dieses Buchs haben Sie nicht nur ein gedrucktes Werk erworben, sondern auch ein E-Book in drei verschiedenen Formaten. Damit möchten wir Ihnen ein Leseerlebnis ermöglichen, das ganz auf Ihre Situation zugeschnitten ist – mobil auf dem Smartphone oder Tablet, auf dem PC oder mit dem Buch in der Hand. Auch die Wahl der besten Lesesoftware oder -hardware wollen wir Ihnen überlassen und stellen Ihnen das E-Book in den am weitesten verbreiteten Formaten zur Verfügung:

- **PDF-Datei** Die seitengetreue Darstellung des gedruckten Buchs mit aktivem Inhaltsverzeichnis. Ideal für die Darstellung auf dem PC oder einem größeren Laptop.

- **EPUB-Datei** Das am weitesten verbreitete Format zur Darstellung von E-Books. Es passt sich der Bildschirmgröße an und ist deswegen am besten für kleinere Laptops, Smartphones und die meisten Hardware-E-Reader geeignet.

- **MOBI-Datei** Für alle, die einen Kindle von Amazon besitzen.

Alle E-Book-Formate von Microsoft Press sind ohne Kopierschutz (DRM-frei), um Ihnen den Umgang mit den Dateien möglichst einfach zu machen.

Das E-Book zu diesem Titel können Sie nach einem kurzen Registrierungsvorgang unter folgendem Link herunterladen:

www.microsoft-press.de/ebook-anfordern

Wir wünschen Ihnen viel Spaß beim Lesen dieses Buchs, ob in gedruckter oder elektronischer Form.

Ihr Microsoft Press-Team

Mourad Louha, Monika Weber

Microsoft Excel Programmierung – Das Handbuch

Microsoft Press

Mourad Louha, Monika Weber: Microsoft Excel Programmierung – Das Handbuch
Copyright © 2014 O'Reilly Verlag GmbH & Co. KG

Lektorat: René Majer
Fachlektorat: Uwe Thiemann, Möhnesee
Korrektorat: Dorothee Klein, Anja Pabst, Siegen
Layout und Satz: Gerhard Alfes, mediaService, Siegen (www.mediaservice.tv)
Umschlaggestaltung: Hommer Design GmbH, Haar (www.HommerDesign.com)
Gesamtherstellung: Kösel, Krugzell (www.KoeselBuch.de)

Kommentare und Fragen können Sie gerne an uns richten:

Microsoft Press Deutschland
c/o dpunkt.verlag GmbH Wieblinger Weg 17
D-69123 Heidelberg
E-Mail: msp@dpunkt.de

Druck-ISBN   978-3-86645-470-5
PDF-ISBN   978-3-8483-0192-8
EPUB-ISBN   978-3-8483-0193-5
MOBI-ISBN   978-3-8483-0194-2

1. Auflage, 2014
© 2014 O'Reilly Verlag GmbH & Co. KG
c/o dpunkt.verlag GmbH
Wieblinger Weg 17
 D-69123 Heidelberg

15 14 13 12 11 10 9 8 7 6 5 4 3 2

Übersicht

Inhaltsverzeichnis

Teil C
Wissen und Praxis verbinden

Vorwort

Microsoft Excel gehört zu den weltweit am meisten genutzten Anwenderprogrammen für die Tabellenkalkulation. Aus dem betrieblichen Alltag und auch aus dem privaten Umfeld ist es kaum mehr wegzudenken.

Mit der aktuellen Version Excel 2013 können Sie komplexe Berechnungen und Auswertungen mithilfe von über 450 Funktionen durchführen.

Dies reicht für sehr viele Anwendungszwecke aus – falls aber nicht, steht Ihnen mit Visual Basic for Applications eine in Excel integrierte Programmiersprache zur Verfügung, um eigene Erweiterungen zu implementieren und sogar völlig neue Anwendungsbereiche zu erschließen.

In meinen Anfängen als Software-Entwickler hatte ich schon einige Windows-Anwendungen in Pascal und C++ implementiert, ein Nachteil war damals jedoch, dass Bibliotheken mit fertigen Komponenten rar waren und vieles selbst entwickelt werden musste. Eine Anwendung zu schreiben, die beispielsweise ein Diagramm aus den Daten erzeugte, erforderte somit schon einen recht großen Aufwand.

Als ich dann vor über 15 Jahren erstmalig mit VBA in Kontakt kam und meinen ersten Code im Rahmen eines betrieblichen Projekts geschrieben hatte, wusste ich, dass ich das richtige Werkzeug gefunden hatte.

Excel bot quasi schon fast alles frei Haus: eine leistungsfähige Engine für die Tabellenkalkulation und Visualisierung von Daten und später sogar Schnittstellen zu weiteren Anwendungen wie Word, Outlook oder PowerPoint. VBA ist im Verhältnis zu anderen Programmiersprachen relativ einfach zu erlernen und ermöglicht es, schnell sichtbare Ergebnisse zu produzieren.

Die Leidenschaft für Excel hat bis heute angehalten. 2006 habe ich den Schritt in die Selbstständigkeit gewagt und entwickle seitdem vornehmlich Excel-VBA-Anwendungen für kleine und große Unternehmen. Die stets neue Herausforderung bei jeder dieser Anwendungen ist, unterschiedliche Aufgabenstellungen zu lösen. Neben der Anwendungsentwicklung führe ich auch Schulungen in Excel, sowohl für Einsteiger als auch für Fortgeschrittene, durch.

In meiner Freizeit engagiere ich mich in deutsch- und englischsprachigen Foren, blogge auf meinem Blog *www.excel-ticker.de* und betreibe zudem mehrere weitere Community-Projekte rund um Excel, wie das Excel-Wiki unter *www.excel-wiki.de* oder den Fußball-WM-Planer unter *www.excel-soccer.de*.

Für mein Community-Engagement wurde ich von Microsoft 2011 erstmalig zum MVP – Most Valuable Professional – ausgezeichnet, eine Auszeichnung, die mich sehr gefreut hat und mit Stolz erfüllt.

Zielgruppe für dieses Buch

Dieses praxisnahe Buch richtet sich an Anwender und Anwenderinnen, die bereits über gute Excel-Kenntnisse (wenn auch noch keine VBA-Kenntnisse) verfügen. Sie sollten mit der Verwendung von Excel-Funktionen vertraut sein und diese auch als Formeln kombinieren können.

Dieses Buch gliedert sich in 7 Teile, die unterschiedliche Themenbereiche ansprechen. Hierbei richten sich die ersten beiden Teile an Anfänger, die ganz neu in das Thema VBA einsteigen. Aber auch der eine oder andere, der bereits Erfahrungen in VBA gesammelt hat, dürfte Neues entdecken, wie beispielweise die Grundlagen der objektorientierten Programmierung. Der dritte und umfangreichste Teil dieses Buchs verbindet Wissen und Praxis und erweitert Ihre VBA-Kenntnisse in vielfältigen Bereichen. Die weiteren Teile behandeln Themen wie die Erstellung von Formularen, die Klassenprogrammierung oder das Verwenden der Windows-API in VBA.

Dieses Buch hat nicht den Anspruch, jedes Thema der VBA-Programmierung in Excel abzudecken. Dafür sind die Möglichkeiten einfach zu vielfältig. Ziel ist es jedoch, Schritt für Schritt Ihre Kenntnisse in der VBA-Programmierung zu erweitern und Ihnen hierbei Werkzeuge an die Hand zu geben, um Ihre eigenen Anwendungen implementieren zu können. VBA lernen heißt aber auch Learning by doing: experimentieren Sie mit dem Erlernten, beispielsweise indem Sie die Beispieldateien verändern und die Effekte beobachten.

Danksagung

Dieses Buch ist auf der Grundlage des Handbuchs zur Excel 2010-Programmierung von Monika Weber entstanden. Das Buch folgt einer neuen Struktur, wobei übernommenes Material aktualisiert und die Kapitel über weite Strecken auch neu geschrieben wurden. Manche Themen sind ganz neu hinzugekommen, anderes ist aus heutiger Sicht nicht mehr so relevant wie beim Schreiben des Vorgängers.

Das Buch ist in der knappen Freizeit neben meiner Selbstständigkeit entstanden. Vieles, was ich mir gewünscht hätte zu schreiben, musste ich mir versagen, das Buch wäre schlicht zu umfangreich geworden. Meine Familie hat in dankenswerter Weise diese Zeit mit viel Geduld hingenommen. Ein besonderer Dank geht an meine Frau, die trotz eines gepflegten Desinteresses für Excel immer wieder mit mir diskutiert, mich ermutigt und gelegentlich auf den Boden der Realität zurückgeholt hat.

Sehr dankbar bin ich meinem Lektor René Majer bei Microsoft Press, der mich souverän und vorausschauend um die Klippen meines ersten Buches gelotst hat. Meinem Fachlektor Uwe Thiemann möchte ich für das konstruktive Lektorat danken. Mein Dank gilt zudem allen Beteiligten von Microsoft Press, die dieses Buch erst möglich gemacht haben.

Und ein besonderer Dank gilt natürlich Ihnen, liebe Leserinnen und Leser, für Ihre Entscheidung, dieses Buch zu erwerben. Ich wünsche Ihnen viel Erfolg bei der Umsetzung Ihrer Projekte in VBA.

Mourad Louha

Einleitung

Bevor Sie in die VBA-Welt eintauchen, empfehlen wir Ihnen, sich mit der Organisation und dem Aufbau des Buchs vertraut zu machen.

Diese Einleitung stellt Ihnen die in diesem Buch verwendeten Hervorhebungen und Schreibweisen vor, erläutert Ihnen den Aufbau der Beispieldateien und fasst die einzelnen Themen in einer Übersicht zusammen.

Die Hervorhebungen

Wenn in diesem Buch einem Abschnitt besondere Beachtung geschenkt werden soll, wird dieser je nach Wichtigkeit und Art der Information wie folgt hervorgehoben:

ACHTUNG   Es wird auf besondere Umstände hingewiesen, die unerwünschte Auswirkungen haben können und die einer besonderen Beachtung bedürfen.

WICHTIG   Es wird auf wichtige Zusatzinformationen aufmerksam gemacht, die Sie berücksichtigen sollten.

HINWEIS   Es werden Informationen vermittelt, deren Kenntnis zum besseren Verständnis des Themas sinnvoll ist. Hinweise werden zudem benutzt, um auf weiterführende oder ergänzende Themen in anderen Kapiteln hinzuweisen.

TIPP   Es werden alternative Vorgehensweisen oder zusätzliche Tipps und Tricks im Umgang mit der beschriebenen Software vermittelt.

ONLINE   Es wird beschrieben, in welchen Beispieldateien die abgedruckten Codebeispiele zu finden sind.

Die Schreibweisen

In diesem Buch werden einheitliche Formatierungen für verschiedene Elemente verwendet, die in der nachfolgenden Übersicht aufgeführt sind.

Beschreibung	Beispiel	Formatierung
Menübefehle	*Datei/Öffnen*	Kursiv
Grafische Elemente	Die *Abbrechen*-Schaltfläche	Kursiv
Pfad- und Dateiangaben	*C:\MeinPfad\Mappe1.xlsm*	Kursiv
Dateierweiterungen	**.xlsm*	Kursiv
Abkürzungen mit Erläuterungen	*VBA* (Visual Basic for Applications)	Kursiv und Normal

Beschreibung	Beispiel	Formatierung
VBA-Code	Sub Makro1() … End Sub	Listingschrift
Tastenkombinationen	Strg + Alt + Entf	Tastenkappen

Die Beispieldateien

Die meisten im Buch abgedruckten Codebeispiele sind auch in den Beispieldateien zu finden. Ausnahmen bilden kleinere Codeabschnitte im Buch, die entweder schnell von Hand abgetippt werden können oder nur zur Veranschaulichung dienen.

Die Beispieldateien finden Sie unter:

www.microsoft-press.de/support/9783866454705 und unter *msp.oreilly.de/support/2362/866*.

Häufig wurden aus Platzgründen in den abgedruckten Codebeispielen einzelne Leerzeilen aus dem Originalcode entfernt. In den Beispieldateien sind diese Leerzeilen noch enthalten, lockern damit den Code etwas auf und erhöhen die Übersichtlichkeit.

Jede Beispieldatei zu diesem Buch beinhaltet ein Inhaltsverzeichnis, welches kurz die Inhalte, die Lernziele, die enthaltenen Tabellen und Code-Module beschreibt. Bis auf einige Ausnahmen, wie die Beispieldateien zur Anpassung des Menübands, finden Sie in den Beispieldateien eine oder mehrere Übungstabellen. Komplexere Beispieldateien beinhalten zudem ein Backup der Übungstabellen, sodass Sie den Originalzustand mit dem nach Ausführung des Codes vergleichen können.

Sind bestimmte Voraussetzungen – wie beispielsweise die Aktivierung der Übungstabelle – an das Verwenden der Beispieldatei geknüpft, finden Sie einen entsprechenden Hinweis im Inhaltsverzeichnis.

Die Beispieldateien sind entsprechend der Kapitel in einzelne Verzeichnisse unterteilt. Wenn in einem Beispiel Zusatzdateien, wie beispielsweise Bilder, verwendet werden, sind diese ebenfalls im entsprechenden Ordner oder in einem Unterordner zu finden.

Die Themen

Beginnend mit den Grundkenntnissen in VBA über das Verbinden von Wissen und Praxis bis hin zu Themen für Fortgeschrittene – dieses Buch deckt vielfältige Themenbereiche ab, die sich in den einzelnen Teilen des Buchs widerspiegeln. Die einzelnen Teile sind wiederum in Kapitel aufgeteilt, die je einen Schwerpunkt innerhalb eines Themenbereichs bilden. Nachfolgend finden Sie eine Beschreibung der Inhalte zu den einzelnen Teilen.

Teil A — Der erste Teil dieses Buchs umfasst einen generellen Einstieg in die VBA-Programmierung. Sie erstellen Ihr erstes Makro mithilfe des Makro-Rekorders und lernen den aufgezeichneten Code zu verstehen und in der Entwicklungsumgebung zu modifizieren. Sie lernen Variablen in VBA kennen und erfahren, wie Funktionen und Prozeduren in VBA funktionieren und was diese unterscheidet. Sie erfahren zudem, welche Grundkonzepte der Programmierung in VBA Verwendung finden und warum es wichtig ist, diese zu kennen. Abschließend erforschen Sie das Excel-Objektmodell und lernen unterstützende Hilfsmittel der Entwicklungsumgebung kennen.

Teil B   Im zweiten Teil des Buchs steigen Sie Schritt für Schritt in die Praxis ein. Sie beginnen mit der Programmierung von Meldungs- und Eingabefeldern, lernen anschließend Kontrollstrukturen – wie Verzweigungen oder Schleifen – in VBA kennen und erfahren, wie Sie Datenfelder in VBA einsetzen können. Schließlich erlernen Sie, wie Sie Fehler in VBA vermeiden und welche Hilfsmittel hierzu zur Verfügung stehen.

Teil C   Der dritte Teil des Buchs ist mit sieben Kapiteln der umfangreichste Teil des Buchs. Hier erfahren Sie, wie Sie in VBA Arbeitsmappen, Arbeitsblätter, Zellen und Bereiche ansprechen und verwalten können, oder wie Sie in VBA Formatierungen durchführen, mit Datum und Zeit umgehen, Datenüberprüfungen einsetzen, grafische Objekte verwenden, Excel-Formeln nutzen, eigene Funktionen programmieren und vieles mehr. Praxisbeispiele und unzählige Codebeispiele dienen zur Veranschaulichung und zur Verwendung im Alltag. Einen wichtigen Aspekt in VBA bildet die ereignisorientierte Programmierung, weshalb Sie ein Kapitel umfassend in das Thema einführt.

Teil D   Der vierte Teil widmet sich der Auswertung von Daten anhand von VBA. Sie erlernen, wie Sie in VBA Daten filtern, sortieren, vergleichen und anhand von Diagrammen visualisieren können.

Teil E   Der fünfte Teil dieses Buchs befasst sich mit der Entwicklung von Formularen in VBA. Sie erfahren, welche Steuerelemente in Excel zur Verfügung stehen, welchen Zweck diese erfüllen und wie diese in VBA verwendet werden können. Beginnend mit der Verwendung von Steuerelementen in Arbeitsblättern erweitern Sie Ihr Wissen Schritt für Schritt um die Programmierung von benutzerdefinierten Formularen in VBA – UserForms. Den Abschluss dieses Teils bildet ein Kapitel zur Anpassung des Menübands.

Teil F   Der sechste Teil beginnt mit einer Zusammenstellung verschiedener Tipps & Tricks, wie beispielsweise das Löschen von Verknüpfungen, das Verwenden der Zwischenablage oder der Zugriff auf VBA-fremde Objekte. Ein Kapitel in Teil F befasst sich mit der Verwendung der Windows-API in VBA und demonstriert dies anhand von drei Beispielen. Abschließend behandelt ein Kapitel die Programmierung von Klassen in VBA und führt Sie Schritt für Schritt an die Entwicklung eigener Klassen heran.

Teil G   Der siebte Teil zeigt Ihnen auf, wie Sie über Excel-VBA mit weiteren Office-Produkten wie Word, PowerPoint, Outlook oder mit Datenbanken kommunizieren können und beispielsweise Daten austauschen können. Sie erfahren in diesem Teil zudem, wie Sie Mails per VBA versenden können, Webabfragen durchführen oder auf das Dateisystem zugreifen können.

Anhang A   Im Anhang A finden Sie eine Zusammenfassung der wichtigsten Tabellen zu diesem Buch. Zudem ergänzt der Anhang die Inhalte des Buchs um weitere Tabellen, wie z.B. zu den Tastenkombinationen in Excel oder RibbonX.

Teil A

Grundkenntnisse in Excel-VBA aufbauen

Kapitel 1

Makrorekorder und Arbeitsumgebung kennenlernen

In diesem Kapitel:

In diesem Kapitel lernen Sie einige Grundbegriffe der Programmierung kennen und erfahren, wie Sie Makros aufzeichnen, ausführen und speichern. Zudem zeigen wir Ihnen, welche Effekte die Sicherheitseinstellungen auf Ihre eigenen oder andere Makros haben und wie Sie diese beeinflussen.

Danach erforschen Sie das aufgezeichnete Makro im Code und lernen grundlegende Funktionen der Entwicklungsumgebung kennen.

Einführung in VBA

Seit Mitte der 1990er-Jahre bieten die verschiedenen Microsoft Office-Anwendungen die Möglichkeit, Prozesse und Abläufe via einheitliche Programmiersprache zu automatisieren. Diese Programmiersprache – Visual Basic für Applikationen bzw. in Englisch Visual Basic for Applications oder kurz VBA – lehnt sich an Visual Basic 6 an, eine von Microsoft entwickelte Programmiersprache zur Entwicklung von Windows-Anwendungen.

So entspricht die Syntax von VBA weitestgehend der von Visual Basic 6, und auch dessen Zugriffsmodell auf Komponenten und Schnittstellen des Betriebssystems sowie auf Anwendungen wurde in VBA übernommen. Dies ermöglicht beispielsweise aus Microsoft Excel heraus, über VBA weitere Microsoft Office-Anwendungen anzusprechen und fernzusteuern.

HINWEIS Unter Syntax ist ein Regelsatz zu verstehen, der es einem Interpreter erlaubt, die im Quellcode enthaltenen Anweisungen zu verstehen und auszuführen. Die Einhaltung dieser Regeln ist verpflichtend. Anweisungen, die nicht der Syntax folgen, führen zu Fehlern.

Andere Fähigkeiten von Visual Basic 6, wie das Erstellen eigenständig ausführbarer Anwendungen, sind in VBA jedoch nicht verfügbar. Zur Ausführung von VBA-Makros benötigen Sie das Dokument, das den Code enthält, und die entsprechende Anwendung zum Öffnen der Dokumente muss installiert sein. VBA-Code wird zudem zur Laufzeit interpretiert, was VBA-Anwendungen generell langsamer als native Anwendungen macht.

Anweisungen

Eine Anweisung stellt in der Programmierung eine einzelne Aktion bzw. einen Verarbeitungsschritt dar, den das Programm durchführen soll. Es gibt verschiedene Formen von Anweisungen, die in den Folgekapiteln detaillierter besprochen werden. Gemeinsam ist aber allen Anweisungen, dass diese der Syntax der Programmiersprache folgen müssen.

Eine Anweisung kann quasi als kleinste Einheit angesehen werden, um einen Befehl oder eine Aktion auszuführen. Sie sehen im Folgenden, vereinfacht dargestellt, ein paar Beispiele:

- Setze die Hintergrundfarbe der Zelle A1 auf Rot
- Addiere 10 Einheiten auf einen bestimmten Wert
- Merke einen Wert für eine spätere Verwendung
- Erstelle eine neue Tabelle in der Arbeitsmappe
- Wiederhole 10 mal eine weitere Anweisung
- Rufe ein weiteres Makro auf

Makros

Einzelne Anweisungen können nicht direkt ausgelöst bzw. ausgeführt werden, sondern benötigen einen Container, innerhalb dessen sie agieren können. Dieser Container, den wir Makro nennen, muss dem Interpreter vorgegeben werden. Ein Interpreter prüft die Syntax und führt die Befehle beim Aufruf des Makros aus. Die Anweisungen werden der Reihe nach ausgeführt, und zwar genau so, wie diese im Makro abgelegt wurden.

Abbildg. 1.1   Makros als Container für Anweisungen

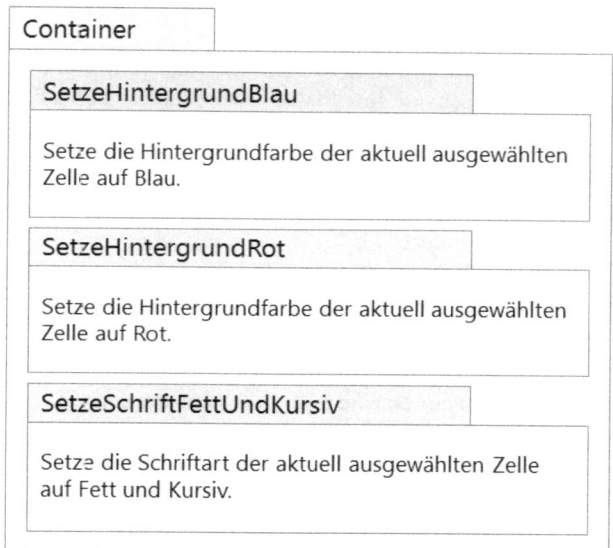

Abbildung 1.1 veranschaulicht drei Makros mit jeweils unterschiedlichen Aufgaben. Jedes Makro ist in sich geschlossen und beinhaltet eine oder mehrere Anweisungen, die in den Beispielen jeweils als Satz zusammengefasst sind.

TIPP   Analysieren Sie die Sätze und stellen Sie sich die Schritte in Microsoft Excel vor, die Sie durchführen würden, um die Aufgaben der Makros zu erfüllen. Spielen Sie die Aufgaben der Makros in einer Tabelle nach.

Beachten Sie auch die Namensgebung der einzelnen Makros, die sich aus einem Verb sowie Substantiven und Bindewörtern zusammensetzen, und wo die jeweiligen Wörter mit einem Großbuchstaben beginnen. Diese Systematik der Benennung wird Ihnen an vielen weiteren Stellen des Buchs begegnen und dient im Wesentlichen dazu, die Lesbarkeit der Makros und das Verständnis der mit den Makros assoziierten Aktion zu erhöhen.

Die Makros selbst werden übrigens auch in Containern abgelegt und organisiert, den sogenannten Modulen. Hierbei ist es auch möglich, mehrere Module zu verwenden. So könnten Sie beispielsweise alle Makros zur Formatierung von Zellen in einem Modul Zellformatierungen ablegen. Weitere Makros, die zum Kopieren und Einfügen von Daten dienen, könnten in einem Modul Kopierer liegen.

Die Sicherheitseinstellungen für Makros

Durch die Verwandtschaft von VBA zu Visual Basic 6 bestehen in VBA auch Möglichkeiten des Zugriffs auf Betriebssystemfunktionen, das Dateisystem oder auf die Windows-Registrierung im Kontext des angemeldeten Benutzers.

Leider haben einige Zeitgenossen die Funktionalität zu unschönen Zwecken verwendet und beispielsweise Makroviren statt sinnvoller Anwendungen in Umlauf gebracht. Microsoft reagierte daraufhin mit der Integration von Sicherheitsmechanismen in den einzelnen Office-Anwendungen. Diese unterbinden die Ausführung von Makros oder lassen diese nur unter bestimmten Rahmenbedingungen zu.

Bei einer Erstinstallation von Microsoft Office ist in der Regel die Ausführung von Makros deaktiviert, weshalb Sie diese erst aktivieren müssen, um Ihre Makros verwenden zu können.

HINWEIS   Nachfolgend ist die Makroaktivierung für Excel 2013 beschrieben. Während die Unterschiede zwischen Excel 2013 und Excel 2010 recht minimal sind, ist die Registerkarte *DATEI* in Excel 2007 nicht vorhanden, sondern wird durch die runde Startschaltfläche in der linken oberen Ecke des Anwendungsfensters repräsentiert.

In Excel 2013 aktivieren Sie Makros wie folgt:

1. Starten Sie Microsoft Excel.
2. Falls Sie Excel 2013 verwenden, wählen Sie als Vorlage die leere Arbeitsmappe aus. In früheren Excel-Versionen wird in der Regel automatisch eine leere Arbeitsmappe angelegt.
3. Klicken Sie anschließend auf die Registerkarte *DATEI*. Sie gelangen zum sogenannten Backstage-Bereich von Excel.

Abbildg. 1.2   Der Backstage-Bereich in Excel 2013 mit Zugang zu den Optionen

4. Klicken Sie im linken Bereich des Fensters auf den Eintrag *Optionen*, um zu den Excel-Optionen zu gelangen. Wählen Sie im folgenden Dialogfeld *Excel-Optionen* die Kategorie *Trust Center*.

Abbildg. 1.3   Das Optionen-Dialogfeld in Microsoft Excel 2013

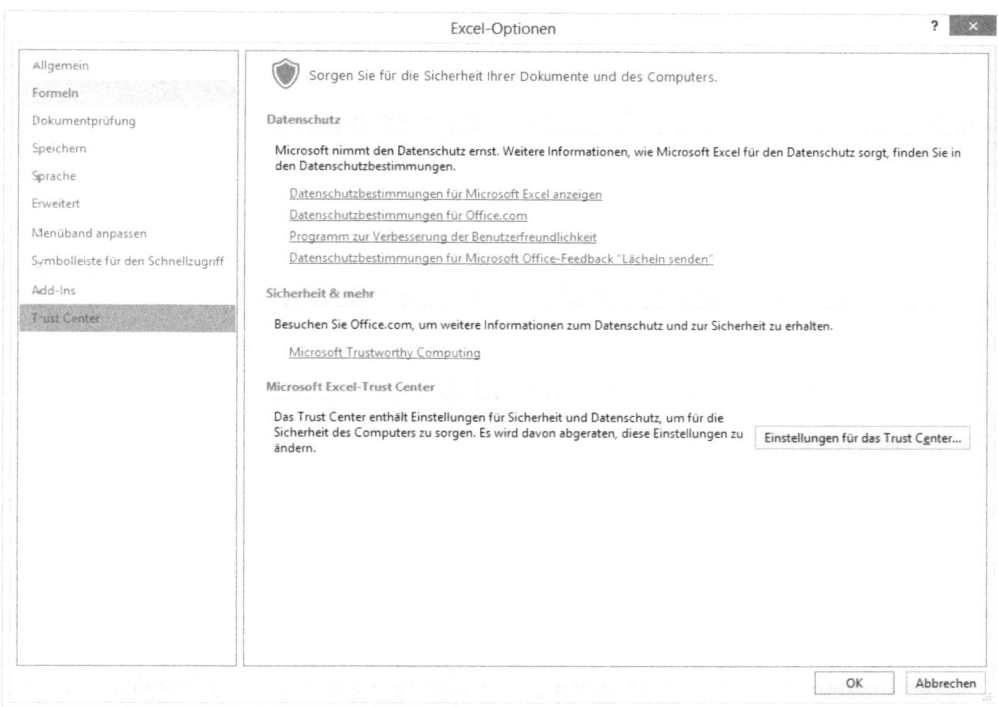

Microsoft hat übrigens die Kategorie in den verschiedenen Excel-Versionen unterschiedlich benannt. So heißt die Kategorie in Excel 2007 *Vertrauensstellungscenter* und in Excel 2010 *Sicherheitscenter*.

5. Klicken Sie anschließend auf die Schaltfläche *Einstellungen für das Trust Center*, um zu den Optionen des *Trust Center* zu gelangen. Es öffnet sich ein weiteres Dialogfeld, in dem Sie die Kategorie *Makroeinstellungen* wählen können. Auch hier hat Microsoft die Benennung in Excel 2013 verändert. In früheren Excel-Versionen heißt diese Kategorie *Einstellungen für Makros*.

6. Sie sehen nun auf der rechten Seite die einzelnen Optionen, die in die Abschnitte *Makroeinstellungen* und *Entwicklermakroeinstellungen* gegliedert sind.

Abbildg. 1.4   Die Excel 2013-Optionen zum Trust Center

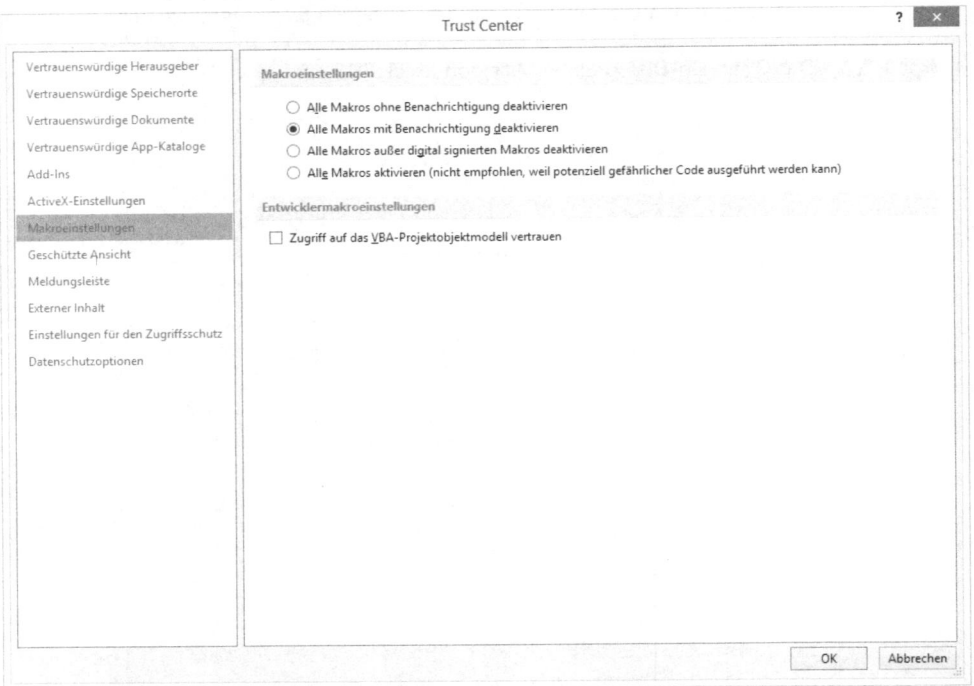

Microsoft Excel erlaubt das stufenweise Einstellen der Rechte zur Ausführung von Makros. Der oberste Eintrag in der Rubrik zu den Makroeinstellungen entspricht der Stufe mit den niedrigsten Rechten, der unterste Eintrag der Stufe mit den höchsten Rechten. Nachfolgend eine Beschreibung der Bedeutung und Auswirkungen der jeweiligen Stufen:

- **Alle Makros ohne Benachrichtigung deaktivieren**   Dies ist die Standardvoreinstellung. Wenn Sie Excel nach der Installation das erste Mal starten, sind in der Regel alle Makros deaktiviert. Makros werden nicht ausgeführt und Sie erhalten auch keine Meldung beim Öffnen von Dateien, die Makros enthalten.

- **Alle Makros mit Benachrichtigung deaktivieren**   Wenn diese Einstellung aktiv ist, werden Sie beim Öffnen von Dateien, die Makros enthalten, explizit gefragt, ob Makros zugelassen werden sollen oder nicht. Diese Einstellung ist die empfehlenswerteste, denn anhand dieser behalten Sie die Kontrolle über die Ausführung von Makros und können von Fall zu Fall entscheiden.

Abbildg. 1.5   Sicherheitswarnung beim Öffnen von Dateien mit Makros

Microsoft Excel blendet unterhalb des Menübands eine Meldung mit einer Sicherheitswarnung ein. Um die Makros zu aktivieren, klicken Sie auf die Schaltfläche *Inhalt aktivieren*.

Beachten Sie jedoch, dass sich Microsoft Excel ab Version 2010 das Zulassen von Makros für eine Datei gewöhnlich merkt. Falls Sie dieselbe Datei ein zweites Mal öffnen, erscheint möglicherweise keine Warnung mehr.

Excel 2007 kennt hingegen keine Einstellungen zu vertrauenswürdigen Dokumenten, weshalb Sie in Excel 2007 bei jedem Öffnen des Dokuments eine Nachfrage erhalten.

- **Alle Makros außer digital signierten Makros deaktivieren** Microsoft Office bietet die Möglichkeit, Dateien, die Makros enthalten, mit einer digitalen Signatur bzw. einem Zertifikat zu versehen, um die Echtheit der Quelle sicherzustellen. Solche Codesignaturzertifikate – in Englisch auch Code Signing Certificate genannt – können bei diversen kommerziellen Anbietern erworben werden.

  Es besteht auch die Möglichkeit, über ein Hilfswerkzeug von Microsoft Office ein eigenes Zertifikat zu erstellen; also den Code quasi selber zu signieren. Ein solches Zertifikat ist allerdings nur auf dem eigenen Rechner gültig und dient nicht dem professionellen Einsatz, sondern eher Testzwecken.

  Wenn eine digital signierte Datei mit Makros geöffnet wird, erscheint in Excel eine Nachfrage, ob dem Herausgeber des Zertifikats vertraut werden soll. Wenn Sie das Zertifikat annehmen und dem Inhalt des Herausgebers vertrauen, wird das Zertifikat einer Liste von vertrauenswürdigen Herausgebern hinzugefügt. Weitere Nachfragen zu Dateien mit Makros vom selben Herausgeber entfallen, wenn diese ebenfalls digital signiert sind.

  Sie können jederzeit die Vertrauenswürdigkeit eines Herausgebers wieder aufheben, indem Sie das Zertifikat wieder löschen. Rufen Sie dazu erneut das Dialogfeld zum *Trust Center* auf und wählen Sie die Kategorie *Vertrauenswürdige Herausgeber*, um das Zertifikat zu entfernen.

- **Alle Makros aktivieren** Diese Einstellung erlaubt die uneingeschränkte Ausführung von Makros jeglicher Arbeitsmappen, die geöffnet werden. Von dieser Einstellung ist grundsätzlich abzuraten.

Eine weitere Einstellung, die Sie in den Einstellungen zu den Makros unter der Rubrik *Entwicklermakroeinstellungen* finden, betrifft den Zugriff auf das VBA-Projektobjektmodell. Mit VBA ist es möglich, Code mit Code zu erstellen oder per Code Zugriff auf die Entwicklungsumgebung zu erhalten. Die Einstellung *Zugriff auf das VBA-Projektobjektmodell vertrauen*, die standardmäßig deaktiviert ist, verhindert oder erlaubt solche Zugriffe.

WICHTIG Bedenken Sie, dass jede Excel-Datei, die Sie öffnen, gefährliche Makros enthalten kann, ganz egal, woher sie stammt. Es ist auf keinen Fall empfehlenswert, die Sicherheitseinstellungen auf *Alle Makros aktivieren* einzustellen, auch wenn dies auf den ersten Blick die bequemste Einstellung ist. Makros können auch beim Öffnen von Arbeitsmappen ausgeführt werden und nicht jedes Makro muss mit dem Benutzer interagieren. Das heißt, dass Sie im schlimmsten Falle gar nicht merken würden, dass ein Makro ausgeführt wird.

Verwenden Sie die Einstellung *Alle Makros mit Benachrichtigung deaktivieren*, die Ihnen eine optimale Kontrolle über das Ausführen von Makros gewährt, ohne diese ganz abzuschalten.

Viele Einstellungen in zu den einzelnen Office-Anwendungen lassen sich auch per Gruppenrichtlinien verteilen bzw. administrieren. Gruppenrichtlinien werden häufig in Unternehmen eingesetzt und erlauben auch das Deaktivieren einzelner Einstellungen auf Benutzerebene. Das heißt, dass der Benutzer diese Einstellungen nicht mehr verändern kann. Es wäre also möglich, dass das Verändern der Makroeinstellungen in Ihrem Unternehmen deaktiviert ist. Falls dem so ist und keine Makros ausgeführt werden können, sollten Sie Ihren Administrator kontaktieren.

Der Umgang mit dem Makrorekorder

Der Makrorekorder von Excel stellt ein recht einfach zu bedienendes Hilfswerkzeug dar. Gerade Neueinsteigern hilft der Makrorekorder, ihre ersten Schritte in VBA zu machen und den Code, der dahinter steckt, zu erforschen. Aber auch Fortgeschrittenen hilft der Makrorekorder, denn dieser stellt eine komfortable Möglichkeit dar, die Namen unbekannter Excel VBA-Befehle zu ermitteln.

Wie bei einem Aufnahmegerät beginnt eine neue Aufzeichnung im Makrorekorder mit einer Start-Taste und endet mit einer Stopp-Taste. Letztere ist hier besonders wichtig, denn solange diese nicht gedrückt wird, wird die Aufzeichnung auch nicht beendet. Der Umgang mit dem Makrorekorder will allerdings ein wenig geübt werden, denn dieser zeichnet nahezu jede Ihrer Aktionen auf.

Nehmen wir beispielsweise an, dass Sie anhand eines Makros den Bereich A1:D4 in einer Tabelle mit einer roten Hintergrundfarbe hinterlegen möchten. Wenn Sie versehentlich die falsche Farbe auswählen und dies in einem zweiten Anlauf korrigieren, werden beide Vorgänge aufgezeichnet.

WICHTIG Bevor Sie eine Aufzeichnung starten, überlegen Sie, welche einzelnen Schritte zur Erreichung des Ziels notwendig sind, und gehen Sie jeden dieser einzelnen Schritte gedanklich und in einer Simulation durch. Erstellen Sie gegebenenfalls eine Checkliste auf Papier, in der Sie die einzelnen Schritte abhaken können. Beginnen Sie erst mit der Aufzeichnung, wenn Sie genau wissen, welche Arbeitsschritte Sie ausführen müssen, um das Ziel zu erreichen.

Der Makrorekorder kann allerdings nicht automatisch das Ziel Ihrer Aufzeichnung erkennen und hierbei nur die letztendlich relevanten Anweisungen herausfiltern, weshalb er häufig nicht benötigte Anweisungen in den Code eingefügt.

Deswegen sollten Sie in der Regel den Code, den der Makrorekorder erzeugt, im Nachhinein überprüfen und gegebenenfalls bereinigen, zumal sich manch unnötiger Code auch negativ auf die Ausführungsgeschwindigkeit des Makros auswirkt.

Funktionen zum Makrorekorder finden

Microsoft Excel bietet mehrere Möglichkeiten, um den Makrorekorder zu starten bzw. Makros zu verwalten und auszuführen. Welche dieser Möglichkeiten aktiv bzw. sichtbar sind, hängt von der Excel-Installation ab.

So weist eine frische Installation von Microsoft Office auf einem System, wo es noch nie installiert war – auch ältere Versionen nicht – nur den Eintrag zum Makrorekorder in der Registerkarte *Ansicht* des Menübands auf. Die Registerkarte *ENTWICKLERTOOLS* ist nicht sichtbar und auch das Symbol zum Aufzeichnen von Makros fehlt in der unteren Symbolleiste.

Registerkarte ENTWICKLERTOOLS anzeigen

Die Registerkarte *ENTWICKLERTOOLS* bietet, neben Funktionen zum Aufzeichnen, Aufrufen und Ausführen von Makros, auch den Zugriff auf weitere Funktionen für Entwickler an. Das sind beispielsweise Werkzeuge, um Formulare zu erstellen oder XML-Quellen an Excel anzubinden. Sollte diese Registerkarte bei Ihnen nicht sichtbar sein, müssen Sie sie explizit einblenden.

> **WICHTIG**   Im Laufe des Buchs wird sehr häufig auf die Funktionen der Registerkarte *ENT-WICKLERTOOLS* zurückgegriffen, weshalb Sie diese Registerkarte in jedem Fall einblenden sollten.

Falls Sie Excel 2007 verwenden, rufen Sie das Dialogfeld zu den Excel-Optionen auf, wählen Sie die Kategorie *Häufig verwendet* aus, und aktivieren Sie das Kontrollkästchen *Entwicklerregisterkarte in der Multifunktionsleiste anzeigen*. Bestätigen Sie Ihre Einstellung mit *Ok*.

Excel 2010 und Excel 2013 bieten erweiterte Einstellungsmöglichkeiten zur Anpassung des Menübands. Falls Sie eine dieser Versionen verwenden, gehen Sie wie folgt vor, um die Entwicklerregisterkarte einzublenden:

1. Starten Sie Microsoft Excel. Falls Sie Excel 2013 verwenden, wählen Sie unter den angebotenen Vorlagen die leere Arbeitsmappe aus.
2. Rufen Sie anschließend das Optionen-Dialogfeld auf (Klick auf *DATEI* und dann auf *Optionen*).
3. Wählen Sie im Dialogfelds die Kategorie *Menüband anpassen* aus.

Abbildg. 1.6   Die Optionen zur Anpassung des Menübands in Excel 2013

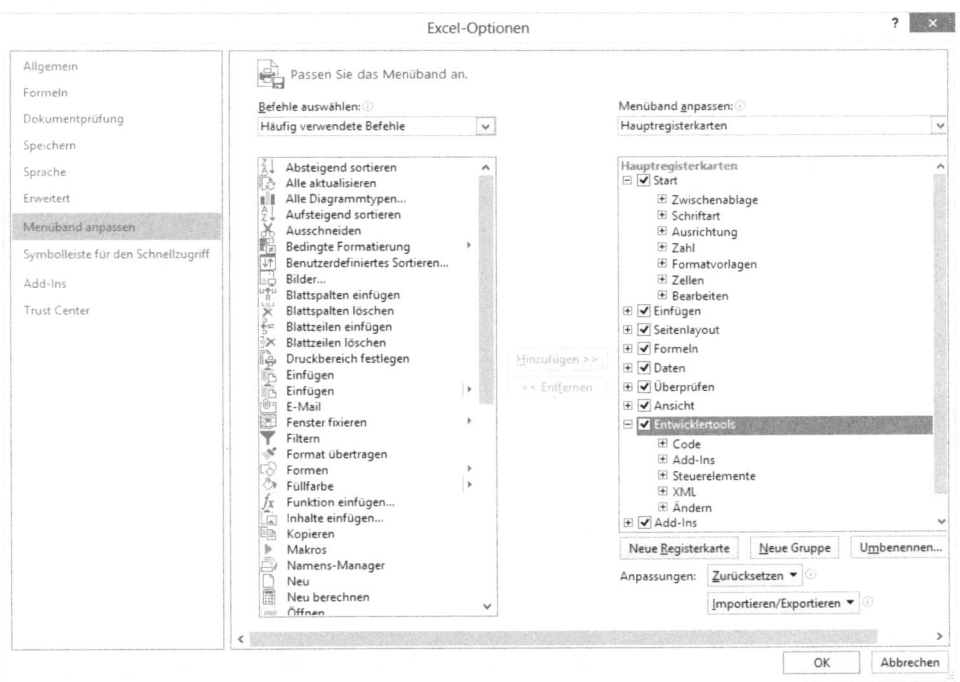

4. Aktivieren Sie im Listenfeld *Menüband anpassen* den Eintrag *ENTWICKLERTOOLS*, indem Sie das zugehörige Kontrollkästchen aktivieren.
5. Bestätigen Sie die Auswahl mit einem Klick auf die Schaltfläche *OK*.

Anschließend wird im Menüband die Registerkarte *ENTWICKLERTOOLS* angezeigt.

   Die Registerkarte ENTWICKLERTOOLS im Menüband

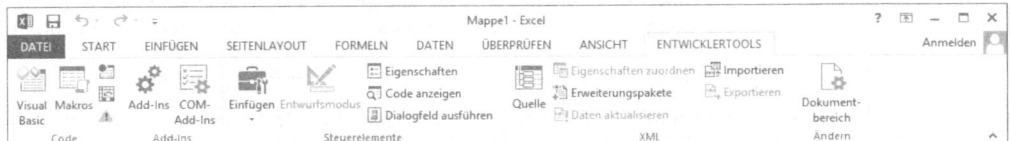

Symbol zur Aufzeichnung von Makros in der Statusleiste einblenden

Microsoft Excel kennt auch eine Einstellung, um direkt von der Statusleiste auf die Funktion zur Aufzeichnung von Makros zuzugreifen. Gegebenenfalls ist diese Einstellung jedoch deaktiviert. Um das Symbol einzublenden, gehen Sie wie folgt vor:

1. Starten Sie Microsoft Excel.
2. Klicken Sie mit der rechten Maustaste auf die Statusleiste am unteren Rand des Anwendungsfensters.
3. Es erscheint ein Kontextmenü, im welchem Sie die Einträge durch Anklicken aktivieren bzw. deaktivieren können. Wählen Sie den Eintrag *Makroaufzeichnung*, um das Symbol dauerhaft einzublenden. Dieses erscheint nun in der Statusleiste ganz links, rechts vom Bereitschaftsmodus.

Abbildg. 1.8   Das Symbol zur Aufzeichnung von Makros in der Statusleiste

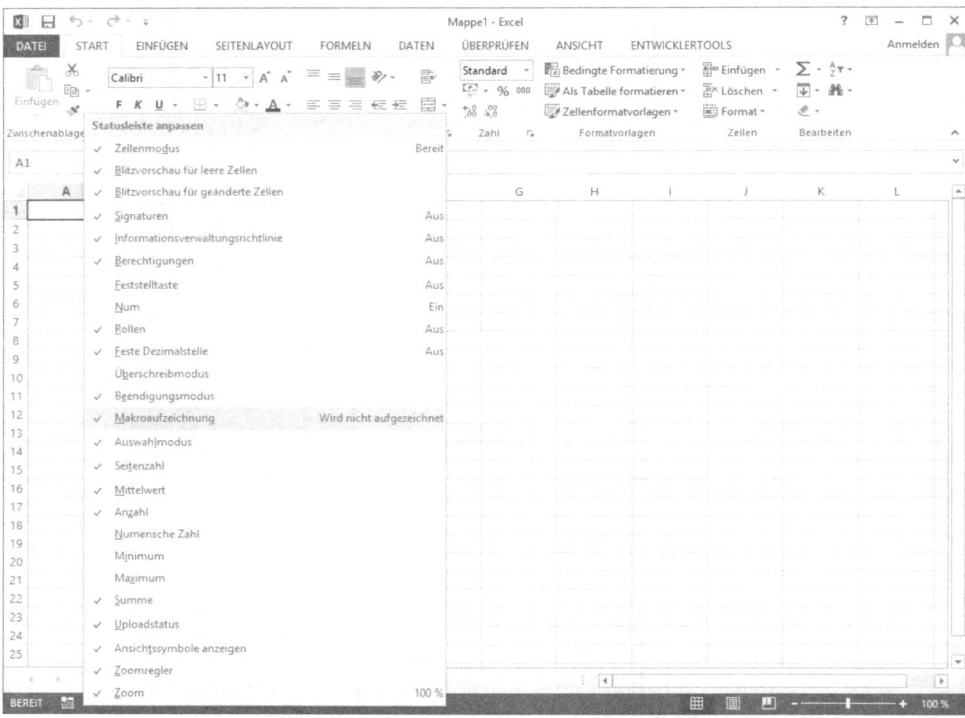

Ein Makro benennen

Bevor Sie mit der Aufzeichnung Ihres ersten Makros beginnen, müssen Sie einige Regeln zur Benennung von Makros kennen. Denn nicht jedes Zeichen kann für einen Makronamen verwendet werden.

Folgende, durch VBA vorgegebene, Regeln sind in jedem Fall bei der Namensgebung von Makros zu beachten:

- Als erstes Zeichen muss immer ein Buchstabe verwendet werden
- Leerzeichen, Punkte, Ausrufezeichen oder Sonderzeichen wie die Zeichen @, &, $ und # dürfen nicht verwendet werden
- Ein Makroname darf maximal 255 Zeichen umfassen
- Bestimmte Wörter sind von VBA oder Excel reserviert und dürfen nicht als ausschließliche Makronamen verwendet werden. Beispiele hierzu sind Sub, With oder Range. Gemeinsam ist solchen Wörtern, dass diese alle in englischer Sprache sind.
- Ein Makroname kann in einem Modul nicht doppelt vorkommen. Zulässig ist jedoch die Verwendung des gleichen Makronamens in unterschiedlichen Modulen.
- Der Name eines Makros darf nicht identisch mit dem Namen einer bereits auf Modulebene deklarierten Variable oder Konstante sein
- Der Makroname sollte nicht identisch mit dem Namen einer Variablen oder einer Konstante innerhalb des Makros selbst sein

Die letzten beiden Punkte der Regeln greifen zwar den Folgekapiteln durch die Verwendung der Termini »Variablen« und »Konstanten« vor, sind jedoch der Vollständigkeit halber aufgeführt und auch wichtig. Sie werden zu einem späteren Zeitpunkt einige Regeln zur Benennung von Variablen, Konstanten usw. kennenlernen, die die Gefahr von Doppelbenennungen reduziert. Sie sollten außerdem Umlaute in Ihren Makronamen sowie auch generell in Ihrem Code vermeiden.

HINWEIS Visual Basic unterscheidet nicht zwischen Groß- und Kleinschreibung. VBA kennt allerdings einen Mechanismus, um die Schreibweise von einmal definierten Elementen innerhalb eines Makros beizubehalten bzw. automatisch anzupassen.

Ein Makro aufzeichnen

Auf geht's zur Aufzeichnung des ersten Makros in Microsoft Excel! Beispielhaft soll das Makro bei der Ausführung Ihren Namen in die Zelle B2 der aktiven Tabelle schreiben, die Schrift in Hellrot darstellen und diese in Fett und Kursiv setzen.

Sie erinnern sich? Bevor mit der Aufzeichnung begonnen wird, empfiehlt es sich, die notwendigen Schritte durchzuspielen:

1. Da der Name in Zelle B2 geschrieben werden soll, müsste diese Zelle angeklickt werden, falls diese noch nicht aktiv ist.
2. Danach würde der Text eingetippt und die Eingabe mit der Eingabetaste abgeschlossen werden.
3. Üblicherweise verschiebt Microsoft Excel die Zellmarkierung nach dem Drücken der Eingabetaste in die Zelle darunter, weshalb die Zelle B2 wieder angeklickt werden müsste.

4. Die Schriftfarbe wäre dann in der Befehlsgruppe *Schriftart* der Registerkarte *Start* des Menübands mit der Maus auszuwählen. Meistens ist das Symbol zur Auswahl der Farbe schon mit einem hellen Rot belegt. Falls nicht, verwenden Sie das helle Rot aus der Rubrik *Standardfarben* innerhalb der Farbpalette.

5. Die Schriftart wäre nun auf *Fett* zu setzen, indem das entsprechende Symbol in der Gruppe *Schriftart* der Registerkarte *Start* angeklickt würde.

6. Und abschließend wäre die Schriftart noch auf *Kursiv* zu setzen.

Insgesamt sind somit sechs Schritte notwendig. Alternativ zur beschriebenen Vorgehensweise besteht auch die Möglichkeit, die Formatierung anhand des Kontextmenüs vorzunehmen. Für das spätere Makro ergibt sich in diesem Fall zwar kein Unterschied, dennoch sollten Sie es zunächst mit den zuvor genannten sechs Schritten probieren – auch deshalb, weil für die Aufzeichnung in der Beispieldatei ebenfalls diese Methode verwendet wurde.

Nachdem die Reihenfolge aller durchzuführenden Aktionen nun feststeht, können Sie die Aufzeichnung starten. Führen Sie hierzu folgende Schritte aus:

1. Starten Sie Microsoft Excel und erstellen Sie eine neue leere Arbeitsmappe.

   Für den Fall, dass bereits Microsoft Excel und/oder weitere Arbeitsmappen geöffnet sind, schließen Sie diese vor der Aufzeichnung. Optimal ist, gerade für Einsteiger, dass nur ein einziges Microsoft Excel-Fenster mit der leeren Mappe geladen ist.

2. Starten Sie den Makrorekorder, indem Sie über das Menüband zu der Registerkarte *ENTWICK-LERTOOLS* wechseln und in der Befehlsgruppe *Code* auf die Schaltfläche *Makro aufzeichnen* klicken.

   Zwar besteht auch die Möglichkeit, die Aufzeichnung mit dem Symbol in der Statusleiste oder über die Registerkarte *Ansicht* des Menübands zu starten, der Vorteil der *ENTWICKLERTOOLS* ist jedoch, dass alle Funktionen zur Aufzeichnung von Makros an einer Stelle gruppiert sind.

   Sollte die Registerkarte *ENTWICKLERTOOLS* nicht sichtbar sein, befolgen Sie die Anleitung im Abschnitt »Registerkarte ENTWICKLERTOOLS anzeigen« ab Seite 38.

3. Das Dialogfeld *Makro aufzeichnen* wird angezeigt.

Abbildg. 1.9   Das Dialogfeld zum Aufzeichnen von Makros

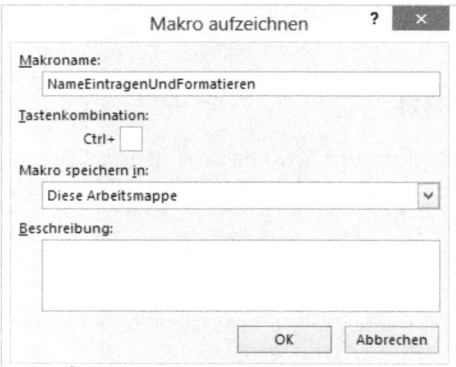

4. Microsoft Excel schlägt Ihnen einen Namen vor, den Sie jedoch ändern können und sollten. Schließlich sollte der Name ja auch etwas aussagekräftiger sein.

Versuchen Sie, Ihrem Makro einen möglichst beschreibenden Namen zu geben, sodass schon anhand des Namens der Zweck der Makros ersichtlich ist. Ein Beispielname wäre: *NameEintragenUndFormatieren*. Trennen Sie einzelne Wörter in Ihrem Makronamen durch einen Großbuchstaben. So liest sich *NameEintragenUndFormatieren* deutlich angenehmer.

Beachten Sie bei der Namensauswahl auch die Regeln, die im Abschnitt »Ein Makro benennen« ab Seite 41 definiert wurden. Zur Erinnerung: Es dürfen keine Leerzeichen, Punkte oder Sonderzeichen im Namen enthalten sein.

5. Sie können im Dialogfeld optional eine Tastenkombination festlegen, die zum Aufruf des Makros verwendet werden kann. Lassen Sie das Feld für diesen ersten Versuch leer.

6. Das Dialogfeld zur Aufzeichnung bietet zudem die Möglichkeit festzulegen, in welcher Arbeitsmappe das Makro abgelegt werden soll. In der Regel ist der Eintrag *Diese Arbeitsmappe* in der Auswahlliste aktiv.

   Es besteht auch die Möglichkeit, eine neue Mappe für das Makro erstellen zu lassen und das Makro dort abzulegen. Eine weitere Auswahl nennt sich *Persönliche Makroarbeitsmappe*. Auf diese Einstellung werden wir jedoch später noch zurückkommen.

   Behalten Sie die Einstellung *Diese Arbeitsmappe* bei, wenn diese aktiv ist. Falls nicht, treffen Sie die entsprechende Auswahl in der Auswahlliste.

7. Das Eingabefeld *Beschreibung* dient dazu, wahlweise eine Beschreibung für das Makro zu hinterlegen.

   Verwenden Sie dieses Feld und geben Sie eine aussagekräftige Beschreibung zu dem Makro ein, wie »Makro zum Schreiben meines Namens in Zelle B2 und Formatieren der Zelle.«.

8. Nachdem Sie die zuvor genannten Einstellungen im Dialogfeld vorgenommen haben, bestätigen Sie diese mit *OK*.

9. Die Aufzeichnung ist ab nun aktiv und nahezu alle Aktivitäten, die Sie ab diesem Zeitpunkt durchführen, werden aufgezeichnet.

10. Führen Sie *genau die sechs Schritte* durch, die am Anfang dieses Abschnittes beschrieben wurden.

    Lassen Sie sich hierbei ruhig Zeit, denn der Makrorekorder wird im Hintergrund nur dann aktiv, wenn Sie auch eine Aktion durchführen.

11. Beenden Sie die Aufzeichnung, indem Sie wieder zur Registerkarte zu den *ENTWICKLERTOOLS* wechseln und auf die Schaltfläche *Aufzeichnung beenden* klicken.

Gratulation! Sie haben ihr erstes Makro erfolgreich aufgezeichnet. In den folgenden Abschnitten werden Möglichkeiten vorgestellt, das Makro in Excel auszuführen und anschließend den Code des Makros genauer untersuchen.

HINWEIS Falls Sie zu diesem Zeitpunkt die Lektüre dieses Buches unterbrechen müssen, können Sie Ihre Aufzeichnung auch abspeichern. Wählen Sie beim Speichern das Dateiformat *Excel-Arbeitsmappe mit Makros (*.xlsm)*.

Wenn Sie die Lektüre dieses Buchs ab hier wieder fortsetzen, öffnen Sie Ihre gespeicherte Datei in Excel und erlauben Sie die Ausführung von Makros. Alternativ können Sie selbstverständlich auch die Aufzeichnung verwenden, die Sie in der Beispieldatei finden.

Das aufgezeichnete Makro ausführen

Makros können auf verschiedene Art und Weise aufgerufen werden. Eine Möglichkeit ist, sich alle Makros in einer Liste in einem Dialogfeld anzeigen zu lassen, eines auszuwählen und per Klick zu starten. In der Praxis ist es jedoch wiederum ein wenig umständlich, zur Ausführung eines Makros jedes Mal dieses Dialogfeld aufzurufen. Excel sieht deswegen vor, Makros mit Objekten auf der Tabelle zu verknüpfen und per Mausklick auf diese Objekte auszuführen. In diesem Abschnitt wird einer dieser Möglichkeiten anhand der Verknüpfung des Makros mit einer AutoForm vorgestellt.

Weitere Möglichkeiten bestehen in der Verwendung speziell dafür vorgesehener Steuerelemente oder in dem direkten Aufruf aus der Entwicklungsumgebung heraus. Diese Möglichkeiten werden in späteren Abschnitten bei deren erstmaliger Verwendung detaillierter erläutert werden.

ONLINE Sie finden die Arbeitsmappe mit dem von uns aufgezeichneten Makro im Ordner \Buch\Kap01 in der Datei *Bsp01_01.xlsm*. Wechseln Sie in der Beispielmappe zu der zweiten Tabelle, bevor Sie das Makro ausführen.

Jede Beispielmappe in diesem Buch beinhaltet übrigens mindestens zwei Tabellen. In der ersten Tabelle finden Sie eine Übersicht zum Inhalt der Arbeitsmappe sowie gegebenenfalls Hinweise, die Sie beachten sollten. Die weiteren Tabellen dienen zu Übungszecken.

Makros über das Makro-Dialogfeld ausführen

Um alle vorhandenen Makros sehen und ausführen zu können, bietet sich das Dialogfeld *Makro* an, welches Sie im Menüband auf der Registerkarte *ENTWICKLERTOOLS* über die Schaltfläche *Makros* erreichen.

Abbildg. 1.10 Dialogfeld mit den verfügbaren Makros

Das Listenfeld zeigt Ihnen alle Makros an, die momentan in *allen offenen Arbeitsmappen* verfügbar sind. Über die Auswahlliste unterhalb des Listenfelds lassen sich die Einträge filtern, sodass z.B. nur die Makros einer bestimmten Arbeitsmappe angezeigt werden. Da bislang jedoch nur ein Makro aufgezeichnet wurde, beinhaltet diese Liste auch nur einen Eintrag.

Um ein Makro auszuführen, markieren Sie das entsprechende Makro im Listenfeld und klicken auf die Schaltfläche *Ausführen*. Testen Sie das von Ihnen aufgezeichnete Makro über den zuvor beschrieben Weg. Möglicherweise beinhaltet die Tabelle aber noch die während der Aufzeichnung durchgeführte Formatierung. In einem solchen Fall löschen oder überschreiben Sie die Zelle B2, um den Effekt des Makros sehen zu können.

Fügen Sie anschließend der Arbeitsmappe eine neue Tabelle hinzu und führen Sie erneut das Makro aus. Sie werden sehen, das Makro wird auch in der neuen Tabelle Ihren Namen in die Zelle B2 schreiben und die Formatierungen vornehmen. Wiederholen Sie den Vorgang, indem Sie eine dritte Tabelle hinzufügen und das Makro ausführen.

WICHTIG   Der Test mit den hinzugefügten Tabellen führt zu der ersten Erkenntnis, dass das Makro, welches Sie aufgezeichnet haben, nicht auf eine Tabelle beschränkt ist. Und der Test führt zu der zweiten Erkenntnis, dass sich das Makro auf die momentan aktive Tabelle bezieht, also die Tabelle, die gerade sichtbar ist.

Makros mit einer AutoForm verknüpfen und ausführen

Das Dialogfeld zur Ausführung von Makros erweist sich in vielen Fällen als umständlich, gerade dann, wenn das Makro fertiggestellt wurde und keine Änderungen mehr erfolgen sollen.

In Excel lassen sich in der Regel grafische Objekte mit einem Makro verknüpfen. Das Makro kann anschließend mit einem einzigen Klick auf das Objekt ausgeführt werden.

Abbildg. 1.11   Rechteck mit einem Makro verknüpfen

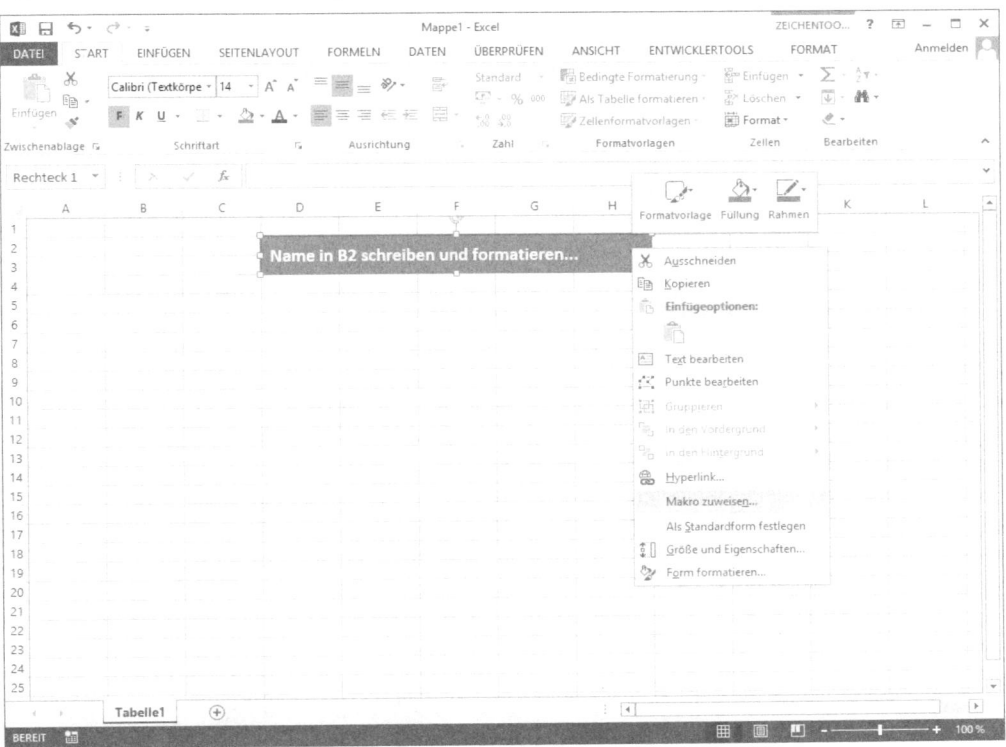

Zu den Objekten, denen Sie ein Makro zuweisen können, zählen beispielsweise Formen bzw. Auto-Formen, ClipArts oder Grafiken. AutoFormen lassen sich zudem in vielfältiger Weise formatieren, sodass Sie recht komfortabel optisch ansprechende Schaltflächen erstellen können.

Ein Beispiel: wählen Sie in der Registerkarte *EINFÜGEN* des Menübands in der Gruppe *Illustrationen* den Befehl *Formen* aus. Wählen Sie nun unter den angebotenen Einträgen das Rechteck in der obersten Reihe aus und legen Sie dieses per Klick in der Tabelle ab. Sie können dem Rechteck einen Text, z.B. »Name in B2 schreiben«, hinzufügen und es nach Belieben formatieren.

Klicken Sie anschließend mit der rechten Maustaste auf das Rechteck und wählen Sie im Kontextmenü den Eintrag *Makro zuweisen*. Es öffnet sich das Dialogfeld *Makro zuweisen*, in dem Sie zunächst das Makro im Listenfeld per Mausklick auswählen. Bestätigen Sie anschließend Ihre Auswahl mit *Ok*.

Abbildg. 1.12   Das Dialogfeld für die Zuweisung von Makros

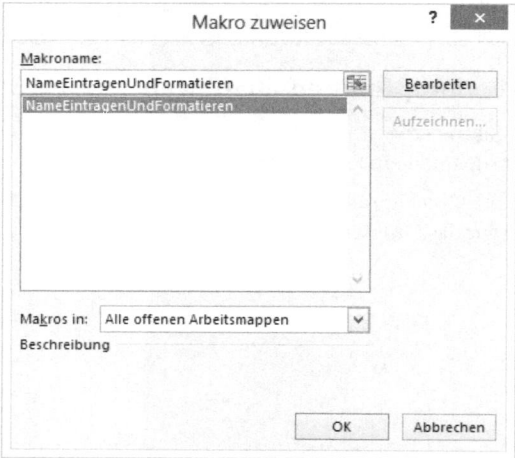

Ihre selbst erstellte Schaltfläche ist nun funktional und Sie können das Makro per Mausklick auf das Rechteck ausführen.

Beachten Sie allerdings, dass die Zuweisung eines Makros zu einer AutoForm fest definiert wird. Sollten Sie beispielsweise nachträglich den Namen des Makros ändern, müssen Sie auch die Zuordnung erneut vornehmen.

WICHTIG   Wenn Sie mit Makros arbeiten, müssen Sie unbedingt wissen, dass es für einmal ausgeführte Makros kein Zurück gibt. Die Excel-Funktion *Rückgängig* wird nach dem Ausführen eines Makros automatisch zurückgesetzt.

Möchten Sie sicherstellen, dass ein Makro keine vorhandenen Daten überschreibt, speichern Sie vor der Ausführung des Makros die Arbeitsmappe unter einem anderen Namen ab. So besitzen Sie im Notfall eine Sicherheitskopie, auf die Sie zurückgreifen können.

Alternativ können Sie die Arbeitsmappe auch zunächst speichern und danach das Makro ausführen. Falls das Makro zu unerwünschten Ergebnissen führt, schließen Sie die Mappe, diesmal ohne sie zu speichern, und öffnen sie erneut.

Im Abschnitt »Makros speichern« ab Seite 55 werden die Dateiformate erläutert, die für Makros zulässig sind.

Das aufgezeichnete Makro untersuchen

Nun ist es an der Zeit, den Quellcode des Makros genauer zu untersuchen. Rufen Sie hierzu zunächst das Dialogfeld zum Ausführen von Makros auf. Verwenden Sie dazu, wie beim Ausführen des Makros, die Schaltfläche *Makros* in der Registerkarte *ENTWICKLERTOOLS*.

Markieren Sie anschließend Ihr aufgezeichnetes Makro im Listenfeld und klicken Sie auf die Schaltfläche *Bearbeiten*. Sie gelangen zu der Entwicklungsumgebung, wobei sich hier ein neues Anwendungsfenster öffnet, welches unabhängig vom Microsoft Excel-Hauptfenster ist.

HINWEIS Es gibt auch weitere Möglichkeiten, die Entwicklungsumgebung zu starten. Die Tastenkombination [Alt]+[F11] oder ein Klick auf die Schaltfläche *Visual Basic* in der Registerkarte *ENTWICKLERTOOLS* führen zum selben Ergebnis.

Der beschriebene Weg zur Anzeige des Codes über das *Makro*-Dialogfeld richtet sich hier besonders an Einsteiger, denn durch den Klick auf die Schaltfläche *Bearbeiten* in diesem Dialogfeld wird direkt zum Code des Makros gesprungen und es sind keine weiteren Aktionen in der Entwicklungsumgebung erforderlich.

Das Fenster der Entwicklungsumgebung unterscheidet sich vom Aussehen her deutlich vom Microsoft Excel-Anwendungsfenster. So ist beispielsweise kein Menüband vorhanden. Wie in älteren Excel-Versionen vor Excel 2007 sind im oberen Bereich Symbolleisten und ein Menü mit Texteinträgen zu sehen. Das liegt übrigens daran, dass die Entwicklungsumgebung von Microsoft nicht mehr großartig weiterentwickelt, sondern größtenteils nur noch gepflegt wird.

Abbildg. 1.13 Die Entwicklungsumgebung von VBA

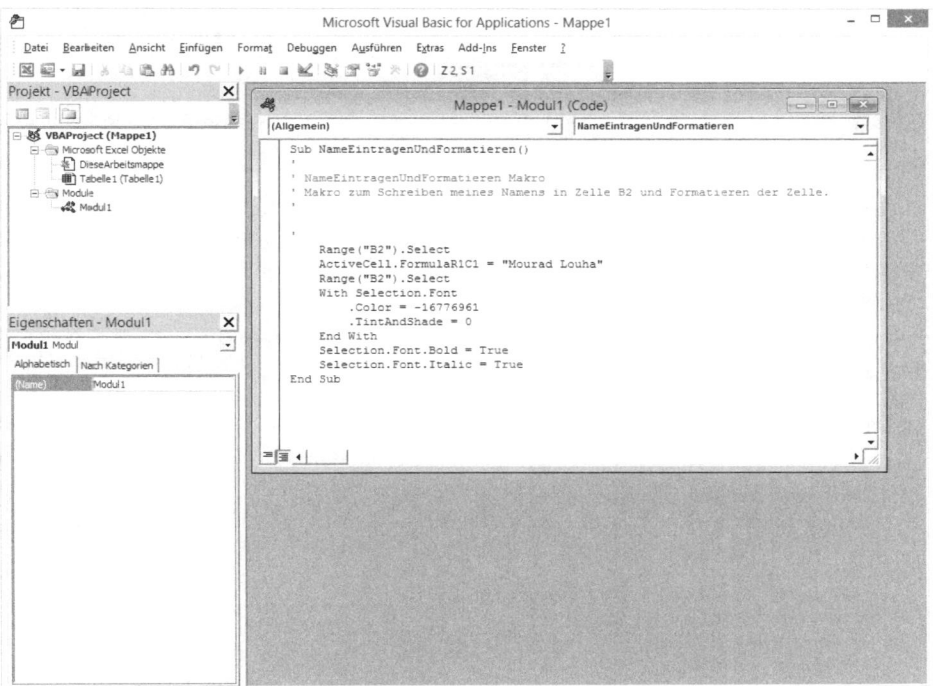

Auf der linken Seite des Fensters zur Entwicklungsumgebung ist ein kleineres Fenster mit einer baumartigen Struktur zu sehen (auf welches wir später zurückkommen werden), und in der Mitte bis zum rechten Rand hin befindet sich ein Fenster, das den Code anzeigt. Gegebenenfalls ist das Codefenster maximiert.

HINWEIS   In Abbildung 1.13 sind auf der linken Seite zwei angedockte Fenster zu sehen. Wie viele und welche Fenster in der Entwicklungsumgebung angedockt sind, lässt sich benutzerdefiniert festlegen, weshalb Ihre Ansicht möglicherweise von der Abbildung abweichen kann. Die Entwicklungsumgebung ist in diesem Kapitel Thema ab Seite 58.

Den Code des aufgezeichneten Makros analysieren

Schnell fällt auf, dass einzelne Wörter im Code durch unterschiedliche Farben hervorgehoben sind. In einer Standardinstallation von Microsoft Office werden einige der Wörter in Blau sowie andere in Grün hervorgehoben. Die restlichen Wörter beinhalten keine besondere Formatierung und werden in Schwarz angezeigt.

Diese Farben haben eine Bedeutung: bei den Wörtern in grüner Schrift handelt es sich um sogenannte Kommentare, wo zusätzlich die jeweilige Zeile mit einem einfachen Anführungszeichen (⇧ + #) beginnt. Dieses Anführungszeichen markiert die gesamte Zeile als Kommentar und weist den Interpreter an, den Inhalt der Zeile zu ignorieren. Bei den Wörtern in blauer Schrift handelt es sich um Schlüsselwörter. Diese sind durch VBA reserviert und dürfen zu nichts anderem als ihrem Bestimmungszweck verwendet werden. Neben den farblichen Hervorhebungen fallen im Code auch die Einrückungen auf. Diese dienen dazu, den Code lesbarer zu gestalten.

Sie werden es sicherlich schon gemerkt haben: alle Bezeichner, bis auf den Makronamen und die Kommentare, sind in Englisch. Aber keine Angst, Sie müssen kein Experte der englischen Sprache sein, um VBA zu verstehen. Vieles erschließt sich mit einfachen englischen Sprachkenntnissen, und vieles lässt sich leicht erlernen, auch mithilfe des Makrorekorders.

WICHTIG   VBA spricht grundsätzlich Englisch. Auch Anweisungen, die Excel betreffen, wie z.B. das Setzen einer Farbe, sind in dieser Sprache gehalten.

Schließlich fällt auf, dass einige der Bezeichnungen im Code, genau wie der Name des aufgezeichneten Makros, aus zusammengesetzten Wörtern bestehen, die durch einen Anfangsgroßbuchstaben getrennt sind. VBA nutzt also ebenfalls die Systematik, die in diesem Kapitel zur Benennung von Makros vorgeschlagen wurde.

In der Aufzeichnung, die für dieses Buch erstellt wurde, hat der Makrorekorder den Code in Listing 1.1 generiert.

Listing 1.1   Das Makro *NameEintragenUndFormatieren*

```
Sub NameEintragenUndFormatieren()
' NameEintragenUndFormatieren Makro
' Makro zum Schreiben meines Namens in Zelle B2 und Formatieren der Zelle.

    Range("B2").Select
    ActiveCell.FormulaR1C1 = "Mourad Louha"
    Range("B2").Select
    With Selection.Font
        .Color = -16776961
```

Listing 1.1   Das Makro *NameEintragenUndFormatieren* (Fortsetzung)

```
      .TintAndShade = 0
   End With
   Selection.Font.Bold = True
   Selection.Font.Italic = True
End Sub
```

Was macht nun der Code genau?

Damit der Interpreter weiß, wo das Makro anfängt und wo es aufhört – Stichwort Container – sind entsprechende Erkennungsmerkmale notwendig. Diese werden im Code durch die Schlüsselwörter Sub und End Sub definiert. Beim Aufruf des Makros arbeitet der Interpreter alles ab, was sich innerhalb dieser Schlüsselwörter befindet.

ONLINE   Sie finden die Arbeitsmappe mit dem Code zu Listing 1.1 im Ordner \Buch\Kap01 in der Datei *Bsp01_01.xlsm*.

Schauen Sie sich die erste Anweisung an, die den Kommentaren folgt. Das englische Wort Range lässt sich in Deutsch mit Bereich übersetzen und Select bedeutet Auswählen. Zudem taucht ebenfalls die Zelladresse B2 in der Anweisung auf. Zur Erinnerung: die erste Aktion bei der Aufzeichnung war die Auswahl der Zelle B2 in der Tabelle. Und genau dies macht die Anweisung. In unsere Sprache übersetzt könnte sie wie folgt lauten: »Nehme in der aktiven Tabelle aus dem Bereich aller verfügbaren Zellen die Zelle B2 und wähle diese aus bzw. markiere diese in der Tabelle.«

Wie bereits gesehen, verhält sich das Makro, wenn man es in anderen Tabellen ausführt, genau wie in der Ursprungstabelle. Das Makro bezieht sich somit auf die Tabelle, die während der Aufzeichnung aktiv ist.

HINWEIS   Der Makrorekorder generiert Anweisungen, die sich auf das während der Aufzeichnung aktive Element beziehen.

Des Weiteren fällt auf, dass die Wörter Select und Range("B2") durch einen Punkt getrennt sind. Der Punkt visualisiert eine Art Bezug und Hierarchie zwischen einzelnen Elementen und/oder Aktionen, auf die wir im Detail im dritten Kapitel eingehen werden.

WICHTIG   Der Punkt hat eine zentrale Bedeutung in der VBA-Programmierung. Dies ist auch der Grund, warum Sie diesen nicht im Namen eines Makros verwenden dürfen.

In der nächsten Anweisung ist zu sehen, dass dieser ein Gleichheitszeichen folgt. Diese Form der Anweisung nennt sich Zuweisung – das heißt, dem Element vor dem Gleichheitszeichen wird ein Wert zugewiesen. In diesem Fall handelt es sich um einen Text, der in Ihrer Aufzeichnung Ihrem Namen entsprechen würde. Die Codezeile fängt mit ActiveCell an, was der aktiven Zelle im Arbeitsblatt entspricht.

An dieser Stelle sei übrigens angemerkt, dass die Entscheidung des Makrorekorders, die Zuweisung des Textes über FormulaR1C1 durchzuführen, etwas unglücklich ist. Zwar ist dies nicht grundsätzlich falsch, aber FormulaR1C1 ist eher für Zuweisungen von Excel-Formeln vorgesehen als für Werte. Dies zeigt, dass der Makrorekorder nicht immer optimal arbeitet und häufig eine Überarbeitung des generierten Codes sinnvoll ist.

In der Zeile darauf folgt wieder eine Auswahl der Zelle B2, was während der Aufzeichnung dem Abschluss der Eingabe und dem erneuten Klick auf Zelle B2 entspricht.

Die nächste Zeile zeigt eine interessante Eigenschaft von VBA. Hier handelt es sich um eine sogenannte Verkürzung, die dazu verwendet wird, um einerseits den Code besser gliedern zu können und andererseits Tipparbeit zu sparen.

Eine Verkürzung beginnt mit dem Schlüsselwort With, gefolgt von dem Element, welches verkürzt werden soll. In der Aufzeichnung ist dies Selection.Font. Das Wort Selection steht hierbei für eine Auswahl, die getroffen wurde. Da bei der Aufzeichnung des Makros die Zelle B2 ausgewählt wurde, entspricht Selection somit der Zelle B2. Das Wort Font steht für die Schriftart in der Zelle und der Punkt zwischen beiden Wörtern stellt den Bezug zwischen den beiden Elementen her. Es ist also die Schriftart der aktuellen Auswahl gemeint.

Innerhalb der Verkürzung beginnt die erste Anweisung Color ebenfalls mit einem Punkt, womit wieder einen Bezug zur Schriftart herstellt wird. Die Bezugskette erweitert sich somit auf die Farbe der Schriftart der aktuellen Auswahl. In ähnlicher Form geschieht die Zuweisung in der nächsten Zeile, wo mit TintAndShade die Helligkeit gemeint ist. Damit der Interpreter aber auch das Ende der Verkürzung erkennen kann, muss die Verkürzung mit einem End With abgeschlossen werden.

Die beiden letzten Anweisungen des Makros setzen jeweils die Schriftart auf Fett und Kursiv. Ein Text kann entweder als Fett bzw. Kursiv formatiert sein oder nicht. Deshalb wird in beiden Anweisungen der Wert True zugewiesen, was dem Wert »Wahr« entspricht. Die jeweilige Formatierung wird somit gewissermaßen aktiviert.

Wenn Sie die Anzahl der Anweisungen zählen, die das aufgezeichnete Makro enthält und dabei die Zeilen mit den Kommentaren und mit der Anweisung zur Verkürzung außer Acht lassen, ergeben sich insgesamt sieben Anweisungen.

Und wenn Sie nun nochmals alle Schritte durchgehen, die während der Aufzeichnung erfolgt sind, ergibt sich: Zelle B2 markieren, Text eingeben, Zelle B2 wieder markieren, Schriftfarbe setzen, Schrift in Fett setzen und Schrift in Kursiv setzen. Macht insgesamt sechs Anweisungen. Das Makro beinhaltet aber sieben relevante Zeilen, also eine Anweisung mehr. Die Anweisung, die nicht so richtig passt bzw. wo Sie als Benutzer nicht bewusst etwas geändert haben, ist die Zeile, wo die Helligkeit TintAndShade gesetzt wird. Und diese Anweisung steht innerhalb der Verkürzung. Wenn Sie nun so tun würden, als wäre der gesamte Block mit der Verkürzung bloß eine einzige Anweisung, dann stimmt die Anzahl wieder und Sie erhalten sechs Anweisungen.

Machen Sie einen weiteren Test: schließen Sie zunächst alle offenen Arbeitsmappen und erstellen Sie dann eine neue leere Arbeitsmappe. Geben Sie einen Text in eine Zelle Ihrer Wahl ein. Klicken Sie nach der Eingabe auf die Zelle, um diese zu aktivieren. Zeichnen Sie nun ein Makro auf, wo Sie nichts anderes tun, als einen einzigen Klick auf das Symbol zum Setzen der Schriftfarbe durchführen. Beenden Sie die Aufzeichnung und schauen Sie sich anschließend den Code an, indem Sie die Schaltfläche *Bearbeiten* im Dialogfeld *Makro* aufrufen. Sie werden feststellen, dass der Code wieder eine Verkürzung mit mehreren Anweisungen enthalten wird.

WICHTIG   Der Makrorekorder generiert bei manchen Benutzerinteraktionen nicht eine Anweisung, sondern mehrere, und bildet dies in einer Verkürzung ab. Dies kommt relativ häufig vor.

Das aufzeichnete Makro modifizieren

Das Listing 1.2 enthält eine Kopie des aufgezeichneten Makros, mit dem Ziel, dieses modifizieren zu können, ohne die Ursprungsversion anzutasten. Da aber keine Makros mit demselben Namen im gleichen Modul vorkommen dürfen, wurde die Kopie in `NameEintragenUndFormatierenZwei` umbenannt.

Sie können dies zu Übungszwecken auch selbst im VBA-Editor nachstellen, indem Sie entweder Ihre eigene Aufzeichnung verwenden oder die Beispieldatei *Bsp01_01.xlsm* öffnen und wie folgt vorgehen: markieren Sie das komplette aufgezeichnete Makro ab Sub bis einschließlich End Sub. Kopieren Sie die Markierung in die Zwischenablage, z.B. über ⌈Strg⌉+⌈C⌉, und fügen Sie den Inhalte unterhalb von End Sub des letzten vorhandenen Makros im Modul über ⌈Strg⌉+⌈V⌉ wieder ein. Tippen Sie anschließend das Wort »Zwei« nach dem Namen des Makros ein. Achten Sie dabei darauf, dass das Wort vor der Klammer steht.

Listing 1.2   Kopie des Ursprungsmakros in *NameEintragenUndFormatierenZwei*

```
Sub NameEintragenUndFormatierenZwei()
' NameEintragenUndFormatierenZwei, eigene bearbeitete Version
' Makro zum Schreiben meines Namens in Zelle B2 und Formatieren der Zelle.

    Range("B2").Select
    ActiveCell.FormulaR1C1 = "Mourad Louha"
    Range("B2").Select
    With Selection.Font
        .Color = -16776961
        .TintAndShade = 0
    End With
    Selection.Font.Bold = True
    Selection.Font.Italic = True
End Sub
```

Sie haben es sicherlich schon bemerkt: unterhalb der Verkürzung befinden sich zwei Anweisungen, die ebenfalls mit `Selection.Font` beginnen. Es liegt also nahe, diese zwei Anweisungen ebenfalls in die Verkürzung zu integrieren, wie in Listing 1.3 aufgeführt.

Aber hätte der Makrorekorder dies nicht auch schon tun können? Nein, denn einerseits kann der Makrorekorder nicht erkennen, was Sie bei der Aufzeichnung als nächstes vorhaben und anderseits muss sich der Makrorekorder bei jedem Schritt an die Syntax halten. Das gilt dann auch für Aufzeichnungsschritte, die im Code zu mehreren Anweisungen führen. Deshalb ist der Makrorekorder gezwungen, die Verkürzung nach dem Aufzeichnungsschritt zum Setzen der Schriftfarbe mit End With abzuschließen.

Listing 1.3   Das mocifizierte Makro in einer Zwischenversion

```
Sub NameEintragenUndFormatierenZwei()
' NameEintragenUndFormatieren, eigene bearbeitete Version
' Makro zum Schreiben meines Namens in Zelle B2 und Formatieren der Zelle.

    Range("B2").Select
    ActiveCell.FormulaR1C1 = "Mourad Louha"
    Range("B2").Select
    With Selection.Font
        .Color = -16776961
        .TintAndShade = 0
```

Listing 1.3   Das modifizierte Makro in einer Zwischenversion *(Fortsetzung)*

```
      .Bold = True
      .Italic = True
   End With
End Sub
```

Das schrittweise Aufzeichnen der einzelnen Benutzerinteraktionen führt auch dazu, dass der Makrorekorder häufig in vielerlei Hinsicht uneffektiv arbeitet. So ist es in VBA normalerweise gar nicht notwendig, eine Zelle auszuwählen, bevor Änderungen an dieser vorgenommen werden. Im Gegenteil: das Auswählen einer Zelle wirkt sich auch nachteilig auf die Ausführungsgeschwindigkeit aus.

In dem Makro wird die Zelle B2 auf drei verschiedenen Arten angesprochen. Zweimal geschieht dies über eine direkte Adressierung durch die Bereichsangabe Range("B2"). Einmal wird im Code ActiveCell verwendet, weil B2 der aktiven Zelle entspricht. Mehrfach wird Selection verwendet, was der aktuellen Auswahl und ebenfalls der Zelle B2 entspricht. Alle drei Varianten meinen somit dieselbe Zelle.

Sinnvoller ist es, für alle Aktionen die direkte Adressierung zu nutzen, also Range("B2"). Nicht jedoch ActiveCell oder Selection, denn dies würde ja die vorherige Auswahl der Zelle bedingen. Und wenn sich alle Aktionen auf dasselbe Element beziehen, kann zudem eine Verkürzung genutzt werden. Wobei auch ein wenig aufgepasst werden muss, was verkürzt wird, denn Font kommt bei der Anweisung zum Setzen des Zellinhalts von B2 nicht vor.

Außerdem kann die Gelegenheit genutzt werden, statt per FormulaR1C1 die Zuweisung des Textes per Value durchzuführen, da der Zelle nur ein fester Wert und keine Formel zugewiesen werden soll. Da die Helligkeit nicht explizit verändert werden soll, kann die entsprechende Zeile entfernt werden.

Listing 1.4   Das modifizierte Makro in der Endversion

```
Sub NameEintragenUndFormatierenZwei()
' NameEintragenUndFormatieren, eigene bearbeitete Version
' Makro zum Schreiben meines Namens in Zelle B2 und Formatieren der Zelle.

   With Range("B2")
      .Value = "Mourad Louha"
      .Font.Color = -16776961
      .Font.Bold = True
      .Font.Italic = True
   End With
End Sub
```

Das Listing 1.4 zeigt das fertige Makro. Wenn Sie dieses ausführen und testen, werden Sie feststellen, dass sich an der Aufgabe des Makros nichts geändert hat, obwohl die Auswahl der aktiven Zelle bei der Ausführung nicht verändert wird. Das Makro ist nun bedeutend kürzer und die Anzahl der Anweisungen wurde von sieben auf nur 4 Anweisungen reduziert.

ONLINE   Sie finden die Arbeitsmappe mit dem Code zu Listing 1.4 im Ordner *Buch**Kap01* in der Datei *Bsp01_02.xlsm*.

Zusammenfassend folgt nun eine Übersetzung der in den Makros verwendeten Excel VBA-Befehle und der Schlüsselwörter.

Tabelle 1.1   Übersetzung von VBA-Befehlen

VBA-Befehl	Übersetzung
ActiveCell	Aktive Zelle
Bold	Fett
Color	Farbe
Font	Schriftart
FormulaR1C1	Formel
Italic	Kursiv
Range	Bereich
Select	Auswählen
Selection	Auswahl
TintArdShade	Helligkeit

Tabelle 1.2   Übersetzung von VBA-Schlüsselwörtern

VBA-Schlüsselwort	Übersetzung
Sub	Start des Makros
End Sub	Ende des Makros
With	Start der Verkürzung, »Mit«
End With	Ende der Verkürzung
True	Wahr
False	Falsch

Der Unterschied zwischen ActiveCell und Selection

Möglicherweise haben Sie sich bereits gefragt, warum der Makrorekorder einmal ActiveCell und mehrmals Selection verwendet hatte, obwohl sich ja beides letztendlich auf die markierte Zelle B2 bezieht. Diesen Unterschied verdeutlicht das Beispielmakro in Listing 1.5.

ONLINE   Sie finden die Arbeitsmappe mit dem Code zu Listing 1.5 im Ordner \Buch\Kap01 in der Datei Bsp01_03.xlsm.

Sie können natürlich den Code zu Listing 1.5 auch manuell in einer neuen Mappe im VBA-Editor eingeben. Achten Sie im letzteren Fall darauf, dass Sie den Code nach der letzten Zeile in Ihrem Modul eingeben.

Listing 1.5   Makro zur Visualisierung des Unterschieds zwischen *ActiveCell* und *Selection*

```
Sub BereichsfarbeSetzen()
  Selection.Interior.Color = vbRed
  ActiveCell.Interior.Color = vbBlue
End Sub
```

Grundkenntnisse in Excel-VBA aufbauen

Um den Effekt bei der Ausführung des Codes zu sehen, beachten Sie folgende Anleitung:

1. Bevor Sie den Code in Listing 1.5 ausführen, markieren Sie zunächst einen Bereich auf Ihrem Tabellenblatt, beispielsweise A1:D8.

2. Halten Sie anschließend die ⌨Strg⌨-Taste gedrückt und klicken Sie auf eine beliebige Zelle außerhalb des markierten Bereiches, um eine Zelle zu aktivieren, beispielsweise die Zelle F2.

3. Führen Sie das Makro über das *Makro*-Dialogfeld aus, das Sie über *ENTWICKLERTOOLS* erreichen.

Abbildg. 1.14   Markieren des Bereichs und der Zelle

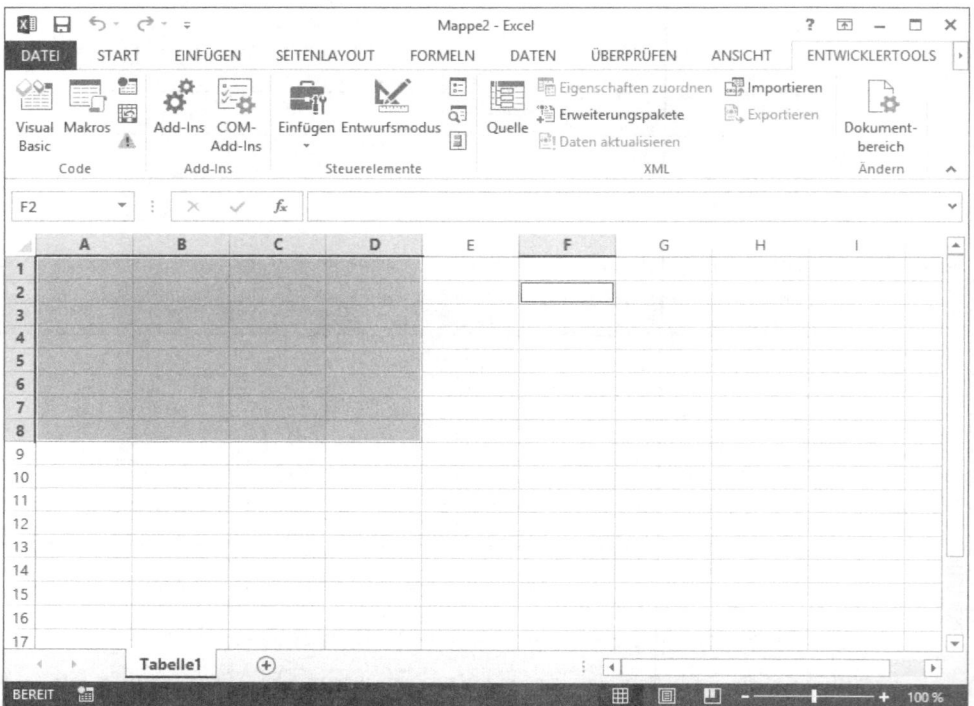

Der markierte zusammenhängende Bereich weist nach der Ausführung des Makros einen roten und die aktive Zelle F2 einen blauen Hintergrund auf.

Abbildg. 1.15   Ergebnis der Ausführung des Makros

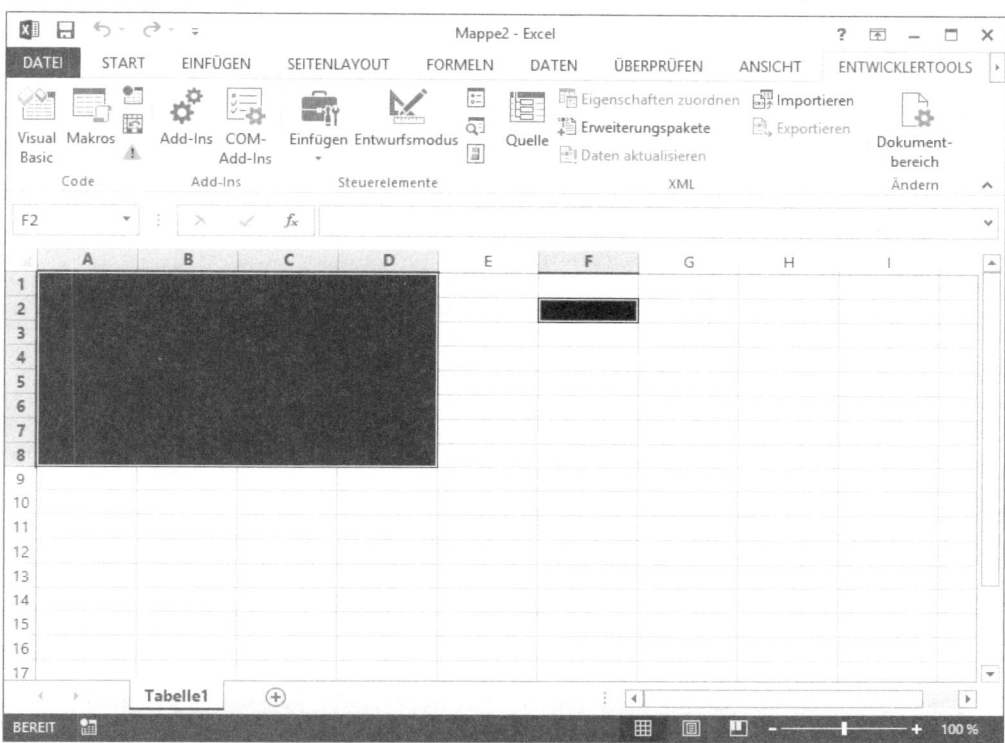

Was ist genau passiert? Zunächst wurde der ausgewählte Bereich, der die Zellen A1:D8 und F3 umfasst, mit der roten Hintergrundfarbe versehen. Der ausgewählte Bereich wird durch die Angabe von Selection im Code angesprochen. Eine einzelne aktive Zelle wird hingegen über ActiveCell angesprochen, weshalb die zweite Zeile im Code nur die Farbe von F3 verändert hat.

In unserem Ursprungsmakro hat somit der Makrorekorder zur Änderung des Textinhaltes der Zelle B2 diese explizit angesprochen. Bei Änderung der Formatierung ist der Rekorder von einer Bereichsauswahl ausgegangen, auch wenn dieser Bereich nur die eine Zelle B2 umfasste.

Makros speichern

Damit Makros gespeichert werden können, müssen ein paar Dinge beachtet werden. Nicht jedes Excel-Dateiformat kann Makros beinhalten. Ab Microsoft Excel 2007 wurden, neben dem zuvor verwendeten Binärformat XLS, neue Dateitypen eingeführt, die intern auf XML oder einer Mischung aus XML und binären Daten basieren. Die neuen Dateiformate unterscheiden zwischen Inhalten mit Makros und solchen ohne Makros.

Abbildg. 1.16   Dateiformate für Makros

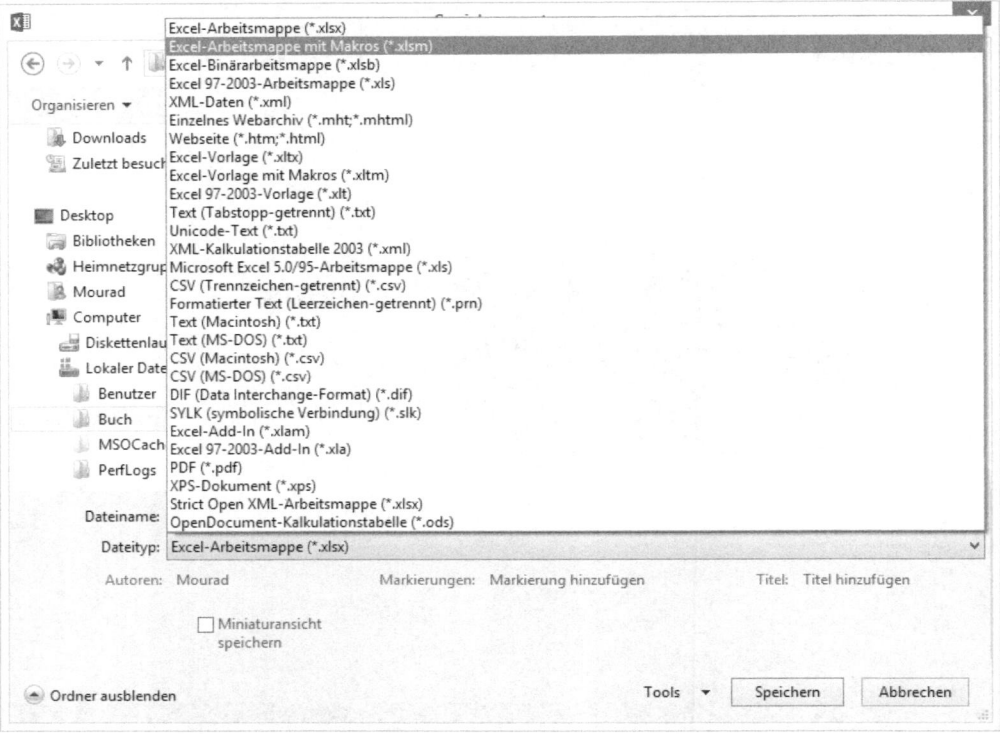

Wählen Sie, wenn Sie eine Datei mit Makros abspeichern möchten, entweder das Dateiformat *Excel-Arbeitsmappe mit Makros (*.xlsm)* oder das Dateiformat *Excel-Binärarbeitsmappe (*.xlsb)*.

Der Unterschied zwischen den beiden Dateiformaten besteht im Wesentlichen darin, dass das XLSB-Format einen Teil der Daten binär ablegt und eine höhere Komprimierung aufweist.

Im Dialogfeld zur Aufzeichnung von Makros besteht die Möglichkeit, das Makro in einer sogenannten *persönlichen Arbeitsmappe* abzuspeichern. Diese spezielle Arbeitsmappe mit dem Dateinamen *PERSONAL.XLSB* ermöglicht es Ihnen, das Makro für sämtliche Arbeitsmappen, also für die gesamte Excel-Anwendung, zur Verfügung zu stellen.

HINWEIS   Die Datei für die persönliche Arbeitsmappe ist in der Regel nach der Installation von Microsoft Excel bzw. Microsoft Office nicht vorhanden. Sie wird automatisch angelegt, sobald Sie im Dialogfeld zur Aufzeichnung eines Makros den Speicherort *Persönliche Makroarbeitsmappe* angeben und die Aufzeichnung starten.

Die persönliche Arbeitsmappe wird in einem speziellen Ordner Ihres Rechners angelegt. Für Microsoft Windows 8, Microsoft Windows 7 und Microsoft Windows Vista lautet der Pfad in der Regel:

```
C:\Users\[Benutzername]\AppData\Roaming\Microsoft\Excel\XLSTART\PERSONAL.XLSB
```

In älteren Windows-Versionen lautet der Pfad:

```
C:\Dokumente und Einstellungen\[Benutzername]\Anwendungsdaten\
Microsoft\Excel\XLSTART\PERSONAL.XLSB
```

Der Platzhalter *[Benutzername]* steht hierbei für Ihren Namen bzw. den Namen, den Sie für Ihre Anmeldung in Windows verwenden. Falls Sie die *PERSONAL.XLSB* löschen möchten, achten Sie darauf, dass Excel nicht geöffnet ist, und navigieren Sie im Windows-Explorer zu dem oben genannten Pfad, wo Sie die Datei löschen. Die darin enthaltenen Makros gehen dann natürlich verloren.

Beachten Sie dabei, dass der Ordner *AppData* von Windows standardmäßig nicht angezeigt wird und zunächst sichtbar gemacht werden muss:

- Wählen Sie dazu unter Microsoft Windows 8 im Explorer die Registerkarte Ansicht aus und aktivieren Sie in der Gruppe Ein-/Ausblenden das Kontrollkästchen *Ausgeblendete Elemente*

- In Microsoft Windows 7 und Windows Vista finden Sie die Einstellung im Windows-Explorer durch Auswahl von *Organisieren* sowie *Ordner- und Suchoptionen* und im erscheinenden Dialogfeld auf der Registerkarte *Ansicht* unter den Optionen zu den versteckte Dateien und Ordnern innerhalb des Listenfelds zu den *Erweiterten Einstellungen*

- In älteren Windows-Versionen finden Sie die Einstellung im Windows-Explorer unter dem Menübefehl *Extras/Ordneroptionen* auf der Registerkarte *Ansicht*. Die dortige Option lautet *Alle Dateien und Ordner anzeigen*.

Nachdem die persönliche Mappe generiert wurde, wird sie geladen und ist im Projekt-Explorer des VBA-Editors verfügbar. Die darin enthaltenen Makros können eingesehen und bearbeitet werden.

Zudem wird die persönliche Arbeitsmappe auch beim Start von Excel automatisch geladen. Die Arbeitsmappe ist, zum Schutz vor versehentlichen Veränderungen, nicht sichtbar. Wenn Sie beispielsweise ein neues Makro aufgezeichnet und in der persönlichen Arbeitsmappe abgelegt haben, erscheint beim Schließen von Microsoft Excel eine Nachfrage, ob die Änderungen gespeichert werden sollen.

HINWEIS   Wenn Sie mehrere unabhängige Instanzen von Microsoft Excel öffnen, wird die persönliche Arbeitsmappe pro Instanz geladen. In solchen Fällen erscheint dann ab der zweiten Instanz eine Meldung, dass die Mappe bereits verwendet wird, und eine Rückfrage, wie weiter zu verfahren ist.

Makros löschen

Selbstverständlich können Sie auch ein aufgezeichnetes Makro wieder löschen. Rufen Sie dazu das *Makro*-Dialogfeld über die Schaltfläche *Makros* in der Registerkarte *ENTWICKLERTOOLS* auf.

Markieren Sie anschließend das zu löschende Makro im Listenfeld und klicken Sie auf die Schaltfläche *Löschen*. Microsoft Excel fragt anschließend nochmals nach, ob das Makro tatsächlich gelöscht werden soll. Bestätigen Sie diese Nachfrage mit *Ja*.

Makros eine Tastenkombination zuweisen

Wie in Abschnitt »Ein Makro aufzeichnen« ab Seite 41 beschrieben, besteht im Dialogfeld zur Aufzeichnung vorab die Möglichkeit, dem aufzuzeichnenden Makro eine Tastenkombination zuzuweisen. Eine Tastenkombination für ein Makro beginnt jeweils mit $\boxed{\text{Strg}}$, gefolgt von einem weiteren Zeichen. Eine Gefahr besteht allerdings darin, bereits in Microsoft Excel verwendete Tastenkombinationen zu überschreiben. Der Makrorekorder gibt keinen Hinweis, ob eine Tastenkombination bereits belegt ist oder nicht.

Wenn Sie zum Beispiel die Tastenkombination $\boxed{\text{Strg}}+\boxed{\text{A}}$ wählen, die in Excel reserviert ist, um das gesamte Tabellenblatt zu markieren, wird diese Kombination neu belegt. Die alte Funktion ist dann für die gesamte Anwendung nicht mehr verfügbar, und zwar solange, wie die Arbeitsmappe mit dem Makro geöffnet ist.

Die Zuweisung einer Tastenkombination kann auch nachträglich durchgeführt werden. Gehen Sie hierzu wie folgt vor:

1. Öffnen Sie das Dialogfeld *Makro* über die Registerkarte *ENTWICKLERTOOLS* und einen Klick auf die Schaltfläche *Makros*.
2. Wählen Sie im Listenfeld das Makro aus, dem Sie die Tastenkombination zuweisen möchten, und klicken Sie auf die Schaltfläche *Optionen*.
3. Geben Sie im Eingabefeld *Tastenkombination* einen Buchstaben ein. Wenn Sie einen Kleinbuchstaben angeben, z.B. »b«, können Sie diesen später mit der Tastenkombination $\boxed{\text{Strg}}+\boxed{\text{B}}$ aufrufen. Wenn Sie einen Großbuchstaben eingeben, z.B. »B«, wird das Makro anhand von $\boxed{\text{Strg}}+\boxed{\Diamond}+\boxed{\text{B}}$ gestartet.
4. Schließen Sie alle geöffneten Dialogfelder, sobald Sie die gewünschten Einstellungen vorgenommen haben.
5. Testen Sie gegebenenfalls Ihr Makro durch einen Aufruf über die Tastenkombination.

Natürlich können Sie auch eine bereits zugewiesene Tastenkombination wieder löschen. Gehen Sie dazu wie zuvor beschrieben vor und leeren Sie den Inhalt im Eingabefeld zur Tastenkombination.

HINWEIS   Sie finden im Anhang A eine tabellarische Übersicht zu einigen der in einer deutschen Excel 2013 Version belegten Tastenkombinationen.

Die Entwicklungsumgebung

Um in die VBA-Entwicklungsumgebung von Excel zu gelangen, gibt es verschiedene Wege. Einer davon führt über die Registerkarte *ENTWICKLERTOOLS* und einem Klick auf die Schaltfläche *Visual Basic*. Der kürzere Aufruf jedoch erfolgt über die Tastenkombination $\boxed{\text{Alt}}+\boxed{\text{F11}}$.

Abbildung 1.17 zeigt die drei Grundelemente der VBA-Entwicklungsumgebung. Auf der linken Seite sind der *Projekt-Explorer* und das *Eigenschaftenfenster* zu sehen. Rechts befindet sich ein *Codefenster*, in dem der Code eingeben werden kann.

Bei der Entwicklungsumgebung handelt es sich um eine sogenannte MDI-Umgebung (Multiple Document Interface). Das heißt, es können mehrere Codefenster parallel geöffnet sein und wunschgemäß angeordnet werden.

Je nach Microsoft Excel-Installation kann sich die Darstellung ein wenig unterscheiden. So ist häufig das Eigenschaftenfenster nicht sichtbar. Dies können Sie aber anhand des Menübefehls *Ansicht/*

Eigenschaftenfenster oder über die F4 -Taste einblenden. Die Entwicklungsumgebung stellt auch noch weitere Fenster, wie das Direktfenster oder das *Lokal*-Fenster, bereit, die Sie jedoch zu einem späteren Zeitpunkt bei der ersten Verwendung genauer kennenlernen werden.

Abbildg. 1.17   Die Entwicklungsumgebung

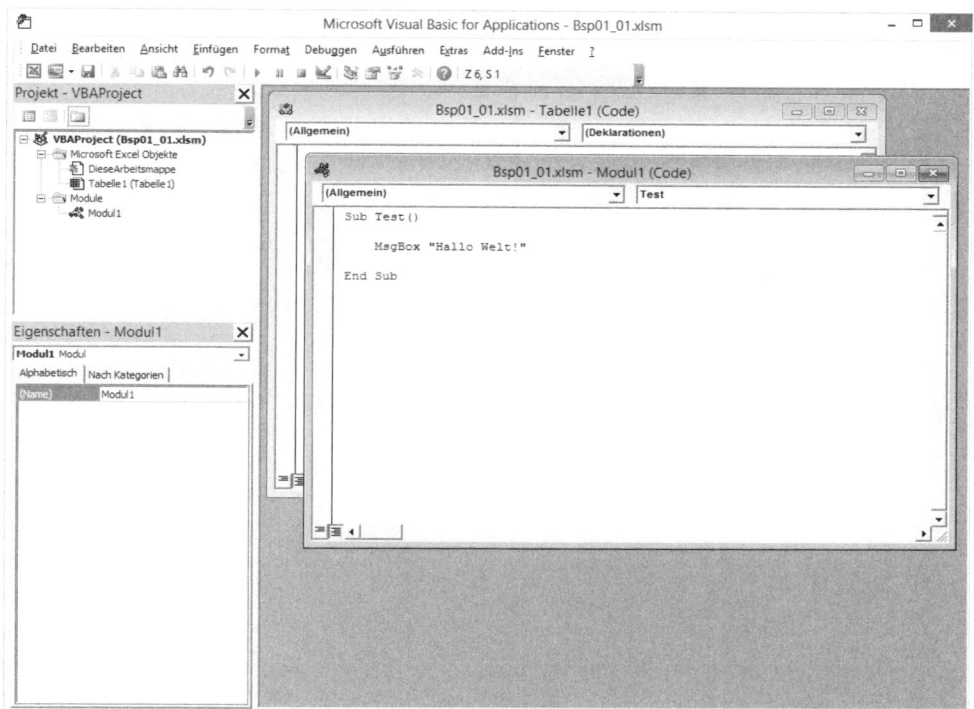

Generell lassen sich die Fenster – bis auf die Codefenster – an verschiedenen Stellen des Hauptfensters andocken oder lösen. So können Sie die Fenster neu anordnen, indem Sie sie über die jeweilige Titelleiste bei gedrückter linker Maustaste auf eine neue Position ziehen und ablegen. Ein Rahmen zeigt Ihnen an, wo die Fenster andockbar sind. Sie können die Fenster aber auch frei schwebend anordnen, was allerdings in der Regel nicht ratsam ist, denn die Fenster liegen dann immer auf oberster Ebene und verdecken gegebenenfalls die Codefenster, was ein ständiges Hin- und Herschieben erforderlich macht.

TIPP   Wenn Sie ein Fenster losgelöst haben und es schnell wieder an der Ursprungsstelle platzieren möchten, führen Sie einen Doppelklick auf die Titelleiste aus. Gegebenenfalls müssen Sie danach noch die Höhe anpassen.

Bei einer Standardinstallation von Microsoft Excel werden nicht alle verfügbaren Symbolleisten anzeigt. Klicken Sie mit der rechten Maustaste auf einen freien Bereich einer Symbolleiste oder des Menüs. Im Kontextmenü erscheinen anschließend die verfügbaren Symbolleisten. Es ist empfehlenswert, die Symbolleisten *Bearbeiten* und *Debuggen* zu aktivieren und in der Entwicklungsumgebung zu verankern.

Den Projekt-Explorer kennenlernen

Ein zentrales Element der Verwaltung von VBA-Projekten – eine Sammlung von Modulen und weiteren Elementen – ist der Projekt-Explorer. Dieser beinhaltet eine Struktur, die ähnlich wie der Explorer in Windows 8 organisiert ist und eine Baumstruktur aufweist.

Abbildg. 1.18 Der Projekt-Explorer

Auf oberster Ebene ist der Eintrag *VBAProject* zu finden, gefolgt von dem Dateinamen in Klammern. Und es können, wie in Abbildung 1.18 zu sehen, auch mehrere Excel-Dateien als Wurzelelemente auftauchen.

Jedes VBA-Projekt beinhaltet mindestens den Eintrag *Microsoft Excel Objekte*. Unterhalb des Eintrags befindet sich der Eintrag *DieseArbeitsmappe*. Jedes Arbeitsblatt in der Mappe wird als weiterer Eintrag angezeigt.

Weitere Baumelemente unterhalb von *VBAProject*, wie *Formulare*, *Module* und *Klassenmodule*, tauchen nur dann auf, wenn diese auch tatsächlich Kindelemente beinhalten. Somit wird erst nach dem Aufzeichnen eines Makros oder dem manuellen Hinzufügen eines Moduls die Struktur im VBA-Projekt angelegt bzw. ergänzt.

HINWEIS   Wenn Sie innerhalb derselben Arbeitsmappe versuchen, einer neuen Excel-Tabelle den Namen einer bereits bestehenden Tabelle zuzuweisen, erhalten Sie in Excel 2013 die Fehlermeldung: »Der Name wird bereits verwendet. Verwenden Sie einen anderen«. In älteren Excel-Versionen, z.B. Excel 2010, lautete die Fehlermeldung: »Kann nicht dem Blatt einen gleichen Namen geben wie einem anderen Blatt, einer Objektbibliothek oder einer Arbeitsmappe, auf die Visual Basic Bezug nimmt.«

Wie Sie bereits wissen, darf innerhalb eines Moduls der Makroname nicht zweimal vorkommen. Genauso verhält es sich auch mit Tabellen, Modulen sowie allen weiteren Elementen, die sie dem Projektbaum hinzufügen können.

Das Eigenschaftenfenster untersuchen

Das Eigenschaftenfenster präsentiert sich unterschiedlich, je nachdem, welches Element Sie in der Baumstruktur des Projekt-Explorers ausgewählt haben. Dies bedeutet auch, dass die Anzahl und Bezeichnungen der Eigenschaften pro Element variieren können.

Beispiel: Klicken Sie im Projektbaum einmal auf den Eintrag *DieseArbeitsmappe*. Das Eigenschaftenfenster präsentiert eine ganze Reihe von Einträgen, die übrigens alle, wie in VBA üblich, in Englisch gehalten sind.

Klicken Sie nun auf den Eintrag für die erste Tabelle. Das Eigenschaftenfenster zeigt nun ganz andere Einträge als zuvor und auch die Anzahl ist deutlich geringer. Das Eigenschaftenfenster ist somit kontextsensitiv und zeigt nur Eigenschaften an, die für die aktuelle Auswahl relevant sind.

Abbildg. 1.19 Das Eigenschaftenfenster mit ausgewählter Eigenschaft

Eigenschaften lassen sich innerhalb des Eigenschaftenfensters auch verändern. Ein praktisches Beispiel dazu: prüfen Sie zunächst, ob Ihre Mappe mindestens zwei Tabellen beinhaltet. Wenn nicht, fügen Sie der Mappe eine neue Tabelle hinzu. Wechseln Sie danach zur Entwicklungsumgebung und klicken Sie im Projektbaum ihre erste Tabelle an. Klicken Sie nun die letzte Zeile im Eigenschaftenfenster an, die die Beschriftung Visible trägt. Setzen Sie den Wert der Auswahlliste rechts auf den zweiten Eintrag xlSheetHidden. Wechseln Sie wieder zum Excel-Anwendungsfenster. Die Tabelle ist nicht mehr sichtbar bzw. ausgeblendet.

> **TIPP** Manche Änderungen an den Tabelleneigenschaften werden nicht dauerhaft gespeichert, sofern sie ausschließlich über das Eigenschaftenfenster verändert werden. Dies trifft beispielsweise auf ScrollArea zu.

Den VBA-Editor kennenlernen

Der VBA-Editor bzw. jedes Codefenster bietet neben der klassischen Funktion der Textbearbeitung (bzw. Codebearbeitung) spezielle Funktionen zur Hervorhebung von Schlüsselwörtern, zur Fehlersuche und -anzeige oder zur automatischen Vervollständigung von Anweisungen an.

Abbildg. 1.20   Das Kontextmenü im VBA-Editor

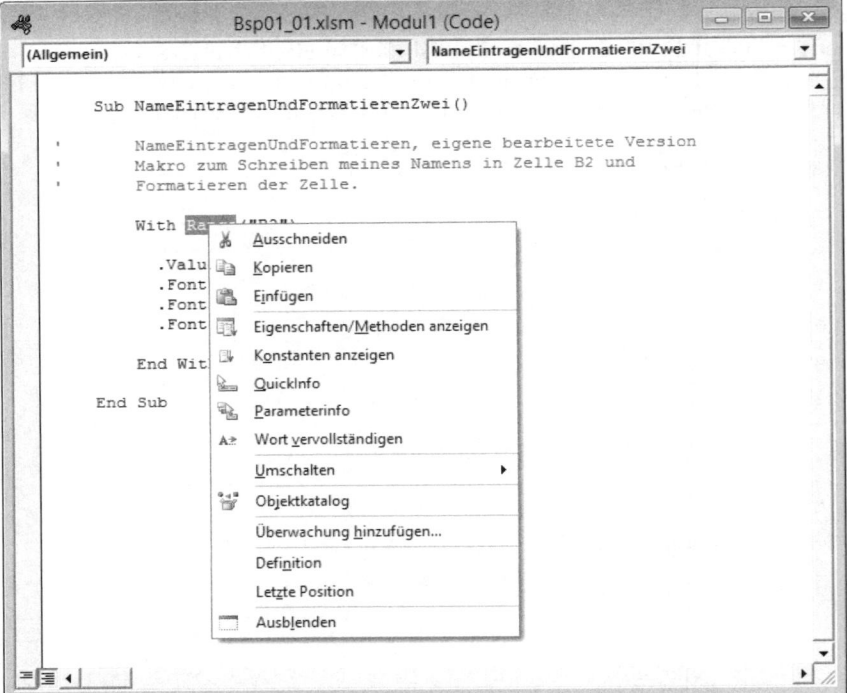

Abbildung 1.20 zeigt für einen markierten Text das Kontextmenü im VBA-Editor, welches einige der erweiterten Funktionen erahnen lässt. Wir werden zu einem späteren Zeitpunkt ausführlicher auf einige Details zum VBA-Editor eingehen.

Die Optionen der Entwicklungsumgebung erkunden

Die Entwicklungsumgebung bietet einige Konfigurationsmöglichkeiten, von denen hier nur die wichtigsten vorgestellt seien. Sie erreichen die Optionen über den Menübefehl *Extras/Optionen*.

TIPP   Ein Klick auf die *Hilfe*-Schaltfläche im Dialogfeld *Optionen* zeigt eine vollständige Beschreibung aller möglichen Einstellungen an.

Grundkenntnisse in Excel-VBA aufbauen

Elemente des Editors ein- oder ausblenden

Das Verhalten des VBA-Editors bzw. der einzelnen Codefenster kann auf Wunsch den eigenen Bedürfnissen angepasst werden.

Abbildg. 1.21 Die Optionen der Entwicklungsumgebung auf der Registerkarte *Editor*

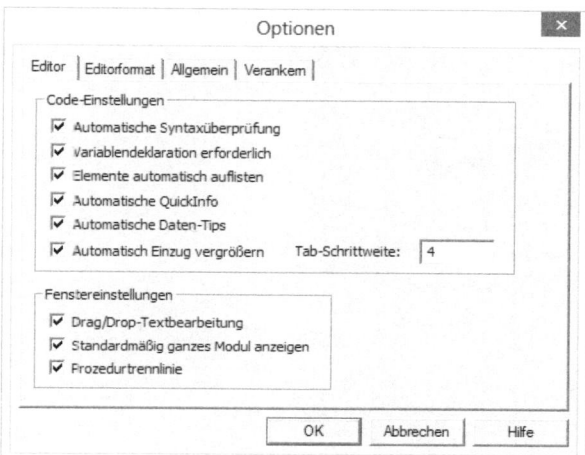

Tabelle 1.3 fasst die wichtigsten Einstellungen innerhalb der Registerkarte *Editor* des Dialogfelds *Optionen* zusammen.

Tabelle 1.3 Die wichtigsten Optionen der Entwicklungsumgebung auf der Registerkarte *Editor*

Option	Bedeutung
Automatische Syntaxprüfung	Führt eine automatische Überprüfung der Codezeile nach deren Eingabe durch. Die Überprüfung beinhaltet eine Validierung der Syntax, jedoch keine Prüfung der Programmlogik auf Korrektheit.
Variablendeklaration erforderlich	Fügt eine spezielle Option am Anfang des Moduls ein, die den Programmierer dazu zwingt, alle Variablen zu deklarieren. Diese Option sollte gesetzt sein.
Automatisch Einzug vergrößern	Ein Code sollte möglichst strukturiert dargestellt werden. Das bedeutet, dass die Codezeilen nach einer gewissen Logik eingerückt werden sollten, um ihre Lesbarkeit zu erhöhen. Das Einrücken geschieht über die ⇥-Taste. Die Einstellung hat allerdings keinen Einfluss auf den Makrorekorder. Er wird die Standardeinstellung von vier Leerzeichen pro Tabulator auch weiterhin beibehalten.
Prozedurtrennlinie	Fügt automatisch eine Trennlinie zwischen zwei Makros bzw. Prozeduren ein

Formate des Editors ändern

Wie bereits im Abschnitt »Das aufgezeichnete Makro untersuchen« ab Seite 47 erläutert, werden Kommentare und Schlüsselwörter im Code andersfarbig dargestellt. Diese und weitere Einstellungen lassen sich auf der Registerkarte *Editorformat* des Dialogfelds *Optionen* beeinflussen.

Abbildg. 1.22   Die Optionen der Entwicklungsumgebung auf der Registerkarte *Editorformat*

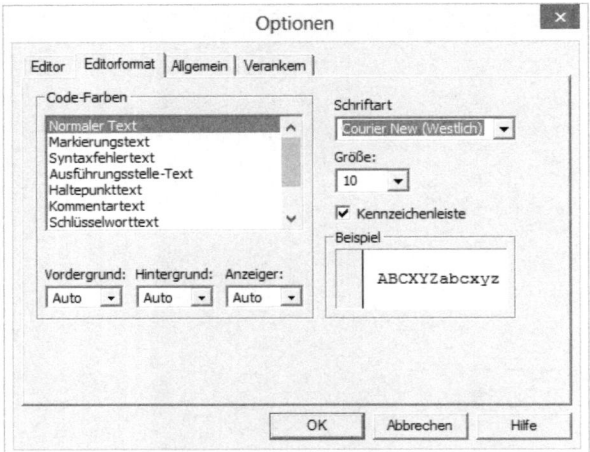

TIPP   Falls Sie eine andere Schriftart verwenden möchten, achten Sie darauf, eine Schriftart zu wählen, die keine unterschiedlich breiten Buchstaben verwendet. Der Code wird dadurch deutlich lesbarer.

Mit Modulen arbeiten

In Modulen werden die einzelnen Makros sowie weitere Elemente, die den Code darstellen, abgelegt. Module agieren ebenfalls wie ein Container und enthalten Makros. Module sind wiederum Teil eines Projekts – das auch wie ein Container zu verstehen ist – und lassen sich gemäß bestimmter Regeln Ihren Wünschen entsprechend organisieren. Eine Regel besagt, dass zwei Module innerhalb eines Projektes nicht den gleichen Namen tragen dürfen.

VBA kennt verschiedene Modultypen. Ein sogenanntes Standardmodul beinhaltet in der Regel die Makros, die Sie aufzeichnen, oder Makros, die Sie selbst schreiben. Formularmodule ermöglichen die Erstellung eigener Dialogfelder in VBA, und Klassenmodule erlauben die Verwendung fortschrittlicher Techniken bei der Implementierung von eigenen Funktionen. Im weiteren Verlauf des Buchs werden wir alle diese Modultypen näher betrachten und detailliert besprechen. Die drei soeben vorgestellten Modultypen können vom Entwickler angelegt, benannt, gelöscht, exportiert, importiert und frei organisiert werden.

Zudem existiert zu jeder Arbeitsmappe und jedem Blatt ein Codemodul, welches besondere vordefinierte Funktionen bereitstellt. Diese Module sind an die Mappe bzw. Blätter gekoppelt und können in der Entwicklungsumgebung nicht gelöscht werden. Falls Sie jedoch ein Blatt über die Excel-Oberfläche löschen, wird das assoziierte Modul inklusive dessen Code ebenfalls entfernt.

Ein Modul einfügen

Ein Modul einzufügen ist denkbar einfach. Wichtig ist, dass Sie zuvor sicherstellen, dass Sie sich im richtigen Projekt befinden, was Sie an der Markierung eines Baumeintrags im Projektbaum erkennen. Nachfolgend werden drei verschiedene Wege aufgezeigt, wie Sie Ihrem Projekt ein Modul hinzufügen können:

- Der erste Weg führt über das Menü *Einfügen*. Rufen Sie darin den gewünschten Modultyp auf. Verwenden Sie zum Testen den Typ *Modul*, der einem Standardmodul entspricht.

- Der zweite Weg führt über die Symbolleiste *Voreinstellung*, die sich in einer Standardumgebung unter der Menüleiste befindet. Klicken Sie darin auf die zweite Schaltfläche von links und wählen Sie im anschließend geöffneten Dropdownmenü den Modultyp *Modul* aus.

- Der dritte Weg führt über das Kontextmenü. Klicken Sie mit der rechten Maustaste auf Ihr Projekt und wählen Sie im Kontextmenü den Befehl *Einfügen* gefolgt vom Modultyp aus.

Ein Modul löschen

Falls Sie mal ein Modul nicht mehr benötigen, können Sie dieses natürlich auch löschen. Markieren Sie das Modul im Projektbaum und wählen Sie im Kontextmenü (Klick mit der rechten Maustaste) den Befehl *Entfernen von…* aus, wobei im Befehl der Name des zu löschenden Moduls mit angegeben wird.

Microsoft Excel wird Sie fragen, ob Sie das Modul vor dem Löschvorgang exportieren möchten, denn ein gelöschtes Modul kann nicht wiederhergestellt werden und alle Makros, die im Modul enthalten sind, werden entfernt.

Ein Modul umbenennen

Beim Einfügen von Modulen durch Excel werden diese einfach in der Reihenfolge ihres Anlegens in der Form *Modul1*, *Modul2*, usw. durchnummeriert benannt, ein Mechanismus, den Sie sicherlich für Tabellen kennen.

Diese Namen sind natürlich nicht besonders aussagekräftig. Nehmen wir an, Sie erstellen drei Standardmodule und fügen diesen verschiedene Makros hinzu. Ein Jahr vergeht und Sie müssen aus irgendeinem Grund die Makros anpassen. Es ist nicht auszuschließen, dass Sie sich dann nicht mehr daran erinnern können, welches Modul zu welchem Zweck erstellt wurde. Sie würden gegebenenfalls einen unnötigen Suchaufwand betreiben, um ein spezielles Makro wiederzufinden.

Um ein Modul umzubenennen, markieren Sie zunächst das Modul im Projektbaum. Klicken Sie anschließend im Eigenschaftenfenster auf den Eintrag *(Name)* und geben Sie einen neuen Namen rechts im Textfeld ein. Schließen Sie die Eingabe mit der Eingabetaste ab.

WICHTIG   Auch für Module gelten Regeln zur Benennung, und zwar dieselben wie für Makros. Insofern dürfen keine Sonderzeichen (bis auf den Unterstrich) Leerzeichen oder Punkte verwendet werden.

Wie zuvor erwähnt, sollten Module einen aussagekräftigen Namen erhalten, der in optimalen Fällen nur Substantive beinhaltet, die auch wieder durch Anfangsgroßbuchstaben getrennt sind, denn Module führen keine Aktion aus, sondern beinhalten Aktionen.

In der Programmierwelt hat sich zusätzlich die Verwendung von sogenannten Präfixen durchgesetzt. Solche Präfixe, die immer am Anfang des Namens stehen, verbessern deutlich die Übersichtlichkeit des Codes und erlauben es, auf den ersten Blick – auch für andere Programmierer – zu erkennen, um welchen Typ Element es sich handelt.

In VBA werden in der Regel Präfixe mit einer Länge von drei Kleinbuchstaben verwendet, was es auch ermöglicht, eindeutige Präfixe für unterschiedliche Elemente zu bilden. Tabelle 1.4 listet die üblicherweise verwendeten Präfixe für unterschiedliche Modultypen auf.

Tabelle 1.4   Präfixe für verschiedene Modultypen

Präfix	Modultyp
bas	Das Präfix wird für Standardmodule verwendet. Da VBA auf Visual Basic beruht, wurden die ersten drei Buchstaben des Worts *Basic* gewählt.
frm	Das Präfix stammt aus dem englischen Wort *Form*, welches eigenen Formularen entspricht, also Formularmodule.
cls	Die Benennung von Modulen des Typs *Klassenmodul*, in Englisch *Class module*, erfolgt in der Regel mit diesem Präfix.

Kapitel 2

Theoretische Grundkenntnisse beherrschen

In diesem Kapitel werden einige theoretische Grundkenntnisse vermittelt, die von zentraler Bedeutung für die VBA-Programmierung sind. Der erste Abschnitt thematisiert die Verwendung von Variablen und Konstanten in VBA und erläutert, wie Sie diese deklarieren und anhand eines Datentyps typisieren. Sie lernen den Unterschied zwischen lokalen und globalen Variablen an einem praktischen Beispiel kennen.

Ein weiterer Abschnitt erläutert Ihnen den Unterschied zwischen Prozeduren und Funktionen. Sie lernen, wie Sie Prozeduren und Funktionen anhand von Argumenten parametrisieren können und wie Sie diese in Ihrem Code verwenden. Das Steuern der Sichtbarkeit von Prozeduren, Variablen und Konstanten ist ein weiteres Thema. Hierbei werden Ihnen anhand eines Beispiels verschiedene Möglichkeiten vorgestellt. Den Abschluss dieses Kapitels bildet eine Einführung in die prozedurale und objektorientierte Programmierung mit VBA.

Datentypen in VBA

Das Formatieren von Zellen ist eine der häufigsten Aufgaben in Excel und dient primär dazu, die Daten übersichtlich und entsprechend ihrem Zweck zu präsentieren. So werden Sie in der Regel Zellen, die zur Darstellung von Zahlen vorgesehen sind, mit dem Format *Zahl* versehen. Je nach Bedarf legen Sie hierbei die Anzahl an Nachkommastellen fest und bestimmen, ob Tausendertrennzeichen angezeigt werden sollen oder nicht. In ähnlicher Weise werden Sie mit Beträgen oder Datumsangaben verfahren und den betroffenen Zellen die jeweiligen Formate *Währung* und *Datum* zuweisen.

Abbildg. 2.1   Das Dialogfeld zur Formatierung von Zellen

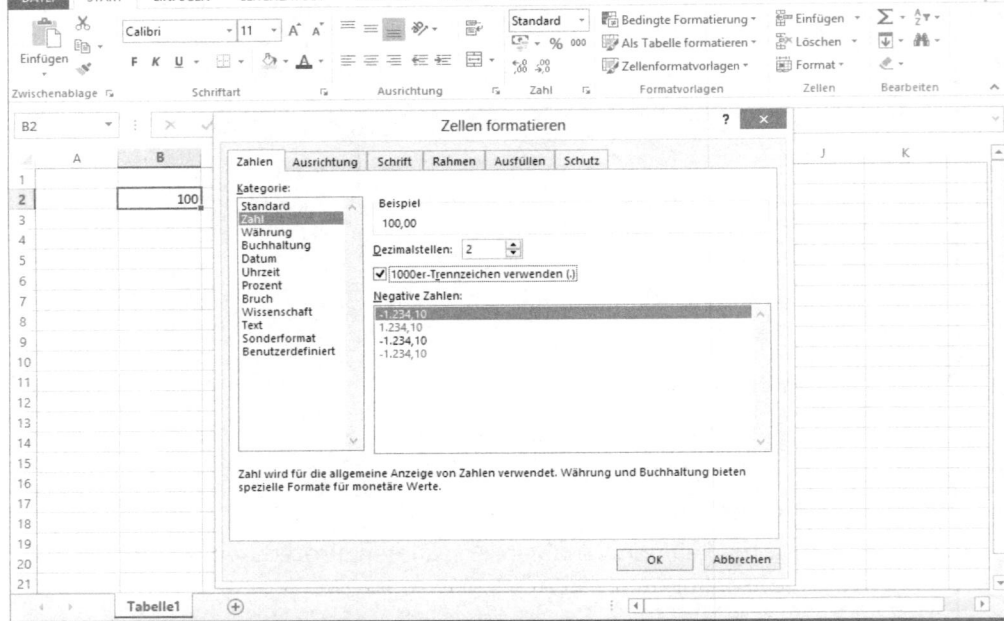

Durch die Formatierung signalisieren Sie – nicht nur Ihnen selbst, sondern z.B. auch Kollegen – dass die Zellen ausschließlich zur Aufnahme von passenden Werten vorgesehen sind. Durch die Formatierung weisen Sie der Zelle aber auch einen Datentyp zu.

Wenn Sie zusätzlich Datenüberprüfungen für die Zellen definieren, schränken Sie den Wertebereich der Zellen bis zu einem bestimmten Grad weiter ein, um nicht zum Format passende Eingaben zu erschweren. Sie beschränken somit den zugewiesenen Datentyp auf einen definierten Wertebereich.

TIPP   Sie definieren in Excel eine Datenüberprüfung – in älteren Excel-Versionen vor Excel 2007 nannte sich diese Funktion Gültigkeitsprüfung – für eine Zelle, indem Sie im Menüband die Registerkarte *DATEN* wählen und auf die Schaltfläche *Datenüberprüfung* klicken. Im entsprechenden Dialogfeld können Sie anschließend zwischen verschiedenen Arten der Validierung von zulässigen Werten wählen.

In ähnlicher Form gilt dies auch für VBA, nur dass die Angabe von Datentypen etwas strenger und systematischer geregelt ist und die Datentypen ein wenig anders organisiert sind. Während der Entwicklung Ihrer Makros werden Sie in der Regel die Daten in sogenannten Variablen ablegen, um mit diesen Berechnungen oder anderweitige Manipulationen durchzuführen.

Variablen lassen sich am besten mit den Zellen einer Tabelle vergleichen. So wie die Zellen einen Speicherplatz für die Bezüge von Excel-Funktionen darstellen, dienen Variablen zur Zwischenspeicherung von Daten in Ihren Makros. Wie Variablen genau in VBA verwendet werden und welche Regeln dabei einzuhalten sind, wird im Abschnitt »Variablen und Konstanten in VBA« ab Seite 71 erläutert.

Einer Variablen sollte in VBA ein ihrem Verwendungszweck entsprechender Datentyp zugewiesen sein. Hierzu stellt VBA eine ganze Reihe von vordefinierten Datentypen zur Verfügung.

HINWEIS   Je nach Programmiersprache kann eine Pflicht seitens des Entwicklers zur Typisierung – also Zuweisung eines Datentyps – von Variablen mehr oder weniger streng ausgeprägt sein.

So erfolgt beispielsweise in JavaScript keine Typisierung von Variablen vor der Zuweisung von Werten, sondern der Datentyp wird automatisch zur Laufzeit ermittelt und/oder gegebenenfalls in einen passenden Typ umgewandelt. Andere Sprachen erzwingen wiederum eine explizite Typisierung und die strikte Einhaltung des Typs bei der Zuweisung von Werten.

VBA legt die Pflicht einer Zuweisung nicht ganz so streng aus, sodass Variablen, die vom Entwickler gar nicht oder nur unvollständig definiert wurden, automatisch einen Standarddatentyp zugewiesen bekommen.

Beides hat seine Vor- und Nachteile. Eine automatische Typisierung kann eine Fehlersuche deutlich erschweren, während das Fehlen der Automatismen oft mit Einbußen an Flexibilität einhergeht.

Grundlegende Datentypen

VBA unterscheidet die Datentypen je nach Speicherbedarf, Wertebereich und Einsatzzweck. So gibt es in VBA mehrere Datentypen für Ganz- und Kommazahlen, aber nur einen Typ für Datumsangaben.

Tabelle 2.1 listet die verfügbaren Datentypen mit deren Speicherbedarf und teilweise approximierten Wertebereichen auf. Die detaillierten Wertebereiche können Sie auch der VBA-Online-Hilfe unter dem Stichwort bzw. Suchbegriff »Datentypen« entnehmen.

Tabelle 2.1   Datentypen in VBA

Datentyp	Speicherbedarf	Wertebereich
Byte	1 Byte	0 bis 255
Boolean	2 Bytes	True oder False
Integer	2 Bytes	Genau von 32.768 bis 32.767
Long	4 Bytes	Genau von 2.147.483.648 bis 2.147.483.647
LongLong	8 Bytes	Ca. ±9,2 1018 nur auf 64-Bit-Systemen
LongPtr	4 Bytes auf 32-Bit-Systemen 8 Bytes auf 64-Bit-Systemen	Wie **Long** auf 32-Bit-Systemen Wie **LongLong** auf 64-Bit-Systemen
	4 Bytes	Ca. -3,4 1038 bis -1,4 10-45 (negativ) Ca. 1,4 10-45 bis 3,4 1038 (positiv)
Double	8 Bytes	Ca. -1,7 10308 bis -4,9 10-324 (negativ) Ca. 4,9 10-324 bis 1,7 10308 (positiv)
Currency	8 Bytes	Ca. ±9,2 1014
Decimal	14 Bytes	Ca. ±79 1027 ohne Dezimalzeichen Ca. ±7,9 mit max. 28 Nachkommastellen
Date	8 Bytes	1. Januar 100 bis 31. Dezember 9999
Object	4 Bytes	Verweis auf ein Objekt
String	Länge der Zeichenfolge plus 10 Byte, falls die Länge der Zeichenkette variabel ist	Bei fester Länge 0 bis ca. 65.400 Zeichen Bei variabler Länge 0 bis ca. 2 109 Zeichen
Variant	16 Bytes bei Zahlen, 22 Bytes plus Länge der Zeichenfolge für Zeichenketten	Bei Zahlen wie **Double**, bei Zeichenketten wie **String** mit variabler Länge

Der Datentyp Byte beansprucht 1 Byte RAM-Speicher und ist für ganze Zahlen innerhalb des Wertebereichs 0 bis 255 vorgesehen. Die Datentypen Integer und Long sind jeweils für ganze Zahlen mit deutlich unterschiedlich großen Wertebereichen vorgesehen und benötigen jeweils 2 Byte und 4 Byte an Speicherplatz. Der Datentyp String ist für Zeichenketten, Single und Double sind jeweils für Kommazahlen vorgesehen und Object stellt einen Datentyp für Verweise auf Objekte bereit.

Zu beachten ist, dass der aufgeführte Typ LongPtr kein echter Datentyp ist, sondern nur ein Hilfskonstrukt zum Schreiben von portierbarem Code darstellt. In gewissen Konstellationen ist die Verwendung dieses Typs notwendig, um Code sowohl in 32-Bit- als auch in 64-Bit-Umgebungen ausführen zu können. Der Datentyp LongPtr steht ab Excel 2010 zur Verfügung.

HINWEIS   Die Art der Zuweisung von Werten an Variablen unterscheidet sich ebenfalls je nach Datentyp. So ist im Code bei der Zuweisung von Zeichenketten des Typs String der zugewiesene Wert durch doppelte Anführungszeichen zu umschließen. Zahlen sind wiederum als Ziffern ohne Tausendertrennzeichen und einem Punkt als Dezimaltrennzeichen anzugeben.

Benutzerdefinierte Datentypen

Neben den in VBA eingebauten Datentypen besteht auch die Möglichkeit, eigene Datentypen zu definieren. Dadurch wird es möglich, eigene Datenstrukturen zu schaffen und innerhalb des Codes zu verwenden.

Nehmen wir an, Sie erstellen eine Anwendung, die Daten von Personen verwalten soll. Zu jeder Person müssen Sie einen Nachnamen, einen Vornamen und ein Geburtsdatum erfassen.

Sie könnten jetzt in Ihrem Code pro Person zwei Variablen vom Typ String und eine Variable vom Typ Date verwenden. Sobald Sie aber mehrere Personen gleichzeitig über Ihren Code verwalten müssten, würde die Übersichtlichkeit des Codes leiden. Bei drei Personen wären schon neun unterschiedliche Variablen anzulegen.

Einfacher ist es, einen eigenen Datentyp zu definieren, der bereits die drei Variablen für den Nachnamen, den Vornamen und das Geburtsdatum in Form von Platzhaltern enthält. Jedes Mal, wenn Sie eine neue Person im Code anlegen, brauchen Sie nur eine neue Variable Ihres Datentyps anzulegen. Die Platzhalter werden dann automatisch angelegt. Für drei Personen bräuchten Sie hier somit nur drei Variablen.

Die Gesamtanzahl an Variablen im RAM reduziert sich zwar dadurch nicht, aber der Code wird lesefreundlicher und logische Zusammenhänge schneller erkennbar.

Variablen und Konstanten in VBA

Variablen sind ein wesentlicher Bestandteil bei der Entwicklung von VBA-Anwendungen. Bei Variablen handelt es sich um dynamische Speicherplätze, deren Inhalt Sie zur Laufzeit Ihrer Anwendung verändern können.

Konstanten sind statische Werte, die einmalig definiert werden und sich während des Programmablaufs nicht mehr verändern. Konstanten werden häufig verwendet, um z.B. festen Zahlen einen aussagekräftigen Namen zu geben.

Deklaration von Variablen

Kehren wir noch einmal zu unserem Vergleich von Variablen mit Excel-Zellen zurück: Variablen ähneln den Zellen in einer Excel-Tabelle, die Sie als Bezug in einer Excel-Funktion verwenden.

Dazu ein Beispiel: legen Sie eine neue Arbeitsmappe in Excel an. Tragen Sie anschließend in einer Tabelle Ihrer Wahl in die Zellen A1 und A2 jeweils die Wert 1,375 und 2 ein. Wenden Sie die Excel-Funktion *RUNDEN()* auf die Zelle A3 an und beziehen Sie sich in den Argumenten auf die Zellen A1 und A2. In A3 steht somit:

```
=RUNDEN(A1;A2)
```

Wenn Sie die Werte in A1 und/oder A2 verändern, ändert sich auch das Ergebnis in A3. Die Zellen A1 und A2 sind somit vergleichbar mit Variablen.

Gemäß der Syntax von VBA sind bei der Definition von Variablen Regeln einzuhalten. Eine dieser Regeln lautet, dass dem Namen der Variable das Schlüsselwort Dim voranzustellen ist. Die Festlegung eines Datentyps erfolgt hinter dem Namen der Variablen durch die Angabe von `As Datentypname`. Zwei Beispiele: `Dim lngGanzzahl As Long` oder `Dim strName As String`.

WICHTIG Die Deklaration über das Schlüsselwort `Dim` und die Zuweisung des Datentyps für eine Variable sollte vor der erstmaligen Zuweisung eines Werts erfolgen.

Variablen können an verschiedenen Stellen im Code deklariert werden. So unterscheidet VBA zwischen lokalen Variablen und globalen Variablen auf Modul- oder Anwendungsebene. Globale Variablen sind während der Laufzeit des Codes innerhalb ihrer Gültigkeitsebene jederzeit verfügbar. Lokale Variablen haben hingegen eine begrenzte Lebensdauer und sind nur von bestimmten Teilen des Codes verwendbar.

Erinnern Sie sich an den Vergleich Modul/Container im ersten Kapitel? Ähnlich verhält es sich mit Variablen, die innerhalb eines Makros deklariert werden. Außerhalb des Containers »Makro« sind diese nicht sichtbar bzw. nicht nutzbar. Bei den Variablen innerhalb von Makros handelt es sich um lokale Variablen.

TIPP Deklarieren Sie lokale Variablen am Anfang eines Makros. Dies macht den Code übersichtlicher und zeugt von gutem Programmierstil.

Wird eine Variable jedoch im oberen Bereich des Moduls und außerhalb von Makros deklariert, ist sie Bestandteil des Moduls und somit für den kompletten Code – also für alle Makros – im Modul ansprechbar.

Es ist übrigens auch möglich, globale Variablen so zu deklarieren, dass diese auch von weiteren Modulen – also auf Anwendungsebene – verwendet werden können. Letzteres muss explizit geschehen und wird im Abschnitt »Sichtbarkeit von Variablen, Konstanten, Prozeduren und Funktionen in VBA« ab Seite 85 erläutert.

ACHTUNG Globale Variablen müssen immer am Anfang eines Moduls deklariert werden. Sie können globalen Variablen nicht hinter einem Makro deklarieren.

In Listing 2.1 sind zwei Makros implementiert, die den Gültigkeitsbereich von globalen und lokalen Variablen demonstrieren.

Listing 2.1 Makros zum Testen von Variablendeklarationen

```
' Makros zum Testen von Variablendeklarationen
' Deklaration von zwei globalen Variablen auf Modulebene
  Dim mstrName      As String
  Dim mstrVorname   As String

' Makros zum Testen
  Sub MakroEins()
'     Deklaration von zwei lokalen Variablen
      Dim strStadt  As String
      Dim strLand   As String
'     Zuweisen von Werten
      mstrName = "Louha"
      mstrVorname = "Mourad"
      strStadt = "Herzogenrath"
      strLand = "Deutschland"
```

Listing 2.1   Makros zum Testen von Variablendeklarationen *(Fortsetzung)*

```
'   Dialogfelder anzeigen
    MsgBox mstrName
    MsgBox mstrVorname
    MsgBox strStadt
    MsgBox strLand
End Sub

Sub MakroZwei()
'   Dialogfelder anzeigen
    MsgBox mstrName
    MsgBox mstrVorname
End Sub
```

ONLINE   Sie finden die Arbeitsmappe mit dem Code zu Listing 2.1 im Ordner *Buch\Kap02* in der Datei *Bsp02_01.xlsm*.

Öffnen Sie die Beispieldatei und führen Sie die Makros in der Reihenfolge MakroEins und MakroZwei hintereinander aus.

TIPP   Sie können Makros direkt aus der Entwicklungsumgebung heraus ausführen, indem Sie die Einfügemarke bzw. den Textcursor innerhalb des Makros platzieren und die Taste F5 drücken.

Das erste Makro wird Ihnen vier Dialogfelder anzeigen, wo zunächst der Inhalt der globalen Variablen mstrName und mstrVorname und anschließend der Inhalt der lokalen Variablen strStadt und strLand angezeigt werden. Das zweite Makro zeigt Ihnen in zwei weiteren Dialogfeldern nochmals den Inhalt der Variablen mstrName und mstrVorname an. Sie sehen, der Inhalt der globalen Variablen ist erhalten geblieben.

ACHTUNG   Sie können einer Variablen keinen Wert außerhalb eines Makros zuweisen. Die Wertzuweisung geschieht immer innerhalb eines Makros.

Führen Sie nun folgendes Experiment durch: modifizieren Sie das zweite Makro, indem Sie mstrVorname durch strStadt ersetzen. Starten Sie anschließend erneut beide Makros in der Reihenfolge MakroEins und MakroZwei.

Sie werden feststellen, dass das zuletzt angezeigte Dialogfeld des zweiten Makros leer ist. Das lässt sich relativ einfach erklären, denn MakroZwei weiß ja nichts von der Existenz der in MakroEins deklarierten und gesetzten lokalen Variable strStadt und kann somit auch deren Wert nicht anzeigen.

Aber hätte VBA nicht einen Fehler melden oder zumindest einen Hinweis darauf geben müssen, dass die Variable strStadt im zweiten Makro gar nicht deklariert wurde? Nein, nur bedingt, denn VBA führt in diesem Fall automatisch eine Deklaration der Variablen in MakroZwei durch und weist ihr den Typ Variant zu. Und da kein Wert zugewiesen wurde, bleibt die Variable leer.

Generell empfiehlt es sich nicht, den Automatismus von VBA zu verwenden, sondern die Deklaration immer selbst durchzuführen. Das reduziert einerseits potenzielle Fehlerquellen und beschleunigt andererseits die Ausführung des Codes. Wie Sie VBA daran hindern, die Variablen automatisch zu deklarieren, erfahren Sie in Abschnitt »Deklaration von Variablen erzwingen« ab Seite 76.

Mehrere Variablen in einer Zeile deklarieren

VBA erlaubt es, statt einer auch mehrere Variablen in einer einzigen Zeile zu deklarieren. Eine solche Deklaration würde sich – bezogen auf die globalen und lokalen Variablen in Listing 2.1 – wie folgt darstellen.

Listing 2.2   Deklaration von Variablen in einer Zeile

```
' Makros zum Testen von Variablendeklarationen
' Deklaration von zwei globalen Variablen auf Modulebene
  Dim mstrName As String, mstrVorname As String

' Makros zum Testen
  Sub MakroEins()
'    Deklaration von zwei lokalen Variablen
     Dim strStadt As String, strLand As String
'    Zuweisen von Werten
     mstrName = "Louha"
     mstrVorname = "Mourad"
     strStadt = "Herzogenrath"
     strLand = "Deutschland"
'    Dialogfelder anzeigen
     MsgBox mstrName
     MsgBox mstrVorname
     MsgBox strStadt
     MsgBox strLand
  End Sub
```

Sie sehen, die Variablen wurden in einer Zeile hintereinander deklariert und durch ein Komma getrennt. Wenn Sie das Makro MakroEins ausführen würden, ließe sich kein Unterschied zur Vorversion feststellen.

Oft lassen sich jedoch – sei es aus Unwissenheit oder, bei Umsteigern, die zuvor mit einer anderen Programmiersprache gearbeitet haben, aus Gewohnheit – im Quellcode Deklarationen finden, bei denen die Zuweisung des Datentyps nicht erfolgt:

```
Dim mstrName, mstrVorname As String
```

In diesem Fall wird der Variablen mstrName **nicht** der Datentyp String zugewiesen, sondern der Datentyp Variant.

> **TIPP**   Nutzen Sie die Deklaration von einer Variablen pro Zeile. Dadurch wird Ihr Code übersichtlicher.

Der Datentyp Variant ist nicht grundsätzlich von Nachteil und hat durchaus seine Berechtigung, aber wie Sie bereits im Abschnitt über die Datentypen zu Beginn dieses Kapitels erfahren haben, belegt dieser Datentyp recht viel Speicherplatz. Der höhere Speicherplatzverbrauch erklärt sich dadurch, dass der Datentyp Variant verschiedenste Formen von Daten aufnehmen kann, z.B. Ganzzahlen, Kommazahlen oder Texte. Intern muss aber VBA dann bei Zuweisungen eine Typüberprüfung vornehmen, was mehr Zeit kostet und die Anwendung ineffizienter macht.

WICHTIG Setzen Sie den Datentyp Variant nur in den Fällen ein, in denen dieser absolut notwendig ist.

Statische Variablen

Eine besondere Form der Deklaration von Variablen besteht darin, diese als statisch zu deklarieren. Dadurch bleibt der Wert der Variable innerhalb eines Makros solange erhalten, bis das Projekt zurückgesetzt wird.

TIPP Verwenden Sie den Menübefehl *Ausführen/Zurücksetzen* des VBA-Editors, um ein VBA-Projekt wieder zurückzusetzen. Sämtliche Variablen werden dabei ebenfalls wieder zurückgesetzt.

Die Deklaration selbst erfolgt durch die Verwendung des Schlüsselworts Static anstelle von Dim.

Listing 2.3   Statische Variablen deklarieren

```
' Makro zum Testen einer statischen Variable
  Sub StatischeVariable()
    Static lngZaehler As Long

'   Zähler bei jedem Aufruf des Makros um eins erhöhen
    lngZaehler = lngZaehler + 1
'   Aktuellen Werte in einem Dialogfeld anzeigen
    MsgBox lngZaehler

  End Sub
```

ONLINE Sie finden die Arbeitsmappe mit dem Code zu Listing 2.3 im Ordner *\Buch\Kap02* in der Datei *Bsp02_02.xlsm*.

Wenn Sie das Makro erstmalig ausführen, zeigt Ihnen das Meldungsfenster den Wert 1 an. Und jedes Mal, wenn Sie die Ausführung wiederholen, erhöht sich der Wert um eins.

WICHTIG Statische Variablen sollten mit Bedacht und nur in Ausnahmefällen verwendet werden. Sie dienen nicht als Ersatz für globale Variablen, sondern werden in der Regel zu Optimierungszwecken in bestimmten Programmabläufen verwendet.

Typkennzeichner für Variablen

In Foren oder Websites zu Visual Basic 6 finden sich noch recht häufig Codebeispiele, die für Variablen Typkennzeichen verwenden. Diese stellen eine Art verkürzte Deklaration für Variablen dar.

WICHTIG Die Verwendung von Typenkennzeichen sollte vermieden werden, denn der Code verliert dadurch an Aussagekraft und ist für jemanden, der diese Typenkennzeichen nicht beherrscht, schwer nachvollziehbar.

Dieser Abschnitt soll Ihnen lediglich die Möglichkeit eröffnen, fremden Code, der solche Typkennzeichen einsetzt, zu verstehen und zu entschlüsseln. Für eine Variable vom Typ Long würde die Deklaration bei Verwendung des Typkennzeichen wie folgt aussehen:

```
Dim Zahl&
```

Tabelle 2.2 listet die verfügbaren Typkennzeichen und deren Zuordnung zu einem Datentyp auf, wobei anzumerken sei, dass in VBA nicht allen Datentypen ein Typkennzeichen zugeordnet wurde.

Tabelle 2.2   Typkennzeichen für Variablen

Datentyp	Typkennzeichen
Currency	@
Double	#
Integer	%
Long	&
Single	!
String	$

Deklaration von Variablen erzwingen

Im ersten Kapitel wurde die VBA-Editoroption *Variablendeklaration erforderlich* kurz vorgestellt. Zur Erinnerung: Sie erreichen die Einstellung, indem Sie aus der Entwicklungsumgebung heraus über den Menübefehl *Extras/Optionen* das entsprechende Dialogfeld aufrufen.

Ist die Option gesetzt, fügt der VBA-Editor jedes Mal, wenn Sie ein neues Modul anlegen, automatisch die Zeile Option Explicit am Anfang des Moduls ein. Die Option zwingt Sie, alle Variablen, die Sie im Code verwenden, zu deklarieren. Ist dies nicht der Fall, wird spätestens bei der Ausführung des Makros eine Fehlermeldung angezeigt.

Sie können diese Anweisung aber auch jederzeit manuell in Ihr Modul einfügen, falls diese noch nicht vorhanden ist. Wichtig ist, dass die Anweisung immer im Kopfbereich des Moduls steht, also vor jeglicher Variablendeklaration sowie vor Makrocode.

Warum ist diese Option so wichtig? Stellen Sie sich vor, Sie würden einige aufwändigere Makros programmieren und dabei mehrere Variablen verwenden, und Sie würden sich beim Schreiben einer Anweisung vertippen. VBA würde ohne Angabe der Anweisung Option Explicit die fehlerhaft getippte Variable als neue Variable anlegen. Sie würden möglicherweise Ihren Fehler zunächst nicht bemerken bzw. erst dann auf den Fehler aufmerksam werden, wenn Sie den Code testen. Eine durch VBA generierte Deklaration kann somit viel Zeit bei der Fehlersuche kosten.

Der nachfolgend aufgeführte Code in Listing 2.4 beinhaltet eine verkürzte Version des Codes der Beispieldatei. Im Unterschied zu dem Code aus Listing 2.1, wurden die Anweisung Option Explicit und die nicht deklarierte Variable strStadt im Makro MakroZwei eingebaut.

Listing 2.4   Makros zum Testen der Option zur Variablendeklaration

```
' Modul zum Testen von Variablendeklarationen
  Option Explicit

' Deklaration von zwei globalen Variablen auf Modulebene
  Dim mstrName     As String
  Dim mstrVorname  As String

' Makros zum Testen
'
  Sub MakroZwei()
'   Dialogfelder anzeigen
    MsgBox strStadt
    MsgBox mstrVorname
  End Sub
```

ONLINE   Sie finden die Arbeitsmappe mit dem vollständigen Code von Listing 2.4 im Ordner \Buch\Kap02 in der Datei *Bsp02_03.xlsm*.

Öffnen Sie die Beispielmappe sowie den VBA-Editor sowie die Codeansicht des in der Datei enthaltenen Moduls. Wählen Sie anschließend den Menübefehl *Debuggen/Kompilieren von VBAProject* aus.

Abbildg. 2.2   Fehlermeldung vom VBA-Editor bei fehlender Variablendeklaration

Die Entwicklungsumgebung meldet nun einen Fehler und hebt dabei auch gleichzeitig die Variable strStadt hervor.

HINWEIS Sie können den Menübefehl *Debuggen/Kompilieren von VBAProject* während der Entwicklung Ihrer Makros so oft ausführen, wie Sie möchten. Es ist sogar sehr sinnvoll, diesen Menübefehl vor dem Testen eines Makros oder nach der Implementierung von relevanten Codeabschnitten auszuwählen.

Der VBA-Editor arbeitet beim Kompilieren des VBA-Projekts eventuelle Fehler sukzessive ab. Das heißt, es wird immer nur ein Fehler beim Kompilieren erkannt. Zum Ausschließen von Kompilierungsfehlern müssen Sie den Menübefehl so oft ausführen, bis er schließlich ausgegraut angezeigt wird.

Lesefreundlich programmieren mit Präfixen

Im ersten Kapitel wurde die Verwendung von Präfixen zur Benennung der verschiedenen Modultypen angesprochen. Auch Variablennamen sollten mit Präfixen versehen sein, um die Lesefreundlichkeit des Codes zu erhöhen. Dies hilft nicht nur Ihnen selbst, sondern auch anderen Personen, die Ihren Code lesen und verstehen möchten.

WICHTIG Die Verwendung von Präfixen kennzeichnet die Variablen in der Art, dass deren Datentyp schon aus dem Namen heraus erkennbar wird.

In der VBA-Welt ist die Verwendung der in Tabelle 2.3 aufgeführten Präfixe üblich. Es ist zwar keine Pflicht, die Variablen gemäß der hier vorgestellten Konvention zu benennen, aber diese hat sich – auch international – eingebürgert.

Tabelle 2.3 Namenskonvention zur Benennung von Variablen

Datentyp	Präfix	Alternativ
Boolean	bln	
Byte	byt	byte
Currency	cur	
Date	dat	date
Double	dbl	
Decimal	dec	
Integer	int	
Long	lng	
Object	obj	
Single	sng	
String	str	
Variant	vnt	

Tabelle 2.3   Namenskonvention zur Benennung von Variablen *(Fortsetzung)*

Datentyp	Präfix	Alternativ
Benutzerdefinierter Typ	udt	

Neben der Angabe von Präfixen zur Kennzeichnung des Datentyps besteht auch die Möglichkeit, deren Gültigkeitsbereich über ein weiteres Präfix zu kennzeichnen.

Tabelle 2.4   Präfixe zur Kennzeichnung des Gültigkeitsbereichs

Gültigkeitsbereich	Präfix	Beispiel
Lokale Variable		strName
Globale Variable, modulweit	m	mstrName
Globale Variable, anwendungsweit	g	gstrName

In den zuvor vorgestellten Listings wurde der Gültigkeitsbereich der beiden globalen Variablen mstrName und mstrVorname jeweils über den Buchstaben m gekennzeichnet.

Die Verwendung eines zusätzlichen Präfixes für den Gültigkeitsbereich hat auch den Vorteil, dass sich dadurch das Risiko einer Mehrfachverwendung desselben Variablennamens verringern lässt, denn in VBA ist es zulässig, denselben Variablennamen sowohl auf globaler Ebene als auch innerhalb eines Makros zu verwenden. In einem solchen Fall würde die lokale Variable Vorrang vor der globalen Variable erhalten. Im Makro würde dann bei einer Wertänderung nicht die globale, sondern nur die lokale Variable verändert werden.

WICHTIG   Vermeiden Sie die Verwendung von Variablen mit demselben Namen auf globaler und lokaler Ebene.

Konstanten

Konstanten können als Variablen mit einem nicht veränderlichen Wert verstanden werden. Wie Variablen, müssen auch Konstanten deklariert werden und es sollte auch eine Zuweisung des Datentyps erfolgen. Es gelten für Konstanten die gleichen Gültigkeitsregeln wie für Variablen.

Die Verwendung von Konstanten ist dann sinnvoll, wenn Sie statischen Elementen in Ihrem Code eine aussagekräftige Bezeichnung geben möchten und sich gleichzeitig eine eventuelle, wenn auch vielleicht seltene Änderung des Werts an zentraler Stelle des Codes vorbehalten möchten.

Konstanten werden über das Schlüsselwort Const deklariert. Die Zuweisung des Datentyps erfolgt in gleicher Form wie bei Variablen, allerdings muss dieser direkt eine Wertzuweisung folgen.

Listing 2.5   Beispiel zur Deklaration von zwei globalen Konstanten

```
Option Explicit

' Zwei globale Konstanten auf Modulebene
Const msngcUmsatzsteuerStandard   As Single = 19
Const msngcUmsatzsteuerReduziert  As Single = 7
```

Wie bei Variablen wird ein Präfix zur Kennzeichnung des Datentyps, der Gültigkeit und zusätzlich zur Auszeichnung als Konstante verwendet. Der Code in Listing 2.5 kennzeichnet die Konstante über den Buchstaben c in ihrem Namen. Einige Entwickler bevorzugen jedoch die Verwendung von Großbuchstaben, um die Konstanten deutlicher von anderen Elementen zu differenzieren.

Listing 2.6 Beispiel zur Deklaration von zwei globalen Konstanten in Großbuchstaben

```
Option Explicit

' Zwei globale Konstanten auf Modulebene
Const UST_STANDARD  As Single = 19
Const UST_REDUZIERT As Single = 7
```

Beide Namenskonventionen sind natürlich zulässig, von einer Mischform ist allerdings abzuraten.

Prozeduren und Funktionen in VBA

Bei allen bislang vorgestellten Codebeispielen bzw. Makros handelte es sich laut VBA-Terminologie um sogenannte Prozeduren. Beide Begriffe »Makro« und »Prozedur« sind somit gleichbedeutend.

> **HINWEIS**   In diesem Buch wird von nun an der Begriff »Makro« mehr und mehr in den Hintergrund treten. Dafür werden die Begriffe »Prozedur« und »Funktion« umso öfter in den Vordergrund treten.

Die Microsoft VBA-Online-Hilfe kategorisiert den Oberbegriff »Prozedur« in die Prozedurtypen *Sub*, *Function* und *Property*.

Der Prozedurtyp *Sub* führt nur Anweisungen aus, während der Prozedurtyp *Function* zusätzlich einen Wert an den Aufrufer der Prozedur zurückgibt. Der Prozedurtyp *Property* findet bei der Erstellung benutzerdefinierter Eigenschaften Anwendung.

Dieser Abschnitt wird nur auf die beiden Prozedurtypen *Sub* und *Function* eingehen. Der Typ *Property* wird zu einem späteren Zeitpunkt vorgestellt werden.

> **HINWEIS**   Manche Programmiersprachen führen keine Einteilung des Begriffs »Prozedur« in Prozedurtypen durch, sondern verwenden den Begriff »Prozedur« als Äquivalent zum VBA-Prozedurtyp *Sub* und den Begriff »Funktion« als Äquivalent zum VBA-Prozedurtyp *Function*. Diese Art Einteilung lässt die beiden Typen einfacher unterscheiden.
>
> In diesem Buch werden Sie ebenfalls diese Art Einteilung wiederfinden. Das heißt, dass mit »Prozedur« eine VBA-Prozedur vom Typ *Sub* und mit »Funktion« eine VBA-Prozedur vom Typ *Function* gemeint ist.

Prozeduren

Prozeduren werden in VBA durch das Schlüsselwort *Sub* eingeleitet. Der Aufbau einer Prozedur folgt dem Schema:

```
Sub Prozedurname(Argumente)
  Anweisungen
End Sub
```

Bei den Makros, die bislang in diesem Buch vorgestellt wurden, handelt es sich um Prozeduren ohne Parameterübergabe. An Prozeduren lassen sich aber auch Argumente übergeben. Diese verhalten sich dann wie Variablen und ermöglichen es beispielsweise, Anweisungen innerhalb der Prozedur dynamischer zu gestalten.

Ein sehr vereinfachtes Beispiel dazu: nehmen wir an, Sie möchten eine Zelle in Ihrer Tabelle mit einer Schriftart in Fett und Kursiv formatieren. In Anlehnung an das im ersten Kapitel aufgezeichnete Makro ließe sich zunächst die Prozedur erstellen, die in Listing 2.7 aufgeführt ist und die Zelle B2 formatiert.

Listing 2.7   Prozedur zur Formatierung der Schriftart in Fett und Kursiv für die Zelle B2

```
Sub FormatiereZelleFettKursivB2()
  Range("B2").Font.Bold = True
  Range("B2").Font.Italic = True
End Sub
```

Diese Prozedur bezieht sich jedoch nur auf die Zelle B2. Vielseitiger wäre eine Prozedur, die jede beliebige Zelle formatieren könnte und bei der Sie anhand eines Arguments bestimmen können, welche Zelle formatiert werden soll.

In Listing 2.8 wurde die Prozedur aus Listing 2.7 so angepasst, dass diese für die Zelladresse ein Argument verwendet.

Listing 2.8   Prozedur zur Formatierung der Schriftart in Fett und Kursiv einer beliebigen Zelle

```
Sub FormatiereZelleFettKursiv(Zelladresse As String)
  Range(Zelladresse).Font.Bold = True
  Range(Zelladresse).Font.Italic = True
End Sub
```

Theoretisch gesehen könnten Sie auch eine globale Variable verwenden, die anstelle von "B2" im Ausdruck Range eingesetzt würde. Das ist allerdings nicht besonders effektiv, denn einerseits würde die globale Variable ständig im Speicher mitgeführt werden und andererseits schaffen Sie auf diese Weise eine Abhängigkeit zu der Variablen. Durch die Verwendung des Arguments bleibt die Prozedur in sich geschlossener und unabhängiger von weiteren Programmteilen.

WICHTIG   Bei der Definition des Arguments sollte diesem ein Datentyp zugewiesen werden. Die Zuweisung geschieht, wie bei Variablen, über das Schlüsselwort As und die Angabe des Datentyps.

Jedes Mal, wenn Sie nun die Prozedur FormatiereZelleFettKursiv in Ihrem Code verwenden, können Sie die Zelladresse angeben, die formatiert werden soll. Dazu einige Beispiele:

```
FormatiereZelleFettKursiv "A1"    ' Formatiert Zelle A1
FormatiereZelleFettKursiv "B2"    ' Formatiert Zelle B2
FormatiereZelleFettKursiv "X123"  ' Formatiert Zelle X123
```

ONLINE Sie finden die Arbeitsmappe mit dem vollständigen Code zu Listing 2.7, zu Listing 2.8 und zu Listing 2.9 im Ordner \Buch\Kap02 in der Datei *Bsp02_04.xlsm*.

Prozeduren, die Argumente beinhalten, tauchen übrigens nicht mehr im *Makro*-Dialogfeld auf. Das ist nachvollziehbar, denn das Dialogfeld weiß ja nicht, welchen Wert es als Argument für die Zelladresse verwenden müsste und ist somit nicht in der Lage die Prozedur anzuzeigen.

Öffnen Sie zur Überprüfung dieses Sachverhalts die Beispieldatei und rufen Sie anschließend das Dialogfeld zu den Makros über die Registerkarte *ENTWICKLERTOOLS* auf. Sie werden feststellen, dass im Listenfeld für die Auswahl der Makros nur die Prozedur FormatiereZelleFettKursivB2 zu sehen ist und FormatiereZelleFettKursiv nicht in der Liste enthalten ist.

Aber wie können Sie dann die Prozedur mit dem Argument testen? Dafür ist eine weitere Prozedur ohne Argumente nützlich. Diese Testprozedur beinhaltet Anweisungen, die die Prozedur FormatiereZelleFettKursiv()aufrufen und dieser bei jedem Aufruf ein passendes Argument übergeben.

Der Code in Listing 2.9 zeigt verschiedene Möglichkeiten, wie dies innerhalb der Testprozedur bewerkstelligt werden kann.

Listing 2.9 Testprozedur zum Testen einer Prozedur mit Argumenten

```
Sub Testprozedur()
'   Lokale Variable deklarieren, die später verwendet wird
    Dim strAdresse As String

'   Zelle A1 formatieren, indem die Zelladresse als Argument übergeben wird
    FormatiereZelleFettKursiv "A1"

'   Eine andere Variante des Aufrufs bei Verwendung von Call und für B2
    Call FormatiereZelleFettKursiv("B2")

'   Variable auf die Zelladresse C3 setzen
    strAdresse = "C3"

'   Prozedur zur Formatierung aufrufen, mit Verwendung von Call
    Call FormatiereZelleFettKursiv(strAdresse)

'   Mal eine andere Zelladresse setzen
    strAdresse = "D4"

'   Prozedur zur Formatierung erneut aufrufen, diesmal ohne Call
    FormatiereZelleFettKursiv strAdresse
End Sub
```

In einem ersten Schritt deklariert die Testprozedur zunächst die Variable strAdresse, die ein paar Zeilen später zum Einsatz kommt.

Der erste Aufruf der Prozedur FormatiereZelleFett erfolgt mit der Angabe der Zelle A1 als Zelladresse. Es folgt ein ähnlicher Aufruf der Prozedur, nur diesmal mit Zelle B2 und unter Zuhilfenahme des Schlüsselwortes Call. Achten Sie auf die Klammern im Aufruf, die nun die Angabe zur Zelladresse umschließen.

WICHTIG   Das Schlüsselwort `Call` ist eine optionale Angabe, das heißt Sie haben Sie Wahl, ob Sie `Call` verwenden möchten oder nicht. Für den Fall, dass Sie `Call` verwenden und die Prozedur Argumente hat, müssen Sie die Klammern beim Aufruf der Prozedur angeben.

Es folgt die Zuweisung eines Werts an die Variable `strAdresse` und wieder ein Aufruf der Prozedur, diesmal jedoch mit dem Unterschied, dass die Variable als Argument übergeben wird.

Wie Sie bereits im ersten Kapitel erfahren haben, werden Anweisungen innerhalb einer Prozedur der Reihe nach ausgeführt. Wird nun während der Ausführung der Testprozedur eine Zeile mit einem Aufruf von `FormatiereZelleFettKursiv` erreicht, springt die Ausführung in diese Prozedur hinein und führt alle darin enthaltenen Anweisungen wie ein Unterprogramm aus. Anschließend kehrt die Ausführung zur Ursprungsprozedur zurück und setzt die Ausführung dort fort. Im Beispielcode wird somit die Prozedur `FormatiereZelleFettKursiv` insgesamt vier Mal ausgeführt.

Eine Prozedur lässt sich auch mit mehreren statt mit nur einem Argument ausstatten. So kann z.B. `FormatiereZelleFettKursiv` noch weiter verallgemeinert werden, indem die Formatierung selbst als Variable angegeben wird.

Listing 2.10 Prozedur zur Formatierung der Schriftart in Fett oder Normal einer beliebigen Zelle

```
Sub FormatiereZelle(Zelladresse As String, FettUndKursiv As Boolean)
   Range(Zelladresse).Font.Bold = FettUndKursiv
   Range(Zelladresse).Font.Italic = FettUndKursiv
End Sub

Sub Testprozedur()
   Call FormatiereZelle("A1", True)
End Sub
```

Beim Aufruf sind dann auch beide Argumente anzugeben und bei der Verwendung von `Call` sind die Argumente wieder mit Klammern zu umschließen.

Funktionen

Funktionen besitzen im Verhältnis zu den Prozeduren die zusätzliche Fähigkeit, dass sie einen Wert an den Aufrufer der Prozedur zurückgeben können. Die Rückgabe eines Werts erfolgt über eine Anweisung, wo der Funktionsname gleich dem Rückgabewert gesetzt wird. Der Aufbau einer Funktion folgt dem Schema:

```
Sub Funktionsname(Argumente) As Datentyp
   Anweisungen
' Rückgabe
   Funktionsname = Rückgabewert
End Function
```

Funktionen werden in der Praxis zu vielfältigen Zwecken genutzt. Sie dienen dazu, Bestandteile des Codes in eigenständige Routinen auszulagern, und helfen somit Redundanzen zu minimieren. Beispiel: Sie benötige eine Berechnung an verschiedenen unterschiedlichen Stellen Ihres Codes. Statt nun den Code zweimal oder öfter zu implementieren, lagern Sie diesen Code in eine Funktion aus und rufen diese anschließend auf.

Da Funktionen einen Wert an den Aufrufer zurückgeben, sollten Funktionen typisiert werden, also der Datentyp der Rückgabe definiert werden.

Innerhalb der Funktion muss der zurückgegebene Wert dann auch zum definierten Datentyp passen.

Wie bei Prozeduren, können Sie auch Argumente an Funktionen übergeben, und, es gelten hierbei dieselben Regeln: Typisieren der einzelnen Argumente sowie Trennen durch Kommata.

Funktionen werden nicht im *Makro*-Dialogfeld Makros angezeigt, und zwar unabhängig davon, ob sie Argumente beinhalten oder nicht.

Der Beispielcode in Listing 2.11 dient zur Veranschaulichung des Aufrufs von Funktionen. In der Praxis werden Sie jedoch sicherlich Funktionen entwickeln, die komplexer sind als das hier vorgestellte Beispiel.

Listing 2.11 Funktion zur Summenbildung zweier Werte

```
Option Explicit

Function VBASumme(x As Long, y As Long) As Long
  VBASumme = x + y
End Function

Sub Testprozedur()
'   Lokale Variablen deklarieren
  Dim lngX       As Long
  Dim lngY       As Long
  Dim lngErgebnis As Long

'   Zwei Testwerte setzen
  lngX = 10
  lngY = 5

'   Funktion zur Summenbildung aufrufen
  lngErgebnis = VBASumme(lngX, lngY)

'   Meldungsfenster anzeigen
  MsgBox lngErgebnis

'   Funktion zur Summenbildung mit festen Werten aufrufen
  lngErgebnis = VBASumme(123, 456)

'   Meldungsfenster anzeigen
  MsgBox lngErgebnis
End Sub
```

Die Funktion VBASumme addiert die zwei ganzzahligen Argumente und liefert die Summe als Ergebnis zurück. Die Testprozedur ruft wiederum die Funktion mehrfach auf und zeigt das Ergebnis in einem Dialogfeld an.

Sie finden die Arbeitsmappe mit dem vollständigen Code zu Listing 2.11 im Ordner *\Buch\Kap02* in der Datei *Bsp02_05.xlsm*.

Schematische Zusammenfassung

Da dem Thema Prozeduren und Funktionen eine besondere Bedeutung bei der VBA-Programmierung zukommt, folgt nun eine Zusammenfassung der wichtigsten Aspekte beider Prozedurtypen.

Prozeduren und Funktionen folgen Regeln bei ihrer Deklaration und können Argumente aufnehmen oder nicht. Dies hängt von Ihrem Programmentwurf bzw. den Aufgaben Ihrer Anwendung ab. Funktionen können im Gegensatz zu Prozeduren auch einen Wert an den Aufrufer zurückliefern. Dieser Rückgabewert sollte typisiert sein.

Abbildg. 2.3   Schematische Darstellung von Prozeduren und Funktionen

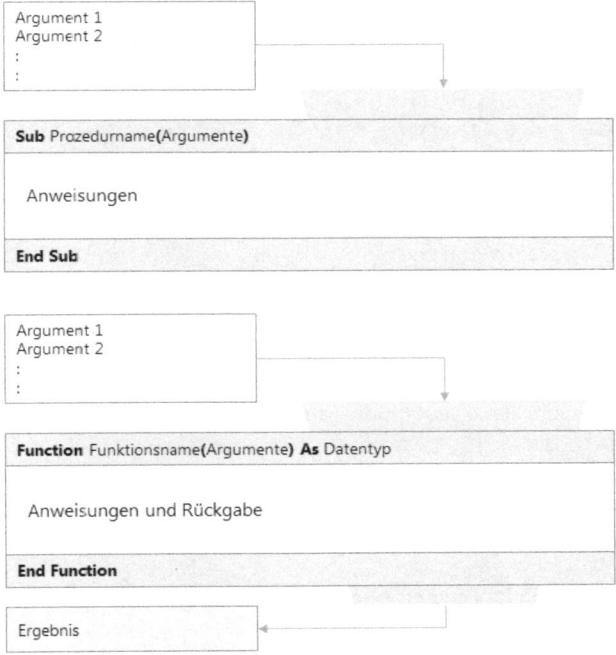

In der Praxis finden Prozeduren und Funktionen beispielsweise dann Verwendung, wenn Sie einzelne Bestandteile eines Makros in kleinere, übersichtlichere, Einheiten auslagern möchten oder von mehreren Makros verwenden möchten.

Sichtbarkeit von Variablen, Konstanten, Prozeduren und Funktionen in VBA

In Modulen kann die Sichtbarkeit von Variablen, Konstanten, Prozeduren und Funktionen gesteuert werden. Damit ist gemeint, dass Sie als Entwickler von VBA-Anwendungen festlegen können, welche Variablen, Konstanten, Prozeduren und Funktionen ausschließlich einem einzelnen Modul vorbehalten sind oder der gesamten Anwendung zur Verfügung stehen. In VBA stehen hierzu die Schlüsselwörter Public und Private zur Verfügung.

Dazu ein Beispiel: Sie müssen eine Prozedur mit komplexen Berechnungen entwickeln. Um die Hauptprozedur möglichst schlank und übersichtlich zu halten, würden Sie einen Teil der Berechnungen in Funktionen desselben Moduls auslagern. Indem Sie diese Funktionen als Private kennzeichnen, bleiben diese nur innerhalb des Moduls aufrufbar und können nicht in weiteren Modulen verwendet werden.

Zur Demonstration sind in Listing 2.12 zwei Prozeduren enthalten, die sich innerhalb des ersten Moduls in der Beispieldatei befinden. Die erste Prozedur wurde als Private und die zweite als Public gekennzeichnet. Wenn Sie die zweite Prozedur ausführen, werden zwei Dialogfelder angezeigt, da die private Prozedur ebenfalls aufgerufen wird.

Listing 2.12   Kennzeichnen der Sichtbarkeit von Prozeduren in einem Modul

```
' Private Prozedur
Private Sub PrivateProzedurInModulEins()
  MsgBox "Ich bin eine Prozedur im ersten Modul auf Modulebene."
End Sub

' Öffentliche Prozedur
Public Sub OeffentlicheProzedurInModulEins()
  MsgBox "Ich bin eine Prozedur im ersten Modul auf Anwendungsebene."
  PrivateProzedurInModulEins
End Sub
```

Ein zweites Modul innerhalb der Beispieldatei enthält zwei weitere Prozeduren. Die erste Prozedur ruft hierbei die öffentliche Prozedur des ersten Moduls auf. Wenn Sie dies testen, werden wieder die zwei Dialogfelder angezeigt.

Die Prozedur FehlerhafteProzedurInModulZwei im zweiten Modul versucht die private Prozedur aus dem ersten Modul aufzurufen. Hier erhalten Sie beim Aufruf die Fehlermeldung, dass die Funktion unbekannt ist.

Listing 2.13   Korrekter und fehlerhafter Aufruf von Prozeduren eines anderen Moduls

```
' Öffentliche Prozedur
Public Sub OeffentlicheProzedurInModulZwei()
  OeffentlicheProzedurInModulEins
End Sub

' Fehlerhafte Prozedur
Public Sub FehlerhafteProzedurInModulZwei()
  PrivateProzedurInModulEins
End Sub
```

ONLINE   Sie finden die Arbeitsmappe mit dem vollständigen Code zu Listing 2.12 im Ordner \Buch\Kap02 in der Datei Bsp02_06.xlsm.

Bei Konstanten, Prozeduren und Funktionen erfolgt die Kennzeichnung der Sichtbarkeit durch das Voranstellen der Schlüsselwörter Public bzw. Private vor den jeweiligen Schlüsselwörtern Const, Sub und Function.

TIPP Steuern Sie – als Entwickler – die Sichtbarkeit, indem Sie explizit Ihre Prozeduren, Funktionen und Variablen generell mit `Public` oder `Private` deklarieren. Sie erhöhen damit auch die Übersichtlichkeit in Ihrem Code.

Wenn Sie die Sichtbarkeit für eine Variable festlegen möchten, müssen Sie das Schlüsselwort `Dim` durch das Schlüsselwort `Public` oder `Private` ersetzen. Betrachten Sie dazu das Beispiel in Listing 2.14:

Listing 2.14   Deklaration von Variablen unter Verwendung von *Public* und *Private*

```
' Deklaration einer Variable auf Modulebene
  Private mstrVariableModul       As String
' Deklaration einer Variable auf Anwendungsebene
  Public  gstrVariableAnwendung  As String
```

ACHTUNG Wenn Sie in einem Modul eine globale Variable mit dem Schlüsselwort `Dim` deklarieren, ist diese Variable nur in diesem Modul sichtbar. Das heißt, die Deklaration einer Variablen auf Modulebene mit `Dim` ist äquivalent zu der Deklaration mit `Private`.

Wenn Sie für eine `Sub`-Prozedur oder einer `Function`-Funktion keine Angabe zur Sichtbarkeit machen, so ist diese öffentlich, also `Public`.

Grundkonzepte zur Programmierung

Computerprogramme können anhand verschiedener Ansätze entwickelt werden, die je nach Programmiersprache mehr oder weniger unterstützt werden. Zwei dieser Ansätze sind der prozedurale und der objektorientierte Ansatz, die nachfolgend vorgestellt werden und für VBA von wesentlicher Bedeutung sind.

VBA kombiniert den prozeduralen und objektorientierten Ansatz und ist weder eine rein prozedurale noch eine rein objektorientierte Programmiersprache. So steht bei der Erstellung eigener VBA-Anwendungen häufig der prozedurale Ansatz im Vordergrund, da in der Regel die Makros in einzelne Untermakros aufgeteilt und in Module organisiert werden.

HINWEIS Die Mischform der beiden Ansätze ist übrigens keine Eigenheit von VBA, sondern findet sich auch in weiteren Sprachen wieder, wie beispielsweise C++ oder PHP.

Wenn Sie jedoch in Ihrem Code auf VBA-Excel-Funktionen zugreifen, tritt wiederum der objektorientierte Ansatz von VBA stärker hervor, denn Excel stellt seine Funktionalität nur über ein sogenanntes Objektmodell zur Verfügung und einige VBA-Fähigkeiten, wie das Erstellen benutzerdefinierter Dialogfelder, fordern vom Entwickler ein Grundverständnis der ereignisorientierten Programmierung, welche auf dem objektorientierten Ansatz aufsetzt.

Es ist somit wichtig, die Grundlagen zu beiden Ansätzen zu kennen, um diese effektiv nutzen zu können.

Prozedurale Programmierung

Bei der prozeduralen Programmierung werden die Aufgaben des Programms in kleine und überschaubare Teilaufgaben zerlegt. Je geschickter hierbei vorgegangen wird, desto effektiver lassen sich diese Teile wieder miteinander kombinieren und im Code wiederverwenden.

Die Fähigkeit zur Parametrisierung von Prozeduren und Funktionen erlaubt es, diese unabhängiger von der eigentlichen Problemstellung zu implementieren und somit besser wiederzuverwerten.

Ein Beispiel zur Veranschaulichung: nehmen wir an, eine sehr vereinfachte Form der Excel-Funktion *SUMMENPRODUKT()* soll in VBA nachgebildet werden. Dabei soll das Summenprodukt von genau vier Ganzzahlen berechnet werden können.

Wenn Sie zur Analyse der Funktionsweise der Excel-Funktion in einer Tabelle in den Zellen A1, A2 sowie B1 und B2 jeweils die vier Zahlen 1,2, 3 und 4 eintragen würden, ließe sich die Excel-Funktion wie folgt anwenden:

```
SUMMENPRODUKT(A1:A2; B1:B2) mit A1=1, A2=2, B1=3 und B3=4
```

Das Ergebnis der Excel-Funktion ist gleich 11, also (1 mal 3) plus (2 mal 4). Diese Berechnung enthält zwei Multiplikationen und eine Addition, wobei für die Summenbildung die Teilergebnisse der Multiplikation verwendet werden. Würden Sie eine solche Zerlegung in Grundrechenarten anhand von Excel-Funktionen durchführen, ergäbe sich in diesem Fall die zum Summenprodukt äquivalente folgende Formel:

```
SUMMENPRODUKT(A1:A2; B1:B2) = SUMME(PRODUKT(A1;B1);PRODUKT(A2;B2))
```

In VBA erscheint es somit sinnvoll, für die Teilaufgaben ebenfalls die zwei Funktionen `Multiplikation` und `Addition` vorzusehen und diese so zu gestalten, dass sie für weitere Anwendungsgebiete wiederverwendet werden können.

Abbildg. 2.4   Zerlegung der Berechnung eines Summenproduktes in einzelne Teilaufgaben

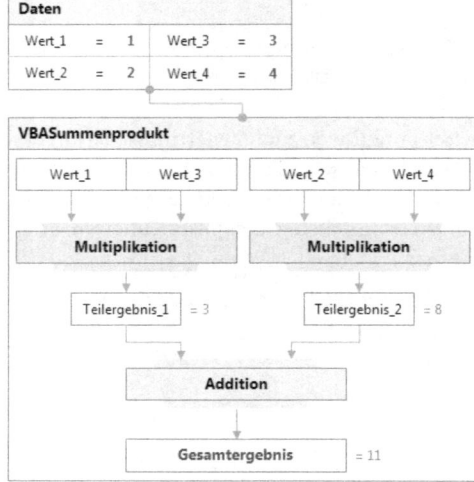

Abbildung 2.4 zeigt den Ablauf bei der Berechnung des Summenprodukts. Die Teilergebnisse der zwei Aufrufe der Funktion Multiplikation werden an die Funktion Addition weitergereicht, die dann das Endergebnis ermittelt.

Vorausgesetzt, die beiden Funktionen zur Addition und Multiplikation wären implementiert, würde der Code zur Berechnung des Summenprodukts wie folgt aussehen:

Listing 2.15   Summenprodukt in VBA mit Aufruf bereits implementierter Unterfunktionen

```
Public Function VBASummenprodukt(a As Long, b As Long, c as Long, d as Long) As Long
    VBASummenprodukt = Addition(Multiplikation(a, c), Multiplikation(b, d))
End Function
```

Nehmen wir nun an, im Laufe der Zeit müsste der Code um eine Nachbildung der Excel-Funktion *QUADRATESUMME()* erweitert werden:

```
QUADRATESUMME(A1;A2) mit A1=2 und A2=4 – entspricht 2 x 2 + 4 x 4 = 20
```

Ähnlich dem Summenprodukt lässt sich die Berechnung der Quadratsumme wieder in Multiplikationen und Additionen zerlegen. Der Unterschied besteht darin, dass jedoch nur zwei Parameter anzugeben sind, die jeweils mit sich selbst multipliziert und deren Ergebnisse addiert werden.

Abbildung 2.5 zeigt die Zerlegung zur Berechnung der Quadratsumme. Bis auf die Anordnung und Anzahl der Eingangsparameter ist das Berechnungsschema dasselbe wie beim Summenprodukt.

Abbildg. 2.5   Zerlegung der Berechnung einer Quadratsumme in einzelne Teilaufgaben

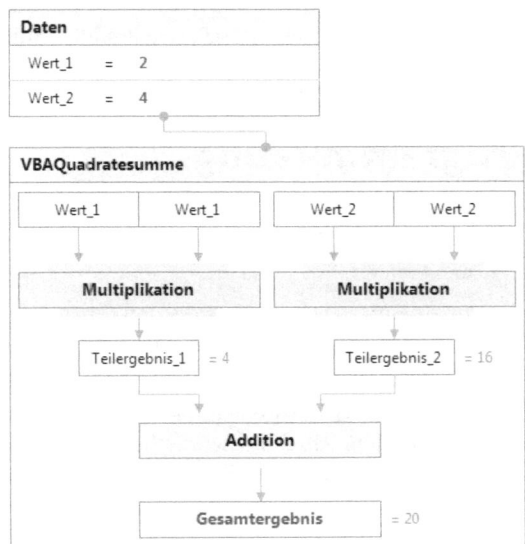

In VBA sieht der Aufruf wie folgt aus und verwendet die bereits implementierten Funktionen.

Listing 2.16 Quadratsumme in VBA mit Aufruf bereits implementierter Unterfunktionen

```
Public Function VBAQuadratesumme(x As Long, y As Long) As Long
  VBAQuadratesumme = Addition(Multiplikation(x, x), Multiplikation(y, y))
End Function
```

Sie sehen, die beiden Funktionen zur Addition und Multiplikation finden eine erneute Verwendung.

Es gibt übrigens verschiedene Ansätze, wie Sie zur Zerlegung Ihrer Anwendung in Teilaufgaben vorgehen können. Sie können die Aufgaben Ihrer Anwendung aus Funktionssicht betrachten und diese schrittweise in Teilaufgaben zerlegen. Oder Sie betrachten Ihre Anwendung aus Sicht der zu verarbeitenden Daten, bilden hieraus möglichst zusammengehörige Gruppen und implementieren für diese entsprechend zugehörige Operationen.

TIPP   Es gibt nicht immer einen eindeutigen Weg zur Zerlegung der Aufgaben einer Anwendung in Teilaufgaben. Deswegen kann es auch keine pauschale Anleitung hierzu geben.

Indizien, eine Zerlegung vorzunehmen, sind beispielsweise wenn Sie an verschiedenen Stellen öfter denselben Code verwenden, der sich nur durch wenige Parameter voneinander unterscheidet, oder wenn Sie eine Prozedur schreiben, die sich über mehrere Seiten hinweg erstreckt und allein schon durch ihre Größe an Übersichtlichkeit leidet.

Es kann vorkommen, dass eine mögliche Zerlegung nicht immer auf Anhieb erkennbar ist, sondern dass sich diese während der Entwicklung ergibt. Das ist kein Drama, allerdings sollten Sie ab dem Zeitpunkt des Erkennens die Zerlegung alsbald vornehmen, denn Code, der im Laufe der Zeit immer komplexer wird, ist wiederum aufwändiger zu zerlegen.

Wir werden in vielen Teilen dieses Buches den prozeduralen Ansatz weiter verfolgen und die vorgestellten Beispiele in Module einteilen und/oder kleinere Funktionseinheiten bilden, zumal der prozedurale Ansatz in VBA für vielerlei Problemstellungen völlig ausreichend ist.

Objektorientierte Programmierung

Beim objektorientierten Ansatz werden für die Aufgaben des Computerprogramms möglichst in sich geschlossene Einheiten – sogenannte Objekte – gebildet. Ziel hierbei ist es, in sich geschlossene Strukturen mit definierten Schnittstellen zu schaffen.

Bei der objektorientierten Programmierung orientiert sich der Prozess der Zerlegung der Anwendungsaufgaben in einzelne Teilaufgaben recht nahe an der realen Welt und ist in vielen Fällen deutlich intuitiver.

Wie bereits im Abschnitt »Benutzerdefinierte Datentypen« ab Seite 71 erwähnt, bietet VBA Möglichkeiten zur Erstellung eigener Datentypen. In dem Abschnitt wurde beispielhaft die Erstellung eines Datentyps für Personen beschrieben, was nachfolgend wieder aufgegriffen wird.

Der benutzerdefinierte Datentyp gruppiert die drei Variablen Vorname, Nachname und Geburtsdatum. Wenn also eine Variable vom Datentyp Person erstellt wird, werden automatisch die drei Variablen mitangelegt.

Abbildg. 2.6   Der benutzerdefinierte Datentyp *Person*

Person	
Vorname	As String
Nachname	As String
Geburtsdatum	As Date

Um diesen eigenen Datentyp in Ihrem Code verwenden zu können, müssten Sie, je nach Bedarf, eine oder mehrere Variablen deklarieren. Zudem müsste Ihr Code auch Ein- und Ausgabeanweisungen enthalten. Je öfter Sie die Datenstruktur verwenden, umso wahrscheinlicher würden Sie im Laufe der Entwicklung Funktionen und Prozeduren erstellen, die parametergesteuert Operationen zur Verwaltung der Personendaten übernehmen und zentralisieren würden.

Aber was wäre, wenn Sie Ihrem Datentyp nach und nach um neue Elemente erweitern müssten? Oder wenn Sie für ein bestimmtes Projekt nur ganz spezifische Anpassungen der Ausgabefunktionen benötigten? In größeren Projekten kommt es in solchen Fällen öfter vor, dass letztendlich ein Wust von verstreuten Funktionen entsteht, der es immer schwerer macht, sich zurechtzufinden.

Praktischer wäre es, wenn die Datenstruktur selbst mit zusätzlichen Fähigkeiten ausgestattet wäre, wie beispielsweise einer Funktion zur Ausgabe des vollständigen Namens der Person und einer Funktion zur Berechnung des Alters der Person.

Abbildg. 2.7   Das Objekt *Person*

Person		
Vorname	As String	
Nachname	As String	Eigenschaften
Geburtsdatum	As Date	
:		
Function NameAusgeben() **As** String		
Function AlterAusgeben() **As** Long		Methoden
:		

Abbildung 2.7 stellt den erweiterten Datentyp schematisch dar, der um die zwei Funktionen NameAusgeben und AlterAusgeben ergänzt wurde. Diese Form des mit zusätzlichen Fähigkeiten ausgestatteten Datentyps wird in der objektorientierten Programmierung als *Objekt* bezeichnet. Objekte kapseln bzw. gruppieren ihre Daten und kommunizieren mit der Außenwelt über Schnittstellen.

Die Daten, wie in dem Beispiel der Vorname, der Nachname und das Geburtsdatum, werden als *Eigenschaften* bezeichnet. Die Schnittstellen zur Kommunikation mit dem Objekt nennen sich *Methoden* und verhalten sich wie Prozeduren und Funktionen.

Entwickler, die das Objekt verwenden, müssen sich nur an die Spezifikation der Schnittstellen halten und müssen keine Details zu der Implementierung des Objektes kennen. In Objekten kann die Sichtbarkeit von Variablen, Prozeduren und Funktionen ebenfalls gesteuert werden. Das heißt, dass im Objekt interne, von außen nicht sichtbare Funktionen enthalten sein können, die beispielsweise die Zuweisung von Werten für Eigenschaften überprüfen.

Durch die spezifizierten Schnittstellen ergeben sich auch weitere Vorteile. Stellt sich zum Beispiel heraus, dass ein Fehler im Code zu dem Objekt vorhanden ist, kann in der Regel eine Korrektur unabhängig von dem Code, der das Objekt verwendet, erfolgen. Somit entsteht gewöhnlich weniger Pflegeaufwand für das Gesamtprojekt.

Oder es werden Optimierungen im Code des Objektes vorgenommen und dabei interne Variablen ergänzt. Diese Änderungen werden im Normalfall ebenfalls keinen Pflegeaufwand für den Code nach sich ziehen, der das Objekt verwendet.

Auch bei der der objektorientierten Programmierung können im Laufe der Zeit neue Anforderungen an die Anwendung entstehen. Hierzu sieht das Konzept der objektorientierten Programmierung einen Vererbungsmechanismus vor, wo Kindobjekte die Eigenschaften und Methoden von einem oder mehreren Objekten erben und neue Objekte entstehen.

Den Kindobjekten können neue Eigenschaften und/oder Methoden hinzugefügt werden, und die Funktionsweise bestehender Methoden kann teilweise oder komplett verändert werden. Dadurch lassen sich beispielsweise spezialisierte Objekte erstellen.

VBA unterstützt leider keine Vererbung, sodass diese Möglichkeiten der objektorientierten Programmierung in VBA nicht genutzt werden können.

HINWEIS   Der Code, der ein Objekt implementiert, nennt sich Klasse. Eine Klasse ist wie ein Bauplan des Objektes zu verstehen. Das Erzeugen eines Objektes nennt sich Instanziieren. Ein Objekt ist somit eine Instanz seiner Klasse.

Damit VBA den Zugriff auf Eigenschaften und Methoden von gewöhnlichen Zugriffen auf Variablen, Prozeduren oder Funktionen unterscheiden kann, wird dem Zugriff das Objekt vorangestellt und ein Punkt als Bindungsglied verwendet.

Nachfolgend ein abstrakter Beispielcode, der einen Teil einer Filmverwaltung repräsentieren soll. Dazu stellt er unter anderem die zwei Objekte Regisseur und Produzent vom Typ Person zur Verfügung:

```
' Abstraktes Beispiel für den Zugriff auf die beiden Objekte Regisseur und Produzent
  Dim Regisseur As Person
  Dim Produzent As Person

  Regisseur.Vorname = "Karl"
  Regisseur.Nachname = "Klammer"

  Produzent.Vorname = "John"
  Produzent.Nachname = "Smith"

  MsgBox Regisseur.NameAusgeben  ' Zeigt als Ergebnis Karl Klammer an
  MsgBox Produzent.NameAusgeben  ' Zeigt als Ergebnis John Smith an
```

Bei beiden Objekten werden zu Beginn des Codes die Eigenschaften Vorname und Nachname gesetzt. Es folgt anschließend zweimal der Aufruf der Methode NameAusgeben, die den Namen in einem Dialogfeld ausgibt. Das abstrakte Beispiel zeigt übrigens auch, dass beide Objekte die gleichen Methoden und Eigenschaften völlig unabhängig voneinander zur Verfügung stellen.

Eigenschaften können in der objektorientierten Programmierung einen beliebigen Typ annehmen, also auch den eines Objekts. Um auf dem vorherigen Beispiel aufzubauen, nehmen wir an, eine Anwendung würde die Filme ebenfalls als Objekte verwalten. Das Objekt Film würde, neben den involvierten Personen, eigene Eigenschaften und Methoden zur Verfügung stellen.

Abbildg. 2.8   Das Objekt *Film* mit Eigenschaften vom Typ *Person*

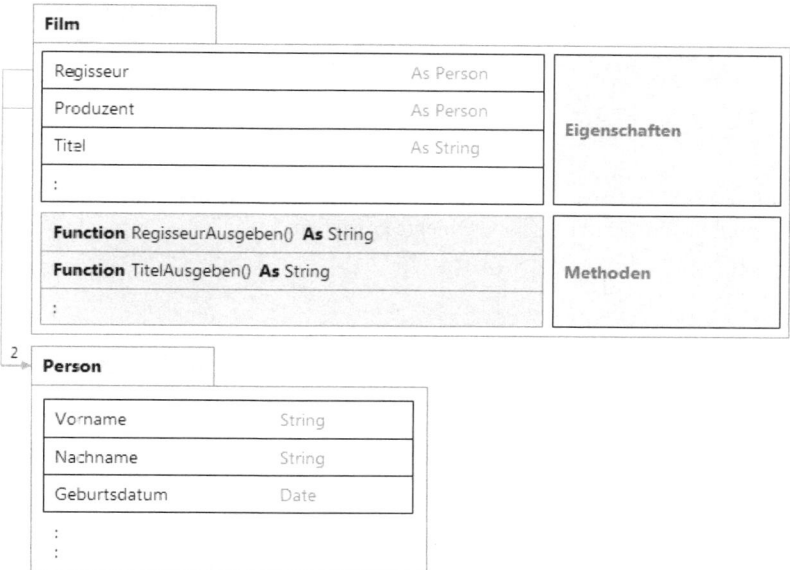

Abbildung 2.8 stellt das neue Objekt Film schematisch und vereinfacht dar. Die Objektvariablen Regisseur und Produzent sind im Objekt Film gekapselt, und beide sind vom Typ Person. Wenn Sie nun Code implementieren würden, der auf ein einzelnes Filmobjekt zugreift, würde ein solcher Pseudocode wie folgt aussehen:

```
' Abstraktes Beispiel für den Zugriff auf ein Filmobjekt und Personenobjekte
Dim Dokumentarfilm As Film

Dokumentarfilm.Titel = "Reise nach China"

Dokumentarfilm.Regisseur.Vorname = "Karl"
Dokumentarfilm.Regisseur.Nachname = "Klammer"

Dokumentarfilm.Produzent.Vorname = "John"
Dokumentarfilm.Produzent.Nachname = "Smith"

MsgBox Dokumentarfilm.Regisseur.NameAusgeben
MsgBox Dokumentarfilm.TitelAusgeben
```

Im Code wird zunächst der Titel des Films angegeben. Anschließend werden die Daten für den Regisseur und den Produzenten über die entsprechenden Eigenschaften gesetzt. Diese sind jedoch beide vom Typ Person, welcher ein Objekt darstellt. Insofern kann die Zuweisung des Vornamens und des Nachnamens nicht direkt in den Eigenschaften Regisseur und Produzent erfolgen, sondern es muss auf die entsprechenden Eigenschaften des Objekts Person zugegriffen werden. Auf dieselbe Weise können die Methoden des Objekts Person ausgeführt werden.

Die Schreibweise mit den Punkten als Bindeglied erinnert übrigens sehr an die Beispiele der Aufzeichnungen des Makrorekorders aus dem ersten Kapitel, nicht wahr?

Excel denkt in Objekten, und deren Verwendung geschieht auf ähnliche Art und Weise, wie in den vorherigen Beispielen erläutert. Das Excel-Objektmodell ist das zentrale Thema im dritten Kapitel und wird dort detaillierter vorgestellt.

Kapitel 3

Das Excel-Objektmodell verstehen und erforschen

In diesem Kapitel:

In diesem Kapitel werden Sie das Excel-Objektmodell und dessen Hierarchie erforschen, und Sie werden erfahren, wie Sie die einzelnen Objekte über VBA-Code ansprechen können. Zudem erfahren Sie, welche Hilfsmittel der VBA-Editor zur Verfügung stellt und wie diese in der Praxis eingesetzt werden.

Der Aufbau einer Excel-Arbeitsmappe

Bevor wir zum Excel-Objektmodell an sich kommen, lassen Sie uns zunächst untersuchen, wie eine Arbeitsmappe in Excel aufgebaut ist.

Abbildg. 3.1   Aufbau einer Arbeitsmappe in Excel

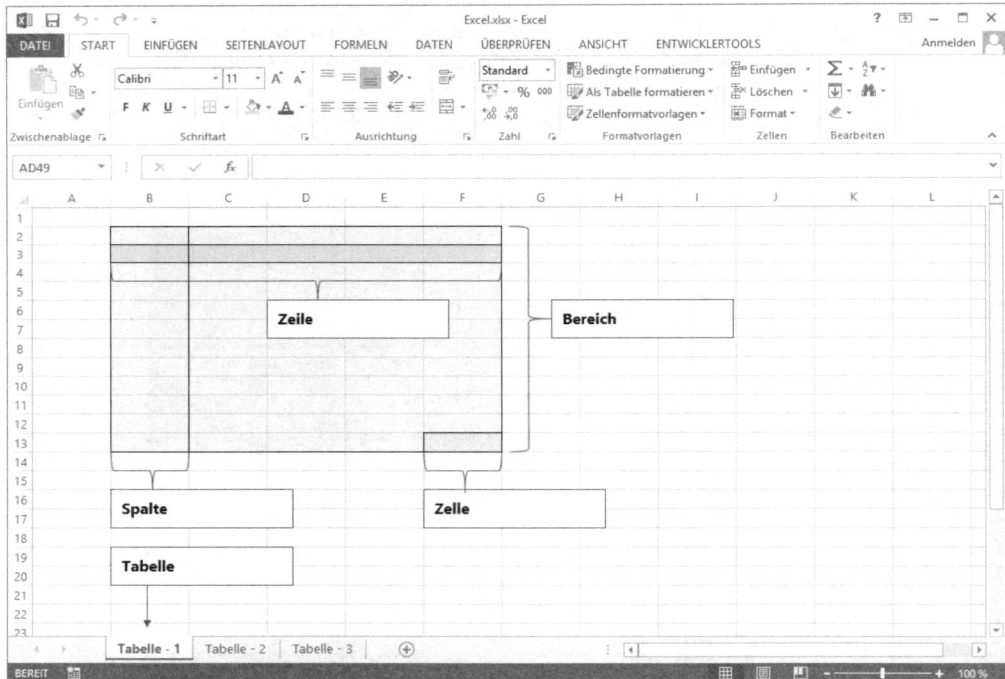

Abbildung 3.1 zeigt eine Arbeitsmappe, die drei Arbeitsblätter enthält und die übliche Begriffe zu Excel-Tabellen optisch hervorhebt. Jede Tabelle – oder in Microsoft Terminologie auch Arbeitsblatt – innerhalb einer Arbeitsmappe beinhaltet Zellen, die in Spalten und Zeilen organisiert sind. Die Spalten werden durch einen Buchstaben bzw. eine Buchstabengruppe gekennzeichnet und die Zeilen einfach durchnummeriert. Zellen können in Bereiche zusammengefasst werden, um Gruppen von Zellen zu adressieren. Und die Arbeitsmappe selbst ist eine Datei, die von der Anwendung geladen wird.

Stellen Sie sich nun vor, Sie müssten eine Hierarchie in Form einer Baumstruktur erstellen, die die Elemente einer Arbeitsmappe und deren Beziehungen visualisiert.

Es lässt sich schnell erkennen, dass eine Tabelle nicht für sich allein existieren kann. Eine Tabelle benötigt eine Arbeitsmappe, in der sie enthalten ist. Somit müssten die Tabellen in einer Baumstruktur unterhalb einer Arbeitsmappe einsortiert sein. Genauso benötigt eine Zelle eine Tabelle, die diese darstellt und verwaltet. Die Spalten, Zeilen, Bereiche und Zellen sind demnach unterhalb einer Tabelle einzusortieren. Die Excel-Anwendung selbst kann mehrere Arbeitsmappen verwalten bzw. öffnen, weshalb an oberster Stelle Microsoft Excel stehen müsste.

Abbildg. 3.2   Hierarchie von Elementen in Excel

Abbildung 3.2 stellt dieses Zusammenspiel und Beziehungsgeflecht dar und führt auf der rechten Seite die englischen Bezeichner einzelner Elemente auf, die Sie kennen sollten, da VBA ja nur Englisch spricht.

Übrigens: diese Hierarchie findet sich auch in Bezügen innerhalb von Formeln wieder. Drei Beispiele:

```
=SUMME($A$1:$A$4)
=SUMME(Januar!$A$1:$A$4)
=SUMME([Umsatz.xlsx]Januar!$A$1:$A$4)
```

Die Excel-Funktion *SUMME()* referenziert im ersten Beispiel den Bereich *$A$1:$A$4* und bezieht sich auf die Tabelle, in der die Funktion abgelegt ist. Im zweiten Beispiel referenziert die Excel-Funktion zwar denselben Zellbereich, spricht jedoch dabei die Tabelle *Januar* an. Und im dritten Beispiel referenziert die Excel-Funktion die Tabelle *Januar* einer anderen Arbeitsmappe, in diesem Falle *Umsatz.xlsx*.

HINWEIS Wenn Sie in Ihren Tabellen Formeln mit Bezügen erstellen, verwenden Sie implizit die Hierarchie. Diese spiegelt sich in der Syntax zu den Bezügen wieder. So ist ein Bezug zu einer anderen Tabelle über das Ausrufezeichen zu kennzeichnen.

In der Hierarchie ist aber auch zu sehen, dass Elemente des gleichen Typs mehrfach vorkommen können. So beinhaltet eine Arbeitsmappe *eine oder mehrere* Tabellen und eine Tabelle beinhaltet X Zeilen mit Y Spalten, die insgesamt X*Y Zellen darstellen.

TIPP In Excel 2003 sind 256 Spalten und 65.536 Zeilen pro Tabelle möglich. Seit Excel 2007 sind 16.384 Spalten und 1.048.576 Zeilen pro Tabelle vorhanden.

Jedes Element muss, damit es in Formeln verwendet werden kann, eindeutig adressiert werden können. Für Zellen sind das die Zelladressen, für Tabellen deren Namen und für Arbeitsmappen die Dateinamen. In VBA geschieht das in ähnlicher Weise. Wie, erfahren Sie im nächsten Abschnitt.

Das Excel-Objektmodell verstehen

Im zweiten Kapitel wurden die Grundprinzipien der objektorientierten Programmierung vorgestellt. So gruppieren und kapseln Objekte ihre Daten bzw. Eigenschaften und stellen Schnittstellen in Form von Methoden zur Verfügung, die es ermöglichen, Daten zu verändern oder abzurufen.

Ein Objekt kann instanziiert werden, und es ist natürlich möglich, mehrere Objekte des gleichen Typs über Variablen zu erstellen. Entsprechend diesem Modell stellt Excel VBA seine Funktionalität zur Verfügung.

Jedes Element in Excel, seien es Arbeitsmappen, Arbeitsblätter, Zellen und deren Rahmen und Schriftart, Diagramme oder Pivot-Tabellen, wird in VBA als Objekt mit Eigenschaften und Methoden abgebildet. Und je nach Typ sind mehr oder weniger unterschiedliche Methoden und Eigenschaften für jedes Objekt verfügbar.

Abbildung 3.3 zeigt das VBA-Äquivalent der Hierarchie aus Abbildung 3.2. Jedem der aufgeführten Objekte wird ein Parameter übergeben, der ein Element in der Hierarchie spezifiziert. Beispielsweise wird durch die Angabe von Umsatz.xlsx festgelegt, dass die Arbeitsmappe Umsatz.xlsx angesprochen werden soll. In ähnlicher Weise geschieht das für die Tabellen, Zeilen, Spalten und Bereiche.

Beachten Sie, dass die Wörter Workbooks und Worksheets auf der linken Seite der Abbildung den Plural des auf der rechten Seite der Abbildung aufgeführten Objekttyps bilden. Im Excel-Objektmodell gibt es eine ganze Reihe von Objekten, die durch ein Wort im Plural benannt werden. Häufig handelt es sich hierbei um sogenannte Auflistungen, die intern eine Liste eines bestimmten Objekttyps verwalten und Funktionen zur Verfügung stellen, um auf die einzelnen Elemente der Liste zuzugreifen.

Abbildg. 3.3   Umsetzung der Hierarchie in VBA

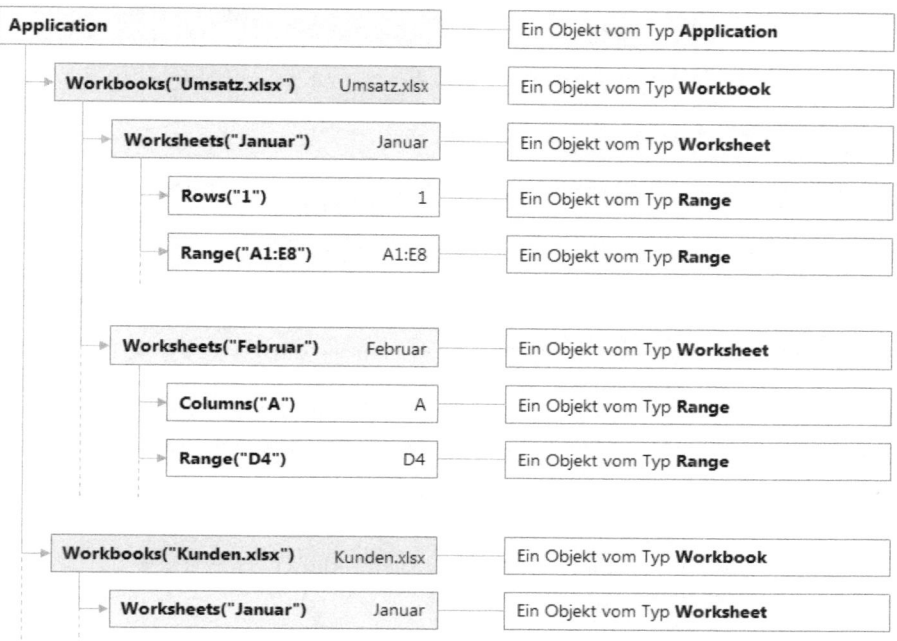

In der Regel ist aus dem Namen der Auflistung erkennbar, welcher Objekttyp von der Auflistung verwaltet wird. So verwalten die Auflistungen Workbooks und Worksheets jeweils eine Liste von einzelnen Arbeitsmappen und Tabellen.

Eine Besonderheit stellt das Objekt Range dar. Über dieses Objekt können Sie sehr flexibel einen beliebigen Zellbereich ansprechen, indem Sie die Bereichsadresse angeben. Hierbei ist auch die Angabe kompletter Spalten wie A:A oder kompletter Zeilen wie 1:1 möglich. Und ein Bereich kann natürlich ebenfalls nur aus einer einzigen Zelle bestehen, wie z.B. A1 oder B2.

VBA stellt Ihnen verschiedene Wege zur Verfügung, um einzelne Zellen und/oder Bereiche per Code anzusprechen. Welchen Weg Sie wählen, hängt von dem gewünschten Einsatzzweck, aber manchmal auch von Ihren persönlichen Vorlieben ab. Im Hintergrund steht aber immer das Objekt Range, weshalb sich in Abbildung 3.3 dieser Objekttyp hinter der Angabe von Columns oder Rows verbirgt.

Excel-Objekte per Code in VBA ansprechen

Die Hierarchie im Excel-Objektmodell spiegelt sich auch in den Beziehungen wider, die die einzelnen Objekte untereinander eingehen. Abbildung 3.4 visualisiert – zugegeben, etwas vereinfacht – diese Beziehungen.

Abbildg. 3.4 Vereinfachte Darstellung der Beziehungen von Objekten im Excel-Objektmodell

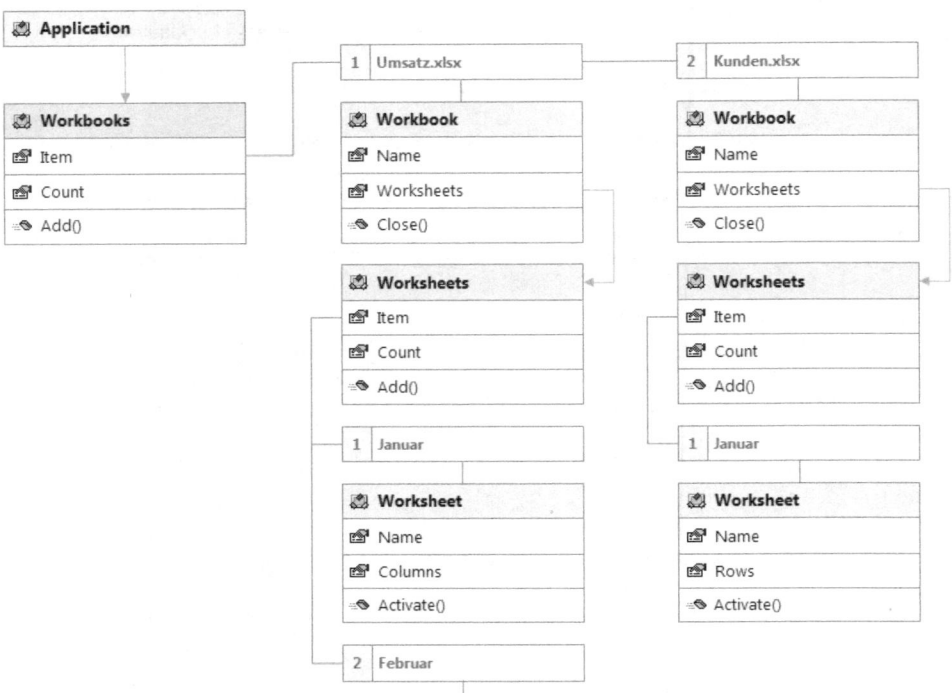

Ausgehend von der Excel-Anwendung wird in die zwei Mappen Umsatz.xlsx und Kunden.xlsx via der Auflistung Workbooks verzweigt. Jede Mappe wird durch ein Objekt des Typs Workbook repräsentiert und enthält eine Auflistung vom Typ Worksheets mit allen Tabellen, die jeweils durch Objekte des Typs Worksheet repräsentiert werden.

Aus objektorientierter Sicht heißt dies, dass das Objekt Application eine Eigenschaft vom Typ Workbooks enthält. Das Objekt Workbooks verwaltet eine durchnummerierte Liste von Objekten des Typs Workbook. Das Objekt Workbook beinhaltet wiederum eine Eigenschaft vom Typ Worksheets, die eine Liste der Tabellen in der Mappe verwaltet. Jedes Arbeitsblatt wird durch ein Worksheet-Objekt repräsentiert.

PROFITIPP Excel bedient sich oftmals bei der Benennung von Eigenschaften, die eine Auflistung darstellen, eines kleinen Tricks, und zwar heißt die Eigenschaft genauso wie der Objekttyp.

Dies ist beispielsweise beim Objekt Application der Fall, wo die Eigenschaft zur Auflistung der Mappen Workbooks denselben Namen wie das Objekt trägt.

Abbildung 3.4 zeigt zudem pro aufgeführtem Objekt einen kleinen Auszug der verfügbaren Eigenschaften und Methoden an. In der Abbildung ist jedem Element ein kleines Symbol vorangestellt, welches seinen Typ kennzeichnet. Auf diese Symbole wird zu einem späteren Zeitpunkt detaillierter eingegangen. Methoden unterscheiden sich in der Abbildung von den Eigenschaften zudem dadurch, dass ihren Namen Klammern folgen und jeder Name ein Verb ist.

Wenn Sie aus der Arbeitsmappe Kunden.xlsx heraus eine Verknüpfung zu dem Wert in der Zelle A1 aus der Tabelle Januar in der Arbeitsmappe Umsatz.xlsx herstellen würden, müssten Sie im Bezug sowohl die Zelladresse als auch die Namen der Arbeitsmappe und der Tabelle angeben. Eine solche Formel, die zudem auch davon ausgeht, dass beide Mappen in Excel geöffnet sind, würde sich wie folgt präsentieren:

```
=[Umsatz.xlsx]Januar!A1
```

Die Formel befolgt hierbei die Syntax, dass Dateinamen mit eckigen Klammern zu umschließen und Tabellennamen von Zelladressen per Ausrufezeichen zu trennen sind. Auch in VBA wird, ähnlich zur Excel-Formel, eine Art Reihenfolge für den Codezugriff gebildet. Die VBA-Syntax gibt jedoch den Punkt als Trennzeichen zwischen den Elementen vor:

```
Workbooks("Umsatz.xlsx").Worksheets("Januar").Range("A1").Value
```

Den beiden Auflistungen für die Arbeitsmappen und Tabellen wird jeweils ein Name in Textform übergeben und am Ende der Kette steht die Eigenschaft Value, die den Wert der Zelle repräsentiert. Die Kette entspricht übrigens der Systematik des Zugriffs auf verschachtelte Objekte, die im zweiten Kapitel anhand des Beispiels zur Filmverwaltung vorgestellt wurde.

Wenn Sie die Kette nun so erweitern, dass auch die Excel-Anwendung als das oberste Element in der Hierarchie berücksichtigt wird, ergibt sich die folgende vollständige Referenzierung der Zelle A1:

```
Application.Workbooks("Umsatz.xlsx").Worksheets("Januar").Range("A1").Value
```

Ein sehr langes Konstrukt, wie Sie sicherlich schon bemerkt haben. Und nicht gerade besonders handlich, wenn man viele Anweisungen schreiben muss. Welche Möglichkeiten gibt es nun, um den Code kürzer zu gestalten? Häufig finden sich, beispielsweise in Foren, Codebeispiele, in denen einige Anweisungen zur Referenzierung einfach weglassen werden. Dazu zwei Beispiele:

```
Worksheets("Januar").Range("A1").Value    ' Bezieht sich auf die aktive Mappe
Range("A1").Value                         ' Bezieht sich auf die aktive Tabelle
```

Dies bedeutet: je weniger Sie referenzieren, umso tiefer bewegen Sie sich in der Hierarchie, denn VBA bezieht sich dann auf das aktive Element und stellt die Referenzierung implizit wieder her.

Wenn Sie die Referenzierung nur mit der Angabe von Range starten, beziehen Sie sich auf die aktive Tabelle der aktiven Arbeitsmappe sowie auf die Excel-Instanz, die den Code ausführt. Starten Sie mit Worksheets, beziehen Sie sich auf die aktive Arbeitsmappe innerhalb der ausführenden Excel-Instanz, und starten Sie mit Workbooks, befinden Sie auf der Ebene der aktuellen Excel-Instanz.

Das ist übrigens auch einer der Gründe, warum häufig Code, der unvollständig referenzierte Anweisungen verwendet, wiederum mit Anweisungen gepaart wird, die eine Arbeitsmappe oder eine Tabelle per Code auswählen.

Stellen Sie sich die Situation vor, wo Sie in hintereinander verschiedene Bereiche von einer Tabelle in eine andere Tabelle kopieren müssten. Ein unvollständig referenzierter Code müsste bei jedem Kopiervorgang zunächst die Quelltabelle aktivieren, dann den Bereich auswählen und in die Zwischenablage kopieren. Danach müsste die Zieltabelle aktiviert und der Inhalt aus der Zwischenablage dort wieder eingefügt werden. Der Code würde zwar funktionieren, aber als Nebeneffekt würden Sie ein Flackern des Bildschirms bemerken, was nicht nur unschön ist, sondern die Ausführung des Codes auch deutlich verlangsamt.

Somit ist das Weglassen von Referenzierungen eine höchst uneffektive Methode, um Tipparbeit zu sparen oder den Code kürzer zu gestalten.

WICHTIG   Durch eine vollständige bzw. bewusst vom Entwickler angegebene Referenzierung der verwendeten Objekte lassen sich viele Probleme in VBA vermeiden.

Eine effektive Möglichkeit zur Verkürzung von Anweisungen wurde bereits im ersten Kapitel vorgestellt: die Verwendung von With.

```
With Application.Workbooks("Umsatz.xlsx").Worksheets("Januar")
  .Range("A1").Value = 1
  .Range("B1").Value = 2
End With
```

Eine weitere Möglichkeit besteht darin, eine temporäre Objektvariable anzulegen und die Referenzierung über diese Variable durchzuführen. Diese Methode wird erstmals später im Abschnitt »Mit Verweisen arbeiten« zum Einsatz kommen.

HINWEIS   Es kann natürlich auch Situationen geben, wo ganz bewusst ein Bezug zur der aktiven Arbeitsmappe oder zu dem aktiven Arbeitsblatt hergestellt werden soll. Dazu können und sollten ActiveWorkbook und ActiveWorksheet verwendet werden, die zum Zeitpunkt ihrer Ausführung jeweils die aktive Mappe und die aktive Tabelle ansprechen. Falls nur Bezug auf die Mappe genommen werden soll, in welcher der Code enthalten ist, bietet sich ThisWorkbook an.

Mit Auflistungen arbeiten

Auflistungen verwalten eine Liste von Objekten und stellen zu deren Abruf verschiedene Möglichkeiten zur Verfügung. Zudem bieten Auflistungen diverse Methoden an, um z.B. der Liste neue Elemente hinzuzufügen.

Die Auflistungsobjekte werden von Excel verwaltet und stellen dementsprechend auch nur Elemente bereit, die tatsächlich existieren. Falls ein Zugriff auf ein nicht (mehr) vorhandenes Element versucht wird, entsteht ein Laufzeitfehler. Beispiel: Sie versuchen auf eine Arbeitsmappe per Code zuzugreifen, die bereits geschlossen wurde. Ihre Anwendung würde den Laufzeitfehler 9 melden: »Index außerhalb des gültigen Bereichs.«

Der Abruf einzelner Objekte innerhalb von Auflistungen kann entweder über einen Zahlenindex oder durch die Angabe eines Schlüssels in Textform erfolgen. Der Schlüssel ist immer eindeutig, das heißt, es kann in einer Auflistung keine zwei Elemente geben, die denselben Schlüssel haben. Als Schlüssel wird meistens der Name zum gesuchten Element verwendet, also z.B. für Arbeitsmappen der Dateiname oder für Tabellen der Tabellenname.

HINWEIS   Das ist auch der Grund, warum innerhalb einer Excel-Instanz keine zwei Mappen mit demselben Namen geöffnet sein können. VBA könnte diese nicht ansprechen. Genauso verhält es sich auch mit Tabellen innerhalb einer Mappe.

In Listing 3.1 werden die beiden möglichen Varianten vorgestellt, um den Namen eines einzelnen Elements aus der Tabellenauflistung Worksheets abzurufen.

Listing 3.1   Zugriff auf Eigenschaften von Elementen der Auflistung *Worksheets*

```
Option Explicit

Sub TabellennamenAnzeigen()
'   Indexbasierter Zugriff
    MsgBox ThisWorkbook.Worksheets(1).Name
    MsgBox ThisWorkbook.Worksheets(2).Name

'   Schlüsselbasierter Zugriff
    MsgBox ThisWorkbook.Worksheets("Inhalt").Name
    MsgBox ThisWorkbook.Worksheets("INHALT").Name

End Sub
```

Durch ThisWorkbook wird im Code der Start der Referenzierung so gewählt, dass auf die Mappe Bezug genommen wird, worin sich der Code befindet. Es folgt der Zugriff auf die Auflistung Worksheets, und die Angabe des Indexes bzw. Schlüssels ermöglicht den Zugriff auf ein Element der Auflistung, welches eine Tabelle darstellt. Schließlich erfolgt der Zugriff auf die Eigenschaft Name des Tabellenobjekts.

ACHTUNG   Die index- und schlüsselbasierten Zugriffe auf die Auflistung liefern einen Verweis auf ein Objekt, welches von der Auflistung verwaltet wird.

Öffnen Sie die Beispieldatei zu Listing 3.1 und führen Sie die Prozedur TabellennamenAnzeigen aus. Es werden Ihnen zunächst zwei Dialogfelder angezeigt, die die Tabellennamen *Inhalt* und *Übungstabelle* enthalten.

Die zwei darauf folgenden Dialogfelder zeigen Ihnen jeweils nur den Namen der Tabelle *Inhalt* an. Dies bedeutet, dass der schlüsselbasierte Zugriff keine Groß- und Kleinschreibung berücksichtigt.

ONLINE   Sie finden die Arbeitsmappe mit dem Code zu Listing 3.1 und zu Listing 3.2 Ordner \Buch\Kap03 in der Datei *Bsp03_01.xlsm*.

Vertauschen Sie nun in der Arbeitsmappe die Position der beiden Tabellen *Inhalt* und *Übungstabelle* und führen Sie den Code erneut aus. Beim indexbasierten Zugriff wird *Übungstabelle* nun als erstes und *Inhalt* als zweites angezeigt, während keine Veränderung beim schlüsselbasierten Zugriff erfolgt.

Der schlüsselbasierte Zugriff ist somit unabhängig von der Position der Tabelle in der Mappe, während der indexbasierte Zugriff unabhängig von dem Namen der Tabelle erfolgt.

Das Objekt Worksheets kann aber auch ein wenig mehr, als nur den Zugriff auf die einzelnen Tabellen zu gewähren. So stellt das Objekt einige weitere Eigenschaften zur Verfügung, wie die Eigenschaft Count, die zum Abruf der Anzahl der vorhandenen Tabellen dient. Methoden wie Add oder Move dienen dazu eine neue Tabelle hinzuzufügen oder die Position einer bestehenden Tabelle zu verändern.

Listing 3.2 Zugriff auf die Eigenschaft *Count* der Auflistung *Worksheets*

```
Sub TabellenAnzahlAnzeigen()
  MsgBox ThisWorkbook.Worksheets.Count
End Sub
```

Die Prozedur TabellenAnzahlAnzeigen ruft die aktuelle Anzahl der vorhandenen Tabellen in der Mappe ab, die den Code enthält. Wenn Sie eine neue Tabelle hinzufügen und die Prozedur erneut ausführen, ändert sich auch die Anzahl der Tabellen.

Mit Verweisen arbeiten

In VBA können Variablen nicht nur mit den Standarddatentypen angelegt werden, sondern auch Variablen vom Typ Objekt. Dies funktioniert sowohl mit Excel-Objekten als auch mit eigenen Objekten. Dieser Abschnitt behandelt den Einsatz solcher Variablen für Excel-Objekte.

Nehmen wir an, Sie möchten in der Tabelle *Übungstabelle* die Inhalte der Zellen A1 und B1 mit *Hallo Welt 1* und *Hallo Welt 2* überschreiben. Der Code in Listing 3.3 führt hierzu die Prozedur TabellendatenAendernEins auf.

Listing 3.3 Inhalt der Zellen A1 und B1 verändern

```
Option Explicit
Sub TabellendatenAendernEins()
  ThisWorkbook.Worksheets("Übungstabelle").Range("A1").Value = "Hallo Welt 1"
  ThisWorkbook.Worksheets("Übungstabelle").Range("B1").Value = "Hallo Welt 2"
End Sub
```

Wie in den vorherigen Abschnitten erläutert, wurde eine möglichst vollständige Referenzierung der Tabelle gewählt. Da sich die Tabelle in der Mappe befindet, die auch den Code enthält, ist die Verwendung von ThisWorkbook an dieser Stelle ausreichend.

> **HINWEIS** Alternativ kann auch Application.Workbooks("Bsp03_02.xlsm") anstelle von ThisWorkbook verwendet werden.

Eine modifizierte Variante des Codes, die Gebrauch von einer Objektvariablen macht, ist in Listing 3.4 aufgeführt.

Listing 3.4 Inhalt der Zellen A1 und B1 bei Verwendung einer Objektvariablen verändern

```
Sub TabellendatenAendernZwei()
  Dim wksTabelle As Worksheet

'  Verweis setzen
  Set wksTabelle = ThisWorkbook.Worksheets("Übungstabelle")

'  Änderungen durchführen...
  wksTabelle.Range("A1").Value = "Hallo Welt 1"
  wksTabelle.Range("B1").Value = "Hallo Welt 2"

'  Verweis entfernen
  Set wksTabelle = Nothing
End Sub
```

Zunächst wird die Variable wksTabelle deklariert, die den Typ Worksheet annimmt. Anschließend wird der Variablen ein Verweis auf die Tabelle zugewiesen, wobei hier das Schlüsselwort Set auftaucht. Die Angabe des Schlüsselworts Set ist zum Setzen eines Verweises Pflicht. Falls Sie dieses weglassen oder vergessen, erhalten Sie einen Laufzeitfehler.

Anschließend wird die Objektvariable verwendet, um die beiden Zellinhalte zu schreiben. Und zum Schluss wird der Verweis wieder explizit gelöscht, indem die Variable auf Nothing gesetzt wird.

ONLINE   Sie finden die Arbeitsmappe mit dem vollständigen Code zu Listing 3.3, zu Listing 3.4 und zu Listing 3.5 im Ordner \Buch\Kap02 in der Datei *Bsp03_02.xlsm*.

Das Entfernen des Verweises löscht nicht das Objekt, sondern gibt nur den vom Verweis belegten Speicherplatz frei. In der Regel werden in VBA Verweise auf Excel-Objekte innerhalb von Prozeduren bzw. Funktionen automatisch nach Beendigung dieser gelöscht.

WICHTIG   Auch wenn in VBA ein Automatismus zur Löschung von Verweisen vorhanden ist, empfiehlt es sich, Ihre Verweise per eigenem Code zu löschen, wenn Sie diese nicht mehr benötigen. Einerseits zeugt dies von gutem Programmierstil und andererseits wird der Code lesbarer und verständlicher.

Verweise auf ein Objekt können wie Zeiger verstanden werden, die dazu dienen, Manipulationen am Objekt durchzuführen, als würde man das Objekt direkt verwenden. Das heißt aber auch, dass mehrere Verweise auf ein Objekt sich gegenseitig beeinflussen, wenn eine Änderung am Objekt über einen Verweis durchgeführt wird. Listing 3.5 enthält eine Prozedur, die dies genauer verdeutlicht.

Listing 3.5   Interaktion von Verweisen auf dasselbe Objekt

```
Sub TabellendatenVerweistest()
  Dim wksTabelleEins As Worksheet
  Dim wksTabelleZwei As Worksheet

'   Verweise setzen
  Set wksTabelleEins = ThisWorkbook.Worksheets("Übungstabelle")
  Set wksTabelleZwei = ThisWorkbook.Worksheets("Übungstabelle")

'   Zelle D1 anhand des ersten Verweises überschreiben...
  wksTabelleEins.Range("D1").Value = "Hallo Welt in Zelle D1"

'   Abrufen des Werts über den zweiten Verweis
  MsgBox wksTabelleZwei.Range("D1").Value

'   Verweise entfernen
  Set wksTabelleEins = Nothing
  Set wksTabelleZwei = Nothing
End Sub
```

Der Code setzt in einem ersten Schritt beide Objektvariablen wksTabelleEins und wksTabelleZwei auf Objekte, die die Übungstabelle repräsentieren. Anschließend erfolgt eine Änderung des Inhaltes der Zelle D1 über den ersten Verweis. Es folgt ein Abruf des Werts aus D1 über den zweiten Verweis, der genau den zuvor gesetzten Wert zurückgibt. Somit wirkt sich die Änderung, die über den ersten Verweis durchgeführt wurde im selben Moment auf den zweiten Verweis aus.

Sie haben es sicherlich schon bemerkt: die in den vorangegangenen Codebeispielen verwendeten Variablennamen wurden durch ein Präfix gekennzeichnet. Im zweiten Kapitel wurde für Objektvariablen – Typ Object – das Präfix obj eingeführt. Dieses ist recht neutral, weshalb für Objektvariablen, die einen Typ des Excel-Objektmodells einnehmen, weitere Präfixe zum Einsatz kommen. Tabelle 3.1 listet die gebräuchlichsten Präfixe auf.

Tabelle 3.1   Präfixe zur Benennung von Objektvariablen für Excel-Objekte

Excel Objekt	Präfix	Hinweis
Chart	cht	Diagramm
Shape	shp	Form, z.B. Rechteck
Sheet	sht	Blatt jeder Art
Range	rng	Bereich
Workbook	wkb	Arbeitsmappe
Worksheet	wks	Arbeitsblatt

Das Excel-Objektmodell untersuchen

In diesem Abschnitt werden Sie das Excel-Objektmodell anhand einiger Beispiele weiter untersuchen und erfahren, wie Sie den Objektkatalog nutzen und wie VBA Hilfe zur Selbsthilfe leistet.

In Listing 3.6 ist eine Prozedur aufgeführt, die den Anwendungsnamen, die Version und den Titel des Excel-Anwendungsfensters abruft sowie jeweils in einem Dialogfeld anzeigt.

Listing 3.6   Abrufen von Eigenschaften zum Objekt *Application*

```
Option Explicit

Sub ExcelInfosAbrufen()
'   Name der Anwendung anzeigen
    MsgBox Application.Name

'   Version der Anwendung anzeigen
    MsgBox Application.Version

'   Überschrift der Anwendung anzeigen
    MsgBox Application.Caption
End Sub
```

Die Anzeige der internen Excel-Version ist natürlich davon abhängig, welche Version Sie nutzen. Es werden für Excel 2013, Excel 2010 und Excel 2007 die Versionsnummern 15.0, 14.0 und 12.0 angezeigt. Sie könnten somit beispielsweise eine Versionsabfrage in Ihren Anwendungen durchführen und entsprechend in versionsabhängige Prozeduren in Ihrem Code verzweigen.

Das dritte Dialogfeld zeigt die Überschrift des Anwendungsfensters an, wobei hier der Versionsunterschied zwischen Excel 2013 und kleineren Excel-Versionen ein wenig größer ist.

Abbildg. 3.5   Überschrift des Excel-Anwendungsfensters

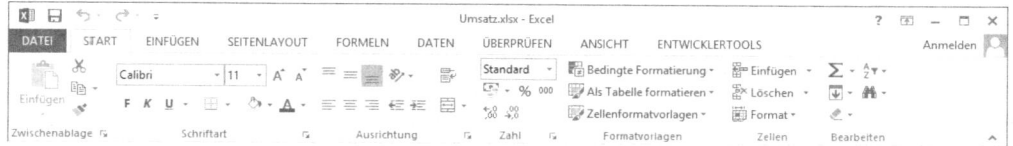

In Excel 2013 wird grundsätzlich der Name der Arbeitsmappe gefolgt von »Excel« angezeigt. In älteren Versionen wie z.B. Excel 2010 kann diese Anzeige variieren. Je nachdem, ob das geladene Dokument innerhalb des Anwendungsfensters maximiert ist oder nicht, wird der Dokumentname gefolgt von *Microsoft Excel* oder nur *Microsoft Excel* angezeigt.

WICHTIG   Excel 2013 kennt im Unterschied zu den vorherigen Versionen nur noch den Einzeldokumentmodus. Das heißt, dass keine Option mehr zur Verfügung steht, mehrere Dokumente innerhalb eines Anwendungsfensters anzuzeigen. Jedes Dokument wird in ein eigenes Anwendungsfenster inklusive dem Menüband geladen.

Manche Eigenschaften von Objekten sind schreibgeschützt. Das heißt, dass diese nicht per Code verändert werden können. Wird dies trotzdem versucht, erhalten Sie beim Kompilieren bzw. bei der Ausführung des Codes eine Fehlermeldung der Entwicklungsumgebung.

Für das Objekt `Application` sind die beiden Eigenschaften `Name` und `Version` schreibgeschützt, was nachvollziehbar ist, denn ein Anwendungsname und eine Versionsnummer sollten nicht per Code geändert werden dürfen.

ONLINE   Sie finden die Arbeitsmappe mit dem Code zu Listing 3.6, zu Listing 3.7 und zu Listing 3.8 im Ordner *Buch\Kap03* in der Datei *Bsp03_03.xlsm*.

Die Eigenschaft `Caption` hingegen ist per Code änderbar, wobei die Änderung nur solange Bestand hat, wie Excel geöffnet ist oder die Änderung wieder per Code zurückgesetzt wird.

Listing 3.7   Verändern der Eigenschaft *Caption* des Objekts *Application*

```
Sub ExcelTitelleisteAendern()
  Application.Caption = "Hallo Welt"
End Sub

Sub ExcelTitelleisteZuruecksetzen()
  Application.Caption = ""
End Sub
```

In Listing 3.7 wird in der ersten Prozedur der Eigenschaft `Caption` der Text `Hallo Welt` zugwiesen, und in der zweiten Prozedur wird sie wieder auf den Standardwert zurückgesetzt.

HINWEIS   Ihnen ist sicherlich aufgefallen, dass das Objekt `Application` das Zuweisen der Beschriftung auf eine leere Zeichenkette als Zurücksetzen auf den Standardwert interpretiert.

Es muss insofern in der internen Implementierung des Objekts `Application` ein entsprechender Mechanismus vorhanden sein. Dieses Beispiel verdeutlicht recht gut die Kapselung der Daten und der Implementierung durch das Objekt, die auch im zweiten Kapitel erläutert wurde.

Das etwas komplexere Beispiel in Listing 3.8 dient zur Veranschaulichung der Kombination der in diesem Kapitel vorgestellten Verfahren für den Abruf und das Verändern von Excel-Objekten sowie die Nutzung von Objektverweisen. Der Code erzeugt eine neue Arbeitsmappe, fügt in deren erste Tabelle in Zelle A1 einen Text ein und setzt einen Rahmen um die Zelle.

Listing 3.8   Kombinieren der vorgestellten Verfahren für den Umgang mit Excel-Objekten

```
Sub MappeErstellen()
    Dim intMappen As Integer
    Dim rngZelle  As Range

'   Anlegen einer neue Mappe
    Application.Workbooks.Add

'   Index der neuen Mappe ermitteln
    intMappen = Application.Workbooks.Count

'   Objektverweis setzen
    Set rngZelle = Application.Workbooks(intMappen).Worksheets(1).Range("A1")

'   Wert in Zelle A1 in der ersten Tabelle der neuen Mappe setzen
    rngZelle.Value = "Hallo"

'   Rahmen in Zelle A1 in der ersten Tabelle der neuen Mappe setzen
    rngZelle.Borders(xlEdgeTop).LineStyle = xlContinuous
    rngZelle.Borders(xlEdgeRight).LineStyle = xlContinuous
    rngZelle.Borders(xlEdgeBottom).LineStyle = xlContinuous
    rngZelle.Borders(xlEdgeLeft).LineStyle = xlContinuous

'   Objektverweis löschen
    Set rngZelle = Nothing

'   Diese Mappe wieder aktivieren
    ThisWorkbook.Activate
End Sub
```

Zunächst wird die Methode Add der Auflistung Workbooks aufgerufen, um die neue Mappe zu erzeugen. Diese wird von VBA automatisch an das Ende der Liste aller geöffneten Mappen platziert und zudem aktiviert. Gleichzeitig wird der Zähler Count der Auflistung Workbooks ebenfalls automatisch von VBA um eins erhöht. Somit kann die Eigenschaft Count als Index verwendet werden, um Zugriff auf die neue Mappe zu erhalten. Zur besseren Lesbarkeit wird dieser Index in der Variable intMappen abgelegt.

Die Objektvariable rngZelle legt einen Verweis auf die Zelle A1 der ersten Tabelle der neuen Mappe fest. Dies trägt dazu bei, den Folgecode schlanker zu halten, weil nun diese Variable anstelle einer langen, von der Anwendung bis zur Zelle reichenden Objektkettenangabe verwendet werden kann.

Das Objekt Borders repräsentiert den Zellrahmen, der in Excel ebenfalls eine Auflistung darstellt – ein weiteres Beispiel, wo der Plural auf die Auflistung hindeutet – und dessen Elemente über die Angabe einer Konstante angesprochen werden. Jede Konstante steht für eine Kante des Zellrahmens. Abschließend wird der Objektverweis wieder gelöscht und die Mappe, worin der Code enthalten ist, über den Aufruf der Methode Activate aktiviert.

Sie werden sich möglicherweise bereits gefragt haben, ob man die zahlreichen Eigenschaften und Methoden auswendig kennen muss. Ja und Nein. Ja deswegen, weil das Beherrschen von grundlegenden Methoden und Eigenschaften von Vorteil ist. Nein, weil VBA Ihnen die Möglichkeit bietet, mit Ihren Projekten zu wachsen, und Ihnen einige unterstützende Hilfsmittel zur Verfügung stellt, die nachfolgend erläutert werden.

IntelliSense verwenden

Wenn Sie den Namen einer Eigenschaft oder Methode nicht immer parat haben, aber wissen, dass dieser beispielsweise mit einem bestimmten Anfangsbuchstaben anfängt, ist IntelliSense – oder auch die automatische Vervollständigung von Anweisungen – sehr hilfreich.

IntelliSense lässt Sie aber auch untersuchen, welche weiteren Eigenschaften bzw. Methoden sich hinter einem Objekt verbergen, denn IntelliSense arbeitet kontextsensitiv und zeigt nur die im Kontext verfügbaren Elemente an.

IntelliSense ist im VBA-Editor immer aktiv und tritt dann zum Vorschein, wenn Sie beispielsweise einen Objektnamen oder eine Objektvariable gefolgt von einem Punkt eingeben. Der VBA-Editor zeigt Ihnen dann in einer Liste die Eigenschaften und Methoden an.

Bei jedem Buchstaben, den Sie nach dem Punkt eingeben, wird die Liste so gekürzt, dass nur noch zu den bereits eingegebenen Buchstaben passende Einträge verbleiben.

Abbildg. 3.6   IntelliSense im VBA-Editor

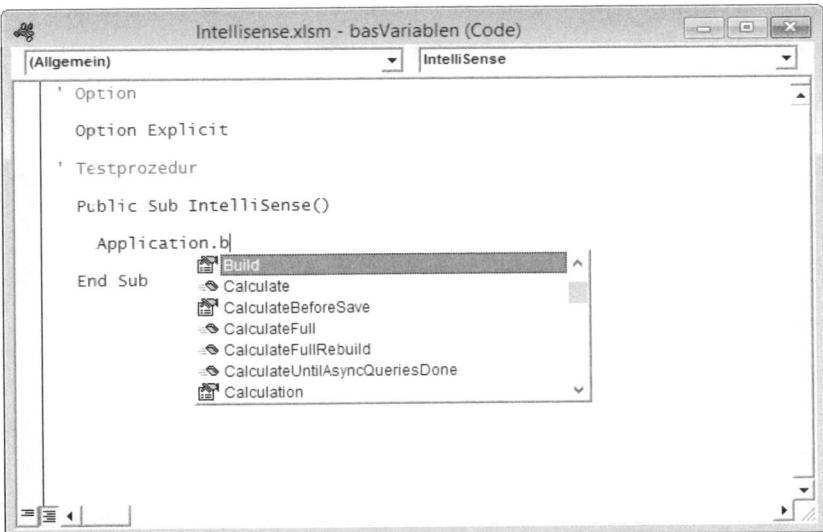

Mit der Maus können Sie einen Listeneintrag per Doppelklick übernehmen. Falls Sie lieber die Tastatur verwenden, wählen Sie zunächst den gewünschten Eintrag im Listenfeld mit den Pfeiltasten ⌈↑⌉ oder ⌈↓⌉ aus. Drücken Sie anschließend die Taste ⌈⇥⌉ oder ⌈Leertaste⌉, um den Eintrag zu übernehmen. Über die ⌈Esc⌉-Taste verlassen Sie IntelliSense, ohne Änderungen durchzuführen.

IntelliSense kann auch zur Vervollständigung von Wörtern während der Eingabe verwendet werden. Dazu muss die Tastenkombination ⌈Strg⌉+⌈Leertaste⌉ verwendet werden. Je nach Eindeutigkeit des bereits eingegebenen Teilbegriffs erscheint eine Auswahlliste oder nicht. Würden Sie beispielsweise Applic eingeben und die Tastenkombination drücken, würde die Eingabe zu Application ergänzt. Würden Sie jedoch nur App eingeben und die Tastenkombination drücken, erhielten Sie eine Auswahlliste mit weiteren Vorschlägen.

HINWEIS   IntelliSense wird nur dann aktiv, wenn der VBA-Editor das dem Punkt vorausgehende Objekt erkennt und eindeutig identifizieren kann. Leider gibt es Situationen, wo IntelliSense entgegen den Erwartungen nicht zur Verfügung steht, wie z.B. bei Angabe von Worksheets(1). In solchen Fällen erweist sich ebenfalls die Verwendung von Objektvariablen als hilfreich.

Den Objektkatalog verwenden

Ein weiteres Hilfemittel, welches VBA zur Erkundung des Excel-Objektmodells zur Verfügung stellt, ist der Objektkatalog. Der Objektkatalog listet alle verfügbaren Objekte, deren Eigenschaften, Methoden und Ereignisse auf – letztere werden Sie später kennenlernen. Auch Ihre eigenen Prozeduren und Funktionen tauchen im Objektkatalog auf. Es gibt verschiedene Wege, um den Objektkatalog in der Entwicklungsumgebung aufzurufen:

- Drücken Sie die F2 -Taste
- Oder rufen Sie den Menübefehl *Ansicht/Objektkatalog* auf
- Oder klicken Sie in der Symbolleiste *Voreinstellung* auf das Symbol *Objektkatalog*

Der Objektkatalog präsentiert sich in einem eigenem Fenster, welches sich in verschiedene Bereiche gliedert.

Abbildg. 3.7   Der Objektkatalog in der Entwicklungsumgebung

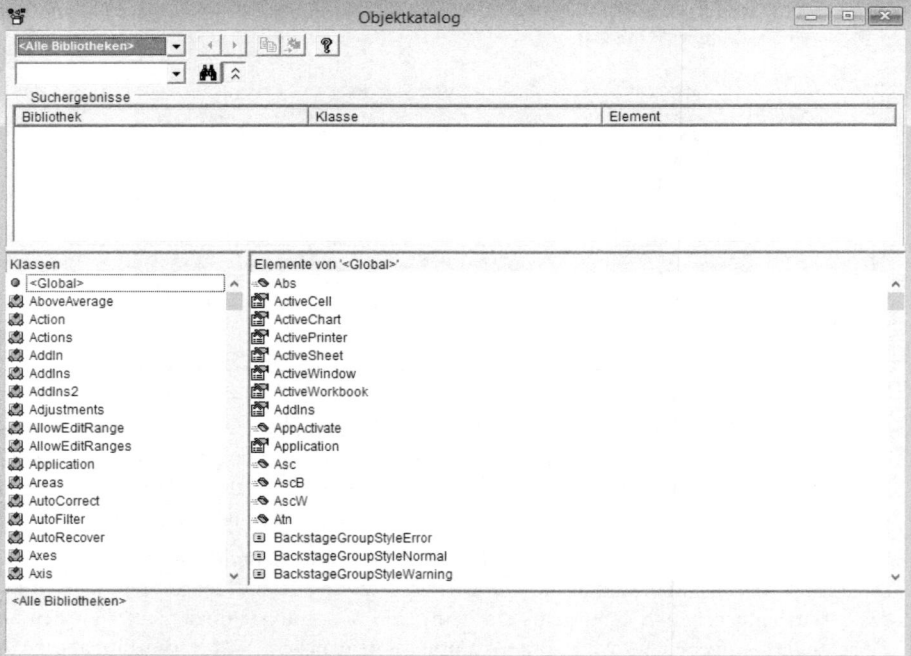

Im oberen Bereich befinden sich ein Listenfeld zur Auswahl einer Bibliothek sowie ein Eingabefeld für Suchbegriffe. Falls nach einem Begriff gesucht wird, werden die Treffer in der Liste unterhalb des Eingabefelds angezeigt. Die Anzeige der Suchergebnisse lässt sich auch ein- und ausblenden, indem das Symbol neben dem Fernglas angeklickt wird.

HINWEIS   Excel bzw. Office verwaltet seine Objekte in Bibliotheken, um eine Trennung zwischen anwendungsübergreifenden und anwendungsspezifischen Objekten zu erreichen.

So sind alle Objekte, die Excel betreffen, in der Bibliothek *Excel* abgelegt, während die Bibliothek *Office* Objekte zur Verfügung stellt, die alle Office-Anwendungen betreffen, z.B. die Spracheinstellungen. Auch VBA-Objekte, wie zum Beispiel für den Zugriff auf das Dateisystem, sind in einer eigenen Bibliothek namens *VBA* abgelegt.

Ihre eigenen Funktionen, Prozeduren usw. sind im Objektkatalog ebenfalls aufgelistet, und zwar unter *VBAProject* (sofern Sie für Ihr Projekt den Standard-Projektnamen beibehalten haben).

Der mittlere Bereich im Objektkatalog ist in die Ansichten *Klassen* und *Elemente von* zweigeteilt. Im Bereich *Klassen* werden alle Objekte und Aufzählungen der ausgewählten bzw. aller Bibliotheken aufgeführt. Im Bereich *Elemente von* werden die Eigenschaften, Methoden und Ereignisse einer ausgewählten Klasse bzw. Aufzählung aufgeführt.

HINWEIS   Sogenannte Aufzählungen sind in Excel-VBA als in Gruppen zusammengefasste Konstanten zu sehen, also wie ein eigener Datentyp, der nur Konstanten enthält. Zur Erstellung von Aufzählungen wird das Schlüsselwort Enum verwendet.

Im unteren Bereich des Objektkatalogs erscheint die Deklaration bzw. Definition des Elements, welches im zweigeteilten Bereich markiert wurde. Diese Definition der Elemente folgt einem festen Schema, sodass Sie mit ein bisschen Übung recht schnell erkennen können, um welche Art Element es sich handelt, welche Parameter das Element gegebenenfalls erwartet und welcher Datentyp verwendet wird.

Nachfolgend werden beispielhaft einige ausgewählte Einträge vorgestellt, und Sie erfahren, wie Sie diese interpretieren können. Sie sollten zu Übungszwecken die Schritte im Objektkatalog nachvollziehen.

```
Class Application
   Element von Excel
```

Wenn Sie im Bereich *Klassen* auf das Objekt *Application* klicken, erscheint im unteren Bereich dessen Definition (*Class Application*). Wie Sie bereits aus dem zweiten Kapitel wissen, ist eine Klasse der Bauplan des Objekts bzw. der Objektimplementierung. Es wird zudem die Bibliothek *Excel* angezeigt, aus der das Objekt stammt.

Wenn Sie im Bereich *Klassen* bis zum Element *XlCalculation* scrollen und dieses anklicken, erhalten Sie im unteren Bereich die Anzeige:

```
Enum XlCalculation
   Element von Excel
```

Hier handelt es sich um eine Aufzählung, die drei Konstanten gruppiert. Wenn Sie auf eine dieser Konstanten wie z.B. *xlCalculationAutomatic* klicken, erscheint als Definition:

```
Const xlCalculationAutomatic = -4105 (&HFFFFEFF7)
   Element von Excel.XlCalculation
```

Dem Dezimalwert -4105 folgt zu Informationszwecken eine Hexadezimalangabe und der Bibliothek *Excel* der Name der Aufzählung. Letztere lassen sich auch anklicken und führen direkt zu den entsprechenden Objekten bzw. Aufzählungen.

Wählen Sie im Bereich *Klassen* das Objekt *Worksheet* und in der Elementliste den Eintrag *Code-Name*. Sie erhalten die folgende Anzeige:

```
Property CodeName As String
   schreibgeschützt
   Element von Excel.Worksheet
```

Das Schlüsselwort *Property* signalisiert Ihnen, dass es sich hier um eine Eigenschaft handelt. Zudem wird angegeben, dass die Eigenschaft schreibgeschützt ist. Und wie zuvor auch wird der Pfad zum Objekt angezeigt.

Suchen Sie nun den Eintrag *SetBackgroundPicture* aus der Elementliste heraus und klicken Sie diesen an. Folgende Deklaration der Prozedur wird Ihnen angezeigt:

```
Sub SetBackgroundPicture(Filename As String)
   Element von Excel.Worksheet
```

Die Prozedur erwartet einen Dateinamen als Argument, der vom Typ String sein muss. Die Angabe des Arguments ist verpflichtend. Wenn Sie jedoch den Eintrag *Paste* in der Elementliste anklicken, werden die Argumente mit eckigen Klammern umschlossen angezeigt. Dies bedeutet, dass beim Aufruf der Prozedur *Paste* die Angabe der Argumente optional ist. Wird die Angaben bei einem Aufruf weggelassen, verwendet Excel einen Standardwert.

```
Sub Paste([Destination], [Link])
   Element von Excel.Worksheet
```

Zudem wird bei den Argumenten kein Typ angegeben, weshalb sie dann implizit den Typ Variant annehmen.

Schließlich noch ein Beispiel für eine Funktion. Wählen Sie dazu in der Ansicht *Klassen* die Auflistung *Workbooks* sowie anschließend die Methode *Add* aus. Die Deklaration präsentiert sich wie folgt:

```
Function Add([Template]) As Workbook
   Element von Excel.Workbooks
```

Die Funktion beinhaltet einen optionalen Parameter vom Typ Variant und gibt einen Verweis auf ein Objekt vom Typ Workbook zurück.

Zusammenfassend lassen sich folgende Interpretationsregeln zum Objektkatalog ableiten, die übrigens auch in der Excel-VBA-Hilfe verwendet werden.

- Die erste Zeile beinhaltet die Deklaration des Elements

- Argumente sind typisiert, sofern es sich nicht um den Typ Variant handelt
- Optionale Argumente werden in eckigen Klammern angegeben
- Es erscheint gegebenenfalls ein Hinweis zum Schreibschutz
- Die Bibliothek und das dem Element zugehörige Objekt bzw. die Aufzählung werden angezeigt und verlinkt

Eine Besonderheit beinhaltet der erste Eintrag *Global* im Bereich *Klassen*. Dieser führt alle Elemente im entsprechenden Bereich auf, die global verfügbar sind. So tauchen beispielsweise ActiveWorkbook, ActiveSheet oder auch Range auf, was wiederum erklärt, warum diese Objekte auch auf globaler Ebene verfügbar sind.

Ihnen ist sicherlich schon aufgefallen, dass allen Elementen im Objektkatalog ein kleines Symbol vorangestellt ist. Jedes dieser Symbole spiegelt den Typ des Elements wider, also ob es sich um eine Klasse, Aufzählung, Konstante, Eigenschaft, Methode oder um ein Ereignis handelt. Bei den Methoden wird allerdings für das Symbol nicht zwischen Prozeduren und Funktionen differenziert. Tabelle 3.2 fasst die wichtigsten Symbole des Objektkataloges zusammen.

Tabelle 3.2   Symbole im Objektkatalog

Symbol	Bedeutung
	Bibliothek
	Global
	Klasse (Objekt)
	Aufzählung (Enumeration von Konstanten)
	Methode (Prozedur oder Funktion)
	Eigenschaft
	Ereignis
	Konstante

Die VBA-Online-Hilfe verwenden

Die VBA-Hilfe stellt eine erste Anlaufstelle dar, um Excel-Objekte detaillierter zu erforschen. Die Hilfethemen folgen, wie der Objektkatalog, einem Schema zum Aufbau der Dokumentation.

Die VBA-Hilfefunktion ist kontextsensitiv, das heißt, wenn Sie den Cursor im VBA-Editor auf ein Schlüsselwort positionieren und die Taste F1 drücken, wird in der Regel das passende Thema in der VBA-Hilfe aufgerufen. Dies funktioniert nicht nur für Schlüsselwörter, wie Sub oder Function, sondern auch für Excel-Objekte und deren Elemente, und es funktioniert auch im Objektkatalog. Wenn Sie dort ein Element markieren und per F1 die Hilfe aufrufen, springt die Online-Hilfe ebenfalls direkt zum passenden Thema.

> **WICHTIG** Seit Excel 2013 ist die VBA-Hilfe nicht mehr offline verfügbar, sondern es muss eine aktive Internetverbindung bestehen, um die Inhalte abrufen zu können.

Tabelle 3.3 führt die wichtigsten Dokumentkonventionen auf, die in der VBA-Online-Hilfe verwendet werden.

Tabelle 3.3 Dokumentkonventionen in der Online-Hilfe zu VBA

Beispiel	Beschreibung
Sub	Wörter in Fettdruck, deren erster Buchstabe ein Großbuchstabe ist, stehen für sprachspezifische Schlüsselwörter in der Online-Hilfe
Ausdruck	Wörter in kursiver Schrift repräsentieren Elemente, die von Ihnen angegeben werden müssen, wie beispielsweise Argumente für Funktionen
[Ausdruck]	In eckigen Klammern aufgeführte Elemente sind optional
**[Private	Public] Sub**	Mehrere durch einen Balken getrennte und von eckigen Klammern umschlossene Elemente ermöglichen Ihnen die optionale Angabe eines der aufgeführten Elemente
**{Private	Public	Dim}**	Mehrere durch einen Balken getrennte und von geschweiften Klammern umschlossene Elemente verpflichten Sie zur Angabe eines der aufgeführten Elemente

Abbildung 3.8 zeigt beispielhaft einen Screenshot der VBA-Online-Hilfe zur Function-Anweisung, die die in Tabelle 3.3 aufgeführten Konventionen nutzt.

Abbildg. 3.8 Beispiel zur VBA-Online-Hilfe für die Anweisung *Function*

Function-Anweisung

Office 2013 | Dieser Artikel wurde noch nicht bewertet - Dieses Thema bewerten.

Deklariert den Namen, die Argumente und den Code für den Rumpf einer **Function**-Prozedur.

Syntax

[**Public** | **Private** | **Friend**] [**Static**] **Function** *name* [(*arglist*)] [**As** *type*]
[*statements*]
[*name* = *expression*]
[**Exit Function**]
[*statements*]
[*name* = *expression*]

End Function

Die Syntax der **Function**-Anweisung besteht aus folgenden Teilen:

Bestandteil	Beschreibung
Public	Optional. Gibt an, dass auf die **Function**-Prozedur von allen anderen Prozeduren in allen Modulen zugegriffen werden kann. Wenn dieses Argument in einem Modul verwendet wird, das eine **Option Private**-Anweisung enthält, kann auf die Prozedur nur innerhalb des Projekts zugegriffen werden.
Private	Optional. Gibt an, dass auf die **Function**-Prozedur nur von anderen Prozeduren in dem Modul zugegriffen werden kann, in dem sie deklariert wurde.

Wenn Sie diese Anweisung verwenden, können Sie entweder keines oder eines der drei Schlüsselwörter Public, Private oder Friend angeben. Anschließend steht Ihnen offen, das Schlüsselwort Static anzugeben oder nicht. Das Schlüsselwort Function ist hingegen verpflichtend. Es folgt der Name der Funktion, der angegeben werden sollte (in kursiv gesetzt), sowie optional eine Argumentliste. Ein Rückgabetyp für eine Funktion ist optional, aber wenn Sie diesen angeben, müssen Sie das Schlüsselwort As verwenden und den Datentyp spezifizieren.

Nach der Deklaration der Funktion folgen die Anweisungen. Eine Angabe zum vorzeitigen Beenden der Funktion mit Exit Function ist optional (eckige Klammern). Das Ende der Funktion muss schließlich über End Function gekennzeichnet werden.

Häufig sind die Themen zu den Excel-Objekten und zu deren Elementen in der VBA-Online-Hilfe so aufgebaut, dass diese einen Abschnitt zur Syntax, einen Abschnitt mit Bemerkungen, einen Abschnitt mit Code-Beispielen und einen Abschnitt mit weiterführenden Informationen enthalten.

Abbildg. 3.9 Beispiel zur VBA-Online-Hilfe für die Methode *Add* zum Objekt *Workbooks*

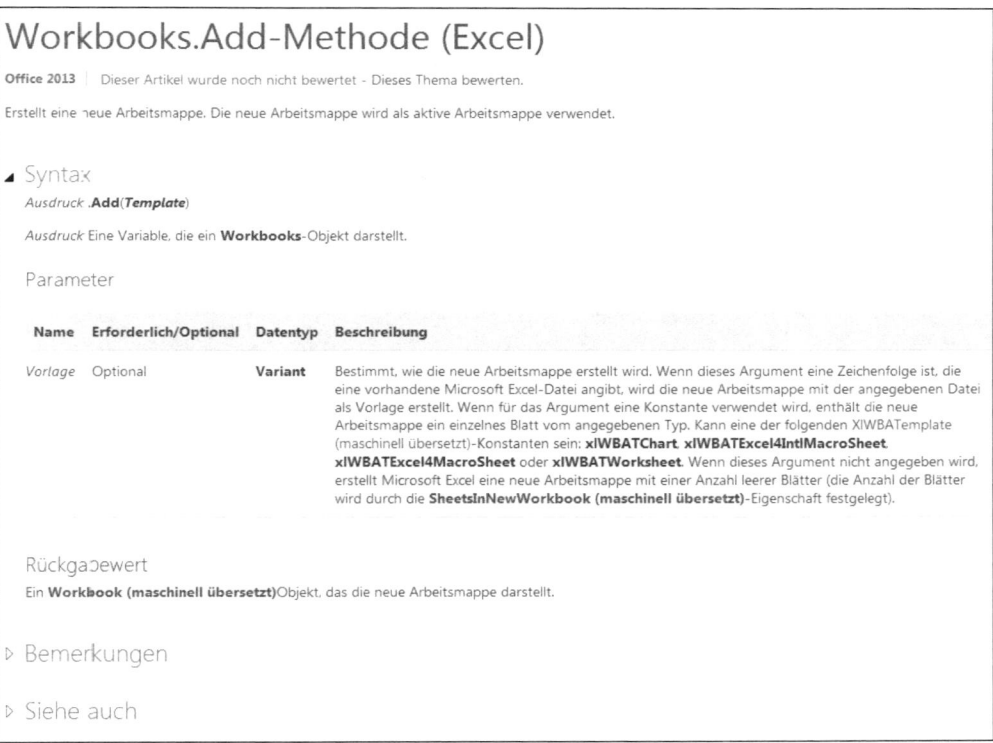

Abbildung 3.9 demonstriert diesen Aufbau an der Methode Add des Objekts Workbooks.

Teil B

Der Einstieg in die VBA-Programmierung

Kapitel 4

Dialogfelder verwenden

In diesem Kapitel:

In den vorangegangenen Kapiteln wurde häufig das Meldungsfeld MsgBox verwendet, um eine Ausgabe am Bildschirm anzuzeigen. Dieses Kapitel stellt die Verwendung von Meldungsfeldern detailliert vor und erläutert, wie Sie deren Verhalten und Aussehen mithilfe von Argumenten steuern können. Das Kapitel erläutert zudem, wie Sie benannte Argumente einsetzen, um diese über ihren Namen und unabhängig von der definierten Reihenfolge ansprechen zu können.

Der zweite Teils dieses Kapitels stellt Ihnen das Eingabedialogfeld InputBox vor, welches Ihnen ermöglicht, die Benutzer Ihrer Anwendung zu einer Eingabe aufzufordern und diese Eingaben zu verarbeiten. Abschließend lernen Sie, wie Sie in Excel integrierte Dialogfelder, wie z.B. zum Öffnen oder Speichern von Dateien, abrufen und verwenden können.

Meldungsfelder verwenden und parametrisieren

Von einer einfachen informellen Ausgabe bis hin zu Fehlermeldungen oder Ja-Nein-Abfragen; Meldungsfelder lassen sich über ihre Parametrisierung zu vielseitigen Zwecken verwenden. Ein Grund neben ihrer recht einfachen Programmierung, warum diese häufig in VBA verwendet werden.

So kann über ein Argument angegeben werden, ob das Meldungsfeld nur eine oder mehrere Schaltflächen und ein Symbol anzeigen soll. Als Schaltflächen können unter anderem *Ok*, *Abbrechen*, *Ja* oder *Nein* angezeigt werden. Die Symbole dienen zur Verdeutlichung der Meldung, beispielsweise, ob es sich um eine Fehlermeldung handelt.

HINWEIS Die Anzeige von Schaltflächen in Meldungsfeldern richtet sich nach der Sprache des Betriebssystems. Wenn Sie z.B. ein englisches Windows verwenden, zeigt Ihnen ein Meldungsfeld bei einer Ja-Nein-Abfrage die Schaltflächen *Yes* und *No* an.

Meldungsfelder geben bei ihrem Aufruf einen eindeutigen Zahlenwert zurück, der den Schaltflächen zugeordnet ist. Drückt der Benutzer z.B. die Schaltfläche *Ok* im Meldungsfeld, gibt das Meldungsfeld den Wert 1 zurück. Die Auswertung des Rückgabewertes ist zwar optional, aber sinnvollerweise dann notwendig, wenn beispielsweise eine Ja-Nein-Abfrage durchgeführt wird.

ACHTUNG Solange ein Meldungsfeld am Bildschirm angezeigt wird, kann weder in der Excel-Mappe noch in der Entwicklungsumgebung gearbeitet werden. Auch die Programmausführung ist bis zum Schließen des Meldungsfeldes unterbrochen.

Der einfachste Weg, ein Meldungsfeld zu programmieren, besteht darin, den Befehl MsgBox gefolgt von dem anzuzeigenden Text anzugeben. Das Meldungsfeld zeigt in diesem Falle den Text sowie die Schaltfläche *Ok* an.

Listing 4.1 Einfachste Form der Programmierung eines Meldungsfeldes

```
Public Sub MeldungsfeldEins()
  MsgBox "Ich bin Prozedur MeldungsfeldEins"
End Sub
```

In Listing 4.1 ist die einfachste Form aufgeführt. Der Text ist, da es sich ja um den Datentyp String handelt, mit doppelten Anführungszeichen zu umschließen.

ONLINE   Sie finden die Arbeitsmappe mit dem Code zu Listing 4.1, zu Listing 4.2, zu Listing 4.3 und zu Listing 4.4 im Ordner \Buch\Kap04 in der Datei Bsp04_01.xlsm.

Um die Funktion MsgBox genauer zu erforschen, rufen Sie die VBA-Online-Hilfe auf. Der einfachste Weg hierzu ist, die Beispieldatei zu öffnen, im VBA-Editor den Cursor auf das Wort MsgBox zu setzen und F1 zu drücken.

Abbildg. 4.1   Die Funktion *MsgBox* in der VBA-Online-Hilfe

MsgBox-Funktion

Office 2013 | Dieser Artikel wurde noch nicht bewertet - Dieses Thema bewerten.

Zeigt eine Meldung in einem Dialogfeld an und wartet darauf, dass der Benutzer auf eine Schaltfläche klickt. Es wird dann ein Wert vom Typ **Integer** zurückgegeben, der anzeigt, auf welche Schaltfläche der Benutzer geklickt hat.

Syntax

MsgBox(*prompt*[, *buttons*] [, *title*] [, *helpfile*, *context*])

Die Syntax der Funktion **MsgBox**-Funktion verwendet die folgenden benannten Argumente:

Teil	Beschreibung
prompt	Erforderlich. Ein Zeichenfolgenausdruck, der als Meldung im Dialogfeld angezeigt wird. Die maximale Länge von *prompt* beträgt etwa 1024 Zeichen, und zwar je nach Breite der verwendeten Zeichen. Wenn *prompt* mehr als eine Zeile aufweist, können Sie die Zeilen mit einem Wagenrücklauf-Zeichen (**Chr(13)**), einem Zeilenvorschub-Zeichen (**Chr(10)**) oder einer Kombination aus diesen beiden Zeichen (**Chr(13)** & **Chr(10)**) zwischen den einzelnen Zeilen trennen.
buttons	Optional. Dieser numerische Ausdruck ist die Summe der Werte, die die Anzahl und den Typ der anzuzeigenden Schaltflächen, den zu verwendenden Symbolstil, die Identität der Standardschaltfläche und die Modalität des Meldungsfelds angeben. Wird dieser Wert weggelassen, lautet der Standardwert für *buttons* 0.
title	Optional. Ein Zeichenfolgenausdruck, der in der Titelleiste des Dialogfelds angezeigt wird. Wenn Sie *title* nicht angeben, wird der Anwendungsname in der Titelleiste angezeigt.
helpfile	Optional. Ein Zeichenfolgenausdruck, der die Hilfedatei mit der kontextbezogenen Hilfe für das Dialogfeld angibt. Wenn Sie *helpfile* angeben, müssen Sie auch *context* angeben.
context	Optional. Ein numerischer Ausdruck mit der Hilfekontextnummer, die der Autor der Hilfe für das entsprechende Hilfethema vergeben hat. Wenn Sie *context* angeben, müssen Sie auch *helpfile* angeben.

Die Beschreibung der Argumente lässt sich wie folgt zusammenfassen:

- Das erste Argument prompt dient der Angabe des im Meldungsfeld angezeigten Texts und ist erforderlich

- Das zweite Argument buttons ist optional und steuert, welche Schaltflächen und Symbole im Meldungsfeld angezeigt werden sollen

- Das dritte, ebenfalls optionale Argument title dient dazu, den Titel des Meldungsfeldes zu verändern

- Die beiden letzten Argumente helpfile und context ermöglichen es, eine Hilfedatei einzubinden sowie zu einem Thema in der Hilfedatei zu springen. Solche Hilfedateien gehorchen einem speziellen Format, weshalb diese beiden Argumente in diesem Kapitel außen vor gelassen werden.

Die Titelleiste eines Meldungsfeldes verändern

Wenn Sie die Prozedur MeldungsfeldEins aus Listing 4.1 ausführen, wird ein Meldungsfeld angezeigt, welches den Titel *Microsoft Excel* trägt. Dies entspricht der Standardeinstellung. In Listing 4.2 sind zwei Möglichkeiten aufgeführt, wie Sie durch die Angabe eines Werts zum Argument title den Titel des Meldungsfeldes verändern können. Beide Möglichkeiten führen zum selben Ergebnis.

Listing 4.2 Meldungsfeld mit benutzerdefiniertem Titel

```
Public Sub MeldungsfeldZwei()
  MsgBox "Ich bin Prozedur MeldungsfeldZwei()", , "Hallo Welt"
End Sub

Public Sub MeldungsfeldDrei()
  MsgBox Prompt:="Ich bin Prozedur MeldungsfeldDrei()", _
         Title:="Guten Tag"
End Sub
```

Das Argument title befindet sich an dritter Position innerhalb der Argumentliste der Funktion MsgBox. Die Prozedur MeldungsfeldZwei berücksichtigt diese Position, indem die Angabe des zweiten Arguments ignoriert bzw. leergelassen wird. Da das zweite Argument optional ist, ist dies zulässig und Excel würde den Standardwert für das zweite Argument verwenden.

Die Prozedur MeldungsfeldDrei verwendet eine andere Methode: die beiden Argumente Prompt und Title werden direkt hintereinander angegeben, ohne dass die Position berücksichtigt wird. Damit aber Excel dies erkennen kann, müssen die Argumente bei dieser Angabe benannt werden und eine Wertzuweisung per Doppelpunkt und Gleichheitszeichen erfolgen.

HINWEIS   Um manuelle Zeilenumbrüche – wie sie in Listing 4.2 verwendet werden – innerhalb einer Anweisung einzufügen, können Sie den Unterstrich nutzen. Achten Sie jedoch darauf, dass dem Unterstrich immer ein Leerzeichen vorausgeht.

Schaltflächen und Symbole in einem Meldungsfeld angeben

Das zweite Argument buttons der Funktion MsgBox dient zur Angabe von Schaltflächen und/oder Symbolen im Meldungsfeld. Dies geschieht durch die Angabe von Zahlenwerten in Form von Konstanten, die addiert werden. Der Code in Listing 4.3 implementiert ein Meldungsfeld, welches die Schaltflächen *Ok* und *Abbrechen* sowie ein Symbol für Informationen anzeigt.

Listing 4.3 Meldungsfeld mit einem Symbol und den Schaltflächen *Ok* und *Abbrechen*

```
Public Sub MeldungsfeldVier()
  MsgBox "Ich bin Prozedur MeldungsfeldVier", vbOKCancel + vbInformation
End Sub
```

TIPP   IntelliSense schaltet sich nach der Eingabe des ersten Kommas der Argumentliste ein und ermöglicht somit eine bequeme Auswahl einer Konstante für die Schaltflächen und Symbole. Zudem steht IntelliSense auch dann zur Verfügung, wenn Sie eine weitere Konstante nach der Eingabe eines Pluszeichens angeben möchten.

Tabelle 4.1 listet die Konstanten für Schaltflächen bzw. Kombination von Schaltflächen auf, die Sie verwenden können.

Tabelle 4.1   Konstanten zur Festlegung von Schaltflächen in Meldungsfeldern

Konstante	Wert	Schaltflächen
vbOKOnly	0	*Ok*, auch die Standardeinstellung
vbOKCancel	1	*Ok* und *Abbrechen*
vbAbortRetryIgnore	2	*Abbruch, Wiederholen* und *Ignorieren*
vbYesNoCancel	3	*Ja, Nein* und *Abbrechen*
vbYesNo	4	*Ja* und *Nein*
vbRetryCancel	5	*Wiederholen* und *Abbrechen*

Tabelle 4.2 listet die verschiedenen Konstanten auf, die Sie für die Festlegung eines Symbols verwenden können.

Tabelle 4.2   Konstanten zur Festlegung von Symbolen in Meldungsfeldern

Konstante	Wert	Beschreibung	Symbol
vbCritical	16	Symbol für eine kritische Meldung	
vbQuestion	32	Symbol für eine Abfrage	
vbExclamation	48	Symbol für eine Warnmeldung	
vbInformation	64	Symbol für eine Informationsmeldung	

Neben den zuvor aufgeführten Konstanten stehen weitere Konstanten zur Verfügung. So legen unter anderem die Konstanten vbDefaultButton1, vbDefaultButton2, vbDefaultButton3 und vbDefaultButton4 fest, welche der Schaltflächen beim Aufruf des Meldungsfeldes als aktiv gesetzt ist – also die Schaltfläche, die durch ein Drücken der [↵]-Taste ausgelöst wird.

WICHTIG   Achten Sie bei der Programmierung von Meldungsfeldern darauf, dass Sie nur sinnvolle Kombinationen der Konstanten verwenden. Wenn Sie beispielsweise vbCritical + vbQuestion (also 16 + 32 laut Tabelle 4.2) angeben würden, ergäbe sich dadurch der Wert von vbExclamation (dies ist der Wert 48). VBA liefert Ihnen keinen Hinweis darauf, ob eine Kombination sinnvoll ist oder nicht.

Die Anordnung der Schaltflächen ist durch VBA vorgegeben. Das heißt, es ist nicht möglich, sie zu vertauschen, um beispielsweise die Schaltfläche *Ja* links neben der Schaltfläche *Nein* anzuordnen.

Rückgabewert von Meldungsfeldern verwenden

Der Rückgabewert der Funktion MsgBox ermöglicht es Ihnen, die vom Benutzer getroffene Entscheidung auszuwerten. In Listing 4.4 ist dies beispielhaft für ein Meldungsfeld implementiert, welches die drei Schaltflächen *Ja*, *Nein* und *Abbrechen* sowie das Symbol für eine Nachfrage anzeigt.

Listing 4.4 Meldungsfeld mit Ablage des Rückgabewerts in einer Variablen

```
Public Sub MeldungsfeldAuswerten()
  Dim intErgebnis As Integer

  intErgebnis = MsgBox("Sollen Ihre Änderungen gespeichert werden?", _
                       vbYesNoCancel + vbQuestion)

  MsgBox intErgebnis
End Sub
```

Der Rückgabewert, der vom Typ Integer ist, wird im Beispiel in der Variable intErgebnis abgelegt und wiederum mit MsgBox angezeigt. Im fünften Kapitel werden Sie erfahren, wie Sie eine Fallunterscheidung programmieren können, um je nach Rückgabewert eine weitere Aktion auszuführen.

Die Rückgabewerte sind in VBA ebenfalls standardisiert und in Konstanten abgelegt. Tabelle 4.3 listet die möglichen Werte auf.

Tabelle 4.3 Konstanten für die Rückgabewerte von Meldungsfeldern

Konstante	Wert	Schaltfläche
vbOK	1	*Ok*
vbCancel	2	*Abbrechen*
vbAbort	3	*Abbrechen* (bei **vbAbortRetryIgnore**)
vbRetry	4	*Wiederholen*
vbIgnore	5	*Ignorieren*
vbYes	6	*Ja*
vbNo	7	*Nein*

Tipps und Tricks zu Meldungsfeldern

Es kann durchaus mal vorkommen, dass Sie im Text, der vom Meldungsfeld angezeigt wird, ein doppeltes Anführungszeichen verwenden möchten. Das doppelte Anführungszeichen wird jedoch schon im Code als Kennzeichnung für den Beginn und das Ende einer Zeichenkette verwendet. Wenn Sie ein weiteres doppeltes Anführungszeichen im Text einfügen würden, könnte VBA nicht mehr erkennen, wo genau der Text aufhört.

Sie müssen somit VBA mitteilen, dass doppelte Anführungszeichen im Text nicht als Begrenzer berücksichtigt, sondern stattdessen als Text erachtet werden sollen. Hierfür stehen Ihnen zwei Möglichkeiten zur Verfügung: Sie geben jedes doppelte Anführungszeichen in Ihrem Text zweimal hintereinander an. Dieser Vorgang wird als Maskierung bezeichnet, weil das Zeichen dann nicht mehr als Begrenzer erkannt wird. Oder Sie verwenden die VBA-Funktion Chr, die es Ihnen erlaubt den ASCII-Zeichencode – in diesem Fall ist dies der Zeichencode 34 – anzugeben. Damit letzteres funktioniert, müssten Sie jedoch die Zeichenkette aufteilen. In Listing 4.5 sind zwei Prozeduren enthalten, die beide Varianten vorstellen.

Listing 4.5 Doppeltes Anführungszeichen und *Chr*-Funktion zur Anzeige im Meldungsfeld verwenden

```
Public Sub MeldungsfeldMitAnfuehrungszeichenEins()
  MsgBox "Die Datei ""Test.xlsx"" wurde gespeichert."
End Sub

Public Sub MeldungsfeldMitAnfuehrungszeichenZwei()
  MsgBox "Die Datei " & Chr(34) & "Test.xlsx" & Chr(34) & " wurde gespeichert."
End Sub
```

In der ersten Prozedur in Listing 4.5 wird der Dateiname *Test.xlsx* durch die doppelten Anführungszeichen hervorgehoben, die im Text zwar zweimal angegeben, im Meldungsfeld jedoch nur als einzelnes Zeichen angezeigt werden.

Die zweite Prozedur im Listung erreicht dasselbe Ziel, nutzt aber dafür die VBA-Funktion Chr. Einzelne Zeichenketten werden über das Sonderzeichen & zu einer Gesamtzeichenkette verknüpft. Die zweite Methode birgt übrigens den Vorteil, dass bei sehr vielen doppelten Anführungszeichen eine bessere Lesbarkeit des Codes erzielt werden kann. Praxisbeispiel: Sie würden eine Excel-Formel, die wiederum Zeichenketten enthält, per VBA setzen. Es ist dann häufig einfacher, die in der Formel verwendeten doppelten Anführungszeichen per Chr zu setzen.

HINWEIS   Innerhalb von Excel-Formeln ist das Verketten von Zeichenketten, wie in VBA, mit dem Sonderzeichen & möglich. Das folgende Beispiel zeigt dies:

```
=VERKETTEN(A1;B1) = A1&B1
```

Im Standardfall zeigt ein Meldungsfeld den Text als Fließtext an. Es kann aber in manchen Situationen sinnvoll sein, den Text in einem Meldungsfeld umzubrechen, um z.B. eine bessere Lesbarkeit zu ermöglichen. VBA stellt hierfür einige Konstanten bereit, die Sie verwenden können. Ein Beispiel zeigt Listing 4.6, in dem der Text zweimal umgebrochen wird, also eine Leerzeile zwischen den beiden Texten erscheint.

Listing 4.6 Zeilenumbruch in einem Meldungsfeld

```
Public Sub MeldungsfeldMitUmbruch()
  Dim strNachricht

  strNachricht = "Liebe Leser und Leserinnen," & _
                 vbCrLf & vbCrLf & _
                 "viel Erfolg bei Ihren Projekten in VBA!"

  MsgBox strNachricht
End Sub
```

Im Code wird die Konstante vbCrLf verwendet, die einen Zeilenumbruch inklusive Zeilenvorschub und Wagenrücklauf darstellt.

ONLINE Sie finden die Arbeitsmappe mit dem Code zu Listing 4.5 und zu Listing 4.6 im Ordner \Buch\Kap04 in der Datei *Bsp04_02.xlsm*.

Tabelle 4.4 listet die Konstanten auf, die in VBA zur Formatierung von Texten verwendet werden können.

Tabelle 4.4 Konstanten für Tabulator und Umbrüche

Konstante	Beschreibung	Englisch	Code
vbTab	Tabulator	Tabulator	9
vbCr	Wagenrücklauf	Carriage return	10
vbLf	Zeilenvorschub	Line feed	13
vbCrLf	Wagenrücklauf, Zeilenvorschub	Carriage Return, Line Feed	

Es ist ebenfalls möglich, statt der integrierten Konstanten auch direkt die entsprechenden Zeichencodes mithilfe der Funktion Chr zu verwenden. Für vbCrLf würde dann Chr(10) & Chr(13) verwendet werden.

WICHTIG In Meldungsfeldern können keinerlei Textformatierungen vorgenommen werden. Es ist somit nicht möglich, beispielsweise den Text in einer anderen Schriftart oder in Fett oder in Kursiv anzuzeigen.

Eingabedialogfelder verwenden und parametrisieren

Eingabedialogfelder können verwendet werden, wenn der Benutzer zu einer Eingabe aufgefordert werden soll. Im Unterschied zu den Meldungsfeldern stellt das Dialogfeld dann eine Eingabezeile zur Verfügung. VBA stellt zwei Varianten von Eingabedialogfeldern zur Verfügung, die sich leicht im Erscheinungsbild und im Funktionsumfang unterscheiden.

ONLINE Sie finden die Arbeitsmappe mit dem Code zu Listing 4.7 und zu Listing 4.8 im Ordner \Buch\Kap04 in der Datei *Bsp04_03.xlsm*.

Die Funktion *InputBox* verwenden

Die Funktion InputBox beinhaltet wie die Funktion MsgBox die Argumente zur Angabe der Nachricht und des Titels. Zusätzlich sind ein optionales Argument default zur Angabe eines Standardwertes für das Eingabefeld sowie Argumente zur Bestimmung der Bildschirmkoordinaten des Eingabefelds vorhanden. Die Funktion InputBox gibt einen Wert vom Datentyp String zurück.

Listing 4.7 Eingabedialogfeld über *InputBox* aufrufen

```
Public Sub EingabedialogfeldEins()
    Dim strNachricht   As String
    Dim strTitel       As String
    Dim strAntwort     As String

'   Initialisierung
    strNachricht = "Geben Sie einen Text ein."
    strTitel = "Verwendung von InputBox"

'   InputBox aufrufen
    strAntwort = InputBox(strNachricht, strTitel)

'   Antwort anzeigen
    MsgBox strAntwort
End Sub
```

In Listing 4.7 wird eine InputBox verwendet und die vom Benutzer angegebene Antwort in der Variable strAntwort abgelegt. Gibt der Benutzer keinen Text an oder klickt der Benutzer auf die Schaltfläche *Abbrechen*, bleibt die Variable strAntwort leer und enthält somit den Wert "".

Abbildg. 4.2 Das Eingabedialogfeld *InputBox*

Ein Klick auf das Symbol zum Schließen innerhalb der Titelleiste entspricht übrigens einem Abbruch.

Die Methode *Application.InputBox* verwenden

Die Methode InputBox des Excel-Objekts Application beinhaltet im Vergleich zur VBA-Funktion InputBox das zusätzliche Argument Type zur Festlegung des Datentyps, den der Benutzer im Eingabefeld verwenden darf. Die Methode gibt einen Wert vom Typ Variant zurück.

Tabelle 4.5 listet die Werte und deren Bedeutung auf, die Sie für das Argument *Type* verwenden können.

Tabelle 4.5 Mögliche Werte für das Argument *Type* der Methode *Application.InputBox*

Wert	Bedeutung	Anmerkungen
0	Formel	Einzelne Excel-Funktion oder Formel
1	Zahl	Ganzzahlen und Dezimalzahlen
2	Text	Beliebige Zeichenfolge
4	Logischer Wert	Wahr oder Falsch

Tabelle 4.5   Mögliche Werte für das Argument *Type* der Methode *Application.InputBox* (Fortsetzung)

Wert	Bedeutung	Anmerlungen
8	Zellbezug	Rückgabe ist ein Verweis auf ein **Range**-Objekt
16	Fehlerwert, wie z.B. #NV	
64	Wertearray	

Listing 4.8 demonstriert die Verwendung der Methode, wobei die Zuweisung der Werte für die Argumente über deren Namen geschieht, da Type das letzte von insgesamt acht Argumenten ist.

Listing 4.8   Eingabedialogfeld über *Application.InputBox* aufrufen

```
Public Sub EingabedialogfeldZwei()

    Dim strNachricht  As String
    Dim strTitel      As String
    Dim vntAntwort    As Variant

'   Initialisierung
    strNachricht = "Geben Sie eine Zahl ein:"
    strTitel = "Verwendung von Application.InputBox"

'   Application.InputBox aufrufen
    vntAntwort = Application.InputBox(Prompt:=strNachricht, Title:=strTitel, Type:=1)

'   Antwort anzeigen
    MsgBox vntAntwort

'   Typ ermitteln
'   MsgBox TypeName(vntAntwort)
End Sub
```

Wenn Sie die Prozedur testen, im Eingabefeld eine Zahl angeben und die Eingabe mit *Ok* bestätigen, zeigt Ihnen die darauffolgende MsgBox den eingegebenen Wert an. Falls Sie keine Eingabe vornehmen oder z.B. einen Text eingeben, erhalten Sie eine Fehlermeldung. Falls Sie das Dialogfeld abbrechen, wird Ihnen der Wert *Falsch* als Antwort angezeigt.

Abbildg. 4.3   Das Eingabedialogfeld *Application.InputBox*

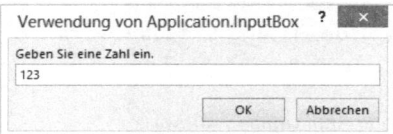

In Listing 4.8 ist der letzten Zeile eine Anweisung enthalten, die auskommentiert wurde. Heben Sie, als kleines Experiment, die Kommentierung der Zeile wieder auf und führen Sie die Prozedur aus. Das zweite Meldungsfeld zeigt Ihnen nun den Datentyp an, den die Variable vntAntwort einnimmt. Eine gültige Zahl, die mit *Ok* bestätigt wurde, führt im Meldungsfeld zu einer Anzeige von *Double*. Ein Abbruch des Eingabedialogfeldes führt im Meldungsfeld zu einer Anzeige von *Boolean*. Sie sehen, je nach Fall nimmt die Variable vntAntwort einen anderen Typ ein.

In Excel integrierte Dialogfelder aufrufen und verwenden

Eine andere Art von Fenster, die in Excel verwendet werden kann, sind die integrierten Dialogfelder. Diese Fenster können nicht verändert, sondern lediglich angezeigt werden. Ein Beispiel ist das Dialogfeld *Öffnen*, das Ihnen nach dem Aufruf des Menübefehls *Datei/Öffnen* angezeigt wird.

Abbildg. 4.4   Das Dialogfeld zum Öffnen von Excel-Dateien

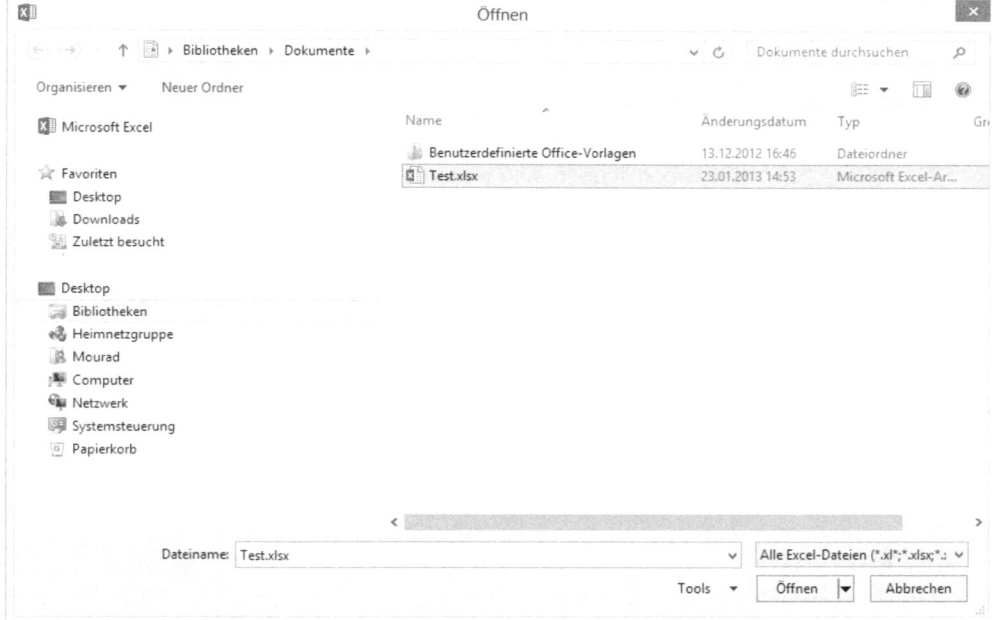

Um ein in Excel integriertes Dialogfeld aus einer Prozedur heraus anzeigen zu lassen, können Sie die Eigenschaft Dialogs des Objekts Application verwenden. Hierbei wird über eine Konstante das gewünschte Dialogfeld angegeben und die Methode Show zur Anzeige verwendet.

Die Dialogfelder *Öffnen* und *Speichern unter* anzeigen und verwenden

Die zwei Beispielprozeduren in Listing 4.9 öffnen die Dialogfelder zum Öffnen und Speichern von Excel-Dateien. Die Methode bzw. Funktion Show gibt als Antwort einen logischen Wert zurück, der in die Variable blnAntwort geschrieben und in einem Meldungsfeld angezeigt wird. Wird das Excel-Dialogfeld abgebrochen, enthält die Variable den Wert False, ansonsten True.

ONLINE   Sie finden die Arbeitsmappe mit dem Code zu Listing 4.9 im Ordner \Buch\Kap04 in der Datei *Bsp04_04.xlsm*.

Die zweite Prozedur übergibt zudem ein Argument – nämlich den Namen der Datei – an die Methode Show, um den Dateinamen im Dialogfeld vorzugeben.

Listing 4.9   In Excel integrierte Dialogfelder zum Öffnen und Speichern von Dateien anzeigen

```
Public Sub ExcelDialogDateiOeffnen()
  Dim blnAntwort As Boolean
  blnAntwort = Application.Dialogs(xlDialogOpen).Show
  MsgBox blnAntwort
End Sub

Public Sub ExcelDialogDateiSpeichern()
  Dim blnAntwort As Boolean
  blnAntwort = Application.Dialogs(xlDialogSaveAs).Show("Testdatei.xlsm")
  MsgBox blnAntwort
End Sub
```

> **HINWEIS**   Sie haben soeben eine weitere Auflistung in Excel kennengelernt. Die Auflistung Dialogs führt eine Liste von Dialogfeldobjekten des Typs Dialog.

Weitere Dialogfelder finden und verwenden

Die Konstanten zu den abrufbaren Excel-Dialogfeldern sind im Objektkatalog in der Aufzählung XlBuiltInDialog gelistet. Zudem werden Ihnen, sobald Sie die Klammer nach dem Objekt Dialogs eingeben, die Konstanten per IntelliSense zur Verfügung gestellt.

Abbildg. 4.5   Die Aufzählung *xlBuiltInDialog* im Objektkatalog

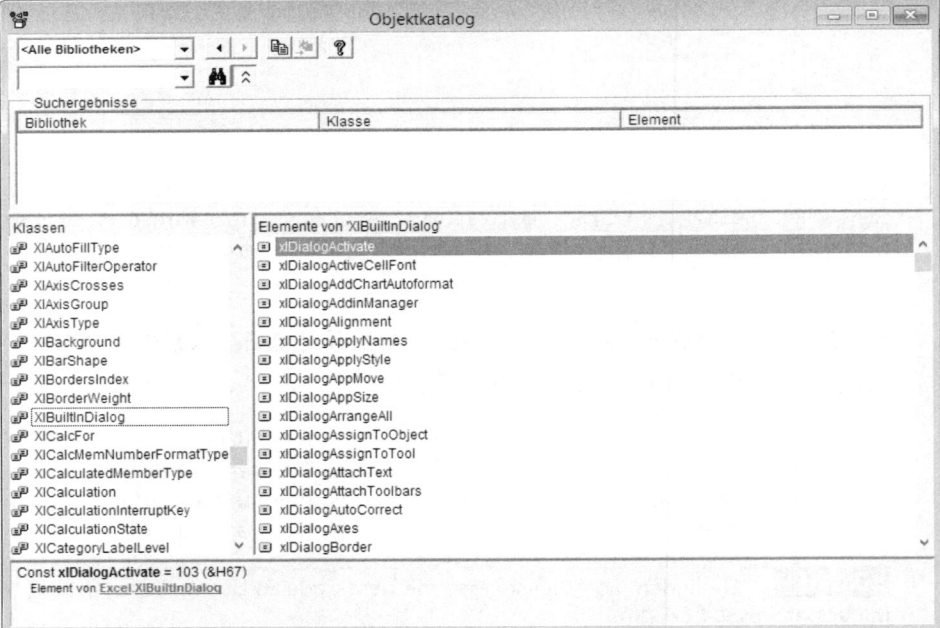

Kapitel 5

Kontrollstrukturen in VBA

In diesem Kapitel:

In der VBA-Programmierung erlauben es Kontrollstrukturen, den Ablauf des Codes in Abhängigkeit von Bedingungen zu steuern und/oder eine oder mehrere Anweisungen zu wiederholen.

In diesem Kapitel werden Sie Verzweigungen und Fallunterscheidungen kennenlernen, die dazu dienen, je nach Zutreffen einer Bedingung bzw. eines Falles bestimmte Aktionen auszulösen. Sie erlernen anschließend, wie Sie Schleifen in VBA verwenden, um Anweisungen innerhalb des Codes so lange zu wiederholen, bis ein Abbruchkriterium erreicht ist.

Anschließend erfahren Sie, was Sprungmarken in VBA sind und warum Sie deren Verwendung vermeiden sollten. Den Abschluss des Kapitels bildet ein Abschnitt mit einigen Tipps zur Verwendung der Kontrollstrukturen.

Was sind Verzweigungen?

Bevor wir uns Verzweigungen anhand von Praxisbeispielen anschauen, lassen Sie und zunächst untersuchen, was Verzweigungen sind. Das Verständnis des Grundprinzips erleichtert es, umfangreiche oder gar verschachtelte Verzweigungen zu verstehen. Oftmals kann es nicht schaden, Bleistift und Papier zur Hand zu nehmen und ein Vorhaben zu skizzieren.

Ein beliebtes und leicht nachvollziehbares theoretisches Beispiel stellt der Bankautomat dar: dieser führt, nachdem Sie den gewünschten Betrag und Ihre PIN eingegeben und bestätigt haben, eine Abfrage bei Ihrem Bankinstitut durch, ob Ihr Konto gedeckt ist oder nicht. Je nach Fall erfolgt eine Geldausgabe oder nicht.

Abbildg. 5.1   Eine Verzweigung auf Papier entwerfen

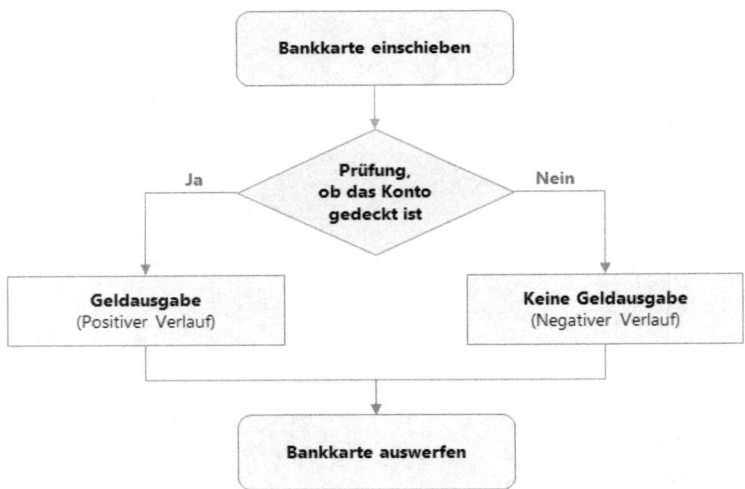

Eine Software, die den Bankautomaten steuert, würde somit nach der Prüfung Ihrer Kontodeckung in entsprechende Abläufe verzweigen. Ein positives Ergebnis der Prüfung veranlasst die Auszahlung des gewünschten Geldbetrags. Ein negatives Ergebnis führt zu einer Verweigerung des Automaten, den gewünschten Geldbetrag auszuzahlen und gegebenenfalls zur Anzeige einer Meldung am Bildschirm. Abbildung 5.1 visualisiert diesen Vorgang in einer schematischen Darstellung.

If...Then...Else-Verzweigungen verwenden

In VBA ist die geläufigste Verzweigung die If...Then...Else-Anweisung. Eine Verzweigung wird immer durch das Schlüsselwort If eingeleitet. Anschließend ist eine Bedingung anzugeben sowie die Codezeile durch das Schlüsselwort Then zu beenden. Die Kontrollstruktur wird über ein End If abgeschlossen. Wahlweise können zwischen der einleitenden und der abschließenden Codezeile weitere Überprüfungen vorgenommen werden.

> **WICHTIG**   Eine Bedingung ist immer entweder Wahr oder Falsch. Das heißt auch, dass der Datentyp einer Bedingung vom Typ Boolean ist.

Am besten lässt sich das Verhalten an einem Beispiel erläutern. In Listing 5.1 wird in der Verzweigung geprüft, ob die Variable lngWert den Wert 1 einnimmt. Da dies in dem Beispielcode der Fall ist, wird das Meldungsfeld angezeigt.

> **ONLINE**   Sie finden die Arbeitsmappe mit dem Code zu Listing 5.1, zu Listing 5.2 und zu Listing 5.3 im Ordner \Buch\Kap05 in der Datei Bsp05_01.xlsm.

Wenn Sie jedoch den Wert der Variablen zu Beginn der Prozedur z.B. auf 0 verändern würden, trifft der Vergleich nicht mehr zu und es würde keine Aktion erfolgen.

Listing 5.1   Einfache Verzweigung

```
Public Sub VerzweigungEins()
  Dim lngWert As Long

'   Initialisierung
  lngWert = 1

'   Verzweigung
  If lngWert = 1 Then
    MsgBox "Der Vergleich mit dem Wert 1 trifft zu."
  End If
End Sub
```

Die Prozedur in Listing 5.2 erweitert die Prozedur aus Listing 5.1 um die Anzeige eines Meldungsfeldes, für den Fall, dass der Wert der Variable nicht gleich 1 ist. Es wird nun, je nachdem, wohin die Verzweigung führt, eines der zwei Meldungsfelder angezeigt.

Listing 5.2   Erweiterte einfache Verzweigung

```
Public Sub VerzweigungZwei()
  Dim lngWert As Long

'   Initialisierung
  lngWert = 2

'   Verzweigung
  If lngWert = 1 Then
    MsgBox " Der Vergleich mit dem Wert 1 trifft zu."
  Else
    MsgBox " Der Vergleich mit dem Wert 1 trifft nicht zu."
  End If
End Sub
```

Das Ganze lässt sich auch auf weitere Überprüfungen erweitern, die anhand von ElseIf durchgeführt werden. Erst bei der letzten Verzweigung wird wiederum Else verwendet. In Listing 5.3 wird geprüft, ob die Variable lngWert den Wert 1, 2 oder 3 enthält und entsprechende Meldungsfelder angezeigt. Sollte keiner der Werte mit der Variablen übereinstimmen, wird die zuletzt im Code aufgeführte Nachricht angezeigt.

Listing 5.3   Beispiel zu einer Mehrfachverzweigung

```
Public Sub VerzweigungDrei()
  Dim lngWert As Long

'   Initialisierung
  lngWert = 4

'   Verzweigung
  If lngWert = 1 Then
    MsgBox "Der Vergleich mit dem Wert 1 trifft zu."
  ElseIf lngWert = 2 Then
    MsgBox "Der Vergleich mit dem Wert 2 trifft zu."
  ElseIf lngWert = 3 Then
    MsgBox "Der Vergleich mit dem Wert 3 trifft zu."
  Else
    MsgBox "Keiner der Vergleiche mit den Werten 1, 2 und 3 trifft zu."
  End If
End Sub
```

Verzweigungen verschachteln

Ein wenig komplizierter gestaltet sich das Ganze, wenn Verzweigungen ineinander verschachtelt werden. Kommen wir auf unser Beispiel mit dem Geldautomaten zurück. Nehmen wir hierbei zusätzlich an, Sie würden in die Schweiz reisen und dort an einem Automaten Bargeld abheben wollen. An den meisten Schweizer Geldautomaten kann man wählen, ob eine Auszahlung in EUR oder CHF erfolgen soll. Die Abbildung 5.2 erweitert die Skizze in Abbildung 5.1 um eine zweite Verzweigung.

Ähnlich verhält es sich im VBA-Code. In Listing 5.4 wird in der ersten Verzweigung geprüft, ob das Konto gedeckt ist. Dies geschieht anhand der Überprüfung des Werts der Variable strKontodeckung. Nur wenn diese den Wert "Ja" einnimmt, kann eine Auszahlung erfolgen und in die zweite Überprüfung verzweigt werden. Diese wiederum führt eine Überprüfung der zweiten Variable strWaehrung durch und legt fest, ob der Betrag in Euro oder Schweizer Franken ausgezahlt werden soll.

ONLINE   Sie finden die Arbeitsmappe mit dem Code zu Listing 5.4 im Ordner \Buch\Kap05 in der Datei Bsp05_02.xlsm.

Abbildg. 5.2 Eine verschachtelte Verzweigung auf Papier entwerfen

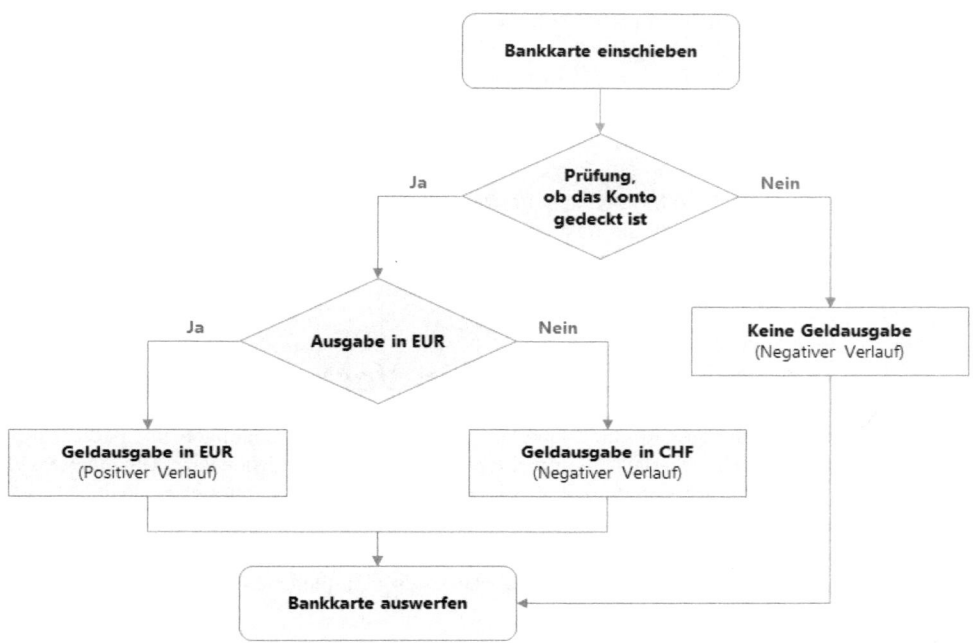

Die beiden Variablen wurden in dem Beispielcode so initialisiert, dass die Prozedur die Meldung zur Auszahlung in Euro anzeigt.

Listing 5.4 Verschachtelte Verzweigung in VBA

```
Sub VerschachtelteVerzweigungen()
  Dim strKontodeckung As String
  Dim strWaehrung    As String

'   Initialisieren
  strKontodeckung = "Ja"
  strWaehrung = "EUR"

'   Erste Verzweigung zur Prüfung der Kontodeckung
  If strKontodeckung = "Ja" Then

'     Zweite Verzweigung zur Wahl der Währung
    If strWaehrung = "EUR" Then
      MsgBox "Konto ist gedeckt und Auszahlung erfolgt in EUR."
    Else
      MsgBox "Konto ist gedeckt und Auszahlung erfolgt in CHF."
    End If

  Else
    MsgBox "Konto ist nicht gedeckt."
  End If
End Sub
```

> **TIPP**   Um in einem solchen Code nicht die Übersicht zu verlieren, sollten Sie mit Einrückungen arbeiten. Wenn Sie im VBA-Editor die ⇆-Taste drücken, wird der Text standardmäßig um vier Leerzeichen eingerückt.

Die Anzahl der dabei verwendeten Leerzeichen lässt sich in den VBA-Editor-Optionen einstellen. Rufen Sie in der Entwicklungsumgebung den Menübefehl *Extras/Optionen* auf. Auf der Registerkarte *Editor* befindet sich das Eingabefeld *Tab-Schrittweite*. Geben Sie dort die gewünschte Anzahl von Leerzeichen ein.

Sie haben zudem die Möglichkeit, ganze Codeblöcke auf einmal einzurücken, also nach rechts zu verschieben. Markieren Sie dazu die gewünschten Zeilen und betätigen Sie die ⇆-Taste. Verwenden Sie die Tastenkombination ⇧+⇆ um den Code nach links zu verschieben bzw. wieder auszurücken.

Vergleichsoperatoren in Verzweigungen

Wie in den vorherigen Abschnitten erläutert, beinhalten Verzweigungen eine Bedingung, wo ein Wert – z.B. der Wert einer Variablen – mit einem anderen Wert verglichen wird. Um einen Vergleich in einer Verzweigung darzustellen, wird mit sogenannten Vergleichsoperatoren gearbeitet. In den bisherigen Beispielen wurde jeweils das Gleichheitszeichen (=) als Vergleichsoperator verwendet. Ein Vergleich kann auch in einer Überprüfung bestehen, ob ein Wert im Verhältnis zu einem anderen Wert kleiner, größer oder ungleich ist. Sie können Tabelle 5.1 die verschiedenen Vergleichsoperatoren entnehmen.

Tabelle 5.1   Vergleichsoperatoren

Vergleichsoperator	Bedeutung
=	Gleich
<>	Ungleich
>	Strikt größer als
>=	Größer oder gleich
<	Strikt kleiner als
<=	Kleiner oder gleich

Neben den Vergleichsoperatoren können auch sogenannte logische Operatoren zum Einsatz kommen, die dazu dienen, mehrere Bedingungen miteinander zu verknüpfen. Tabelle 5.2 führt die logischen Operatoren auf.

Tabelle 5.2   Logische Operatoren

Logischer Operator	Bedeutung
And	Dient der Durchführung einer logischen Und-Verknüpfung (Konjunktion) zwischen zwei Ausdrücken
Eqv	Dient der Bestimmung einer logischen Äquivalenz zwischen zwei Ausdrücken
Imp	Dient der Durchführung einer logischen Folge (Implikation) zwischen zwei Ausdrücken
Not	Führt eine logische Negation eines Ausdrucks durch

Tabelle 5.2 Logische Operatoren *(Fortsetzung)*

Logischer Operator	Bedeutung
Or	Dient der Durchführung einer logischen Oder-Verknüpfung (Disjunktion) von zwei Ausdrücken
Xor	Dient der Durchführung einer logischen Exklusion zwischen zwei Ausdrücken

HINWEIS   Eine ausführliche und weiterführende Beschreibung zu den logischen Operatoren können Sie zudem der Visual Basic-Hilfe entnehmen.

Lassen Sie uns sowohl Vergleichsoperatoren als auch logische Operatoren in einem Beispiel miteinander verbinden. Die Ausgangslage dafür ist folgende: Die Zelle A1 enthält einen beliebigen Betrag. Je nach Höhe dieses Betrags soll der Hintergrund der Zelle mit einer roten, grünen oder gelben Hintergrundfarbe versehen werden.

ONLINE   Sie finden die Arbeitsmappe mit dem Code zu Listing 5.5 im Ordner \Buch\Kap05 in der Datei *Bsp05_03.xlsm*.

In der If-Verzweigung in Listing 5.5 wird zuerst geprüft, ob der Betrag kleiner oder gleich 0 ist. Trifft dies zu, wird die Zelle rot hinterlegt. Im zweiten Zweig kommt der logische Operator And in Kombination mit Vergleichsoperatoren zum Einsatz. Es wird geprüft, ob der Zellinhalt größer als 0 und kleiner als 100 ist. Ist dies der Fall, wird die Zelle A1 grün eingefärbt. Ansonsten, also wenn der Betrag größer oder gleich 100 ist, wird die Zelle A1 gelb hinterlegt.

Listing 5.5 Vergleichsoperatoren und logische Operatoren im Einsatz

```
Sub Operatoren()
'  Verzweigung zur Überprüfung des Werts in Zelle A1 der zweiten Tabelle
   If ThisWorkbook.Worksheets(2).Range("A1").Value <= 0 Then
      ThisWorkbook.Worksheets(2).Range("A1").Interior.Color = vbRed
   ElseIf ThisWorkbook.Worksheets(2).Range("A1").Value > 0 And _
         ThisWorkbook.Worksheets(2).Range("A1").Value < 100 Then
      ThisWorkbook.Worksheets(2).Range("A1").Interior.Color = vbGreen
   Else
      ThisWorkbook.Worksheets(2).Range("A1").Interior.Color = vbYellow
   End If
End Sub
```

HINWEIS   Eine Besonderheit ist der Operator Is in VBA, der es beispielsweise ermöglicht zu prüfen, ob ein Objektverweis gesetzt wurde oder nicht. Sie werden diesen Operator zu einem späteren Zeitpunkt kennenlernen.

Eine IIf-Verzweigung verwenden

Für Überprüfungen mit nur zwei Rückgabemöglichkeiten kann in VBA die Funktion IIf verwendet werden. Übersichtlicher und flexibler ist jedoch die Verwendung von If…Then…Else-Anweisungen, da sich diese im Code jederzeit erweitern lassen.

ONLINE Sie finden die Arbeitsmappe mit dem Code zu Listing 5.6 im Ordner \Buch\Kap05 in der Datei *Bsp05_04.xlsm*.

Die zwei Prozeduren in Listing 5.6 führen exakt dieselbe Funktion aus. Es wird die Nachricht *Trifft zu.* ausgegeben, wenn der Inhalt der Variable 1 ist. Ansonsten wird *Trifft nicht zu.* angezeigt.

Listing 5.6 Verwendung der VBA-Funktion *IIf*

```
Option Explicit

Public Sub VerzweigungOhneIIf()
  Dim lngWert As Long

  lngWert = 1

  If lngWert = 1 Then
    MsgBox "Trifft zu"
  Else
    MsgBox "Trifft nicht zu."
  End If
End Sub

Public Sub VerzweigungMitIIf()
  Dim lngWert As Long

  lngWert = 1

  MsgBox IIf(lngWert = 1, "Trifft zu.", "Trifft nicht zu.")
End Sub
```

Was sind Fallunterscheidungen?

Eine Alternative zu Verzweigungen anhand von If...Then...Else-Anweisungen ist die Verwendung von Fallunterscheidungen über Select Case. Diese kommen häufig dann zum Einsatz, wenn relativ viele Fälle überprüft werden müssen. Die Fallunterscheidung findet innerhalb der Case-Blöcke statt.

Listing 5.7 Fallunterscheidung über *Select Case*

```
Public Sub Fallunterscheidung()
  Dim lngWert As Long

'   Initialisierung
  lngWert = 2

'   Fallunterscheidung
  Select Case lngWert
    Case 1
```

Listing 5.7   Fallunterscheidung über *Select Case* *(Fortsetzung)*

```
            MsgBox "Der Vergleich mit dem Wert 1 trifft zu."
        Case 2
            MsgBox "Der Vergleich mit dem Wert 2 trifft zu."
        Case 3
            MsgBox "Der Vergleich mit dem Wert 3 trifft zu."
        Case Else
            MsgBox "Keiner der Vergleiche mit den Werten 1, 2 und 3 trifft zu."
    End Select
End Sub
```

In Listing 5.7 wird das Beispiel aus Listing 5.3 wieder aufgegriffen und eine Umsetzung anhand einer Fallunterscheidung vorgestellt.

ONLINE   Sie finden die Arbeitsmappe mit dem Code zu Listing 5.7 im Ordner *Buch**Kap05* in der Datei *Bsp05_05.xlsm*.

Was sind Schleifen?

In VBA gibt es verschiedene Varianten von Schleifen, die je nach Anwendungsgebiet eingesetzt werden können. Die wichtigsten davon werden Ihnen in diesem Abschnitt vorgestellt.

Abbildg. 5.3   Eine Schleife auf dem Papier entwerfen

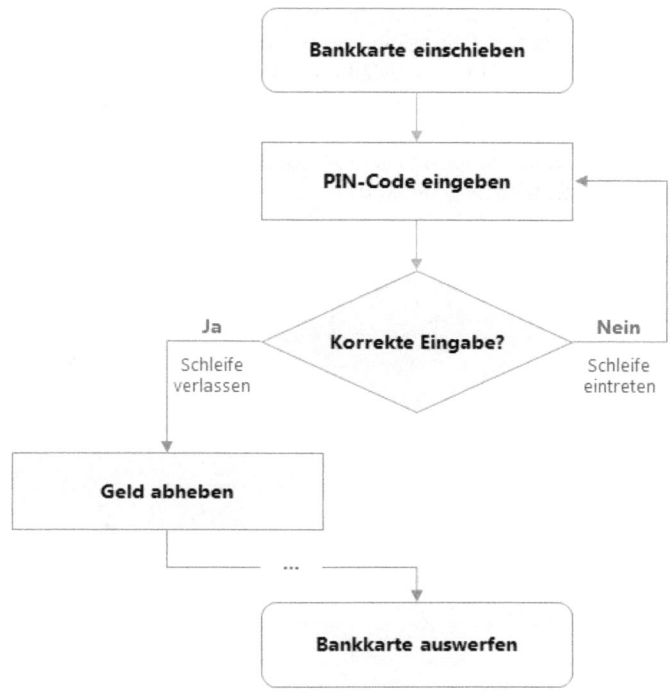

Der Einstieg in die VBA-Programmierung

Greifen wir wieder das Beispiel zum Bankautomaten auf: eine der Aktionen, die Sie zum Abheben von Bargeld durchführen müssen, ist die Eingabe Ihrer PIN. Bei all den Passwörtern und Pin-Codes, die man sich heutzutage merken muss, kann es durchaus vorkommen, dass man schnell etwas durcheinander bringt und eine falsche PIN verwendet. Der Automat gibt Ihnen jedoch die Möglichkeit, die Eingabe zu wiederholen. Ohne es zu merken, befinden Sie sich schon mitten in einer Schleife. Der Bankautomat wird Sie erst zu einer weiteren Aktion leiten, wenn Sie den Code richtig eingegeben haben.

Die Abbildung 5.3 verdeutlicht den Ablauf einer Schleife. Natürlich ist das Ganze sehr vereinfacht dargestellt, denn der Bankautomat würde es kaum zulassen, dass Sie Ihre PIN beliebig oft eingeben. Meist ist die Eingabe auf drei Versuche beschränkt.

For...Next-Schleifen verwenden

Bei For...Next-Schleifen handelt es sich um sogenannte Zählschleifen. Dies bedeutet, dass ein Zähler verwendet wird, der bei jedem Schleifendurchlauf erhöht oder reduziert wird. Eine Zählschleife wird durch das Schlüsselwort For eingeleitet und beinhaltet anschließend eine Initialisierung einer Zählvariablen mit einem Anfangswert. Es folgt die Angabe eines Endwerts, der vom Anfangswert durch das Schlüsselwort To getrennt ist. Das Ende der Anweisung erfolgt über die Angabe von Next. Eine Angabe der Zählvariablen nach dem Schlüsselwort Next ist optional, wird aber jedoch empfohlen, denn dies erhöht die Lesbarkeit des Codes.

Sie haben bereits im Laufe dieses Buchs das Objekt Range kennengelernt, welches Ihnen ermöglicht, den Inhalt einzelner Zellen zu verändern. Die Verwendung von Range-Objekten ist in Schleifen jedoch etwas unpraktisch, da es in Schleifen sinnvoller ist, einzelne Zellen per Zeilen- und Spaltenindex anzusprechen. Das Objekt Cells sieht genau dies vor und stellt hierzu zwei Argumente zur Verfügung. Das erste Argument entspricht dem Zeilenindex und das zweite Argument dem Spaltenindex. Beispiel: Cells(4, 2).Value entspricht dem Wert in Zelle B4.

ONLINE Sie finden die Arbeitsmappe mit allen Codebeispielen zu den For...Next-Schleifen im Ordner \Buch\Kap05 in der Datei *Bsp05_06.xlsm*.

In Listing 5.8 ist eine einfache For...Next-Schleife implementiert, die die Schleife fünfmal durchläuft und die Werte der Zählvariablen in die Zellen A1 bis A8 schreibt. Die Zählvariable wird in der Schleife pro Durchlauf um den Wert 1 erhöht.

Listing 5.8 Einfache *For...Next*-Schleife

```
Option Explicit

Public Sub Zaehlschleife()
  Dim lngZaehler As Long

'   Schleife, die die Zahlen 1 bis 5 in die Zellen A1 bis A5 schreibt
  For lngZaehler = 1 To 5
    ThisWorkbook.Worksheets(2).Cells(lngZaehler, 1).Value = lngZaehler
  Next lngZaehler
End Sub
```

Abbildg. 5.4 Die Schleife wurde fünfmal in Einzelschritten durchlaufen

Schrittweite in For…Next-Schleifen festlegen

Eine Schleife muss nicht zwingend in Einzelschritten ausgeführt werden. Sie können die Schrittweite selbst bestimmen, indem Sie das Schlüsselwort Step verwenden.

In Listing 5.9 wird die Schrittweite auf 10 festgelegt. Die Unter- bzw. Obergrenze der Zählvariablen lngZaehler beträgt 10 und 50. Somit werden in der Tabelle wiederum fünf Zahlen eingetragen. Die Ausgabe erfolgt in diesem Beispiel in Spalte B, sodass Sie die Ausgabe mit dem ersten Beispiel vergleichen können.

Diesmal kann jedoch nicht die Variable lngZaehler als Zeilenindex verwendet werden, da sonst zwischen den Zeilen jeweils neun leere Zellen entstehen würden. Um dies zu vermeiden, wird die Hilfsvariable lngZeile verwendet, die bei jedem Durchlauf der Schleife nur um den Wert 1 erhöht wird und als Zeilenindex dient.

Listing 5.9 *For…Next*-Schleife stufenweise durchlaufen

```
Public Sub ZaehlschleifeMitSchrittweite()
    Dim lngZaehler As Long
    Dim lngZeile   As Long

'   Schleife, die in Zehnerschritten Werte in die Zellen B1 bis B5 schreibt
    For lngZaehler = 10 To 50 Step 10

'       Zeile bestimmen
        lngZeile = lngZeile + 1
'       Wert schreiben
        ThisWorkbook.Worksheets(2).Cells(lngZeile, 2).Value = lngZaehler

    Next lngZaehler
End Sub
```

Abbildg. 5.5   Die Schleife wurde fünfmal in 10er-Schritten durchlaufen

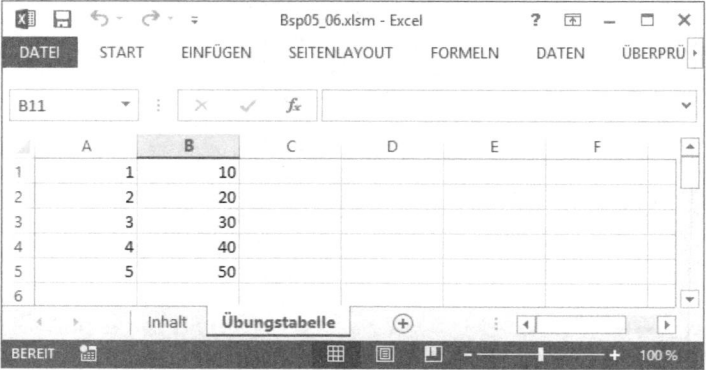

For...Next-Schleifen rückwärts durchlaufen

Sie können eine Schleife natürlich auch rückwärts durchlaufen, indem Sie eine negative Schrittweite angeben. Zu beachten ist in solchen Fällen aber auch, dass der Anfangswert größer dem Endwert sein sollte. Der Beispielcode in Listing 5.10 modifiziert das Beispiel aus Listing 5.9 und schreibt die Ergebnisse in Spalte C der Tabelle.

Listing 5.10   *For...Next*-Schleife rückwärts durchlaufen

```
Public Sub ZaehlschleifeMitSchrittweiteRueckwaerts()
   Dim lngZaehler As Long
   Dim lngZeile   As Long

'   Rückwärtsschleife, die in Zehnerschritten Werte in die Zellen C1 bis C5 schreibt
   For lngZaehler = 50 To 10 Step -10
      lngZeile = lngZeile + 1
      ThisWorkbook.Worksheets(2).Cells(lngZeile, 3).Value = lngZaehler
   Next lngZaehler
End Sub
```

Abbildg. 5.6   Die Schleife wurde fünfmal in 10er-Rückwärtsschritten durchlaufen

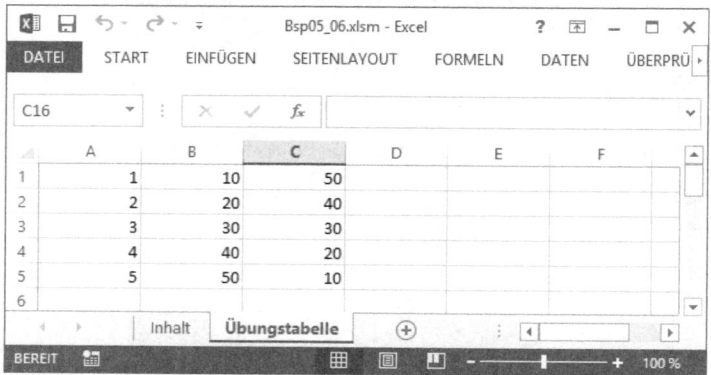

For...Next-Schleifen vorzeitig verlassen

Sie können eine Schleife vorzeitig verlassen, wenn eine bestimmte Bedingung erfüllt wird. Dazu ein Beispiel: Sie würden in einer Schleife den ersten Wert in einer Spalte suchen, der eine Bedingung erfüllt. Weitere Durchläufe wären dann nicht notwendig und würden den Code verlangsamen.

In Listing 5.11 wird beispielhaft eine Schleife anhand einer If-Verzweigung vorzeitig verlassen. Um aus der Schleife auszutreten, wird die Anweisung Exit For verwendet. Der Code würde dann nach der Anweisung Next fortgeführt.

Listing 5.11 *For...Next*-Schleife vorzeitig verlassen

```
Public Sub ZaehlschleifeVorzeitigVerlassen()
  Dim lngZaehler As Long

'  Schleife, die nach 5 Durchläufen vorzeitig verlassen wird
  For lngZaehler = 1 To 10
'    Bedingung prüfen
    If lngZaehler > 5 Then
      Exit For
    End If
    ThisWorkbook.Worksheets(2).Cells(lngZaehler, 4).Value = lngZaehler
  Next lngZaehler
End Sub
```

Abbildg. 5.7 Die Schleife wurde nach fünf Durchläufen vorzeitig verlassen

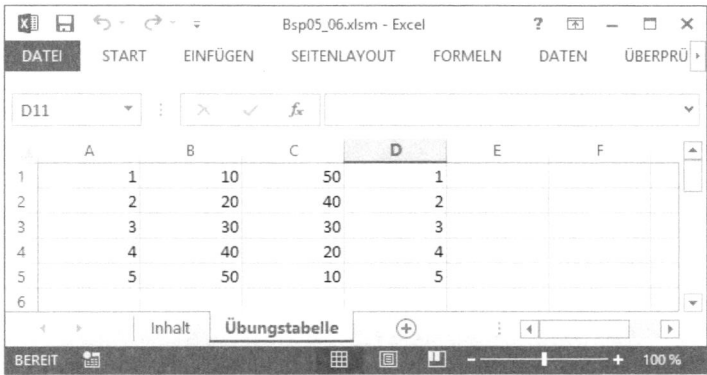

For...Next-Schleifen ineinander verschachteln

Sie haben die Möglichkeit, auch mehrere Schleifen ineinander zu verschachteln. Jede Schleife muss hierbei ihre eigene Zählvariable erhalten. Im Fall von zwei ineinander verschachtelten Schleifen entstehen dabei eine äußere und eine innere Schleife.

In Listing 5.12 wird die äußere Schleife fünfmal durchlaufen. Pro Durchlauf innerhalb der äußeren Schleife erfolgt jeweils ein Durchlauf der inneren Schleife mit je zwei Einzelschritten. Insgesamt wird somit die innere Schleife zehnmal durchlaufen.

Listing 5.12 Zwei Schleifen ineinander verschachteln

```vba
Public Sub ZaehlschleifeVerschachtelt()
  Dim lngZaehlerAussen As Long
  Dim lngZaehlerInnen  As Long
  Dim lngZeile         As Long

' Äußere Schleife
  For lngZaehlerAussen = 1 To 5
    lngZeile = lngZeile + 1
    ThisWorkbook.Worksheets(2).Cells(lngZeile, 5).Value = _
  "Außen - " & CStr(lngZaehlerAussen)

' Innere Schleife
    For lngZaehlerInnen = 1 To 2
      lngZeile = lngZeile + 1
      ThisWorkbook.Worksheets(2).Cells(lngZeile, 5).Value = _
      CStr(lngZaehlerInnen) & " - Innen"
    Next lngZaehlerInnen

  Next lngZaehlerAussen
End Sub
```

Abbildg. 5.8 Beispielsausgabe von zwei ineinander verschachtelten Schleifen

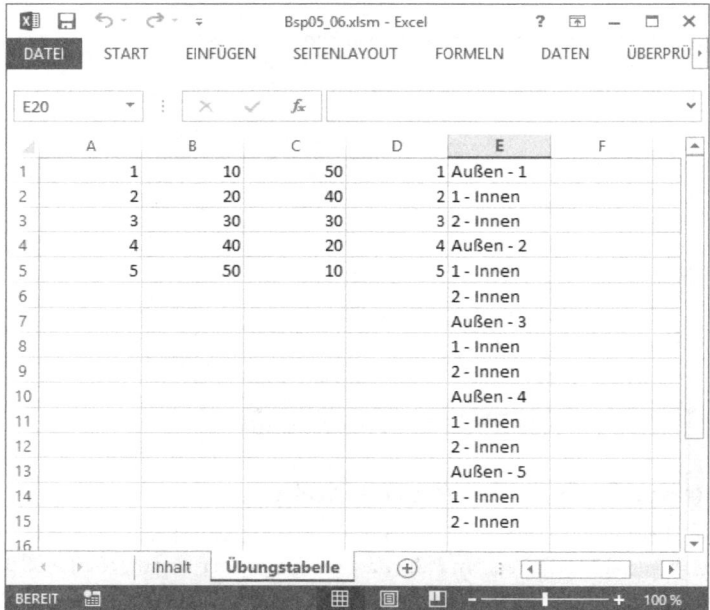

For Each-Schleifen verwenden

Die For Each-Schleife wird in der Regel verwendet, um durch eine Objektauflistung – z.B. eine Tabellen- oder Zellenauflistung – zu iterieren und über eine Objektvariable auf die einzelnen Elemente zuzugreifen. Nach Möglichkeit sollte eine For Each-Schleife einer For...Next-Schleife vorgezogen werden, denn For Each-Schleifen sind schneller.

ONLINE   Sie finden die Arbeitsmappe mit allen Codebeispielen zu den For Each-Schleifen im Ordner \Buch\Kap05 in der Datei Bsp05_07.xlsm.

Auch hierzu ein Beispiel: Sie möchten alle Tabellen einer Mappe mit einem Kennwortschutz versehen. Manuell wäre dies recht umständlich, denn Sie müssten jede einzelne Tabelle auswählen und den Blattschutz setzen. Einfacher geht dies über VBA, wo Sie in einer Schleife alle Tabellen in einem Rutsch schützen. In Listing 5.13 sind zwei Prozeduren implementiert, die den Blattschutz für jede Tabelle in einer Mappe setzen und wieder aufheben.

Listing 5.13   Blattschutz für alle Tabellen setzen und aufheben

```
Option Explicit

Public Sub BlattschutzFuerAlleTabellenSetzen()
  Dim wksElement As Worksheet

  For Each wksElement In ThisWorkbook.Worksheets
    wksElement.Protect
  Next
End Sub

Public Sub BlattschutzFuerAlleTabellenAufheben()
  Dim wksElement As Worksheet

  For Each wksElement In ThisWorkbook.Worksheets
    wksElement.Unprotect
  Next

End Sub
```

Bei jedem Durchlauf der Schleife wird für die Objektvariable wksElement ein Verweis auf das aktuelle Element der Auflistung gesetzt.

HINWEIS   Es ist wichtig, bei der Deklaration der Objektvariablen den richtigen Objekttyp zu verwenden – also den Objekttyp der in der Auflistung enthaltenen Elemente.

Sehen wir uns ein weiteres Beispiel in Bezug auf For Each-Schleifen an. Das Ziel ist, die Zellen des Bereichs A1:D4 zu durchlaufen und in jede Zelle die Zelladresse einzutragen. Zudem soll der Zellinhalt zentriert angezeigt werden. Die Ausgabe erfolgt auf dem zweiten Tabellenblatt der Beispielmappe.

Listing 5.14 Zellen innerhalb des Bereichs A1:D4 formatieren und füllen

```vba
Public Sub Zelladressen()
  Dim rngZelle As Range

  For Each rngZelle In ThisWorkbook.Worksheets(2).Range("A1:D4")
    rngZelle.Value = rngZelle.Address
    rngZelle.HorizontalAlignment = xlCenter
    rngZelle.VerticalAlignment = xlBottom
  Next rngZelle
End Sub
```

Die Zelladresse einer Zelle kann über die Eigenschaft Address abgerufen werden und das Zentrieren des Zellinhalts erfolgt über die beiden Eigenschaften HorizontalAlignment und VerticalAlignment.

Abbildg. 5.9 Ergebnis der Prozedur *Zelladressen*

Do…Loop-Schleifen verwenden

Neben den Zählschleifen stellt VBA auch Schleifen zur Verfügung, bei denen das Abbruchkriterium einer Bedingung entspricht. Bei einer kopfgesteuerten Schleife wird hierbei eine Bedingung am Anfang der Schleife geprüft, während bei einer fußgesteuerten Schleife die Prüfung der Bedingung am Ende der Schleife erfolgt. Dies bedeutet auch, dass in einer fußgesteuerten Schleife die Anweisungen innerhalb der Schleife mindestens einmal ausgeführt werden.

ONLINE Sie finden die Arbeitsmappe mit den Codebeispielen zu den Do…Loop-Schleifen im Ordner \Buch\Kap05 in der Datei *Bsp05_08.xlsm*.

Do…Loop-Schleifen mit Überprüfung der Bedingung anhand von While

In einer Do…Loop-Schleife kann zur Überprüfung, ob eine Bedingung zutrifft, das Schlüsselwort While am Anfang oder am Ende der Schleife verwendet werden. In Listing 5.15 sind zwei Beispielprozeduren aufgeführt, die jeweils überprüfen, ob die Zahl in der Variable lngZahl größer 0 ist.

Listing 5.15 *Do While...Loop-* und *Do...Loop While*-Schleifen

```
Option Explicit

Public Sub DoLoopSchleifeKopfWhile()
  Dim lngZahl   As Long
  Dim lngAnzahl As Long

  ' Initialisieren
  lngZahl = 4
  lngAnzahl = 0

  ' Kopfgesteuerte Do...Loop Schleife mit While
  Do While lngZahl > 0
    lngZahl = lngZahl − 1
    lngAnzahl = lngAnzahl + 1
  Loop

  MsgBox lngAnzahl
End Sub

Public Sub DoLoopSchleifeFussWhile()
  Dim lngZahl   As Long
  Dim lngAnzahl As Long

  ' Initialisieren
  lngZahl = 4
  lngAnzahl = 0

  ' Fußgesteuerte Do...Loop Schleife mit While
  Do
    lngZahl = lngZahl − 1
    lngAnzahl = lngAnzahl + 1
  Loop While lngZahl > 0

  MsgBox lngAnzahl
End Sub
```

Beide Schleifen werden in dem Beispiel viermal durchlaufen, wie Sie leicht anhand der Anzeige im Meldungsfeld überprüfen können. Verändern Sie testweise den Anfangswert der Variable lngWert in der zweiten Prozedur zur fußgesteuerten Schleife von 4 auf 0 und rufen Sie die Prozedur auf. Sie werden feststellen, dass die Schleife einmal durchlaufen wird.

Do...Loop-Schleifen mit Überprüfung der Bedingung anhand von Until

Eine Überprüfung der Bedingung in Do…Loop-Schleifen kann auch anhand des Schlüsselworts Until durchgeführt werden. Dies wirkt sich meist auf den zu wählenden Vergleichsoperator aus.

Listing 5.16 *Do Until...Loop*-Schleife

```
Public Sub DoLoopSchleifeKopfUntil()
    Dim lngZahl   As Long
    Dim lngAnzahl As Long

'   Initialisieren
    lngZahl = 4
    lngAnzahl = 0

'   Kopfgesteuerte Do...Loop Schleife mit Until
    Do Until lngZahl = 0
        lngZahl = lngZahl - 1
        lngAnzahl = lngAnzahl + 1
    Loop

    MsgBox lngAnzahl
End Sub
```

In Listing 5.16 wurde eine entsprechende Anpassung der ersten Prozedur aus Listing 5.15 vorgenommen. Die Schleife wird so lange ausgeführt, bis der Wert von lngZahl gleich 0 ist. Eine fußgesteuerte Variante dieser Schleifenart finden Sie zudem in der Beispieldatei.

While...Wend-Schleifen verwenden

Die Verwendung der While...Wend-Schleife ist der der Do...Loop-Schleife sehr ähnlich. Die Schleife wird ebenfalls so lange ausgeführt, bis der gewünschte Zustand eintrifft. Um dies zu verdeutlichen, ist das nachfolgende Codebeispiel in Listing 5.17 analog der vorangegangenen Beispiele aufgebaut. Diese Schleifenart wird immer durch While eingeleitet und durch Wend abgeschlossen.

Listing 5.17 *While...Wend*-Schleife

```
Public Sub WhileWendSchleife()
    Dim lngZahl   As Long
    Dim lngAnzahl As Long

'   Initialisieren
    lngZahl = 4
    lngAnzahl = 0

'   While...Wend-Schleife
    While lngZahl > 0
        lngZahl = lngZahl - 1
        lngAnzahl = lngAnzahl + 1
    Wend

    MsgBox lngAnzahl
End Sub
```

Was sind Sprungmarken?

Sprungmarken sind sogenannte GoTo-Anweisungen, die bewirken, dass die Ausführung mit einer anderen Codezeile fortgesetzt wird (es wird zu einer anderen Codezeile »gesprungen«). Dabei werden die Anweisungen in den Codezeilen, die zwischen der GoTo-Zeile und dem Sprungziel liegen, übersprungen, also nicht ausgeführt.

WICHTIG Bis auf wenige seltene Ausnahmen sollten Sprungmarken vermieden werden. Sprungmarken führen dazu, dass der Code sehr schnell unübersichtlich und schwer nachvollziehbar wird. Zudem lassen sich GoTo-Anweisungen in der Regel durch Verzweigungen vermeiden.

Das nachfolgende Beispiel in Listing 5.18 zeigt auf, wie eine Sprungmarke durch die Verwendung einer Abfrage und Verzweigung vermieden werden kann.

Listing 5.18   Sprungmarken vermeiden

```
Public Sub Sprungmarke()
  On Error GoTo Fehler

    Application.Workbooks.Open "C:\Ordner\Testdatei.xlsx"

Fehler:

    MsgBox "Sprungmarke für Fehler"

End Sub

Public Sub SprungmarkeVermeiden()

  If Dir("C:\Ordner\Testdatei.xlsx") = "" Then
    MsgBox "Testdatei.xlsx wurde nicht gefunden."
  Else
    Application.Workbooks.Open "C:\Ordner\Textdatei.xlsx"
  End If
End Sub
```

Der Code in der zweiten Prozedur führt in der Verzweigung eine Existenzprüfung der zu öffnenden Datei durch und nutzt hierzu die VBA-Funktion Dir.

ONLINE Sie finden die Arbeitsmappe mit dem Code zu Listing 5.18 im Ordner \Buch\Kap05 in der Datei Bsp05_09.xlsm.

Tipps zu der Verwendung von Schleifen in VBA

Vielleicht fragen Sie sich, welche der Schleifen in der Praxis zum Einsatz kommen sollten. Nun, das hängt ein wenig von dem Einsatzzweck ab. Wenn Sie sich sicher sind, dass die Anzahl der Schleifendurchläufe einen festen Wert nicht überschreitet, sollten Sie eine For…Next-Schleife bevorzugen. Möchten Sie hingegen die Elemente einer Objektauflistung ansprechen, ist eine For…Each-Schleife die erste Wahl. Wenn Ihnen die Anzahl der Durchläufe unbekannt ist, Sie aber ein Abbruchkriterium formulieren können, bieten sich Do…Loop-Schleifen an. Zu beachten ist dabei, dass fußgesteuerte Schleifen immer mindestens einmal den in der Schleife enthaltenen Code ausführen.

Allerdings bergen Do…Loop-Schleifen auch das Risiko, dass Sie im Code in eine Endlosschleife geraten. Das wäre z.B. der Fall, wenn die abgefragte Bedingung nie eintritt. In Listing 5.19 ist beispielhaft eine Endlosschleife aufgeführt.

Listing 5.19   Eine Endlosschleife

```
Public Sub Endlosschleife()
  Dim lngZahl As Long

  Do
     lngZahl = 0
  Loop While lngZahl < 1

End Sub
```

Die Schleife wird in diesem Fall nie beendet. Zugegeben, das Beispiel ist nicht wirklich realistisch, aber in der Praxis kann es durchaus vorkommen, dass man eine Bedingung oder Kombination von Bedingungen nicht vollständig formuliert hat.

TIPP   Falls Sie beim Testen Ihrer Prozeduren in eine Endlosschleife gelangen, haben Sie die Möglichkeit, diese manuell abzubrechen. Drücken Sie dazu die ⌈Esc⌋-Taste. Unter Umständen kann es eine Weile dauern, bis eine Reaktion erfolgt.

Manchmal kann es sich zudem als sinnvoll erweisen, im Code eine zweite Abbruchbedingung zu verwenden, die quasi als Sicherheitsmechanismus dient. Ein einfaches Beispiel hierzu wäre eine zusätzliche Zählvariable für die Schleifendurchläufe, die bei einem bestimmten Maximalwert die Schleife beendet.

Kapitel 6

Datenfelder bzw. Arrays in VBA

In diesem Kapitel:

In diesem Kapitel lernen Sie Datenfelder bzw. Arrays kennen. Es werden statische Datenfelder mit fester Ober- und Untergrenze und dynamische Datenfelder variabler Größe vorgestellt. Ein Abschnitt zu den Einsatzmöglichkeiten von Datenfeldern rundet das Kapitel ab.

Was sind Datenfelder?

Datenfelder bzw. Arrays sind eine erweiterte Form von Variablen. Im Gegensatz zu Variablen, die nur einen einzigen Wert speichern können, sind Arrays in der Lage, mehrere Werte aufnehmen. Die Kennzeichnung einer Variable als Datenfeld erfolgt über die Angabe von Klammern hinter dem Namen der Variable.

Wie bei einfachen Variablen sollte für Datenfelder ein Datentyp angegeben werden, welcher dann jedem einzelnen Element des Datenfelds automatisch zugewiesen wird. Innerhalb der Variablendeklaration sollte für statische Datenfelder zudem festgelegt werden, wie viele Elemente das Array beinhaltet. Dabei können eine Untergrenze und eine Obergrenze definiert werden. Im folgenden Beispiel wird die Variable arrMonate zur Aufnahme von insgesamt zwölf Elementen deklariert:

```
Dim arrMonate(1 To 12) As String
```

Sie können die Angabe der Untergrenze auch weglassen und nur die Anzahl der Elemente angeben, die das Array aufnehmen soll:

```
Dim arrMonate(12) As String
```

Dabei ist jedoch zu beachten, dass in diesem Fall der Index 0 als Untergrenze gilt. Das Array beinhaltet somit insgesamt 13 Werte, nämlich von 0 bis 12. Oder anders formuliert: das Weglassen der Untergrenze entspricht einer Deklaration von:

```
Dim arrMonate(0 To 12) As String
```

ACHTUNG   Wenn Sie ein Datenfeld deklarieren und keine Angabe zu der Untergrenze machen, beginnt die Zählung in den Standardeinstellungen mit 0.

Es besteht in VBA die Möglichkeit, die Standardeinstellung zur Untergrenze von 0 auf 1 zu stellen, indem Sie im Kopfbereich des Moduls die Anweisung Option Base 1 einfügen. Falls Sie also lieber mit Datenfeldern arbeiten, deren erstes Element mit 1 beginnt, legen Sie dies durch die Angabe der Untergrenze fest.

Eindimensionale Datenfelder bzw. Arrays

Sie können sich ein eindimensionales Datenfeld wie eine Spalte oder eine Zeile einer Excel-Tabelle vorstellen. Das Beispiel in Listing 6.1 deklariert ein Datenfeld zur Aufnahme der 12 Monatsnamen, welches bewusst eine Unter- und Obergrenze verwendet. Die Monatszahl entspricht dann genau dem Index des Datenfelds.

Listing 6.1   Eindimensionales Datenfeld

```
Option Explicit

Public Sub EindimensionalesDatenfeld()
  Dim arrMonate(1 To 12) As String
  Dim lngIndex            As Long

'   Datenfeld befüllen
  arrMonate(1)  = "Januar"
  arrMonate(2)  = "Februar"
  arrMonate(3)  = "März"
  arrMonate(4)  = "April"
  arrMonate(5)  = "Mai"
  arrMonate(6)  = "Juni"
  arrMonate(7)  = "Juli"
  arrMonate(8)  = "August"
  arrMonate(9)  = "September"
  arrMonate(10) = "Oktober"
  arrMonate(11) = "November"
  arrMonate(12) = "Dezember"

'   Datenfeld ausgeben
  For lngIndex = 1 To 12
    MsgBox arrMonate(lngIndex)
  Next lngIndex

End Sub
```

Die Ausgabe des Datenfelds erfolgt über eine For…Next-Schleife, die Sie bereits im fünften Kapitel kennengelernt haben.

ONLINE   Sie finden die Arbeitsmappe mit dem Code zum Beispiel für eindimensionale Datenfelder im Ordner \Buch\Kap06 in der Datei *Bsp06_01.xlsm*.

Mehrdimensionale Datenfelder bzw. Arrays

Datenfelder sind nicht nur auf eine Dimension beschränkt, sondern können bis zu 60 Dimensionen beinhalten. In der Praxis werden jedoch selten mehr als drei Dimensionen verwendet, zumal es spätestens ab der vierten Dimension schwer wird, sich das Datenfeld vorzustellen.

Für ein zweidimensionales Datenfeld bietet eine Excel-Tabelle wieder einen passenden Vergleich: das Datenfeld bildet in diesem Fall Zeilen und Spalten ab und ähnelt einem Bereich bzw. einer Matrix. Im Unterschied zu einem eindimensionalen Datenfeld beinhaltet die Deklaration des Arrays eine zweite Bereichsangabe innerhalb der Klammern:

```
Dim arrMatrix(1 To 3, 1 To 4) As String
```

Die erste Bereichsangabe 1 To 3 legt hierbei die Anzahl Zeilen in der Matrix fest und entspricht der ersten Dimension. Die zweite Bereichsangabe 1 To 4 entspricht der zweiten Dimension und stellt die Spalten der Matrix dar.

Abbildung 6.1 kennzeichnet die einzelnen Elemente des Datenfelds anhand der Buchstaben A bis L. Zudem visualisiert die Abbildung, wie die einzelnen Elemente des Datenfelds per Code angesprochen werden. Beispielsweise ist das Feld D in der ersten Zeile und in der zweiten Spalte im Datenfeld über arrMatrix(1, 2) ansprechbar.

Abbildg. 6.1 Grafische Darstellung eines zweidimensionalen Datenfeldes

Der Code in Listing 6.2 füllt die einzelnen Elemente des Datenfelds blockweise pro Spalte auf, sodass das Ergebnis möglichst der Darstellung von Abbildung 6.1 entspricht.

Listing 6.2 Zweidimensionales Datenfeld

```
Public Sub ZweidimensionalesDatenfeld()
    Dim intZeile  As Integer
    Dim intSpalte As Integer

    Dim arrMatrix(1 To 3, 1 To 4) As String

'   Datenfeld befüllen
    arrMatrix(1, 1) = "(1, 1) - A"
    arrMatrix(1, 2) = "(1, 2) - D"
    arrMatrix(1, 3) = "(1, 3) - G"
    arrMatrix(1, 4) = "(1, 4) - J"

    arrMatrix(2, 1) = "(2, 1) - B"
    arrMatrix(2, 2) = "(2, 2) - E"
    arrMatrix(2, 3) = "(2, 3) - H"
    arrMatrix(2, 4) = "(2, 4) - K"

    arrMatrix(3, 1) = "(3, 1) - C"
    arrMatrix(3, 2) = "(3, 2) - F"
    arrMatrix(3, 3) = "(3, 3) - I"
    arrMatrix(3, 4) = "(3, 4) - L"

'   Datenfeld ausgeben
    For intZeile = 1 To 3
      For intSpalte = 1 To 4

        ThisWorkbook.Worksheets(2).Cells(intZeile, intSpalte).Value = _
          arrMatrix(intZeile, intSpalte)

      Next intSpalte
    Next intZeile

    End Sub
```

Anschließend werden die einzelnen Werte des Datenfelds in die zweite Tabelle der Arbeitsmappe geschrieben, wobei hierbei zwei verschachtelte For...Next-Schleifen zum Einsatz kommen.

ONLINE Sie finden die Arbeitsmappe mit dem Code zu den Beispielen für mehrdimensionale Datenfelder im Ordner \Buch\Kap06 in der Datei Bsp06_02.xlsm.

Etwas komplexer wird die Verwendung von drei Dimensionen. Wenn wir den Vergleich von Datenfeldern mit Excel-Tabellen beibehalten, so entspricht die dritte Dimension einzelner unabhängiger Tabellen. Abbildung 6.2 erweitert das Modell aus Abbildung 6.1 um diesen Vergleich.

Abbildg. 6.2   Grafische Darstellung eines dreidimensionalen Datenfeldes

Die Prozedur in Listing 6.3 implementiert dazu ein Beispiel. Die Ausgabe erfolgt in der dritten und vierten Tabelle der Arbeitsmappe – was durch die Anweisung intTabelle + 2 bei der Angabe des Tabellenindexes erreicht wird.

Listing 6.3   Dreidimensionales Datenfeld

```
Public Sub DreidimensionalesDatenfeld()
    Dim intZeile   As Integer
    Dim intSpalte  As Integer
    Dim intTabelle As Integer

    Dim arrMatrix(1 To 3, 1 To 4, 1 To 2) As String

'   Datenfeld befüllen - Erste Tabelle
    arrMatrix(1, 1, 1) = "(1, 1, 1) - T1-A"
    arrMatrix(1, 2, 1) = "(1, 2, 1) - T1-D"
    arrMatrix(1, 3, 1) = "(1, 3, 1) - T1-G"
    arrMatrix(1, 4, 1) = "(1, 4, 1) - T1-J"

    arrMatrix(2, 1, 1) = "(2, 1, 1) - T1-B"
    arrMatrix(2, 2, 1) = "(2, 2, 1) - T1-E"
    arrMatrix(2, 3, 1) = "(2, 3, 1) - T1-H"
```

```vba
    arrMatrix(2, 4, 1) = "(2, 4, 1) - T1-K"

    arrMatrix(3, 1, 1) = "(3, 1, 1) - T1-C"
    arrMatrix(3, 2, 1) = "(3, 2, 1) - T1-F"
    arrMatrix(3, 3, 1) = "(3, 3, 1) - T1-I"
    arrMatrix(3, 4, 1) = "(3, 4, 1) - T1-L"

'   Datenfeld befüllen - Zweite Tabelle
    arrMatrix(1, 1, 2) = "(1, 1, 2) - T2-A"
    arrMatrix(1, 2, 2) = "(1, 2, 2) - T2-D"
    arrMatrix(1, 3, 2) = "(1, 3, 2) - T2-G"
    arrMatrix(1, 4, 2) = "(1, 4, 2) - T2-J"

    arrMatrix(2, 1, 2) = "(2, 1, 2) - T2-B"
    arrMatrix(2, 2, 2) = "(2, 2, 2) - T2-E"
    arrMatrix(2, 3, 2) = "(2, 3, 2) - T2-H"
    arrMatrix(2, 4, 2) = "(2, 4, 2) - T2-K"

    arrMatrix(3, 1, 2) = "(3, 1, 2) - T2-C"
    arrMatrix(3, 2, 2) = "(3, 2, 2) - T2-F"
    arrMatrix(3, 3, 2) = "(3, 3, 2) - T2-I"
    arrMatrix(3, 4, 2) = "(3, 4, 2) - T2-L"

'   Datenfeld in der dritten und vierten Tabelle ausgeben

    For intZeile = 1 To 3
      For intSpalte = 1 To 4
        For intTabelle = 1 To 2

          ThisWorkbook.Worksheets(intTabelle + 2) _
          .Cells(intZeile, intSpalte).Value = _
          arrMatrix(intZeile, intSpalte, intTabelle)

        Next intTabelle
      Next intSpalte
    Next intZeile

End Sub
```

LBound und UBound verwenden

Die Unter- und Obergrenzen eines Datenfeldes können mittels der Funktionen LBound und UBound zur Laufzeit des Codes bestimmt werden. Dies ist beispielsweise bei dynamischen Datenfeldern – die sie im nächsten Abschnitt kennenlernen werden – sehr hilfreich. Beinhaltet das Datenfeld mehr als eine Dimension, kann zudem in den beiden VBA-Funktionen die Dimension als zweites Argument angegeben werden. In Listing 6.4 ist ein Beispiel zur Berechnung der Obergrenze für zwei Datenfelder zu sehen.

Listing 6.4   Beispiel zur Ermittlung der Obergrenze eines Datenfeldes

```
Public Sub Obergrenze()
  Dim arrZahlen(1 To 4)        As Long
  Dim arrMatrix(1 To 4, 1 To 2) As String

'   Obergrenzen bestimmen
  MsgBox UBound(arrZahlen)
  MsgBox UBound(arrMatrix, 1)
  MsgBox UBound(arrMatrix, 2)

End Sub
```

ONLINE   Sie finden die Arbeitsmappe mit dem Code Listing 6.4 sowie einem weiteren Beispiel im Ordner \Buch\Kap06 in der Datei Bsp06_03.xlsm.

Was sind dynamische Datenfelder?

Ein dynamisches Array wird verwendet, wenn zum Zeitpunkt der Deklaration des Datenfelds noch nicht festgelegt werden kann, wie viele Felder das Array aufnehmen soll. Das runde Klammerpaar nach dem Variablennamen bleibt bei der Deklaration von dynamischen Datenfeldern leer. Ein Beispiel:

```
Dim arrZahlen() As Integer
```

Beachten Sie, dass das Datenfeld zu diesem Zeitpunkt noch keine Elemente enthält. Diese werden erst durch die Anweisung ReDim angelegt, die eine Anpassung der Größe des Datenfelds vornimmt. Beispiel:

```
ReDim arrZahlen(1 To 4)
```

Der Befehl ReDim kann zur Laufzeit auch mehrfach verwendet werden, um die Größe des Datenfelds erneut anzupassen. Das Datenfeld verliert allerdings dabei seinen Inhalt und eventuell gesetzte Werte gehen verloren, es sei denn, Sie ergänzen die Anweisung ReDim durch das Schlüsselwort Preserve:

```
ReDim Preserve arrZahlen(1 To 8)
```

In Listing 6.5 ist ein Codebeispiel enthalten, welches ein Datenfeld zweimal neu dimensioniert und dessen Inhalt in Meldungsfeldern ausgibt.

Listing 6.5   Dynamische Datenfelder

```
Public Sub DynamischeDatenfelder()
  Dim arrZahlen() As Integer

'   Neu dimensionieren
  ReDim arrZahlen(1 To 2)
```

Listing 6.5   Dynamische Datenfelder *(Fortsetzung)*

```
'   Werte
    arrZahlen(1) = 10
    arrZahlen(2) = 20

'   Neu dimensionieren ohne Preserve
    ReDim arrZahlen(1 To 3)

    MsgBox "Wert 1 = " & arrZahlen(1) & vbCr & _
           "Wert 2 = " & arrZahlen(2) & vbCr & _
           "Wert 3 = " & arrZahlen(3)

'   Werte
    arrZahlen(1) = 15
    arrZahlen(2) = 25
    arrZahlen(3) = 35

'   Neu dimensionieren mit Preserve
    ReDim Preserve arrZahlen(1 To 4)

    MsgBox "Wert 1 = " & arrZahlen(1) & vbCr & _
           "Wert 2 = " & arrZahlen(2) & vbCr & _
           "Wert 3 = " & arrZahlen(3) & vbCr & _
           "Wert 4 = " & arrZahlen(4)
End Sub
```

ONLINE   Sie finden die Arbeitsmappe mit dem Code Listing 6.5 im Ordner *\Buch\Kap06* in der Datei *Bsp06_04.xlsm*.

Da in Listing 6.5 bei der dritten Verwendung von ReDim das Schlüsselwort Preserve angegeben wurde, bleiben die zuvor gesetzten Elemente des Datenfelds erhalten und werden im zweiten Meldungsfeld angezeigt.

ACHTUNG   Wenn Sie Preserve verwenden, kann die Untergrenze nicht verändert werden und bei mehrdimensionalen Datenfeldern muss zudem darauf geachtet werden, dass nur die letzte Dimension als dynamisch veränderbar gilt.

Datenfelder in der Praxis

Datenfelder finden vielerlei Anwendung in der Praxis, sei es beispielsweise um Zellbereiche ein- und auszulesen, Variablen im gleichen Kontext zu gruppieren oder assoziativ Verknüpfungen zwischen verschiedenen Inhalten herzustellen.

ONLINE   Sie finden die Arbeitsmappe mit den Codebeispielen zu diesem Abschnitt im Ordner *\Buch\Kap06* in der Datei *Bsp06_05.xlsm*.

Praxisbeispiel zu einem eindimensionalen Datenfeld

Sehen wir uns zur assoziativen Verknüpfung ein Beispiel an: Ziel ist es eine VBA-Lösung zu entwickeln, die in Spalte A einer Excel-Tabelle aus den ersten 16 Zeilen einer Liste mit Datumsangaben den Wochentag extrahiert und dessen englische Übersetzung in Spalte B derselben Tabelle schreibt. In Listing 6.6 ist eine solche Lösung implementiert.

Listing 6.6   Ermittlung des Wochentags in Englisch für Datumsangaben in Spalte A

```
Public Sub WochentagEnglisch()
    Dim lngIndex            As Long
    Dim lngWochentag        As Long
    Dim arrEnglisch(1 To 7) As String

'   Initialisieren
    arrEnglisch(1) = "Monday"
    arrEnglisch(2) = "Tuesday"
    arrEnglisch(3) = "Wednesday"
    arrEnglisch(4) = "Thursday"
    arrEnglisch(5) = "Friday"
    arrEnglisch(6) = "Saturday"
    arrEnglisch(7) = "Sunday"

'   Verkürzen
    With ThisWorkbook.Worksheets(2)

'       Schleife über 16 Einträge
        For lngIndex = 1 To 16

'           Wochentag
            lngWochentag = Weekday(.Cells(lngIndex, 1).Value, vbMonday)

'           Schreiben
            .Cells(lngIndex, 2).Value = arrEnglisch(lngWochentag)

        Next lngIndex

    End With

End Sub
```

Zunächst werden die Elemente des Datenfelds mit den Bezeichnern zu den englischen Wochentagen initialisiert. Es folgt eine For-Schleife, die die Zellen in Spalte A ausliest und deren Werte an die VBA-Funktion Weekday übergibt. Diese Funktion liefert den Wochentag als Zahl zurück, wobei die Angabe von vbMonday zudem festlegt, dass als erster Tag der Woche der Montag gezählt werden soll. Das Ergebnis in lngWochentag entspricht somit exakt einem der Elemente des Datenfelds und kann in Spalte B geschrieben werden.

Praxisbeispiel zu einem zweidimensionalen Datenfeld

Ausgangslage in folgendem Beispiel für ein dynamisches Datenfeld ist eine Excel-Tabelle, die im Bereich A1:A16 eine Länderliste enthält, wobei einige Länder mehrfach vorkommen. Ziel der Anwendung ist es, diesen Bereich auszulesen und eine Liste der Länder in Spalte B zu generieren, die keine doppelten Einträge enthält.

Abbildg. 6.3   Die Ausgangslage für das Praxisbeispiel zu zweidimensionalen Datenfeldern

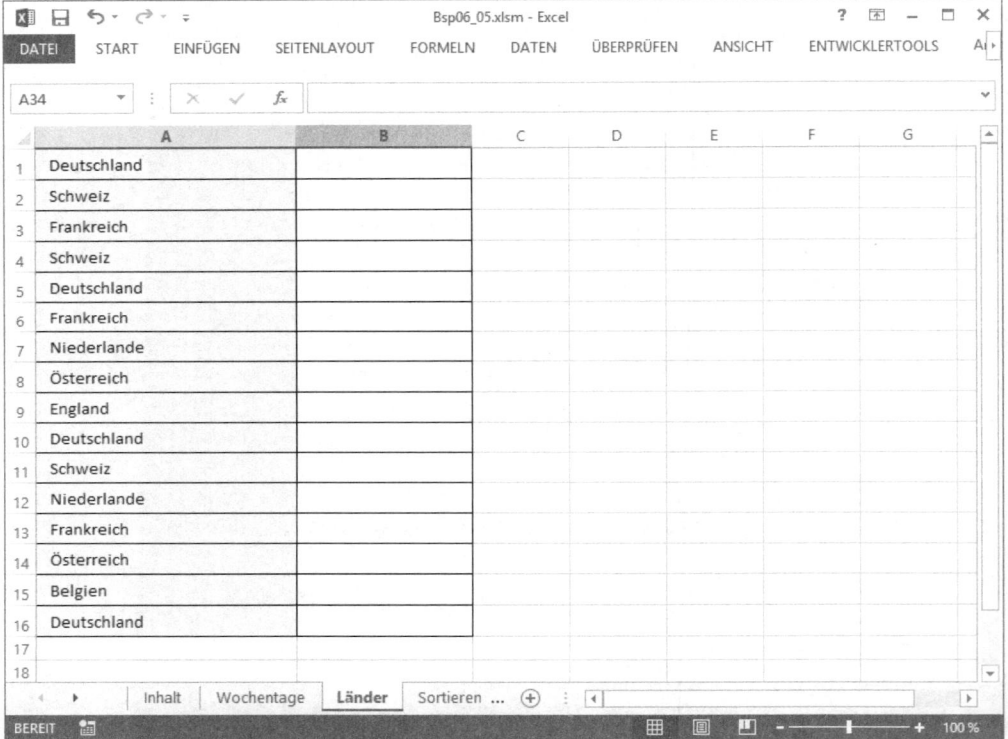

In Listing 6.7 ist eine Beschreibung zu den einzelnen Codeblöcken jeweils in den Kommentarzeilen untergebracht.

Listing 6.7   Liste von Ländern auf doppelte Einträge prüfen und ausgeben

```
Public Sub Laenderliste()
    Dim blnDoppelt    As Boolean
    Dim lngElement    As Long
    Dim lngZeile      As Long
    Dim strLand       As String

    Dim arrAusgabe() As String
```

Listing 6.7   Liste von Ländern auf doppelte Einträge prüfen und ausgeben *(Fortsetzung)*

```vba
'   Verkürzen
    With ThisWorkbook.Worksheets(3)

'       Schleife über 16 Zeilen in Spalte A
        For lngZeile = 1 To 16

'           Die Variable blnDoppelt soll sich merken, ob ein eingelesenes Land
'           bereits in der Ausgabeliste ist. Da das Überprüfen auf doppelte Einträge
'           in jedem Durchlauf der Schleife passiert, wird diese Variable auch
'           bei jedem Durchlauf auf den Ursprungszustand wieder zurückgesetzt
            blnDoppelt = False

'           Das Land aus der Tabelle einlesen
            strLand = .Cells(lngZeile, 1).Value

'           Wenn das erste Land - also lngZeile = 1 - aus Spalte A eingelesen
'           wird, dann hat das Datenfeld noch keinen Eintrag. Das wird über
'           die folgende Abfrage abgefangen
            If lngZeile < 2 Then

                ReDim arrAusgabe(1 To 1)

                arrAusgabe(1) = strLand

            Else

'               Diese Fall tritt ab dem zweiten Durchlauf der Schleife ein, also
'               wenn lngZeile > 1. Es muss nun geprüft werden, ob das Land bereits
'               in der Ausgabeliste enthalten ist. Dazu werden die Elemente des
'               Datenfeldes mit dem aktuell eingelesenen Land verglichen

                For lngElement = 1 To UBound(arrAusgabe)

                  If arrAusgabe(lngElement) = strLand Then

'                     Land ist bereits in der Ausgabeliste vorhanden. Dieser Zustand
'                     wird in blnDoppelt abgelegt und die Schleife wird verlassen
                      blnDoppelt = True

                      Exit For

                  End If

                Next lngElement

'               Nur wenn das aktuelle Land in strLand nicht in der Ausgabeliste
'               enthalten ist, kann das Datenfeld erweitert werden und das Land
'               dem letzten Eintrag im Datenfeld zugeordnet werden

                If Not blnDoppelt Then

                    ReDim Preserve arrAusgabe(1 To UBound(arrAusgabe) + 1)

                    arrAusgabe(UBound(arrAusgabe)) = strLand
```

Listing 6.7
Liste von Ländern auf doppelte Einträge prüfen und ausgeben *(Fortsetzung)*

```
            End If

        End If

'       Schließlich verbleibt das Schreiben in Spalte B

        For lngElement = 1 To UBound(arrAusgabe)

            .Cells(lngElement, 2).Value = arrAusgabe(lngElement)

        Next lngElement

    Next lngZeile

  End With

End Sub
```

HINWEIS   Bevor Sie mit der Programmierung einer komplexeren Prozedur beginnen, sollten Sie zuerst abklären, ob nicht Excel selbst bereits eine geeignete Funktion anbietet. Das Ergebnis des vorangegangenen Codes ließe sich beispielsweise auch mittels Excel-Funktionen realisieren.

Ein Datenfeld sortieren

In manchen Situationen ist es erforderlich die Daten innerhalb eines Datenfeldes zu sortieren. Es gibt verschiedene Methoden und Algorithmen, um Arrays zu sortieren. Eine Methode beruht darauf, die Elemente im Datenfeld untereinander zu vergleichen und zu vertauschen. Diese Methode, die in Listing 6.8 implementiert ist, arbeitet mit zwei ineinander verschachtelten For-Schleifen.

Listing 6.8
Ein Datenfeld sortieren

```
Public Sub DatenfeldSortieren()
    Dim lngDummy        As Long
    Dim lngAussen       As Long
    Dim lngInnen        As Long
    Dim lngZeile        As Long

    Dim arrZahlen(1 To 6) As Long

'   Datenfeld unsortiert befüllen
    arrZahlen(1) = 3
    arrZahlen(2) = 6
    arrZahlen(3) = 2
    arrZahlen(4) = 5
    arrZahlen(5) = 1
    arrZahlen(6) = 4

'   Äußere Schleife
    For lngAussen = 1 To 5
```

Listing 6.8   Ein Datenfeld sortieren *(Fortsetzung)*

```
'     Innere Schleife
      For lngInnen = lngAussen + 1 To 6

        If arrZahlen(lngAussen) > arrZahlen(lngInnen) Then

          lngDummy = arrZahlen(lngAussen)

          arrZahlen(lngAussen) = arrZahlen(lngInnen)
          arrZahlen(lngInnen) = lngDummy

        End If

      Next lngInnen

'     Ausgabe zum Nachverfolgen der Positionswechsel
      For lngZeile = 1 To 6

        ThisWorkbook.Worksheets(4).Cells(lngZeile + 1, _
        lngAussen + 1).Value = arrZahlen(lngZeile)

      Next

    Next lngAussen

  End Sub
```

Der Code sorgt bei jedem Durchlauf der äußeren Schleife für eine Ausgabe des aktuellen Datenfeldes, sodass Sie die einzelnen Schritte nachvollziehen können.

Abbildg. 6.4   Der erste Durchlauf der äußeren Schleife und die Durchläufe der inneren Schleife

Außen	Innen	Vergleich	Datenfeld					
			1	2	3	4	5	6
1	-	-	3	6	2	5	1	4
1	2	3 > 6 = Nein	3	6	2	5	1	4
1	3	3 > 2 = Ja	2	6	3	5	1	4
1	4	2 > 5 = Nein	2	6	3	5	1	4
1	5	2 > 1 = Ja	1	6	3	5	2	4
1	6	1 > 4 = Nein	1	6	3	5	2	4

Wie funktioniert nun der Code genau? Die äußere Schleife startet mit 1, also dem ersten Element des Datenfelds. Da die Positionen einzelner Elemente vertauscht werden sollen, genügt es, wenn die innere Schleife mit dem zweiten Element startet, denn das erste Element mit sich selbst zu vergleichen ist nicht sinnvoll. In der inneren Schleife wird anschließend das erste Element im Datenfeld mit jedem weiteren Element verglichen. Die Abbildung 6.4 verdeutlicht den ersten Durchlauf der äußeren Schleife.

Sie sehen, im ersten Durchlauf wird das kleinste Element im Datenfeld gefunden und an die erste Position gesetzt. Beim nächsten Durchlauf der äußeren Schleife verschiebt sich das Vergleichsfeld von der ersten Position im Datenfeld an die zweite Stelle und die innere Schleife startet bei der dritten Position. Abbildung 6.5 verdeutlicht den Vorgang für den zweiten Durchlauf der äußeren Schleife.

Abbildg. 6.5 Der zweite Durchlauf der äußeren Schleife und die Durchläufe der inneren Schleife

Außen	Innen	Vergleich	Datenfeld					
			1	2	3	4	5	6
2	-	-	1	6	3	5	2	4
2	3	6 > 3 = Ja	1	3	6	5	2	4
2	4	3 > 5 = Nein	1	3	6	5	2	4
2	5	3 > 2 = Ja	1	2	6	5	3	4
2	6	2 > 4 = Nein	1	2	6	5	3	4

Der Code führt wiederholt anschließend dieselben Vorgänge solange durch, bis alle Datenfelder verglichen wurden. Als Endergebnis liefert er das sortierte Datenfeld.

Kapitel 7

Fehler erkennen und beheben

In diesem Kapitel:

In diesem Kapitel lernen Sie die Hilfsmittel in VBA kennen, die Ihnen zur Erkennung, zur Suche und zur Behebung von Fehlern zur Verfügung stehen. Der Debugger stellt Ihnen hierbei ein mächtiges Werkzeug zur Verfügung, mit dem Sie den Ablauf Ihres Codes in definierbaren Schritten verfolgen können. Weitere Hilfsmittel erlauben es Ihnen, Inhalte von Variablen zu inspizieren oder Befehle wie in einer Kommandozeile auszuführen.

Wie können Fehler entstehen?

Fehler können sich unterschiedlich äußern. Es gibt Fehler, die Sie sehr schnell bemerken werden, da Sie der VBA-Editor spätestens beim Kompilieren des Projekts darauf aufmerksam macht, beispielsweise, wenn Sie einer VBA-Funktion eine falsche Anzahl Argumente übergeben, oder – und das setzt natürlich die Verwendung der Option Option Explicit voraus – wenn Sie vergessen haben, eine Variable zu deklarieren bzw. sich vertippen.

Was sind Laufzeitfehler?

Einige Fehler machen sich wiederum erst dann bemerkbar, wenn Sie den Code ausführen. Es entsteht dann ein sogenannter Laufzeitfehler, der zu einer Meldung führt, die einen Fehlercode und einen Hinweis zum Fehler liefert.

Abbildg. 7.1   Laufzeitfehler 9

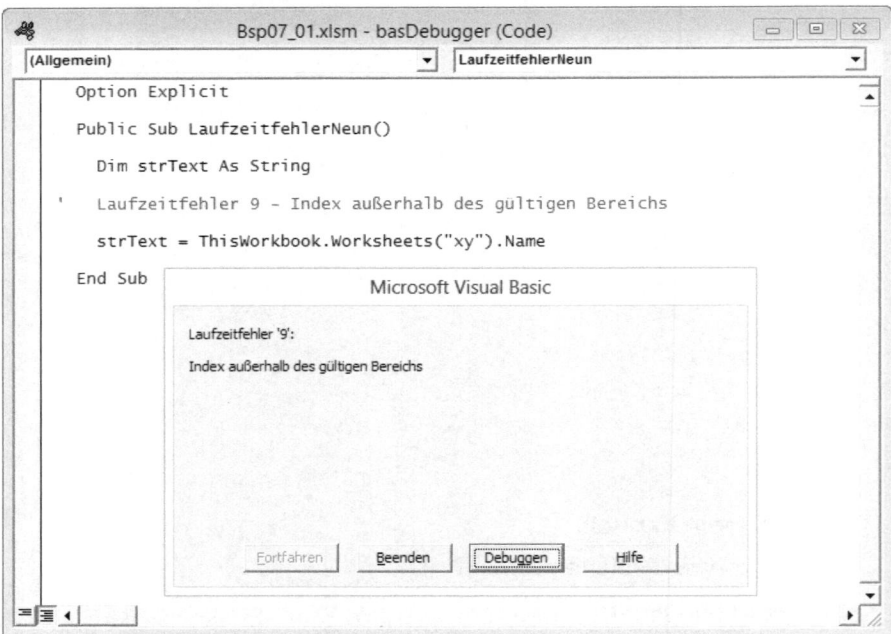

In Listing 7.1 werden drei Prozeduren vorgestellt, die zu unterschiedlichen Laufzeitfehlern führen.

Der Laufzeitfehler 6 – Überlauf – bedeutet, dass einer Variablen ein Wert zugewiesen wurde, der höher oder kleiner ist, als es der Gültigkeitsbereich des Datentyps zulässt. In dem Codebeispiel wird der Variable bytWert vom Typ Byte der Wert 1024 zugewiesen und somit der Gültigkeitsbereich von 0 bis 255 überschritten.

Der Laufzeitfehler 9 – Index außerhalb des gültigen Bereichs – signalisiert Ihnen, dass ein Element innerhalb einer Liste nicht gefunden wurde. Im Beispiel handelt es sich dabei um eine in der Mappe nicht vorhandene Tabelle. Ein solcher Fehler würde aber auch bei einem Zugriff auf ein nicht existentes Element eines Datenfeldes auftreten.

Der Laufzeitfehler 13 – Typen unverträglich – bedeutet, dass einer Variablen ein Wert zugewiesen wurde, der für den entsprechenden Datentyp nicht zulässig ist. Im Codebeispiel wird der Variablen lngZahl ein Text zugewiesen.

Listing 7.1   Laufzeitfehler 6, 9 und 13 in VBA

Der Einstieg in die VBA-Programmierung

```
Option Explicit

Public Sub LaufzeitfehlerSechs()
   Dim bytWert As Byte

'   Laufzeitfehler 6 – Überlauf
   bytWert = 1024

End Sub

Public Sub LaufzeitfehlerNeun()
   Dim strText As String

'   Laufzeitfehler 9 - Index außerhalb des gültigen Bereichs
   strText = ThisWorkbook.Worksheets("xy").Name

End Sub

Public Sub LaufzeitfehlerDreizehn()
   Dim lngZahl As Long

'   Laufzeitfehler 13 - Typen unverträglich
   lngZahl = "Hallo Welt"

End Sub
```

Wenn Sie im Debugger-Dialogfeld auf die Schaltfläche *Debuggen* klicken, wird die fehlerhafte Codezeile gelb hinterlegt und die Ausführung des Codes pausiert. Sie haben dann oftmals die Möglichkeit, interaktiv in den Code einzugreifen und diesen im Debug-Modus fortzusetzen. Wie, erfahren Sie im Abschnitt »Der Debugger in VBA« ab Seite 168. Wenn Sie die Schaltfläche *Beenden* verwenden, wird die Codeausführung abgebrochen. Es erfolgt allerdings dabei kein Hinweis auf die fehlerhafte Codezeile.

Oftmals sind die angezeigten Fehlermeldungen jedoch wenig aussagekräftig. Ein Klick auf die Schaltfläche *Hilfe* zeigt zwar weitergehende Informationen an, aber diese entsprechen nicht immer dem Problem, welches zu dieser Fehlermeldung führt. Aber keine Angst, mit der Zeit entwickeln Sie mehr und mehr ein Gefühl für die mögliche Ursache. Und es helfen beispielsweise Foren weiter, wo in der Regel bei einer genauen Beschreibung des Problems schnell eine Lösung gefunden wird.

> **ONLINE** Sie finden die Arbeitsmappe mit dem Code zu Listing 7.1 im Ordner \Buch\Kap07 in der Datei *Bsp07_01.xlsm*.

Was sind logische Fehler?

Weitere Fehler sind logischer Natur, das heißt, dass solche Fehler von VBA nicht erkannt werden können und durch Programmierfehler des Entwicklers verursacht werden. Zwei Beispiele: Sie verwenden eine Do…Loop-Schleife in Ihrem Code, bei der das Abbruchkriterium nie eintritt. Damit würden Sie bei der Ausführung des Codes in eine Endlosschleife geraten. Oder Sie erstellen eine Anwendung, bei der eine Eingabe von Zahlen erwartet wird. Wenn die Routine zur Überprüfung der Benutzereingaben nicht alle Fälle berücksichtigt, kann dies zu einem Fehler bei der weiteren Verarbeitung führen.

Listing 7.2   Beispiel für eine Endlosschleife

```
Public Sub Endlosschleife()
   Dim lngZahl1 As Long
   Dim lngZahl2 As Long

   Do
      lngZahl2 = lngZahl1 + 1
   Loop While lngZahl1 < lngZahl2

End Sub
```

Programmierfehler sind zwar schwieriger zu finden, allerdings stellt Ihnen VBA hierzu einige Werkzeuge zur Verfügung, die Ihnen das Reproduzieren des Fehlers erleichtern und im Folgenden vorgestellt werden.

Der Debugger in VBA

Der aus dem Englischen stammende Begriff »Debuggen« bedeutet einerseits, ein Programm schrittweise während der Codeausführung zu untersuchen, und andererseits, den Code auf Fehler zu testen. Die VBA-Entwicklungsumgebung stellt Ihnen hierzu die Symbolleiste *Debuggen* zur Verfügung, die Sie – falls diese noch nicht sichtbar ist – per Klick mit der rechten Maustaste auf eine freie Fläche der Menüleiste und Auswahl von *Debuggen* im Kontextmenü aktivieren können.

Abbildg. 7.2   Die Symbolleiste zum Debuggen

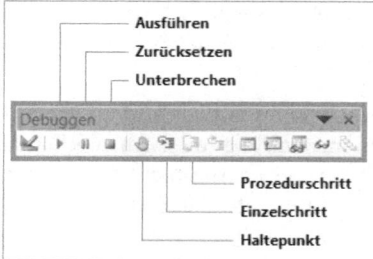

In Listing 7.3 ist eine um ein Meldungsfeld erweiterte Version der Prozedur zu dem Laufzeitfehler 9 aus Listing 7.1 implementiert.

Listing 7.3   Laufzeitfehler 9, Index außerhalb des gültigen Bereichs

```
Public Sub LaufzeitfehlerNeunErweitert()
  Dim strText As String

'   Laufzeitfehler 9 - Index außerhalb des gültigen Bereichs
  strText = ThisWorkbook.Worksheets("xy").Name

'   Meldungsfeld
  MsgBox strText

End Sub
```

ONLINE   Sie finden die Arbeitsmappe mit dem Code zu diesem Abschnitt – inklusive der in den Abbildungen aufgeführten Codebeispiele – im Ordner *\Buch\Kap07* in der Datei *Bsp07_02.xlsm*.

Öffnen Sie die Beispieldatei und führen Sie die Prozedur aus. Wie erwartet, erscheint der Laufzeitfehler 9. Klicken Sie im Debugger-Dialogfeld auf die Schaltfläche *Debuggen*. Der Code wird an der fehlerhaften Zeile pausiert und die Zeile gelb hinterlegt. Zudem erscheint in der linken Leiste des Codefensters ein gelber Pfeil.

Abbildg. 7.3   Markierung der aktuell auszuführenden Zeile im Code sowie QuickInfo

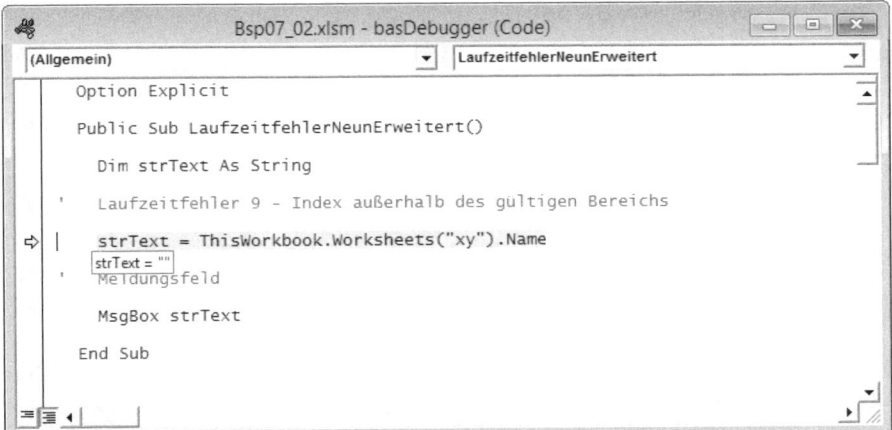

Positionieren Sie den Mauszeiger über die Variable strText und lassen Sie diesen eine Weile dort verharren. Der VBA-Editor blendet Ihnen den Text strText = "" in einem kleinem gelben Fenster ein. Ein solches Fenster wird als QuickInfo bezeichnet und bietet eine sehr komfortable Möglichkeit, den Inhalt einer Variablen einzusehen. Der aktuelle Inhalt der Variable wird Ihnen übrigens auch in den anderen Zeilen angezeigt, z.B. wenn Sie den Mauszeiger über strText in der Zeile mit dem Meldungsfeld positionieren.

   QuickInfos können übrigens auch während der Entwicklung Ihres Codes über das Kontextmenü im VBA-Editor abgerufen werden. Sie erhalten dann eine Anzeige zu der Deklaration des entsprechenden Elementes.

Sie haben zudem die Möglichkeit, in den Code einzugreifen und beispielsweise den Namen der Tabelle zu korrigieren. Testen Sie dies in dem Beispiel und ersetzen Sie »xy« durch »Übungstabelle«.

Drücken Sie anschließend die Taste $\boxed{\text{F8}}$, um den Code fortzusetzen. Die gelb markierte Zeile wandert zu der nächsten Anweisung im Code. Prüfen Sie wieder den Inhalt von strText anhand des QuickInfo-Fensters. Drücken Sie erneut $\boxed{\text{F8}}$. Das Meldungsfeld sollte nun angezeigt werden und anschließend die Ausführung zu End Sub springen. Ein weiterer Tastendruck auf $\boxed{\text{F8}}$ beendet dann die Prozedur.

Sie können auch eine Codeausführung im Debugger jederzeit abbrechen. Klicken Sie dazu innerhalb der Symbolleiste auf das Symbol *Zurücksetzen* – ein blaues Viereck – oder wählen Sie den Menübefehl *Ausführen/Zurücksetzen*.

Debuggen im Einzelschritt

Der Menübefehl *Debuggen/Einzelschritt* ermöglicht Ihnen das Debuggen im Einzelschrittmodus, in dem Sie die Anweisungen einer Prozedur Zeile für Zeile manuell auszuführen lassen können. Diese Methode haben Sie bereits im vorangegangenen Beispiel kennengelernt. Nachfolgend sind die Möglichkeiten zusammengefasst, die Ihnen der Einzelschrittmodus bietet:

- Um einen einzelnen Schritt auszuführen, drücken Sie die Taste $\boxed{\text{F8}}$ oder verwenden den entsprechenden Menübefehl

- Ein wiederholtes Drücken der Taste $\boxed{\text{F8}}$ führt Sie jeweils zum nächsten Einzelschritt. Die gerade aktive Zeile wird dabei gelb hinterlegt.

- Um die Prozedur zu Ende zu führen, drücken Sie die Taste $\boxed{\text{F5}}$ oder klicken auf die Schaltfläche *Fortsetzen* in der Symbolleiste *Voreinstellung*

- Um die Prozedur vorzeitig zu verlassen, klicken Sie in der Symbolleiste *Voreinstellung* auf die Schaltfläche *Zurücksetzen*

Haltepunkte setzen

Wenn Sie die Ausführung eines umfangreicheren Codes manuell nachverfolgen möchten, kann dies über den Einzelschrittmodus sehr zeitaufwändig sein. Um die Ausführung des Codes nur an bestimmten Stellen Ihrer Prozedur anzuhalten, bietet der VBA-Editor die Möglichkeit, Haltepunkte zu definieren. Wählen Sie einer der folgenden Methoden aus, um einen Haltepunkt zu setzen bzw. zu entfernen.

- Setzen Sie die Einfügemarke in die gewünschte Codezeile und drücken Sie die Taste $\boxed{\text{F9}}$, um den Haltepunkt zu setzen. Oder verwenden Sie den passenden Menübefehl im Menü *Debuggen*.

- Die einfachste Methode besteht jedoch darin, einfach die linke Leiste des Codefensters auf Höhe der gewünschten Codezeile anzuklicken

- Um einen Haltepunkt zu entfernen, führen Sie einen der zuvor genannten Befehle erneut aus

Haltepunkte werden im Code durch eine rotbraune Hinterlegung der Codezeile sowie einen Punkt im linken Bereich des Codefensters hervorgehoben. Sie können natürlich auch mehrere Haltepunkte in Ihrem Code setzen.

Abbildg. 7.4   Haltepunkte im Code

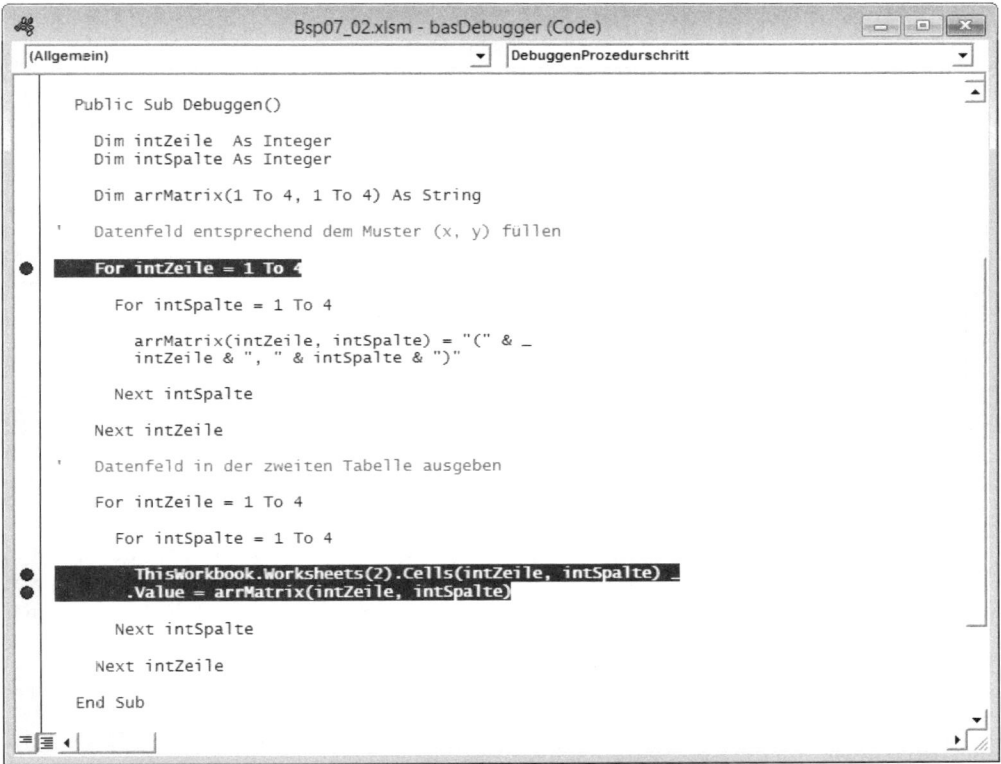

Über die Taste `F5` können Sie Ihren Code bis zu den gesetzten Haltepunkten ausführen. Der Einzelschrittmodus steht Ihnen ebenfalls jederzeit zur Verfügung.

Debuggen im Prozedurschritt

Während Ihrer Laufbahn als VBA-Programmierer werden Sie mit großer Wahrscheinlichkeit Prozeduren erstellen, die weitere von Ihnen entwickelte Prozeduren aufrufen. Wenn Sie eine solche Prozedur im Einzelschrittmodus nachverfolgen, springt der Debugger in jede aufgerufene Prozedur hinein und führt dessen Anweisungen ebenfalls im Einzelschrittmodus aus.

Das Debuggen im Prozedurschritt verhindert genau dieses Hineinspringen in die Unterroutinen und kann über Tastenkombination `⇧`+`F8` aktiviert werden.

Debuggen im Prozedurschritt

```
Bsp07_02.xlsm - basDebugger (Code)

(Allgemein)                                          DebuggenProzedurschritt

    Public Sub DebuggenProzedurschritt()

⇨     Call Debuggen

    End Sub

    Public Sub Debuggen()

        Dim intZeile  As Integer
        Dim intSpalte As Integer

        Dim arrMatrix(1 To 4, 1 To 4) As String
    '   Datenfeld entsprechend dem Muster (x, y) füllen

        For intZeile = 1 To 4

          For intSpalte = 1 To 4

            arrMatrix(intZeile, intSpalte) = "(" & _
            intZeile & ", " & intSpalte & ")"
```

Debuggen bis zur Cursor-Position

Der Menübefehl *Debuggen/Ausführen bis Cursor-Position* ermöglicht es Ihnen, den Code bis zur aktuellen Position der Einfügemarke auszuführen. Voraussetzung ist jedoch, dass vor der gewählten Cursor-Position keine Haltepunkte definiert sind. Nachfolgend sind die Möglichkeiten aufgeführt, die Ihnen zur Nutzung dieser Funktion zur Verfügung stehen:

- Setzen Sie dazu die Einfügemarke in die Codezeile, die Sie überprüfen möchten und drücken Sie die Tastenkombination [Strg]+[F8]. Die Zeile wird, wie im Einzelschrittmodus, gelb hinterlegt.

- Drücken Sie wiederholt die Tastenkombination [Strg]+[F8], wenn Sie den Befehl an einer weiteren Stelle im Code ausführen möchten

- Der Debugger-Modus kann jederzeit unter Verwendung der Tastenkombination [Strg]+[⇧]+[F8] verlassen werden

Weitere Hilfsmittel zur Fehlersuche und zum Testen

Die Entwicklungsumgebung stellt Ihnen weitere Hilfsmittel zur Verfügung, die bei der Fehleranalyse verwendet werden können: das Direktfenster (sein Name lautet *Direktbereich*), das *Lokal*-Fenster und das Überwachungsfenster (hier lautet der Name des Fensters *Überwachungsausdrücke*). Welche Funktionen die Fenster ausüben und wie diese verwendet werden können, ist Thema der folgenden Abschnitte.

ONLINE   Sie finden die Arbeitsmappe mit dem Code zu Listing 7.4, zu Listing 7.5 und zu Listing 7.6 im Ordner \Buch\Kap07 in der Datei Bsp07_03.xlsm.

Der Direktbereich

Der Direktbereich – auch Direktfenster genannt – kann für verschiedene Zwecke genutzt werden. Sie können darin VBA-Befehle eingeben und ausführen, Variablen abfragen oder den Direktbereich als Ausgabefenster in Ihrem Code nutzen.

Um das Direktfenster einzublenden, verwenden Sie den Menübefehl *Ansicht/Direktfenster* oder drücken die Tastenkombination [Strg]+[G]. Bei unveränderter Grundeinstellung erscheint das Direktfenster am unteren Rand der Entwicklungsumgebung.

Abbildg. 7.6   Der Direktbereich

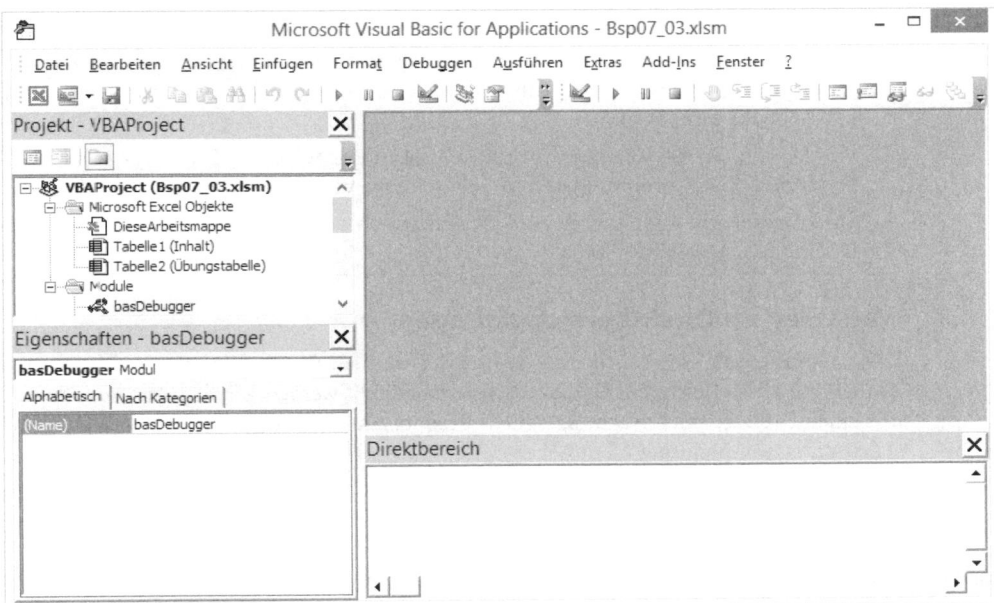

TIPP   Im Direktbereich steht Ihnen übrigens auch IntelliSense mit all seinen Funktionen zur Verfügung.

Eigene Prozeduren und das Excel-Objektmodell im Direktbereich verwenden

Wenn Sie eine eigene Prozedur per Direktfenster ausführen möchten, geben Sie den Prozedurnamen – unter Berücksichtigung eventuell notwendiger Argumente – in das Direktfenster ein und drücken die Eingabetaste. Nachfolgend ein Beispiel, welches die Prozedur DirektbereichTesten aus der Beispieldatei aufruft:

```
DirektbereichTesten
```

Das funktioniert ebenfalls mit Methoden des Excel-Objektmodells. Dazu ein Beispiel:

```
ThisWorkbook.Worksheets(1).Activate
```

Zudem können Sie Excel-Objekteigenschaften per Eingabe in den Direktbereich verändern, wie das folgende Beispiel zeigt:

```
ThisWorkbook.Worksheets(1).Range("A1:D4").Value = 500
```

> **TIPP** Das Fenster zum Direktbereich lässt sich, wie die anderen Fenster innerhalb der VBA-Entwicklungsumgebung, ausdocken und frei schwebend verwenden. Durch eine geschickte Anordnung der Fenster können Sie den Direktbereich über einer Tabelle anordnen und somit Änderungen an Zellinhalten oder Zellformatierungen live nachverfolgen. Gehen Sie dazu wie folgt vor:
>
> - Lösen Sie den Direktbereich aus seiner Verankerung, z.B. indem Sie auf die Titelleiste des Fensters doppelklicken
> - Verkleinern Sie die VBA-Entwicklungsumgebung bzw. den VBA Editor so, dass das dahinter liegende Excel-Anwendungsfenster wieder zum Vorschein kommt
> - Sie können nun das Fenster zum Direktbereich so platzieren, dass Sie die Tabelle und den Direktbereich im Blick haben

Variablen im Direktbereich abfragen

Der Direktbereich kann auch dazu verwendet werden, um den Inhalt von Variablen abzufragen. Dabei muss dem Befehl ein Fragezeichen vorangestellt werden – sollten Sie dies vergessen, erhalten Sie einen Laufzeitfehler. Nachfolgend ein Beispiel zur Abfrage des Namens der aktiven Tabelle (das Ergebnis ist in Abbildung 7.7 zu sehen):

```
?Activesheet.Name
```

Abbildg. 7.7 Rückgabewert im Direktbereich

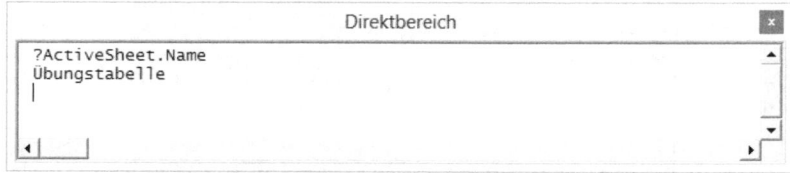

Variablen zur Laufzeit im Direktbereich ausgeben

Der Direktbereich kann zur Laufzeit des Codes als Ausgabemedium genutzt werden, indem Sie die Methode Print des Excel-VBA-Objekts Debug in Ihrem Code verwenden. In Listing 7.4 ist ein Beispiel implementiert, welches die Inhalte der Variable nach jeder Zuweisung im Direktbereich anzeigt. Das Ergebnis ist in der Abbildung 7.8 zu sehen.

Listing 7.4   Variable im Direktbereich ausgeben

```
Public Sub DirektbereichVariableAusgeben()
  Dim strBuchtitel As String

'   Erste Zuweisung und Ausgabe im Direktbereich
  strBuchtitel = "Excel-VBA"
  Debug.Print strBuchtitel

'   Zweite Zuweisung und Ausgabe im Direktbereich
  strBuchtitel = "Das Handbuch"
  Debug.Print strBuchtitel
End Sub
```

Abbildg. 7.8   Variablen im Direktbereich anzeigen

Die Methode `Print` akzeptiert auch eine durch Kommata getrennte Parameterliste und ist somit in der Lage, mehrere Variablen in einer Zeile des Direktbereichs auszugeben.

Listing 7.5   Mehrere Variablen im Direktbereich in einer Zeile ausgeben

```
Public Sub DirektbereichVariableAusgebenZwei()
  Dim strBuchtitel As String
  Dim strAutor     As String

'   Zuweisung und Ausgabe im Direktbereich
  strBuchtitel = "Excel-VBA"
  strAutor = "Das Handbuch"
  Debug.Print strBuchtitel, strAutor
End Sub
```

Das Lokal-Fenster benutzen

Das *Lokal*-Fenster zeigt alle in einer Prozedur verwendeten Variablen sowie deren Datentyp an. Voraussetzung hierbei ist, dass die Prozedur ausgeführt wird. Insofern ist das *Lokal*-Fenster zunächst leer. Um das *Lokal*-Fenster einzublenden, verwenden Sie den Menübefehl *Ansicht/Lokal-Fenster*.

Abbildg. 7.9   Das Lokal-Fenster

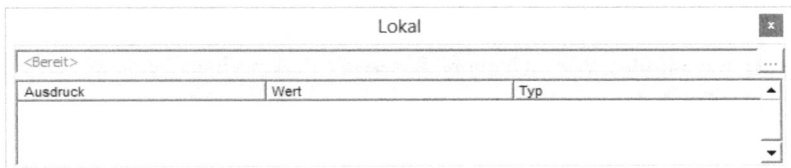

In Listing 7.6 ist eine Testprozedur implementiert, die verschiedene Variablen deklariert, wovon eine Variable als Objektvariable fungiert, also ein Objekt referenziert.

Listing 7.6   Testprozedur zum Untersuchen von Variablen

```
Public Sub VariablenUntersuchen()

    Dim strText      As String
    Dim lngGanzzahl  As Long
    Dim dblKommazahl As Double
    Dim wksTabelle   As Worksheet

'   Statische Variablen
    strText = "Hallo Welt"
    lngGanzzahl = 123
    dblKommazahl = 123.456

'   Objektvariable
    Set wksTabelle = ThisWorkbook.Worksheets(1)

'   Debug
    Debug.Print wksTabelle.Name

End Sub
```

Damit Sie sich die Inhalte im *Lokal*-Fenster in Ruhe anschauen können, empfiehlt es sich, im Code mindestens einen Haltepunkt zu definieren. Wenn Sie diesen in der Zeile mit der Anweisung Debug.Print setzen und die Ausführung der Prozedur starten, präsentiert sich *Lokal*-Fenster wie in Abbildung 7.10 dargestellt.

Abbildg. 7.10   Das *Lokal*-Fenster in Aktion

In der Ansicht sind die Variablen strText, lngGanzzahl und dblKommazahl unterhalb des Modulnamens als Kindeinträge angeordnet. Die Objektvariable wird hingegen als eigenständiges Element angezeigt. Der Grund hierfür ist, dass die Objektvariable ein Objekt referenziert und somit dessen Abhängigkeiten mit aufführt. Wie im Explorer lassen sich die einzelnen Elemente in der Baumstruktur auf- und zuklappen.

Das Überwachungsfenster verwenden

Das Überwachungsfenster ist dem *Lokal*-Fenster sehr ähnlich, beinhaltet aber eine zusätzliche Spalte zur Anzeige des Kontextes, in welchem sich die Variable befindet. Verwenden Sie den Menübefehl *Ansicht/Überwachungsfenster*, um das – ebenfalls zunächst leere – Überwachungsfenster einzublenden.

Der Umgang mit dem Überwachungsfenster ist ein wenig umständlicher als der mit dem *Lokal*-Fenster. Denn Sie müssen die zu überwachenden Variablen explizit festlegen:

1. Klicken Sie mit der rechten Maustaste auf das Überwachungsfenster und wählen Sie aus dem Kontextmenü den Befehl *Überwachung hinzufügen*.

2. Das Dialogfeld *Überwachung hinzufügen* wird angezeigt.

Abbildg. 7.11   Ausdruck zur Überwachung hinzufügen

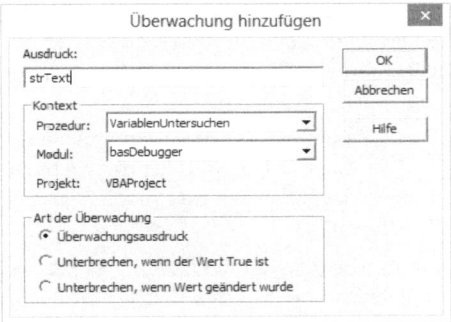

3. Geben Sie in das Eingabefeld *Ausdruck* den Namen der Variablen ein, die Sie überwachen möchten, und klicken Sie auf die Schaltfläche *OK*.

4. Wiederholen Sie den Vorgang so oft, bis alle erforderlichen Variablen im Überwachungsfenster angezeigt werden.

5. Falls Sie eine Variable aus dem Überwachungsfenster wieder löschen möchten, klicken Sie den gewünschten Eintrag mit der rechten Maustaste an und wählen aus dem Kontextmenü den Eintrag *Überwachung entfernen* aus.

In Abbildung 7.12 wird der vom Überwachungsfenster angezeigte Zustand angezeigt, nachdem die Variablen strText und wksTabelle der Prozedur aus Listing 7.6 als zu überwachende Variablen hinzugefügt und die Prozedur ausgeführt wurde. Als Haltepunkt wurde wieder die Zeile mit der Anweisung Debug.Print gesetzt.

Abbildg. 7.12   Überwachungsfenster in Aktion

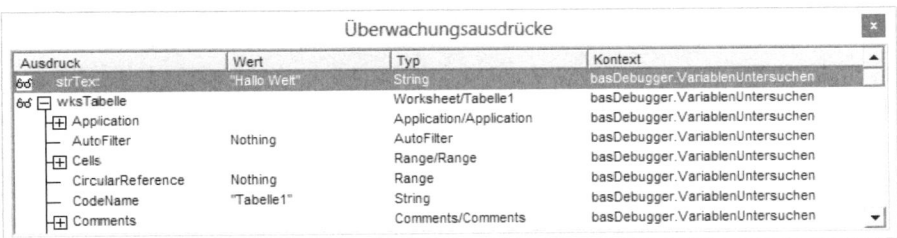

PROFITIPP Das Überwachungsfenster erlaubt es auch, die überwachte Variable zu ändern. Klicken Sie dazu den Ausdruck in der Liste an. Dieser wird anschließend markiert und ist editierbar. Sie können nun eine andere Variable angeben, deren Inhalt angezeigt wird, sobald Sie die Eingabetaste betätigen.

Der Wert von Variablen mit einem einfachen Datentyp ist im Überwachungsfenster ebenfalls editierbar und somit zur Laufzeit veränderbar. Dies gilt auch für das *Lokal*-Fenster.

Fehlerbehandlung in VBA per Code beeinflussen

Die meisten Endanwender kennen sich mit VBA nicht aus und wissen nicht, wie mit dem Debugger-Dialogfeld umzugehen ist. Unerwartete Fehlermeldungen empfinden diese User meist als sehr irritierend. Somit ist es für jeden professionellen VBA-Entwickler notwendig, Zeit in die Fehlersuche und Fehlerbehebung zu investieren.

In der Regel lassen sich viele Fehler von vorne herein bei der Entwicklung abfangen. In manchen Situationen kann es jedoch vorkommen, dass das Finden und Reproduzieren des Fehlers zur Geduldsprobe wird. Lassen Sie sich jedoch nicht davon beirren und suchen Sie sich gegebenenfalls Unterstützung in Foren oder auf anderen Plattformen.

Empfehlenswert ist es zudem, die Anwendung vor der Veröffentlichung durch mehrere Benutzer testen zu lassen und systematisch die Testergebnisse auszuwerten. Nicht umsonst bindet beispielsweise auch Microsoft einen auserlesenen Kreis an Alpha- und Beta-Testern in den Zyklus der Produkterstellung ein. Oftmals dauert es sogar Monate, bis ein Programm so weit ausgereift ist, dass es publiziert werden kann.

Trotzdem ist leider nie auszuschließen, dass in bestimmten unvorhergesehenen Situationen ein Fehler auftritt. Dieser Abschnitt stellt Möglichkeiten vor, die Anzeige des Debugger-Fensters zu vermeiden, impliziert aber auch damit, dass eigene Strategien zur Fehlerbehandlung gefunden werden.

Fehlertoleranz anhand von On Error-Anweisungen beeinflussen

VBA bietet die Möglichkeit, sein Verhalten beim Auftreten eines Fehlers zu beeinflussen, ja sogar komplett abzuschalten. Dazu dienen die zwei Varianten der On Error-Anweisung On Error Goto und On Error Resume Next.

HINWEIS On Error-Anweisungen sollten nicht als Mittel zur Fehlerbehebung gesehen werden, sondern nur bewusst in bestimmten Situationen eingesetzt werden.

Fehlermeldungen unterdrücken

Die Anweisung On Error Resume Next unterdrückt die Anzeige von Fehlern und übergeht diese, indem der Code einfach ohne weitere Meldungen fortgesetzt wird. Problematisch ist jedoch daran, dass damit auch kritische Fehler übergangen werden, die gegebenenfalls zu unerwarteten Ergebnissen in der Prozedur führen.

Im Codebeispiel in Listing 7.7 werden zwei Prozeduren vorgestellt, die jeweils die Anweisung On Error Resume Next verwenden und die sich dadurch unterscheiden, dass die zweite Prozedur eine eigene Fehlerüberprüfung vornimmt. Es wird in dem Beispiel davon ausgegangen, dass die Mappe zwei Tabellen enthält.

Listing 7.7   Fehlerbehandlung bei Verwendung der *On Error Resume Next*-Anweisung

```vba
Public Sub Fehler()
  Dim strWert As String

'   Fehler übergehen
  On Error Resume Next

'   In der vierten Tabelle die Zelle A1 auslesen
  strWert = ThisWorkbook.Worksheets(4).Range("A1").Value

'   In der ersten Tabelle die Zelle D4 mit dem ausgelesenen Wert überschreiben
  ThisWorkbook.Worksheets(1).Range("D4").Value = strWert

End Sub

Public Sub FehlerVerbessert()
  Dim lngZugriff As Long
  Dim strWert    As String

'   Fehler übergehen
  On Error Resume Next

'   Zugriffsversuch
  lngZugriff = 0
  lngZugriff = ThisWorkbook.Worksheets(4).Index

'   Prüfen
  If lngZugriff <> 4 Then
    MsgBox "Tabelle wurde nicht gefunden"
  Else

'     In der vierten Tabelle die Zelle A1 auslesen
    strWert = ThisWorkbook.Worksheets(4).Range("A1").Value

'     In der ersten Tabelle die Zelle D4 mit dem ausgelesenen Wert überschreiben
    ThisWorkbook.Worksheets(1).Range("D4").Value = strWert

  End If

End Sub
```

Da die Mappe nur zwei Tabellen beinhaltet, scheitert der Zugriff auf die Zelle A1 in der vierten Tabelle. Somit verbleibt die Variable strWert leer und es würde in der ersten Prozedur einfach nur ein leerer Wert in die Zelle D4 geschrieben.

Die zweite Prozedur führt hingegen zunächst einen Zugriffsversuch auf die vierte Tabelle durch. Falls dieser gelingt, müsste der ausgelesene Index genau der Zahl 4 entsprechen. Falls nicht, verbleibt die Variable lngZugriff auf dem Wert 0. Es ist somit ein Leichtes, dies in einer Verzweigung abzufragen und entsprechend zu reagieren.

ONLINE   Sie finden die Arbeitsmappe mit dem Code zu Listing 7.7, zu Listing 7.8 und zu Listing 7.9 im Ordner \Buch\Kap07 in der Datei Bsp07_04.xlsm.

Fehlerunterdrückung zurücksetzen

Um die VBA-Fehlerbehandlung per Code wieder einzuschalten, können Sie die Anweisung On Error GoTo 0 verwenden. Dies erweist sich besonders dann als sinnvoll, wenn Sie nur für einen Teil Ihrer Prozedur die Fehlerbehandlung abschalten möchten. Ein Beispiel dazu finden Sie in Listing 7.8.

Listing 7.8   Fehlerunterdrückung wieder zurücksetzen

```
Public Sub FehlerTeilweise()

   On Error Resume Next

   ThisWorkbook.Worksheets(4).Range("A1").Value = "Hallo Welt"

'  Fehlerbehandlung wieder einschalten

   On Error GoTo 0

'  Weitere Codezeilen
'   :
'   :

   End Sub
```

Fehler über Sprungmarken abfangen

Eine weitere Möglichkeit, Fehler abzufangen, besteht darin, eine Sprungmarke zu verwenden. Dies wird hier nur kurz vorgestellt, denn Sprungmarken sind, wie bereits in den vorherigen Kapiteln erwähnt wurde, generell zu vermeiden.

Listing 7.9   Sprungmarke zur Fehlerbehandlung verwenden

```
Public Sub FehlerSprungmarke()

'  Fehler an Sprungmarke senden

   On Error GoTo Fehlerbehandlung

'  Wert schreiben

   ThisWorkbook.Worksheets(4).Range("A1").Value = "Hallo Welt"

'  Sprungmarke

Fehlerbehandlung:

   MsgBox "Ein Fehler ist aufgetreten"

   End Sub
```

Sobald ein Fehler im Code auftritt, wird zu der Sprungmarke gesprungen und der Code an dieser Stelle fortgesetzt.

Das Err-Objekt mit Informationen zu Fehlern in VBA

Das Err-Objekt merkt sich Informationen – wie die Fehlernummer und eine Fehlerbeschreibung – zu dem *zuletzt* aufgetretenen Fehler in VBA. Sie können das Err-Objekt beispielsweise in Kombination mit einer On Error-Anweisung verwenden. Die Eigenschaft Number ist im Fehlerfall ungleich 0. In Listing 7.10 ist ein Beispielcode enthalten, der zwei Fehler hintereinander produziert.

Listing 7.10   Informationen zu einem Fehler abfragen

```
Public Sub FehlerInformationen()

    Dim lngZahl    As Long
    Dim wksTabelle As Worksheet

    On Error Resume Next

'   Fehlerhafte Zuweisung
    lngZahl = "Hallo"

'   Informationen im Err-Objekt
    MsgBox Err.Number & " - " & Err.Description

'   Fehlerhafte Zuweisung
    Set wksTabelle = ThisWorkbook.Worksheets(16)

'   Informationen im Err-Objekt
    MsgBox Err.Number & " - " & Err.Description

End Sub
```

Die Tabelle 7.1 listet die wichtigsten Eigenschaften und Methoden zum Err-Objekt auf, die Sie kennen sollten.

Tabelle 7.1   Die wichtigsten Eigenschaften und Methoden des *Err*-Objekts

Eigenschaft oder Methode	Beschreibung
Clear	Die Methode setzt alle Informationen des **Err**-Objekts zurück
Description	Diese Eigenschaft enthält eine kurze Beschreibung zum Fehler
Number	Diese Eigenschaft gibt die Fehlernummer zurück
Raise	Diese Methode generiert einen Fehler
Source	Diese Eigenschaft gibt die Quelle des Fehlers an

ONLINE   Sie finden die Arbeitsmappe mit dem Code zu den Beispielen für das Err-Objekt im Ordner *\Buch\Kap07* in der Datei *Bsp07_05.xlsm*.

Der Einstieg in die VBA-Programmierung

Fehlermeldungen erzeugen

Sie können die Raise-Methode verwenden, um in Excel VBA integrierte oder eigens implementierte Fehlermeldungen zu erzeugen. Die Raise-Methode kommt häufig in der Klassenprogrammierung zum Einsatz; ein Thema, welches später in diesem Buch besprochen wird.

Listing 7.11 Fehlermeldungen anhand der *Raise*-Methode erzeugen

```
Public Sub FehlerErzeugen()

  On Error Resume Next

' Fehler erzeugen
  Err.Raise 1004

' Anzeigen
  MsgBox Err.Number & " - " & Err.Description

End Sub
```

Die Methode Clear des Err-Objekts

Die Methode Clear setzt alle Informationen im Err-Objekt zurück, und zwar so, als ob kein Fehler aufgetreten wäre. Ein Beispiel, welches Sie zu einem späteren Zeitpunkt in diesem Buch detaillierter kennenlernen werden: sie würden über eine Schleife Elemente einer Liste hinzufügen und müssen dabei doppelte Einträge vermeiden. Eine geschickte Verwendung der VBA-Fehlerbehandlung erlaubt es Ihnen dann, den Code schlank zu halten.

Programmunterbrechung per Code beeinflussen

Während Prozeduren ausgeführt werden, haben die Anwender normalerweise die Möglichkeit, die Prozedur anhand der Esc-Taste zu unterbrechen. Dies ist ein in Excel-VBA eingebauter Mechanismus, um beispielsweise Abstürze zu verhindern.

Die Eigenschaft EnableCancelKey des Application-Objekts steuert diesen Mechanismus, und über die Zuweisung einer vordefinierten Konstante können Sie dieses Verhalten in Ihrem Code beeinflussen. Tabelle 7.2 listet die verfügbaren Konstanten auf.

Tabelle 7.2 Konstanten zur Steuerung der Programmunterbrechung

xlDisabled	Das Betätigen der Esc-Taste wird ignoriert
xlInterrupt	Das Betätigen der Esc-Taste wird nicht ignoriert und eine Prozedur kann manuell unterbrochen werden (Standardeinstellung)
xlErrorHandler	Die Prozedur kann manuell abgebrochen werden. Dabei wird zusätzlich der Fehlercode 18 an die aktuell ausgeführte Prozedur gesendet, sodass Sie diesen Fehlercode auswerten können.

ONLINE Sie finden die Arbeitsmappe mit den Beispielen zu diesem Abschnitt im Ordner \Buch\Kap07 in der Datei *Bsp07_06.xlsm*.

Die Konstante xlDisabled verwenden

Durch das Zuweisen von xlDisabled an die Eigenschaft EnableCancelKey verhindern Sie, dass die Prozedur per Tastendruck abgebrochen werden kann. Sie sollten diese Konstante mit Bedacht einsetzen, denn auch Sie als Entwickler könnten die Prozedur nicht mehr abbrechen.

Zudem ist es sinnvoll, gerade bei Prozeduren, von denen Sie wissen, dass diese recht lange ausgeführt werden, den Anwender über die längere Ausführungszeit zu informieren. In Listing 7.12 ist ein Beispiel aufgeführt, wie Sie dies realisieren können.

Listing 7.12 Programmabbruch verhindern

```vba
Public Sub ProgrammabbruchVerhindern()
    Dim intAbfrage As Integer
    Dim lngDummy   As Long

'   Programmabbruch verhindern
    Application.EnableCancelKey = xlDisabled

'   Nachfrage
    intAbfrage = MsgBox("Vorsicht, lange Laufzeit. " & _
                        "Die Prozedur kann nicht abgebrochen werden. " & _
                        "Möchten Sie fortfahren?", vbYesNo)

'   Prüfen
    If intAbfrage = vbYes Then

        Do
            lngDummy = lngDummy + 1
        Loop While lngDummy < 12345678

    End If

End Sub
```

Die Konstante *xlInterrupt* verwenden

Eine alleinige Verwendung von xlInterrupt ist in der Regel nicht notwendig, denn es handelt sich hierbei um die Standardeinstellung. Allerdings kann die Verwendung von xlInterrupt in den Fällen sinnvoll sein, wo Sie nur für einen bestimmten Programmteil den Abbruch per Tastendruck abschalten möchten. Der Code in Listing 7.13 demonstriert dies an einem fiktiven Beispiel.

Listing 7.13 Programmabbruch verhindern und wieder zulassen

```vba
Public Sub ProgrammabbruchVerhindernUndZulassen()
    Dim lngDummy As Long

'   Programmabbruch verhindern
    Application.EnableCancelKey = xlDisabled
```

Listing 7.13 Programmabbruch verhindern und wieder zulassen *(Fortsetzung)*

```
    Do
       lngDummy = lngDummy + 1
    Loop While lngDummy < 12345678

'   Programmabbruch wieder zulassen
    Application.EnableCancelKey = xlInterrupt

    Do
       lngDummy = lngDummy – 1
    Loop While lngDummy > 0

End Sub
```

Die Konstante *xlErrorHandler* verwenden

Wenn Sie der Eigenschaft EnableCancelKey die Konstante xlErrorHandler zuweisen, wird bei einem Abbruch per Tastendruck der ausgeführten Prozedur ein Fehlercode übergeben, den Sie auswerten können. Eine solche Auswertung kann anhand einer Sprungmarke erfolgen, wie das Beispiel in Listing 7.14 zeigt.

Listing 7.14 Programmabbruch anhand einer Sprungmarke auswerten

```
   Public Sub ProgrammabbruchAuswerten()
      Dim lngDummy As Long

'     Fehlerbehandlung
      On Error GoTo ManuellerAbbruch

'     Programmabbruch auswerten
      Application.EnableCancelKey = xlErrorHandler

'     Lange Laufzeit, zum Testen des Abbruchs, ESC drücken
      Do
         lngDummy = lngDummy + 1
      Loop While lngDummy < 123456789

'     Sprungmarke

ManuellerAbbruch:

      MsgBox "Die Prozedur wurde per ESC-Taste abgebrochen"

   End Sub
```

Teil C

Wissen und Praxis verbinden

Kapitel 8

Der Umgang mit der Excel-Oberfläche, mit Arbeitsmappen und mit Arbeitsblättern in VBA

Wissen und Praxis verbinden

In diesem Kapitel:

Dieses Kapitel bildet das Anfangskapitel zum Teil C und vermittelt Ihnen in den ersten Abschnitten den sicheren Umgang mit Arbeitsmappen und Arbeitsblättern in Excel VBA. Ein Abschnitt erläutert Ihnen, wie Sie in VBA Ihre Daten anhand eines Kennwortes schützen können. Es folgt ein Abschnitt mit Beispielen zu häufig verwendeten Optionen in Excel, die sich auf Mappen und Tabellen beziehen. Abschließend werden die Unterschiede in der Fensterverwaltung zwischen den verschiedenen Excel-Versionen erläutert.

Arbeitsmappen in VBA

In diesem Abschnitt lernen Sie, wie Arbeitsmappen per VBA-Code angesprochen, geöffnet, angelegt, gespeichert und geschlossen werden können. Zudem werden einige Abfragen vorgestellt, mit denen Sie prüfen können, ob bestimmte Mappen existieren.

Arbeitsmappen ansprechen

Wie Sie bereits aus den vorangegangenen Kapiteln wissen, werden die in Excel geöffneten Arbeitsmappen in der Auflistung Workbooks geführt. Diese Auflistung ermöglicht sowohl einen indexbasierten als auch einen schlüsselbasierten Zugriff auf die Arbeitsmappe, und das Objekt ThisWorkbook erlaubt einen Zugriff auf die Arbeitsmappe, in der der aktuelle Code ausgeführt wird.

ONLINE   Sie finden die Arbeitsmappe mit dem Code zu diesem Abschnitt im Ordner *\Buch\Kap08* in der Datei *Bsp08_01.xlsm.*

In Listing 8.1 werden drei Prozeduren vorgestellt, die je auf eine Mappe zugreifen und den Pfad sowie den Dateinamen in einem Meldungsfeld anzeigen.

Listing 8.1   Arbeitsmappen über verschiedene Methoden ansprechen

```
Public Sub ArbeitsmappeBeispielEins()
  MsgBox ThisWorkbook.Path & "\" & ThisWorkbook.Name
End Sub

Public Sub ArbeitsmappeBeispielZwei()
  MsgBox Application.Workbooks(1).FullName
End Sub

Public Sub ArbeitsmappeBeispielDrei()
  MsgBox Application.Workbooks("Beispiel.xlsx").FullName
End Sub
```

Die ersten beiden Prozeduren greifen hierbei auf die aktuelle Mappe über ThisWorkbook zu, während die dritte Prozedur die Mappe *Beispiel.xlsx* anspricht. Für den Fall, dass jedoch letztere nicht zuvor in Excel geöffnet wurde, erhalten Sie einen Laufzeitfehler. Um diesen abzufangen, stehen zwei Möglichkeiten zur Verfügung.

Die erste Möglichkeit besteht darin, in einer Schleife alle Elemente der Workbooks-Auflistung abzufragen und die Einträge mit der gesuchten Mappe zu vergleichen. Wird diese gefunden, kann im Code fortgefahren werden.

Die zweite Möglichkeit macht sich den Fehler selbst zunutze und verzweigt in entsprechende Anweisungen. Damit der Ablauf in der Prozedur jedoch nicht unterbrochen wird, wird `On Error Resume Next` verwendet.

In Listing 8.2 sind beide Methoden implementiert, wobei in der ersten Prozedur zudem der Name jeder geöffneten Mappe in einem Meldungsfeld angezeigt wird und somit auch beispielhaft den Abruf aller geöffneten Mappen demonstriert.

Listing 8.2   Eine Arbeitsmappe ansprechen

```
Public Sub ArbeitsmappeBeispielDreiMitSchleife()
  Dim wbkMappe As Workbook

  For Each wbkMappe In Application.Workbooks
    If wbkMappe.Name = "Beispiel.xlsx" Then
      MsgBox "Gefunden! " & Application.Workbooks("Beispiel.xlsx").FullName
    Else
      MsgBox wbkMappe.Name
    End If
  Next
End Sub

Public Sub ArbeitsmappeBeispielDreiMitFehlerauswertung()
  On Error Resume Next

  If Application.Workbooks("Beispiel.xlsx").Name <> "Beispiel.xlsx" Then
    MsgBox "Mappe ist nicht in Excel geöffnet!"
  Else
    MsgBox "Gefunden! " & Application.Workbooks("Beispiel.xlsx").FullName
  End If
End Sub
```

> **TIPP**   Beachten Sie, dass eine Iteration über die Workbooks-Auflistung keine in Excel geladenen Add-Ins berücksichtigt. Excel-Add-Ins sind Arbeitsmappen, die im XLA- oder XLAM-Dateiformat gespeichert wurden und in der Excel-Oberfläche nicht sichtbar sind.

Eine interessante Eigenschaft der Workbooks-Auflistung ist allerdings, dass einzelne Add-Ins durchaus angesprochen werden können, wenn Sie den Dateinamen des Add-Ins kennen und diesen als schlüsselbasierten Index verwenden.

Arbeitsmappen öffnen

Eine Arbeitsmappe kann mittels der Methode Open der Workbooks-Auflistung geöffnet werden. Die Methode akzeptiert eine Vielzahl von Argumenten. Hierbei ist mindestens der vollständige Dateiname inklusive Pfad an die Methode zu übergeben. Optionale Parameter sind unter anderem die Angabe, ob Verknüpfungen aktualisiert werden sollen oder ob die Datei schreibgeschützt zu öffnen ist. Eine detaillierte Liste der Parameter ist in der VBA-Online-Hilfe verfügbar.

In Listing 8.3 öffnet die erste Prozedur eine Mappe mit einer festen Pfadangabe und die zweite Prozedur eine Mappe, die sich in demselben Ordner befindet, wie die Mappe, die den Code ausführt.

Wissen und Praxis verbinden

Listing 8.3   Arbeitsmappe öffnen

```
Public Sub ArbeitsmappeOeffnenEins()
  Application.Workbooks.Open "D:\Buch\Beispiel.xlsx"
End Sub

Public Sub ArbeitsmappeOeffnenZwei()
  Application.Workbooks.Open ThisWorkbook.Path & "\" & "Beispiel.xlsx"
End Sub
```

Falls jedoch die Mappe an dem angegebenen Ort nicht existiert, wird ein Laufzeitfehler generiert. Dies lässt sich recht einfach umgehen, indem die Funktion Dir verwendet wird, die es ermöglicht, die Existenz der Arbeitsmappe vor dem Öffnen zu überprüfen. Die VBA-Funktion Dir liefert im Erfolgsfall den Dateinamen der gesuchten Datei und im Fehlerfall eine leere Zeichenkette zurück.

Listing 8.4   Mappe öffnen, mit Fehlerprüfung

```
Public Sub ArbeitsmappeOeffnenDrei()
  If Dir(ThisWorkbook.Path & "\" & "Beispiel.xlsx") = "" Then
    MsgBox "Die Datei wurde nicht gefunden"
  Else
    Application.Workbooks.Open ThisWorkbook.Path & "\" & "Beispiel.xlsx"
  End If
End Sub
```

> **HINWEIS**   Der Abschnitt »In Excel integrierte Dialogfelder aufrufen und verwenden« im vierten Kapitel erläutert, wie Sie in Excel integrierte Dialogfelder aufrufen können, z.B. zum Öffnen von Dateien.

Arbeitsmappen anlegen

Über die Methode Add der Workbooks-Auflistung ist es recht einfach, eine neue Mappe anzulegen. Diese wird dem Ende der Auflistung hinzugefügt und ist somit über die Eigenschaft Count abrufbar. In Listing 8.5 wird der Name der zuvor angelegten Mappe in einem Meldungsfeld angezeigt.

Listing 8.5   Eine neue Arbeitsmappe erzeugen

```
Public Sub ArbeitsmappeAnlegen()
  Application.Workbooks.Add
  MsgBox Application.Workbooks(Application.Workbooks.Count).Name
End Sub
```

Arbeitsmappen speichern

Um eine bereits geöffnete Arbeitsmappe zu speichern, können Sie die Methode Save verwenden, die keinerlei Argumente erwartet. Die Prozedur in Listing 8.6 demonstriert dies anhand der Mappe, die den Code aufruft.

Listing 8.6 Eine Arbeitsmappe speichern

```
Public Sub ArbeitsmappeSpeichernEins()
  ThisWorkbook.Save
End Sub
```

Wenn Sie die Methode Save für eine Mappe aufrufen, die zwar neu angelegt, aber noch nicht gespeichert wurde, speichert Excel diese am Standardspeicherort und gibt ihr einen automatisch generierten Dateinamen. Letzterer entspricht dem Eintrag in der Titelleiste, also zum Beispiel *Mappe1.xlsx*, *Mappe2.xlsx*, *Mappe3.xlsx* etc.

Um dies zu verhindern bzw. programmiertechnisch zu steuern, bietet sich die Methode SaveAs an, die eine Angabe des Dateinamens inklusive Pfad im ersten Argument erwartet. In Listing 8.7 wird eine neue Arbeitsmappe angelegt und in dem Ordner *D:\Buch* unter dem Namen *Beispiel.xlsx* gespeichert.

Listing 8.7 Eine neue Arbeitsmappe speichern

```
Public Sub ArbeitsmappeSpeichernZwei()
  Application.Workbooks.Add
  Application.Workbooks(Application.Workbooks.Count).SaveAs "D:\Buch\Beispiel.xlsx"
End Sub
```

HINWEIS   Beachten Sie einerseits, dass der angegebene Speicherort existieren muss und andererseits, dass der Benutzer über entsprechende Schreibrechte verfügen muss.

Für den Fall, dass die Datei bereits vorhanden ist und die Excel-Benachrichtigungen aktiv sind bzw. nicht per VBA abgeschaltet wurden, fragt Excel nach, ob die Datei überschrieben werden soll. Wenn Sie diese Nachfrage mit *Nein* oder *Abbrechen* beantworten, führt der Code in Listing 8.7 zu einem Laufzeitfehler.

Es empfiehlt sich somit vor dem Speichern zu prüfen, ob eine Datei mit dem angegebenen Namen bereits im Ordner existiert. Sie können dazu wieder die Funktion Dir verwenden.

Es ist in VBA ebenfalls möglich, anhand der Methode SaveCopyAs eine Kopie einer bestehenden Arbeitsmappe zu erzeugen, ohne dass dabei die ursprüngliche Arbeitsmappe verändert wird. Beachten Sie, dass die Kopie der Arbeitsmappe nicht denselben Namen tragen darf wie das Original.

Listing 8.8 Eine Kopie einer Arbeitsmappe erzeugen

```
Public Sub ArbeitsmappeKopie()
  Dim strDateiname As String

  strDateiname = "D:\Buch\Kopie.xlsx"

  If Dir(strDateiname) = "" Then
    ThisWorkbook.SaveCopyAs strDateiname
  Else
    MsgBox "Eine Datei diesen Namens ist bereits vorhanden."
  End If
End Sub
```

Zum Abschluss dieses Abschnitts folgt ein Praxisbeispiel, welches in Listing 8.9 aufgeführt ist. Die Prozedur speichert – nach einer Rückfrage – alle geöffneten Arbeitsmappen und beendet die Excel-Anwendung.

Listing 8.9   Speichern und Schließen mit Rückfrage

```
Public Sub ArbeitsmappenSpeichernUndExcelBeenden()
  Dim wbkMappe As Workbook

  If MsgBox("Möchten Sie alle Dateien speichern und Excel beenden?", _
            vbYesNo + vbQuestion) = vbYes Then
    For Each wbkMappe In Workbooks
      wbkMappe.Save
    Next
    Application.Quit
  Else
    MsgBox "Der Vorgang wurde abgebrochen.", vbOKOnly + vbInformation
  End If
End Sub
```

Arbeitsmappen schließen

Eine Arbeitsmappe kann über den Aufruf der Methode Close geschlossen werden, wobei im ersten Argument SaveChanges optional angegeben werden kann, ob die Datei zuvor gespeichert werden soll. Die Standardeinstellung für das Argument ist True. Der Code in Listing 8.10 erzeugt eine neue Mappe und schließt diese gleich wieder, ohne sie zu speichern.

Listing 8.10   Mappe schließen

```
Public Sub ArbeitsmappeSchliessen()
  Application.Workbooks.Add
  Application.Workbooks(Application.Workbooks.Count).Close False
End Sub
```

Mit Arbeitsblättern bzw. Tabellenblättern arbeiten

In diesem Abschnitt lernen Sie den Unterschied zwischen Sheets und Worksheets kennen und erfahren zudem die wichtigsten Grundlagen rund um die Verwendung von Arbeitsblättern mittels VBA.

Worksheets oder Sheets?

Wenn Sie in Microsoft Excel mit der rechten Maustaste auf eine Blattregisterkarte klicken und im Kontextmenü den Eintrag *Einfügen* wählen, öffnet sich das gleichnamige Dialogfeld.

Auf der Registerkarte *Allgemein* stehen insgesamt fünf unterschiedliche Arten von Blättern zur Verfügung, die Sie der Arbeitsmappe hinzufügen können. Die meisten davon sind Überbleibsel aus älteren Excel-Versionen und werden heutzutage nicht mehr gebraucht. Einzig die Einträge *Tabellenblatt* und *Diagramm* sind noch relevant.

Abbildg. 8.1   Verschiedene Blattformen

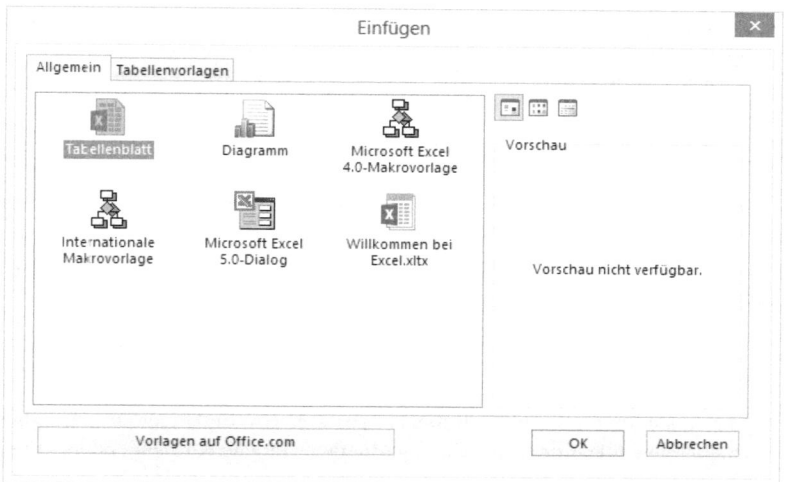

Sie finden die Arbeitsmappe mit dem Code zu diesem Abschnitt im Ordner *\Buch\Kap08* in der Datei *Bsp08_02.xlsm*.

Um in VBA jegliche Blattart per Code ansprechen zu können, stellt VBA die Auflistung Sheets zur Verfügung. Da Arbeitsblätter bzw. Tabellenblätter am häufigsten in Excel eingesetzt werden, stellt VBA zusätzlich das Objekt Worksheets zur Verfügung, welches eine *Untermenge* von Sheets bildet und nur die Arbeitsblätter auflistet.

Die Übungsmappe zu diesem Abschnitt enthält neben den beiden Tabellen zum Inhalt und der Übungstabelle ein Diagrammblatt. Der Code in Listing 8.11 gibt in Meldungsfeldern die Namen der einzelnen Blätter zurück. Der Zugriff auf das Diagrammblatt über die Worksheets-Auflistung schlägt hierbei fehl und Sie erhalten einen Laufzeitfehler.

Listing 8.11   *Sheets* versus *Worksheets*

```
Public Sub SheetsVersusWorksheets()

'   Sheets
    MsgBox ThisWorkbook.Sheets("Inhalt").Name
    MsgBox ThisWorkbook.Sheets("Übungstabelle").Name
    MsgBox ThisWorkbook.Sheets("Diagrammblatt").Name

'   Worksheets
    MsgBox ThisWorkbook.Worksheets("Inhalt").Name
    MsgBox ThisWorkbook.Worksheets("Übungstabelle").Name

'   Laufzeitfehler
    MsgBox ThisWorkbook.Worksheets("Diagrammblatt").Name

End Sub
```

TIPP   Es empfiehlt sich, für Arbeitsblätter die Auflistung Worksheets zu verwenden. Dies hat zudem den Vorteil, dass dem Code so einfacher zu entnehmen ist, welcher Art die verwendeten Blätter sind.

Arbeitsblätter einfügen

Mittels der Methode Add können Sie ein neues Arbeitsblatt in Ihre Arbeitsmappe einfügen. Die Methode steht übrigens auch für die Sheets-Auflistung zur Verfügung und verhält sich wie die entsprechende Methode des Worksheets-Objekts. Ohne die Angabe von Argumenten wird die neue Tabelle vor dem aktiven Arbeitsblatt eingefügt.

```
ThisWorkbook.Worksheets.Add
```

Mittels des Arguments Before können Sie festlegen, vor welchem bestehenden Arbeitsblatt das neue eingefügt werden soll. Die folgende Codezeile fügt die neue Tabelle vor dem ersten Arbeitsblatt ein.

```
ThisWorkbook.Worksheets.Add Before:=ThisWorkbook.Worksheets(1)
```

Mit dem Argument After können Sie veranlassen, dass das neue Arbeitsblatt nach einem bestehenden eingefügt wird. Die folgende Beispielzeile zeigt, wie ein neues Tabellenblatt an letzter Stelle aller Tabellenblätter eingefügt werden kann. Durch die Angabe von Worksheets.Count wird gewährleistet, dass das neue Arbeitsblatt nach dem *letzten Arbeitsblatt* eingefügt wird.

```
ThisWorkbook.Worksheets.Add After:=ThisWorkbook.Worksheets(ThisWorkbook.Worksheets.Count)
```

Sie können auf Wunsch auch mehrere Tabellenblätter einfügen. Verwenden Sie dazu zusätzlich das Argument Count. Folgende Codezeile fügt drei neue Arbeitsblätter nach dem ersten Arbeitsblatt ein.

```
ThisWorkbook.Worksheets.Add After:= ThisWorkbook.Worksheets(1), Count:=3
```

WICHTIG   Die Argumente Before und After schließen sich gegenseitig aus und können nicht gleichzeitig verwendet werden. Beachten Sie auch, dass die beiden Argumente einen Objekttyp erwarten. Würden Sie beispielsweise eine Variable verwenden und diese als Argument übergeben, muss die Variable somit ein Objekt eines passendes Typs sein, wie Worksheet oder Sheet. Die Add-Methode liefert zudem einen Verweis auf die neu erstellte Tabelle zurück.

Arbeitsblätter umbenennen

Über die Eigenschaft Name des Worksheet-Objekts können Sie ein Arbeitsblatt umbenennen. Wie gewohnt können Sie indexbasiert oder schlüsselbasiert auf die Eigenschaft einer Tabelle zugreifen.

```
ThisWorkbook.Worksheets("Inhalt").Name = "Inhaltsverzeichnis"
ThisWorkbook.Worksheets(2).Name = "Testtabelle"
```

Die Methode Add bietet leider nicht die Möglichkeit, beim Anlegen einer neuen Tabelle einen Namen zu übergeben. Sie müssen dies in zwei Schritten tun.

Listing 8.12   Neue Tabelle erstellen und umbenennen

```
Public Sub ArbeitsblattHinzufuegenUndUmbenennen()
  Dim wksNeu    As Worksheet
  Dim wksLetzte As Worksheet

'   Objektvariable für die letzte Tabelle
  Set wksLetzte = ThisWorkbook.Worksheets(ThisWorkbook.Worksheets.Count)

'   Neue Tabelle anlegen und in Objektvariable ablegen
  Set wksNeu = ThisWorkbook.Worksheets.Add(After:=wksLetzte)

'   Umbenennen der neuen Tabelle
  wksNeu.Name = "Arbeitsblatt Nummer " & ThisWorkbook.Worksheets.Count

End Sub
```

In Listing 8.12 erstellt die Prozedur eine neue Tabelle nach dem letzten Arbeitsblatt und benennt diese anschließend um. Hierzu werden zwei Objektvariablen verwendet, auch um zu demonstrieren, wie Sie eine Objektvariable als Argument übergeben können und wie Sie direkt bei der Erstellung der Tabelle eine Objektvariable initialisieren. Um keine mehrfach vorkommenden Tabellennamen zu generieren, wird der aktuelle Zählerstand für die Tabellen dem Tabellennamen angehängt.

Arbeitsblätter verschieben

Das Prinzip, um ein Tabellenblatt zu verschieben, ist dem des Einfügens sehr ähnlich. Verwenden Sie die Methode Move sowie eines der Argumente Before oder After. Im nachfolgenden Code wird die erste Tabelle an das Ende der Arbeitsmappe gestellt. Hierbei werden *alle* Blätter der Mappe berücksichtigt.

```
ThisWorkbook.Worksheets(1).Move After:= ThisWorkbook.Sheets(ThisWorkbook.Sheets.Count)
```

Arbeitsblätter kopieren

Wenn Sie ein bestehendes Arbeitsblatt kopieren möchten, verwenden Sie die Methode Copy. Auch hier können Sie wieder die Argumente Before und After einsetzen.

Das Beispiel in Listing 8.13 kopiert das erste Arbeitsblatt an die dritte Position. Die Methode Copy liefert übrigens, im Gegensatz zu der Methode Add, keinen Verweis auf die kopierte Tabelle. Da aber die Kopie automatisch aktiviert wird, kann zur Namensgebung ActiveSheet verwendet werden.

Listing 8.13   Ein Tabellenblatt kopieren

```
Public Sub ArbeitsblattKopieren()
  ThisWorkbook.Worksheets(1).Copy After:=ThisWorkbook.Worksheets(2)
  ActiveSheet.Name = "Arbeitsblatt " & ThisWorkbook.Worksheets.Count
End Sub
```

Arbeitsblätter löschen

Um ein Blatt zu löschen, kann die Methode Delete verwendet werden, die keine Argumente vorsieht. Die Prozedur in Listing 8.14 löscht die dritte Tabelle in der Mappe.

Listing 8.14 Ein Tabellenblatt löschen

```
Public Sub ArbeitsblattLoeschen()
    ThisWorkbook.Worksheets(3).Delete
End Sub
```

Sobald die Löschanweisung ausgeführt wird, fragt Excel nach, ob die Tabelle tatsächlich gelöscht werden soll.

Abbildg. 8.2 Rückfrage, ob das Arbeitsblatt gelöscht werden soll

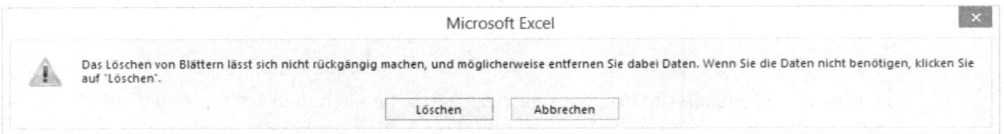

Falls Sie die Nachfrage per VBA unterbinden möchten, können Sie die Eigenschaft DisplayAlerts des Application-Objekts verwenden.

Listing 8.15 Tabellenblatt ohne Rückfrage löschen

```
Public Sub ArbeitsblattLoeschenOhneNachfrage()
'   Excel Rückfragen abschalten
    Application.DisplayAlerts = False

'   Löschen
    ThisWorkbook.Worksheets(3).Delete

'   Excel Rückfragen wieder einschalten
    Application.DisplayAlerts = True
End Sub
```

Die Eigenschaft DisplayAlerts bezieht sich auf die gesamte Excel-Anwendung. Durch die Angabe False werden somit sämtliche Eingabeaufforderungen und Warnmeldungen so lange deaktiviert, bis die Prozedur beendet wird oder Sie diese wieder innerhalb der Prozedur einschalten.

TIPP Im vorherigen Beispiel könnten Sie auch auf die letzte Anweisung zum Zurücksetzen der Warnmeldungen verzichten, weil diese Standardeinstellung am Ende der Prozedur automatisch wiederhergestellt würde. Dennoch empfiehlt es sich, solche globalen Eigenschaften immer selbst im Code explizit zurückzusetzen. Der Grund hierfür besteht darin, dass es einige globale Eigenschaften gibt, bei denen ein solcher Automatismus nicht vorhanden ist.

Wenn Sie grundsätzlich nach einer Änderung von Standardwerten globaler Eigenschaften diese auch wieder in den Ursprungszustand zurücksetzen, müssen Sie nicht darüber nachdenken, welche globale Eigenschaft einen Automatismus besitzt und welche nicht.

Falls Sie versuchen ein Blatt zu löschen, welches in der Arbeitsmappe nicht vorhanden ist, erhalten Sie einen Laufzeitfehler. Um dies zu verhindern, können sie, analog zu dem im Abschnitt »Arbeitsmappen ansprechen« ab Seite 188 vorgestellten Verfahren, vor dem Löschen eine entsprechende Überprüfung mithilfe einer Schleife oder Fehlerauswertung durchführen. In Listing 8.16 werden beide Möglichkeiten vorgestellt.

Listing 8.16   Ein Arbeitsblatt löschen mit vorheriger Prüfung

```
Public Sub ArbeitsblattPruefenLoeschenSchleife()
  Dim wksTabelle As Worksheet

  For Each wksTabelle In ThisWorkbook.Worksheets
    If wksTabelle.Name = "Beispieltabelle" Then
      wksTabelle.Delete
    End If
  Next
End Sub

Public Sub ArbeitsblattPruefenLoeschenFehlerauswertung()
  On Error Resume Next

  If ThisWorkbook.Worksheets("Beispieltabelle").Name <> "Beispieltabelle" Then
    MsgBox "Tabelle wurde nicht gefunden."
  Else
    ThisWorkbook.Worksheets("Beispieltabelle").Delete
  End If
End Sub
```

Die Prozedur in Listing 8.17 zeigt beispielhaft auf, wie Sie sämtliche Tabellen bis auf die erste Tabelle löschen können. Zudem bedient sich die Prozedur der indexbasierten Methode, um auf die Tabellen zuzugreifen, und durchläuft die Tabellen rückwärts.

Listing 8.17   Alle Arbeitsblätter löschen bis auf eines

```
Public Sub AlleArbeitsblaetterLoeschen()
  Dim lngIndex As Long

'   Excel Rückfragen wieder ausschalten
  Application.DisplayAlerts = False

'   Tabellen löschen, bis auf die erste
  For lngIndex = ThisWorkbook.Worksheets.Count To 2 Step -1
    ThisWorkbook.Worksheets(lngIndex).Delete
  Next lngIndex

'   Excel Rückfragen wieder einschalten
  Application.DisplayAlerts = True

End Sub
```

Wissen und Praxis verbinden

Arbeitsblätter ein- und ausblenden

Oftmals werden in Arbeitsmappen zu den Eingabe- und Ausgabetabellen separate Arbeitsblätter angelegt, die beispielsweise als Basisdaten für Formeln oder zur Ablage von Konfigurationsdaten einer VBA-Anwendung dienen.

Diese separaten Tabellen sind in der Regel nicht für den Endnutzer bestimmt, weshalb es sich anbietet diese Tabellen auszublenden. Nebenbei bemerkt, es sollten in ausgeblendeten Tabellen keine geheimen Daten abgelegt werden, da das Einblenden durch erfahrenere Nutzer sehr leicht zu bewerkstelligen ist.

Um ein oder mehrere Tabellenblätter manuell auszublenden, selektieren Sie diese(s) und öffnen im Bereich der Blattregisterkarten das Kontextmenü. Wählen Sie *Ausblenden*. Um ein Tabellenblatt einzublenden wiederholen Sie den Vorgang und rufen im Kontextmenü den Befehl *Einblenden* auf. Das gleichnamige Dialogfeld wird sichtbar und Sie können das Tabellenblatt, das wieder eingeblendet werden soll, auswählen.

Abbildg. 8.3 Ein Arbeitsblatt einblenden

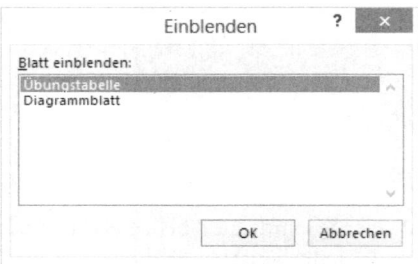

Leider bietet das Dialogfeld zum Einblenden der Arbeitsblätter keine Möglichkeit, mehrere Arbeitsblätter in einem Schritt einzublenden, was dazu führt, dass das Dialogfeld mehrfach aufgerufen werden muss. Per VBA lässt sich dieses jedoch recht einfach realisieren, beispielsweise in einer Schleife, die alle ausgeblendeten Tabellen wieder einblenden würde.

Die Eigenschaft Visible steuert in VBA die Sichtbarkeit einer Tabelle. In folgender Codezeile wird die erste Tabelle ausgeblendet:

```
ThisWorkbook.Worksheets(1).Visible = xlSheetHidden
```

Die Eigenschaft kann drei Zustände einnehmen, die Sie der Tabelle 8.1 entnehmen können. Zulässig sind für die Eigenschaft Visible auch die Werte True und False, die xlSheetVisible und xlSheetHidden entsprechen.

Tabelle 8.1 Konstanten für die Eigenschaft *Visible*

Konstante	Beschreibung
xlSheetHidden	Das Tabellenblatt wird ausgeblendet und kann per VBA oder manuell wieder eingeblendet werden
xlSheetVisible	Das Tabellenblatt wird eingeblendet

| Tabelle 8.1 | Konstanten für die Eigenschaft *Visible* *(Fortsetzung)* |

Konstante	Beschreibung
xlSheetVeryHidden	Das Tabellenblatt wird versteckt ausgeblendet, sodass es manuell unzugänglich ist

Die Konstante xlSheetVeryHidden versteckt die Tabelle in der Art, dass diese nicht mehr manuell eingeblendet werden kann und nur im VBA-Projekt sichtbar ist; wo übrigens immer alle Tabellen sichtbar sind.

In Listing 8.18 wird beispielhaft mittels einer Schleife demonstriert, wie Sie alle Tabellen einer Mappe einblenden können. Selbstverständlich könnten Sie dazu auch eine For Each-Schleife verwenden.

Listing 8.18   Alle Tabellen mittels einer Schleife einblenden

```
Public Sub AlleArbeitsblaetterEinblenden()
    Dim lngIndex As Long

    For lrgIndex = 1 To ThisWorkbook.Worksheets.Count
        ThisWorkbook.Worksheets(lngIndex).Visible = xlSheetVisible
    Next lngIndex
End Sub
```

WICHTIG   Es muss mindestens ein Blatt – z.B. ein Arbeitsblatt oder ein Diagrammblatt – in einer Mappe sichtbar sein. Wenn Sie versuchen alle Blätter auszublenden, erhalten Sie einen Laufzeitfehler.

Farbe für Blattregisterkarten

Seit der Excel-Version 2002 ist es möglich, Blattregisterkarten mit Farben zu versehen. Dazu steht das Objekt Tab zur Verfügung. Die Änderung der Farbe der Blattregisterkarte ist denkbar einfach, wie im folgenden Beispiel zu sehen, welches die Farbe der Blattregisterkarte auf Blau setzt:

```
ThisWorkbook.Worksheets(1).Tab.Color = vbBlue
```

Arbeitsmappen und Arbeitsblätter schützen

Excel ermöglicht es, Arbeitsmappen und Arbeitsblätter mit einem Kennwortschutz zu versehen, um beispielsweise versehentliche Änderungen an Formeln, am Tabellenaufbau oder an der Struktur der Arbeitsmappe zu verhindern.

Sie erreichen die Funktionen zum Schutz über die Registerkarte *ÜBERPRÜFEN* des Menübandes und Auswahl der entsprechenden Schaltfläche. Bei Bedarf können Sie ein Kennwort vergeben, welches Sie sich gut merken sollten, denn Excel bietet von Haus aus keine Möglichkeit an, ein einmal verlorenes Kennwort zu restaurieren.

ONLINE   Sie finden die Arbeitsmappe mit dem Code zu diesem Abschnitt im Ordner *\Buch\Kap08* in der Datei *Bsp08_03.xlsm*.

Arbeitsmappen schützen

Um eine Arbeitsmappe per VBA zu schützen bzw. den Schutz aufzuheben stehen Ihnen in VBA die beiden Methoden Protect und Unprotect des Workbook-Objekts zur Verfügung. Die Nutzung im Code ist recht einfach, wie folgendes Listing demonstriert:

```
ThisWorkbook.Protect Password:="Kennwort"
ThisWorkbook.Unprotect Password:="Kennwort"

Application.Workbooks("Testmappe.xlsm").Protect
Application.Workbooks("Testmappe.xlsm").Unprotect
```

Das Argument Password ist optional und dient zur Vergabe eines Kennworts. Die Methode stellt zudem noch die zwei ebenfalls optionalen Argumente Structure und Windows zur Verfügung, die den Optionen des Dialogfelds zum Schutz für Arbeitsmappen entsprechen.

Abbildg. 8.4   Arbeitsmappe schützen

Arbeitsblätter schützen

In der Praxis werden Sie in der Regel nicht alle Zellen des Arbeitsblatts schützen, sondern in einigen Bereichen bzw. Zellen eine Bearbeitung zulassen, z.B. für Eingabefelder.

Welche Zellen nicht geschützt bzw. freigegeben werden sollen, lässt sich im Dialogfeld zur Zellformatierung auf der Registerkarte *Schutz* festlegen.

In VBA erfolgt die Festlegung, ob eine Zelle gesperrt oder freigegeben ist, über die Eigenschaft Locked, die den Wert True (gesperrt) oder False (freigegeben) annehmen kann.

WICHTIG   In Excel sind standardmäßig alle Zellen eines Tabellenblatts gesperrt. Die Sperrung wird jedoch erst dann aktiv, wenn das Arbeitsblatt geschützt wird. Dies bedeutet somit, dass die Zellen, die bei gesetztem Blattschutz zur Bearbeitung zugelassen werden sollen, freigegeben werden müssen.

Gehen Sie wie folgt vor, um die Sperrung einzelner Zellen aufzuheben:

1. Markieren Sie alle Zellen, die zur Bearbeitung zugelassen werden sollen.

2. Wählen Sie im Menüband unter *START/Zellen/Format* den Befehl *Zelle sperren*.

Seit Excel 2002 stehen im Dialogfeld *Blatt schützen* nicht weniger als 15 Auswahlmöglichkeiten zur Verfügung, die es zulassen, einige Elemente des Tabellenblatts vom Schutz auszuschließen.

Abbildg. 8.5   Arbeitsblatt schützen

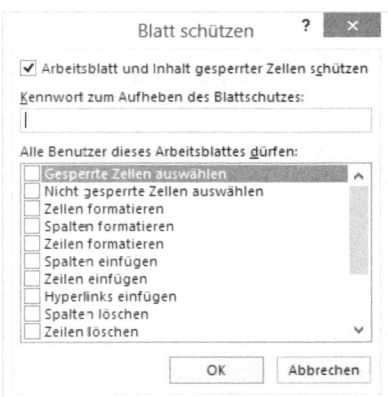

Die ersten beiden Optionen im Dialogfeld bestimmen, inwieweit der Nutzer Zellen in der geschützten Tabelle auswählen darf oder nicht. In VBA spiegeln sich diese zwei Optionen in der Eigenschaft `EnableSelection` der Tabelle wieder. Der Eigenschaft kann hierbei eine der drei Konstanten aus Tabelle 8.2 zugewiesen werden.

Tabelle 8.2   Konstanten für die Eigenschaft *EnableSelection*

Konstante	Beschreibung
`xlNoRestrictions`	Gesperrte und nicht gesperrte Zellen dürfen in der geschützten Tabelle ausgewählt werden. Diese Einstellung entspricht der Standardeinstellung.
`xlNoSelection`	Keine Zelle kann in der geschützten Tabelle ausgewählt werden
`xlUnlockedCells`	Nur ungeschützte Zellen können in der geschützten Tabelle ausgewählt werden

Ab der dritten Option im Dialogfeld *Blatt schützen* können Bearbeitungsoptionen für das geschützte Tabellenblatt festgelegt werden. Diese Optionen spiegeln sich wiederum in den Argumenten der Methode `Protect` des `Worksheet`-Objekts wieder. Die Methode verhält sich ähnlich wie die Methode zum Schutz von Arbeitsmappen, nur dass diese wesentlich mehr Argumente kennt. Nachfolgend sind einige Beispiele aufgeführt:

```
ThisWorkbook.Worksheets(1).Protect Password:="Kennwort"
ThisWorkbook.Worksheets(1).Unprotect Password:="Kennwort"

ThisWorkbook.Worksheets(2).Protect AllowFormattingCells:=True
ThisWorkbook.Worksheets(2).Unprotect

ThisWorkbook.Worksheets(3).Protect Password:="Kennwort", AllowInsertingRows:=True
ThisWorkbook.Worksheets(3).Unprotect Password:="Kennwort"
```

Im ersten Beispiel wird nur ein Kennwort vergeben und die Standardwerte aller weiteren Argumente werden beibehalten. Im zweiten Beispiel wird die Formatierung von gesperrten Zellen erlaubt und im dritten Beispiel ein Kennwort vergeben und das Einfügen neuer Zeilen erlaubt. Die Methode `Unprotect` hebt den Schutz wieder auf und kennt nur das optionale Kennwortargument.

Wissen und Praxis verbinden

> **TIPP** Wenn Sie einen Blattschutz erstmalig per VBA implementieren möchten, empfiehlt es sich, den Makrorekorder einzusetzen, die gewünschten Schritte aufzuzeichnen und anschließend die Aufzeichnung anzupassen.

In Listing 8.19 wird eine Prozedur vorgestellt, die die zuvor besprochenen Aspekte zusammenfasst. Die Prozedur erstellt zunächst eine neue Arbeitsmappe. Anschließend werden einige Zellen freigegeben und mit ein paar Werten gefüllt sowie farbig hinterlegt. Schließlich wird festgelegt, welche Zellen ausgewählt werden dürfen, und das Arbeitsblatt wird geschützt.

Listing 8.19 Zusammenfassendes Beispiel zum Blattschutz

```
Public Sub ArbeitsblattSchuetzen()
    Dim wksAktive  As Worksheet
    Dim wksLetzte  As Worksheet

'   Tabelle hinzufügen
    Set wksLetzte = ThisWorkbook.Worksheets(ThisWorkbook.Worksheets.Count)
    Set wksAktive = ThisWorkbook.Worksheets.Add(After:=wksLetzte)

'   Umbenennen
    wksAktive.Name = "Beispiel zum Blattschutz " & ThisWorkbook.Worksheets.Count

'   Zellen freigeben
    wksAktive.Range("B1:B4").Locked = False

'   Werte schreiben und Farbe setzen
    wksAktive.Range("B1:B4").Value = "Hallo"
    wksAktive.Range("B1:B4").Interior.ColorIndex = 6

'   Zellauswahl bestimmen
    wksAktive.EnableSelection = xlUnlockedCells

'   Schützen
    wksAktive.Protect

End Sub
```

Die Excel-Optionen in VBA verwenden

In Excel stehen recht viele Optionen zur Verfügung, mit denen Sie das Verhalten und Aussehen der Anwendung beeinflussen bzw. verändern können. Einige dieser Optionen beziehen sich auf das Excel-Anwendungsfenster und andere Optionen beziehen sich wiederum auf die Arbeitsmappe oder auf ein Arbeitsblatt. In diesem Abschnitt werden einige dieser Optionen vorgestellt und erläutert, wie Sie diese in VBA ansprechen können.

Sie erreichen das *Optionen*-Dialogfeld über das Menü *DATEI* und den Befehl *Optionen*. Die Optionen, die in diesem Abschnitt angesprochen werden, sind im Dialogfeld entweder in der Rubrik *Allgemein* oder *Erweitert* zu finden. Manche Optionen sind auch zusätzlich im Menüband über die Registerkarte *ANSICHT* erreichbar.

Optionen für die Excel Oberfläche

Die Excel-Oberfläche lässt es zu, Elemente wie die Statusleiste am unteren Rand des Anwendungs-fensters oder die Bearbeitungsleiste ein- und auszublenden. Zudem ist es möglich, von einer Nor-malansicht in den Vollbildmodus zu schalten.

Die Statusleiste ein- oder ausblenden

Die Statusleiste am unteren Rand des Anwendungsfensters dient mehreren Zwecken. Einerseits zeigt sie kontextsensitive Informationen zu verschiedenen Abläufen an, wie zum Berechnungsstatus, zum aktuellen Bearbeitungsmodus oder zum Fortschritt beim Speichern einer Mappe.

Andererseits stellt die Statusleiste auch Bedienelemente zur Verfügung, um beispielsweise die Ver-größerungsstufe oder die Ansicht zu verändern. Mit VBA können Sie die Statusleiste ein- und aus-blenden. Dies geschieht über die Eigenschaft DisplayStatusBar. Die Eigenschaft erwartet einen der beiden Werte True oder False und die Eigenschaft ist ein Element des Application-Objekts und bezieht sich somit auf die gesamte Anwendung.

Listing 8.20   Statusleiste ausblenden

```
Public Sub StatusleisteAusblenden()
    Application.DisplayStatusBar = False
End Sub
```

TIPP   Die Statusleiste lässt sich auch dazu verwenden, eigene Informationen am linken Leistenrand auszugeben. Per VBA haben Sie Schreibzugriff auf die Eigenschaft StatusBar, der Sie einen Text zuweisen können.

```
Application.StatusBar = "Hallo Welt!"
```

Um die Standardfunktionalität der Statuszeile wiederherzustellen, rufen Sie die Anweisung erneut auf und übergeben einen leeren Text.

Die Bearbeitungsleiste ein- und ausblenden

Die Bearbeitungsleiste befindet sich am oberen Rand eines Arbeitsblatts und direkt unter dem Menü-band und lässt sich alternativ zur direkten Eingabe in Zellen nutzen. Die Bearbeitungsleiste lässt sich, wie die Statusleiste, in VBA ebenfalls ein- und ausblenden. Verwenden Sie dazu die Eigenschaft DisplayFormulaBar und weisen Sie dieser den Wert True oder False zu.

Listing 8.21   Bearbeitungsleiste ausblenden

```
Public Sub BearbeitungsleisteAusblenden()
    Application.DisplayStatusBar = False
End Sub
```

Wissen und Praxis verbinden

Ausgewählte Optionen zu Excel 2013

In Excel 2013 wurde das *Optionen*-Dialogfeld um einige neue Einträge erweitert, die die neuen Features betreffen. Zwei diese neuen Features sind die Blitzvorschau und die Schnellanalyse.

Die Blitzvorschau – in Englisch FlashFill – erkennt Muster beim Ausfüllen von Daten in einer Spalte und ist beispielsweise bei der Bereinigung von Ausreißern in Datenreihen oder bei der Extraktion von Teildaten hilfreich. In VBA lässt sich die automatische Blitzvorschau, die sich im *Optionen*-Dialogfeld in der Rubrik *Erweitert* befindet, mit der Eigenschaft FlashFill ein- oder ausschalten.

Die Schnellanalyse ermöglicht es, auf sehr schnelle und bequeme Weise eine Art Vorschau zur Auswahl von bedingten Formatierungen, Diagrammen, Sparklines und weiteren Elementen einzublenden. Dazu wird bei der Auswahl eines Bereichs innerhalb der Tabelle kontextsensitiv ein kleines Symbol eingeblendet. Dieses Einblenden des Symbols kann über eine entsprechende Option an- und ausgeschaltet werden. In VBA steht dazu die Eigenschaft ShowQuickAnalysis zur Verfügung.

Beide zuvor genannten Eigenschaften sind Teil des Application-Objekts und können jeweils den Wert True oder False annehmen.

Zwischen Ansichten wechseln

Excel stellt Ihnen verschiedene Möglichkeiten zur Verfügung, um Ihren Datenbereich anzeigen zu lassen. Der Vollbildmodus maximiert das Fenster und blendet so gut wie alle Bedienelemente aus. Zudem können in der Statusleiste oder im Menüband Ansichten zur Seitenumbruchvorschau und zum Seitenlayout ausgewählt werden.

In VBA lässt sich der Vollbildmodus über die Eigenschaft DisplayFullScreen ein- und ausschalten.

Listing 8.22 Vollbildmodus einschalten

```
Public Sub VollbildmodusEinschalten()
    Application.DisplayFullScreen = True
End Sub
```

Ansichten können in VBA über die Zuweisung einer Konstante an die Eigenschaft View des Window-Objekts gesteuert werden. Folgender Code schaltet das aktive Fenster in die Seitenumbruchvorschau.

Listing 8.23 Seitenumbruchvorschau anzeigen

```
Public Sub SeitenumbruchVorschau()
    ActiveWindow.View = xlPageLayoutView
End Sub ActiveWindow.View = xlPageBreakPreview
```

Tabelle 8.3 listet die Konstanten auf, die Sie für die Eigenschaft View verwenden können.

Tabelle 8.3 Die unterschiedlichen Ansichtsformen

Konstante	Beschreibung
xlNormalView	Normale Ansicht
xlPageLayoutView	Ansicht zum Seitenlayout
xlPageBreakPreview	Seitenumbruchvorschau

Optionen für Arbeitsmappen

In manchen Situationen kann es sinnvoll sein, die Blattregisterkarten auszublenden, z.B. wenn verhindert werden soll, dass Benutzer zwischen den Tabellenblätter wechseln können, oder um die Tabellen vor neugierigen Blicken zu verbergen.

In VBA steuert die Eigenschaft `DisplayWorkbookTabs` des Window-Objekts die Option. Die Option ist somit an das Fenster der Arbeitsmappe bzw. Anwendung gebunden. Wenn Sie ein weiteres Fenster für die Mappe öffnen – Registerkarte *ANSICHT/Neues Fenster* – werden die aktuellen Einstellungen nicht weitervererbt und stattdessen die Standardeinstellungen verwendet.

Im folgenden Beispielcode wird das erste Fenster der Auflistung `Windows` angesprochen, und die Blattregisterkarten werden ausgeblendet:

```
ThisWorkbook.Windows(1).DisplayWorkbookTabs = False
```

Alternativ lässt sich auch die Option für das aktive Fenster `ActiveWindow` abrufen bzw. ändern:

```
ActiveWindow.DisplayWorkbookTabs = False
```

Zwei weitere, ebenfalls an das Fenster gebundene Optionen ermöglichen es, die horizontale und vertikale Bildlaufleiste des (aktiven) Fensters ein- und ausblenden:

```
ActiveWindow.DisplayHorizontalScrollBar = False
ActiveWindow.DisplayVerticalScrollBar = False
```

Die Einstellungen zu den Optionen werden zudem in der Arbeitsmappe abgelegt und werden nach dem Speichern und Schließen sowie erneuten Öffnen der Mappe wiederhergestellt.

Abbildg. 8.6 Ausgeblendete Bildlaufleisten und Blattregisterkarten

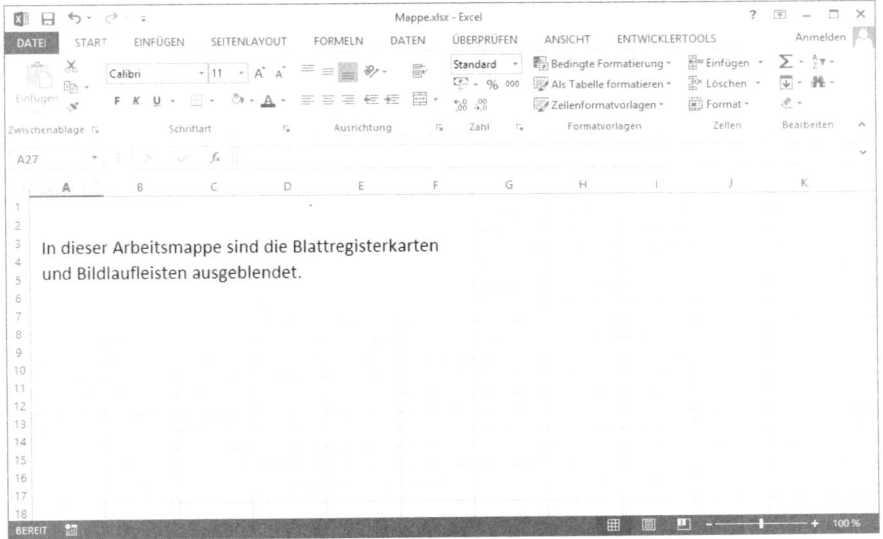

Optionen für Tabellen

Die Gitternetzlinien in Excel trennen optisch einzelne Zellen voneinander und dienen zudem als Führungslinien für das Auge. Es kann jedoch vorkommen, dass diese Gitternetzlinien störend sind und es sinnvoller ist, sie auszublenden. Die Eigenschaft `DisplayGridlines` steuert diese Option. Übergeben Sie den Wert `True`, wenn die Gitternetzlinien eingeblendet werden sollen, und `False`, um sie auszublenden.

Wie die im vorherigen Abschnitt vorgestellten Optionen für Arbeitsmappen ist die Eigenschaft `DisplayGridlines` an das Fenster gebunden. Hier besteht jedoch der Unterschied, dass zusätzlich die Tabelle aktiv sein muss. Der folgende Code stellt die zwei Möglichkeiten vor, um die Gitternetzlinien der aktiven Tabelle auszublenden:

```
ThisWorkbook.Windows(1).DisplayGridlines = False
ActiveWindow.DisplayGridlines = False
```

Wenn Sie beispielsweise die Gitternetzlinien für sämtliche Tabellenblätter einer Arbeitsmappe ausblenden möchten, kommen Sie somit nicht umhin, diese zuerst zu aktivieren. Bei sehr vielen Tabellen entsteht dadurch gegebenenfalls ein unschönes Flackern am Bildschirm.

Die Bildschirmaktualisierung lässt sich jedoch anhand der Eigenschaft `ScreenUpdating` temporär anschalten und somit das Flackern unterbinden. In Listing 8.24 blendet die Prozedur die Gitternetzlinien in allen Tabellen aus.

Listing 8.24 Gitternetzlinien aller Tabellenblätter ausblenden

```
Public Sub GitternetzlinienAusblenden()
  Dim wsTabelle As Worksheet

'   Bildschirmaktualisierung abschalten
    Application.ScreenUpdating = False

    For Each wsTabelle In ThisWorkbook.Worksheets

'       Aktivieren
        wsTabelle.Activate

'       Gitternetzlinien ausblenden
        ActiveWindow.DisplayGridlines = False

    Next wsTabelle

'   Bildschirmaktualisierung einschalten
    Application.ScreenUpdating = True

End Sub
```

Eine weitere Arbeitsblattoption betrifft das Ein- und Ausblenden der Seitenumbrüche. Diese Option ist standardmäßig aktiv, kann aber auch abgeschaltet werden. In VBA steht hierzu die Eigenschaft `DisplayPageBreaks` zur Verfügung, die allerdings – im Gegensatz zu den zuvor genannten Eigenschaften – an eine Eigenschaft des `Worksheet`-Objekts und somit an die Tabelle gebunden ist. Die Verwendung der Eigenschaft ist recht einfach. Der nachfolgende Code schaltet die Anzeige der Seitenumbrüche in der ersten Tabelle ab.

```
ThisWorkbook.Worksheets(1).DisplayPageBreaks = False
```

Um die in einer Tabelle verwendeten Formeln per VBA ein- bzw. auszublenden, können Sie die Eigenschaft `DisplayFormulas` des `Window`-Objekts verwenden.

```
ActiveWindow.DisplayFormulas = True
```

Die Option entspricht der Schaltfläche *Formeln anzeigen*, die Sie in der Registerkarte *FORMELN* des Menübands finden.

TIPP Seit Excel 2013 steht die Funktion *FORMELTEXT* zur Verfügung, die es Ihnen ermöglicht, die in einer anderen Zelle verwendete Formel als Text auszugeben. Die ebenfalls neue Funktion *ISTFORMEL* erlaubt Ihnen, ohne Hilfe von VBA zu prüfen, ob eine Zelle eine Formel enthält. Dies ist beispielsweise sehr praktisch, um über eine bedingte Formatierung alle Zellen hervorzuheben, die eine Formel verwenden.

Fensterverwaltung in Excel 2013

In Excel 2013 wurde eine Änderung eingeführt, die die Fensterverwaltung betrifft. So ist es seit Excel 2013 nicht mehr möglich, den sogenannten MDI-Modus zu nutzen. MDI steht für *Multiple Document Interface*. Diese Technologie erlaubte es in früheren Excel-Versionen mehrere Dokumente innerhalb eines Anwendungsfensters zu laden.

Abbildg. 8.7   Multiple Document Interface in Excel 2010

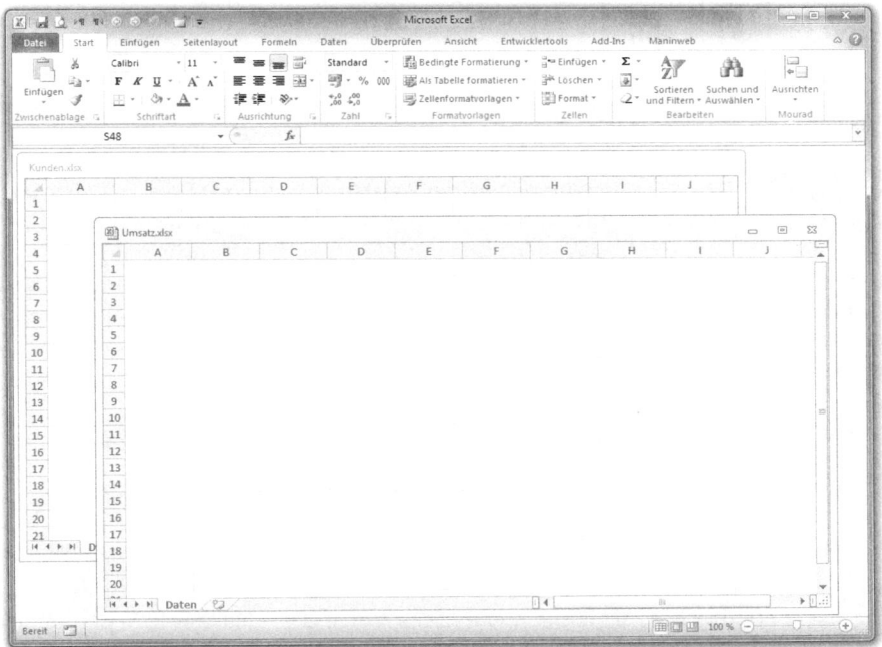

Excel 2013 erlaubt nun nur noch den SDI-Modus, welcher für *Single Document Interface* steht und pro Mappe ein neues Anwendungsfenster erstellt. Jedes Fenster einer Mappe beinhaltet somit auch alle Bedienelemente, wie beispielsweise das Menüband.

Abbildg. 8.8   Single Document Interface in Excel 2013

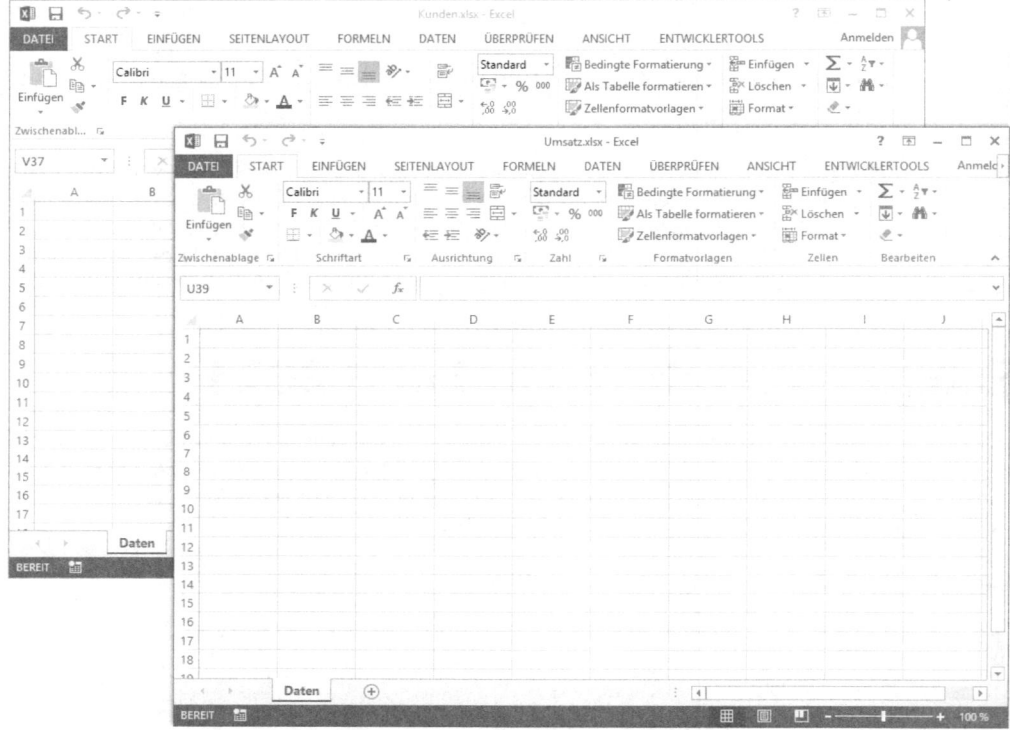

HINWEIS   Durch die Änderungen an der Fensterverwaltung in Excel 2013 ist zudem die noch in älteren Versionen vorhandene Option *Fenster in Taskleiste* weggefallen.

Um das für eine Arbeitsmappe angezeigte Fenster zu maximieren, zu minimieren oder im Normalzustand anzuzeigen, steht in VBA die Eigenschaft WindowState des Window-Objekts zur Verfügung. Auch hier ist die Eigenschaft an das Fenster gebunden. Folgender Beispielcode demonstriert die Verwendung der Eigenschaft:

```
ThisWorkbook.Windows(1).WindowState = xlMaximized ' Maximieren
ThisWorkbook.Windows(1).WindowState = xlNormal    ' Normal
ThisWorkbook.Windows(1).WindowState = xlMinimized ' Minimieren
```

Auch hier können Sie natürlich alternativ ActiveWindow für das aktive Fenster verwenden.

Zum Abschluss dieses Kapitels stellen wir Ihnen noch die Eigenschaften Width, Heigth, Top und Left vor, die es ermöglichen, die Position eines Fensters auf dem Bildschirm zu bestimmen. In Listing

8.25 ist eine Prozedur enthalten, die die Größe des Fensters ändert und sich dazu auf das aktive Fenster bezieht.

Listing 8.25   Fenstergröße und -position verändern

```
Public Sub FensterGroesse()

  ActiveWindow.WindowState = xlNormal

  ActiveWindow.Top = 100
  ActiveWindow.Left = 100
  ActiveWindow.Height = 400
  ActiveWindow.Width = 800

End Sub
```

ONLINE   Sie finden die Arbeitsmappe mit dem Code zu diesem Abschnitt im Ordner *\Buch\Kap08* in der Datei *Bsp08_05.xlsm*.

Zu beachten ist, dass zunächst der Fensterstatus auf xlNormal zurückgesetzt wird, um eine eventuelle Maximierung des Fensters aufzuheben. Geschähe dies nicht und wäre das Fenster vor der Größenänderung tatsächlich maximiert, erhielten Sie einen Laufzeitfehler.

Wissen und Praxis verbinden

Kapitel 9

Mit Zellen und Bereichen arbeiten

In diesem Kapitel:

In diesem Kapitel wird der sichere Umgang in VBA mit Zellen, Bereichen, Spalten, Zeilen und benannten Bereichen vermittelt. Sie werden sehen, dass Excel VBA eine Vielzahl von Möglichkeiten bietet, um Zellen und Bereiche anzusprechen. Zudem ermöglicht es VBA anhand vorgefertigter Methoden und Eigenschaften auf bestimmte Zellen zuzugreifen und Bereiche dynamisch zu ermitteln.

Mit Zellen und Bereichen arbeiten

Während Ihrer Laufbahn als VBA-Programmierer werden Sie sehr häufig mit Zellen und Bereichen arbeiten müssen, sei es beispielsweise, um Daten zu lesen, zu schreiben, zu kopieren oder zu löschen.

In diesem Abschnitt werden Methoden vorgestellt, wie Sie dies per VBA realisieren können, und dieser Abschnitt verzichtet ganz bewusst auf die Methoden Select und Activate – denn die Verwendung der zwei Methoden sollte möglichst vermieden werden, um beispielsweise den Code nicht unnötig zu verlangsamen.

Zellen und Bereiche ansprechen

Im folgenden Abschnitt fassen wir die bereits vorgestellten Möglichkeiten zum Zugriff auf einzelne Zellen und Bereich zusammen und stellen als dritte Möglichkeit den relativen Zugriff vor.

ONLINE Sie finden die Arbeitsmappe mit dem Code zu diesem Abschnitt im Ordner *\Buch\Kap09* in der Datei *Bsp09_01.xlsm*.

Zell- und Bereichsbezüge oder Index verwenden (Range oder Cells)

In den vorangegangenen Kapiteln wurde das Objekt Range bereits häufiger verwendet, um mithilfe eines Bezugs auf eine einzelne Zelle oder einen Bereich zuzugreifen. Auch das Objekt Cells, welches dem indexbasierten Zugriff auf eine einzelne Zelle dient, wurde in den Kapiteln 5 und 6 in den Abschnitten zu den For Next-Schleifen und zu den Arrays vorgestellt. So sind folgende zwei Codezeilen äquivalent und liefern dasselbe Ergebnis:

```
MsgBox ThisWorkbook.Workssheets(1).Range("C4").Value
MsgBox ThisWorkbook.Workssheets(1).Cells(4, 3).Value
```

Das Objekt Cells verwendet dabei die indexbasierten Koordinaten einer Zelle. Die Angabe der zwei Indizes ist jedoch etwas gewöhnungsbedürftig, denn die Angaben erscheinen im Verhältnis zur Angabe im Range-Objekt verdreht.

Während das Range-Objekt eine Zelladresse erwartet, die in der Reihenfolge Spaltenname und Zeilennummer gebildet wird, erwartet das Objekt Cells die Angabe der Zeilennummer gefolgt von der Spaltennummer. Die Spaltennummer entspricht hierbei einfach der Reihenfolge im Alphabet, wobei die Zählung mit 1 bei A anfängt. Spaltennummern wie z.B. AA entsprechen dann der Zahl 27.

TIPP Eine Spaltennummer lässt sich in Excel sehr einfach mit der Funktion *SPALTE()* ermitteln. So liefert *SPALTE($DEF$1)* den Wert 2840.

Das Range-Objekt ist sehr vielseitig und flexibel. Es akzeptiert nicht nur die Angabe eines Bereichs als Zeichenkette, sondern ebenfalls in Form von zwei getrennt angegebenen Anfangs- und Endzellen.

```
MsgBox ThisWorkbook.Worksheets(1).Range("A1:D4").Address
MsgBox ThisWorkbook.Worksheets(1).Range("A1", "D4").Address
```

Diese Art der Adressierung ermöglicht es Ihnen auch verschiedene, voneinander getrennte Zellen zu einem einzigen Bereich zu kombinieren. Dazu setzen Sie Cells innerhalb von Range ein. Die beiden folgenden Codezeilen liefern beispielsweise die Bereichsadresse $A$1:$D$4:

```
MsgBox Range(Cells(1, 1), Cells(4, 4)).Address
MsgBox Range(Cells(1, 1).Address, Cells(4, 4).Address).Address
```

Beachten Sie, dass sich in den Beispielen die Objekte Range und Cells auf die aktive Tabelle beziehen.

TIPP Eine Suche im Objektkatalog nach »Range« liefert recht viele Ergebnisse, wovon einige jedoch nicht relevant sind, da der Objektkatalog auch Wörter auflistet, die den Suchbegriff als Teil enthalten. Es findet sich natürlich auch das Objekt selbst, was Sie daran erkennen, dass im unteren linken Bereich des Objektkatalogs Range als Klasse aufgeführt ist.

Weitere Ergebnisse definieren »Range« wiederum als Eigenschaft anderer Objekte, z.B. von Application und Worksheet. Diese Eigenschaften tragen denselben Namen wie das Objekt, sind vom Datentyp Range und unterstützen somit die globale Verwendung.

Arbeiten mit Offset

Die Eigenschaft Offset wird verwendet, um von einer bestimmten Position aus eine Zelle anzusprechen. Offset agiert nach einem ähnlichen Prinzip wie Cells. Der Eigenschaft folgt ebenfalls ein rundes Klammerpaar, worin die Koordinaten bestimmt werden. Mit der ersten Zahl legen Sie fest, um wie viele Zeilen ab der aktuellen Position nach unten oder oben gesprungen werden soll. Mit der zweiten Zahl legen Sie fest, um wie viele Spalten ab der aktuellen Position nach links oder rechts gesprungen werden soll.

Geben Sie hierbei einen positiven Wert an, wenn Sie nach unten bzw. rechts springen möchten, und einen negativen Wert, wenn Sie nach oben bzw. links springen möchten.

In Listing 9.1 wird ein Beispiel vorgestellt, welches relativ zur aktiven Zelle eine Zeile tiefer und zwei Spalten nach rechts springt und eine Zeichenkette in die Zelle schreibt.

Listing 9.1   Die Verwendung von *Offset*

```
Sub OffsetVerwenden()
  ActiveCell.Offset(1, 3).Value = "Hallo Welt"
End Sub
```

Beachten Sie bei der Verwendung von Offset, dass die angesprungene Zelle erreichbar sein muss. Wenn Sie sich beispielsweise in Zelle A1 befinden und als Anweisung Offset(0, -1) schreiben würden, erhielten Sie einen Laufzeitfehler, denn eine Zelle links von A1 gibt es nicht.

Zellen und Bereiche manipulieren

In diesem Abschnitt erfahren Sie, wie Sie in VBA Zellen und Bereiche einfügen, löschen, verschieben und kopieren können. Zudem lernen Sie, wie Sie einzelne Zellen anhand bestimmter Kriterien löschen können. Dieser Abschnitt behandelt die Zellen als Ganzes, während sich der Abschnitt »Inhalte und Formate von Zellen und Bereichen manipulieren« ab Seite 218 der Manipulation von Zellinhalten widmet.

Zellen einfügen (Insert)

Um einer Tabelle manuell eine Zelle an einer bestimmten Position hinzuzufügen, besteht in Excel die Möglichkeit, dies über das Kontextmenü durchzuführen. Wählen Sie den Befehl *Zellen einfügen* aus. Dadurch wird das gleichnamige Dialogfeld geöffnet.

Abbildg. 9.1   Auswahl, wohin die aktive Zelle verschoben werden soll

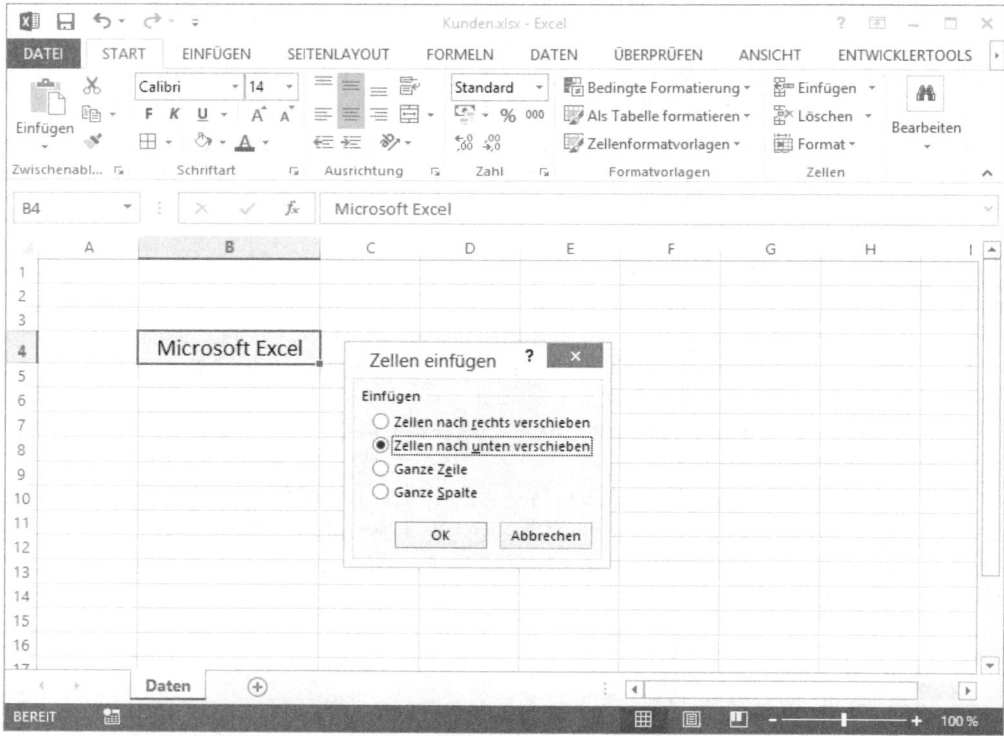

Es stehen vier Optionsfelder zur Verfügung, die verschiedene Möglichkeiten vorgeben, wie beim Einfügen verfahren werden kann. Die ersten beiden Optionen verschieben die aktive Zelle nach rechts oder unten, während die verbleibenden zwei Optionen eine Zeile oder Spalte einfügen.

In VBA wird zum Einfügen einer neuen Zelle durch Verschieben der aktiven Zelle nach unten oder rechts die Methode Insert verwendet. Ihr wird eine der Konstanten xlShiftToRight oder xlShiftDown übergeben.

ONLINE   Sie finden die Arbeitsmappe mit dem Code zu diesem Abschnitt im Ordner \Buch\Kap09 in der Datei Bsp09_02.xlsm.

In Listing 9.2 fügen die beiden Prozeduren jeweils eine Zelle an Position B2 in der zweiten Tabelle ein.

Listing 9.2   Zellen einfügen

```
Public Sub ZelleEinfuegenVerschiebenNachRechts()
    ThisWorkbook.Worksheets(2).Range("B2").Insert xlShiftToRight
End Sub

Public Sub ZelleEinfuegenVerschiebenNachUnten()
    ThisWorkbook.Worksheets(2).Range("B2").Insert xlShiftDown
End Sub
```

Zellen löschen (Delete)

Das Löschen von Zellen verhält sich entgegengesetzt zum Einfügen von Zellen. Beim Löschvorgang einer einzelnen Zelle kann zwischen dem Verschieben nach links oder nach oben gewählt werden. In VBA lautet die Methode Delete und als Konstanten können xlShiftToLeft und xlShiftUp angegeben werden.

Listing 9.3   Zellen löschen

```
Public Sub ZelleLoeschenVerschiebenNachLinks()
    ThisWorkbook.Worksheets(2).Range("B2").Delete xlShiftToLeft
End Sub

Public Sub ZelleLoeschenVerschiebenNachOben()
    ThisWorkbook.Worksheets(2).Range("B2").Delete xlShiftUp
End Sub
```

Zellen verschieben (Cut)

Wenn Sie eine Zelle an eine andere Stelle verschieben möchten, verwenden Sie die Methode Cut. Das Argument Destination beinhaltet die Zielzelle. Wenn Sie das Argument weglassen, wird die Zelle nur in der Zwischenablage gespeichert. In Listing 9.4 wird die Zelle B2 nach E4 verschoben und der Code bezieht sich auf die zweite Tabelle der Mappe. Beim Vorgang erfolgt keine Rückfrage.

Listing 9.4   Zellen verschieben

```
Public Sub ZelleVerschieben()
    ThisWorkbook.Worksheets(2).Range("B2").Cut Destination:= _
    ThisWorkbook.Worksheets(2).Range("E4")
End Sub
```

Wissen und Praxis verbinden

Zellen kopieren (Copy)

Das Kopieren einer Zelle verhält sich analog zum Verschieben. Als Methode kommt hier Copy zum Einsatz. Die Prozedur in Listing 9.5 bezieht sich hier auf die aktive Tabelle und kopiert die Zelle B2 nach E4. Es erfolgt wiederum keine Rückfrage.

Listing 9.5   Zellen kopieren

```
Public Sub ZelleKopierenEins()
  Range("B2").Copy Destination:=Range("E4")
End Sub
```

Natürlich können Sie auch Daten tabellenübergreifend kopieren bzw. verschieben. Dazu referenzieren Sie den Quell- und Zielbereich, wie es die drei Prozeduren in Listing 9.6 demonstrieren.

Listing 9.6   Zelle und Bereich von einer Tabelle in eine andere Tabelle kopieren

```
Public Sub ZelleKopierenZwei()
  ThisWorkbook.Worksheets(3).Range("B2").Copy Destination:= _
  ThisWorkbook.Worksheets(4).Range("E4")
End Sub

Public Sub BereichKopierenEins()
  ThisWorkbook.Worksheets("Quelltabelle").Range("A1:B2").Copy Destination:= _
  ThisWorkbook.Worksheets("Zieltabelle").Range("B2")
End Sub

Public Sub BereichKopierenZwei()
  ThisWorkbook.Worksheets("Quelltabelle").Range("A1:B2").Copy Destination:= _
  ThisWorkbook.Worksheets("Zieltabelle").Range("D4:E8")
End Sub
```

Die zweite Prozedur definiert zwar als Zielbereich nur eine Zelle, Excel erweitert jedoch diesen automatisch auf den Bereich B2:C3. Die dritte Prozedur verwendet einen Zielbereich, dessen Größe der des Quellbereichs entspricht. Beachten Sie, dass das Kopieren von Zellen in einen Quellbereich fehlschlagen kann, wenn dieser miteinander verbundene Zellen enthält.

Die Prozeduren beziehen sich im Beispielcode auf die Mappe, die den Code ausführt. Wenn Sie die Daten zwischen zwei verschiedenen Mappen kopieren möchten, referenzieren Sie entsprechend die Quell- und/oder Zielmappe, beispielsweise über Application.Workbooks("Zielmappe.xlsx").

Zellen anhand von Kriterien suchen (SpecialCells)

VBA ermöglicht es, Zellen aufgrund bestimmter Kriterien zu suchen, und stellt hierzu die Methode SpecialCells des Range-Objekts bereit. Als Kriterium kann angegeben werden, ob z.B. leere Zellen, Zellen mit Formeln oder die letzte Zelle im verwendeten Bereich gesucht werden soll. Weitere Kriterien können Sie Tabelle 9.1 entnehmen.

Tabelle 9.1 Die Konstanten zur Methode *SpecialCells* sowie deren Beschreibung

xlCellType-Konstante	Beschreibung
xlCellTypeAllFormatConditions	Zellen mit beliebigem Format
xlCellTypeAllValidation	Zellen mit Gültigkeitskriterien
xlCellTypeBlanks	Leerzellen
xlCellTypeComments	Zellen mit Kommentaren
xlCellTypeConstants	Zellen mit Konstanten
xlCellTypeFormulas	Zellen mit Formeln
xlCellTypeLastCell	Die letzte Zelle im verwendeten Bereich
xlCellTypeSameFormatConditions	Zellen mit gleichem Format
xlCellTypeSameValidation	Zellen mit gleichen Gültigkeitskriterien
xlCellTypeVisible	Alle sichtbaren Zellen

Die Methode liefert einen Verweis auf ein Range-Objekt zurück, weshalb Sie an die Anweisung direkt eine Methode oder Eigenschaft dieses Objekts anhängen können. Dazu ein Beispiel: Nehmen wir an, Sie würden alle leeren Zellen eines Bereichs in einem Rutsch löschen wollen. Mit einem Aufruf von SpecialCells und der Übergabe der Konstanten xlCellTypeBlanks ermitteln Sie alle leeren Zellen und können auf diese die Methode Delete anwenden, und es empfiehlt sich hier, eine der Konstanten xlShiftToLeft und xlShiftUp anzugeben.

Listing 9.7 Leere Zellen löschen

```
Public Sub LeereZellenLoeschen()
  ThisWorkbook.Worksheets(5).Range("A1:D10") _
  .SpecialCells(xlCellTypeBlanks).Delete Shift:=xlShiftUp
End Sub
```

In Listing 9.7 löscht die Prozedur innerhalb des Bereichs A1:D10 alle leeren Zellen. Der Code geht in dem Beispiel allerdings davon aus, dass auch tatsächlich leere Zellen im Bereich enthalten sind. Wäre dies nicht der Fall, würden Sie einen Laufzeitfehler erhalten. Abbildung 9.2 zeigt die Tabelle vor und nach dem Löschen der Zellen.

Wissen und Praxis verbinden

Abbildg. 9.2   Tabelle vor und nach dem Löschen der leeren Zellen

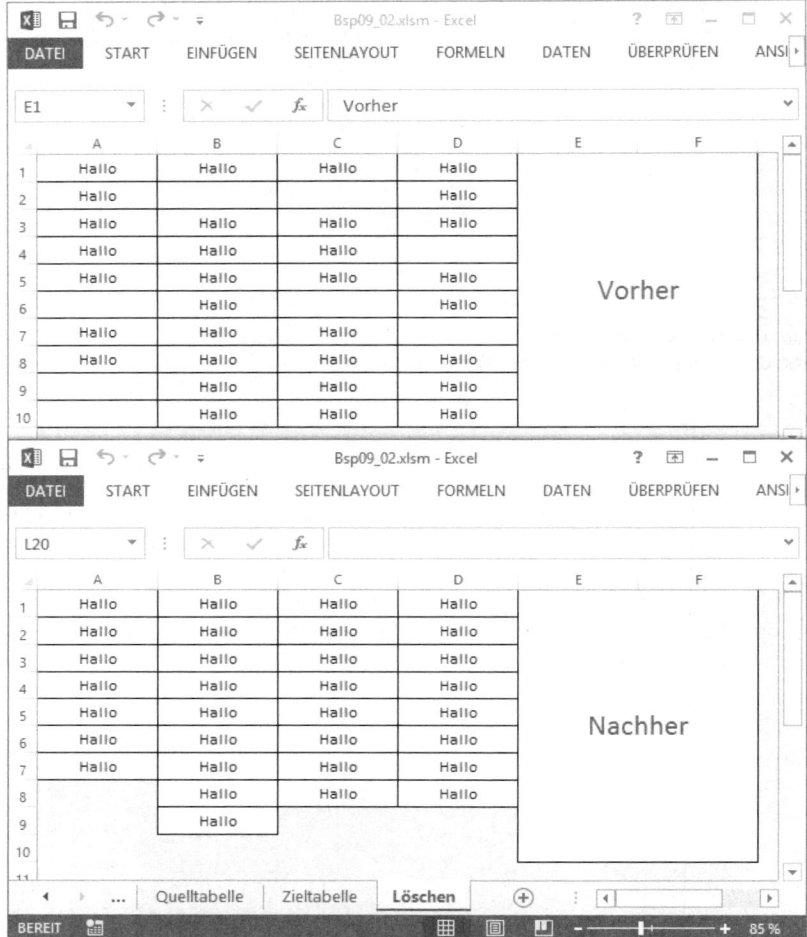

Inhalte und Formate von Zellen und Bereichen manipulieren

In diesem Abschnitt lernen Sie, wie Sie in VBA Inhalte von Zellen bzw. Bereichen kopieren, einfügen oder löschen. Unter »Inhalten« sind sowohl die Werte als auch die Formatierungen und eventuell vorhandene Kommentare zu verstehen. Die Codebeispiele, die sich nur auf einzelne Zellen beziehen, sind selbstverständlich auch auf Bereiche anwendbar.

ONLINE   Sie finden die Arbeitsmappe mit dem Code zu diesem Abschnitt im Ordner *\Buch\Kap09* in der Datei *Bsp09_03.xlsm*.

Inhalte löschen

Excel differenziert in Zellen zwischen Formaten, Werten und Formeln, und es erkennt, ob Zellen mit Kommentaren versehen sind. Entsprechende Funktionen zum Löschen einzelner Elemente sind über das Kontextmenü zu den Zellen oder das Menüband erreichbar. Auch in VBA stehen entsprechende Funktionen zur Verfügung.

Vollständigen Inhalt von Zellen löschen (Clear)

Wenn Sie den Inhalt einer Zelle bzw. eines Bereichs vollständig löschen möchten, also inklusive der Werte, der Formatierungen und Kommentare, können Sie in VBA die Methode Clear verwenden.

Listing 9.8   Zellinhalt vollständig löschen

```
Public Sub InhalteLoeschenAlles()
    ThisWorkbook.Worksheets(2).Range("A1").Clear
End Sub
```

Nur die Werte in Zellen löschen (ClearContents)

Falls Sie nur die Werte einer Zelle löschen und die Formatierungen und Kommentare beibehalten möchten, bietet sich die Methode ClearContents an.

Listing 9.9   Werte einer Zelle löschen

```
Public Sub InhalteLoeschenWert()
    ThisWorkbook.Worksheets(2).Range("B1").ClearContents
End Sub
```

Nur die Zellformatierungen löschen (ClearFormats)

Für den Fall, dass nur die Formatierungen gelöscht werden sollen und Kommentare sowie Werte erhalten bleiben sollen, benutzen Sie die Methode ClearFormats.

Listing 9.10   Zellformatierungen löschen

```
Public Sub InhalteLoeschenFormatierung()
    ThisWorkbook.Worksheets(2).Range("C1").ClearFormats
End Sub
```

Inhalte einfügen

Wenn Sie einen Bereich in einer Tabelle markieren und diesen kopieren, bietet Ihnen Excel neben den entsprechenden Einfügeoptionen im Kontextmenü auch die Möglichkeit an, das Dialogfeld *Inhalte einfügen* aufzurufen. In VBA übernimmt die Methode PasteSpecial diese Aufgabe.

Das erste Argument der PasteSpecial-Methode bestimmt, welche Aktion ausgeführt werden soll. Geben Sie beispielsweise xlPasteAll an, werden alle Inhalte eingefügt. Geben Sie xlPasteFormats an, werden nur die Formatierungen in den Zielbereich übertragen. Eine Auflistung der wichtigsten Konstanten zur Methode finden Sie in Tabelle 9.2.

Wissen und Praxis verbinden

Dialogfeld mit den Auswahloptionen zum Einfügen von Inhalten

Tabelle 9.2   Excel-Konstanten für die *PasteSpecial*-Methode

Konstante	Beschreibung
xlPasteAll	Standardeinstellung. Es wird alles übernommen.
xlPasteAllExceptBorders	Alles außer Rahmenlinien wird übernommen
xlPasteColumnWidths	Spaltenbreite übernehmen
xlPasteComments	Kommentare übernehmen
xlPasteFormats	Formate übernehmen
xlPasteFormulas	Formeln übernehmen
xlPasteFormulasAndNumberFormats	Formeln und Zahlenformate übernehmen
xlPasteValidation	Gültigkeiten übernehmen
xlPasteValues	Werte übernehmen
xlPasteValuesAndNumberFormats	Werte und Zahlenformate übernehmen

Nur Werte oder Formate einfügen (PasteSpecial und xlPasteValues)

Falls Sie nur die Werte in den Zielbereich einfügen möchten, geben Sie die Konstante xlPasteValues an. In Listing 9.11 werden nur die Werte des Bereichs A1:B2 in den Bereich D3:E4 übernommen.

Listing 9.11   Nur Werte oder Formate einfügen

```
Public Sub InhalteEinfuegen()
  ThisWorkbook.Worksheets(2).Range("A4:C4").Copy
  ThisWorkbook.Worksheets(2).Range("D8:F9").PasteSpecial xlPasteValues
  Application.CutCopyMode = False
End Sub
```

Die Codezeile Application.CutCopyMode = False bewirkt übrigens, dass der Kopiermodus (Laufrahmen) aufgehoben wird.

Daten transponieren

Das Dialogfeld *Inhalte einfügen* bietet auch die Möglichkeit, die Daten beim Einfügen zu transponieren. Dies bedeutet, dass Zeilen und Spalten beim Einfügen vertauscht werden. Im Dialogfeld muss hierzu das entsprechende Häkchen gesetzt werden.

Die Methode PasteSpecial stellt zum Transponieren der Daten das Argument Transpose zur Verfügung, welches den Wert True oder False erwartet. In Listing 9.12 transponiert die Prozedur den Bereich A1:B4 und fügt die Inhalte in den Bereich A8:B10 ein. Abbildung 9.4 zeigt beide Bereiche nach dem Vorgang.

Listing 9.12   Transponieren eines Bereichs

```vb
Public Sub InhalteTransponieren()
  ThisWorkbook.Worksheets(2).Range("A4:C5").Copy
  ThisWorkbook.Worksheets(2).Range("A8").PasteSpecial _
  Paste:=xlPasteValues, Transpose:=True
  Application.CutCopyMode = False
End Sub
```

Abbildg. 9.4   Ergebnis zum Transponieren eines Bereichs

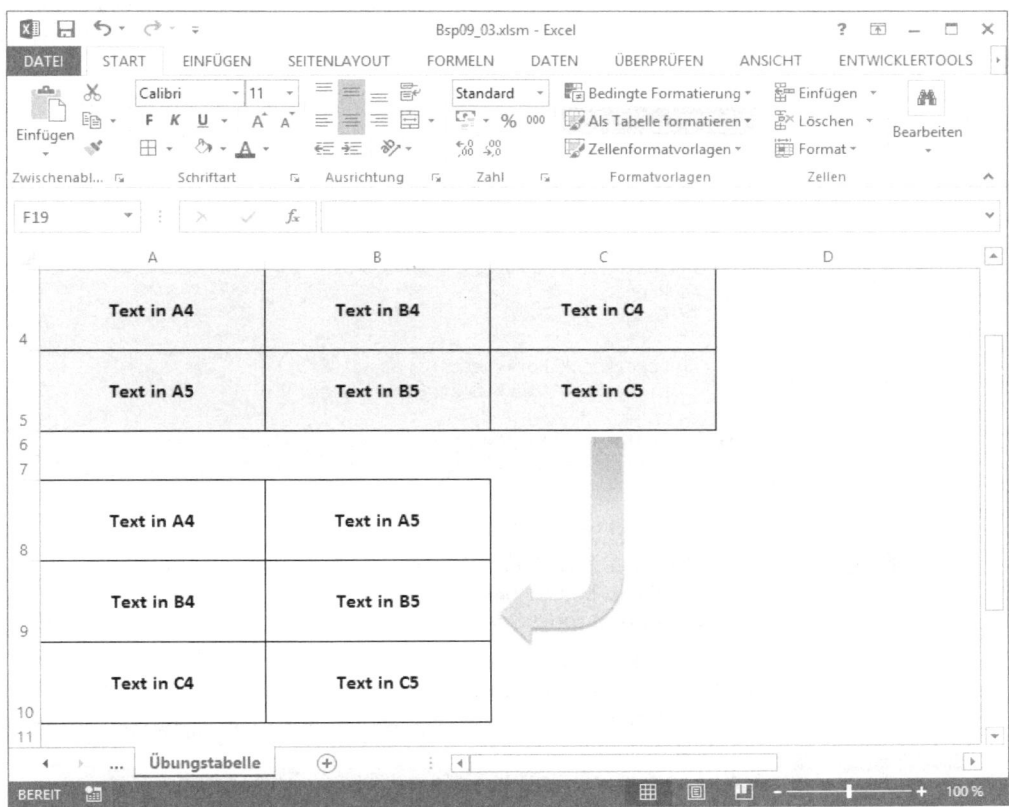

Mit Zeilen und Spalten arbeiten

Zeilen und Spalten können in Excel ebenfalls als Bereiche angesehen werden. VBA stellt für deren Verwaltung und Manipulation jedoch zusätzliche Hilfsobjekte bereit, die Sie in diesem Abschnitt kennenlernen werden.

Spalten und Zeilen ansprechen

Die Hilfsobjekte Rows und Columns vereinfachen es in VBA, einzelne oder mehrere Zeilen und Spalten anzusprechen. Hierbei können wieder ein indexbasierter oder schlüsselbasierter Index als Argument übergeben werden, wobei bei Letzterem auch zusammenhängende Bereiche zulässig sind.

> **ONLINE**   Sie finden die Arbeitsmappe mit dem Code zu diesem Abschnitt im Ordner *\Buch\Kap09* in der Datei *Bsp09_04.xlsm*.

Zusammenhängende Zeilen und Spalten ansprechen

Wenn Sie beispielsweise eine zusammenhänge Gruppe von Spalten formatieren möchten, würden Sie in der Regel diese Spalten markieren und anschließend entsprechende Werkzeuge im Menüband auswählen.

In Listing 9.13 werden jeweils die zweite und dritte Zeile sowie die zweite und dritte Spalte per VBA in Gelb eingefärbt. Der Code demonstriert zudem, dass Rows und Columns vom Typ Range sind, indem ein Objektverweis gesetzt wird.

Listing 9.13   Die zweite und dritte Zeile werden in Gelb eingefärbt

```
Public Sub ZeilenUndSpaltenEinfaerben()
    Dim rngZeilen  As Range
    Dim rngSpalten As Range

    Set rngZeilen = ThisWorkbook.Worksheets(2).Rows("2:3")
    Set rngSpalten = ThisWorkbook.Worksheets(2).Columns("B:C")

    rngZeilen.Interior.Color = vbYellow
    rngSpalten.Interior.Color = vbYellow
End Sub
```

> **TIPP**   Der Objektkatalog definiert Rows und Columns einerseits als *Eigenschaft* des Objekts Worksheet und anderseits als Eigenschaft des Objekts Range. Der Code in Listing 9.13 bezieht sich auf das Objekt Worksheet und spricht dadurch die kompletten Zeilen und Spalten der Tabelle an.
>
> Werden die Eigenschaft Rows und Columns jedoch auf einen vordefinierten Bereich angewendet, reduzieren sich die Spalten und Zeilen auf diesen Bereich. Das Meldungsfeld liefert Ihnen im folgenden Beispiel die Adresse $B$11:$D$11, also die zweite Zeile des angesprochenen Bereichs.

```
MsgBox ThisWorkbook.Worksheets(2).Range("B10:D20").Rows(2).Address
```

Mehrere unabhängige Zeilen und Spalten ansprechen

Um manuell in mehreren unzusammenhängenden Zeilen und Spalten die Inhalte zu löschen, würden Sie zunächst eine Mehrfachauswahl treffen. Dazu würden Sie die $\boxed{\text{Strg}}$-Taste gedrückt halten und nacheinander auf die gewünschten Spalten und Zeilen klicken. Anschließend könnten Sie die Inhalte durch Drücken der $\boxed{\text{Entf}}$-Taste in einem Rutsch löschen.

Abbildg. 9.5   Markierte Spalten und Zeilen

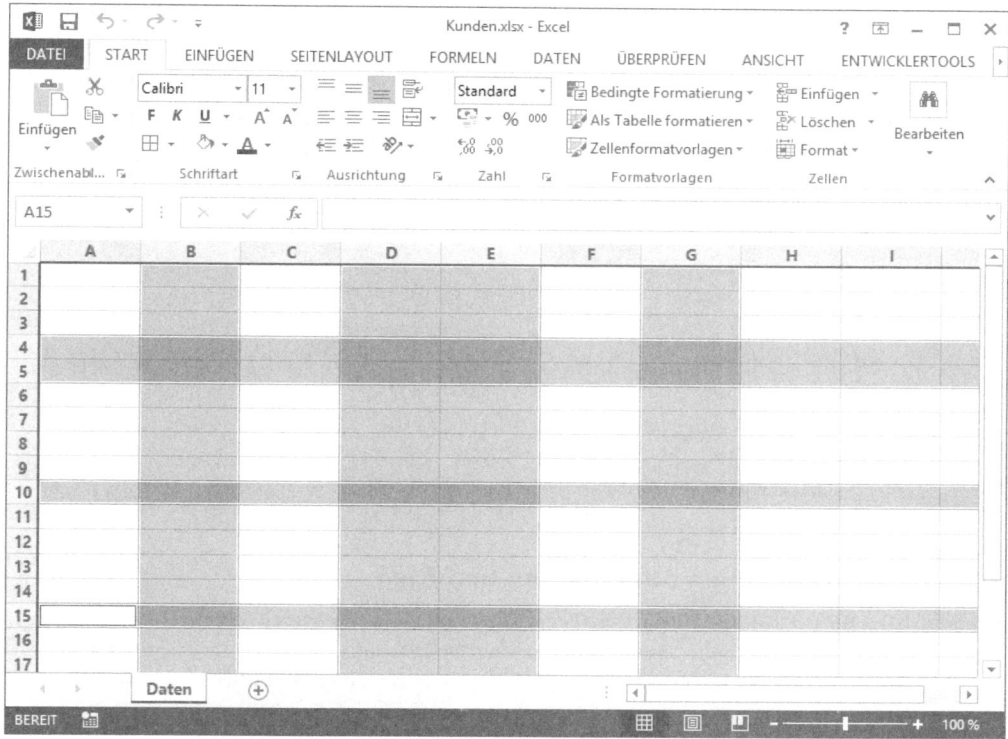

In VBA können Sie an das Range-Objekt die Spalten und Zeilen als kommaseparierte Liste übergeben, um eine Mehrfachmarkierung durchzuführen. Die Methode ClearContents löscht alle Inhalte.

Listing 9.14   Inhalte mehrerer Spalten und Zeilen löschen

```
Public Sub ZeilenUndSpaltenLeeren()
    ThisWorkbook.Worksheets(2).Range("2:3,5:5,B:C").ClearContents
End Sub
```

Spalten und Zeilen einfügen

Die Methode Insert zum Einfügen einzelner Zellen haben Sie bereits kennengelernt. Diese Methode verhält sich ähnlich, wenn Sie sie auf eine Zeile oder Spalte anwenden. Neue Zeilen werden hierbei allerdings immer oberhalb und neue Spalten immer linkerhand eingefügt.

ONLINE   Sie finden die Arbeitsmappe mit dem Code zu diesem Abschnitt im Ordner
\Buch\Kap09 in der Datei *Bsp09_05.xlsm*.

Eine Zeile oder Spalte einfügen

Es gibt zwei Möglichkeiten, um eine leere Zeile in ein Tabellenblatt einzufügen. Bei der ersten Möglichkeit bezieht sich die Insert-Methode direkt auf die Zeile bzw. Spalte. Die zweite Möglichkeit macht einen kleinen Umweg und ermittelt zunächst aus einer Zelladresse die Zeile bzw. Spalte. Hierzu werden die Eigenschaften EntireRow und EntireColumn verwendet, die jeweils einen Verweis auf die Zeile und Spalte liefern. In Listing 9.15 werden beide Varianten vorgestellt.

Listing 9.15   Eine Zeile und eine Spalte einfügen

```
Public Sub ZeileEinfuegenEins()
  ThisWorkbook.Worksheets(2).Rows(3).Insert
End Sub

Public Sub ZeileEinfuegenZwei()
  ThisWorkbook.Worksheets(2).Range("B3").EntireRow.Insert
End Sub

Public Sub SpalteEinfuegenEins()
  ThisWorkbook.Worksheets(2).Columns(3).Insert
End Sub

Public Sub SpalteEinfuegenZwei()
  ThisWorkbook.Worksheets(2).Range("C2").EntireColumn.Insert
End Sub
```

Mehrere Zeilen oder Spalten einfügen

Bei Bedarf können Sie auch mehrere Zeilen und/oder Spalten in einem Rutsch einfügen. Dazu wenden Sie die Methode Insert auf eine Mehrfachauswahl an. Zeilen und Spalten lassen sich allerdings nicht in einer Codezeile kombinieren, sondern müssen getrennt behandelt werden.

Listing 9.16   Mehrere Zeile und Spalten einfügen

```
Public Sub MehrereZeilenUndSpaltenEinfuegen()
  ThisWorkbook.Worksheets(2).Range("2:2,4:5").Insert
  ThisWorkbook.Worksheets(2).Range("B:B,D:E").Insert
End Sub
```

Spalten und Zeilen löschen

Analog zum Einfügen von Zeilen und Spalten lässt sich die Methode Delete zum Löschen von Zeilen und Spalten einsetzen.

ONLINE   Sie finden die Arbeitsmappe mit dem Code zu diesem Abschnitt im Ordner
\Buch\Kap09 in der Datei *Bsp09_06.xlsm*.

Eine Zeile oder Spalte löschen

Um eine Zeile oder Spalte zu löschen, verfahren Sie genauso wie beim Einfügen einer Zeile bzw. Spalte. Ersetzen Sie lediglich die Methode Insert durch Delete. Und auch in diesem Fall steht Ihnen der Weg über die Eigenschaften EntireRow und EntireColumn für den Zugriff auf die Zeile bzw. Spalte einer Zelle offen.

Listing 9.17   Die zweite Zeile löschen (*Rows*)

```
Public Sub ZeileLoeschenEins()
   ThisWorkbook.Worksheets(2).Rows(3).Delete
End Sub

Public Sub ZeileLoeschenZwei()
   ThisWorkbook.Worksheets(2).Range("B3").EntireRow.Delete
End Sub

Public Sub SpalteLoeschenEins()
   ThisWorkbook.Worksheets(2).Columns(3).Delete
End Sub

Public Sub SpalteLoeschenZwei()
   ThisWorkbook.Worksheets(2).Range("C2").EntireColumn.Delete
End Sub
```

Mehrere Zeilen oder Spalten löschen

Mehrere Zeilen und Spalten lassen sich nicht nur einfügen, sondern auch löschen, indem Sie statt Insert die Methode Delete verwenden.

Listing 9.18   Zeilen und Spalten löschen

```
Public Sub MehrereZeilenUndSpaltenLoeschen()
   ThisWorkbook.Worksheets(2).Range("2:2,4:5").Delete
   ThisWorkbook.Worksheets(2).Range("B:B,D:E").Delete
End Sub
```

> **HINWEIS**   Im zehnten Kapitel zeigen wir anhand eines Praxisbeispiels auf, wie Sie die leeren Zeilen und/oder Spalten einer Tabelle in VBA ermitteln und löschen.

Spalten und Zeilen kopieren

Zum Kopieren von Zeilen und Spalten steht ebenfalls die Methode Copy zur Verfügung und wird analog zum Kopieren einzelner Zellen und Bereiche angewendet. Je nachdem, wie Sie referenzieren, können Sie den Vorgang zwischen verschiedenen Arbeitsblättern und/oder Arbeitsmappen durchführen.

Wissen und Praxis verbinden

Listing 9.19 Beispiele zum Kopieren von Zeilen und Spalten

```
Public Sub ZeileKopieren()
  Rows(3).Copy Destination:=Rows(9)
End Sub

Public Sub SpalteKopieren()
  ThisWorkbook.Worksheets(2).Range("D1").EntireColumn.Copy Destination:= _
  ThisWorkbook.Worksheets(3).Columns(8)
End Sub
```

In Listing 9.19 werden bisher erlernte Möglichkeiten miteinander kombiniert. Die erste Prozedur kopiert die dritte Zeile in Zeile 9. Die zweite Prozedur referenziert die vierte Spalte der zweiten Tabelle und ermittelt die Spalte anhand der Eigenschaft EntireColumn. Als Ziel wird die achte Spalte der dritten Tabelle angegeben.

ONLINE Sie finden die Arbeitsmappe mit dem Code zu diesem Abschnitt im Ordner \Buch\Kap09 in der Datei Bsp09_07.xlsm.

Höhe und Breite von Spalten und Zeilen festlegen

Um die Höhe einer oder mehrerer Zeilen festzulegen, verwenden Sie die Eigenschaft RowHeight und übergeben ihr einen Wert, der der Höhe in Punkt entspricht. Ein Punkt ist eine typografische Maßeinheit, die sich auf die Höhe eines gedruckten Zeichens bezieht und 1/72-Zoll entspricht.

ONLINE Sie finden die Arbeitsmappe mit dem Code zu diesem Abschnitt im Ordner \Buch\Kap09 in der Datei Bsp09_08.xlsm.

Um die Breite einer oder mehrerer Spalten zu verändern, können Sie die Eigenschaft ColumnWidth verwenden Beachten Sie jedoch, dass die Einheit der Spaltenbreite abhängig von der Breite eines Zeichens der definierten Standardschriftart abhängt. Beide Eigenschaften haben somit unterschiedliche Maßeinheiten.

Listing 9.20 Zeilenhöhe und Spaltenbreite festlegen

```
Public Sub Zeilenhoehe()
  Rows(4).RowHeight = 20
End Sub

Public Sub Spaltenbreite()
  Columns(2).ColumnWidth = 20
End Sub
```

TIPP Ab Excel 2007 lassen sich manuell die Spaltenbreite und Zeilenhöhe auch in Zentimetern, Millimetern und Zoll angeben. Wechseln Sie dazu in die Seitenlayoutansicht – z.B. über die Registerkarte ANSICHT/Seitenlayout – und geben Sie in den Dialogfeldern zu Spaltenbreite und Zeilenhöhe die Einheit cm, mm oder ein doppeltes Anführungszeichen für Zoll an. Welche Einheit dabei in den Dialogfeldern als Standard angezeigt wird, hängt von der Einstellung zu den Linealeinheiten ab, die Sie in den Excel-Optionen finden.

Die Spaltenbreite und Zeilenhöhe lassen sich in Excel auch anhand eines Doppelklicks zwischen den Zeilen- bzw. Spaltenüberschriften automatisch einstellen. Diesen Effekt können Sie in VBA ebenfalls herbeiführen, indem Sie die Methode AutoFit verwenden.

Listing 9.21   Automatisches Anpassen der Höhe und Breite von Zeilen und Spalten

```
Public Sub ZeilenhoeheAutomatisch()
    Columns("A:E").AutoFit
End Sub

Public Sub SpaltenbreiteAutomatisch()
    Rows("1:10").AutoFit
End Sub
```

Spalten und Zeilen ein- und ausblenden

Oftmals werden in umfangreichen Tabellen Hilfsspalten zur Berechnung von Zwischenergebnissen verwendet. In der Regel werden die Hilfsspalten später ausgeblendet, um dem Benutzer nur die relevanten Daten anzuzeigen. Sind die Hilfsspalten jedoch so angelegt, dass diese sich mit anzuzeigenden Spalten abwechseln, kann es recht aufwändig werden, diese manuell ein- und auszublenden. Mit VBA lässt sich das Ein- und Ausblenden recht einfach erledigen.

ONLINE   Sie finden die Arbeitsmappe mit dem Code zu diesem Abschnitt im Ordner *\Buch\Kap09* in der Datei *Bsp09_09.xlsm*.

Ein- und Ausblenden von Zeilen und Spalten

Zeilen und Spalten lassen sich manuell ausblenden, indem Sie mit der rechten Maustaste auf den Zeilen- bzw. Spaltenkopf klicken und den Befehl *Ausblenden* wählen.

Um eine ausgeblendete Spalte wieder einzublenden, müssen zunächst die beiden Spalten, die sich links und rechts neben der ausgeblendeten Spalte befinden, markiert werden. Anschließend ist im Kontextmenü der Eintrag *Einblenden* auszuwählen. Analog sind bei Zeilen die zwei Zeilen ober- und unterhalb der einzublendenden Zeile zu markieren.

Um Zeilen und Spalten per VBA ein- und auszublenden, steht die Eigenschaft Hidden des Range-Objekts zur Verfügung, die einen der beiden Werte True bzw. False einnehmen kann.

Listing 9.22   Zeilen und Spalten ausblenden

```
Public Sub Ausblenden()
    Rows("4:8").Hidden = True
    Columns("E:H").Hidden = True
End Sub

Public Sub Einblenden()
    Range("A4:A8").EntireRow.Hidden = False
    Range("E1:H1").EntireColumn.Hidden = False
End Sub
```

In Listing 9.22 werden in der ersten Prozedur die Zeilen 4 bis 8 und die Spalten E bis H der aktiven Tabelle ausgeblendet. Dieselben Zeilen und Spalten werden in der zweiten Prozedur wieder eingeblendet. Selbstverständlich können Sie auch hier wieder das Range-Objekt verwenden, um mehrere nicht zusammenhängende Zeilen und/oder Spalten ein- und auszublenden.

Listing 9.23 Unabhängige Zeilen und Spalten ausblenden

```
Public Sub AusblendenMehrere()
   Range("20:25, 30:35, 40:35").EntireRow.Hidden = True
   Range("K:M, O:O, Q:R").EntireColumn.Hidden = True
End Sub
```

Ausgeblendete Zeilen und Spalten suchen und ausgeben

Im Folgenden, an die Praxis angelehnten Beispiel, wird gezeigt, wie Sie alle ausgeblendeten Zeilen und Spalten des benutzten Bereichs einer Tabelle ermitteln können. Als Ergebnis sollen in einem Meldungsfeld die Buchstaben der ausgeblendeten Spalten und die Nummern der ausgeblendeten Zeilen ausgegeben werden.

Abbildg. 9.6 Ausgeblendete Spalten und Zeilen in einem Meldungsfeld anzeigen

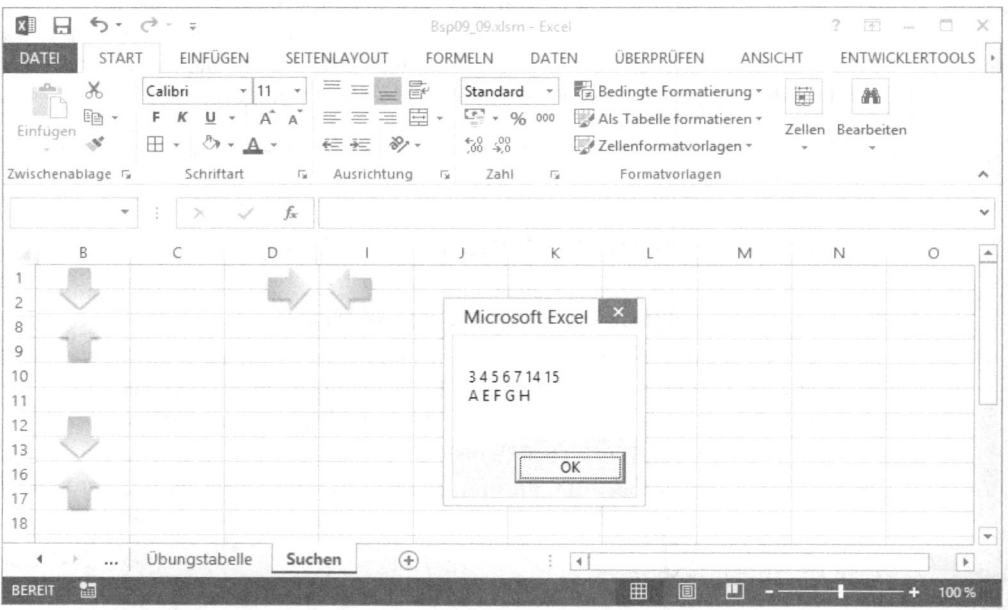

In Listing 9.24 ermittelt der Code zunächst die Zeilen- und Spaltennummer der letzten im Bereich verwendeten Zelle. Dazu wird die bereits in diesem Kapitel im Abschnitt »Zellen anhand von Kriterien suchen (SpecialCells)« vorgestellte Methode SpecialCells verwendet und als Suchkriterium die Konstante xlCellTypeLastCell angegeben.

Da die Methode einen Verweis auf das gefundene Range-Objekt liefert, kann direkt auf die Eigenschaften Row und Column zur Ermittlung der Zeilen- und Spaltennummer zugegriffen werden. Die ermittelten Werte werden in zwei Variablen zwischengespeichert und dienen später als Obergrenze für die Schleifen.

Der Code durchläuft anschließend eine erste Schleife und prüft für jede Zeile, ob diese ausgeblendet ist. Falls ja, fügt der Code der Variablen strZeilen die Zeilennummer hinzu.

Es folgt eine zweite Schleife, um die Spalten auf ausgeblendete Elemente zu prüfen. Da aber die Spaltennamen – also die Buchstaben – im Meldungsfeld ausgeben sollen, kann nicht die Eigenschaft Column verwendet werden, sondern es muss der Spaltenname aus der Spaltenadresse extrahiert werden. Die Eigenschaft Address liefert einen Text in der Form $A:$A, was einem absoluten Bezug entspricht. Um dies zu verhindern, übergibt der Code der Eigenschaft Address die beiden Argumente False. Der Bezug wird somit in der Form A:A zurückgegeben und hilfsweise in der Variable strAdresse abgelegt.

Um nun den Spaltennamen zu extrahieren würde es genügen, den Doppelpunkt zu suchen und, von links aus gesehen, den Text zu extrahieren bzw. den Text ab dem Doppelpunkt abzuschneiden.

Zur Suche eines Vorkommens einer Zeichenfolge innerhalb einer anderen Zeichenfolge kann die VBA-Funktion InStr verwendet werden, die im Erfolgsfall die Position der gesuchten Zeichenfolge zurückliefert und ansonsten Null.

Als erstes Argument ist in InStr anzugeben, von welcher Startposition aus gesucht werden soll. Als zweites Argument wird die zu durchsuchende Zeichenfolge und als drittes Argument die gesuchte Zeichenfolge angegeben. In unserem Fall sind dies eine 1 für das erste Zeichen in strAdresse und der Doppelpunkt als gesuchte Zeichenfolge. Der Code speichert das Ergebnis in der Variablen lngPosition zwischen. Lautet z.B. die Adresse A:A, enthält die Variable den Wert 2.

Es verbleibt die Aufgabe, die Zeichen vor dem Doppelpunkt zu ermitteln, was anhand der Funktion Left geschieht, die alle Zeichen einer Zeichenfolge links beginnend bis zu einer angegebenen Position zurückliefert. Zu beachten ist, dass die Position des Doppelpunktes nicht mitgezählt werden darf und somit der Wert 1 abzuziehen ist.

Um Tipparbeit zu sparen, aber trotzdem vollständig zu referenzieren, wird im Code zudem eine Verkürzung mithilfe des Schlüsselworts With verwendet.

Listing 9.24 Ausgeblendete Spaltenbuchstaben und Zeilennummern ermitteln

```
Public Sub AusgeblendeteZeilenUndSpaltenFinden()
    Dim lngIndex       As Long
    Dim lngPosition    As Long
    Dim lngLetzeZeile  As Long
    Dim lngLetzeSpalte As Long

    Dim strZeilen      As String
    Dim strSpalten     As String
    Dim strAdresse     As String

'   Verkürzung
    With ThisWorkbook.Worksheets("Suchen")
'       Letzte Zeile und Spalte finden
        lngLetzeZeile = .Cells.SpecialCells(xlCellTypeLastCell).Row
        lngLetzeSpalte = .Cells.SpecialCells(xlCellTypeLastCell).Column

'       Zeilen durchlaufen
        For lngIndex = 1 To lngLetzeZeile
            If .Rows(lngIndex).Hidden Then
                strZeilen = strZeilen & .Rows(lngIndex).Row & " "
            End If
        Next
```

Listing 9.24 Ausgeblendete Spaltenbuchstaben und Zeilennummern ermitteln *(Fortsetzung)*

```
'    Spalten durchlaufen
     For lngIndex = 1 To lngLetzeSpalte
       If .Columns(lngIndex).Hidden Then
         strAdresse = .Columns(lngIndex).Address(False, False)
         lngPosition = InStr(1, strAdresse, ":")
         strAdresse = Left(strAdresse, lngPosition - 1)
         strSpalten = strSpalten & strAdresse & " "
       End If
     Next
   End With

'    Ausgabe
   MsgBox strZeilen & vbCrLf & strSpalten
 End Sub
```

Zellen und Bereiche suchen

Häufig muss in VBA die Zelle gesucht werden, die innerhalb einer Spalte oder Zeile als letztes verwendet wurde, beispielsweise um eine Liste von Daten fortführen zu können oder einen Wert aus der letzten Zeile zu lesen.

ONLINE   Sie finden die Arbeitsmappe mit dem Code zu diesem Abschnitt im Ordner \Buch\Kap09 in der Datei *Bsp09_10.xlsm*.

Letzte benutzte Zellen ermitteln

Dieser Abschnitt verrät Ihnen, wie Sie die letzte benutzte Zelle einer Zeile, einer Spalte und einer Tabelle finden.

Die letzte benutzte Zelle in einer Spalte ermitteln

Die Suche nach der letzten benutzten Zelle einer Spalte bedient sich eines kleinen Tricks. Zunächst wird in der Tabelle die maximal verfügbare Zeilennummer angesprochen. Dazu steht die Eigenschaft Count zur Verfügung, die, angewendet auf das Objekt Rows, die entsprechende Zeilennummer unabhängig von der verwendeten Excel-Version liefert. Anschließend wird wieder so weit wie möglich nach oben gesprungen, was über die Methode End und die Angabe der Richtung anhand der Konstante xlUp erreicht wird. Der Code in Listing 9.25 ermittelt die letzte benutzte Zeile in der ersten Spalte und gibt deren Adresse in einem Meldungsfeld aus.

Listing 9.25 Letzte benutzte Zelle in der ersten Spalte

```
Public Sub LetzteBenutzteZelleInSpalte()
  MsgBox ThisWorkbook.Worksheets(2).Cells(Rows.Count, 1).End(xlUp).Address
End Sub
```

TIPP   Die inverse Methode, also von der ersten Zeile zu starten und `xlDown` statt `xlUp` als Richtung anzugeben, würde nur dann richtig funktionieren, wenn alle Zellen der Spalte gefüllt wären.

Die letzte benutzte Zelle in einer Zeile ermitteln

Die Suche nach der letzten benutzten Zelle gestaltet sich analog zur Suche nach der letzten Zelle einer Spalte. Im Unterschied dazu wird jedoch die Anzahl an Spalten ermittelt, und der Sprung erfolgt nach links.

Listing 9.26   Letzte benutzte Zelle in der ersten Zeile

```
Public Sub LetzteBenutzteZelleInZeile()
  MsgBox ThisWorkbook.Worksheets(2).Cells(1, Columns.Count).End(xlToLeft).Address
End Sub
```

Die letzte benutzte Zelle einer Tabelle ermitteln

Diese Methode haben wir bereits in Listing 9.24 verwendet. Sie ist der Vollständigkeit halber hier nochmals aufgeführt.

Listing 9.27   Letzte benutzte Zelle einer Tabelle ermitteln

```
Public Sub LetzteBenutzteZelleInBereich()
  MsgBox ThisWorkbook.Worksheets(2).Cells.SpecialCells(xlCellTypeLastCell).Address
End Sub
```

Freie Zellen ermitteln

Oftmals kommt es vor, dass nicht die letzte belegte Zelle ermittelt werden muss, sondern die darauf folgende freie Zelle einer Zeile oder Spalte. Hierzu genügt es, zuerst die letzte benutzte Zelle zu finden und anschließend deren Position um eine Position nach unten bzw. rechts zu versetzen. Dazu kann die Methode `Offset` verwendet werden.

Listing 9.28   Zellen nach der letzten benutzten Zelle finden

```
Public Sub FreieZelleInSpalteAmEnde()
  MsgBox ThisWorkbook.Worksheets(2).Cells(Rows.Count, 1) _
      .End(xlUp).Offset(1, 0).Address
End Sub

Public Sub FreieZelleInZeileAmEnde()
  MsgBox ThisWorkbook.Worksheets(2).Cells(1, Columns.Count) _
      .End(xlToLeft).Offset(0, 1).Address
End Sub
```

Wissen und Praxis verbinden

Zellen und Bereiche dynamisch ermitteln

Über VBA können Sie in einer Tabelle bestimmte Bereiche dynamisch ermitteln. So liefern UsedRange und CurrentRegion jeweils einen Verweis auf den momentan benutzten Bereich und den umliegenden Bereich einer Zelle.

Benutzten Bereich ermitteln (UsedRange)

Mittels der Eigenschaft UsedRange können Sie den benutzten Bereich einer Tabelle ansprechen. Dabei werden sämtliche Zellen berücksichtigt, die einen Wert enthalten. Nicht beachtet bleiben Objekte wie Grafiken, Schaltflächen usw., die auf dem Tabellenblatt zu finden sind. In Listing 9.29 färbt die Prozedur den benutzen Bereich in der zweiten Übungstabelle ein.

Listing 9.29 Benutzten Bereich grün einfärben

```
Public Sub BenutzerBereich()
    ThisWorkbook.Worksheets(3).UsedRange.Interior.Color = vbGreen
End Sub
```

Wie Sie Abbildung 9.7 entnehmen können, wurden alle Zellen, die den benutzten Bereich ausmachen, weiß hinterlegt. Beachten Sie jedoch die leeren Zellen, die ebenfalls eingefärbt wurden.

Abbildg. 9.7 Die benutzten Zellen sind weiß hinterlegt

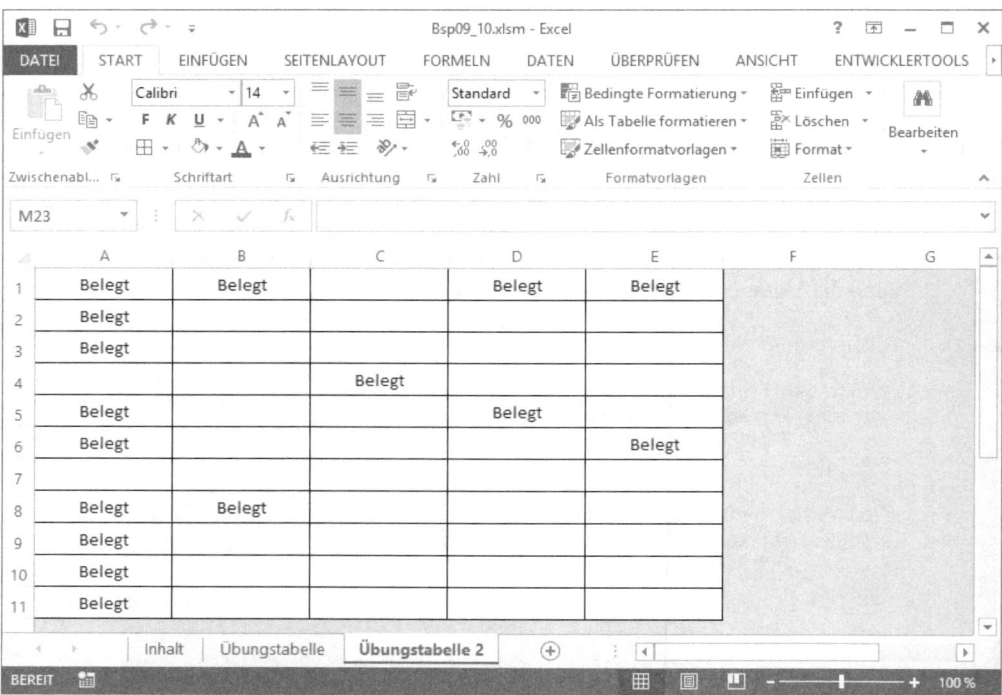

ACHTUNG In Excel werden auch Zellen als benutzt markiert, die mit einem Wert und/oder einer Formatierung versehen wurden und deren Inhalte anschließend gelöscht wurden. Dieser Status wird in der Regel nur dann zurückgesetzt, wenn die Zellen tatsächlich gelöscht werden und die Datei gespeichert wird. Somit ist UsedRange hin und wieder unberechenbar und mit Vorsicht zu genießen.

Umliegenden Bereich ermitteln (CurrentRegion)

Wenn Sie nur den Bereich rund um eine bestimmte Zelle ermitteln möchten, dann verwenden Sie die Eigenschaft CurrentRegion. Excel versucht hierbei, den umliegenden Bereich der angegebenen Zelle zu erweitern. Dies geschieht solange, bis nur noch leere Zellen als Umgebung vorhanden sind. Der folgende Code färbt den umliegenden Bereich der Zelle D5 in Gelb ein.

Listing 9.30 Umliegenden Bereich gelb einfärben

```
Public Sub UmliegenderBereich()
    ThisWorkbook.Worksheets(3).Cells(5, 4).CurrentRegion.Interior.Color = vbYellow
End Sub
```

Sie sehen in Abbildung 9.8, dass nur der Bereich C4:E6 eingefärbt wurde.

Abbildg. 9.8 Der umliegende Bereich der Zelle D5 ist gelb hinterlegt

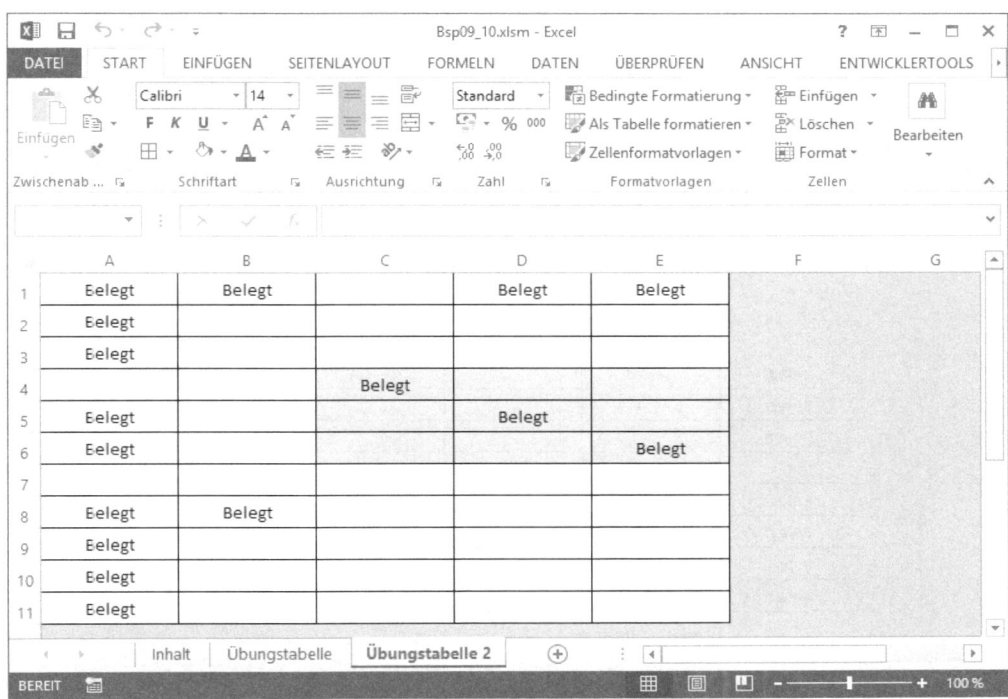

Einen Bereich dynamisch erweitern

Neben den zuvor vorgestellten Eigenschaften UsedRange und CurrentRegion besteht die Möglichkeit, einen Bereich ab einer Startzelle bis zum Ende des benutzten Bereichs zu erweitern. Der Trick hierbei ist, die Bereichsadresse dynamisch zusammenzusetzen.

Dazu ein Beispiel: das Ziel ist es, ab der Startzelle A1 bis zum Ende des benutzten Bereichs in Spalte B die Schriftart auf Fett zu setzen. Da die Zelle A1 und die Spalte B fest vorgegeben sind, können diese bereits im Range-Objekt eingetragen werden. Die Zeilennummer in Spalte B muss berechnet werden. Hierzu wird das in den vorherigen Abschnitten beschriebene Verfahren verwendet: die letzte verwendete Zelle der Spalte B finden und die Zeilennummer abrufen. Das Ergebnis wird der Bereichsangabe des Range-Objekts hinzugefügt, sodass eine vollständige Bereichsadresse entsteht.

Schließlich kann über das Objekt Font auf die Eigenschaft Bold zugegriffen werden, um die Schriftart auf Fett zu setzen.

Listing 9.31   Den Bereich ab Zelle *A1* dynamisch bis zum Ende von Spalte B einfärben

```
Public Sub BereichDynamischSchriftartFett()
  ThisWorkbook.Worksheets(3) _
  .Range("A1:B" & Cells(Rows.Count, 2).End(xlUp).Row.Font.Bold = True
End Sub
```

In Abbildung 9.9 wurde die Schriftart im Bereich A1:B8 fett formatiert. Zudem wurden in der Abbildung die Prozeduren zur Ermittlung des benutzten und umliegenden Bereichs aufgerufen.

Abbildg. 9.9   Das Ergebnis nach dem Aufruf der Prozedur *BereichDynamischSchriftartFett*

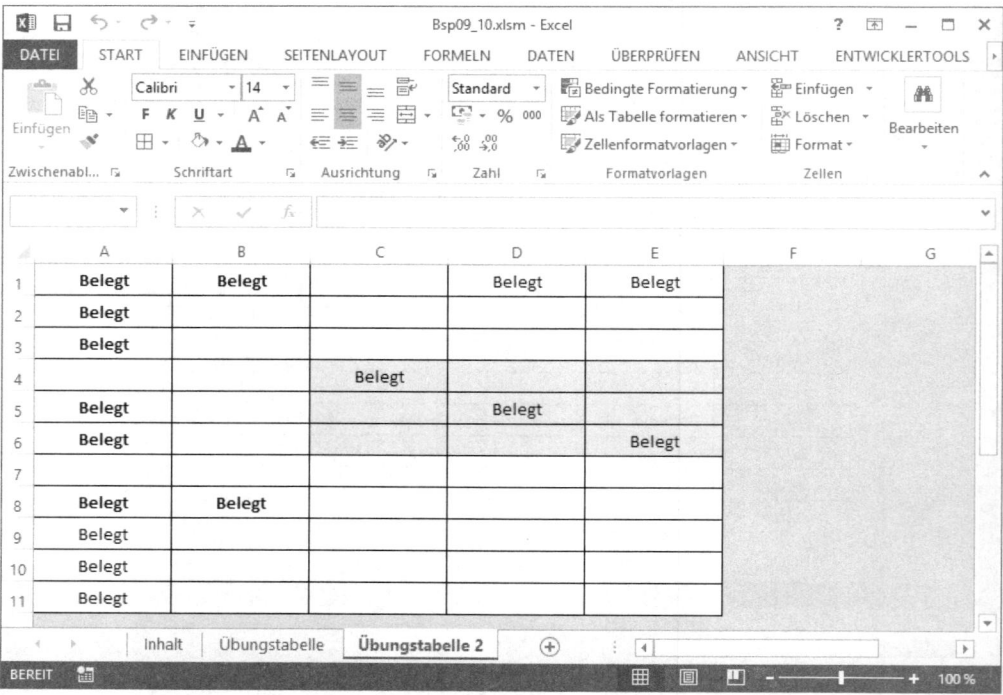

Mit benannten Bereichen arbeiten

Benannte Bereiche werden in der Regel erstellt, um die Verwendung von Bereichsadressen in Formeln zu vereinfachen bzw. lesbarer zu gestalten. Benannte Bereiche können aber auch Formeln enthalten und beispielsweise dazu dienen, Bezüge dynamisch zu ermitteln. Um einen benannten Bereich manuell zu erstellen, bestehen mehrere Möglichkeiten, wovon wir nachfolgend den Weg über den *Namens-Manager* beschreiben.

Rufen Sie *Namens-Manager* über die Tastenkombination [Strg] + [F3] oder über die Registerkarte *FORMELN* und die Schaltfläche *Namens-Manager* auf. Sie haben anschließend die Möglichkeit einen neuen Namen anzulegen, einen bestehenden Namen zu modifizieren oder einen Namen zu löschen.

Abbildg. 9.10   Der *Namens-Manager* in Excel

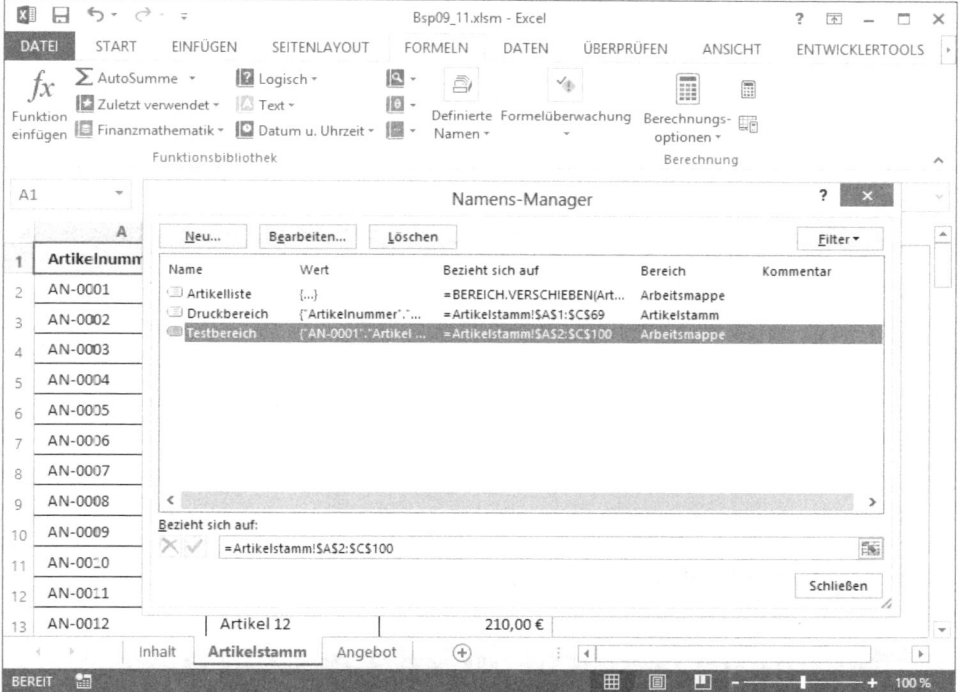

ACHTUNG   Beachten Sie, dass für die Bezeichnung von benannten Bereichen keine Leerzeichen zulässig sind und dass sie mit einem Buchstaben beginnen müssen. Vermeiden Sie zudem Buchstaben- und Zahlenkombinationen am Anfang eines Namens, die absoluten Zelladressen (A1, C3, etc.) oder relativen Zelladressen (RC1, ZS2, etc.) ähneln, da sonst unerwartete Effekte bei der Verwendung der Mappe im internationalen Umfeld auftreten können.

Einige Bezeichnungen wie »Druckbereich« sind von Excel reserviert, können allerdings überschrieben werden. Diese Namen sind lokalisiert. So lautet beispielsweise der Name des Druckbereichs in einer englischen Excel-Version »Print_Area« und in einer französischen Excel-Version »Zone_d_impression«.

Wissen und Praxis verbinden

Nachfolgend ein Beispiel, welches einen statisch gesetzten sowie einen dynamisch berechneten benannten Bereich demonstriert. Nehmen wir an, die Tabelle *Artikelstamm* sieht eine Artikelliste im Bereich A2:C100 vor. Die erste Zeile ist hierbei für Überschriften reserviert. In den Spalten A bis C sind die Artikelnummer, die Bezeichnung und der Nettopreis pro Artikel aufgeführt. In einer weiteren Tabelle, zum Beispiel zur Erstellung eines Angebots, müssten Sie einzelne Artikel zeilenweise abrufen und eine Berechnung über Menge und Nettopreis durchführen. Hierzu würden Sie in der Regel die Formel *SVERWEIS* verwenden, die wie folgt aussehen könnte, wenn in B2 die Menge und in A2 die gesuchte Artikelnummer enthalten sein würden:

```
=B2*SVERWEIS(A2;Artikelstamm!$A$2:$C$100;3;FALSCH)
```

Sie könnten nun den benannten Bereich *Artikelliste* erstellen, der sich auf den Bereich *Artikelstamm!$A$2:$C$100* beziehen würde. Dieser ließe sich in die Formel einsetzen, die dadurch lesbarer würde:

```
=B2*SVERWEIS(A2;Artikelliste;3;FALSCH)
```

Überschreitet im Laufe der Zeit die Artikelanzahl jedoch die zunächst vorgesehene Anzahl von 99 Artikeln, müsste der benannte Bereich wieder angepasst werden, um die neuen Artikel zu erfassen.

ONLINE   Sie finden die Arbeitsmappe mit dem Beispiel sowie auch dem Code zu diesem Abschnitt im Ordner *Buch\\Kap09* in der Datei *Bsp09_11.xlsm*.

In Excel lässt sich per Formel ein angegebener Bereich dynamisch vergrößern, indem der untere Bereich um eine bestimmte Anzahl von Zellen verschoben wird. Diese Anzahl lässt sich wiederum ebenfalls anhand einer Formel bestimmen. Ausgehend davon, dass neue Artikel ohne Lücken Zeile für Zeile eingepflegt würden, sähe eine Excel-Formel für den benannten Bereich wie folgt aus:

```
Artikelliste=BEREICH.VERSCHIEBEN(Artikelstamm!$A$2;0;0;ANZAHL2(Artikelstamm!$A:$A)-1;3)
```

Da die Funktion *ANZAHL2* auf die gesamte Spalte angewendet wird, muss die Überschrift berücksichtigt und somit der Wert 1 abgezogen werden.

Benannte Bereiche in VBA erstellen

Um mit VBA einen benannten Bereich zu erzeugen, verwenden Sie die Methode Add der Auflistung Names der Arbeitsmappe. Das Argument Name der Methode erwartet den Namen eines benannten Bereichs, und das Argument RefersTo legt fest, worauf sich der benannte Bereich bezieht.

Wird eine Formel an das zweite Argument übergeben, sollte die Formel in englischer Schreibweise angegeben werden. Bei der Verwendung von englischen Formeln ist zudem zu beachten, dass als Trennzeichen für Argumente innerhalb von Excel-Funktionen ein Komma statt eines Semikolons verwendet werden muss.

In Listing 9.32 wird in der ersten Prozedur der im vorherigen Beispiel aufgeführte benannte Bereich für die Artikelliste angelegt. Die zweite Prozedur zeigt auf, wie ein einfacher benannter Bereich ohne die Verwendung von Excel-Funktionen angelegt werden kann. Beachten Sie, dass hierbei ein eventuell vorhandener benannter Bereich ohne Rückfrage überschrieben wird.

Listing 9.32 Benannte Bereiche in VBA erstellen

```
Public Sub BenannterBereichArtikelliste()
  ThisWorkbook.Names.Add Name:="Artikelliste", _
  RefersTo:="=OFFSET(Artikelstamm!$A$2,0,0,COUNTA(Artikelstamm!$A:$A)-1,1)"
End Sub

Public Sub BenannterBereichEinfach()
  ThisWorkbook.Names.Add Name:="Testbereich", _
  RefersTo:="=Artikelstamm!$A$2:$C$100"
End Sub
```

> **HINWEIS** Die Add-Methode stellt auch das Argument RefersToLocal zur Verfügung, welches es ermöglichen soll, benannte Bereiche mit Formeln in der lokalisierten Sprache, also z.B. Deutsch anzulegen.
>
> Leider funktioniert dies aufgrund eines internen Fehlers nicht zuverlässig. Vermeiden Sie somit die Verwendung dieses Arguments und nutzen Sie die native englische Version.

Benannte Bereiche löschen

Die erste VBA-Prozedur in Listing 9.33 löscht einen einzelnen benannten Bereich, indem schlüsselbasiert auf das gewünschte Element zugegriffen wird. Beachten Sie, dass nur die Bereichsdefinition gelöscht wird. Der Inhalt der Zellen dieses Bereichs wird nicht gelöscht.

Die zweite Prozedur entfernt alle benannten Bereiche (ebenfalls nur die Bereichsdefinitionen) aus der Mappe. Die For-Schleife muss hierbei rückwärts durchlaufen werden, da die benannten Bereiche indexbasiert angesprochen und gelöscht werden. Bei einer Vorwärtsschleife würde die Prozedur früher oder später im Debugger enden, da der Zähler keinen entsprechenden Eintrag mehr finden könnte, weil dieser bereits gelöscht wäre.

Listing 9.33 Benannte Bereiche löschen

```
Public Sub BenanntenBereichLoeschen()
  ThisWorkbook.Names("Artikelliste").Delete
End Sub

Public Sub BenanntenBereichLoeschenAlle()
  Dim lngIndex As Long

  For lngIndex = ThisWorkbook.Names.Count To 1 Step -1
    ThisWorkbook.Names(lngIndex).Delete
  Next
End Sub
```

Wissen und Praxis verbinden

Benannte Bereiche markieren

Um einen benannten Bereich anzusprechen oder zu markieren, können Sie die Anweisung `Application.Goto` verwenden. Als Bezug ist die Bezeichnung des benannten Bereichs zu übergeben.

Listing 9.34   Benannten Bereich markieren

```
Public Sub BenanntenBereichMarkieren()
  Application.Goto Reference:="Artikelliste"
End Sub
```

Benannte Bereiche in Formeln verwenden

Benannte Bereiche können selbstverständlich auch in Formeln verwendet werden, die mit VBA erzeugt werden. Folgendes Codebeispiel erstellt eine Formel in der Zelle D2 in einer Angebotstabelle. Die Eigenschaft `FormulaLocal` des Range-Objekts ermöglicht es, die Formel in Deutsch anzugeben.

Listing 9.35   Einen benannten Bereich in einer Formel verwenden

```
Public Sub BenanntenBereichInFormelVerwenden()
  ThisWorkbook.Worksheets("Angebot").Range("D2")
  .FormulaLocal = "=SVERWEIS(A2;Artikelliste;3;FALSCH)"
End Sub
```

Möchten Sie Ihre Mappe allerdings im internationalen Umfeld verwenden, vermeiden Sie die Nutzung von lokalisierten Excel-Funktionen. In Abbildung 9.11 wird das Ergebnis der Prozedur in einer französischen Excel-Version angezeigt. Es erfolgt keine automatische Übersetzung der Excel-Funktion *SVERWEIS*.

Abbildg. 9.11   Ergebnis von *FormulaLocal* in einer französischen Excel-Version

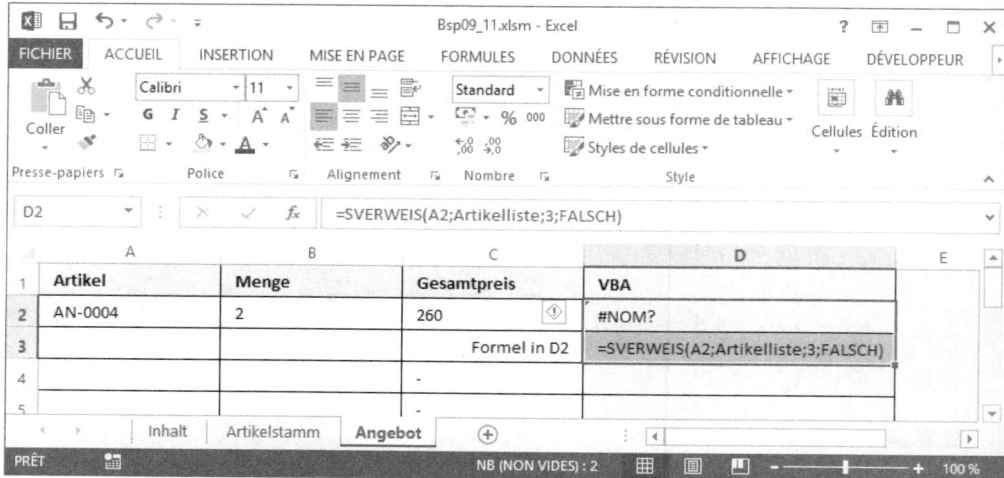

Nachfolgend eine Prozedur, die statt der Eigenschaft `FormulaLocal` die Eigenschaft `Formula` verwendet. Wenn Sie die Prozedur ausführen, liefert diese dasselbe Ergebnis wie die lokalisierte Version.

Listing 9.36 Einen benannten Bereich in einer Formel verwenden (für den internationalen Einsatz)

```
Public Sub BenanntenBereichInFormelVerwendenInternational()
  ThisWorkbook.Worksheets("Angebot").Range("D2") _
  .Formula = "=VLOOKUP(A2,Artikelliste,3,FALSE)"
End Sub
```

Benannte Bereiche ausgeben

Falls Sie ermitteln möchten, welche benannten Bereiche sich in Ihrer Arbeitsmappe befinden, können Sie diese per VBA auslesen. Die Prozedur in Listing 9.37 prüft zunächst, ob benannte Bereiche in der Mappe vorhanden sind, indem die Eigenschaft `Count` der `Names`-Auflistung abgefragt wird. Falls solche Bereiche existieren, erstellt die Prozedur eine neue Tabelle am Ende der Mappe und listet alle Namen inklusive der jeweiligen Definition zeilenweise auf.

Listing 9.37 Benannte Bereiche per VBA ermitteln

```
Public Sub BenanntenBereichAuflisten()
  Dim lngIndex As Long

' Prüfen, ob überhaupt Namen vorhanden sind
  If ThisWorkbook.Names.Count > 0 Then
' Neue Tabelle anlegen und am Ende einfügen
    ThisWorkbook.Worksheets.Add After:= _
    ThisWorkbook.Worksheets(ThisWorkbook.Worksheets.Count)
' Letzte Tabelle ansprechen, die nun der neuen entspricht
    With ThisWorkbook.Worksheets(ThisWorkbook.Worksheets.Count)
' Alle Namen auflisten
      For lngIndex = 1 To ThisWorkbook.Names.Count
        .Cells(lngIndex, 1).Value = ThisWorkbook.Names(lngIndex).Name
        .Cells(lngIndex, 2).Value = "'" & ThisWorkbook.Names(lngIndex).RefersToLocal
      Next
    End With
  End If
End Sub
```

Das Hochkomma innerhalb der Zuweisung in `Cells(lngIndex, 2).Value` verhindert, dass Formeln innerhalb des benannten Bereichs der Zelle ebenfalls als Formeln interpretiert werden.

TIPP   Sie können übrigens auch manuell eine Liste der benannten Bereiche erzeugen. Erstellen Sie dazu beispielsweise eine neue Tabelle oder wählen Sie einen passenden leeren Bereich innerhalb einer bestehenden Tabelle aus und drücken Sie die Taste ⌨F3. Die Schaltfläche *Liste einfügen* generiert eine Liste der Namen inklusive der Definitionen.

Weitere nützliche Funktionen

In diesem letzten Abschnitt des Kapitels lernen Sie, wie Sie verbundene Zellen in VBA erkennen und verwalten und wie Sie die Excel-Funktion *Auto-Ausfüllen* in VBA verwenden können.

ONLINE   Sie finden die Arbeitsmappe mit dem Code zu diesem Abschnitt im Ordner *\Buch\Kap09* in der Datei *Bsp09_12.xlsm*.

Verbundene Zellen

In Excel lassen sich Zellen miteinander verbinden, sodass diese wie eine einzige Zelle erscheinen. Markieren Sie dazu mehrere Zellen und klicken Sie im Menüband im Menü *Start* in der Gruppe *Ausrichtung* auf die Schaltfläche *Verbinden und zentrieren*.

Um Zellen mit VBA zu verbinden, geben Sie den gewünschten Bereich an und nutzen dann die Methode Merge.

Listing 9.38   Zellen verbinden

```
Public Sub ZellverbundSetzen()
    ThisWorkbook.Worksheets(2).Range("A1:D4").Merge
End Sub
```

Um einen Verbund wieder aufzuheben, verwenden Sie die Methode UnMerge. Falls Sie sämtliche Zellverbünde auf einem Tabellenblatt aufheben möchten, beziehen Sie die Methode auf alle Zellen statt auf nur einen definierten Bereich.

Listing 9.39   Zellverbünde aufheben

```
Public Sub ZellverbundAufheben()
    ThisWorkbook.Worksheets(2).Range("A1:D4").UnMerge
End Sub

Public Sub ZellverbundAufhebenAlle()
    ThisWorkbook.Worksheets(2).Cells.UnMerge
End Sub
```

Ein verbundener Bereich besteht jedoch intern nach wie vor aus einzelnen Zellen. Um beispielsweise die Anzahl dieser Zellen zu ermitteln, wenden Sie die Eigenschaft MergeArea auf eine im Zellverbund befindlichen Zellen an. Die Eigenschaft liefert ein Range-Objekt und ermöglicht somit den Abruf weiterer Eigenschaften. Liefert MergeArea.Cells.Count eine Zahl größer 1 zurück, sind verbundene Zellen in dem Bereich enthalten.

Listing 9.40   Anzahl der Zellen im Verbund und Bereich ausgeben

```
Public Sub ZellverbundInformationen()
    MsgBox ThisWorkbook.Worksheets(2).Cells(2, 1).MergeArea.Cells.Count & vbCrLf & _
        ThisWorkbook.Worksheets(2).Cells(2, 1).MergeArea.Address
End Sub
```

Auto-Ausfüllen in VBA

Die Excel-Funktion *Auto-Ausfüllen* wird in Tabellenblättern sehr häufig verwendet und dient dazu, Zahlenreihen oder eine Liste auf einfache Art fortzusetzen. Auch auf Datumswerte, Formeln usw. lässt sich *Auto-Ausfüllen* anwenden.

In VBA steht zum *Auto-Ausfüllen* die Methode AutoFill zur Verfügung. Voraussetzung ist jedoch, dass mindestens zwei Zellen gefüllt sind, sodass Excel ermitteln kann, wie die Reihe fortgeführt werden soll. So werden in Listing 9.41 die ersten beiden Zellen der Spalte F als Basis benutzt und die Methode AutoFill auf diesen Bereich angewendet. Nun muss noch der Bereich festgelegt werden, der gefüllt werden soll. Beachten Sie hierbei, dass dieser die Zellen F1 und F2 ebenfalls umfassen muss.

Listing 9.41   Auto-Ausfüllen in VBA verwenden

```
Public Sub AutoAusfuellen()
  ThisWorkbook.Worksheets(2).Range("F1:F2").AutoFill Destination:= _
  ThisWorkbook.Worksheets(2).Range("F1:F16")
End Sub
```

Aufbauend auf den bereits in diesem Kapitel vorgestellten Vorgehensweisen zum Suchen bestimmter Zellen lässt sich die Prozedur zum Auto-Ausfüllen so erweitern, dass diese den Bereich bis zur letzten Zelle dynamisch ermittelt.

Listing 9.42   Auto-Ausfüllen mit Suche der letzten Zelle

```
Public Sub AutoAusfuellenErweitert()
  ThisWorkbook.Worksheets(2).Range("F1:F2").AutoFill Destination:= _
  ThisWorkbook.Worksheets(2).Range("F1:F" & Cells(Rows.Count, 6).End(xlUp).Row)
End Sub
```

Die Methode AutoFill kennt einen zweiten optionalen Parameter, mit dem das Verhalten der Methode festlegt werden kann. Wenn Sie beispielsweise die Werte nicht als Reihe fortführen, sondern kopieren möchten, übergeben Sie dem Argument Type die Konstante xlFillCopy.

Listing 9.43   Auto-Ausfüllen mit Fülltyp verwenden

```
Public Sub AutoAusfuellenErweitertKopieren()
  ThisWorkbook.Worksheets(2).Range("F1:F4").AutoFill Destination:= _
  ThisWorkbook.Worksheets(2).Range("F1:F" & Cells(Rows.Count, 6).End(xlUp).Row), _
  Type:=xlFillCopy
End Sub
```

Die Prozedur in Listing 9.43 dupliziert zudem die Werte in Vierer-Blöcken, indem als Quellbereich der Bereich F1:F4 angegeben wird. Weitere Konstanten können Sie Tabelle 9.3 entnehmen.

Tabelle 9.3   Konstanten für die Funktion *AutoFill*

Konstante	Beschreibung
xlFillDays	Tage ausfüllen
xlFillFormats	Nur Formate ausfüllen

Tabelle 9.3   Konstanten für die Funktion *AutoFill* *(Fortsetzung)*

Konstante	Beschreibung
xlFillSeries	Reihe
xlFillWeekdays	Wochentage ausfüllen
xlGrowthTrend	Exponentieller Trend
xlFillCopy	Zellen kopieren
xlFillDefault	Standardwert
xlFillMonths	Monate ausfüllen
xlFillValues	Ohne Formate ausfüllen
xlFillYears	Jahre ausfüllen
xlLinearTrend	Linearer Trend

Kapitel 10

Häufige Aufgaben und nützliche Helfer

In diesem Kapitel:

Dieses Kapitel behandelt häufige Aufgabenstellungen in Excel und wie diese in VBA umgesetzt werden können. Sie erfahren, wie Sie in VBA Rahmen und Füllfarben verwenden, die Schriftart in Zellen formatieren und Zahlenformate verwenden. Ein weiterer Abschnitt des Kapitels dreht sich rund um das Verwenden von Datums- und Zeitangaben in VBA.

Gültigkeitslisten bzw. Datenüberprüfungen ermöglichen die Steuerung von Eingaben in Zellen. In einem Abschnitt dieses Kapitels erfahren Sie, wie Sie Datenüberprüfungen mithilfe von VBA anlegen und verwalten.

Ein weiterer Abschnitt behandelt das Verwenden von Excel-Funktionen und Formeln in VBA. Es folgen Erläuterungen zu häufig verwendeten Funktionen der VBA-Bibliothek zur Manipulation von Zeichenfolgen.

Schließlich stellt Ihnen der letzte Abschnitt drei Praxisbeispiele vor, die die Inhalte der vorherigen Abschnitte miteinander kombinieren und das Erlernte vertiefen.

Zellformatierungen in VBA manipulieren

In diesem Abschnitt erfahren Sie, wie Sie Formatierungen in VBA manipulieren können. Der Abschnitt erläutert das Setzen und Entfernen von Rahmen um Zellen, das Verwenden und Füllfarben und Schriftarten sowie Zahlenformaten.

Rahmen formatieren

Das Setzen von Rahmen um einzelne Zellen oder Bereiche gestaltet sich in der Excel-Oberfläche denkbar einfach. Sie markieren einfach den Bereich, dessen Zellen einen Rahmen erhalten sollen, und wählen das entsprechende Werkzeug im Menü *START* und dort in der Gruppe *Schriftart*.

ONLINE   Sie finden die Arbeitsmappe mit dem Code zu diesem Abschnitt im Ordner *\Buch\Kap10* in der Datei *Bsp10_01.xlsm*.

In VBA steht das Auflistungsobjekt Borders als Eigenschaft des Range-Objekts zur Verfügung. Durch die Angabe einer Konstante kann einer der Ränder der Zelle bzw. des Bereichs gezielt angesprochen werden. Dadurch erfolgt ein Zugriff auf ein Element der Auflistung, die aus Border-Objekten besteht. Über dessen Eigenschaften LineStyle, Weight und Color lassen sich anschließend die Linienart, die Liniendicke und die Linienfarbe festlegen.

Listing 10.1   Zellen eines Bereichs mit Rahmen in unterschiedlicher Farbe versehen

```
Public Sub RahmenSetzenEins()
  With ThisWorkbook.Worksheets(2).Range("A1:D4")
   .Borders(xlEdgeLeft).LineStyle = xlContinuous
   .Borders(xlEdgeTop).Weight = xlThin
   .Borders(xlEdgeBottom).Color = vbRed
   .Borders(xlEdgeRight).LineStyle = xlContinuous
   .Borders(xlInsideVertical).Weight = xlThin
   .Borders(xlInsideHorizontal).Color = vbRed
  End With
End Sub
```

In Listing 10.1 werden alle Zellen innerhalb des Bereich A1:D4 mit Rahmen versehen, wobei die horizontalen Rahmenlinien in Rot erscheinen.

Ein Rahmen besteht in Excel aus vier Rändern. Zusätzlich unterscheidet Excel bei zusammenhängenden Bereich noch zwischen inneren vertikalen und horizontalen Rändern. Für jedes dieser Elemente kann dem Objekt Borders eine der in Tabelle 10.1 aufgeführten Konstanten übergeben werden.

Tabelle 10.1   Konstanten für die Eigenschaft *Borders*

Eigenschaft	Beschreibung
xlEdgeLeft	Linker Rand des Bereiches
xlEdgeTop	Oberer Rand des Bereiches
xlEdgeBottom	Unterer Rand des Bereiches
xlEdgeRight	Rechter Rand des Bereiches
xlInsideVertical	Vertikale Innenlinie(n) im Bereich
xlInsideHorizontal	Horizontale Innenlinie(n) im Bereich

Für die Eigenschaft LineStyle (Linienart) stehen die in der Tabelle 10.2 aufgeführten Konstanten zur Verfügung.

Tabelle 10.2   Konstanten für die Eigenschaft *LineStyle*

Eigenschaft	Beschreibung
xlContinuous	Durchgehende Linie
xlDash	Gestrichelte Linie
xlDashDot	Abwechselnd Striche und Punkte
xlDashDotDot	Strich gefolgt von zwei Punkten
xlDot	Gepunktete Linie
xlDouble	Doppelte Linie
xlSlantDashDot	Schrägstriche
xlLineStyleNone	Keine Linie

Auch für die Eigenschaft Weight (Liniendicke) stehen mehrere Konstanten zur Auswahl, die Sie der Tabelle 10.3 entnehmen können.

Tabelle 10.3   Konstanten für die Eigenschaft *Weight*

Eigenschaft	Beschreibung
xlHairline	Haarlinie
xlThin	Dünne Linie

Wissen und Praxis verbinden

Tabelle 10.3 Konstanten für die Eigenschaft *Weight* (Fortsetzung)

Eigenschaft	Beschreibung
xlMedium	Mitteldicke Linie
xlThick	Dicke Linie

Wenn Sie sich im Objektkatalog die Eigenschaften und Methode der Borders-Auflistung anschauen, werden Sie feststellen, dass auch die Auflistung die drei Eigenschaften LineStyle, Weight und Color aufweist. Dies ermöglicht das einheitliche Setzen von Rahmen innerhalb des Bereichs in einem Rutsch. In Listing 10.2 werden alle Zellen des Bereichs mit dicken blauen Rahmen versehen.

Listing 10.2 Zellen eines Bereichs mit einem Rahmen versehen

```
Public Sub RahmenSetzenZwei()
  With ThisWorkbook.Worksheets(2).Range("A1:D4")
    .Borders.LineStyle = xlContinuous
    .Borders.Weight = xlThick
    .Borders.Color = vbBlue
  End With
End Sub
```

Wenn lediglich ein Rahmen eingefügt werden soll, der eine Zelle oder einen ganzen Bereich umgibt, können Sie zudem die Methode BorderAround verwenden. Die Methode akzeptiert die in der Tabelle 10.2 und der Tabelle 10.3 aufgeführten Konstanten als Argumente. Beachten Sie, dass hier das vierte Argument der Farbangabe entspricht.

Listing 10.3 Rahmen um Bereich festlegen

```
Public Sub RahmenSetzenDrei()
  ThisWorkbook.Worksheets(2).Range("E5:H8").BorderAround xlContinuous, xlThick, , vbRed
End Sub
```

Füllfarben verwenden

Dieser Abschnitt liefert detaillierte Informationen darüber, wie Sie die Standard- und Designfarben in VBA verwenden können. Ein Teilabschnitt stellt zudem nützliche Prozeduren für den Alltag vor.

Standardfarben und Designfarben verwenden

In diesem Buch wurde bereits des Öfteren die Füllfarbe von Zellen mithilfe von VBA über die Eigenschaft Color gesetzt. Hierbei wurde meist eine der in VBA definierten Farbkonstanten verwendet, die Sie Tabelle 10.4 entnehmen können.

Tabelle 10.4 Verfügbare Farbkonstanten

Farbkonstante	Farbe
vbBlack	Schwarz
vbBlue	Blau

Tabelle 10.4   Verfügbare Farbkonstanten *(Fortsetzung)*

Farbkonstante	Farbe
vbCyan	Cyan
vbGreen	Grün
vbMagenta	Magenta
vbRed	Rot
vbWhite	Weiß
vbYellow	Gelb

In Listing 10.4 demonstriert der Code die Verwendung einer dieser Konstanten und füllt den Bereich A1:D4 in Rot. Der Nachteil bei der Verwendung der Konstanten ist jedoch, dass damit lediglich acht Farben angesprochen werden können.

Listing 10.4   Füllfarbe per Konstante setzen

```
Public Sub FuellfarbeKonstante()
    ThisWorkbook.Worksheets(2).Range("A1:D4").Interior.Color = vbRed
End Sub
```

ONLINE   Sie finden die Arbeitsmappe mit dem Code zu diesem Abschnitt im Ordner *\Buch\Kap10* in der Datei *Bsp10_02.xlsm*.

Ältere Version vor Excel 2007 stellten insgesamt 40 Standardfarben plus 16 weitere Farben für Diagramme und Diagrammlinien zur Verfügung, die in einer Farbpalette abgelegt waren.

Neuere Excel-Versionen stellen – zusätzlich den Standardfarben – weitere Farben zur Verfügung und organisieren diese in sogenannten Designs. Jedes Design beinhaltet eine Palette mit zwei Text- und Hintergrundfarben in den zwei Varianten Dunkel und Hell, sechs Akzentfarben und zwei Farben für Hyperlinks. Die Farben erscheinen in den Paletten zur Farbauswahl zudem in verschiedenen Helligkeitsabstufungen.

TIPP   Sie können Ihrer Arbeitsmappe über den Menübefehl *SEITENLAYOUT/Design* ein anderes Design zuweisen. Dabei werden alle Farben und Schriftartangaben ausgetauscht, die nicht benutzerdefiniert eingestellt wurden. In derselben Registerkarte finden Sie auch Funktionen, um eine Farbpalette und/oder Standardschriftart auszuwählen oder eigene Einstellungen zu erstellen.

Um die Einträge der Standardfarbpalette mit VBA anzusprechen, steht sowohl in den älteren als auch in den neueren Excel-Versionen die Eigenschaft ColorIndex zur Verfügung. Leider ist ein Index nicht besonders aussagekräftig, sodass Sie diesen kennen müssen, um eine gewünschte Farbauswahl vornehmen zu können. Der Code in Listing 10.5 weist dem Bereich A5:D8 dieselbe rote Füllfarbe wie in Listing 10.4 zu.

Wissen und Praxis verbinden

Listing 10.5 Füllfarbe per Index setzen

```
Public Sub FuellfarbeIndex()
   ThisWorkbook.Worksheets(2).Range("A5:D8").Interior.ColorIndex = 3
End Sub
```

Die Designfarben neuerer Excel-Versionen lassen sich anhand der Eigenschaft ThemeColor setzen, der Sie eine Konstante zuweisen können. Im Code in Listing 10.6 wird der Bereich durch die Angabe von xlThemeColorAccent6 mit der letzten Akzentfarbe gefüllt. Zudem hellt der Code die Akzentfarbe um 40 Prozent anhand der Eigenschaft TintAndShade auf.

Listing 10.6 Füllfarbe per Design setzen

```
Public Sub FuellfarbeDesign ()
   ThisWorkbook.Worksheets(2).Range("A9:D12").Interior.ThemeColor = xlThemeColorAccent6
   ThisWorkbook.Worksheets(2).Range("A9:D12").Interior.TintAndShade = 40 / 100
End Sub
```

Abbildung 10.1 stellt die Farbpalette zu den Designfarben in Excel 2013 den einzelnen Konstanten zur Farbauswahl gegenüber.

Abbildg. 10.1 Designfarben und Zuordnungen der Konstanten

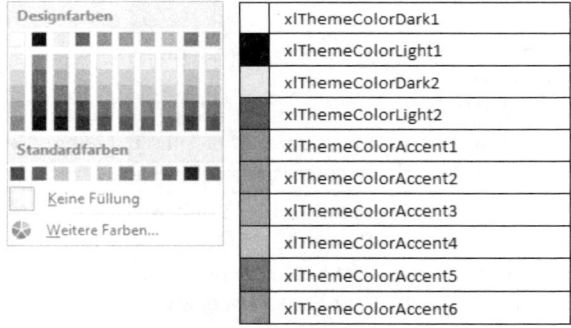

Seit Excel 2007 ist es zudem möglich, Zellen und Bereichen benutzerdefiniert jede beliebige Farbe zuzuweisen. Hierzu steht die Eigenschaft Color zur Verfügung, die neben den vordefinierten Farbkonstanten einen RGB-Farbwert annehmen kann. RGB-Farben setzen sich immer aus den drei Farbbestandteilen Rot, Grün und Blau zusammen. Die Werte, die pro Farbanteil zugewiesen werden können, bewegen sich im Bereich von 0 bis 255. Weiß und Schwarz werden im RGB-Farbraum durch (0, 0, 0) und (255, 255, 255) repräsentiert.

Listing 10.7 Füllfarbe per RGB setzen

```
Public Sub FuellfarbeRGB()
   ThisWorkbook.Worksheets(2).Range("A13:D16").Interior.Color = RGB(250, 225, 200)
End Sub
```

Die VBA-Funktion RGB errechnet aus den drei Angaben zu den Farbanteilen die gewünschte Farbe.

> **TIPP**   Der RGB-Wert einer bestimmten Farbe lässt sich relativ einfach über das Dialog-
> feld zur Farbauswahl ermitteln. Diesen erreichen Sie in Excel beispielsweise über den Befehl *Wei-*
> *tere Farben* aus der Palette zur Farbauswahl für die Füllfarbe. Wechseln Sie dort zur Registerkarte
> *Benutzerdefiniert*, stellen Sie Ihre gewünschte Farbe ein und notieren Sie sich die RGB-Werte.
>
> Falls Sie ein Programm zur Bildbearbeitung besitzen, können Sie zudem prüfen, ob dieses eben-
> falls ein Dialogfeld zur Verfügung stellt. Meist sind die dortigen Dialogfelder auf solche Aufga-
> ben spezialisiert und stellen weitere Funktionen zur Verfügung.

Beachten Sie, dass in älteren Excel-Versionen bei einer Zuweisung der Farbe per RGB-Wert die
nächstliegende Farbe der Standardpalette gesetzt wird. Der Code in Listing 10.7 würde beispielsweise
in Excel 2003 den Bereich gelblich statt rötlich färben.

Farben entfernen

Um die Füllfarben eines Bereichs zu entfernen, genügt es, der Eigenschaft `ColorIndex` die Konstante
`xlNone` zu übergeben.

Listing 10.8   Farben in einem Bereich entfernen

```
Public Sub FuellfarbeEntfernen()
    ThisWorkbook.Worksheets(2).Range("A1:D16").Interior.ColorIndex = xlNone
End Sub
```

Dies lässt sich natürlich auch auf eine Tabelle ausweiten, indem Sie den Bezug nicht auf einen festen
Bereich, sondern auf die gesamte Tabelle setzen.

Listing 10.9   Farben in der gesamten Tabelle entfernen

```
Public Sub FuellfarbeEntfernenAlles()
    ThisWorkbook.Worksheets(2).Cells.Interior.ColorIndex = xlNone
End Sub
```

Nützliche Prozeduren

Dieser Abschnitt stellt Ihnen einige nützliche Prozeduren vor, die im Alltag beim Umgang mit Füllfarben nützlich sein können.

Farbtabelle der Standardfarben erstellen

In Listing 10.10 wird eine Farbtabelle der Standardfarben in der dritten Tabelle der Beispielmappe
erzeugt. Hierzu wird über die 56 verfügbaren Einträge der Standardfarbpalette iteriert, der Farbindex in Spalte A geschrieben und die entsprechende Farbe in Spalte B gesetzt.

Listing 10.10   Eine Farbtabelle erstellen

```
Public Sub FarbtabelleErzeugen()
  Dim lngIndex As Long

  With ThisWorkbook.Worksheets(3)
    For lngIndex = 1 To 56
      .Cells(lngIndex, 1).Value = lngIndex
      .Cells(lngIndex, 2).Interior.ColorIndex = lngIndex
    Next
  End With
End Sub
```

Farbindex und Farbe der Füllfarbe von Zellen ermitteln

Die Prozedur Listing 10.11 ermittelt im Bereich A1:D1 den Farbindex und die Füllfarbe pro Zelle und gibt diese Informationen in einem Meldungsfeld aus. Anschließend werden zur Kontrolle die Füllfarben für die zweite und dritte Zeile mit den ermittelten Werten gesetzt.

Listing 10.11   Farbindex und Farben ermitteln

```
Public Sub FarbindexErmitteln()
  Dim lngSpalte As Long
  Dim lngIndex  As Long
  Dim lngFarbe  As Long

  With ThisWorkbook.Worksheets(4)
    For lngSpalte = 1 To 4
'     Farbe in der zweiten Zeile ermitteln
      lngIndex = .Cells(2, lngSpalte).Interior.ColorIndex
      lngFarbe = .Cells(2, lngSpalte).Interior.Color
'     Meldungsfeld
      MsgBox "Index: " & lngIndex & ", " & "Farbe: " & lngFarbe
'     Farbe in der dritten und vierten Zeile zur Kontrolle setzen
      .Cells(3, lngSpalte).Interior.ColorIndex = lngIndex
      .Cells(4, lngSpalte).Interior.Color = lngFarbe
    Next
  End With
End Sub
```

Die Füllfarbe der Zellen A1 bis D1 wurde manuell so gesetzt, dass in Zelle A1 eine Farbe der Standardpalette (Rot), in den Zellen B1 und C1 eine Akzent-Farbe (Blau und Grün) und in der Zelle D1 eine benutzerdefinierte Farbe enthalten sind.

Wie in Abbildung 10.2 dargestellt, unterscheiden sich teilweise die Farben in der zweiten Zeile. Das Beispiel zeigt sehr gut, dass die Eigenschaft ColorIndex versucht, den Index der nächstgelegenen Farbe zu ermitteln.

Abbildg. 10.2 Ermittlung der Farbwerte und Kontrolle

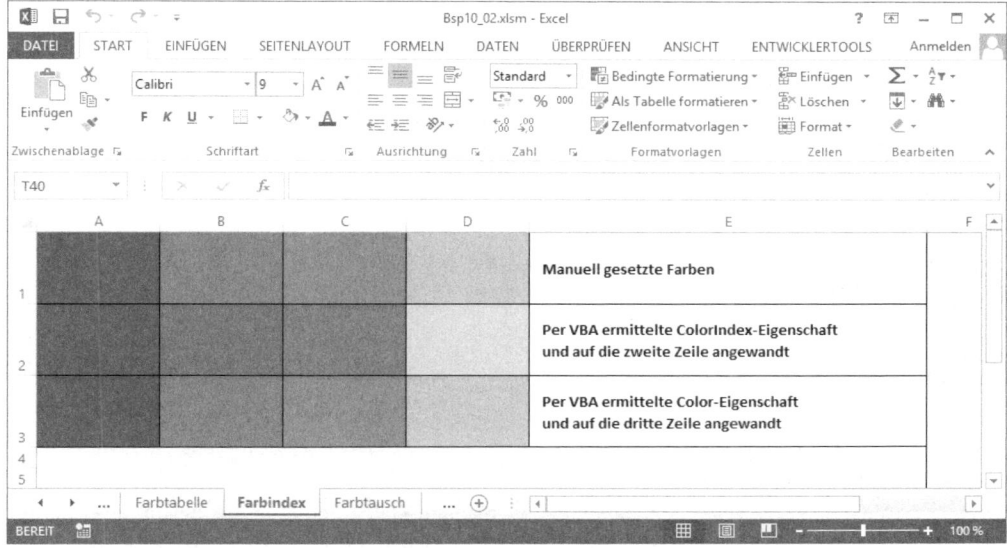

Farbige Zellen zählen

Excel bietet leider keine Funktion an, mit der farbige Zellen gezählt werden können. Sie können das Zählen jedoch problemlos per VBA vornehmen. Sie brauchen dazu lediglich zwei Variablen, eine Schleife sowie eine Abfrage.

Die For Each-Schleife im folgenden Code durchläuft alle Zellen im referenzierten Bereich und inkrementiert, falls eine Zelle gefunden wird, die *nicht* xlNone entspricht, den Zähler lngAnzahl.

Listing 10.12 Anzahl farbiger Zellen zurückgeben

```
Public Sub FarbigeZellenZaehlen()
  Dim rngZelle   As Range
  Dim lngAnzahl  As Long

  For Each rngZelle In ThisWorkbook.Worksheets(4).Range("A1:D16")
    If rngZelle.Interior.ColorIndex <> xlNone Then
      lngAnzahl = lngAnzahl + 1
    End If
  Next
  MsgBox "Es wurden " & lngAnzahl & " farbige Zellen gezählt."
End Sub
```

Falls Sie nur bestimmte Farben zählen möchten, bietet sich eine Fallunterscheidung an. Das folgende Beispiel in Listing 10.13 zählt alle Zellen im Bereich A1:D16, deren Farbe einer bestimmten Designfarbe entspricht. Die Mappe verwendet in diesem Beispiel das Standarddesign *Larissa*, bei dem die erste und dritte Akzentfarbe Blau bzw. Grün ist. Die Prozedur zählt auch Zellen, die eine abgestufte Variante der gesuchten Designfarben enthalten.

Listing 10.13   Anzahl farbiger Zellen filtern und zurückgeben

```
Public Sub FarbigeZellenZaehlenFilter()
  Dim rngZelle       As Range
  Dim lngAnzahlBlau   As Long
  Dim lngAnzahlGruen  As Long

  For Each rngZelle In ThisWorkbook.Worksheets(4).Range("A1:D16")
    Select Case rngZelle.Interior.ThemeColor
      Case xlThemeColorAccent1
        lngAnzahlBlau = lngAnzahlBlau + 1
      Case xlThemeColorAccent3
        lngAnzahlGruen = lngAnzahlGruen + 1
      Case Else
    End Select
  Next
  MsgBox "Blaue Zellen: " & lngAnzahlBlau & vbCrLf & _
         "Grüne Zellen: " & lngAnzahlGruen
End Sub
```

Farben austauschen

Wenn sich auf Ihrem Tabellenblatt verschiedene Zellen befinden, die beispielsweise mit einer roten Hintergrundfarbe versehen sind, und Sie die Farbe durch Gelb ersetzen möchten, lässt sich dies recht einfach in VBA realisieren.

Die Prozedur in Listing 10.14 demonstriert dies beispielhaft an den Designfarben und Standardfarben. In der ersten Schleife wird die erste Akzentfarbe unter Beibehaltung der Abstufung durch die dritte Akzentfarbe ausgetauscht und in der zweiten Schleife die rote Standardfarbe durch Gelb ausgetauscht.

Listing 10.14   Füllfarben austauschen

```
Public Sub FuellfarbeAustauschen()
  Dim rngZelle As Range

' Designfarben austauschen
  For Each rngZelle In ThisWorkbook.Worksheets("Farbtausch").Range("C4:C32")
    Select Case rngZelle.Interior.ThemeColor
      Case xlThemeColorAccent1 ' Blau im Standarddesign
        rngZelle.Interior.ThemeColor = xlThemeColorAccent3   ' Grün im Standarddesign
      Case Else
    End Select
  Next

' Standardfarben austauschen
  For Each rngZelle In ThisWorkbook.Worksheets("Farbtausch").Range("D4:D32")
    Select Case rngZelle.Interior.ColorIndex
      Case 3   ' Rot
        rngZelle.Interior.ColorIndex = 6 ' Gelb
      Case Else
    End Select
  Next
End Sub
```

Verknüpfungen hervorheben

Verknüpfungen zu anderen Arbeitsmappen und Arbeitsblättern sind in Excel-Formeln daran zu erkennen, dass sie von eckigen Klammern umschlossen sind und/oder ein Ausrufezeichen beinhalten. Die folgende Formel referenziert die Arbeitsmappe *Kunden.xlsx* und die Tabelle *Kunden*.

```
=SUMME([Kundenliste.xlsx]Kunden!$A$1:$A$5)
```

Wenn Sie solche Formeln suchen und farblich hervorheben möchten, müssen Sie die Formel auf die Trennzeichen prüfen. Im folgenden Beispiel werden Zellen mit Bezügen, die auf eine andere Tabelle verweisen, in Gelb hervorgehoben.

Listing 10.15   Verknüpfungen gelb hervorheben

```
Public Sub TabellenbezuegeHervorheben()
  Dim rngZelle As Range

  For Each rngZelle In ThisWorkbook.Worksheets(6).Range("C1:E16")
    If rngZelle.HasFormula Then
      If InStr(1, rngZelle.Formula, "!") > 0 Then
        rngZelle.Interior.ColorIndex = 6
      End If
    End If
  Next
End Sub
```

Der Code in Listing 10.15 prüft über die Eigenschaft HasFormula jede Zelle des referenzierten Bereichs, ob diese eine Formel enthält. Falls dies zutrifft, wird die Formel auf ein Vorkommen eines Ausrufezeichens geprüft und gegebenenfalls die Füllfarbe auf Gelb gesetzt.

Schriftarten verwenden

Dieser Abschnitt befasst sich mit den Möglichkeiten, die VBA bietet, um die Schriftart von Zellen bzw. Bereichen zu formatieren.

ONLINE   Sie finden die Arbeitsmappe mit dem Code zu diesem Abschnitt im Ordner *\Buch\Kap10* in der Datei *Bsp10_03.xlsm*.

Die Schriftfarbe ändern

Sie haben bereits erfahren, wie Sie auf die Füllfarbe einer Zelle zugreifen. Ähnlich hierzu bietet die Eigenschaft Font des Range-Objekts die Möglichkeit, die Schriftfarbe zu verändern.

In Listing 10.16 ändert die Prozedur die Schriftfarbe der drei Zellen A1, A2 und A3. Dafür werden ein Farbindex, eine RGB-Farbe und eine Designfarbe zugewiesen. Es gelten dieselben Regeln und Einschränkungen, die Sie bereits im Abschnitt über die Füllfarben kennengelernt haben.

Listing 10.16   Schriftfarbe verändern

```
Public Sub SchriftfarbeAendern()
  ThisWorkbook.Worksheets(2).Range("A1").Font.ColorIndex = 3
  ThisWorkbook.Worksheets(2).Range("A2").Font.Color = RGB(32, 64, 128)
  ThisWorkbook.Worksheets(2).Range("A3").Font.ThemeColor = xlThemeColorAccent1
End Sub
```

Die Schriftart ändern

Die Schriftart lässt sich in VBA natürlich auch verändern. Nehmen wir an, im Bereich A1:D128 befinden sich Einträge mit unterschiedlichen Schriftarten, Schriftgrößen und Schriftschnitten, wie kursiv und fett. Der Bereich soll nun einheitlich in der Schriftart Calibri in der Größe 12 Punkt und ohne besondere Schriftschnitte angezeigt werden.

In Listing 10.17 wird auf Eigenschaften des Objekts Font zugegriffen, und zwar auf Name zum Ändern der Schriftart, auf Size zum Ändern der Schriftgröße sowie auf Bold und Italic zum Zurücksetzen des Schriftschnitts.

Listing 10.17   Schriftart ändern

```
Public Sub SchriftartAendern()
  With ThisWorkbook.Worksheets(2).Range("A1:D30").Font
    .Name = "Calibri"
    .Size = 12
    .Bold = False
    .Italic = False
  End With
End Sub
```

Die Schriftart ersetzen

Um eine bestimmte Schriftart durch eine andere zu ersetzen, besteht die Möglichkeit, eine Schleife zu implementieren, die alle Zellen des gewünschten Bereichs durchläuft und dabei die gesuchte Schriftart austauscht. In Listing 10.18 ersetzt die Prozedur die Schriftart Arial durch die Schriftart Calibri.

Listing 10.18   Schriftart ersetzen

```
Public Sub SchriftartErsetzenSchleife()
  Dim rngZelle As Range

  For Each rngZelle In ThisWorkbook.Worksheets(3).Range("A1:D32")
    If rngZelle.Font.Name = "Arial" Then
      rngZelle.Font.Name = "Calibri"
    End If
  Next
End Sub
```

Es besteht eine weitere Möglichkeit, Schriftarten zur ersetzen, die auch effektiver und schneller ist. Hierzu wird die Methode FindFormat des Application-Objekts verwendet, welche der Excel-Funktion *Suchen und Ersetzen* entspricht, die Sie beispielsweise über die Tastenkombination Strg + H aufrufen können. Im Abschnitt »Schriftarten und Zellformate ersetzen« ab Seite 272 werden wir uns genauer mit dieser Möglichkeit beschäftigen.

> **HINWEIS**   Beim Setzen der Schriftart sollte auf eine korrekte Schreibweise der Schriftart geachtet werden.

Weitere Schriftformatierungen

Neben der den bereits kennengelernten Eigenschaften des Font-Objekts stehen noch einige weitere Eigenschaften zur Verfügung, die Sie Tabelle 10.5 entnehmen können.

Tabelle 10.5   Eigenschaften für Schriftformatierungen im Überblick

Eigenschaft	Beschreibung
Strikethrough	Durchgestrichen
Superscript	Hochgestellt
Subscript	Tiefgestellt
Underline	Unterstrichen. Es stehen die folgenden fünf Konstanten zur Verfügung: xlUnderlineStyleNone: Ohne Unterstrich (Standardeinstellung) xlUnderlineStyleSingle: Einfacher Unterstrich xlUnderlineStyleDouble: Doppelter Unterstrich xlUnderlineStyleSingleAccounting: Einfach (Buchhaltung) xlUnderlineStyleDoubleAccounting: Doppelt (Buchhaltung)

Zeichenkettenfragmente formatieren

In Excel können Sie im Editiermodus innerhalb einer Zelle Teile von Zeichenfolgen markieren und mit einer anderen Formatierung versehen, z.B. einer anderen Farbe oder einer Hoch- bzw. Tiefstellung.

Dies geht auch in VBA, indem Sie die Methode Characters des Range-Objekts verwenden. Wenn Sie der Methode die Position des Startzeichens sowie eine Anzahl von zu berücksichtigenden Zeichen übergeben, erhalten Sie über das Font-Objekt Zugriff auf die Formatierung der Teilzeichenfolge.

Dazu ein Beispiel: das chemische Zeichen für Wasser ist H2O. In korrekter Schreibweise ist das zweite Zeichen, also die 2, tieferzustellen. Die zu formatierende Teil-Zeichenkette beginnt somit beim zweiten Zeichen und die Länge beträgt ein Zeichen.

Listing 10.19   Nur das zweite Zeichen formatieren

```
Public Sub H2OFormatieren()
  ThisWorkbook.Worksheets(4).Cells(3, 2).Characters(Start:=2, Length:=1) _
  .Font.Subscript = True
End Sub
```

Zahlenformate in VBA verwenden

Die Eigenschaft NumberFormat des Range-Objekts ermöglicht es Ihnen, Zellen ein Zahlenformat zuzuweisen. Hierzu zählen auch benutzerdefinierte Zahlenformate.

In Listing 10.20 weist der Code einigen Bereichen verschiedene Zahlenformate zu, wobei sich die Bereiche in dem Beispiel auf die aktive Tabelle beziehen.

Listing 10.20 Ein Beispiel für Zahlenformate

```
Public Sub Zahlenformate()
  With ThisWorkbook.Worksheets(2)
'    Datumsformat auf eine Zelle anwenden
    .Range("A1").NumberFormat = "dddd, DD.MM.YYYY"

'    Lokalisiertes Datumsformat auf eine Zelle anwenden
    .Range("A2").NumberFormatLocal = "tttt, TT.MM.JJJJ"

'    Formate einer Zeile zurücksetzen
    .Rows(3).NumberFormat = "General"

'    Bestimmtes Zahlenformat auf eine Spalte anwenden
    .Columns("B").NumberFormat = "$#,##0.00_);[Red]($#,##0.00)"
  End With
End Sub
```

Beachten Sie, dass bei der Verwendung von NumberFormat die Formatangabe in Englisch erfolgen muss. VBA stellt zusätzlich eine weitere Eigenschaft zur Verfügung, die Formatangaben in der Sprache der Excel-Benutzeroberfläche zulässt und über NumberFormatLocal abgerufen werden kann.

ONLINE Sie finden die Arbeitsmappe mit dem Code in Listing 10.20 im Ordner *\Buch\Kap10* in der Datei *Bsp10_04.xlsm.*

Datums- und Zeitfunktionen in VBA verwenden

Der Umgang mit Datum und Uhrzeit ist in VBA etwas gewöhnungsbedürftig, denn in VBA muss das amerikanische Format berücksichtigt werden. Im deutschen Sprachraum wird in der Regel zur Darstellung eines Datums das Format TT.MM.JJJJ verwendet, wo T dem Tag, M dem Monat und J dem Jahr entspricht. In der amerikanischen Schreibweise wird hingegen das Format MM/DD/YYYY verwendet, wo M dem Monat (Month), D dem Tag (Day) und Y dem Jahr (Year) entspricht. Beispielsweise würde somit der 8. Juni 2013 im deutschen Datumsformat als 08.06.2013 und im amerikanischen Format als 06/08/2013 angegeben.

Die Uhrzeit wird ebenfalls unterschiedlich gehandhabt. In deutschsprachigen Raum wird die Uhrzeit auf 24-Stunden-Basis formatiert, z.B. *20:15* Uhr, während in den USA die Angabe auf 12-Stunden-Basis erfolgt, also *08:15 pm.* Die Angabe *pm* stammt aus dem Lateinischem und steht für *post meridiem,* was »nach dem Mittag« bedeutet. Für Zeitangaben vor 12:00 Uhr wird die Abkürzung *am* verwendet, die für *ante meridiem* steht.

ONLINE Sie finden die Arbeitsmappe mit dem Code zu diesem Abschnitt im Ordner *\Buch\Kap10* in der Datei *Bsp10_05.xlsm.*

Bei direkter Angabe eines Datums bzw. einer Uhrzeit sind diese in VBA von einer Raute zu umschließen. Dazu ein Beispiel:

Listing 10.21   Datum und Uhrzeit

```
Public Sub DatumUndUhrzeitImDirektfenster()
  Debug.Print #8/6/2010#
  Debug.Print #8:15:00 AM#
  Debug.Print #8:15:00 PM#
End Sub
```

Beachten Sie die Ausgabe im Direktfenster, die im deutschen Format erfolgt. Excel richtet sich bei der Ausgabe von Datums- und Zeitangaben nach den Windows-Vorgaben, die Sie in den Regions- und Sprachoptionen der Systemsteuerung einsehen bzw. einstellen können.

HINWEIS   Der Direktbereich lässt sich im VBA-Editor über den Menübefehl *Ansicht/Direktfenster* oder über die Tastenkombination ⌨Strg⌨ + ⌨G⌨ ein- und ausblenden. Mit der Anweisung Debug.Print können Sie aus Ihrem Code heraus Ausgaben in dieses Fenster umleiten. Der Direktbereich wurde im siebten Kapitel ausführlich vorgestellt.

Grundfunktionen für Datum und Zeit

In Excel stehen in der Rubrik *Datum & Zeit* die folgenden beiden Funktionen zur Verfügung, um ein Datum oder eine Uhrzeit variabel zu berechnen, z.B. über einen Bezug zu anderen Zellen.

```
=DATUM(2013;3;31)          Definition: DATUM(Jahr, Monat, Tag)
=ZEIT(20;15;0)             Definition: ZEIT(Stunde, Minute, Sekunde)
```

Die Funktionen DateSerial und TimeSerial übernehmen eine ähnliche Aufgabe in VBA. In Listing 10.22 ist ein Codebeispiel enthalten, welches die Ergebnisse der beiden Aufrufe im Direktfenster ausgibt.

Listing 10.22   *DateSerial* und *TimeSerial in VBA verwenden*

```
Public Sub DatumUndZeit()
  Debug.Print DateSerial(2010, 3, 31) ' Definition: DateSerial(Year, Month, Day)
  Debug.Print TimeSerial(20, 15, 0)   ' Definition: DateSerial(Hour, Minute, Second)
End Sub
```

Um das aktuelle Datum, die aktuelle Uhrzeit oder eine Kombination beider zu ermitteln stehen in VBA die Funktionen Date, Time und Now zur Verfügung, die alle ohne Argumente aufgerufen werden.

Listing 10.23   Aktuelles Datum, aktuelle Uhrzeit und Kombination beider

```
Public Sub Heute()
  Debug.Print Date
End Sub

Public Sub Uhrzeit()
  Debug.Print Time
End Sub

Public Sub Jetzt()
  Debug.Print Now
End Sub
```

Wie in Excel, bietet auch VBA die Möglichkeit, aus einem Datum oder einer Uhrzeit einzelne Angaben, wie Monat oder Stunde zu ermitteln. In Listing 10.24 demonstriert der Code die Verwendung der Funktionen Day, Month, Year sowie Hour, Minute und Second für das aktuelle Datum und die aktuelle Uhrzeit.

Listing 10.24   Bestandteile eines Datums und einer Uhrzeit ermitteln

```
Public Sub DatumUndUhrzeitZerlegen()
    Debug.Print Day(Date)        ' Tag
    Debug.Print Month(Date)      ' Monat
    Debug.Print Year(Date)       ' Jahr

    Debug.Print Hour(Time)       ' Stunde
    Debug.Print Minute(Time)     ' Minute
    Debug.Print Second(Time)     ' Sekunde
End Sub
```

Wochentage in VBA ermitteln

Um in Excel einen Wochentag per Formel zu ermitteln, steht die Funktion *WOCHENTAG* zur Verfügung, die als erstes Argument ein Datum erwartet und optional die Angabe eines Steuerungsparameters zulässt, welcher den ersten Tag der Woche festlegt. Ein Beispiel: der 1. September 2012 war ein Samstag. In Deutschland wäre dies der 6. Tag der Woche, da hierzulande der erste Wochentag als Montag definiert ist. In den USA und weiteren Ländern wird der erste Wochentag jedoch als Sonntag definiert, weshalb der Samstag dann der 7. Tag wäre. Die Excel-Funktion ermöglicht die Unterscheidung über ein Argument.

```
=WOCHENTAG(DATUM(2012;9;1);1)    Liefert als Ergebnis eine 7 – z.B. USA
=WOCHENTAG(DATUM(2012;9;1);2)    Liefert als Ergebnis eine 6 – z.B. Deutschland
```

In VBA übernimmt die Funktion WeekDay die Aufgabe der Excel-Funktion, wie Listing 10.25 zeigt.

Listing 10.25   Wochentag ermitteln

```
Public Sub Wochentag()
    Debug.Print Weekday(DateSerial(2012, 9, 1), vbSunday)    ' Liefert 7
    Debug.Print Weekday(DateSerial(2012, 9, 1), vbMonday)    ' Liefert 6
End Sub
```

Dem zweiten Argument der Funktion WeekDay wird der erste Wochentag in Form einer Konstante übergeben. Sie können Tabelle 10.6 die möglichen Konstanten entnehmen.

Tabelle 10.6   Wochentage (*Weekday*)

Konstante	Beschreibung
vbSunday	Sonntag
vbMonday	Montag
vbTuesday	Dienstag
vbWednesday	Mittwoch

Tabelle 10.6   Wochentage (*Weekday*) *(Fortsetzung)*

Konstante	Beschreibung
vbThursday	Donnerstag
vbFriday	Freitag
vbSaturday	Samstag
vbUseSystemDayOfWeek	Einstellung des Systems verwenden

Datum und Zeit formatieren

Um ein Datum bzw. eine Uhrzeit in einer bestimmten Formatierung auszugeben, steht die Funktion Format zur Verfügung, die ähnlich wie die Excel-Funktion *TEXT* funktioniert, wobei zu beachten ist, dass Formatierungsanweisungen in Englisch erfolgen sollten. In Tabelle 10.7 sind die wichtigsten Formatierungsanweisungen aufgeführt, wobei diese auch kombiniert werden können.

Listing 10.26   Beispiele zur Verwendung der Funktion *Format*

```
Public Sub DarumUndUhrzeitFormatierenEins()
   Debug.Print Format(Now, "mmmm")
   Debug.Print Format(Now, "dddd dd. mmmm yyyy")
   Debug.Print Format(Now, "dddd dd. mmmm yyyy - hh:mm:ss")
End Sub

Public Sub DarumUndUhrzeitFormatierenZwei()
   Debug.Print Format(DateSerial(2012, 9, 1), "w", vbMonday)                        ' = 6
   Debug.Print Format(DateSerial(2013, 1, 1), "ww", vbMonday, vbFirstFourDays) ' = KW 1
   Debug.Print Format(DateSerial(2012, 1, 1), "ww", vbMonday, vbFirstFourDays) ' = KW 52
End Sub
```

Die Format-Anweisungen in den beiden Prozeduren in Listing 10.26 unterscheiden sich dadurch, dass in der zweiten Prozedur weitere Argumente angegeben wurden. Die erste Codezeile der zweiten Prozedur ermittelt den Wochentag für den 01.09.2012 über die Formatangabe »w«, und die beiden darauf folgenden Codezeilen berechnen die ISO-Kalenderwoche für den 01.01.2012 und den 01.01.2013 anhand der Formatangabe »ww«. Eine ISO-Kalenderwoche definiert sich übrigens dadurch, dass die erste Kalenderwoche den ersten Donnerstag im Jahr enthalten muss und der erste Tag einer Woche der Montag ist.

Tabelle 10.7   Formatierungsanweisungen für die *Format*-Funktion

Format	Beschreibung
s	Sekunde ohne führende Nullen (0–59)
ss	Sekunde mit führenden Nullen (00–59)
n	Minute ohne führende Nullen (0–59)
nn	Minute mit führenden Nullen (00–59)
h	Stunde ohne führende Nullen (0–23)
hh	Stunde mit führenden Nullen (00–23)

Wissen und Praxis verbinden

Tabelle 10.7 Formatierungsanweisungen für die *Format*-Funktion *(Fortsetzung)*

Format	Beschreibung
ttttt	Komplett ausgeschriebene Uhrzeit (08:15:30)
d	Tag ohne führende Nullen (1–31)
dd	Tag mit führenden Nullen (01–31)
ddd	Tag im Kurzformat (So–Sa)
dddd	Tag im Langformat (Sonntag–Samstag)
ddddd	Ausgeschriebenes Datum nur mit Zahlen (01.01.2011)
dddddd	Komplett ausgeschriebenes Datum (Samstag, 1. Januar 2011)
w	Wochentagnummer (1 für Sonntag bis 7 für Samstag)
ww	Kalenderwoche (1–53)
m	Monat in Zahlen ohne führende Nullen (1–12)
mm	Monat in Zahlen mit führenden Nullen (01–12)
mmm	Monat im Kurzformat (Jan–Dez)
mmmm	Monat im Langformat (Januar–Dezember)
q	Quartal in Zahlen (1–4)
y	Kalendertag (1–366)
yy	Jahr im Kurzformat (00–99)
yyyy	Jahr im Langformat (000–9999)

Datums- und Zeitdifferenz ermitteln

Mittels der Funktion DateDiff können Sie die Differenz zwischen zwei Datumsangaben berechnen. Der Funktion DateDiff muss als erstes Argument eine Zeichenfolge übergeben werden, die das Zeitintervall festlegt, in der die Ausgabe erfolgen soll. Es folgen zwei weitere Argumente zur Angabe von Start- und Enddatum sowie optionale Argumente für den ersten Wochentag und die Kalenderwochenberechnung. In Listing 10.27 sind einige Beispielrechnungen aufgeführt.

Listing 10.27 Beispiel zur *DateDiff*-Funktion

```
Public Sub DarumUndUhrzeitDifferenz()
  Debug.Print DateDiff("h", Time, TimeSerial(12, 0, 0)) & " Stunden"
  Debug.Print DateDiff("n", Now, DateSerial(2013, 1, 1)) & " Minuten"

  Debug.Print DateDiff("yyyy", Date, DateSerial(1990, 1, 1)) & " Jahre"
  Debug.Print DateDiff("m", Date, DateSerial(1990, 1, 1)) & " Monate"
  Debug.Print DateDiff("ww", Date, DateSerial(1990, 1, 1)) & " Wochen"

  Debug.Print DateDiff("d", Date, DateSerial(1990, 1, 1)) & " Tage"

  Debug.Print DateDiff("ww", DateSerial(2012, 12, 30), _
              DateSerial(2013, 1, 6), vbMonday, vbFirstFourDays) & " KWs"
End Sub
```

Tabelle 10.8 listet die möglichen Zeichenfolgenausdrücke für die Zeitintervalle der Funktion DateDiff auf.

Tabelle 10.8   Einstellungsmöglichkeiten für die Funktion *DateDiff*

Einstellung	Beschreibung
s	Sekunde
h	Stunde
n	Minute
d	Tag
y	Tag des Jahres
w	Wochentag
ww	Woche
m	Monat
q	Quartal
yyyy	Jahr

Datenüberprüfungen mit VBA

Die Datenüberprüfung wird in Excel eingesetzt, um die Eingabe von Daten in Zellen oder Bereiche einzuschränken. Um die Funktion zur Datenüberprüfung auf eine oder mehrere Zellen anzuwenden, markieren Sie diese und klicken im Menü *DATEN* in der Gruppe *Datentools* auf den Befehl *Datenüberprüfung*. Es erscheint anschließend das Dialogfeld *Datenüberprüfung*, welches Ihnen drei Registerkarten zur Verfügung stellt.

HINWEIS   Seit Excel 2007 heißt das Dialogfeld nicht mehr *Gültigkeitsprüfung*, sondern *Datenüberprüfung*. In älteren Excel-Version wurde zudem das Dialogfeld über den Menübefehl *Daten/Gültigkeit* aufgerufen.

In der ersten Registerkarte werden die *Gültigkeitskriterien* festgelegt, die das Verhalten bei der Eingabe von Daten in die Zellen bestimmen. Sobald Sie aus dem Listenfeld *Zulassen* einen anderen Eintrag als die Standardeinstellung *Jeden Wert* auswählen, werden weitere Felder aktiviert, je nachdem, welche Felder benötigt werden.

Abbildg. 10.3 Das Dialogfeld zur Datenüberprüfung

Auf der Registerkarte *Eingabemeldung* haben Sie die Möglichkeit, einen Text festzulegen, der bei Auswahl der mit der Datenüberprüfung belegten Zellen in einem Hinweisfenster unterhalb der Zelle angezeigt wird und den Nutzer auf die Einschränkungen hinweist.

Wenn Sie das Standardmeldungsfeld von Excel bei Eingabe ungültiger Daten mit einer eigenen Fehlermeldung umgehen möchten, können Sie einen Fehlertyp, eine Überschrift und den Fehlertext in den entsprechenden Auswahl- und Eingabefeldern der Registerkarte *Fehlermeldung* einstellen.

ONLINE Sie finden die Arbeitsmappe mit dem Code zu diesem Abschnitt im Ordner *\Buch\Kap10* in der Datei *Bsp10_06.xlsm*.

Datenüberprüfungen anlegen

Datenüberprüfungen lassen sich auch mit VBA anlegen. In VBA verwaltet das Objekt Validation die Datenüberprüfungen einzelner Zellen und steht auch als Eigenschaft des Range-Objekts zur Verfügung.

Die Prozedur in Listing 10.28 demonstriert die Vorgehensweise, um eine Datenüberprüfung auf den Bereich D1:D8 anzuwenden. Im Bereich wird die Eingabe auf Zahlen zwischen 0 und 10 beschränkt und es werden eine Eingabemeldung und eine eigene Fehlermeldung im Fehlerfall angezeigt.

Listing 10.28 Datenüberprüfung für einen Bereich anlegen

```
Public Sub DatenueberpruefungAnlegen()
  With ThisWorkbook.Worksheets(2).Range("D1:D8").Validation
'    Datenüberprüfungen löschen
    .Delete

'    Datenüberprüfung erstellen und nur Ganzzahlen im
'    Bereich von 0 bis 10 erlauben
    .Add Type:=xlValidateWholeNumber, _
        AlertStyle:=xlValidAlertStop, _
```

Listing 10.28 Datenüberprüfung für einen Bereich anlegen *(Fortsetzung)*

```
            Operator:=xlBetween, _
            Formula1:="0", _
            Formula2:="10"

    '     Leerzellen ignorieren
    .IgnoreBlank = True

    '     Optionaler Wert. Er wird ignoriert, wenn zuvor
    '     bei Type nicht xlValidateList gewählt wurde
    .InCellDropdown = True

    '     Eingabemeldung
    .ShowInput = True
    .InputTitle = "Hinweis"
    .InputMessage = "In dieser Zelle ist nur eine Eingabe im " & _
                    "Bereich von 0 bis 10 erlaubt."

    '     Fehlermeldung
    .ShowError = True
    .ErrorTitle = "Fehler"
    .ErrorMessage = "Sie haben keinen Wert im Bereich von " & _
                    "0 bis 10 eingegeben."
  End With
End Sub
```

Datenüberprüfungen können nicht hinzugefügt werden, wenn die Zelle bereits eine Datenüberprüfung enthält. Um einen Laufzeitfehler zu vermeiden, löscht die Prozedur vorab eventuell vorhandene Datenüberprüfungen.

Das Argument Type der Add-Funktion legt fest, um welchen Typ Datenüberprüfung es sich handelt. In Tabelle 10.9 finden Sie eine Liste der möglichen Werte. Die weiteren Argumente sind voneinander abhängig. So wird das Argument Formula2 ignoriert, wenn für das Argument Operator ein anderer Wert als xlBetween und xlNotBetween angegeben wird.

Tabelle 10.9 Konstanten zu *Type*

Type	Beschreibung
xlValdiateCustom	Benutzerdefiniert
xlValidateDate	Datum
xlValidateDecimal	Dezimal
xlValidateInputOnly	Jeder Wert
xlValidateList	Liste
xlValidateTextLength	Textlänge
xlValidateTime	Zeit
xlValidateWholeNumber	Ganze Zahl

Das Argument AlertStyle legt fest, welches Symbol im Meldungsfeld angezeigt wird, wenn die Datenüberprüfung fehlschlägt.

Wissen und Praxis verbinden

Tabelle 10.10 Mögliche Symbole für die Datenüberprüfung (*AlertStyle*)

AlertStyle	Beschreibung
xlValidAlertInformation	Weiße Sprechblase mit blauem Ausrufezeichen
xlValidAlertStop	Roter Kreis mit weißem Kreuz
xlValidAlertWarning	Gelbes Dreieck mit schwarzem Ausrufezeichen

Das Argument Operator erlaubt die Angabe einer der in der Tabelle 10.11 aufgeführten Konstanten und entspricht dem Listenfeld *Daten* im Dialogfeld zur Datenüberprüfung.

Tabelle 10.11 Konstanten zu den verschiedenen Operatoren

Operator	Beschreibung
xlBetween	Zwischen
xlEqual	Gleich
xlGreater	Größer als
xlGreaterEqual	Größer oder gleich
xlLess	Kleiner als
xlLessEqual	Kleiner oder gleich
xlNotBetween	Nicht zwischen
xlNotEqual	Ungleich

Datenüberprüfungen löschen

Um in der Excel-Oberfläche manuell die Datenüberprüfungen einer Zelle oder eines Bereichs zu löschen, markieren Sie zuerst die Zelle bzw. den Bereich und klicken im Dialogfeld zur Datenüberprüfung auf die Schaltfläche *Alle löschen*.

In VBA steht zum Löschen von Datenüberprüfungen die Methode Delete zur Verfügung, die je nachdem, was sie referenziert, die Datenüberprüfungen in einem Bereich oder einer Tabelle löscht. Über eine Schleife können Sie die Datenüberprüfungen aller Tabellen in der Mappe löschen.

Listing 10.29 Datenüberprüfungen löschen

```
Public Sub DatenueberpruefungLoeschenBereich()
  ThisWorkbook.Worksheets(2).Range("D1:D8").Validation.Delete
End Sub

Public Sub DatenueberpruefungLoeschenTabelle()
  ThisWorkbook.Worksheets(2).Cells.Validation.Delete
End Sub

Public Sub DatenueberpruefungLoeschenMappe()
  Dim wksTabelle As Worksheet
```

Listing 10.29 Datenüberprüfungen löschen *(Fortsetzung)*

```
    For Each wksTabelle In ThisWorkbook.Worksheets
        wksTabelle.Cells.Validation.Delete
    Next
End Sub
```

Zellendropdownfelder erstellen

Eine beliebte Wahl für die Datenüberprüfungen ist eine Werteliste, die eine fest vorgegebene Liste, einen Bereich oder einen benannten Bereich referenziert. Um eine solche Liste manuell zu erstellen, wählen Sie in der Excel-Oberfläche im Dialogfeld *Datenüberprüfung* auf der Registerkarte *Einstellungen* den Eintrag *Liste* aus dem Listenfeld *Zulassen*. Setzen Sie zudem das Häkchen für die Option *Zellendropdown*.

Als *Quelle* können Sie, falls Sie fest definierte Einträge verwenden möchten, die Einzelwerte eingeben. Trennen Sie die einzelnen Einträge durch ein Semikolon, z.B. *Ja;Nein*. Eine andere Möglichkeit besteht darin, Ihre Werte in untereinander liegenden Zellen abzulegen und in der Datenüberprüfung auf die Zellen zu verweisen. Dazu ein Beispiel: Nehmen wir an, »Ja« und »Nein« befinden sich in den Zellen A1 und A2 Ihrer Tabelle. Als Quelle würden Sie dann =$A$1:$A$2 eingeben oder den Bereich mit der Maus markieren. Die dritte Möglichkeit ist, einen benannten Bereich anzulegen und auf diesen per Formel zu referenzieren. Beispielsweise könnten die beiden Zellen A1 und A2 den benannten Bereich *Antwort* bilden. Als Quelle könnten Sie dann =*Antwort* angeben.

In älteren Excel-Versionen vor Excel 2007 war übrigens die Verwendung benannter Bereiche die einzige Möglichkeit, bei einer Datenüberprüfung auf Daten einer anderen Tabelle zu verweisen.

In VBA erstellen Sie Zellendropdownfelder, indem Sie Validation den Typ xlValidateList übergeben und die weiteren Parameter entsprechend setzen.

Listing 10.30 Datenüberprüfungen löschen

```
Public Sub ZellendropdownAnlegen()
    With ThisWorkbook.Worksheets(2).Range("E1:E8").Validation
        .Delete
        .Add Type:=xlValidateList, _
            AlertStyle:=xlValidAlertStop, _
            Operator:=xlBetween, _
            Formula1:="=$A$1:$A$2"
        .IgnoreBlank = True
        .InCellDropdown = True
    End With
End Sub
```

Excel-Funktionen und Formeln in VBA verwenden

Einer der schnellsten und effektivsten Methoden zur Berechnung von Daten ist in Excel das Verwenden von Formeln, da diese nativ programmiert wurden und nicht wie beispielsweise VBA zur Laufzeit interpretiert werden.

Formeln lassen sich auch in VBA erstellen und nutzen. Dieser Abschnitt stellt Ihnen den Umgang mit dem Objekt WorksheetFunction vor und erläutert zudem, wie Sie in Zellen Formeln per VBA einsetzen können.

> **ONLINE** ¹Sie finden die Arbeitsmappe mit dem Code zu diesem Abschnitt im Ordner *\Buch\Kap10* in der Datei *Bsp10_07.xlsm*.

Formeln in Zellen verwenden

Die Eigenschaft Formula des Range-Objekts ermöglicht es, in Zellen bzw. Bereichen Excel-Funktionen bzw. Formeln zu verwenden. Hierbei muss jedoch der englische Name der verwendeten Excel-Funktionen angegeben werden. Möchten Sie die Funktion in der Sprache angeben, die die Excel-Anwendung verwendet, können Sie die Eigenschaft FormulaLocal nutzen. In Listing 10.31 werden beide Varianten beispielhaft demonstriert.

Listing 10.31 Beispiele zur Verwendung von Excel-Funktionen in VBA

```
Public Sub SummenformelEnglisch()
   ThisWorkbook.Worksheets(2).Cells(5, 1).Formula = "=SUM($A$1:$A$4)"
End Sub

Public Sub SummenformelDeutsch()
   ThisWorkbook.Worksheets(2).Cells(5, 2).Formula = "=SUMME($A$1:$A$4)"
End Sub

Public Sub SummenformelDeutschBereich()
   ThisWorkbook.Worksheets(2).Range("C5:E5").FormulaLocal = "=SUMME(C1:C4)"
End Sub
```

Beachten Sie, dass in der letzten Prozedur in Listing 10.31 der Bezug in der Formel relativ angegeben wurde und dadurch eine automatische Anpassung der Formel in den Zellen C5, D5 und E5 erfolgt. In den Zellen stehen somit folgende Formeln:

```
C5 = SUMME(C1:C4)
D5 = SUMME(D1:D4)
E5 = SUMME(E1:E4)
```

In der Tabelle 10.12 sind einige ausgewählte und häufig verwendete Excel-Funktionen in Deutsch und deren Entsprechung in Englisch aufgelistet.

Tabelle 10.12 Einige ausgewählte Excel-Funktionen in Deutsch und Englisch

Deutsch	Englisch
ANZAHL2	COUNTA
ARBEITSTAG	WORKDAY
DATUM	DATE
GLÄTTEN	TRIM
HEUTE	TODAY

Tabelle 10.12   Einige ausgewählte Excel-Funktionen in Deutsch und Englisch *(Fortsetzung)*

Deutsch	Englisch
ISTZAHL	ISNUMBER
JETZT	NOW
KGRÖSSTE	LARGE
KKLEINSTE	SMALL
KÜRZEN	TRUNC
MITTELWERT	AVERAGE
REST	MOD
RUNDEN	ROUND
SUMME	SUM
SUMMENPRODUKT	SUMPRODUCT
SVERWEIS	VLOOKUP
VERKETTEN	CONCATENATE
WENN	IF
WOCHENTAG	WEEKDAY
ZÄHLENWENN	COUNTIF

Sie können bei Bedarf einen englischen Funktionsamen auch selbst ermitteln, indem Sie in einer Zelle Ihrer Wahl die Funktion angegeben und gegebenenfalls Dummy-Argumente verwenden. Fragen Sie anschließend die Eigenschaft Formula per Code z.B. im Direktfenster ab. Nachfolgend ein Beispiel, das die Formel *SVERWEIS* in A1 ablegt:

```
Debug.Print Range("A1").Formula
```

TIPP   Ein kostenloses Online-Tool zur Übersetzung einzelner Excel-Funktionen sowie aus mehreren Funktionen zusammengesetzten Formeln finden Sie im Internet unter der Adresse *excel-translator.de*. Die Website listet zudem alle ab Excel 2010 bekannten Funktionen und deren Übersetzungen für die als Language Packs verfügbaren Sprachen auf.

Das WorksheetFunction-Objekt verwenden

Um Excel-Funktionen per VBA aufzurufen und deren Ergebnis im Code auszuwerten, können Sie das Objekt WorksheetFunction verwenden, das auch als Eigenschaft des Application-Objekts zur Verfügung steht.

Wenn Sie sich im Objektkatalog die Klasse WorksheetFunction anschauen, werden Sie feststellen, dass das Objekt alle verfügbaren Excel-Funktionen als Methode anbietet, und alle Methoden wurden nach den englischen Funktionsnamen benannt.

Wissen und Praxis verbinden

Die Methoden sind im Großen und Ganzen so implementiert, dass ihre Argumente den Argumenten der jeweiligen Excel-Funktionen entsprechen. Ausgenommen davon sind jedoch Excel-Funktionen, die mehr als 30 Argumente zulassen, wie z.B. die Funktion *SUMME*. In Excel 2013 erlaubt diese 255 Argumente, die VBA-Methode Sum jedoch nur 30. Dies liegt an technisch bedingten Einschränkungen von VBA.

Das Verwenden der Methoden des WorksheetFunction-Objekts ist recht einfach. Nehmen wir an, Sie möchten über einen *SVERWEIS* einen Wert innerhalb eines Bereichs ermitteln. In Excel könnte dies wie folgt aussehen:

```
=SVERWEIS(123;A1:B16;2;FALSCH)
```

In VBA sähe der Aufruf der Methode VLookup wie folgt aus:

```
MsgBox Application.WorksheetFunction.VLookup(123,Range("A1:B16"),2,FALSE)
```

Leere Zeilen in einem Bereich löschen

Das Verwenden der Methoden des WorksheetFunction-Objekts kann in manchen Situationen sehr hilfreich sein und zu weniger aufwändigen Code führen. Dazu ein Beispiel: Nehmen wir an, Ihre Daten sind innerhalb des Bereichs A1:E100 verteilt. Sie möchten nun alle leeren Zeilen des Bereichs löschen. Es sind somit 100 Zeilen und 5 Spalten zu berücksichtigen.

Würden Sie ausschließlich Schleifen in Ihrem VBA-Code verwenden, müssten Sie zunächst in einer ersten Schleife jede einzelne Zeile des Bereichs von Zeile 100 bis 1 rückwärts durchlaufen. Dies sind 100 Iterationen. Innerhalb jeden Durchlaufs der ersten Schleife müsste eine zweite Schleife spaltenweise die Zellen auf leeren Inhalt prüfen. Bei 5 Spalten ergäben sich somit 100 * 5 = 500 Iterationen für die gesamte Prozedur.

Einfacher geht es mit der Excel-Funktion *ANZAHL2* bzw. *COUNTA* in Englisch. Die Funktion liefert eine Null zurück, wenn in dem Bereich bzw. in der Zeile keine Inhalte in den Zellen vorhanden sind. Durch den Einsatz der Funktion sparen Sie die zweite Schleife ein. In ähnlicher Form könnten Sie natürlich auch mit Spalten verfahren.

Listing 10.32 Leere Zeilen in einem Bereich löschen

```
Public Sub LeereZeilenLoeschen()
    Dim lngZeile As Long

'   Bildschirmaktualisierung ausschalten
    Application.ScreenUpdating = False
'   Verkürzen
    With ThisWorkbook.Worksheets(3)
'     Schleife rückwärts von Zeile 100 bis 1 durchlaufen
      For lngZeile = 100 To 1 Step -1
'       Excel-Funktion ANZAHL2 einsetzen
        If Application.WorksheetFunction.CountA(.Rows(lngZeile)) < 1 Then
'         Zeile löschen
          .Rows(lngZeile).Delete
        End If
      Next
    End With
```

Listing 10.32 Leere Zeilen in einem Bereich löschen *(Fortsetzung)*

```
'    Bildschirmaktualisierung einschalten
     Application.ScreenUpdating = True
  End Sub
```

Werte in einem Bereich pro Spalte hervorheben

Das folgende Codebeispiel ermittelt in einem Bereich den größten Wert pro Spalte und hebt diesen farblich hervor. Hierzu wird die Methode Max verwendet. Der Code in Listing 10.33 geht zur Vereinfachung allerdings davon aus, dass alle Zellen mit Ganzzahlen gefüllt sind.

Listing 10.33 Maximum in einem Bereich pro Spalte ermitteln

```
Public Sub MaximalwertProSpalte()
   Dim lngMax     As Long
   Dim rngSpalte As Range
   Dim rngZelle  As Range

   With ThisWorkbook.Worksheets(4).Range("A1:D8")
     For Each rngSpalte In .Columns
       lngMax = Application.WorksheetFunction.Max(rngSpalte)
       For Each rngZelle In rngSpalte.Cells
         If rngZelle.Value = lngMax Then
           rngZelle.Interior.ThemeColor = xlThemeColorAccent3
           rngZelle.Interior.TintAndShade = 0.5
         End If
       Next rngZelle
     Next rngSpalte
   End With
End Sub
```

Im Code wird in einer ersten Schleife jede Spalte des Bereichs – nicht die komplette Spalte der Tabelle – durchlaufen. Anschließend wird der höchste Wert ermittelt und zwischengespeichert. Danach durchläuft die innere Schleife alle Zellen der betroffenen Spalte und vergleicht die Zellwerte mit dem Maximalwert. Stimmen diese überein, wird die Zelle in Grün hervorgehoben. Die Prozedur hebt auch Maximalwerte hervor, die mehrfach in der Spalte vorkommen.

Um beispielsweise die kleinsten Werte zu ermitteln, können Sie dieselbe Methode verwenden. Sie brauchen nur Max durch Min austauschen. Ebenso lässt sich die Prozedur so anpassen, dass über die Funktion Small oder Large die zweit- oder dritthöchsten bzw. niedrigsten Werte ermitteln lassen. Die Funktion Large entspricht hierbei der Excel-Funktion *KGRÖSSTE*. Dazu ein Beispiel:

```
lngMax = Application.WorksheetFunction.Large(rngSpalte, 2)
```

Suchen und Ersetzen in VBA

Wenn Sie manuell in Excel nach bestimmten Zellen suchen, werden Sie in der Regel das Dialogfeld *Suchen und Ersetzen* verwenden, das Sie z.B. über [Strg]+[F] oder [Strg]+[H] aufrufen können.

Die Funktion steht auch in VBA zur Verfügung, nennt sich Find, bezieht sich auf das Range-Objekt und liefert entweder einen Verweis auf die gefundene Zelle zurück oder den Wert Nothing.

Wissen und Praxis verbinden

Abbildg. 10.4 Das Dialogfeld *Suchen und Ersetzen*

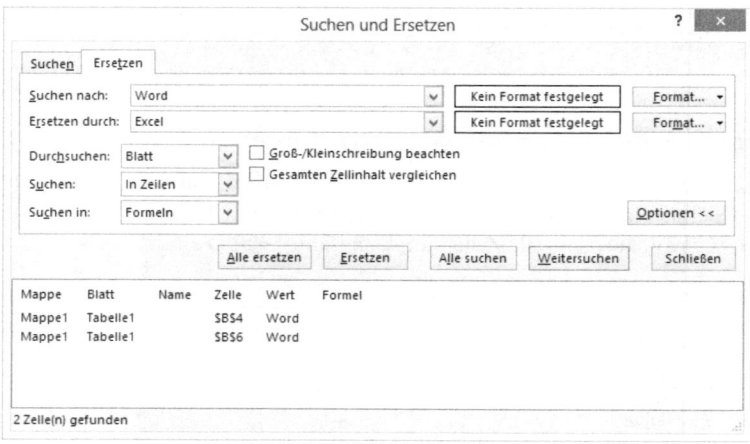

ONLINE Sie finden die Arbeitsmappe mit dem Code zu diesem Abschnitt im Ordner *\Buch\Kap10* in der Datei *Bsp10_08.xlsm*.

Zeichenfolge in einem Bereich suchen

Um alle Vorkommen eines gesuchten Elements in einem Bereich zu finden, wird die Methode Find oftmals in Kombination mit der Methode FindNext verwendet. Hier sind allerdings ein paar Feinheiten zu beachten.

Abbildg. 10.5 Beispieltabelle zu diesem Abschnitt

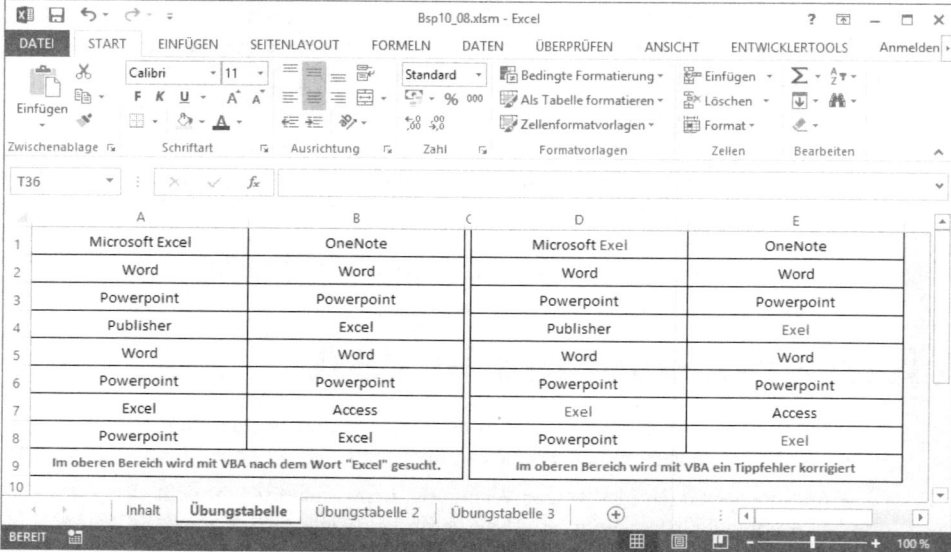

Nehmen wir an, Sie möchten per Code alle Zellen im Bereich A1:B8 farbig hinterlegen, in deren Inhalt der Suchbegriff *Excel* enthalten ist. In Listing 10.34 wird die Suche über die Find-Methode in der zweiten Tabelle durchgeführt.

Listing 10.34 Zeichenfolge suchen

```
Public Sub Suchen()
    Dim rngZelle   As Range
    Dim strAdresse As String

    With ThisWorkbook.Worksheets(2).Range("A1:B8")
'        Erste Zelle finden
        Set rngZelle =.Find(What:="Excel", LookIn:=xlValues, Lookat:=xlPart)

'        Prüfen, ob beim ersten Aufruf eine Zelle gefunden wurde
        If Not rngZelle Is Nothing Then
'            Adresse dieser Zellen merken
            strAdresse = rngZelle.Address
'            Nun in einer Schleife alle weiteren Zellen suchen
            Do
'                Hervorheben der aktuellen Zelle
                rngZelle.Interior.ColorIndex = 6

'                Nächste Zelle über FindNext suchen
                Set rngZelle = .FindNext(rngZelle)
            Loop While Not rngZelle Is Nothing And _
                    rngZelle.Address <> strAdresse
        End If
    End With
End Sub
```

Der Code ruft zunächst die Methode Find auf, übergibt ihr den Suchbegriff und legt fest, dass in Zellwerten gesucht und dabei auch Teilübereinstimmungen berücksichtigt werden sollen. Falls die Suche erfolgreich ist, ist der Verweis nicht gleich Nothing. Danach merkt sich der Code die Adresse der gefundenen Zelle und tritt in die Schleife ein, um über FindNext weitere Zellen zu finden. Die Schleife wird über den Vergleich des Verweises *und* der Adresse durchgeführt.

ACHTUNG   Die FindNext-Methode berücksichtigt nicht die bereits gefundenen Zellen. Würden Sie in der Do...Loop-Schleife als Abbruchkriterium nur den Vergleich rngZelle Is Nothing durchführen, geriete Ihr Code in eine Endlosschleife.

Zeichenfolge in einem Bereich ersetzen

Das Ersetzen einer Zeichenfolge in einem Bereich ist mittels der Methode Replace des Range-Objekts denkbar einfach. In Listing 10.35 ersetzt der Code die versehentlich falsch geschriebene Zeichenfolge Exel durch den korrekten Begriff Excel.

Listing 10.35 Zeichenfolge ersetzen

```
Public Sub Ersetzen()
  ThisWorkbook.Worksheets(3).Range("D1:E8").Replace _
  What:="Exel", Replacement:="Excel", Lookat:=xlPart, _
  SearchOrder:=xlByRows, MatchCase:=True
End Sub
```

In Tabelle 10.13 sind die für die Replace-Methode verfügbaren Argumente aufgeführt.

Tabelle 10.13 Die Argumente für die *Replace*-Methode

Argument	Beschreibung
What	Erforderliche Angabe der Zeichenfolge, die ersetzt werden soll
Replacement	Erforderliche Angabe der neuen Zeichenfolge
Lookat	Optionale Angabe einer der zwei folgenden Konstanten: **xlPart** wird verwendet, wenn nur ein Teil einer Zeichenkette oder eines Zellinhaltes ersetzt werden soll. Die Konstante **xlWhole** wird verwendet, wenn der gesamte Zellinhalt mit dem Suchbegriff übereinstimmen muss.
SearchOrder	Optionale Angabe einer der zwei folgenden Konstanten: **xlByRows** sucht zeilenweise von links nach rechts, **xlByColumns** sucht spaltenweise von oben nach unten.
MatchCase	Optionale Angabe. Mit **True** wird die Groß- und Kleinschreibung bei der Suche berücksichtigt.
SearchFormat	Optionale Angabe, wenn Formate gesucht werden sollen
ReplaceFormat	Optionale Angabe, wenn Formate ersetzt werden sollen

Schriftarten und Zellformate ersetzen

In Excel ist es möglich, in Zellen verwendete Schriftarten, Schriftfarben oder weitere Formatierungen wie Rahmen und Muster über das Dialogfeld *Suchen und Ersetzen* zu ersetzen. Die folgenden Schritte zeigen am Beispiel einer zu ersetzenden Schriftart, wie Sie hierbei vorgehen können, ohne dabei Zellen auszuwählen und ohne VBA-Code zu verwenden.

1. Rufen Sie das Dialogfeld *Suchen und Ersetzen* auf, z.B. über ⌨Strg+⌨H.
2. Klicken Sie auf die Schaltfläche *Optionen*.
3. Klicken Sie hinter *Suchen nach* auf die Schaltfläche *Format*.
4. Aktivieren Sie die Registerkarte *Schrift*.
5. Wählen Sie die zu ersetzende Schriftart aus und bestätigen Sie mit *OK*.
6. Klicken Sie hinter *Ersetzen durch* auf die Schaltfläche *Format*.
7. Wählen Sie die neue Schriftart aus und klicken Sie auf *OK*.
8. Klicken Sie auf die Schaltfläche *Alle ersetzen*.

Um eine Schriftart mit VBA zu suchen und zu ersetzen, können Sie sich dem VBA-Äquivalent des *Suchen und Ersetzen*-Dialogfelds bedienen. In Listing 10.36 wird die Schriftart in der gesamten Tabelle via Replace-Methode ausgetauscht.

Listing 10.36 Schriftart ersetzen

```
Public Sub SchriftartErsetzenPerSuche()
'   Suchkriterien
    Application.FindFormat.Font.Name = "Arial"

'   Ersetzungskriterien
    Application.ReplaceFormat.Font.Name = "Calibri"

'   Suchen und Ersetzen durchführen
    ThisWorkbook.Worksheets(3).Range("A1:D18").Replace _
    What:="", Replacement:="", SearchFormat:=True, _
    ReplaceFormat:=True
End Sub
```

Der Code legt erst die beiden Eigenschaften FindFormat und ReplaceFormat fest und ruft anschließend die Replace-Methode auf. Hierbei wird der Wert True an die beiden letzten Argumente der Methode übergeben, um die beiden Eigenschaften des Application-Objekts zu berücksichtigen.

Sie können die Methode FormatierungErsetzen ebenfalls verwenden, um Zellenformate zu ersetzen, beispielsweise um eine gelbe Zellenhintergrundfarbe in eine rote umzuwandeln.

Listing 10.37 Formate ersetzen

```
Public Sub FormatierungErsetzen()
    Application.FindFormat.Interior.Color = vbYellow
    Application.ReplaceFormat.Interior.Color = vbRed

    ThisWorkbook.Worksheets(3).Range("A1:C3").Replace _
    What:="", Replacement:="", SearchFormat:=True, ReplaceFormat:=True
End Sub
```

Weitere nützliche Funktionen der VBA-Bibliothek

Dieser Abschnitt befasst sich mit einigen nützlichen Funktionen zur Manipulation von Zeichenketten, zur Typkonvertierung von Datentypen sowie mit mathematischen VBA-Operatoren.

ONLINE Sie finden die Arbeitsmappe mit dem Code zu diesem Abschnitt im Ordner \Buch\Kap10 in der Datei Bsp10_09.xlsm.

Funktionen zur Manipulation von Zeichenketten

In VBA ist es oft notwendig Zeichenketten zu manipulieren, um beispielsweise einen Teil von Zeichenfolgen zu extrahieren und/oder zu ersetzen, Fehler beim Vergleich von Zeichenfolgen durch Umwandeln in Groß- oder Kleinbuchstaben zu vermeiden oder die Position einzelner Zeichen zu finden.

Wissen und Praxis verbinden

273

Zeichenfolgen in Klein- oder Großbuchstaben umwandeln

Mittels der Funktion UCase kann eine Zeichenkette in reine Großbuchstaben umgewandelt werden. Das Gegenstück dazu ist die Funktion LCase. Beispiele:

```
MsgBox UCase("Hallo Welt!")  ' Liefert: HALLO WELT!
MsgBox LCase("Hallo Welt!")  ' Liefert: hallo welt!
```

Dazu ein Praxisbeispiel: nehmen wir an, Sie möchten die Excel-Datei *Artikelliste.xlsx* über VBA öffnen und müssen zuvor prüfen, ob diese in dem angegebenen Verzeichnis auch vorhanden ist. Da die Datei von anderen Benutzern generiert wird, können Sie sich nicht darauf verlassen, dass die Datei immer in derselben Namensform vorliegt. Ein Benutzer könnte die Datei auch als *ArtikelListe.xlsx* abspeichern.

Zur Existenzprüfung können Sie in VBA die Funktion Dir verwenden, die, wenn die Datei vorhanden ist, den Dateinamen zurückliefert. Allerdings liefert Dir den Dateinamen so zurück, wie er auf der Festplatte gespeichert ist. Wenn Sie ihn jedoch vor dem Vergleich mit dem gesuchten Dateinamen z.B. in Kleinbuchstaben umwandeln, müssen Sie sich keine Gedanken darum machen, an welcher Stelle der Benutzer Klein- oder Großbuchstaben verwendet hat.

Listing 10.38   Existenz einer Datei prüfen und Vergleich in Kleinbuchstaben durchführen

```
Public Sub DateiExistenzPruefen()
  Dim strPfad As String
  Dim strDatei As String

  strPfad = "F:\Dokumente"
  strDatei = "Artikelliste.xlsx"

  If LCase(Dir(strPfad & "\" & strDatei)) = LCase(strDatei) Then
    MsgBox "Datei gefunden"
  Else
    MsgBox "Datei nicht gefunden"
  End If

End Sub
```

Zeichenfolgen ersetzen

Um eine Zeichenfolge innerhalb einer anderen Zeichenfolge zu ersetzen, können Sie die Funktion Replace verwenden.

Listing 10.39   Zeichenfolge ersetzen

```
Public Sub ZeichenfolgeErsetzen()
  Dim strText   As String
  Dim strSuche  As String
  Dim strErsatz As String

  strText = "Guten Tag"
  strSuche = "Tag"
  strErsatz = "Morgen"
```

Listing 10.39   Zeichenfolge ersetzen *(Fortsetzung)*

```
  MsgBox strText
  MsgBox Replace(strText, strSuche, strErsatz)

End Sub
```

Die Anzahl an Zeichen einer Zeichenfolge ermitteln

Wie die Excel-Funktion *LÄNGE* ermittelt die VBA-Funktion Len die Anzahl an Zeichen einer Zeichenfolge.

Listing 10.40   Die Anzahl an Zeichen einer Zeichenfolge zurückgeben

```
Public Sub ZeichenfolgeLaenge()
  MsgBox Len("Excel")
End Sub
```

Teile einer Zeichenfolge extrahieren

Anhand der VBA-Funktion Left kann, von links aus gesehen, ein Teil einer Zeichenfolge zurückgegeben werden. Als erstes Argument wird die Zeichenfolge und als zweites Argument die Anzahl der zurückzugebenden Zeichen erwartet. In ähnlicher Weise extrahiert die Funktion Right eine bestimmte Anzahl Zeichen von der rechten Seite der Zeichenkette und die Funktion Mid extrahiert die anzugebende Anzahl Zeichen ab einer bestimmten Startposition innerhalb der Zeichenfolge.

Listing 10.41   Teile eine Zeichenfolge extrahieren

```
Public Sub ZeichenfolgeExtrakt()
  MsgBox Left("Microsoft Excel 2013", 9)
  MsgBox Right("Microsoft Excel 2013", 4)
  MsgBox Mid("Microsoft Excel 2013", 11, 5)
End Sub
```

Das drei Meldungsfelder in Listing 10.41 zeigen *Microsoft*, *2013* und *Excel* an.

Die Position einer Zeichenfolge suchen

Mittels der Funktion Instr kann die Position des Auftretens eines Zeichens oder einer Zeichenkette ermittelt werden. Insgesamt können vier Argumente übergeben werden, wobei in der Regel nur die ersten drei verwendet werden. Das erste Argument gibt an, ab welcher Position gesucht werden soll. Das zweite Argument nimmt die zu durchsuchende Zeichenfolge auf und das dritte Argument das gesuchte Zeichen bzw. die gesuchte Zeichenfolge.

Listing 10.42   Die Position von Zeichen ermitteln

```
Public Sub ZeichenfolgeSuchen()
  MsgBox InStr(1, "Microsoft Excel 2013", " ")        ' Ergebnis 10
  MsgBox InStr(12, "Microsoft Excel 2013", " ")       ' Ergebnis 16

  MsgBox InStr(1, "Microsoft Excel 2013", "Microsoft") ' Ergebnis 1
  MsgBox InStr(1, "Microsoft Excel 2013", "Excel")    ' Ergebnis 11
End Sub
```

Typumwandlungsfunktionen

Während der Entwicklung von Prozeduren und Anwendungen kann es Situationen geben, in denen Sie den Typ einer Variablen in einen anderen Datentyp umwandeln müssen. Ein Beispiel ist die Ausgabe eines Textes innerhalb Ihrer Anwendung, der das Ergebnis einer Berechnung beinhaltet. Ein anderes Beispiel ist, dass Sie eine eigene Funktion schreiben, die beispielsweise Argumente des Typs String erwartet, der aber unter Umständen der Inhalt einer Variablen des Type Long übergeben werden muss.

> **HINWEIS** Die in VBA verfügbaren Datentypen sowie deren Wertebereiche werden im zweiten Kapitel ausführlich erläutert.

Auch in Excel sind implizite Typumwandlungen zu finden. So ist ein Datum in einer Zelle letztendlich eine Zahl, was das Rechnen mit Datumsangaben deutlich vereinfacht. Sie können dies selbst überprüfen: geben Sie in eine Zelle ein Datum ein. Excel wird im Regelfall die Zelle automatisch so formatieren, dass Sie ein Datum sehen. Formatieren Sie nun die Zelle als Zahl. Das Datum wird nun als Ganzzahl angezeigt.

VBA stellt Ihnen zur Konvertierung für jeden Datentyp eine entsprechende Funktion zur Verfügung. Diese Funktionen sind in Tabelle 10.14 aufgeführt.

Tabelle 10.14 Typumwandlungsfunktionen in VBA

Funktion	Konvertierung	Anmerkungen
CBool	Boolean	
CByte	Byte	
CCur	Currency	
CDate	Date	
CDbl	Double	
CDec	Decimal	
CInt	Integer	Kommazahlen werden ab- bzw. aufgerundet
CLng	Long	Kommazahlen werden ab- bzw. aufgerundet
CLngLng	LongLong	Nur auf 64-Bit Plattformen zulässig, ab Excel 2010
CLngPtr	LongPtr	Ab Excel 2010
CSng	Single	
CStr	String	
CVar	Variant	

In Listing 10.43 ist eine Prozedur implementiert, die einen Wert vom Typ Double jeweils in die Typen Date, Long und String konvertiert.

Listing 10.43   Makro zur Umwandlung von Datentypen

```
Public Sub TypenUmwandeln()
    Dim dblWert      As Double
    Dim datErgebnis As Date
    Dim lngErgebnis As Long
    Dim strErgebnis As String

    ' Zuweisen des Double Werts
    dblWert = 1.75

    ' Konvertieren in ein Datum, in einen Long Wert und in eine Zeichenkette
    datErgebnis = CDate(dblWert)
    lngErgebnis = CLng(dblWert)
    strErgebnis = CStr(dblWert)

    ' Ausgabe der konvertierten Werte in einem Meldungsfeld
    MsgBox datErgebnis
    MsgBox lngErgebnis
    MsgBox strErgebnis

End Sub
```

Die drei Meldungsfelder zeigen Ihnen die Werte *31.12.1899 18:00:00*, *2* und *1,75* an. Beachten Sie, dass die Umwandlung in den Typ Long die Ursprungszahl 1.75 aufgerundet hat. Wenn Sie im Code statt 1.75 den Wert 1.25 angeben würden, würde das Ergebnis *1* lauten. Bei der Konvertierung der Kommazahl zu der Ganzzahl wird kaufmännisch gerundet.

ACHTUNG   Es ist nicht möglich, einen Datentyp in einen anderen umzuwandeln, wenn der Wertebereich des Zieldatentyps nicht eingehalten wird. Dazu ein Beispiel: wenn Sie versuchen, eine Variable vom Typ Long mit einem aktuellen Wert von 750 in den Typ Byte umzuwandeln, erhalten Sie einen Laufzeitfehler.

Mathematische Operatoren in VBA

Neben den üblichen Operatoren zur Addition, Subtraktion, Multiplikation und Division stellt VBA auch zwei weitere mathematische Operatoren zur Verfügung Der Operator Mod ermöglicht es, den Rest einer Division zu ermitteln und der Operator \ liefert den ganzzahligen Anteil einer Division.

Listing 10.44   Rest- und Ganzzahlige Divisionen in VBA

```
Public Sub RestDivisionUndGanzzahligeDivision()

    MsgBox 10 Mod 5 ' Rest - 10 ÷ 5 = 0
    MsgBox 11 Mod 5 ' Rest - 11 ÷ 5 = 1
    MsgBox 12 Mod 5 ' Rest - 12 ÷ 5 = 2

    MsgBox 10 \ 5    ' Ganzzahlige Division - 10 ÷ 5 = 2
    MsgBox 11 \ 5    ' Ganzzahlige Division - 11 ÷ 5 = 2
    MsgBox 12 \ 5    ' Ganzzahlige Division - 12 ÷ 5 = 2

End Sub
```

Praxisbeispiele

In diesem Abschnitt werden ausgesuchte Praxisbeispiele vorgestellt, die die Inhalte vorangegangener Abschnitte kombinieren. Sie erfahren, wie Sie einen Monatskalender für das aktuelle Jahr in VBA erstellen, wie Sie Zellen auf Grund von Kriterien suchen und einfärben können und wie Sie zeitgesteuerte Prozeduren erstellen.

ONLINE   Sie finden die Arbeitsmappe mit dem Code zu diesem Abschnitt im Ordner *\Buch\Kap10* in der Datei *Bsp10_10.xlsm.*

Einen Monatskalender mit VBA generieren

Die Schwierigkeit, einen Monatskalender zu erstellen, besteht darin, den ersten Tag jeden Monats in die richtige Zelle einzutragen. Die zweite Herausforderung ergibt sich daraus, die folgenden Tage korrekt anzuschließen und jede Woche mit einer neuen Zeile zu beginnen.

Abbildg. 10.6   Ein Monatskalender

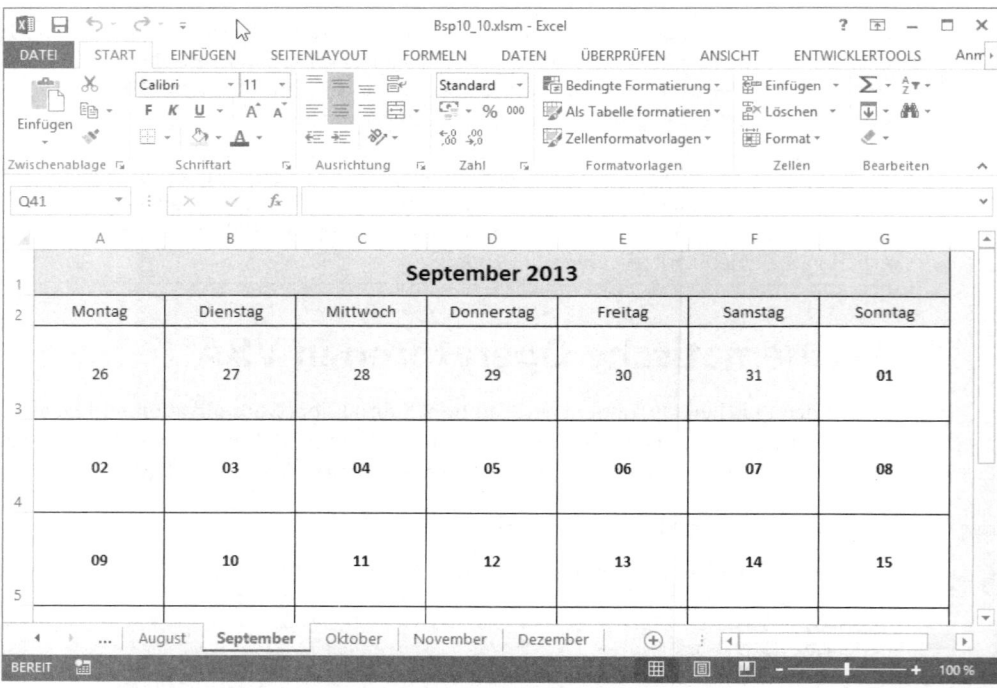

In Listing 10.45 wird ein Monatskalender implementiert, der eine Vorlage für die einzelnen Monate dupliziert und füllt. Zudem werden die Tage für den Vormonat und Folgemonat eingetragen und deren Zellen grau hinterlegt. Schließlich wählt der Kalender den aktuellen Monat aus. In der Beispieldatei finden Sie zudem eine Prozedur, um den erstellten Monatskalender wieder zu löschen.

Listing 10.45   Einen Monatskalender erstellen

```
Public Sub MonatskalenderGenerieren()
    Dim lngIndex    As Long
    Dim lngZeile    As Long
    Dim lngSpalte   As Long
    Dim lngMonat    As Long
    Dim lngJahr     As Long
    Dim lngTag      As Long
    Dim strTabelle  As String

'   Bildschirmaktualisierung ausschalten
    Application.ScreenUpdating = False

'   Aktuelles Jahr
    lngJahr = Year(Date)

'   Tabellen generieren
    For lngMonat = 1 To 12

'       Tabellenname
        strTabelle = Format(DateSerial(lngJahr, lngMonat, 1), "mmmm")

'       Kopie der Vorlage erstellen
        ThisWorkbook.Worksheets("Vorlage").Copy After:= _
        ThisWorkbook.Worksheets(ThisWorkbook.Worksheets.Count)

'       Umbenennen
        ThisWorkbook.Worksheets(ThisWorkbook.Worksheets.Count).Name = strTabelle

'       Werte
        With ThisWorkbook.Worksheets(strTabelle)

'           Überschrift erzeugen
            .Cells(1, 1).Value = DateSerial(lngJahr, lngMonat, 1)
            .Cells(1, 1).NumberFormat = "mmmm yyyy"
            .Cells(1, 1).Font.Bold = True
            .Cells(1, 1).Font.Size = 16

'           Startzelle finden, der erste Tag beginnt in Zelle A3
            lngZeile = 3
            lngSpalte = Weekday(DateSerial(lngJahr, lngMonat, 1), vbMonday)

'           Tage des Vormonats füllen
            For lngIndex = lngSpalte - 1 To 1 Step -1
              .Cells(lngZeile, lngIndex).Value = Day(DateSerial(lngJahr, _
              lngMonat, 1) - (lngSpalte - lngIndex))
              .Cells(lngZeile, lngIndex).NumberFormat = "00"
              .Cells(lngZeile, lngIndex).Interior.ThemeColor = xlThemeColorDark1
              .Cells(lngZeile, lngIndex).Interior.TintAndShade = -0.05
            Next lngIndex

'           Tag
            lngTag = 1
```

Listing 10.45   Einen Monatskalender erstellen *(Fortsetzung)*

```
'       Tage auffüllen
        For lngIndex = 1 To 31

'           Prüfen, ob der Tag innerhalb des Monats ist
            If Month(DateSerial(lngJahr, lngMonat, lngIndex)) <> lngMonat Then
              Exit For
            Else
             .Cells(lngZeile, lngSpalte).Value = lngTag
             .Cells(lngZeile, lngSpalte).NumberFormat = "00"
             .Cells(lngZeile, lngSpalte).Font.Bold = True
            End If

'           Erhöhen
            lngTag = lngTag + 1
            lngSpalte = lngSpalte + 1

'           Prüfen
            If lngSpalte > 7 Then
              lngSpalte = 1
              lngZeile = lngZeile + 1
            End If

        Next lngIndex

'       Tage des Folgemonats füllen
        If lngSpalte > 1 Then
          For lngIndex = lngSpalte To 7
           .Cells(lngZeile, lngIndex).Value = lngIndex - lngSpalte + 1
           .Cells(lngZeile, lngIndex).NumberFormat = "00"
           .Cells(lngZeile, lngIndex).Interior.ThemeColor = xlThemeColorDark1
           .Cells(lngZeile, lngIndex).Interior.TintAndShade = -0.05
          Next lngIndex
        End If

      End With

    Next lngMonat

'   Aktuellen Monat auswählen
    ThisWorkbook.Worksheets(Format( _
    DateSerial(lngJahr, Month(Date), 1), "mmmm")).Activate

'   Bildschirmaktualisierung einschalten
    Application.ScreenUpdating = True

  End Sub
```

TIPP   Nutzen Sie die Debugging-Funktionen des VBA-Editors, wie das Setzen von Haltepunkten, das schrittweise Durchlaufen des Codes oder den Direktbereich zur Ausgabe von
Variablen, wenn für Sie z.B. Unklarheiten im Ablauf des Codes in Listing 10.45 bestehen. Im siebten Kapitel wurden diese Hilfsmittel detailliert erläutert.

Wochentage in einem Kalender hervorheben

Einige Möglichkeiten zum Suchen von Zellen aufgrund bestimmter Kriterien haben Sie bereits kennengelernt: so wurde im neunten Kapitel die Methode SpecialCells des Range-Objekts vorgestellt, die z.B. leere Zellen in einem Bereich findet. Durch das Verwenden des WorksheetFunction-Objekts können Sie Excel-Funktionen zur Suche verwenden. Eine weitere Methode ist das Durchlaufen der Zellen mithilfe von Code und Prüfen eigener Bedingungen.

Nehmen wir hierzu an, in einem für das aktuelle Jahr über Formeln aufgebauten Jahreskalender sind die einzelnen Monate spaltenweise im Bereich B4:M34 abgelegt.

Abbildg. 10.7   Ein Jahreskalender

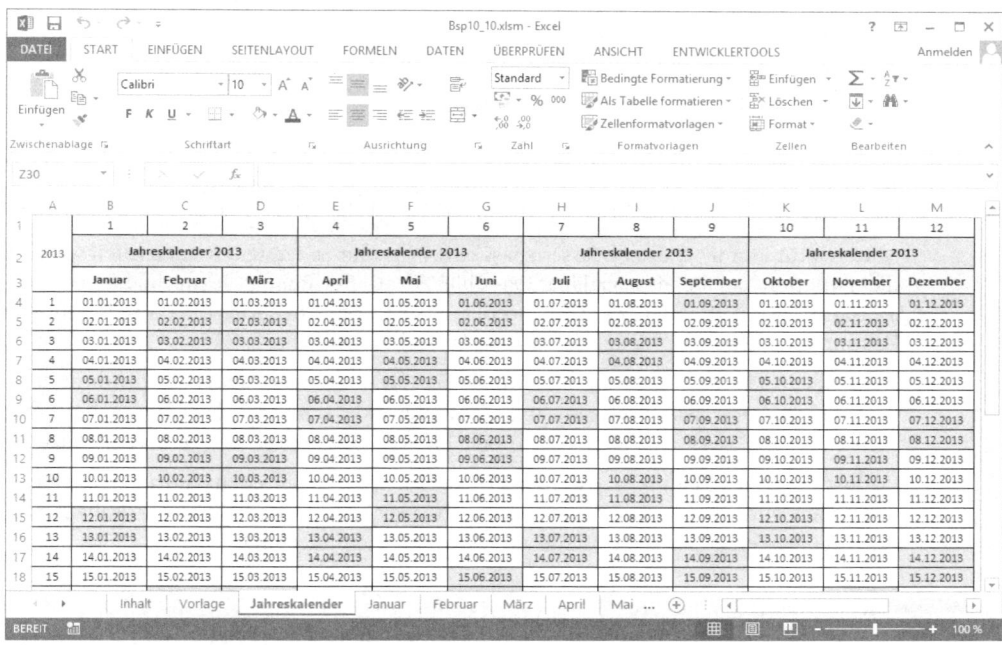

Sie möchten nun die Wochenenden per VBA farblich blau hervorheben. Dies lässt sich anhand der WeekDay-Funktion sowie einer Iteration über alle Zellen recht einfach bewerkstelligen. Liefert das Ergebnis der WeekDay-Funktion einen Wert größer 5, handelt es sich bei dem Datum um ein Wochenende. Zuvor muss noch abgefragt werden, ob auch ein Wert in der Zelle vorhanden ist, denn nicht jeder Monat hat 31 Tage.

Listing 10.46   Wochenendtage in einem Jahreskalender hervorheben

```
Public Sub JahreskalenderEinfaerben()
  Dim rngZelle As Range

  With ThisWorkbook.Worksheets("Jahreskalender").Range("B4:M34")
    .Interior.ColorIndex = xlNone
    For Each rngZelle In .Cells
      If Len(rngZelle.Value) > 0 Then
```

Listing 10.46 Wochenendtage in einem Jahreskalender hervorheben *(Fortsetzung)*

```
            If Weekday(rngZelle.Value, vbMonday) > 5 Then
                rngZelle.Interior.ThemeColor = xlThemeColorAccent1
                rngZelle.Interior.TintAndShade = 0.75
            End If
        End If
    Next rngZelle
  End With
End Sub
```

> **HINWEIS**   Das Hervorheben der Wochenenden lässt sich in Excel auch sehr bequem per bedingter Formatierung realisieren. Als Bedingung kann folgende Formel verwendet werden, die sich auf den Bereich $B$4:$M$34 bezieht.
>
> ```
> =WOCHENTAG(A4;2)>5
> ```

Zeitgesteuerte Prozedur entwickeln

Mittels VBA können Sie veranlassen, dass eine Prozedur zeitgesteuert aufgerufen wird. Hierfür steht die Funktion OnTime des Application-Objekts zur Verfügung. Je nachdem, ob das Argument Schedule der Funktion OnTime auf True oder False gesetzt wird, wird die Prozedur zum angegebenen Zeitpunkt aufgerufen oder aus der OnTime-Aufrufliste gelöscht.

Der Code in Listing 10.47 lässt das aktuelle Datum im Jahreskalender – siehe dazu das Beispiel aus dem vorherigen Abschnitt – im Sekundentakt blinken. Dabei schaltet die Prozedur BlinkenEinschalten das Blinken ein und die Prozedur BlinkenAusschalten wieder aus.

Dadurch, dass der Name der Prozedur BlinkenEinschalten bei jedem Aufruf an die Funktion OnTime übergeben wird, wird eine Rekursion erzielt. Der nächste Zeitpunkt des Aufrufs wird über das Addieren von einer Sekunde auf die aktuelle Systemzeit errechnet:

```
Now + TimeValue("00:00:01")
```

Damit die Position der Zelle sowie die Ursprungsfarbe der Zelle jederzeit zur Verfügung stehen, werden diese in Variablen auf Modulebene abgelegt.

Listing 10.47 Prozedur zeitgesteuert ausführen

```
' Auf Modulebene deklarierte und nicht öffentliche Variablen
  Private mlngFarbe   As Long
  Private mlngZeile   As Long
  Private mlngSpalte  As Long

' Öffentliche Prozeduren
  Public Sub BlinkenEinschalten()
    Dim lngZeile As Long
    Dim lngSpalte As Long
```

Listing 10.47   Prozedur zeitgesteuert ausführen *(Fortsetzung)*

```
    ' Modulvariablen initialisieren, wenn dies noch nicht geschehen ist
    If mlngFarbe = 0 Then
        mlngZeile = Day(Date) + 3       ' Erster Tag beginnt bei Zeile 4
        mlngSpalte = Month(Date) + 1    ' Erster Monat beginnt bei Spalte 2
        mlngFarbe = ThisWorkbook.Worksheets("Jahreskalender") _
                    .Cells(mlngZeile, mlngSpalte).Interior.ThemeColor
    End If

    ' Hintergrundfarbe ändern
    With ThisWorkbook.Worksheets("Jahreskalender") _
        .Cells(mlngZeile, mlngSpalte).Interior
        If .ThemeColor <> xlThemeColorAccent6 Then
        .ThemeColor = xlThemeColorAccent6
        Else
            .ThemeColor = mlngFarbe
        End If
    End With

    ' Blinken
    Application.OnTime EarliestTime:=Now + TimeValue("00:00:01"), _
                        Procedure:="BlinkenEinschalten", _
                        Schedule:=True

End Sub

Public Sub BlinkenAusschalten()
    On Error Resume Next
    Application.OnTime EarliestTime:=Now + TimeValue("00:00:01"), _
                        Procedure:="BlinkenEinschalten", _
                        Schedule:=False
    ThisWorkbook.Worksheets("Jahreskalender") _
    .Cells(mlngZeile, mlngSpalte).Interior.ThemeColor = mlngFarbe
End Sub
```

Um das Blinken abzuschalten, muss einmalig die Prozedur BlinkenAusschalten aufgerufen werden. Diese setzt zudem die Zelle auf die Ursprungsfarbe zurück. Das Übergehen der Fehlerbehandlung beugt Fehlern vor, die entstehen können, wenn versucht wird eine Prozedur anzuhalten, die nicht aktiv ist.

Kapitel 11

Drucken und Seitenlayout anpassen

Wissen und Praxis verbinden

In diesem Kapitel:

In diesem Kapitel erfahren Sie, wie Sie in VBA die Kopf- und Fußzeilen verändern und anpassen können, wie Sie das Seitenlayout Ihrer Tabellen festlegen, und wie Sie eine oder mehrere Tabellen drucken können. Einige Praxisbeispiele in den einzelnen Abschnitten runden dieses Kapitel ab.

Kopf- und Fußzeilen verändern

Seit Excel 2007 beinhaltet die Seitenlayout-Ansicht deutlich bequemere Funktionen, um die Kopf- und Fußzeilen einzelner Tabellen zu formatieren und mit dynamischen Feldern zu versehen. In dieser Ansicht können Kopf- und Fußzeilen per Mausklick eingefügt werden.

Abbildg. 11.1   Seitenlayout-Ansicht in Excel 2013

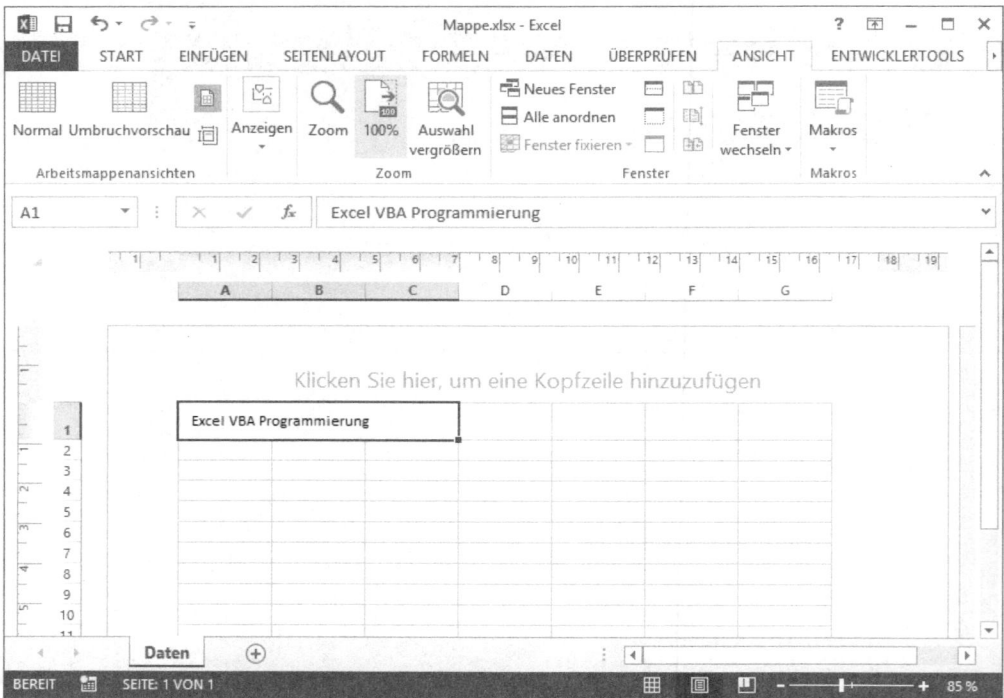

Sie erreichen die Seitenlayout-Ansicht über einen Mausklick auf das entsprechende Symbol der Statusleiste oder über die Schaltfläche *Seitenlayout* im Menü *ANSICHT* des Menübands. Falls Sie in der Normalansicht im Menü *EINFÜGEN* die Schaltfläche *Kopf- und Fußzeile* anklicken, wechselt Excel zudem automatisch zu der Seitenlayout-Ansicht.

Sobald Sie in dieser Ansicht ein Element in der Kopf- oder Fußzeile anklicken, sind die Kopfzeilen- und Fußzeilentools aktiv, die Ihnen verschiedene Optionen zur Formatierung und zum Einfügen variabler Elemente anbieten. Diese Optionen sind auch in VBA verfügbar und Thema dieses Abschnitts.

Es gibt insgesamt sechs Bereiche, in denen Kopf- bzw. Fußzeilenangaben untergebracht werden können. Die in Tabelle 11.1 aufgeführten Eigenschaften spiegeln diese sechs Bereiche wider und werden Ihnen im Verlauf dieses Kapitels öfter begegnen.

Tabelle 11.1 Eigenschaften für Kopf- und Fußzeilen

Eigenschaft	Bedeutung
LeftHeader	Linke Kopfzeile
CenterHeader	Mittlere Kopfzeile
RightHeader	Rechte Kopfzeile
LeftFooter	Linke Fußzeile
CenterFooter	Mittlere Fußzeile
RightFooter	Rechte Fußzeile

Als Teil des PageSetup-Objekts sind diese sechs genannten Eigenschaften vom Typ String, also Zeichenketten, und besitzen somit keine eigenen Eigenschaften.

Formatierungen und Felder in Kopf- und Fußzeilen verwenden

Kopf- und Fußzeilen können in Excel formatiert werden, jedoch steht hierzu nur eine eingeschränkte Anzahl an Möglichkeiten zur Verfügung. So ist es beispielsweise nicht möglich, die Hintergrundfarbe der Kopf- und Fußzeilen einzustellen.

ONLINE   Sie finden die Arbeitsmappe mit dem Code zu diesem Abschnitt im Ordner *\Buch\Kap11* in der Datei *Bsp11_01.xlsm*.

Mit VBA funktioniert das Formatieren der Kopf- und Fußzeilen etwas anders als gewohnt bzw. als man erwarten würde. So stehen keine dedizierten Eigenschaften zur Verfügung, sondern eine Formatierung wird kodiert an eine der in Tabelle 11.1 genannten Eigenschaften übergeben.

Tabelle 11.2 listet die wichtigsten Formatcodes auf. Weitere Formatcodes finden Sie in der VBA-Online-Hilfe, wenn Sie dort nach »Format- und VBA-Codes für Kopf- und Fußzeilen« suchen.

Tabelle 11.2 Formatcodes für Kopf- und Fußzeilen

Formatcode	Ergebnis
&8	Schriftgröße in 8 Punkt anzeigen
&"Lucida Sans"	Schriftart Lucida Sans wählen
&R	Nach rechts ausrichten
&L	Nach links ausrichten
&C	Zentrieren

Tabelle 11.2   Formatcodes für Kopf- und Fußzeilen *(Fortsetzung)*

Formatcode	Ergebnis
&U	Unterstreichen
&E"	Doppelt unterstreichen
&X"	Hochstellen
&Y"	Tiefstellen
&MFF0000	Rote Schriftfarbe verwenden
&M000000	Schwarze Schriftfarbe verwenden
&MFFFFFF"	Weiße Schriftfarbe verwenden

Beachten Sie, dass im Formatcode Schriftarten von Anführungszeichen umschlossen sein müssen, da sonst der Schriftname als Teil eines Textes interpretiert würde. Der Angabe &M folgt der Hexadezimalcode einer Farbe, der letztendlich den jeweiligen drei Anteilen Rot, Grün und Blau der RGB-Funktion in VBA entspricht. Im zehnten Kapitel wurde die RGB-Funktion bereits ausführlicher vorgestellt. In Listing 11.1 ist eine Hilfsfunktion implementiert, die eine Farbe umwandelt, deren RGB-Werte bekannt sind.

Listing 11.1   Hilfsfunktion zum Umwandeln von RGB-Farben in hexadezimaler Schreibweise

```
Public Function RGBHex(R As Long, G As Long, B As Long) As String
  RGBHex = String(2 - Len(Hex(R)), "0") & Hex(R) & _
           String(2 - Len(Hex(G)), "0") & Hex(G) & _
           String(2 - Len(Hex(B)), "0") & Hex(B)
End Function
```

Neben den Formatcodes können auch Codes für Felder verwendet werden, die dynamisch Inhalte in die Kopf- und Fußzeilen einfügen. In Tabelle 11.2 sind die möglichen Codes aufgeführt.

Tabelle 11.3   Felder für Kopf- und Fußzeilen

Feld	Beschreibung
&P	Aktuelle Seite
&N	Gesamte Anzahl Seiten
&D	Datum
&T	Uhrzeit
&Z	Dateipfad
&F	Dateiname
&A	Blattregistername
&G	Grafik
&&	Kaufmännisches Und-Zeichen

In Listing 11.2 finden Sie ein Codebeispiel, welches eine Kombination der oben genannten Möglichkeiten in der Kopf- und Fußzeile einfügt. Beispielsweise wird in der linken Seite der Kopfzeile ein Datum in der Schriftgröße 8 eingefügt und nach links ausgerichtet. In der Fußzeile wird der Dateiname inklusive Pfad rechts ausgerichtet eingefügt.

Listing 11.2 Kopf- und Fußzeilen formatieren

```
Public Sub KopfzeileUndFusszeile()
  With ThisWorkbook.Worksheets(2).PageSetup
'    Kopfzeile
    .LeftHeader = "&L&8&D"
    .CenterHeader = "&""Lucida Sans""&14" & "Mourad"
    .RightHeader = "&R&8&T"

'    Fußzeile
    .LeftFooter = "Seite &P von &N"
    .CenterFooter = ""
    .RightFooter = "&Z&F"
  End With
End Sub
```

Praxisbeispiele zur Verwendung von Kopf- und Fußzeilen

In diesem Abschnitt finden Sie einige Praxisbeispiele, wie sie beispielsweise in Foren häufiger nachgefragt werden.

Zeilenumbrüche in Kopf- und Fußzeilen

Die sechs unterschiedlichen Bereiche in den Kopf- und Fußzeilen können leider nicht wie eine Zelle bearbeitet werden. So haben Sie zum Beispiel keine Möglichkeit, die Breite der Felder individuell anzupassen. Wenn der Text des linken Fußzeilenbereichs so lang ist, dass er über den mittleren Abschnitt hinausragt, wird der Text des mittleren Fußzeilenbereichs ganz oder teilweise überdeckt. Dadurch werden die darin enthalten Informationen unleserlich.

Bei einem Text, der eingetippt wird, ist es ein leichtes, einen Umbruch per ⏎-Taste zu erzeugen. Wenn jedoch z.B. der Dateipfad und der Dateiname per Formatcode manuell eingefügt werden, besteht keine Möglichkeit, den Pfad umzubrechen.

In VBA können Sie den Dateipfad und den Dateinamen der Mappe ermitteln und per Code in einzelne Zeilen aufteilen. In Listing 11.3 ist eine VBA-Prozedur aufgeführt, die diese Aufgabe übernimmt. Dabei teilt die Prozedur den Pfad so auf, dass nur nach dem Pfadtrennzeichen (\) ein Umbruch eingefügt werden darf.

Listing 11.3 Pfad in Fußzeile umbrechen

```
Public Sub PfadAufteilen()
  Dim lngIndex    As Long
  Dim lngAnzahl   As Long
  Dim lngMax      As Long
```

Listing 11.3   Pfad in Fußzeile umbrechen *(Fortsetzung)*

```
    Dim strDatei    As String
    Dim strErgebnis As String
    Dim strZeichen  As String

    ' Initialisieren
    strDatei = ThisWorkbook.FullName
    lngAnzahl = 1
    lngMax = 32      ' Willkürlicher Wert

    ' Jedes Zeichen in der Scheife prüfen
    For lngIndex = 1 To Len(strDatei)
    ' Aktuelles Zeichen
      strZeichen = Mid(strDatei, lngIndex, 1)
    ' Trennzeichen gefunden
      If strZeichen = "\" Then
    ' Ist die aktuelle Anzahl der Zeichen kleiner als lngMax?
        If lngAnzahl < lngMax Then
          lngAnzahl = lngAnzahl + 1
          strErgebnis = strErgebnis & strZeichen
        Else
          lngAnzahl = 1
          strErgebnis = strErgebnis & strZeichen & vbCr
        End If
      Else
        lngAnzahl = lngAnzahl + 1
        strErgebnis = strErgebnis & strZeichen
      End If
    Next

    ' Übergabe an die Fußzeile
    ThisWorkbook.Worksheets(2).PageSetup _
    .LeftFooter = "&8" & strErgebnis
End Sub
```

Zu Beginn der Prozedur wird der Dateiname inklusive dem Pfad in die Variable strDatei eingelesen. Die Variable lngAnzahl stellt einen Zähler dar, der nicht größer als lngMax werden darf. Die Variable lngMax ist wiederum ein willkürlicher Wert, den Sie natürlich auch verändern können.

Die Schleife liest Zeichen für Zeichen der Variable strDatei aus und legt diese in die Variable strZeichen ab. Entspricht das ausgelesene Zeichen nicht dem Pfadtrennzeichen, wird es der Variable strErgebnis hinzugefügt und gleichzeitig die Variable lngAnzahl um 1 erhöht. Ist strZeichen = "\", erfolgt eine zweite Prüfung, ob der aktuelle Wert von lngAnzahl kleiner dem Wert von lngMax ist oder nicht. Nur wenn lngAnzahl größer oder gleich dem Wert von lngMax ist, wird der Variablen strErgebnis zusätzlich ein Umbruch angefügt.

Benutzername in Kopf- und Fußzeilen ausgeben

Bei der Installation bietet Microsoft Office in der Regel an, einen Benutzernamen und Kürzel anzugeben. Diese Angaben, die Sie auch nachträglich z.B. in den Excel-Optionen verändern können, sind auch über VBA abrufbar. Hierzu steht Ihnen die Eigenschaft UserName des Application-Objekts zur Verfügung.

Der Benutzername in Office muss nicht immer mit dem Benutzernamen des Systems übereinstimmen. Über die VBA-Funktion Environ lassen sich durch Angabe eines Parameters die Umgebungsvariablen des Systems abrufen. Der Benutzername kann mithilfe von `Environ("UserName")` abgerufen werden. Diese Informationen können dann in einer Kopf- oder Fußzeile verwendet werden, wie Listing 11.4 zeigt.

Listing 11.4 Benutzernamen in der Kopfzeile ausgeben

```
Public Sub BenutzernamenInKopfzeile()
  With ThisWorkbook.Worksheets(3).PageSetup
    .LeftHeader = "&L" & Environ("UserName")
    .RightHeader = "&R" & Application.UserName
  End With
End Sub
```

Anzahl der Arbeitsblätter in Kopf- und Fußzeilen ausgeben

Es gibt kein vordefiniertes Feld, welches die Anzahl der Tabellenblätter in Kopf- oder Fußzeilen ausgibt. Über VBA und die Auflistung Worksheets ist es jedoch sehr einfach, diese Information einer Kopfzeile oder Fußzeile hinzuzufügen, wie Sie Listing 11.5 entnehmen können.

Listing 11.5 Anzahl der Tabellenblätter in der Fußzeile ausgeben

```
Public Sub AnzahlTabellenInFusszeile()
  With ThisWorkbook.Worksheets(3).PageSetup
    If ThisWorkbook.Worksheets.Count > 1 Then
      .CenterFooter = ThisWorkbook.Worksheets.Count & " Tabellen"
    Else
      .CenterFooter = ThisWorkbook.Worksheets.Count & " Tabelle"
    End If
  End With
End Sub
```

Einheitliche Kopf- und Fußzeilen für alle Arbeitsblätter einrichten

Falls Sie in der gesamten Arbeitsmappe einheitliche Kopf- und Fußzeilen verwenden möchten, bietet sich eine Schleife an, in der Sie für jede Tabelle die Einstellungen vornehmen. In Listing 11.6 werden die Fußzeilen aller Arbeitsblätter vereinheitlicht.

Listing 11.6 Einheitliche Fußzeilen für alle Arbeitsblätter

```
Public Sub EinheitlicheFusszeilen()
  Dim wksTabelle As Worksheet

  For Each wksTabelle In ThisWorkbook.Worksheets
    wksTabelle.PageSetup.LeftFooter = "&&&L" & "Links"
    wksTabelle.PageSetup.CenterFooter = "&12" & "Mitte"
    wksTabelle.PageSetup.RightFooter = "&8%R" & "Rechts"
  Next
End Sub
```

Sämtliche Kopf- und Fußzeilen aus einer Arbeitsmappe entfernen

Ähnlich wie im vorherigen Beispiel können Sie alle Kopf- und Fußzeilen in allen Arbeitsblättern entfernen. Setzen Sie dazu die Felder auf eine leere Zeichenfolge.

Wissen und Praxis verbinden

Listing 11.7 Sämtliche Kopf- und Fußzeilen aus der Arbeitsmappe entfernen

```
Public Sub KopfzeilenUndFusszeilenEntfernen()
 Dim wksTabelle As Worksheet

 For Each wksTabelle In ThisWorkbook.Worksheets
   wksTabelle.PageSetup.LeftHeader = ""
   wksTabelle.PageSetup.CenterHeader = ""
   wksTabelle.PageSetup.RightHeader = ""
   wksTabelle.PageSetup.LeftFooter = ""
   wksTabelle.PageSetup.CenterFooter = ""
   wksTabelle.PageSetup.RightFooter = ""
 Next
End Sub
```

Grafik in Kopf- und Fußzeilen einfügen

In Kopf- und Fußzeilen können auch Grafiken eingefügt werden, beispielsweise das Logo Ihres Unternehmens. Zudem besteht die Möglichkeit, die Grafik zu formatieren, wobei jedoch nicht alle gewohnten Optionen zur Verfügung stehen. Es lassen sich aber z.B. die Größe und Skalierung oder Optionen zur Bildsteuerung einstellen, wie die Helligkeit und der Kontrast.

In der Excel-Oberfläche kann die Grafik selbst nicht wie üblich in den Kopf- und Fußzeilen angeklickt werden, sondern es muss der Umweg über die Schaltfläche *Grafik formatieren* im Menü *ENTWURF* genommen werden.

In VBA können sie zum Einfügen und Formatieren einer Grafik die Eigenschaft LeftHeaderPicture des PageSetup-Objekts verwenden. Die Eigenschaft ist ein Objekt vom Typ Graphic und stellt weitere Eigenschaften zur Verfügung, wie z.B. die Auswahl einer Farbtransformation oder die Festlegung von Höhe, Breite, Kontrast oder Helligkeitsstufe.

In Listing 11.8 wird eine Grafik auf der linken Seite der Kopfzeile eingefügt, und als Farbtransformation wird msoPictureGrayscale gewählt, was einer Umwandlung in Graustufen entspricht. Als Quelldatei wird ein Bild angegeben, das sich im selben Verzeichnis wie die Arbeitsmappe befindet. Das Bild muss vorhanden sein, ansonsten erhalten Sie einen Laufzeitfehler. Beachten Sie auch, dass der Code &G in der Kopfzeile vermerkt werden muss.

Listing 11.8 Grafik in Kopfzeile einfügen

```
Public Sub GrafikInKopfzeile()
  With ThisWorkbook.Worksheets(3).PageSetup
   .LeftHeaderPicture.Filename = ThisWorkbook.Path & "\" & "Avatar.bmp"
   .LeftHeaderPicture.LockAspectRatio = msoTrue
   .LeftHeaderPicture.Height = 25
   .LeftHeaderPicture.ColorType = msoPictureGrayscale
   .LeftHeader = "&G"
  End With
End Sub
```

In Tabelle 11.4 sind die Konstanten aufgelistet, die Sie zur Bestimmung der Farbtransformation verwenden können.

Tabelle 11.4   Konstanten zur Farbtransformation

Konstante	Beschreibung
msoPictureAutomatic	Automatisch, Standardeinstellung
msoPictureBlackAndWhite	Schwarz-weiß
msoPictureGrayscale	Graustufe
msoPictureWatermark	Wasserzeichen

Seitenlayout in VBA einrichten

In diesem Abschnitt werden häufige Aufgaben bei der Verwendung der Excel-Funktionen zur Einrichtung des Seitenlayouts vorgestellt, und Sie erfahren, wie Sie diese Aufgaben mit VBA lösen können. Manuell erreichen Sie die Funktionen beispielsweise über das Menü *SEITENLAYOUT* oder über die Druckvorschau unter *DATEI/Drucken*.

ONLINE   Sie finden die Arbeitsmappe mit dem Code zu diesem Abschnitt im Ordner *\Buch\Kap11* in der Datei *Bsp11_02.xlsm*.

Einen Druckbereich festlegen

Per VBA erfolgt die Festlegung eines Druckbereichs über die Zuweisung der Eigenschaft PrintArea des PageSetup-Objekts. Übergeben Sie der Eigenschaft den Druckbereich als Bereichsadresse, da sie vom Typ String ist. Folgender Code setzt den Druckbereich der zweiten Tabelle.

Listing 11.9   Druckbereich festlegen

```
Public Sub DruckbereichFestlegen()
    ThisWorkbook.Worksheets(2).PageSetup.PrintArea = _
    ThisWorkbook.Worksheets(2).Range("C3:J25").Address
End Sub
```

Um einen Druckbereich aufzuheben, leeren Sie den Inhalt der Eigenschaft PrintArea mithilfe einer leeren Zeichenfolge.

Listing 11.10   Druckbereich aufheben

```
Public Sub DruckbereichAufheben()
    ThisWorkbook.Worksheets(2).PageSetup.PrintArea = ""
End Sub
```

Ausrichtung im Hoch- oder Querformat festlegen

Um mit VBA die Ausrichtung des Arbeitsblatts beim Ausdruck festzulegen, verwenden Sie die Eigenschaft Orientation und übergeben ihr eine der Konstanten xlLandscape (Querformat) oder xlPortrait (Hochformat).

Wissen und Praxis verbinden

Listing 11.11   Umstellen auf Querformat

```
Public Sub AusrichtungHochformat()
   ThisWorkbook.Worksheets(2).PageSetup.Orientation = xlPortrait
End Sub

Public Sub AusrichtungQuerformat()
   ThisWorkbook.Worksheets(2).PageSetup.Orientation = xlLandscape
End Sub
```

Seitenränder und Zentrierung per VBA einstellen

In VBA lassen sich die Seitenränder sowie die Zentrierung anhand der in Listing 11.12 kommentierten Eigenschaften festlegen. Beachten Sie, dass Excel intern die Ränder in Punkt verwaltet. Somit müssen Zentimeterangaben in Punkt umgerechnet werden. Hierzu kann die Methode CentimetersToPoints des Application-Objekts verwendet werden.

Listing 11.12   Seitenränder und Zentrierung einstellen

```
Public Sub SeitenraenderEinrichten()
   With ThisWorkbook.Worksheets(2).PageSetup
      .LeftMargin = Application.CentimetersToPoints(2)      ' Rand – 2 cm Links
      .RightMargin = Application.CentimetersToPoints(2)     ' Rand – 2 cm Rechts
      .TopMargin = Application.CentimetersToPoints(2)       ' Rand – 2 cm Oben
      .BottomMargin = Application.CentimetersToPoints(2)    ' Rand – 2 cm Unten

      .HeaderMargin = Application.CentimetersToPoints(1)    ' Rand – 1 cm Kopfzeile
      .FooterMargin = Application.CentimetersToPoints(1)    ' Rand – 1 cm Fußzeile

      .CenterHorizontally = True                            ' Horizontal zentrieren
      .CenterVertically = True                              ' Vertikal zentrieren
   End With
End Sub
```

Wiederholungszeilen und -spalten einrichten

Im Dialogfeld *Seite einrichten*, das Sie über einen Klick auf die Schaltfläche *Drucktitel* des Menüs SEITENLAYOUT im Menüband erreichen, lassen sich Wiederholungszeilen und -spalten für die aktive Tabelle festlegen. Diese wiederholen beim Ausdruck einen bestimmten Bereich der Tabelle, sodass z.B. Überschriften von langen Listen auf jeder Druckseite erscheinen.

Mit VBA lassen sich die in der Microsoft-Terminologie genannten Drucktitel anhand der Eigenschaften PrintTitleRows und PrintTitleColumns festlegen, die wie der Druckbereich ebenfalls eine Bereichsadresse als Zuweisung erwarten.

Listing 11.13 Wiederholungszeilen und -spalten einstellen

```
Public Sub DrucktitelEinrichten()
  ThisWorkbook.Worksheets(2).PageSetup.PrintTitleRows = _
  ThisWorkbook.Worksheets(2).Range("1:3").Address

  ThisWorkbook.Worksheets(2).PageSetup.PrintTitleColumns = _
  ThisWorkbook.Worksheets(2).Range("A:C").Address
End Sub
```

Seitenumbrüche einrichten

Überschreitet der Druckbereich eine Seite, richtet Excel automatisch Seitenumbrüche ein, die sich aber auch manuell verschieben lassen. Hierzu stellt Excel die Ansicht *Seitenumbruchvorschau* zur Verfügung, die Sie z.B. über die Registerkarte *ANSICHT* erreichen.

Automatisch generierte Seitenumbrüche erscheinen in dieser Ansicht als blau gestrichelte Linie, der Druckbereich ist anhand von durchgezogenen blauen Linien gekennzeichnet. Die Linien lassen sich verschieben. Sobald ein Seitenumbruch manuell verschoben wurde, wird dieser als durchgezogene Linie angezeigt.

Auch in VBA lassen sich Umbrüche setzen. Dazu stehen die beiden Eigenschaften VPageBreaks und HPageBreaks des Worksheet-Objekts zur Verfügung, die die vertikalen und horizontalen Seitenumbrüche darstellen. Beide Eigenschaften sind Auflistungen und ermöglichen es, über die Methode Add neue Elemente hinzuzufügen sowie indexbasiert auf einzelnen Elemente zuzugreifen.

Die Prozedur in Listing 11.14 löscht alle horizontalen manuellen Umbrüche in der Tabelle und erstellt einen neuen manuellen Umbruch vier Zeilen unterhalb des oberen Rands des Druckbereichs.

Listing 11.14 Manuellen Umbruch dynamisch im Verhältnis zum Druckbereich erstellen

```
Public Sub HorizontaleSeitenumbrueche()
  Dim lngUmbruch As Long

  With ThisWorkbook.Worksheets(3)
'   Druckbereich prüfen
    If Len(.PageSetup.PrintArea) > 0 Then
'     Druckbereich testweise ausgeben
      MsgBox .PageSetup.PrintArea
'     Alle manuellen horizontalen Umbrüche löschen
      If .HPageBreaks.Count > 0 Then
        For lngUmbruch = .HPageBreaks.Count To 1 Step -1
          If .HPageBreaks(lngUmbruch).Type = xlPageBreakManual Then
            .HPageBreaks(lngUmbruch).Delete
          End If
        Next
      End If
'     Neuen manuellen Umbruch vier Zeilen tiefer im Verhältnis
'     zur oberen linken Ecke des Druckbereichs erstellen
      .HPageBreaks.Add .Range(.PageSetup.PrintArea).Cells(1, 1).Offset(4, 0)
'     Position des neuen manuellen Umbruchs testweise ausgeben
      MsgBox .HPageBreaks(1).Location.Address
    End If
  End With
End Sub
```

Falls Sie alle vertikalen und horizontalen Umbrüche zurücksetzen möchten, können Sie die Methode ResetAllPageBreaks verwenden. Dazu ein Beispiel:

```
ThisWorkbook.Worksheets(2).ResetAllPageBreaks
```

Weitere Optionen zur Seiteneinrichtung

Im Dialogfeld *Seite einrichten* finden sich weitere Optionen, beispielsweise zum Papierformat oder ob Gitternetzlinien ausgedruckt werden sollen. Diese Optionen finden sich im PageSetup-Objekt wieder. In Listing 11.15 sind einige dieser Eigenschaften aufgeführt.

Listing 11.15 Weitere Optionen zum *PageSetup*-Objekt

```
Public Sub WeitereOptionenSeiteEinrichten()
  With ThisWorkbook.Worksheets(2).PageSetup
   .PrintHeadings = False              ' Spaltenköpfe nicht drucken
   .PrintGridlines = True              ' Gitternetzlinien drucken
   .PrintComments = xlPrintNoComments  ' Kommentare nicht drucken
   .Draft = True                       ' Entwurfsmodus einschalten
   .PaperSize = xlPaperA4              ' DIN A4 verwenden
   .FitToPagesWide = 1                 ' Skalierung anpassen, 1 Seite hoch
   .FitToPagesTall = 4                 ' Skalierung anpassen, 4 Seiten breit
  End With
End Sub
```

Drucken in VBA

Im letzten Abschnitt dieses Kapitels lernen Sie die VBA-Methoden kennen, die Ihnen für den Ausdruck einzelner oder mehrere Tabellen zur Verfügung stehen.

ONLINE Sie finden die Arbeitsmappe mit dem Code zu diesem Abschnitt im Ordner *\Buch\Kap11* in der Datei *Bsp11_03.xlsm*.

Ein einzelnes Arbeitsblatt ausdrucken

Ein Arbeitsblatt kann grundsätzlich nur dann ausgedruckt werden, wenn es Daten enthält. Der Versuch, eine leere Tabelle zu drucken, endet in einer entsprechenden Meldung, die auf dem Bildschirm angezeigt wird. Das Gleiche gilt auch für den Wechsel in die Seitenansicht. Dieser kann nur erfolgen, wenn zumindest ein Zeichen auf dem Tabellenblatt vorhanden ist – und sei es nur ein Leerzeichen. Um ein einzelnes Arbeitsblatt auszudrucken, verwenden Sie die Methode PrintOut des Worksheets-Objekts.

Listing 11.16 Die aktive Tabelle drucken

```
Public Sub AktiveTabelleAusdrucken()
  ActiveSheet.PrintOut
End Sub
```

Falls Sie mehrere Kopien des Arbeitsblatts ausgeben möchten, ergänzen Sie die Anweisung um die gewünschte Anzahl der Kopien im Argument `Copies`.

Listing 11.17   Mehrere Kopien der aktiven Tabelle drucken

```
Public Sub AktiveTabelleAusdruckenMehrfach()
   ActiveSheet.PrintOut Copies:=5
End Sub
```

Falls die Tabelle aus mehreren Druckseiten besteht, können Sie anhand der Argumente `From` und `To` festlegen, welche davon ausgedruckt werden sollen.

Listing 11.18   Nur bestimmte Druckseiten ausgeben

```
Public Sub AktiveTabelleAusdruckenSeiten()
   ActiveSheet.PrintOut From:=2, To:=4
End Sub
```

Natürlich können Sie auch die einzelnen Argumente der Methode miteinander kombinieren. Das letzte Argument `Collate` legt fest, dass die Mehrfachkopien zusätzlich sortiert werden sollen.

Listing 11.19   Argumente miteinander kombinieren

```
Public Sub AktiveTabelleAusdruckenKombinieren()
   ActiveSheet.PrintOut Copies:=2, From:=2, To:=4, Collate:=True
End Sub
```

Das Argument `Preview` der `PrintOut`-Methode steuert, ob vor dem Ausdruck die Seitenansicht bzw. die Druckvorschau aufgerufen werden soll.

Listing 11.20   Seitenansicht aufrufen

```
Public Sub AktiveTabelleAusdruckenSeitenansicht()
   ActiveSheet.PrintOut Preview:=True
End Sub

Public Sub AktiveTabelleSeitenansicht()
   ActiveSheet.PrintPreview
End Sub
```

Die Seitenansicht kann zudem auch über die Methode `PrintPreview` aufgerufen werden, wie es die zweite Prozedur in Listing 11.20 demonstriert.

Mehrere Arbeitsblätter drucken

Sie haben auch die Möglichkeit, mehrere Tabellenblätter auf einmal auszudrucken. Hierzu können Sie die Namen der zu druckenden Arbeitsblätter über ein Array an die Auflistung `Worksheets` übegeben.

Listing 11.21   Mehrere Arbeitsblätter per Namensangabe drucken

```
Public Sub MehrereTabellenAusdrucken()
  ThisWorkbook.Worksheets(Array("Inhalt", "Übungstabelle")).PrintOut
End Sub
```

Sie können auch den Index der Tabellen verwenden, wobei Sie hier jedoch darauf achten müssen, dass Sie die Namen der Tabellen an das Array übergeben, denn dieses erwartet zur Erzeugung seiner Einträge eine Zeichenfolge.

Listing 11.22   Mehrere Arbeitsblätter per Angabe des Index drucken

```
Public Sub MehrereTabellenAusdruckenIndex()
  Worksheets(Array(Worksheets(1).Name, Worksheets(1).Name)).PrintOut
End Sub
```

Um alle Tabellen der Mappe auszudrucken, verwenden Sie eine Schleife, wie das Listing 11.23 demonstriert.

Listing 11.23   Alle Tabellenblätter ausdrucken

```
Public Sub AlleTabellenAusdrucken()
  Dim wsTabelle As Worksheet
  For Each wsTabelle In ThisWorkbook.Worksheets
    wsTabelle.PrintOut
  Next ws
End Sub
```

Praxisbeispiele zum Ausdrucken per VBA

Nachfolgend finden Sie einige Praxisbeispiele zum Thema Drucken in VBA, wie z.B. das Drucken einzelner Bereiche, das Ermitteln der Anzahl von Druckseiten einer Tabelle oder das Ausdrucken aller Formeln einer Tabelle.

Bereiche drucken

Um einen Bereich auszudrucken, müssen Sie lediglich anstelle des Arbeitsblatts den Bereich referenzieren.

Listing 11.24   Einen Bereich drucken

```
Public Sub BereichAusdrucken()
  ActiveSheet.Range("C8:F16").PrintOut Preview:=True
End Sub
```

Sie können auch zwei Bereiche auf je einer Seite ausdrucken. Sie brauchen dazu lediglich beide Bereiche einzutragen.

Listing 11.25   Zwei Bereiche auf je einem Blatt

```
Public Sub ZweiBereicheAusdrucken()
  ActiveSheet.Range("C8:F16, G19:J27").PrintOut Preview:=True
End Sub
```

Etwas schwieriger wird es allerdings, wenn Sie die zwei Bereiche nur auf einer statt auf zwei Seiten ausdrucken möchten, denn dies ist in Excel so nicht vorgesehen.

Abbildg. 11.2   Drucken von zwei unabhängigen Bereichen auf einer Seite

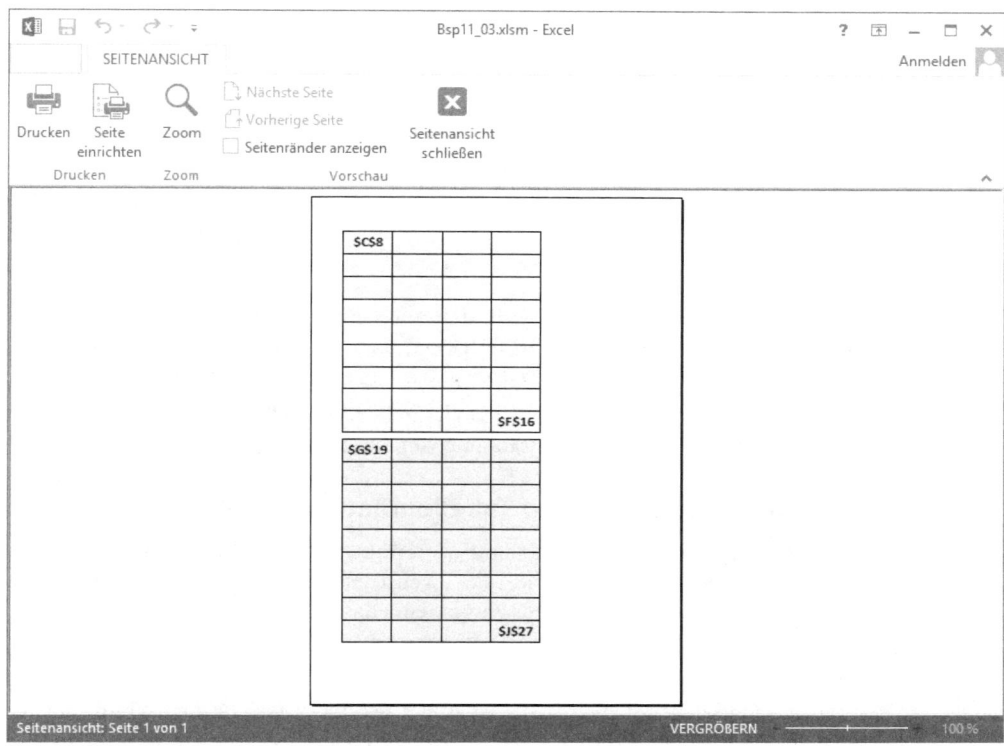

Eine Möglichkeit, das Problem zu lösen, besteht darin, die Bereiche als Kopie in Form einer Grafik in eine temporär neu angelegte Tabelle einzufügen, diese auszudrucken und die temporäre Tabelle wieder zu löschen. Die Prozedur in Listing 11.26 demonstriert diese Vorgehensweise nur rudimentär, denn die Prozedur berücksichtigt z.B. keine Einstellungen zum Seitenlayout oder Größenverhältnisse einzelner Zellen.

Listing 11.26   Zwei unabhängige Bereiche auf einem A4-Blatt ausdrucken

```
Sub ZweiBereicheAusdruckenEineSeite()

'    Temporäres Tabellenblatt am Anfang erstellen
    ThisWorkbook.Worksheets.Add Before:=ThisWorkbook.Worksheets(1)

    With ThisWorkbook.Worksheets(1)
'       Ersten Bereich aus der nun vierten Tabelle kopieren
        ThisWorkbook.Worksheets(4).Range("C8:F16").CopyPicture Appearance:=xlPrinter
        .Paste Destination:=.Range("A1")
```

Listing 11.26   Zwei unabhängige Bereiche auf einem A4-Blatt ausdrucken *(Fortsetzung)*

```
'     Zweiten Bereich aus der nun dritten Tabelle kopieren und unterhalb des ersten
'     Bereichs einfügen
      ThisWorkbook.Worksheets(4).Range("G19:J27").CopyPicture Appearance:=xlPrinter
     .Paste Destination:=.Range("A10")

'     Ausdrucken
     .PrintOut Preview:=True

'     Temporäres Tabellenblatt wieder löschen
      Application.DisplayAlerts = False
     .Delete
      Application.DisplayAlerts = True
   End With
End Sub
```

Die Methode CopyPicture des Range-Objekts kopiert einen Bereich als Grafik in die Zwischenablage. Über das Argument Appearance wird festgelegt, dass die Kopie gemäß den Druckereinstellungen angelegt werden soll. Die Methode Paste fügt das Objekt in die neue Tabelle ein.

Auf diese Weise könnten Sie auch tabellenübergreifend Bereiche sammeln und in einer temporären Tabelle positionieren, um die Einschränkung von Excel zu umgehen.

Anzahl der Druckseiten pro Tabellenblatt ermitteln

Eine beliebte Frage in Foren ist, ob und wie ermittelt werden kann, wie viele Druckseiten eine Tabelle enthält. Es liegt recht nahe, die Eigenschaft Count der Auflistungen HPageBreaks und VPageBreaks zur Lösung des Problems zu verwenden. Leider liefern die beiden Eigenschaften ungenaue Ergebnisse zurück, besonders dann, wenn man sich nicht in der Seitenumbruchvorschau befindet.

Zuverlässiger und wesentlich einfacher ist es, ein Excel-4-Makro (siehe nachfolgenden Hinweis) zu verwenden, das die Anzahl der Druckseiten zurückliefert. Die Tabelle, deren Druckseitenzahl Sie ermitteln möchten, sollte zuvor aktiviert werden.

Listing 11.27   Die Anzahl der Druckseiten zurückgeben

```
Sub AnzahlDruckseiten()
  MsgBox Application.ExecuteExcel4Macro("Get.Document(50)")
End Sub
```

HINWEIS   Excel-4-Makros sind Relikte aus alten Excel-Versionen, die nach wie vor verwendet werden können und in manchen Situationen, wie oben beschrieben, hilfreich sind. Allerdings besteht für diese Makros keine Garantie, dass sie in zukünftigen Excel-Versionen noch zur Verfügung stehen werden.

Formeln ausdrucken

In manchen Situationen kann es sinnvoll sein, die in einer Tabelle verwendeten Formeln in einer Übersicht auszudrucken. In Listing 11.28 ermittelt die Prozedur alle Formeln der Beispieltabelle und listet diese in die Tabelle Formelausdruck inklusive der gefundenen Zelladressen auf.

Der Code prüft in einem ersten Schritt, ob die Tabelle vorhanden ist. Falls nicht, wird diese neu angelegt und entsprechend benannt. Um die Zellen der Quelltabelle zu finden, die Formeln enthalten, wird auf die Methode `SpecialCells` zurückgegriffen, die Sie bereits im neunten Kapitel kennengelernt haben.

Seit Excel 2013 ist die Excel-Funktion *FORMELTEXT* verfügbar, die es ermöglicht, eine Formel einer Zelle anzuzeigen. Dazu ein Beispiel: In Zelle A10 steht die Formel *=SUMME("A1:A9")*. In Zelle B10 steht die Formel *=FORMELTEXT("A10")*. Zelle B10 zeigt dann die Formel aus A10 an.

Der Code unterscheidet zwischen verschiedenen Excel-Versionen. Ist die Version größer als 14 – Excel 2013 hat die Versionsnummer 15 – fügt der Code statt einem statischen Text die neue Excel-Funktion ein und referenziert dabei die gefundene Formel der Quelltabelle. Abschließend druckt der Code die Tabelle mit den einzelnen gefundenen Formeln aus, wobei jedoch die Druckvorschau vorgeschaltet wird.

Listing 11.28 Formeln einer Tabelle ausdrucken

```
Public Sub FormelnAusdrucken()
    Dim wksZiel     As Worksheet
    Dim wksQuelle   As Worksheet
    Dim rngFormeln  As Range
    Dim rngZelle    As Range
    Dim lngZeile    As Long

'   Fehler übergehen unter der Voraussetzung, dass eventuelle Fehler
'   im Code abgefangen werden
    On Error Resume Next

'   Quelle und Ziel setzen
    Set wksZiel = ThisWorkbook.Worksheets("Formelausdruck")
    Set wksQuelle = ThisWorkbook.Worksheets("Übungstabelle 3")

'   Existiert die Tabelle Formelausdruck nicht, eine neue Tabelle am Ende der Mappe
'   erzeugen und entsprechend benennen. Ansonsten nur Inhalte der Zieltabelle löschen.
    If wksZiel Is Nothing Then
        ThisWorkbook.Worksheets.Add Before:= _
        ThisWorkbook.Worksheets(ThisWorkbook.Worksheets.Count)
        Set wksZiel = ThisWorkbook.Worksheets( _
                        ThisWorkbook.Worksheets.Count)
        wksZiel.Name = "Formelausdruck"
    Else
        wksZiel.Cells.ClearContents
    End If

'   Zellen mit Formeln über SpecialCells ermitteln
    Set rngFormeln = wksQuelle.Range("A1").SpecialCells(xlCellTypeFormulas)

'   Prüfen
    If Not rngFormeln Is Nothing Then
'       Titel und Überschriften
        wksZiel.Cells(1, 1).Value = "Formeln in der Tabelle " & wksQuelle.Name
        wksZiel.Cells(1, 1).Font.Bold = True
        wksZiel.Cells(1, 1).Font.Size = 16
        wksZiel.Cells(2, 1).Value = "Zelle"
        wksZiel.Cells(2, 2).Value = "Formel"
```

Listing 11.28   Formeln einer Tabelle ausdrucken *(Fortsetzung)*

```vba
'      Startzeile
       lngZeile = 3
'      Excel Version abfragen, Excel 2013 entspricht 15
       If CLng(Application.Version) \ 10 > 14 Then
'        Formeln pro Zeile mit FORMELTEXT verknüpfen
         For Each rngZelle In rngFormeln.Cells
           wksZiel.Cells(lngZeile, 1).Value = Replace(rngZelle.Address, "$", "")
           wksZiel.Cells(lngZeile, 2).Formula = "=FORMULATEXT(" & "'" & _
           wksQuelle.Name & "'" & "!" & rngZelle.Address & ")"
           lngZeile = lngZeile + 1
         Next
       Else
'        Ansonsten die Formeln pro Zeile als Text ablegen
         For Each rngZelle In rngFormeln.Cells
           wksZiel.Cells(lngZeile, 1).Value = Replace(rngZelle.Address, "$", "")
           wksZiel.Cells(lngZeile, 2).Value = "'" & rngZelle.FormulaLocal
           lngZeile = lngZeile + 1
         Next
       End If
     Else
       MsgBox "Keine Formeln in der Tabelle '" & wksQuelle.Name & "' gefunden"
     End If

'    Ausdrucken
     wksZiel.PrintOut Preview:=True

'    Aufräumen
     Set rngFormeln = Nothing
     Set wksZiel = Nothing
     Set wksQuelle = Nothing
   End Sub
```

Kapitel 12

Ereignisse in Arbeitsmappen und Arbeitsblättern

In diesem Kapitel:

In diesem Kapitel lernen Sie sogenannte Ereignisse in VBA kennen – Prozeduren, die von Excel vorgegeben sind und automatisch ausgeführt werden. Im VBA-Objektmodell sind Ereignismethoden zu verschiedensten Objekten verfügbar, wie zu Arbeitsmappen und Arbeitsblättern, zu Diagrammen oder Pivot-Tabellen.

Ereignisprozeduren können zudem auch an Steuerelemente – wie z.B. Schaltflächen und Auswahllisten innerhalb von Arbeitsblättern oder in eigenen Dialogfeldern – gekoppelt werden und ermöglichen es somit, über VBA auf Interaktionen des Benutzers zu reagieren.

Dieses Kapitel beschränkt sich zum Einstieg jedoch nur auf Ereignisse in Arbeitsmappen und Arbeitsblättern. Weitere Ereignisse, insbesondere solche zu den Steuerelementen, werden in späteren Kapiteln näher betrachtet.

Was sind Ereignisse und wie entstehen sie?

Ereignisse treten in verschiedensten Situationen auf, beispielsweise wenn Sie eine Tabelle aktivieren, den Wert einer Zelle ändern, eine Arbeitsmappe öffnen oder schließen. Wenn eine entsprechende Ereignisprozedur in Ihrem Code vorhanden ist, können Sie, sobald das Ereignis eintritt, eigenen Code ausführen und in den Prozess eingreifen.

ONLINE Sie finden die Arbeitsmappe mit dem Code zu diesem Abschnitt im Ordner \Buch\Kap12 in der Datei Bsp12_01.xlsm.

Um Ereignisse und deren Funktionsweise genauer zu verstehen, öffnen Sie die Beispielmappe zu diesem Abschnitt. Beachten Sie, dass es hier nicht darum geht, den Code genauer zu betrachten – dies folgt in den nächsten Abschnitten –, sondern nur darum, den Zeitpunkt und die Reihenfolge der Ereignisse zu studieren.

In der Beispieldatei sind drei Tabellen enthalten. In den Tabellen befinden sich eine oder zwei Schaltflächen, um von einer zu einer anderen Tabelle zu navigieren. Testen Sie in einem ersten Schritt nur diese Schaltflächen und vermeiden Sie das Anklicken von Zellen.

Sie werden sehen, dass *zwei* Meldungsfelder am Bildschirm erscheinen. Das erste Meldungsfeld führt den Namen der Tabelle auf, die deaktiviert wurde. Das zweite Meldungsfeld zeigt an, zu welcher Tabelle gewechselt wurde. Sie können übrigens denselben Effekt beobachten, wenn Sie die Tabellen über die Tabellenreiter aktivieren.

Wechseln Sie nun zu der Tabelle *Übungstabelle 1* der Beispielmappe. Klicken Sie eine Zelle an. Sie sehen ein Meldungsfeld, welches Ihnen die Adresse der gewählten Zelle anzeigt. Wählen Sie probehalber einen Bereich aus. Das Meldungsfeld zeigt Ihnen nun die Bereichsadresse an.

Und schließlich ein dritter Test: doppelklicken Sie auf eine Zelle der Tabelle *Übungstabelle 2*, verändern Sie den Wert und bestätigen Sie die Änderung mit der ⏎ -Taste. Es erscheint ein Meldungsfeld, welches Ihnen die Zelladresse und den aktuellen Inhalt der Zelle anzeigt.

Sie sehen, dass Ereignisse sowohl von Code – die Schaltflächen, hinter denen sich eine Prozedur verbirgt – als auch durch Benutzeraktionen – das Anklicken und/oder Verändern des Zellinhalts – generiert werden können. Und, es kann vorkommen, dass mehrere Ereignisse hintereinander ausgelöst werden. Abbildung 12.1 stellt diesen Zusammenhang schematisch dar.

Abbildg. 12.1 Ereignisse in Excel

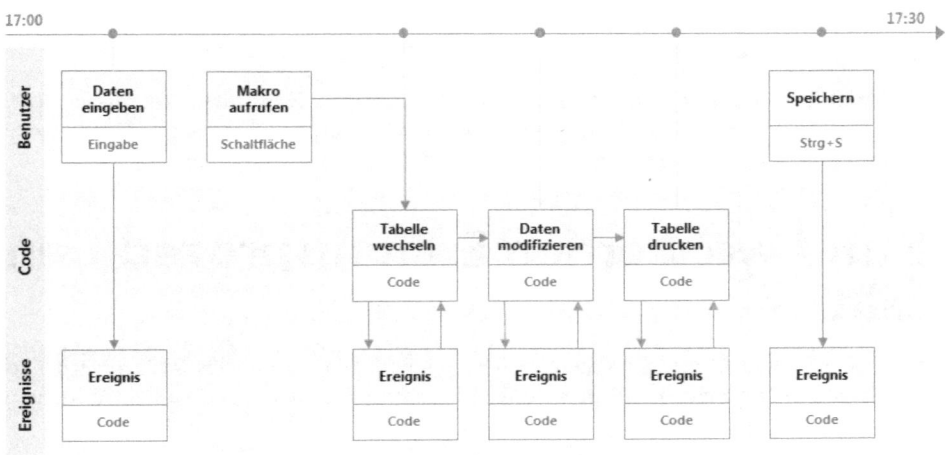

Wissen und Praxis verbinden

ACHTUNG Ein durch Code ausgelöstes Ereignis führt zu einem Sprung in die Ereignisprozedur. Anschließend kehrt die Verarbeitung des Codes wieder zu der aufrufenden Prozedur zurück. Wird das Ereignis durch eine Benutzeraktion ausgelöst, wird nur Code in der Ereignisprozedur ausgeführt.

Abbildg. 12.2 Ereignisse im Objektkatalog

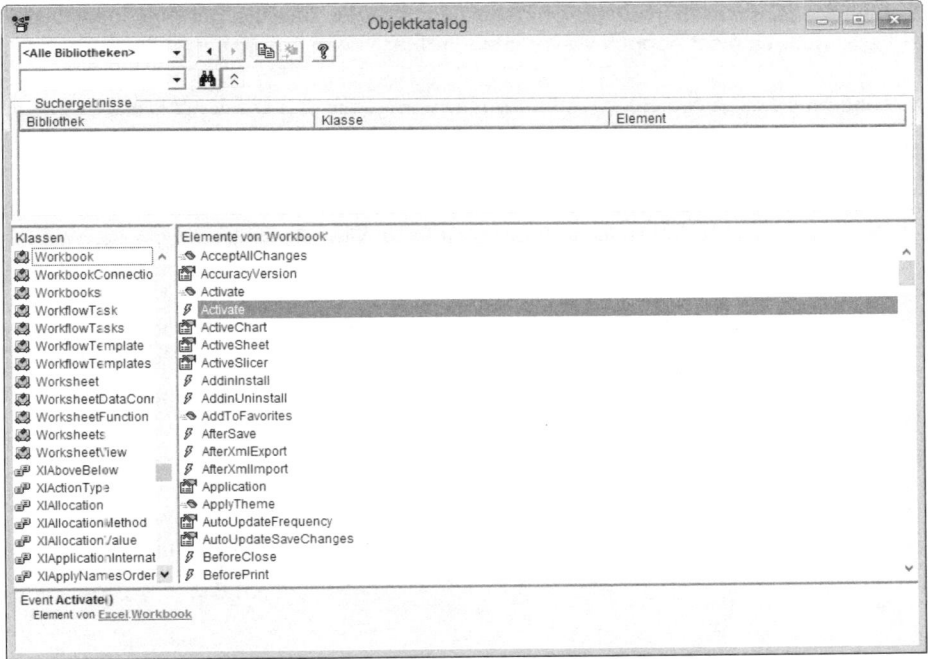

Wenn Sie den Objektkatalog im VBA-Editor aufrufen und sich beispielsweise die Methoden und Eigenschaften des Workbook-Objekts anschauen, werden Sie einige Elemente finden, die mit einem Blitz-Symbol gekennzeichnet sind und in deren Beschreibung Event statt Sub oder Function angegeben ist.

Diese Elemente stellen die Ereignismethoden dar. Der Zweck der Prozeduren lässt sich häufig anhand des Namens erschließen. Im nächsten Abschnitt wird aufgezeigt, wie und wo Sie die Ereignismethoden verwenden können.

Wie und wo werden Ereignisprozeduren erstellt?

Ereignisse sind an das Objekt gekoppelt, von oder in dem sie ausgelöst werden. Daher können Ereignisprozeduren nicht in einem Modul untergebracht werden, sondern sind in dafür vorgesehene Codemodule einzufügen.

Ereignismethoden, die sich auf die Arbeitsmappe beziehen, sind im Codemodul *DieseArbeitsmappe* einzufügen. Ereignisse, die sich auf eine bestimmte Tabelle beziehen, sind hingegen im entsprechenden Codemodul der Tabelle zu hinterlegen, beispielsweise in *Tabelle1* für die erste Tabelle.

HINWEIS Die Namen der Codemodule *DieseArbeitsmappe*, *Tabelle1*, *Tabelle2* usw. werden beim Anlegen der Mappe bzw. einer Tabelle von Excel automatisch vergeben. Diese Namen sind teilweise sprachabhängig.

So heißen beispielsweise in einer englischen Excel-Version Arbeitsblätter *Sheet1*, *Sheet2* usw. und in einer französischen Excel-Version *Feuil1* und *Feuil2* usw. Sie können die Codemodule aber auch im Eigenschaftenfenster umbenennen. Wie für Module gilt hier jedoch ebenfalls, dass Benennungen nicht doppelt vorkommen dürfen.

Abbildung 12.3 zeigt den VBA-Editor mit dem Projektfenster auf der linken Seite und das geöffnete Codemodul zu *DieseArbeitsmappe*. Im Modul sind zwei Ereignisprozeduren hinterlegt.

In den Codefenstern sind am oberen Rand zwei Auswahlfelder zu finden, die das Erstellen der Ereignisprozeduren vereinfachen. Links sind die verfügbaren Objekte gelistet, für die Sie Ereignisse erstellen können. Rechts finden Sie die zum gewählten Objekt passenden Ereignisse. Wenn Sie dort eine Auswahl treffen, wird die Ereignisprozedur von Excel automatisch in den Code eingefügt.

ACHTUNG Verändern Sie nicht die Deklaration der Ereignisprozeduren, beispielsweise, indem Sie neue Argumente hinzufügen. Excel würde einen Kompilierungsfehler erzeugen.

Die Sichtbarkeit von Ereignisprozeduren ist immer als Private gekennzeichnet. Vermeiden Sie ebenfalls das Verändern der Sichtbarkeit.

Es ist natürlich auch möglich, die Ereignisprozeduren von Hand zu erstellen. Bedenken Sie jedoch, dass dabei die Gefahr besteht, dass sich Tippfehler einschleichen. Argumente müssen in der richtigen Reihenfolge eingefügt und korrekt typisiert werden. Es ist zwar möglich, andere Parameternamen zu verwenden, davon ist jedoch abzuraten.

Abbildg. 12.3 Der VBA-Editor mit geöffneten Codemodul zu der Arbeitsmappe

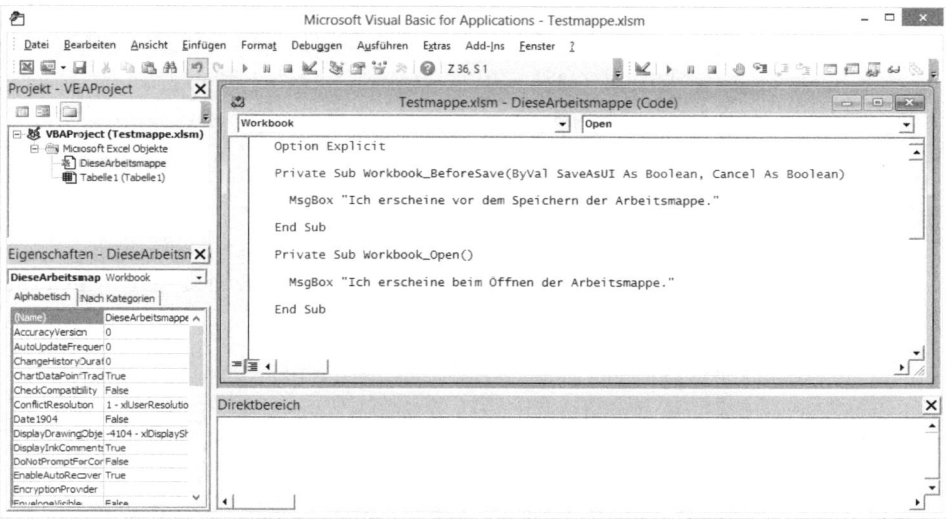

Nehmen wir nun an, Sie möchten, dass beim Öffnen der Arbeitsmappe automatisch ein Inhaltsverzeichnis aufgerufen wird, dass sich in der Tabelle *Inhalt* befindet. Dies lässt sich in VBA recht einfach umsetzen, wie Sie Listing 12.1 entnehmen können.

Listing 12.1 Das *Open*-Ereignis für eine Arbeitsmappe

```
Private Sub Workbook_Open()
   ThisWorkbook.Worksheets("Inhalt").Activate
End Sub
```

Legen Sie hierzu eine neue Mappe an und benennen Sie die erste Tabelle in *Inhalt* um. Öffnen Sie den VBA-Editor und das Codemodul zu *DieseArbeitsmappe* per Doppelklick im Projekt-Explorer. Wählen Sie im rechten Listenfeld des Codefensters den Eintrag Workbook. Excel fügt nun das Gerüst der Open-Ereignisprozedur in das Codefenster ein. Geben Sie nun die Codezeile zur Aktivierung der Tabelle ein und wechseln Sie wieder zum Excel-Anwendungsfenster.

Aktivieren Sie anschließend z.B. die zweite Tabelle in der Mappe und schließen Sie die Arbeitsmappe. Wenn Sie die Mappe erneut öffnen, sollte die erste Tabelle aktiviert werden.

HINWEIS Beachten Sie die Namensgebung der Ereignisprozedur. Dem Ereignis Open wird der Objektname Workbook vorangestellt. Diese Systematik der Benennung zieht sich durch alle Ereignisprozeduren und ermöglicht Ihnen, schnell das assoziierte Objekt zu erkennen.

Wenn Sie allerdings in der VBA-Hilfe oder in dem Objektkatalog nach einem bestimmten Ereignis suchen, erzielen Sie meistens bessere Treffer, wenn Sie nur nach dem Namen des Ereignisses ohne den vorangestellten Objektnamen suchen.

Ein weiteres Beispiel: nehmen wir an, Sie möchten vor jedem Schließen der Mappe eine Abfrage durchführen, ob eine bestimmte Zelle auf das heutige Datum aktualisiert werden soll oder nicht. Für diesen Fall bietet sich das Ereignis BeforeClose an, welches vor dem Schließen der Mappe ausgelöst wird.

Wissen und Praxis verbinden

Listing 12.2   Das Schließen einer Arbeitsmappe abfangen

```
Private Sub Workbook_BeforeClose(Cancel As Boolean)
  If MsgBox("Möchten Sie das heutige Datum hinterlegen?", _
           vbQuestion + vbYesNo, _
           "Nachfrage") <> vbNo Then
    ThisWorkbook.Worksheets(2).Cells(1, 1).Value = _
    "Letzter Stand: " & Format(Date, "dd.mm.yyyy")
  End If
End Sub
```

Die Ereignisprozedur Workbook_BeforeClose übergibt zudem das Argument Cancel und ermöglicht es, den Schließvorgang in Excel abzubrechen. Würden Sie folgenden Code schreiben, könnte die Mappe nicht mehr geschlossen werden:

Listing 12.3   Das Schließen einer Arbeitsmappe verhindern

```
Private Sub Workbook_BeforeClose(Cancel As Boolean)
  Cancel = True
End Sub
```

Nun ist der Code in Listing 12.3 sicherlich nicht besonders sinnvoll, eröffnet Ihnen aber die Implementierung von Code, der bestimmte Bedingungen in der Mappe prüft und nur dann, wenn diese erfüllt sind, das Schließen der Mappe zulässt.

ONLINE   Sie finden die Arbeitsmappe mit dem Code zu diesem Abschnitt im Ordner \Buch\Kap12 in der Datei Bsp12_02.xlsm.

Der Wert des Arguments Cancel – welches sich wie eine übergebene Variable verhält – wird im Code verändert und bleibt auch nach dem Beenden der Prozedur erhalten. Excel erfährt von dieser Änderung und kann dementsprechend reagieren.

Zu Verdeutlichung dieses Verhaltens sind in Listing 12.4 zwei Prozeduren implementiert. Die Hauptprozedur deklariert eine Variable, setzt deren Wert auf 10 und ruft anschließend eine Unterprozedur auf. Dabei wird die Variable an die Unterprozedur übergeben. Diese setzt wiederum den Wert des Arguments auf 100.

Listing 12.4   Implizite Veränderung von Variablen bei Übergabe

```
Public Sub Hauptprozedur()
  Dim lngWert As Long
' Initialisieren
  lngWert = 10
' An die Unterprozedur übergeben
  UnterprozedurByRef lngWert
' Ausgabe
  MsgBox lngWert
End Sub

Public Sub UnterprozedurByRef(Argument As Long)
  Argument = 100
End Sub
```

Wenn Sie den Code ausführen, zeigt Ihnen das Meldungsfeld 100 an und nicht, wie vielleicht erwartet, den Wert 10. Der Inhalt der Variable lngWert wurde somit in der Unterprozedur überschrieben. In anderen Worten bedeutet dies so viel wie: »Verwende das Argument wie eine Referenz, die auf die übergebene Variable verweist.« Eine Änderung wirkt sich somit auf den Originalwert aus.

VBA bietet aber auch einen Mechanismus, um dieses Verhalten zu unterdrücken. Hierzu muss in der Deklaration das Schlüsselwort ByVal angegeben werden. In diesem Fall würde das Meldungsfeld den Wert 10 anzeigen. In der Beispieldatei zu diesem Abschnitt sind beide Varianten implementiert.

Listing 12.5   Verhindern der Veränderung von Variablen bei Übergabe

```
Public Sub UnterprozedurByVal(ByVal Argument As Long)
    Argument = 100
End Sub
```

Die Kennzeichnung eines Arguments über ByVal bedeutet so viel wie: »Erstelle eine Kopie der übergebenen Variable mit demselben Wert und verwende anschließend die Kopie, bis die Prozedur endet.«

HINWEIS   Das Standardverhalten eines Arguments bei der Variablenübergabe kann durch die Angabe des Schlüsselworts ByRef gekennzeichnet werden, ist aber in der Regel nicht erforderlich.

In Ereignisprozeduren wird häufiger das Schlüsselwort ByVal verwendet. Ein Beispiel ist in Listing 12.6 implementiert, wo das Ereignis abgefangen wird, welches vor dem Speichern der Arbeitsmappe auftritt.

Listing 12.6   Ereignis vor dem Speichern einer Mappe

```
Private Sub Workbook_BeforeSave(ByVal SaveAsUI As Boolean, Cancel As Boolean)
    MsgBox "Dieses Ereignis tritt genau vor dem Speichern auf."
End Sub
```

Das Argument SaveAsUI teilt Ihnen mit, ob vor dem Ereignis das Dialogfeld zum Speichern von Dateien angefordert wurde, z.B. durch Auswahl des Menübefehls *DATEI/Speichern unter*. In einem solchen Fall enthält das Argument SaveAsUI den Wert True statt des Standardwerts False. Da es in diesem Fall nicht sinnvoll ist, dass der Originalwert des Arguments geändert werden kann, wird ByVal verwendet. Ganz im Gegenteil zu Cancel, wo Excel das Speichern abbrechen würde, wenn Sie den Wert auf True setzten.

Ereignisse in Arbeitsmappen

Das Workbook-Objekt stellt, neben den Ereignisprozeduren, die die Arbeitsmappe selbst betreffen, auch Ereignisse zur Verfügung, die sich auf die Tabellen, Fenster, Add-Ins, Pivot-Tabellen oder weitere Elemente innerhalb der Mappe beziehen.

In Tabelle 12.1 finden Sie einen Auszug zu den Arbeitsmappen-Ereignissen sowie eine kurze Erläuterung zu deren Aufgaben. Auf einige dieser Ereignisse wird in den folgenden Abschnitten eingegangen.

Tabelle 12.1   Übersicht weiterer Ereignisse für Arbeitsmappen

Kategorie	Ereignisprozedur	Beschreibung
Davor	Workbook_BeforeClose Workbook_BeforePrint Workbook_BeforeSave Workbook_BeforeXmlExport Workbook_BeforeXmlImport	Ereignisse, die vor der Ausführung der entsprechenden Aktion durch Excel auftreten, wie z.B. vor dem Schließen, Drucken oder Speichern
Danach	Workbook_AfterSave Workbook_AfterXmlExport Workbook_AfterXmlImport	Ereignisse, die nach der Ausführung der entsprechenden Aktion durch Excel auftreten, wie z.B. nach dem Speichern
Erstellung	Workbook_NewChart Workbook_NewSheet	Ereignisse, die direkt nach dem Erstellen eines Diagramms oder eines Blatts auftreten
Blätter	Workbook_SheetActivate Workbook_SheetCalculate Workbook_SheetChange Workbook_SheetDeactivate	Ereignisse, die in Zusammenhang mit Blättern auftreten, wie z.B. das Aktivieren, Ändern von Inhalten oder Deaktivieren von Blättern
Fenster	Workbook_WindowActivate Workbook_WindowDeactivate Workbook_WindowResize	Ereignisse, die in Zusammenhang mit Fenstern der Arbeitsmappe auftreten
Add-In	Workbook_AddinInstall Workbook_AddinUnInstall	Ereignisse, die dann auftreten, wenn die Mappe als Add-In installiert oder deinstalliert wird

Ereignisse beim Öffnen, Speichern und Schließen von Arbeitsmappen

Die Ereignisse Open, BeforeClose und BeforeSave haben Sie bereits kennengelernt. Diese treten dann auf, wenn eine Arbeitsmappe geöffnet geschlossen oder gespeichert wird.

In diesem Abschnitt finden Sie ein weiteres Beispiel, welches alle drei Ereignisse innerhalb einer Mappe kombiniert. Ziel ist es, beim Öffnen der Mappe eine Tabelle zu dem aktuellen Wochentag auszuwählen, beim Speichern der Mappe einen Wert in eine Zelle zu schreiben und beim Schließen der Mappe einen Status zu überprüfen.

> **ONLINE**   Sie finden die Arbeitsmappe mit dem Code zu Listing 12.7 im Ordner *\Buch\Kap12* in der Datei *Bsp12_03.xlsm*.

Die Übungsmappe zu diesem Abschnitt enthält insgesamt neun Tabellen. Die ersten beiden Tabellen *Inhalt* und *Übungstabelle* entsprechen dem üblichen Aufbau der Beispielmappen zu diesem Buch. Es folgen in der Mappe sieben weitere Tabellen, die jeweils den Namen eines Wochentags tragen, beginnend mit Montag.

Listing 12.7   Zusammenspiel von drei Ereignissen in einer Arbeitsmappe

```
Private Sub Workbook_BeforeClose(Cancel As Boolean)
  Cancel = CBool(UCase(ThisWorkbook.Worksheets(2).Cells(2, 2).Value) <> "JA")
End Sub
```

Listing 12.7   Zusammenspiel von drei Ereignissen in einer Arbeitsmappe *(Fortsetzung)*

```
Private Sub Workbook_BeforeSave(ByVal SaveAsUI As Boolean, Cancel As Boolean)
   ThisWorkbook.Worksheets(2).Cells(1, 2).Value = Now
End Sub

Private Sub Workbook_Open()
   ThisWorkbook.Worksheets(Weekday(Date, vbMonday) + 2).Activate
End Sub
```

Der Code in Listing 12.7 nutzt die Funktion WeekDay, um beim Öffnen der Arbeitsmappe den aktuellen Wochentag zu ermitteln und daraus den Index der gesuchten Tabelle zu berechnen. Zu dem Ergebnis ist hierbei der Wert 2 zu addieren, da sich ja die Tabelle *Montag* an dritter Stelle befindet.

Die Ereignisprozedur zum Speichern der Mappe schreibt bei jedem Vorgang das aktuelle Datum in die Zelle B1 der zweiten Tabelle und die Ereignisprozedur zum Schließen der Mappe prüft, ob in Zelle B2 der zweiten Tabelle ein »Ja« enthalten ist. Falls nicht, wird das Schließen abgebrochen.

Ereignisse beim Aktivieren und Deaktivieren von Arbeitsmappen

Über die zwei Ereignisse *Activate* und *Deactivate* können Sie auf eine Aktivierung bzw. Deaktivierung der Arbeitsmappe reagieren. Hierbei spielt es keine Rolle, welches Fenster der Mappe angesprochen wird.

Listing 12.8   Aktivieren und Deaktivieren einer Arbeitsmappe

```
Private Sub Workbook_Activate()
   MsgBox "Arbeitsmappe " & ThisWorkbook.Name & " aktiviert."
End Sub

Private Sub Workbook_Deactivate()
   MsgBox "Arbeitsmappe " & ThisWorkbook.Name & " deaktiviert."
End Sub
```

Um die Aktivierung bzw. Deaktivierung einzelner Fenster einer Mappe abzufangen, können Sie die Ereignisse WindowActivate und WindowDeactivate verwenden.

Listing 12.9   Aktivieren und Deaktivieren der Fenster einer Arbeitsmappe

```
Private Sub Workbook_WindowActivate(ByVal Wn As Window)
   MsgBox "Arbeitsmappenfenster " & Wn.Caption & " aktiviert."
End Sub

Private Sub Workbook_WindowDeactivate(ByVal Wn As Window)
   MsgBox "Arbeitsmappenfenster " & Wn.Caption & " deaktiviert."
End Sub
```

Wenn Sie die obigen Ereignisse testen möchten, rufen Sie nach dem Öffnen der Beispielmappe zunächst ein neues Fenster für die Mappe auf; z.B. über *ANSICHT/Neues Fenster*. Erstellen Sie zudem eine neue leere Mappe, z.B. über Strg + N .

Wissen und Praxis verbinden

Wenn Sie anschließend von Arbeitsmappe zu Arbeitsmappe bzw. Fenster zu Fenster wechseln, werden die Ereignisse ausgeführt. Beobachten Sie auch die Reihenfolge der Ereignisse.

ONLINE Sie finden die Arbeitsmappe mit dem Code zu Listing 12.8 und zu Listing 12.9 im Ordner \Buch\Kap12 in der Datei Bsp12_04.xlsm.

Ereignisse für Arbeitsblätter auf Arbeitsmappen-Ebene

Das Workbook-Objekt beinhaltet auch Ereignisse, die dann auftreten, wenn Sie beispielsweise eine Tabelle aktivieren oder deaktivieren, den Wert einer Zelle ändern oder eine Zelle bzw. einen Bereich auswählen.

ONLINE Sie finden die Arbeitsmappe mit dem Code zu diesem Abschnitt im Ordner \Buch\Kap12 in der Datei Bsp12_05.xlsm.

In Listing 12.10 wird bei Aktivierung bzw. Deaktivierung einer beliebigen Tabelle innerhalb der Mappe ein Meldungsfenster angezeigt. Das Argument Sh stellt einen Objektverweis auf die entsprechende Tabelle dar, weshalb Sie über Sh.Name den Namen der betroffenen Tabelle ermitteln können.

Listing 12.10 Aktivieren und Deaktivieren von Tabellen innerhalb Arbeitsmappe

```
Private Sub Workbook_SheetActivate(ByVal Sh As Object)
  MsgBox "Tabelle " & Sh.Name & " wurde aktiviert."
End Sub

Private Sub Workbook_SheetDeactivate(ByVal Sh As Object)
  MsgBox "Tabelle " & Sh.Name & " wurde deaktiviert."
End Sub
```

In Listing 12.11 werden bei einer Änderung eines Zellwerts oder bei jedem Klick auf eine Zelle ein Meldungsfenster angezeigt. Neben dem Argument für die betroffene Tabelle wird das Argument Target vom Typ Range übergeben, welches Ihnen Zugriff auf die betroffene Zelle gewährt.

Listing 12.11 Ereignisse zur Auswahl und Änderungen von Zellen innerhalb einer Tabelle

```
Private Sub Workbook_SheetChange(ByVal Sh As Object, ByVal Target As Range)
  MsgBox "Zelle " & Target.Address & " in Tabelle " & Sh.Name & " wurde geändert " & _
         "und hat nun den Wert " & Target.Value
End Sub

Private Sub Workbook_SheetSelectionChange(ByVal Sh As Object, ByVal Target As Range)
  MsgBox "Zelle " & Target.Address & " in Tabelle " & Sh.Name & " wurde angeklickt."
End Sub
```

Beobachten Sie das Verhalten der Ereignisse in der Beispielmappe. Sie sehen, dass die Meldungsfenster in jeder Tabelle erzeugt werden. Bei einem Wechsel zu einer anderen Tabelle wird das SheetSelectionChange-Ereignis – das eintritt, wenn die Auswahl in einem Arbeitsblatt geändert wird – jedoch nicht ausgelöst. Das liegt daran, dass sich Excel die zuletzt aktive Zelle einer Tabelle merkt und diese beim Wechsel wieder aktiviert (es findet somit kein Wechsel der Auswahl im Arbeitsblatt statt).

Möchten Sie über das Workbooks-Objekt nicht die Aktivierung aller Tabellen, sondern nur bestimmter Tabellen abfangen, bietet es sich an, eine Abfrage im Code auszuführen, wie Listing 12.12 zeigt.

Listing 12.12 Ereignisse in einer bestimmte Tabelle abfangen

```
Private Sub Workbook_SheetActivate(ByVal Sh As Object)
  If Sh.Name = "Inhalt" Or Sh.Name = "Übungstabelle" Then
    MsgBox "Tabelle " & Sh.Name & " wurde aktiviert."
  End If
End Sub
```

In manchen Situationen kann es jedoch vorkommen, dass Sie innerhalb von bestimmten Tabellen auf dasselbe Ereignis unterschiedlich reagieren müssen. Sicher, Sie könnten eine Fallunterscheidung durchführen und entsprechenden Code implementieren. Die Ereignisse für Arbeitsblätter auf Arbeitsmappenebene sind aber auch als eigenständige Ereignisse innerhalb von Tabellen – also des Worksheet-Objekts – vorhanden. Somit lässt sich ein Code zum Abfangen dieser Ereignisse auch in den Codefenstern zu den Tabellen hinterlegen. Diese sind Thema des nächsten Abschnitts.

Ereignisse in Arbeitsblättern

In jedem einzelnen Tabellenblatt können Sie Ereignisprozeduren hinterlegen, die nur dann ausgelöst werden, wenn die entsprechende Tabelle aktiv ist. Die Ereignisse ähneln den im vorherigen Abschnitt beschriebenen Ereignissen aus Arbeitsmappen, die sich auf Arbeitsblätter beziehen. Der VBA-Systematik zur Benennung der Ereignisprozeduren folgend, wird den Namen der Ereignisprozeduren für Arbeitsblätter Worksheet statt Workbook vorangestellt.

ONLINE   Sie finden die Arbeitsmappe mit dem Code zu diesem Abschnitt im Ordner *\Buch\Kap12* in der Datei *Bsp12_06.xlsm*.

Ereignisse beim Aktivieren und Deaktivieren von Arbeitsblättern

In Listing 12.13 reagieren die beiden Ereignisprozeduren auf das Aktivieren und Deaktivieren der Tabelle *Inhalt* in der Beispielmappe. Der Code befindet sich im Codemodul zur der Tabelle.

Listing 12.13 Ereignisse in einer Tabelle abfangen

```
Private Sub Worksheet_Activate()
  MsgBox "Die Tabelle " & ActiveSheet.Name & " wurde aktiviert."
End Sub

Private Sub Worksheet_Deactivate()
  MsgBox "Die vorherige Tabelle wurde deaktiviert."
End Sub
```

Die Ereignisse Activate und Deactivate benötigen in diesem Fall keine Argumente, da diese sich ja auf die aktive Tabelle beziehen.

> **WICHTIG** Sobald Sie einen Tabellenreiter anklicken, aktualisiert Excel automatisch den ActiveSheet-Verweis auf die angeklickte Tabelle. Dies geschieht, bevor die Ereignisse ausgelöst werden. Somit würde der Abruf des Tabellennamens über ActiveSheet.Name im Ereignis Deactivate den Namen der angeklickten Tabelle liefern und nicht den der deaktivierten Tabelle.

Auf einen Doppelklick auf eine Zelle reagieren

Das Ereignis BeforeDoubleClick wird ausgelöst, sobald Sie in einem Arbeitsblatt eine Zelle doppelt anklicken. Dazu ein Beispiel: In umfangreichen Tabellen, in denen laufend Einträge ergänzt werden müssen, ist es oftmals umständlich, zur ersten freien Zelle zu gelangen, um einen weiteren Wert einzutragen zu können. Der folgende Code schafft Abhilfe. Bei einem Doppelklick auf eine Zelle innerhalb der ersten Spalte wird zur ersten freien Zelle nach dem letzten Eintrag in Spalte B gesprungen.

Listing 12.14 Erste freie Zelle auswählen

```
Private Sub Worksheet_BeforeDoubleClick(ByVal Target As Range, Cancel As Boolean)
   If Target.Column = 1 Then
'     Erste freie Zelle suchen und auswählen
      ActiveSheet.Cells(ActiveSheet.Rows.Count, 2).End(xlUp).Offset(1, 0).Select
'     Wechsel in den Editiermodus verhindern
      Cancel = True
   End If
End Sub
```

Das Wechseln in den Editiermodus der Zellen in Spalte A wird über die Angabe von Cancel = True vermieden.

Auf einen Rechtsklick auf eine Zelle reagieren

Um das Kontextmenü zu unterdrücken, welches bei einem Rechtsklick auf eine Zelle angezeigt wird, kann das Ereignis BeforeRightClick verwendet werden.

Listing 12.15 Kontextmenü deaktivieren

```
Private Sub Worksheet_BeforeRightClick(ByVal Target As Range, Cancel As Boolean)
   Cancel = True
End Sub
```

Auf Änderungen von Zellen reagieren

Die Ereignisprozedur Worksheet_Change wird immer dann ausgeführt, wenn die Inhalte einer oder mehrere Zellen des Arbeitsblatts verändert werden. Das Beispiel in Listing 12.16 nutzt diese Ereignisprozedur, um alle Änderungen an den Zellinhalten der Tabelle *Protokoll* zu protokollieren.

Hierbei werden die Adresse der geänderten Zelle bzw. des geänderten Bereichs, der neue Wert, der Benutzername und das aktuelle Datum inklusive der Uhrzeit fortlaufend im Protokoll vermerkt.

Listing 12.16 Änderungen protokollieren

```
Private Sub Worksheet_Change(ByVal Target As Range)
  With ThisWorkbook.Worksheets("Protokoll").Cells(Rows.Count, 1).End(xlUp)
   .Offset(1, 0) = Target.Address(False, False)
   .Offset(1, 1) = Target.Value
   .Offset(1, 2) = Application.UserName
   .Offset(1, 3) = Now
  End With
End Sub
```

Durch die Angabe der beiden Argumente in Target.Address werden die Dollarzeichen in den Zell-
bzw. Bereichsadressen unterdrückt. Sie können das Beispiel natürlich auch ausbauen, indem Sie z.B.
die Tabelle ausblenden, ein Kennwort vergeben, weitere Angaben im Protokoll vermerken oder eine
Löschfunktion implementieren.

Auf eine Auswahl von Zellen oder Bereichen reagieren

Das Ereignis Worksheet_SelectionChange wird ausgeführt, sobald die Zelle gewechselt wird. Im folgenden Beispiel wird der ausgewählte Bereich immer dann nach den Werten in Spalte A aufsteigend
sortiert, wenn der ausgewählte Bereich mit Spalte A beginnt und mindestens vier Spalten breit ist.
Eine gültige Auswahl wäre somit $A$10:$E$15 oder $A$1:$H$3. Übergangen würden hingegen
Bereiche wie $B$2:$E$5 oder $A$3:$D$4.

Listing 12.17 Auswahl unter Bedingungen absteigend sortieren

```
Private Sub Worksheet_SelectionChange(ByVal Target As Range)
  If Target.Columns(1).Column = 1 And Target.Columns.Count > 4 Then
    Target.Sort Key1:=Target.Cells(1, 1), _
            Order1:=xlAscending
  End If
End Sub
```

In Excel 2013 auf das Löschen einer Tabelle reagieren

Das Ereignis BeforeDelete steht nur ab Excel 2013 zur Verfügung und ermöglicht es, auf das
Löschen einer Tabelle zu reagieren. Allerdings lässt sich das Löschen durch das Ereignis nicht verhindern und dient somit eher informativen Zwecken.

Listing 12.18 Löschen einer Tabelle erkennen

```
Private Sub Worksheet_BeforeDelete()
  MsgBox "Die Tabelle wird nun gelöscht."
End Sub
```

Hierarchie und Reihenfolge bei Ereignissen berücksichtigen

Für alle Excel-Ereignisse gilt eine Art Hierarchie und Reihenfolge, in der die Ereignisse ausgelöst werden. So werden zuerst Ereignisse einer Tabelle und anschließend Ereignisse der Arbeitsmappe ausgelöst. Sind beispielsweise die Ereignisse zur Aktivierung und Deaktivierung einer Tabelle sowohl im Codemodul zu der Tabelle als auch im Codemodul zu der Arbeitsmappe implementiert, erfolgt die Verarbeitung in der Reihenfolge Deaktivierung auf Arbeitsblattebene, Deaktivierung auf Arbeitsmappenebene, Aktivierung auf Arbeitsblattebene und Aktivierung auf Arbeitsmappenebene.

ONLINE Sie finden die Arbeitsmappe mit dem Code zu diesem Abschnitt im Ordner *\Buch\Kap12* in der Datei *Bsp12_07.xlsm*.

Die Codebeispiele in Listing 12.19 und Listing 12.20 implementieren jeweils die Ereignisse zur Aktivierung und Deaktivierung einer Tabelle auf Arbeitsblattebene und auf Arbeitsmappenebene.

Listing 12.19   Ereignisprozeduren auf Arbeitsblattebene

```
Private Sub Worksheet_Activate()
  MsgBox "Arbeitsblatt - Aktivierung der Tabelle: Inhalt"
End Sub

Private Sub Worksheet_Deactivate()
  MsgBox "Arbeitsblatt - Deaktivierung der Tabelle: Inhalt"
End Sub
```

Listing 12.20   Ereignisprozeduren auf Arbeitsmappenebene

```
Private Sub Workbook_SheetActivate(ByVal Sh As Object)
  MsgBox "Arbeitsmappe - Aktivierung der Tabelle: " & Sh.Name
End Sub

Private Sub Workbook_SheetDeactivate(ByVal Sh As Object)
  MsgBox "Arbeitsmappe - Deaktivierung der Tabelle: " & Sh.Name
End Sub
```

Wenn Sie die Beispielmappe öffnen und die einzelnen Tabellenreite anklicken, werden Sie feststellen, dass als Erstes die Meldungsfelder zu den Ereignissen erscheinen, die sich auf die Tabelle beziehen. Anschließend erscheinen die Meldungsfelder zu den Ereignissen auf Arbeitsmappen-Ebene.

Ereignisse deaktivieren

Wie im ersten Abschnitt dieses Kapitels geschildert, können Ereignisse auch durch Code ausgelöst werden. Wenn Sie beispielsweise im Code eines Change-Ereignisses den Inhalt einer Zelle der Tabelle verändern, lösen Sie dasselbe Ereignis ein weiteres Mal aus. Dadurch wird der Code erneut ausgeführt, was wiederum dasselbe Ereignis auslöst.

Diese Art Rekursion kann dazu führen, dass Sie schnell in eine Art Schleife geraten, die entweder durch VBA oder einen nicht abfangbaren Laufzeitfehler abgebrochen wird. Wie Sie solche Schleifen verhindern, ist Thema dieses Abschnitts.

Sie finden die Arbeitsmappe mit dem Code zu diesem Abschnitt im Ordner \Buch\Kap12 in der Datei Bsp12_08.xlsm.

Nehmen wir an, in Zelle A1 steht die Zahl 0 und das Ereignis Change ist so implementiert, dass der Wert in Zelle C5 um eins erhöht wird. In Listing 12.21 prüft die Prozedur zudem, ob nur die Zelle C5 verändert wird.

Listing 12.21 Rekursiver Aufruf der Ereignisprozedur zum Ereignis Change

```
Private Sub Worksheet_Change(ByVal Target As Range)
  If Target.Row = 5 And Target.Column = 3 Then
    Target.Value = Target.Value + 1
  End If
End Sub
```

Wenn Sie die Beispielmappe öffnen, in Zelle A1 der zweiten Tabelle den Wert 0 eingeben und mit der Taste ⏎ bestätigen, wird Excel das Ereignis so lange auslösen, bis ein bestimmter Wert erreicht ist, der aber immer größer 1 ist. Wenn Sie einen Haltpunkt in der Ereignisprozedur setzen, werden Sie schnell feststellen, dass diese mehrfach durchlaufen wird.

HINWEIS Die Anzahl der Iterationen der Ereignisprozedur kann sich übrigens von Excel-Version zu Excel-Version sowie auch von Fall zu Fall unterscheiden und ist somit kein verlässliches Kriterium

Um die rekursive Ausführung von Ereignissen zu umgehen, lässt sich in VBA die Eigenschaft EnableEvents des Application-Objekts nutzen. Wenn Sie der Eigenschaft den Wert False zuweisen, wird die Ereignisbehandlung von Excel so lange ausgesetzt, bis Sie die Eigenschaft wieder auf True setzen.

Listing 12.22 Die EnableEvents-Eigenschaft des Application-Objekts

```
Private Sub Worksheet_Change(ByVal Target As Range)
  If Target.Row = 5 And Target.Column = 3 Then
'   Ereignisbehandlung ausschalten
    Application.EnableEvents = False
'   Wert ändern
    Target.Value = Target.Value + 1
'   Ereignisbehandlung einschalten
    Application.EnableEvents = True
  End If
End Sub
```

WICHTIG Beachten Sie, dass Sie die Eigenschaft EnableEvents wieder auf True setzen müssen, wenn Sie nach dem Abschalten die Ereignisbehandlung wieder einschalten möchten. Die Eigenschaft EnableEvents wirkt sich übrigens nur auf Excel-Objekte aus. Ereignisprozeduren, die sich z.B. auf Steuerelemente und/oder benutzerdefinierte Dialogfelder beziehen, werden unabhängig vom Wert der Eigenschaft weiterhin ausgelöst.

Wissen und Praxis verbinden

Kapitel 13

Grafische Objekte in Excel-VBA verwenden

In diesem Kapitel:

In diesem Kapitel erfahren Sie, wie Sie grafische Objekte in VBA erstellen, ansprechen und verwalten können. Unter grafischen Objekten sind sowohl Formen bzw. Autoformen, Kommentare, Grafiken, SmartArt-Objekte als auch WordArt-Objekte zu verstehen.

Zwei zentrale VBA-Objekte, die Sie in diesem Kapitel kennenlernen werden, sind die Shapes-Auflistung sowie das Shape-Objekt, die beispielsweise Methoden zum Anlegen oder zur Verwaltung von grafischen Objekten anbieten. Zudem lernen Sie einige weitere Objekte, wie die Comments-Auflistung und das Comment-Objekt für Kommentare kennen, die wiederum spezialisierte Aufgaben übernehmen.

Grafische Objekte in VBA verwenden

Bevor wir uns jedoch den verschiedenen Zeichen- und Grafikelementen im Einzelnen zuwenden, ist es wichtig zu wissen, welche Objekttypen Excel zur Verfügung stellt und wie diese in VBA angesprochen werden können.

ONLINE Sie finden die Arbeitsmappe zu den abgebildeten Beispielen und den Code zu diesem Abschnitt im Ordner \Buch\Kap13 in der Datei Bsp13_01.xlsm.

Welche grafischen Objekttypen gibt es?

Excel ermöglicht es, über das Menü *EINFÜGEN* des Menübands grafische Objekte verschiedener Typen anzulegen. So können Sie Bilder oder Formen, wie Linien, Rechtecke, Kreise usw. Ihrer Tabelle hinzufügen. In Abbildung 13.1 wurde der Tabelle ein Rechteck, ein Kreis, ein Textfeld, eine Grafik, ein SmartArt-Objekt sowie ein Kommentar zu einer Zelle hinzugefügt.

Wenn Sie die Beispieldatei öffnen und die in der ersten Übungstabelle enthaltenen grafischen Objekte anklicken, sehen Sie im Namensfeld, dass Excel den einzelnen Objekten automatisch einen Namen zuweist, wie z.B. *Rechteck 1*, *Ellipse 2* oder *Kommentar 1*. Sie können diesen Namen auch mit einer eigenen Benennung überschreiben und somit Ihre eigene Systematik verwenden.

ACHTUNG Wenn Sie eine Kopie eines manuell umbenannten Objekts erstellen, behält Excel Ihre Benennung bei und ändert diese nicht automatisch. Das heißt, es befinden sich somit mehrere Objekte mit demselben Namen in der Tabelle.

Automatisch benannte Objekte werden in der Regel bei Erstellung einer Kopie umbenannt. Allerdings behandelt Excel die Objektnamen in einer anderen Sprachversion wie manuell vergebene Namen. Aus diesem Grund wird ein Duplikat von z.B. *Ellipse 1* in einer deutschen Excel-Version in *Ellipse 2* umbenannt, jedoch nicht, wenn die Datei in einer englischen Excel-Version geöffnet und dort dupliziert wird. Wenn im Code das Objekt über seinen Namen angesprochen wird, so wird das zuerst erstellte Objekt referenziert.

Abbildg. 13.1 Verschiedene grafische Objekte in einer Tabelle

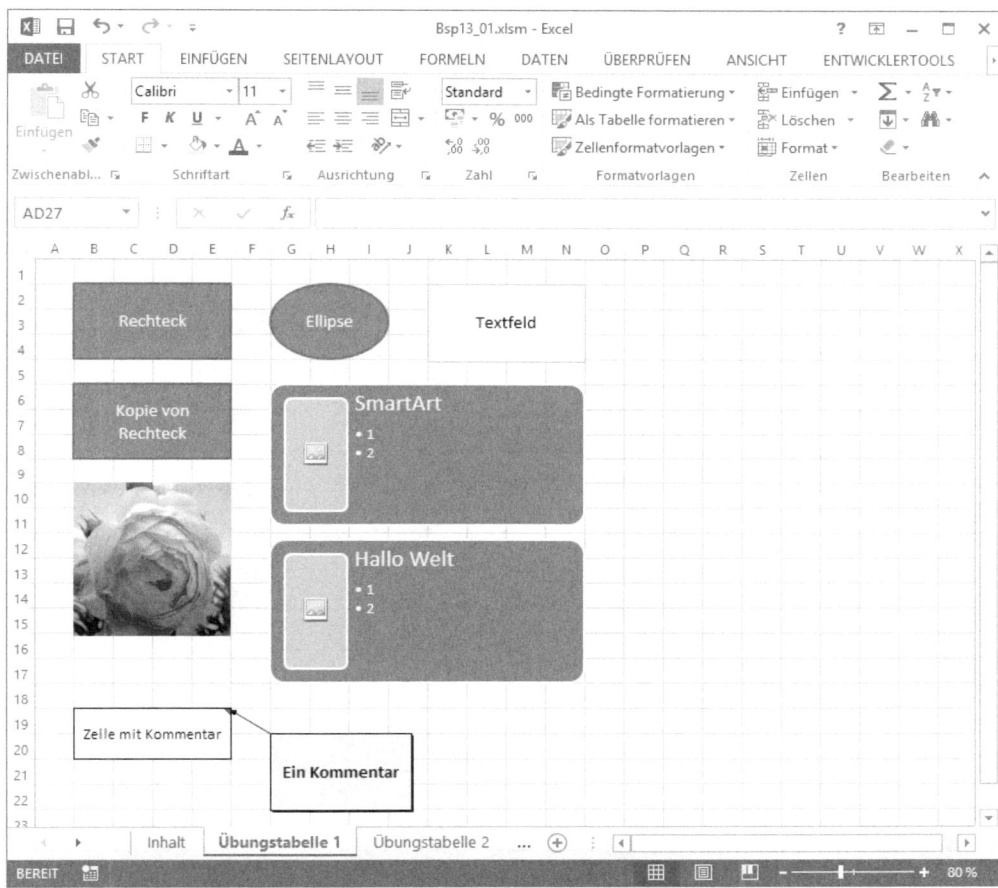

Es gibt eine ganze Reihe von unterschiedlichen Objekten, die über die Shapes-Auflistung erstellt bzw. angesprochen werden können. Diese unterschiedlichen Typen werden über die Aufzählung MsoShapeType differenziert. Tabelle 13.1 listet die in der Aufzählung enthaltenen Konstanten für Excel ab Version 2010 auf.

Tabelle 13.1 Konstanten für Objekttypen

Konstante	Beschreibung	Wert
msoAutoShape	AutoFormen	1
msoCallout	AutoForm-Legende	2
msoCanvas	Zeichnungsbereich in Word	20
msoChart	Diagramme	3
msoComment	Kommentare	4
msoDiagram	Schematische Darstellung	21

Tabelle 13.1   Konstanten für Objekttypen *(Fortsetzung)*

Konstante	Beschreibung	Wert
msoEmbeddedOLEObject	Eingebettete OLE-Objekte	7
msoFormControl	Formularsteuerelemente	8
msoFreeform	Freihandformen	5
msoGroup	Gruppen	6
msoInk	Farbe	22
msoInkComment	Farbe Kommentar	23
msoLine	Linien und Pfeile	9
msoLinkedOLEObject	Verlinkte OLE-Objekte	10
msoLinkedPicture	Verlinkte Bilder	11
msoMedia	Media-Daten	16
msoOLEControlObject	Steuerelemente	12
msoPicture	Grafiken	13
msoPlaceholder	Platzhalter	14
msoScriptAnchor	Anker	18
msoShapeTypeMixed	Gemischte Typen	-2
msoSlicer	Slicer	25
msoSmartArt	SmartArt	24
msoTable	Tabellen	19
msoTextBox	Textfelder	17
msoTextEffect	Texteffekte für WordArt Elemente	15
msoWebVideo	Video (Excel 2013)	26

Das Objekt Shapes beinhaltet die Eigenschaft Type, anhand welcher Sie den Typ eines Objekts ermitteln können. In Listing 13.1 iteriert die Schleife über alle in der zweiten Tabelle enthaltenen Objekte und ermittelt dabei den Namen und den Typ des Objekts. Die Meldungsfelder zeigen beispielsweise für die Rechtecke den Typ 1, also msoAutoShape, und für Grafiken den Typ 13, also msoPicture an.

Listing 13.1   Objekttyp ermitteln

```vba
Public Sub ObjekttypenErmitteln()
  Dim lngIndex As Long

  With ThisWorkbook.Worksheets(2)
    For lngIndex = 1 To .Shapes.Count
      MsgBox "Eigenschaft Name = " & .Shapes(lngIndex).Name & vbCrLf & _
             "Eigenschaft Type = " & .Shapes(lngIndex).Type
    Next
  End With
End Sub
```

Wenn Sie die Prozedur ausführen, werden Sie feststellen, dass ein Teil der Objekte mit einem englischen Namen angezeigt wird, obwohl im Namensfeld deutsche Bezeichner zu sehen sind. Dies gilt so lange, wie das Objekt nicht umbenannt wird, sei es durch manuelles Umbenennen oder Erstellen von Duplikaten in einer anderen Sprachversion von Excel.

Grafische Objekte anlegen

Die Shapes-Auflistung bietet mehrere Methoden an, um einem Arbeitsblatt grafische Objekte hinzuzufügen. Diese Methoden orientieren sich hierbei an dem Typ des grafischen Objekts. In Tabelle 13.2 sind die Methoden aufgeführt, die ab Excel 2007 verfügbar sind. Methoden, die im Verhältnis zu älteren Excel-Versionen neu hinzugefügt oder deaktiviert wurden, sind in der Tabelle nicht gekennzeichnet bzw. nicht berücksichtigt.

Tabelle 13.2 Methoden der *Shapes*-Auflistung zum Hinzufügen von grafischen Objekten

Methode	Beschreibung	Anmerkungen
AddCallout	Legende hinzufügen	
AddChart	Diagramm hinzufügen	In Excel 2013 verborgen
AddChart2	Diagramm hinzufügen	Nur ab Excel 2013 verfügbar
AddConnector	Verbindung hinzufügen	
AddCurve	Bézier-Kurve hinzufügen	
AddFormControl	Formularsteuerelement hinzufügen	
AddLabel	Beschriftung hinzufügen	
AddLine	Linie hinzufügen	
AddOLEObject	OLE-Objekt hinzufügen	
AddPicture	Grafik hinzufügen	
AddPicture2	Grafik hinzufügen	Nur ab Excel 2013 verfügbar
AddPolyline	Polylinie bzw. Vieleck hinzufügen	
AddShape	Form bzw. AutoForm hinzufügen	
AddSmartArt	SmartArt-Objekt hinzufügen	Nur ab Excel 2010 verfügbar
AddTextbox	Textfeld hinzufügen	
AddTextEffect	WordArt-Objekt hinzufügen	
BuildFreeform	Freihandobjekt hinzufügen	

HINWEIS   Der in Tabelle 13.2 aufgeführte Hinweis »verborgen« bedeutet, dass die Methode im Objektkatalog ausgeblendet wurde. Sie können die im Objektkatalog verborgenen Elemente wieder einblenden, indem Sie den Befehl *Verborgene Elemente anzeigen* im Kontextmenü des Objektkatalogs wählen.

Verborgene Elemente sind aus Gründen der Abwärtskompatibilität verfügbar und sollten für neuere Anwendungen mit entsprechender Zielgruppe nicht mehr verwendet werden.

In der Regel ermöglichen die Methoden zudem die Angabe verschiedener Varianten des grafischen Objekttyps und der Position. Beispielsweise erwartet die Methode AddShape als erstes Argument die Angabe eines Typs für die AutoForm. Folgende Anweisung fügt einen Dreiviertelkreis der Größe von 100 x 100 Punkt ein, und zwar zehn Punkt von der oberen und linken Ecke des Arbeitsblatts entfernt.

```
ActiveSheet.Shapes.AddShape msoShapePie, 10, 10, 100, 100
```

In den folgenden Abschnitten werden Sie den Einsatz einiger dieser Methoden genauer kennenlernen.

Grafische Objekte löschen

Um alle oder nur einen Teil der grafischen Objekte aus Ihrem Arbeitsblatt zu entfernen, bietet sich eine For Each-Schleife an, die über alle Objekte iteriert und gegebenenfalls eine Fallunterscheidung implementiert. In Listing 13.2 werden alle SmartArt-Objekte und Formen bzw. AutoFormen gelöscht. Grafiken und sonstige Objekte bleiben erhalten.

Listing 13.2   Objekte löschen

```
Public Sub ObjekteLoeschen()
    Dim shpElement As Shape

    With ThisWorkbook.Worksheets(3)
      For Each shpElement In .Shapes
        Select Case shpElement.Type
          Case msoAutoShape, _
               msoSmartArt
            shpElement.Delete
          Case Else
        End Select
      Next
    End With
End Sub
```

Wenn Sie lieber eine For Next-Schleife verwenden möchten, achten Sie darauf, dass Sie diese rückwärts ausführen, also vom letzten bis zum ersten Shape-Objekt.

Grafische Objekte an einem Bereich ausrichten

Wenn ein Objekt in ein Tabellenblatt eingefügt wird, muss dieses meist noch ausgerichtet werden. Wenn Sie ein grafisches Objekt anklicken und bei gedrückter Alt-Taste verschieben, rastet dieses an den Zellkanten ein.

| WICHTIG | Manche Benutzer gehen davon aus, dass sich ein grafisches Objekt *in* einer bestimmten Zelle befindet. Dies ist jedoch nicht richtig. Ein grafisches Objekt befindet sich immer *über* einer Zelle oder einem bestimmten Bereich. |

Die Add-Methoden der Shapes-Auflistung beinhalten in der Regel Argumente zur Positionsbestimmung während der Erstellung. Sie können die Position mithilfe dieser Argumente auch in Abhängigkeit von der Position einer Zelle oder eines Bereichs berechnen. In Listing 13.3 positioniert die Prozedur eine Ellipse im Bereich B5:H10 der vierten Tabelle der Beispieldatei.

Listing 13.3   Grafisches Objekt erstellen und positionieren

```
Public Sub ObjektEinfuegenUndAusrichten()
    Dim shpEllipse As Shape
    Dim rngBereich As Range

    With ThisWorkbook.Worksheets(4)
        Set rngBereich = .Range("B5:H10")
        Set shpEllipse = .Shapes.AddShape(Type:=msoShapeOval, _
                                Left:=rngBereich.Left, _
                                Top:=rngBereich.Top, _
                                Width:=rngBereich.Width, _
                                Height:=rngBereich.Height)
    End With
    Set rngBereich = Nothing
    Set shpEllipse = Nothing
End Sub
```

In Listing 13.4 richtet die Prozedur die bereits bestehende Grafik Rose an der Zelle K5 der vierten Tabelle aus.

Listing 13.4   Bestehendes grafisches Objekt positionieren

```
Public Sub ObjektAusrichten()
    With ThisWorkbook.Worksheets(4)
        .Shapes("Rose").Left = .Cells(5, 11).Left
        .Shapes("Rose").Top = .Cells(5, 11).Top
    End With
End Sub
```

Ein grafisches Objekt zentrieren

In ähnlicher Weise zu Positionierung der Grafik lässt sich mit VBA ein grafisches Objekt recht einfach innerhalb eines Bereichs zentrieren. Manuell wäre die Vorgehensweise etwas aufwändiger, da Sie zuerst hilfsweise ein Rechteck aufziehen, dieses anschließend am Bereich ausrichten und die Grafik innerhalb des Rechtecks zentrieren müssten. Abbildung 13.2 visualisiert dies beispielhaft an der Grafik, die zentriert innerhalb des Bereichs D5:S20 positioniert wurde.

Abbildg. 13.2 Ellipse (*Shape*) über einem Bereich (*Range*) zentrieren

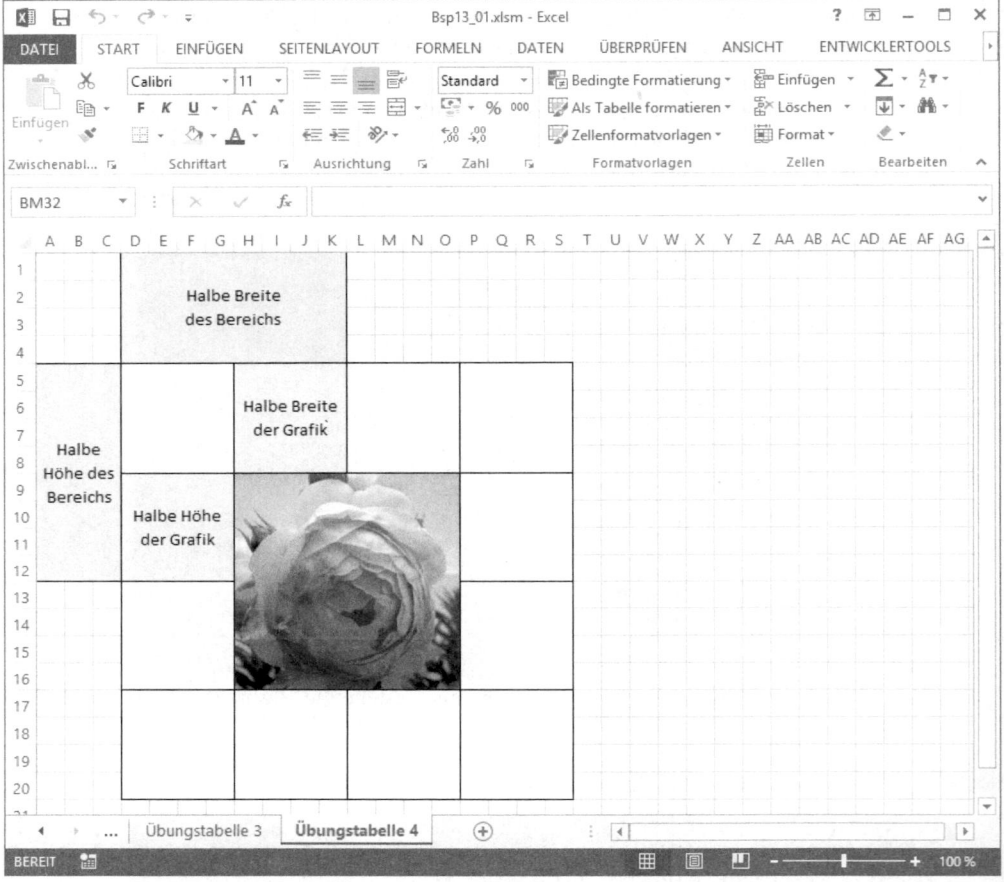

Vorausgesetzt die Größe des grafischen Objekts ist kleiner als die des Bereichs, lässt sich die Positionierung anhand des Codes in Listing 13.5 realisieren.

Listing 13.5 Objekt über Bereich zentrieren

```
Public Sub ObjektZentrieren()
    Dim shpGrafik  As Shape
    Dim rngBereich As Range

    Set shpGrafik = ThisWorkbook.Worksheets(5).Shapes(1)
    Set rngBereich = ThisWorkbook.Worksheets(5).Range("D5:S20")

    shpGrafik.Left = rngBereich.Left + (rngBereich.Width / 2) - (shpGrafik.Width / 2)
    shpGrafik.Top = rngBereich.Top + (rngBereich.Height / 2) - (shpGrafik.Height / 2)

    Set shpGrafik = Nothing
    Set rngBereich = Nothing
End Sub
```

Um in horizontaler Richtung die gemeinsame Mitte zu finden müssen Sie zunächst die Hälfte der jeweiligen Breitenangaben für den Bereich und die Grafik voneinander abziehen und das Ergebnis auf die linke Koordinate des Bereichs addieren. In ähnlicher Weise ist für die vertikale Mitte zu verfahren.

Formen bzw. AutoFormen in VBA verwenden

Es gibt verschiedene Typen von Formen bzw. AutoFormen, die Sie über einen Klick auf die Schaltfläche *Formen* im Menü *EINFÜGEN* des Menübands einsehen können. Die einzelnen Elemente sind in verschiedenen Gruppen organisiert, wie z.B. Linien, Rechtecke oder Legenden.

Abbildg. 13.3   AutoFormen in eine Tabelle einfügen

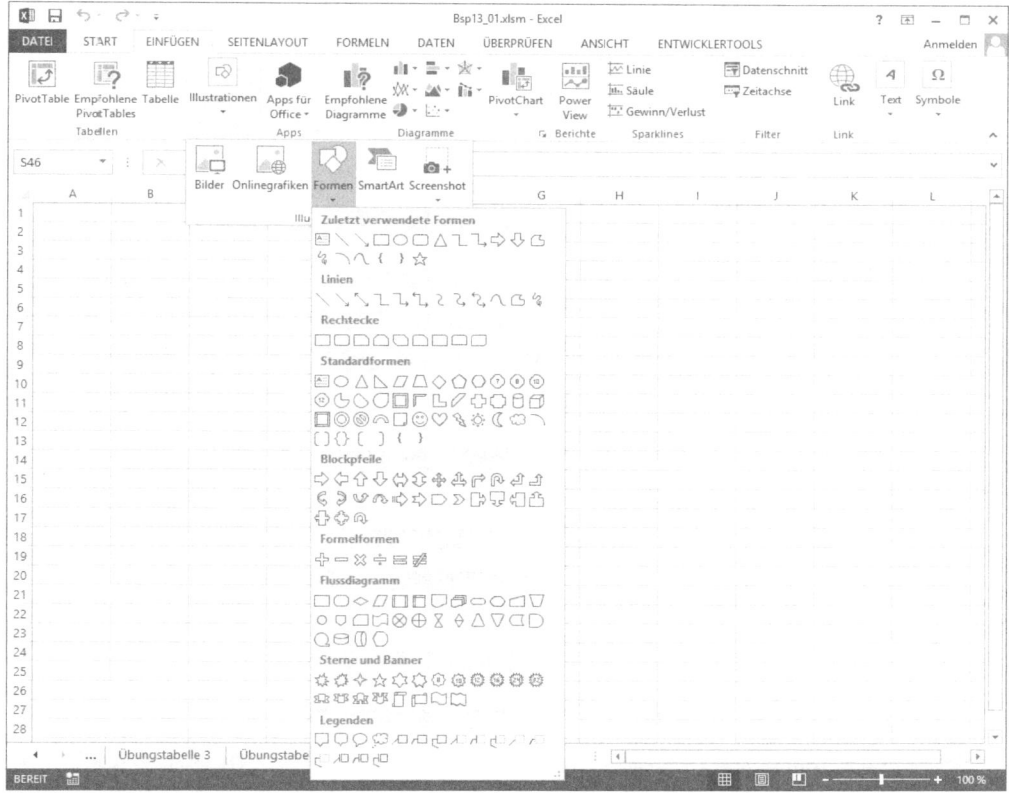

Um mit VBA in Ihrem Arbeitsblatt eine Form aus den Gruppen *Linien*, *Rechtecke*, *Standardformen* usw. einzufügen, kann – außer für Textfelder – die Methode AddShape der Shapes-Auflistung verwendet werden. Das erste Argument Type der AddShape-Methode bestimmt hierbei über die Angabe einer Konstanten aus der Aufzählung MsoAutoShapeType den Typ der AutoForm.

> **TIPP** In der Aufzählung MsoAutoShapeType werden sehr viele Konstanten aufgeführt und nicht immer ist sofort erkennbar, welche Konstante welche AutoForm erzeugt. Verwenden Sie den Makrorekorder, um schnell die zu der gewünschten AutoForm passende Konstante herauszufinden.

Um eine einfache Linie hinzuzufügen, verwenden Sie die Methode AddLine, und um eine Verbindungslinie zu erstellen die Methode AddConnector. Freihandobjekte werden über die Methode BuildFreeform erstellt, die im Gegensatz zu den anderen Methoden keinen Verweis auf ein Shape-Objekt, sondern auf ein FreeformBuilder-Objekt zurückliefert.

> **ONLINE** Sie finden die Arbeitsmappe mit dem Code zu diesem Abschnitt im Ordner \Buch\Kap13 in der Datei Bsp13_02.xlsm.

In Listing 13.6 wird die Anwendung der einzelnen Methoden für einige AutoFormen demonstriert, und die hinzugefügte Wolke wird mit dem hinzugefügten Donut über eine Verbindungslinie verbunden.

Listing 13.6 Verschiedene AutoFormen einfügen

```
Public Sub AutoformenEinfuegen()
    Dim shpRechteck   As Shape
    Dim shpDonut      As Shape
    Dim shpWolke      As Shape
    Dim shpSmiley     As Shape
    Dim shpVerbindung As Shape

    With ThisWorkbook.Worksheets(2).Shapes
'       Autoformen erstellen
        Set shpRechteck = .AddShape(msoShapeRectangle, 10, 10, 50, 50)
        Set shpDonut = .AddShape(msoShapeDonut, 150, 10, 50, 50)
        Set shpWolke = .AddShape(msoShapeCloud, 10, 150, 50, 50)
        Set shpSmiley = .AddShape(msoShapeSmileyFace, 150, 150, 50, 50)
'       Verbindung erstellen
        Set shpVerbindung = .AddConnector(msoConnectorCurve, 10, 10, 50, 50)
'       Wolke und Donut miteinander verbinden
        shpVerbindung.ConnectorFormat.BeginConnect shpDonut, 3
        shpVerbindung.ConnectorFormat.EndConnect shpWolke, 1
    End With
End Sub
```

Der zweite Parameter bei den Methoden BeginConnect und EndConnect legt die Kante fest, an welche die Linie angebunden wird. Die Kanten sind, beginnend von der rechten Seite, im Uhrzeigersinn durchnummeriert.

Abbildg. 13.4   Per Code eingefügte AutoFormen

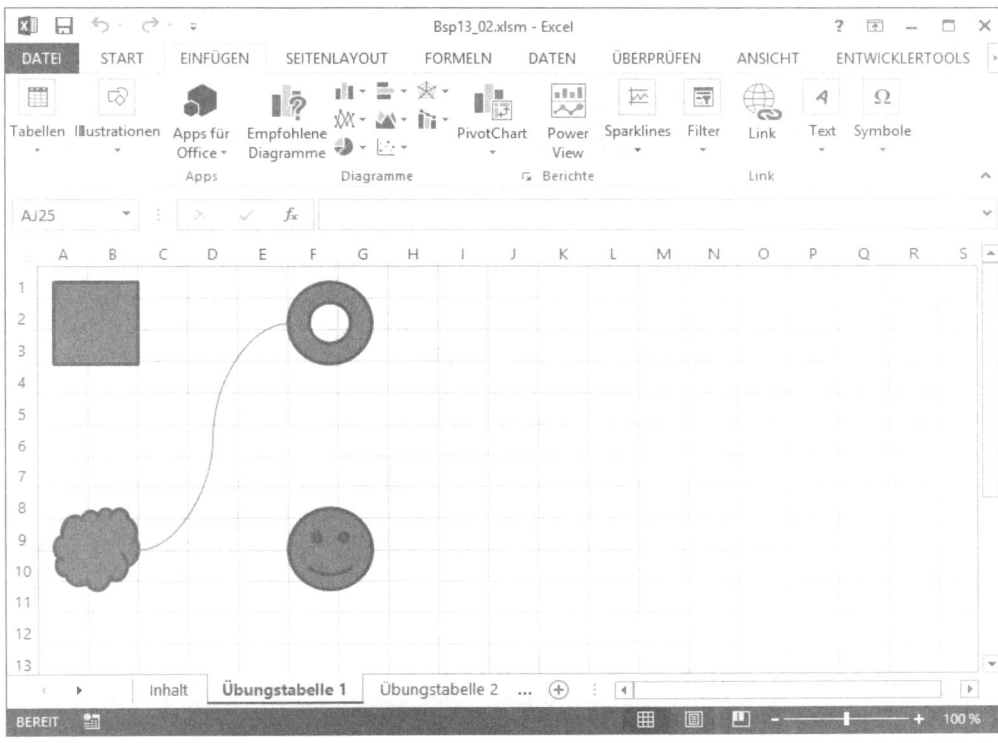

AutoFormen formatieren

AutoFormen lassen sich nicht nur über die Excel-Oberfläche, sondern auch mit VBA formatieren.
In Listing 13.7 zeigt dies der Code beispielhaft an einer wolkenförmigen Legende.

Listing 13.7   Eine formatierte wolkenförmige Legende per VBA erzeugen

```
Public Sub WolkeFormatieren()
  Dim shpCloud As Shape

' Wolkenförmige Legende erstellen
  Set shpCloud = ThisWorkbook.Worksheets(3).Shapes _
          .AddShape(msoShapeCloudCallout, 50, 50, 200, 150)

  With shpCloud
' Text einfügen und formatieren
    .TextFrame.Characters.Text = "Excel" & Chr(10) & "2013"
    .TextFrame.Characters.Font.Size = 36
    .TextFrame.Characters.Font.Bold = True
    .TextFrame.Characters.Font.Color = RGB(64, 64, 64)
    .TextFrame.HorizontalAlignment = xlCenter
    .TextFrame.VerticalAlignment = xlCenter
```

Wissen und Praxis verbinden

Eine formatierte wolkenförmige Legende per VBA erzeugen *(Fortsetzung)*

```
'     Linienformatierungen
    .Line.Weight = 0
'     Füllformatierungen
    .Fill.Transparency = 0.5
    .Fill.ForeColor.SchemeColor = 52
    .Fill.BackColor.SchemeColor = 15
    .Fill.TwoColorGradient msoGradientFromCenter, 2
'     Einen Schatteneffekt einfügen
    .Shadow.Type = msoShadow6
  End With
End Sub
```

An dem Code ist auch zu sehen, dass das Shape-Objekt verschiedene Eigenschaften in Form von Objekten zur Verfügung stellt, die einzelne Elemente der AutoForm repräsentieren. Der Text innerhalb der AutoForm befindet sich in einem TextFrame-Objekt, die Umrandung wird über das Line-Objekt angesprochen und die Füllung per Fill-Objekt. Diese Unterobjekte haben wiederum Eigenschaften, die sich ebenfalls als Objekte darstellen.

Die Objektkette kann somit in manchen Fällen recht lang werden, bis Sie die gewünschte Eigenschaft erreichen. Sie können sich auch des Makrorekorders bedienen, um die einzelnen Unterobjekte herauszufinden. Bedenken Sie nur, dass der Makrorekorder recht viele Select-Anweisungen erzeugen wird, die Sie natürlich nach der Aufzeichnung im Code herausfiltern müssen.

Die *Characters*-Methode

In Listing 13.7 wurde die Characters-Methode verwendet, um die Textfarbe, die Schriftart in Fett und die Schriftgröße festzulegen. Die Methode erlaubt es aber auch, auf einzelne Textteile zuzugreifen und diese unterschiedlich zu formatieren. Hierzu stellt die Characters-Methode die zwei optionalen Argumente Start und Length zur Verfügung, die die Startposition und Länge des Teiltextes repräsentieren.

In Listing 13.8 wurde der Code aus Listing 13.7 ein wenig gekürzt und so modifiziert, dass das Wort *Excel* in weißer Farbe und die Zahl *2013* in hellblauer Farbe erscheinen. Außerdem werden für beide Elemente unterschiedliche Schriftgrößen verwendet.

Abbildg. 13.5   Verschiedene Möglichkeiten, eine AutoForm zu formatieren

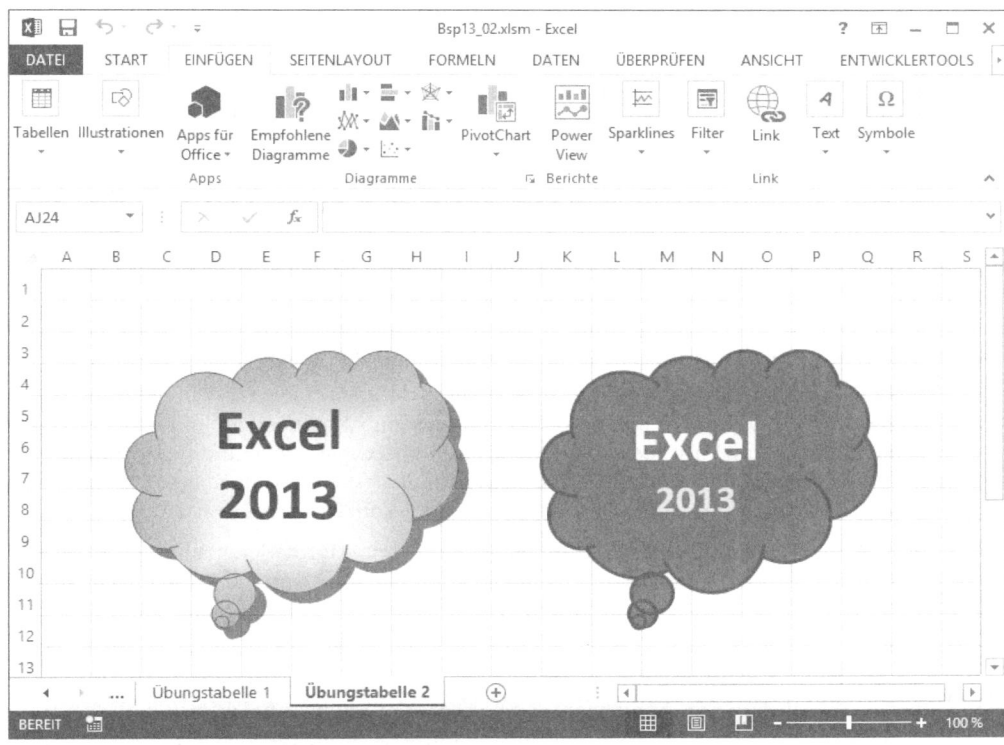

Listing 13.8   Text in einer AutoForm unterschiedlich formatieren

```
Public Sub WolkeFormatierenZwei()
  Dim shpCloud As Shape

'   Wolkenförmige Legende erstellen
  Set shpCloud = ThisWorkbook.Worksheets(3).Shapes _
          .AddShape(msoShapeCloudCallout, 300, 50, 200, 150)

  With shpCloud
'     Text hinzufügen
    .TextFrame.Characters.Text = "Excel" & Chr(10) & "2013"
    .TextFrame.HorizontalAlignment = xlCenter
    .TextFrame.VerticalAlignment = xlCenter
'     Das Wort "Excel" formatieren
    .TextFrame.Characters(1, 5).Font.Size = 36
    .TextFrame.Characters(1, 5).Font.Bold = True
    .TextFrame.Characters(1, 5).Font.Color = RGB(255, 255, 255)
'     Die Zahl "2013" formatieren
    .TextFrame.Characters(7, 4).Font.Size = 24
    .TextFrame.Characters(7, 4).Font.Bold = True
    .TextFrame.Characters(7, 4).Font.Color = RGB(220, 230, 240)
  End With
End Sub
```

Beachten Sie, dass das Umbruchzeichen mitgezählt wird und somit die Startposition der Zahl *2013* nicht 6, sondern 7 ist.

Kommentare in VBA verwenden

Kommentare werden häufig verwendet, um eine nähere Beschreibung zu einer Zelle zu hinterlegen. Dieser Text erscheint nicht in der Zelle selbst, sondern wird beim Überfahren der Zelle mit der Maus eingeblendet, wenn die Standardeinstellungen von Excel beibehalten wurden. In den Excel-Optionen können Sie in der Rubrik *Erweitert* unter den Anzeigeoptionen das Anzeigeverhalten der Kommentarfelder beeinflussen.

Ein Kommentarfeld einer Zelle hinzufügen ist recht einfach: klicken Sie die Zelle mit der rechten Maustaste an und wählen Sie den passenden Eintrag aus dem Kontextmenü.

Der Text und das Aussehen des Kommentarfeldes kann ebenfalls individuell festgelegt werden. Befinden Sie sich nicht im Bearbeitungsmodus zum Kommentarfeld, klicken Sie wieder die Zelle mit der rechten Maustaste an und wählen im Kontextmenü den Eintrag *Kommentar bearbeiten*. Der Text innerhalb des Kommentars lässt sich dann über die Funktionen im Menüband oder durch den Aufruf des entsprechenden Dialogfeldes über das Kontextmenü formatieren.

Möchten Sie das Aussehen des Kommentarfeldes selbst formatieren, klicken Sie dessen Umrandung mit der rechten Maustaste an und wählen den Eintrag *Kommentar formatieren* aus dem Kontextmenü. Das entsprechende Dialogfeld bietet Ihnen nun weitere Optionen.

In diesem Abschnitt erfahren Sie, wie Sie Kommentarfelder mit VBA erstellen und formatieren. Einige praxisorientierte Beispiele dienen der Veranschaulichung weiterer Möglichkeiten. VBA stellt zur Verwaltung der Kommentare die Comments-Auflistung zur Verfügung, die Sie auch als Eigenschaft des Worksheet-Objekts vorfinden. Einzelne Elemente der Auflistung werden durch das Comment-Objekt abgebildet, wo Sie wiederum die Eigenschaft Shape vorfinden, die nicht anderes ist als ein Shape-Objekt. Somit erhalten Sie Zugriff auf die bereits in den vorangegangen Abschnitten vorgestellten Eigenschaften und Methoden des Shape-Objekts, um beispielsweise das Kommentarfeld zu formatieren.

ONLINE Sie finden die Arbeitsmappe mit dem Code zu den Abschnitten dieses Kapitels, die sich mit der Erstellung, Ergänzung, Formatierung und Löschung von Kommentaren beschäftigen, im Ordner *\Buch\Kap13* in der Datei *Bsp13_03.xlsm*.

Kommentare erstellen

Entgegen anderer Auflistungen, wie z.B. Worksheets, enthält die Auflistung Comments keine Add-Methode. Da Kommentare an eine Zelle gebunden sind, geschieht das Hinzufügen eines neuen Kommentarfeldes mit der AddComment-Methode des Range-Objekts. Dessen Verwendung ist recht einfach, wie Sie in Listing 13.9 sehen können.

Listing 13.9   Kommentar einfügen

```
Public Sub KommentarEinfuegen()
  ThisWorkbook.Worksheets(2).Cells(4, 2).AddComment "Hallo Welt!"
End Sub
```

Die Methode AddComment stellt ein optionales Argument zur Verfügung, um den Text innerhalb des Kommentarfeldes beim Erstellen festzulegen. Wenn Sie die Prozedur jedoch zweimal hintereinander ausführen, erhalten Sie einen Laufzeitfehler, da nicht geprüft wird, ob die Zelle bereits einen Kommentar enthält. Es empfiehlt sich somit, die Überprüfung selbst vorzunehmen, wie in Listing 13.10 demonstriert.

Listing 13.10 Vor dem Einfügen des Kommentars prüfen, ob schon ein Kommentar vorhanden ist

```
Public Sub KommentarEinfuegenBessereMethode()
   With ThisWorkbook.Worksheets(2).Cells(4, 2)
      If .Comment Is Nothing Then
         .AddComment "Hallo Welt!"
      End If
   End With
End Sub
```

Die Überprüfung bedient sich eines kleinen Tricks: ist ein Kommentar vorhanden, müsste auch ein Verweis auf das Comment-Objekt der Zelle gesetzt sein. Falls nicht, zeigt der Verweis auf Nothing, was sich sehr einfach abfangen lässt.

Kommentare ergänzen

Bestehende Kommentare können natürlich auch per VBA ergänzt werden. Hierzu steht die Methode Text des Comment-Objekts zur Verfügung, die Sie zum Überschreiben oder Ergänzen des Kommentarinhalts verwenden können. In Listing 13.11 wird der Inhalt des in Listing 13.10 erstellten Kommentarfelds um eine zweite Zeile Text ergänzt. Auch hier wird überprüft, ob ein Kommentar vorhanden ist.

Listing 13.11 Einen Kommentar ergänzen

```
Public Sub KommentarErgaenzen()
   Dim strText As String

   With ThisWorkbook.Worksheets(2).Cells(4, 2)
      If Not .Comment Is Nothing Then
         strText = .Comment.Text & Chr(10) & "Eine zweite Zeile wurde hinzugefügt."
         .Comment.Text strText
      End If
   End With
End Sub
```

Kommentare formatieren

Über die Verknüpfung zu dem Shape-Objekt innerhalb des Comment-Objekts erhalten Sie Zugriff auf die Formatierungsmöglichkeiten des Kommentarfeldes. Auch die Characters-Methode ist für Kommentarfelder nutzbar.

Wissen und Praxis verbinden

Abbildg. 13.6 Kommentar per Code formatieren

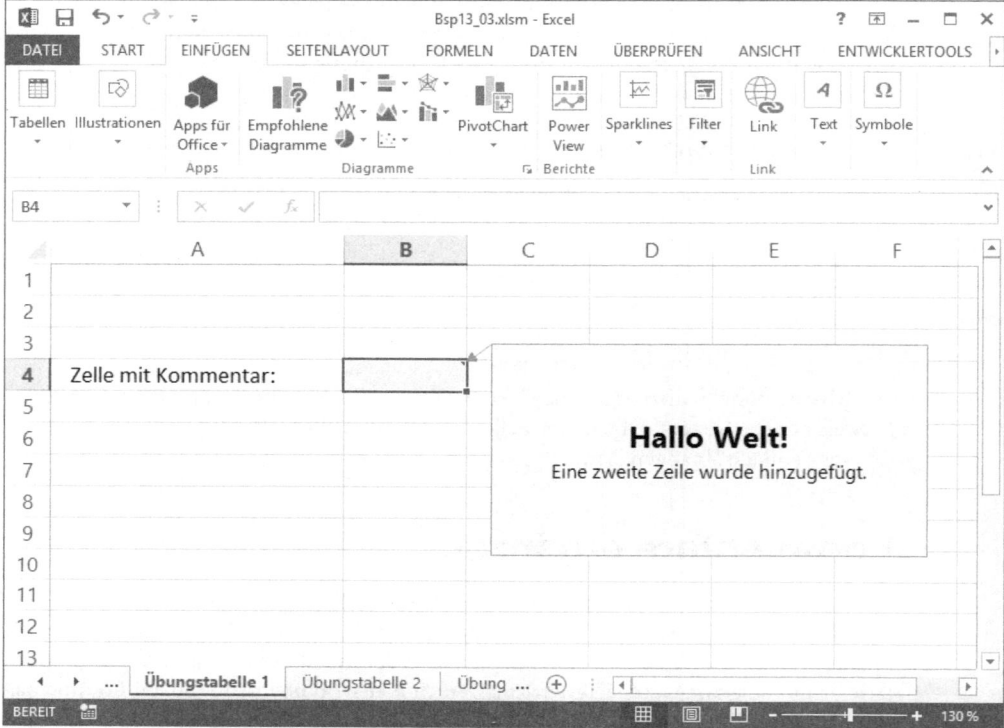

Der Code in Listing 13.12 verändert die Formatierung des in Listing 13.11 erstellten Kommentarfeldes. Der Code formatiert den Text der ersten Zeile in Fett und in 14 Punkt. Zudem werden die Größe und Hintergrundfarbe des Kommentarfeldes sowie die Ausrichtung des Textes innerhalb des Kommentarfelds verändert.

Listing 13.12 Kommentare formatieren

```
Public Sub KommentarFormatieren()
  Dim lngUmbruch As Long

  With ThisWorkbook.Worksheets(2).Cells(4, 2)
    If Not .Comment Is Nothing Then
      ' Größe
      .Comment.Shape.Width = 200
      .Comment.Shape.Height = 100
      ' Farben
      .Comment.Shape.Fill.ForeColor.RGB = RGB(245, 245, 245)
      .Comment.Shape.Line.ForeColor.SchemeColor = 55
      ' Textausrichtung
      .Comment.Shape.TextFrame.HorizontalAlignment = xlCenter
      .Comment.Shape.TextFrame.VerticalAlignment = xlCenter
      ' Umbruch finden
      lngUmbruch = InStr(1, .Comment.Text, Chr(10))
```

Listing 13.12 Kommentare formatieren *(Fortsetzung)*

```
'        Shriftformat für die erste Zeile im Kommentarfeld verändern
         .Comment.Shape.TextFrame.Characters(1, lngUmbruch).Font.Size = 14
         .Comment.Shape.TextFrame.Characters(1, lngUmbruch).Font.Bold = True
      End If
   End With
```

Wenn Sie alle Kommentarfelder der Arbeitsmappe mit denselben Formatierungen versehen möchten, müssen Sie in zwei verschachtelten Schleifen die Elemente der Comments-Auflistung pro Tabelle durchlaufen. Der Code in Listing 13.13 demonstriert dies in der Beispielmappe und verändert die Hintergrund- und Linienfarbe sowie Textausrichtung für alle Kommentare.

Listing 13.13 Alle Kommentare einer Arbeitsmappe mit einheitlichen Formatierungen versehen

```
Public Sub AlleKommentareFormatieren()
   Dim wksTabelle    As Worksheet
   Dim shpKommentar  As Comment

   For Each wksTabelle In ThisWorkbook.Worksheets
      For Each shpKommentar In wksTabelle.Comments
'        Farben
         shpKommentar.Shape.Fill.ForeColor.RGB = RGB(245, 245, 245)
         shpKommentar.Shape.Line.ForeColor.SchemeColor = 55
'        Textausrichtung
         shpKommentar.Shape.TextFrame.HorizontalAlignment = xlLeft
         shpKommentar.Shape.TextFrame.VerticalAlignment = xlTop
      Next
   Next
End Sub
```

Kommentare löschen

Um einen einzelnen Kommentar zu löschen, zum Beispiel den Kommentar in der Zelle A1, reicht eine einzige Codezeile aus.

Listing 13.14 Kommentar einer Zelle löschen

```
Public Sub KommentarLoeschen()
   ThisWorkbook.Worksheets(3).Cells(1, 1).ClearComments
End Sub
```

Um alle Kommentare innerhalb einer Tabelle zu löschen, können Sie die ClearComments-Methode auf den gesamten Zellbereich anwenden.

Listing 13.15 Alle Kommentare eines Arbeitsblatts löschen

```
Public Sub KommentareInTabelleLoeschen()
   ThisWorkbook.Worksheets(3).Cells.ClearComments
End Sub
```

Um sämtliche Kommentare einer Arbeitsmappe zu entfernen, ergänzen Sie den Code um eine Schleife.

```
Public Sub KommentareInMappeLoeschen()
  Dim wksTabelle As Worksheet

  For Each wksTabelle In ThisWorkbook.Worksheets
    wksTabelle.Cells.ClearComments
  Next
End Sub
```

Praxisbeispiele zur Verwendung von VBA und Kommentaren

In diesem Abschnitt stellen wir Ihnen einige Praxisbeispiele für Situationen vor, in denen sich die Verwendung von VBA bei der Verwaltung von Kommentaren als besonders hilfreich erweist.

ONLINE   Sie finden die Arbeitsmappe mit dem Code zu den Praxisbeispielen dieses Abschnitts im Ordner \Buch\Kap13 in der Datei *Bsp13_04.xlsm*.

Kommentartext aus einer Zelle beziehen

Wenn Sie in der Excel-Oberfläche einer Tabelle eine AutoForm hinzufügen, können Sie deren Textinhalt an eine Zelle knüpfen, indem Sie die AutoForm anklicken und in der Bearbeitungszeile die Zelladresse als Formel eingeben, z.B. =$A$1.

Dies funktioniert allerdings nicht mit Kommentarfeldern. Somit bleibt nur VBA, um einen Kommentar mit dem Inhalt einer Zelle zu aktualisieren.

Der Code in Listing 13.17 prüft in einem ersten Schritt, ob bereits ein Kommentar in der Zelle D4 vorhanden ist. Falls dies nicht der Fall ist, wird ein Kommentar erstellt. Um den Kommentar mit dem Inhalt der Zelle A1 zu verknüpfen, wird die Methode Text verwendet. Damit der Kommentar sich automatisch an die Länge des Textes anpasst, wird die Eigenschaft AutoSize auf True gesetzt.

```
Public Sub KommentareVerknuepfen()
  Dim objKommentar As Comment

'   Objektverweis
  Set objKommentar = ThisWorkbook.Worksheets(2).Cells(4, 4).Comment
'   Existenz prüfen
  If objKommentar Is Nothing Then
    Set objKommentar = ThisWorkbook.Worksheets(2).Cells(4, 4).AddComment
  End If
'   Kommentarinhalt aus Zelle beziehen
  objKommentar.Text Text:=ThisWorkbook.Worksheets(2).Cells(4, 1).Value
  objKommentar.Shape.TextFrame.AutoSize = True
'   Verweis entfernen
  Set objKommentar = Nothing
End Sub
```

Um bei jeder Änderung des Zellinhalts in A1 den Inhalt des Kommentars zu aktualisieren, wird die entsprechende Ereignisprozedur Worksheet_Change der Tabelle verwendet, die Sie in Listing 13.18 finden.

Listing 13.18   Kommentarinhalt aktualisieren

```
Private Sub Worksheet_Change(ByVal Target As Range)
   If Target.Row = 4 And Target.Column = 1 Then
      ActiveSheet.Cells(4, 4).Comment.Text Text:=Target.Value
   End If
End Sub
```

Inhalt von Kommentaren in Zellen übernehmen

Das nachfolgende Beispiel in Listing 13.19 zeigt, wie Sie alle Kommentare einer Arbeitsmappe auslesen und als Text in ein neues Tabellenblatt schreiben können. Der Code prüft in einem ersten Schritt, ob die Ausgabetabelle *Kommentare* vorhanden ist, indem versucht wird, einen Objektverweis auf die Tabelle zu setzen. Schlägt dies fehl, wird die Tabelle erstellt, ansonsten werden ihre Zellen gelöscht. Damit keine Fehlermeldung erscheint, wurde die Fehlerbehandlung abgeschaltet.

In einem zweiten Schritt durchläuft der Code in zwei verschachtelten Schleifen alle Kommentare pro Tabelle und schreibt die gefundenen Werte in die Ausgabetabelle. Abschließend werden die Breite der Spalten A bis C und die Höhe der Zeilen in der Ausgabetabelle automatisch angepasst.

Listing 13.19   Kommentare auslesen

```
Public Sub KommentareAuslesen()
   Dim wksAusgabe    As Worksheet
   Dim objKommentar  As Comment
   Dim lngIndex      As Long
   Dim lngZeile      As Long

'  Fehlerbehandlung abschalten
   On Error Resume Next

'  Bildschirmaktualisierung deaktivieren
   Application.ScreenUpdating = False

'  Verweis setzen
   Set wksAusgabe = ThisWorkbook.Worksheets("Kommentare")

'  Falls der Verweis nicht gesetzt werden konnte, Tabelle anlegen
   If wksAusgabe Is Nothing Then
'     Neue Tabelle anlegen
      Set wksAusgabe = ThisWorkbook.Worksheets.Add(After:= _
         ThisWorkbook.Worksheets(ThisWorkbook.Worksheets.Count))
'     Umbenennen
      wksAusgabe.Name = "Kommentare"
   Else
'     Inhalte löschen und an das Ende schieben
      wksAusgabe.Cells.Delete
      wksAusgabe.Move after:=ThisWorkbook.Worksheets(ThisWorkbook.Worksheets.Count)
   End If
```

Listing 13.19 Kommentare auslesen *(Fortsetzung)*

```
'    Startzeile
     lngZeile = 1

'    Alle Tabellen bis auf die letzte Tabelle durchlaufen
     For lngIndex = 1 To ThisWorkbook.Worksheets.Count - 1
'        Pro Tabelle die Kommentare durchlaufen
         For Each objKommentar In ThisWorkbook.Worksheets(lngIndex).Comments
'            Schreiben der Inhalte
             wksAusgabe.Cells(lngZeile, 1).Value = objKommentar.Text
             wksAusgabe.Cells(lngZeile, 2).Value = ThisWorkbook.Worksheets(lngIndex).Name
             wksAusgabe.Cells(lngZeile, 3).Value = objKommentar.Parent.Address(False, False)
             lngZeile = lngZeile + 1
         Next
     Next lngIndex

'    Breiten anpassen
     wksAusgabe.Columns("A:C").AutoFit
     wksAusgabe.Rows("1" & ":" & CStr(wksAusgabe.Rows.Count)).AutoFit

'    Bildschirmaktualisierung reaktivieren
     Application.ScreenUpdating = True
End Sub
```

Kommentare mit Benutzername, Datum und Uhrzeit erstellen

Wenn Sie manuell Kommentare anlegen, wird der Benutzername automatisch in den Kommentartext eingefügt. Bei den vorangegangenen Beispielen, wo der Kommentar per VBA erzeugt wurde, fehlt diese Information. Dies lässt sich jedoch recht einfach nachholen, indem Sie auf die Methode Application.UserName zurückgreifen. In Listing 13.20 erstellt bzw. ergänzt die Prozedur den Kommentar um den Benutzernamen und fügt zusätzlich noch Datum und Uhrzeit hinzu.

Listing 13.20 Benutzername, Datum und Uhrzeit einfügen

```
Public Sub KommentarZusatzinformationen()
    Dim objKommentar As Comment

'   Objektverweis
    Set objKommentar = ThisWorkbook.Worksheets(3).Cells(1, 3).Comment
'   Existenz prüfen
    If objKommentar Is Nothing Then
        Set objKommentar = ThisWorkbook.Worksheets(3).Cells(1, 3).AddComment
    End If
'   Text ergänzen und Größe festlegen
    objKommentar.Text Application.UserName & " " & Date & " " & Time & _
    Chr(10) & objKommentar.Text
    objKommentar.Shape.TextFrame.AutoSize = True
End Sub
```

> **HINWEIS** Die Methode Username liefert den Benutzernamen zurück, der in den Excel-Optionen in der Kategorie *Allgemein* im Abschnitt *Microsoft Office-Kopie personalisieren* eingetragen ist. Die Methode Environ("UserName") hingegen liefert Ihnen den Namen, den Sie zur Anmeldung am System verwenden.

Zelländerungen in Kommentaren protokollieren

Kommentare können auch dazu verwendet werden, um Änderungen an einer Zelle zu protokollieren. Dazu bietet sich die Ereignisprozedur Worksheet_Change der Tabelle an.

Die Ereignisprozedur in Listing 13.21 protokolliert in absteigender Reihenfolge das Datum und die Uhrzeit der letzten fünf Änderungen am Inhalt der Zelle B4. Wie in den vorangegangenen Beispielen wird zuerst geprüft, ob die Zelle einen Kommentar enthält.

Abbildg. 13.7   Der Zeitpunkt und Autor von Änderungen in Zelle B2 werden im Kommentar protokolliert

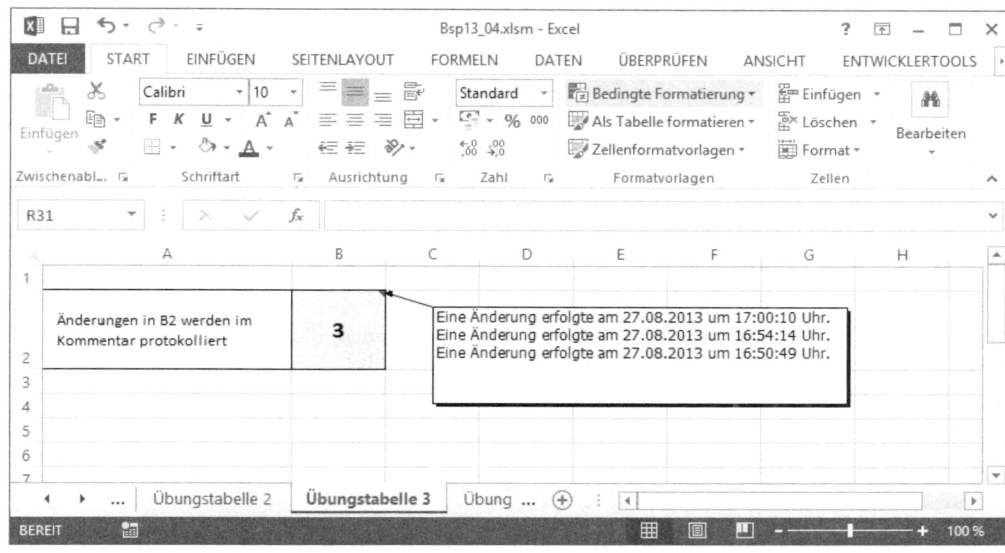

Enthält der Kommentar noch keinen Text, wird nur eine Zeile in den Kommentar geschrieben. Ist bereits ein Text im Kommentar enthalten, wird dieser anhand der Methode Split in einzelne Zeilen aufgeteilt und in das Array arrTextzeilen geschrieben. Als Trennzeichen zwischen den Zeilen dient der Zeilenumbruch. Je nachdem, wie viele Zeilen im Kommentar enthalten sind, enthält das Array mehr oder weniger Einträge, wobei ab Null gezählt wird. Unterschreitet die Anzahl der Array-Elemente die Zahl 4 – also die maximal fünf gewünschten Zeilen – wird eine neue Zeile am Anfang des Kommentars eingefügt. Ansonsten werden dem neuen Eintrag nur die ersten vier Zeilen angefügt, sodass der letzte Eintrag aus der Liste verschwindet.

Listing 13.21   Änderungen an einer Zelle protokollieren

```
Private Sub Worksheet_Change(ByVal Target As Range)
    Dim objKommentar    As Comment
    Dim strText         As String
    Dim arrTextzeilen() As String

'   Nur die Zelle B2 ansprechen
    If Target.Row = 2 And Target.Column = 2 Then
'       Objektverweis
        Set objKommentar = ActiveSheet.Cells(2, 2).Comment
```

Listing 13.21 Änderungen an einer Zelle protokollieren *(Fortsetzung)*

```
'     Existenz prüfen
      If objKommentar Is Nothing Then
'       Erstellen
        Set objKommentar = ActiveSheet.Cells(2, 2).AddComment
'       Größe festlegen
        objKommentar.Shape.Width = 250
        objKommentar.Shape.Height = 60
      End If
'     Text
      strText = objKommentar.Text
'     Länge prüfen
      If Len(strText) < 1 Then
        objKommentar.Text Text:="Eine Änderung erfolgte am " & _
        Date & " um " & Time & " Uhr."
      Else
'       Aufteilen
        arrTextzeilen = Split(objKommentar.Text, Chr(10))
'       Anzahl der Zeilen prüfen
        If UBound(arrTextzeilen) < 4 Then
          objKommentar.Text Text:="Eine Änderung erfolgte am " & _
          Date & " um " & Time & " Uhr." & Chr(10) & strText
        Else
          objKommentar.Text Text:="Eine Änderung erfolgte am " & _
          Date & " um " & Time & " Uhr." & Chr(10) & _
          arrTextzeilen(0) & Chr(10) & _
          arrTextzeilen(1) & Chr(10) & _
          arrTextzeilen(2) & Chr(10) & _
          arrTextzeilen(3)
        End If
      End If
    End If
End Sub
```

HINWEIS Die Methode `Split(Text, Trennzeichenfolge)` teilt einen Text in Teiltexte auf und erzeugt dabei ein dynamisches Datenfeld bzw. Array, in dem jedes Element einem dieser Teiltexte entspricht. Als Trennzeichen kann ein einzelnes Zeichen oder eine Zeichenfolge verwendet werden.

Ein dynamisches Datenfeld ist ein Datenfeld, dessen Größe bzw. Anzahl an Elementen zur Laufzeit festgelegt wird. Im sechsten Kapitel wurde ausführlich auf Datenfelder eingegangen.

Form bzw. AutoForm eines Kommentars ändern

Wenn Sie in der Excel-Oberflächeeinen Kommentar erstellen und diesen mit der Maus anklicken, erscheint nicht, wie bei gewöhnlichen Formen, das Menü *FORMAT* mit den Zeichentools. Um die AutoForm eines Kommentars zu ändern, müssen Sie zunächst – z.B. dem Menüband oder der Symbolleiste für den Schnellzugriff – den Befehl *Form ändern* hinzufügen.

In VBA können Sie anhand der Eigenschaft `AutoShapeType` die AutoForm in einer einzigen Codezeile ändern, wie Listing 13.22 zeigt. Der Code geht davon aus, dass das Kommentarfeld bereits vorhanden ist. Als Konstante ist eine der Konstanten der Aufzählung `MsoAutoShapeType` zuzuweisen.

Listing 13.22   AutoForm eines Kommentars ändern

```
Public Sub KommentarAutoformAendern()
  ThisWorkbook.Worksheets(5).Cells(12, 3).Comment _
  .Shape.AutoShapeType = msoShapeCloudCallout
End Sub
```

Grafiken in VBA verwenden

In den bislang behandelten Themen dieses Kapitels stand das Shape-Objekt im Mittelpunkt, mit dem Sie nahezu alle auf dem Tabellenblatt liegenden grafischen Objekte ansprechen können. Grafiken bzw. Bilder sind dabei im Grunde genommen keine Ausnahme. So steht beispielsweise die Methode AddPicture des Shape-Objekts zur Verfügung, um eine Grafikdatei in ein Arbeitsblatt einzufügen.

ONLINE   Sie finden die Arbeitsmappe mit dem Code zu diesem Abschnitt im Ordner \Buch\Kap13 in der Datei Bsp13_05.xlsm.

Grafiken ansprechen

In der Literatur zu VBA werden Sie in den Codebeispielen sehr häufig auf das Pictures-Objekt stoßen. Dieses enthält nur eine Auflistung aller Grafiken vom Typ Picture, während das Shapes-Objekt sämtliche grafischen Objekte auflistet. In Listing 13.23 demonstriert der Code zwei Varianten zur Abfrage der Namen aller in einem Arbeitsblatt eingefügten Bilder.

Listing 13.23   Grafiken in einer Tabelle auflisten

```
Public Sub GrafikenAuflistenShape()
  Dim objGrafik As Shape

  For Each objGrafik In ThisWorkbook.Worksheets(2).Shapes
    Select Case objGrafik.Type
      Case msoPicture
        MsgBox objGrafik.Name
      Case Else
    End Select
  Next
End Sub

Public Sub GrafikenAuflistenPicture()
  Dim objGrafik As Picture

  For Each objGrafik In ThisWorkbook.Worksheets(2).Pictures
    MsgBox objGrafik.Name
  Next
End Sub
```

Die zweite Prozedur erscheint sichtlich handlicher, da die Fallunterscheidung entfällt und sich aus der Verwendung des Picture-Objekts direkt erkennen lässt, dass es sich um Grafiken handelt.

TIPP   Wenn im Objektkatalog die Anzeige der ausgeblendeten Elemente aktiviert ist, stehen diese auch per IntelliSense im VBA-Editor zur Verfügung.

Allerdings bringt die Verwendung der beiden Objekt Pictures und Picture auch einen Nachteil mit sich: beide Objekte sind im Objektkatalog als veraltet markiert. Das heißt, dass laut Empfehlung von Microsoft ihre Verwendung vermieden werden sollte.

WICHTIG   Zwar funktioniert aus Kompatibilitätsgründen der Zugriff auf die Methoden und Eigenschaften der Picture- und Pictures-Objekte, es besteht aber keine Garantie, dass sich dies zukünftig nicht ändert oder zu einem – auch in aktuellen Versionen – unerwarteten Verhalten führt.

In den Codebeispielen zu den nachfolgenden Abschnitten werden beide Methoden vorgestellt werden, wobei Sie jedoch die Verwendung von Shapes bevorzugen sollten.

Grafiken einfügen

Um manuell eine Grafik in ein Arbeitsblatt einzufügen, klicken Sie im Menüband von Excel 2013 in der Registerkarte *EINFÜGEN* in der Gruppe *Illustrationen* auf die Schaltfläche *Bilder*. In Excel 2010 und Excel 2007 nennt sich diese Schaltfläche *Grafik*.

Abbildg. 13.8   Grafiken manuell einfügen und verfügbare Optionen

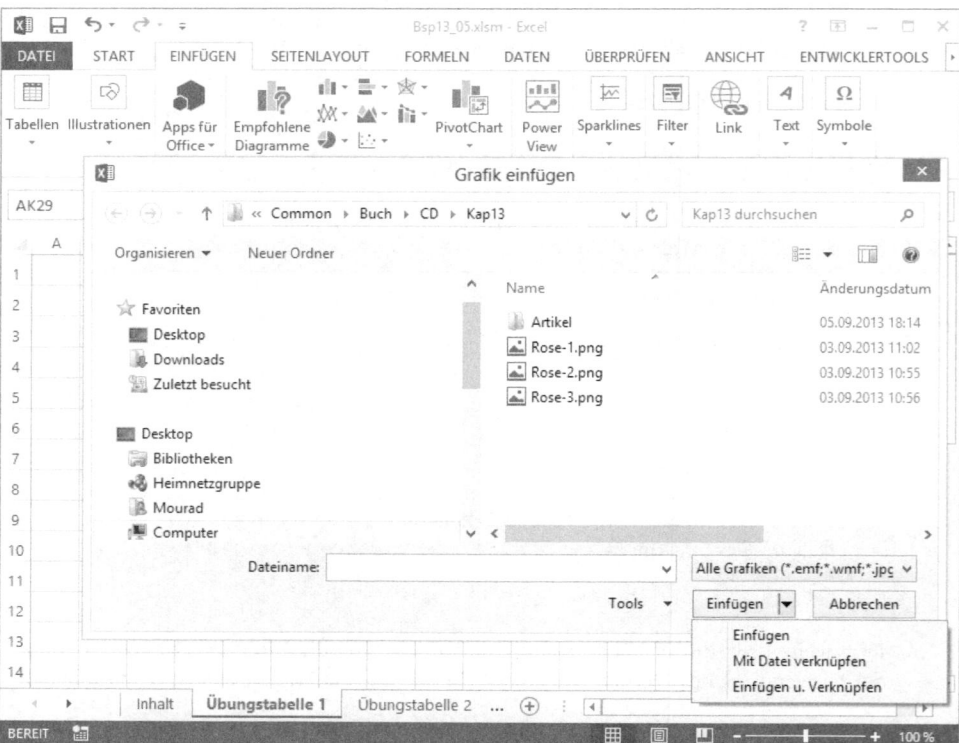

Im unteren rechten Bereich des Fensters stehen drei Auswahlmöglichkeiten zur Verfügung, die festlegen, ob das Bild nur eingefügt oder mit der Quelldatei verknüpft werden soll. Zur Demonstration dieser Optionen führen Sie folgendes Experiment durch:

1. Kopieren Sie die Beispieldatei *Bsp13_05.xlsm* sowie die drei Bilder *Rose-1.png*, *Rose-2.png* und *Rose-3.png* an einen anderen Ort als dem Installationsort auf Ihrer Festplatte. Dies ist notwendig, weil Sie gleich einige Dateien löschen werden, die ursprünglichen Dateien aber nicht verlieren möchten.

2. Öffnen Sie die Beispieldatei in Excel und wählen Sie das Arbeitsblatt *Übungstabelle 2*.

3. Fügen Sie manuell die drei Grafiken in das Arbeitsblatt ein. Wählen Sie für jede Grafik einer der Optionen – sprich *Einfügen* für *Rose-1.png*, *Mit Datei verknüpfen* für *Rose-2.png* und *Einfügen u. Verknüpfen* für *Rose-3.png*.

4. Speichern und schließen Sie die Datei.

5. Wechseln Sie zu Ihrem Ordner auf der Festplatte und löschen Sie die drei Grafiken.

6. Öffnen Sie erneut die Excel-Datei. Sie werden feststellen, dass die zweite Grafik nicht mehr angezeigt wird und eine Fehlermeldung erscheint.

Die erste Option bettet die Grafik vollständig in die Excel-Datei ein und speichert diese auch mit der Excel-Datei ab. Die zweite Option stellt nur eine Verknüpfung zu der Grafikdatei her und aktualisiert diese bei jedem Öffnen der Excel-Datei. Ist die Grafikdatei nicht mehr an ihrem Platz vorhanden, erscheint die Fehlermeldung. Wird die Grafikdatei durch eine andere ausgetauscht, zeigt Excel wiederum die neue Grafik an. Die dritte Option entspricht einer Kombination beider vorherigen Optionen. Steht eine neue Grafikdatei zur Verfügung, wird diese angezeigt, ansonsten die ursprüngliche Grafik.

Wenn Sie auf die in der Tabelle enthaltene Schaltfläche klicken, wird das Makro in Listing 13.24 ausgeführt, welches den Typ der Grafiken in einem Dialogfeld ausgibt.

Listing 13.24   Grafiken auflisten und dabei verschiedenen Typen berücksichtigen

```
Public Sub GrafikenAuflistenShapeErweitert()
  Dim objGrafik As Shape

  For Each objGrafik In ThisWorkbook.Worksheets(3).Shapes
    Select Case objGrafik.Type
      Case msoPicture        ' Wert = 13
        MsgBox "Eingebettete Grafik: " & objGrafik.Name
      Case msoLinkedPicture ' Wert = 11
        MsgBox "Verknüpfte Grafik: " & objGrafik.Name
      Case Else
    End Select
  Next
End Sub
```

Grafiken mit VBA einfügen

Um mit VBA eine Grafik in ein Arbeitsblatt einzufügen, müssen Sie den Pfad sowie den Dateiname der Grafik kennen. In Listing 13.25 verwendet die erste Prozedur das Shapes-Objekt und die zweite Prozedur das Pictures-Objekt, um die beiden Grafiken *Rose-1.png* und *Rose-2.png* einzufügen, die sich im selben Ordner wie die Beispieldatei befinden.

Listing 13.25 Grafiken einfügen, positionieren und benennen

```
Public Sub GrafikEinfuegenShape()
  Dim strPfad   As String
  Dim strDatei  As String
  Dim objGrafik As Shape

' Pfad und Datei
  strPfad = ThisWorkbook.Path
  strDatei = "Rose.png"
' Prüfen
  If Dir(strPfad & "\" & strDatei) <> strDatei Then
    MsgBox "Die Datei " & strPfad & "\" & strDatei & " wurde nicht gefunden."
  Else
' Einfügen und Rückgabe als Objekt
    Set objGrafik = ThisWorkbook.Worksheets(4) _
                    .Shapes.AddPicture(strPfad & "\" & strDatei, _
                    False, True, 50, 25, 100, 100)
' Benennen
    objGrafik.Name = "Rose 1"
' Ausgabe des Typs
    MsgBox objGrafik.Type
  End If
End Sub

Public Sub GrafikEinfuegenPicture()
  Dim strPfad   As String
  Dim strDatei  As String
  Dim objGrafik As Picture

' Pfad und Datei
  strPfad = ThisWorkbook.Path
  strDatei = "Rose.png"
' Prüfen
  If Dir(strPfad & "\" & strDatei) <> strDatei Then
    MsgBox "Die Datei " & strPfad & "\" & strDatei & " wurde nicht gefunden."
  Else
' Einfügen und Rückgabe als Objekt
    Set objGrafik = ThisWorkbook.Worksheets(4) _
                    .Pictures.Insert(strPfad & "\" & strDatei)
' Positionieren, Größe, Benennung
    objGrafik.Left = 50
    objGrafik.Top = 150
    objGrafik.Height = 100
    objGrafik.Width = 100
    objGrafik.Name = "Rose 2"
' Ausgabe des Typs
    MsgBox ThisWorkbook.Worksheets(4).Shapes( _
           ThisWorkbook.Worksheets(4).Shapes.Count).Type
  End If
End Sub
```

Die Methode AddPicture des Shapes-Objekts stellt anhand der letzten vier Argumente (Left, Top, Width und Height) schon beim Einfügen der Grafik eine Möglichkeit zur Festlegung der Position und Größe der Grafik zur Verfügung.

> **HINWEIS** Es kann vorkommen, dass Sie bei Verwendung der `AddPicture`-Methode keine Breite und Höhe festlegen möchten, also das Bild nicht skaliert werden soll. Setzen Sie dazu die Werte für die letzten beiden Argumente einfach auf -1.

Die `Insert`-Methode des `Pictures`-Objekt stellt hingegen keine Möglichkeit zur Positionierung und Größenfestlegung zur Verfügung, weshalb dies im Anschluss an den Aufruf der Methode geschieht.

In beiden Prozeduren ist eine Objektvariable definiert, die beim Einfügen der Grafik gesetzt wird, sodass Sie direkt auf die Eigenschaften der Grafik zugreifen können. In beiden Prozeduren wird die Grafik auch gleich umbenannt, was der manuellen Benennung via Namensfeld in Excel entspricht. In beiden Prozeduren wird zudem der Typ – eingefügte oder verknüpfte Grafik – in einem Meldungsfeld ausgegeben.

> **ACHTUNG** Die Prozedur, die das `Pictures`-Objekt verwendet, verhält sich je nach Excel-Version unterschiedlich. In Excel 2007 wird eine Grafik vom Typ `msoPicture` eingefügt, während ab Excel 2010 eine verknüpfte Grafik vom Typ `msoLinkedPicture` eingefügt wird.

Die Festlegung des Typs lässt sich besser anhand der Methode `AddPicture` steuern, die hierzu das zweite und dritte Argument zur Verfügung stellt.

> **HINWEIS** Ab Excel 2013 steht zusätzlich die `AddPicture2`-Methode zur Verfügung, die um das Argument `Compress` ergänzt wurde und es ermöglicht, eine Komprimierungsart für das einzufügende Bild anzugeben.

Beachten Sie, dass der Makrorekorder bei der Aufzeichnung des Einfügens von Grafiken noch die veralteten Objekte verwendet. Es empfiehlt sich somit, solchen Code entsprechend anzupassen bzw. zu ersetzen.

Grafiken löschen

Grafiken lassen sich in VBA anhand der `Delete`-Methode löschen. In Listing 13.26 sind wieder mehrere Möglichkeiten aufgeführt, die sowohl das `Pictures`- als auch das `Shapes`-Objekt berücksichtigen. Die Prozeduren löschen alle Grafiken in der vierten Tabelle der Beispielmappe.

Listing 13.26 Grafiken in einer Tabelle löschen

```
Public Sub GrafikLoeschenShape()
  Dim objGrafik As Shape

' Referenzierung
  With ThisWorkbook.Worksheets(4)
'   Schleife
    For Each objGrafik In .Shapes
      Select Case objGrafik.Type
        Case msoLinkedPicture, _
          msoPicture
          objGrafik.Delete
        Case Else
```

Listing 13.26 Grafiken in einer Tabelle löschen *(Fortsetzung)*

```
        End Select
      Next
    End With
  End Sub

  Public Sub GrafikLoeschenPicture()
    Dim objGrafik As Picture

'   Referenzierung
    With ThisWorkbook.Worksheets(4)
'     Schleife
      For Each objGrafik In .Pictures
        objGrafik.Delete
      Next
    End With
  End Sub

  Public Sub GrafikLoeschenPictureAlle()
    ThisWorkbook.Worksheets(4).Pictures.Delete
  End Sub
```

Die letzte Prozedur nutzt die Methode Delete der Pictures-Auflistung, die alle Grafiken in einem Rutsch aus der Tabelle entfernt. Eine Entsprechung der Methode innerhalb des Shapes-Objekts ist leider nicht vorhanden. Wenn Sie dort nur bestimmte Grafiken löschen möchten, bietet sich der Zugriff über den Index oder den Namen der Grafik an. Dazu zwei Beispiele:

```
ThisWorkbook.Worksheets(1).Shapes(1).Delete
ThisWorkbook.Worksheets(1).Shapes("Foto").Delete
```

Grafiken formatieren

Seit Excel 2007 bietet Excel eine Vielzahl an Formatierungsmöglichkeiten. Alle in diesem Buch aufzuführen oder im Detail zu behandeln, würde den Rahmen deutlich sprengen, weshalb wir Ihnen nur einige häufig verwendete Möglichkeiten vorstellen werden.

Wenn Sie mit der Excel-Oberfläche arbeiten, erreichen Sie die Optionen, indem Sie aus dem Kontextmenü den Befehl *Grafik formatieren* wählen. Hier zeigt sich übrigens eine deutliche Abweichung von Excel 2013 zu den älteren Versionen. Während in Excel 2010 oder früher ein Dialogfeld erschien, sind die Optionen in Excel 2013 in einem Aufgabenbereich gruppiert.

Abbildg. 13.9   Formatierungsoptionen in Excel 2010

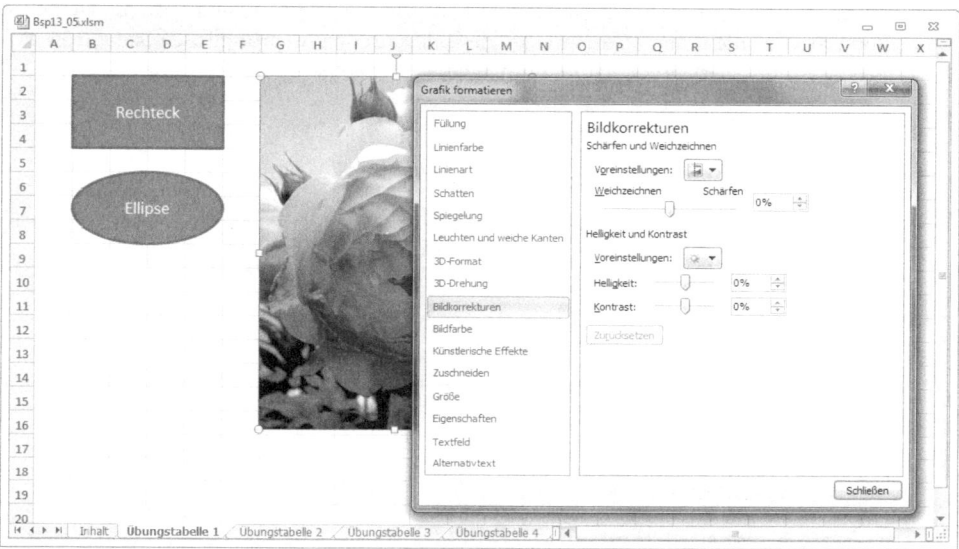

Abbildg. 13.10   Formatierungsoptionen in Excel 2013

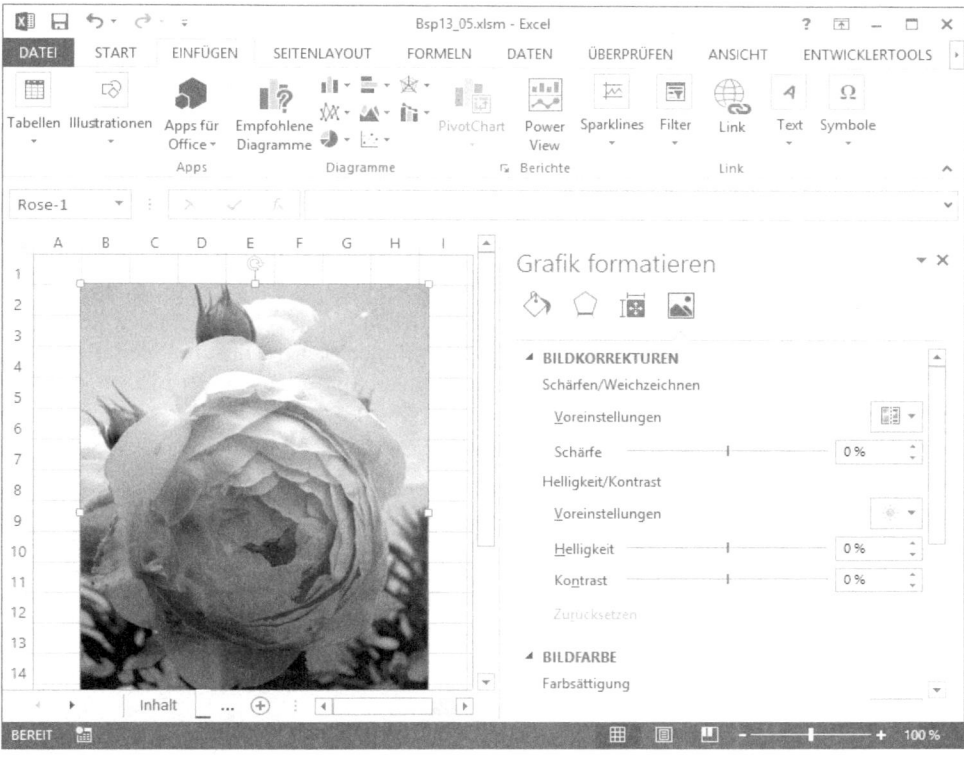

Wissen und Praxis verbinden

An den Optionen selbst wurden keine wesentlichen Veränderungen vorgenommen, genauso wenig wie in VBA. Folgende Codebeispiele erhöhen bzw. verringern stufenweise die Helligkeit des Bilds. Eine Prozedur dient dem Zurücksetzen des Bilds auf den ursprünglichen Standardwert. In der Beispieldatei wurden diese Prozeduren mit jeweils einer Schaltfläche verknüpft.

Listing 13.27 Helligkeit einer Grafik verändern

```
Public Sub GrafikHelligkeitErhoehen()
    Dim objGrafik As Shape

'   Referenzierung
    Set objGrafik = ThisWorkbook.Worksheets(5).Shapes("Rose")
'   Formatierung
    If objGrafik.PictureFormat.Brightness < 1 Then
       objGrafik.PictureFormat.Brightness = _
       objGrafik.PictureFormat.Brightness + 0.05
    End If
End Sub

 Public Sub GrafikHelligkeitVerringern()
    Dim objGrafik As Shape

'   Referenzierung
    Set objGrafik = ThisWorkbook.Worksheets(5).Shapes("Rose")
'   Formatierung
    If objGrafik.PictureFormat.Brightness > 0 Then
       objGrafik.PictureFormat.Brightness = _
       objGrafik.PictureFormat.Brightness - 0.05
    End If
End Sub

 Public Sub GrafikHelligkeitZuruecksetzen()
   ThisWorkbook.Worksheets(5).Shapes("Rose") _
   .PictureFormat.Brightness = 0.5
 End Sub
```

Die Helligkeit eines Bildes muss zwischen 0 und 1 liegen, eine Erhöhung um 0,05 entspricht somit 5 Prozent. Die Prozeduren greifen auf das Objekt PictureFormat zurück, welches neben der Eigenschaft Brightness beispielsweise auch die Eigenschaft Contrast bietet, um den Kontrast des Bilds zu verändern. Bildeffekte wie Schatten, Spiegelungen oder Leuchteffekte werden über weitere spezialisierte Objekte gesteuert, wie Shadow, Reflection oder Glow. Dazu ein Beispiel:

```
With ThisWorkbook.Worksheets(5).Shapes("Rose")
  .Shadow.Type = msoShadow26
  .Reflection.Type = msoReflectionType3
  .Glow.Color.ObjectThemeColor = msoThemeColorAccent2
  .Glow.Radius = 8
End With
```

Praxisbeispiele

Dieser Abschnitt stellt Ihnen einige Praxisbeispiele zur Verwendung von Grafiken vor, wie das Einfügen von Grafiken in Abhängigkeit eines Zellwerts, das Exportieren von Bereichen als Grafik oder das Erstellen von mit einer Grafik verknüpften Bereichen.

ONLINE Sie finden die Arbeitsmappe mit dem Code zu den Praxisbeispielen im Ordner \Buch\Kap13 in der Datei Bsp13_06.xlsm.

Grafiken bedingt einfügen

Nehmen wir an, Sie haben eine Excel-Datei, die Ihnen als einfacher Artikelkatalog dient. Zu jedem Artikel ist eine entsprechende Grafik in einem Ordner auf Ihrer Festplatte vorhanden, die denselben Namen wie die Artikelnummer trägt. Sie möchten, wenn Sie beispielsweise einen neuen Artikel in der Liste eintragen, dass automatisch die passende Grafik importiert und auf derselben Zeilenhöhe wie die Artikelnummer positioniert wird. Damit die Grafiken nicht übereinander liegen, sollen diese auch gleich verkleinert werden.

Die Zellen, die zur Eingabe der Artikelnummer vorgesehen sind, befinden sich in der ersten Spalte der Tabelle. Es soll nur der Inhalt jeder zweiten Zeile berücksichtigt werden, beginnend ab Zeile 2. Die Grafiken sollen in Spalte C eingefügt werden. Ist dort bereits eine Grafik vorhanden, soll diese gelöscht werden.

Abbildg. 13.11 Grafik in Abhängigkeit eines Zellwerts einfügen

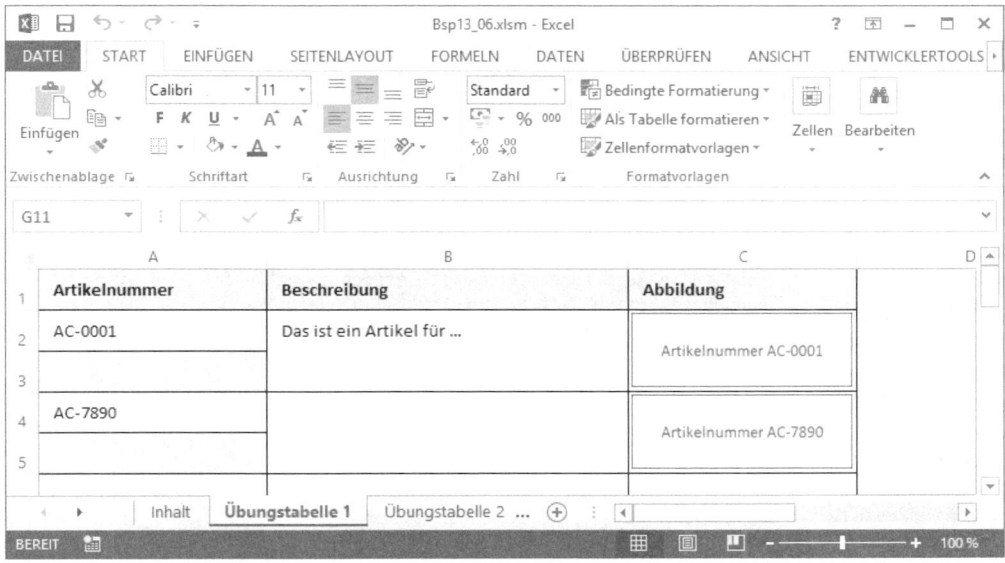

Um dies zu realisieren, muss die Ereignisprozedur Worksheet_Change der Tabelle verwendet werden. In Listing 13.28 ist der Code dieser Prozedur aufgeführt.

Code der Ereignisprozedur, um eine Grafik in Abhängigkeit eines Zellwerts einzufügen

```
Private Sub Worksheet_Change(ByVal Target As Range)
   Dim strPfad     As String
   Dim strDatei    As String
   Dim strBereich  As String
   Dim strGrafik   As String
   Dim objGrafik   As Shape
   Dim sngBreite   As Single
   Dim sngHoehe    As Single
   Dim sngLinks    As Single
   Dim sngOben     As Single

'  Fehler aussetzen
   On Error Resume Next

'  Eingrenzen
   If Target.Row Mod 2 = 0 And Target.Column = 1 Then
'     Bereich
      strBereich = Target.Offset(0, 2).Resize(2, 1).Address(False, False)
'     Name der Grafik
      strGrafik = "Grafik" & "-" & Replace(strBereich, ":", "-")
'     Grafik-Objekt
      Set objGrafik = ActiveSheet.Shapes(strGrafik)
'     Löschen
      If Not objGrafik Is Nothing Then
         objGrafik.Delete
      End If
'     Länge prüfen
      If Len(Target.Value) > 0 Then
'        Initialisieren
         strPfad = ThisWorkbook.Path & "\" & "Artikel"
         strDatei = Target.Value & "." & "png"
'        Prüfen
         If Dir(strPfad & "\" & strDatei) <> strDatei Then
            MsgBox "Die Abbildung zur Artikelnummer " & _
                     Target.Value & " wurde nicht gefunden."
         Else
'           Größe und Position berechnen
            sngBreite = ActiveSheet.Range(strBereich).Width - 5
            sngHoehe = ActiveSheet.Range(strBereich).Height - 5
            sngLinks = ActiveSheet.Range(strBereich).Left + 2.5
            sngOben = ActiveSheet.Range(strBereich).Top + 2.5
'           Neu
            Set objGrafik = ActiveSheet.Shapes.AddPicture( _
                     strPfad & "\" & strDatei, _
                     False, True, sngLinks, sngOben, _
                     sngBreite, sngHoehe)
'           Benennen
            objGrafik.Name = strGrafik
         End If
      End If
   End If
End Sub
```

Zunächst wird geprüft, ob das Argument Target einer der Zellen entspricht, die berücksichtigt werden sollen. Hierzu werden in der Bedingung die Spalte und Zeile geprüft, wobei der Restwert der

Zeilennummer geteilt durch den Wert 2 ermittelt wird. Ist dieser null, so handelt es sich um eine Zeilennummer, die durch 2 teilbar ist. Es folgt die Ermittlung des Zielbereichs für die Grafik, der über eine Verschiebung um 2 Positionen nach rechts und eine Vergrößerung um eine Zeile ermittelt wird.

Bei der Benennung der Grafiken wird sich eines Tricks bedient. Da jede Zelle eine eindeutige Adresse besitzt, kann diese als eindeutiger Name verwendet werden, wobei darauf geachtet werden muss, dass dieser nicht am Anfang des Namens steht. Deshalb wird das Wort »Grafik« dem Namen vorangestellt.

Der Code prüft anschließend, ob bereits eine Grafik vorhanden ist, und löscht diese gegebenenfalls. Die Überprüfung, ob die Länge des Zellwerts größer null ist, verhindert den Versuch, eine Grafik einzufügen, wenn der Zellinhalt gelöscht wurde. Schließlich wird geprüft, ob die Datei existiert, und es wird die Größe und Position des Zielbereichs berechnet, wobei ein paar Pixel abgezogen werden, sodass die Ränder des Zielbereichs noch sichtbar sind.

Bereiche einer Tabelle als Grafik ablegen

In Excel besteht die Möglichkeit, Bereiche eines Arbeitsblatts als Grafik abzuspeichern. Dabei spielt es keine Rolle, ob sich in dem Bereich nur Zellen oder weitere Objekte wie grafische Objekte oder Diagramme befinden. Alles, was sich in dem Bereich befindet, wird sozusagen fotografiert.

In Excel 2007 finden Sie die Funktion im Menü *Start*, Gruppe *Zwischenablage*, im Dropdownmenü *Kopieren*. Der Befehl nennt sich *Als Grafik kopieren* und öffnet ein Dialogfeld mit weiteren Optionen. Wenn Sie im Dialogfeld auf die Schaltfläche *Ok* klicken, wird der in dem Arbeitsblatt ausgewählte Bereich als Grafik in die Zwischenablage abgelegt. Sie können anschließend die Grafik wieder per Kontextmenü oder anhand von `Strg`+`V` in die Tabelle einfügen.

In Excel 2010 und Excel 2013 ist der Mechanismus ein wenig anders. Kopieren Sie hier zunächst den gewünschten Bereich in die Zwischenablage, z.B. über `Strg`+`C`. Anschließend steht Ihnen im Kontextmenü unter *Inhalte einfügen* oder in der Registerkarte *Start*, Gruppe *Zwischenablage* der Befehl *Grafik* als Symbol zur Verfügung.

Diese Funktionalität lässt sich auch in VBA umsetzen, wie Sie Listing 13.29 entnehmen können. Das erste Argument Appearance bestimmt, wie das Bild kopiert werden soll. Als Werte können xlScreen oder xlPrinter angegeben werden, die entweder für eine Darstellung wie am Bildschirm oder wie bei der Druckausgabe stehen. Das zweite Argument Format bestimmt das Bildformat und kann die Werte xlPicture oder xlBitmap annehmen.

Listing 13.29   Bereich kopieren und als Grafik einfügen

```
Public Sub BereichAlsGrafikEinfuegen()
    ThisWorkbook.Worksheets(3).Range("C3:F9").CopyPicture _
    Appearance:=xlScreen, Format:=xlPicture
    ThisWorkbook.Worksheets(3).Paste _
    Destination:=ThisWorkbook.Worksheets(3).Range("C11")
End Sub
```

Einen Bereich als Grafik exportieren

Das vorherige Beispiel hat gezeigt, wie Sie einen Bereich als Grafik in eine Tabelle kopieren können. Häufig besteht aber auch die Anforderung, die Grafik als Datei zu exportieren, ähnlich wie bei einem Screenshot-Programm.

Leider besteht keine Möglichkeit, eine Kopie eines Bereichs direkt als Grafik auf der Festplatte abzulegen, weshalb mit einem Trick gearbeitet werden muss. Dieser besteht darin, ein Diagramm zu erstellen, den Bereich dort zu visualisieren und die Methode Export des Chart-Objekts zum Export zu verwenden. Der Code in Listing 13.30 demonstriert das Verfahren und greift an dieser Stelle Kapitel 16 vor, welches Diagramme ausführlich behandelt.

Listing 13.30   Grafik zu einem Bereich exportieren

```vba
Public Sub BereichAlsGrafikExportieren()
    Dim strPfad     As String
    Dim strDatei    As String
    Dim rngBereich  As Range
    Dim objDiagramm As ChartObject

    ' Initialisieren
    strPfad = ThisWorkbook.Path
    strDatei = Format(Now, "YYYY.MM.DD-hh.mm.ss") & "." & "jpg"
    ' Einstellungen
    Application.ScreenUpdating = False
    ' Bereich referenzieren
    Set rngBereich = ThisWorkbook.Worksheets(3).Range("C3:F9")
    ' Bereich kopieren
    rngBereich.CopyPicture xlScreen, xlPicture
    ' Diagramm erzeugen
    Set objDiagramm = ThisWorkbook.Worksheets(3).ChartObjects _
                     .Add(0, 0, rngBereich.Width + 10, rngBereich.Height + 10)
    ' Einfügen
    objDiagramm.Chart.Paste
    ' Formatieren
    objDiagramm.Chart.Shapes(1).Left = 0
    objDiagramm.Chart.Shapes(1).Top = 0
    objDiagramm.ShapeRange.Line.Visible = False
    objDiagramm.ShapeRange.Fill.ForeColor.RGB = RGB(255, 255, 255)
    ' Exportieren
    objDiagramm.Chart.Export strPfad & "\" & strDatei, "JPG"
    objDiagramm.Delete
    ' Einstellungen
    Application.ScreenUpdating = True
    ' Aufräumen
    Set rngBereich = Nothing
    Set objDiagramm = Nothing
End Sub
```

Im Code wird der Dateiname dynamisch in Abhängigkeit vom aktuellen Datum und der Uhrzeit erzeugt, sodass keine doppelten Dateinamen entstehen. Zudem wird der Diagrammbereich der Größe des Bereichs angepasst und dabei ein wenig vergrößert. Die Formatierungsanweisungen dienen dazu, das Bild innerhalb des Diagramms zu zentrieren, den Rahmen zu entfernen und sicherzustellen, dass eine weiße Hintergrundfarbe gesetzt ist.

Mit Bereichen verknüpfte Grafiken

Grafiken, die Bereiche abbilden, lassen sich auch dynamisch mit dem Inhalt des Bereichs verknüpfen. Wenn die Inhalte geändert werden, wird die Grafik automatisch aktualisiert.

Um eine mit einem Bereich verknüpfte Grafik manuell zu erstellen, kopieren Sie zunächst den Bereich, der verknüpft werden soll, in die Zwischenablage. Falls Sie Excel 2007 verwenden, rufen Sie den Befehl *Start/Einfügen/Als Bild/Verknüpfte Grafik einfügen* auf. In höheren Excel-Versionen können Sie das Kontextmenü oder das entsprechende Symbol unter *START/Einfügen* verwenden.

> **TIPP**   Excel bietet auch eine sogenannte Kamerafunktion, die die Erstellung von mit Bereichen verknüpften Grafiken in weniger Schritten zusammenfasst. Meist ist der Befehl ausgeblendet bzw. nicht im Menüband enthalten. Sie können diesen aber recht schnell wieder einblenden, indem Sie die Excel-Optionen aufrufen und die Kamerafunktion dem Menüband oder der Symbolleiste für den Schnellzugriff hinzufügen.

In VBA ist die Erstellung einer mit einem Bereich verknüpften Grafik recht einfach. Übergeben Sie das Argument Link an die Paste-Methode.

Listing 13.31   Bereich als verknüpfte Grafik einfügen

```
Public Sub BereichAlsGrafikVerknuepfen()
    ThisWorkbook.Worksheets(4).Range("C3:F9").Copy
    ThisWorkbook.Worksheets(4).Pictures.Paste Link:=True
    Application.CutCopyMode = False
End Sub
```

WordArt-Objekte verwenden

Mit WordArt-Objekten können Sie auf recht einfache Weise Texte mit verschiedenen Effekten erzeugen. Der Phantasie sind dabei kaum Grenzen gesetzt. Sie finden die Funktion im Menü *EINFÜGEN* in der Gruppe *Text* und dort im Katalog zur Schaltfläche *WordArt*.

Abbildg. 13.12   Texteffekte zu einem WordArt-Objekt

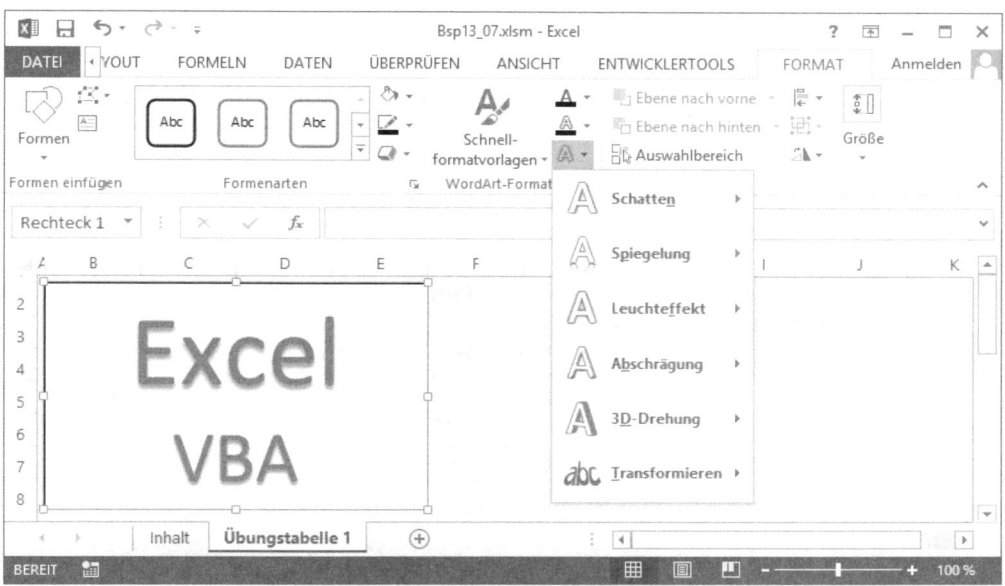

ONLINE Sie finden die Arbeitsmappe mit dem Code zu diesem Abschnitt im Ordner *\Buch\Kap13* in der Datei *Bsp13_07.xlsm*.

Sobald Sie ein WordArt-Objekt in Ihr Tabellenblatt eingefügt haben und dieses aktiv ist, können Sie verschiedene Formatierungen vornehmen. Unter anderem können Sie Texteffekte zuweisen. Sie finden diese bei ausgewähltem WordArt-Objekt unter *ZEICHENTOOLS/FORMAT* in der Gruppe *WordArt-Formate* und unter der Schaltfläche *Texteffekte*, wie in Abbildung 13.12 dargestellt.

In VBA können Sie anhand der `AddTextEffect`-Methode des Shapes-Objekts ein WordArt-Objekt in Ihre Tabelle einfügen.

Listing 13.32 WordArt-Objekt einfügen und formatieren

```
Public Sub WordartObjektEinfuegen()
  Dim objWordart As Shape

' WordArt-Objekt erstellen
  Set objWordart = ThisWorkbook.Worksheets(2).Shapes.AddTextEffect( _
                   PresetTextEffect:=msoTextEffect14, _
                   Text:="Excel VBA", _
                   FontName:="Arial Rounded MT Bold", _
                   FontSize:=48, _
                   FontBold:=msoFalse, _
                   FontItalic:=msoFalse, _
                   Left:=50, _
                   Top:=50)
' Formatierungen
  With objWordart.TextFrame2.TextRange.Characters(7, 3).Font
    .Fill.ForeColor.ObjectThemeColor = msoThemeColorAccent6
    .Fill.ForeColor.TintAndShade = 0
    .Fill.ForeColor.Brightness = -0.25
    .Fill.Solid
    .Line.ForeColor.ObjectThemeColor = msoThemeColorAccent6
    .Line.ForeColor.TintAndShade = 0
    .Line.ForeColor.Brightness = -0.25
  End With
  objWordart.TextEffect.PresetShape = msoTextEffectShapeDeflateBottom
  objWordart.TextFrame2.TextRange.Font.Shadow.Type = msoShadow26
End Sub
```

Die Prozedur in Listing 13.32 formatiert zusätzlich das WordArt-Objekt, sodass ein 3D-Effekt entsteht und das Wort »VBA« in Orange erscheint.

TIPP Wenn Sie ein WordArt-Objekt mit einer Zelle verknüpfen möchten, können Sie dies recht einfach realisieren. Wählen Sie dazu das WordArt-Objekt aus und stellen Sie über die Bearbeitungszeile den Bezug zu einer Zelle her, z.B. =$A$1.

Kapitel 14

Benutzerdefinierte Funktionen in VBA entwickeln

In diesem Kapitel:

Excel stellt bereits von Haus aus eine sehr große Anzahl vordefinierter Funktionen zur Verfügung, die zu unterschiedlichsten Berechnungen verwendet werden können. Zudem können die Excel-Funktionen zu Formeln miteinander kombiniert werden.

Es mag somit vielleicht auf den ersten Blick überflüssig erscheinen, eigene benutzerdefinierte Funktionen per VBA zu programmieren. In einigen Fällen decken jedoch die in Excel integrierten Funktionen nicht immer die Vielzahl der in der Praxis benötigten Formeln ab. Beispiele hierzu sind Flächenberechnungen, das Addieren oder Multiplizieren extrem großer Zahlen oder auf spezielle Fachgebiete ausgerichtete Funktionen.

In diesem Kapitel erfahren Sie, wie Sie in VBA eigene Funktionen zur Verwendung in Arbeitsblättern programmieren können. Die Inhalte in diesem Kapitel sind nicht nur auf benutzerdefinierte Funktion zur Verwendung in Arbeitsblättern beschränkt, sondern lassen sich auch allgemein zur Entwicklung modularer Anwendungen verwenden.

Rückblick

Im zweiten Kapitel wurden in den Abschnitten zu den Prozeduren und Funktionen sowie zu den Grundlagen der Programmierung die Unterschiede zwischen einer Prozedur und einer Funktion erläutert. So können an eine Prozedur ein oder mehrere Argumente übergeben werden, die innerhalb der Prozedur verarbeitet werden. Einige solcher Prozeduren wurden bereits im Buch verwendet. Auch Ereignisprozeduren funktionieren nach demselben Prinzip.

Abbildg. 14.1 Schematische Darstellung von Prozeduren und Funktionen

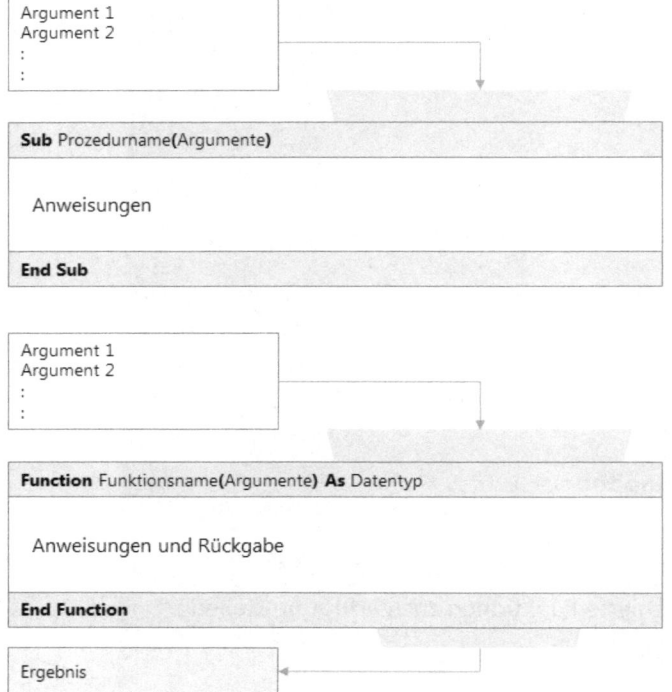

Funktionen unterscheiden sich von Prozeduren dadurch, dass diese nicht nur Argumente empfangen, sondern auch einen Wert zurückgeben können. Dieser Rückgabewert kann in weiterer Prozeduren und/oder Funktionen ausgewertet bzw. verwendet werden. Dies wiederum ermöglicht es, das VBA-Programm in übersichtliche und modulare Funktionseinheiten zu gliedern.

Abbildung 14.1, die Sie bereits aus Kapitel 2 kennen und hier zur Erinnerung nochmals aufgeführt wird, zeigt den Unterschied zwischen Prozeduren und Funktionen.

Funktionen sollten typisiert werden, das heißt, dass der Rückgabewert einen Datentyp erhalten sollte. Ebenso sollten natürlich auch die Argumente wie bei Prozeduren typisiert werden.

Benutzerdefinierte Funktionen programmieren

Nehmen wir an, Sie müssten häufig geometrische Berechnungen in Excel durchführen, um beispielsweise die Flächen oder Volumina geometrischer Körper zu ermitteln. Da Excel Ihnen nur einen Grundstock an mathematischen Funktionen anbietet, lassen sich solche Berechnungen nicht ohne die Erstellung einer Formel durchführen.

ONLINE Sie finden die Arbeitsmappe mit dem Code zu Listing 14.1 und Listing 14.2 im Ordner \Buch\Kap14 in der Datei Bsp14_01.xlsm.

Abbildg. 14.2 Formeln zur Berechnung von Flächen und Volumina geometrischer Objekte

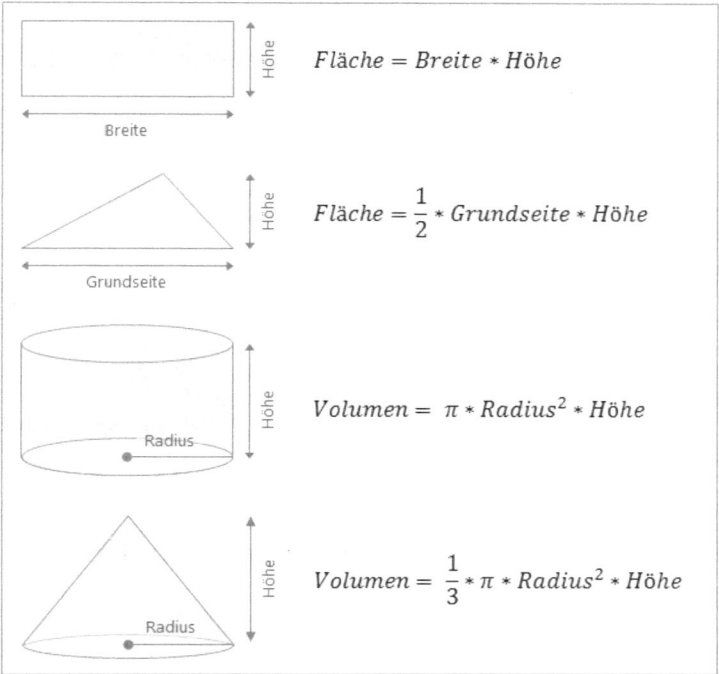

$$Fläche = Breite * Höhe$$

$$Fläche = \frac{1}{2} * Grundseite * Höhe$$

$$Volumen = \pi * Radius^2 * Höhe$$

$$Volumen = \frac{1}{3} * \pi * Radius^2 * Höhe$$

Wissen und Praxis verbinden

Über VBA können Sie sich eine eigene Sammlung von Funktionen aufbauen, die solche Berechnungen übernehmen und Ihnen per Funktionsaufruf zur Verfügung stehen. Nachfolgend werden beispielhaft Funktionen zur Berechnung der Fläche eines Rechtecks und eines Dreiecks sowie zur Berechnung des Volumens eines Zylinders und eines Kegels vorgestellt.

Die Berechnung einer Fläche zu einem Rechteck ist recht simpel. Sind die Breite und Höhe bekannt, brauchen diese nur multipliziert zu werden. Eine Funktion lässt sich somit wie folgt implementieren.

Listing 14.1   Fläche eines Rechtecks berechnen

```
Public Function FLAECHERECHTECK(Breite As Double, Hoehe As Double) As Double
    FLAECHERECHTECK = Breite * Hoehe
End Function
```

HINWEIS   Die Funktion wurde absichtlich in Großbuchstaben benannt. Einerseits entspricht dies der üblichen Schreibweise von Excel-Funktionen und andererseits lässt sich somit eine Kennzeichnung im Code durchführen. Sie sind jedoch nicht verpflichtet, diesem Schema zu folgen, und können für Ihre Funktionen eine eigene Systematik verwenden.

In ähnlicher Weise lassen sich die weiteren Funktionen zur Berechnung der Flächen und Volumina implementieren.

Listing 14.2   Weitere Funktionen zur Berechnung der Flächen und Volumina

```
Public Function FLAECHEDREIECK(Grundseite As Double, Hoehe As Double) As Double
    FLAECHEDREIECK = Grundseite * Hoehe * 0.5
End Function

Public Function VOLUMENZYLINDER(Radius As Double, Hoehe As Double) As Double
    VOLUMENZYLINDER = Application.WorksheetFunction.Pi * _
                      Radius * Radius * Hoehe
End Function

Public Function VOLUMENKEGEL(Radius As Double, Hoehe As Double) As Double
    VOLUMENKEGEL = Application.WorksheetFunction.Pi * _
                   Radius * Radius * Hoehe * 1 / 3
End Function
```

Um den Wert von Pi zu ermitteln, wird auf die in Excel integrierte Funktion Pi zurückgegriffen.

ACHTUNG   Sie können benutzerdefinierte Funktion nicht verwenden, um beispielsweise anhand einer Formel die Formatierung einer Zelle oder eines Bereichs zu verändern. Funktionen liefern – wie die in Excel integrierten Funktionen – nur einen Wert zurück. Sie können diesen Wert jedoch in weiteren Formeln verarbeiten.

In einer Tabelle auf benutzerdefinierte Funktionen zugreifen

Wenn Sie in Excel innerhalb einer Zelle beginnen, nach einem Gleichheitszeichen einen Funktionsnamen einzutippen, filtert Ihnen Excel automatisch passende Funktionen heraus. Benutzerdefinierte Funktionen werden hierbei ebenfalls berücksichtigt, wie in Abbildung 14.3 zu sehen ist.

Abbildg. 14.3   Benutzerdefinierte Funktionen durch Eintippen herausfiltern

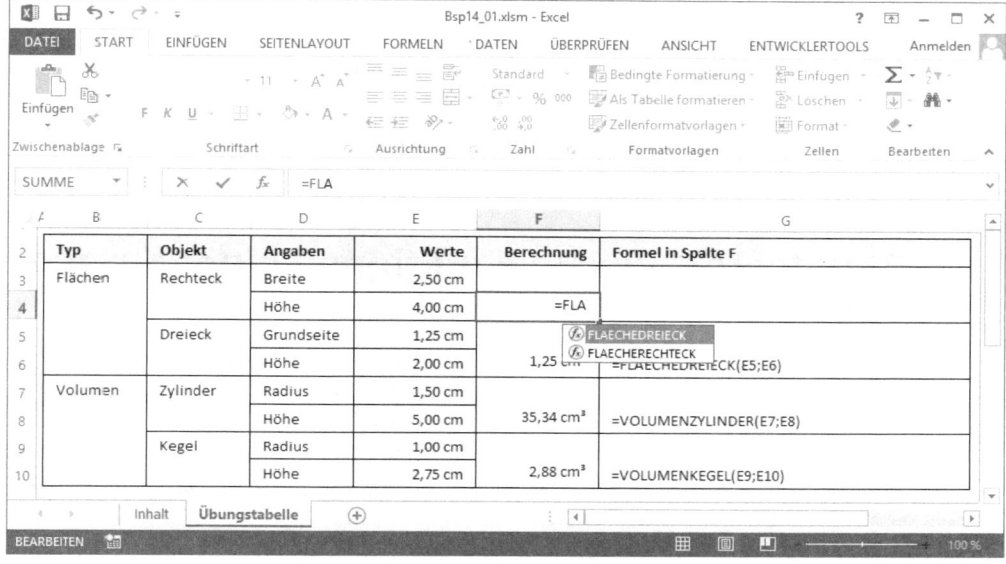

Alternativ können Sie aber auch den Funktionsassistenten verwenden. Die benutzerdefinierten Funktionen sind standardmäßig in der Kategorie *Benutzerdefiniert* zu finden. Wie bei anderen Excel-Funktionen auch, zeigt Ihnen das Dialogfeld bei Auswahl einer Funktion die Argumentliste im unteren Bereich des Dialogfelds an.

Abbildg. 14.4   Benutzerdefinierte Funktionen im Funktionsassistenten heraussuchen

Wenn Sie Ihre Funktion z.B. per Doppelklick aufrufen, wird ebenfalls wie bei anderen Excel-Funktionen ein weiteres Dialogfeld geöffnet, welches Ihnen die Angabe der Argumente ermöglicht.

Wissen und Praxis verbinden

> **HINWEIS** Excel VBA bietet die Möglichkeit, Module so zu kennzeichnen, dass die in dem Modul enthaltenen Prozeduren und Funktionen nur innerhalb desselben VBA-Projekts sichtbar sind. Hierzu steht die Anweisung `Option Private Module` zur Verfügung, die im Kopfbereich des Moduls einzufügen ist.
>
> Ist ein Modul in der Art gekennzeichnet, sind die darin enthaltenen Funktionen im Funktionsassistenten nicht mehr sichtbar. Sie lassen sich jedoch durchaus noch verwenden – vorausgesetzt, man kennt die Syntax.

Benutzerdefinierte Funktionen einer Kategorie zuordnen

Microsoft stellt in Excel 2007 und Excel 2010 insgesamt 12 Kategorien und in Excel 2013 insgesamt 13 Standardkategorien zur Verfügung, denen die einzelnen Excel-Funktionen zugeordnet sind. Den einzelnen Kategorien ist intern ein Index zugewiesen, den Sie Tabelle 14.1 entnehmen können. Neben den Standardkategorien sind zudem einige versteckte Kategorien verfügbar, die erst dann sichtbar werden, wenn ihnen ein Makro zugewiesen wird. In der Tabelle sind diese mit einem Stern gekennzeichnet.

Tabelle 14.1   Funktionskategorien

Index	Kategorienamen	Anmerkungen
1	Finanzmathematik	
2	Datum & Zeit	
3	Math. & Trigonom.	
4	Statistik	
5	Matrix	
6	Datenbank	
7	Text	
8	Logik	
9	Information	
10	Menübefehle *	
11	Benutzerorientiert *	
12	Makrosteuerung *	
13	DDE/Extern *	
14	Benutzerdefiniert *	
15	Technisch	
16	Cube	
17	Kompatibilität	
18	Web	Ab Excel 2013 verfügbar
	Benutzerdefinierte Kategorien *	

Der letzte Eintrag verhält sich wie ein Platzhalter und ermöglicht das Anlegen benutzerdefinierter Kategorien. Insgesamt stehen hier 32 Kategorien zur Verfügung. Davon muss jedoch die Anzahl der bereits belegten Kategorien abgezogen werden.

HINWEIS   Sollten Sie Add-Ins installiert haben, ist es durchaus möglich, dass weitere von den Add-Ins angelegte Kategorien angezeigt werden.

Um eine benutzerdefinierte Funktion einer bestehenden Kategorie zuzuweisen oder eine neue Kategorie zu erstellen, wird die Methode MacroOptions des Application-Objekts verwendet.

Diese Methode ist in Excel 2007 anders implementiert als in neueren Versionen. In Excel 2010 und Excel 2013 ist ein zusätzliches optionales Argument vorhanden, welches ermöglicht, in Form eines Arrays Beschreibungstexte zu den Argumenten der benutzerdefinierten Funktion zu übergeben. Diese Texte werden dann im Funktionsassistenten angezeigt.

```
' Excel 2007
MacroOptions([Macro], [Description], [HasMenu], [MenuText], [HasShortcutKey],
             [ShortcutKey], [Category], [StatusBar], [HelpContextID], [HelpFile])

' Excel 2010 und Excel 2013
MacroOptions([Macro], [Description], [HasMenu], [MenuText], [HasShortcutKey],
             [ShortcutKey], [Category], [StatusBar], [HelpContextID], [HelpFile],
             [ArgumentDescriptions])
```

Zwar sind alle Argumente der Methode optional, jedoch sollte der Methode beim Aufruf sinnvollerweise mindestens der Name der benutzerdefinierten Funktion und die Kategorie übergeben werden.

ONLINE   Sie finden die Arbeitsmappe mit dem Code dieses Abschnitts im Ordner *\Buch\Kap14* in der Datei *Bsp14_02.xlsm.*

Wenn Sie eine benutzerdefinierte Funktion einer bestehenden Kategorie hinzufügen möchten, z.B. der Kategorie *Math. & Trigonom.*, können Sie dem Argument Category den Index dieser Kategorie (3) übergeben. Dadurch entfällt auch eine Berücksichtigung unterschiedlicher Sprachversionen von Excel.

Listing 14.3   Die benutzerdefinierten Funktionen der Kategorie *Math. & Trigonom.* zuordnen

```
Public Sub EinordnenBeiMathematik()
    Application.MacroOptions Macro:="FLAECHERECHTECK", Category:=3
    Application.MacroOptions Macro:="FLAECHEDREIECK", Category:=3
    Application.MacroOptions Macro:="VOLUMENZYLINDER", Category:=3
    Application.MacroOptions Macro:="VOLUMENKEGEL", Category:=3
End Sub
```

Um eine eigene Kategorie anzulegen, können Sie dem Argument Category eine Zeichenfolge übergeben. Excel erkennt übrigens automatisch, ob die Kategorie bereits existiert. Wird MacroOptions somit ein zweites Mal mit der Kategorie Geometrie aufgerufen, legt Excel keine neue Kategorie an, sondern ordnet die Funktion der bereits bestehenden Kategorie zu.

Wissen und Praxis verbinden

Listing 14.4 Die benutzerdefinierten Funktionen der eigenen Kategorie *Geometrie* zuordnen

```
Public Sub EinordnenBeiGeometrie()
  Application.MacroOptions Macro:="FLAECHERECHTECK", Category:="Geometrie"
  Application.MacroOptions Macro:="FLAECHEDREIECK", Category:="Geometrie"
  Application.MacroOptions Macro:="VOLUMENZYLINDER", Category:="Geometrie"
  Application.MacroOptions Macro:="VOLUMENKEGEL", Category:="Geometrie"
End Sub
```

Falls eine benutzerdefinierte Funktion bereits einer anderen Kategorie zugeordnet ist, wird diese in die neue Kategorie verschoben. Der sukzessive Aufruf der beiden Prozeduren in Listing 14.3 und in Listing 14.4 legt somit die Makros letztendlich in der Kategorie *Geometrie* ab.

WICHTIG   Wenn Sie beispielsweise mit Excel 2010 arbeiten und per `MacroOptions`-Methode eine Zuordnung zu einer benutzerdefinierten Kategorie vorgenommen haben, kann es vorkommen, dass diese Zuordnung in einer anderen Excel-Version verloren geht. So erscheint eine benutzerdefinierte Funktion, die in Excel 2010 der ersten benutzerdefinierten Kategorie zugeordnet wurde, in Excel 2013 in der Kategorie Web.

Um dieses Problem zu umgehen, können Sie die Zuordnung der benutzerdefinierten Funktionen bei jedem Öffnen der Mappe in der Ereignisprozedur `Workbook_Open` vornehmen.

In Listing 14.5 werden zusätzlich zur Kategorie Beschreibungstexte zu den einzelnen Argumenten übergeben. Diese Texte tauchen anschließend im Funktionsassistenten auf.

Listing 14.5 Beschreibungstexte zu den Argumenten an die *MacroOptions*-Methode übergeben

```
Public Sub EinordnenUndHilfstexte()
  Dim arrHilfe(1 To 2) As String
  arrHilfe(1) = "Die Breite des Rechtecks"
  arrHilfe(2) = "Die Höhe des Rechtecks"
  Application.MacroOptions Macro:="FLAECHERECHTECK", _
                           Category:="Geometrie", _
                           ArgumentDescriptions:=arrHilfe
End Sub
```

Abbildg. 14.5 Beschreibungstexte zu den Argumenten angeben (nur ab Excel 2010)

Neuberechnung von benutzerdefinierten Funktionen erzwingen

Benutzerdefinierte Funktionen werden in der Regel, genau wie Tabellenfunktionen, nur dann neu berechnet, wenn es erforderlich ist. Das heißt, die Neuberechnung findet nur dann statt, wenn sich der Inhalt einer Zelle ändert, die das Ergebnis der Funktion beeinflusst.

ONLINE   Sie finden die Arbeitsmappe mit dem Code zu diesem Abschnitt im Ordner *\Buch\Kap14* in der Datei *Bsp14_03.xlsm*.

Der Code Listing 14.6 enthält zwei Funktionen, die zwar beide den Tabellennamen der aktuellen Tabelle ausgeben, sich aber dennoch unterschiedlich erhalten. So wird, wenn Sie die erste Funktion in Ihrer Tabelle verwenden und die Tabelle umbenennen, keine Aktualisierung des Funktionsergebnisses durchgeführt, auch dann nicht, wenn die Taste F9 gedrückt wird, mit der im Normalfall eine Neuberechnung manuell angestoßen werden kann. Die zweite Funktion aktualisiert hingegen sofort den angezeigten Tabellennamen.

Listing 14.6   Neuberechnung erzwingen

```
Public Function TABELLENNAME() As String
   TABELLENNAME = ActiveSheet.Name
End Function

Public Function TABELLENNAMEVOLATILE() As String
   Application.Volatile True
   TABELLENNAMEVOLATILE = ActiveSheet.Name
End Function
```

In der zweiten Funktion sorgt die Methode `Application.Volatile` dafür, dass diese immer dann aktualisiert wird, wenn in einer beliebigen Zelle des Arbeitsblatts eine Berechnung durchgeführt wird.

TIPP   Die in Listing 14.6 vorgestellten Funktionen sind übrigens auch ein Beispiel dafür, dass es in VBA möglich ist, benutzerdefinierte Funktionen zu erstellen, die keine Übergabeparameter beinhalten.

Benutzerdefinierte Array-Funktionen

Laut Excel-Online-Hilfe ermöglichen es Matrix- oder Arrayformeln, Berechnungen an einer oder mehreren Gruppen von Daten auszuführen und dabei ein oder mehrere Ergebnisse zu ermitteln. Die Eingabe von Matrixformeln ist mit der Tastenkombination Strg+⇧+⏎ abzuschließen. Die Formel wird dadurch automatisch von geschweiften Klammern {} umgeben. Eine manuelle Eingabe der geschweiften Klammern funktioniert nicht.

ONLINE   Sie finden die Arbeitsmappe mit dem Code zu diesem Abschnitt im Ordner *\Buch\Kap14* in der Datei *Bsp14_04.xlsm*.

Dazu ein Beispiel: nehmen wir an, im Bereich B3:B15 eines Arbeitsblatts sind Beschreibungstexte zu verschiedenen Produkten hinterlegt. Es soll die Anzahl der Zeichen des längsten Textes ermittelt werden. Eine Möglichkeit bestünde darin, eine Hilfsspalte anzulegen, die Textlänge anhand der Funktion *LÄNGE* pro Zeile im Bereich B3:B15 zu ermitteln und anschließend den größten Wert anhand der Funktion *MAX* zu bestimmen. Einfacher ist jedoch die Verwendung einer Matrixformel, die die Berechnung in einem Rutsch durchführt:

```
{=MAX(LÄNGE($B$3:$B$15))}
```

Als Argument wird der Funktion *LÄNGE* nicht wie gewöhnlich der Zellbezug zu einer Zelle übergeben, sondern der komplette Bereich B3:B15. Auf dessen Ergebnis wird die Funktion *MAX* angewandt. Damit Excel auch in der Funktion *LÄNGE* den kompletten Bereich berücksichtigt, wird die Formel als Matrixformel gekennzeichnet.

In VBA können ebenfalls benutzerdefinierte Funktionen programmiert werden, die sich wie Matrixformeln verhalten. Die Funktion in Listing 14.7 liefert ein Array mit den einzelnen Wochentagen zurück. Beachten Sie, dass Array-Funktionen einen Rückgabewert vom Typ Variant zurückgeben müssen.

Listing 14.7 VBA-Funktion, die sich wie eine Matrixformel verhält

```
Function ARRWOCHENTAGE() As Variant
    ARRWOCHENTAGE = Array("Montag", _
                          "Dienstag", _
                          "Mittwoch", _
                          "Donnerstag", _
                          "Freitag", _
                          "Samstag", _
                          "Sonntag")
End Function
```

Um die benutzerdefinierte Funktion in einem Arbeitsblatt verwenden zu können, müssen Sie dort zunächst sieben zusammenhängende Zellen einer Zeile markieren. Geben Sie anschließend in der Bearbeitungszeile die benutzerdefinierte Funktion an und schließen Sie die Eingabe mit `Strg` + `⇧` + `↵` ab. Die sieben Wochentage werden in den einzelnen Zellen angezeigt. Beachten Sie übrigens, dass der Versuch, einzelne Wochentage im gewählten Bereich zu entfernen, zu einer Fehlermeldung führt. Die Zellen sind voneinander abhängig. Um die benutzerdefinierte Formel zu entfernen, muss der gesamte Bereich mit den Wochentagen gelöscht werden.

Optionale Argumente verwenden

Einige Excel-Funktionen, wie beispielsweise die Funktion *SVERWEIS*, ermöglichen eine optionale Angabe von Argumenten. Das heißt, dass, wenn Sie keine Angabe machen, ein Standardwert verwendet wird. In der Funktion *SVERWEIS* ist dies das letzte Argument *Bereich_Verweis*, welches bestimmt, wie genau eine Suche erfolgen soll.

ONLINE Sie finden die Arbeitsmappe mit dem Code zu diesem Abschnitt im Ordner *\Buch\Kap14* in der Datei *Bsp14_05.xlsm*.

Auch in VBA können Sie Argumente so kennzeichnen, dass diese optional verwendbar sind. Dies geschieht über das Schlüsselwort Optional vor dem Namen des Arguments. Optionale Argumente können nicht vor Pflichtargumenten aufgeführt werden.

In Listing 14.8 berücksichtigt die Funktion ein optionales Argument, welches bestimmt, mit welcher Genauigkeit gerundet werden soll. Um beispielsweise auf 5 genau zu runden, geben Sie als Argument die Zahl 5 an.

Listing 14.8   Optionales Argument verwenden

```
Function VBARUNDEN(Wert As Double, _
                   Stellen As Long, _
                   Optional Genauigkeit As Long = 0) As Double
  If Genauigkeit > 0 Then
    VBARUNDEN = Application.WorksheetFunction _
            .Round(Wert / Genauigkeit, Stellen) * Genauigkeit
  Else
    VBARUNDEN = Application.WorksheetFunction.Round(Wert, Stellen)
  End If
End Function
```

Der Standardwert wird bei einem optionalen Argument dadurch bestimmt, dass der Definition des Datentyps eine Zuweisung folgt. Wird diese weggelassen, erfolgt die Zuweisung des Standardwerts; z.B. bei einer Zahl Null oder bei einem String eine leere Zeichenkette.

Unbestimmte Anzahl an Argumenten übergeben

Neben der Möglichkeit zur Verwendung optionaler Argumente, kann in VBA auch eine variable Argumentliste verwendet werden. Dies kann beispielsweise dann sinnvoll sein, wenn die Anzahl der Übergabewerte nicht von Anfang an feststeht. Allerdings kann die Verwendung eines Parameter-Arrays durchaus die Prozedur unübersichtlicher machen, da die Argumente nicht mehr benannt sind, sondern sich in einem Datenfeld befinden.

ONLINE   Sie finden die Arbeitsmappe mit dem Code zu diesem Abschnitt im Ordner *\Buch\Kap14* in der Datei *Bsp14_06.xlsm*.

Eine Deklaration eines Parameter-Arrays geschieht anhand des Schlüsselworts ParamArray. Zudem muss die Argumentliste als Datenfeld übergeben werden und vom Typ Variant sein. Die Funktion in Listing 14.9 summiert die Werte einzelner Zellen. Zudem kann ein Parameter-Array immer nur als letztes Argument deklariert werden.

Listing 14.9   Benutzerdefinierte Funktion zur Summierung von Einzelwerten

```
Function SUMMEEINZELWERTE(ParamArray Argumentliste() As Variant) As Double
  Dim vntArgument As Variant
  For Each vntArgument In Argumentliste
    SUMMEEINZELWERTE = SUMMEEINZELWERTE + vntArgument
  Next
End Function
```

Wenn Sie sich die benutzerdefinierte Funktion im Funktionsassistenten anschauen, sehen Sie, dass sich die Anzahl der Eingabefelder mit jeder Eingabe erweitert. Beachten Sie, dass im vorangegangenen Beispiel keine Bereiche als Argument übergeben werden können, sondern nur Werte bzw. Bezüge zu einzelnen Zellen.

Benutzerdefinierte Funktionen zur Verfügung stellen

Prozeduren und Funktionen stehen primär nur in den Arbeitsmappen zur Verfügung, in denen sie hinterlegt wurden. Sobald die Mappe geschlossen wird, können diese Funktionen nicht mehr verwendet werden. Häufig – gerade bei benutzerdefinierten Funktionen, die Sie in Arbeitsblättern verwenden möchten – ist es jedoch sinnvoll, diese generell zur Verfügung zu stellen, sodass Sie diese in jeder Mappe nutzen können.

Zu beachten ist dabei, dass gegebenenfalls andere Nutzer, z.B. in Ihrem Unternehmen, ebenfalls über die Datei mit den benutzerdefinierten Funktionen verfügen, da sie sonst eine Fehlermeldungen erhalten würden. Die einfachste und beste Methode, um dieses Ziel zu erreichen, besteht darin, die benutzerdefinierten Funktionen in einem Excel-Add-in zur Verfügung zu stellen. Zwar können Sie auch die persönliche Arbeitsmappe *Personal.xlsb* verwenden – siehe dazu den Abschnitt zur Speicherung eines Makros im ersten Kapitel – verwenden, dies kann aber, je nach Excel-Version, zu Benachrichtigungen beim Öffnen von Excel führen, beispielsweise, dass die persönliche Arbeitsmappe in Verwendung ist, wenn zwei Instanzen von Excel geöffnet werden.

Um ein Add-In zu erstellen, brauchen Sie nur die Arbeitsmappe mit Ihren Funktionen im entsprechenden Dateiformat *XLA* oder *XLAM* abzuspeichern. Excel schlägt Ihnen dabei einen Standardspeicherort vor; sie können aber auch einen eigenen Ort wählen.

Damit Sie auf die Funktionen zugreifen können, müssen Sie das Add-In einmalig installieren. Rufen Sie dazu die Excel-Optionen auf und wählen Sie die Add-Ins-Kategorie. Rufen Sie anschließend die Verwaltung der Excel-Add-Ins auf und navigieren Sie gegebenenfalls mithilfe der Schaltfläche *Durchsuchen* zum Speicherort des Add-Ins. Wählen Sie dieses aus. Ist das Add-In installiert, wird es der Liste im Dialogfeld hinzugefügt.

Bei jedem Programmstart von Excel steht Ihnen nun das Add-In inklusive der enthaltenen Funktionen zur Verfügung.

> **TIPP** Sie können jedes VBA-Projekt, auch wenn es nicht als Add-In verwendet wird, durch ein Kennwort schützen. Rufen Sie dazu im VBA-Editor das Dialogfeld zu den Projekteigenschaften zu Ihres Projekts auf. Wechseln Sie im Dialogfeld zu der Registerkarte *Schutz* und setzen Sie das Kontrollkästchen zur Sperre der Anzeige sowie vergeben Sie ein Kennwort. Speichern und schließen Sie die Mappe. Beim erneuten Öffnen der Mappe ist das Modul nur noch durch die entsprechende Kennworteingabe zugänglich. Beachten Sie allerdings, dass dieser Kennwortschutz keinen wirklichen Schutz bietet und sich recht einfach aushebeln lässt.

Praxisbeispiele

Nachfolgend werden einige Praxisbeispiele vorgestellt, die Themen rund um benutzerdefinierte Funktionen zur Übersetzung von Excel-Formeln, diversen Berechnungen oder Prüfungen von Bedingungen behandeln.

> **ONLINE** Sie finden die Arbeitsmappe mit dem Code zu diesem Abschnitt im Ordner *\Buch\Kap14* in der Datei *Bsp14_07.xlsm*.

Excel-Formel anzeigen und übersetzen

Die Grundsprache für VBA und die Excel-Funktionen ist Englisch, weshalb intern immer eine englische Version der Funktionen bzw. Formeln verfügbar ist. Somit lässt sich über eine recht einfache benutzerdefinierte Funktion die Formel in Deutsch oder Englisch ausgeben.

Listing 14.10   Deutsche und englische Formel einer Zelle ermitteln

```
Function VBAFORMELTEXT(Zelle As Range, Optional Englisch As Boolean = False) As String
'   Prüft, ob eine Formel in der Zelle vorhanden ist
    If Zelle.HasFormula Then
'       Abfrage, ob die Formel in Englisch bzw. Deutsch ausgegeben werden soll
        If Englisch Then
            VBAFORMELTEXT = Zelle.Formula
        Else
            VBAFORMELTEXT = Zelle.FormulaLocal
        End If
    Else
        VBAFORMELTEXT = "Keine Formel"
    End If
End Function
```

> **TIPP**   Ab Excel 2013 steht die Excel-Funktion *FORMELTEXT* zur Verfügung, die allerdings nur die lokalisierte Formel anzeigt.

Benutzername ermitteln

Wie bereits in einem vorangegangenen Kapitel geschildert, differenziert Excel zwischen zwei verschiedenen Benutzernamen. Der eine ist jener, mit dem Sie am System angemeldet sind und der andere ist derjenige, der in Excel selbst hinterlegt ist.

Zur Ermittlung der beiden Benutzernamen stehen Ihnen die Funktion Environ und die Methode UserName des Application-Objekts zur Verfügung. Die Funktion in Listing 14.11 nutzt zur Unterscheidung der beiden Möglichkeiten ein optionales Argument.

Listing 14.11   Benutzername abfragen

```
Function VBABENUTZERNAME(Optional System As Boolean = False) As String
    If System Then
        VBABENUTZERNAME = Environ("UserName")
    Else
        VBABENUTZERNAME = Application.UserName
    End If
End Function
```

Sternzeichen aus einem Datum ermitteln

Mittels einer VBA-Funktion können Sie auf einfache Weise aus einem beliebigen Datum das zugehörige Sternzeichen ermitteln. Es ist dazu lediglich eine Fallunterscheidung erforderlich, die das

Datum einem entsprechenden Intervall zuordnet und das Sternzeichen zurückgibt. Die Funktion in Listing 14.12 zeigt nur einen Auszug des Codes, da die Systematik verständlich sein dürfte.

Listing 14.12   Sternzeichen ermitteln

```
Function VBASTERNZEICHEN(rng As Range) As String
  Select Case DateSerial(Year(rng), Month(rng), Day(rng))
    Case DateSerial(Year(rng.Value) - 1, 12, 22) To _
         DateSerial(Year(rng.Value), 1, 20)
      VBASTERNZEICHEN = "Steinbock"
    Case DateSerial(Year(rng.Value), 1, 21) To _
         DateSerial(Year(rng.Value), 2, 19)
      VBASTERNZEICHEN = "Wassermann"
'
'   In der Beispieldatei sind an dieser Stelle weitere Fälle aufgeführt
'
    Case DateSerial(Year(rng.Value), 11, 23) To _
         DateSerial(Year(rng.Value), 12, 21)
      VBASTERNZEICHEN = "Schütze"
  End Select
End Function
```

Initialen generieren

Für einfache Fälle lässt sich in Excel folgende Formel verwenden, um die Initialen aus einem Namen auszulesen, der aus einem Vornamen und Nachnamen besteht, die durch ein Leerzeichen voneinander getrennt sind.

```
=LINKS(A1;1)&TEIL(A1;FINDEN(" ";A1;1)+1;1)
```

Die Formel stößt allerdings an ihre Grenzen, wenn der Name mehrere Vornamen enthält oder der Nachname aus mehreren Wörtern besteht. In der folgenden VBA-Funktion werden die Anfangsbuchstaben aller Wörter einer Zelle ermittelt.

Listing 14.13   Text in Wörter zerlegen und Anfangsbuchstaben ermitteln

```
Function VBAINITIALEN(Zelle As Range) As String
  Dim lngIndex   As Long
  Dim arrDaten() As String

  'Aufteilen
  arrDaten = Split(Zelle.Value, " ")
  'Alle Anfangsbuchstaben extrahieren
  For lngIndex = LBound(arrDaten) To UBound(arrDaten)
    If Len(arrDaten(lngIndex)) > 0 Then
      VBAINITIALEN = VBAINITIALEN & UCase(Left(arrDaten(lngIndex), 1))
    End If
  Next
End Function
```

Umlaute in Selbstlaute umwandeln

In manchen Situationen stellt sich die Anforderung, Umlaute einer Zeichenkette durch Selbstlaute auszutauschen; beispielsweise wenn Sie dynamisch mithilfe einer Formel URLs generieren und der Server keine Umlaute akzeptiert. Wollten Sie dieser Anforderung durch einen Einsatz der Excel-Funktion *WECHSELN* entsprechen, müssten Sie diese sehr oft verschachteln. Es entstünde ein Konstrukt ähnlich der folgenden Formel:

```
=WECHSELN(WECHSELN(WECHSELN(WECHSELN(WECHSELN(WECHSELN(A1;"ä";"ae");"Ä";"Ae");"ö";"oe");"Ö
";"Oe");"ü";"ue");"Ü";"Ue")
```

In VBA lässt sich eine Funktion zur Umwandlung von Umlauten recht einfach realisieren. Und diese Funktion ist natürlich jederzeit erweiterbar, beispielsweise um Sonderzeichen umzuwandeln.

Listing 14.14   Ersetzen der Umlaute in Selbstlaute in einem Text

```
Function VBAUMLAUTE(Zelle As Range) As String
    Dim strText As String
    Ersetzen
    strText = Zelle.Value
    strText = Replace(strText, "ä", "ae")
    strText = Replace(strText, "ö", "oe")
    strText = Replace(strText, "ü", "ue")
    strText = Replace(strText, "Ä", "Ae")
    strText = Replace(strText, "Ö", "Oe")
    strText = Replace(strText, "Ü", "Ue")
    VBAUMLAUTE = strText
End Function
```

Die Quersumme einer Zelle berechnen

Eine Quersumme ergibt sich aus der Summe aller Ziffern einer Zahl. So berechnet sich die Quersumme der Zahl 12345 aus der Addition 1+2+3+4+5, was dem Ergebnis 15 entspricht. Quersummen werden häufig zur Validierung von Daten verwendet, wie beispielsweise als Prüfziffer von ISBN-Nummern.

In VBA kann die Berechnung einer Quersumme anhand einer Schleife erfolgen. Der Code in Listing 14.15 setzt zur Berechnung der Quersumme voraus, dass der Zellwert eine Ganzzahl ist. Zur Überprüfung des Zellwerts wird der LIKE-Operator herangezogen. Der Operator ermöglicht es, positionsweise Zeichen innerhalb einer Zeichenkette daraufhin zu überprüfen, ob es sich um eine Ziffer, einen bestimmten Buchstaben oder ein beliebiges Zeichen handelt.

Ziffern werden hierbei mit dem Zeichen # verglichen. Um alle Zeichen des Zellwerts zu überprüfen, muss also eine Zeichenfolge verglichen werden, die aus genauso vielen #-Zeichen besteht, wie die Zeichenkette im Zellwert lang ist. Hierzu dient die Funktion String, die eine Zeichenkette aus *n* Zeichen generiert.

Listing 14.15 Berechnung der Quersumme einer Zahl

```
Function VBAQUERSUMME(Zelle As Range) As Long
  Dim lngIndex As Long
  If Len(Zelle.Value) > 0 Then
    If Zelle.Value Like String(Len(Zelle.Value), "#") Then
      For lngIndex = 1 To Len(Zelle.Value)
        VBAQUERSUMME = VBAQUERSUMME + Mid(Zelle.Value, lngIndex, 1)
      Next
    End If
  End If
End Function
```

Prüfen, ob eine Zelle eine Formel enthält

Seit Excel 2013 steht die Funktion *ISTFORMEL* zur Verfügung, die überprüft, ob die referenzierte Zelle eine Formel enthält oder nicht. In den vorherigen Excel-Versionen, wie z.B. Excel 2010 oder Excel 2007, stand diese Formel noch nicht zur Verfügung. Die Funktionalität der Formel kann jedoch auf sehr einfache Weise mit VBA simuliert werden, wie in Listing 14.16 zu sehen.

Listing 14.16 Zelle auf Formel überprüfen

```
Function VBAISTFORMEL(Zelle As Range) As Boolean
  VBAISTFORMEL = Zelle.HasFormula
End Function
```

Prüfen, ob ein Datum vorliegt

Ähnlich wie bei der Überprüfung, ob eine referenzierte Zelle eine Formel enthält, können Sie auch überprüfen, ob die Zelle ein Datumswert enthält.

Listing 14.17 Zelle auf Datum überprüfen

```
Function VBAISTDATUM(Zelle As Range) As Boolean
  VBAISTDATUM = IsDate(Zelle.Value)
End Function
```

Teil D

Daten mit Excel-VBA auswerten

Kapitel 15

Daten mit VBA filtern, sortieren und vergleichen

In diesem Kapitel:

In diesem Kapitel erfahren Sie im ersten Abschnitt, wie Sie die Excel-Funktionen zum Filtern von Daten innerhalb eines Arbeitsblatts in VBA verwenden können. Einige Praxisbeispiele ergänzen und vertiefen anschließend das Erlernte. Der zweite Abschnitt erklärt, wie Sie in VBA sowohl unter Verwendung von Excel-Funktionen als auch anhand eigener Sortieralgorithmen Daten sortieren können. Der letzte Abschnitt widmet sich schließlich dem Vergleich von Daten und zeigt Ihnen, wie Sie in VBA Prozeduren programmieren können, um beispielsweise Tabellen miteinander zu vergleichen.

Daten mit VBA filtern

Seit Office 2007 stehen in Excel verbesserte Filtermöglichkeiten zur Verfügung. Diese vereinfachen und erweitern das Filtern nach Zahlen und Texten oder ergänzen die Filterfunktionen um neue Möglichkeiten, wie das Filtern nach Farben. Die Funktionalität steht selbstverständlich auch in VBA zur Verfügung und ist Thema dieses Abschnitts.

Standardfilter verwenden

Um einen Filter manuell zu setzen, markieren Sie einen zusammenhängenden Bereich einer Zeile, wo der Filter zur Verfügung stehen soll. Hierbei bietet es sich üblicherweise an, die Überschriften einer Datentabelle zu wählen.

Abbildg. 15.1   Filtern von Daten in Excel 2013

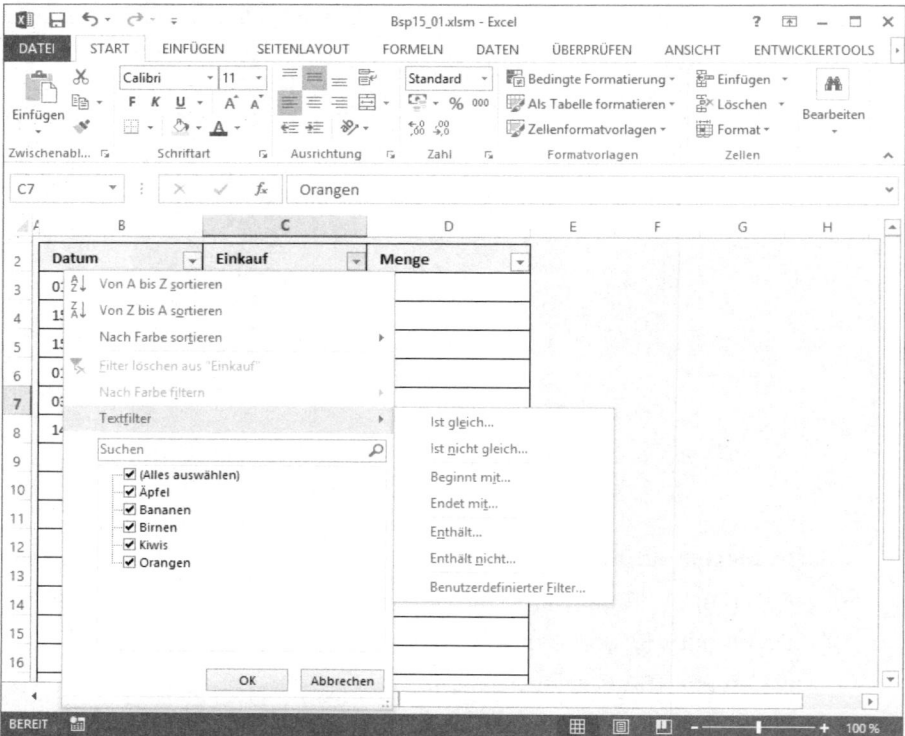

Klicken Sie anschließend im Menü *DATEN* und dort im Dropdown-Listenfeld *Sortieren und Filtern* auf die Schaltfläche *Filtern*. In jedem der markierten Felder wird nun auf der rechten Seite der Zelle ein Pfeil angezeigt.

Wenn Sie auf einen dieser Pfeile klicken, erscheint ein kontextsensitives Menü, welches im unteren Bereich zusätzlich zu den einzelnen Menübefehlen eine Liste der Datensätze innerhalb der jeweiligen Spalte anzeigt. In der Liste werden in der Spalte mehrfach vorkommende Datensätze nur einmal aufgeführt.

HINWEIS In älteren Excel-Versionen vor Excel 2007 nannte sich die Funktion zum Filtern *AutoFilter* und war anhand des Menübefehls *Daten/Filter/AutoFilter* erreichbar. Obwohl sich diese Bezeichnung eingebürgert hat und noch häufig in der Literatur verwendet wird, orientiert sich dieses Buch hauptsächlich an der aktuellen Bezeichnung *Filter*.

Der Filter stellt je nach Art der Daten unterschiedliche Filterfunktionen zur Verfügung. Befinden sich nur Zahlen in der Spalte, ist ein Menübefehl mit Zahlenfiltern sichtbar. Befindet sich hauptsächlich Text in der Spalte, ist ein Menübefehl für Textfilter vorhanden. Befinden sich in der Spalte Datumsangaben, gliedern sich die Einträge in der Dropdownliste in Jahres-, Monats- und Tageszahlen.

ACHTUNG In den Dropdownlisten der Filter werden maximal die ersten 10.000 eindeutigen Datensätze angezeigt. Wird diese Zahl überschritten, wird ein entsprechender Hinweis erst ab Excel 2010 eingeblendet.

Anhand von Kontrollkästchen können Sie festlegen, welche Datensätze angezeigt bzw. herausgefiltert und ausgeblendet werden sollen. Zudem steht eine Auswahlmöglichkeit zur Verfügung, um alle Datensätze innerhalb der Liste aus- oder abzuwählen und, je nach Kontext, leere Einträge herauszufiltern.

Sobald der Filter auf eine Spalte angewendet wird, ändert sich das Symbol des Filters. Zusätzlich mit einer blauen Beschriftung der Zeilenköpfe wird auf einen aktiven Filter hingewiesen.

HINWEIS Wenn Daten gefiltert wurden und somit ein Teil der Zeilen nicht mehr sichtbar ist, bedeutet das nicht, dass die Zeilen gelöscht wurden. Sie sind lediglich ausgeblendet und können jederzeit wieder eingeblendet werden.

Falls Sie einen gefilterten Bereich kopieren und an eine andere Stelle des Arbeitsblatts oder in ein neues Arbeitsblatt einfügen, werden die ausgeblendeten Daten nicht berücksichtigt.

TIPP Die Excel-Funktion *TEILERGEBNIS* ermöglicht es Ihnen, Berechnungen innerhalb eines gefilterten Bereichs durchzuführen und dabei die herausgefilterten Daten nicht mit einzubeziehen. Die Funktion erwartet hierbei als erstes Argument die Angabe einer Funktionsnummer. So entspricht die Angabe von 1 der Mittelwertfunktion oder die Angabe von 9 der Summenfunktion.

Dazu ein Beispiel: Angenommen, in Ihrer Tabelle befinden sich in den Zellen A2 bis A11 die Werte 1 bis 10. Sie filtern nun alle ungeraden Zahlen über die Excel-Filterfunktion heraus. Dann geben Sie in Zelle A12 folgende Formel ein:

```
=TEILERGEBNIS(9;A2:A11)
```

Das Ergebnis entspricht der Summe aller geraden Zahlen und ist gleich 30.

Seit Excel 2007 wurde das erste Argument, also die Funktionsnummer, um die Möglichkeit erweitert, Werte anzugeben, die oberhalb von 100 liegen. Diese Werte sehen vor, dass auch Teilberechnungen über Bereiche gebildet werden können, die nicht über die Filterfunktion, sondern über *Start/Zellen/Format/Ausblenden & Einblenden* ausgeblendet wurden.

Dazu ein Beispiel: Angenommen, im Bereich *A1:A10* steht in jeder Zelle der Wert 100 und es ist kein Filter aktiv. Blenden Sie die Zeilen *3 bis 5* aus und geben Sie in Zelle *A11* die folgende Formel ein:

```
=TEILERGEBNIS(9;A1:A10)
```

In Zelle *A12* geben Sie die folgende Formel ein:

```
=TEILERGEBNIS(109;A1:A10)
```

Der Unterschied wird nun deutlich. In Zelle *A11* steht der Wert 1.000 und in Zelle *A12* der Wert 700.

Einen einfachen Filter programmieren

Um per VBA einen Filter zu setzen, können Sie die Methode AutoFilter des Range-Objekts verwenden. Die Methode verhält sich beim Aufruf wie ein Schalter: Ist ein Filter beim Aufruf der Methode aktiv, so wird dieser deaktiviert. Ist noch kein Filter vorhanden, so wird dieser aktiviert.

Wie Sie sicherlich schon bemerkt haben, trägt die Methode den ehemaligen Namen der Excel-Filterfunktion. Die VBA-Methode wurde somit im Zuge neuer Excel-Versionen nicht umbenannt.

ONLINE   Sie finden die Arbeitsmappe mit dem Code zu diesem Abschnitt im Ordner *\Buch\Kap15* in der Datei *Bsp15_01.xlsm*.

In Listing 15.1 wird bei wiederholtem Ausführen des Codes der Filter zum Filtern der Daten in den Spalten B bis D unterhalb der Überschrift in Zeile Nummer 2 aktiviert oder deaktiviert.

Listing 15.1   Filter aktivieren bzw. deaktivieren

```
Public Sub DatenFiltern()
    ThisWorkbook.Worksheets(2).Range("B2:D2").AutoFilter
End Sub
```

Sie können der Methode AutoFilter auch Argumente übergeben, um direkt bei ihrem Aufruf eine Filteraktion durchzuführen. Um hierbei auf einen einzelnen Filter einer Spalte zugreifen zu können, steht das Argument Field zur Verfügung, welches den Index des Filters erwartet. Würden Sie auf den zweiten Filter in Spalte C aus der Abbildung 15.2 zugreifen wollen, müssten Sie somit dem Argument den Wert 2 übergeben.

Abbildg. 15.2 Beispielmappe mit aktiviertem Filter

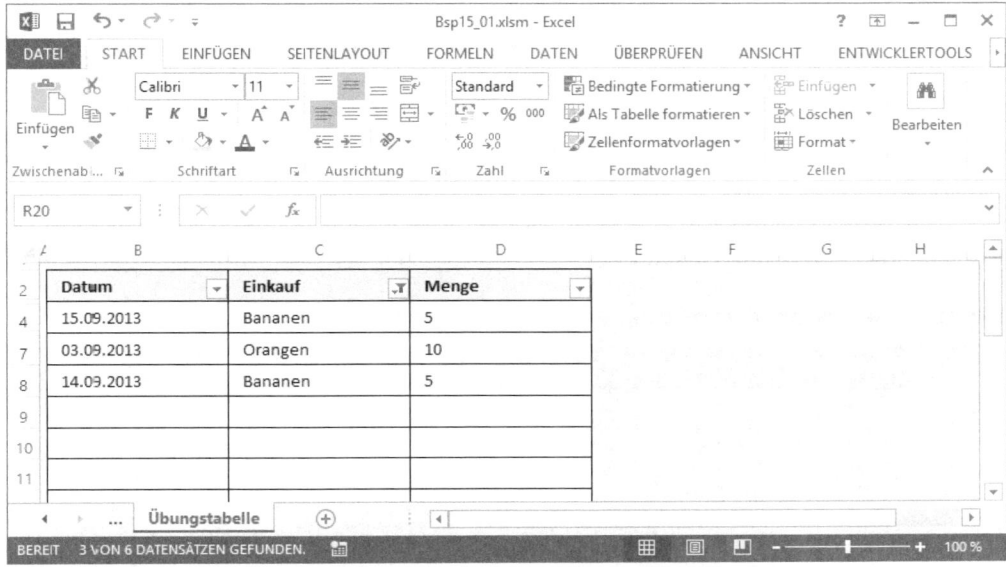

Das zweite Argument Criteria1 der Methode ermöglicht die Angabe eines Filterkriteriums, nach dem gefiltert werden soll. Das Argument erkennt Vergleichsoperatoren innerhalb des übergebenen Werts, und bei Textfiltern können Sie zusätzlich auch Platzhalterzeichen verwenden.

In Listing 15.2 filtert der Code in der ersten Prozedur alle Daten in Spalte C heraus, die genau dem Wort »Bananen« entsprechen. Die zweite Prozedur verwendet ein Platzhalterzeichen, um alle Datensätze herauszufiltern, die nicht auf die Zeichenfolge »en« enden.

Listing 15.2 Filter setzen und Daten anhand eines Kriteriums filtern

```
Public Sub DatenFilternEinKriterium()
    ThisWorkbook.Worksheets(2).Range("B2:D2").AutoFilter _
    Field:=2, _
    Criteria1:="Bananen"
End Sub

Public Sub DatenFilternEinKriteriumMitPlatzhalter()
    ThisWorkbook.Worksheets(2).Range("B2:D2").AutoFilter _
    Field:=2, _
    Criteria1:="<>*en"
End Sub
```

Um einen zusammengesetzten Filter zu erstellen, der die zu filternden Daten auf Werte innerhalb bzw. außerhalb eines Wertebereichs eingrenzt, steht zur Angabe eines zweiten Kriteriums das Argument Criteria2 zur Verfügung. Bei dessen Verwendung ist neben dem ersten Kriterium einer der logischen Operatoren xlAnd oder xlOr im Argument Operator anzugeben, um eine Verknüpfung zwischen den beiden Kriterien herzustellen. In Listing 15.3 werden beispielhaft für die Spalte D alle Werte ausgeblendet, die größer 8 oder kleiner 3 sind.

Daten mit Excel-VBA auswerten

Listing 15.3 Filter setzen und Daten anhand zwei Kriterien filtern

```
Public Sub DatenFilternZweiKriterien()
    ThisWorkbook.Worksheets(2).Range("B2:D2").AutoFilter _
    Field:=3, _
    Criteria1:=">3", _
    Operator:=xlAnd, _
    Criteria2:="<8"
  End Sub
```

In der nachfolgenden Tabelle finden Sie die in den Angaben zu den Filterkriterien nutzbaren Operatoren sowie einige Beispiele zur Verwendung von Platzhaltern.

Tabelle 15.1 Operatoren zur Verwendung innerhalb von Kriterien

Operator	Beschreibung
	Gleich
<>	Ungleich
<	Ist größer als
<=	Ist größer oder gleich
<	Ist kleiner als
<=	Ist kleiner oder gleich
=M*	Einträge, die mit dem Buchstaben »M« beginnen
<>M*	Einträge, die nicht mit dem Buchstaben »M« beginnen
=*M	Einträge, die mit dem Buchstaben »M« enden
<>*en	Einträge, die nicht mit der Zeichenfolge »en« enden
=*Max*	Einträge, die die Zeichenfolge »Max« enthalten
=M?x	Feste Zeichenfolge, die ein beliebiges Zeichen an zweiter Position enthält
=?i*	Einträge, die ein »i« an zweiter Position enthalten

Neben den logischen Operatoren zur Verknüpfung der beiden Kriterien Criteria1 und Criteria2 können für das Argument Operator die in Tabelle 15.2 aufgeführten Konstanten verwendet werden. Im Objektkatalog finden Sie diese Konstanten in der Auflistung XlAutoFilterOperator.

Beachten Sie allerdings, dass Sie die Filterkriterien und Operatoren nicht beliebig miteinander kombinieren können. Würden Sie beispielsweise xlTop10Items in der Prozedur in Listing 15.3 verwenden, erhielten Sie einen Laufzeitfehler.

Tabelle 15.2 Operatoren zur Verknüpfung von Kriterien

Operator	Index	Beschreibung
xlAnd	1	Und
xlBottom10Items	4	Die niedrigsten x Werte
xlBottom10Percent	6	Die niedrigsten x Prozent

Tabelle 15.2   Operatoren zur Verknüpfung von Kriterien *(Fortsetzung)*

Operator	Index	Beschreibung
xlFilterAutomaticFontColor	13	Schriftfarbe, automatisch *
xlFilterCellColor	8	Zellfarbe
xlFilterDynamic	11	Dynamischer Filter
xlFilterFontColor	9	Schriftfarbe
xlFilterIcon	10	Filtersymbol
xlFilterNoFill	12	Keine Zellfarbe *
xlFilterNoIcon	14	Kein Zellsymbol *
xlFilterValues	7	Filterwerte
xlOr	2	Oder
xlTop10Items	3	Die höchsten x Werte
xlTop10Percent	5	Die höchsten x Prozent

Drei der in Tabelle 15.2 aufgeführten Werte sind zudem mit einem Sternchen markiert. Diese Einträge sind in der Excel VBA-Online-Hilfe leider nicht dokumentiert. Dennoch lassen sie sich verwenden, wie Sie in den Praxisbeispielen ab Seite 380 sehen werden.

Datumsangaben im Filter verwenden

Wenn Sie nach einem Datum filtern möchten, ist zu berücksichtigen, dass in VBA die Datumsangaben innerhalb der Filterkriterien im amerikanischen Datumsformat Monat/Tag/Jahr angegeben werden sollten.

ONLINE   Sie finden die Arbeitsmappe mit dem Code zu diesem Abschnitt im Ordner *\Buch\Kap15* in der Datei *Bsp15_02.xlsm*.

In Listing 15.4 werden alle Einträge ausgeblendet, die zeitlich vor dem 1. Oktober 2013 datiert sind.

Listing 15.4   Datumsangabe in einem Filterkriterium

```
Public Sub DatenFilternDatum()
   ThisWorkbook.Worksheets(2).Range("B2:D2").AutoFilter _
   Field:=1, _
   Criteria1:=">=10/01/2013"
End Sub
```

Gesetzt dem Fall, dass Sie einen Zellwert mit einer Datumsangabe als Kriterium verwenden möchten, ist zu beachten, dass dieses nicht im europäischen Format als Argument für das Kriterium übergeben wird. Wenn Sie nicht wissen, welches Datumsformat der Benutzer in die betroffene Zelle eingegeben hat, können Sie entweder das Datum anhand der Umwandlungsfunktion CLng in eine Zahl konvertieren oder auf die Eigenschaft Value2 des Range-Objekts zugreifen.

Listing 15.5 Datumsangabe aus einem Zellwert in einem Filterkriterium

```
Public Sub DatenFilternDatumAusZelle()
  ThisWorkbook.Worksheets(2).Range("B2:D2").AutoFilter _
  Field:=1, _
  Criteria1:=">=" & CStr(CLng(ThisWorkbook.Worksheets(2).Range("G2").Value))
End Sub

Public Sub DatenFilternDatumAusZelle2()
  ThisWorkbook.Worksheets(2).Range("B2:D2").AutoFilter _
  Field:=1, _
  Criteria1:=">=" & ThisWorkbook.Worksheets(2).Range("G2").Value2
End Sub
```

Praxisbeispiele zum Filtern von Daten in VBA

In diesem Abschnitt finden Sie einige Praxisbeispiele zum Umgang mit den Excel Filterfunktionen in VBA.

ONLINE Sie finden die Arbeitsmappe mit dem Code zu diesem Abschnitt im Ordner *\Buch\Kap15* in der Datei *Bsp15_03.xlsm*.

Filtern trotz Blattschutz zulassen

Seit Excel 2007 ist es möglich, das Filtern trotz Blattschutzes zuzulassen. Dies geschieht durch die Auswahl einer entsprechenden Option im Dialogfeld zum Blattschutz. In VBA steht das Argument AllowFiltering in der Protect-Methode des Worksheet-Objekts zur Verfügung. Der Filter sollte vor dem Setzen des Blattschutzes aktiviert worden sein.

Listing 15.6 Filtern trotz Blattschutzes erlauben

```
Public Sub DatenFilternBlattschutz()
  ThisWorkbook.Worksheets(2).Protect AllowFiltering:=True
End Sub
```

TIPP Falls Sie eine ältere Excel-Version vor Excel 2007 verwenden, steht das Argument AllowFiltering nicht zur Verfügung. Sie können sich in diesem Fall damit behelfen, dass Sie beim Setzen des Blattschutzes das Argument UserInterfaceOnly auf True setzen und das Filtern explizit über die Eigenschaft EnableAutoFilter erlauben. Dazu ein Beispiel:

```
ThisWorkbook.Worksheets(2).Protect UserInterfaceOnly:=True
ThisWorkbook.Worksheets(2).EnableAutoFilter = True
```

Beachten Sie jedoch dabei, dass das Setzen von UserInterfaceOnly nicht dauerhaft beibehalten wird und beim Schließen der Mappe seine Wirkung verliert. Um dies zu vermeiden, können Sie den Code in der Workbook_Open-Ereignisprozedur hinterlegen.

Die Eigenschaft AutoFilterMode verwenden

Um in VBA zu prüfen, ob ein Filter gesetzt ist, lässt sich die Eigenschaft AutoFilterMode abfragen. Die Eigenschaft ermittelt jedoch nicht, ob Einträge ausgeblendet bzw. gefiltert sind, sondern nur, ob ein Filter vorhanden ist oder nicht. Die Eigenschaft ist überschreibbar und lässt sich somit auch dazu verwenden, den Filter wieder abzuschalten.

Listing 15.7   Die Eigenschaft *AutoFilterMode*

```
Public Sub DatenFilternPruefen()
  MsgBox ThisWorkbook.Worksheets(2).AutoFilterMode
End Sub

Public Sub DatenFilternEntfernen()
  ThisWorkbook.Worksheets(2).AutoFilterMode = False
End Sub
```

Nach Zellenfarbe filtern

Wenn Sie die Daten nach Zellenfarbe filtern möchten, können Sie den Operator xlFilterCellColor verwenden. Geben Sie hierbei als Kriterium die Farbe an. Um die Zellen herauszufiltern, die keine Füllfarbe aufweisen, lässt sich der Operator xlFilterNoFill ohne Angabe eines Kriteriums verwenden.

Listing 15.8   Nach Zellenfarbe filtern

```
Public Sub DatenFilternFarbe()
  ThisWorkbook.Worksheets(2).Range("B2:D2").AutoFilter _
  Field:=1, _
  Criterial:=RGB(238, 243, 248), _
  Operator:=xlFilterCellColor
End Sub

Public Sub DatenFilternKeineFuellung()
  ThisWorkbook.Worksheets(2).Range("B2:D2").AutoFilter _
  Field:=1, _
  Operator:=xlFilterNoFill
End Sub
```

Nach Zellensymbol filtern

Seit Excel 2007 lassen sich Zellen anhand bedingter Formatierungen mit Symbolen ausstatten, die die Werte eine Spalte in Beziehung setzten und beispielsweise prozentual die kleinsten und höchsten Werte hervorheben. Sie können ebenfalls nach diesen Symbolen filtern.

In VBA erledigen Sie dies, indem Sie als Operator xlFilterIcon und als Kriterium das Symbol angeben. Eine Symbolgruppe kann über das Auflistungsobjekt IconSets und Angabe einer Konstante angesprochen werden. Aus dieser Gruppe kann anschließend ein Symbol anhand der Angabe seiner Position angesprochen werden.

Abbildg. 15.3   Eine Auswahl von Symbolen aus der Auflistung *IconSets*

Konstante	Position 1	2	3	4	5
xl3Arrows	⬆	➡	⬇		
xl3Flags	🚩	🚩	🚩		
xl3Signs	●	△	◆		
xl3Symbols	✓	!	✗		
xl4Arrows	⬆	↗	↘	⬇	
xl4RedToBlack	●	●	●	●	
xl4TrafficLights	●	○	●	●	
xl4CRV	▁▃▅▇	▁▃▅▇	▁▃▅	▁▃	
xl5Arrows	⬆	↗	➡	↘	⬇
xl5Quarters	●	◑	◑	◔	○
xl5Boxes	▓	▓	▓	▓	▓
xl5CRV	▁▃▅▇	▁▃▅▇	▁▃▅	▁▃	▁

Falls Sie nur Zellen herausfiltern möchten, die kein Symbol beinhalten, können Sie als Operator xlFilterNoIcon verwenden, ohne die Angabe eines Kriteriums. In Listing 15.9 sind zwei Prozeduren aufgeführt, die beide Möglichkeiten präsentieren.

Listing 15.9   Nach Zellsymbol filtern

```
Public Sub DatenFilternSymbol()
  ThisWorkbook.Worksheets(2).Range("B2:D2").AutoFilter _
  Field:=3, _
  Criteria1:=ThisWorkbook.IconSets(xl3Arrows).Item(2), _
  Operator:=xlFilterIcon
End Sub

Public Sub DatenFilternKeinSymbol()
  ThisWorkbook.Worksheets(2).Range("B2:D2").AutoFilter _
  Field:=3, _
  Operator:=xlFilterNoIcon
End Sub
```

Einen einzelnen Filterpfeil ausblenden

Manuell ist es nicht möglich, den Pfeil zu einem einzelnen Filter auszublenden. In VBA ist dies jedoch recht einfach realisierbar. Nutzen Sie dazu das Argument VisibleDropDown der AutoFilter-Methode und übergeben Sie dem Argument den Wert False.

Listing 15.10   Einzelnen Filter ausblenden

```
Public Sub DatenFilternFilterAusblenden()
  ThisWorkbook.Worksheets(2).Range("B2:D2").AutoFilter _
  Field:=2, _
  VisibleDropdown:=True
End Sub
```

> **TIPP** Das Argument lässt sich beispielsweise auch dazu nutzen, zwei durch eine leere Spalte getrennte und in derselben Zeile beginnende Datenbereiche einer Tabelle zu filtern. Wenden Sie dazu den Filter auf den gesamten Bereich beider Datenbereiche an und blenden Sie anschließend den Pfeil in der leeren Spalte aus.
>
> Beachten Sie allerdings, dass sich das Anwenden eines Filters im zweiten Datenbereich auch auf den ersten Bereich auswirkt.

Leere Einträge filtern

Um leere Einträge einer Spalte herauszufiltern, genügt es, dem ersten Kriterium eine leere Zeichenfolge zu übergeben und, je nachdem ob die leeren Einträge angezeigt werden sollen oder nicht, den Operator <> zu verwenden.

Listing 15.11   Leere Zellen ausblenden oder nur leere Zellen anzeigen

```
Public Sub DatenFilternLeereEintraegeAusblenden()
    ThisWorkbook.Worksheets(2).Range("B2:D2").AutoFilter _
    Field:=2, _
    Criteria1:="<>"
End Sub

Public Sub DatenFilternNurLeereEintraegeAnzeigen()
    ThisWorkbook.Worksheets(2).Range("B2:D2").AutoFilter _
    Field:=2, _
    Criteria1:=""
End Sub
```

Alle Datensätze wieder einblenden

Häufig kommt es vor, dass Daten in mehreren Spalten gefiltert wurden. Um nicht jeden einzelnen Filter zurücksetzen zu müssen, sondern in einem Rutsch alle Daten wieder einzublenden, steht die Methode ShowAllData des Worksheet-Objekts zur Verfügung, die alle Filter zurücksetzt.

Damit der Aufruf der Methode jedoch keinen Laufzeitfehler produziert, muss anhand der Eigenschaft FilterMode geprüft werden, ob sich das Arbeitsblatt im gefilterten Zustand befindet.

Listing 15.12   Filter zurücksetzen

```
Public Sub DatenFilternZuruecksetzen()
    If ThisWorkbook.Worksheets(2).FilterMode Then
        ThisWorkbook.Worksheets(2).ShowAllData
    End If
End Sub
```

Das Objekt AutoFilter verwenden

Die Eigenschaft AutoFilter des Worksheet-Objekts liefert einen Verweis auf das AutoFilter-Objekt zurück, welches einige interessante Eigenschaften und Methoden besitzt. So enthält das Objekt die Auflistung Filters, über die Sie auf einen einzelnen Filter zugreifen können. Über ein Unterobjekt vom Typ Range erhalten Sie im Objekt AutoFilter Zugriff auf den gefilterten Bereich. Dadurch stehen Ihnen wiederum alle Fähigkeiten des Range-Objekts zur Verfügung, wie beispielsweise das Ermitteln der ersten sichtbaren Zelle im gefilterten Bereich.

Listing 15.13   Beispiele zum *AutoFilter*-Objekt

```
Public Sub DatenFilternAutofilterObjekt()
  Dim objFilter As AutoFilter

' Verweis auf den Filter
  Set objFilter = ThisWorkbook.Worksheets(2).AutoFilter
' Prüfen ob ein Filter gesetzt ist
  If Not objFilter Is Nothing Then
    MsgBox "Filtermodus    : " & objFilter.FilterMode
    MsgBox "Filterbereich : " & objFilter.Range.Address
    MsgBox "Erste Zeile    : " & objFilter.Range.Offset(1, 0) _
                          .SpecialCells(xlCellTypeVisible).Row
' Prüfen, ob der zweite Filter aktiv ist
    If objFilter.Filters(2).On Then
      MsgBox "Filteranzahl : " & objFilter.Filters.Count
      MsgBox "Filter Nr. 2 : " & objFilter.Filters(2).Criterial
    End If
  Else
    MsgBox "Kein Filter vorhanden."
  End If
End Sub
```

Der Code in Listing 15.13 ruft einige Eigenschaften des AutoFilter-Objekts ab und gibt die Ergebnisse in Meldungsfeldern aus. Beachten Sie die Abfrage objFilter.Filters(2).On, die prüft, ob die Daten in der zweiten Spalte des Datenbereichs gefiltert werden oder nicht. Wäre keine Filterung aktiv und würden Sie diese Prüfung nicht durchführen, entstünde ein Laufzeitfehler beim Zugriff auf das Filterkriterium.

Dynamische Filter verwenden

Eine sehr flexible Filterfunktion ist das Verwenden dynamischer Filter. Hierzu dient der Operator xlFilterDynamic, der in Kombination mit einer Konstanten für das erste Kriterium Criterial verwendet werden kann. Es stehen Konstanten für unterschiedliche Zwecken zur Verfügung:

- Konstanten für Wertvergleiche

  Diese Konstanten, wie beispielsweise xlFilterAboveAverage, ermöglichen das Filtern nach einem Vergleichswert

- Konstanten für Zeitvergleiche

  Diese Konstanten, wie beispielsweise xlFilterAllDatesInPeriodJanuary oder xlFilterTomorrow ermöglichen das Filter nach Perioden.

  Hierbei können feste oder variable Zeiträume angegeben werden. Als feste Zeiträume stehen die einzelnen Monate eines Jahres oder die vier Quartale zur Verfügung. Variable Zeiträume beziehen sich auf das aktuelle Datum und umfassen beispielsweise Möglichkeiten zur Filterung nach dem letzten oder aktuellen Monat oder nach zukünftigen Zeiträumen, wie das nächste Quartal oder die nächste Woche.

In Listing 15.14 sind einige Beispiele aufgeführt, wie Sie die Konstanten zu den Kriterien zusammen mit dem Operator xlFilterDynamic verwenden können. Sie finden die Konstanten zu den Kriterien im Objektkatalog unter der Auflistung XlDynamicFilterCriteria.

Listing 15.14 Beispiele für dynamische Filtern mit unterschiedlichen festen und variablen Zeiträumen

```
Public Sub DatenFilternErstesQuartal()
  ThisWorkbook.Worksheets(3).Range("B2:D2").AutoFilter _    Field:=1, _
  Criteria1:=xlFilterAllDatesInPeriodQuarter1, _
  Operator:=xlFilterDynamic
End Sub

Public Sub DatenFilternJanuar()
  ThisWorkbook.Worksheets(3).Range("B2:D2").AutoFilter _
  Field:=1, _
  Criteria1:=xlFilterAllDatesInPeriodJanuary, _
  Operator:=xlFilterDynamic
End Sub

Public Sub DatenFilternDiesesMonat()
  ThisWorkbook.Worksheets(3).Range("B2:D2").AutoFilter _
  Field:=1, _
  Criteria1:=xlFilterThisMonth, _
  Operator:=xlFilterDynamic
End Sub

Public Sub DatenFilternNaechstenMonat()
  ThisWorkbook.Worksheets(3).Range("B2:D2").AutoFilter _
  Field:=1, _
  Criteria1:=xlFilterNextMonth, _
  Operator:=xlFilterDynamic
End Sub
```

Leider lassen sich die Kriterien nicht miteinander kombinieren. Die gleichzeitige Verwendung von `Criteria1` und `Criteria2` funktioniert mit dem dynamischen Filter somit nicht.

Der Umgang mit dem Spezialfilter

Der Standardfilter hat seine Grenzen. Beispielsweise dann, wenn mehr als zwei Filterkriterien erforderlich sind. Der Spezialfilter ermöglicht es, das Problem zu umgehen, indem als Kriterium ein Bereich definiert wird.

ONLINE Sie finden die Arbeitsmappe mit dem Code zu diesem Abschnitt im Ordner \Buch\Kap15 in der Datei Bsp15_04.xlsm.

Um den Spezialfilter manuell verwenden zu können, benötigen Sie einerseits einen Datenbereich in Ihrem Arbeitsblatt, in dem die Daten gefiltert werden sollen, und andererseits einen separaten Bereich, in dem sich die Kriterien befinden.

TIPP Der Bereich mit den Kriterien sollte vorzugsweise unter- oder oberhalb des zu filternden Bereiches erstellt werden, damit die Kriterien beim Filtern nicht mit ausgeblendet werden.

Damit der Spezialfilter erkennt, nach welchen Kriterien gefiltert werden soll, müssen die Spaltenüberschriften im Kriterienbereich mit den Spaltenüberschriften des Datenbereiches übereinstimmen.

Um das Dialogfeld zum Spezialfilter aufzurufen, klicken Sie im Menü *DATEN* im Bereich *Sortieren und Filtern* auf die Schaltfläche *Erweitert*. Markieren Sie anschließend bei geöffnetem Dialogfeld den *Listenbereich* sowie den *Kriterienbereich*. Achten Sie darauf, dass in beiden Fällen die Überschrift in die Markierung mit einbezogen wird.

In Abbildung 15.4 ist dies an einem Beispiel zu sehen. Sobald Sie die Schaltfläche *OK* anklicken, wird der Listenbereich so gefiltert, dass nur die Einträge mit einem Preis größer 100 *und* kleiner 500 Euro *und* einer Menge von 2 *oder* 3 Einheiten sichtbar bleiben. Im Unterschied zu den Standardfiltern zeigt der Spezialfilter übrigens keine Pfeile in den Überschriften an.

Abbildg. 15.4   Das *Spezialfilter*-Dialogfeld in Aktion

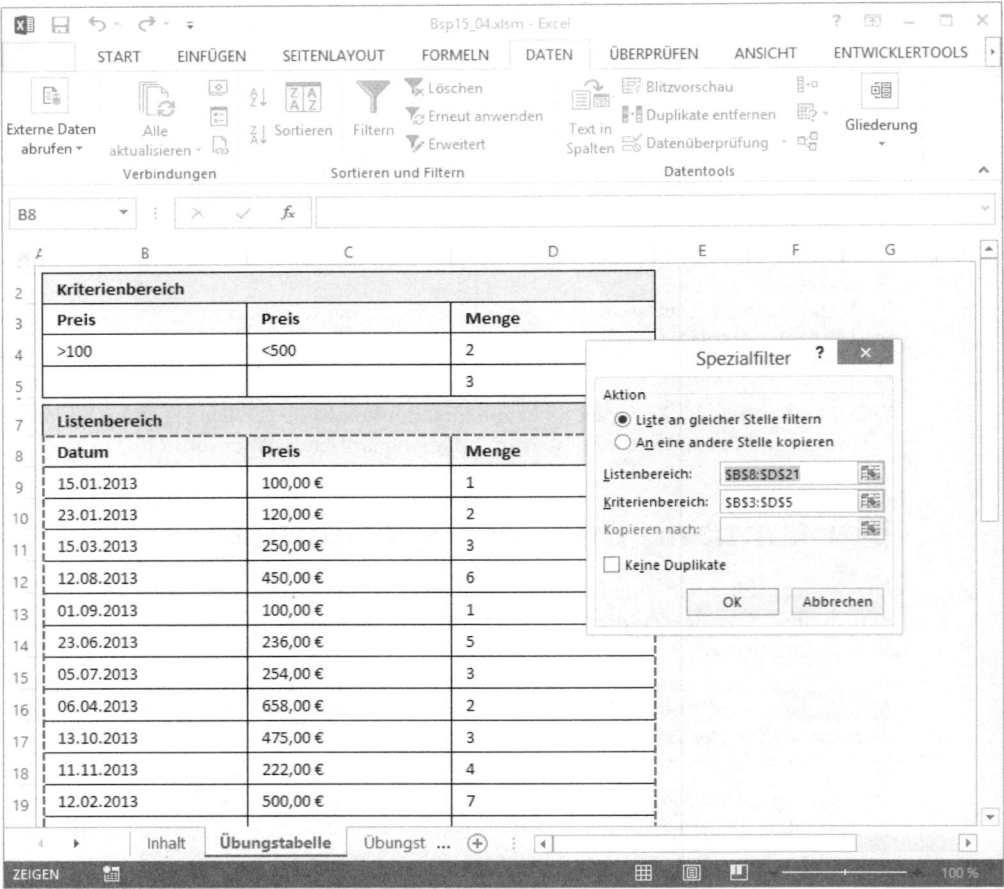

Das Dialogfeld bietet zwei Optionen zur Ausgabe der gefilterten Daten an: Die erste Option *Liste an gleicher Stelle filtern* filtert den Listenbereich selbst, indem die Zeilen ausgeblendet werden, die nicht von den Kriterien erfasst werden. Die zweite Option *An eine andere Stelle kopieren* ermöglicht es, eine Kopie der gefilterten Daten an eine andere Stelle der Tabelle oder in einem neuen Arbeitsblatt zu platzieren.

Wenn Sie die gefilterten Daten in einem anderen Arbeitsblatt ausgeben möchten, achten Sie darauf, dass das *Spezialfilter*-Dialogfeld aus der Zieltabelle heraus und nicht aus der Quelltabelle heraus aufgerufen wird.

In VBA steht die Methode AdvancedFilter des Range-Objekts zur Verwendung des Spezialfilters zur Verfügung. Diese Methode erwartet in ihrem ersten Argument Action eine Angabe dazu, wie mit den gefilterten Daten verfahren werden soll. Zur Verfügung stehen die Konstanten xlFilterInPlace und xlFilterCopy, die festlegen, ob der Listenbereich oder eine Kopie zur Anzeige der gefilterten Daten verwendet werden soll. Das zweite optionale Argument der Methode heißt CriteriaRange und nimmt den Kriterienbereich auf. In Listing 15.15 erstellt die Prozedur den in Abbildung 15.4 abgebildeten Spezialfilter per Code.

Listing 15.15   Spezialfilter in VBA verwenden

```
Public Sub Spezialfilter()
    ThisWorkbook.Worksheets(2).Range("B8:D21").AdvancedFilter _
    Action:=xlFilterInPlace, _
    CriteriaRange:=ThisWorkbook.Worksheets(2).Range("B3:D5")
End Sub
```

Doppelte Datensätze ausblenden

Nicht vielen Excel-Anwendern ist bekannt, dass sich der Spezialfilter sehr gut dazu eignet, um doppelte Datensätze aus einer Tabelle zu entfernen. Dies funktioniert allerdings auch nur, wenn die als doppelt zu sehenden Datensätze auch tatsächlich identisch sind. So werden beispielsweise zwei Telefonnummern in der Form +49 (0)89 123456 und +49 (0)89 123 456 nicht als identisch erkannt.

Mithilfe von Code ist das Vorhaben sehr einfach zu realisieren: Geben Sie den Quellbereich und den Zielbereich an und setzen Sie das Argument Unique auf True. Der Code in Listing 15.16 kopiert die gefilterten Daten in eine zuvor am Ende der Mappe neu erstellte Tabelle.

Listing 15.16   Doppelte Datensätze mithilfe des Spezialfilters entfernen

```
Public Sub SpezialfilterDopplerEntfernen()
'   Tabelle hinzufügen
    ThisWorkbook.Worksheets.Add After:= _
    ThisWorkbook.Worksheets(ThisWorkbook.Worksheets.Count)
'   Redundanzen entfernen, und Ergebnis in die neue Tabelle kopieren
    ThisWorkbook.Worksheets(3).Range("B8:D11").AdvancedFilter _
    Action:=xlFilterCopy, _
    CopyToRange:=ThisWorkbook.Worksheets( _
            ThisWorkbook.Worksheets.Count).Range("A1"), _
    Unique:=True
End Sub
```

Wen Sie den Spezialfilter einsetzen, wird dieser bei einer nachträglichen Änderung der Kriterien nicht automatisch aktualisiert. In VBA können Sie sich damit behelfen, dass Sie in der Worksheet_Change-Ereignisprozedur des Arbeitsblatts Änderungen an den Kriterien abfangen und den Spezialfilter erneut aufrufen.

Daten mit Excel-VBA auswerten

Daten mit VBA sortieren

Dier Abschnitt dreht sich um das Sortieren von Daten mit VBA. Neben dem Einsatz der Excel-Funktionen zum Sortieren wird in diesem Abschnitt ein eigener Sortieralgorithmus vorgestellt, um einzelne Blöcke innerhalb eines Datenbereichs zu sortieren.

ONLINE Sie finden die Arbeitsmappe mit dem Code zu Listing 15.17, Listing 15.18 und Listing 15.19 im Ordner \Buch\Kap15 in der Datei Bsp15_05.xlsm.

Zeilen bzw. vertikal sortieren

Die gängigste Sortiermethode ist das vertikale Sortieren. Das heißt, die Daten eines Bereichs werden zeilenweise auf- oder absteigend sortiert. Eine Möglichkeit, die Sortierfunktionen mithilfe der Excel-Oberfläche aufzurufen, ist die Nutzung der entsprechenden Befehle im Menü START und dort im Bereich Bearbeiten.

Abbildg. 15.5 Benutzerdefinierte Sortieren in Excel 2013

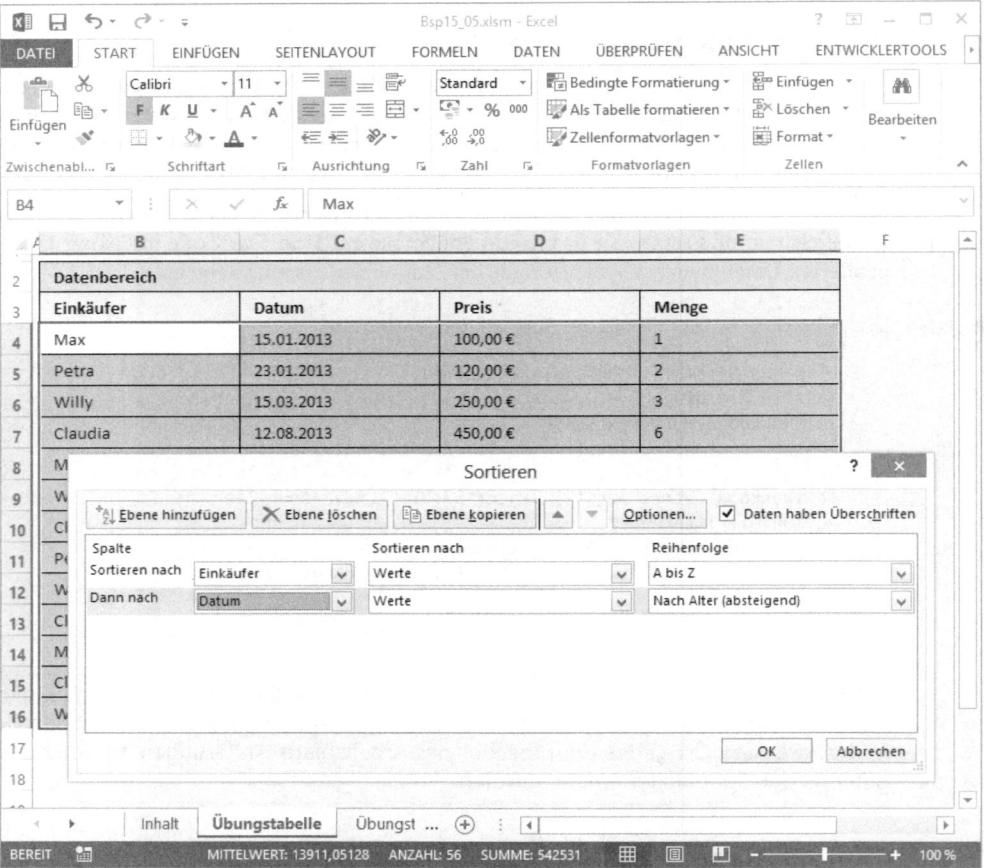

Die Sortierfunktion versucht zusammenhängende Bereiche, Überschriften und das erste Sortierkriterium anhand der Markierung automatisch zu erkennen. Wenn der in einem Arbeitsblatt zu sortierende Datenbereich beispielsweise aus den zusammenhängenden Spalten A bis D besteht und alle Zeilen innerhalb des Datenbereichs nach den Werten in Spalte B in aufsteigender Reihenfolge sortiert werden sollen, genügt es, eine Zelle in Spalte B zu markieren und die Sortierfunktion aufzurufen. Sollen hingegen nur die Werte in Spalte B unabhängig von den anderen Spalten sortiert werden, sind die Daten in Spalte B zu markieren und anschließend die Sortierfunktion aufzurufen. Excel fragt gegebenenfalls nach, ob tatsächlich nur die gewählten Daten oder doch der gesamte Datenbereich sortiert werden sollen.

Insgesamt funktioniert die automatische Erkennung recht gut, führt aber nicht in allen Fällen zu dem gewünschten Ergebnis und berücksichtigt auch nur ein Sortierkriterium. Das Dialogfeld *Sortieren* – welches Sie im Menü *START* im Bereich *Bearbeiten* und nach Auswahl von *Sortieren und Filtern/Benutzerdefiniertes Sortieren* aufrufen können – ermöglicht Ihnen jederzeit die präzise Angabe von Kriterien und Sortierreihenfolge.

Sortieren in VBA

Wenn Sie maximal drei Sortierkriterien benötigen, können Sie in VBA die Sort-Methode des Range-Objekts verwenden. So wird in Listing 15.17 der Bereich B3:E16 nach den Werten in den Spalten B und C aufsteigend sortiert. Die beiden Sortierkriterien werden an die Argumente Key1 und Key2 in Form von Range-Objekten und die Sortierreihenfolgen an die Argumente Order1 und Order2 übergeben. Das Argument Header legt fest, dass der zu sortierende Datenbereich eine Überschrift enthält.

Listing 15.17 Sortieren mit der *Sort*-Methode des *Range*-Objekts

```
Public Sub DatenSortieren()
    ThisWorkbook.Worksheets(2).Range("B3:E16").Sort _
    Key1:=Range("B3"), Order1:=xlAscending, _
    Key2:=Range("C3"), Order2:=xlAscending, _
    Header:=xlYes
End Sub
```

Seit Excel 2007 ist das Sortieren von Daten deutlich erweitert. So stehen nun – im Gegensatz zu früheren Versionen mit nur drei Sortierkriterien – bis zu 64 Sortierkriterien zur Verfügung. Auch in VBA wurde eine entsprechende Anpassung durchgeführt und neue Objekte mit Excel 2007 eingeführt.

In Listing 15.18 führt die Prozedur dieselben Sortieraktionen aus wie die Prozedur im vorherigen Listing. Beachten Sie, dass vor dem Sortiervorgang eventuell zugewiesene Sortierfelder gelöscht werden.

Listing 15.18 Sortieren mit den *Sort*- und *SortFields*-Objekten

```
Public Sub DatenSortierenAb2007()
    With Worksheets(2).Sort
'       Bestehende Sortierebenen löschen
        .SortFields.Clear
'       Neue Sortierebenen hinzufügen
        .SortFields.Add Key:=Range("B4:B16"), SortOn:=xlSortOnValues, Order:=xlAscending
        .SortFields.Add Key:=Range("C4:C16"), SortOn:=xlSortOnValues, Order:=xlAscending
'       Sortierung ausführen
        .SetRange Range("B3:E16")
```

Daten mit Excel-VBA auswerten

Listing 15.18 Sortieren mit den *Sort-* und *SortFields-*Objekten *(Fortsetzung)*

```
      .Header = xlYes
      .Apply
    End With
  End Sub
```

Spalten bzw. horizontal sortieren

Wenn die Daten spaltenweise bzw. horizontal sortiert werden sollen, klicken Sie im Dialogfeld *Sortieren* auf die Schaltfläche *Optionen* und wählen die Option *Spalten sortieren*. Die Auswahlfelder zu den einzelnen Sortierkriterien werden dann entsprechend angepasst.

Falls Sie in VBA die Sort-Methode verwenden, weisen Sie dem Argument Orientation den Wert xlLeftToRight zu, um spaltenweise zu sortieren. Eine entsprechende Eigenschaft, die denselben Namen wie das Argument trägt, steht dem Sort-Objekt zur Verfügung.

Listing 15.19 Spaltenweise sortieren

```
    Public Sub DatenSortierenSpaltenweise()
      ThisWorkbook.Worksheets(2).Range("B3:E16").Sort _
      Key1:=Range("B3"), Order1:=xlAscending, _
      Header:=xlNo, _
      Orientation:= xlLeftToRight
    End Sub

    Public Sub DatenSortierenSpaltenweiseAb2007()
      With Worksheets(2).Sort
'       Bestehende Sortierebenen löschen
        .SortFields.Clear
'       Neue Sortierebene hinzufügen
        .SortFields.Add Key:=Range("B3:E3"), SortOn:=xlSortOnValues, Order:=xlAscending
'       Sortierung ausführen
        .SetRange Range("B3:E16")
        .Header = xlNo
        .Orientation = xlLeftToRight
        .Apply
      End With
    End Sub
```

HINWEIS Wenn Sie mit dem Makrorekorder einzelne Sortiervorgänge aufzeichnen, wird für das Argument Orientation die Konstante xlTopToBottom bei einer vertikalen und die Konstante xlLeftToRight bei einer horizontalen Sortierung verwendet. Die Konstanten haben den Wert 1 bzw. 2. Die Dokumentation in der VBA-Online-Hilfe empfiehlt hingegen die Verwendung der Konstanten xlSortColumns und xlSortRows. Diese Konstanten haben ebenfalls den Wert 1 bzw. 2.

Beide Konstanten wirken jedoch vertauscht, da bei einem Vergleich der Werte anstelle von xlLeftToRight dann xlSortRows zu verwenden wäre und die Bedeutung des Worts »Rows« nicht auf Spalten, sondern auf Zeilen schließen lässt.

Blöcke mit VBA sortieren

Wenn Sie in Ihrem Tabellenblatt einzelne Blöcke beziehungsweise Bereiche sortieren möchten, müssen Sie auf VBA zugreifen, denn Excel bietet in diesem speziellen Fall keine Sortierfunktion an.

ONLINE   Sie finden die Arbeitsmappe mit dem Code zu diesem Abschnitt im Ordner \Buch\Kap15 in der Datei Bsp15_06.xlsm.

In dem folgenden Beispiel sollen insgesamt fünf nebeneinander liegende Blöcke sortiert werden. Jeder Block ist drei Spalten breit und vier Zeilen hoch und enthält in der obersten linke Zelle einen Zahlenwert. Die weiteren Zellen innerhalb eines Blocks sind für die Sortierung außer Acht zu lassen. Bei der Sortierung sollen die kompletten Blöcke so verschoben werden, dass deren Zahlenwert in der linken oberen Ecke eine aufsteigende Folge bildet.

Abbildg. 15.6   Sortierung einzelner Blöcke

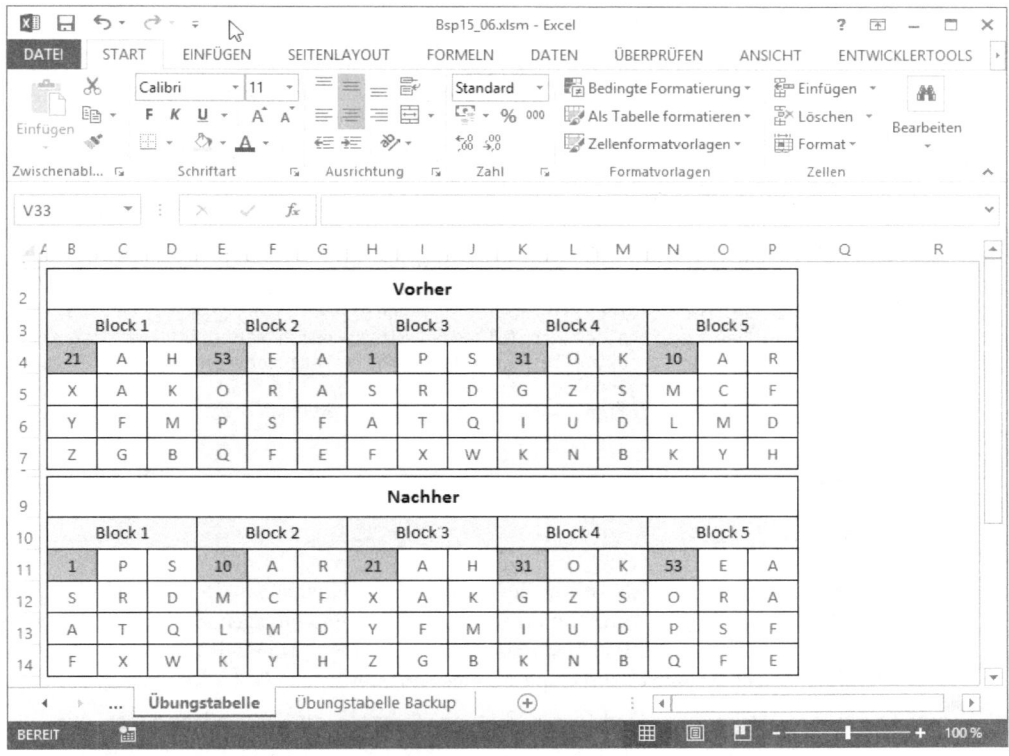

In Listing 15.20 ist der Code enthalten, der die Sortierung der einzelnen Blöcke durchführt. Den beiden Variablen lngSpalten und lngZeilen enthalten die Breite und Höhe pro Block. Die Sortiermethode orientiert sich an der im sechsten Kapitel vorgestellten Methode zum Sortieren eines Datenfeldes durch den Tausch einzelner Positionen im Datenfeld.

Einzelne Bereiche mit Zahlenwerten sortieren

```vba
Public Sub DatenblockSortieren()
    Dim vntTemp      As Variant
    Dim lngIndex     As Long
    Dim lngIndexZwei As Long
    Dim lngSpalten   As Long
    Dim lngZeilen    As Long

    ' Anzahl der Spalten und Zeilen pro Block
    lngSpalten = 3
    lngZeilen = 4
    ' Referenzierung
    With ThisWorkbook.Worksheets(2)
        ' Ab der ersten Spalte B des Datenbereichs wird die Schleife
        ' insgesamt fünfmal durchlaufen
        For lngIndex = 2 To 16 Step lngSpalten
            ' Vergleichsschleife
            For lngIndexZwei = 2 To 16 - lngSpalten Step lngSpalten
                ' Prüfen, ob der Zahlenwert der linken oberen Ecken im aktuellen
                ' Block größer ist als der Zahlenwert im nachfolgenden Block
                If .Cells(4, lngIndexZwei).Value > _
                    .Cells(4, lngIndexZwei + lngSpalten).Value Then
                    ' Temporäres Speichern der Daten zum aktuellen Block
                    vntTemp = .Cells(4, lngIndexZwei) _
                            .Resize(lngZeilen, lngSpalten).Value
                    ' Überschreiben des aktuellen Blocks durch den nachfolgenden
                    ' Block, der dadurch nach vorne geschoben wird
                    .Cells(4, lngIndexZwei) _
                    .Resize(lngZeilen, lngSpalten).Value = _
                    .Cells(4, lngIndexZwei + lngSpalten) _
                    .Resize(lngZeilen, lngSpalten).Value
                    ' Überschreiben des nachfolgenden Blocks durch den Inhalt im Datenfeld,
                    ' wodurch der aktuelle Block nach hinten verschoben wird
                    .Cells(4, lngIndexZwei + lngSpalten) _
                    .Resize(lngZeilen, lngSpalten).Value = vntTemp
                End If
            Next
        Next
    End With
End Sub
```

Eine Besonderheit im Code ist die Zuweisung eines Bereichs an ein Datenfeld bzw. eine Variable vom Typ Variant. Dies funktioniert übrigens auch in entgegengesetzter Richtung. Größe des Bereichs und des Datenfelds sollten dabei übereinstimmen. Im Code ermöglicht dies das Lesen und Schreiben einzelner Blöcke und erspart einige Schleifen.

Die Resize-Methode im Code vergrößert einen gegebenen Bereich um die angegebene Anzahl an Spalten und Zeilen. Die Methode arbeitet ähnlich wie die Excel-Funktion *BEREICH.VERSCHIEBEN*, wo Sie auch einen Bereich dynamisch festlegen können.

Farbige Zellen sortieren

Seit Excel 2007 ist es möglich, Bereiche nach Farben zu sortieren. In Listing 15.21 sortiert die Prozedur den Bereich B3:C14 nach Farben und orientiert sich hierbei an der Hintergrundfarbe der Zelle C3. In der Beispieldatei ist dies ein blauer Hintergrund.

Listing 15.21 Zellen nach Hintergrundfarbe sortieren

```
Public Sub DatenSortierenFarbe()
  With ThisWorkbook.Worksheets(2)
'     Sortierfelder löschen
    .Sort.SortFields.Clear
'     Sortierfeld hinzufügen
    .Sort.SortFields.Add Range("C3:C14")
'     Sortierfeld-Eigenschaften festlegen
    .Sort.SortFields(1).SortOn = xlSortOnCellColor
    .Sort.SortFields(1).SortOnValue.Color = .Range("C3").Interior.Color
'     Anwenden
    .Sort.SetRange Range("B3:C14")
    .Sort.Header = xlNo
    .Sort.Orientation = xlTopToBottom
    .Sort.Apply
  End With
End Sub
```

ONLINE   Sie finden die Arbeitsmappe mit dem Code aus Listing 15.21 im Ordner \Buch\Kap15 in der Datei *Bsp15_07.xlsm*.

Daten mit VBA vergleichen

In diesem Abschnitt lernen Sie Techniken kennen, die es Ihnen ermöglichen, einzelne Bereiche oder Arbeitsblätter miteinander zu vergleichen.

Werte vergleichen und farblich hervorheben

Die Ausgangslage für das erste Beispiel in diesem Abschnitt ist ein Arbeitsblatt, in dem drei Werte mit einem bestimmten Bereich verglichen werden sollen. Dabei sollen die gefundenen Werte mit der Hintergrundfarbe der Vergleichszelle hervorgehoben werden.

ONLINE   Sie finden die Arbeitsmappe mit dem Code aus Listing 15.22 im Ordner \Buch\Kap15 in der Datei *Bsp15_08.xlsm*.

Daten mit Excel-VBA auswerten

Abbildg. 15.7 Werte vergleichen und farblich hervorheben

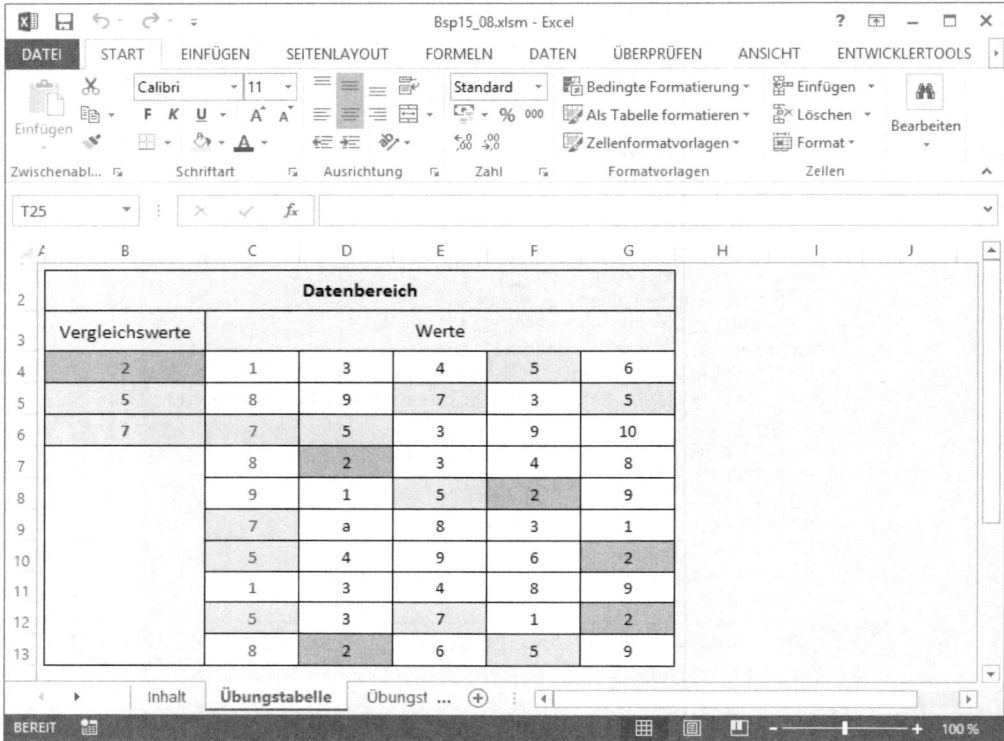

Der Code in folgendem Listing liest in einem ersten Schritt die Werte und Farben der Vergleichszellen in zwei Datenfelder ein. Anschließend iteriert der Code die Zellen im Bereich und hebt die Zellen bei einer Übereinstimmung hervor.

Listing 15.22 Zellwerte vergleichen und farblich hervorheben

```
Public Sub DatenVergleichenUndFarblichHervorheben()
   Dim objZelle            As Range
   Dim arrFarben(1 To 3) As Long
   Dim arrWerte(1 To 3)  As Long

   With ThisWorkbook.Worksheets(2)
'     Zurücksetzen
      .Range("C4:G13").Interior.ColorIndex = xlColorIndexNone
'     Datenfeld füllen
      arrFarben(1) = .Cells(4, 2).Interior.Color
      arrFarben(2) = .Cells(5, 2).Interior.Color
      arrFarben(3) = .Cells(6, 2).Interior.Color
      arrWerte(1) = .Cells(4, 2).Value
      arrWerte(2) = .Cells(5, 2).Value
      arrWerte(3) = .Cells(6, 2).Value
```

Listing 15.22   Zellwerte vergleichen und farblich hervorheben *(Fortsetzung)*

```
'       Schleife
        For Each objZelle In .Range("C4:G13")
          Select Case objZelle.Value
            Case arrWerte(1)
                objZelle.Interior.Color = arrFarben(1)
            Case arrWerte(2)
                objZelle.Interior.Color = arrFarben(2)
            Case arrWerte(3)
                objZelle.Interior.Color = arrFarben(3)
            Case Else
          End Select
        Next
    End With
End Sub
```

Datenreihe mit einem Bereich vergleichen

Das folgende Beispiel ist etwas flexibler als das Beispiel aus dem vorherigen Abschnitt, da dieses beliebig viele Daten aus einer Spalte mit den Daten eines Bereichs vergleichen kann.

ONLINE   Sie finden die Arbeitsmappe mit dem Code zu diesem Abschnitt im Ordner *\Buch\Kap15* in der Datei *Bsp15_09.xlsm*.

Der Code ermittelt hierzu dynamisch die Anzahl der Vergleichszellen, liest diese in ein Datenfeld ein und vergleicht dieses mit dem gewünschten Bereich. Die gefundenen Treffer werden in grau hinterlegt.

In dem Arbeitsblatt in der Beispielmappe beginnt der Bereich zu den Vergleichszellen ab der vierten Zeile, weshalb bei der Dimensionierung des Datenfelds die Zahl 3 abgezogen und dem Laufindex bei der Zuweisung der Werte die Zahl 3 hinzuaddiert wird.

Listing 15.23   Vergleich von Zellwerten mit Elementen eines Datenfelds

```
Public Sub DatenVergleichenUndFarblichHervorheben()
    Dim lngIndex    As Long
    Dim arrWerte()  As String
    Dim objZelle    As Range

    With ThisWorkbook.Worksheets(2)
'       Zurücksetzen
        .Range("C4:G13").Interior.ColorIndex = xlColorIndexNone
'       Redimensionieren
        ReDim arrWerte(1 To .Cells(Rows.Count, 2).End(xlUp).Row - 3)
'       Datenfeld füllen
        For lngIndex = LBound(arrWerte) To UBound(arrWerte)
          arrWerte(lngIndex) = .Cells(lngIndex + 3, 2).Value
        Next
'       Schleifen
        For Each objZelle In .Range("C4:G23")
          For lngIndex = LBound(arrWerte) To UBound(arrWerte)
```

Listing 15.23 Vergleich von Zellwerten mit Elementen eines Datenfelds *(Fortsetzung)*

```
            If Not Trim(LCase(arrWerte(lngIndex))) <> _
                    Trim(LCase(objZelle.Value)) Then
                objZelle.Interior.ColorIndex = 15
                Exit For
            End If
          Next
        Next
      End With
End Sub
```

Der Vergleich berücksichtigt keine Groß- und Kleinschreibung – LCase wandelt die Werte in Kleinbuchstaben um – und eliminiert eventuell vorhandene Leerzeichen am Anfang und Ende der Zeichenketten mithilfe der Funktion Trim. Zudem verlässt der Code die innere Schleife, sobald ein Element gefunden wurde.

> **TIPP** Der Code ist natürlich nicht nur auf eine Spalte beschränkt. Sie können den Code auch so erweitern, dass statt einer Spalte zwei oder mehrere Spalten als Vergleichszellen dienen.
>
> Wenn sich der Vergleichsbereich über die Zellen A8:B16 erstreckt, können Sie über die Anweisung Range("A8:B16").Cells.Count die Anzahl der Zellen ermitteln und das Datenfeld dimensionieren. Anschließend können Sie in einer For Each-Schleife alle Zellen des Vergleichsbereichs einlesen. Der Code für den Vergleich selbst würde sich nicht von dem zuvor vorgestellten Code unterscheiden.

Arbeitsblätter vergleichen

Je nach Umfang der in Arbeitsblättern enthaltenen Daten, kann ein manueller Vergleich von Arbeitsblättern sehr aufwändig werden. In VBA lässt sich dies recht komfortabel und vor allem weniger fehleranfällig realisieren.

> **ONLINE** Sie finden die Arbeitsmappe mit dem Code zu diesem Abschnitt im Ordner *\Buch\Kap15* in der Datei *Bsp15_10.xlsm*.

In Listing 15.24 werden zwei Tabellen miteinander verglichen. Werte in der Zieltabelle, die sich von denen der Quelltabelle unterscheiden, werden mit einer roten Hintergrundfarbe hervorgehoben. Der Vergleich der Werte erfolgt in einer Schleife Zelle für Zelle.

Listing 15.24 Tabellen miteinander vergleichen

```
Public Sub TabellenVergleichen()
    Dim wksQuelle    As Worksheet
    Dim wksZiel      As Worksheet
    Dim lngZeile     As Long
    Dim lngZeileMax  As Long
    Dim lngSpalte    As Long
    Dim lngSpalteMax As Long

'   Referenzierung
    Set wksQuelle = Worksheets(2)
    Set wksZiel = Worksheets(3)
```

Listing 15.24   Tabellen miteinander vergleichen *(Fortsetzung)*

```
'    Maximale Zeilenanzahl ermitteln
    If wksQuelle.UsedRange.Rows.Count > _
       wksZiel.UsedRange.Rows.Count Then
       lngZeileMax = wksQuelle.UsedRange.Rows.Count
    Else
       lngZeileMax = wksZiel.UsedRange.Rows.Count
    End If
'    Maximale Spaltenanzahl ermitteln
    If wksQuelle.UsedRange.Columns.Count > _
       wksZiel.UsedRange.Columns.Count Then
       lrgSpalteMax = wksQuelle.UsedRange.Columns.Count
    Else
       lngSpalteMax = wksZiel.UsedRange.Columns.Count
    End If
'    Jede einzelne Zelle der beiden Tabellenblätter vergleichen
    For lngSpalte = 1 To lngSpalteMax
       For lngZeile = 1 To lngZeileMax
          If wksQuelle.Cells(lngZeile, lngSpalte).Value <> _
             wksZiel.Cells(lngZeile, lngSpalte).Value Then
'          Zelle farblich hervorheben
             With wksZiel.Cells(lngZeile, lngSpalte).Interior
                .Pattern = xlSolid
                .PatternColorIndex = xlAutomatic
                .ThemeColor = xlThemeColorAccent6
                .TintAndShade = -0.249977111117893
             End With
          End If
       Next
    Next
'    Objekte freigeben
    Set wksQuelle = Nothing
    Set wksZiel = Nothing
  End Sub
```

Beachten Sie, dass dieser Code zwar in vielen Fällen ausreichend ist, jedoch bei sehr großen Tabellen durchaus eine längere Ausführungszeit benötigt.

Kapitel 16

Daten mit Diagrammen visualisieren

In diesem Kapitel:

Diagramme erfreuen sich in Excel großer Beliebtheit, denn mit diesen lassen sich Zahlen grafisch darstellen und Zusammenhänge komfortabel visualisieren. Sie können in Excel zwischen zahlreichen Diagrammtypen, wie beispielsweise Säulen- und Balkendiagrammen, Kreis- und Flächendiagrammen oder Punkt- und Liniendiagrammen sowie deren 3D-Varianten wählen.

Diese Vielfalt spiegelt sich auch in VBA wieder, wo ebenfalls zahlreiche Objekte zu den Diagrammen, Diagrammtypen oder Diagrammelementen, wie Achsen und Beschriftungen, zur Verfügung stehen.

In diesem Kapitel lernen Sie die wichtigsten Diagrammobjekte kennen, die Ihnen als Grundlage und Ausgangsbasis zur Programmierung eigener Anwendungen mit Diagrammen dienen sollen. Ein Abschnitt in diesem Kapitel stellt Ihnen einige Beispiele aus der Praxis vor.

Diagramme in VBA

Mit dem Erscheinen von Excel 2007 fand ein Umbruch in Excel statt. Nicht nur, dass durch die Veränderungen an der Oberfläche – wie das Menüband – die Handhabung von Diagrammen im Verhältnis zu älteren Versionen deutlich komfortabler gestaltet wurde, sondern auch die Gestaltung der Standardformatierungen wurde erneuert und modernisiert.

Abbildg. 16.1 Diagramm und Aufgabenbereich in Excel 2013

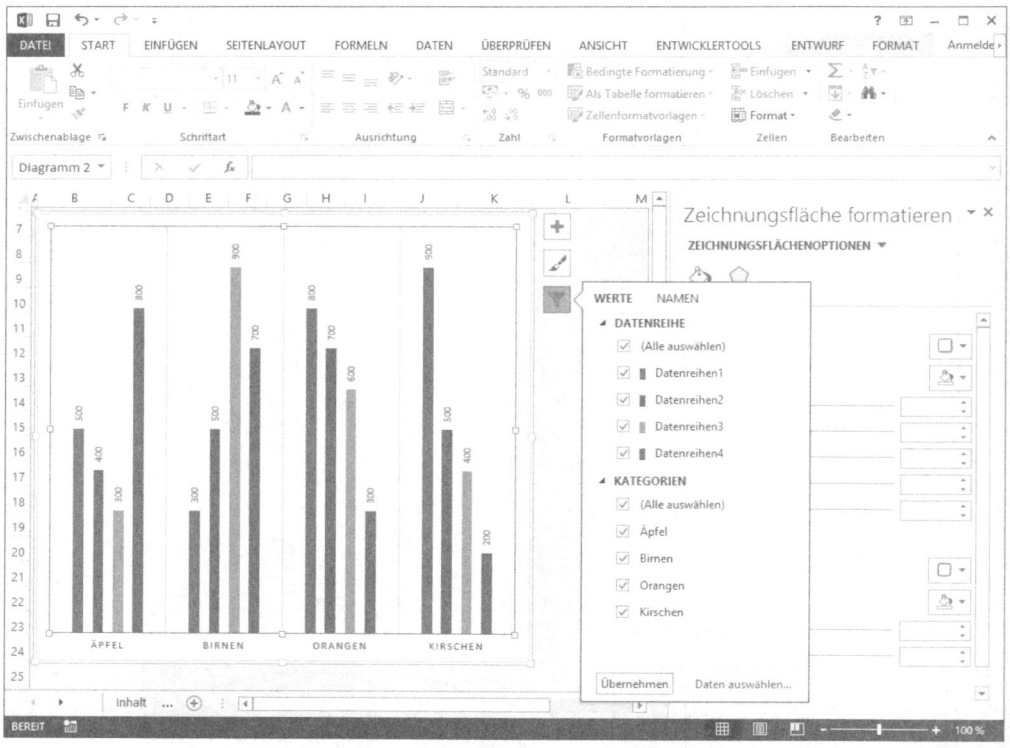

In Excel 2010 wurden zwar relativ wenig Neuerungen an den Diagrammen selbst, dafür aber Verbesserungen in der Geschwindigkeit beim Aufbau der Anzeige der Diagrammdaten vorgenommen.

Mit der Veröffentlichung von Office 2013 fand erneut ein Umbruch in Excel statt, der sich jedoch dieses Mal weniger auf die Standardfarben auswirkte (die nun etwas heller und pastelliger sind als zuvor), sondern eine Restrukturierung der einzelnen Diagrammtypen und neue Hilfsmittel zur Formatierung und Filterung der Diagrammdaten beinhaltete.

Zudem wurden in Excel 2013 einige Diagrammtypen, wie Zylinder-, Kegel- oder Pyramidendiagramme aus den vom Diagrammassistenten angebotenen Vorlagen entfernt. Die Auswahl solcher Darstellungsformen für die Datenreihen ist jedoch weiterhin möglich und über den Aufgabenbereich unter den Optionen zu den Datenreihen zu finden.

Diagrammtypen in Excel

Excel gliedert die einzelnen Diagrammtypen in Kategorien bzw. Rubriken. In Excel 2013 sind insgesamt zehn Kategorien vorhanden. Jeder dieser Kategorien enthält passend zu der Kategorie verschiedene Diagrammtypen. So finden Sie beispielsweise in der Kategorie *Säule* die Diagrammtypen zu den gruppierten und gestapelten Säulen oder dessen 3D-Varianten.

Abbildg. 16.2   Kategorien und Diagrammtypen in Excel 2013

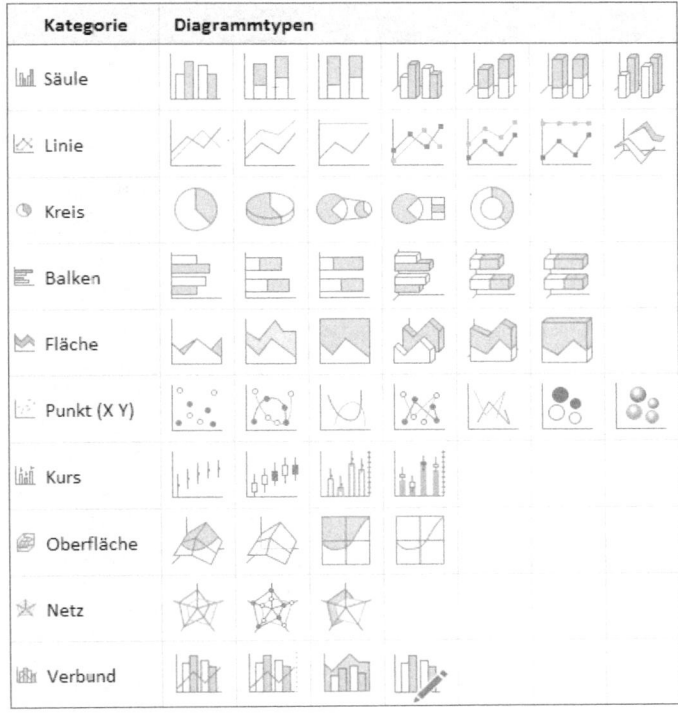

HINWEIS In älteren Excel-Versionen ist die Benennung für einige Kategorien unterschiedlich. So trägt beispielsweise die Kategorie *Fläche* aus Excel 2013 in Excel 2007 und Excel 2010 die Bezeichnung *Bereich*.

Die Kategorien *Blase* und *Ring* aus Excel 2007 und Excel 2010 wurden in Excel 2013 entfernt und die Diagrammtypen jeweils in die Kategorie *Punkte* und *Kreis* eingeordnet. Neu ist in Excel 2013 die Kategorie *Verbund*.

In VBA werden die einzelnen Diagrammtypen durch die Konstanten in der Auflistung XlChartType repräsentiert. In Tabelle 16.1 sind die wichtigsten Konstanten zu den einzelnen Kategorien in Excel 2013 aufgeführt. Auch wenn eine Umgruppierung der Kategorien in Excel 2013 erfolgt ist, so sind die in der Tabelle aufgeführten VBA-Konstanten in allen Versionen ab Excel 2007 verfügbar.

Tabelle 16.1 Auszug der VBA-Konstanten zu verschiedenen Diagrammtypen

Kategorie	Diagrammtypen	Konstanten
Säule	Enthält die Diagrammtypen *Gruppierte Säulen, Gestapelte Säulen, Gestapelte Säulen (100%)* sowie deren 3D-Varianten	xlColumnClustered xlColumnStacked xlColumnStacked100 xl3DColumnClustered xl3DColumnStacked xl3DColumnStacked100 xl3DColumn
Linie	Enthält die Diagrammtypen *Linie, Gestapelte Linie, Gestapelte Linie (100%)* sowie deren Varianten mit Datenpunkten und den Diagrammtyp *3D-Linie*	xlLine xlLineStacked xlLineStacked100 xlLineMarkers xlLineMarkersStacked xlLineMarkersStacked100 xl3DLine
Kreis	Enthält die Diagrammtypen *Kreis, 3D-Kreis, Kreis aus Kreis, Balken aus Kreis* und *Ring*	xlPie xl3DPie xlPieOfPie xlBarOfPie xlDoughnut
Balken	Enthält die Diagrammtypen *Gruppierte Balken, Gestapelte Balken, Gestapelte Balken (100%)* sowie deren 3D-Varianten	xlBarClustered xlBarStacked xlBarStacked100 xl3DBarClustered xl3DBarStacked xl3DBarStacked100
Fläche	Enthält die Diagrammtypen *Fläche, Gestapelte Fläche, Gestapelte Fläche (100%)* und deren 3D-Varianten	xlArea xlAreaStacked xlAreaStacked100 xl3DArea xl3DAreaStacked xl3DAreaStacked100

Tabelle 16.1   Auszug der VBA-Konstanten zu verschiedenen Diagrammtypen *(Fortsetzung)*

Kategorie	Diagrammtypen	Konstanten

Punkt (X Y)	Enthält die Diagrammtypen *Punkte (XY)*, *Blase* und *3D-Blase* und weitere Diagrammtypen zu Liniendiagrammen mit oder ohne Datenpunkte und mit interpolierten oder geraden Linien	`xlXYScatter`
		`xlXYScatterSmooth`
		`xlXYScatterSmoothNoMarkers`
		`xlXYScatterLines`
		`xlXYScatterLinesNoMarkers`
		`xlBubble`
		`xlBubble3DEffect`

Kurs	Enthält Diagrammtypen zu verschiedenen Kursdiagrammen, wie *Höchst-Tief-Schluss-kurs*	`xlStockHLC`
		`xlStockOHLC`
		`xlStockVHLC`
		`xlStockVOHLC`

Oberfläche	Enthält die Diagrammtypen *Oberfläche*, *Oberfläche Ansicht von oben* sowie *3D-Oberfläche* mit oder ohne Drahtmodell	`xlSurface`
		`xlSurfaceWireframe`
		`xlSurfaceTopView`
		`xlSurfaceTopViewWireframe`

Netz	Enthält die Diagrammtypen *Netz*, *Netz mit Datenpunkten* und *Gefülltes Netz*	`xlRadar`
		`xlRadarMarkers`
		`xlRadarFilled`

Das Diagramm-Objektmodell

Das Objektmodell zu den Diagrammen ist recht umfangreich, da für fast jedes Diagrammelement, wie Datenreihe, Achse, Legende oder Beschriftung ein eigenes Objekt zur Verfügung steht. Einerseits wird durch diese Vielfalt an Objekten ein enormes Maß an Flexibilität erreicht, anderseits kann diese Vielfalt für Anfänger in der VBA-Programmierung recht verwirrend sein. Die Hierarchie der wichtigsten Diagrammobjekte zu kennen, ist zur Orientierung sehr hilfreich und bringt häufig den sogenannten Aha-Effekt.

Wie für Arbeitsmappen und Arbeitsblattobjekte folgt Excel auch bei Diagrammobjekten der Systematik, Auflistungsobjekte im Plural und Einzelobjekte im Singular zu benennen sowie logische Verknüpfungen zwischen den Objekten zu bilden, indem Eigenschaften den Datentyp eines weiteren Objekts annehmen.

Dazu ein Beispiel: In einem Diagramm ist es möglich mehrere Achsen zu verwenden, die jeweils eine Achsenbeschriftung, Teilstriche oder eine Skalierung enthalten. Das Auflistungsobjekt `Axes` (Plural) führt eine Liste der einzelnen Achsenobjekte `Axis` (Singular). Ein einzelnes `Axis`-Objekt enthält beispielsweise die Eigenschaft `AxisTitle`, die der Achsenbeschriftung entspricht. Die Eigenschaft `AxisTitle` trägt denselben Namen wie das Objekt `AxisTitle`, das weitere Eigenschaften und Methoden, wie z.B. `Caption` zur Verfügung stellt.

In Abbildung 16.3 sind einige Objekte der Hierarchie abgebildet. Eine Besonderheit bildet in der Hierarchie das `Charts`-Objekt. Denn entgegensetzt der Erwartung, dass dieses Objekt alle Diagramme einer Mappe oder Tabelle auflistet, enthält das Objekt nur eine Auflistung aller Diagrammblätter. Um Diagramme aufzulisten, die sich in einem Arbeitsblatt befinden, steht das Auflistungsobjekt `ChartObjects` zur Verfügung.

Abbildg. 16.3 Vereinfachtes Objektmodel für Diagramme in Excel

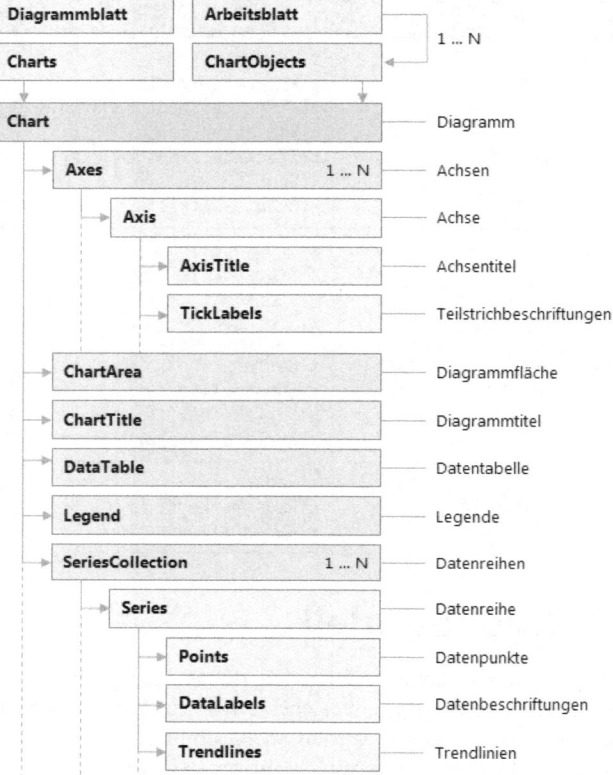

Diagramme in VBA erstellen und verwalten

Vorausgesetzt, ein Datenbereich mit Zahlenwerten ist vorhanden, besteht die einfachste Methode ein Diagramm zu erzeugen darin, den Datenbereich zu markieren und im Menüband *EINFÜGEN* in der Gruppe *Diagramme* einen Diagrammtyp auszuwählen bzw. anzuklicken.

Excel fügt anschließend ein Diagramm in das Arbeitsblatt ein und legt, je nach Anordnung und Auswahl der Daten im Datenbereich, die einzelnen Datenreihen, Achsen und Beschriftungen in der Standardformatierung an.

Ein Diagramm per VBA erzeugen

In VBA lässt sich ein Diagramm in ein Arbeitsblatt mit der Add-Methode der ChartObjects-Auflistung einfügen. Die Methode erwartet hierbei die Angabe der Position und Größe des Diagramms und fügt der Auflistung ein neues Element vom Typ ChartObject hinzu, auf welches Sie per Index zugreifen können.

ONLINE Sie finden die Arbeitsmappe mit dem Code zu diesem Abschnitt im Ordner *\Buch\Kap16* in der Datei *Bsp16_01.xlsm*.

Um auf das Diagramm selbst zugreifen zu können, verwenden Sie die Eigenschaft `Chart` des erstellen Elements, die Ihnen einen Verweis auf das Diagramm liefert. In Listing 16.1 fügt der Code ein Diagramm neben dem Bereich zu den Quelldaten ein und führt eine Änderung der Skalierung und Formatierung der Werteachse durch.

Listing 16.1   Diagrammobjekt per VBA in ein Arbeitsblatt einfügen

```
Public Sub DiagrammErzeugen()
   Dim dblLinks     As Double
   Dim dblOben      As Double
   Dim dblBreite    As Double
   Dim dblHoehe     As Double
   Dim objDiagramm As Chart
   Dim objAchse     As Axis

   With ThisWorkbook.Worksheets(2)
      ' Position ermitteln
      dblLinks = .Range("D2").Left
      dblOben = .Range("D2").Top
      dblBreite = .Range("M14").Left + .Range("M14").Width - .Range("D2").Left
      dblHoehe = .Range("M14").Top + .Range("M14").Height - .Range("D2").Top
      ' Hinzufügen eines ChartObjects, also Diagrammobjekts im Arbeitsblatt
      .ChartObjects.Add dblLinks, dblOben, dblBreite, dblHoehe
      ' Verweis auf das nun erzeugte Diagramm setzen, welches dem letzten
      ' Element der ChartObjects-Auflistung entspricht
      Set objDiagramm = .ChartObjects(.ChartObjects.Count).Chart
      ' Diagrammdaten setzen
      objDiagramm.ChartType = xlColumnClustered
      objDiagramm.SetSourceData .Range("B2:C14"), xlColumns
      ' Achse für die Werte
      Set objAchse = objDiagramm.Axes(xlValue)
      ' Skalierung und Zahlenformat ändern
      objAchse.MaximumScale = 10000
      objAchse.MajorUnit = 2500
      objAchse.TickLabels.NumberFormat = "#,##0"
      ' Verweis aufräumen
      Set objAchse = Nothing
      Set objDiagramm = Nothing
   End With
End Sub
```

Beachten Sie im Code die Eigenschaft `NumberFormat` des `TickLabels`-Objekts, die die Formatierung im amerikanischen Format entgegennimmt. Falls Sie lieber die Formatanweisung im deutschen Format angeben möchten, verwenden Sie die Eigenschaft `NumberFormatLocal`.

Abbildg. 16.4 Erzeugtes Diagrammobjekt in einem Arbeitsblatt

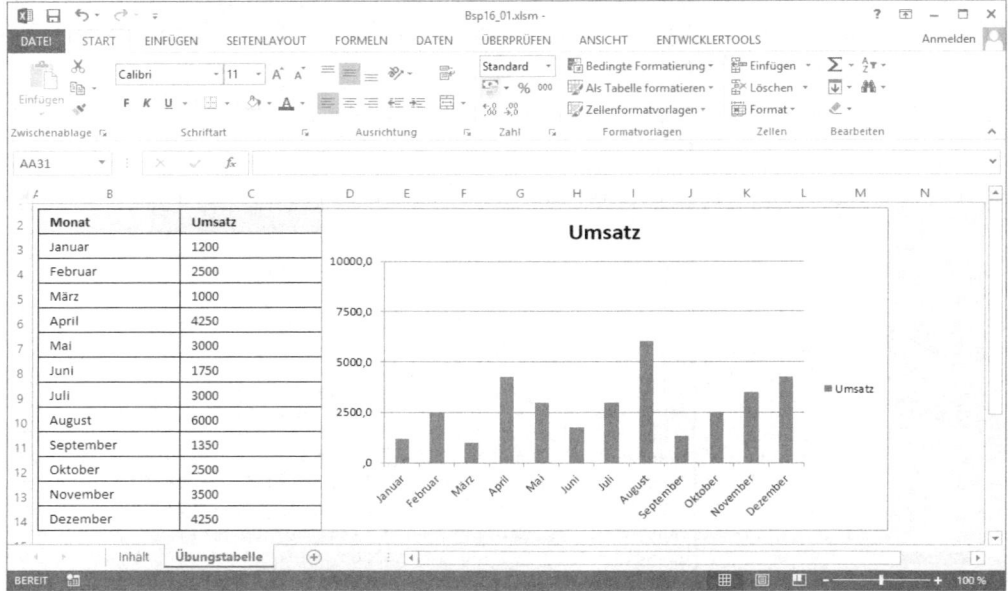

Im Code werden zum Zugriff auf die einzelnen Objekte für das Diagramm und die Achse Variablen mit Objektverweisen verwendet. Dies hat auch einen Grund: Beim direkten Zugriff bzw. Abruf der Unterobjekte funktioniert IntelliSense nicht, sodass das Auswählen von Eigenschaften und Methoden nicht mehr per Auswahlliste möglich ist. Objektvariablen umgehen dieses Problem.

Dass IntelliSense nicht funktioniert, liegt auch darin begründet, dass einige Eigenschaften der Diagrammobjekte nur einen Verweis auf den generellen Datentyp Object zurückliefern statt eines Verweises auf das gewünschte Objekt. Sie können dies beispielsweise im Objektkatalog bei der Methode Axes des Chart-Objekts verifizieren.

WICHTIG Der Makrorekorder lässt sich in vielen Fällen sinnvoll zur Ermittlung der Namen von Eigenschaften und Methoden zu den Diagrammobjekten einsetzen. Allerdings produziert der Makrorekorder auch viele unnötige und manchmal fehlerhafte Anweisungen. Eine Überarbeitung solcher Aufzeichnungen sollte in jedem Fall durchgeführt werden.

In der Beispieldatei zu diesem Abschnitt ist eine solche Aufzeichnung zur Ansicht hinterlegt. Das Ausführen des aufgezeichneten Makros wird jedoch zu einem Fehler führen, da das Diagramm per Name angesprochen wird und dieses in der mit diesem Buch ausgelieferten Beispieldatei nicht mehr vorhanden ist. Zudem übernimmt das Makro die deutsche Formatanweisung in der Eigenschaft NumberFormat, was zu einer fehlerhaften Darstellung der Zahlen führt.

Wenn Sie in einem Arbeitsblatt Ihrer Arbeitsmappe statt eines Diagrammobjekts ein Diagrammblatt einfügen möchten, ist die Vorgehensweise ähnlich zu der in Listing 16.1. Verwenden Sie statt der Add-Methode der ChartObjects-Auflistung die Add-Methode der Charts-Auflistung und beachten Sie dabei, dass Sie sich dann auf der Arbeitsmappenebene befinden.

In Listing 16.2 wird das Diagramm als Blatt eingefügt. Leider ist es aufgrund eines Excel-Bugs nicht möglich, das Diagrammblatt schon während des Einfügens an das Ende der Mappe zu stellen. Denn wenn Sie dem optionalen Argument After der Add-Methode das letzte Arbeitsblatt der Mappe übergeben, fügt die Add-Methode das Diagrammblatt trotzdem *vor* dem letzten Arbeitsblatt ein. Dies lässt sich umgehen, indem Sie nach Erstellung des Diagrammblatts dieses anhand der Move-Methode nach hinten verschieben.

Listing 16.2 Diagrammblatt in die Arbeitsmappe einfügen

```
Public Sub DiagrammblattErzeugen()
    Dim objDiagramm As Chart
    Dim objAchse    As Axis

    With ThisWorkbook
'       Hinzufügen eines Diagrammblatts
        .Charts.Add
'       An das Ende der Mappe verschieben. Leider lässt sich das nicht
'       direkt in der Charts.Add Anweisung durchführen, sondern muss
'       separat erfolgen
        .Charts(.Charts.Count).Move After:=.Worksheets(.Worksheets.Count)
'       Verweis auf das nun erzeugte Diagramm setzen
        Set objDiagramm = .Charts(.Charts.Count)
'       Diagrammdaten setzen
        objDiagramm.ChartType = xlColumnClustered
        objDiagramm.SetSourceData .Worksheets(2).Range("B2:C14"), xlColumns
'       Achse für die Werte
        Set objAchse = objDiagramm.Axes(xlValue)
'       Skalierung und Zahlenformat ändern
        objAchse.MaximumScale = 10000
        objAchse.MajorUnit = 2500
        objAchse.TickLabels.NumberFormat = "#,##0"
'       Verweis aufräumen
        Set objAchse = Nothing
        Set objDiagramm = Nothing
    End With
End Sub
```

Den Namen eines Diagramms ändern

Sobald ein Diagramm erzeugt wurde, erhält dieses einen von Excel vergebenen Standardnamen, der in einer deutschen Excel-Version aus dem Wort »Diagramm« und einer Nummer besteht. Wenn Sie Excel 2007 oder Excel 2010 verwenden, lässt sich dieser Name in den *Diagrammtools* (Menü *Layout* in der Gruppe *Eigenschaften*) über das Eingabefeld *Diagrammname* verändern. In Excel 2013 ist die Registerkarte entfallen und die Änderung des Diagrammnamens lässt sich komfortabler im Namensfeld von Excel vornehmen. Die Namen von Diagrammblättern lassen sich in allen Versionen wie Arbeitsblätter umbenennen.

In VBA können Sie den Namen von Diagrammobjekten und Diagrammblättern ändern, indem Sie auf die Eigenschaft Name der entsprechenden Objekte zugreifen.

```
ThisWorkbook.Worksheets(2).ChartObjects(1).Name = "MeinDiagramm"
ThisWorkbook.Charts(1).Name = "MeinDiagramm"
```

> **WICHTIG** Solange Sie den Namen eines Diagrammobjekts in einem Arbeitsblatt – sei es manuell oder per Code – nicht verändert haben, liefert Ihnen seit Excel 2010 die Abfrage des Namens per Code die englische Bezeichnung des Diagrammobjekts zurück und nicht die deutsche Bezeichnung, die im Namensfeld sichtbar ist.

Sie können dies selbst verifizieren, indem Sie eine neue Mappe anlegen und ein Testdiagramm anlegen. Notieren Sie den deutschen Namen im Namensfeld, z.B. *Diagramm 1*. Wechseln Sie anschließend zum VBA-Editor und rufen Sie beispielsweise im Direktfenster die Eigenschaft Name des Diagrammobjekts ab:

```
MsgBox ActiveSheet.ChartObjects(1).Name
```

Das Meldungsfeld zeigt Ihnen einen englischen Text an, z.B. *Chart 1*. Notieren oder merken Sie sich ebenfalls diesen Text. Ändern Sie nun den Namen des Diagrammobjekts in *Testdiagramm*, und rufen Sie erneut die Eigenschaft ab. Das Meldungsfeld zeigt Ihnen nun den benutzerdefinierten Namen an.

Interessanterweise ist ebenfalls seit Excel 2010 das Diagrammobjekt nicht nur durch den deutschen, sondern auch durch den englischen Namen und den benutzerdefinierten Namen ansprechbar. Rufen Sie dazu die folgenden drei Anweisungen sukzessive auf, wobei Sie jeweils die von Ihnen notierten Namen einsetzen.

```
MsgBox ActiveSheet.ChartObjects("Diagramm 1").Name
MsgBox ActiveSheet.ChartObjects("Chart 1").Name
MsgBox ActiveSheet.ChartObjects("Testdiagramm").Name
```

Alle drei Anweisungen zeigen Ihnen den aktuell verwendeten Namen im Meldungsfeld an. Excel hat sich somit intern alle drei Namen gemerkt, zeigt aber nur den zuletzt vergebenen Namen an.

Existenz eines Diagramms überprüfen

Um zu prüfen, ob ein bestimmtes Diagrammblatt in der Arbeitsmappe vorhanden ist, lässt sich folgende recht einfache Funktion implementieren:

Listing 16.3 Beispielcode zur Abfrage der Existenz eines Diagrammblatts

```
Public Function DiagrammblattVorhanden(Diagrammblatt As String) As Boolean
  On Error Resume Next
  DiagrammblattVorhanden = Not _
  ThisWorkbook.Charts(Diagrammblatt).Name <> Diagrammblatt
End Function
```

Die Funktion versucht, auf den Namen des Diagrammblatts zuzugreifen. Ist dies erfolgreich, liefert die Funktion True, ansonsten False. Und, damit kein Laufzeitfehler entsteht, wird die Fehlerbehandlung ausgesetzt.

> **ONLINE** Sie finden die Arbeitsmappe mit dem Code zu diesem Abschnitt im Ordner *\Buch\Kap16* in der Datei *Bsp16_02.xlsm*.

In ähnlicher Form könnte man nun versuchen, die Existenz eines Diagrammobjekts in einem Arbeitsblatt zu prüfen. In diesem Fall ist dies jedoch spätestens ab Excel 2010 nicht ganz so einfach, da ja der englische Name zurückgeliefert wird, wenn keine Umbenennung stattgefunden hat.

Der Code in Listing 16.4 bedient sich eines kleinen Tricks. Statt auf die Eigenschaft Name zuzugreifen, versucht der Code den Diagrammtyp zu ermitteln. Da jedem Diagramm ein Diagrammtyp zugewiesen sein muss (selbst wenn es der Standardtyp ist), muss bei erfolgreichem Zugriff der Wert von ChartType größer Null sein.

In der Beispielmappe sind in der zweiten Tabelle zwei Diagramme enthalten, die manuell angelegt wurden und wovon das zweite Diagramm in *Umsatz* umbenannt wurde. Die Prozedur DiagrammeAbfragen fragt diese beiden sowie ein nicht existentes Diagramm ab.

Listing 16.4   Ermittlung der Existenz eines Diagrammobjekts in einem Arbeitsblatt

```
Public Function DiagrammVorhanden(Diagramm As String) As Boolean
  On Error Resume Next
  DiagrammVorhanden = ThisWorkbook.Worksheets(2) _
  .ChartObjects(Diagramm).Chart.ChartType > 0
End Function

Public Sub DiagrammeAbfragen()
  MsgBox "Diagramm 1 : " & DiagrammVorhanden("Diagramm 1")
  MsgBox "Diagramm 2 : " & DiagrammVorhanden("Diagramm 2")
  MsgBox "Diagramm 3 : " & DiagrammVorhanden("Diagramm 3")

  MsgBox "Chart 1 : " & DiagrammVorhanden("Chart 1")
  MsgBox "Chart 2 : " & DiagrammVorhanden("Chart 2")
  MsgBox "Chart 3 : " & DiagrammVorhanden("Chart 3")

  MsgBox "Umsatz : " & DiagrammVorhanden("Umsatz")
End Sub
```

Je nach Excel Version erhalten Sie unterschiedliche Ergebnisse. Excel 2007 erkennt nur die beiden Abfragen zu *Diagramm 1* und *Umsatz* an, während Excel 2010 und Excel 2013 bis auf *Diagramm 3* und *Chart 3* alle weiteren Namensabfragen akzeptieren.

Diagramme ausdrucken

Wenn Sie in Excel ein in einem Arbeitsblatt enthaltenes Diagramm auswählen bzw. anklicken und anschließend die Druckfunktion wählen, druckt Excel nur das Diagramm aus. Das Diagramm wird dabei an A4-Größe angepasst.

ONLINE   Sie finden die Arbeitsmappe mit dem Code zu diesem Abschnitt im Ordner *\Buch\Kap16* in der Datei *Bsp16_03.xlsm*.

In VBA können Sie die PrintOut-Methode des Chart-Objekts verwenden, um ein Diagramm auszudrucken. Der Code in folgende Prozedur verwendet die PrintPreview-Methode, um zu jedem Diagramm die Druckvorschau anzuzeigen.

Daten mit Excel-VBA auswerten

Listing 16.5   Druckvorschau für alle Diagramme in einem Arbeitsblatt anzeigen

```
Public Sub DiagrammeDruckvorschau(
  Dim objDiagrammObjekt As ChartObject
  For Each objDiagrammObjekt In ThisWorkbook.Worksheets(2).ChartObjects
    objDiagrammObjekt.Chart.PrintPreview
  Next
End Sub
```

In ähnlicher Form können Sie auch alle Diagrammblätter einer Arbeitsmappe durchlaufen.

Listing 16.6   Druckvorschau für alle Diagrammblätter anzeigen

```
Public Sub DiagrammblaetterDruckvorschau()
  Dim objDiagramm As Chart
  For Each objDiagramm In ThisWorkbook.Charts
    objDiagramm.PrintPreview
  Next
End Sub
```

Diagramme löschen

Zum Löschen einzelner oder mehrerer Diagramme kann die Delete-Methode des Chart-Objekts verwendet werden. Möchten Sie nur ein bestimmtes Diagramm innerhalb eines Arbeitsblatts löschen, bietet sich der indexbasierte oder namensbasierte Zugriff auf das Diagrammobjekt an. Beispiel:

```
ActiveSheet.ChartObjects(1).Delete
ActiveSheet.ChartObjects("Umsatz").Delete
```

Falls Sie alle Diagramme eines Arbeitsblatts löschen möchten, können Sie entweder eine Iteration durchführen und jedes einzelne Diagramm löschen oder dies in einem Rutsch durchführen.

Listing 16.7   Diagramm löschen

```
Public Sub DiagrammeLoeschenIteration()
  Dim objDiagrammObjekt As ChartObject
  For Each objDiagrammObjekt In ThisWorkbook.Worksheets(2).ChartObjects
    objDiagrammObjekt.Delete
  Next
End Sub

Public Sub DiagrammeLoeschenAlle()
  ThisWorkbook.Worksheets(2).ChartObjects.Delete
End Sub
```

ONLINE   Sie finden die Arbeitsmappe mit dem Code zu diesem Abschnitt im Ordner \Buch\Kap16 in der Datei Bsp16_04.xlsm.

Diagrammobjekte und -elemente ein- oder ausblenden

Die meisten Diagrammobjekte, so wie auch das Diagramm selbst, lassen sich per Knopfdruck ein- oder ausblenden. Nachfolgend finden Sie einige Beispiele dazu. Die einzelnen Prozeduren innerhalb der Beispieldatei sind jeweils einer AutoForm zugewiesen, sodass Sie diese bequem aufrufen können.

> **ONLINE** Sie finden die Arbeitsmappe mit dem Code zu diesem Abschnitt im Ordner *\Buch\Kap16* in der Datei *Bsp16_05.xlsm*.

Diagramm ein- oder ausblenden

Um ein Diagramm ein- oder auszublenden, verwenden Sie das Objekt ChartObjects sowie dessen Eigenschaft Visible.

Listing 16.8   Diagramm ein- oder ausblenden

```
Public Sub DiagrammEinUndAusblenden()
   ThisWorkbook.Worksheets(2).ChartObjects(1).Visible = Not _
   ThisWorkbook.Worksheets(2).ChartObjects(1).Visible
End Sub
```

Achsen ein- oder ausblenden

Um die Diagrammachsen ein- oder auszublenden, wird die Eigenschaft HasAxis des Chart-Objekts verwendet. Da ein Diagramm über mehrere Achsen verfügen kann, muss im runden Klammerpaar nach HasAxis eine Konstante angegeben werden. Für die Rubrikenachse ist hierbei die Konstante xlCategcry und für die Größenachse die Konstante xlValue anzugeben.

Listing 16.9   Rubriken- und Größenachse ein- oder ausblenden

```
Public Sub DiagrammAchsenEinUndAusblenden()
   With ThisWorkbook.Worksheets(2).ChartObjects(1).Chart
      If .HasAxis(xlCategory) And .HasAxis(xlValue) Then
         .HasAxis(xlCategory) = False
         .HasAxis(xlValue) = False
      Else
         .HasAxis(xlCategory) = True
         .HasAxis(xlValue) = True
      End If
   End With
End Sub
```

> **HINWEIS** Falls Sie mit einer Sekundärachse arbeiten, müssen Sie einen zweiten Index angeben, um zwischen der Primärachse und der Sekundärachse differenzieren zu können.

```
.HasAxis(xlValue, xlPrimary) = True
.HasAxis(xlValue, xlSecondary) = True
```

Daten mit Excel-VBA auswerten

Verschiedene Diagrammelemente ein- oder ausblenden

Nach dem gleichen Prinzip wie im vorangegangenen Beispiel können auch andere Diagrammelemente ein- oder ausgeblendet werden. Die wichtigsten Elemente können Sie Tabelle 16.2 entnehmen.

Tabelle 16.2 Einige der Diagrammelemente, die sich ein- oder ausblenden lassen

Eigenschaft	Beschreibung
HasLegend	Legende
HasDataTable	Datentabelle
HasTitle	Diagrammtitel

Viele der Elemente, die sich ein- und ausblenden lassen, sind an andere Objekte als das Chart-Objekt gebunden. Es würde zu weit führen, diese hier alle zu nennen. Mittels des Makrorekorders können Sie die gewünschten Befehle und Kombinationen bequem aufzeichnen und die gewünschten Codefragmente in Ihre Prozedur übernehmen.

Diagrammelemente formatieren

Jedes Diagramm besteht aus einem Diagrammbereich und einer Zeichnungsfläche. Um den Diagrammbereich in VBA ansprechen zu können, steht das Objekt ChartArea zur Verfügung Für die Zeichnungsfläche kann das Objekt PlotArea verwendet werden.

Abbildg. 16.5 Diagrammbereich und Zeichnungsfläche

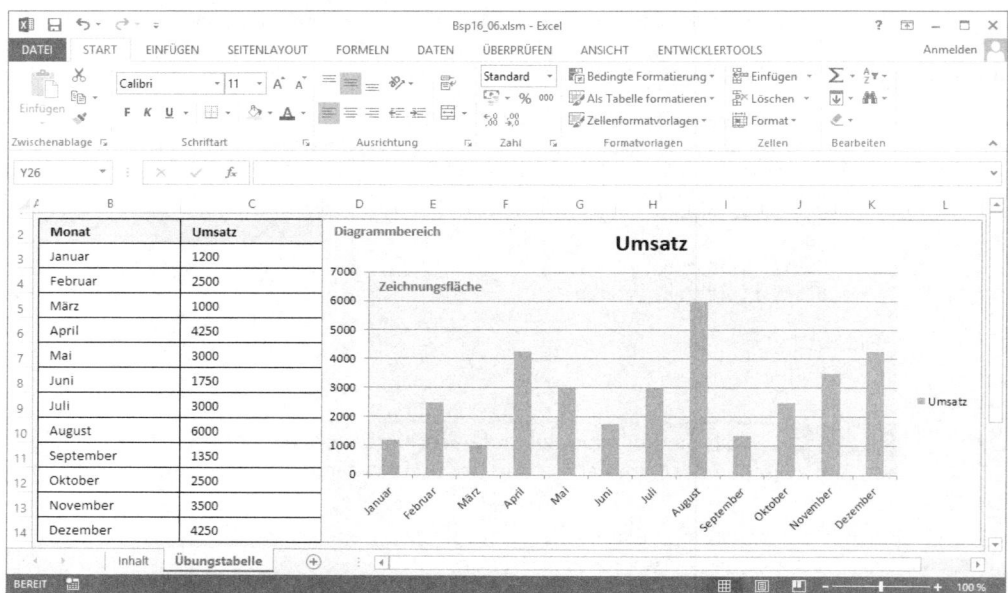

Das Thema *Diagramme formatieren* ist schier unerschöpflich. Auf den folgenden Seiten sind einige der wichtigsten Formatierungsmöglichkeiten beschrieben. Wenn Sie mit diesen Techniken vertraut sind, werden Sie in der Lage sein, weitere Formatierungen selbst zu programmieren. Die Herausforderung besteht darin, die entsprechenden Objekte zu kennen.

Beide Elemente können unabhängig voneinander formatiert werden und beispielsweise mit einer Hintergrundfarbe oder einem Rahmen versehen werden, wie folgendes Codebeispiel demonstriert.

Listing 16.10   Diagrammbereich und Zeichnungsfläche formatieren

```
Public Sub DiagrammElementeFormatieren()
  With ThisWorkbook.Worksheets(2).ChartObjects(1).Chart
    .ChartArea.Format.Fill.ForeColor.ObjectThemeColor = msoThemeColorAccent3
    .ChartArea.Format.Fill.ForeColor.Brightness = 0.8000000119
    .PlotArea.Format.Fill.ForeColor.ObjectThemeColor = msoThemeColorAccent6
    .PlotArea.Format.Fill.ForeColor.Brightness = 0.8000000119
  End With
End Sub
```

> **ONLINE**   Sie finden die Arbeitsmappe mit dem Code zu Listing 16.10 im Ordner *\Buch\Kap16* in der Datei *Bsp16_06.xlsm*.

Datenreihen formatieren

Das wohl Wichtigste innerhalb eines Diagramms sind die Datenreihen, denn sie stellen die Daten des ausgewählten Datenbereichs grafisch dar. Datenreihen treten in verschiedenen Formen auf, wie zum Beispiel in Säulen, Balken, Linien, Kreisen usw. Um Datenreihen anzusprechen, wird das Objekt SeriesCollection eingesetzt. Häufig stehen in einem Diagramm mehrere Datenreihen zur Verfügung. Diese können unabhängig voneinander einzeln formatiert werden.

> **TIPP**   In Excel 2013 lassen sich viele Aufgaben zur Formatierung bzw. zum Ein- und Ausblenden von Diagrammelementen anhand der drei Schaltflächen links neben dem Diagramm durchführen.

Um eine Datenreihe manuell zu formatieren, klicken Sie mit der rechten Maustaste auf die gewünschte Datenreihe und wählen im Kontextmenü den Befehl *Datenreihen formatieren* aus. Im zugehörigen Aufgabenbereich in Excel 2013 bzw. Dialogfeld in Excel 2010 oder 2007 stehen verschiedene Kategorien zur Formatierung der Datenreihen zur Verfügung.

Im nachfolgenden Code werden vier Zufallsgeneratoren verwendet, die für jede der vier Datenreihen jeweils eine Zufallsfarbe generieren. Die Zufallszahlen-Funktion Rnd wird mit dem Faktor 56 multipliziert, der dem höchsten zulässigen Farbindex entspricht. Das bedeutet, dass vier Zufallszahlen im Bereich zwischen 1 und 56 entstehen können.

Wie bereits erwähnt, werden die Datenreihen der Diagramme jeweils über das Objekt SeriesCollection angesprochen. Die Vielfalt der unterschiedlichen Diagrammtypen erfordert dennoch eine teils unterschiedliche Programmierung. In der Beispielmappe sind die in Abbildung 16.6 aufgeführten vier verschiedenen Diagrammtypen enthalten

Daten mit Excel-VBA auswerten

Abbildg. 16.6 Unterschiedliche Diagrammtypen unterscheiden sich im Ansprechen der Datenreihen

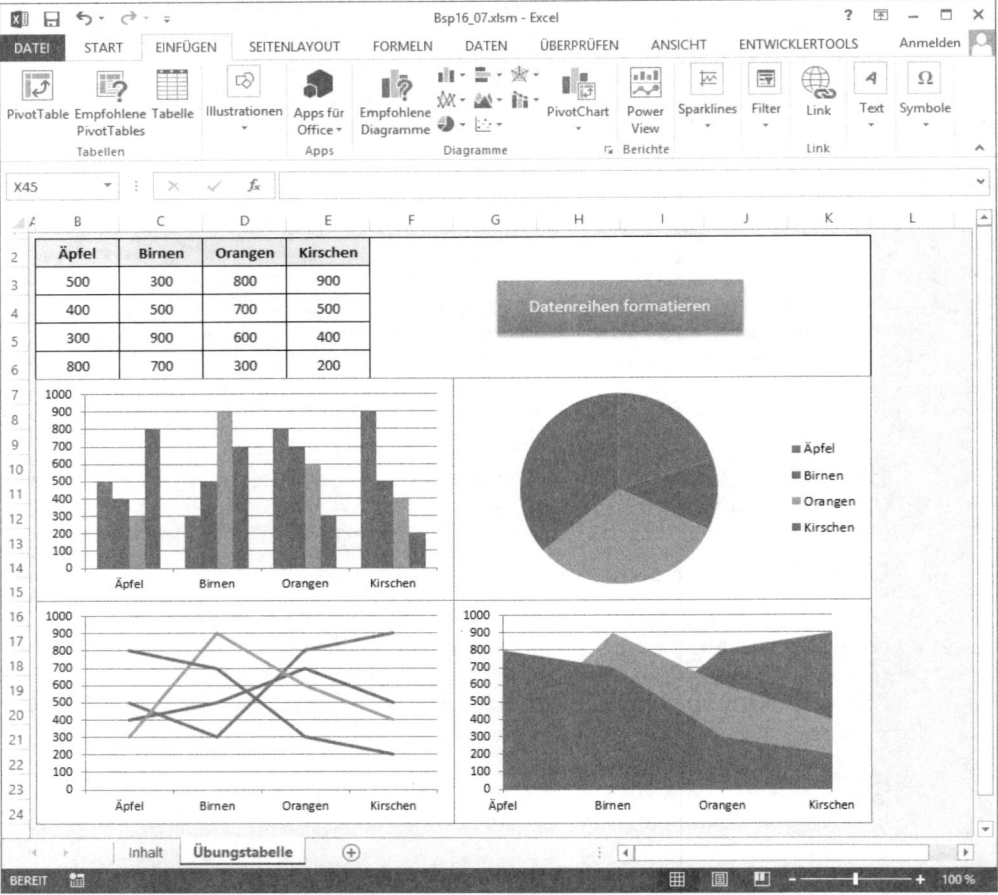

Beim ersten Diagrammtyp handelt es sich um ein Balkendiagramm und beim letzten um ein Flächendiagramm. Beide verhalten sich identisch. Bei der Zuweisung der Hintergrundfarbe werden die einzelnen Datenreihen angesprochen. Dem Objekt Interior, das für die Hintergrundfläche steht, werden die Farbwerte zugewiesen.

Das Liniendiagramm verhält sich insofern anders, als dass keine Fläche, sondern eine Linie vorliegt. Deshalb wird die Farbe nicht dem Objekt Interior, sondern dem Objekt Border zugewiesen.

Wiederum anders verhält es sich beim Programmieren der Hintergrundfarbe für ein Kreisdiagramm. Dieses besteht aus nur einer Datenreihe, der vier *Datenpunkte* (Points) zugeordnet sind. Dementsprechend muss die Hintergrundfarbe an die vier Datenpunkte der Datenreihe übergeben werden.

Listing 16.11 Datenreihen formatieren

```
Public Sub DatenreihenFormatieren()
    Dim lngZufall_1 As Long
    Dim lngZufall_2 As Long
    Dim lngZufall_3 As Long
    Dim lngZufall_4 As Long

'   Zufallszahlen generieren
    lngZufall_1 = Rnd * 56
    lngZufall_2 = Rnd * 56
    lngZufall_3 = Rnd * 56
    lngZufall_4 = Rnd * 56

'   Balkendiagramm
    With ThisWorkbook.Worksheets(2).ChartObjects(1).Chart
        .SeriesCollection(1).Interior.ColorIndex = lngZufall_1
        .SeriesCollection(2).Interior.ColorIndex = lngZufall_2
        .SeriesCollection(3).Interior.ColorIndex = lngZufall_3
        .SeriesCollection(4).Interior.ColorIndex = lngZufall_4
    End With

'   Liniendiagramm
    With ThisWorkbook.Worksheets(2).ChartObjects(2).Chart
        .SeriesCollection(1).Border.ColorIndex = lngZufall_1
        .SeriesCollection(2).Border.ColorIndex = lngZufall_2
        .SeriesCollection(3).Border.ColorIndex = lngZufall_3
        .SeriesCollection(4).Border.ColorIndex = lngZufall_4
    End With

'   Kreisdiagramm
    With ThisWorkbook.Worksheets(2).ChartObjects(3).Chart.SeriesCollection(1)
        .Points(1).Interior.ColorIndex = lngZufall_1
        .Points(2).Interior.ColorIndex = lngZufall_2
        .Points(3).Interior.ColorIndex = lngZufall_3
        .Points(4).Interior.ColorIndex = lngZufall_4
    End With

'   Flächendiagramm
    With ThisWorkbook.Worksheets(2).ChartObjects(4).Chart
        .SeriesCollection(1).Interior.ColorIndex = lngZufall_1
        .SeriesCollection(2).Interior.ColorIndex = lngZufall_2
        .SeriesCollection(3).Interior.ColorIndex = lngZufall_3
        .SeriesCollection(4).Interior.ColorIndex = lngZufall_4
    End With
End Sub
```

ONLINE Sie finden die Arbeitsmappe mit dem Code zu Listing 16.11 im Ordner \Buch\Kap16 in der Datei Bsp16_07.xlsm.

Einzelne Datenpunkte formatieren

Wenn Sie die Formatierung zu einem einzelnen Datenpunkt verändern möchten, verwenden Sie zusätzlich zum Objekt SeriesCollection das Objekt Points. In Listing 16.12 wird die Hintergrundfarbe des dritten Datenpunktes der zweiten Datenreihe auf Schwarz gesetzt.

Listing 16.12   Datenpunkt formatieren

```
Public Sub DatenpunktFormatieren()
  With ThisWorkbook.Worksheets(2).ChartObjects(1).Chart
    .SeriesCollection(2).Points(3).Interior.ColorIndex = 1
  End With
End Sub
```

ONLINE Sie finden die Arbeitsmappe mit dem Code zu Listing 16.12 im Ordner \Buch\Kap16 in der Datei Bsp16_08.xlsm.

Abbildg. 16.7   Ergebnis des Beispielcodes zu Listing 16.12

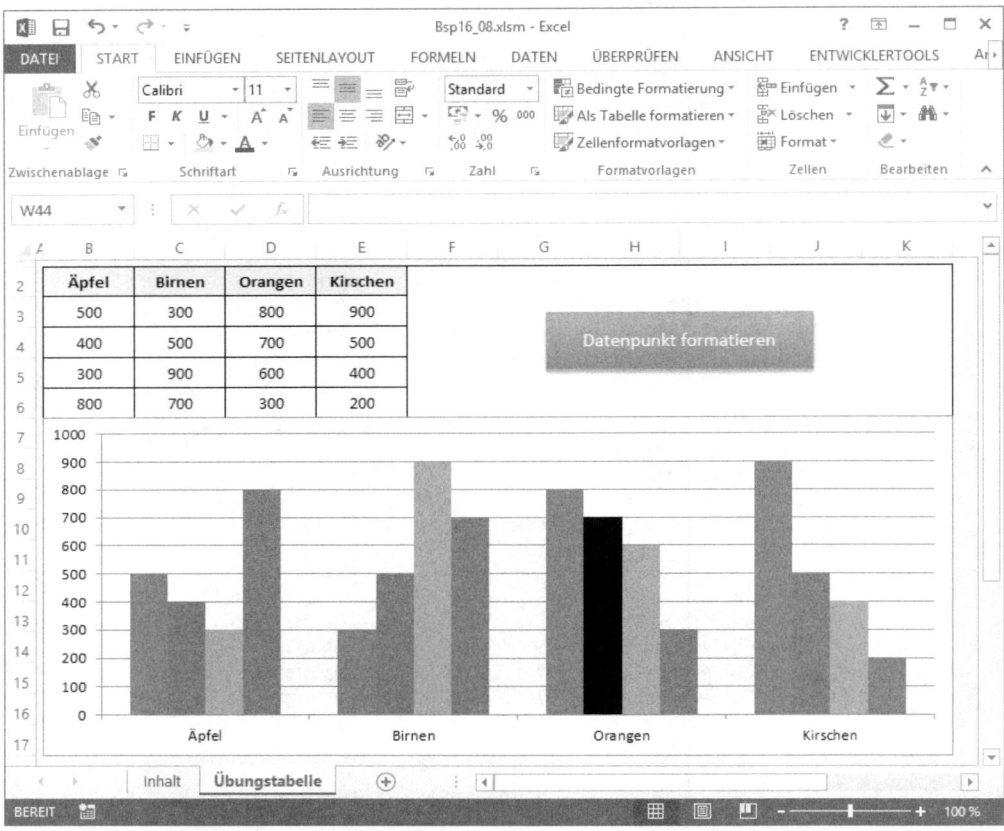

Markierungen formatieren

Markierungen treten in Linien- und Punktdiagrammen auf und kennzeichnen Datenpunkte innerhalb von sichtbaren oder unsichtbaren Linien. Markierungen können unterschiedliche Formen, wie Rechtecke, Dreiecke oder Striche aufweisen. Welche das sind, können Sie Tabelle 16.3 entnehmen.

Tabelle 16.3 Verfügbare Markierungen

Beschreibung	Konstante	Wert
Automatisch	xlMarkerStyleAutomatic	-4105
Kein Marker	xlMarkerStyleNone	-4142
Dreieck	xlMarkerStyleTriangle	3
Kreis	xlMarkerStyleCircle	8
Kurzer Strich	xlMarkerStyleDot	-4118
Langer Strich	xlMarkerStyleDash	-4115
Pluszeichen	xlMarkerStylePlus	9
Stern	xlMarkerStyleStar	5
Viereck	xlMarkerStyleSquare	1
Viereck hochgestellt	xlMarkerStyleDiamond	2
Ein X	xlMarkerStyleX	-4168

Markierungen können zudem in Größe und Farbe verändert werden und es kann wahlweise ein Schatten ein- oder ausgeblendet werden. Um solche Veränderungen in VBA vornehmen zu können, stehen entsprechende Eigenschaften innerhalb des Series-Objekt für eine Datenreihe zur Verfügung.

Abbildg. 16.8 Formatierte Markierungen innerhalb eines Liniendiagramms

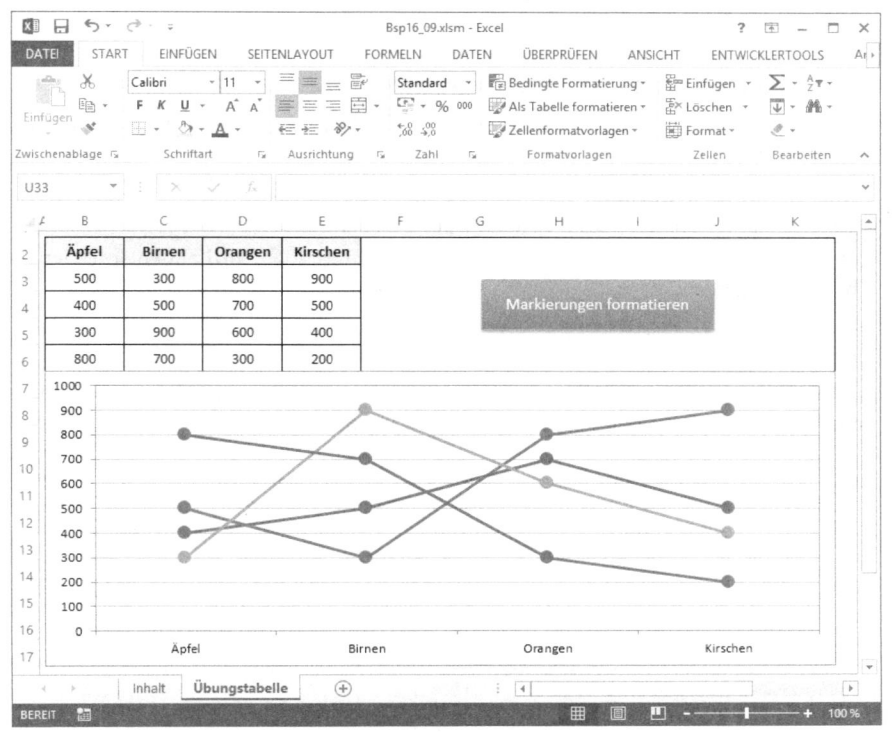

In der Beispieldatei ist ein Liniendiagramm enthalten, dem per VBA kreisförmige Markierungen für die einzelnen Datenreihen zugewiesen werden.

Listing 16.13 Markierungen formatieren

```
Public Sub MarkierungenFormatieren()
    Dim objDatenreihen  As SeriesCollection
    Dim lngIndex        As Long

'   Verweis setzen
    Set objDatenreihen = ThisWorkbook.Worksheets(2).ChartObjects(1) _
                         .Chart.SeriesCollection
'   Markierungen formatieren
    For lngIndex = 1 To objDatenreihen.Count
        With objDatenreihen(lngIndex)
            .MarkerBackgroundColor = .Border.Color
            .MarkerForegroundColor = .Border.Color
            .MarkerStyle = xlMarkerStyleCircle
            .MarkerSize = 10
            .Shadow = False
        End With
    Next
'   Verweis entfernen
    Set objDatenreihen = Nothing
End Sub
```

ONLINE Sie finden die Arbeitsmappe mit dem Code zu Listing 16.13 im Ordner *\Buch\Kap16* in der Datei *Bsp16_09.xlsm*.

Die Skalierung eines Säulendiagramms ändern

Datenreihen von Säulen- und Balkendiagrammen können skaliert werden. Dies geschieht manuell wie folgt:

1. Klicken Sie mit der rechten Maustaste auf die Größenachse.

2. Wählen Sie im Kontextmenü den Eintrag *Achse formatieren* aus, um in Excel 2007 oder Excel 2010 das gleichnamige Dialogfeld zu öffnen. In Excel 2013 wird ein entsprechender Aufgabenbereich eingeblendet.

3. Sie können nun verschiedene Einstellungen vornehmen, die die Skalierung des der Achse im Diagramm betreffen.

Tabelle 16.4 können Sie die Eigenschaften für die einzelnen Einstellungen entnehmen. Einigen Eigenschaften lassen sich Konstanten zuweisen, die in der Tabelle in der rechten Spalte aufgelistet werden.

Abbildg. 16.9 Skalierungsmöglichkeiten in Excel 2013

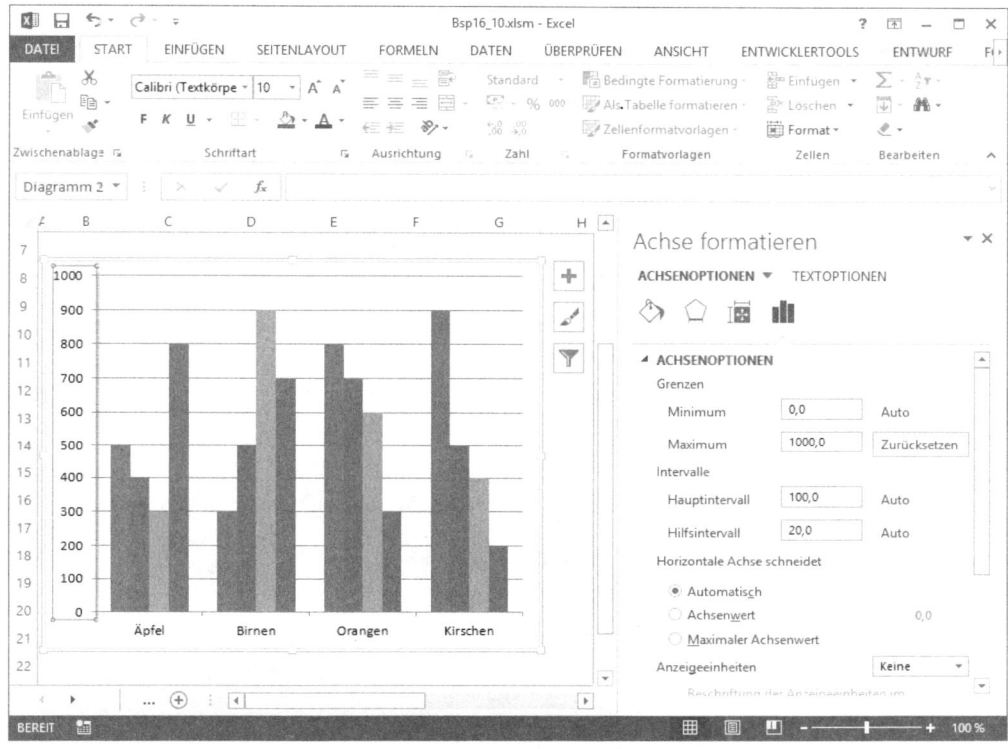

Tabelle 16.4 Eigenschaften und Konstanten zur Skalierung

Beschreibung	Eigenschaft	Konstante
Minimum	MinimumScale	
Maximum	MaximumScale	
Hauptintervall	MajorUnit	
Hilfsintervall	MinorUnit	
Rubrikenachse (X) schneidet bei:	Crosses	xlAxisCrossesAutomatic
		xlMinimum
		xlMaximum
		xlAxisCrossesCustom
Logarithmische Skalierung	ScaleType	xlScaleLinear
		xlScaleLogarithmic
Werte in umgekehrter Reihenfolge	True/False	
Anzeigeeinheiten	DisplayUnit	xlNone

Tabelle 16.4 Eigenschaften und Konstanten zur Skalierung *(Fortsetzung)*

Beschreibung	Eigenschaft	Konstante
		xlHundredMillions
		xlHundredThousands
		xlMillions
		xlTenThousands
		xlThousands
		xlHundreds
		xlMillionMillions
		xlTenMillions
		xlThousandMillions

Im folgenden Codebeispiel wird der Maximalwert der Größenachse um 10 Einheiten vergrößert bzw. verkleinert. Eine dritte Prozedur setzt den Wert auf einen festen Wert zurück.

Listing 16.14 Skalierung der Größenachse per VBA verändern

```
Public Sub SkalierungErhoehen()
  With ThisWorkbook.Worksheets(2).ChartObjects(1).Chart.Axes(xlValue)
   .MaximumScale = .MaximumScale + 10
  End With
End Sub

Public Sub SkalierungVerkleinern()
  With ThisWorkbook.Worksheets(2).ChartObjects(1).Chart.Axes(xlValue)
   .MaximumScale = .MaximumScale - 10
  End With
End Sub

Public Sub SkalierungZuruecksetzen()
  With ThisWorkbook.Worksheets(2).ChartObjects(1).Chart.Axes(xlValue)
   .MaximumScale = 1000
  End With
End Sub
```

ONLINE Sie finden die Arbeitsmappe mit dem Code zu Listing 16.14 im Ordner \Buch\Kap16 in der Datei *Bsp16_10.xlsm*.

Achsen ausrichten

Die Teilstrichbeschriftungen der Achsen sind standardmäßig horizontal ausgerichtet. Die Ausrichtung kann bis zu –90 Grad und +90 Grad verändert werden. Die Schrift wird dabei in die entsprechende Richtung gedreht. Im folgenden Codebeispiel wird die Beschriftung um +90 Grad entgegen dem Uhrzeigersinn gedreht.

Listing 16.15 Teilstrichbeschriftungen um 90 Grad drehen

```
Public Sub DrehungPlus90Grad()
  With ThisWorkbook.Worksheets(2).ChartObjects(1).Chart.Axes(xlCategory)
    .TickLabels.Orientation = 90
  End With
End Sub
```

ONLINE   Sie finden die Arbeitsmappe mit dem Code zu Listing 16.15 im Ordner \Buch\Kap16 in der Datei *Bsp16_11.xlsm*.

3D-Diagramme

3D-Diagramme unterscheiden sich, abgesehen von der Optik, nur wenig von 2D-Diagrammen. Sie haben genauso wie 2D-Diagramme einen Diagrammbereich und eine Zeichnungsfläche. Hinzu kommen jedoch noch zwei Wände und eine Bodenfläche, die den 3D-Effekt ermöglichen. Dies bedeutet, dass zwei neue Objekte hinzukommen. Für die Wände ist das Walls-Objekt und für den Boden ist das Floor-Objekt zuständig.

Abbildg. 16.10 Beispiel-3D-Diagramm

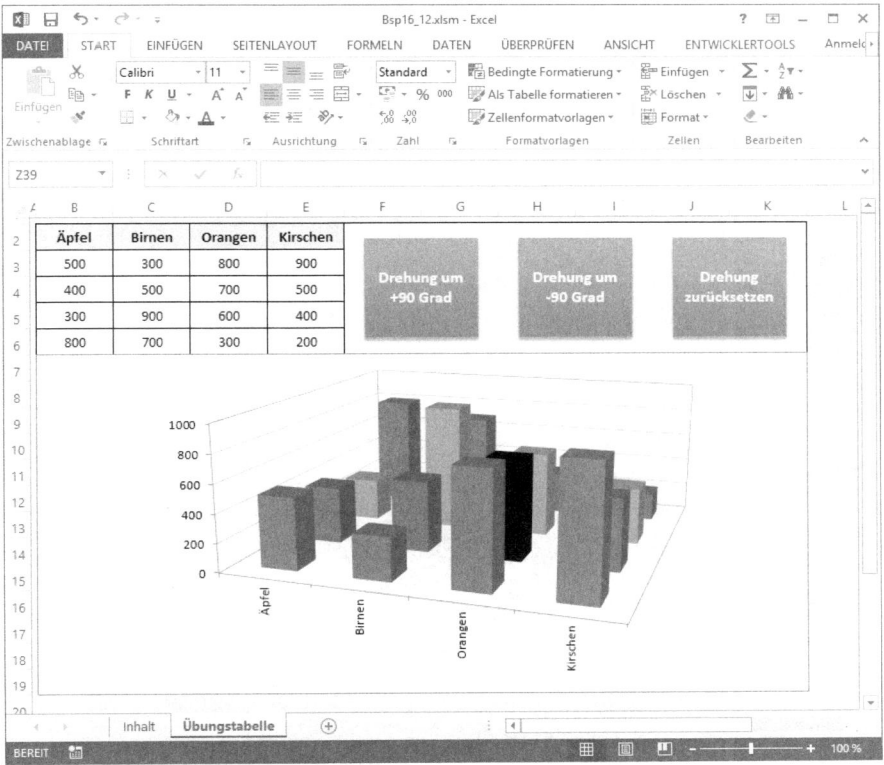

In der folgenden Prozedur wird der Bodenfläche eine rote und den Wänden eine blaue Farbe zugewiesen.

Listing 16.16   Wände und Boden eines 3D-Diagramms formatieren

```
Public Sub Diagramm3DWaendeUndBoden()
  With ThisWorkbook.Worksheets(2).ChartObjects(1).Chart
    .Floor.Interior.ColorIndex = 3
    .Walls.Interior.ColorIndex = 5
  End With
End With
```

ONLINE   Sie finden die Arbeitsmappe mit dem Code zu Listing 16.16 im Ordner \Buch\Kap16 in der Datei Bsp16_12.xlsm.

3D-Oberflächendiagramme

3D-Oberflächendiagramme verhalten sich etwas speziell in Bezug auf die Formatierung der Datenreihen. Ein Rechtsklick auf die Datenreihe eines 3D-Oberflächendiagrammes lässt den Eintrag zur Formatierung der Datenreihen vermissen, was den Eindruck erweckt, dass die Farben der Datenreihen eines Oberflächendiagramms nicht verändert werden können. Dem ist jedoch nicht so. Die Farben können über die Legendensymbole bestimmt werden.

1. Um ein Legendensymbol anzusprechen, klicken Sie zuerst mit der linken Maustaste auf die Legende.

2. Klicken Sie anschließend wiederum mit der linken Maustaste auf den gewünschten Legendeneintrag.

Abbildg. 16.11   Oberflächendiagramm

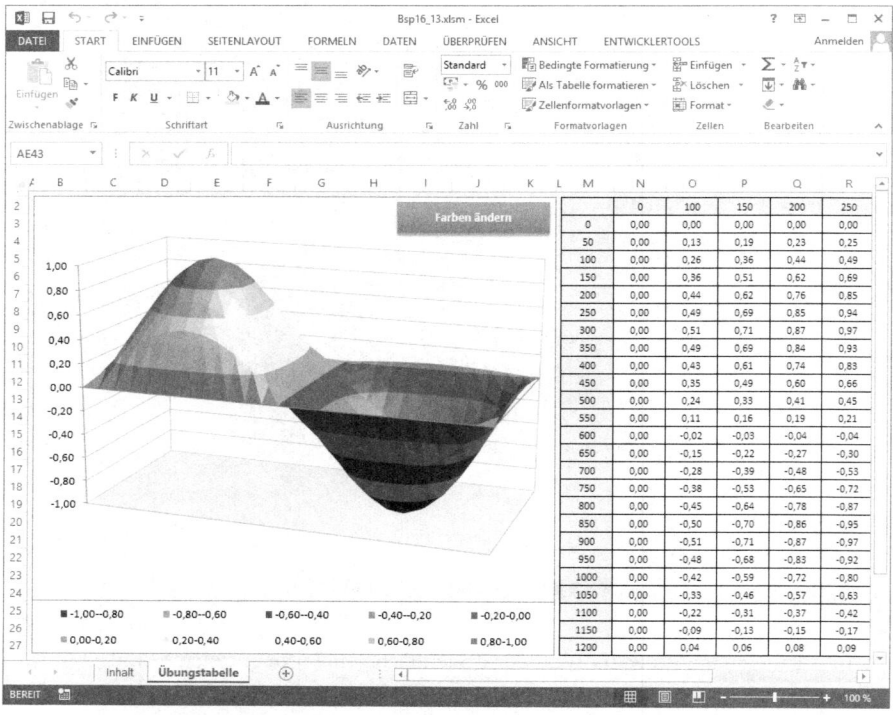

3. Nachdem der Legendeneintrag markiert wurde, kann das darin enthaltene Legendensymbol selektiert werden. Klicken Sie dazu mit der linken Maustaste auf das farbige Symbol.

4. Sobald das Legendensymbol selektiert ist, klicken Sie mit der rechten Maustaste auf die Markierung und wählen im Kontextmenü den Eintrag *Legende formatieren* aus.

5. Im entsprechenden Aufgabenbereich in Excel 2013 bzw. Dialogfeld in Excel 2010 oder 2007 können Sie nun unter *Füllung* die gewünschte Farbe festlegen.

Sie haben zudem die Möglichkeit, die Anzahl der Farben zu erhöhen. Diese hängt vom Hauptintervall der Größenachse ab.

1. Klicken Sie mit der rechten Maustaste auf die Größenachse und wählen Sie im Kontextmenü den Befehl *Achse formatieren* aus.

2. Aktivieren Sie im zugehörigen Aufgabenbereich in Excel 2013 bzw. Dialogfeld in Excel 2010 oder 2007 die Kategorie *Achsenoptionen*.

3. Je niedriger der Wert bei Hauptintervall eingestellt wird, desto mehr Farben und Legendeneinträge werden angezeigt.

Genauso wie die Farben manuell über das Legendensymbol festgelegt werden, geschieht dies auch mittels VBA. Innerhalb des Diagramms wird die Legende über das Legend-Objekt angesprochen. Anschließend erfolgt ein Zugriff auf den Legendeneintrag anhand des LegendEntries-Objekt und schließlich auf das Legendensymbol. Im nachfolgenden Beispiel werden die Farben nach dem Zufallsprinzip vergeben.

Listing 16.17   Farben eines Oberflächendiagramms verändern

```
Public Sub FarbenAendern()
  Dim objLegendeneintraege As LegendEntries
  Dim lngIndex           As Long

'   Verweis setzen
  Set objLegendeneintraege = ThisWorkbook.Worksheets(2).ChartObjects(1) _
                          .Chart.Legend.LegendEntries
'   Farben ändern
  For lngIndex = 1 To objLegendeneintraege.Count
    objLegendeneintraege(lngIndex).LegendKey.Interior.ColorIndex = Rnd * 56
  Next
'   Verweis zurücksetzen
  Set objLegendeneintraege = Nothing
End Sub
```

ONLINE   Sie finden die Arbeitsmappe mit dem Code zu Listing 16.17 im Ordner *\Buch\Kap16* in der Datei *Bsp16_13.xlsm*.

Diagrammtitel und Achsentitel

Um einem Diagramm einen Diagrammtitel oder einen Achsentitel manuell hinzuzufügen, klicken Sie in Excel 2013 das Diagramm an und wählen das Menü *DIAGRAMMTOOLS/ENTWURF*. Klicken Sie dort auf die Schaltfläche *Diagrammelement hinzufügen*. Sie finden anschließend im Untermenü die Befehle zu den Diagramm- und Achsentiteln.

Daten mit Excel-VBA auswerten

> **HINWEIS** In Excel 2007 und Excel 2010 befinden sich die Auswahlmöglichkeiten zu den Dia-
> gramm- und Achsentiteln im Menüband und dort im kontextbezogenen Menü *Diagrammtools/*
> *Layout* in der Gruppe *Beschriftungen*.

Um die einzelnen Beschriftungsfelder zu formatieren, klicken Sie dieses mit der rechten Maustaste an und wählen im Kontextmenü den Eintrag *Diagrammtitel formatieren* bzw. den Eintrag *Achsentitel formatieren* aus. Anschließend steht Ihnen wie gewohnt das Formatierungsdialogfeld bzw. der Aufgabenbereich zur Verfügung.

Im folgenden VBA-Code wird zuerst sichergestellt, dass die Titel eingeblendet sind. Anschließend werden die gewünschten Formatierungen vorgenommen.

Listing 16.18 Formatierung der Diagramm- und Achsentitel

```
Public Sub TitelUndAchsen()
  With ThisWorkbook.Worksheets(2).ChartObjects(1).Chart
'    Diagrammtitel
  .HasTitle = True
  .ChartTitle.Characters.Text = "Obst"
  .ChartTitle.Font.ColorIndex = 6
  .ChartTitle.Interior.ColorIndex = 5
'    Rubrikenachse
  .Axes(xlCategory).HasTitle = True
  .Axes(xlCategory).AxisTitle.Characters.Text = "Anzahl"
  .Axes(xlCategory).AxisTitle.Font.ColorIndex = 5
  .Axes(xlCategory).AxisTitle.Interior.ColorIndex = 6
'    Rubrikenachse
  .Axes(xlValue).HasTitle = True
  .Axes(xlValue).AxisTitle.Characters.Text = "Bezeichnung"
  .Axes(xlValue).AxisTitle.Font.ColorIndex = 5
  .Axes(xlValue).AxisTitle.Interior.ColorIndex = 6
  End With
End Sub
```

> **ONLINE** Sie finden die Arbeitsmappe mit dem Code zu Listing 16.18 im Ordner
> *\Buch\Kap16* in der Datei *Bsp16_14.xlsm*.

Achsentext formatieren

In 2D-Diagrammen stehen zwei Achsen zur Verfügung. Die Größenachse (Z), die vertikal verläuft, und die Rubrikenachse (X), die horizontal angeordnet ist. Bei 3D-Diagrammen ist zusätzlich die Reihenachse (Y) verfügbar. Diese verläuft diagonal.

Um eine Achse zu formatieren, klicken Sie mit der rechten Maustaste auf die entsprechende Achse und wählen im Kontextmenü den Eintrag *Achse formatieren* aus. Im entsprechenden Dialogfeld (Excel 2007 und Excel 2010) bzw. Aufgabenbereich (Excel 2013) können anschließend vielfältige Einstellungen zur Formatierungen vorgenommen werden.

Abbildg. 16.12 Die unterschiedlichen Achsen

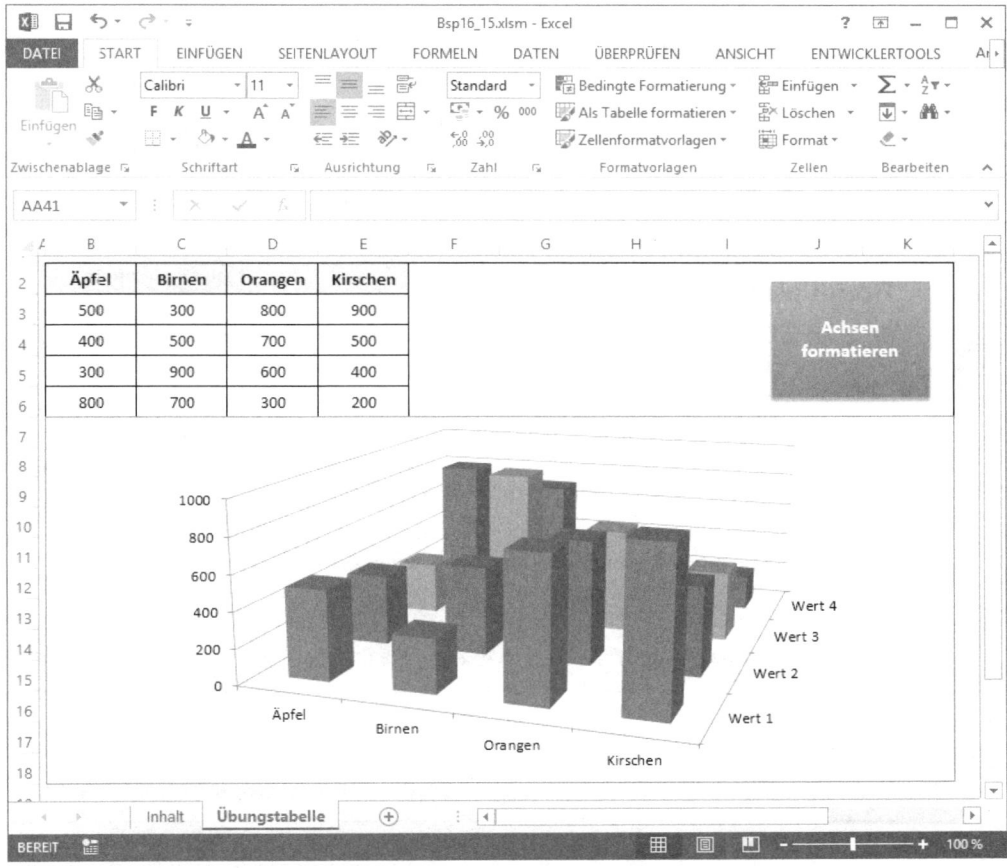

Per VBA werden die Achsen über die Methode Axes angesprochen. Ihr wird eine Konstante für die entsprechende Achse übergeben. Die Rubriken-, Größen und Reihenachsen werden respektive über die Konstanten xlCategory, xlValue und xlSeriesAxis angesprochen. Folgende Beispielprozedur formatiert alle drei Achsen eines 3D-Diagramms.

Listing 16.19 Achsen formatieren

```vba
Public Sub AchsenFormatieren()
  With ThisWorkbook.Worksheets(2).ChartObjects(1).Chart
'    Alle Achsen einblenden
    .HasAxis(xlValue) = True
    .HasAxis(xlCategory) = True
    .HasAxis(xlSeriesAxis) = True
'    Größenachse (Z) formatieren
    .Axes(xlValue).TickLabels.Font.Size = 8
    .Axes(xlValue).TickLabels.Font.ColorIndex = 3
'    Rubrikenachse (X) formatieren
    .Axes(xlCategory).TickLabels.Font.Size = 8
    .Axes(xlCategory).TickLabels.Font.ColorIndex = 5
```

Listing 16.19 Achsen formatieren *(Fortsetzung)*

```
'     Reihenachse (Y) formatieren
      .Axes(xlSeriesAxis).TickLabels.Font.Size = 10
      .Axes(xlSeriesAxis).TickLabels.Font.ColorIndex = 4
   End With
End Sub
```

ONLINE Sie finden die Arbeitsmappe mit dem Code zu Listing 16.19 im Ordner
\Buch\Kap16 in der Datei *Bsp16_15.xlsm*.

Trendlinien bearbeiten

Bei einigen Diagrammtypen, wie z.B. bei Säulen, Balken und Linien, kann für jede Datenreihe eine
Trendlinie eingefügt werden. Diese lassen sich beispielsweise über das Kontextmenü hinzufügen.

Wenn Sie eine Trendlinie anklicken und im Kontextmenü den Befehl *Trendlinien formatieren* auswählen, gelangen Sie zu einem entsprechenden Dialog (Excel 2007 und Excel 2010) bzw. Aufgabenbereich (Excel 2013) mit einer Auswahlmöglichkeit zu verschiedenen Trendlinientypen. Insgesamt
sind sechs unterschiedliche Trendlinientypen verfügbar.

In VBA verwaltet das Trendlines-Objekt die Trendlinien. Um einen bestimmten Trendlinientyp vorzugeben, muss eine entsprechende Konstante übergeben werden.

Tabelle 16.5 Die sechs verfügbaren Trendlinientypen

Trendlinien-Typ	Konstante
Linear	xlLinear
Logarithmisch	xlLogarithmic
Polynomisch	xlPolynomial
Potenz	xlPower
Exponential	xlExponential
Gleitender Durchschnitt	xlMovingAvg

Pro Datenreihe könnten per VBA theoretisch mehrere Trendlinien eingefügt werden. Um dies bei
wiederholtem Ausführen des VBA-Codes zu vermeiden, sollten die vorhandenen Trendlinien zu
Beginn der Prozedur gelöscht werden.

Abbildg. 16.13 Logarithmische Trendlinien in der jeweiligen Säulenfarbe

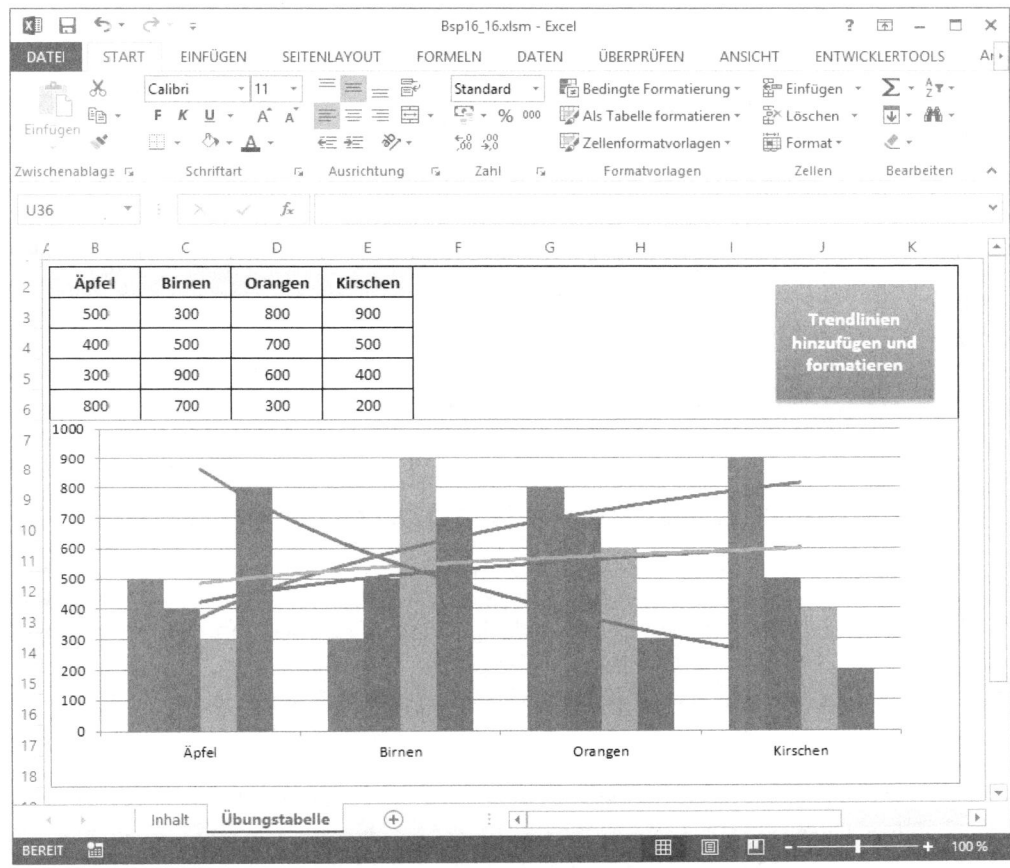

Im folgenden Beispiel werden zunächst alle bestehenden Trendlinien pro Datenreihe gelöscht und anschließend neue Trendlinien hinzugefügt sowie formatiert.

Listing 16.20 Logarithmische Trendlinien per VBA erstellen

```
Public Sub TrendlinienHinzufuegenUndFormatieren()
    Dim objDatenreihen As SeriesCollection
    Dim lngDatenreihe  As Long
    Dim lngTrendlinie  As Long

'   Verweis setzen
    Set objDatenreihen = ThisWorkbook.Worksheets(2).ChartObjects(1) _
                    .Chart.SeriesCollection
'   Datenreihen iterieren
    For lngDatenreihe = 1 To objDatenreihen.Count
'       Eventuell vorhandene Trendlinien löschen
```

Listing 16.20 Logarithmische Trendlinien per VBA erstellen *(Fortsetzung)*

```
        For lngTrendlinie = 1 To objDatenreihen(lngDatenreihe).Trendlines.Count
          objDatenreihen(lngDatenreihe).Trendlines(lngTrendlinie).Delete
        Next
  '     Neue Trendlinien einfügen und formatieren
        With objDatenreihen(lngDatenreihe).Trendlines.Add
          .Type = xlLogarithmic
          .Border.Color = objDatenreihen(lngDatenreihe).Interior.Color
          .Format.Line.Weight = 2.5
        End With
      Next
  '   Verweis entfernen
      Set objDatenreihen = Nothing
    End Sub
```

ONLINE Sie finden die Arbeitsmappe mit dem Code zu Listing 16.20 im Ordner *\Buch\Kap16* in der Datei *Bsp16_16.xlsm*.

Benutzerdefinierte Diagramme erstellen

Viele Firmen legen Wert darauf, dass ein einheitliches Erscheinungsbild nach außen hin gewährleistet ist. Dies beginnt beim Briefpapier und endet beim Absender der E-Mail-Adresse. PowerPoint-Folien müssen nach dem gleichen Prinzip aufgebaut sein und auch die Farben von Diagrammen dürfen nicht frei gewählt werden.

Oftmals wird sehr viel Zeit in die einheitliche Gestaltung investiert, sofern noch keine Vorlagen vorhanden sind. Nicht vielen Excel-Benutzern ist es bewusst, dass benutzerdefinierte Diagramme genau diese Arbeit abnehmen oder zumindest erleichtern können.

Um ein benutzerdefiniertes Diagramm in Excel 2007 oder Excel 2010 zu erstellen, können Sie wie folgt vorgehen:

1. Gestalten Sie Ihr Diagramm wie gewohnt.
2. Aktivieren Sie das Diagramm und klicken Sie im Menü *Diagrammtools/Entwurf* auf die Schaltfläche *Als Vorlage speichern*. Das Dialogfeld *Diagrammvorlage speichern* wird geöffnet.
3. Weisen Sie der Vorlage einen Namen zu und klicken Sie auf die Schaltfläche *Speichern*. Wechseln Sie vor dem Speichern nicht den Pfad, da sonst Excel die Vorlage nicht mehr finden würde.

Um in Excel 2013 aus einem bestehenden Diagramm eine Vorlage zu erstellen, rufen Sie das Kontextmenü zum Diagrammbereich auf und rufen Sie den Befehl *Als Vorlage speichern* auf.

Ihre Vorlagen können Sie einem bestehenden Diagramm zuweisen, indem Sie das Dialogfeld zu den Diagrammtypen aufrufen und die Kategorie *Vorlagen* und dann Ihre Vorlage auswählen. Bei Bedarf gelangen Sie anhand der Schaltfläche *Vorlagen verwalten* zu einem weiteren Dialogfeld, um beispielsweise eine Vorlage zu löschen oder umzubenennen.

Um ein benutzerdefiniertes Diagramm per VBA zu erstellen, wird die Methode AddChartAutoFormat verwendet. Die Methode erwartet drei Argumente, die in Tabelle 16.6 aufgeführt und erläutert werden. Die ersten beiden Argumente müssen angegeben werden.

Tabelle 16.6 Argumente für die Methode *AddChartAutoFormat*

Argument	Beschreibung
Chart	Ein bestehendes Diagramm, dessen Format verwendet wird, um das benutzerdefinierte Diagramm zu erstellen
Name	Der Name für das AutoFormat
Description	Eine Beschreibung für das benutzerdefinierte Diagramm

In Listing 16.21 erstellt der Code ein benutzerdefiniertes Diagramm anhand eines bestehenden Diagramms. Beachten Sie, dass ein eventuell bestehendes benutzerdefiniertes Diagramm ohne Rückfrage überschrieben wird.

Listing 16.21 Ein benutzerdefiniertes Diagramm erstellen

```
Public Sub BenutzerdefiniertesDiagrammErstellen()
    Application.AddChartAutoFormat _
    Chart:=ActiveSheet.ChartObjects(1).Chart, _
    Name:="Testdiagramm", _
    Description:="Benutzerdefiniertes Diagramm"

    MsgBox "Das benutzerdefinierte Diagramm wurde erstellt."
End Sub
```

ONLINE Sie finden die Arbeitsmappe mit dem Code zu Listing 16.21 im Ordner *\Buch\Kap16* in der Datei *Bsp16_17.xlsm*.

Praxisbeispiele

In diesem Abschnitt werden einige Praxisbeispiele vorgestellt, wie das Hervorheben negativer Datenpunkte, das bedingte Formatieren von Datenpunkten, das Exportieren von Diagrammen als Grafik oder das Erstellen dynamischer Diagramme.

Negative Datenpunkte hervorheben

Falls beispielsweise in Ihrem Balkendiagramm negative Zahlen vorkommen und Sie diese hervorheben möchten, besteht die Möglichkeit, die Farbe der negativen Datenpunkte zu invertieren. Klicken Sie hierzu mit der rechten Maustaste auf die Datenreihe und wählen im Kontextmenü den Befehl *Datenreihen formatieren* aus. Wählen Sie anschließend die Kategorie *Füllung* und aktivieren Sie darin das Kontrollkästchen *Invertieren, falls negativ*. Die negativen Datenpunkte erscheinen in anschließend in einer invertierten Farbe, z.B. weiß.

Abbildg. 16.14   Negative Datenpunkte invertieren

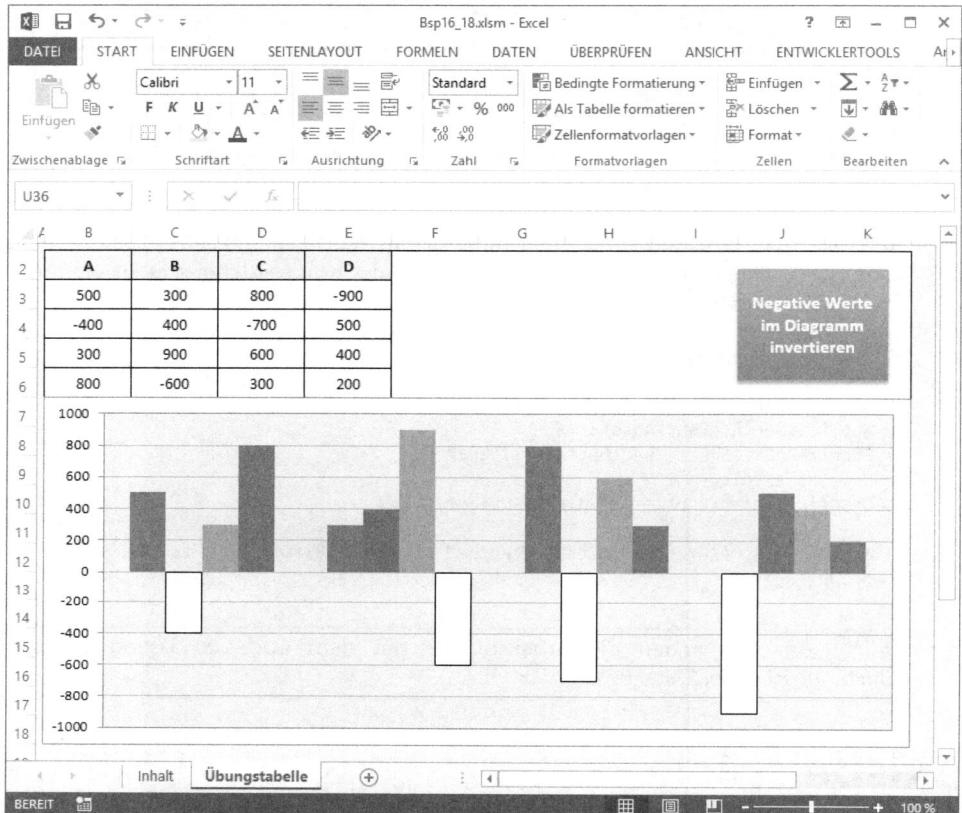

Mittels einer VBA-Prozedur lässt sich dies recht einfach automatisieren. Da eine permanente Einstellung durch den Code gesetzt wird, braucht dieser nur einmal ausgeführt werden. Wenn Sie anschließend die Quelldaten so verändern, dass einige Werte in den negativen Bereich fallen, bleibt die Invertierung erhalten.

Listing 16.22   Negative Datenpunkte invertieren

```
Public Sub NegativeWerteInvertieren()
  Dim objDatenreihen As SeriesCollection
  Dim lngIndex       As Long

' Verweis setzen
  Set objDatenreihen = ThisWorkbook.Worksheets(2).ChartObjects(1) _
                       .Chart.SeriesCollection
  For lngIndex = 1 To objDatenreihen.Count
    objDatenreihen(lngIndex).InvertIfNegative = True
  Next
' Verweis entfernen
  Set objDatenreihen = Nothing
End Sub
```

ONLINE Sie finden die Arbeitsmappe mit dem Code zu Listing 16.22 im Ordner \Buch\Kap16 in der Datei *Bsp16_18.xlsm*.

Bedingte Formatierung von Diagrammpunkten

Anders als im vorherigen Beispiel verhält es sich, wenn die Datenpunkte in Abhängigkeit ihres Wertes formatiert werden sollen. Manuell gibt es dazu keine Lösung und auch keinen effizienten Trick.

Nehmen wir an, die Datenpunkte sollen eine rote Farbe aufweisen, wenn sie kleiner oder gleich dem Wert 0 sind. Und, wenn der Wert die Zahl 500 erreicht oder übersteigt, soll der Datenpunkt grün formatiert werden. Bei einem Wert zwischen 0 und 500 soll der Datenpunkt in Blau dargestellt werden.

Abbildg. 16.15 Bedingte Formatierung je nach Wert

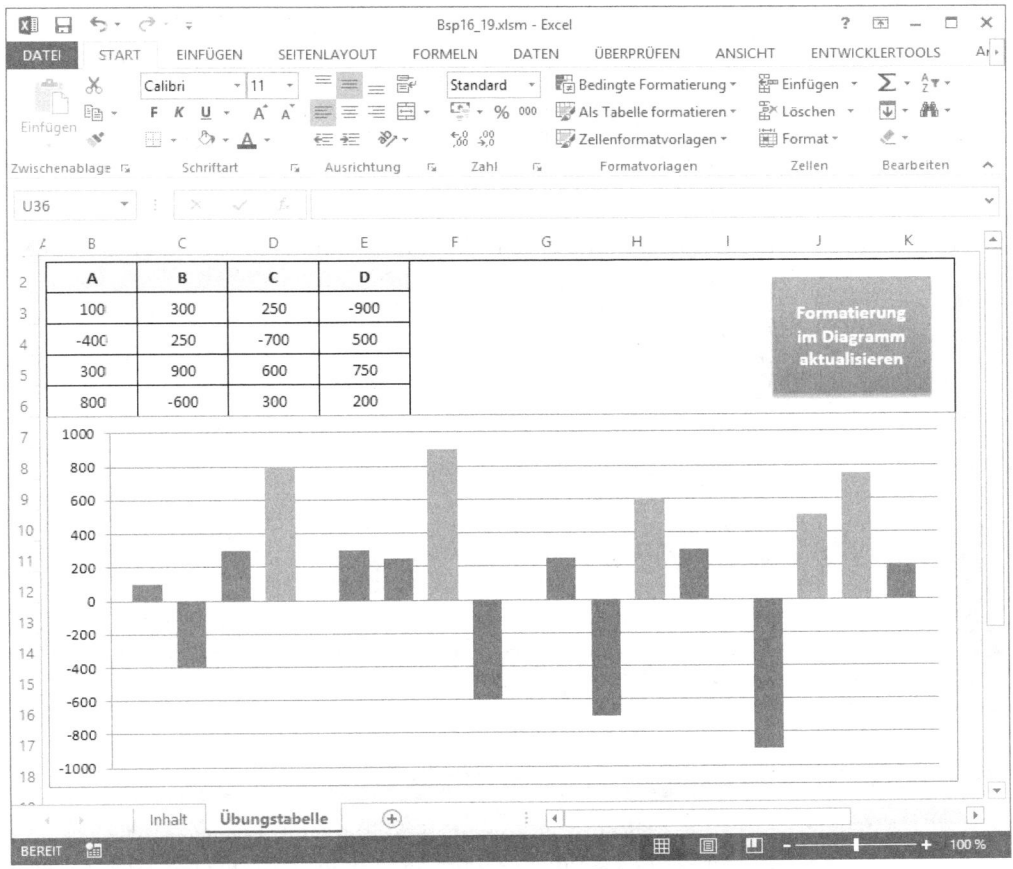

Eine Schaltfläche ruft die im folgenden Listing aufgeführte Prozedur Aktualisieren auf, die jeden einzelnen Datenpunkt mit den gewünschten Kriterien vergleicht. Im Code kommt eine

Select...Case-Anweisung zum Einsatz, die die Vergleiche zwischen dem Wert und dem Kriterium anhand des Operators Is durchführt.

Listing 16.23   Diagramm bedingt nach Werten formatieren

```
Public Sub Aktualisieren()
    Dim objDatenreihen  As SeriesCollection
    Dim objDatenpunkt   As Point
    Dim lngDatenreihe   As Long
    Dim lngDatenpunkt   As Long
    Dim vntWerte        As Variant

'   Verweis setzen
    Set objDatenreihen = ThisWorkbook.Worksheets(2).ChartObjects(1) _
                        .Chart.SeriesCollection
'   Datenreihen durchlaufen
    For lngDatenreihe = 1 To objDatenreihen.Count
'     Datenpunkte innerhalb von Datenreihen durchlaufen
      For lngDatenpunkt = 1 To objDatenreihen(lngDatenreihe).Points.Count
'       Verweis setzen
        Set objDatenpunkt = objDatenreihen(lngDatenreihe).Points(lngDatenpunkt)
'       Werte setzen
        vntWerte = objDatenreihen(lngDatenreihe).Values
'       Bedingte Formatierung durchführen
        Select Case vntWerte(lngDatenpunkt)
          Case Is <= 0
            objDatenpunkt.Format.Fill.ForeColor _
          .ObjectThemeColor = msoThemeColorAccent2
          Case Is >= 500
            objDatenpunkt.Format.Fill.ForeColor _
          .ObjectThemeColor = msoThemeColorAccent3
          Case Else
            objDatenpunkt.Format.Fill.ForeColor _
          .ObjectThemeColor = msoThemeColorAccent1
        End Select
'       Verweis entfernen
        Set objDatenpunkt = Nothing
      Next lngDatenpunkt
    Next lngDatenreihe
'   Verweis entfernen
    Set objDatenreihen = Nothing
End Sub
```

ONLINE   Sie finden die Arbeitsmappe mit dem Code zu Listing 16.23 im Ordner *\Buch\Kap16* in der Datei *Bsp16_19.xlsm*.

Verbunddiagramme erstellen

Verbunddiagramme werden auch als Kombinationsdiagramme bezeichnet. Die Besonderheit dieser Diagramme besteht darin, dass innerhalb des Diagramms zwei unterschiedliche Diagrammtypen kombiniert werden.

HINWEIS Nicht alle Diagrammtypen können als Kombinationsdiagramm verwendet werden. So eignen sich hierzu ausschließlich 2D-Diagramme der folgenden Typen: Säule, Balken, Linie, Kreis, Punkt, Fläche, Ring und Netz.

Um manuell ein Verbunddiagramm zu erstellen, erstellen Sie beispielsweise ein Balkendiagramm mit zwei Datenreihen. Ändern Sie anschließend den Diagrammtyp einer der Datenreihen. Optional können Sie eine Sekundärachse verwenden, um beide Typen mit unterschiedlichen Skalen zu belegen.

Abbildg. 16.16 Verbunddiagramm bestehend aus einem Balken- und Liniendiagramm

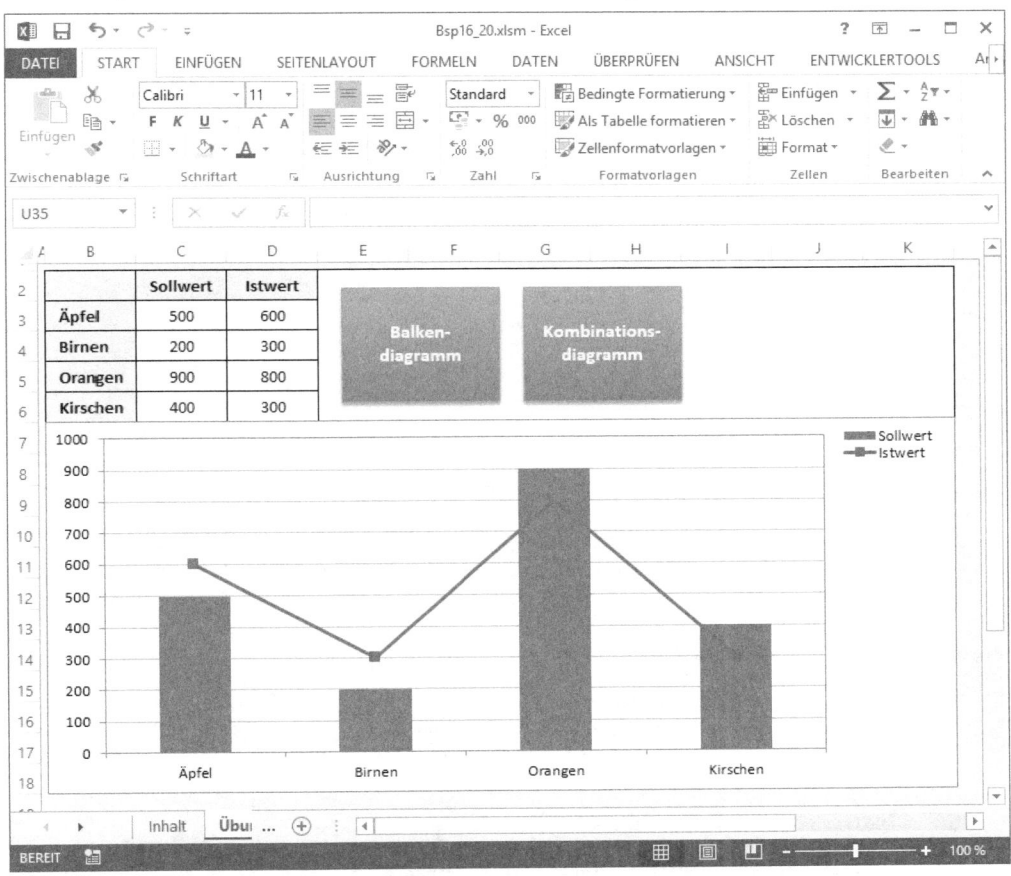

Excel 2013 vereinfacht das Erstellen von Verbunddiagrammen, indem das Dialogfeld zur Auswahl eines Diagrammtyps in der Rubrik *Verbund* eine Vorauswahl und einen Assistenten zur Erzeugung benutzerdefinierter Varianten zur Verfügung stellt.

Abbildg. 16.17 Dialog zur Auswahl von Diagrammtypen in Excel 2013

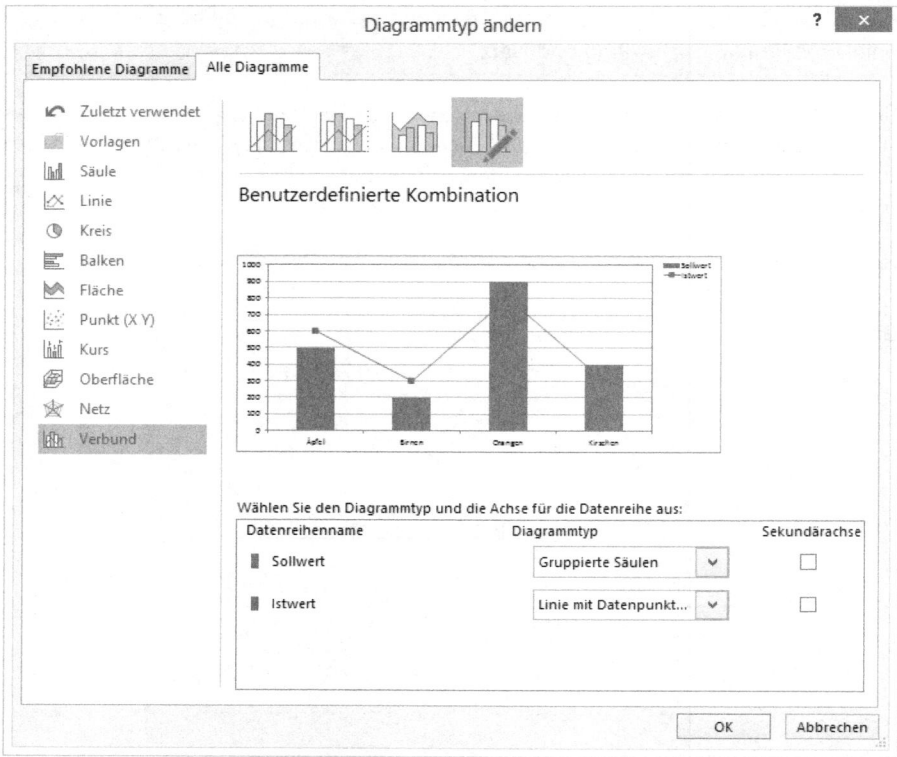

In VBA erzeugen Sie ein Verbunddiagramm, indem Sie einem der Diagramme per Code einen neuen Typ zuweisen. Der Code im folgenden Listing ändert den Diagrammtyp für die zweite Diagrammreihe.

Listing 16.24 Verbunddiagramm in VBA erstellen

```
Public Sub Balkendiagramm()
  ThisWorkbook.Worksheets(2).ChartObjects(1).Chart _
  .SeriesCollection(2).ChartType = xlColumnClustered
End Sub

Public Sub Kombinationsdiagramm()
  ThisWorkbook.Worksheets(2).ChartObjects(1).Chart _
  .SeriesCollection(2).ChartType = xlLineMarkers
End Sub
```

ONLINE Sie finden die Arbeitsmappe mit dem Code zu Listing 16.24 im Ordner \Buch\Kap16 in der Datei Bsp16_20.xlsm.

Halbtransparente Datenpunkte

Wenn Sie den Hintergrund Ihres Diagramms durch Ihre Datenreihen hindurchschimmern lassen möchten, klicken Sie mit der rechten Maustaste auf eine der Datenreihen. Wählen Sie im Kontextmenü den Befehl *Datenreihen formatieren* aus. Wechseln Sie zu der Kategorie *Füllung* und wählen Sie gegebenenfalls die Option *Automatisch* ab, indem Sie beispielsweise die Option *Einfarbige Füllung* anklicken. Geben Sie anschließend bei *Transparenz* die gewünschte Prozentzahl ein oder betätigen Sie den Schieberegler.

Abbildg. 16.18 Diagramm mit transparenter Füllung der Datenreihe

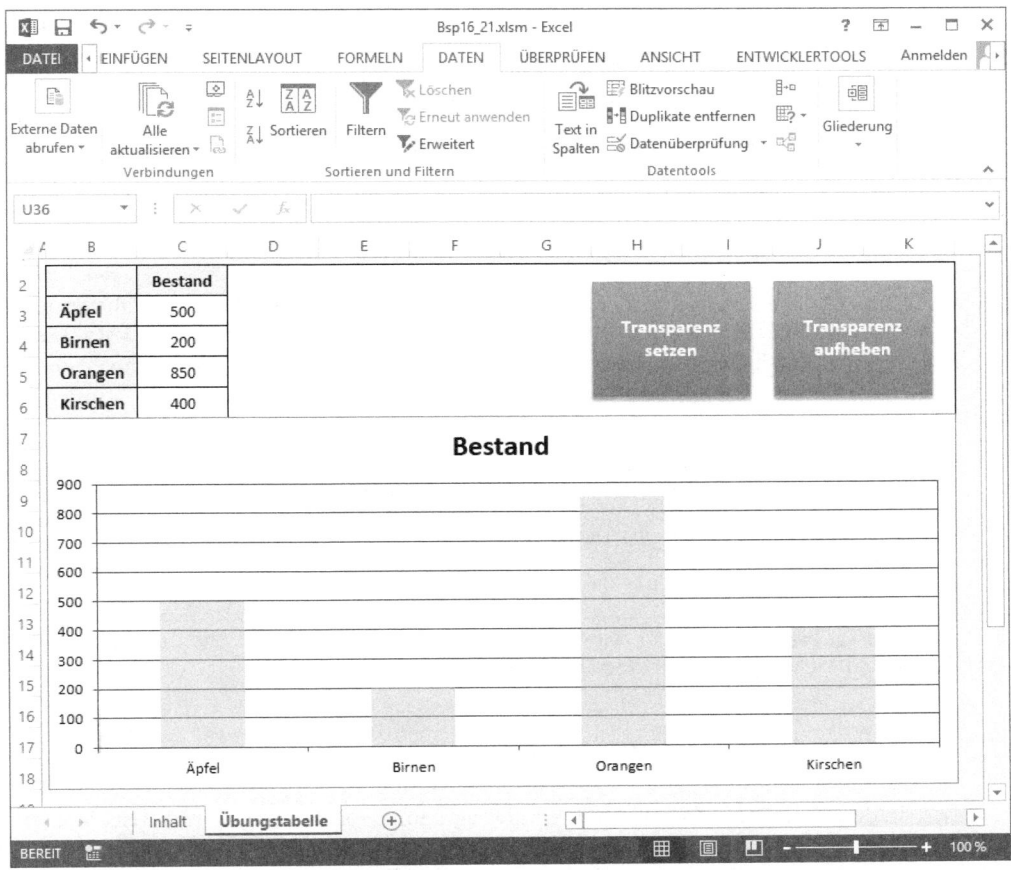

In VBA wird Transparenz erzielt, indem die Transparency-Eigenschaft des Fill-Objekts für die Füllung gesetzt wird.

Listing 16.25 Transparenz der Füllung für die erste Datenreihe in VBA setzen

```
Public Sub TranparenzAufheben()
  ThisWorkbook.Worksheets(2).ChartObjects(1).Chart _
  .SeriesCollection(1).Format.Fill.Transparency = 0
End Sub

Public Sub TranparenzSetzen()
  ThisWorkbook.Worksheets(2).ChartObjects(1).Chart _
  .SeriesCollection(1).Format.Fill.Transparency = 0.5
End Sub
```

ONLINE Sie finden die Arbeitsmappe mit dem Code zu Listing 16.25 im Ordner *\Buch\Kap16* in der Datei *Bsp16_21.xlsm*.

Ein Diagramm exportieren (Grafikformat)

Oftmals wäre es nützlich, wenn ein Diagramm in einem Grafikformat wie zum Beispiel *.gif* oder *.jpg* abgespeichert werden könnte, um das Bild anschließend beispielsweise in eine Webseite einbinden zu können.

Per VBA lässt sich dies sehr einfach anhand der Export-Methode des Chart-Objekts realisieren. Der Code im folgenden Listing speichert das Diagramm in dem Ordner ab, wo sich die Beispieldatei befindet und hängt dem Dateinamen das aktuelle Datum und die aktuelle Uhrzeit an.

Listing 16.26 Diagramm exportieren

```
Public Sub DiagrammExportieren()
  ThisWorkbook.Worksheets(2).ChartObjects(1).Chart.Export _
  Filename:=ThisWorkbook.Path & "\" & "Diagramm-" & _
  Format(Now, "YYYY.MM.DD-hh.mm.ss") & ".gif"
End Sub
```

ONLINE Sie finden die Arbeitsmappe mit dem Code zu Listing 16.26 im Ordner *\Buch\Kap16* in der Datei *Bsp16_22.xlsm*.

Dynamische Diagramme

In diesem Kapitel haben wir bis hierhin Diagramme erstellt, deren Datenbereich fest stand. Oftmals besteht die Schwierigkeit jedoch darin, eine gewisse Dynamik zu erreichen. Das heißt, dass der Bereich, aus dem das Diagramm erstellt werden soll, nicht von Anfang an festgelegt werden kann.

In Listing 16.27 werden die letzte benutzte Zeile und Spalte der zweiten Tabelle ermittelt und zur Berechnung des Diagrammquelldatenbereichs verwendet.

Listing 16.27 Diagramm dynamisch erstellen

```
Public Sub DiagrammDynamisch()
  Dim lngSpalte   As Long
  Dim lngZeile    As Long
  Dim objDiagramm As Chart

' Verkürzung
  With ThisWorkbook.Worksheets(2)
'   Vorhandene Diagramme löschen
    If .ChartObjects.Count > 0 Then
      .ChartObjects.Delete
    End If
'   Letzte Zeile und Spalte
    lngZeile = .Cells(Rows.Count, 3).End(xlUp).Row
    lngSpalte = .Cells(3, Columns.Count).End(xlToLeft).Column
'   Das Diagramm erstellen
    Set objDiagramm = Charts.Add
'   Diagrammtyp
    objDiagramm.ChartType = xlColumnClustered
'   Quelldaten
    objDiagramm.SetSourceData _
    Source:=.Range(.Cells(2, 2), .Cells(lngZeile, lngSpalte))
'   In Tabelle ablegen
    objDiagramm.Location Where:=xlLocationAsObject, _
                         Name:=ThisWorkbook.Worksheets(2).Name
'   Positionieren
    .ChartObjects.Top = .Range("G7").Top
    .ChartObjects.Left = .Range("G7").Left
    .ChartObjects.Height = .Range("N19").Top - .Range("G7").Top
    .ChartObjects.Width = .Range("N19").Left - .Range("G7").Left
  End With
End Sub
```

ONLINE   Sie finden die Arbeitsmappe mit dem Code zu Listing 16.27 im Ordner *\Buch\Kap16* in der Datei *Bsp16_23.xlsm*.

Der Code erstellt anschließend ein neues Diagrammblatt und verschiebt dieses in die zweite Tabelle der Beispielmappe. Schließlich positioniert der Code das Diagramm im Bereich G7:M18. Das Verwenden der Zelle N19 zur Breiten- und Höhenbestimmung vereinfacht die Berechnung.

Daten mit Excel-VBA auswerten

Abbildg. 16.19 Diagramm dynamisch erstellen

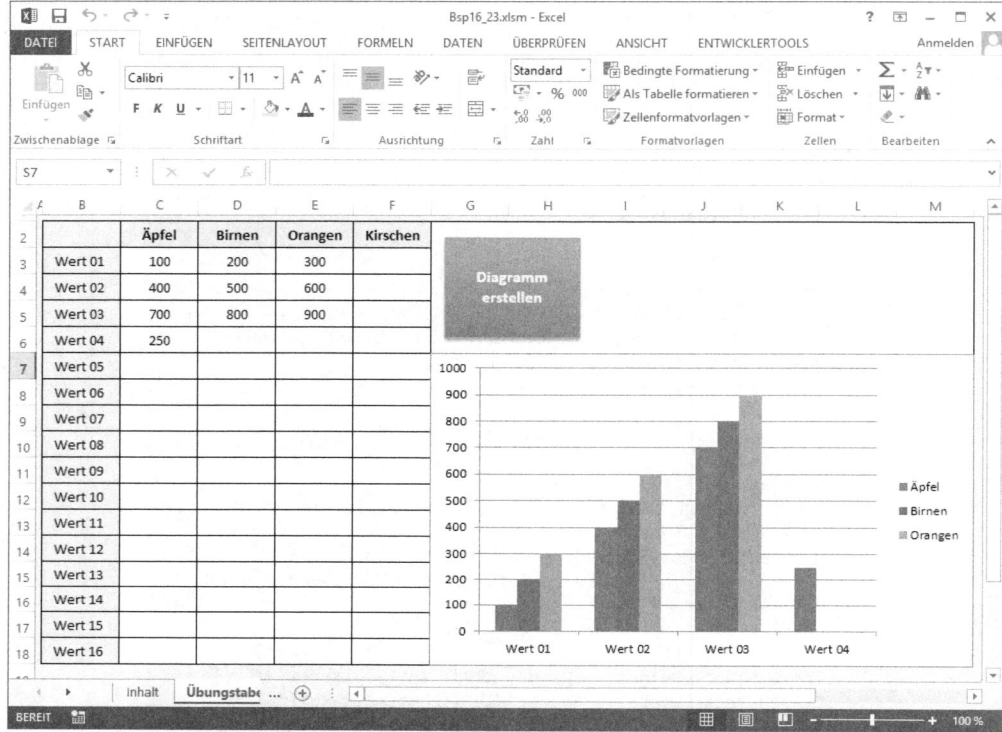

Die Methode SetSourceData verlangt bei der Übergabe von Bereichen an die Eigenschaft Range oder Cells immer auch die Angabe des Tabellenblatts, auf dem sich der Datenbereich befindet. Eine Referenzierung sollte somit immer vollständig sein.

Zur Ermittlung des verwendeten Bereichs können Sie auch die Eigenschaften UsedRange oder CurrentRegion verwenden, die im neunten Kapitel ausführlich vorgestellt wurden. Beachten Sie bei Verwendung dieser Eigenschaften auch deren Einschränkungen.

Diagrammereignisse

In Excel stehen für Diagramme eigens vorgesehene Ereignismethoden zur Verfügung. Diese sind mit den Ereignismethoden in Tabellenblättern vergleichbar. Sie können beispielsweise anhand des Activate-Ereignisses eine Meldung anzeigen, sobald das Diagrammblatt aktiviert wird.

Das Select-Ereignis ermöglicht es, einen Klick auf ein Diagrammelement abzufangen. Der Methode werden je nach Fall bis zu drei Argumente übergeben, die Sie wiederum in Ihrem Code auswerten können. Die möglichen Konstanten können Sie Tabelle 16.7 entnehmen.

Tabelle 16.7   Argumente für das *Select*-Ereignis

ElementID	Arg1	Arg2
xlAxis	AxisIndex	AxisType
xlAxisTitle	AxisIndex	AxisType
xlDisplayUnitLabel	AxisIndex	AxisType
xlMajorGridlines	AxisIndex	AxisType
xlMinorGridlines	AxisIndex	AxisType
xlPivotChartDropZone	DropZoneType	–
xlPivotChartFieldButton	DropZoneType	PivotFieldIndex
xlDownBars	GroupIndex	–
xlDropLines	GroupIndex	–
xlHiLoLines	GroupIndex	–
xlRadarAxisLabels	GroupIndex	–
xlSeriesLines	GroupIndex	–
xlUpBars	GroupIndex	–
xlChartArea	–	–
xlChartTitle	–	–
xlCorners	–	–
xlDataTable	–	–
xlFloor	–	–
xlLegend	–	–
xlNothing	–	–
xlPlotArea	–	–
xlWalls	–	–
xlDataLabel	SeriesIndex	PointIndex
xlErrorBars	SeriesIndex	–
xlLegendEntry	SeriesIndex	–
xlLegendKey	SeriesIndex	–
xlSeries	SeriesIndex	PointIndex
xlTrendline	SeriesIndex	TrendLineIndex
xlXErrorBars	SeriesIndex	–
xlYErrorBars	SeriesIndex	–
xlShape	ShapeIndex	–

In Listing 16.28 ist beispielhaft eine Auswertung des Select-Ereignisses implementiert. Je nachdem, welches Element des Diagramms angeklickt wird, weist das Meldungsfeld unterschiedliche Inhalte auf.

Listing 16.28   Beispiel zu einem Diagrammereignis

```
Private Sub Chart_Select(ByVal ElementID As Long, _
                         ByVal Arg1 As Long, _
                         ByVal Arg2 As Long)
  Dim strInformation As String

  Select Case ElementID
    Case xlChartArea
      strInformation = "Diagrammfläche"
    Case xlPlotArea
      strInformation = "Zeichnungsfläche"
    Case xlSeries
      strInformation = "Datenreihe"
    Case xlFloor
      strInformation = "Bodenfläche (3-D-Diagramm)"
    Case xlWalls
      strInformation = "Wandfläche (3-D-Diagramm)"
    Case xlChartTitle
      strInformation = "Diagrammtitel"
    Case xlLegend
      strInformation = "Legende"
    Case xlAxis
      strInformation = "Achse"
    Case Else
      strInformation = "Keine Zuordnung"
  End Select

  MsgBox strInformation & vbCrLf & vbCrLf & _
         "ElementID" & vbTab & ":" & " " & CStr(ElementID) & vbCrLf & _
         "Arg1" & vbTab & ":" & " " & CStr(Arg1) & vbCrLf & _
         "Arg1" & vbTab & ":" & " " & CStr(Arg2)
End Sub
```

ONLINE   Sie finden die Arbeitsmappe mit dem Code zu Listing 16.26 im Ordner \Buch\Kap16 in der Datei Bsp16_22.xlsm.

Kapitel 17

Daten mit Pivot-Tabellen auswerten

Daten mit Excel-VBA auswerten

Oftmals steht man als Excel-Anwender vor der Aufgabe, bestimmte Daten aus einer umfangreichen Tabelle auszuwerten. Mit verschiedenen Formeln und Filtern kann man zwar vieles erreichen, dennoch reichen diese Möglichkeiten oft nicht aus. Der Einsatz von Pivot-Tabellen drängt sich auf. Damit lassen sich in der Regel innerhalb kürzester Zeit große Datenmengen auf einfache Weise auswerten. Das Schöne daran ist, dass man die Daten per Mausklick in den verschiedensten Varianten zusammenstellen und wieder umstellen kann, ohne dabei die Originaltabelle zu berühren. Pivot-Tabellen kann man sich im Grunde genommen vorstellen wie eine Schablone. Die Daten darin sind lediglich zur Quelle verlinkt. Das Ändern von Daten in der Pivot-Tabelle selbst ist von daher nicht zugelassen.

Die Möglichkeiten von Pivot-Tabellen sind schier unerschöpflich. Pivot-Tabellen können auf verschiedenste Weise gestaltet werden. Es stehen diverse Berechnungsmöglichkeiten und Optionen zur Verfügung. Pivot-Daten können sogar in einem Pivot-Diagramm grafisch dargestellt werden.

Die nachfolgenden Beispiele werden Ihnen zeigen, wie Sie mit dem Objekt PivotTables und den hierarchisch untergeordneten Objekten, wie zum Beispiel dem PivotField-Objekt, umgehen können.

Der Pivot-Tabellenassistent

Bevor wir mit dem Programmieren von Pivot-Tabellen beginnen, werden wir zuerst Schritt für Schritt eine Pivot-Tabelle erstellen. In der Beispieldatei zu diesem Abschnitt finden Sie eine Datentabelle zu Übungszwecken.

Abbildg. 17.1   PivotTable erstellen

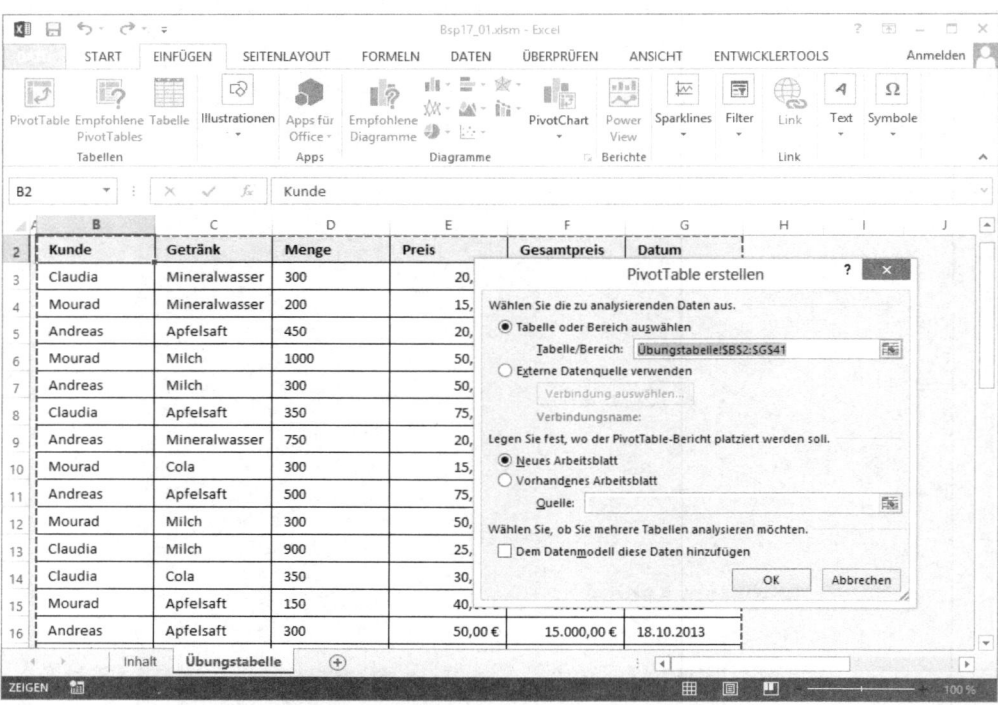

ONLINE Sie finden die Arbeitsmappe mit den Beispieldaten zu diesem Abschnitt im Ordner *\Buch\Kap17* in der Datei *Bsp17_01.xlsm*.

Um aus diesen Daten eine Pivot-Tabelle zu erstellen, öffnen Sie zunächst das Dialogfeld *PivotTable erstellen*, indem Sie im Menü *EINFÜGEN* in der Gruppe *Tabellen* die Schaltfläche *PivotTable* anklicken.

Geben Sie anschließend im Dialogfeld den Quellbereich Ihrer Daten an und definieren Sie den Zielbereich Ihrer Pivot-Tabelle.

TIPP Es empfiehlt sich, in der Tabelle mit den Quelldaten aussagekräftige Überschriften anzulegen und diese in den Quelldatenbereich einzubeziehen, sodass die Pivot-Tabelle die Überschriften als Feldbezeichnungen verwenden kann.

Sobald Sie das Dialogfeld mit *Ok* beenden, legt Excel eine neue Pivot-Tabelle an. Zudem blendet Excel einen Aufgabenbereich ein, der dazu dient, einzelne Felder als Zeilen, Spalten, Filter und Werte zu definieren.

Abbildg. 17.2 Vorgaben zum Erstellen der Pivot-Tabelle

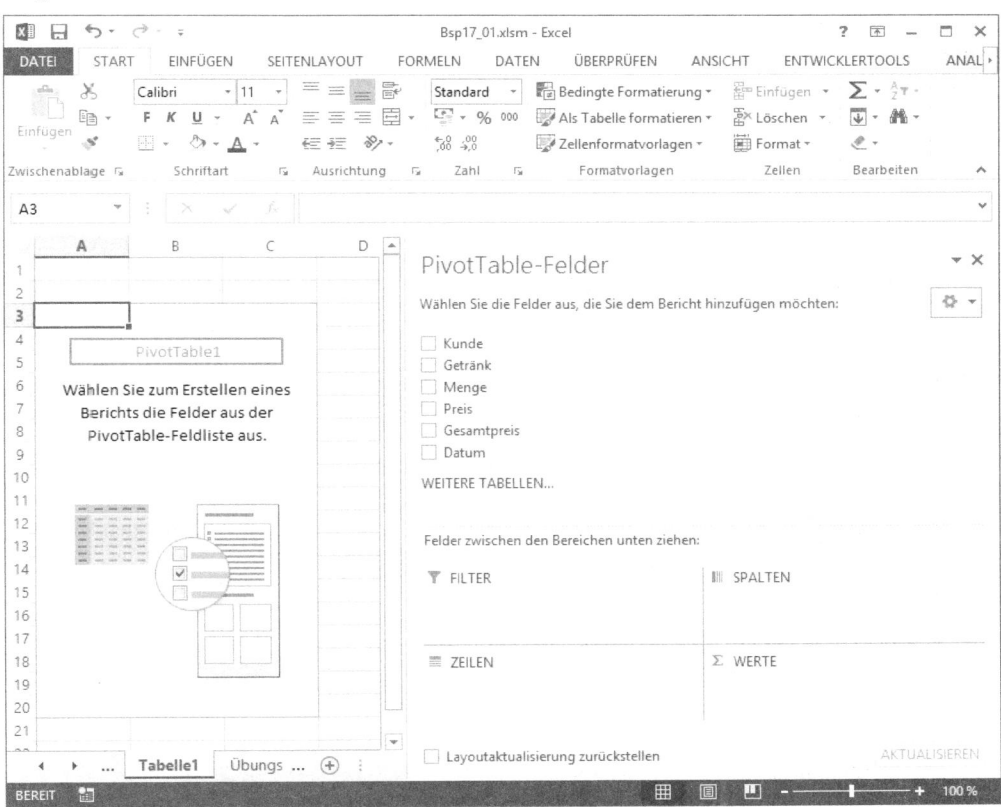

Sie können die Pivot-Tabelle nun nach Belieben gestalten, indem Sie in der *PivotTable-Feldliste* Felder aus der Feldliste in entsprechende Bereich ziehen und ablegen.

Abbildg. 17.3   Eine fertige Pivot-Tabelle

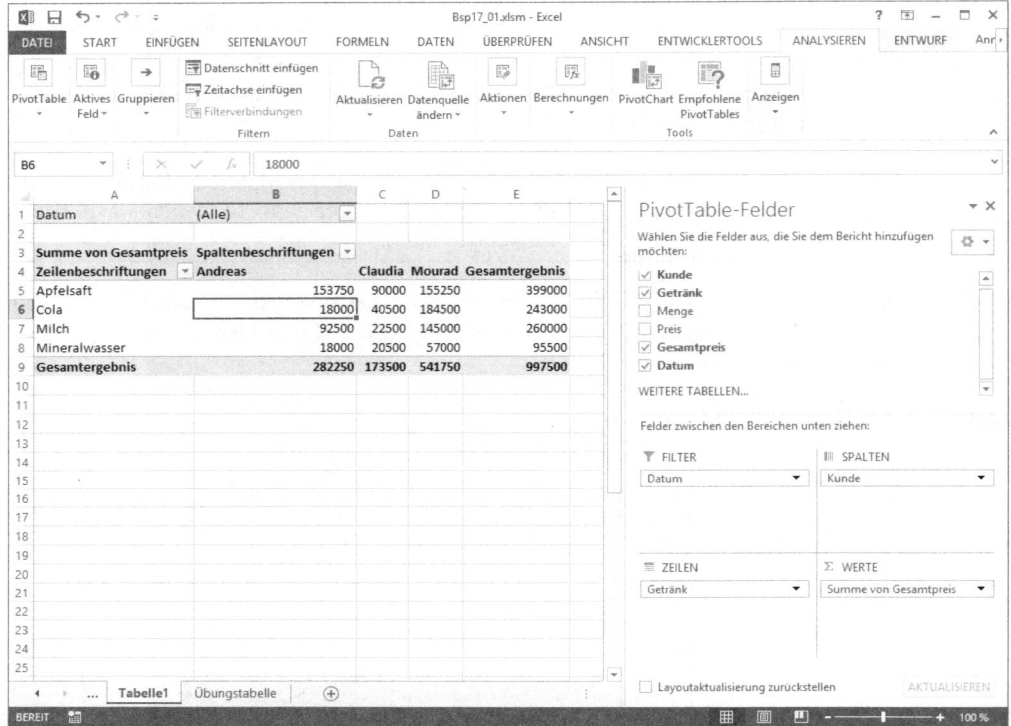

Pivot-Tabellen in VBA

Wenn Sie mit dem Makrorekorder das Erstellen einer Pivot-Tabelle aufzeichnen, tauchen – je nach Umfang der Aufzeichnung – Objekte wie PivotTables, PivotFields, PivotCache und Methoden wie CreatePivotTable im Code auf. Ohne die notwendigsten Pivot-Tabellen-Objekte zu kennen, fällt es somit schwer, einen aufgezeichneten Code zu bereinigen. In der nachfolgenden Tabelle sind die wichtigsten Objekte und deren Beschreibung enthalten.

Tabelle 17.1   Die wichtigsten Pivot-Tabellen-Objekte

Objekt	Beschreibung
PivotCache	Der Zwischenspeicher der Pivot-Tabellendaten. Mit der **Add**-Methode und weiteren Anweisungen wird die Pivot-Tabelle erzeugt
PivotTables	Die Pivot-Tabelle
PivotFields	Die Felder der Pivot-Tabelle

Tabelle 17.1   Die wichtigsten Pivot-Tabellen-Objekte *(Fortsetzung)*

Objekt	Beschreibung
PivotItems	Jedes Pivot-Tabellenfeld enthält eine Sammlung von Pivot-Items. In der Beispieldatei sind das u.a. »Apfelsaft«, »Cola«, »Mineralwasser« usw.

Abbildg. 17.4   Hierarchie der Objekte aus Tabelle 17.1

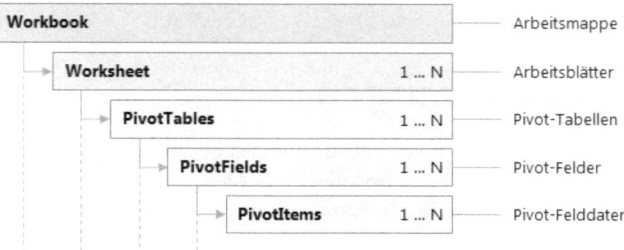

Wissenswert ist zudem, dass eine Pivot-Tabelle in die folgenden vier Bereiche aufgeteilt ist, in die die Datenfelder PivotFields gezogen werden können:

Tabelle 17.2   Pivot-Tabellen-Bereiche

Element	Konstante	Beschreibung
Seite	xlPageField	Seitenfelder
Zeile	xlRowField	Anordnung der Daten in Zeilen
Spalte	xlColumnField	Anordnung der Daten in Spalten
Daten	xlDataField	Felder für den zu berechnenden Datenbereich

Pivot-Tabellen löschen

Wenn Sie per Code eine neue Pivot-Tabelle erstellen würden, die in einem Zielbereich platziert würde, in dem bereits eine Pivot-Tabelle vorhanden wäre, erhielten Sie eine Fehlermeldung. Somit empfiehlt es sich, zuerst eine im Zielbereich vorhandene Pivot-Tabelle zu löschen.

ONLINE   Sie finden die Arbeitsmappe mit den Beispieldaten zum Löschen und Erstellen einer Pivot-Tabelle im Ordner \Buch\Kap17 in der Datei Bsp17_01.xlsm.

Die folgende Prozedur löscht – zur Vereinfachung – sämtliche im Arbeitsblatt enthaltenen Pivot-Tabellen. Wichtig dabei ist die Verwendung der Eigenschaft TableRange2, denn diese bezieht die Seitenfelder mit ein. Würden Sie nur die Eigenschaft TableRange1 verwenden, würden die Seitenfelder nicht mit eingeschlossen werden.

Listing 17.1 Pivot-Tabellen löschen

```
Public Sub PivotTabellenLoeschen()
  Dim objPivotTabelle As PivotTable
  With ThisWorkbook.Worksheets(2)
    For Each objPivotTabelle In .PivotTables
      objPivotTabelle.TableRange2.Delete
    Next
  End With
End Sub
```

Eine Pivot-Tabelle erzeugen

Die Prozedur in Listing 17.2 erzeugt eine Pivot-Tabelle anhand der in der Beispieldatei enthaltenen Quelldaten. Die Prozedur beginnt mit dem Aufruf der bereits implementierten Prozedur zum Löschen aller Pivot-Tabellen und fährt mit der Instanziierung eines PivotCache-Objekts fort. Dies ist erforderlich, um anschließend die Methode CreatePivotTable verwenden zu können. Beachten Sie die Zielortangabe der Pivot-Tabelle anhand des Arguments TableDestination sowie die Angabe eines Namens für die Pivot-Tabelle.

Listing 17.2 Pivot-Tabelle erzeugen

```
Public Sub PivotTabelleErzeugen()
  Dim objPivotCache   As PivotCache
  Dim objPivotTabelle As PivotTable

' Alle Pivot-Tabellen der Übungstabelle löschen
  PivotTabellenLoeschen
' Neue Pivot-Tabelle mit dynamischer Zeilenzahl erstellen
  Set objPivotCache = ThisWorkbook.PivotCaches.Add( _
                      SourceType:=xlDatabase, _
                      SourceData:="B2:G41")
' Pivot-Tabelle auf aktuellem Tabellenblatt erstellen
  Set objPivotTabelle = objPivotCache.CreatePivotTable( _
                      TableDestination:=ActiveSheet.Range("K4"), _
                      TableName:="MeinePivotTabelle")
  With objPivotTabelle
    .PivotFields("Datum").Orientation = xlPageField
    .PivotFields("Kunde").Orientation = xlRowField
    .PivotFields("Getränk").Orientation = xlColumnField
    .PivotFields("Gesamtpreis").Orientation = xlDataField
  End With
' Spaltenbreite automatisch anpassen
  ThisWorkbook.Worksheets(2).Columns("K:P").AutoFit
' Verweise entfernen
  Set objPivotCache = Nothing
  Set objPivotTabelle = Nothing
End Sub
```

Zur Anordnung der Felder in der Pivot-Tabelle wird auf die Überschriften der Quelldatentabelle zurückgegriffen. Abschließend werden am Ende der Prozedur die Breiten der Spalten automatisch angepasst und die referenzierten Objekte wieder freigegeben.

Gleichzeitig zwei Pivot-Tabellen erzeugen

Ab und zu kann es notwendig sein, innerhalb eines Arbeitsblatts zwei Pivot-Tabellen mit denselben Quelldaten abzulegen – beispielsweise um unterschiedliche Feldanordnungen verwenden zu können. Um das Ansprechen der Quelldaten im Code zu vereinfachen, kann ihnen ein Name zugewiesen werden. Markieren Sie dazu die Datentabelle inklusive der Überschriften und tippen Sie im Namensfeld den gewünschten Namen ein – beispielsweise *MeineQuelldaten*. Beenden Sie Ihre Eingabe mit der Eingabetaste. Alternativ können Sie auch den Namensmanager verwenden, den Sie z.B. über die Tastenkombination ⌈Strg⌉+⌈F3⌉ aufrufen können.

TIPP Namen lassen sich auch dynamisch gestalten, z.B. so, dass die letzte Zeile anhand einer Formel ermittelt wird. Bezogen auf die Übungstabelle in der Beispieldatei, lässt sich der Name beispielsweise als folgende Formel hinterlegen:

```
=BEREICH.VERSCHIEBEN(Übungstabelle!$B$2;0;0;ANZAHL2(Übungstabelle!$B$2:$B$1002);6)
```

Beim Referenzieren der Datenquelle im VBA-Code können Sie nun für das Argument SourceData den definierten Namen angeben:

```
SourceData:="MeineQuelldaten"
```

Ziel ist es in diesem Abschnitt, die Pivot-Tabellen in einem separaten Arbeitsblatt zu erzeugen. Somit muss für die erste Pivot-Tabelle keine Zielvorgabe im Argument TableDestination angegeben werden.

ONLINE Sie finden die Arbeitsmappe mit dem Code zu Listing 17.3 im Ordner \Buch\Kap17 in der Datei *Bsp17_02.xlsm*.

Die zweite Pivot-Tabelle soll auf demselben Arbeitsblatt erstellt werden wie die erste. Eine Zielvorgabe ist in diesem Fall erforderlich, damit sich beide Pivot-Tabellen nicht überschneiden. Da jedoch zunächst unbekannt ist, wie viele Zeilen die erste Pivot-Tabelle einnimmt, muss dies dynamisch ermittelt werden. Hierzu lässt sich die letzte benutzte Zelle der ersten Pivot-Tabelle mit der Anweisung Rows(Rows.Count).End(xlUp) ermitteln. Pivot-Tabellen sehen aber auch einen Bereich zur Anzeige des Seitenfelds vor, weshalb zu der ermittelten letzten Zeile eine feste Zeilenanzahl addiert werden muss. Mit fünf Zeilen ist man in diesem Fall auf der sicheren Seite.

Listing 17.3 Zwei Pivot-Tabellen auf einem neuen Tabellenblatt erzeugen

```
Public Sub ZweiPivotTabellenErzeugen()
    Dim objPivotCache   As PivotCache
    Dim objPivotTabelle As PivotTable
    Dim objZelle        As Range

'   Datenquelle angeben
    Set objPivotCache = ThisWorkbook.PivotCaches.Add( _
                    SourceType:=xlDatabase, _
                    SourceData:="MeineQuelldaten")
```

Listing 17.3   Zwei Pivot-Tabellen auf einem neuen Tabellenblatt erzeugen *(Fortsetzung)*

```vba
'   Erste Pivot-Tabelle
    Set objPivotTabelle = objPivotCache.CreatePivotTable( _
                         TableDestination:="", _
                         TableName:="MeineErstePivotTabelle")
'   Pivot-Tabellenfelder anordnen
    With objPivotTabelle
      .PivotFields("Datum").Orientation = xlPageField
      .PivotFields("Kunde").Orientation = xlRowField
      .PivotFields("Getränk").Orientation = xlColumnField
      .PivotFields("Gesamtpreis").Orientation = xlDataField
    End With
'   Zelle der letzten Zeile + Offset von 5 Zeilen
    Set objZelle = ThisWorkbook.Worksheets(2).Rows(Rows.Count).End(xlUp).Offset(5, 0)
'   Zweite Pivot-Tabelle erstellen
    Set objPivotTabelle = objPivotCache.CreatePivotTable( _
                         TableDestination:=objZelle, _
                         TableName:="MeineZweitePivotTabelle")
'   Pivot-Tabellenfelder anordnen
    With objPivotTabelle
      .PivotFields("Kunde").Orientation = xlPageField
      .PivotFields("Datum").Orientation = xlRowField
      .PivotFields("Getränk").Orientation = xlColumnField
      .PivotFields("Gesamtpreis").Orientation = xlDataField
    End With
'   Spaltenbreite automatisch anpassen
    ThisWorkbook.Worksheets(2).Columns("A:Z").AutoFit
'   Verweise freigeben
    Set objPivotCache = Nothing
    Set objPivotTabelle = Nothing
    Set objZelle = Nothing
  End Sub
```

HINWEIS   Beachten Sie, dass für jede Pivot-Tabelle ein eigener Name definiert werden muss:

```vba
TableName:="MeineErstePivotTabelle"
TableName:=" MeineZweitePivotTabelle "
```

Nach der Ausführung des Codes sind beide Pivot-Tabellen in einem neuen Arbeitsblatt vorhanden.

Abbildg. 17.5   Zwei Pivot-Tabellen auf einem Tabellenblatt

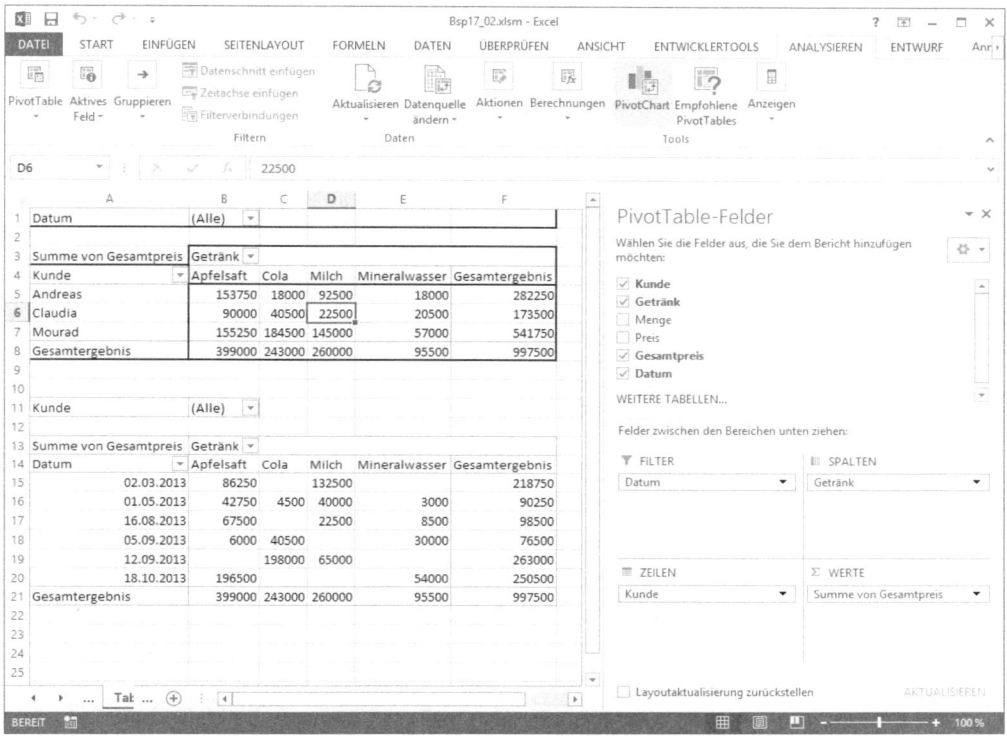

Berechnungen in Pivot-Tabellen

In unseren bisherigen Beispielen wurde im Wertebereich jeweils die Summe der hinzugefügten Felder ausgegeben. Excel unterstützt aber auch andere Berechnungsmethoden, wie beispielsweise die Ermittlung eines Mittelwerts oder der Anzahl an Datensätzen. Um die Berechnungsmethode manuell zu ändern, gehen Sie wie folgt vor:

1. Klicken Sie mit der rechten Maustaste auf den Datenbereich der Pivot-Tabelle oder klicken Sie auf den Pfeil rechts neben der Feldbezeichnung in der Feldliste.

2. Rufen Sie den Befehl *Wertefeldeinstellungen* auf, um das gleichnamige Dialogfeld zu öffnen.

3. Wählen Sie im Listenfeld die gewünschte Funktion aus und klicken Sie auf die Schaltfläche *OK*, um das Dialogfeld wieder zu schließen.

Daten mit Excel-VBA auswerten

Abbildg. 17.6   Berechnungsmethoden für Pivot-Tabellenfelder

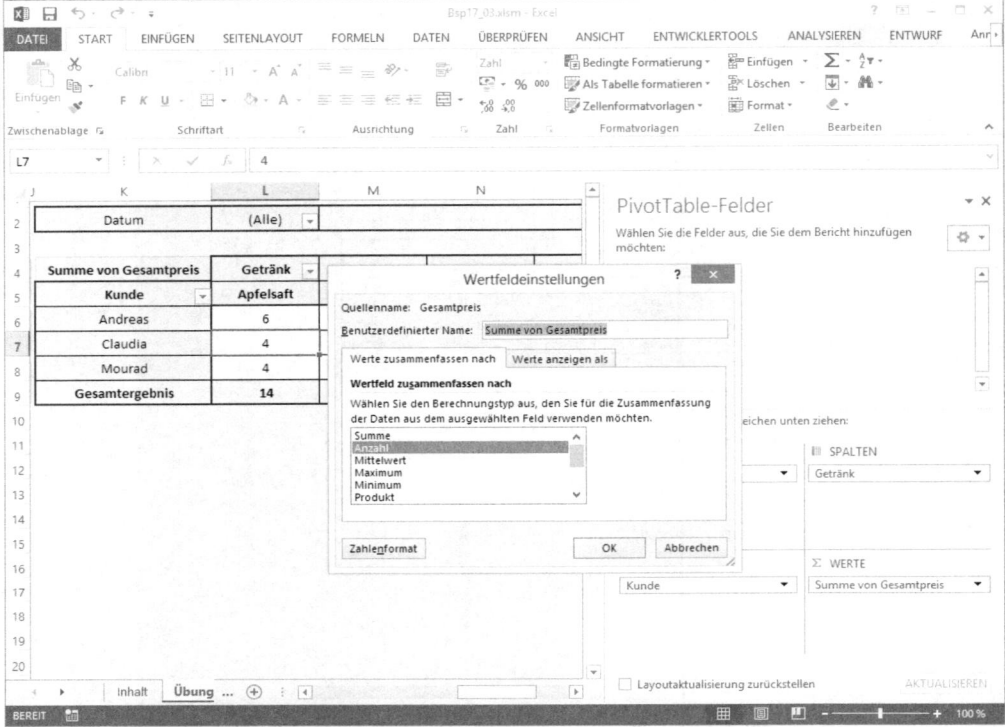

In Tabelle 17.3 sind die verfügbaren Berechnungsmethoden sowie deren Konstanten zum Abruf via VBA aufgeführt.

Tabelle 17.3   Berechnungsmöglichkeiten für Pivot-Tabellenfelder

Konstante	Index	Funktion
xlCount	-4112	Anzahl
xlCountNums	-4113	Anzahl Zahlen
xlMax	-4136	Maximum
xlMin	-4139	Minimum
xlAverage	-4106	Mittelwert
xlProduct	-4149	Produkt
xlStDev	-4155	Standardabweichung (Stichprobe)
xlStDevP	-4156	Standardabweichung (Grundgesamtheit)
xlSum	-4157	Summe
xlUnknown	1000	Unbekannt

Tabelle 17.3   Berechnungsmöglichkeiten für Pivot-Tabellenfelder *(Fortsetzung)*

Konstante	Index	Funktion
xlVarP	-4165	Varianz (Grundgesamtheit)
xlVar	-4164	Varianz (Stichprobe)

Folgender Code nutzt die Eigenschaft `PivotField` des Range-Objekts, um auf das gewünschte Feld zuzugreifen und die Berechnungsmethode zu verändern. In der Übungstabelle innerhalb der Beispieldatei entspricht Zelle L6 dem ersten Datenfeld.

Listing 17.4   Beispielprozeduren zur Umstellung der Berechnungsmethode

```
Public Sub PivotTabelleAnzahl()
  ThisWorkbook.Worksheets(2).Range("L6").PivotField.Function = xlCount
End Sub


Public Sub PivotTabelleMittelwert()
  ThisWorkbook.Worksheets(2).Range("L6").PivotField.Function = xlAverage
End Sub


Public Sub PivotTabelleSumme()
  ThisWorkbook.Worksheets(2).Range("L6").PivotField.Function = xlSum
End Sub
```

ONLINE   Sie finden die Arbeitsmappe mit dem Code zu Listing 17.4 im Ordner \Buch\Kap17 in der Datei Bsp17_03.xlsm.

Eine Pivot-Tabelle aktualisieren

Wenn Daten in der Quelltabelle geändert werden, wird die Pivot-Tabelle *nicht* automatisch aktualisiert. Die Aktualisierung muss explizit ausgeführt werden. Klicken Sie dazu mit der rechten Maustaste auf die Pivot-Tabelle und wählen Sie aus dem Kontextmenü den Befehl *Aktualisieren*. In VBA steht die Methode `RefreshTable` zur Verfügung, um eine Pivot-Tabelle zu aktualisieren.

```
ThisWorkbook.Worksheets(2).PivotTables(1).RefreshTable
```

Sie können beispielsweise die Anweisung im `Worksheet_Change`-Ereignis einer Tabelle verwenden, wobei der im Ereignis übergebene Bereich auf den Quelldatenbereich begrenzt werden sollte, um unnötige Neuberechnungen zu vermeiden.

Pivot-Tabelle sortieren

Pivot-Tabellenfelder können auf- oder absteigend sortiert werden. Die beiden folgenden Prozeduren zeigen, wie Daten eines Pivot-Tabellenfeldes wahlweise auf- oder absteigend sortiert werden können. Zur Sortierung wird die Methode AutoSort verwendet.

Listing 17.5   Pivot-Tabellenfeld aufsteigend sortieren

```
Public Sub AbsteigendSortieren()
  ThisWorkbook.Worksheets(2).PivotTables("MeinePivotTabelle") _
  .PivotFields("Kunde").AutoSort xlDescending, "Kunde"
End Sub

Public Sub AufsteigendSortieren()
  ThisWorkbook.Worksheets(2).PivotTables("MeinePivotTabelle") _
  .PivotFields("Kunde").AutoSort xlAscending, "Kunde"
End Sub
```

ONLINE   Sie finden die Arbeitsmappe mit dem Code zu Listing 17.5 im Ordner \Buch\Kap17 in der Datei *Bsp17_04.xlsm*.

Pivot-Tabellenfelder vertauschen

In den bisherigen Beispieldateien wurden die Pivot-Tabellenfelder *Kunde* und *Getränk* in den Zeilen und Spalten angeordnet. Auf Wunsch können Sie die beiden Felder gegeneinander vertauschen. Manuell lassen sich die Felder nach Belieben vertauschen, indem Sie sie mit der Maus an die gewünschte Stelle im Pivot-Tabellenlayout ziehen.

Um die Felder per VBA gegeneinander auszutauschen, verwenden Sie die Eigenschaft Orientation, gefolgt von einer der Konstanten xlColumnField oder xlRowField.

Listing 17.6   Pivot-Tabellenfelder vertauschen

```
Public Sub Tauschen()
  With ThisWorkbook.Worksheets(2).PivotTables("MeinePivotTabelle")
    If .PivotFields("Kunde").Orientation = xlColumnField Then
      .PivotFields("Kunde").Orientation = xlRowField
      .PivotFields("Getränk").Orientation = xlColumnField
    Else
      .PivotFields("Getränk").Orientation = xlRowField
      .PivotFields("Kunde").Orientation = xlColumnField
    End If
  End With
End Sub
```

ONLINE   Sie finden die Arbeitsmappe mit dem Code zu Listing 17.6 im Ordner \Buch\Kap17 in der Datei *Bsp17_05.xlsm*.

Pivot-Tabellenfelder formatieren

Eine Pivot-Tabelle verfügt über drei Hauptelemente, die gestaltet werden können. Dies sind Feldbeschriftungen, ein Hauptdatenbereich sowie ein Datenbereich. Jedes Element wird durch eine eigene Eigenschaft bzw. ein eigenes Objekt angesprochen. Welche Hauptelemente das sind, entnehmen Sie Abbildung 17.7.

Abbildg. 17.7   Die drei Hauptelemente einer Pivot-Tabelle

Im folgenden Code werden verschiedene Formatierungen an den Elementen einer bestehenden Pivot-Tabelle vorgenommen. Der Code bezieht sich in diesem Fall auf die aktive Tabelle.

Listing 17.7   Pivot-Tabellenelemente formatieren

```
Public Sub PivotTabelleFormatieren()
  With ActiveSheet.PivotTables(1)
'     Beschriftungen
    .PivotFields("Kunde").LabelRange.Interior.Color = vbGreen
    .PivotFields("Getränk").LabelRange.Interior.Color = vbBlue
    .PivotFields("Getränk").LabelRange.Font.Color = vbWhite
    .PivotFields("Datum").LabelRange.Interior.Color = vbRed
    .PivotFields("Datum").LabelRange.Font.Color = vbWhite
'     Datenbereich
    .PivotFields("Kunde").DataRange.Interior.Color = vbYellow
    .PivotFields("Getränk").DataRange.Interior.Color = vbCyan
    .PivotFields("Datum").DataRange.Interior.Color = vbMagenta
    .PivotFields("Datum").DataRange.Font.Color = vbWhite
'     Hauptdatenbereich
    .DataBodyRange.Interior.Color = vbWhite
    .DataBodyRange.Font.Color = vbBlack
  End With
End Sub
```

ONLINE   Sie finden die Arbeitsmappe mit dem Code zu Listing 17.7 im Ordner *\Buch\Kap17* in der Datei *Bsp17_05.xlsm*.

Teil E

Formulare mit Excel-VBA entwickeln

Kapitel 18

Steuerelemente auf dem Arbeitsblatt

Formulare mit Excel-VBA entwickeln

Der Schwerpunkt im fünften Teil dieses Buchs liegt in der Entwicklung von Eingabeformularen in Excel. Diese können anhand von Steuerelementen in Arbeitsblättern oder anhand von benutzerdefinierten Dialogfeldern realisiert werden. Den Einstieg in dieses Thema bildet dieses Kapitel, wo Sie erfahren werden, welche Möglichkeiten Ihnen Excel bietet, um formularbasierte Abläufe in ein Arbeitsblatt zu integrieren.

Der erste Abschnitt dieses Kapitels liefert einen Überblick über die Formularsteuerelemente, mit deren Hilfe Sie Eingabeformulare erstellen können, ohne zwingend VBA zu verwenden. Im zweiten Abschnitt dieses Kapitels werden sogenannte ActiveX-Steuerelemente vorgestellt, die erweiterte Möglichkeiten zu den Formularsteuerelementen bieten und in der Regel mit VBA-Code verknüpft werden.

Formularsteuerelemente

Excel stellt zwei Typen von Steuerelementen zur Verfügung, die Sie in ein Arbeitsblatt einfügen können. Formularsteuerelemente ermöglichen es, auf recht einfache Weise die Eingaben eines Benutzers auf vorgegebene Werte zu beschränken und die Auswahl des Benutzers in Zellen zu hinterlegen. Hierbei ist es möglich, dialogfeldgesteuert den Quellbereich und Zielbereich des Steuerelements anzugeben. Falls notwendig, können Formularsteuerelemente mit einem Makro – also einer Prozedur – verknüpft werden.

ONLINE Sie finden die Arbeitsmappe mit den Beispielen zu den Formularsteuerelementen im Ordner \Buch\Kap18 in der Datei Bsp18_01.xlsm.

Um Ihrem Arbeitsblatt ein Formularsteuerelement hinzuzufügen, wechseln Sie zunächst zum Menü *ENTWICKLERTOOLS*. Wenn Sie die Schaltfläche *Einfügen* anklicken, wird Ihnen eine Liste von Symbolen angezeigt, die in zwei Gruppen aufgeteilt ist: Formularsteuerelemente und ActiveX-Steuerelemente. Wenn Sie mit der Maus auf den Einträgen der Liste kurz verharren, erscheint ein kleines Informationsfenster mit der Bezeichnung des Steuerelements.

Abbildg. 18.1 Steuerelemente in den Entwicklertools

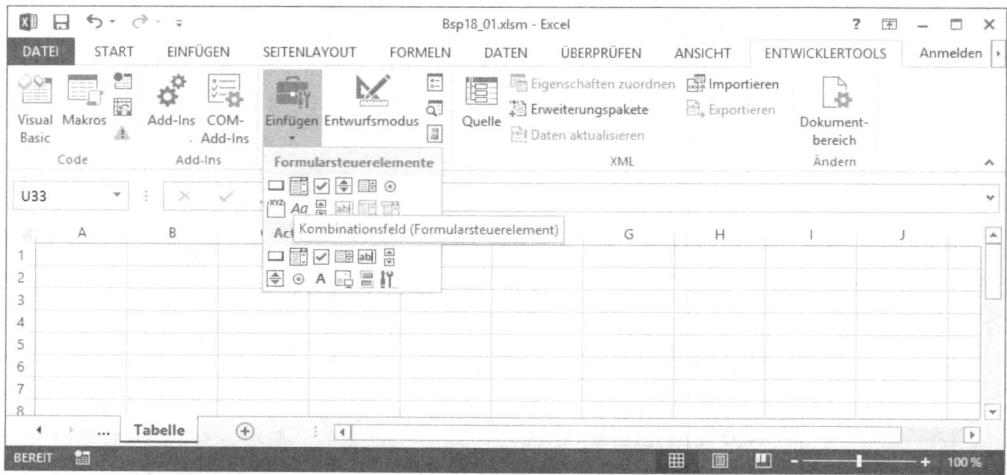

Wenn Sie eines der Formularsteuerelemente anklicken, wandelt sich der Mauszeiger in ein kleines Kreuz. Ein Klick auf eine Zelle der Tabelle fügt das Steuerelement an dieser Position ein. Fügen Sie zu Übungszwecken aus der Gruppe der Formularsteuerelemente ein Kombinationsfeld in Ihr Arbeitsblatt ein. Wie Formen und Grafiken lässt sich auch das Steuerelement an den Ecken bzw. Kanten vergrößern oder verkleinern.

Sobald Sie jedoch eine Zelle anklicken und die Markierung des Steuerelements verloren geht, lässt sich dieses nicht durch einfaches Anklicken wieder auswählen. Klicken Sie das Steuerelement zuerst mit der rechten Maustaste an, um es anschließend beispielsweise verschieben zu können.

TIPP Wenn Sie beim Verschieben oder Verändern der Größe die ⎡Alt⎤-Taste gedrückt halten, rastet das Steuerelement an den Zellbegrenzungen ein.

Klicken Sie das von Ihnen eingefügte Kombinationsfeld mit der rechten Maustaste an und wählen Sie im Kontextmenü den Befehl *Steuerelement formatieren* aus. Es öffnet sich ein gleichnamiges Dialogfeld. Auf der Registerkarte *Steuerung* lassen sich ein Eingabebereich und eine Zellverknüpfung in Form eines Zellbezugs sowie weitere Optionen festlegen.

Abbildg. 18.2 Dialogfeld zur Formatierung eines Formularsteuerelements

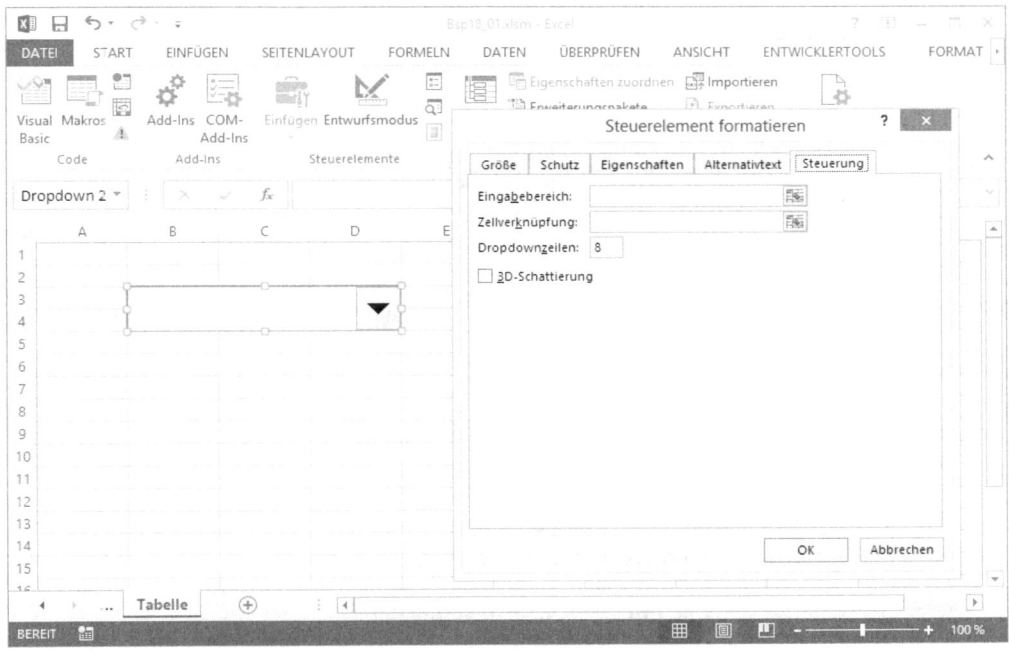

Brechen Sie nun das Dialogfeld ab und fügen Sie weitere Formularsteuerelemente in Ihr Arbeitsblatt ein, beispielsweise ein Kontrollkästchen oder eine Schaltfläche. Im letzteren Fall wird Ihnen direkt das Dialogfeld zur Verknüpfung mit einem Makro angezeigt. Brechen Sie gegebenenfalls dieses Dialogfeld ab.

459

Wenn Sie zu jedem der von Ihnen eingefügten Steuerelemente das Dialogfeld *Steuerelement forma-tieren* aufrufen, werden Sie feststellen, dass sich die angebotenen Optionen je nach Steuerelement unterscheiden.

Dies liegt darin begründet, dass jedes Steuerelement eine andere Funktion hat. In Abbildung 18.3 ist eine Auswahl häufig verwendeter Formularsteuerelemente inklusive ihrer Bezeichnungen und Ein-satzgebiete abgebildet.

Abbildg. 18.3   Eine Auswahl häufig verwendeter Formularsteuerelemente

Formularsteuerelemente		
Bezeichnung	Darstellung	Zweck
Schaltfläche	Schaltfläche	Ausführung einer Aktion, z.B. ein Makro
Kombinationsfeld	▼	Auswahl eines Eintrags aus einer vorgegebenen Liste
Kontrollkästchen	☐ Kontrollkästchen	Ein- oder Ausschalten einer Option
Optionsfeld	○ Optionsfeld	Auswahl aus einer Gruppe
Drehfeld	▲▼	Erhöhen oder Verringern eines Werts mit vorgegebener Schrittweite
Bezeichnung	Bezeichnung	Einfacher Text

Optionsfelder sind nur dann sinnvoll einsetzbar, wenn mindestens zwei von ihnen verwendet wer-den. Diese bilden dann eine Gruppe, in der immer nur eines der Felder ausgewählt sein kann. Wenn Sie mehrere voneinander unabhängige Gruppen von Optionsfeldern anlegen möchten, benötigt Excel ein Erkennungsmerkmal für diese Gruppen. Hierzu dienen Gruppenfelder, die dafür sorgen, dass Optionsfelder miteinander verknüpft werden. In der Beispielmappe zu diesem Abschnitt fin-den Sie dazu ein Beispiel.

Die Ausgabe der Steuerelemente erfolgt anhand der Zellverknüpfung. Bei einem Kombinationsfeld wird der Index des gewählten Eintrags – beginnend mit 1 und nicht mit 0 – in die verknüpfte Zelle geschrieben. Dieser Wert lässt sich beispielsweise per Excel-Formel weiterverarbeiten.

Formularsteuerelemente lassen sich im Namensfeld umbenennen, was beispielsweise das Anspre-chen im Code vereinfacht. Wie bei den Zeichenobjekten lässt sich allerdings das Steuerelement im Code weiterhin über den von Excel vergebenen Namen ansprechen.

ACHTUNG   Wenn Sie ein umbenanntes Formularsteuerelement duplizieren, wird der Name von Excel nicht automatisch angepasst. VBA-Code, der die Steuerelemente mit ihren Namen anspricht, würde auf das zuerst angelegte Steuerelement verweisen. Benennen Sie somit dupli-zierte Steuerelemente um, um Fehler zu vermeiden.

Das VBA-Objektmodell stellt für Formularsteuerelemente das ControlFormat-Objekt zur Verfügung. Über dieses Objekt können Sie auf Eigenschaften des Steuerelements per VBA zugreifen. Es können jedoch nicht alle angebotenen Eigenschaften des ControlFormat-Objekts für alle Steuerelemente ver-wendet werden. Beispielsweise beinhaltet ein Kontrollkästchen keinen Listenindex, weshalb ein Zugriff auf die Eigenschaft ListIndex für ein Kontrollkästchen fehlschlägt.

Folgendes Listing enthält zwei Prozeduren. Die erste Prozedur listet alle AutoFormen inklusive der Steuerelemente auf. Die zweite Prozedur spricht ein Kombinationsfeld an und listet einige Eigenschaften auf.

Listing 18.1 Formularsteuerelemente auflisten und abfragen

```
Public Sub FormularsteuerelementeAuflisten()
  Dim objElement As Shape

  With ThisWorkbook.Worksheets(2)
    For Each objElement In .Shapes
      MsgBox objElement.Type & " " & objElement.Name
    Next
  End With
End Sub

Public Sub FormularsteuerelementAbfragen()

  MsgBox "Name = " & ThisWorkbook.Worksheets(4).Shapes("Dropdown 8").Name
  MsgBox "Name = " & ThisWorkbook.Worksheets(4).Shapes("CMB_Auswahl").Name

  With ThisWorkbook.Worksheets(4).Shapes("CMB_Auswahl")
    MsgBox "Anzahl  = " & .ControlFormat.ListCount
    MsgBox "Bereich = " & .ControlFormat.ListFillRange
    MsgBox "Index   = " & .ControlFormat.ListIndex
  End With
End Sub
```

ActiveX-Steuerelemente

Neben den Formularsteuerelementen können in Arbeitsblättern auch ActiveX-Steuerelemente verwendet werden. ActiveX-Steuerelemente zeichnen sich, verglichen mit den Formularsteuerelementen, durch deutlich erweiterte Fähigkeiten aus. Neben flexibleren Formatierungsmöglichkeiten reagieren diese Steuerelemente auch auf Ereignisse und stellen entsprechende Methoden zur Verfügung. Die Ereignisse werden hierbei im Codemodul zur Tabelle abgelegt.

Um ein solches Element in eine Tabelle einzufügen, gehen Sie ähnlich wie bei den Formularsteuerelementen vor, nur dass Sie die gewünschte Auswahl in der Gruppe der ActiveX-Steuerelemente vornehmen.

Nach der Erzeugung eines Steuerelements wird automatisch der *Entwurfsmodus* aktiviert, was dadurch erkennbar ist, dass im Menü *ENTWICKLERTOOLS* die entsprechende Schaltfläche als aktiv markiert wird.

Damit das Steuerelement im Tabellenblatt verwendet werden kann, damit also beispielsweise hinterlegter Code ausgeführt werden kann, muss der Entwurfsmodus verlassen werden. Wechseln Sie dazu zurück ins Tabellenblatt und klicken Sie im Menü *ENTWICKLERTOOLS* in der Gruppe *Steuerelemente* auf die Schaltfläche *Entwurfsmodus*.

ONLINE Im Order \Buch\Kap18 in der Datei *Bsp18_02.xlsm* sind zum Vergleich zwei Tabellen enthalten, die einige Formularsteuerelemente sowie die entsprechenden ActiveX-Steuerelemente enthalten.

Formulare mit Excel-VBA entwickeln

Jedes Steuerelement verfügt über verschiedene Eigenschaften, die über das Eigenschaftenfenster oder mittels einer VBA-Anweisung verändert werden können. Wenn Sie sich in der Entwicklungsumgebung innerhalb des VBA-Editors befinden, können Sie das Eigenschaftenfenster über die F4-Taste einblenden. Das Eigenschaftenfenster kann auch direkt von Excel aus aufgerufen werden. Klicken Sie im Entwurfsmodus das ActiveX-Steuerelement mit der rechten Maustaste an und wählen Sie im Kontextmenü den Befehl *Eigenschaften*.

Abbildg. 18.4   Eigenschaftenfenster für ein ActiveX-Steuerelement

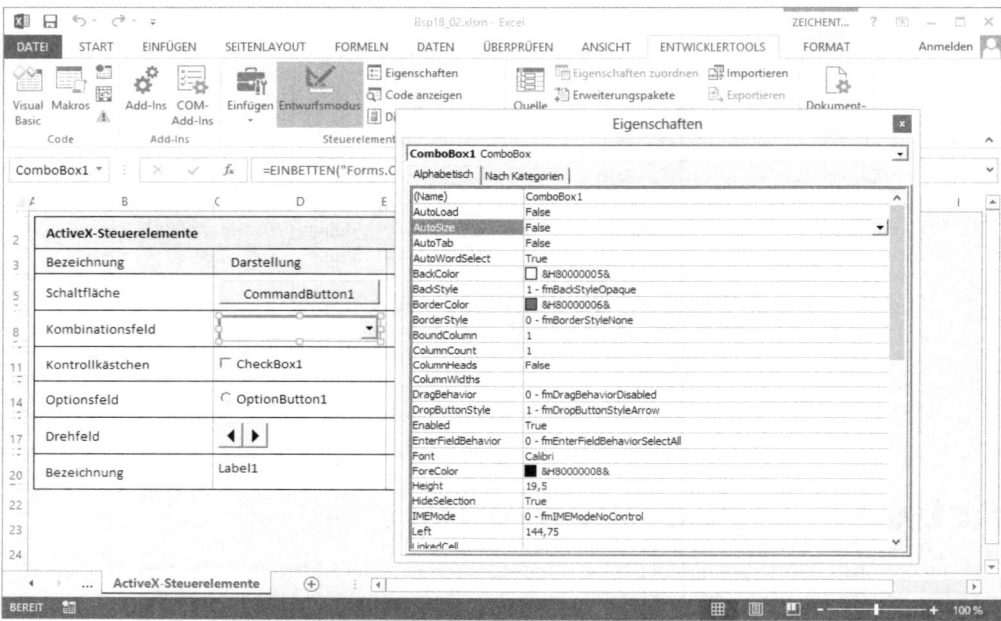

> **WICHTIG**   Der Entwurfsmodus muss aktiv sein, damit vom Tabellenblatt die Eigenschaften eines Steuerelements eingesehen und verändert werden können.

Standardsteuerelemente

Jedes Steuerelement hat sowohl im Deutschen als auch im Englischen eine eigene Bezeichnung, wie zum Beispiel *Kontrollkästchen*, *Befehlsschaltfläche* usw. Damit ein Steuerelement in der VBA-Entwicklungsumgebung angesprochen werden kann, trägt es zudem einen Namen. Standardmäßig setzt sich dieser aus dem englischen Begriff sowie einer aufsteigenden Nummer zusammen: CheckBox1, CheckBox2 usw.

Um in umfangreichen Prozeduren nicht den Überblick über die Steuerelemente zu verlieren, empfiehlt es sich, diese mit einem Präfix sowie einem aussagekräftigen Namen zu versehen, wie beispielsweise chk_Blau und chk_Rot.

Im Eigenschaftenfenster können Sie einem Steuerelement einen neuen Namen zuweisen, indem Sie diesen bei der Eigenschaft *Name* eintragen. Die Namen müssen eindeutig sein, d.h., es kann innerhalb von einem Arbeitsblatt keine zwei ActiveX-Steuerelemente mit demselben Namen geben.

Tabelle 18.1 können Sie sowohl die deutschen als auch die englischen Bezeichnungen zu den einzelnen Steuerelementen entnehmen. Sie finden in der Tabelle zudem die in der Praxis gebräuchlichsten Präfixe. Häufig werden auch die Präfixe von der weiteren Benennung durch einen Unterstrich getrennt.

Tabelle 18.1 Standardsteuerelemente mit Präfixen und Bezeichnungen

Präfix	Deutsche Bezeichnung	Englische Bezeichnung
chk	Kontrollkästchen	CheckBox
txt	Textfeld	TextBox
cmd	Befehlsschaltfläche	CommandButton
opt	Optionsfeld	OptionButton
lst	Listenfeld	ListBox
cmb	Kombinationsfeld	ComboBox
tgl	Umschaltfläche	ToggleButton
spn	Drehfeld	SpinButton
vsb/hsb	Bildlaufleiste (vertikal/horizontal)	ScrollBar
lbl	Bezeichnung	Label
img	Bild	Image

In den folgenden Abschnitten werden die einzelnen von Excel angebotenen ActiveX-Steuerelemente im Detail erläutert.

Befehlsschaltfläche (CommandButton)

Befehlsschaltflächen werden in Arbeitsblättern genutzt, um Prozeduren aufzurufen. Die Eigenschaft Caption ermöglicht es, eine Beschriftung für die Schaltfläche zu hinterlegen. Und im Unterschied zu den Schaltflächen aus den Formularsteuerelementen können Sie einige Formatierungen, wie Hintergrundfarbe oder Schriftart, vornehmen.

ONLINE Sie finden die Arbeitsmappe mit den Beispielen zu diesem Abschnitt im Ordner \Buch\Kap18 in der Datei *Bsp18_03.xlsm*.

Öffnen Sie die Beispieldatei, wechseln Sie zu der Übungstabelle und fügen Sie eine ActiveX-Schaltfläche in das Tabellenblatt ein. Weisen Sie dieser anschließend einen geeigneten Namen zu und ändern Sie nun die Beschriftung der Schaltfläche.

Formulare mit Excel-VBA entwickeln

Abbildg. 18.5 Befehlsschaltfläche erstellen, benennen und beschriften

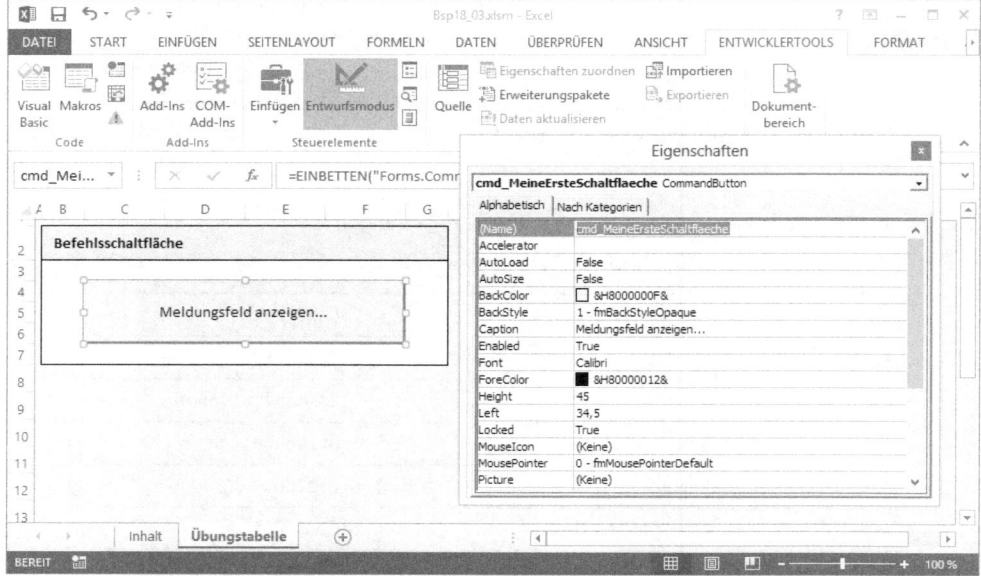

HINWEIS In Windows-Programmen ist es üblich, Punkte an die Beschriftung von Schaltflächen anzuhängen, um dem Benutzer zu signalisieren, dass dem Aufruf der Schaltfläche ein Dialogfeld folgt. Dazu ein Beispiel: Rufen Sie das Dialogfeld für die Excel-Optionen auf und wechseln Sie zur letzten Kategorie, also zu den Sicherheitseinstellungen. Die dortige Schaltfläche ruft ein weiteres Dialogfeld auf.

Klicken Sie nun doppelt auf die von Ihnen eingefügte Schaltfläche, um in die Entwicklungsumgebung zu gelangen und den Prozeduraufruf zu hinterlegen. Ein Coderahmen für das Ereignis Click wird bereits angezeigt. Sie können nun beispielsweise ein Meldungsfenster erscheinen lassen oder auch eine Prozedur eines Moduls ausführen.

Listing 18.2 Die Befehlsschaltfläche (*CommandButton*)

```
Private Sub cmd_MeineErsteSchaltflaeche_Click()
  MsgBox "Hallo Welt :-)"
End Sub
```

HINWEIS Ähnlich wie bei Arbeitsblättern können Sie weitere Ereignisse einfügen bzw. einsehen, indem Sie links oben im Codefenster die Schaltfläche auswählen und rechts oben die verfügbaren Ereignisse abrufen.

Umschaltfläche (ToggleButton)

Umschaltflächen sind mit Befehlsschaltflächen verwandt. Der Unterschied besteht darin, dass eine Umschaltfläche per wiederholtem Klick erhaben oder vertieft angezeigt wird. Der Zustand der Schaltfläche kann mittels der Eigenschaft Value abgefragt werden. Wird die Schaltfläche gedrückt, ist der Wert `True`, ansonsten `False`. Dies ermöglicht es Ihnen, entsprechend situativ zu reagieren. Im folgenden Beispiel ändert der Code, je nach Zustand, die Beschriftung der Umschaltfläche.

Listing 18.3   Umschaltfläche

```
Private Sub tgl_Umschalter_Click()
  If CBool(tgl_Umschalter.Value) Then
    tgl_Umschalter.Caption = "Gedrückt"
  Else
    tgl_Umschalter.Caption = "Nicht gedrückt"
  End If
End Sub
```

ONLINE   Sie finden die Arbeitsmappe mit dem Code zu Listing 18.3 im Ordner \Buch\Kap18 in der Datei Bsp18_04.xlsm.

Bezeichnungsfeld (Label)

Bezeichnungsfelder werden in der Regel als Beschriftungsfelder für andere Steuerelemente verwendet. Sie können diese aber auch beispielsweise zur Ausgabe von Werten verwenden.

ONLINE   Sie finden die Arbeitsmappe mit dem Code zu Listing 18.4 im Ordner \Buch\Kap18 in der Datei Bsp18_05.xlsm.

In der Beispieldatei sind eine Befehlsschaltfläche sowie ein Beschriftungsfeld enthalten. In letzteres wird bei jedem Klick auf die Befehlsschaltfläche die Summe der zwei Zellen D4 und E4 abgelegt.

Listing 18.4   Bezeichnungsfeld aktualisieren

```
Private Sub cmd_Berechnen_Click()
  lbl_Ausgabe.Caption = ThisWorkbook.Worksheets(2).Cells(4, 4).Value + _
                        ThisWorkbook.Worksheets(2).Cells(4, 5).Value
End Sub
```

TIPP   Das Bezeichnungsfeld hat in der Beispieldatei einen roten Rahmen und der Text ist horizontal zentriert ausgerichtet. Die Eigenschaften von Steuerelementen können auch zur Laufzeit verändert werden, z.B. die Zentrierung über die Eigenschaft `TextAlign`, die auf den Wert `fmTextAlignCenter` gesetzt werden könnte. Häufig ist es jedoch ausreichend, die Eigenschaften einmalig anhand des Eigenschaftenfensters zu definieren, zumal der Code dadurch etwas schneller wird.

Textfeld (TextBox)

Textfelder werden oftmals mit Bezeichnungsfeldern verwechselt. Im Gegensatz zu Bezeichnungsfeldern, die nur Werte anzeigen können, erwarten Textfelder die Eingabe von Werten zur möglichen weiteren Verarbeitung.

Nachdem ein Textfeld eingefügt und doppelt angeklickt wurde, wird in der VBA-Entwicklungsumgebung standardmäßig der Coderahmen für das Ereignis `Change` zu dem Textfeld erstellt. Das Ereignis wird bei jeder Veränderung des Inhalts des Textfelds ausgelöst; also beim Eingeben neuer Zeichen, Löschen bestehender Zeichen usw.

Formulare mit Excel-VBA entwickeln

Textfelder mit unterschiedlichen Einstellungen

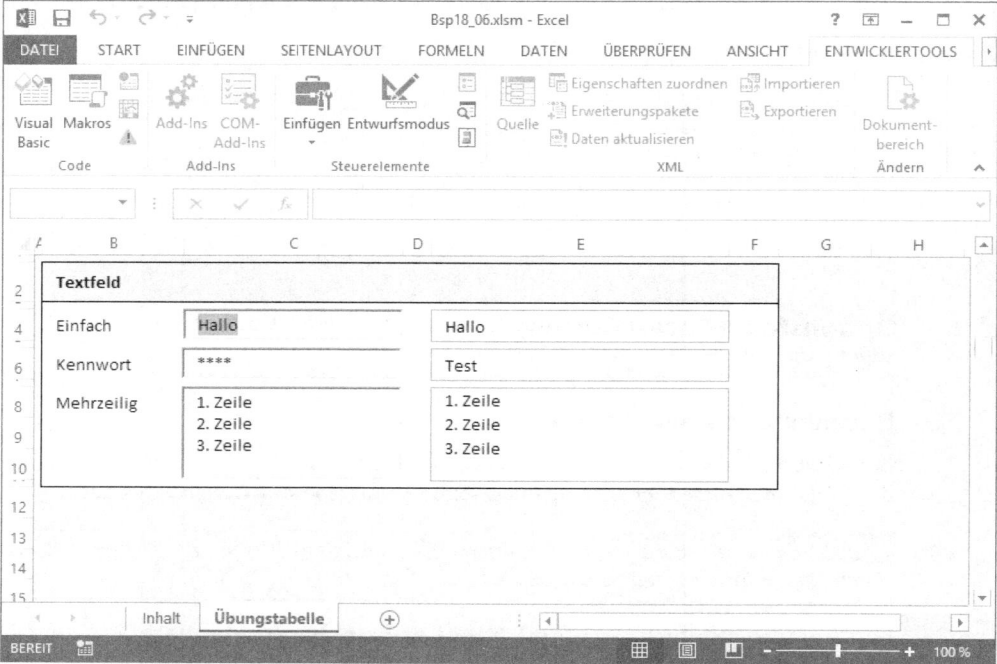

Im folgenden Beispiel wird der Inhalt der Textfelder laufend in eine Zelle geschrieben. Bei ersten Textfeld handelt es sich um ein Textfeld mit den Standardeinstellungen. Im zweiten Textfeld wurde die Eigenschaft PasswordChar auf ein Sternchen gesetzt, womit das Textfeld die Eingaben verbirgt. Das dritte Textfeld erlaubt die Eingabe eines mehrzeiligen Textes – Umbrüche im Textfeld können durch die Tastenkombination ⇧ + ⏎ eingefügt werden – weil die Eigenschaft MultiLine auf True gesetzt ist.

Listing 18.5 Verschiedene Textboxen

```
Private Sub txt_Einfach_Change()
  ThisWorkbook.Worksheets(2).Cells(4, 5).Value = txt_Einfach.Text
End Sub

Private Sub txt_Kennwort_Change()
  ThisWorkbook.Worksheets(2).Cells(6, 5).Value = txt_Kennwort.Text
End Sub

Private Sub txt_Mehrzeilig_Change()
  ThisWorkbook.Worksheets(2).Cells(8, 5).Value = txt_Mehrzeilig.Text
End Sub
```

ONLINE Sie finden die Arbeitsmappe mit dem Code zu Listing 18.5 im Ordner \Buch\Kap18 in der Datei Bsp18_06.xlsm.

Das Drücken der Tastenkombination ⬆+↵ kann jedoch recht umständlich sein. Um dieses Verhalten zu unterdrücken, setzen Sie die Eigenschaft EnterKeyBehavior auf True. Sie können nun mehrere Zeilen im Textfeld eingeben und brauchen, um einen Zeilenumbruch zu erzeugen, lediglich die ↵-Taste zu drücken.

Damit bei der gesetzten Einstellung MultiLine am rechten Rand des Textfelds nicht automatisch ein Zeilenumbruch erfolgt, setzen Sie die Eigenschaft WordWrap auf False. Die Eigenschaft WordWrap kann übrigens nur im Zusammenhang mit Multiline = True verwendet werden.

Falls Sie die Anzahl der Zeichen, die in das Textfeld eingegeben werden können, einschränken möchten, geben Sie bei der Eigenschaft MaxLength den Wert ein, der der maximal zulässigen Eingabe an Zeichen entspricht.

Optionsfeld (OptionButton)

Wie bei den Formularsteuerelementen ist die Nutzung von Optionsfeldern nur in Gruppen sinnvoll. In einer solchen Gruppe ist immer nur eines der enthaltenen Optionsfelder aktiv.

> **ONLINE** Sie finden die Arbeitsmappe mit dem Code zu diesem Abschnitt im Ordner \Buch\Kap18 in der Datei Bsp18_07.xlsm.

In der Beispieldatei sind drei Optionsfelder enthalten. Durch das Aktivieren eines der Optionsfelder wird dem Bereich E4:E8 eine entsprechende Hintergrundfarbe zugewiesen. Hinter jedem der Optionsfelder ist eine eigene Click-Ereignismethode hinterlegt.

Listing 18.6 Optionsfelder zur Farbauswahl

```
Private Sub opt_Blau_Click()
  ThisWorkbook.Worksheets(2).Range("E4:E8").Interior.Color = vbBlue
End Sub

Private Sub opt_Gruen_Click()
  ThisWorkbook.Worksheets(2).Range("E4:E8").Interior.Color = vbGreen
End Sub

Private Sub opt_Rot_Click()
  ThisWorkbook.Worksheets(2).Range("E4:E8").Interior.Color = vbRed
End Sub
```

Es kann vorkommen, dass Sie mehrere voneinander unabhängige Optionsfeldgruppen bilden möchten. Weisen Sie hierzu jedem der Optionsfelder, die derselben Gruppe zugeordnet werden sollen, denselben Gruppennamen zu. Dieser lässt sich anhand der Eigenschaft GroupName setzen. In der Beispieldatei ist dies beispielsweise die Gruppe Farbe.

Kontrollkästchen (CheckBox)

Kontrollkästchen sind mit Optionsfeldern verwandt. Der Unterschied besteht einerseits in der Form der Steuerelemente – ein Kontrollkästchen ist viereckig, ein Optionsfeld rund – und andererseits darin, dass mit Kontrollkästchen eine Mehrfachauswahl getroffen werden kann. Es ist somit möglich, dass mehrere Kontrollkästchen gleichzeitig aktiv sind. Kontrollkästchen können ebenfalls wie Optionsfelder in Gruppen zusammengefasst werden.

Formulare mit Excel-VBA entwickeln

ONLINE   Sie finden die Arbeitsmappe mit dem Code zu diesem Abschnitt im Ordner *\Buch\Kap18* in der Datei *Bsp18_08.xlsm*.

Der Zustand eines Kontrollkästchens kann anhand des Werts `Value` überprüft werden. In der Beispieldatei sind drei Kontrollkästchen in der Übungstabelle abgelegt und dienen dazu, die Schriftart der Zelle E4 auf Fett, Kursiv oder Unterstrichen zu setzen.

Listing 18.7   Kontrollkästchen zur Formatierung von Text

```
Private Sub chk_Fett_Click()
   ThisWorkbook.Worksheets(2).Cells(4, 5).Font.Bold = chk_Fett.Value
End Sub

Private Sub chk_Kursiv_Click()
   ThisWorkbook.Worksheets(2).Cells(4, 5).Font.Italic = chk_Kursiv.Value
End Sub

Private Sub chk_Unterstrichen_Click()
   ThisWorkbook.Worksheets(2).Cells(4, 5).Font.Underline = chk_Unterstrichen.Value
End Sub
```

Listenfeld (ListBox)

Listenfelder sind Steuerelemente, die in der Lage sind, mehrere Werte aufzunehmen. Je nachdem, in welcher Größe das Listenfeld erstellt wird, werden ein oder mehrere Einträge offen angezeigt. Wenn mehr Einträge vorhanden sind, als das Listenfeld offen anzeigen kann, wird im Listenfeld automatisch eine Bildlaufleiste eingeblendet.

Abbildg. 18.7   Listenfeld in einem Arbeitsblatt

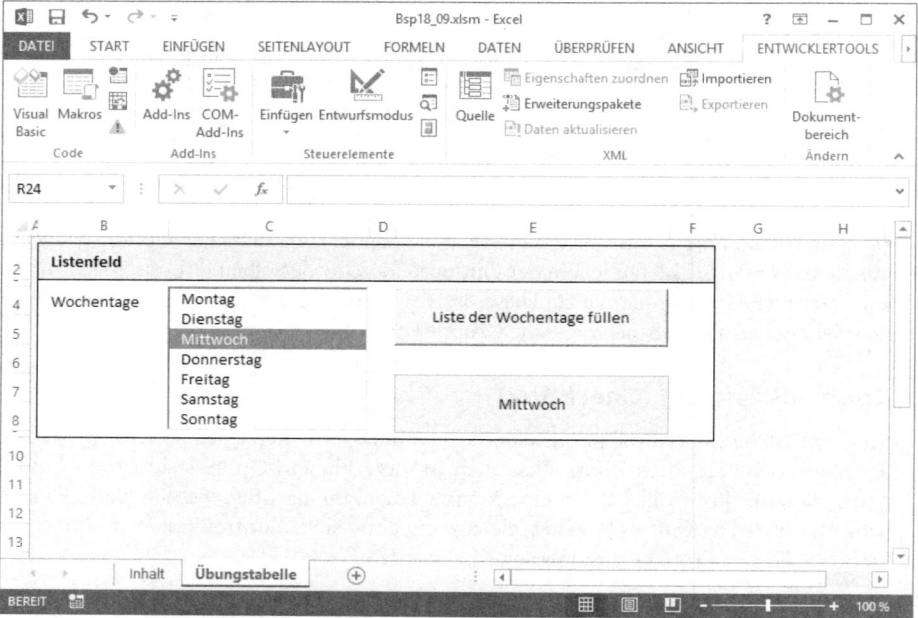

Sie finden die Arbeitsmappe mit dem Code zu diesem Abschnitt im Ordner \Buch\Kap18 in der Datei Bsp18_09.xlsm.

In der Beispieldatei wird das Listenfeld durch das Anklicken der Befehlsschaltfläche mit den Bezeichnungen der einzelnen Wochentage gefüllt. Zu Beginn der Ereignismethode für die Schaltfläche wird die Methode Clear des Listenfelds aufgerufen, damit die Liste nicht bei jedem Klick mehrfach mit denselben Werten gefüllt wird. Die Methode Clear löscht in einem Rutsch alle Einträge der Liste.

Das Erstellen neuer Einträge in der Liste erfolgt anhand der AddItem-Methode. Abschließend wird der aktuelle Wochentag ermittelt und der entsprechende Eintrag in der Liste wird aktiviert.

WICHTIG Der erste Eintrag in einem Listenfeld hat den Index Null.

Beim Klick auf einen Eintrag in der Liste soll der ausgewählte Wochentag in die Zelle E7 eingetragen werden.

Listing 18.8 Listenfeld verwenden

```
Private Sub cmd_Wochentage_Click()
  With lst_Wochentage
  .Clear
  .AddItem "Montag"
  .AddItem "Dienstag"
  .AddItem "Mittwoch"
  .AddItem "Donnerstag"
  .AddItem "Freitag"
  .AddItem "Samstag"
  .AddItem "Sonntag"

  .ListIndex = Weekday(Date, vbMonday) - 1
  End With
End Sub

Private Sub lst_Wochentage_Click()
  ThisWorkbook.Worksheets(2).Cells(7, 5).Value = _
  lst_Wochentage.List(lst_Wochentage.ListIndex, 0)
End Sub
```

Öffnen Sie die Beispieldatei und leeren Sie gegebenenfalls die Zelle E7. Klicken Sie anschließend auf die Befehlsschaltfläche, um das Listenfeld neu zu füllen. Sie werden feststellen, dass auch die Zelle E7 mit dem aktuellen Wochentag gefüllt wird.

ACHTUNG Durch das Verändern von Inhalten bzw. einer Auswahlmöglichkeit eines Steuerelements wird auch ein entsprechendes Ereignis ausgelöst. In obigen Fall ist dies das Change-Ereignis des Listenfelds, welches durch das Setzen des Listenindexes im Click-Ereigniscode der Befehlsschaltfläche ausgelöst wird.

Um einen Eintrag aus einem Listenfeld wieder zu entfernen, können Sie die Methode RemoveItem verwenden. Diese erwartet den Index des zu entfernenden Eintrags. Beispielsweise entfernt folgende Anweisung den Samstag aus der Liste:

```
lst_Wochentage.RemoveItem 5
```

Beachten Sie, dass dadurch der Sonntag nach oben rückt und somit statt der Position 6 die Position 5 einnimmt.

Kombinationsfeld (ComboBox)

Kombinationsfelder – auch Dropdownlistenfelder genannt – sind Listenfeldern sehr ähnlich. Der Unterschied besteht darin, dass in einem Kombinationsfeld lediglich ein Eintrag offen angezeigt wird.

Ja nach gesetzter Eigenschaft Style des Kombinationsfelds verhalten sich diese unterschiedlich. Ist diese Eigenschaft auf fmStyleDropDownCombo (Voreinstellung) gesetzt, kann der Benutzer einen Wert im Bearbeitungsbereich eingeben oder einen Wert aus der Dropdown-Liste auswählen. Ist die Eigenschaft hingegen auf fmStyleDropDownList gesetzt, besteht nur die Möglichkeit der Auswahl eines Eintrags aus der Dropdown-Liste.

Da das Verhalten ansonsten mit dem des Listenfelds identisch ist, wird an dieser Stelle auf ein Codebeispiel verzichtet. Der Vollständigkeit halber finden Sie innerhalb der Beispieldateien zum Buch dasselbe Beispiel wie zum Listenfeld mit einem Kombinationsfeld. Im Kombinationsfeld wurde die Eigenschaft Style auf fmStyleDropDownList gesetzt, um die Auswahl eines Eintrags zu erzwingen.

ONLINE Sie finden die Arbeitsmappe mit dem Code zu diesem Abschnitt im Ordner \Buch\Kap18 in der Datei *Bsp18_10.xlsm*.

Drehfeld (SpinButton)

Ein Drehfeld besteht aus zwei Pfeilen, denen eine Ober- und eine Untergrenze zugewiesen werden kann. Der maximal zulässige Wert wird im Eigenschaftenfenster des Drehfelds bei Max eingetragen und der Minimalwert bei Min. Per Klick auf den entsprechenden Pfeil des Drehfelds wird der Wert im angegebenen Bereich entweder erhöht oder reduziert.

In dem Code innerhalb der Beispieldatei bewirken Änderungen des Drehfelds eine Berechnung des Prozentanteils des in der Zelle E4 hinterlegten Werts.

Listing 18.9 SpinButton

```
Private Sub spn_Prozent_Change()
  ThisWorkbook.Worksheets(2).Cells(6, 3).Value = _
  spn_Prozent.Value

  ThisWorkbook.Worksheets(2).Cells(6, 5).Value = _
  ThisWorkbook.Worksheets(2).Cells(4, 5).Value * _
  spn_Prozent.Value / 100
End Sub
```

ONLINE Sie finden die Arbeitsmappe mit dem Code zu diesem Abschnitt im Ordner \Buch\Kap18 in der Datei *Bsp18_11.xlsm*.

Bildlaufleiste (ScrollBar)

Bildlaufleisten sind den Drehfeldern sehr ähnlich. In der Anzeige unterscheiden sie sich darin, dass bei der Bildlaufleiste zwischen den beiden Pfeilen zusätzlich ein Balken mit einem Schieber angezeigt wird. Genau wie bei Drehfeldern kann im Eigenschaftenfenster ein Maximal- und ein Minimalwert festgelegt werden. In der Beispieldatei wurde der Code zum Drehfeld so angepasst, dass stattdessen eine horizontale Bildlaufleiste verwendet wird. Die Codeänderungen sind so minimal, dass diese hier nicht aufgeführt werden.

ONLINE Sie finden die Arbeitsmappe mit dem Code zu diesem Abschnitt im Ordner \Buch\Kap18 in der Datei Bsp18_12.xlsm.

Bild (Image)

Mithilfe dieses Steuerelements können Sie ein Bild anzeigen lassen. Im Codebeispiel zu diesem Abschnitt wird nicht ein Ereignis des Image-Steuerelements verwendet, sondern es wird auf das Change-Ereignis des Arbeitsblatts zurückgegriffen. Je nachdem, welchen Wert die Zelle C4 hat, werden die Bilder *Rose-1.bmp*, *Rose-2.bmp* oder *Rose-3.bmp* in das Steuerelement geladen.

Listing 18.10   Bild dynamisch laden

```
Private Sub Worksheet_Change(ByVal Target As Range)
  If Target.Address = "$C$4" Then
    Select Case Target.Value
      Case 1 To 3
        img_Bild.Picture = LoadPicture( _
        ThisWorkbook.Path & "\" & "Rose" & "-" & Target.Value & ".bmp")
      Case Else
    End Select
  End If
End Sub
```

ONLINE Sie finden die Arbeitsmappe mit dem Code zu Listing 18.10 im Ordner \Buch\Kap18 in der Datei Bsp18_13.xlsm.

Nicht immer passt ein Bild exakt in den vorgegebenen Bildrahmen. Mittels der Eigenschaft PictureSizeMode kann festgelegt werden, in welcher Größe und Skalierung das Bild angezeigt werden soll. Tabelle 18.2 führt die zulässigen Konstanten auf, die der Eigenschaft PictureSizeMode zugewiesen werden können.

Tabelle 18.2   Konstanten zur Einstellung der Bildgröße und Skalierung

Konstante	Beschreibung
fmPictureSizeModeClip	Schneidet den Teil des Bilds ab, der größer ist als das Formular oder die Seite (Voreinstellung)
fmPictureSizeModeStretch	Dehnt das Bild, um das Formular oder die Seite auszufüllen. Diese Einstellung verzerrt das Bild sowohl in vertikaler als auch in horizontaler Richtung.
fmPictureSizeModeZoom	Vergrößert das Bild, verzerrt das Bild aber weder in vertikaler noch in horizontaler Richtung

Formulare mit Excel-VBA entwickeln

Zusätzliche Steuerelemente

Neben den ActiveX-Standardsteuerelementen steht Ihnen eine weitere Schaltfläche namens *Weitere Steuerelemente* zu Verfügung, die es Ihnen ermöglicht, zusätzliche Steuerelemente mit einer ActiveX-Schnittstelle in das Arbeitsblatt einzufügen. Ein Klick auf das Symbol öffnet ein Dialogfeld, mit dessen Hilfe Sie das gewünschte Element auswählen können.

> **HINWEIS** Nicht alle dort enthaltenen bzw. sichtbaren Steuerelemente sind sinnvoll nutzbar, beispielsweise dann nicht, wenn keine Dokumentation vorhanden ist oder die Funktionalität sehr eingeschränkt ist. Wenn Sie die Mappe weitergeben möchten, muss das eingebettete Steuerelement zudem auf dem Zielrechner vorhanden sein.

Abbildg. 18.8 Zusätzliche Steuerelemente

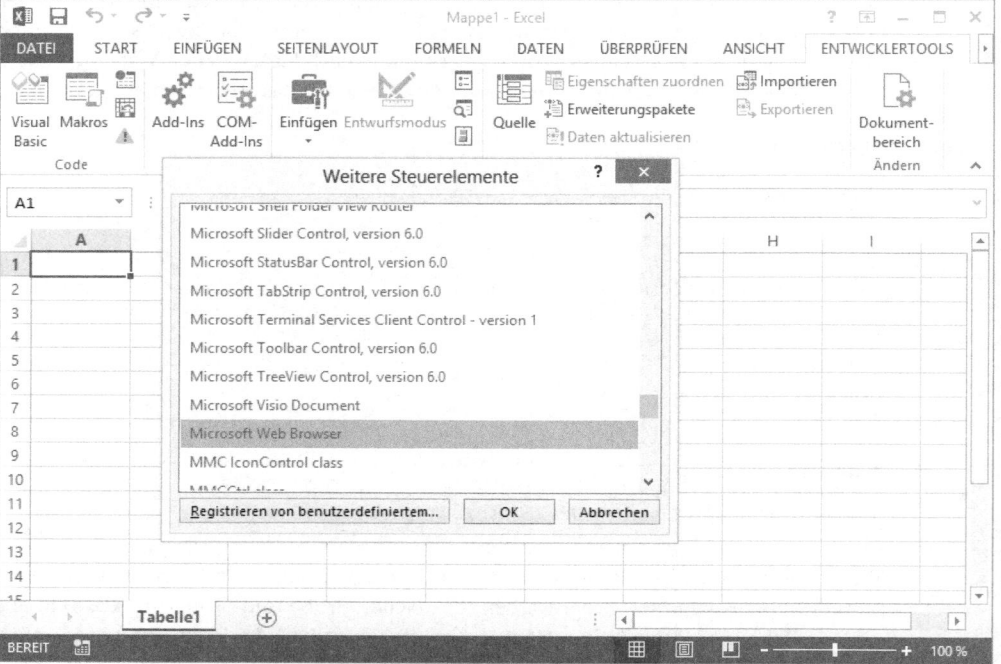

In Excel können beispielswiese standardmäßig keine Animationen in Grafiken angezeigt werden. Das bedeutet, wenn beispielsweise eine animierte GIF-Datei in ein Arbeitsblatt eingefügt wird, steht das Bild still und zeigt nur das erste Bild der Animation an.

Das Webbrowser-Steuerelement ermöglicht es, animierte Bilder auch innerhalb einer Tabelle ablaufen zu lassen. Voraussetzung ist hierbei, dass der Internet Explorer installiert ist. Um das Steuerelement in ein Arbeitsblatt einzufügen, wählen Sie aus der Liste der weiteren Steuerelemente *Microsoft Web Browser* aus. Ziehen Sie auf dem Tabellenblatt einen Rahmen auf und positionieren Sie anschließend das Element an der gewünschten Stelle.

Sie finden die Arbeitsmappe mit dem Code diesem Abschnitt im Ordner \Buch\Kap18 in der Datei Bsp18_14.xlsm.

Die Methode Navigate des Steuerelements – Sie können sich auch im Objektkatalog die verfügbaren Methoden, Eigenschaften, Klassen und Ereignisse anschauen – ermöglicht es, unter Angabe eines Pfads und Dateinamens die animierte Grafik in das Steuerelement zu laden.

Listing 18.11 Webbrowser

```
Private Sub cmd_Abspielen_Click()
   WebBrowser1.Navigate ThisWorkbook.Path & "\" & "Animation.gif"
End Sub
```

Falls Sie die Animation wieder entfernen möchten, können Sie folgende Anweisung verwenden, die eine leere Seite lädt:

```
WebBrowser1.Navigate2 "about:blank"
```

Die animierte Grafik muss übrigens nicht zwingend auf der Festplatte abgelegt sein. Sie können auch eine Animation, die sich an einem beliebigen Ort im Internet befindet, in Ihr Browserfenster laden.

Steuerelemente aus einem Tabellenblatt entfernen

Bei korrekter Verwendung von Präfixen ist es relativ einfach, einzelne Steuerelementtypen aus einem Tabellenblatt zu entfernen. Es kann dann auf die ersten drei Zeichen des Elementnamens Bezug genommen werden.

Sie finden die Arbeitsmappe mit dem Code diesem Abschnitt im Ordner \Buch\Kap18 in der Datei Bsp18_15.xlsm.

Das folgende Beispiel zeigt, wie aus einem Tabellenblatt nur Kontrollkästchen, das heißt Steuerelemente, deren Namen mit chk beginnen, gelöscht werden können.

Listing 18.12 Entfernen von Kontrollkästchen anhand des vergebenen Präfixes

```
Public Sub KontrollkaestchenLoeschen()
   Dim objElement As Shapes
   Dim lngIndex   As Long

'   Verweis
   Set objElement = ThisWorkbook.Worksheets(2).Shapes
'   Rückwärts löschen
   For lngIndex = ThisWorkbook.Worksheets(2).Shapes.Count To 1 Step -1
      If Left(objElement(lngIndex).Name, 3) = "chk" Then
         objElement(lngIndex).Delete
      End If
   Next
End Sub
```

Formulare mit Excel-VBA entwickeln

Wenn alle Steuerelemente aus einem Arbeitsblatt gelöscht werden sollen, ist es oftmals recht umständlich, diese einzeln manuell zu entfernen. Hinzu kommt, dass vielleicht ActiveX-Steuerelemente, nicht jedoch Formularsteuerelemente entfernt werden müssen. Die nachfolgende Prozedur ermittelt den Typ der Steuerelemente und berücksichtigt hierbei nur den Typ msoOLEControlObject, der ActiveX-Steuerelementen entspricht.

Listing 18.13 Entfernen aller ActiveX-Steuerelemente

```
Public Sub ActiveXSteuerelementeLoeschen()
  Dim objElement As Shape

'  Nur Steuerelemente aus der Steuerelement-Toolbox entfernen
  For Each objElement In ThisWorkbook.Worksheets(2).Shapes
    If objElement.Type = msoOLEControlObject Then
      objElement.Delete
    End If
  Next
End Sub
```

In der Beispieldatei wird der Effekt deutlich, denn es befinden sich auf dem Tabellenblatt zwei Formularsteuerelemente. Beim Ausführen der Prozedur bleiben nur die beiden Formularsteuerelemente erhalten.

Kapitel 19

Eingabeformulare entwickeln

Formulare mit Excel-VBA
entwickeln

475

Seit Excel 97 können sogenannte UserForms (Benutzerformulare) in der Excel-Programmierung eingesetzt werden. Zwar war es schon vorher möglich, Eingabeformulare in eigens dafür vorgesehenen Tabellenblättern zu erstellen, jedoch waren diese recht unflexibel und boten nicht die Möglichkeiten, die UserForms zur Verfügung stellen.

Die ehemaligen Tabellenblätter sind aus Kompatibilitätsgründen auch noch in aktuellen Excel-Versionen zu finden. Wenn Sie per Rechtsklick auf eine Registerkarte für Arbeitsblätter das Dialogfeld zum Einfügen neuer Tabellen aufrufen, tauchen die ehemaligen Formulare unter dem Namen *Microsoft Excel 5.0 Dialog* auf.

In den vorherigen Kapiteln wurde auf einige in Excel integrierte Dialogfelder zurückgegriffen, wie beispielsweise Eingabefelder oder Meldungsfelder. Diese lassen sich jedoch kaum formatieren oder anderweitig gestalten. UserForms hingegen bieten vielfältige Möglichkeiten zur Gestaltung.

In Kapitel 18 wurde die Verwendung von ActiveX-Steuerelementen innerhalb eines Arbeitsblatts erläutert. Sämtliche der dort behandelten Steuerelemente sind auch in UserForms zu finden. Dies gilt auch für die mit den ActiveX-Steuerelementen assoziierten Ereignisse.

Die Werkzeugsammlung – eine Palette mit Symbolen zur einfachen Auswahl von Steuerelementen – beinhaltet für UserForms einige zusätzliche Steuerelemente, die in diesem Kapitel ebenfalls vorgestellt werden.

Grundlagen zu UserForms

In diesem Abschnitt erfahren Sie, wie Sie eine UserForm erstellen, aufrufen, positionieren und beenden können. Zudem werden die wichtigsten Ereignisse, die innerhalb einer UserForm auftreten können, vorgestellt.

Eine UserForm erstellen

Um eine UserForm zu erstellen, wechseln Sie zum VBA-Editor. Aktivieren Sie das entsprechende Projekt und rufen Sie im Menü *Einfügen* den Befehl *UserForm* auf. Alternativ dazu können Sie auch mit der rechten Maustaste auf das entsprechende Projekt klicken und im Kontextmenü den Eintrag *Einfügen/UserForm* auswählen.

HINWEIS   Das Erzeugen einer UserForm aktiviert automatisch den Verweis *Microsoft Forms 2.0 Object Library*. Dies bedeutet, dass zugehörige Objekte, Methoden und Eigenschaften außerhalb von VBA bezogen werden.

UserForms tragen automatisch den Namen UserForm1, UserForm2 usw. Wie bei anderen Objekten auch, ist es ratsam, UserForms aussagekräftig zu benennen. Zudem bietet sich die Verwendung eines Präfixes an. Eingebürgert hat sich für UserForms das Präfix frm – eine Abkürzung aus der Visual Basic-Welt für Form, zu Deutsch Formular.

Im Eigenschaftenfenster lässt sich anhand der Eigenschaft Name ein neuer Name für die UserForm festlegen. Zudem lassen sich im Eigenschaftenfenster auch weitere Einstellungen vornehmen. *Caption* bezieht sich beispielsweise auf den angezeigten Text in der Titelleiste der UserForm. *BackColor* ermöglicht es, die Hintergrundfarbe festzulegen und etliche weitere Optionen erlauben die Durchführung optischer und funktioneller Anpassungen.

Abbildg. 19.1   Eine UserForm

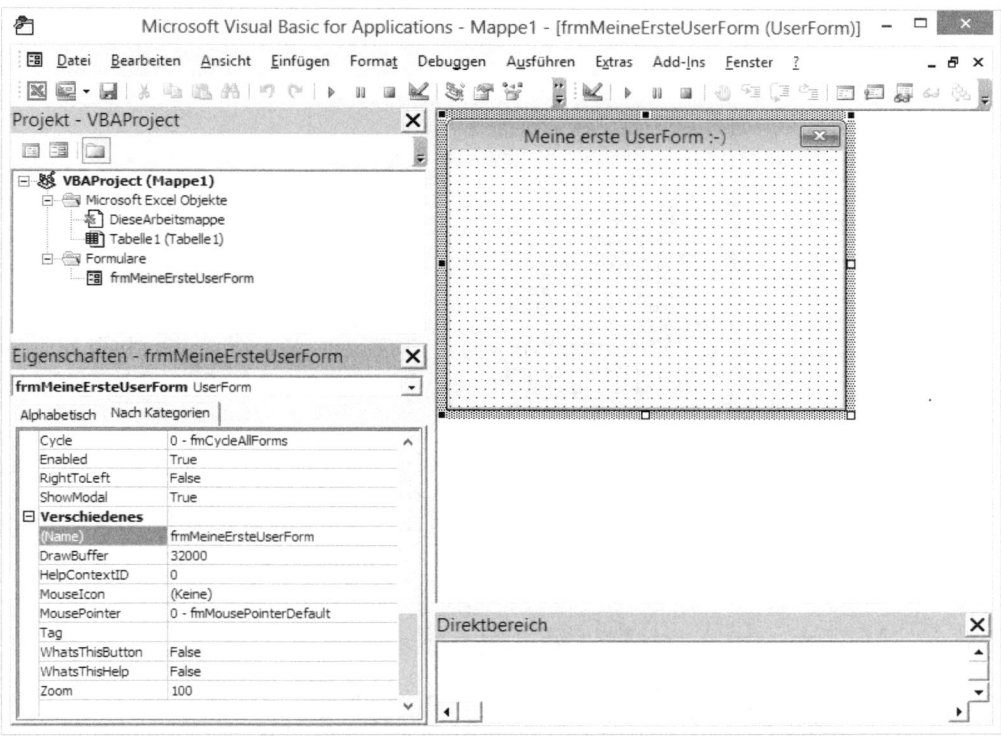

Das Eigenschaftenfenster stellt zwei Registerkarten zur Verfügung. Durch Auswahl der Registerkarte *Nach Kategorien* werden die Konfigurationsmöglichkeiten in Gruppen zusammengefasst. Registerkarte *Alphabetisch* ordnet die Optionen in alphabetischer Reihenfolge.

Farbpaletten verwenden

Wenn Sie beispielsweise die Hintergrundfarbe einer UserForm im Eigenschaftenfenster verändern möchten und den Pfeil zur Auswahl einer Farbe anklicken, erscheinen zwei Registerkarten, wobei standardmäßig die Registerkarte *System* aktiviert wird, solange Sie keine eigene Farbe definiert haben.

Auf der Registerkarte *System* sind systemeigene Farben und auf der Registerkarte *Palette* die erweiterte Farbpalette zu finden. Die Systemfarben richten sich nach dem im Betriebssystem hinterlegten Schema. Für den Fall, dass ein Benutzer dieses Systemschema ändert, würden Dialogfelder usw. automatisch an das Schema angepasst werden.

Abbildg. 19.2 Registerkarte zu der benutzerdefinierten Farbpalette des Eigenschaftenfensters

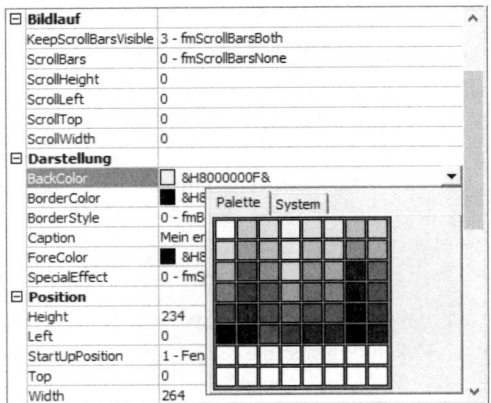

Die Registerkarte *Palette* stellt, neben vordefinierten Farben, in den beiden letzten Reihen sechzehn freie Felder zur Verfügung, denen Sie eigene Farbmischungen hinzufügen können. Wenn Sie mit der rechten Maustaste auf eines dieser Felder klicken, öffnet sich das Dialogfeld *Farbe definieren*, wo Sie eine eigene Farbe definieren können.

UserForm aufrufen und schließen

Es gibt verschiedene Wege, um eine UserForm aufzurufen. Wenn Sie eine UserForm von der VBA-Entwicklungsumgebung aus starten möchten, aktivieren Sie zuerst die UserForm und verwenden anschließend die Taste F5 zur Anzeige am Bildschirm.

ONLINE Sie finden die Arbeitsmappe mit dem Code dieses Abschnitts im Ordner *\Buch\Kap19* in der Datei *Bsp19_01.xlsm*.

Um den Benutzern einen einfachen Aufruf der UserForm zu ermöglichen, wird im Arbeitsblatt meistens eine Schaltfläche erstellt, der eine Prozedur in einem Standardmodul zugewiesen wird, die den eigentlichen Aufruf der UserForm übernimmt. Der Aufruf der UserForm selbst erfolgt mithilfe der Show-Methode.

Listing 19.1 UserForm aufrufen

```
Public Sub UserFormAufrufen()
   frmMeineErsteUserForm.Show
End Sub
```

Um die UserForm zu schließen, können Sie wie gewohnt die mit einem *X* beschriftete Schließen-Schaltfläche in der rechten oberen Ecke verwenden. In der Regel wird jedoch in der UserForm selbst eine entsprechende Schaltfläche zur Verfügung gestellt.

Listing 19.2   UserForm schließen

```
Private Sub cmdSchliessen_Click()
  Unload Me
End Sub
```

HINWEIS   Das Verwenden der Schaltfläche greift einem Folgeabschnitt in diesem Kapitel ein wenig vor. Im Abschnitt »Steuerelemente in UserForms verwenden« ab Seite 481 wird detailliert auf das Verwenden von Steuerelementen eingegangen.

Die globale Methode Unload entfernt ein Objekt aus dem Speicher und erwartet als Argument ein entsprechendes Objekt. Mit Me wird die UserForm referenziert. Wenn die UserForm auf dem Bildschirm angezeigt wird, ist die Bearbeitung des Arbeitsblatts so lange nicht möglich, bis die UserForm geschlossen wird. Um dem entgegenzuwirken, können Sie die Konstante vbModeless oder den Wert Null an die Methode Show übergeben. Alternativ dazu können Sie auch im Eigenschaftenfenster den Wert ShowModal auf False setzen.

Größe und Position von UserForms festlegen

Die Höhe und Breite einer UserForm wird im Eigenschaftenfenster unter Height und Width festgelegt. Die Angabe erfolgt in Bildpunkten.

Die Position wird über die Eigenschaften Top und Left bestimmt. Auch hier erfolgt die Eingabe in Bildpunkten. Wenn beispielsweise beide Werte auf 0 eingestellt sind, wird die UserForm in der oberen linken Ecke des Bildschirms angezeigt. Dies bedingt jedoch, dass die Eigenschaft StartUpPosition auf Manual eingestellt ist, da ansonsten die benutzerdefinierte Position ignoriert wird. Insgesamt stehen vier verschiedene Einstellungsmöglichkeiten für die Eigenschaft StartUpPosition zur Verfügung, die in Tabelle 19.1 aufgeführt sind.

Tabelle 19.1   Einstellungsmöglichkeiten für die Eigenschaft *StartUpPosition*

Eigenschaft	VBA-Schlüsselwort	Index	Beschreibung
0 – Manuell	Manual	0	Der Abstand vom linken und oberen Rand wird manuell über die Eigenschaften **Top** und **Left** vorgenommen
1 – Fenstermitte	CenterOwner	1	Die UserForm wird auf dem Element zentriert, zu dem sie gehört
2 – Bildschirmmitte	CenterScreen	2	Auf dem gesamten Bildschirm zentrieren
3 – Windows-Standard	WindowsDefault	3	In der oberen linken Ecke des Bildschirms positionieren

Ereignisse in UserForms

Wie Steuerelemente auch, stellen UserForms einige Ereignisse zur Verfügung, die beim Aufruf, der Aktivierung oder einer Interaktion des Benutzers ausgelöst werden. Wie bei den Arbeitsblattereignissen und Steuerelementen können Sie einen Coderahmen für die Ereignisse einer UserForm in das

Formulare mit Excel-VBA entwickeln

Codefenster einfügen, indem Sie im oberen Bereich des Codefensters in der Auswahlliste auf der linken Seite *UserForm* auswählen und in der Auswahlliste auf der rechten Seite ein Ereignis.

Eines der wichtigsten Ereignisse für UserForms ist das Initialisierungsereignis `UserForm_Initialize`, welches bei jedem Laden der UserForm von der Show-Methode ausgelöst wird. Dies geschieht einmalig beim Aufruf der UserForm und noch bevor diese angezeigt wird. Das Initialisierungsereignis ist prädestiniert dafür, um beispielsweise Steuerelemente und Variablen zu initialisieren oder Einstellungen vorzunehmen.

Das `Activate`-Ereignis folgt direkt im Anschluss an die Initialisierung. Allerdings kann dieses Ereignis auch dann auftreten, wenn die UserForm ausgeblendet und wieder eingeblendet wird.

Ein interessantes Ereignis ist das `QueryClose`-Ereignis, welches beim Schließen der UserForm auftritt und es sogar ermöglicht, eine Unterscheidung zwischen der Aufrufquelle durchzuführen. Im folgenden Listing sind einige dieser Ereignisse implementiert, wobei zur Verdeutlichung der Aufrufsequenz Meldungsfelder verwendet werden.

Listing 19.3   Ereignisse in UserForms

```
Private Sub UserForm_Activate()
  MsgBox "UserForm wurde aktiviert."
End Sub

Private Sub UserForm_Click()
  MsgBox "Bereich in der UserForm wurde angeklickt."
End Sub

Private Sub UserForm_Initialize()
  MsgBox "UserForm wird initialisiert."
End Sub

Private Sub UserForm_QueryClose(Cancel As Integer, CloseMode As Integer)
  Select Case CloseMode
    Case vbFormControlMenu
      MsgBox "Anforderung zum Schliessen der UserForm per Kreuz."
      Cancel = True
    Case vbFormCode
      MsgBox "Anforderung zum Schliessen der UserForm per Code."
    Case Else
  End Select
End Sub
```

Öffnen Sie die Beispielmappe, rufen Sie die UserForm auf und studieren Sie den Code. Wir empfehlen, diese Beispielmappe nicht zu überspringen. Denn gerade die Aufrufsequenz verschiedener Ereignisse zu verstehen, ist besonders wichtig.

ONLINE   Sie finden die Arbeitsmappe mit dem Code dieses Abschnitts im Ordner *\Buch\Kap19* in der Datei *Bsp19_02.xlsm*.

Steuerelemente in UserForms verwenden

In diesem Abschnitt wird die Verwendung von Steuerelementen in UserForms erläutert. Sie lernen die Werkzeugsammlung kennen und erfahren, wie Sie Steuerelemente positionieren können. Ein Abschnitt widmet sich den Standardsteuerelementen in UserForms, wie Sie sie bereits in Kapitel 18 kennengelernt haben. Weitere Abschnitte erläutern die Verwendung von Steuerelementen, die noch nicht besprochen wurden, wie beispielsweise Rahmen oder Registerkarten.

Die Werkzeugsammlung kennenlernen

In der Werkzeugsammlung stehen verschiedene Elemente zur Verfügung, die auf UserForms angeordnet werden können. Falls die Werkzeugsammlung nicht angezeigt wird, blenden Sie sie über den Menübefehl *Ansicht/Werkzeugsammlung* ein. Der Menübefehl ist nur verfügbar, wenn eine UserForm aktiviert ist.

Abbildg. 19.3   Die Werkzeugsammlung bzw. Toolsammlung

Um ein Steuerelement der Werkzeugsammlung in eine UserForm einzufügen, klicken Sie eines der in der Werkzeugsammlung vorhandenen Elemente an und ziehen mit gedrückter linker Maustaste auf der UserForm einen Rahmen auf, der beim Loslassen der Maustaste vom gewählten Steuerelement ausgefüllt wird.

Die Größe eines Elements kann nachträglich jederzeit geändert werden. Aktivieren Sie das Steuerelement. Es wird mit einem gepunkteten Rahmen und vier Eck- sowie vier Seitenpunkten umgeben. Die Eck- und Seitenpunkte können mit gedrückter linker Maustaste gehalten und auf die gewünschte Größe gezogen werden. Um ein Steuerelement an einen anderen Ort zu versetzen, packen Sie mit gedrückter linker Maustaste den gepunkteten Rahmen oder das Element selbst und ziehen es an die gewünschte Stelle. Durch zusätzliches Gedrückthalten der Strg-Taste wird das Element dupliziert.

In Abbildung 19.4 sind die Steuerelemente der Werkzeugsammlung aufgeführt. Wie bereits in Kapitel 18 für die ActiveX-Steuerelemente eines Arbeitsblatts erläutert, empfiehlt es sich auch hier, die von Excel automatisch vergebenen Namen durch aussagekräftigere zu ersetzen und ein entsprechendes Präfix zu verwenden.

Abbildg. 19.4 Steuerelemente der Werkzeugsammlung

	Deutsche Bezeichnung	Englische Bezeichnung	Präfix
	Objektauswahl	-	-
A	Beschriftungsfeld	Label	lbl
abl	Textfeld	TextBox	txt
	Kombinationsfeld	ComboBox	cmb
	Listenfeld	ListBox	lst
	Kontrollkästchen	CheckBox	chk
	Optionsfeld	OptionButton	opt
	Umschaltfeld	ToggleButton	tgl
	Rahmen	Frame	fra
	Befehlsschaltfläche	CommandButton	cmd
	Register	TabStrip	tbs
	Multiseiten	MultiPage	mpg
	Bildlaufleiste	ScrollBar	vsb / hsb
	Drehfeld	SpinButton	spn
	Anzeige	Image	img
	RefEdit	RefEdit	ref

HINWEIS   Je nach Excel-Installation kann es vorkommen, dass das RefEdit-Steuerelement nicht in der Werkzeugsammlung zu sehen ist. Die lässt sich hinzufügen, indem mit der rechten Maustaste das Kontextmenü der Werkzeugsammlung aufgerufen und RefEdit aus dem Dialogfeld für die zusätzlichen Steuerelemente ausgewählt wird. Das Dialogfeld ist auch Thema des Abschnitts »Weitere Steuerelemente« ab Seite 498.

Ausrichten von Steuerelementen

Die Rastereinheiten der UserForm sind standardmäßig auf sechs Punkt in der Breite und sechs Punkt in der Höhe eingestellt. Diese Voreinstellung lässt sich nach Aufruf des VBA-Menübefehls *Extras/Optionen* auf der Registerkarte *Allgemein* verändern. Um das Raster gänzlich auszublenden, deaktivieren Sie das Kontrollkästchen *Raster anzeigen*. Um zu verhindern, dass die Steuerelemente im Rasterschritt ausgerichtet werden, deaktivieren Sie das Kontrollkästchen *Am Raster ausrichten*.

Abbildg. 19.5   Rastereinheiten verändern

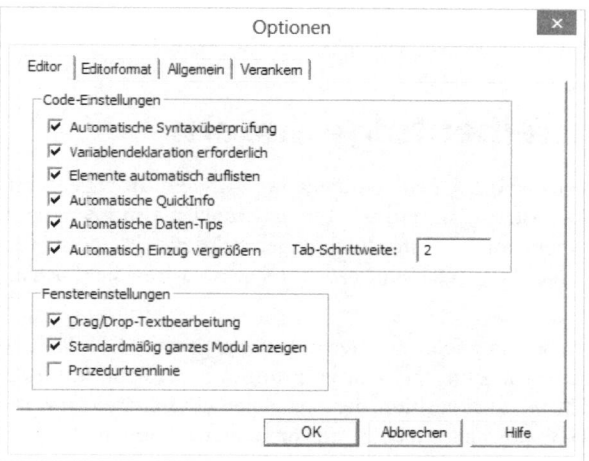

Wenn ein Steuerelement exakt horizontal oder vertikal auf der UserForm ausgerichtet werden soll, verwenden Sie einen der Befehle im Untermenü *Format/Im Formular zentrieren*.

TIPP   Um mehrere Elemente gleichzeitig auszurichten, aktivieren Sie das erste Symbol *Objekte auswählen* der Werkzeugsammlung. Ziehen Sie auf der UserForm bei gedrückter ⇧ - Taste einen Rahmen um die Elemente, die in die Ausrichtung eingeschlossen werden sollen.

Im Menübefehl *Format* stehen zudem weitere hilfreiche Ausrichtungsmöglichkeiten zur Verfügung. So können Sie beispielsweise auf einmal alle selektierten Steuerelemente linksbündig, zentriert usw. ausrichten. Das Ausrichten der Steuerelemente steht Ihnen auch im Kontextmenü zur Verfügung.

Abbildg. 19.6   Ausrichtungsmöglichkeiten im Kontextmenü

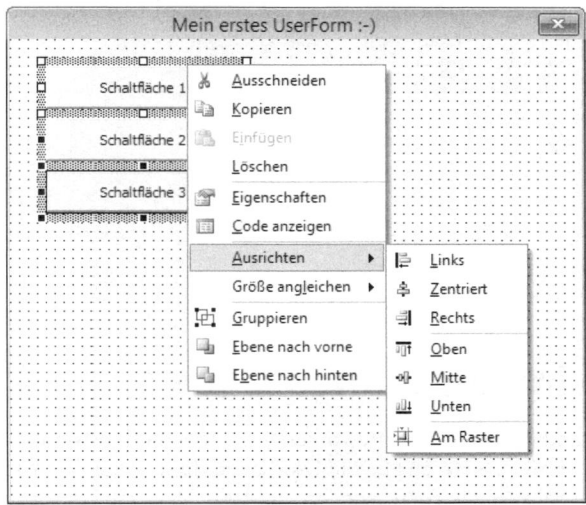

Formulare mit Excel-VBA entwickeln

Sie haben außerdem die Möglichkeit, die Höhe (Height) und Breite (Width) von Steuerelementen im Eigenschaftenfenster festzulegen. Über Top (Oben) und Left (Links) können Sie den Abstand vom oberen und linken Rand des Elements in Bezug auf die UserForm festlegen.

Die Aktivierungsreihenfolge ändern

Viele Benutzer von UserForms ziehen das Arbeiten mit der Tastatur dem Arbeiten mit der Maus vor. Bei gelerntem Umgang mit der Tastatur ist man so oftmals schneller. Um bei einer ausgeführten UserForm von einem Steuerelement zum nächsten zu gelangen, wird die ⇥-Taste verwendet. Um in umgekehrter Reihenfolge die Steuerelemente zu erreichen, wird die Tastenkombination ⇧ + ⇥ eingesetzt.

Es ist wichtig, dass die Aktivierungsreihenfolge der Steuerelemente stimmt. Das heißt, wenn mit der ⇥-Taste von einem Steuerelement zum nächsten gesprungen wird, sollte die Reihenfolge der angesprungenen Elemente auch mit der Position der Steuerelemente übereinstimmen. Üblicherweise bewegt man sich hierbei von links nach rechts und von oben nach unten.

Für den Benutzer wäre es umständlich und ärgerlich, wenn die Steuerelemente kreuz und quer selektiert würden. Beim Einfügen von Steuerelementen kommt es jedoch recht oft vor, dass nachträglich ein Element hinzukommt oder Steuerelemente umsortiert werden. Die Aktivierungsreihenfolge kann dadurch durcheinander geraten.

Um die Aktivierungsreihenfolge zu ändern, aktivieren Sie zuerst die UserForm und wählen dann den Menübefehl *Ansicht/Aktivierungsreihenfolge*. Sämtliche Steuerelemente, die auf der UserForm enthalten sind, werden im Dialogfeld *Aktivierungsreihenfolge* in der aktuellen Anordnung angezeigt. Um ein Steuerelement zu verschieben, wählen Sie es an, sodass es markiert angezeigt wird. Über die Schaltflächen *Nach oben* bzw. *Nach unten* wird das Steuerelement an der gewünschten Stelle neu eingeordnet.

Abbildg. 19.7 Aktivierungsreihenfolge für drei Schaltflächen

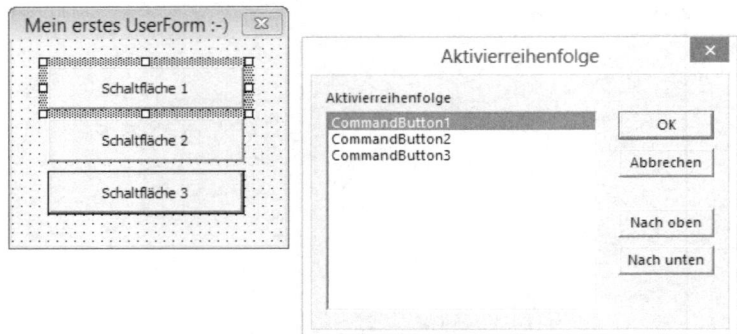

Steuerelemente im Zusammenspiel

In Kapitel 18 wurden einige Standardsteuerelemente vorgestellt. Die Funktionsweise dieser Steuerelemente ist in UserForms sehr ähnlich. So lösen auch in UserForms diese Steuerelemente Ereignisse aus, wenn ihre Werte oder Auswahlmöglichkeiten geändert werden.

TIPP Wenn Sie ein Steuerelement in eine UserForm eingefügt haben, können Sie anhand eines Doppelklicks auf das Steuerelement den Coderahmen des Standardereignisses, wie z.B. `Click` bei Schaltflächen, in das Codefenster einfügen.

In der Beispieldatei zu diesem Abschnitt sind zur Demonstration des Zusammenspiels von Standardsteuerelementen in einer UserForm einige Textfelder, Optionsfelder und ein Kombinationsfeld abgelegt.

Abbildg. 19.8 UserForm in Aktion

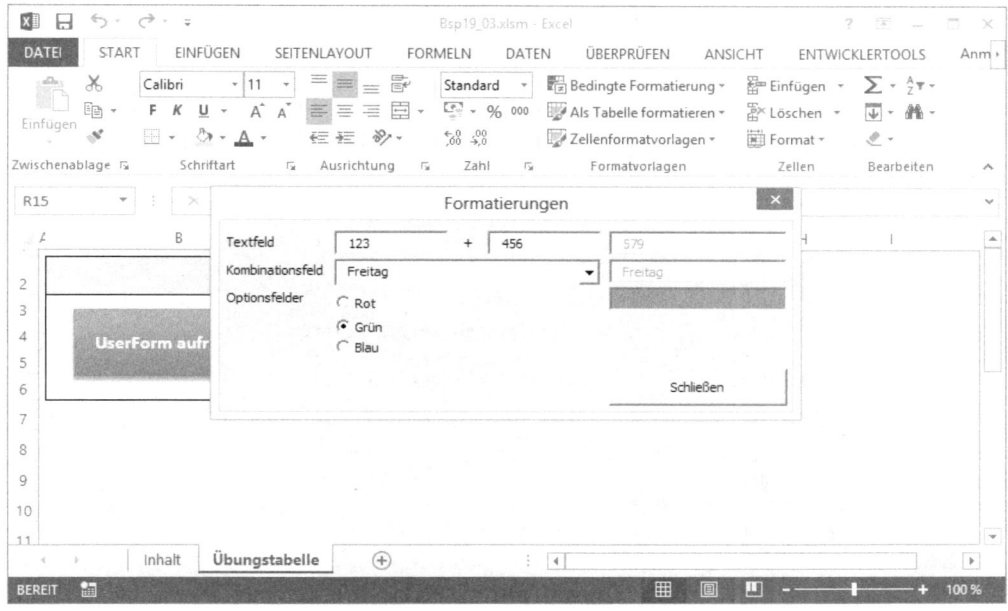

Einige der Textfelder werden nur dazu verwendet, um eine Ausgabe darzustellen und sind nicht anklickbar, was heißt, dass ihre Eigenschaft `Enabled` auf `False` gesetzt ist. In dem Initialisierungsereignis der UserForm werden einige Steuerelemente initialisiert, wie z.B. das Kombinationsfeld mit den Wochentagen.

Listing 19.4 UserForm mit Standardsteuerelementen

```vba
Private Sub cmd_Schliessen_Click()
   Unload Me
End Sub

Private Sub cmb_Wochentage_Change()
   txt_Wochentag.Text = cmb_Wochentage.List(cmb_Wochentage.ListIndex, 0)
End Sub

Private Sub opt_Blau_Click()
   txt_Farbe.BackColor = vbBlue
End Sub
```

```
Private Sub opt_Gruen_Click()
  txt_Farbe.BackColor = vbGreen
End Sub

Private Sub opt_Rot_Click()
  txt_Farbe.BackColor = vbRed
End Sub

Private Sub txt_Summand_1_Change()
  If IsNumeric(txt_Summand_1.Text) And IsNumeric(txt_Summand_2.Text) Then
    txt_Summe = CStr(CDbl(txt_Summand_1.Text) + CDbl(txt_Summand_2.Text))
  End If
End Sub

Private Sub txt_Summand_2_Change()
  If IsNumeric(txt_Summand_1.Text) And IsNumeric(txt_Summand_2.Text) Then
    txt_Summe = CStr(CDbl(txt_Summand_1.Text) + CDbl(txt_Summand_2.Text))
  End If
End Sub

Private Sub UserForm_Initialize()
  Dim lngIndex As Long

' Kombinationsfeld mit den Wochentagen initialisieren
  For lngIndex = 1 To 7
    cmb_Wochentage.AddItem Format(lngIndex + 1, "DDDD")
  Next
' Index
  cmb_Wochentage.ListIndex = Weekday(Date, vbMonday) - 1
' Textfelder
  txt_Summand_1.Text = CStr(123)
  txt_Summand_2.Text = CStr(456)
' Optionsfelder
  opt_Gruen.Value = True
End Sub
```

ONLINE   Sie finden die Arbeitsmappe mit dem Code dieses Abschnitts im Ordner \Buch\Kap19 in der Datei *Bsp19_03.xlsm*.

Wenn Sie die UserForm ausführen, werden Sie feststellen, dass direkt nach dem Erscheinen der UserForm bereits die Textfelder auf der rechten Seite gefüllt bzw. eingefärbt sind. Das Verändern der Werte in der Initialisierungsroutine hat somit direkt die entsprechenden Ereignisse ausgelöst.

In den Ereignissen der Textfelder, die der Summierung von Werten dienen, wird überprüft, ob in den beiden Feldern txt_Summand_1 und txt_Summand_2 eine Zahl enthalten ist.

Dies dient auch dazu, um bei der Initialisierung einen Laufzeitfehler zu vermeiden. Denn sobald die Zuweisung txt_Summand_1.Text = CStr(123) erfolgt, wird das Change-Ereignis des ersten Textfeldes ausgeführt. Das zweite Textfeld ist in dem Moment noch leer, weshalb eine Berechnung der Summe fehlschlagen würde.

> **WICHTIG** Verifizieren Sie die Ereignisabfolge in der Beispieldatei, indem Sie innerhalb jedes Ereignisses einen Haltepunkt setzen und die UserForm ausführen. Kommentieren Sie testweise die IsNumeric-Prüfungen in den Textfeldereignissen aus und beobachten Sie die Ergebnisse beim Aufruf der UserForm.

Arbeiten mit Rahmen (Frame)

Ein Rahmen kann beispielsweise dazu verwendet werden, um Steuerelemente in optisch getrennte Gruppen zusammenzufassen. Ein Rahmen kann aber auch dazu verwendet werden, um Optionsfelder zu gruppieren.

Nehmen wir an, Sie möchten verschiedene Konfigurationsmöglichkeiten mithilfe von Optionsfeldern abbilden, z.B. eine Farbauswahl und eine Größenauswahl. Würden Sie sowohl die Optionsfelder für die Farbauswahl als auch die Optionsfelder für die Größenauswahl auf der UserForm platzieren, könnte immer nur ein Optionsfeld vom Benutzer ausgewählt werden, also entweder eine Farbe oder eine Größe. Grund hierfür ist, dass Optionsfelder keine Mehrfachauswahl unterstützen. Wenn Sie jedoch die Optionsfelder für die Farbauswahl in einem Rahmen und die Optionsfelder für die Größenauswahl in einem anderen Rahmen anordnen, haben Sie zwei voneinander unabhängige Optionsfeldgruppen geschaffen, sodass in jeder Gruppe jeweils eine Auswahl vorgenommen werden kann.

Alternativ zur Verwendung von Rahmen können Sie Optionsfeldgruppen erzeugen, indem Sie jedem Optionsfeld die Zugehörigkeit zu einer Gruppe im Eigenschaftenfenster unter der Eigenschaft GroupName zuweisen.

Abbildg. 19.9 UserForm mit Optionsfeldern mit und ohne Rahmen

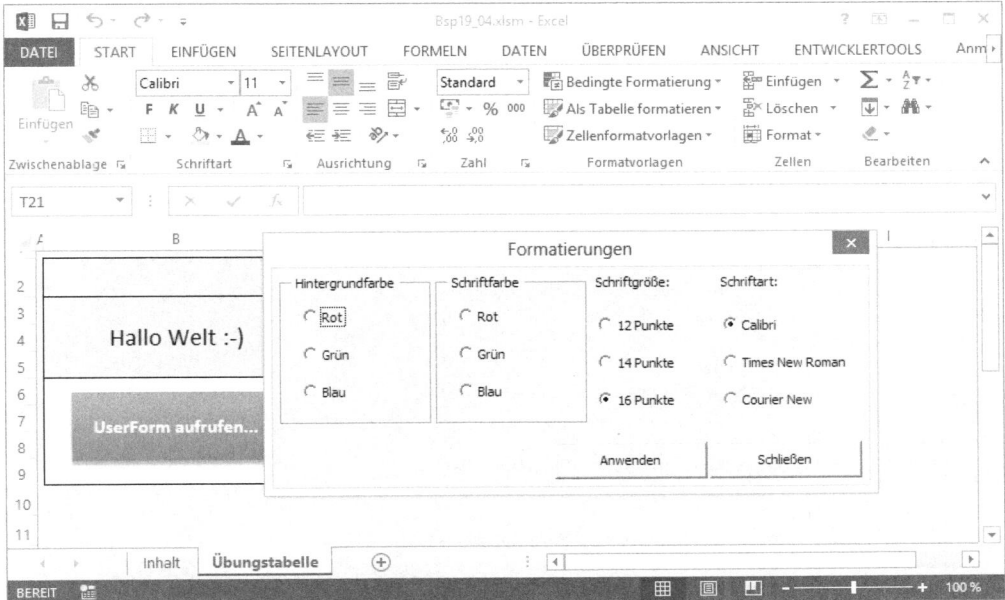

Formulare mit Excel-VBA entwickeln

Das Ganze lässt sich am einfachsten anhand eines Beispiels erläutern. In der Beispielmappe sind auf der UserForm zwei Optionsfeldgruppen in je einem Rahmen enthalten. Dementsprechend kann bei diesen Optionsfeldern auf einen Gruppennamen verzichtet werden.

Zudem enthält die UserForm zwei Optionsfeldgruppen ohne Rahmen. Jedem Element der ersten Gruppe ist der Gruppenname *Schriftgröße* zugewiesen. Der zweiten Gruppe wurde der Gruppenname *Schriftart* zugewiesen.

Um die Formatierungen, die mithilfe der Optionsfelder eingestellt werden können, der jeweiligen Zelle zuzuweisen, betätigen Sie die Befehlsschaltfläche *Anwenden*. Um die UserForm zu verlassen, verwenden Sie die Schaltfläche *Abbrechen*. Die Ereignisprozeduren, die für die beiden Schaltflächen hinterlegt wurden, sind im folgenden Listing aufgeführt.

Listing 19.5 Optionsfeldgruppen mit Rahmen und ohne Rahmen

```vba
Private Sub cmd_Schliessen_Click()
  Unload Me
End Sub

Private Sub cmd_Anwenden_Click()
  With ThisWorkbook.Worksheets(2).Cells(3, 2)
'    Zellenhintergrundfarbe
    If opt_Hintergrund_Rot.Value Then
      .Interior.Color = vbRed
    End If
    If opt_Hintergrund_Gruen.Value Then
      .Interior.Color = vbGreen
    End If
    If opt_Hintergrund_Blau.Value Then
      .Interior.Color = vbBlue
    End If
'    Schriftfarbe
    If opt_Schriftfarbe_Rot.Value Then
      .Font.Color = vbRed
    End If
    If opt_Schriftfarbe_Gruen.Value Then
      .Font.Color = vbGreen
    End If
    If opt_Schriftfarbe_Blau.Value Then
      .Font.Color = vbBlue
    End If
'    Schriftgröße
    If opt_Schriftgroesse_12.Value Then
      .Font.Size = 12
    End If
    If opt_Schriftgroesse_14.Value Then
      .Font.Size = 14
    End If
    If opt_Schriftgroesse_16.Value Then
      .Font.Size = 16
    End If
```

Listing 19.5 Optionsfeldgruppen mit Rahmen und ohne Rahmen *(Fortsetzung)*

```
'       Schriftart
        If opt_Schriftart_Calibri.Value Then
          .Font.Name = "Calibri"
        End If
        If opt_Schriftart_Times.Value Then
          .Font.Name = "Times New Roman"
        End If
        If opt_Schriftart_Courier.Value Then
          .Font.Name = "Courier New"
        End If
      End With
    End Sub
```

Multiseiten verwenden (MultiPage)

Multiseiten können verwendet werden, um umfangreiche UserForms besser zu strukturieren und zu gliedern. Auf jeder Seite eines Multiseiten-Steuerelements können Steuerelemente platziert werden. Ein Klick mit der rechten Maustaste auf die Registerkarten des Multiseiten-Steuerelements öffnet ein Kontextmenü mit den folgenden Auswahlmöglichkeiten:

Tabelle 19.2 Kontextmenüauswahl von Multiseiten

Kontextmenübefehl	Bedeutung
Neue Seite	Eine weitere Seite einfügen
Seite löschen	Eine Multiseite löschen
Umbenennen	Eine Multiseite umbenennen
Verschieben	Die Anordnung der Multiseiten verändern

Im Eigenschaftenfenster stehen verschiedene interessante Auswahlmöglichkeiten zur Formatierung der Multiseiten zur Verfügung. Beachten Sie dabei, dass nach dem ersten Klick lediglich ein schraffierter Rahmen um die Multiseiten herum eingeblendet wird. Erst durch einen Klick auf den Rahmen werden die tatsächlichen Eigenschaften der Multiseiten angezeigt. Die wichtigsten Eigenschaften sind nachfolgend beschrieben:

Die Eigenschaft MultiRow wird dann wirksam, wenn der Platz für Registerkarten des Multiseiten-Steuerelements nicht mehr ausreicht. Ist diese Eigenschaft auf True gesetzt, werden die überschüssigen Reiter in einer zweiten Zeile angezeigt. Andernfalls werden Reiter ausgeblendet und der Benutzer kann über zwei Navigationspfeile die Reiterleiste scrollen.

Die Eigenschaft Style legt fest, wie die Registerkarten angezeigt werden. Hierbei zeigt die Standardeinstellung fmTabStyleTabs die Registerkarten als Tabs an. Die Einstellung fmTabStyleButtons zeigt die Registerkarten als Schaltflächen an, wobei die aktive Registerkarte dabei dunkelgrau hervorgehoben wird. Die Einstellung fmTabStyleNone unterdrückt die Anzeige der Registerkarten.

Die Option TabOrientation legt die Ausrichtung der Registerkarten fest. Die Standardeinstellung ist fmTabOrientationTop und zeigt die Registerkarten oberhalb des Steuerelements an. Die Einstellung fmTabOrientationBottom zeigt die Registerkarte am unteren Rand an und fmTabOrientationLeft bzw. fmTabOrientationRight bewirken, dass die Registerkarten am linken bzw. rechten Rand erscheinen.

Die einzelnen Seiten einer Multiseite können im VBA-Code über ihren Index angesprochen werden. Dabei ist zu beachten, dass die erste Seite den Index Null trägt.

In der Bespielmappe ist eine UserForm mit einem Multiseiten-Steuerelement mit drei Registerkarten hinterlegt. Auf der ersten Seite sind drei Kontrollkästchen enthalten, die auf Wunsch die Formeln und Gitternetzlinien des Arbeitsblatts oder Tabellenreiters ein- oder ausblenden. Die zweite Registerkarte beinhaltet einen Rahmen mit drei Optionsfeldern und bezieht sich auf die im Arbeitsblatt enthaltenen Kommentare. Auf der dritten und letzten Seite befinden sich ein Beschriftungsfeld und eine vertikale Bildlaufleiste. Über die Bildlaufleiste kann der Zoom des Tabellenblatts eingestellt werden. Im Eigenschaftenfenster wurden ein Minimalwert von 10 und ein Maximalwert von 400 festgelegt.

Abbildg. 19.10   Die erste Seite des Multiseiten-Steuerelements

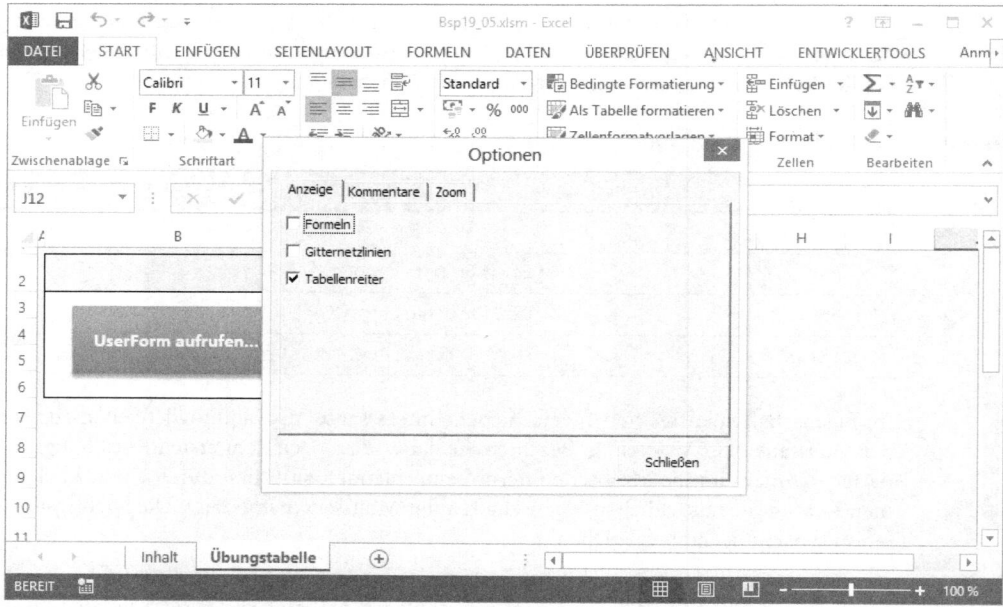

In Listing 19.6 sind die Ereignisprozeduren für die einzelnen Steuerelemente aufgeführt. In dem Initialisierungsereignis der UserForm wird die aktive Registerkarte auf 0, also auf die erste Seite des Multiseiten-Steuerelements gesetzt. Zudem werden die Steuerelemente mit den aktuellen Werten initialisiert.

Listing 19.6 Multiseitenelemente programmieren

```
Private Sub cmd_Schliessen_Click()
  Unload Me
End Sub

Private Sub chk_Formeln_Click()
  ActiveWindow.DisplayFormulas = CBool(chk_Formeln.Value)
End Sub

Private Sub chk_Gitternetzlinien_Click()
  ActiveWindow.DisplayGridlines = CBool(chk_Gitternetzlinien.Value)
End Sub

Private Sub chk_Reiter_Click()
  ActiveWindow.DisplayWorkbookTabs = CBool(chk_Reiter.Value)
End Sub

Private Sub opt_Kommentare_Alles_Click()
  Application.DisplayCommentIndicator = xlCommentAndIndicator
End Sub

Private Sub opt_Kommentare_Keine_Click()
  Application.DisplayCommentIndicator = xlNoIndicator
End Sub

Private Sub opt_Kommentare_Indikator_Click()
  Application.DisplayCommentIndicator = xlCommentIndicatorOnly
End Sub

Private Sub vsb_Zoom_Change()
  ActiveWindow.Zoom = vsb_Zoom.Value
  lbl_Zoom.Caption = vsb_Zoom.Value & "% Zoom"
End Sub

Private Sub UserForm_Initialize()
'   Multiseiten
  mpg_Optionen.Value = 0
'   Anzeige
  chk_Formeln.Value = ActiveWindow.DisplayFormulas
  chk_Gitternetzlinien.Value = ActiveWindow.DisplayGridlines
  chk_Reiter.Value = ActiveWindow.DisplayWorkbookTabs
'   Kommentare
  Select Case Application.DisplayCommentIndicator
    Case xlCommentAndIndicator
      opt_Kommentare_Alles.Value = True
    Case xlNoIndicator
      opt_Kommentare_Keine.Value = True
    Case xlCommentIndicatorOnly
      opt_Kommentare_Indikator.Value = True
    Case Else
  End Select
'   Zoom...
  vsb_Zoom.Value = ActiveWindow.Zoom
End Sub
```

Registerkarten (TabStrip)

Registerkarten sind den Multiseiten auf den ersten Blick sehr ähnlich. Der gravierende Unterschied besteht darin, dass die einzelnen Seiten nicht unabhängig voneinander mit Steuerelementen bestückt werden können. Das heißt, wenn auf einer der Seiten ein Steuerelement eingefügt wird, ist dieses automatisch auch auf den anderen Seiten sicht- und verwendbar. Alle Seiten des Registers weisen somit immer dieselben Steuerelemente an derselben Stelle auf. Die Differenzierung findet im Code über die Abfrage des Seitenindizes für die Registerkarte statt.

Abbildg. 19.11 Die erste Seite des Registerkarten-Steuerelements

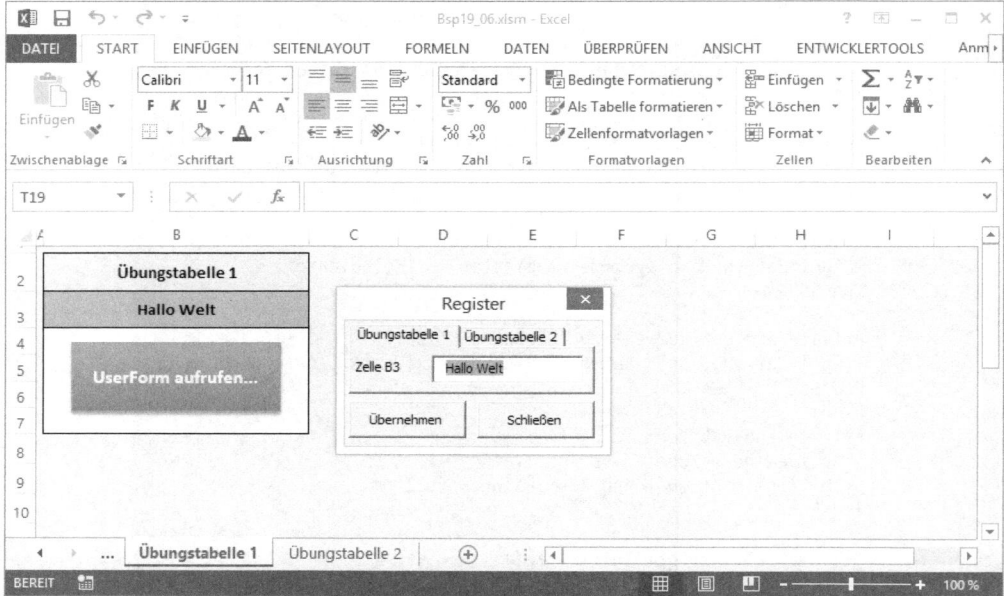

ONLINE Sie finden die Arbeitsmappe mit dem Code dieses Abschnitts im Ordner \Buch\Kap19 in der Datei Bsp19_06.xlsm.

In der Beispielmappe zu diesem Abschnitt sind zwei Übungstabellen enthalten. Beide Tabellen sind identisch aufgebaut. Wenn auf eine der Registerkarten des Steuerelements geklickt wird, wird zu der entsprechenden Tabelle gewechselt. Ein Klick auf die Schaltfläche *Übernehmen* schreibt den im Textfeld enthaltenen Text in die Zelle B3 der entsprechenden Tabelle. Wie in den vorherigen Beispielen führt eine Initialisierung des Steuerelements dazu, dass dessen Change-Ereignis ausgeführt wird und somit die entsprechende Tabelle ausgewählt wird.

Listing 19.7   Code zur UserForm mit einem Registerkarten-Steuerelement

```
Private Sub cmd_Schliessen_Click()
   Unload Me
End Sub

Private Sub cmd_Uebernehmen_Click()
   ActiveSheet.Cells(3, 2).Value = txt_Zellinhalt.Text
End Sub

Private Sub tbs_Tabellen_Change()
   Select Case tbs_Tabellen.Value
      Case 0
         ThisWorkbook.Worksheets(2).Activate
      Case 1
         ThisWorkbook.Worksheets(3).Activate
      Case Else
   End Select
End Sub

Private Sub UserForm_Initialize()
   tbs_Tabellen.Value = 0
End Sub
```

Sichtbarkeit und Status von Steuerelementen steuern

Steuerelemente lassen sich zur Laufzeit mit der Eigenschaft Enabled deaktivieren bzw. aktivieren oder mit der Eigenschaft Visible aus bzw. einblenden. Die beiden Eigenschaften nehmen dann respektive den Wert True oder False an. Beispiele:

```
cmd_Uebernehmen.Enabled = False ' Solange bis alle Pflichtfelder gefüllt sind
chk_Einstellung.Visible = False ' Nur sichtbar, wenn eine andere Option gewählt wurde
```

Wenn Steuerelemente deaktiviert oder unsichtbar sind, sind diese einerseits nicht mehr vom Benutzer anwählbar und auch nicht mehr Teil der Aktivierungsreihenfolge.

Der Einsatz von RefEdit

Ein besonderes Steuerelement ist das RefEdit-Steuerelement, welches vergleichbar mit der Auswahl von Quelldaten eines Diagramms oder im Formelassistenten, die Auswahl eines Bereichs innerhalb einer Tabelle ermöglicht. Das Steuerelement zeigt dann den Bezug zum Bereich bzw. zur Zelle in der Excel-Syntax an.

ACHTUNG   Das RefEdit-Steuerelement nutzt automatisch einen ungebundenen Zustand, sodass ein Zugriff auf die Arbeitsblätter möglich ist. Somit darf die Einstellung vbModeless auf keinen Fall – weder beim Aufruf der UserForm noch im Eigenschaftenfenster – nochmals verwendet werden. Ein erneutes Verwenden hätte zur Folge, dass die gesamte Excel-Anwendung blockiert würde.

Nehmen wir an, eine UserForm soll dazu dienen, einem markierten Bereich ein bestimmtes Zellenformat zuzuweisen. Die UserForm enthält ein RefEdit-Steuerelement, um den Bereich von der UserForm aus zu markieren. Für die Zuweisung des gewünschten Formats sind drei Optionsfelder zuständig.

Abbildg. 19.12   UserForm mit einem *RefEdit*-Steuerelement

Um den Code, der sich für jedes Optionsfeld wiederholen würde, nur einmal schreiben zu müssen, wird dieser in eine separate Prozedur ausgelagert. Die Change-Ereignisse der einzelnen Optionsfelder brauchen somit nur noch diese separate Prozedur aufzurufen und einen entsprechenden Parameter zu übergeben.

ONLINE   Sie finden die Arbeitsmappe mit dem Code dieses Abschnitts im Ordner *\Buch\Kap19* in der Datei *Bsp19_07.xlsm*.

Die Methode SetFocus am Ende der Prozedur bewirkt, dass der Cursor für eine Neueingabe wieder ins Feld ref_Format gesetzt wird.

Listing 19.8   Code der UserForm mit einem *RefEdit*-Steuerelement

```
Private Sub cmd_Schliessen_Click()
  Unload Me
End Sub

Private Sub opt_Text_Click()
  Aktualisieren "@"
End Sub
```

Listing 19.8   Code der UserForm mit einem *RefEdit*-Steuerelement *(Fortsetzung)*

```
Private Sub opt_Ganzzahl_Click()
  Aktualisieren "0"
End Sub

Private Sub opt_Kommazahl_Click()
  Aktualisieren "0.00"
End Sub

Private Sub Aktualisieren(strFormat As String)
  Dim rngZelle As Range
  If Not ref_Format.Value = "" Then
    For Each rngZelle In Range(ref_Format.Value)
      rngZelle.NumberFormat = strFormat
    Next
    ref_Format.SetFocus
  End If
End Sub
```

Listenfelder mit Mehrfachauswahl

In diesem Abschnitt finden Sie einige ergänzende Informationen zu den Listenfeldern, die bereits in Kapitel 18 erläutert wurden. So können in Listenfeldern verschiedene Selektionsverfahren verwendet werden, die Sie Tabelle 19.3 entnehmen können. Die Zuweisung kann im Eigenschaftenfenster bei der Eigenschaft MultiSelect getroffen werden.

Tabelle 19.3   Konstanten der *MultiSelect*-Eigenschaft

Konstante	Beschreibung
fmMultiSelectSingle	Es kann immer nur ein Eintrag ausgewählt werden
fmMultiSelectMulti	Es können per Mausklick mehrere Einträge ausgewählt werden
fmMultiSelectExtended	Unter Zuhilfenahme der ⇧-Taste können zusammenhängende Einträge selektiert werden. Dies ist auch möglich, indem mit gedrückter linker Maustaste über die Einträge gefahren wird. Mit gedrückt gehaltener Strg-Taste können mehrere auseinanderliegende Einträge selektiert werden

Ein zusätzlicher optischer Effekt kann erzeugt werden, indem für die Eigenschaft ListStyle die Konstante fmListStyleOption gewählt wird. Je nachdem, welche MultiSelect-Konstante ausgewählt wurde, wird vor jedem Eintrag im Listenfeld ein Optionsfeld oder ein Kontrollkästchen angezeigt.

Abbildg. 19.13 Mehrfachauswahl in Listenfeldern

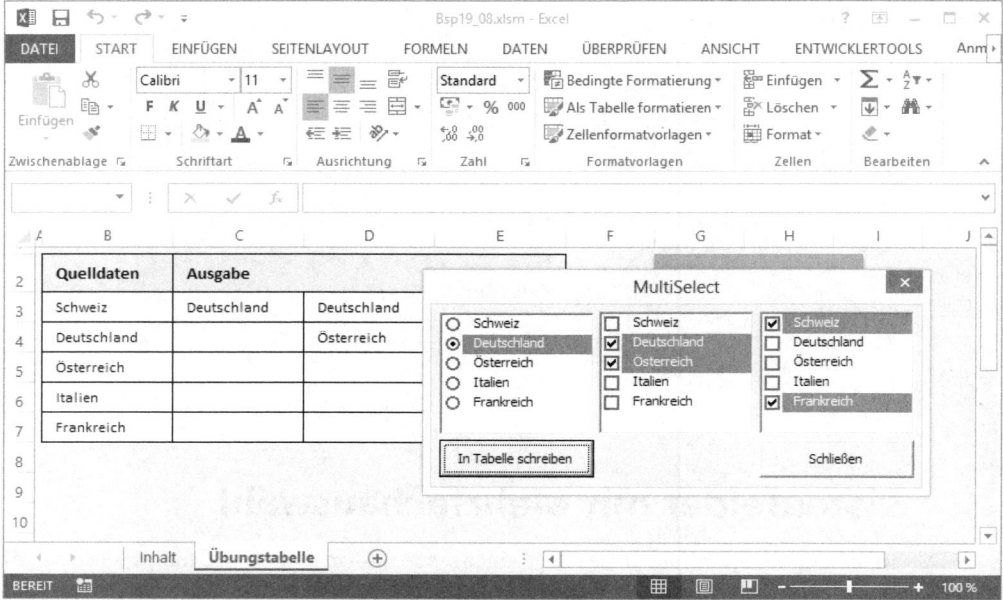

In der Beispielmappe zu diesem Abschnitt wurden den MultiSelect-Eigenschaften der drei Listenfelder jeweils unterschiedliche Werte zugewiesen.

ONLINE Sie finden die Arbeitsmappe mit dem Code dieses Abschnitts im Ordner \Buch\Kap19 in der Datei Bsp19_08.xlsm.

Die in den Listenfeldern enthaltenen Werte stammen aus der Übungstabelle. Die Bereichsquelle wurde im Eigenschaftenfenster unter *RowSource* auf den Bereich *Übungstabelle!$B$3:$B$7* festgelegt.

Eine Schaltfläche schreibt die ausgewählten Einträge in die Übungstabelle. Für die Listen mit einer Mehrfachauswahl iteriert der Code durch die Listeneinträge und schreibt nur die Einträge in die Tabelle, die ausgewählt wurden.

Listing 19.9 Ausgewählte Listenelemente in die Tabelle schreiben

```
Private Sub cmd_Schreiben_Click()
  Dim lngIndex As Long
  Dim lngZeile As Long

'   Leeren
  ThisWorkbook.Worksheets(2).Range("C3:E7").ClearContents
'   Erste Liste
  If lst_Liste_1.Value <> "" Then
    ThisWorkbook.Worksheets(2).Range("C3").Value = lst_Liste_1.Value
  End If
'   Reset
  lngZeile = 3
```

Listing 19.9   Ausgewählte Listenelemente in die Tabelle schreiben *(Fortsetzung)*

```
'    Zweite Liste
     For lngIndex = 0 To lst_Liste_2.ListCount - 1
       If lst_Liste_2.Selected(lngIndex) = True Then
         ThisWorkbook.Worksheets(2).Cells(lngZeile, 4).Value = _
         lst_Liste_2.List(lngIndex)
         lngZeile = lngZeile + 1
       End If
     Next
'    Reset
     lngZeile = 3
'    Dritte Liste
     For lngIndex = 0 To lst_Liste_3.ListCount - 1
       If lst_Liste_3.Selected(lngIndex) = True Then
         ThisWorkbook.Worksheets(2).Cells(lngZeile, 5).Value = _
         lst_Liste_3.List(lngIndex)
         lngZeile = lngZeile + 1
       End If
     Next
   End Sub
```

Mehrspaltige Listenfelder

Listenfelder können mehrere Spalten enthalten. Wie viele das sind, lässt sich im Eigenschaftenfenster des Steuerelements bei der Eigenschaft *ColumnCount* festlegen. Die Breite der Spalten wird über die Eigenschaft *ColumnWidths* festgelegt, wobei die einzelnen Breitenangaben durch ein Semikolon voneinander zu trennen sind. Die Eingabe kann übrigens auch in Zentimeter erfolgen, beispielsweise *2cm; 2cm; 1cm*. Nach dem Drücken der ⏎-Taste findet eine Umrechnung in Punkt statt.

Abbildg. 19.14   Mehrspaltiges Listenfeld

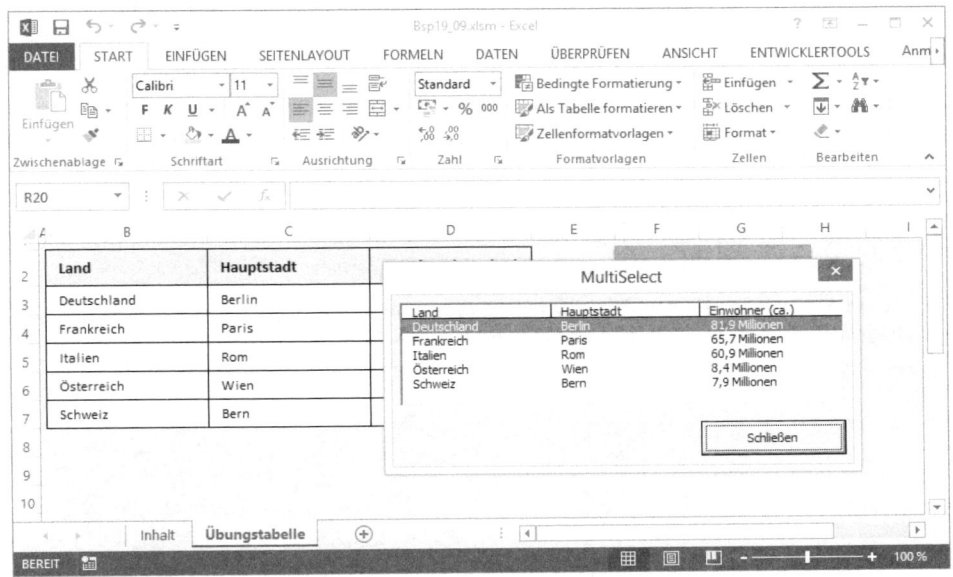

Formulare mit Excel-VBA entwickeln

497

Um in Listenfeldern die Spaltenköpfe einzublenden, können Sie die Eigenschaft *ColumnHeads* auf *True* umstellen. Falls Sie die Einträge, die im Listenfeld angezeigt werden sollen, mit der Eigenschaft RowSource aus der Mappe einlesen, beachten Sie, dass für die Spaltenköpfe die Zeile oberhalb des Bereichs verwendet wird.

ONLINE Sie finden die Arbeitsmappe mit dem Code dieses Abschnitts im Ordner *\Buch\Kap19* in der Datei *Bsp19_09.xlsm*.

Folgender Code demonstriert den Zugriff auf die Inhalte einzelner Spalten im Listenfeld. Die Eigenschaft List erwartet als erstes Argument eine Angabe zum aktuellen Zeilenindex der Liste, und das zweite Argument gibt die Spalte an, wobei von Null an gezählt wird (nullbasierter Index).

Listing 19.10 Mehrspaltiges Listenfeld

```
Private Sub lst_Liste_1_Click()
  MsgBox "Aktuelle Auswahl..." & vbCrLf & vbCrLf & _
        lst_Liste_1.List(lst_Liste_1.ListIndex, 0) & " - " & _
        lst_Liste_1.List(lst_Liste_1.ListIndex, 1) & " - " & _
        lst_Liste_1.List(lst_Liste_1.ListIndex, 2)
End Sub
```

Weitere Steuerelemente der Werkzeugsammlung hinzufügen

Neben den bereits behandelten Standardsteuerelementen haben Sie die Möglichkeit, der Werkzeugsammlung weitere Steuerelemente hinzuzufügen. Klicken Sie dazu mit der rechten Maustaste auf einen freien Bereich zwischen den bereits vorhandenen Steuerelementen oder auf ein bestehendes Steuerelement und wählen Sie im Kontextmenü den Eintrag *Zusätzliche Steuerelemente* aus. Es öffnet sich das Dialogfeld *Weitere Steuerelemente*, das üblicherweise eine ziemlich umfangreiche Liste anzeigt. Wenn Sie die Bildlaufleiste nach unten bewegen, gelangen Sie beispielsweise zu den Microsoft-Steuerelementen.

Die Standardsteuerelemente sind bereits aktiviert. Wenn Sie nur die Steuerelemente anzeigen möchten, die bereits geladen sind, aktivieren Sie das Kontrollkästchen *Nur ausgewählte Elemente*.

Um der Werkzeugsammlung eines der Steuerelemente hinzuzufügen, aktivieren Sie es und bestätigen die Auswahl über die Schaltfläche *OK*. Das Steuerelement wird danach in der Werkzeugsammlung angezeigt. Um das Steuerelement wieder zu entfernen, klicken Sie es mit der rechten Maustaste an und wählen aus dem Kontextmenü den Eintrag *Löschen*.

Wenn Sie auf eine Registerkarte der Werkzeugsammlung klicken, haben Sie die Möglichkeit, neue Registerkarten anzulegen bzw. bestehende zu löschen. Steuerelemente lassen sich beispielsweise auch per Drag & Drop zwischen den Registerkarten verschieben.

Abbildg. 19.15 Wählen Sie in diesem Dialogfeld zusätzlich benötigte Steuerelemente aus

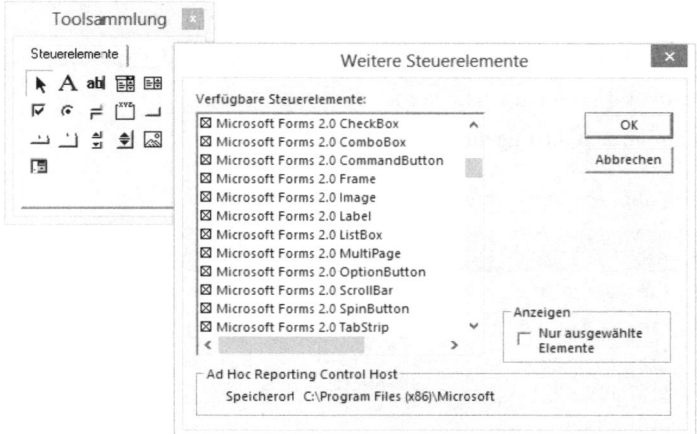

Steuerelementgruppen in der Werkzeugsammlung erzeugen

Eine weitere Möglichkeit, die Werkzeugsammlung zu erweitern, besteht darin, eigene Steuerelementgruppen zu erzeugen. Dies ist vor allem dann sinnvoll, wenn Sie immer wieder die gleichen Steuerelemente auf UserForms einfügen möchten.

Um eine eigene Gruppe zu erzeugen, gehen Sie wie folgt vor:

1. Erstellen Sie am besten eine leere UserForm.
2. Stellen Sie die gewünschten Steuerelemente auf der UserForm zusammen.
3. Markieren Sie die Steuerelemente.
4. Ziehen Sie die gesamte Markierung mit gedrückter Maustaste in die Werkzeugsammlung.

Es wird ein neues Symbol angezeigt. Sie können nun die selbst erstellte Gruppe beliebig auf Ihren UserForms einfügen. Wenn Sie eine Steuerelementgruppe mit der rechten Maustaste anklicken, öffnet sich ein Kontextmenü, welches Ihnen die Möglichkeit bietet, die Gruppe zu löschen oder anzupassen – z.B. eine Umbenennung durchzuführen oder ein eigenes Symbol zuzuweisen.

UserForms in der Praxis

Nachdem Sie nun die einzelnen Steuerelemente kennengelernt haben, finden Sie nachfolgend einige kombinierte Beispiele, wie sie in der Praxis verwendet werden könnten.

Datenerfassung via UserForm

In der Praxis werden UserForms häufig zur Datenerfassung und -bearbeitung verwendet. Es wird dabei eine UserForm erstellt, über die die entsprechenden Funktionen ausgeführt werden können. Das Beispiel zu diesem Abschnitt ermöglicht die folgenden Aktionen:

- Datensätze können über ein Drehfeld gewechselt werden

- Neue Datensätze können erfasst werden

- Änderungen an bestehenden Datensätzen können vorgenommen und gespeichert werden

- Ein bestehender Datensatz kann gelöscht werden

Auf der UserForm befinden sich die folgenden Steuerelemente:

Tabelle 19.4 Steuerelemente, die sich auf der UserForm befinden

Steuerelement(e)	Name	Beschreibung
Drehfeld	spn_Datensatz	Wechseln zwischen Datensätzen
Beschriftungsfelder	lbl_Vorname lbl_Nachname lbl_PLZ lbl_Stadt	Beschriftungen der Textfelder
Textfelder	txt_Vorname txt_Nachname txt_PLZ txt_Stadt	Vorname Nachname PLZ Stadt
Schaltflächen	cmd_Leeren cmd_Neu cmd_Speichern cmd_Loeschen cmd_Schliessen	Eingabefelder leeren Neuen Datensatz speichern Änderungen speichern Aktuellen Datensatz löschen UserForm verlassen

Abbildg. 19.16 Vorhandene Datensätze und die eingeblendete UserForm

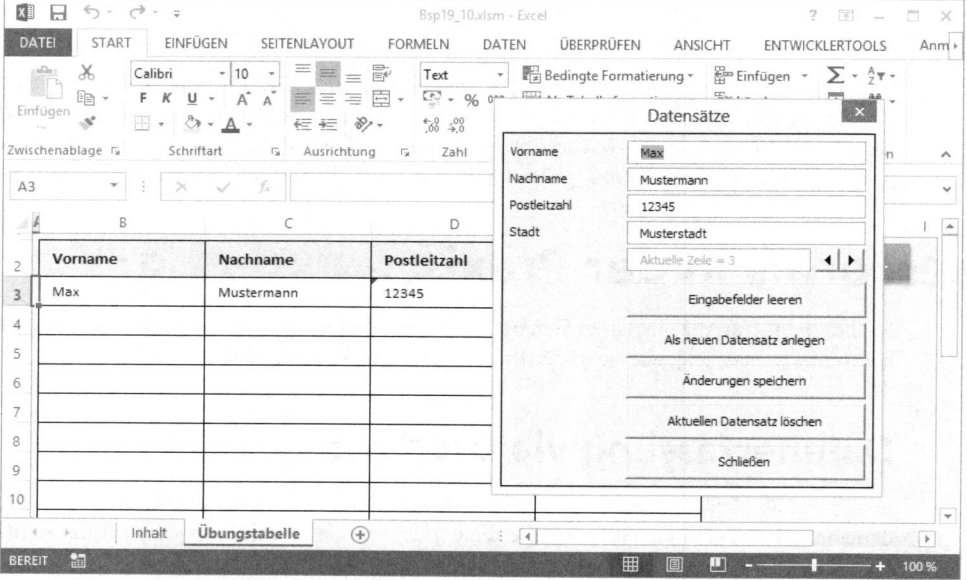

An die UserForm selbst, das Drehfeld und die einzelnen Schaltflächen ist je eine Ereignisprozedur gebunden.

ONLINE   Sie finden die Arbeitsmappe mit dem Code dieses Abschnitts im Ordner \Buch\Kap19 in der Datei Bsp19_10.xlsm.

Der erste Datensatz beginnt in der Übungstabelle ab der dritten Zeile. Die zweite Zeile enthält eine Überschrift, die mittels der UserForm nicht angesprochen werden soll. Somit wird das Drehfeld im Ereignis zur Initialisierung der UserForm auf den Wert drei initialisiert, wenn die Zeilennummer der aktiven Zelle kleiner als drei ist. Ansonsten wird die aktuelle Zeilennummer verwendet.

Listing 19.11   Datenverwaltung mit einer UserForm

```
Private Sub cmd_Schliessen_Click()
  Unload Me
End Sub

Private Sub cmd_Leeren_Click()
  txt_Vorname.Text = ""
  txt_Nachname.Text = ""
  txt_PLZ.Text = ""
  txt_Stadt.Text = ""
End Sub

Private Sub cmd_Loeschen_Click()
'  Die aktuelle Zeile löschen
  ActiveCell.EntireRow.Delete
'  Eingabefelder leeren
  txt_Vorname.Text = ""
  txt_Nachname.Text = ""
  txt_PLZ.Text = ""
  txt_Stadt.Text = ""
End Sub

Private Sub cmd_Neu_Click()
  Dim lngIndex As Long
  Dim lngMax   As Long
'  Letzte belegte Zelle finden
  For lngIndex = 1 To 4
    If ActiveSheet.Cells(Rows.Count, lngIndex).End(xlUp).Row > lngMax Then
      lngMax = ActiveSheet.Cells(Rows.Count, lngIndex).End(xlUp).Row
    End If
  Next
'  Daten an Zellen übergeben
  ActiveSheet.Cells(lngMax + 1, 2) = txt_Vorname.Text
  ActiveSheet.Cells(lngMax + 1, 3) = txt_Nachname.Text
  ActiveSheet.Cells(lngMax + 1, 4) = txt_PLZ.Text
  ActiveSheet.Cells(lngMax + 1, 5) = txt_Stadt.Text
End Sub
```

Listing 19.11 Datenverwaltung mit einer UserForm *(Fortsetzung)*

```
Private Sub cmd_Speichern_Click()
  ActiveSheet.Cells(spn_Datensatz.Value, 2).Value = txt_Vorname.Text
  ActiveSheet.Cells(spn_Datensatz.Value, 3).Value = txt_Nachname.Text
  ActiveSheet.Cells(spn_Datensatz.Value, 4).Value = txt_PLZ.Text
  ActiveSheet.Cells(spn_Datensatz.Value, 5).Value = txt_Stadt.Text
End Sub

Private Sub spn_Datensatz_Change()
' Zeile per Drehfeld wechseln
  ActiveSheet.Cells(spn_Datensatz.Value, 1).Select
' Datensätze einblenden
  txt_Vorname.Text = ActiveSheet.Cells(spn_Datensatz.Value, 2).Value
  txt_Nachname.Text = ActiveSheet.Cells(spn_Datensatz.Value, 3).Value
  txt_PLZ.Text = ActiveSheet.Cells(spn_Datensatz.Value, 4).Value
  txt_Stadt.Text = ActiveSheet.Cells(spn_Datensatz.Value, 5).Value
' Datensatznummer anzeigen
  txt_Datensatz.Text = "Aktuelle Zeile = " & CStr(spn_Datensatz.Value)
End Sub

Private Sub UserForm_Initialize()
' Einstellungen
  spn_Datensatz.Min = 3
  spn_Datensatz.Max = Rows.Count - 1
  If ActiveCell.Row < 3 Then
    spn_Datensatz.Value = 3
  Else
    spn_Datensatz.Value = ActiveCell.Row
  End If
End Sub
```

Die Ereignisprozedur zum Anlegen eines neuen Datensatzes sucht in allen vier Spalten nach der zuletzt benutzten Zelle und merkt sich hierbei den Maximalwert. So können nicht ausgefüllte Felder innerhalb einer Zeile abgefangen werden.

Da sich das Drehfeld die aktuelle Zeilennummer merkt, kann auf dessen Wert zurückgegriffen werden, um die Daten in die entsprechende Zeile zu schreiben. In dem Beispiel zu diesem Abschnitt wird ausnahmsweise auf die Tabelle per ActiveSheet zugegriffen. In der Beispielmappe befindet sich die Schaltfläche zum Starten der UserForm in der Tabelle, wo die Datensätze liegen. Somit ist in diesem Fall sichergestellt, dass die korrekte Tabelle adressiert wird.

WICHTIG Sprechen Sie die Eigenschaften von Steuerelementen in Ihrem Code explizit an. Dazu ein Beispiel: Die Eigenschaft Value des Drehfelds ist als Standardeigenschaft definiert, weshalb die Zuweisung spn_Datensatz = 3 zulässig ist und der Anweisung spn_Datensatz.Value = 3 entspricht. Dennoch ist es ratsam, die zweite Variante zu bevorzugen, denn Sie wissen beispielsweise nicht, ob Microsoft die Standardeigenschaften in neuen Versionen ändern wird. Außerdem wird der Code lesbarer, wenn Sie immer die Eigenschaften explizit ansprechen.

UserForm mit Hyperlink und Webbrowser

Gleich vorweg: Es gibt kein Steuerelement, das einen Hyperlink darstellt. Es muss mit einem kleinen Trick gearbeitet werden. Um einen Hyperlink auf einer UserForm zu simulieren, wird ein Beschriftungsfeld eingefügt.

ONLINE Sie finden die Arbeitsmappe mit dem Code dieses Abschnitts im Ordner *\Buch\Kap19* in der Datei *Bsp19_11.xlsm*.

Ein Hyperlink wird in der Regel blau und unterstrichen dargestellt. Die blaue Schriftfarbe für den Text des Beschriftungsfelds wird im Eigenschaftenfenster über die Eigenschaft ForeColor festgelegt. Die Unterstreichung kann über die Eigenschaft Font eingestellt werden.

Um das Ganze abzurunden, soll der Mauszeiger beim Überfahren des »Hyperlinks« von einem Pfeil in eine Hand wechseln. Bei aktiviertem Beschriftungsfeld stehen über die Eigenschaft MousePointer verschiedene Mauszeiger zur Verfügung. Leider jedoch keine Hand. Mit etwas Glück liefert die Windows-Suche verschiedene Cursor-Dateien, wenn der Dateiname *Hand.cur* eingetippt wird. Um Ihnen die Suche danach zu ersparen, finden Sie im selben Verzeichnis, in der die Beispieldatei abgelegt ist, ein entsprechendes Cursorsymbol.

Um das Cursorsymbol dem Beschriftungsfeld zuzuweisen, aktivieren Sie zuerst das Steuerelement und klicken dann rechts neben der Eigenschaft MouseIcon auf die Schaltfläche mit den drei Punkten. Sie können nun aus dem Dateisystem die gewünschte Cursordatei auswählen. Jetzt muss nur noch die Eigenschaft MousePointer auf fmMousePointerCustom umgestellt werden. Nach dem Start der UserForm wird beim Überfahren dieses Beschriftungsfeldes der Mauszeiger wie gewünscht in eine Hand verwandelt.

Damit eine Webseite geöffnet wird, sobald eines der Beschriftungsfelder angeklickt wird, verwenden wir die Methode FollowHyperlink, gefolgt von der Webadresse.

In unserer UserForm soll die Möglichkeit gegeben sein, die Webseite entweder in einem externen Browserfenster zu öffnen (Optionsfeld *Extern*) oder sie in der UserForm selbst anzuzeigen (Optionsfeld *Intern*). Damit die Webseite in der UserForm angezeigt werden kann, muss das Steuerelement *Microsoft Webbrowser* der Werkzeugsammlung hinzugefügt werden. In der UserForm wird auf diese Weise ein Webbrowserfenster integriert.

Abbildg. 19.17   UserForm mit Webbrowser

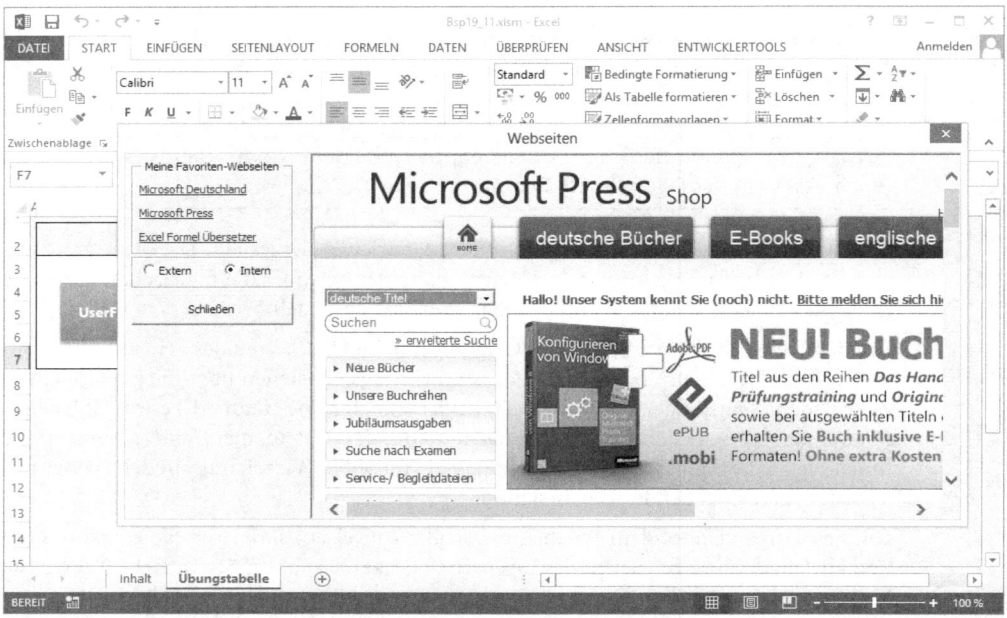

Beim Bewegen des Mauszeigers über das Beschriftungsfeld soll der URL der Webseite in Form einer QuickInfo angezeigt werden. Um dies umzusetzen, wird im Eigenschaftenfenster bei der Eigenschaft `ControlTipText` der gewünschte Text eingetragen.

Nachdem die UserForm fertig gestaltet ist und die benötigten Steuerelemente eingefügt wurden, können die Ereignisprozeduren für die Beschriftungsfelder erstellt werden. In der Beispielmappe sind es drei, für jede Webseite eine.

In jeder Ereignisprozedur wird geprüft, ob das Optionsfeld *Extern* oder *Intern* aktiviert wurde. Wenn *Extern* aktiv ist, wird die Methode `FollowHyperlink` verwendet. Wenn *Intern* aktiv ist, wird die Website in das Browserfenster `web_Browser` geladen. Der Code zu dieser UserForm ist in Listing 19.12 hinterlegt.

> **TIPP**   Wenn Sie der Methode `FollowHyperlink` eine E-Mail-Adresse übergeben und dieser den Text `mailto:` voranstellen, öffnet sich das Standard-E-Mail-Programm mit der angegebenen Adresse als Empfänger.

Listing 19.12   UserForm mit Hyperlinks und einem Webbrower-Steuerelement

```
Private Sub cmd_Schliessen_Click()
  Unload Me
End Sub

Private Sub lbl_Microsoft_Click()
  On Error Resume Next
  If opt_Extern.Value Then
    ThisWorkbook.FollowHyperlink Address:="http://www.microsoft.de"
  Else
```

Listing 19.12   UserForm mit Hyperlinks und einem Webbrower-Steuerelement *(Fortsetzung)*

```
      web_Browser.Navigate "http://www.microsoft.de"
   End If
End Sub

Private Sub lbl_Microsoft_Press_Click()
   On Error Resume Next
   If opt_Extern.Value Then
      ThisWorkbook.FollowHyperlink Address:="http://www.microsoft-press.de"
   Else
      web_Browser.Navigate "http://www.microsoft-press.de"
   End If
End Sub

Private Sub lbl_Translator_Click()
   On Error Resume Next
   If opt_Extern.Value = True Then
      ThisWorkbook.FollowHyperlink Address:="http://de.excel-translator.de"
   Else
      web_Browser.Navigate "http://de.excel-translator.de"
   End If
End Sub
```

> **WICHTIG**   Der Microsoft Internet Explorer muss installiert sein, damit das Browserfenster mit der Webseite geöffnet werden kann. Stellen Sie vor dem Klick auf den Hyperlink sicher, dass Sie mit dem Internet verbunden sind. Ansonsten kann die Webseite nicht geladen werden.

Thermometer (Celsius/Fahrenheit)

Wir Europäer sind es gewohnt, dass die Temperaturanzeige in Celsius erfolgt. Wenn wir jedoch z.B. nach Amerika reisen, müssen wir umdenken, denn dort wird die Temperatur in Fahrenheit vermittelt. Um von Celsius nach Fahrenheit umzurechnen, müssen Sie folgende Formel verwenden:

°F = °C * 9 / 5 + 32

Um von Fahrenheit nach Celsius umzurechnen, muss die Formel umgedreht werden und sieht dann wie folgt aus:

°C = (°F ? 32) * 5 / 9

Mittels einer UserForm kann die Umrechnung etwas benutzerfreundlicher gestaltet werden. Im folgenden Beispiel kann in ein Textfeld ein beliebiger Wert eingegeben werden. Per Klick auf eines der Optionsfelder wird angegeben, ob der eingegebene Wert in Celsius oder Fahrenheit dargestellt werden soll. Anschließend erfolgt die Ausgabe der Berechnung im dafür vorgesehenen Beschriftungsfeld.

> **ONLINE**   Sie finden die Arbeitsmappe mit dem Code dieses Abschnitts im Ordner *\Buch\Kap19* in der Datei *Bsp19_12.xlsm*.

Für die beiden Optionsfelder wird je ein Code hinterlegt, der die Umrechnung in Celsius oder Fahrenheit vornimmt. Der Code prüft zunächst, ob eine gültige Eingabe erfolgt ist. In diesem Fall erfolgt die Umrechnung. Andernfalls wird ein Meldungsfeld angezeigt, die beiden Optionsfelder werden zurückgesetzt und der Fokus wird auf das Textfeld gesetzt.

Listing 19.13 Ereignisprozeduren zur Umrechnung in Grad und Fahrenheit

```
Private Sub opt_C_Click()
  If txt_Eingabe.Text <> "" And IsNumeric(txt_Eingabe) Then
    lbl_Ausgabe.Caption = Format(9 / 5 * CDbl(txt_Eingabe.Text) + 32, "0.0") & " °F"
  Else
    MsgBox "Geben Sie einen Wert ein."
    opt_C.Value = False
    opt_F.Value = False
    txt_Eingabe.SetFocus
  End If
End Sub

Private Sub opt_F_Click()
  If txt_Eingabe.Text <> "" And IsNumeric(txt_Eingabe) Then
    lbl_Ausgabe.Caption = Format((CDbl(txt_Eingabe.Text) - 32) * 5 / 9, "0.0") & " °C"
  Else
    MsgBox "Geben Sie einen Wert ein."
    opt_C.Value = False
    opt_F.Value = False
    txt_Eingabe.SetFocus
  End If
End Sub
```

Beim Anklicken des Textfelds werden die beiden Optionsfelder deaktiviert, damit eine neue Berechnung erfolgen kann. Zu diesem Zweck wird das Enter-Ereignis des Textfelds verwendet, welches ausgelöst wird, sobald das Textfeld mit der Maus oder der Tabulatortaste aktiviert wird.

Listing 19.14 Die Werte der Optionsfeld zurücksetzen

```
Private Sub txt_Eingabe_Enter()
  opt_C.Value = False
  opt_F.Value = False
End Sub
```

Mit etwas mehr Aufwand lässt sich das Ganze auch etwas netter gestalten. Das folgende Beispiel zeigt, wie ein Thermometer entworfen werden kann. Das Thermometer rechnet Celsius nach Fahrenheit um und zeigt bei einem Wert größer Null die Farbe Rot, ansonsten Blau.

Der Maximalwert beträgt 60 Grad Celsius und der Minimalwert –40 Grad Celsius. Dies ergibt eine Spanne von 100 Grad. Das Ganze ist zwar recht hübsch, aber etwas weniger flexibel als das vorangegangene Beispiel, wo keine Einschränkung besteht. Bei der visuellen Darstellung muss eine Ober- und Untergrenze definiert werden, um die Farbanzeige im entsprechenden Beschriftungsfeld setzen zu können. Für die visuelle Anzeige sind zwei Beschriftungsfelder (Label) erforderlich. Das eine stellt den Rahmen dar, der das Thermometer umgibt, und das andere wird für die Füllfarbe verwendet.

Abbildg. 19.18 Thermometer in einer UserForm

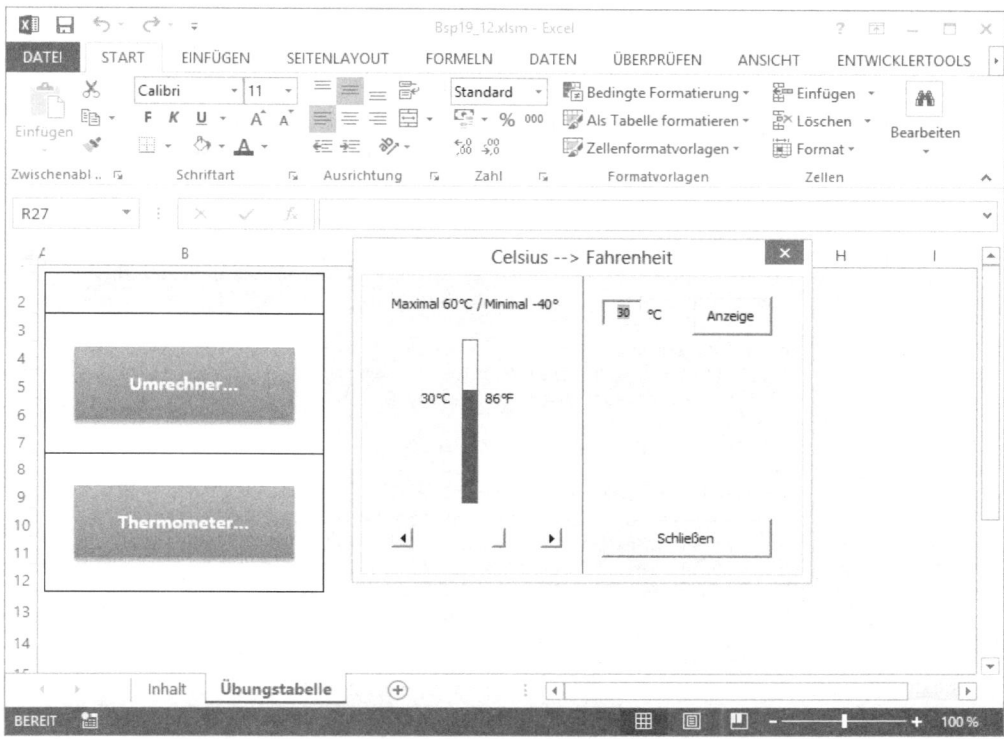

Links und rechts vom Thermometer befinden sich zwei weitere Beschriftungsfelder. Diese bewegen sich mit dem Thermometer und zeigen Celsius und Fahrenheit gleichzeitig an. Sie befinden sich also immer auf gleicher Höhe wie die Füllfarbe.

Der Wert kann über eine Bildlaufleiste verändert werden. Sie haben zudem die Möglichkeit, in einem Eingabefeld den gewünschten Celsius-Wert anzugeben. Bei einem Klick auf die Schaltfläche *Anzeige* zeigt das Thermometer sowohl die Werte in Grad Celsius als auch in Grad Fahrenheit an.

Das Beschriftungsfeld mit der Füllfarbe lbl_Farbskala ist exakt 100 Punkt hoch. Dies entspricht der Spanne zwischen 60°C und −40°C. Das Beschriftungsfeld lbl_Hintergrund, das lediglich den Rahmen darstellt, ist um zwei Punkt höher. Somit füllt lbl_Farbskala das Beschriftungsfeld lbl_Hintergrund voll aus, wenn es seinen Höchstwert von 60°C erreicht.

Der Abstand von lbl_Farbskala zum oberen Rand der UserForm beträgt 40 Punkt, was dem Tiefstwert von −40°C entspricht. Der Abstand von lbl_Hintergrund zum oberen Rand beträgt 39 Punkt. Es liegt somit um einen Punkt höher. Dies, damit der obere Rand nicht durch die Farbskala überlagert wird und somit immer sichtbar ist.

Die Breite von lbl_Hintergrund beträgt 10 Punkt und die von lbl_Farbskala 8 Punkt. Der Abstand von lbl_Hintergrund zum linken Rand beträgt 60 Punkt und der Abstand von lbl_Farbskala zum linken Rand 61 Punkt. Die unterschiedlichen Größen und Abstände sind auch hier darin begründet, dass die schwarze Umrandung immer sichtbar ist.

Die Ereignisprozedur zur Schaltfläche *Anzeige* prüft zunächst, ob das Textfeld eine verwertbare Eingabe enthält. In diesem Fall werden die Farbskala sowie die Beschriftungsfelder aktualisiert. In ähnlicher Form läuft der Code für die Bildlaufleiste ab; eine Überprüfung der Werte ist jedoch nicht notwendig, da die Bildlaufleiste in ihren Eigenschaften Min und Max bereits begrenzt ist.

Listing 19.15   Das *Click*-Ereignis, das an die Schaltfläche *Anzeige* gebunden ist

```
Private Sub cmd_Umrechnen_Click()
'   Datentyp prüfen
    If IsNumeric(txt_Eingabe.Text) Then
'       Wertebeeich prüfen
        If CDbl(txt_Eingabe.Text) > 60 Or CDbl(txt_Eingabe.Text) < -40 Then
            MsgBox "Zu hoher oder zu tiefer Wert."
        Else
'           Farbe Thermometer
            If CDbl(txt_Eingabe.Text) > 0 Then
                lbl_Farbskala.BackColor = RGB(255, 0, 0)
            Else
                lbl_Farbskala.BackColor = RGB(0, 0, 255)
            End If
'           Füllbalken Thermometer
            lbl_Farbskala.Top = 100 - txt_Eingabe.Text
            lbl_Farbskala.Height = txt_Eingabe.Text + 40
'           Beschriftungsfelder, Position
            lbl_C.Top = 100 - txt_Eingabe.Text
            lbl_F.Top = 100 - txt_Eingabe.Text
'           Beschriftungsfelder, Inhalt
            lbl_C.Caption = txt_Eingabe.Text & "°C"
            lbl_F.Caption = 9 / 5 * CDbl(txt_Eingabe) + 32 & "°F"
        End If
    Else
        MsgBox "Keine Zahl eingegeben."
    End If
End Sub

Private Sub hsb_Grad_Change()
'   Farbe Thermometer
    If hsb_Grad > 0 Then
        lbl_Farbskala.BackColor = RGB(255, 0, 0)
    Else
        lbl_Farbskala.BackColor = RGB(0, 0, 255)
    End If
'   Füllbalken Thermometer
    lbl_Farbskala.Top = 100 - hsb_Grad.Value
    lbl_Farbskala.Height = hsb_Grad.Value + 40
'   Beschriftungsfelder, Position
    lbl_C.Top = 100 - hsb_Grad
    lbl_F.Top = 100 - hsb_Grad
'   Beschriftungsfelder, Inhalt
    lbl_C.Caption = hsb_Grad.Value & "°C"
    lbl_F.Caption = 9 / 5 * CDbl(hsb_Grad.Value) + 32 & "°F"
    txt_Eingabe = Val(lbl_C)
End Sub
```

Ein dynamischer Fragebogen

Unser letztes Beispiel in diesem Kapitel behandelt einen dynamischen Fragebogen. Fragebögen müssen in der Regel von Zeit zu Zeit überarbeitet werden. Dabei werden Fragen ergänzt oder entfernt. Wenn Sie einen Fragebogen in Form einer UserForm zur Verfügung stellen, ist es jedes Mal ärgerlich, dieses neu gestalten zu müssen.

ONLINE Sie finden die Arbeitsmappe mit dem Code dieses Abschnitts im Ordner *\Buch\Kap19* in der Datei *Bsp19_13.xlsm*.

Die UserForm in der Beispielmappe basiert auf Fragen, die auf dem Arbeitsblatt erfasst werden können. Das Muster enthält zwei Listenfelder. Im ersten Listenfeld werden dynamisch Kontrollkästchen erzeugt und im zweiten Optionsfelder.

Es handelt sich um eine Zufriedenheitsumfrage im Feriensektor mit einer Abstimmschaltfläche. Die Auswertung basiert auf den angeklickten Feldern in der UserForm. Die Fragen, die der Kunde ausgewählt hat, werden gezählt und in das Arbeitsblatt übertragen. So können Sie schnell erkennen, welche Punkte zufriedenstellend sind und welche nicht. Dies wird optisch unterstützt durch eine bedingte Formatierung, die in der Spalte D hinterlegt wurde.

Abbildg. 19.19 Ein dynamischer Fragebogen

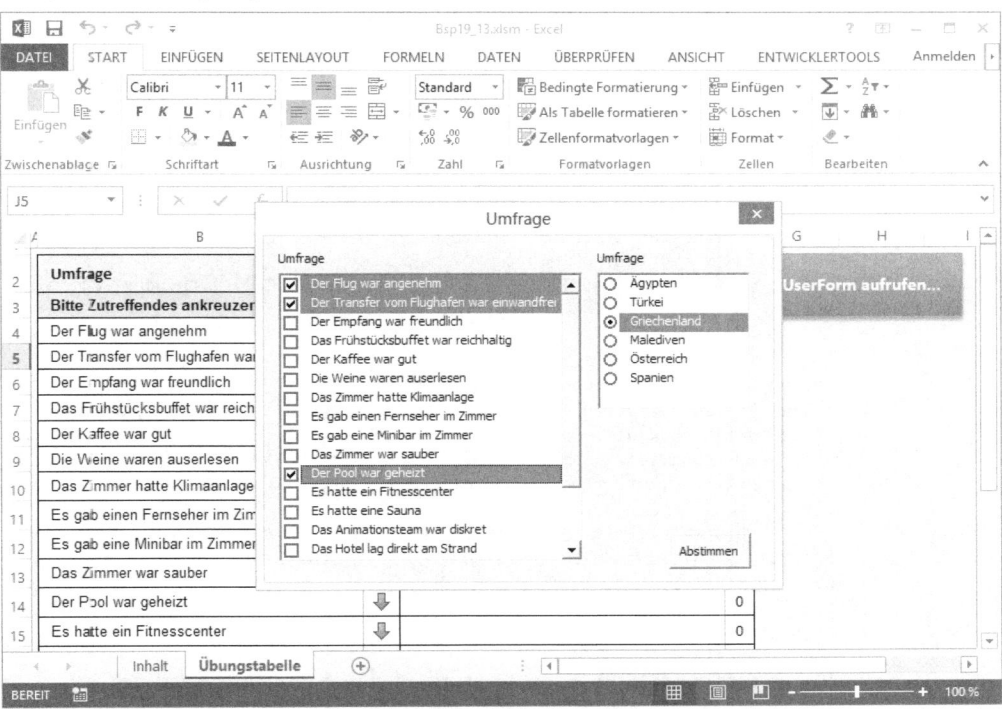

Die UserForm selbst besteht in der Entwicklungsumgebung im Layoutmodus lediglich aus einer Schaltfläche. Alle anderen Elemente werden zur Laufzeit erzeugt. Nachfolgend der Code zur Initialisierung der UserForm.

Listing 19.16 Die Initialisierung der UserForm

```vba
Option Explicit

' Variablen auf Modulebene
Dim lngFlug   As Long
Dim lngUrlaub As Long

Private Sub UserForm_Initialize()
    Dim objListenfeld   As Control
    Dim objBeschriftung As Control
    Dim lngIndex        As Long

'   Anzahl Zeilen in Spalte B und E ermitteln
    With ThisWorkbook.Worksheets(2)
        lngFlug = .Cells(Rows.Count, 2).End(xlUp).Row
        lngUrlaub = .Cells(Rows.Count, 5).End(xlUp).Row
    End With

'   Erstes Listenfeld mit Kontrollkästchen erzeugen
    Set objListenfeld = Me.Controls.Add("Forms.ListBox.1")
    objListenfeld.Width = 200
    objListenfeld.Height = 200
    objListenfeld.Top = 25
    objListenfeld.Left = 10
    objListenfeld.ListStyle = fmListStyleOption
    objListenfeld.MultiSelect = fmMultiSelectMulti
    objListenfeld.Name = "LB1"

'   Einträge im ersten Listenfeld einlesen
    For lngIndex = 4 To lngFlug
        objListenfeld.AddItem ThisWorkbook.Worksheets(2).Cells(lngIndex, 2).Value
    Next

'   Beschriftungsfeld zum ersten Listenfeld
    Set objBeschriftung = Controls.Add("Forms.Label.1")
    objBeschriftung.Caption = ThisWorkbook.Worksheets(2).Cells(2, 2).Value
    objBeschriftung.Width = objListenfeld.Width
    objBeschriftung.Top = objListenfeld.Top - 15
    objBeschriftung.Left = objListenfeld.Left

'   Zweites Listenfeld mit Kontrollkästchen erzeugen
    Set objListenfeld = Me.Controls.Add("Forms.ListBox.1")
    objListenfeld.Width = 100
    objListenfeld.Height = 100
    objListenfeld.Top = 25
    objListenfeld.Left = 220
    objListenfeld.ListStyle = fmListStyleOption
    objListenfeld.MultiSelect = fmMultiSelectSingle
    objListenfeld.Name = "LB2"
```

Listing 19.16   Die Initialisierung der UserForm *(Fortsetzung)*

```
'   Einträge im zweiten Listenfeld einlesen
    For lngIndex = 4 To lngUrlaub
        objListenfeld.AddItem ThisWorkbook.Worksheets(2).Cells(lngIndex, 5).Value
    Next

'   Beschriftungsfeld zum zweiten Listenfeld
    Set objBeschriftung = Controls.Add("Forms.Label.1")
    objBeschriftung.Caption = ThisWorkbook.Worksheets(2).Cells(2, 2).Value
    objBeschriftung.Width = objListenfeld.Width
    objBeschriftung.Top = objListenfeld.Top - 15
    objBeschriftung.Left = objListenfeld.Left

'   UserForm
    Me.Width = Me.Controls("LB1").Width + Me.Controls("LB2").Width + 40
    Me.Height = Me.Controls("LB1").Height + 60

'   Schaltfläche
    cmbVote.Left = Me.Width - cmbVote.Width - 20
    cmbVote.Top = Me.Height - cmbVote.Height - 30
    End Sub
```

Zunächst werden im Code die letzten benutzen Zeilen für die Spalten B und E ausgelesen; also die Antwortmöglichkeiten zum Flug und zum Urlaubsland. Die beiden deklarierten Objekte vom Typ `Control` stellen jeweils ein Listenfeld und ein Beschriftungsfeld dar. Die Steuerelemente werden durch die Anweisung `Controls.Add` erzeugt. Das Argument ist ein fest definierter Text, der das einzufügende Element beschreibt. Weitere solcher Texte sind in der VBA-Online-Hilfe dokumentiert.

Jede UserForm listet in der `Controls`-Auflistung ihre Steuerelemente auf. Dazu zählen sowohl die statisch per Werkzeugsammlung als auch die dynamisch erstellten Steuerelemente. Sie können auf einzelne Elemente der `Controls`-Auflistung per Index oder per Name des Steuerelements zugreifen. Definieren Sie somit einen Namen beim Anlegen des dynamischen Steuerelements, um später auf dieses einfach per Name zugreifen zu können. Wenn ein Steuerelement dynamisch erzeugt wird, müssen Sie es auch positionieren sowie dessen Größe angegeben. Auch weitere Eigenschaften, die sich von den Standardeinstellungen unterscheiden, müssen per Code gesetzt werden.

Im obigen Code werden die beiden Objekte mehrfach verwendet. Dadurch wird verliert beispielsweise das Objekt `objListenfeld` den Verweis zum ersten Listenfeld, weshalb zur Größenbestimmung der UserForm auf die Steuerelementnamen zurückgegriffen wird.

Wenn die Schaltfläche zum Abstimmen angeklickt wird, wird folgende Ereignisprozedur ausgeführt. Beide Listenfelder werden hierbei in einer Schleife durchlaufen, und – falls einer der Listeneinträge markiert ist – der Wert in der entsprechende Zelle wird um 1 erhöht.

Listing 19.17   Die Ereignisprozedur zu Schaltfläche zum Abstimmen

```
    Private Sub cmbVote_Click()
      Dim lngIndex As Long

'     Tabelle
      With ThisWorkbook.Worksheets(2)
'       Erstes Listenfeld auslesen
        For lngIndex = 4 To lngFlug - 1
          If Me.Controls("LB1").Selected(lngIndex - 4) Then
            .Cells(lngIndex, 4) = Cells(lngIndex, 4) + 1
          End If
```

Listing 19.17   Die Ereignisprozedur zu Schaltfläche zum Abstimmen *(Fortsetzung)*

```
    Next

'   Zweites Listenfeld auslesen
    For lngIndex = 4 To lngUrlaub - 1
      If Me.Controls("LB2").Selected(lngIndex - 4) Then
       .Cells(lngIndex, 7) = .Cells(lngIndex, 7) + 1
      End If
    Next
  End With
' Beenden...
  Unload Me
End Sub
```

Kapitel 20

Das Menüband manipulieren

In diesem Kapitel:

Formulare mit Excel-VBA entwickeln

513

Die wohl spektakulärste Änderung, die wir seit Excel 2007 erfahren durften, ist der Wegfall der Symbolleisten. Diese wurden durch das Menüband – oder auch in Englisch Ribbon – ersetzt. Für all jene Programmierer, die in der Vergangenheit Symbolleisten mittels VBA erzeugt oder manipuliert hatten, stellte die Änderung anfangs ein Ärgernis dar. Denn das Menüband lässt sich nicht mehr mittels VBA-Code ansprechen bzw. erzeugen, sondern basiert auf XML und erfordert daher entsprechende Kenntnisse.

Mit dem Erscheinen von Excel 2007 wurde zudem auch der interne Dateiaufbau bzw. das Dateiformat von Excel-Arbeitsmappen modernisiert. So setzen sich die neuen Dateiformate größtenteils aus XML-Dateien zusammen und liegen nicht, wie die älteren Dateiformate, ausschließlich im Binärformat vor.

Zur Unterscheidung der neuen von den älteren Dateiformaten wurde den einzelnen Dateinamenserweiterungen ein vierter Buchstabe angehängt und im selben Zuge auch die Sicherheitsvorschriften verschärft. Die folgende Tabelle enthält eine Übersicht über die alten und neuen Dateinamenserweiterungen.

Tabelle 20.1 Dateinamenserweiterungen von Excel im Vergleich

Beschreibung	Seit Excel 2007	Vor Excel 2007
Excel-Arbeitsmappe	*.xlsx	*.xls
Excel-Arbeitsmappe mit Makros	*.xlsm	*.xls
Excel-Binär-Arbeitsmappe	*.xlsb	*.xls
Excel-Add-In, Arbeitsmappe	*.xlam	*.xla
Excel-Vorlage	*.xltx	*.xlt
Excel-Vorlage mit Makros	*.xltm	*.xlt

Die strengeren Sicherheitsvorschriften lassen auch auf den ersten Blick erkennen, ob eine Arbeitsmappe oder eine Vorlage Makros enthält. Diese werden durch ein »m« abgeschlossen (z.B. *.xlsm). Excel-Dateien, die nur ein »x« am Ende aufweisen, sollten keine Makros enthalten.

Die neuen Dateiformate sind in Wahrheit gezippte XML-Dateien. Sie können sich selbst davon überzeugen, indem Sie eine Datei umbenennen. Aus z.B. *Mappe.xlsm* wird *Mappe.zip*. Ignorieren Sie eventuelle Meldungen des Explorers, dass die Datei unbrauchbar werden kann. Entpacken Sie anschließend die ZIP-Datei oder erforschen Sie sie direkt im Explorer, indem Sie die Fähigkeit des Explorers nutzen, ZIP-Dateien als Ordner darzustellen. Der ZIP-Ordner kann jederzeit durch das Entfernen der Erweiterung *.zip* und Einsetzen der ursprünglichen Erweiterung wieder in eine Excel-Datei umgewandelt werden.

TIPP   Wenn Sie vor der Umbenennung der Excel-Datei sichergehen wollen, dass der Datei durch den Vorgang kein Schaden zugefügt wird, erstellen Sie eine Sicherheitskopie der Arbeitsmappe.

Wenn der ZIP-Ordner einen Unterordner namens *customUI* enthält, können Sie davon ausgehen, dass das Menüband der Excel-Datei verändert wurde.

HINWEIS   VBA-Codes der früheren Symbolleisten sind durchaus immer noch lauffähig und können auf Wunsch mit XML-Codes kombiniert werden. Sie finden innerhalb der Beispieldateien zum Buch im Ordner *\Buch\Kap20\Excel-2003* einige Beispiele, die Sie zum Ausprobieren verwenden können. Es würde zu weit führen, diese hier im Detail zu erläutern. Sie stammen aus einer Vorgängerversion dieses Buchs. Neben den Beispielen finden Sie in Form einer PDF-Datei auch das Kapitel 20 der Vorgängerversion dieses Buchs.

Wenn Sie die Beispieldateien mit einer aktuellen Excel-Version testen, erscheinen die ehemaligen Symbolleisten in der Registerkarte *ADDINS* des Menübands.

Der XML-Editor für Microsoft Office Custom UI

Da es sehr umständlich ist, die Arbeitsmappe in einen ZIP-Ordner umzuwandeln, den Ordner *customUI* und die darin enthaltenen Dateien manuell anzulegen usw., empfiehlt es sich, ein geeignetes Werkzeug dafür zu verwenden. Von der folgenden Website können Sie gratis einen Editor herunterladen, der Sie bei der Entwicklung Ihrer Anpassungen unterstützt:

http://openxmldeveloper.org/

Suchen Sie auf der Website nach *Custom UI Editor*, um das Werkzeug herunterzuladen.

Abbildg. 20.1   *Microsoft Office Custom UI Editor* mit einer geladenen Beispielmappe

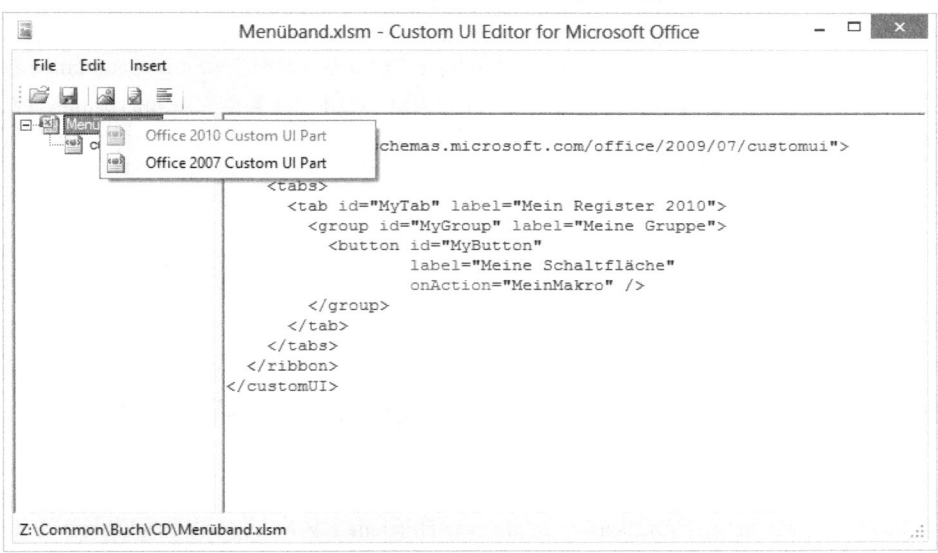

Wenn im *Custom UI Editor* eine Mappe mit Anpassungen geöffnet wird, erscheint auf der linken Seite des Editors die geöffnete Mappe und eine in einer Baumstruktur angeordnete Liste von einem oder zwei customUI-Einträgen. Rechts erscheint der dazugehörige XML-Code.

Wenn Sie die Namen der Arbeitsmappe mit der rechten Maustaste anklicken, erscheint ein Kontext-menü, welches Ihnen die zwei Einträge *Office 2010 Custom UI Part* und *Office 2007 Custom UI Part* anbietet. Die Einträge sind je nach Vorhandensein der Anpassung aktiv oder inaktiv.

Zwischen den Excel Versionen 2010 und 2007 fand auch eine strukturelle Veränderung im Aufbau des Menübands statt. Dies betrifft insbesondere das Office-Menü in Excel 2007 und den Backstage-Bereich in Excel 2010 bzw. Excel 2013 (der Bereich, der sich öffnet, wenn Sie die Registerkarte *DATEI* anklicken). Anpassungen dieser Bereiche bedingen das Erstellen separater benutzerdefinier-ter Benutzeroberflächenbereiche (engl. Custom UI Parts), weshalb der *Custom UI*-Editor eine ent-sprechende Differenzierung vornimmt. Es ist allerdings möglich, beide Versionen in einer Excel-Datei abzulegen, sodass nicht zwei unterschiedliche Excel-Dateien erstellt werden müssen.

Wenn Sie beispielsweise den XML-Code für eine neue Registerkarte im Menüband unter Verwen-dung von *Office 2010 Custom UI Part* erstellen, wird die Registerkarte nach dem Öffnen der Excel-Datei in Excel 2007 nicht angezeigt. Wenn Sie eine Anpassung des Menübands unter Verwendung von *Office 2007 Custom UI Part* erstellen, bleibt diese auch in höheren Version erhalten.

Möchten Sie allerdings Anpassungen am Office-Menü und/oder Backstage-Bereich durchführen, müssen Sie die entsprechenden Custom UI Parts anlegen.

> **HINWEIS**   In den folgenden Abschnitten werden wir uns auf die Office 2010 UI Parts beschränken.

Klicken Sie mit der rechten Maustaste auf den Namen der Arbeitsmappe und wählen Sie aus dem Kontextmenü den Eintrag *Office 2010 Custom UI Part*. Der Editor erweist sich erfreulicherweise als sehr simpel, sodass sich die Arbeit mit ihm intuitiv erlernen lässt. Die Symbole *Öffnen* und *Spei-chern* sprechen für sich, denn Sie kennen diese bereits von Microsoft Office her. Das Symbol für Grafiken und Rückruffunktionen – in Englisch *Callbacks* – sehen wir uns später an.

Der Befehl *Validate* wird verwendet, um den XML-Code auf Fehler zu überprüfen. Er erkennt, ob sich im Code ein Fehler befindet, wie zum Beispiel ein Element, das nicht zur entsprechend höheren Hierarchie passt. Oder eine Eigenschaft, die einem Element nicht zugeordnet werden kann. Die Feh-lersuche wird dabei erheblich erleichtert.

> **HINWEIS**   Eine Liste der Elemente, Kind-Elemente, Eigenschaften und Callbacks in Bezug auf RibbonX finden Sie im Anhang A. Unter RibbonX ist der Mechanismus zur Programmierbarkeit des Menübands zu verstehen.

Eine erste Veränderung am Menüband

Um Ihre sicherlich gewachsene Neugier auf RibbonX zu befriedigen, werden wir nun dem Kapitel etwas vorgreifen und eine erste Veränderung am Menüband vornehmen. Sie werden später in die-sem Kapitel Schritt für Schritt an die verschiedenen Veränderungsmöglichkeiten herangeführt. Machen Sie sich also vorerst keine Gedanken über die Bedeutung der einzelnen Codezeilen.

Das Ziel der Übung besteht darin, eine neue Registerkarte im Menüband zu erstellen, die eine Gruppe mit einer einzelnen Schaltfläche enthält. Per Klick auf diese Schaltfläche wird eine Prozedur ausgeführt, die zuvor in der Arbeitsmappe implementiert wurde. Gehen Sie wie folgt vor:

1. Erstellen Sie eine neue Arbeitsmappe.
2. Fügen Sie im VBA-Editor ein neues Modul ein und erstellen Sie die Prozedur aus Listing 20.1.

3. Speichern Sie die Arbeitsmappe unter dem Namen *Menüband.xlsm* ab.

4. Schließen Sie die Arbeitsmappe, denn der XML-Code kann im Editor nicht gespeichert werden, solange die Mappe geöffnet ist.

5. Öffnen Sie den XML-Editor, laden Sie die Datei *Menüband.xlsm* und geben Sie den Code aus Listing 20.2 ein.

6. Speichern Sie den Code im XML-Editor und öffnen Sie danach die Arbeitsmappe *Menüband.xlsm*.

Listing 20.1   VBA-Code zur Erstellung einer eigenen Schaltfläche im Menüband

```
Sub MeinMakro(control As IRibbonControl)
    MsgBox "Hallo RibbonX"
End Sub
```

Listing 20.2   Ein erster XML-Code, um das Menüband zu ergänzen

```
<customUI xmlns="http://schemas.microsoft.com/office/2009/07/customui">
  <ribbon>
    <tabs>
      <tab id="MyTab" label="Mein Register">
        <group id="MyGroup" label="Meine Gruppe">
          <button id="MyButton"
                  label="Meine Schaltfläche"
                  onAction="MeinMakro" />
        </group>
      </tab>
    </tabs>
  </ribbon>
</customUI>
```

> **ACHTUNG**   Im Gegensatz zu VBA muss beim XML-Code also auf die Groß- und Kleinschreibung geachtet werden. Entgegen der Logik, die Sie von VBA her kennen, dürfen XML-Codezeilen nicht mit einem Unterstrich (_) umbrochen werden.

Nach dem Start der Arbeitsmappe finden Sie im Menüband eine neue Registerkarte mit dem Namen *Mein Register* vor. Aktivieren Sie diese, um die eigens erzeugte Gruppe mit der darin enthaltenen Schaltfläche anzuzeigen. Klicken Sie die Schaltfläche an, um das hinterlegte Makro auszuführen.

Formulare mit Excel-VBA entwickeln

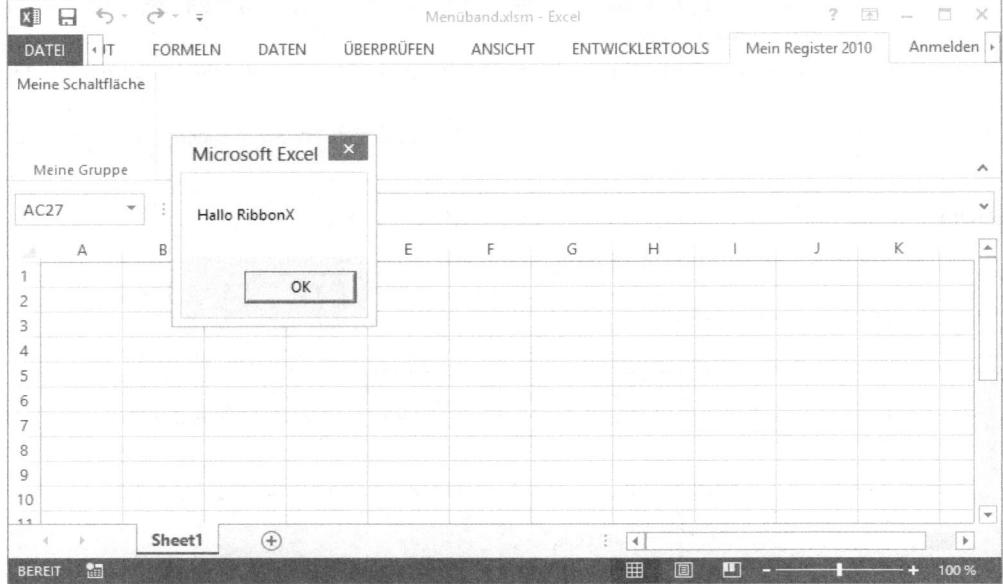

Wie Sie sehen, ist ein Zusammenspiel zwischen VBA und XML erforderlich, um das Menüband wunschgemäß anzupassen. Nachdem das Menüband modifiziert wurde, enthält der ZIP-Ordner der Excel-Datei *Menüband.xlsm* den Unterordner *customUI*. In ihm finden Sie die Datei *customUI14.xml*, die den erstellten XML-Code enthält.

Grundlagen in Bezug auf RibbonX

In den folgenden Abschnitten gehen wir davon aus, dass Sie den zuvor empfohlenen *Custom UI Editor for Microsoft Office* installiert haben.

Die XML-Struktur

Der Aufbau von XML-Code ist im Vergleich zu VBA relativ simpel. Jede Befehlszeile wird durch eine öffnende spitze Klammer angeführt und durch eine schließende spitze Klammer abgeschlossen. Das Prinzip ist dem von HTML sehr ähnlich, wobei HTML letztendlich nur ein Derivat von XML ist. Die Befehle in spitzen Klammern werden als Tags bezeichnet – ausgesprochen als »Täg«.

XML-Code ist hierarchisch strukturiert, wobei untergeordnete Elemente als Kind-Elemente bezeichnet werden. Um den Code möglichst übersichtlich zu gestalten, werden untergeordnete Befehlszeilen eingerückt.

Um das Ende eines Befehlsabschnitts zu kennzeichnen, wird ein Slash (/) verwendet. Wenn der Befehl nur eine Zeile belegt oder im gleichen Block endet und keine Kind-Elemente enthält, kann der Slash am Ende der Befehlskette vor der schließenden spitzen Klammer eingefügt werden:

```
<Befehl ... />
```

Wenn weitere Hierarchiestufen, also Kind-Elemente, zum Einsatz kommen, wird für den Abschluss ein eigenes Tag verwendet. Ein abschließendes Tag beginnt mit einem Schrägstrich nach der öffnenden spitzen Klammer.

```
<Befehl ...>
  <Kind-Element ...>
    <Kind-Element ... />
  </Kind-Element>
</Befehl>
```

Sie können Ihren XML-Code auch kommentieren. Damit XML die Zeile als Kommentar und nicht als Befehl interpretiert, wird nach der öffnenden spitzen Klammer ein Ausrufezeichen gefolgt von mindestens zwei Minuszeichen verwendet. Vor der abschließenden spitzen Klammer werden ebenfalls mindestens zwei Minuszeichen benötigt. Im XML-Editor werden Kommentare in grüner Schrift dargestellt.

```
<!-- Kommentarzeile -->
```

Die weiteren Farben haben im *Custom UI Editor* folgende Bedeutung:

Tabelle 20.2 Bedeutung der Farben im XML-Code

Farbe	Bedeutung
Blau	Tags sowie benutzerdefinierte Namen oder Verweise
Schwarz	Anführungs- und Schlusszeichen, die Namen und Verweise einschließen
Braun	Befehle
Rot	Eigenschaften
Grün	Kommentare

Neben der Eltern-Kind-Hierarchie ermöglicht XML auch die Definition von Eigenschaften. Diese werden durch einen Namen gefolgt von einem Wert gekennzeichnet. Das XML-Tag *tab* im folgenden Beispiel weist die zwei Eigenschaften *id* und *label* auf.

```
<tab id="Registerkarte123" label="Meine Registerkarte">
```

Welche Tags und Eigenschaften verwendet werden dürfen und welche Regeln bei der Hierarchie gelten, wird über einen sogenannten Namensraum festgelegt. Ein Namensraum ermöglicht, das Vokabular des XML-Dokuments eindeutig zu identifizieren und wird meist als URL dargestellt.

Für RibbonX definiert Microsoft zwei Namensräume, die die Unterschiede zwischen Office 2007 und Office 2010 berücksichtigen, also z.B. das Office-Menü und den Backstage-Bereich. Namensräume müssen zu Beginn des XML-Dokuments angegeben werden. Zudem muss für RibbonX das einleitende Tag *customUI* heißen, da sonst die Anpassungen von Excel nicht erkannt würden.

Listing 20.3 XML-Code und Namensraum für Office 2007

```
<customUI xmlns="http://schemas.microsoft.com/office/2006/01/customui">
   ...
</customUI>
```

Listing 20.4 XML-Code und Namensraum für Office 2010

```
<customUI xmlns="http://schemas.microsoft.com/office/2009/07/customui">
   ...
</customUI>
```

Das nächst tiefere Hierarchieelement, das verwendet werden kann, ist das Menüband. Der Befehl, um es anzusprechen, nennt sich `ribbon`.

```
<ribbon>
   ...
</ribbon>
```

Innerhalb des Menübands befinden sich die Registerkarten. Das Containerobjekt für alle Registerkarten nennt sich `<tabs>`. Innerhalb dieses Containers können einzelne Registerkarten mittels `<tab>` angesprochen werden. Eine Ebene tiefer befinden sich wiederum die Gruppen (`<group>`) und eine weitere Ebene tiefer finden Sie die verschiedenen Steuerelemente. Abbildung 20.3 zeigt die wichtigsten XML-Objekte.

Abbildg. 20.3 Einige Elemente im Menüband und deren XML-Tags

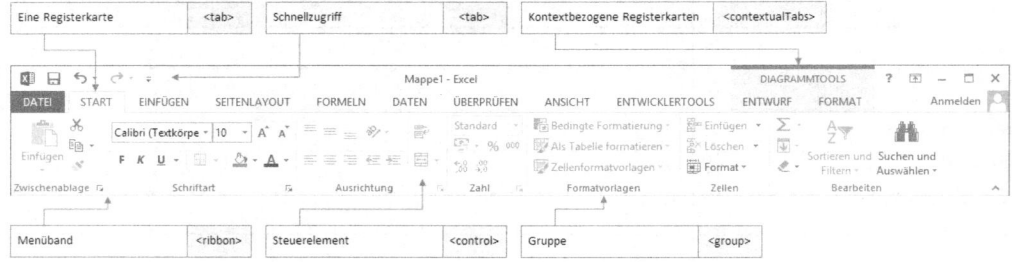

Die Registerkartenebene

In den folgenden Abschnitten finden Sie Beispiele zu nahezu allen möglichen XML-Befehlen, die in Bezug auf das Menüband angewendet werden können. Wir beginnen mit der Registerkartenebene und wenden uns später im Detail den Gruppen und Steuerelementen zu.

Eine bestehende Registerkarte ausblenden

Das nachstehende Beispiel zeigt, wie Sie die Registerkarte *Start* ausblenden können. Der Eigenschaft `idMso` wird der Name der Registerkarte übergeben. Die Eigenschaft für das Ausblenden lautet `visible` gefolgt von `false`.

Listing 20.5   Die Registerkarte *Start* ausblenden

```
<customUI xmlns="http://schemas.microsoft.com/office/2009/07/customui">
  <ribbon>
    <tabs>
      <tab idMso="TabHome" visible="false" />
    </tabs>
  </ribbon>
</customUI>
```

ONLINE   Sie finden die Arbeitsmappe zu obigem Beispiel im Ordner *\Buch\Kap20* in der Datei *Bsp20_01.xlsx*. Öffnen Sie die Mappe im *Custom UI Editor*, wenn Sie den XML-Code einsehen möchten.

Anbei finden Sie eine Übersicht über die wichtigsten Namen von Registerkarten, wie sie in XML verwendet werden.

Tabelle 20.3   Die wichtigsten Registerkarten im Überblick

Registerkartenname	XML-Bezeichnung
Datei	Backstage
Start	TabHome
Einfügen	TabInsert
Seitenlayout	TabPageLayoutExcel
Formeln	TabFormulas
Daten	TabData
Überprüfen	TabReview
Ansicht	TabView
Entwicklertools	TabDeveloper

Das gesamte Menüband ausblenden

Wenn Sie alle bestehenden Registerkarten ausblenden möchten, ist es nicht notwendig, jede einzelne Registerkarte mit ihren Namen anzusprechen. Verwenden Sie nach dem Element ribbon einfach die Eigenschaft startFromScratch und übergeben Sie ihr den Wert true. Nach dem Neustart der Arbeitsmappe wird das Menüband verschwunden sein. Lediglich die Registerkarte *Datei* wird weiterhin angezeigt.

Listing 20.6   Das Menüband vollständig ausblenden

```
<customUI xmlns="http://schemas.microsoft.com/office/2009/07/customui">
  <ribbon startFromScratch="true" />
</customUI>
```

Eigene Registerkarten erzeugen (tabs/tab)

Nach dem Ausblenden aller Registerkarten anhand der Eigenschaft startFromScratch ist es auch möglich, das Menüband neu aufzubauen und hierbei sowohl eigene Registerkarten zu erstellen als auch vordefinierte Registerkarten wieder einzublenden.

Dazu ist das Element tabs und das dazugehörige Kindelement tab erforderlich. Dem Kindelement tab weisen Sie die Eigenschaft id gefolgt von einem beliebigen Namen, hier MyTab, zu. Damit die Registerkarte eine sichtbare Beschriftung erhält, verwenden Sie die Eigenschaft label und übergeben ihr den Namen, der als Beschriftung der Registerkarte erscheinen soll. In unserem Beispiel nennen wir die Registerkarte Mein Register. Sie können auf diese Weise auch mehrere benutzerdefinierte Registerkarten erzeugen.

Abbildg. 20.4 Eine benutzerdefinierte Registerkarte erzeugen

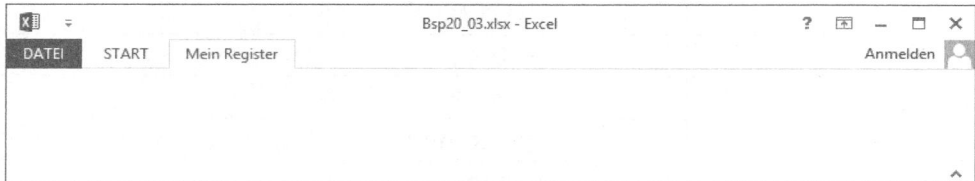

Um eine von Excel zur Verfügung gestellte Registerkarte wieder einzubinden, verwenden Sie die Eigenschaft idMso und übergeben den Namen der Registerkarte. Im folgenden Beispiel werden eine benutzerdefinierte und die Office-eigene *Start*-Registerkarte im Menüband angezeigt.

Listing 20.7 Eine eigene Registerkarte erstellen und die Registerkarte *Start* einblenden (*tabs/tab*)

```
<customUI xmlns="http://schemas.microsoft.com/office/2009/07/customui">
  <ribbon startFromScratch="true">
    <tabs>
      <tab id="MyTab" label="Mein Register" />
      <tab idMso="TabHome" visible="true" />
    </tabs>
  </ribbon>
</customUI>
```

Kontextbezogene Registerkarten (tabSet)

Kontextbezogene Registerkarten bzw. Registerkartensätze erscheinen nur bei bestimmten Ereignissen. Wenn Sie beispielsweise eine Grafik oder eine ClipArt einfügen und das Objekt selektiert ist, erscheint der Registerkartensatz *BILDTOOLS*.

Abbildg. 20.5 Der kontextbezogene Registerkartensatz *BILDTOOLS*

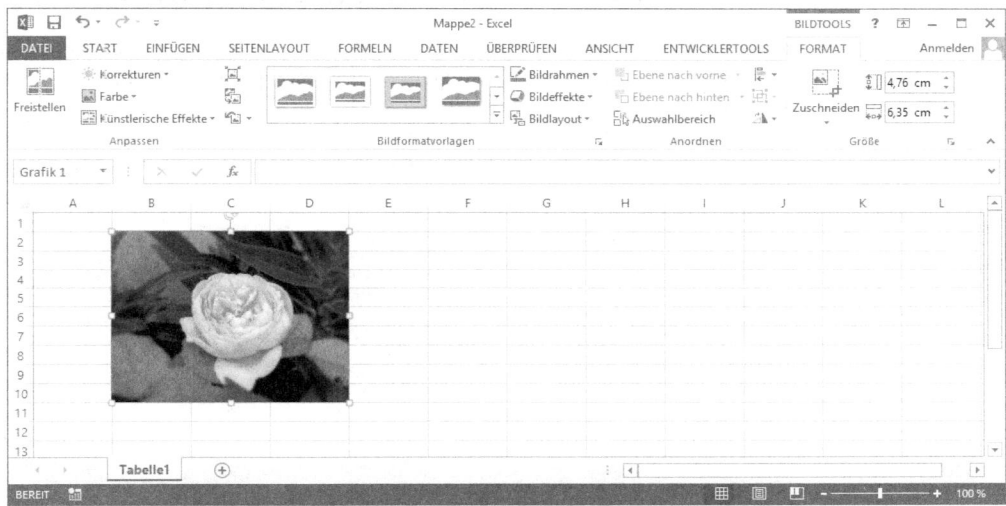

Sie können den kontextbezogenen Registerkartensatz *BILDTOOLS* ausblenden, indem Sie das Element contextualTab verwenden. Ihm untergeordnet ist das Element tabSet.

Durch die Eigenschaft idMso="TabSetPictureTools" visible="false" wird der Registerkartensatz komplett ausgeblendet. Im folgenden Beispiel wird dies dadurch deutlich, dass die kontextbezogene Registerkarte nicht erscheint, wenn die Grafik aktiviert wird.

Listing 20.8 Kontextbezogene Registerkarte *Bildtools* ausblenden

```
<customUI xmlns="http://schemas.microsoft.com/office/2009/07/customui">
  <ribbon>
    <contextualTabs>
      <tabSet idMso="TabSetPictureTools" visible="false" />
    </contextualTabs>
  </ribbon>
</customUI>
```

ONLINE Sie finden die Arbeitsmappe zu obigem Beispiel im Ordner *\Buch\Kap20* in der Datei *Bsp20_04.xlsx*. Öffnen Sie die Mappe im *Custom UI Editor*, wenn Sie den XML-Code einsehen möchten.

Formulare mit Excel-VBA entwickeln

Die Gruppenebene

Auf der Gruppenebene können Sie bestehende Gruppen ausblenden oder eigene Gruppen erzeugen. Gruppen bilden die Basis, auf der später beliebige Steuerelemente hinzugefügt werden können.

Eine bestehende Gruppen ausblenden (group)

Wenn Sie bestehende Gruppen innerhalb einer Registerkarte unzugänglich machen möchten, können Sie diese ausblenden. Die beiden nachfolgenden Abbildungen zeigen die *Start*-Registerkarte vor und nach dem Ausblenden der Gruppen.

Abbildg. 20.6   Die ursprüngliche und die reduzierte *Start*-Registerkarte

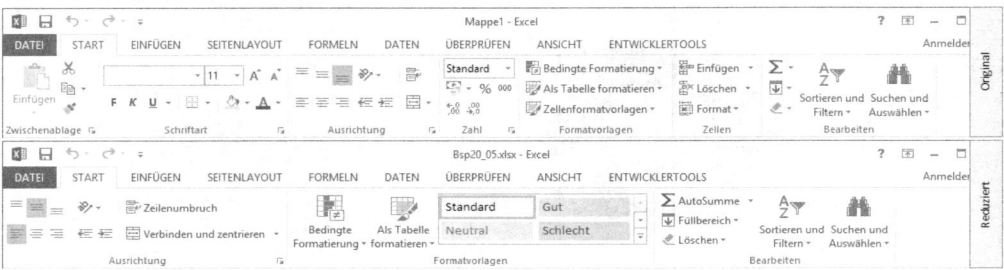

Verwenden Sie zum Ausblenden das Element group gefolgt von der Eigenschaft idMso, die immer auf ein Built-In (integrierter Bestandteil) hinweist. Der Eigenschaft übergeben Sie den Gruppennamen gefolgt von visible="false", was das Ausblenden veranlasst. In der Beispielmappe werden einige Gruppen der *Start*-Registerkarte ausgeblendet.

Listing 20.9   Bestehende Gruppen ausblenden (*group*)

```xml
<customUI xmlns="http://schemas.microsoft.com/office/2009/07/customui">
  <ribbon>
  <tabs>
    <tab idMso="TabHome">
      <group idMso="GroupClipboard" visible="false" />
      <group idMso="GroupFont" visible="false" />
      <group idMso="GroupNumber" visible="false" />
      <group idMso="GroupCells" visible="false" />
    </tab>
  </tabs>
  </ribbon>
</customUI>
```

ONLINE   Sie finden die Arbeitsmappe zu obigem Beispiel im Ordner *Buch**Kap20* in der Datei *Bsp20_05.xlsx*. Öffnen Sie die Mappe im *Custom UI Editor*, wenn Sie den XML-Code einsehen möchten.

Eine benutzerdefinierte Gruppe erzeugen

Das folgende Beispiel zeigt, wie Sie eigene, benutzerdefinierte Gruppen erzeugen können.

Abbildg. 20.7   Eine benutzerdefinierte Registerkarte mit eigener Gruppe

Um den Effekt einer eigenen Registerkarte mit einer benutzerdefinierten Gruppe sichtbar zu machen, wird in dem Beispiel zunächst alles ausgeblendet (startFromScratch="true"). Danach werden eine Registerkarte mit dem Namen Mein Register und darin eine Gruppe namens Meine Gruppe erzeugt.

Listing 20.10   Eine benutzerdefinierte Gruppe

```
<customUI xmlns="http://schemas.microsoft.com/office/2009/07/customui">
  <ribbon startFromScratch="true">
  <tabs>
    <tab id="MyTab" label="Mein Register">
      <group id="MyGroup" label="Meine Gruppe " />
    </tab>
  </tabs>
  </ribbon>
</customUI>
```

Sie verfügen nun also über eine eigene Registerkarte, die eine benutzerdefinierte Gruppe enthält, die jedoch vorerst noch leer ist. Zu einem späteren Zeitpunkt in diesem Kapitel wird erläutert, wie Sie beispielsweise eine Schaltfläche hinzufügen können.

> **ONLINE**   Sie finden die Arbeitsmappe zu obigem Beispiel im Ordner *Buch\\Kap20* in der Datei *Bsp20_06.xlsx*. Öffnen Sie die Mappe im *Custom UI Editor*, wenn Sie den XML-Code einsehen möchten.

Die Steuerelementebene

Auf der Steuerelementebene können Sie Ihrer Kreativität freien Lauf lassen. Es gibt vielfältige Möglichkeiten, um Steuerelemente zu kombinieren. Nachfolgend finden Sie grundlegende Informationen, die Sie nach eigenen Wünschen kombinieren können.

Eine Schaltfläche anlegen (button)

Aufbauend auf den vorangegangenen Beispielen wird im folgenden Beispiel eine neue Registerkarte erstellt, die eine Gruppe enthält. In dieser Gruppe wird eine benutzerdefinierte Schaltfläche angelegt.

Abbildg. 20.8   Eine benutzerdefinierte Schaltfläche

Das Element zum Erstellen einer Schaltfläche nennt sich button. Diese benötigt eine eindeutige Kennung, was anhand der Eigenschaft id erfolgt. Zudem wird der Schaltfläche eine Bezeichnung über die Eigenschaft label vergeben. Um ein Makro mit dem Click-Ereignis der Schaltfläche zu verknüpfen, wird auf die Eigenschaft onAction zurückgegriffen. Die Eigenschaft erwartet hierbei den Namen des Makros.

Listing 20.11   Eine Schaltfläche erstellen (*button*)

```
<customUI xmlns="http://schemas.microsoft.com/office/2009/07/customui">
  <ribbon startFromScratch="true">
    <tabs>
      <tab id="MyTab" label="Mein Register">
        <group id="MyGroup" label="Meine Gruppe ">
          <button id="myButton"
                  label="Meine Schaltfläche"
                  onAction="MeinMakro" />
        </group>
      </tab>
    </tabs>
  </ribbon>
</customUI>
```

Beim Erstellen des Makros müssen Sie im runden Klammernpaar, das nach dem Makronamen folgt, die Anweisung Control As IRibbonControl eintragen. Die Prozedur können Sie ansonsten wie gewohnt programmieren.

Listing 20.12   Das Schaltflächenmakro

```
Public Sub MeinMakro(Control As IRibbonControl)
  MsgBox "Die Schaltfläche funktioniert!"
End Sub
```

Sie verfügen nun über eine eigene Registerkarte, die eine benutzerdefinierte Gruppe mit einer Schaltfläche enthält.

> **ONLINE**   Sie finden die Arbeitsmappe zu obigem Beispiel im Ordner \Buch\Kap20 in der
> Datei *Bsp20_07.xlsm*. Öffnen Sie die Mappe im *Custom UI Editor*, wenn Sie den XML-Code ein-
> sehen möchten.

Eine Schaltfläche mit Office-Bild (imageMso)

Sie können die Schaltfläche bei Bedarf mit einem Bild versehen. Es gibt in Excel, beziehungsweise
Office, wohl Tausende an vorgegebenen Grafiken, die benutzt werden können.

Um ein Office-eigenes Bild auf der Schaltfläche erscheinen zu lassen, verwenden Sie die Eigenschaft
imageMso. Ihr übergeben Sie den Namen des Symbols, hier HappyFace.

Sie können die Schaltfläche auch größer darstellen, sodass das Bild besser zur Geltung kommt. Um
diesen Effekt zu erzielen, verwenden Sie die Eigenschaft size="large". Im folgenden Beispiel werden
je eine große sowie eine kleine Schaltfläche erzeugt.

Abbildg. 20.9   Zwei Schaltflächen mit Grafik

Der XML-Code zu obigem Bild erstellt somit zuerst eine kleine und dann eine große Schaltfläche.

Listing 20.13   Zwei Schaltflächen mit Bild erzeugen (*imageMso*)

```
<customUI xmlns="http://schemas.microsoft.com/office/2009/07/customui">
  <ribbon startFromScratch="true">
    <tabs>
      <tab id="MyTab" label="Mein Register">
        <group id="MyGroup" label="Meine Gruppe ">
          <button id="myButtonSmall"
                  label="Meine kleine Schaltfläche"
                  imageMso="HappyFace"
                  onAction="MeinMakro" />
          <button id="myButtonLarge"
                  label="Meine große Schaltfläche"
                  imageMso="HappyFace"
                  size="large"
                  onAction="MeinMakro" />
        </group>
      </tab>
    </tabs>
  </ribbon>
</customUI>
```

Formulare mit Excel-VBA
entwickeln

ONLINE Sie finden die Arbeitsmappe zu obigem Beispiel im Ordner \Buch\Kap20 in der Datei Bsp20_08.xlsm. Öffnen Sie die Mappe im Custom UI Editor, wenn Sie den XML-Code einsehen möchten.

Eine Schaltfläche mit eigenem Bild (image)

Sie können statt der in Office integrierten Bilder auch ein eigenes Bild verwenden. Bedenken Sie dabei allerdings, dass die Größe des Bilds auf der Schaltfläche reduziert wird. Ein hochaufgelöstes Urlaubsfoto wird unter Umständen unkenntlich dargestellt.

Abbildg. 20.10 Schaltfläche mit eigenem Bild

```
<customUI xmlns=
  "http://schemas.microsoft.com/office/2009/07/customui">
  <ribbon startFromScratch="true">
    <tabs>
      <tab id="MyTab" label="Mein Register">
        <group id="MyGroup" label="Meine Gruppe ">
          <button id="myButton"
                  label="Meine Schaltfläche"
                  image="Schweiz"
                  size="large"
                  onAction="MeinMakro" />
        </group>
      </tab>
    </tabs>
  </ribbon>
</customUI>
```

Der Speicherort des Bilds spielt keine Rolle. Wichtig ist, dass Sie es in den Custom UI Editor laden.

1. Öffnen Sie im Custom UI Editor die Excel-Arbeitsmappe, in der Sie das Bild verwenden möchten.

2. Klicken Sie auf die Schaltfläche Insert Icons, wählen Sie den Pfad aus, wo Ihr Bild gespeichert ist, und öffnen Sie es.

3. Das Bild wird nun im linken Bereich des Custom UI Editor angezeigt.

Abbildg. 20.11 Ein Bild in den Custom UI Editor laden

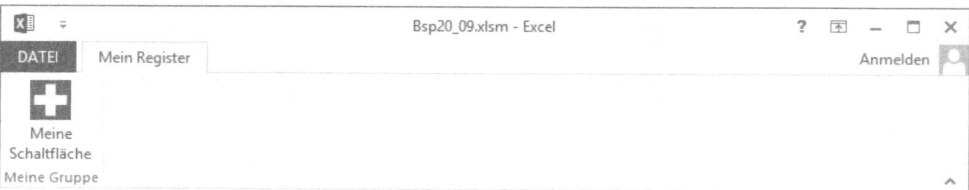

HINWEIS Wenn Sie das Bild im *Custom UI Editor* entfernen möchten, klicken Sie es mit der rechten Maustaste an und wählen im Kontextmenü den Befehl *Remove*.

Um das Bild auf der Schaltfläche sichtbar zu machen, verwenden Sie im XML-Code die Eigenschaft image gefolgt vom Namen des Bilds. Die Angabe des Dateityps, wie z.B. *.jpg* ist optional.

Listing 20.14 Eine Schaltfläche mit eigenem Bild (*image*)

```
<customUI xmlns="http://schemas.microsoft.com/office/2009/07/customui">
  <ribbon startFromScratch="true">
    <tabs>
      <tab id="MyTab" label="Mein Register">
        <group id="MyGroup" label="Meine Gruppe ">
          <button id="myButton"
                  label="Meine Schaltfläche"
                  image="Schweiz"
                  size="large"
                  onAction="MeinMakro" />
        </group>
      </tab>
    </tabs>
  </ribbon>
</customUI>
```

ONLINE Sie finden die Arbeitsmappe zu obigem Beispiel im Ordner *\Buch\Kap20* in der Datei *Bsp20_09.xlsm*. Öffnen Sie die Mappe im *Custom UI Editor*, wenn Sie den XML-Code einsehen möchten.

Eine Trennlinie einfügen (separator)

Sie können nach Belieben zwischen den Schaltflächen Trennlinien einfügen.

Abbildg. 20.12 Zwei getrennte Schaltflächen

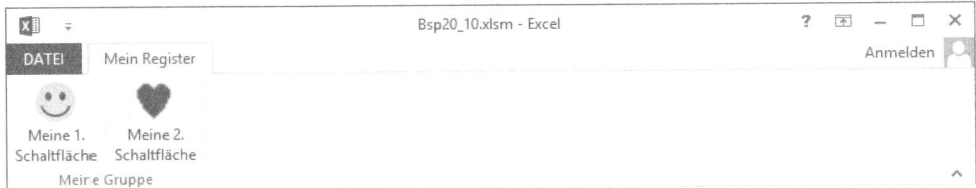

Das Element nennt sich separator, ihm übergeben Sie lediglich eine interne Kennung. Dies geschieht über die Eigenschaft id.

Listing 20.15   Eine Trennlinie einfügen (*separator*)

```
…
<button id="myButton1"
        label="Meine 1. Schaltfläche"
        imageMso="HappyFace"
        size="large"
        onAction="MeinMakro1" />
  <separator id="mySeparator1" />
  <button id="myButton2"
        label="Meine 2. Schaltfläche"
        imageMso="Heart"
        size="large"
        onAction="MeinMakro2" />
…
```

Die Trennlinie separiert nun die beiden Schaltflächen. Es handelt sich um einen rein optischen Effekt.

ONLINE   Sie finden die Arbeitsmappe zu obigem Beispiel im Ordner *\Buch\Kap20* in der Datei *Bsp20_10.xlsm*. Öffnen Sie die Mappe im *Custom UI Editor*, wenn Sie den XML-Code einsehen möchten.

Office-eigene Schaltflächen verwenden (control)

Sie können in Ihre benutzerdefinierten Registerkarten auch Office-eigene Schaltflächen einbinden. Abbildung 20.13 zeigt das Ergebnis des folgenden Codes, der vier Office-eigene Schaltflächen erzeugt.

Abbildg. 20.13   Office-eigene Schaltflächen

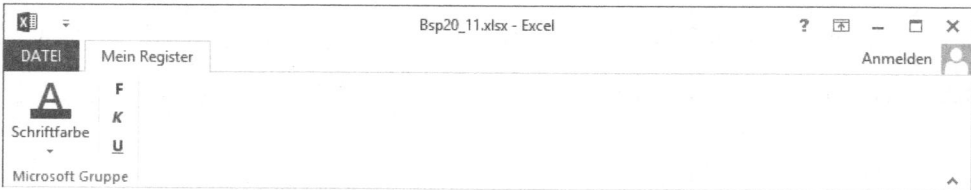

ONLINE   Sie finden die Arbeitsmappe zu diesem Abschnitt im Ordner *\Buch\Kap20* in der Datei *Bsp20_11.xlsx*. Öffnen Sie die Mappe im *Custom UI Editor*, wenn Sie den XML-Code einsehen möchten.

Diese Schaltflächen werden über das Element control angesprochen. Der Eigenschaft idMso wird der Name des Befehls übergeben.

Listing 20.16 Office-eigene Schaltflächen verwenden (*control*)

```
<customUI xmlns="http://schemas.microsoft.com/office/2009/07/customui">
  <ribbon startFromScratch="true">
    <tabs>
      <tab id="MyTab" label="Mein Register">
        <group id="MyGroup" label="Microsoft Gruppe">
          <control idMso="FontColorPicker" size="large" />
          <separator id="MySeparator1" />
          <control idMso="Bold" />
          <control idMso="Italic" />
          <control idMso="Underline" />
        </group>
      </tab>
    </tabs>
  </ribbon>
</customUI>
```

Sie können natürlich auch benutzerdefinierte Schaltflächen nach Belieben hinzufügen.

HINWEIS   Einige Befehlsnamen können Sie dem Dialogfeld *Excel-Optionen* in der Rubrik *Anpassen* entnehmen. Sie müssen lediglich mit der Maus auf den gewünschten Befehl zeigen. Im daraufhin geöffneten QuickInfo wird am Ende in Klammern die erforderliche englische Bezeichnung angegeben. Es lassen sich allerdings nur die *control idMso* entnehmen, nicht aber die *group idMso*.

Unter den Links *http://www.microsoft.com/en-us/download/details.aspx?id=6627* und *http://www.microsoft.com/en-us/download/confirmation.aspx?id=36798* können Sie sich Dokumente mit Informationen zu den Steuerelement-IDs für Office 2010 und Office 2013 herunterladen.

Microsoft-Gruppe in eine eigene Registerkarte integrieren

Wenn Sie eine eigene Registerkarte anlegen, haben Sie die Möglichkeit, eine Office-eigene Gruppe einzubinden.

Abbildg. 20.14 Eine Microsoft-Gruppe sowie eine eigene Gruppe

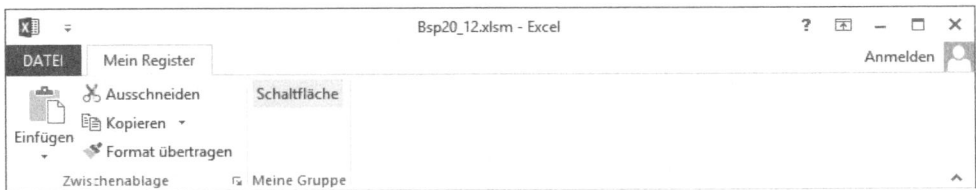

In unserem Beispiel fügen wir zuerst die Gruppe *Zwischenablage* ein und erstellen dann noch eine benutzerdefinierte Gruppe mit einer Schaltfläche.

Das Musterbeispiel lässt sich nach Belieben um weitere eigene oder bestehende Microsoft-Gruppen und -Schaltflächen ergänzen.

Listing 20.17   Die Office-eigene Zwischenablage (*GroupClipboard*) einbinden

```
<customUI xmlns="http://schemas.microsoft.com/office/2009/07/customui">
  <ribbon startFromScratch="true">
    <tabs>
      <tab id="MyTab" label="Mein Register">
        <group idMso="GroupClipboard" />
          <group id="MyGroup" label="Meine Gruppe ">
          <button id="myButton" label="Schaltfläche" onAction="MyMakro" />
        </group>
      </tab>
    </tabs>
  </ribbon>
</customUI>
```

ONLINE   Sie finden die Arbeitsmappe zu obigem Beispiel im Ordner *Buch\Kap20* in der Datei *Bsp20_12.xlsm*. Öffnen Sie die Mappe im *Custom UI Editor,* wenn Sie den XML-Code einsehen möchten.

Eine Office-eigene Gruppe ersetzen

Sie haben die Möglichkeit, eine Office-eigene Gruppe zu manipulieren, indem Sie beispielsweise Schaltflächen weglassen oder deaktivieren. Der einfachste Weg, um dies zu bewerkstelligen, besteht darin, die ursprüngliche Gruppe auszublenden und als neue Gruppe wieder aufzubauen.

Durch die Angabe von `<group idMso="GroupClipboard" visible="false" />` wird die Zwischenablage ausgeblendet. Danach wird eine neue Gruppe mit dem Namen *Zwischenablage* erstellt. Damit sie an der richtigen Stelle, also vor dem unsichtbaren Original erscheint, verwenden wir den Befehl `insertBeforeMso="GroupClipboard"`. In der neuen Gruppe werden die Office-eigenen Befehle integriert. Durch die Angabe von `showLabel` kann festgelegt werden, ob die Schaltflächenbeschriftung angezeigt werden soll oder nicht. Mittels der Eigenschaft `enabled="false"` können Sie eine Schaltfläche deaktivieren, sodass sie zwar angezeigt, aber nicht benutzt werden kann.

Listing 20.18   Manipulation der Zwischenablage

```
<customUI xmlns="http://schemas.microsoft.com/office/2009/07/customui">
  <ribbon>
    <tabs>
      <tab idMso="TabHome">
        <group idMso="GroupClipboard" visible="false" />
        <group id="MeinClipboard"
               label="Zwischenablage"
               insertBeforeMso="GroupClipboard">
          <control idMso="PasteMenu" size="large" />
          <control idMso="Cut" showLabel="false" enabled="false" />
          <control idMso="Copy" showLabel="false" enabled="false" />
          <control idMso="FormatPainter" showLabel="false" />
        </group>
      </tab>
    </tabs>
  </ribbon>
</customUI>
```

Sie finden die Arbeitsmappe zu obigem Beispiel im Ordner *Buch\Kap20* in der Datei *Bsp20_13.xlsx*. Öffnen Sie die Mappe im *Custom UI Editor*, wenn Sie den XML-Code einsehen möchten.

Ausrichten von Steuerelementen (box)

Mittels des Elements box haben Sie die Möglichkeit, Schaltflächen zusammenzufassen. Mit der Eigenschaft boxStyle, der Sie wahlweise horizontal oder vertical übergeben, können Sie die Richtung bestimmen, in der die Steuerelemente angeordnet werden sollen.

Abbildg. 20.15   Reihenfolge der Steuerelemente

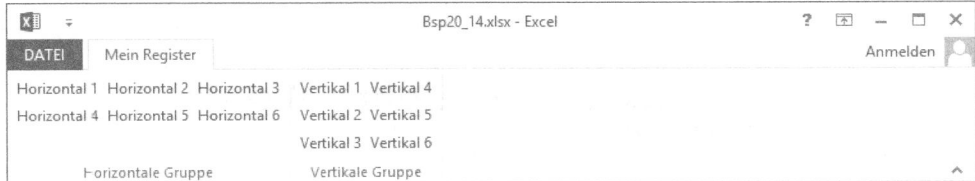

Im folgenden Beispiel erstellen wir zwei Gruppen, wobei die Schaltflächen der ersten Gruppe horizontal ausgerichtet sind und die der zweiten Gruppe vertikal.

Listing 20.19   Horizontal und vertikal ausgerichtete Steuerelemente (*box/boxStyle*)

```
<customUI xmlns="http://schemas.microsoft.com/office/2009/07/customui">
  <ribbon startFromScratch="true">
    <tabs>
      <tab id="myTab" label="Mein Register">
        <group id="MyHGroup" label="Horizontale Gruppe">
          <box id="MyBoxHr1" boxStyle="horizontal">
            <button id="myHButton1" label="Horizontal 1" />
            <button id="myHButton2" label="Horizontal 2" />
            <button id="myHButton3" label="Horizontal 3" />
          </box>
          <box id="MyBoxHr2">
            <button id="myHButton4" label="Horizontal 4" />
            <button id="myHButton5" label="Horizontal 5" />
            <button id="myHButton6" label="Horizontal 6" />
          </box>
        </group>
        <group id="MyVGroup" label="Vertikale Gruppe">
          <box id="MyBoxVc1" boxStyle="vertical">
            <button id="myVButton1" label="Vertikal 1" />
            <button id="myVButton2" label="Vertikal 2" />
            <button id="myVButton3" label="Vertikal 3" />
          </box>
          <box id="MyBoxVc2" boxStyle="vertical">
            <button id="myVButton4" label="Vertikal 4" />
            <button id="myVButton5" label="Vertikal 5" />
            <button id="myVButton6" label="Vertikal 6" />
```

Listing 20.19   Horizontal und vertikal ausgerichtete Steuerelemente (*box/boxStyle*) *(Fortsetzung)*

```
          </box>
        </group>
      </tab>
    </tabs>
  </ribbon>
</customUI>
```

Abbildung 20.15 können Sie die verschieden ausgerichteten Steuerelemente in den beiden Gruppen entnehmen.

ONLINE   Sie finden die Arbeitsmappe zu obigem Beispiel im Ordner *\Buch\Kap20* in der Datei *Bsp20_14.xlsx*. Öffnen Sie die Mappe im *Custom UI Editor*, wenn Sie den XML-Code einsehen möchten.

Beschriftungselemente ohne Aktion (labelControl)

Das Menüband bietet die Möglichkeit, Steuerelemente zu verwenden, die lediglich der Beschriftung anderer Elemente dienen. Ihnen kann keine Aktion zugeordnet werden, wie dies sonst bei Steuerelementen der Fall ist.

Abbildg. 20.16   Schaltflächen kombiniert mit Beschriftungselementen

Das Element für die Beschriftung nennt sich `labelControl`. Ihm wird, wie immer, eine interne Kennung anhand der Eigenschaft `id` übergeben. Dem Element folgt das `label`, dem der anzuzeigende Text zugewiesen wird.

Um das Ganze innerhalb der Gruppe übersichtlich zu gestalten, werden im folgenden Beispiel Boxen mit horizontaler Ausrichtung verwendet.

Listing 20.20   Verschiedene Beschriftungselemente (*labelControl*) im Einsatz

```
<customUI xmlns="http://schemas.microsoft.com/office/2009/07/customui">
  <ribbon startFromScratch="true">
    <tabs>
      <tab id="myTab" label="Mein Register">
        <group id="MyGroup" label="Beschriftungen">
          <box id="MyBoxHr1" boxStyle="horizontal">
            <control idMso="Bold" />
            <labelControl id="L1" label="Fett (labelControl)" />
          </box>
```

Listing 20.20 Verschiedene Beschriftungselemente (*labelControl*) im Einsatz *(Fortsetzung)*

```
            <box id="MyBoxHr2" boxStyle="horizontal">
              <control idMso="Italic" />
              <labelControl id="L2" label="Kursiv" />
            </box>
            <box id="MyBoxHr3" boxStyle="horizontal">
              <control idMso="Underline" />
              <labelControl id="L3" label="Unterstrichen"/>
            </box>
          </group>
        </tab>
      </tabs>
    </ribbon>
</customUI>
```

Abbildung 20.16 zeigt drei Beschriftungselemente: *Fett*, *Kursiv* und *Unterstrichen*. Ihnen vorangestellt ist jeweils die dazu passende Excel-interne Befehlsschaltfläche.

ONLINE Sie finden die Arbeitsmappe zu obigem Beispiel im Ordner \Buch\Kap20 in der Datei *Bsp20_15.xlsx*. Öffnen Sie die Mappe im *Custom UI Editor*, wenn Sie den XML-Code einsehen möchten.

Gruppierungen und Optik (buttonGroup)

Wenn Sie eine Registerkarte mit vielen Schaltflächen und Beschriftungen bestücken möchten, kann dies unter Umständen recht unübersichtlich aussehen. XML bietet die Möglichkeit, Schaltflächen in Gruppen zusammenzufassen. Die Schaltflächen werden dabei optisch durch einen Rahmen umgeben.

Abbildg. 20.17 Drei Gruppierungen

Um Gruppen zu erzeugen, werden die Schaltflächen in einer buttonGroup zusammengefasst. Im folgenden Beispiel werden drei Gruppen aufgebaut.

Listing 20.21 Fünf Schaltflächen in drei unterschiedlichen Gruppen (*buttonGroup*)

```
<customUI xmlns="http://schemas.microsoft.com/office/2009/07/customui">
  <ribbon startFromScratch="true">
    <tabs>
      <tab id="myTab" label="Mein Register">
        <group id="MyGroup" label="Gruppierte Schaltflächen">
          <labelControl id="L1" label="Gruppe 1: " />
          <labelControl id="L2" label="Gruppe 2: " />
```

Listing 20.21   Fünf Schaltflächen in drei unterschiedlichen Gruppen (*buttonGroup*) *(Fortsetzung)*

```
            <labelControl id="L3" label="Gruppe 3: " />
            <buttonGroup id="MyButtonGroup1">
              <button id="MyBut1G1" label="Button 1" imageMso="HappyFace" />
              <button id="MyBut2G1" label="Button 2" imageMso="HappyFace" />
            </buttonGroup>
            <buttonGroup id="MyButtonGroup2">
              <button id="MyBut1G2" label="Button 1" imageMso="HappyFace" />
              <button id="MyBut2G2" label="Button 2" imageMso="HappyFace" />
            </buttonGroup>
            <buttonGroup id="MyButtonGroup3">
              <button id="MyBut1G3" label="Button 1" />
              <button id="MyBut2G3" label="Button 2" />
              <button id="MyBut3G3" label="Button 3" />
            </buttonGroup>
          </group>
        </tab>
      </tabs>
    </ribbon>
  </customUI>
```

ONLINE   Sie finden die Arbeitsmappe zu obigem Beispiel im Ordner *\Buch\Kap20* in der Datei *Bsp20_16.xlsx*. Öffnen Sie die Mappe im *Custom UI Editor*, wenn Sie den XML-Code einsehen möchten.

Umschaltflächen erzeugen (toggleButton)

Einer Umschaltfläche werden für gewöhnlich zwei Aktionen zugewiesen. Je nach Zustand der Umschaltfläche wird sie hervorgehoben dargestellt oder nicht. Als Vergleich nehmen wir zum Beispiel die Office-eigene Schaltfläche für Fettschrift. Wenn die Schrift der aktiven Zelle fett formatiert ist, ist die Schaltfläche hervorgehoben. Wenn die Fettschrift entfernt wird, ändert sich die Optik der Schaltfläche. Eine solche Schaltfläche werden wir im folgenden Beispiel erstellen.

Zur Veranschaulichung zeigt Abbildung 20.18 eine Umschaltfläche im aktiven Zustand.

Abbildg. 20.18   Eine aktive Umschaltfläche

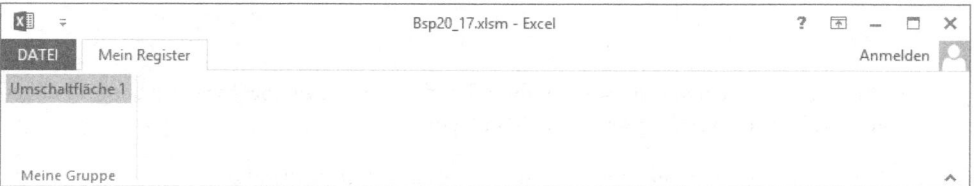

Um unser Codebeispiel möglichst kurz und übersichtlich zu gestalten, erstellen wir darin lediglich eine Umschaltfläche. Das Element für die Umschaltfläche nennt sich `toggleButton` und benötigt lediglich eine Kennung.

Listing 20.22   Eine Umschaltfläche erstellen (*toggleButton*)

```xml
<customUI xmlns="http://schemas.microsoft.com/office/2009/07/customui">
  <ribbon startFromScratch="true">
    <tabs>
      <tab id="MyTab" label="Mein Register">
        <group id="MyGroup" label="Meine Gruppe">
          <toggleButton id="MyToggleButton1"
                        label="Umschaltfläche 1"
                        getPressed="Initialisierung"
                        onAction="Umschalten" />
        </group>
      </tab>
    </tabs>
  </ribbon>
</customUI>
```

Auf Wunsch können Sie der Umschaltfläche im XML-Code eine Prozedur zuweisen, damit die Fläche direkt nach dem Öffnen der Mappe einen Zustand aufweist. Dazu wird die Eigenschaft getPressed verwendet. In dem Beispiel ist hierzu die Prozedur Initialisierung implementiert.

Listing 20.23   Zustand der Umschaltfläche beim Öffnen der Mappe

```vba
Public Sub Initialisierung(control As IRibbonControl, ByRef pressed)
    pressed = True
    ThisWorkbook.Worksheets(1).Range("M14").Value = "AKTIV"
    ThisWorkbook.Worksheets(1).Range("M14").Font.Color = vbRed
End Sub

Sub Umschalten(control As IRibbonControl, ByRef pressed)
    If pressed Then
        ThisWorkbook.Worksheets(1).Range("M14").Value = "AKTIV"
        ThisWorkbook.Worksheets(1).Range("M14").Font.Color = vbRed
    Else
        ThisWorkbook.Worksheets(1).Range("M14").Value = "INAKTIV"
        ThisWorkbook.Worksheets(1).Range("M14").Font.Color = vbBlue
    End If
End Sub
```

Um das Umschalten selbst abzufangen, belegen Sie die Eigenschaft onAction mit einem Prozedurnamen. In dem Beispielcode ist dies die Prozedur Umschalten.

ONLINE   Sie finden die Arbeitsmappe zu obigem Beispiel im Ordner *\Buch\Kap20* in der Datei *Bsp20_17.xlsm*. Öffnen Sie die Mappe im *Custom UI Editor*, wenn Sie den XML-Code einsehen möchten.

Trennschaltflächen (splitButton)

Eine Trennschaltfläche ist vergleichbar mit einem Dropdownmenü. Innerhalb dieses Menüs befinden sich weitere Schaltflächen, sozusagen gesammelt in der ersten. Auf diese Weise können Sie Platz im Menüband sparen und Themen zusammenfassen.

Formulare mit Excel-VBA
entwickeln

Abbildg. 20.19   Eine Trennschaltfläche

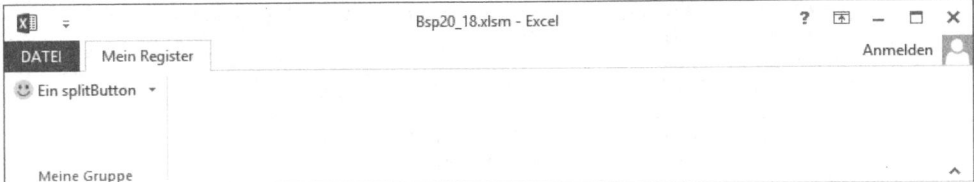

Damit die Software erkennt, dass die Schaltfläche unterteilt werden soll, wird das Element splitButton verwendet. Ihm untergeordnet ist die Schaltfläche, die im Menüband sichtbar ist. Innerhalb dieser Schaltfläche wird schließlich das Menü aufgebaut, das in unserem Beispiel zwei Schaltflächen enthält, denen ein Makro zugewiesen werden kann.

Listing 20.24   Ein *splitButton* mit zwei Schaltflächen

```
<customUI xmlns="http://schemas.microsoft.com/office/2009/07/customui">
  <ribbon startFromScratch="true">
    <tabs>
      <tab id="MyTab" label="Mein Register">
        <group id="MyGroup" label="Meine Gruppe">
          <splitButton id="mySplitButton">
            <button id="myButton1"
                    label="Ein splitButton"
                    imageMso="HappyFace" />
            <menu id="mySplitMenu" itemSize="large">
              <button id="myButton2"
                      label="Schaltfläche 1"
                      description="Beschreibung ..."
                      imageMso="HappyFace"
                      onAction="MeinMakro1"/>
              <button id="myButton3"
                      label="Schaltfläche 2"
                      description="Beschreibung ..."
                      imageMso="HappyFace"
                      onAction="MeinMakro2"/>
            </menu>
          </splitButton>
        </group>
      </tab>
    </tabs>
  </ribbon>
</customUI>
```

ONLINE   Sie finden die Arbeitsmappe zu obigem Beispiel im Ordner *Buch\Kap20* in der Datei *Bsp20_18.xlsm*. Öffnen Sie die Mappe im *Custom UI Editor*, wenn Sie den XML-Code einsehen möchten.

Kontrollkästchen einfügen (checkBox)

Kontrollkästchen können unabhängig voneinander aktiv oder inaktiv sein. Beim Anklicken des Kontrollkästchens wird jeweils eine Aktion, sprich eine Prozedur ausgeführt.

Abbildg. 20.20 Kontrollkästchen im Menüband

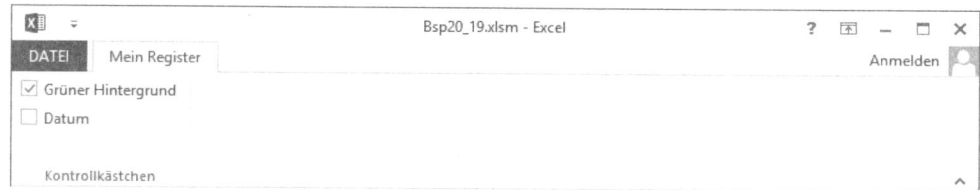

In der Beispielmappe sind zwei Kontrollkästchen in einer Gruppe enthalten. Dazu wird das Element checkBox verwendet. Ähnlich wie bei den Umschaltflächen kann eine Aktion veranlasst werden, die automatisch unmittelbar nach dem Öffnen der Arbeitsmappe ausgeführt wird (getPressed). Die Eigenschaft onAction wird verwendet, um ein Makro auszuführen, nachdem die Arbeitsmappe geöffnet wurde.

Listing 20.25 Zwei Kontrollkästchen (*checkBox*) in einer Gruppe

```
<customUI xmlns="http://schemas.microsoft.com/office/2009/07/customui">
  <ribbon startFromScratch="true">
    <tabs>
      <tab id="MyTab" label="Mein Register">
        <group id="MyGroup" label="Kontrollkästchen">
          <checkBox id="MyCheckBox1"
                    label="Grüner Hintergrund"
                    getPressed="Initialisierung1"
                    onAction="MeineAktion1" />
          <checkBox id="MyCheckBox2"
                    label="Datum"
                    getPressed="Initialisierung2"
                    onAction="MeineAktion2" />
        </group>
      </tab>
    </tabs>
  </ribbon>
</customUI>
```

Nachfolgend sind die beiden Prozeduren aufgeführt, die automatisch nach dem Öffnen der Arbeitsmappe ausgeführt werden (Initialisierung1 und Initialisierung2) und den Zustand des Kontrollkästchens vordefinieren (MeineAktion1 und MeineAktion2).

Listing 20.26 Automatisch ausgeführte Prozeduren (*getPressed*)

```
Public Sub Initialisierung1(control As IRibbonControl, ByRef pressed)
  pressed = True
  ThisWorkbook.Worksheets(1).Range("M14").Interior.Color = vbGreen
End Sub

Public Sub Initialisierung2(control As IRibbonControl, ByRef pressed)
  pressed = False
End Sub
```

Listing 20.26 Automatisch ausgeführte Prozeduren (*getPressed*) *(Fortsetzung)*

```
Public Sub MeineAktion1(control As IRibbonControl, ByRef pressed)
  If pressed = True Then
    ThisWorkbook.Worksheets(1).Range("M14").Interior.Color = vbGreen
  Else
    ThisWorkbook.Worksheets(1).Range("M14").Interior.Color = xlNone
  End If
End Sub
Public Sub MeineAktion2(control As IRibbonControl, ByRef pressed)
  If pressed = True Then
    ThisWorkbook.Worksheets(1).Range("M14").Value = Now
  Else
    ThisWorkbook.Worksheets(1).Range("M14").Value = ""
  End If
End Sub
```

ONLINE Sie finden die Arbeitsmappe zu obigem Beispiel im Ordner *\Buch\Kap20* in der Datei *Bsp20_19.xlsm*. Öffnen Sie die Mappe im *Custom UI Editor*, wenn Sie den XML-Code einsehen möchten.

Eingabefelder (editBox)

Das Menüband erlaubt es auch, Eingabefelder anzulegen. Eine solche Eingabe könnte beispielsweise auf dem Tabellenblatt in eine Zelle geschrieben werden.

Abbildg. 20.21 Ein Eingabefeld

Das Element editBox, das für das Eingabefeld steht, erhält eine id sowie ein label. Letzteres dient der Beschriftung des Eingabefelds. Der Text erscheint vor dem Eingabefeld.

Listing 20.27 Der XML-Code zum Eingabefeld (*editBox*)

```
<customUI xmlns="http://schemas.microsoft.com/office/2009/07/customui">
  <ribbon startFromScratch="true">
    <tabs>
      <tab id="MyTab" label="Mein Register">
        <group id="MyGroup" label="Meine Eingabebox">
          <editBox id="MyEditBox"
                   label="Eingabefeld: "
                   getText="Initialisierung"
                   onChange="Aktion" />
        </group>
```

Listing 20.27 Der XML-Code zum Eingabefeld (*editBox*) *(Fortsetzung)*

```
        </tab>
      </tabs>
    </ribbon>
</customUI>
```

Das Eingabefeld weist eine ähnliche Funktion auf wie z.B. die Umschaltflächen und kann beim Öffnen der Arbeitsmappe initialisiert werden. Hierzu dient die Eigenschaft getText, die eine in der Mappe hinterlegte Prozedur anspricht. Sobald ein Text in das Eingabefeld eingetippt und die ⏎-Taste gedrückt wird, wird die in der Eigenschaft onAction angegebene Prozedur aufgerufen.

Listing 20.28 Prozeduren in der Arbeitsmappe

```
Sub Initialisierung(control As IRibbonControl, ByRef text)
   text = ""
End Sub

Sub Aktion(control As IRibbonControl, ByRef changetext)
   ThisWorkbook.Worksheets(1).Range("M14").Value = changetext
End Sub
```

ONLINE   Sie finden die Arbeitsmappe zu obigem Beispiel im Ordner \Buch\Kap20 in der Datei *Bsp20_20.xlsm*. Öffnen Sie die Mappe im *Custom UI Editor*, wenn Sie den XML-Code einsehen möchten.

Ein Dropdownfeld erstellen (dropDown)

Sie haben die Möglichkeit, ein Dropdownfeld in Ihr Menüband zu integrieren. Diesem können Sie in Ihrem XML-Code Einträge hinzufügen. Eine Auswahl eines Eintrags aus der Liste lässt sich zudem per VBA-Code abfangen und auswerten.

Abbildg. 20.22 Ein Kombinationsfeld

Im folgenden XML-Beispielcode wird ein einzelnes Kombinationsfeld in einer Gruppe erstellt, das drei Einträge enthält.

Listing 20.29 Kombinationsfeld (*dropDown*) mit drei Einträgen

```
<customUI xmlns="http://schemas.microsoft.com/office/2009/07/customui">
  <ribbon startFromScratch="true">
    <tabs>
      <tab id="MyTab" label="Meine Register">
```

Listing 20.29 Kombinationsfeld (*dropDown*) mit drei Einträgen *(Fortsetzung)*

```
              <group id="MyGroup" label="Kombinationsfeld">
                <dropDown id="MyDropDown1"
                          label="Kombinationsfeld: "
                          onAction="Aktion">
                <item id="id1" label="Eintrag 1" />
                <item id="id2" label="Eintrag 2" />
                <item id="id3" label="Eintrag 3" />
                </dropDown>
              </group>
            </tab>
          </tabs>
        </ribbon>
</customUI>
```

Die Auswahl wird über die Argumente der assoziierten Prozedur übergeben und lässt sich dementsprechend auswerten.

Listing 20.30 Eine Aktion für das Kombinationsfeld

```
Public Sub Aktion(Control As IRibbonControl, _
                  ByRef selectedID As String, _
                  ByRef selectedIndex As Integer)
  Select Case selectedID
    Case "id1", "id2", "id3"
      ThisWorkbook.Worksheets(1).Range("M14").Value = selectedID
      ThisWorkbook.Worksheets(1).Range("O14") = selectedIndex
    Case Else
  End Select
End Sub
```

ONLINE Sie finden die Arbeitsmappe zu obigem Beispiel im Ordner *Buch**Kap20* in der Datei *Bsp20_21.xlsm*. Öffnen Sie die Mappe im *Custom UI Editor*, wenn Sie den XML-Code einsehen möchten.

Ein Kombinationsfeld erstellen (comboBox)

Kombinationsfelder bieten zusätzlich zu Dropdownfeldern die Möglichkeit, einen Eintrag aus der Liste auszuwählen oder einen Text in das Eingabefeld einzutragen.

Abbildg. 20.23 Eingabe kombiniert mit Auswahl

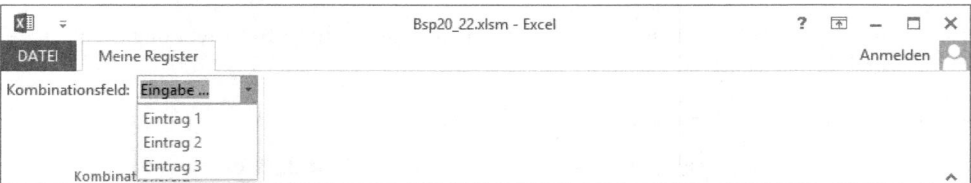

Zum Erstellen des Kombinationsfelds verwenden Sie das Tag comboBox. Dem Kombinationsfeld können nen zwei Ereignisse übergeben werden. Das Erste nennt sich getText. Das Ereignis wird automatisch ausgelöst, nachdem die Arbeitsmappe geöffnet wurde. Das zweite Ereignis nennt sich onChange und wird ausgeführt, sobald ein Eintrag aus dem Kombinationsfeld ausgewählt oder ein Text ins Eingabefeld eingetragen wurde.

Listing 20.31 Ein Kombinationsfeld mit Eingabe (*comboBox*)

```
<customUI xmlns="http://schemas.microsoft.com/office/2009/07/customui">
  <ribbon startFromScratch="true">
    <tabs>
      <tab id="MyTab" label="Meine Register">
        <group id="MyGroup" label="Kombinationsfeld">
          <comboBox id="MyComboBox"
                    label="Kombinationsfeld: "
                    getText="Initialisierung"
                    onChange="Aktion">
            <item id="item1" label="Eintrag 1" />
            <item id="item2" label="Eintrag 2" />
            <item id="item3" label="Eintrag 3" />
          </comboBox>
        </group>
      </tab>
    </tabs>
  </ribbon>
</customUI>
```

Listing 20.32 In der Beispielmappe hinterlegte Prozeduren

```
Public Sub Initialisierung(control As IRibbonControl, ByRef text)
  text = "Eingabe ..."
End Sub

Public Sub Aktion(control As IRibbonControl, ByRef text)
  ThisWorkbook.Worksheets(1).Range("M14").Value = text
End Sub
```

ONLINE Sie finden die Arbeitsmappe zu obigem Beispiel im Ordner \Buch\Kap20 in der Datei *Bsp20_22.xlsm*. Öffnen Sie die Mappe im *Custom UI Editor*, wenn Sie den XML-Code einsehen möchten.

Eine Galerie einsetzen (gallery/item)

Eine Galerie ist mit einem Kombinationsfeld vergleichbar. Es kann eine Liste von Einträgen im Dropdownlistenfeld zur Verfügung gestellt werden. Der Vorteil einer Galerie besteht darin, dass die Einträge in Zeilen und Spalten unterteilt werden können, ähnlich einer Tabelle.

Formulare mit Excel-VBA entwickeln

Abbildg. 20.24   Eine Galerie mit Farbauswahl

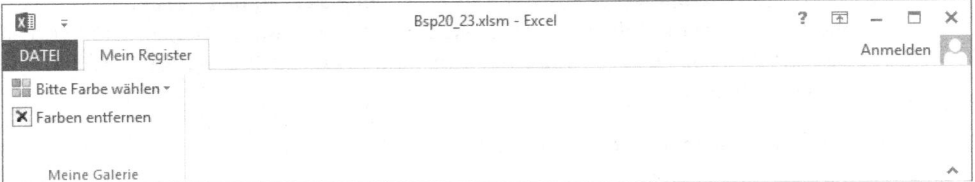

In der Beispielmappe finden Sie eine Galerie mit zwei Spalten und drei Zeilen. Zudem wird eine Schaltfläche erstellt, über die ausgewählte Farben wieder entfernt werden können.

Listing 20.33   Eine Galerie und eine Schaltfläche

```
<customUI xmlns="http://schemas.microsoft.com/office/2009/07/customui">
  <ribbon startFromScratch="true">
    <tabs>
      <tab id="MyTab" label="Mein Register">
        <group id="MyGroup" label="Meine Galerie">
          <gallery id="MyGallery"
                   label="Bitte Farbe wählen"
                   image="Farben"
                   columns="2" rows="3"
                   onAction="FarbeSetzen">
            <item id="c1r1" label="Rot" image="Rot" />
            <item id="c2r1" label="Gelb" image="Gelb" />
            <item id="c1r2" label="Grün" image="Gruen" />
            <item id="c2r2" label="Blau" image="Blau" />
            <item id="c1r3" label="Weiss" image="Weiss" />
            <item id="c2r3" label="Schwarz" image="Schwarz" />
          </gallery>
          <button id="MyButton"
                  label="Farben entfernen"
                  image="Entfernen"
                  onAction="FarbeEntfernen" />
        </group>
      </tab>
    </tabs>
  </ribbon>
</customUI>
```

Im VBA-Code werden den einzelnen Einträgen der Galerie Farben zugewiesen. Bei Auswahl einer Farbe aus der Galerie wird der selektierte Bereich der Arbeitsmappe mit der entsprechenden Hintergrundfarbe versehen.

Listing 20.34   Farben für die Galerie

```
Public Sub FarbeSetzen(Control As IRibbonControl, _
                       ControlID As String, _
                       Index As String)
  With ThisWorkbook.Worksheets(1).Range("M14").Interior
    Select Case ControlID
      Case "c1r1"
        .Color = vbRed
```

Listing 20.34   Farben für die Galerie *(Fortsetzung)*

```
      Case "c1r2"
        .Color = vbGreen
      Case "c1r3"
        .Color = vbWhite
      Case "c2r1"
        .Color = vbYellow
      Case "c2r2"
        .Color = vbBlue
      Case "c2r3"
        .Color = vbBlack
      Case Else
    End Select
  End With
End Sub
```

Damit die Farben über die Schaltfläche zurückgesetzt werden können, wird eine weitere Prozedur benötigt.

Listing 20.35   Entferner der Farben

```
Public Sub FarbeEntfernen(Control As IRibbonControl)
  ThisWorkbook.Worksheets(1).Range("M14").Interior.Color = xlNone
End Sub
```

ONLINE   Sie finden die Arbeitsmappe zu obigem Beispiel im Ordner *\Buch\Kap20* in der Datei *Bsp20_23.xlsm*. Öffnen Sie die Mappe im *Custom UI Editor*, wenn Sie den XML-Code einsehen möchten.

Menüs und Untermenüs generieren (menu)

Dem Menüband können benutzerdefinierte Menüs hinzugefügt und beliebig mit Untermenüs versehen werden. Nachfolgend ein Beispiel dazu.

Abbildg. 20.25   Menü mit Untermenü

Das Beispiel enthält ein Menü mit zwei verschachtelten Untermenüs. Der letzten Ebene werden zudem zwei Schaltflächen zugeordnet.

HINWEIS   Es ist ebenfalls möglich, in übergeordneten Menüs Schaltflächen zu platzieren. Hierauf wurde in unserem Beispiel zugunsten der besseren Übersicht verzichtet.

Listing 20.36 Drei Stufen von Untermenüs

```xml
<customUI xmlns="http://schemas.microsoft.com/office/2009/07/customui">
  <ribbon startFromScratch="true">
    <tabs>
      <tab id="MyTab" label="Mein Register">
        <group id="MyGroup" label="Meine Gruppe">
          <menu id="MyLevel1" label="Level 1 (menu)">
            <menu id="MyLevel2" label="Level 2">
              <menu id="MyLevel3" label="Level 3">
                <button id="MyButton1"
                        label="button 1"
                        imageMso="HappyFace"
                        onAction="MeinMakro1" />
                <button id="MyButton2"
                        label="button 2"
                        imageMso="HappyFace"
                        onAction="MeinMakro2" />
              </menu>
            </menu>
          </menu>
        </group>
      </tab>
    </tabs>
  </ribbon>
</customUI>
```

ONLINE   Sie finden die Arbeitsmappe zu obigem Beispiel im Ordner \Buch\Kap20 in der
Datei *Bsp20_24.xlsm*. Öffnen Sie die Mappe im *Custom UI Editor*, wenn Sie den XML-Code einsehen möchten.

Trennlinie in Menüs einfügen (menuSeparator)

Das Element separator, das Schaltflächen voneinander trennt, haben Sie weiter vorne in diesem
Kapitel bereits kennengelernt. Um einen Trennstrich in einem Menü einzufügen, muss das Element
menuSeparator verwendet werden.

Abbildg. 20.26 Trennlinie zwischen Schaltflächen in einem Menü

Folgender XML-Code erstellt ein Menü das über drei Schaltflächen verfügt. Vor der dritten Schaltfläche wird eine Trennlinie eingefügt.

Listing 20.37   Eine Menütrennlinie

```xml
<customUI xmlns="http://schemas.microsoft.com/office/2009/07/customui">
  <ribbon startFromScratch="true">
    <tabs>
      <tab id="MyTab" label="Mein Register">
        <group id="MyGroup" label="Meine Gruppe">
          <menu id="MyLevel1" label="Menü">
            <button id="MyButton1" label="Eintrag 1" />
            <button id="MyButton2" label="Eintrag 2" />
            <menuSeparator id="MyMenuSep1" />
            <button id="MyButton3" label="Eintrag 3" />
          </menu>
        </group>
      </tab>
    </tabs>
  </ribbon>
</customUI>
```

ONLINE   Sie finden die Arbeitsmappe zu obigem Beispiel im Ordner \Buch\Kap20 in der Datei Bsp20_25.xlsx. Öffnen Sie die Mappe im Custom UI Editor, wenn Sie den XML-Code einsehen möchten.

Dynamische Menüs anwenden (dynamicMenu)

Ein dynamisches Menü wird erst nach dem Öffnen der Arbeitsmappe erzeugt. Sie haben so die Möglichkeit, ein Menü mittels VBA zu generieren. Dabei müssen Sie allerdings nach wie vor mit XML-Codezeilen arbeiten, wie Sie gleich sehen werden.

Abbildg. 20.27   Ein dynamisches Menü

Wie Sie dem XML-Code in Listing 20.38 entnehmen können, werden im dynamischen Menü (dynamicMenu) keine Schaltflächen erzeugt. Der Eigenschaft getContent wird die Prozedur MenueGenerieren zugewiesen und der in der Prozedur enthaltene XML-Code übergeben. Die Prozedur wird beim Öffnen der Mappe ausgeführt und sorgt somit für das Erstellen des Menüs.

Listing 20.38   Ein leeres dynamisches Menü

```xml
<customUI xmlns="http://schemas.microsoft.com/office/2009/07/customui">
  <ribbon startFromScratch="true">
    <tabs>
      <tab id="MyTab" label="Mein Register">
        <group id="MyGroup" label="Meine Gruppe">
```

Listing 20.38   Ein leeres dynamisches Menü *(Fortsetzung)*

```
            <dynamicMenu id="MyDynaMenu"
                         label="Dynamisches Menü"
                         getContent="MenueGenerieren" />
         </group>
       </tab>
     </tabs>
   </ribbon>
</customUI>
```

Listing 20.39   Dynamisches Menü zur Laufzeit erstellen

```
Public Sub MenueGenerieren(Control As IRibbonControl, ByRef XMLString)
  XMLString = "<menu xmlns=""" & _
              "http://schemas.microsoft.com/office/2006/01/customui"">" & _
        " <button id=""MyButton1"" " & _
              "label=""Button 1"" " & _
              "onAction=""MeinMakro1""/>" & _
        " <button id=""MyButton2"" " & _
              "label=""Button 2"" " & _
              "onAction=""MeinMakro2""/>" & _
        "</menu>"
End Sub

Public Sub MeinMakro1(Control As IRibbonControl)
  MsgBox "Schaltfläche 1 wurde gedrückt."
End Sub

Public Sub MeinMakro2(Control As IRibbonControl)
  MsgBox "Schaltfläche 2 wurde gedrückt."
End Sub
```

ONLINE   Sie finden die Arbeitsmappe zu obigem Beispiel im Ordner *\Buch\Kap20* in der Datei *Bsp20_26.xlsm*. Öffnen Sie die Mappe im *Custom UI Editor*, wenn Sie den XML-Code einsehen möchten.

Hilfe-Elemente anlegen

Über XML haben Sie Möglichkeit, dem Benutzer verschiedene Hilfeelemente zu Ihren Schaltflächen oder Gruppen zur Verfügung zu stellen.

Schaltflächen-Hilfe (screentip und supertip)

Sie können zu Ihren Schaltflächen einen Hilfetext hinterlegen. Dieser wird angezeigt, wenn mit der Maus auf die Schaltfläche gezeigt wird, ohne sie anzuklicken. Es gibt zwei Ebenen. Die erste nennt sich screentip und die zweite untergeordnete Ebene nennt sich supertip.

Abbildg. 20.28   Schaltflächen-Hilfe

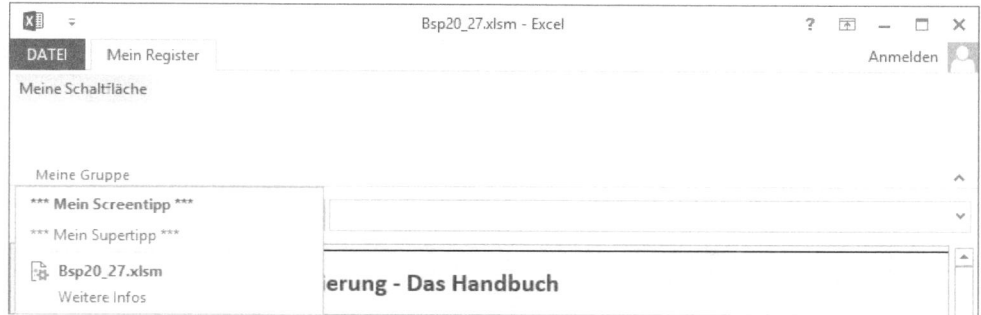

Bei Erstellen einer Schaltfläche im XML-Code brauchen Sie lediglich `screentip` und/oder `supertip` als Eigenschaft zu übergeben. Jeder Eigenschaft weisen Sie den Text zu, der beim Zeigen mit der Maus auf die Schaltfläche angezeigt werden soll.

Listing 20.40   Zwei Hilfetexte für Ihre Schaltfläche

```
<customUI xmlns="http://schemas.microsoft.com/office/2009/07/customui">
  <ribbon startFromScratch="true">
    <tabs>
      <tab id="MyTab" label="Mein Register">
        <group id="MyGroup" label="Meine Gruppe">
          <button id="myButton"
                  label="Meine Schaltfläche"
                  screentip="*** Mein Screentip ***"
                  supertip= "*** Mein Supertip ***"
                  onAction="MeinMakro" />
        </group>
      </tab>
    </tabs>
  </ribbon>
</customUI>
```

ONLINE   Sie finden die Arbeitsmappe zu obigem Beispiel im Ordner \Buch\Kap20 in der Datei Bsp20_27.xlsm. Öffnen Sie die Mappe im Custom UI Editor, wenn Sie den XML-Code einsehen möchten.

Der dialogBoxLauncher

Bestimmt ist Ihnen schon aufgefallen, dass im Menüband einige Gruppen in der rechten unteren Ecke mit einem Pfeil bestückt sind. Er ist recht unauffällig und kann daher leicht übersehen werden.

Sie können diesen so genannten *dialogBoxLauncher* – in der offiziellen Microsoft-Dokumentation auch als *Startprogramm für Dialogfelder* bezeichnet – für verschiedene Zwecke verwenden. Beispielsweise, um eine UserForm anzubinden oder, wie wir es hier tun, schlicht um einen Hilfetext zu hinterlegen.

Abbildg. 20.29 Einen *dialogBoxLauncher* einfügen

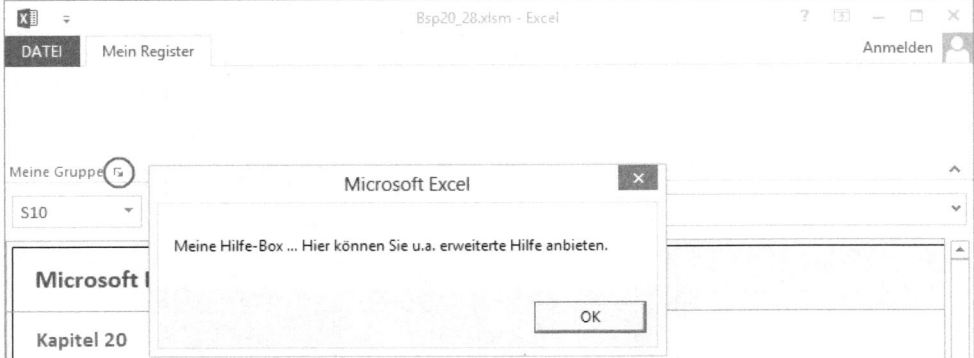

Im XML-Code verwenden Sie das Element dialogBoxLauncher. Ihm übergeben Sie eine id sowie eine in der Excel-Arbeitsmappe hinterlegte Prozedur.

Listing 20.41 Das Tag *dialogBoxLauncher* verwenden

```
<customUI xmlns="http://schemas.microsoft.com/office/2009/07/customui">
  <ribbon startFromScratch="true">
    <tabs>
      <tab id="MyTab" label="Mein Register">
        <group id="MyGroup" label="Meine Gruppe">
          <dialogBoxLauncher>
            <button id="myLauncher"
                    onAction="MeineAktion" />
          </dialogBoxLauncher>
        </group>
      </tab>
    </tabs>
  </ribbon>
</customUI>
```

ONLINE   Sie finden die Arbeitsmappe zu obigem Beispiel im Ordner *Buch\Kap20* in der Datei *Bsp20_28.xlsm*. Öffnen Sie die Mappe im *Custom UI Editor*, wenn Sie den XML-Code einsehen möchten.

Die Datei-Registerkarte anpassen (backstage)

Die Registerkarte *Datei* hat seit Excel 2007 die *Office*-Schaltfläche abgelöst. Sie wird nicht wie die anderen Registerkarten mittels *ribbon* angesprochen, sondern mit *backstage*. In Excel 2013 wurden einige neue Elemente hinzugefügt oder insoweit verändert, dass diese nun eine Registerkarte darstellen. Die ist beispielsweise für den Befehl *Speichern unter* der Fall.

Das nachfolgende Beispiel zeigt, wie alle Elemente im Backstage-Bereich sowohl in Excel 2010 als auch Excel 2013 ausgeblendet werden können. Die passenden IDs sind unter der Eigenschaft idMso abgelegt.

Listing 20.42   Elemente der Registerkarte *Datei* ausblenden

```xml
<customUI xmlns="http://schemas.microsoft.com/office/2009/07/customui">
  <backstage>
    <button idMso="FileSave" visible="false"/>
    <button idMso="FileSaveAs" visible="false"/>
    <button idMso="FileOpen" visible="false"/>
    <button idMso="FileClose" visible="false"/>
    <button idMso="ApplicationOptionsDialog" visible="false"/>
    <button idMso="FileExit" visible="false"/>
    <tab idMso="TabInfo" visible="false"/>
    <tab idMso="TabRecent" visible="false"/>
    <tab idMso="TabNew" visible="false"/>
    <tab idMso="TabPrint" visible="false"/>
    <tab idMso="TabShare" visible="false"/>
    <tab idMso="TabHelp" visible="false"/>
    <tab idMso="TabPublish" visible="false"/>
    <tab idMso="TabSave" visible="false"/>
    <tab idMso="TabOfficeStart" visible="false"/>
  </backstage>
</customUI>
```

ONLINE   Sie finden die Arbeitsmappe zu obigem Beispiel im Ordner *\Buch\Kap20* in der Datei *Bsp20_29.xlsm*. Öffnen Sie die Mappe im *Custom UI Editor*, wenn Sie den XML-Code einsehen möchten.

Im nachfolgenden XML-Code wird in der Registerkarte *Datei* ein eigenes Register erzeugt. Darin sind verschiedene Gruppen und Schaltflächen enthalten.

Abbildg. 20.30   Das Register *Datei* ergänzen

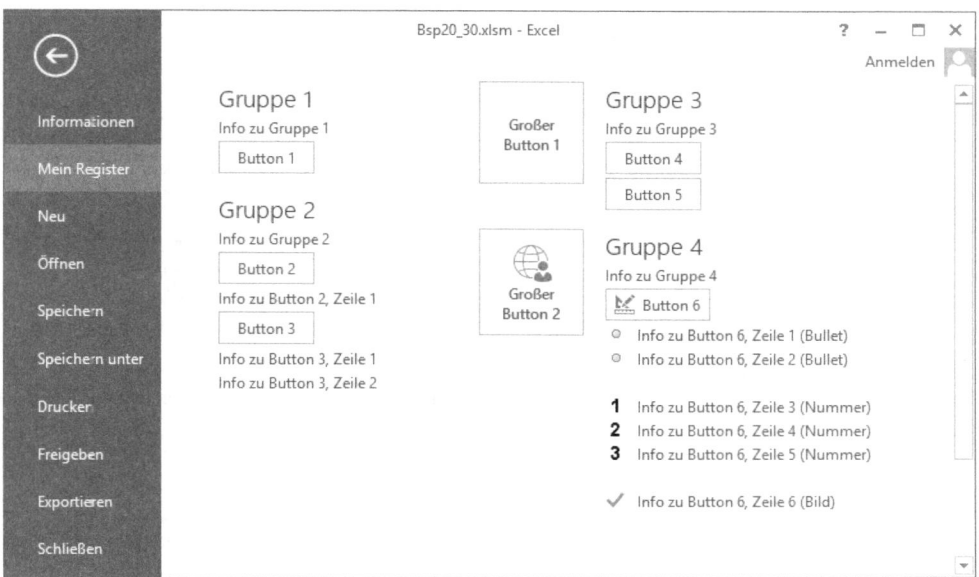

Formulare mit Excel-VBA entwickeln

Das Beispielregister *Mein Register* enthält die zwei Spalten `firstColumn` und `secondColumn` sowie vier Gruppen. Jede Gruppe enthält sogenannte `LayoutContainer`. Damit wird festgelegt, ob die Ausrichtung innerhalb der Gruppe horizontal oder vertikal erfolgen soll. Das Argument `isDefinitive=True` veranlasst, dass nach Ausführen der Aktion zum Arbeitsblatt statt zum Register zurückgekehrt wird. Innerhalb einer Gruppe können Schaltflächen mit oder ohne Bild erzeugt werden. Zu jeder Gruppe und zu jedem Button kann ein beschreibender Text in Form eines `labelControl`-Objekts hinterlegt werden.

Um eine Schaltfläche im Großformat zu gestalten, muss sie innerhalb eines `primaryItem` erzeugt werden. Die kleinen Schaltflächen werden vom Tag `topItems` umgeben.

Listing 20.43   Eigene Registerkarte im Backstage-Bereich erstellen

```
<customUI xmlns="http://schemas.microsoft.com/office/2009/07/customui">
  <backstage>
  <tab id="MyTab" insertAfterMso="TabInfo" label="Mein Register" columnWidthPercent="30">
    <firstColumn>
      <group id="FirstGroup" label="Gruppe 1" helperText="Info zu Gruppe 1">
        <topItems>
          <layoutContainer id="layout1" layoutChildren="vertical">
            <button id="button1" label="Button 1" onAction="Makro1" isDefinitive="true"/>
          </layoutContainer>
        </topItems>
      </group>
      <group id="SecondGroup" label="Gruppe 2" helperText="Info zu Gruppe 2">
        <topItems>
          <layoutContainer id="layout2" layoutChildren="vertical">
            <button id="button2" label="Button 2" onAction="Makro2"/>
            <labelControl id="label2" label="Info zu Button 2, Zeile 1"/>
            <button id="button3" label="Button 3" onAction="Makro3"/>
            <labelControl id="label3" label="Info zu Button 3, Zeile 1"/>
            <labelControl id="label4" label="Info zu Button 3, Zeile 2"/>
          </layoutContainer>
        </topItems>
      </group>
    </firstColumn>
    <secondColumn>
      <group id="ThirdGroup" label="Gruppe 3" helperText="Info zu Gruppe 3">
        <primaryItem>
          <button id="BigButton1" label="Großer Button 1" onAction="HauptMakro1"/>
        </primaryItem>
        <topItems>
          <layoutContainer id="layout3" layoutChildren="vertical">
            <button id="button4" label="Button 4" onAction="Makro4"/>
            <button id="button5" label="Button 5" onAction="Makro5"/>
          </layoutContainer>
        </topItems>
      </group>
      <group id="FourthGroup" label="Gruppe 4" helperText="Info zu Gruppe 4">
        <primaryItem>
         <button id="BigButton2" label="Großer Button 2"
                 imageMso="OutlookGlobe" onAction="HauptMakro2"/>
        </primaryItem>
        <topItems>
          <layoutContainer id="layout4" layoutChildren="vertical">
            <button id="button6" label="Button 6"
                    imageMso="TableDesign" onAction="Makro6"/>
```

Listing 20.43 Eigene Registerkarte im Backstage-Bereich erstellen *(Fortsetzung)*

```
          </layoutContainer>
          <layoutContainer id="layout5" layoutChildren="horizontal">
            <imageControl id="image1" imageMso="BrowseSelector"/>
            <labelControl id="label5" label="Info zu Button 6, Zeile 1 (Bullet)"/>
          </layoutContainer>
          <layoutContainer id="layout6" layoutChildren="horizontal">
            <imageControl id="image2" imageMso="BrowseSelector"/>
            <labelControl id="label6" label="Info zu Button 6, Zeile 2 (Bullet)"/>
          </layoutContainer>
          <labelControl id="label7" label=" "/>
          <layoutContainer id="layout7" layoutChildren="horizontal">
            <imageControl id="image3" imageMso="_1"/>
            <labelControl id="label8" label="Info zu Button 6, Zeile 3 (Nummer)"/>
          </layoutContainer>
          <layoutContainer id="layout8" layoutChildren="horizontal">
            <imageControl id="image4" imageMso="_2"/>
            <labelControl id="label9" label="Info zu Button 6, Zeile 4 (Nummer)"/>
          </layoutContainer>
          <layoutContainer id="layout9" layoutChildren="horizontal">
            <imageControl id="image5" imageMso="_3"/>
            <labelControl id="label10" label="Info zu Button 6, Zeile 5 (Nummer)"/>
          </layoutContainer>
          <labelControl id="label11" label=" "/>
          <layoutContainer id="layout10" layoutChildren="horizontal">
            <imageControl id="image6" imageMso="AcceptInvitation"/>
            <labelControl id="label12" label="Info zu Button 6, Zeile 6 (Bild)"/>
          </layoutContainer>
        </topItems>
      </group>
    </secondColumn>
   </tab>
   </backstage>
</customUI>
```

> **ONLINE** Sie finden die Arbeitsmappe zu obigem Beispiel im Ordner *Buch\Kap20* in der Datei *Bsp20_30.xlsm*. Öffnen Sie die Mappe im *Custom UI Editor*, wenn Sie den XML-Code einsehen möchten.

Den Schnellzugriff anpassen

Um den Schnellzugriff zu erweitern oder zu reduzieren, klicken Sie ihn mit der rechten Maustaste an und wählen im Kontextmenü den Eintrag *Weitere Befehle* aus. Das Dialogfeld *Excel-Optionen* mit aktivierter Kategorie *Symbolleiste für den Schnellzugriff* wird geöffnet. Mittels der Schaltfläche *Hinzufügen* können Sie nun Befehle ergänzen. Um Befehle zu löschen, klicken Sie auf *Entfernen*.

Wenn Sie ein Makro erstellt haben und dieses im Schnellzugriff zur Verfügung stellen möchten, klicken Sie im Kombinationsfeld *Befehle auswählen* auf *Makros* und übertragen es mit der Schaltfläche *Hinzufügen*. Über die Schaltfläche *Ändern* können Sie auf Wunsch das dem Befehl vorangestellte Symbol austauschen.

Abbildg. 20.31   Den Schnellzugriff (*qat*) anpassen

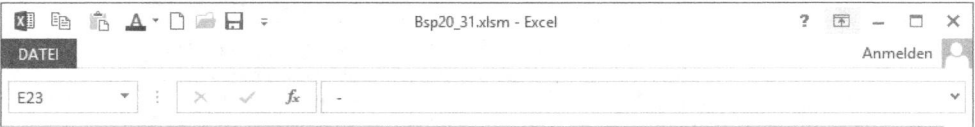

Dem Schnellzugriff können Befehle aus zwei »Ebenen« zugeordnet werden. Die erste Ebene ist das Arbeitsblatt sharedControls. Die andere Ebene ist die Arbeitsmappe documentControls. In unserem XML-Code fügen wir je drei Befehle beider Ebenen in den Schnellzugriff ein.

Listing 20.44   Den Schnellzugriff mit verschiedenen Befehlen versehen

```
<customUI xmlns="http://schemas.microsoft.com/office/2009/07/customui">
  <ribbon startFromScratch="true">
    <qat>
      <sharedControls>
        <control idMso="Copy"/>
        <control idMso="Paste"/>
        <control idMso="FontColorPicker"/>
      </sharedControls>
      <documentControls>
        <control idMso="FileNew"/>
        <control idMso="FileOpen"/>
        <control idMso="FileSave"/>
      </documentControls>
    </qat>
  </ribbon>
</customUI>
```

ONLINE   Sie finden die Arbeitsmappe zu obigem Beispiel im Ordner *\Buch\Kap20* in der Datei *Bsp20_31.xlsm*. Öffnen Sie die Mappe im *Custom UI Editor*, wenn Sie den XML-Code einsehen möchten.

Teil F

Interessantes für Fortgeschrittene

Verschiedene Tipps & Tricks

In diesem Kapitel:

In diesem Kapitel finden Sie eine Zusammenstellung verschiedener Tipps und Tricks. Sie erfahren unter anderem, wie bestehende Verknüpfungen aufgehoben werden können, ohne dass der Zellinhalt verloren geht. Es wird gezeigt, wie das Scrollen auf einen bestimmten Bereich eingeschränkt werden kann oder wie Sie die Zwischenablage in VBA verwenden. Und neben weiteren Themen erfahren Sie, wie mit der Windows Management Instrumentation bzw. WMI Informationen gesammelt werden können.

HINWEIS   In den bisherigen Kapiteln wurden alle Variablen, Prozeduren und Funktionen bis auf die Präfixe in Deutsch benannt. Häufig ist es aber in der Softwareentwicklung so, dass Code in Englisch erstellt wird. Das geht oft bis hin zu Kommentaren.

Ein Grund ist beispielsweise, dass dadurch der Code auch für Personen besser lesbar wird, die des Deutschen nicht mächtig sind, sodass der Austausch zwischen Programmierern unterschiedlicher Herkunft vereinfacht wird. Häufig werden Sie auch in Foren englischen Code finden.

Ab diesem Kapitel werden für den Code in den Beispieldateien englische Bezeichner verwendet werden. Die Kommentare im Code sind jedoch weiterhin in Deutsch gehalten.

Verknüpfungen löschen und durch Werte ersetzen

Manchmal erscheint beim Öffnen einer Arbeitsmappe die Meldung *Diese Arbeitsmappe enthält mindestens eine Verknüpfung, die nicht aktualisiert werden kann*. Dies kann vorkommen, wenn in der Mappe Verknüpfungen zu einer anderen Mappe bestehen, deren Speicherort oder Name verändert wurde.

Abbildg. 21.1   Fehlende Verknüpfung

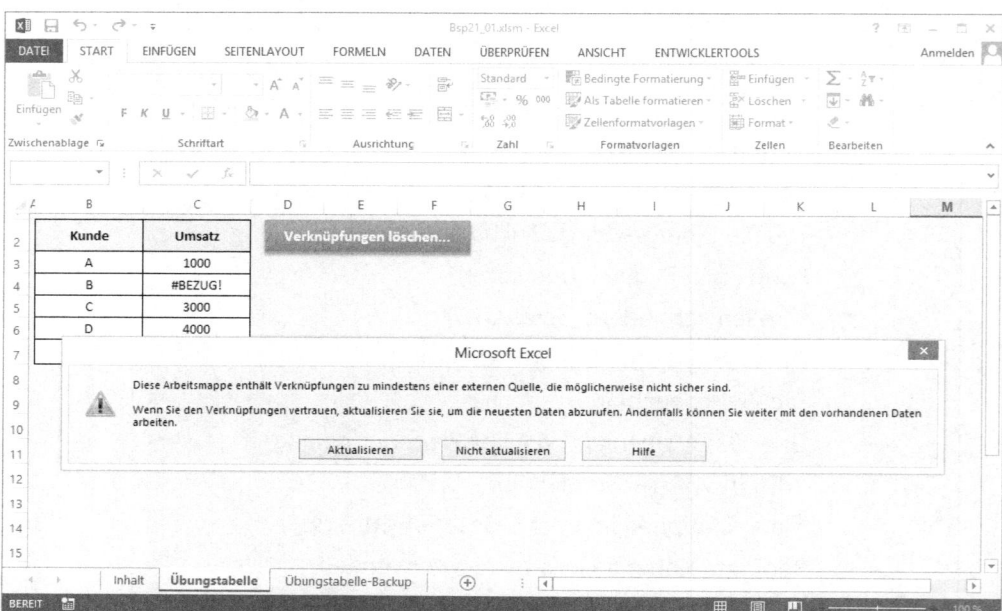

Das folgende Beispiel zeigt, wie Sie solche Verknüpfungen aufspüren und bei Bedarf in einen Wert umwandeln können. Im Code wird geprüft, ob in der Zelle ein externer Bezug zu einer anderen Arbeitsmappe besteht. Dies geschieht in einem ersten Schritt, indem die Formel nach einer eckigen Klammer (]) durchsucht wird. Trifft dies zu, wird der Formeltext vor der eckigen Klammer mit dem Like-Operator daraufhin überprüft, ob er eine mögliche Dateinamenserweiterung in der Form *.xls* enthält.

Wird eine Verknüpfung gefunden, zeigt ein Meldungsfeld an, in welcher Zelle und in welchem Tabellenblatt diese gefunden wurde. Es wird zudem die Formel selbst angezeigt. Wenn die Verknüpfung gelöscht werden soll, betätigen Sie im Meldungsfeld die Schaltfläche *Ja*, ansonsten klicken Sie auf *Nein*.

ONLINE   Sie finden die Arbeitsmappe zu obigem Beispiel im Ordner *\Buch\Kap21* in der Datei *Bsp21_01.xlsm*.

Falls die Zelle eine Fehlermeldung wie z.B. *#BEZUG!* enthalten sollte, wird die Zelle rot hinterlegt, ansonsten grün. So können Sie nach Beendigung der Prozedur erkennen, welche Zellen umgewandelt wurden.

Listing 21.1   Verknüpfungen in Werte umwandeln

```
Public Sub DeleteLinks()
    Dim blnLink    As Boolean
    Dim lngIndex   As Long
    Dim objCell    As Range
    Dim strMessage As String

'   Arbeitsblätter durchlaufen. Beachten Sie dass diese nur bis zum vorletzten
'   Blatt durchlaufen werden. Das letzte Blatt ist ein Backup der Übungstabelle,
'   damit Sie beispielsweise den Urzustand wiederherstellen können
    For lngIndex = 1 To ThisWorkbook.Worksheets.Count - 1
'       Zellen durchlaufen
        For Each objCell In ThisWorkbook.Worksheets(lngIndex).UsedRange
'           Prüfen und Zerlegen der Formel. Beachten Sie, dass der Fall,
'           wo ein Dateiname in eckigen Klammern als statischer Text in
'           einer Formel hinterlegt ist, nicht abgefangen wird
            If Not CBool(Left(objCell.Formula, 1) <> "=") And _
                CBool(InStr(1, objCell.Formula, "]") > 0) Then
              blnLink = CBool(Split(objCell.Formula, "]")(0) Like "*.xls*")
            Else
              blnLink = False
            End If
'           Prüfen
            If blnLink Then
                strMessage = "Es wurde eine Verknüpfung in Tabelle " & _
                        ThisWorkbook.Worksheets(lngIndex).Name & " " & _
                        "in der Zelle " & _
                        objCell.Address(False, False) & " " & _
                        "gefunden." & vbCrLf & _
                        "Die Formel lautet: " & _
                        objCell.FormulaLocal & vbCrLf & vbCrLf & _
                        "Soll die Verknüpfung gelöscht werden?"
```

```
'          Rückfragen, ob die Verknüpfung gelöscht werden soll
           If MsgBox(strMessage, vbYesNo, "Nachfrage...") <> vbNo Then
'            Ersetzen
             objCell.Copy
             objCell.PasteSpecial Paste:=xlPasteValues
             Application.CutCopyMode = False
'            Fehler auswerten, was beispielsweise der Falle ist, wenn in der
'            verknüpften Datei eine Tabelle nicht mehr vorhanden ist.
             If Left(objCell.Formula, 1) = "#" Then
               objCell.Interior.Color = vbRed
             Else
               objCell.Interior.Color = vbGreen
             End If
           End If
         End If
       Next objCell
     Next .lngIndex
End Sub
```

> **HINWEIS** Es kann sein, dass die Mappe nach dem erneuten Öffnen immer noch Verknüpfungen meldet. Sollte dies der Fall sein, sind möglicherweise benannte Bereiche die Ursache. Um diese zu entfernen, klicken Sie im Menüband von Excel auf der Registerkarte *Formeln* in der Gruppe *Definierte Namen* auf die Schaltfläche *Namens-Manager* und löschen dort jede einzelne Verknüpfung.

Tabellenübergreifende Suche

Nehmen wir an, Sie verfügen über eine umfangreiche Arbeitsmappe mit zahlreichen Tabellenblättern und suchen darin eine bestimmte Zahl oder einen Text. Der Suchbegriff kann in der gesamten Arbeitsmappe einmal oder mehrmals vorkommen.

> **ONLINE** Sie finden die Arbeitsmappe zu obigem Beispiel im Ordner *\Buch\Kap21* in der Datei *Bsp21_02.xlsm*.

In der Beispieldatei zu diesem Abschnitt ist eine UserForm implementiert, welche die Eingabe eines Suchbegriffs ermöglicht. Der Name des Arbeitsblatts sowie die Zelladressen der gefundenen Einträge werden in einem Listenfeld hinterlegt. Ein Doppelklick auf einen Eintrag im Listenfeld wechselt gegebenenfalls zur Tabelle und markiert die Zelle.

Abbildg. 21.2 UserForm zur Suche nach Texten

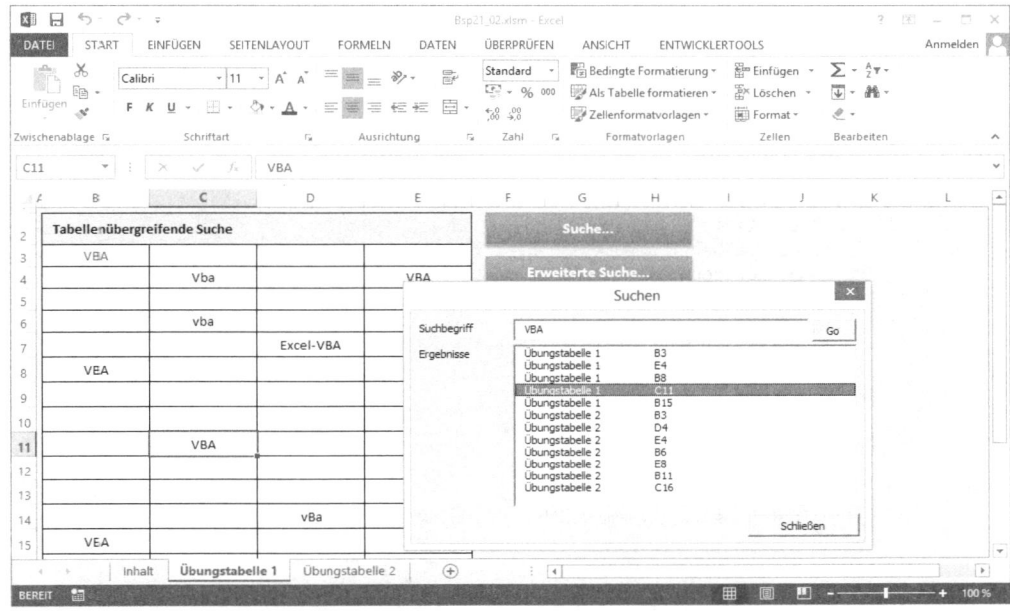

Nachfolgend finden Sie den Code, der im Codemodul der UserForm hinterlegt ist.

Listing 21.2 Nach einem Text suchen

```
Private Sub cmd_Close_Click()
  Unload Me
End Sub

Private Sub cmd_Search_Click()
'   Länge des Suchbegriffs prüfen
  If Len(Trim(txt_SearchTerm.Text)) > 0 Then
'     Status
    lsb_SearchResults.Enabled = False
    txt_SearchTerm.Enabled = False
    cmd_Search.Enabled = False
    cmd_Close.Enabled = False
'     Suchen
    If SearchTerm < 1 Then
      MsgBox "Keine Ergebnisse gefunden."
    End If
'     Status
    lsb_SearchResults.Enabled = True
    txt_SearchTerm.Enabled = True
    cmd_Search.Enabled = True
    cmd_Close.Enabled = True
  Else
    MsgBox "Geben Sie einen Suchbegriff ein."
  End If
End Sub
```

Listing 21.2 Nach einem Text suchen *(Fortsetzung)*

```
Private Sub lsb_SearchResults_DblClick(ByVal Cancel As MSForms.ReturnBoolean)
  Dim strSheet   As String
  Dim strAddress As String

  If lsb_SearchResults.ListCount > 0 Then
'   Werte
    strSheet = lsb_SearchResults.List(lsb_SearchResults.ListIndex, 0)
    strAddress = lsb_SearchResults.List(lsb_SearchResults.ListIndex, 1)
'   Arbeitsblatt
    If ActiveSheet.Name <> strSheet Then
      ThisWorkbook.Worksheets(strSheet).Activate
    End If
'   Zelle
    ThisWorkbook.Worksheets(strSheet).Range(strAddress).Select
  End If
End Sub

Private Sub UserForm_Initialize()
'  Listenfeldeinstellungen
  lsb_SearchResults.ColumnCount = 2
  lsb_SearchResults.ColumnWidths = "100;50"
End Sub

Private Function SearchTerm() As Long
  Dim lngIndex   As Long
  Dim objCell    As Range

'  Löschen
  lsb_SearchResults.Clear
'  Loop
  For lngIndex = 1 To ThisWorkbook.Worksheets.Count
'    Zellen
    For Each objCell In ThisWorkbook.Worksheets(lngIndex).UsedRange
'      Vergleichen
      If Not objCell.Value <> txt_SearchTerm.Text Then
'        Zur Liste hinzufügen
        lsb_SearchResults.AddItem
        lsb_SearchResults.List(lsb_SearchResults.ListCount - 1, 0) = _
        ThisWorkbook.Worksheets(lngIndex).Name
        lsb_SearchResults.List(lsb_SearchResults.ListCount - 1, 1) = _
        objCell.Address(False, False)
      End If
    Next
  Next
  SearchTerm = lsb_SearchResults.ListCount
End Function
```

Die Funktion SearchTerm lässt sich ausbauen. In einer zweiten UserForm der Beispieldatei finden Sie eine abgewandelte Form der Funktion, die die Einstellung eines Kontrollkästchens zur Groß- und Kleinschreibung berücksichtigt. Eine weitere Option ermöglicht es, exakt nach dem Suchbegriff zu suchen oder zu prüfen, ob der Suchbegriff in einem Text vorkommt. Der abgewandelte Code sieht wie folgt aus:

Listing 21.3 Abgewandelter Code zu der Suchfunktion

```
Private Function SearchTerm() As Long
    Dim blnFound    As Boolean
    Dim lngIndex    As Long
    Dim objCell     As Range

'   Löschen
    lsb_SearchResults.Clear
'   Loop
    For lngIndex = 1 To ThisWorkbook.Worksheets.Count
      For Each objCell In ThisWorkbook.Worksheets(lngIndex).UsedRange
'       Vergleichen
        If chk_Exact.Value Then
          If chk_Case_Sensitive.Value Then
            blnFound = Not CBool(UCase(objCell.Value) <> UCase(txt_SearchTerm.Text))
          Else
            blnFound = Not CBool(objCell.Value <> txt_SearchTerm.Text)
          End If
        Else
          If chk_Case_Sensitive.Value Then
            blnFound = CBool(InStr(1, UCase(objCell.Value), _
                       UCase(txt_SearchTerm.Text)) > 0)
          Else
            blnFound = CBool(InStr(1, objCell.Value, txt_SearchTerm.Text) > 0)
          End If
        End If
        If blnFound Then
'         Zur Liste hinzufügen
          lsb_SearchResults.AddItem
          lsb_SearchResults.List(lsb_SearchResults.ListCount - 1, 0) = _
          ThisWorkbook.Worksheets(lngIndex).Name
          lsb_SearchResults.List(lsb_SearchResults.ListCount - 1, 1) = _
          objCell.Address(False, False)
        End If
      Next
    Next
    SearchTerm = lsb_SearchResults.ListCount
End Function
```

Formeln ins Englische übersetzen

Ab und zu kommt es vor, dass eine englische Version der Formel benötigt wird, beispielsweise im Gespräch mit Kollegen im Ausland oder wenn man in einem englischen Forum zu einer Formel Unterstützung sucht.

ONLINE Sie finden die Arbeitsmappe zu obigen Beispiel im Ordner \Buch\Kap21 in der Datei Bsp21_03.xlsm.

In der Beispielmappe zu diesem Abschnitt finden Sie eine UserForm, welche das SelectionChange-Ereignis aller Tabelle auswertet und dabei, falls vorhanden, die Formel vom Deutschen ins Englische übersetzt.

Interessantes für
Fortgeschrittene

Abbildg. 21.3 Einfache UserForm zur Übersetzung von Formeln

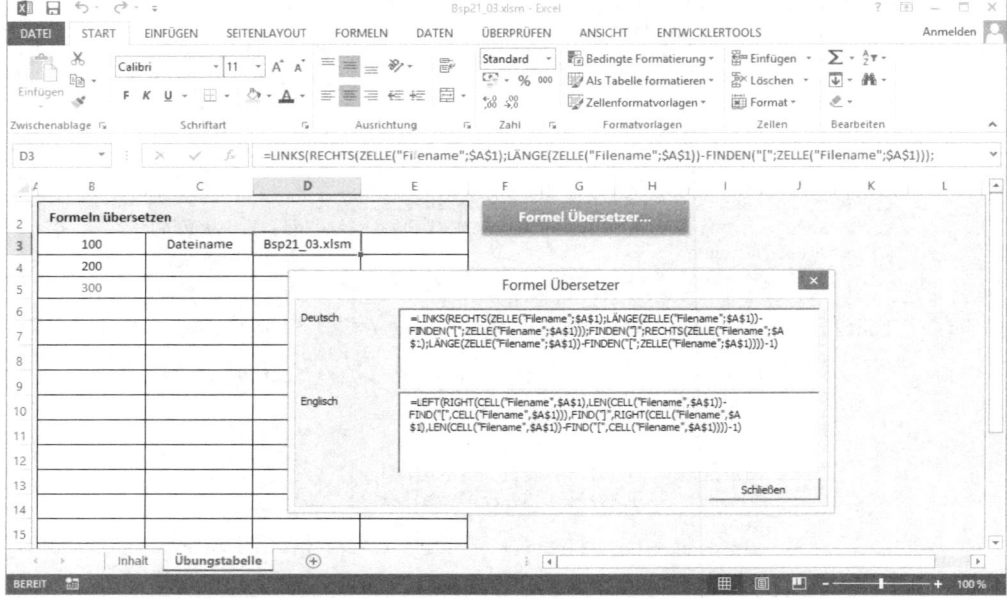

Die UserForm ist recht einfach aufgebaut und enthält zwei Eingabefelder, deren Eigenschaft Locked auf True gesetzt ist. Sie können den Inhalt aus dem Eingabefeld zwar kopieren, aber nicht überschreiben. In dem Codemodul zu *DieseArbeitsmappe* ist folgender Code hinterlegt:

Listing 21.4 *SelectionChange*-Ereignis auf Arbeitsmappenebene auswerten

```
Private Function UserformLoaded() As Boolean
  Dim r As Boolean
  Dim o As Object
  On Error Resume Next

'  Reset
  r = False
'  Suchen
  For Each o In VBA.UserForms
    If Not UCase(o.Name) <> UCase("frmFormula") Then
      r = True
      Exit For
    End If
  Next
  UserformLoaded = r
End Function

Private Sub Workbook_SheetSelectionChange(ByVal Sh As Object, ByVal Target As Range)
  If UserformLoaded Then
'    Zurücksetzen
    frmFormula.txt_Formula_German = "Keine Formel"
    frmFormula.txt_Formula_English = "No formula"
```

Listing 21.4   *SelectionChange*-Ereignis auf Arbeitsmappenebene auswerten *(Fortsetzung)*

```
'     Nur die erste Zelle eines Bereichs auswerten
      If Target.Cells(1, 1).HasFormula Then
        frmFormula.txt_Formula_German = Target.Cells(1, 1).FormulaLocal
        frmFormula.txt_Formula_English = Target.Cells(1, 1).Formula
      End If
    End If
End Sub
```

Das Ereignis wird ausgelöst, sobald Sie eine Zelle in einer Tabelle markieren. Falls ein Bereich mit mehreren Zellen markiert wird, wird nur die erste linke obere Ecke des Bereichs ausgewertet. Damit jedoch der Zugriff auf die UserForm nicht zu einem Fehler führt, muss zuvor überprüft werden, ob sie auch geladen ist. Hier ist ein kleiner Trick notwendig, denn eine Eigenschaft, mit welcher der Ladezustand überprüft werden kann, steht nicht zur Verfügung. Der Trick besteht darin, alle geladenen UserForms zu durchlaufen. Ist die gesuchte UserForm enthalten, so ist sie geladen.

Scrollen verhindern (*ScrollArea*)

Per VBA können Sie eine sogenannte `ScrollArea` festlegen. Hierbei handelt es sich um einen festgelegten Bereich, innerhalb dessen sich die Benutzer bewegen können. Weder per Mausklick noch per Scrollen mit den Bildlaufleisten lassen sich Zellen außerhalb dieses Bereichs selektieren.

Abbildg. 21.4   Die *ScrollArea* befindet sich im Bereich B3:E9

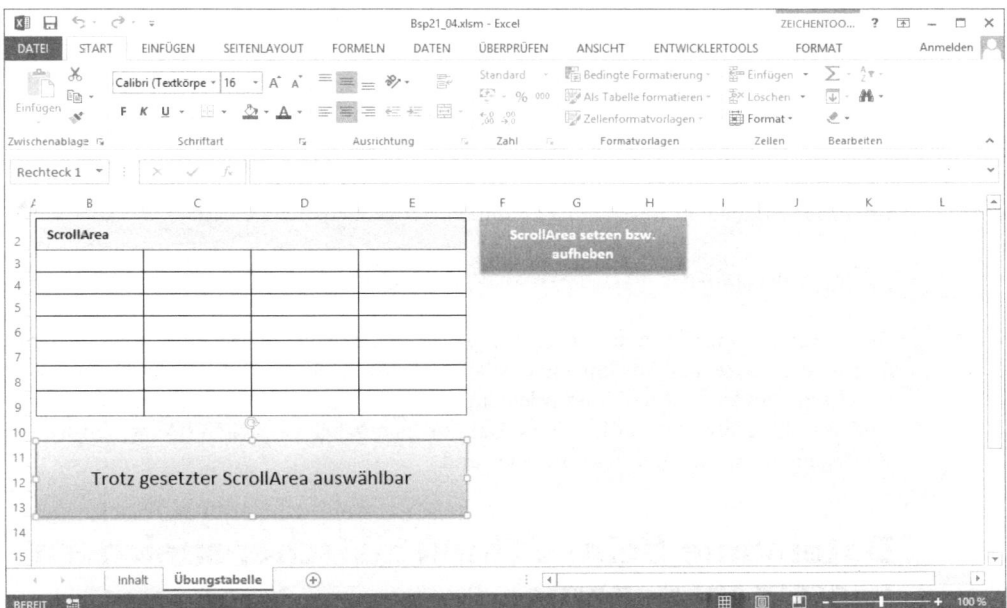

Anwählbar sind jedoch sämtliche Objekte, die auf dem Tabellenblatt angeordnet sind, wie zum Beispiel Grafiken, Diagramme, Steuerelemente usw.

Das Festlegen der ScrollArea ist ein flüchtiger Befehl. Das heißt, der festgelegte ScrollArea-Bereich wird automatisch beim Verlassen der Arbeitsmappe wieder aufgehoben. Um den festen Bereich bei jedem Öffnen der Mappe zuzuweisen, können Sie das Workbook_Open-Ereignis nutzen.

Um den Bereich zu fixieren, wird die Eigenschaft ScrollArea verwendet. Ihr wird in Anführungszeichen der gewünschte Bereich übergeben.

Listing 21.5   Code in der Beispielmappe

```
Public Sub UpdateScrollArea()
  If Len(ThisWorkbook.Worksheets(2).ScrollArea) > 0 Then
    ThisWorkbook.Worksheets(2).ScrollArea = ""
  Else
    ThisWorkbook.Worksheets(2).ScrollArea = "B3:E9"
  End If
End Sub
```

Dateinamen über Dialogfelder ermitteln

Im vierten Kapitel wurde erläutert, wie Sie in Excel integrierte Dialogfelder mittels der Anweisung Application.Dialogs aufrufen können. Beispielsweise rufen Sie das Dialogfeld *Öffnen* mit der folgenden Anweisung auf:

```
Application.Dialogs(xlDialogOpen).Show
```

Um das Dialogfeld *Speichern unter* zu öffnen, verwenden Sie:

```
Application.Dialogs(xlDialogSaveAs).Show
```

Der Benutzer kann aus dem offenen Dialogfeld eine beliebige Datei auswählen oder einen Dateinamen eingeben. Bei der Ausführung des Befehls wird jedoch nirgendwo der Dateiname zwischengespeichert. Dies kann unter Umständen ein Nachteil sein. Beispielsweise dann, wenn mit dem Dateinamen weitergearbeitet werden muss. Damit dies möglich ist, stellt VBA zwei eigene Methoden zur Verfügung, die nachfolgend beschrieben sind.

Dateiname beim Öffnen zwischenspeichern (GetOpenFilename)

Die Methode für das *Öffnen*-Dialogfeld nennt sich GetOpenFilename. Ihr können verschiedene Argumente übergeben werden.

Tabelle 21.1   Argumente für die Methode *GetOpenFilename*

Argument	Beschreibung

FileFilter	Optionaler **Variant**-Wert. Eine Zeichenfolge, die die Dateifilterkriterien angibt. Diese Zeichenfolge besteht aus Zeichenfolgenpaaren für den Dateifilter, gefolgt von einer MS-DOS-Platzhalterspezifikation für den Dateifilter, wobei jeder Teil und jedes Paar durch Kommata getrennt sind. Jedes einzelne Paar wird im Dropdownlistenfeld *Dateityp* angezeigt. Die folgende Zeichenfolge gibt beispielsweise die beiden Dateifilter *Text* und *Add-In* an:
	`"Textdateien (*.txt),*.txt,Add-In-Dateien (*.xlam),*.xlam"`
	Um mehrere MS-DOS-Platzhalterausdrücke für einen einzelnen Dateifiltertyp anzugeben, trennen Sie die Platzhalterausdrücke mit Semikolons. Beispiel:
	`"Visual Basic-Dateien (*.bas; *.txt),*.bas;*.txt"`
	Wird auf dieses Argument verzichtet, wird der folgende Standardwert verwendet:
	`"Alle Dateien (*.*),*.*"`

FilterIndex	Optionaler **Variant**-Wert. Gibt die Indexnummern der Standarddatei-Filterkriterien an, von 1 bis zur Anzahl der in **FileFilter** angegebenen Filter. Wenn Sie dieses Argument nicht angeben oder es größer als die Anzahl von vorhandenen Filtern ist, wird der erste Dateifilter verwendet.
Title	Optionaler **Variant**-Wert. Gibt den Titel des Dialogfelds an. Wenn Sie dieses Argument nicht angeben, wird der Titel *Öffnen* verwendet.
MultiSelect	Optionaler **Variant**-Wert. **True**, damit mehrere Dateinamen ausgewählt werden können. **False**, damit nur ein Dateiname ausgewählt werden kann. Der Standardwert ist **False**.

HINWEIS   Die Methode GetOpenFilename veranlasst nicht das Öffnen einer Datei.

In der Beispielmappe zu diesem Abschnitt finden Sie eine Prozedur, die die Methode GetOpenF·lename dazu verwendet, eine Textdatei zurückzugeben. Um diese anschließen zu öffnen, nutzen Sie die Methode OpenText. Dieser Methode können Sie eine Vielzahl von Argumenten übergeben. In Tabelle 21.2 sind diese Argumente gemäß der VBA-Hilfe aufgeführt.

Tabelle 21.2   Argumente für die Methode *OpenText*

Argument	Beschreibung
Filename	Erforderlicher **String**-Wert. Gibt den Dateinamen der zu öffnenden und zu analysierenden Textdatei an.
Origin	Optionaler **Variant**-Wert. Gibt die Herkunft der Textdatei an. Dies kann eine der folgenden **XlPlatform**-Konstanten sein: **xlMacintosh**, **xlWindows** oder **xlMSDOS**. Es kann auch eine Ganzzahl sein, die die Codepagenummer der gewünschten Codepage darstellt. Beispielsweise gibt 1256 an, dass die Codierung der Quelltextdatei Arabisch (Windows) ist. Wenn Sie dieses Argument nicht angeben, werden die aktuellen Einstellungen der Option *Dateiursprung* des Textkonvertierungs-Assistenten verwendet.
StartRow	Optionaler **Variant**-Wert. Die Zeilennummer, ab der der Text analysiert werden soll. Der Standardwert ist 1.

Tabelle 21.2   Argumente für die Methode *OpenText* *(Fortsetzung)*

Argument	Beschreibung
DataType	Optionaler **Variant**-Wert. Bestimmt das Spaltenformat der Daten in der Datei. Kann eine der folgenden **XlTextParsingType**-Konstanten sein: **xlDelimited** oder **xlFixedWidth**. Wenn dieses Argument nicht angegeben wird, versucht Microsoft Excel das Spaltenformat zu ermitteln, sobald es die Datei öffnet.
TextQualifier	Optionaler **XlTextQualifier**-Wert. Gibt das Texterkennungszeichen an. Dabei handelt es sich um das Zeichen, das vorhandene Zeichenketten umschließt. (**xlTextQualifierDoubleQuote** ist der Standardwert, **xlTextQualifierNone**, **xlTextQualifierSingleQuote**)
ConsecutiveDelimiter	Optionaler **Variant**-Wert. **True**, falls aufeinander folgende Trennzeichen als ein Zeichen interpretiert werden sollen. Der Standardwert ist **False**.
Tab	Optionaler **Variant**-Wert. **True**, falls das Tabulatorzeichen das Trennzeichen ist (**DataType** muss den Wert **xlDelimited** haben). Der Standardwert ist **False**.
Semicolon	Optionaler **Variant**-Wert. **True**, falls das Semikolon das Trennzeichen ist (**DataType** muss den Wert **xlDelimited** haben). Der Standardwert ist **False**.
Comma	Optionaler **Variant**-Wert. **True**, falls das Komma das Trennzeichen ist (**DataType** muss den Wert **xlDelimited** haben). Der Standardwert ist **False**.
Space	Optionaler **Variant**-Wert. **True**, falls das Leerzeichen das Trennzeichen ist (**DataType** muss den Wert **xlDelimited** haben). Der Standardwert ist **False**.
Other	Optionaler **Variant**-Wert. **True**, falls das durch das Argument **OtherChar** angegebene Zeichen das Trennzeichen ist (**DataType** muss den Wert **xlDelimited** haben). Der Standardwert ist **False**.
FieldInfo	Optionaler **xlColumnDataType**-Wert. Eine Matrix mit Parserinformationen zu einzelnen Datenspalten. Die Interpretation hängt vom **DataType**-Wert ab.
	Wenn die Daten getrennt sind, ist dieses Argument eine Matrix aus Matrizen mit zwei Elementen. Jede Matrix mit zwei Elementen gibt die Umwandlungsoptionen für eine bestimmte Spalte an. Das erste Element ist die Spaltennummer (beginnend mit 1), und das zweite Element ist eine der in der folgenden Aufzählung aufgeführten **XlColumnDataType**-Konstanten, die angeben, wie die Spalte analysiert wird.
	xlGeneralFormat – Allgemein
	xlTextFormat – Text
	xlMDYFormat – MDY-Datumsformat
	xlDMYFormat – DMY-Datumsformat
	xlYMDFormat – YMD-Datumsformat
	xlMYDFormat – MYD-Datumsformat
	xlDYMFormat – DYM-Datumsformat
	xlYDMFormat – YDM-Datumsformat
	xlEMDFormat – EMD-Datumsformat
	xlSkipColumn – Spalte überspringen
TextVisualLayout	Optionaler **Variant**-Wert. Das visuelle Layout des Texts.

Tabelle 21.2 Argumente für die Methode *OpenText* (Fortsetzung)

Argument	Beschreibung
DecimalSeparator	Optionaler **Variant**-Wert. Das Dezimaltrennzeichen, das Microsoft Excel beim Erkennen von Zahlen verwendet. Standardeinstellung ist die Systemeinstellung.
ThousandsSeparator	Optionaler **Variant**-Wert. Das 1.000er-Trennzeichen, das Excel beim Erkennen von Zahlen verwendet. Die Systemeinstellung ist die Standardeinstellung.
TrailingMinusNumbers	Optionaler **Variant**-Wert. Ist der Wert auf True gesetzt, werden Zahlen mit einem Minuszeichen am Ende als negative Zahlen behandelt. Wenn der Wert False ist oder nicht angegeben wird, werden Zahlen mit einem Minuszeichen am Ende als Text behandelt.
Local	Optionaler **Variant**-Wert. Gibt an, ob die Ländereinstellungen des Computers für Trennzeichen, Zahlen- und Datumsformate verwendet werden sollen.

Im nachfolgenden Beispiel wird das Dialogfeld *Öffnen* angezeigt und eine gegebenenfalls ausgewählte Textdatei geöffnet. Beachten Sie die Deklaration der Variablen vntFile für den Dateinamen als Variant. Für den Fall, dass das Dialogfeld abgebrochen wird, enthält die Variable den boolschen Wert False, ansonsten den Dateinamen als String. Wenn Sie einen Haltepunkt setzen und im Direktfenster MsgBox TypeName(vntFile) aufrufen, lässt sich dies gut beobachten.

Listing 21.6 Textdatei öffnen

```
Public Sub OpenTextFile()
    Dim vntFile As Variant

'   Dateiname inklusive Pfad auswählen
    vntFile = Application.GetOpenFilename("Textdateien (*.txt), *.txt")
'   Prüfen, ob nicht abgebrochen wurde
    If vntFile <> False Then
        Workbooks.OpenText Filename:=CStr(vntFile), _
                           DataType:=xlDelimited, _
                           Tab:=True
    Else
        MsgBox "Es wurde keine Datei ausgewählt."
    End If
End Sub
```

ONLINE Sie finden die Arbeitsmappe zu obigem Beispiel im Ordner *\Buch\Kap21* in der Datei *Bsp21_05.xlsm*.

Pfad und Dateiname beim Speichern unter-Vorgang zwischenspeichern (GetSaveAsFilename)

Als Pendant zu der Methode GetOpenFilename steht für das *Speichern unter*-Dialogfeld die Methode GetSaveAsFilename zur Verfügung. In Tabelle 21.3 sind die der Methode GetSaveAsFilename zur Verfügung stehenden Argumente aufgelistet.

Tabelle 21.3 Argumente für die Methode *GetSaveAsFilename*

Argument	Beschreibung
InitialFilename	Optionaler **Variant**-Wert. Gibt den vorgeschlagenen Dateinamen an. Wenn Sie dieses Argument nicht angeben, verwendet Microsoft Excel den Namen der aktiven Arbeitsmappe.
FileFilter	Optionaler **Variant**-Wert. Eine Zeichenfolge, die Dateifilterkriterien angibt. Diese Zeichenfolge besteht aus Zeichenfolgepaaren für den Dateifilter, gefolgt von einer MS-DOS-Platzhalterspezifikation für den Dateifilter, wobei jeder Teil und jedes Paar durch Kommata voneinander getrennt sind. Jedes einzelne Paar wird im Dropdownlistenfeld *Dateityp* angezeigt. Die folgende Zeichenfolge gibt beispielsweise die beiden Dateifilter *Text* und *Add-In* an: "**Textdateien (*.txt),*.txt,Add-In-Dateien (*.xlam),*.xlam**".
FilterIndex	Optionaler **Variant**-Wert. Gibt die Indexnummer der Standarddatei-Filterkriterien an, von 1 bis zur Anzahl der in **FileFilter** angegebenen Filter. Wenn Sie dieses Argument nicht angeben oder es größer als die Anzahl der vorhandenen Filter ist, wird der erste Dateifilter verwendet.
Title	Optionaler **Variant**-Wert. Gibt den Titel des Dialogfelds an. Wenn Sie dieses Argument nicht angeben, wird der Standardtitel verwendet.

Tabelle 21.4

In der folgenden Prozedur simuliert der Code die Rückgabe der GetSaveAsFilename-Methode, also ohne tatsächlich die Datei zu speichern.

Listing 21.7 Dateiname bei *Speichern unter* zwischenspeichern

```
Public Sub SaveTextFile()
  Dim vntFile As Variant

' Dateiname vorschlagen und Textdateien auswählen
  vntFile = Application.GetSaveAsFilename( _
          InitialFileName:="MeineDatei", _
          FileFilter:="Textdateien (*.txt), *.txt", _
          Title:="Speichern unter durch " & Application.UserName)
' Prüfen, ob nicht abgebrochen wurde
  If vntFile <> False Then
    MsgBox "Datei " & vntFile & " wurde gewählt."
  Else
    MsgBox "Es wurde keine Datei ausgewählt."
  End If
End Sub
```

ONLINE Sie finden die Arbeitsmappe zu obigem Beispiel im Ordner *Buch\Kap21* ebenfalls in der Datei *Bsp21_05.xlsm*.

Die Zwischenablage

Auf den folgenden Seiten erfahren Sie, wie Sie die Zwischenablage mit Text füllen, leeren und auslesen können.

WICHTIG VBA stellt leider kein eigenes Objekt für die Zwischenablage zur Verfügung. Das Objekt muss aus einer externen Datenquelle bezogen werden. Bevor Sie einen der folgenden Codes ausführen können, müssen Sie somit den Verweis auf die Bibliothek *Microsoft Forms 2.0 Object Library* aktivieren. Sollte in Ihrem Projekt eine UserForm bestehen, müssen die folgenden Schritte nicht ausgeführt werden, denn das Einfügen einer UserForm aktiviert die Bibliothek automatisch.

Gehen Sie wie folgt vor, um die genannte Bibliothek zu aktivieren:

1. Rufen Sie aus der VBA-Entwicklungsumgebung heraus den Menübefehl *Extras/Verweise* auf.

2. Aktivieren Sie die Bibliothek *Microsoft Forms 2.0 Object Library*.

3. Schließen Sie das offene Dialogfeld.

Inhalt in die Zwischenablage einfügen

Manuell werden beispielsweise Inhalte in die Zwischenablage eingefügt, indem eine oder mehrere Zellen in den Kopiermodus versetzt werden. Dazu kann die Tastenkombination `Strg`+`C` benutzt werden. Solange die Zelle durch einen Laufrahmen umgeben ist, kann der Text in einer beliebigen anderen Zelle eingefügt werden (`Strg`+`V`). Wenn der Laufrahmen aufgehoben wird (durch das Drücken der `Esc`-Taste), wird die Zwischenablage geleert. Das heißt, dass das Drücken der Tastenkombination `Strg`+`V` keinen Effekt mehr hat.

Mittels VBA und eingebundener *Forms*-Bibliothek können Sie einen Text in die Zwischenablage befördern. Nach dem Ausführen des Codes in Listing 21.8 befindet sich in der Zwischenablage der Text »Hallo Welt«. Sie können nun beliebig oft die Tastenkombination `Strg`+`V` drücken, um den Text in irgendeine Zelle einzufügen. Der Inhalt der Zwischenablage wird erst wieder verändert, wenn Sie ihr manuell oder per VBA einen neuen Text zuweisen.

Beim Referenzieren eines Codes, der auf die Zwischenablage zugreifen soll, muss ein neues DataObject erzeugt werden. Der Methode SetText wird der Text übergeben, der in der Zwischenablage aufgenommen werden soll. Sie ist sozusagen ein Zwischenspeicher. Mittels der Methode PutInClipboard wird der angegebene Text schließlich der Zwischenablage übergeben.

Listing 21.8   Die Zwischenablage befüllen

```
Sub AddToClipboard()
  Dim objData As DataObject

' Verweis
  Set objData = New DataObject
' Einfügen
  objData.SetText "Hallo Welt"
  objData.PutInClipboard
' Freigeben
  Set objData = Nothing
End Sub
```

Die Zwischenablage leeren

Das Verfahren, um die Zwischenablage zu leeren, ist dem vorangegangenen Beispiel sehr ähnlich. Statt der Methode SetText einen Text zu übergeben, wird eine leere Zeichenkette verwendet.

Listing 21.9   Die Zwischenablage leeren

```
Sub ClearClipboard()
  Dim objData As DataObject

'  Verweis
  Set objData = New DataObject
'  Leeren
  objData.SetText ""
  objData.PutInClipboard
'  Freigeben
  Set objData = Nothing
End Sub
```

Text aus Zwischenablage auslesen

Um Daten per VBA aus der Zwischenablage auszulesen, muss das Verfahren umgedreht werden. An Stelle von PutInClipboard wird GetFromClipboard verwendet und SetText wird durch GetText ersetzt. Die Reihenfolge der Anwendung der Methoden ändert sich ebenfalls.

Da das Verfahren nur Text unterstützt, entsteht beim Ausführen des Codes ein Fehler, wenn sich in der Zwischenablage beispielsweise eine Grafik befindet. Der Code schaltet zwar die Fehlerbehandlung ab, prüft aber ob ein Fehler aufgetreten ist und gibt dessen Fehlermeldung in einem Meldungsfeld aus. Ansonsten wird der Text in einem Meldungsfeld angezeigt.

Listing 21.10   Text auslesen

```
Sub GetTextFromClipboard()
  Dim objData As New DataObject
  Dim strText As String

  On Error Resume Next

'  Verweis
  Set objData = New DataObject
'  Abrufen
  objData.GetFromClipboard
  strText = objData.GetText
'  Fehler
  If Err.Number <> 0 Then
    MsgBox Err.Description
  Else
    MsgBox strText
  End If
End Sub
```

ONLINE Sie finden die Arbeitsmappe zu obigem Beispiel im Ordner *\Buch\Kap21* in der Datei *Bsp21_06.xlsm*.

Über das *Namenfeld* zu einer Prozedur gelangen

Excel beinhaltet ein recht unbekanntes Feature, nämlich dass man über das *Namenfeld* zu einer bestimmten Prozedur in der VBA-Entwicklungsumgebung gelangen kann. Voraussetzung dafür ist, dass Sie den Namen der Prozedur kennen und sich diese in einem Standardmodul befindet.

Geben Sie einfach im *Namenfeld* von Excel den Prozedurnamen ein. Sofern die Prozedur vorhanden ist, wird der Visual Basic-Editor geöffnet. Der Cursor blinkt direkt innerhalb der entsprechenden Prozedur. Abbildung 21.5 demonstriert dies anhand der AddToClipboard-Prozedur des vorangegangenen Beispiels.

Abbildg. 21.5 Über das *Namenfeld* zu einer Prozedur gelangen

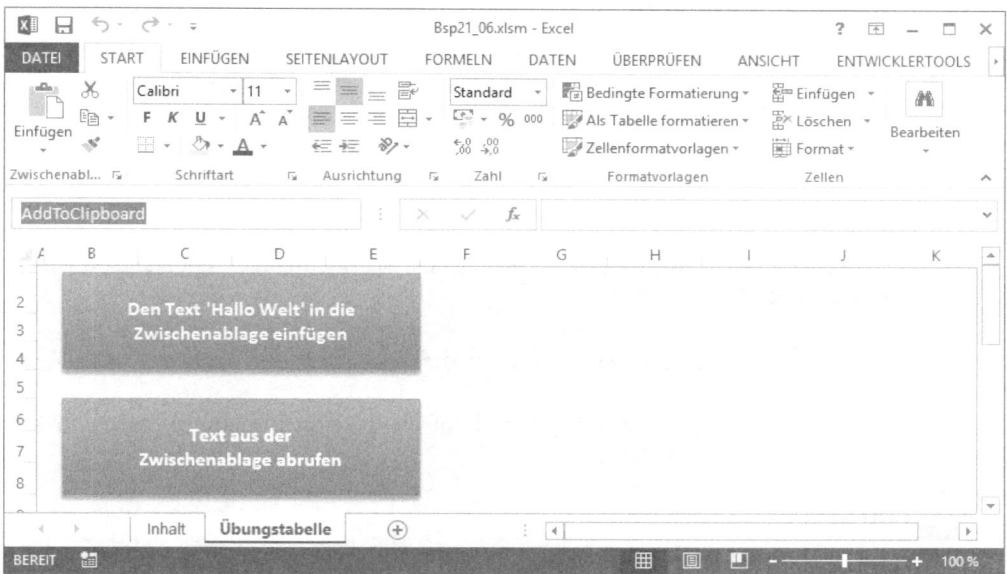

WMI in VBA verwenden

Die Windows Management Instrumentation (WMI) bietet einfachen Zugriff auf vielfältige System-informationen und steht als Verwaltungsdienst seit Windows 2000 zur Verfügung.

Die folgenden Seiten liefern Ihnen ein paar Beispiele zu diesem Thema. Hier kann leider nicht auf alle Einzelheiten eingegangen werden, da dies den Rahmen des Buchs deutlich sprengen würde. Wer sich beruflich damit beschäftigt, sollte sich geeignete Literatur anschaffen. Auch online ist einiges verfügbar, Microsoft bietet beispielsweise über das *MSDN* kostenlos weitergehende Informationen:

http://msdn.microsoft.com/de-de/library/Aa713456

Provider

Der Zugriff auf das System erfolgt ausschließlich über Provider, die von WMI bei Bedarf nachgeladen werden können. Es gibt dabei drei Arten von Providern. Das sind zum einen die *Property Provider*, die zur Beschaffung von Daten dienen, dann die *Method Provider*, welche die Methodenaufrufe von *WMI-Klassen* umsetzen und schließlich die *Event Provider*, die zum Übermitteln von Ereignissen zuständig sind. Mit diesen Providern hat ein normaler Anwender üblicherweise jedoch wenig zu tun.

Klassen

Für alle erdenklichen Themenbereiche werden von den *WMI-Providern* Klassen zur Verfügung gestellt. Diese wiederum stellen Objekte zur Verfügung, mit denen man Zugriff auf die Eigenschaften und Methoden der darin enthaltenen Elemente bekommt. Nachfolgend sind einige Grundlagen zum Verbindungsaufbau mit WMI und der Erstellung von Abfragen beschrieben.

Verbinden mit WMI

Um auf die einzelnen Elemente einer WMI-Klasse zuzugreifen, muss zunächst eine Verbindung zum lokalen WMI hergestellt sein. Dies erfolgt über die Erzeugung eines Objekts mittels CreateObject und der Angabe des Klassennamens winmgmts: inklusive des Doppelpunkts.

```
Set objWMI = GetObject("winmgmts:")
```

Ohne Angabe eines Namensraums werden die aktuellen Anmeldeinformationen benutzt. Meist wird aber bereits bei der Objekterzeugung eine Verbindung mit dem Standardnamensraum root/cimv2 hergestellt.

```
Set objWMI = GetObject("winmgmts://./root/cimv2")
```

Dabei wäre prinzipiell auch der Zugriff auf die Systeminformationen anderer Rechner über die DCOM-Schnittstelle möglich.

Abfragen

Bei der Objekterzeugung kann man auch gleich eine Abfrage des gewünschten Klassenelements starten, sodass es danach sofort zur Verfügung steht. Die Methode ExecQuery ist dafür zuständig. Der Abfragetext, der dabei verwendet wird, ähnelt sehr stark dem einer SQL-Abfrage:

```
Set varWMI = GetObject("winmgmts://./root/cimv2") _
    .ExecQuery("SELECT * FROM " & strClass)
```

In diesem Fall erhalten wir wie bei einer SQL-Abfrage durch den Stern (*) nach SELECT Zugriff auf alle Elemente der in der Variablen strClass angegebenen Klassen. Ersetzen Sie den Stern durch einen gültigen Elementnamen, wird nur dieses spezifizierte Element als Objekt zurückgeliefert.

Die als Objekte zurückgelieferten Elemente besitzen wiederum selbst Elemente in Form von Objekten, die den Zugriff auf die Eigenschaften und Methoden ermöglichen. Bei einer Abfrage ist auch ein WHERE-Abschnitt zur weiteren Eingrenzung einer bestimmten Eigenschaft möglich:

```
Set varWMI = GetObject("winmgmts://./root/cimv2" ).ExecQuery( _
    "SELECT * FROM win32_process WHERE NAME='iexplore.exe'")
```

Systeminformationen des eigenen Rechners auslesen

Nachfolgend sehen Sie ein Beispiel (Listing 21.11), mit dem nach einem Doppelklick auf den Eintrag eines Listenfeldes (Abbildung 21.6) alle verfügbaren Informationen der gewählten Klasse abrufen.

Abbildg. 21.6   UserForm mit Listenfeld zur Klassenauswahl

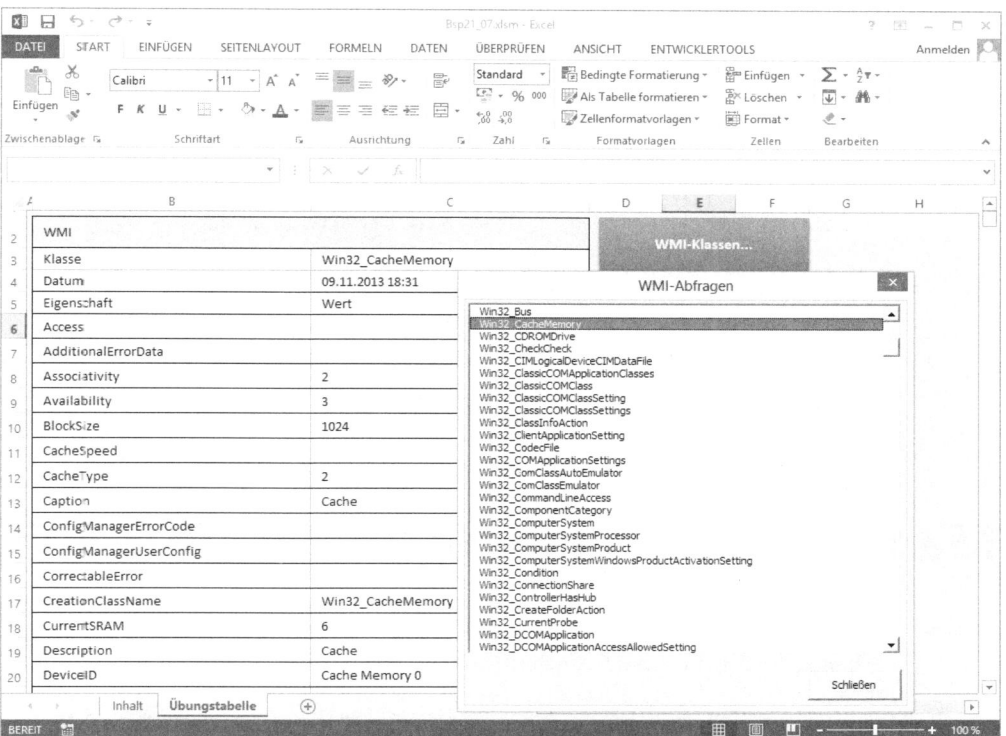

Nach einem Doppelklick auf einen Eintrag wird das Ergebnis in die zweite Tabelle der Beispieldatei ab Zeile 6 ausgegeben, der ausgewählte Klassenname sowie das aktuelle Datum und die Uhrzeit werden jeweils in die Zelle C3 und C4 geschrieben.

> **HINWEIS**   Beachten Sie, dass, je nach abgerufenen Informationen, der Code eine längere Ausführungszeit benötigt.

Im Codemodul der UserForm finden Sie neben den einzelnen Ereignissen für die UserForm selbst und für die Steuerelemente eine Prozedur, die die gesammelten Informationen in die Tabelle schreibt. Im folgenden Listing wurde der Code zum UserForm_Initialize-Ereignis aus Platzgründen gekürzt.

Listing 21.11   WMI-Infos

```vba
Private Sub cmd_Close_Click()
   Unload Me
End Sub

Private Sub lsb_Classes_DblClick(ByVal Cancel As MSForms.ReturnBoolean)
   WMIInfos lsb_Classes.List(lsb_Classes.ListIndex, 0)
End Sub

Private Sub UserForm_Initialize()
   lsb_Classes.AddItem "CIM_DataFile"
   lsb_Classes.AddItem "CIM_DirectoryContainsFile"
   lsb_Classes.AddItem "CIM_ProcessExecutable"
   lsb_Classes.AddItem "CIM_VideoControllerResolution"
   lsb_Classes.AddItem "Msft_Providers"
'
'  An dieser Stelle sind im Code weitere Einträge vorhanden,
'  die nur aus Platzgründen in diesem Listing entfernt wurden
'
   lsb_Classes.AddItem "Win32_WindowsProductActivation"
   lsb_Classes.AddItem "Win32_WMIElementSetting"
   lsb_Classes.AddItem "Win32_WMISetting"
End Sub
```

> **ONLINE**   Sie finden die Arbeitsmappe zu obigem Beispiel im Ordner \Buch\Kap21 in der Datei Bsp21_07.xlsm.

Manipulationen innerhalb des VBA-Editors

VBA erlaubt es auch, die Komponenten der VBA-Entwicklungsumgebung wie Module oder User-Forms mithilfe von Code zu manipulieren. Dabei stellt die Umgebung das Interface bzw. die Schnittstelle dar. In diesem Abschnitt werden einige Objekte der Entwicklungsumgebung vorgestellt.

> **WICHTIG**   Code mit Code zu manipulieren macht den Code schwerer lesbar und zudem schwer zu warten. Zudem sollten Sie beachten, dass möglicherweise der Virenscanner anspringt, denn einige Virenscanner interpretieren das Erstellen von Code durch Code als Malware.

Um beispielsweise die in einem VBA-Projekt enthaltenen Module abrufen oder manipulieren zu können, muss ein Verweis auf die Bibliothek *Extensibility* gesetzt sein. Gehen Sie dazu wie folgt vor:

1. Rufen Sie in der VBA-Entwicklungsumgebung den Menübefehl *Extras/Verweise* auf.
2. Aktivieren Sie das Kontrollkästchen *Microsoft Visual Basic for Applications Extensibility*.
3. Schließen Sie das offene Dialogfeld.

Des Weiteren sollte die Option *Zugriff auf das VBA-Projektobjektmodell vertrauen* in den Excel-Optionen unter den Einstellungen für Makros gesetzt sein.

ONLINE Sie finden die Arbeitsmappe zu diesem Abschnitt im Ordner *\Buch\Kap21* in der Datei *Bsp21_08.xlsm*.

Sobald Sie einen Verweis auf die Bibliothek gesetzt haben, können Sie beispielsweise im Objektkatalog die einzelnen Objekte erforschen. In Tabelle 21.4 sind die wichtigsten VBA-Entwicklungsumgebungsobjekte aufgelistet.

Tabelle 21.5 Die wichtigsten VBA-Entwicklungsumgebungsobjekte

Objekt	Beschreibung
VBProject	Der gesamte Satz an VBA-Modulen und -Referenzen, die mit einer Arbeitsmappe verbunden sind
VBComponent	Die individuellen Komponenten innerhalb von **VBProject**. Beispielsweise ein Standard-Modul oder ein UserForm. Die **VBComponent**-Sammlung enthält alle existierenden **VBComponent**-Objekte.
CodeModule	Dieses Objekt repräsentiert den aktuellen Code innerhalb von **VBComponent**. Wenn Sie beispielsweise einen Code in *Modul1* eingeben, so bewegen Sie sich im **CodeModule**-Objekt **VBComponent**, das den Namen **Modul1** trägt.

Komponenten per Code erstellen

Um eine neue Komponente in einer Arbeitsmappe zu erstellen, verwenden Sie die Methode Add des VBComponents-Auflistungsobjekts. Die Methode erwartet den Typ der hinzufügenden Komponente. Für Module wird die Konstante Vbext_ct_StdModule verwendet. Falls Sie beispielsweise eine UserForm hinzufügen möchten, verwenden Sie die Konstante vbext_ct_MSForm. Diese und weitere Konstanten sind im Objektkatalog unter der Enumeration vbext_ComponentType hinterlegt.

Listing 21.12 Ein neues Modul erstellen

```
Public Sub AddModule()
  Dim objModule As VBComponent

'  Modul erstellen
  Set objModule = ThisWorkbook.VBProject.VBComponents.Add(vbext_ct_StdModule)
'  Name
  objModule.Name = "Codemodul" & "_" & ThisWorkbook.VBProject.VBComponents.Count
'  Freigeben
  Set objModule = Nothing
End Sub
```

Eine Komponente auf Existenz prüfen

Die nachfolgende Prozedur zeigt, wie geprüft werden kann, ob eine Komponente wie ein Modul oder eine UserForm existiert.

Listing 21.13 Prüfen, ob eine VBE-Komponente existiert

```
Public Sub CheckExistence()
   Dim blnResult    As Boolean
   Dim objComponent As VBComponent
   Dim vntComponent As Variant

'  Abfrage
   vntComponent = Application.InputBox("Welche Komponente soll geprüft werden")
'  Prüfen
   If vntComponent <> False Then
     If Len(vntComponent) > 0 Then
       For Each objComponent In ThisWorkbook.VBProject.VBComponents
         If Not LCase(objComponent.Name) <> LCase(vntComponent) Then
           blnResult = True
           Exit For
         End If
       Next
'      Ausgabe
       If blnResult Then
         MsgBox "Komponente wurde gefunden."
       Else
         MsgBox "Komponente wurde nicht gefunden."
       End If
     End If
   End If
End Sub
```

Eine Komponente entfernen

Um eine VBA-Entwicklungsumgebungskomponente zu entfernen, referenzieren Sie zunächst die zu entfernende Komponente. Mittels der Methode Remove und Übergabe des Verweises wird die Komponente anschließend entfernt.

Listing 21.14 Eine Komponente löschen

```
Public Sub DeleteComponent()
   Dim objComponent As VBComponent
   Dim strComponent As String

   On Error Resume Next

'  Komponente
   strComponent = "UserForm1"
'  Referenzieren
   Set objComponent = ThisWorkbook.VBProject.VBComponents(strComponent)
'  Prüfen und entfernen
   If Not objComponent Is Nothing Then
     ThisWorkbook.VBProject.VBComponents.Remove objComponent
```

Listing 21.14 Eine Komponente löschen *(Fortsetzung)*

```
      Else
         MsgBox Err.Description
      End If
   End Sub
```

Bedingte Kompilierung in VBA verwenden

In VBA ist es möglich, mit der sogenannten bedingten Kompilierung unterschiedliche Codeblöcke auszuführen. Das kann beispielsweise sehr hilfreich sein, wenn Sie Debug-Anweisungen in Ihren Code einbauen möchten und diese bei Fertigstellung nicht löschen, sondern nur von der Ausführung ausschließen möchten.

Um eigene Konstanten zu definieren, öffnen Sie das Dialogfeld mit den Eigenschaften des VBA-Projekts, beispielsweise über den entsprechenden Menübefehl im Menü *Extras*. Tragen Sie ein oder mehrere Argumente in das Eingabefeld *Argumente für die bedingte Kompilierung* ein. Weisen Sie den Argumenten wie Variablen einen Wert zu.

Wenn Sie mehrere Argumente verwenden möchten, müssen Sie die einzelnen Einträge durch einen Doppelpunkt trennen.

Abbildg. 21.7 Argumente für die bedingte Kompilierung in den Projekteigenschaften

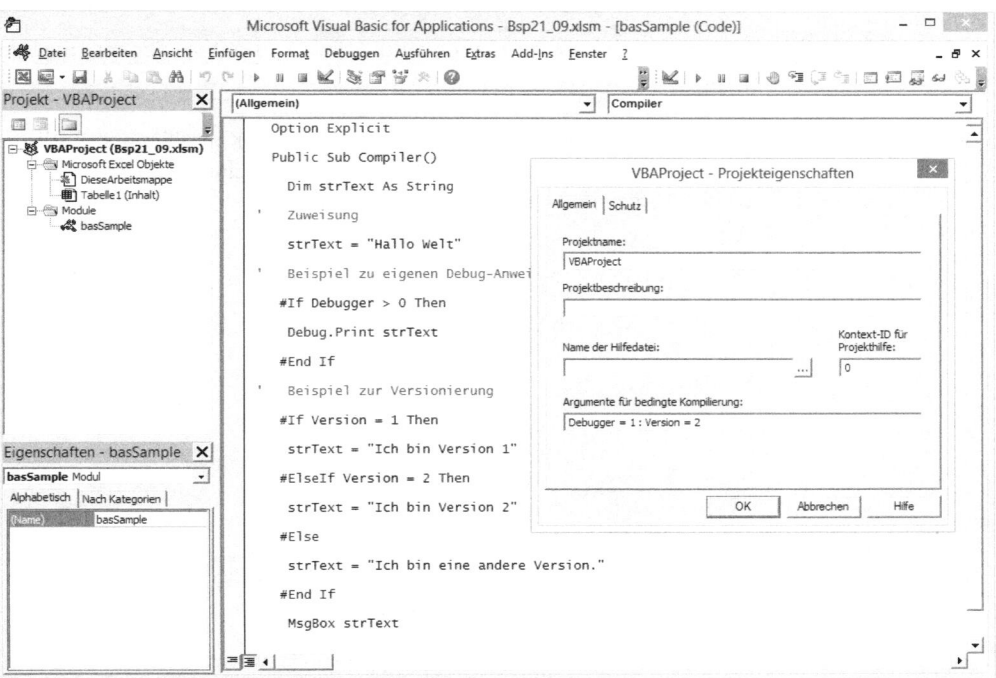

Der folgende Code demonstriert die Verwendung der beiden Argumente Debugger und Version. Je nachdem, welcher Wert in den Projekteigenschaften definiert ist, werden unterschiedliche Anweisungen ausgeführt. In der Beispielmappe steht beispielsweise der Wert von Debugger auf 1. Somit wird die Anweisung Debug.Print strText ausgeführt. Würden Sie den Wert von Debugger z.B. auf 0 setzen, würde die Debug.Print-Anweisung nicht mehr ausgeführt.

Listing 21.15 Beispielcode mit Verwendung der Argumente für die bedingte Kompilierung

```
Public Sub Compiler()
  Dim strText As String

'   Zuweisung
    strText = "Hallo Welt"
'   Beispiel für eigene Debug-Anweisungen
  #If Debugger > 0 Then
    Debug.Print strText
  #End If
'   Beispiel für Versionierung
  #If Version = 1 Then
    strText = "Ich bin Version 1"
  #ElseIf Version = 2 Then
    strText = "Ich bin Version 2"
  #Else
    strText = "Ich bin eine andere Version."
  #End If
    MsgBox strText
End Sub
```

ONLINE   Sie finden die Arbeitsmappe zu diesem Abschnitt im Ordner \Buch\Kap21 in der Datei Bsp21_09.xlsm.

VBA kennt übrigens einige interne Argumente für die bedingte Kompilierung, wie beispielsweise ab Excel 2010 für die VBA-Version das Argument VBA7 oder das Argument Win64, das die Differenzierung zwischen einer 32-Bit- und 64-Bit-Version von Excel erlaubt.

Kapitel 22

Ein Ausflug in die API-Welt

In diesem Kapitel:

In diesem Kapitel finden Sie eine Einführung in die Benutzung der Windows-API. Das Windows Application Programming Interface (API) stellt eine Schnittstelle zur Verfügung, die es Programmierern ermöglicht, für Windows Anwendungen zu entwickeln.

In diesem Kapitel werden zuerst einige grundlegende Themen behandelt, die für das Verständnis der Windows API besonders wichtig sind. Dabei werden auch die Fallstricke aufgedeckt, die auf Sie lauern und es wird beschrieben, wie man diese erfolgreich umgehen kann.

Da ein Beispiel in den meisten Fällen mehr sagt als tausend Worte, existiert ein solches auch für nahezu jedes angesprochene Thema. Was der Code der Beispiele im Einzelnen macht, wird jeweils im Anschluss daran erläutert.

Um das Gelernte zu vertiefen, sollten Sie mit den vorgestellten Beispielen spielerisch umgehen. Verändern Sie beispielsweise mithilfe von Code sogenannte Regionen (die später in diesem Kapitel erläutert werden) derart, dass statt einer gewöhnlichen eine sechseckige UserForm das Ergebnis ist. Setzen Sie Haltepunkte und gehen Sie einzelne Codeteile im Einzelschrittmodus durch. Schauen Sie sich dabei auch die aktuellen Werte der einzelnen Variablen an.

Der nächste Schritt wäre, die Funktionalitäten in eigenen Projekten einzusetzen. Führen Sie jedoch grundsätzlich vor jeder Programmausführung eine Sicherung durch, wenn Sie zuvor den Code verändert haben. Denn es kann auch mal vorkommen, dass beispielsweise beim Testen und Ausprobieren Excel abstürzt. Und, möchten Sie beispielsweise Ihre Excel-Anwendungen kommerzialisieren, versteht sich das sorgfältige Testen der API-Aufrufe in verschiedenen Windows- und Office-Versionen von selbst.

Im Laufe der Zeit werden Sie dann feststellen, dass an API-Funktionen nichts Geheimnisvolles ist. Und je häufiger man diese Funktionen selbst eingesetzt hat, umso größer wird der Appetit auf mehr.

Die Grenzen von VBA

Mittels VBA kann man sich sehr leicht eigene Funktionen schreiben und diese wie jede andere eingebaute Excel-Funktion in Formeln einsetzen. Durch den Einsatz von Ereignisprozeduren ist es zudem möglich, auf die unterschiedlichsten Ereignisse von Objekten automatisch zu reagieren. Das alles erweitert die natürlichen Grenzen von Excel sehr.

VBA bietet aber noch weitaus mehr, als man gemeinhin glaubt. So lässt sich beispielsweise durch den Einsatz von OLE-Objekten (*Object Linking and Embedding*) die Funktionalität fremder automatisierungsfähiger Programme benutzen. Dazu wird einfach in der Entwicklungsumgebung von Excel ein Verweis auf das fremde OLE-Objekt gesetzt, und schon kann es wie jedes andere Excel-Objekt verwendet werden.

Den Haken bilden dabei aber die gesetzten Verweise. Bei der Verwendung der Arbeitsmappen auf anderen Rechnern muss sichergestellt sein, dass die benutzten OLE-Objekte auf diesen Rechnern in der richtigen Version verfügbar sind und sich zudem auch korrekt in die Registry eingetragen haben.

Das Versionsproblem kann man dabei etwas entschärfen, indem man statt eines Verweises die späte Bindung (engl. *Late Binding*) einsetzt. Dazu muss mit CreateObject gearbeitet werden. Der Nachteil dabei ist das Fehlen einer Typenbibliothek.

Es sind in diesem Fall keine vordefinierten Konstanten des fremden Objekts verfügbar, auch IntelliSense funktioniert mit diesem Objekt nicht. Aber auch mit OLE-Objekten stößt man irgendwann an Grenzen. Man wird sicher schwerlich ein Objekt finden, mit dem man beispielsweise einer UserForm ein Menü spendieren kann. Mithilfe von Windows-API-Funktionen ist es möglich, diese Grenzen zu überschreiten.

Windows-API-Grundlagen

Die API-Funktionen (Application Programming Interface) sind eine große Menge offengelegter Funktionen, die vom Betriebssystem anderen Anwendungen zur Verfügung gestellt werden. Frei ins Deutsche übersetzt bedeutet API in etwa »Programmierschnittstelle für Anwendungen«.

Nahezu alle Betriebssystemfunktionen befinden sich in Standardbibliotheken und werden nicht über OLE-Objekte zur Verfügung gestellt. Diese Bibliotheken besitzen die Dateinamenserweiterung *.dll* (*Dynamic Link Library*) und können von Anwendungen in den eigenen Prozessarbeitsraum eingeblendet und benutzt werden.

Gegenüber OLE-Objekten haben die meisten API-Funktionen den entscheidenden Vorteil, dass sie auf fast jedem Rechner mit dem Betriebssystem Microsoft Windows ohne zusätzliche Installationen verfügbar sind. Es gibt zwar ein paar Unterschiede, die bei den verschiedenen Betriebssystemversionen zu beachten sind, doch wenn man zur Laufzeit eine Versionsabfrage durchführt, kann man darauf sehr leicht reagieren.

Selbst die bekannten Standarddialofelder wie das Dialogfeld zum Öffnen von Dateien oder zum Auswählen einer Farbe befinden sich in solchen Standardbibliotheken.

Abbildg. 22.1 Dialogfeld zur Dateiauswahl

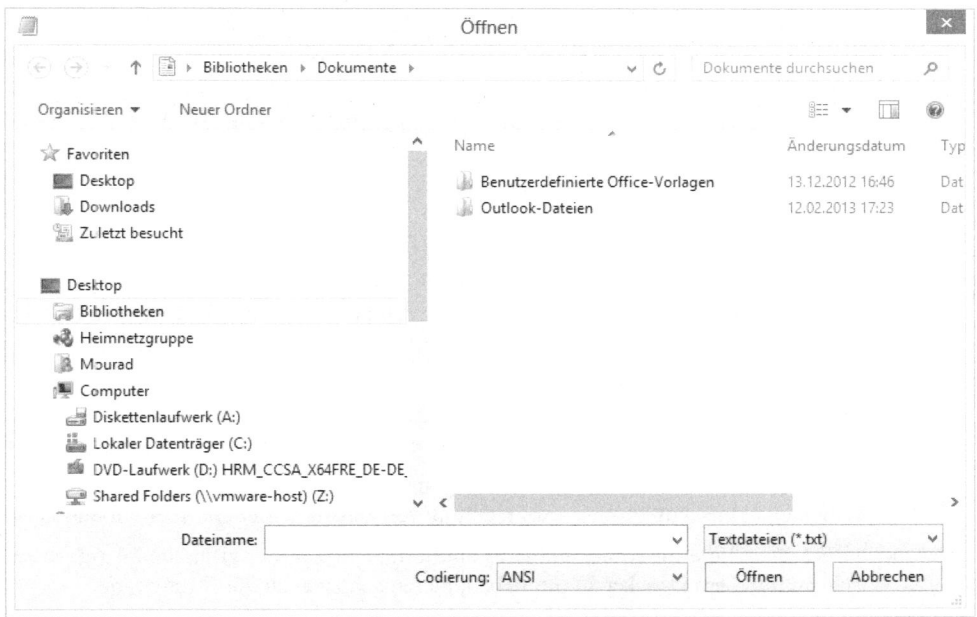

Ja nach Windows-Version präsentiert sich das Standarddialogfeld zum Öffnen von Dateien leicht unterschiedlich. Das Standarddialogfeld zur Auswahl einer Farbe ist jedoch abgesehen vom Windows-Design über verschiedene Windows-Versionen hinweg gleich geblieben.

Abbildg. 22.2   Dialogfeld zur Farbauswahl

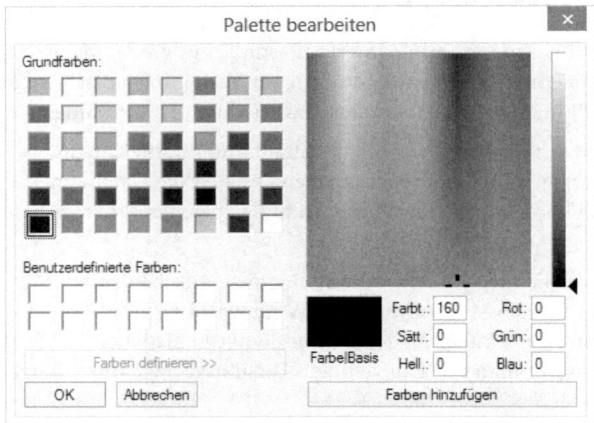

Mit den Standarddialogfeldern soll erreicht werden, dass Anwendungsentwickler entlastet werden und Anwendungsprogramme für gleiche Aufgaben, wie die Auswahl von Dateien oder Farben, auch gleiche Dialogfelder benutzen. Nebenbei gesagt wäre es auch nicht sonderlich ökonomisch, wenn jede Anwendung ihre eigenen Dialogfelder für die gleichen Aufgaben mitbringen müsste. Ausnahmen bestätigen jedoch die Regel. So ist häufig in Bildbearbeitungsprogrammen eine eigene Implementierung zur Farbauswahl zu finden.

Aber nicht nur das Betriebssystem stellt über Standardbibliotheken Funktionalitäten zur Verfügung. Viele Anwendungsprogramme werden von ihren Programmierern mit solchen Bibliotheken ausgestattet, um anderen Entwicklern auch ohne OLE den Zugriff auf die Programmfunktionen zu ermöglichen.

Wenn Sie sich das Systemverzeichnis von Windows ansehen, werden Sie feststellen, dass sich dort jede Menge DLLs tummeln. Jede dieser Bibliothek stellt eine oder mehrere Funktionen oder Prozeduren zur Verfügung. Insgesamt dürften das auch bei einem minimal ausgestatteten System weit über tausend Funktionen sein, die dadurch verfügbar werden. Die wichtigsten auf allen Systemen vorhandenen Bibliotheken sind folgende:

- **kernel32.dll**   Diese Bibliothek enthält Funktionen, die mit dem Betriebssystemkern (*Kernel*) zu tun haben, wie beispielsweise mit der Ein- und Ausgabe oder der Speicherverwaltung

- **user32.dll**   Diese Bibliothek enthält Funktionen, die mit der Benutzeroberfläche zusammenhängen, wie z.B. Funktionen zur Erstellung von Fenstern, Steuerelementen und Dialogfeldern

- **gdi32.dll**   Diese Bibliothek enthält Funktionen, die mit der grafischen Ausgabe auf dem Bildschirm und dem Drucker zu tun haben, hierzu gehört auch die Textausgabe

- **winmm.dll**   Diese Bibliothek enthält Funktionen, die mit Multimediafunktionen in Verbindung stehen, wie z.B. die Steuerung von Audio- und Videogeräten oder Joysticks

- **shell32.dll**   Diese Bibliothek enthält Funktionen, die mit der Benutzerschnittstelle auf einer hohen Ebene zu tun haben, wie z.B. Drag & Drop-Operationen für Dateien, oder die Verwaltung von Verknüpfungen zwischen Dateien

Mit der Declare-Anweisung – die im folgenden Abschnitt ab Seite 585 detailliert besprochen wird – wird dafür gesorgt, dass API-Funktionen unter VBA verfügbar gemacht werden.

Den Zweck zu kennen, den die verwendete API-Funktion erfüllen soll, und eine korrekte Deklaration dieser Funktion sind jedoch leider noch kein Garant für einen erfolgreichen Einsatz. Häufig funktioniert es nicht so wie es soll, oder die Anwendung, in diesem Fall Excel, stürzt einfach ab.

Nach solchen ersten negativen Erfahrungen lassen viele VBA-Programmierer frustriert die Finger von diesen Funktionen. Das ist sehr schade, denn gerade der Einsatz der API erweitert den Funktionsumfang von VBA ganz enorm, und manche Sachen lassen sich ohne API erst gar nicht realisieren.

Mit dem entsprechenden Hintergrundwissen ist es auch gar nicht so schwer, API-Funktionen erfolgreich einzusetzen. In den folgenden Abschnitten finden Sie eine kleine Einführung in die zugrunde liegenden Mechanismen der API-Funktionen, um diese in Ihren eigenen Projekten produktiv einsetzen zu können.

Ein Problem beim Einsatz von API-Funktionen ist, dass diese in einer anderen Sprache als VBA geschrieben sind. Außerdem sind sie eigentlich nicht dafür vorgesehen, von VBA benutzt zu werden. VB (Visual Basic) oder das verwandte VBA (Visual Basic für Applikationen) verbirgt fast alles, was sich tatsächlich bei der Programmausführung auf Betriebssystemebene abspielt. Das ist in vielen Fällen auch gut so, denn nur deshalb konnte diese Programmiersprache überhaupt ihren Siegeszug antreten.

Die Declare-Anweisung

Den Entwicklern von VB(A) ist es zu verdanken, dass man einen großen Teil der Funktionen und Prozeduren, die sich in Standardbibliotheken befinden, auch benutzen kann. Den Schlüssel dazu bietet die Declare-Anweisung. Als Prozedur ist die Anweisung wie folgt aufgebaut, wobei optionale Parameter in eckigen Klammern angegeben sind:

```
[Public/Private] Declare Sub Prozedurname _
            Lib "Dll-Name" [Alias "Aliasname"] ([Argumente])
```

Funktionen sind in ähnlicher Weise aufgebaut, mit dem Unterschied, dass diese einen Wert zurückliefern:

```
[Public/Private] Declare Function Funktionsname _
            Lib "Dll-Name " [Alias "Aliasname"] ([Argumente]) [As Rückgabetyp]
```

- **[Public/Private]** Der optionale Parameter [Public/Private] zu Beginn der Anweisung legt den Gültigkeitsbereich der deklarierten Prozedur oder Funktion fest. Public bedeutet dabei, dass die Funktion oder die Prozedur allen Modulen zur Verfügung steht, bei Private ist sie nur in dem Modul verfügbar, in dem die Deklaration steht.

- **Declare** Anschließend muss das Wort Declare folgen. Je nachdem, ob es sich dabei um eine Prozedur oder eine Funktion handelt, schließt sich eines der Wörter Sub oder Function zur Kennzeichnung an.

- **Prozedur- und Funktionsname** Darauf folgt der Name der Prozedur oder Funktion, die in der Bibliothek aufgerufen werden soll. Anführungszeichen um diesen Namen sind nicht zulässig, der gewählte Name muss mit dem tatsächlichen Funktionsnamen in der Bibliothek exakt übereinstimmen.

Dabei wird grundsätzlich auf Groß- und Kleinschreibung geachtet. Wenn man einen *Alias* verwendet, kann man an dieser Stelle einen beliebigen anderen Namen nutzen, unter dem man anschließend im Code die Funktion ansprechen kann.

- **Lib**   Der so genannte Lib-Abschnitt beginnt mit der Zeichenfolge Lib, darauf folgt der Name der Bibliothek, in der diese Funktion zu finden ist. Falls sich die Bibliothek nicht im Systemverzeichnis befindet, muss man auch den Pfad mit angeben.

  Bei einigen Bibliotheken braucht die Dateinamenserweiterung *.dll* nicht angehängt zu werden. Das ist bei den drei Hauptbibliotheken *kernel32.dll*, *user32.dll* und *gdi32.dll* der Fall.

- **[Alias]**   Falls der Name, unter dem die Funktion in der Bibliothek zu finden ist, mit einem anderen Namen kollidiert oder aus einem anderen Grund nicht gefällt, kann man einen optionalen *Alias* benutzen. Nach dem Schlüsselwort Alias folgt der eigentliche Funktionsname, der diesmal aber in Anführungszeichen gesetzt wird. Auch bei der Verwendung eines Alias wird auf Groß- und Kleinschreibung des Funktionsnamens geachtet.

  Mit einem Alias ist es zum Beispiel möglich, einer einzigen Funktion verschiedene Namen zu geben, beispielsweise um typensichere Deklarationen zu schreiben. Statt bei einem der Parameter den typenlosen Datentyp As Any zu verwenden, kann man ihn mit dem gewünschten Datentyp deklarieren und dieser Funktion dabei einen anderen Namen geben.

  Ein Alias wird auch sehr oft bei Funktionen verwendet, die mit Zeichenketten bzw. Strings arbeiten. Häufig gibt es in der API nämlich zwei Varianten der gleichen Funktion, eine für ANSI und eine für Unicode, erkennbar an einem der Buchstaben A (ANSI) oder W (engl. Für Wide; Unicode) am Ende des Funktionsnamens.

- **Argumente**   Auf den Lib-Abschnitt und den optionalen Alias folgt die Argumentliste. Dabei müssen die Datentypen mit angegeben werden. An dieser Stelle ist auch der typenlose Datentyp Any erlaubt, den man aber sehr sparsam verwenden sollte. Besser ist es in jedem Fall, den Datentyp anzugeben, der auch übergeben werden soll, notfalls kann man durch die Verwendung eines Alias mehrere Deklarationen schreiben.

  Sehr wichtig ist es, anzugeben, ob der Parameter als Wert ByVal oder als Referenz ByRef übergeben werden soll. Merken kann man sich, dass Zeichenketten immer als Wert – also ByVal – deklariert sein müssen, auch wenn der Parameter eine geänderte Zeichenkette zurückgeben soll. Man sollte nicht auf die Idee kommen, dies eigenmächtig zu ändern.

- **[Rückgabetyp]**   Bei Funktionen muss man am Ende unbedingt den Rückgabetyp mit angeben. Das ist in den meisten Fällen Long. Vergisst man dies, wird Variant angenommen, was zu schwerwiegenden Fehlern führen kann.

Da die API fast ausschließlich aus Funktionen besteht, werden wir im weiteren Verlauf dieses Kapitels nur noch von API-Funktionen sprechen, selbst wenn es sich hin und wieder doch um eine Prozedur handelt.

Speicherverwaltung

Windows stellt jeder Anwendung 4.294.967.296 Bytes linearen Speicher zur Verfügung, das sind somit 232 unterschiedliche Speicheradressen. Die Anwendung kann – mit Einschränkungen – beliebig in diesem Speicherbereich auf Daten oder Programmcode zugreifen. Zur Adressierung werden 32-Bit-Zeiger benutzt; ein solcher Zeiger ist ganz einfach ein Long-Wert, der als nicht vorzeichenbehaftet interpretiert wird.

Tatsächlich wird aber nur die erste Hälfte des vier Gigabyte großen Speicherbereichs zum Speichern von Anwendungsdaten benutzt. Der Bereich oberhalb von etwa zwei Gigabyte ist reserviert für gemeinsam benutzte Objekte, Bibliotheken, System-DLLs und Gerätetreiber. Auch die ersten vier Megabyte sind nicht frei verfügbar.

Es wäre technisch und preislich kaum machbar, jeder Anwendung diese vier Gigabyte Speicher in Form von eigenen Speicherriegeln zur Verfügung zu stellen. Der tatsächlich vorhandene Speicher wird deshalb vom Betriebssystem so verwaltet, dass die Anwendungen der Meinung sind, ihnen steht dieser Speicher tatsächlich ohne Einschränkungen zur Verfügung. Die eigentliche Abbildung des virtuellen in den physischen Speicher und der Zugriff darauf wird von der virtuellen Speicherverwaltung des Betriebssystems geregelt.

Aus dieser Tatsache ergibt sich zwangsläufig, dass gleiche Speicheradressen von mehreren Anwendungen gleichzeitig und unabhängig voneinander benutzt werden können. An welcher Stelle im physischen Speicher die Daten nun tatsächlich abgelegt werden, ist nicht vorhersehbar. Für die Anwendung selbst ist das aber auch vollkommen uninteressant. Die Daten können je nach Speicherauslastung sogar in die Auslagerungsdatei ausgelagert werden. Der Zugriff darauf ist aber langsamer als auf den Hauptspeicher.

Jeden einzelnen der vier Gigabyte großen, verfügbaren Speicherbereiche nennt man den Prozessarbeitsraum der Anwendung, beziehungsweise des zugehörigen Prozesses. Die einzelnen Prozessarbeitsräume der Anwendungen sind zumindest bei NT und dessen Nachfolger Windows 2000, Windows Server 2003, Windows XP, Windows Vista, Windows 7 oder 8 strikt voneinander getrennt.

VBA im 64-Bit-Betrieb

Mit dem Erscheinen von Office 2010 erfolgte auch eine massive, architektonische Änderung: So lässt sich Office 2010 oder Office 2013 auch in einer 64-Bit-Variante installieren. Mit dieser Umstellung erfolgt auch der Versionswechsel der Programmiersprache, mit der Sie entwickeln, von VBA 6 auf VBA 7.

Was heißt das für Sie als VBA-Programmierer? Erst mal gar nicht so viel. VBA-Skripts werden von Office recht weit vom System abgekapselt und sind in den meisten Fällen nicht betroffen. Anders sieht es allerdings mit Programmen aus, die auf die Unterstützung der Windows-API setzen. Hier wird sehr oft mit Zeigern bzw. in Englisch Pointern auf den Speicher und die Funktionen gearbeitet.

Die Speichergröße eines Pointers, so wie er vom System verwendet wird, richtet sich immer nach der Architektur des Systems. Pointer auf einer 32-Bit-CPU und dem passenden 32-Bit-Betriebssystem arbeiten mit einer Pointer-Größe von – ja, Sie ahnen es schon – 32 Bit. Auf einem 64-Bit-Betriebssystem muss daher etwas umgedacht werden. Für Programme, die mit systemnahen Programmiersprachen wie beispielsweise C++ entwickelt wurden, muss das Programm entsprechend neu kompiliert werden, wenn es mit 64 Bit arbeiten soll.

Bei VBA bleibt zum Glück alles gleich, weswegen ältere Programme aus vorherigen Office- bzw. VBA-Versionen normalerweise weiterhin laufen. Sobald aber Pointer ins Spiel kommen, müssen Sie etwas umdenken. Bisher haben Sie für die Speicherung eines Pointers unter VBA den Variablentyp Long verwenden können. Dieser entspricht der Größe von 32 Bit und reichte zur Speicherung eines solchen Pointers aus.

Beginnen Sie Ihre Arbeit auf 64 Bit, wird Ihnen die Entwicklungsumgebung mitteilen, dass die bisherige Vorgehensweise zu Fehlern führt und Sie Ihren Quellcode bereit für 64 Bit machen sollen.

Damit diese Fehlermeldung nicht mehr erscheint, müssen Sie zu Ihrer Deklaration der API-Methoden das Schlüsselwort `PtrSafe` einfügen, um zu bescheinigen, dass Sie sich Gedanken über diese Deklaration gemacht haben.

Das reicht jedoch nicht aus. Für die Verwendung von Pointern wurde ab Office 2010 ein neuer Datentyp eingeführt: `LongPtr`. Dessen Speichergröße ist abhängig vom darunter liegenden Office-System und passt sich somit der Umgebung an – Sie sind also bei der Änderung des Datentyps bei Pointern von `Long` auf `LongPtr` fein raus.

Listing 22.1 Anpassung des Pointer-Datentyps für 64-Bit-Systeme

```
Declare PtrSafe Function RegOpenKeyA _
            Lib "advapire32.dll" (ByVal hKey As LongPtr, _
            ByVal lpSubKey As String, phkResult As LongPtr) As Long
```

Leider trifft das nur zu, wenn Sie vorhaben, nur noch für Office 2010 und höher zu entwickeln, weil nur dort dieser neue Datentyp und auch das Schlüsselwort für die Deklaration existieren. Soll Ihr Code weiterhin auf älteren Office-Produkten lauffähig sein, können Sie zwei neue Präprozessor-Konstanten prüfen, um eine bedingte Deklaration Ihrer API-Aufrufe zu ermöglichen.

Listing 22.2 Bedingte Deklaration

```
#If VBA7 then
    Declare PtrSafe Sub MessageBeep Lib "User32" (ByVal n As Long)
#Else
    Declare Sub MessageBeep Lib "User32" (ByVal n As Long)
#End If
```

Um es zusammenzufassen: Vorhandene API-Aufrufe sind lauffähig in vorherigen Version und in der 32-Bit-Version von Office 2010. Eine überarbeitete Version der API-Deklarationen mit `PtrSafe` und `LongPtr` läuft in beiden Ausführungen von Office 2010, nicht aber in älteren Versionen. Erst eine Deklaration auf Basis des Arguments für die bedingte Kompilierung `VBA7` macht Ihren Code kompatibel mit früheren Office-Varianten.

Wenn Sie die Arbeitsmappe in Excel 2007 öffnen, werden die Deklarationen innerhalb von VBA7 in Rot angezeigt, da Excel 2007 das Schlüsselwort `PtrSafe` nicht kennt. Durch das Argument zur bedingten Kompilierung `VBA7` werden die Anweisungen jedoch ignoriert.

ACHTUNG   Die in diesem Kapitel nachfolgend aufgeführten Codebeispiele sind primär für 32-Bit-Systeme vorgesehen.

Weiterführende Informationen zu diesem Thema finden Sie auch im MSDN, beispielsweise zu Office 2010 unter folgendem Link: *http://msdn.microsoft.com/de-de/library/ee691831(en-us,office.14).aspx.*

PROFITIPP   Sie können anhand der bedingten Kompilierung auch recht einfach testen, ob Sie sich in einer 32-Bit oder 64-Bit-Version von Excel befinden. Nachfolgend ist eine Funktion aufgeführt, die dies implementiert:

```
Public Function Is64BitExcel() As Boolean
  #If Win64 Then
    Is64BitExcel = True
  #Else
    Is64BitExcel = False
  #End If
End Function
```

Stapel (Stack)

Jede Anwendung reserviert sich einen eigenen Speicherbereich, der als *Stack* oder auf Deutsch als *Stapel* bezeichnet wird. Dieser extrem wichtige Speicherbereich wird aber nicht vom Anwendungsprogramm selbst verwaltet, sondern ausschließlich von der CPU (Central Processing Unit oder Prozessor). Der Zugriff darauf geschieht unter Zuhilfenahme eines Prozessorregisters, das sich *Stackpointer* oder *Stapelzeiger* nennt. Dieses Register enthält immer einen Zeiger auf den letzten Eintrag im Stapel.

Der Stapel wird unter anderem zur Parameterübergabe an Funktionen und Prozeduren benutzt. Die aufgerufene Prozedur legt einen Zeiger oder die Daten selbst auf den Stapel. Von dort werden die Parameter von der aufgerufenen Prozedur eingelesen, egal ob an dieser Stelle etwas Sinnvolles vorhanden ist oder nicht.

Unter der schützenden Hülle von VBA wird dafür gesorgt, dass dort nichts hineinkommt, was die Anwendung gefährden könnte. Sobald Sie mit API-Funktionen arbeiten, verlassen Sie aber den gesicherten Bereich. Beim Einsatz von API-Funktionen prüft VBA zwar noch, ob gemäß der Deklarationsanweisung der richtige Datentyp übergeben wurde. Ob die Deklaration überhaupt stimmt, kann VBA aber nicht erkennen.

Eine aufgerufene API-Funktion holt sich die übergebenen Parameter vom Stack ab, und zwar an der Stelle, die sie unter Zuhilfenahme des Stapelzeigers berechnet hat. Die Daten an dieser Stelle werden als das interpretiert, was von der API erwartet wird. Steht dort etwas anderes, stürzt die Anwendung ab, oder – was noch etwas schlimmer ist – sie arbeitet möglicherweise falsch. So kann es sogar vorkommen, dass ein Fehler über einen längeren Zeitraum unbemerkt bleibt.

Parameterübergabe

Nahezu alle groben Fehler beim Umgang mit der API werden bei der Parameterübergabe gemacht. Ein Fehler ist beispielsweise das Übergeben eines Werts statt einer Referenz auf diesen oder umgekehrt.

Deklaration

Im Zusammenhang mit der Parameterübergabe kann auch die verwendete Deklaration bereits fehlerhaft sein. Die eingesetzte Bibliothek gibt keinerlei Auskunft darüber, welche Parameter mit welchem Datentyp von der enthaltenen Funktion überhaupt erwartet werden. Man muss sich dabei auf die Dokumentationen von MSDN verlassen oder die *Headerdateien* besorgen, die für die Programmiersprache C geschrieben sind. Im letzten Fall muss man diese Dateien aber auch interpretieren können.

Das *Microsoft Platform SDK* enthält auch eine komplette Dokumentation für die Windows-API und ist bei Microsoft kostenlos über die MSDN-Website unter *http://www.microsoft.com/germany/msdn* verfügbar.

Unter der Adresse *http://www.microsoft.com/en-us/download/details.aspx?id=9970* können Sie eine Umsetzung der Deklaration der API-Funktionen für VBA zu Office 2010 herunterladen. Der Download enthält eine Textdatei, die auch die 64-Bit Deklarationen enthält.

Der ultimative Klassiker unter den (englischsprachigen) Büchern zum Thema API ist das Buch von Dan Appleman »Visual Basic Programmer's Guide to the Win32 API«, weitergehende Informationen darüber finden Sie auf der Internetseite *http://www.desaware.com/products/books/com/vbpj32/ index.aspx*.

Ein weiteres, hervorragendes Hilfsmittel ist das seit einiger Zeit leider nicht mehr weiter gepflegte Freeware-Programm *API-Guide.exe,* welches beispielsweise unter *http://allapi.mentalis.org/agnet/ apiguide.shtml* heruntergeladen werden kann. Zu allen dort angeführten API-Funktionen existiert neben der Parameterbeschreibung (englisch) noch ein Beispiel.

ByVal/ByRef

Während unter VBA die Übergabe einer Variablen als Referenz (ByRef) lediglich zur Folge hat, dass die aufgerufene Prozedur auch Schreibzugriff auf das Original in der aufrufenden Prozedur besitzt, kann eine falsche Übergabe an eine API-Funktion fatale Folgen haben.

Viele API-Funktionen erwarten als Argument oder Parameter einen Zeiger, den es in VBA als gesonderten Datentyp gar nicht gibt. Solch ein Zeiger ist lediglich ein nicht vorzeichenbehafteter 32-Bit-Wert, der die Anfangsadresse eines Speicherblocks enthält. Die aufgerufene Funktion holt sich den gewünschten Zeiger vom Stapel, den die aufrufende Prozedur dort abgelegt hat.

Die vier Bytes, die an der Stelle des erwarteten Parameters stehen, werden dann von der aufgerufenen Funktion als ein Zeiger behandelt. Übergibt man an dieser Stelle eine Variable als Referenz (ByRef), die einen Wert enthält, steht dort auch tatsächlich ein solcher Zeiger.

Bei der Übergabe als Wert (ByVal) wird statt eines Zeigers der Wert dieser Variablen auf den Stapel gelegt. Die aufgerufene Prozedur interpretiert diesen Wert aber konsequenterweise als einen Zeiger auf eine Speicherstelle.

Wird von dieser Speicherstelle gelesen, passiert möglicherweise gar nichts, außer dass die Funktion falsche Werte verarbeitet. Bei einem Schreibzugriff stürzt unter Umständen die Anwendung augenblicklich ab, weil der Speicher dann ab dieser Adresse überschrieben wird. In diesem Fall merkt man wenigstens sofort, dass etwas schief gelaufen ist.

Umgekehrt ist es mindestens genauso schlimm. Nehmen wir an, die Funktion erwartet einen Wert, beispielsweise die Länge eines übergebenen Puffers, der überschrieben werden darf. Wenn man die Variable, die diesen Wert enthält, als Referenz übergibt, hat man bereits einen schwerwiegenden Fehler gemacht.

Eine Variable ist nämlich in Wirklichkeit ein Zeiger auf einen Speicherbereich, der den Wert enthält. Auf den Stapel wird bei der Übergabe als Referenz aber nicht der Wert gelegt, sondern der Zeiger auf die Speicherstelle, ab der der Wert zu finden ist.

Interpretiert eine API-Funktion solch einen Zeiger als den eigentlich relevanten Wert, werden möglicherweise Speicherbereiche außerhalb des Puffers überschrieben. Der Wert eines Zeigers ist nämlich meist größer als die Länge des angelegten Puffers.

Strukturen

Strukturen, die von API-Funktionen verlangt werden, haben unter VBA in den benutzerdefinierten Typen ihre Entsprechung. Übergibt man als Referenz eine Variable, die einen benutzerdefinierten Typen enthält, wird die Speicherstelle auf den Stapel gelegt, ab der die Daten beginnen. Die API-Funktion holt sich dann ab dieser Speicherstelle die Daten. Stimmen Struktur und benutzerdefinierter Typ überein, gibt es damit kaum Probleme.

Leider richtet VBA Elemente, die von einem benutzerdefinierten Typ sind, unter bestimmten Umständen an Doppelwortgrenzen (DWORD; vorzeichenlose 32-Bit-Ganzzahl) aus. Das heißt, endet ein Element des benutzerdefinierten Datentyps nicht an einer Doppelwortgrenze (Adresse ohne Rest durch den Wert 4 teilbar) und das nächste Element ist eines vom Datentyp Long, beginnt dieses Element nicht etwa sofort nach dem Ende des vorherigen Elements, sondern erst ab der nächsten Doppelwortgrenze.

Im folgenden Beispiel ist das erste Element des benutzerdefinierten Typs TestTyp vom Datentyp Integer, das zweite Element ist vom Typ Long. Der Speicherbedarf für diesen Datentyp würde theoretisch bei sechs Bytes liegen, zwei Bytes für Integer und vier Bytes für Long, tatsächlich werden aber im Speicher acht Bytes belegt.

Listing 22.3   Ausrichten an Doppelwortgrenzen

```
Private Declare Sub CopyMemory Lib "kernel32" _
        Alias "RtlMoveMemory" (pDst As Any, pSrc As Any, ByVal ByteLen As Long)

Private Type TestTyp
  intX As Integer
  lngY As Long
End Type

Public Sub UDT()
  Dim udtTest         As TestTyp
  Dim lngIndex        As Long
  Dim strResult       As String
  Dim bytArray(1 To 8) As Byte

' Alle 6 Bytes mit dem Wert 255 füllen
  With udtTest
    .intX = &HFFFF
    .lngY = &HFFFFFFFF
  End With
' Typ in ein Bytearray kopieren
  CopyMemory bytArray(1), ByVal udtTest, UBound(bytArray)
' Ausgabestring vorbereiten
  For lngIndex = 1 To 8
    strResult = strResult & "Byte " & lngIndex & " : " & bytArray(lngIndex) & vbCrLf
  Next
' Ausgabe der einzelnen Bytes als Text
  MsgBox "UDT=" & vbCrLf & _
         "Integer:FFFF" & vbCrLf & _
         "Long    :FFFFFFFF" & vbCrLf & _
         "Result=" & vbCrLf & Left(strResult, Len(strResult) - 2)
End Sub
```

ONLINE Sie finden die Arbeitsmappe zu Listing 22.3 im Ordner *\Buch\Kap22* in der Datei *Bsp22_01.xlsm*. Der Code befindet sich im Modul *basUDT*.

Es werden also von VBA zwei Füllbytes eingefügt, wovon die API-Funktion natürlich nichts ahnt.

Abbildg. 22.3 Ausrichten an Doppelwortgrenzen, Ausgabe der Bytes im Speicher

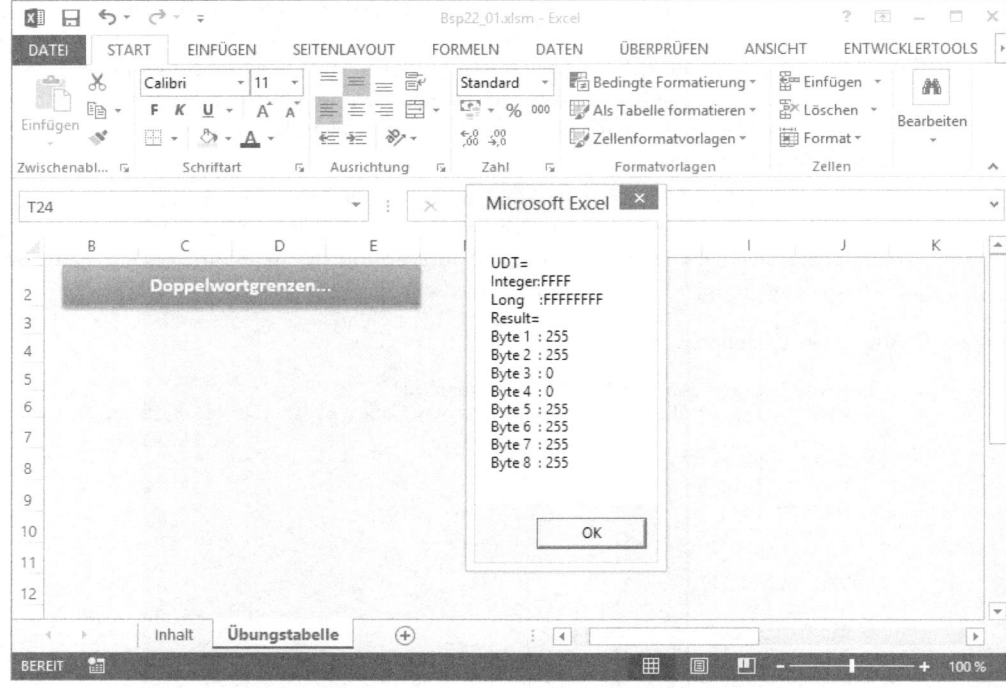

Glücklicherweise kommt es recht selten vor, dass man in die Verlegenheit kommt, darauf zu reagieren.

Werden von API-Funktionen *Strukturen* zurückgeliefert, handelt es sich oft nur um einen Zeiger auf die Speicherstelle, ab der diese Struktur beginnt. Um die Daten dort auszulesen und unter VBA weiterzuverarbeiten, legt man sich eine Variable mit dem entsprechenden benutzerdefinierten Datentyp an und kopiert dann mittels der API-Funktion CopyMemory den Speicherinhalt dort hinein.

Datentypen

Die kleinste Informationseinheit in der Informatik ist das *Bit*. Es handelt sich dabei um eine Einheit, die zwei Zustände (An/Aus, 1/0, Wahr/Falsch) annehmen kann. Diese Informationen werden bei einem Computer in Speicherzellen als unterschiedliche Spannungspegel oder Ladungen abgelegt.

Mit den zwei Zuständen eines Bits kann man zwei unterschiedliche Buchstaben, einen Wahrheitswert oder zwei Zahlen darstellen, beispielsweise die von Null bis Eins. Die Welt besteht aber nicht nur aus zwei Zuständen, wenn man beispielsweise Text speichern oder übertragen will, sind 128 eindeutige Kombinationen sicher nicht zu viel.

Das entspricht der Anzahl der Kombinationen, die von sieben Bits ($2^7=128$) dargestellt werden können. Damit hat auch die Kommunikation im Internet begonnen und auf diese sieben Bits stützt sich heute noch das gesamte E-Mail System. Damit 8-Bit-Binärdaten mit 256 Kombinationen übertragen werden können, wird auch heute noch die so genannte *Base64-Codierung* eingesetzt.

Der momentan gebräuchliche ANSI- oder ASCII-Zeichensatz benötigt 256 Kombinationen. Auch deshalb werden 8 Bits ($2^8=256$) zu einem Byte zusammengefasst. Bleibt man bei der Speicherung von Zeichen, reichen diese 256 Kombinationen aber oft nicht mehr aus, wenn man zum Beispiel an asiatische Schriftzeichen denkt.

Deshalb wird häufig *Unicode* eingesetzt. In diesem Zeichensatz sind alle Zeichen definiert, die weltweit auf Rechnern verwendet werden. Momentan sind das etwa 40.000 Stück, wobei auch mathematische Formelzeichen und Steuerzeichen darin zu finden sind. Um auch für die Zukunft gerüstet zu sein, sind 65.536 Zeichen möglich. Benötigt werden dafür 2^{16} unterschiedliche Kombinationen, somit ist ein Unicode-Zeichen zwei Bytes lang.

VBA verwendet intern generell Unicode. Unter NT und dessen Nachfolgern wie 2000, 2003, XP, Vista, Windows 7 und Windows 8 werden auch unabhängig von VBA alle Zeichen als Unicode abgelegt.

Nibbles

Es ist irgendwann einmal festgelegt worden, dass ein Byte acht Bit lang ist. Jedes der einzelnen Bits eines Bytes hat dabei eine bestimmte Wertigkeit, die in Tabelle 22.1 erläutert ist.

Tabelle 22.1 Wertigkeit einzelner Bits

Bitfolge	Bitnummer	Wertigkeit
00000001	0	1
00000010	1	2
00000100	2	4
00001000	3	8
00010000	4	16
00100000	5	32
01000000	6	64
10000000	7	128

Das niederwertigste Bit wird als Bitnummer Null bezeichnet, hat die Wertigkeit 1 ($2^0=1$) und erscheint bei der Darstellung der Bitfolge äußerst rechts. Das höchstwertige Bit eines Bytes ist nach dieser Rechnung das Bit mit der Nummer 7 und der Wertigkeit 128 ($2^7=128$), das in der Bitfolge als achtes von rechts erscheint.

Um zu dem gesamten Wert eines Bytes zu gelangen, addiert man die Wertigkeiten der einzelnen gesetzten Bits.

Jeweils vier Bits mit 16 Kombinationsmöglichkeiten werden zur besseren Darstellung zusammengefasst und als ein *Nibble* bezeichnet. Jede einzelne Kombination der vier Bits wird durch ein anderes Zeichen (Hexcode) dargestellt. Für die Werte 0 bis 9 benutzt man die Ziffern, ab dem Wert 10 bis zum Wert 15 werden die Buchstaben A bis F verwendet, siehe Tabelle 22.2.

Tabelle 22.2 Nibbles

Dezimalwert	Hexcode	Binär
0	0	0
1	1	1
2	2	10
3	3	11
4	4	100
5	5	101
6	6	110
7	7	111
8	8	1000
9	9	1001
10	A	1010
11	B	1011
12	C	1100
13	D	1101
14	E	1110
15	F	1111

Man kann also ein Byte, das sich aus zwei *Nibbles* zusammensetzt, auch durch zwei *Hexziffern* darstellen. Damit funktioniert die Umrechnung in die Binärdarstellung mit Nullen und Einsen sehr flott, da man es lediglich mit 16 unterschiedlichen Kombinationen zu tun hat.

Datentypen wie Byte, Integer, Long und auch der skalierte Ganzzahlentyp Currency stellen Ganzzahlen durch eine eindeutige Kombination von gesetzten und nicht gesetzten Bits exakt dar. Mit einem Byte kann man 256 Zahlen darstellen, was dem Datentyp Byte entspricht. Zwei Bytes, oder ein Wort (WORD), wird für Integer verwendet. Und vier Bytes, also ein Doppelwort (DWORD), benötigt der Datentyp Long.

Little Endian/Big Endian

Schreibt man die Bitfolge einer Ganzzahl auf ein Blatt Papier, wird das niederwertigste Bit immer rechts außen hingeschrieben, das höchstwertige Bit kommt nach links außen. Von rechts nach links werden die Ordnungszahlen der Bits also immer größer. Beispielsweise wird ein Integer-Wert folgendermaßen dargestellt:

Wert:	3
Hexzahl:	&H0003
Bitfolge:	0000 0000 0000 0011

Man könnte also meinen, dass das linke Byte, welches das höchstwertige Bit enthält, an einer niedrigeren Speicherstelle steht, das andere Byte an der nächst höheren. Dem ist aber nicht so. In der Intel-Welt steht an der kleineren Speicheradresse tatsächlich das niederwertige Byte. Das Format nennt sich *Little Endian*.

Ein Speicherauszug der Integer-Zahl mit dem Wert &H00FF (255) in Hexadezimal-Darstellung würde also folgendermaßen aussehen:

FF 00

Bei Long-Werten sind aber nicht nur die einzelnen Bytes getauscht, sondern auch die einzelnen Wörter. Ein Wort (WORD) besteht dabei aus zwei Bytes, ein Long-Wert enthält also zwei Wörter oder ein Doppelwort (DWORD). Nachfolgend ein kleines Listing zur Demonstration des Sachverhalts bei Long-Werten:

Listing 22.4   Little Endian im Speicher

```
Private Declare Sub CopyMemory Lib "kernel32" _
       Alias "RtlMoveMemory" (pDst As Any, pSrc As Any, ByVal ByteLen As Long)

Public Sub LittleEndian()
    Dim lngValue        As Long
    Dim lngIndex        As Long
    Dim bytArray(1 To 4) As Byte
    Dim strResult       As String

'   Zuweisen
    lngValue = &HFF
'   In ein Bytearray kopieren
    CopyMemory bytArray(1), lngValue, 4
'   Ausgabestring vorbereiten
    For lngIndex = 1 To 4
        If Len(Hex(bytArray(lngIndex))) <> 1 Then
            strResult = strResult & Hex(bytArray(lngIndex))
        Else
            strResult = strResult & "0" & Hex(bytArray(lngIndex))
        End If
    Next
    strResult = "Speicherauszug : " & strResult
'   Ausgabe
    MsgBox "Little Endian-" & Trim(strResult), , "Wert : &H000000FF"
End Sub
```

ONLINE   Sie finden die Arbeitsmappe zu Listing 22.4 im Ordner *\Buch\Kap22* ebenfalls in der Datei *Bsp22_01.xlsm*. Der Code befindet sich im Modul *basLittleEndian*.

Das kleine Programm macht nichts anderes, als die vier Bytes, in denen der Long-Wert im Speicher abgelegt ist, in ein Byte-Array zu kopieren und auszugeben. Das entspricht dann einem aufsteigenden Speicherauszug. Das Ergebnis sehen Sie in Abbildung 22.4.

Abbildg. 22.4   Speicherauszug eines *Long*-Werts

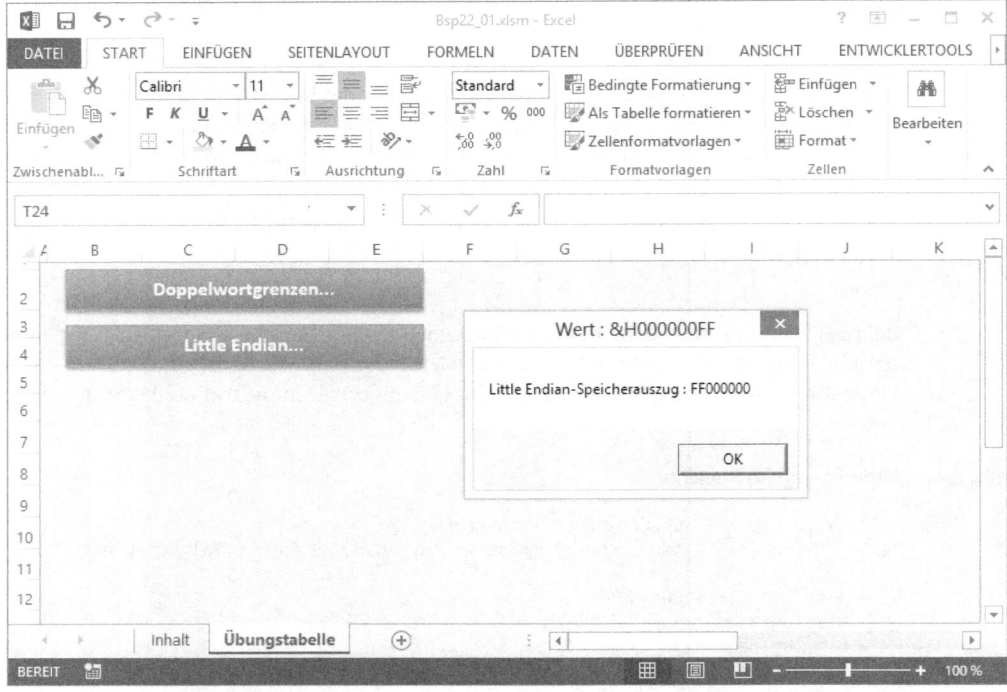

Ein Speicherauszug des gleichen Long-Werts im *Big Endian*-Format würde dagegen folgendermaßen aussehen:

00 00 00 FF

Vorzeichenlose Datentypen

Bei vorzeichenbehafteten Ganzzahlen, die in VBA üblich sind, wird das höchstwertige Bit (in der Bitfolgendarstellung äußerst links) als *Vorzeichenbit* verwendet. Ist dieses Bit gesetzt, wird die Zahl als negativ interpretiert.

Zum Berechnen der negativen Zahlen aus der Bitfolge kann man so vorgehen, dass erst alle Bits invertiert werden und anschließend der Wert 1 hinzugezählt wird. Das Ergebnis wird anschließend noch mit –1 multipliziert und ergibt den Wert der Variablen.

Beispiel:

Bitfolge:	1111 1111 1111 1111 1111 1111 1111 1111
Hexcode:	F F F F F F F F
Bits invertieren:	0000 0000 0000 0000 0000 0000 0000 0000
Wert 1 hinzuzählen:	0000 0000 0000 0000 0000 0000 0000 0001
Wert ermitteln:	1
Mit –1 multiplizieren:	–1

Der Wert dieses vorzeichenbehafteten (*signed*) Long-Werts &HFFFFFFFF, bei dem alle Bits gesetzt sind, stellt also die Zahl −1 dar.

Viele API-Funktionen benötigen aber vorzeichenlose Long-Werte, die es in VBA nicht gibt. Im Aufbau besteht zwischen diesen beiden Datentypen jedoch kein Unterschied. Es handelt sich in beiden Fällen um eine Folge von 32 Bits, die lediglich unterschiedlich interpretiert werden.

Das Problem ist, einen positiven Wert, bei dem das höchstwertige Bit gesetzt ist, in eine vorzeichenbehaftete Variable zu bekommen. Ein einfaches Zuweisen ist wegen eines Überlaufs (Überschreitung des zulässigen Wertebereichs) nicht möglich.

Abbildg. 22.5 Meldungsfeld zur Demonstration vorzeichenloser Datentypen

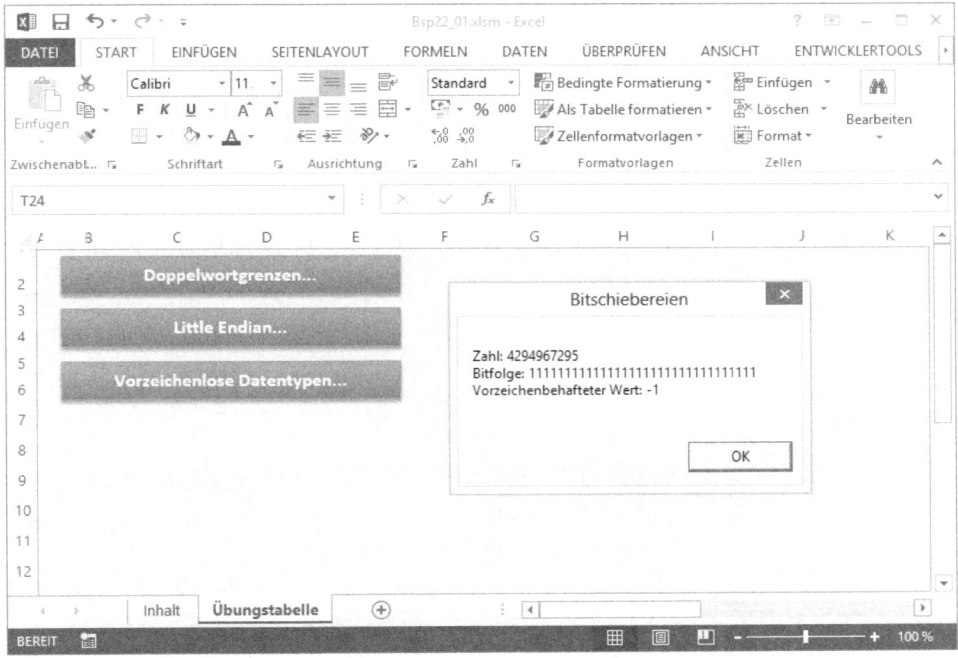

Nachfolgend finden Sie einige Möglichkeiten aufgeführt, um einen positiven Long-Wert, bei dem das höchstwertige Bit gesetzt ist, in einen vorzeichenbehafteten Long-Wert umzuwandeln:

Listing 22.5 Umwandeln vorzeichenloser in vorzeichenbehaftete *Long*-Werte

```
Option Explicit
' ..............................................................
' API
' ..............................................................
Private Declare Sub CopyMemory Lib "kernel32" _
        Alias "RtlMoveMemory" (pDst As Any, pSrc As Any, _
        ByVal ByteLen As Long)
' ..............................................................
' Typen
' ..............................................................
Private Type TCur
```

Listing 22.5 Umwandeln vorzeichenloser in vorzeichenbehaftete *Long*-Werte *(Fortsetzung)*

```
    Cur As Currency
  End Type
  Private Type TLong
    Lng As Long
  End Type
' ..............................................................
' Private
' ..............................................................
  Private Function HexInBinStr(ByVal strHex As String) As String
    Dim lngIndex As Long
    Dim bytDummy As Byte
    strHex = UCase(strHex)
    Do While Len(strHex) > 0
      bytDummy = CByte("&H" & Right$(strHex, 1))
      For lngIndex = 0 To 3
        HexInBinStr = ((bytDummy And 2 ^ lngIndex) > 0) * -1 & HexInBinStr
      Next
      strHex = Left$(strHex, Len(strHex) - 1)
    Loop
  End Function

  Private Function MakeUnsignedLong1(ByVal curUnsigned As Currency) As Long
    If curUnsigned > 2 ^ 31 Then
      MakeUnsignedLong1 = (curUnsigned - 2 ^ 31)
      MakeUnsignedLong1 = MakeUnsignedLong1 Or &H80000000
    Else
      MakeUnsignedLong1 = curUnsigned
    End If
  End Function

  Private Function MakeUnsignedLong2(ByVal curUnsigned As Currency) As Long
    Dim lngRet  As Long
    curUnsigned = curUnsigned / 10000
'   Mit CopyMemory Speicher an andere Stelle kopieren
    CopyMemory lngRet, curUnsigned, 4
    MakeUnsignedLong2 = lngRet
  End Function

  Private Function MakeUnsignedLong3(ByVal curUnsigned As Currency) As Long
    Dim udtCur   As TCur
    Dim udtLong  As TLong
'   Currency in einen benutzerdefinierten Datentyp
    udtCur.Cur = curUnsigned / 10000
'   LSet kopiert die rechte Struktur in die Linke
    LSet udtLong = udtCur
    MakeUnsignedLong3 = udtLong.Lng
  End Function
' ..............................................................
' Public
' ..............................................................
```

Listing 22.5 Umwandeln vorzeichenloser in vorzeichenbehaftete *Long*-Werte *(Fortsetzung)*

```
Public Sub Unsigned()
  Dim curUnsignedLong  As Currency
  Dim strBits          As String
  Dim lngDestination   As Long
' 4294967295 ist zu groß für einen vorzeichenbehafteten Long-Wert,
' also wird Currency benutzt. Typkennzeichen @ Currency ist eine
' skalierte Ganzzahl mit vier festen Nachkommastellen, deshalb
' wird durch 10000 geteilt
  curUnsignedLong = 4294967295@
  lngDestination = MakeUnsignedLong1(curUnsignedLong)
  strBits = HexInBinStr(Hex(lngDestination))
  MsgBox "Zahl: " & curUnsignedLong & vbCrLf & _
         "Bitfolge: " & strBits & vbCrLf & _
         "Vorzeichenbehafteter Wert: " & lngDestination, , _
         "Bitschiebereien"
  lngDestination = MakeUnsignedLong2(curUnsignedLong)
  strBits = HexInBinStr(Hex(lngDestination))
  MsgBox "Zahl: " & curUnsignedLong & vbCrLf & _
         "Bitfolge: " & strBits & vbCrLf & _
         "Vorzeichenbehafteter Wert: " & lngDestination, , _
         "Copy Memory"
  lngDestination = MakeUnsignedLong3(curUnsignedLong)
  strBits = HexInBinStr(Hex(lngDestination))
  MsgBox "Zahl: " & curUnsignedLong & vbCrLf & _
         "Bitfolge: " & strBits & vbCrLf & _
         "Vorzeichenbehafteter Wert: " & lngDestination, , _
         "LSet"
End Sub
```

ONLINE   Sie finden die Arbeitsmappe zu Listing 22.5 im Ordner *\Buch\Kap22* ebenfalls in der Datei *Bsp22_01.xlsm*. Der Code befindet sich im Modul *basUnsigned*.

Nachfolgend sind die verschiedenen Funktionen des Beispielcodes erläutert:

- **MakeUnsignedLong1** Hier wird überprüft, ob in dem gewünschten vorzeichenlosen Long-Wert das höchstwertige Bit gesetzt ist. Ist das der Fall, wird von dem Wert die Zahl 2.147.483.648 (231) subtrahiert und das Ergebnis der vorzeichenbehafteten Long-Variablen zugewiesen. Anschließend wird das Bit Nummer 31 gesetzt, indem die Zielvariable mit dem Or-Operator und dem Hexadezimalwert &H80000000 (231) verknüpft wird.

- **MakeUnsignedLong2** Mit CopyMemory wird ein Speicherbereich in einen anderen kopiert. Der Zielspeicherbereich ist der Speicherbereich, auf den die Variable lngRet verweist. Der Quellbereich ist durch die Variable curUnsigned definiert. Es werden in diesem Fall vier Bytes vom Quell- in den Zielbereich kopiert.

  Da im Beispielcode die Variable curUnsigned vom Typ Currency eine skalierte Ganzzahl mit vier Nachkommastellen ist, muss man die eigentliche Zahl erst durch 10.000 teilen, um die Bitkombination am niederwertigsten Bit auszurichten.

- **MakeUnsignedLong3** Die LSet-Anweisung richtet nicht nur eine Zeichenfolge aus, sondern kopiert auch eine Variable eines benutzerdefinierten Datentyps in eine Variable eines anderen benutzerdefinierten Datentyps. Das kann man sich hier zunutze machen, indem man die Variable udtCur vom Typ Tcur in die Variable udtLong vom Typ Tlong kopiert.

■ **HexInBinStr** Diese Funktion wandelt eine Zahl, die im Hexcode als Zeichenkette übergeben wurde, in eine Zeichenfolge von Nullen und Einsen um, die dem Binärcode der Zahl entspricht

Umgekehrt funktioniert dies ähnlich. Folgendes Listing ergänzt den Code aus dem vorherigen Listing um drei Funktionen:

Listing 22.6 Umwandeln von vorzeichenlosen in vorzeichenbehaftete *Long*-Werte

```
Private Function FromUnsignedToCur1(ByVal lngUnsigned As Long) As Currency
   If lngUnsigned And &H80000000 Then
      FromUnsignedToCur1 = lngUnsigned And Not (&H80000000)
      FromUnsignedToCur1 = FromUnsignedToCur1 + 2147483648@
   Else
      FromUnsignedToCur1 = lngUnsigned
   End If
End Function

Private Function FromUnsignedToCur2(ByVal lngUnsigned As Long) As Currency
   lngUnsigned = lngUnsigned
   CopyMemory FromUnsignedToCur2, lngUnsigned, 4
   FromUnsignedToCur2 = FromUnsignedToCur2 * 10000
End Function

Private Function FromUnsignedToCur3(ByVal lngUnsigned As Long) As Currency
   Dim udtCur  As TCur
   Dim udtLong As TLong
   udtLong.Lng = lngUnsigned
   LSet udtCur = udtLong
   FromUnsignedToCur3 = udtCur.Cur * 10000
End Function
```

ONLINE Sie finden die Arbeitsmappe zu Listing 22.6 im Ordner *Buch**Kap22* ebenfalls in der Datei *Bsp22_01.xlsm*. Der Code ergänzt den Code im Modul *basUnsigned*.

■ **FromUnsignedToCur1** In dieser Funktion wird zuerst überprüft, ob das höchstwertige Bit in der übergebenen Long-Variablen gesetzt ist. Ist das der Fall, wird dieses Bit auf 0 gesetzt und der verbliebene Wert wird dem Rückgabewert zugewiesen. Anschließend wird noch der Wert hinzuaddiert, der bei einem nicht vorzeichenbehafteten Long-Wert dem Wert des höchstwertigen (&H80000000) Bits entspricht.

Würde man den Wert direkt zuweisen, ohne erst das höchstwertige Bit auf 0 zu setzen, wäre das Ergebnis die negative Zahl, die dem vorzeichenbehafteten Long-Wert entspricht.

■ **FromUnsignedToCur2** Mit CopyMemory wird ein Speicherbereich in einen anderen kopiert. Der Zielspeicherbereich ist der Speicherbereich, auf den der Rückgabewert der Funktion verweist. Der Quellbereich ist durch die Variable lngUnsigned definiert. Es werden in diesem Fall vier Bytes vom Quell- in den Zielbereich kopiert.

Da die Variable curUnsigned vom Typ Currency eine skalierte Ganzzahl mit vier Nachkommastellen ist, muss man anschließend die Zahl mit 10.000 multiplizieren, da sonst die letzten vier Ziffern hinter dem Komma erscheinen würden.

■ **FromUnsignedToCur3** Die Lset-Anweisung richtet nicht nur eine Zeichenfolge aus, sondern kopiert auch eine Variable eines benutzerdefinierten Datentyps in eine Variable eines anderen benutzerdefinierten Datentyps. Dies kann man sich hier zunutze machen, indem man die Variable udtLong vom Typ Tlong in die Variable udtCur vom Typ Tcur kopiert.

Präfixe von API-Datentypen

In Deklarationsanweisungen findet man immer wieder Präfixe am Anfang eines Parameternamens. Diese Präfixe kennzeichnen die Datentypen, die von den API-Funktionen gewünscht werden. Da die Windows-API mehr Datentypen als VBA kennt, werden entsprechend mehr Präfixe verwendet. Zudem ist zu berücksichtigen, dass sich die API auf die Programmiersprache C beruft, weshalb die Präfixe eine etwas andere Systematik verwenden als die in VBA. Nachfolgend ist eine Liste der gebräuchlichsten API-Präfixe aufgeführt:

Tabelle 22.3 Präfix von Datentypen

Präfix	Typ	Beschreibung
b	Boolean	32-Bit-Wahrheitswert. Null bedeutet Falsch, alles andere Wahr.
ch	Char, Byte, Tchar	Vorzeichenloser 8 Bit-Wert. Bei **Tchar** auch 16 Bit
lpfn	FARPROC	32-Bit-Funktionszeiger
h	Handle	Vorzeichenloser 32-Bit-Wert
n	Integer	Vorzeichenbehafteter 32-Bit-Wert
l	Long	Vorzeichenbehafteter 32-Bit-Wert
lp	Long Pointer	32-Bit-Zeiger auf einen Speicherbereich
lpi	Long Pointer	32-Bit-Zeiger auf einen vorzeichenbehafteten Wert
w	Word	Vorzeichenloser 16-Bit-Wert
dw	DoubleWord	Vorzeichenloser 32-Bit-Wert
f	Flag	32-Bit-Wert, bei dem die einzelnen Bits besondere Bedeutung haben, sozusagen als Flag dienen

Zeichenketten

Der Datentyp String stellt in VBA eine Besonderheit dar. Eine unkomplizierte Übergabe an eine API-Funktion ist zudem nicht immer möglich, deshalb wird diesem Datentyp ein eigener Abschnitt spendiert.

Zeichenketten (engl. Strings) sind in VBA *BSTR*-Unicode-Strings (BSTR = Basic String). Im Gegensatz dazu werden von den meisten API-Funktionen *LPSTR*-Strings (LPSTR = Long Pointer String) benötigt.

BSTR-Zeichenketten besitzen vor dem Speicherbereich, an dem die eigentlichen Zeichen beginnen, einen vier Byte großen Bereich, der die Anzahl der zum Speichern des Textes benötigten Bytes angibt. Dieser Speicherbereich wird als Long-Wert interpretiert.

Der gleiche Wert wird von der Funktion LenB geliefert. Wenn die Anzahl der Zeichen ermittelt werden soll, muss die Funktion Len benutzt werden. Da VBA mit Unicode arbeitet, nimmt jedes Zeichen zwei Bytes in Anspruch. Hinter dem letzten Zeichen folgt zudem noch ein Null-Wert.

Das abschließende Nullzeichen am Ende von BSTR und LPSTR ist bei Unicode zwei Bytes lang. Dieses Kennzeichen für das Ende der Zeichenkette darf man nicht mit dem Zeichen »0« verwechseln. Die zwei abschließenden Bytes enthalten lediglich den Wert Null. Dieses Zeichen wird von der in VBA gültigen Konstante vbNullChar oder der Funktion Chr(0) geliefert.

Zudem sollte vbNullChar nicht mit der Konstante vbNullString verwechselt werden, die eine Zeichenfolge mit dem Wert Null darstellt und die wiederum nicht mit einer leeren Zeichenkette ("") verwechselt werden darf.

Mit der API-Funktion CopyMemory kann man sich den Aufbau einer Zeichenkette im Speicher ansehen. In Listing 22.7 ist ein Beispiel dazu implementiert.

Listing 22.7 Auslesen des Speicherinhalts einer BSTR-Zeichenkette

```
Private Declare Sub CopyMemory Lib "kernel32" _
        Alias "RtlMoveMemory" (pDst As Any, pSrc As Any, ByVal ByteLen As Long)

Public Sub StringCheck()
    Dim lngBytes  As Long
    Dim lngIndex  As Long
    Dim strBSTR   As String
    Dim strResult As String
    Dim bytBSTR() As Byte

'   Initialisieren
    strBSTR = "ab"
'   Anzahl der Zeichen mal zwei plus den Longwert (4 Byte)
'   für die Länge plus dem abschließenden Zeichen (2 Byte)
    lngBytes = Len(strBSTR) * 2 + 4 + 2
    ReDim bytBSTR(1 To lngBytes)
    CopyMemory bytBSTR(1), ByVal StrPtr(strBSTR) - 4, UBound(bytBSTR)
    For lngIndex = 1 To lngBytes
      strResult = strResult & bytBSTR(lngIndex) & " - "
    Next
'   Ausgabe der einzelnen Bytes als Text
    MsgBox "'" & strBSTR & "', Länge (4 Bytes), " & vbCrLf & _
            "a (2 Bytes), " & "b (2 Bytes), " & _
            "Endekennung (2 Bytes)" & vbCrLf & _
            Left(strResult, Len(strResult) - 3)
End Sub
```

ONLINE Sie finden die Arbeitsmappe zu Listing 22.7 im Ordner \Buch\Kap22 ebenfalls in der Datei *Bsp22_01.xlsm*. Der Code befindet sich im Modul *basString*.

Zu Beginn des Codes wird die Länge in Bytes ermittelt, die die Zeichenkette im Speicher insgesamt in Anspruch nimmt. Das sind die Anzahl der Zeichen, multipliziert mit zwei (Unicode), plus die Bytes des Long-Werts, der die Länge angibt. Zu diesem Wert werden noch zwei Bytes für den abschließenden Null-Wert am Ende hinzugezählt.

Abbildg. 22.6   Aufbau einer Zeichenkette

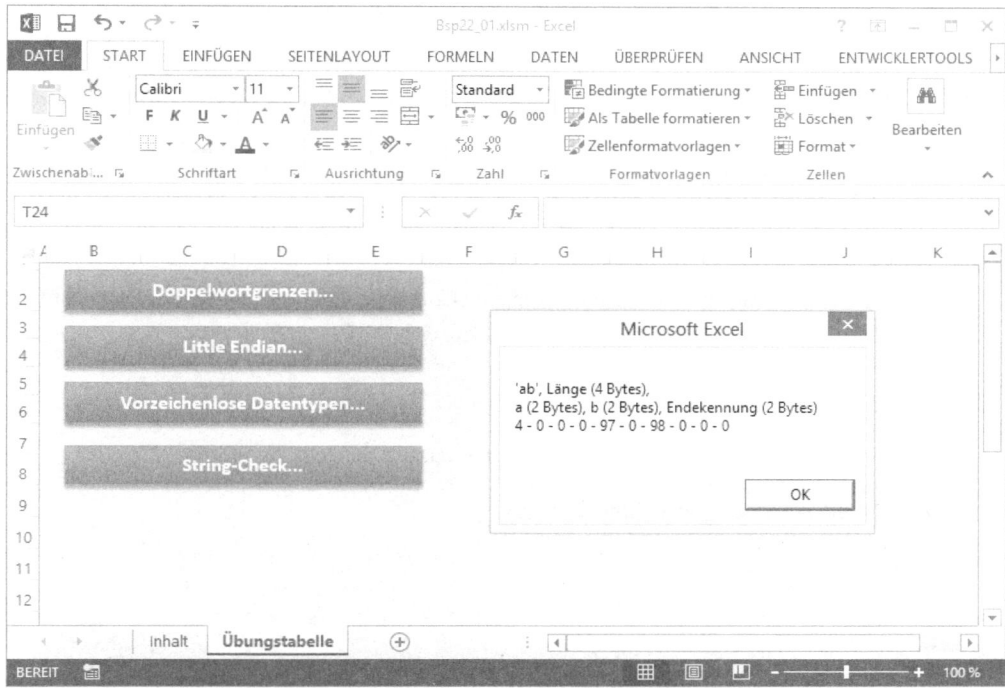

Danach wird ein Datenfeld vom Typ Byte in dieser Größe angelegt, das letztendlich den Speicherinhalt aufnimmt. CopyMemory kopiert anschließend den Speicherinhalt der Zeichenkette in das Datenfeld und zwar ab dem als Parameter übergebenen Element.

Wird von einem Datenfeld ein Element als Referenz übergeben, legt man dessen Speicheradresse auf den Stapel. Bei einem Datenfeld stehen die einzelnen Elemente nebeneinander im Speicher, deshalb wird an dieser Stelle das erste Element übergeben.

Die Speicheradresse der Zeichenkette wird mit der Funktion StrPtr ermittelt, von dieser Adresse wird dann noch die Bytezahl (vier) der Längenangabe abgezogen, da dieser Long-Wert noch vor der mit StrPtr ermittelten Speicheradresse liegt. Somit ist man im Besitz der Adresse, die auf den eigentlichen Beginn der Zeichenkette verweist.

Diese Adresse wird an CopyMemory explizit als Wert (ByVal) übergeben. Vergisst man das Wort ByVal, liegt an der entsprechenden Stelle auf dem Stapel die Speicheradresse der Variable, an der die eigentliche Speicheradresse steht. Wie Sie sehen, ist auch hier die korrekte Parameterübergabe wichtig. So sieht das Ergebnis für die Zeichenkette »ab« aus:

Tabelle 22.4   Unicodestring unter VBA

Byte 1	Byte 2	Byte 3	Byte 4	Byte 5	Byte 6	Byte 7	Byte 8	Byte 9	Byte 10
4	0	0	0	97	0	98	0	0	0
Anzahl der Bytes				Buchstabe a		Buchstabe b		Ende	

Unter VBA ist zur Verwaltung der Zeichenkette lediglich der Long-Wert vor dem ersten Zeichen wichtig, das abschließende Zeichen hat keinerlei Bedeutung. In anderen Programmiersprachen gibt es diesen Long-Wert nicht, der die Länge der Zeichenkette beschreibt. Der String ist beim ersten Auftreten eines Nullzeichens zu Ende. In solchen Zeichenketten, die LPSTR genannt werden, ist also kein Zeichen mit dem ASCII-Code Null erlaubt, da dieses als Ende der Zeichenkette interpretiert würde.

Man kann das sehr leicht an der MsgBox-Funktion demonstrieren. Diese VBA-Funktion kapselt eigentlich nur die API-Funktion MessageBoxA aus der Bibliothek *user32*. Eine API-Funktion interpretiert ein Nullzeichen als Zeichenende, weshalb die dahinter liegenden Zeichen nicht mehr dargestellt werden.

Zur Demonstration kann man die folgende Codezeile im Direktfenster der Entwicklungsumgebung von Excel (VBE) eingeben und mit der ⏎-Taste abschließen.

```
MsgBox "Anfang-" & Chr(0) & "Ende"
```

Im Meldungsfeld wird nur der Text *Anfang-* ausgegeben, wie Abbildung 22.7 zeigt.

Abbildg. 22.7 Nullzeichen als Ende einer Zeichenkette

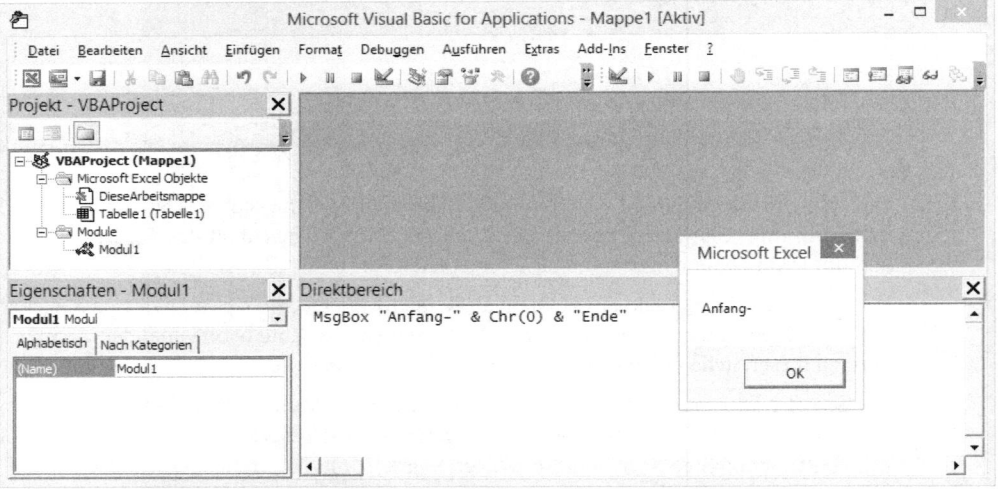

Unter VBA spielt dies keine Rolle. Dort sind alle Zeichen möglich, weil die Länge der Zeichenkette dem Long-Wert entnommen wird und ein auftretender Null-Wert das Auslesen der Zeichenkette nicht beendet.

Eine Variable vom Typ String ist ein Zeiger auf den ersten Buchstaben, nicht auf den davor liegenden Long-Wert, der die Länge beschreibt. Auch LPSTR-Zeichenketten werden durch einen Zeiger auf das erste Zeichen referenziert. Darin gibt es also keinen Unterschied zu BSTR.

Wie bereits erwähnt, bestehen Zeichenketten in VBA aus Unicode-Zeichen. Jedes Zeichen belegt also im Speicher zwei Bytes. API-Funktionen verlangen aber Zeichenketten in ANSI, jedenfalls war das so, als VB(A) entwickelt wurde.

Mittlerweile gibt es schon für fast alle API-Funktionen, die mit Zeichenketten arbeiten, auch Unicode-Varianten. Unterscheiden kann man die Funktionen am letzten Buchstaben im Funktionsnamen. Bei ANSI-Funktionen ist der letzte Buchstabe ein großes »A«, bei Unicode steht dort stattdessen ein großes »W« für »Wide«.

Nun haben sich die Entwickler von VB(A) etwas ganz Raffiniertes einfallen lassen, um den VBA-Programmierer bei der Umwandlung von Unicode nach ANSI und zurück zu entlasten. Jede Zeichenkette, die man an eine API-Funktion übergibt, wird intern in eine Zeichenkette aus ANSI-Zeichen umgewandelt. Diese Speicheradresse wird letztendlich an die Funktion übergeben und der an dieser Stelle beginnende Speicherbereich wird bei Bedarf von der API-Funktion überschrieben.

Man sollte sich dabei nicht an dem Schlüsselwort ByVal in den Deklarationsanweisungen stören. Die übergebene Zeichenkette kann trotzdem von der API-Funktion verändert werden. Nach der Rückkehr wandelt VBA die ANSI-Kopie wieder in Unicode um, und wenn diese Kopie von der API-Funktion vorher verändert wurde, schlägt das also auch auf die Originalvariable durch.

Durch die automatische Umwandlung in die ANSI-Variante werden Probleme verursacht, wenn eine Unicode-Funktion der API benutzt werden soll. In einem derartigen Fall muss mit anderen Typen wie Byte-Arrays oder die Zeichenkette so umgewandelt werden, dass sie anschließend beide Bytes des Unicode-Zeichens als ein eigenes Zeichen enthält. Dies lässt sich mit der StrConv-Funktion erledigen.

Das Ergebnis können Sie sehen, wenn Sie die folgende Codezeile im Direktfenster der Entwicklungsumgebung von Excel (VBE) eingeben und mit der ⏎ -Taste abschließen:

```
Print StrConv("a",vbUnicode)
```

Zur Demonstration, was sich im Speicher abspielt, zunächst ein Speicherauszug für die Zeichenkette »a« in VBA:

Tabelle 22.5   VBA-Zeichenkette, Speicherauszug

Byte 1	Byte 2	Byte 3	Byte 4	Byte 5	Byte 6	Byte 7	Byte 8
2	0	0	0	97	0	0	0
Anzahl der Bytes				Buchstabe a		Ende	

Die Umwandlung mit StrConv ist in der Tabelle 22.6 dargestellt.

Tabelle 22.6   VBA-Zeichenkette, Speicherauszug nach Umwandlung mit *StrConv*

Byte 1	Byte 2	Byte 3	Byte 4	Byte 5	Byte 6	Byte 7	Byte 8	Byte 9	Byte 10
4	0	0	0	97	0	0	0	0	0
Anzahl der Bytes				Buchstabe a			Ende		

Bei der Übergabe an eine API-Funktion als ANSI-Kopie erhält man das Ergebnis, das in Tabelle 22.7 dargestellt ist.

Tabelle 22.7
ANSI-Kopie einer Zeichenkette bei der Übergabe an eine API-Funktion

Byte 1	Byte 2	Byte 3
97	0	0
Buchstabe a		Ende

Wie Sie sehen, ist hier die Unicode-Zeichenkette aber noch nicht richtig abgeschlossen, da dort am Ende zwei Nullzeichen stehen müssten. Deshalb hängt man vor der Umwandlung mit StrConv noch ein Nullzeichen an die Zeichenkette:

```
StrConv("a" & Chr(0) ,vbUnicode)
```

Nun sieht die an die API übergebene Zeichenkette wie in Tabelle 22.8 dargestellt aus:

Tabelle 22.8
ANSI-Kopie einer Zeichenkette

Byte 1	Byte 2	Byte3	Byte 4
97	0	0	0
Buchstabe a		Ende	

Leichter ist in den meisten Fällen die Verwendung eines dynamischen Byte-Arrays (eindimensionales Datenfeld mit Elementen vom Typ Byte), dessen erstes Element als Referenz anstelle einer Zeichenkette übergeben wird (es genügt die Übergabe des ersten Elements, weil bei der Referenzübergabe der Zeiger auf den Anfang des Datenfelds gespeichert wird). Die Deklaration muss aber dementsprechend angepasst werden. Die Umwandlung einer Zeichenkette in ein Byte-Array ist sehr leicht. Sie müssen sie lediglich deklarieren und zuweisen:

```
Dim bytText() As Byte
bytText = "Text" & Chr(0)
MsgBox bytText
MsgBox Left(bytText, 2)
```

Das an den Text gehängte Zeichen mit dem ASCII-Code Null ist dafür da, das abschließende Nullzeichen zu generieren. Die folgende Tabelle 22.9 stellt die Elemente des Byte-Arrays nach der Zuweisung dar:

Tabelle 22.9
Inhalt des Byte-Arrays *bytText*

Element Nummer	0	1	2	3	4	5	6	7	8	9
Wert	84	0	101	0	120	0	116	0	0	0
Buchstabe	T		e		x		t			

Datenfelder (Arrays)

Datenfelder oder Arrays sind eine Menge von gleichartigen Elementen, die durch ihren Index eindeutig identifiziert werden können. Es sind auch mehrdimensionale Arrays möglich, wobei die obere Grenze in VBA bei 60 Dimensionen liegt. Wenn man den kleinsten Index bei der Deklaration nicht mit angibt und die Option Base-Anweisung nichts anderes vorgibt, beginnt die Zählung beim Index Null.

Dynamische Arrays, die Sie bereits im Verlauf des Buchs kennengelernt haben, können hinsichtlich ihrer Größe und ihrer Dimensionen zur Laufzeit angepasst werden. Um ein solches Array zu deklarieren, wird das Klammernpaar bei der Deklaration leer gelassen. Mit der ReDim-Anweisung kann man anschließend die Anzahl der Dimensionen, die Anzahl der Elemente und die oberen und unteren Grenzen anpassen. Die ReDim Preserve-Anweisung erlaubt es, die obere Grenze der letzten Dimension anzupassen, ohne die schon gespeicherten Werte im Array zu überschreiben.

Für den Inhalt des Arrays wird im Speicher ein Bereich reserviert, in dem die Daten der Elemente abgelegt werden. Bei eindimensionalen Arrays stehen alle Daten nach dem Index aufsteigend geordnet direkt nebeneinander, bei zweidimensionalen erst alle Elemente der ersten Dimension, dann folgen die der anderen Dimensionen.

Tabelle 22.10 Eindimensionales Datenfeld im Speicher

Index	(0)	(1)	(2)	(3)	(4)	(5)
Adresse	0	+1	+2	+3	+4	+5

Tabelle 22.11 Mehrdimensionales Datenfeld im Speicher

Index	(0,0)	(1,0)	(2,0)	(0,1)	(1,1)	(2,1)
Adresse	0	+1	+2	+3	+4	+5

Wie Sie erkennen können, ist es bei mehrdimensionalen Arrays ziemlich schwierig, unter Beibehaltung der bereits vorhandenen Daten die erste Dimension zu ändern. Man müsste dazu genauso oft Speicherinhalte verschieben, wie Elemente der zweiten Dimension vorhanden sind. Wahrscheinlich ist deshalb etwas derartiges in VBA auch nicht realisiert worden. Um dagegen die letzte Dimension zu ändern, muss lediglich Speicherplatz hinzugefügt oder entfernt werden.

Funktionszeiger

Manche API-Funktionen benötigen einen Zeiger auf eine in VBA geschriebene Funktion, damit die API-Funktion die Möglichkeit bekommt, diese Funktion zurückzurufen.

Das kann bei dem Windows-Zeitgeber bzw. Timer der Fall sein, der die durch diesen Zeiger referenzierte Funktion nach der abgelaufenen Zeit aufruft. Der Vorteil solch eines Timers gegenüber der in VBA integrierten OnTime-Methode besteht darin, dass nach der abgelaufenen Zeit die Funktion abgearbeitet wird, obwohl möglicherweise noch ein Dialogfeld offen ist, das den Code normalerweise in den Haltemodus versetzt.

Auch bei einem sogenannten *Hook*, bei dem Fensternachrichten auf eine eigene Prozedur umgeleitet werden, ist ein solcher Zeiger wichtig. Verschiedene API-Funktionen senden Nachrichten auch über

Rückruffunktionen (in Englisch Callback-Funktion genannt), wenn bestimmte Ereignisse eingetreten sind.

HINWEIS   Innerhalb von Windows werden laufend Nachrichten zwischen den Anwendungen und dem Betriebssystem hin und hergeschickt. Wie bei Ereignissen in VBA, können diese Nachrichten per Code ausgewertet bzw. abgefangen werden. Die Nachrichten können vom Benutzer oder dem System ausgelöst werden.

Um einen solchen Funktionszeiger zu übergeben, gibt es den AddressOf-Operator. Dieser übergibt die Adresse der nachgestellten Funktion, legt den Zeiger also direkt auf den Stapel:

```
AddressOf NameDerProzedur
```

Die angegebene Prozedur muss in einem Standardmodul stehen, das sich wiederum im gleichen VBA-Projekt befinden muss.

Manchmal benötigt man aber den Funktionszeiger als Wert, weil beispielsweise das Element eines benutzerdefinierten Datentyps diesen Wert annehmen muss. In diesem Fall muss man eine kleine Funktion schreiben, die den erforderlichen Wert liefert:

```
Private Function LongToLong(ByVal lngAddress As Long) As Long
   LongToLong = lngAddress
End Function
```

Der Code in Listing 22.8 demonstriert dies an einem Beispiel. Der Code ruft das in Windows integrierte Fenster zur Auswahl eines Ordners auf. Bei der Funktion zum Aufruf für das Ordnerauswahlfenster wird geprüft, ob es sich um ein 32-Bit- oder 64-Bit-Excel handelt.

Listing 22.8   Orderauswahl-Fenster aufrufen und dessen Nachrichten auswerten

```
' .........................................................................
' Konstanten
' .........................................................................
   Private Const BIF_RETURNONLYFSDIRS As Long = &H1
   Private Const BFFM_SELCHANGED = 2
   Private Const MAX_PATH = 260
' .........................................................................
' API
' .........................................................................
   #If VBA7 Then
     Private Type BROWSEINFO
       hOwner          As LongPtr
       pidlRoot        As Long
       pszDisplayName  As String
       lpszTitle       As String
       ulFlags         As Long
       lpfn            As LongPtr
       lParam          As LongPtr
       iImage          As Long
     End Type
     Private Declare PtrSafe Function SHBrowseForFolder Lib "shell32.dll" _
           Alias "SHBrowseForFolderA" (lpBrowseInfo As BROWSEINFO) As Long
```

Listing 22.8   Orderauswahl-Fenster aufrufen und dessen Nachrichten auswerten *(Fortsetzung)*

```
      Private Declare PtrSafe Function SHGetPathFromIDList Lib "shell32.dll" _
            Alias "SHGetPathFromIDListA" (ByVal pidl As LongPtr, _
            ByVal pszPath As String) As Boolean
   #Else
      Private Type BROWSEINFO
         hOwner           As Long
         pidlRoot         As Long
         pszDisplayName   As String
         lpszTitle        As String
         ulFlags          As Long
         lpfn             As Long
         lParam           As Long
         iImage           As Long
      End Type
      Private Declare Function SHBrowseForFolder Lib "shell32.dll" _
            Alias "SHBrowseForFolderA" (lpBrowseInfo As BROWSEINFO) As Long
      Private Declare Function SHGetPathFromIDList Lib "shell32.dll" _
            Alias "SHGetPathFromIDListA" (ByVal pidl As Long, _
            ByVal pszPath As String) As Boolean
   #End If
' ...............................................................
' Private
' ...............................................................
   Private Function BrowseCallBack(ByVal hwnd As Long, _
                                   ByVal Msg As Long, _
                                   ByVal lParam As Long, _
                                   ByVal pData As Long) As Long
      Dim strPath As String
'     Keine Fehler zulassen, denn Windows ruft diese Funktion auf
      On Error Resume Next
'     Nachrichten auswerten
      Select Case Msg
         Case BFFM_SELCHANGED
            strPath = GetPathFromID(lParam)
            If Len(strPath) > 0 Then
              MsgBox "Auswahl " & strPath
            End If
         Case Else
      End Select
   End Function

   Private Function GetPathFromID(ByVal lngID As Long) As String
      Dim blnResult As Boolean
      Dim strPath   As String * MAX_PATH
      blnResult = SHGetPathFromIDList(lngID, strPath)
      If blnResult Then
        GetPathFromID = Left$(strPath, InStr(strPath, Chr$(0)) - 1)
      End If
   End Function

   Private Function LongToLong(ByVal lngAddress As Long) As Long
      LongToLong = lngAddress
   End Function
```

Listing 22.8 Orderauswahl-Fenster aufrufen und dessen Nachrichten auswerten *(Fortsetzung)*

```
  Private Function GetDirectory() As String
    Dim typBrowse As BROWSEINFO
    Dim lngResult As Long
    On Error Resume Next
' Datentyp füllen
    typBrowse.hOwner = Application.hwnd
    typBrowse.pszDisplayName = String$(MAX_PATH, vbNullChar)
    typBrowse.lpszTitle = "Ordnerauswahl"
    typBrowse.ulFlags = BIF_RETURNONLYFSDIRS
    typBrowse.lpfn = LongToLong(AddressOf BrowseCallBack)
' Dialog anzeigen
    lngResult = SHBrowseForFolder(typBrowse)
' Rückgabe
    GetDirectory = GetPathFromID(lngResult)
  End Function
' ...............................................................
' Public
' ...............................................................
  Public Sub ChooseDirectory()
    #If Win64 Then
    MsgBox "In 64-Bit-Excel ungetestet."
    #Else
    MsgBox GetDirectory
    #End If
  End Sub
```

Sobald Sie im Dialogfeld zur Ordnerauswahl einen Ordner anklicken erscheint ein Meldungsfeld mit dem ausgewählten Ordnernamen. Das heißt, der Code springt in die Funktion BrowseCallBack und wertet die Benachrichtigung aus, die über die Konstante BFFM_SELCHANGED angegeben ist. Es gibt eine ganze Reihe weiterer Benachrichtigungen, für das Beispiel haben wir uns jedoch nur auf diese eine Benachrichtigung beschränkt.

Windows kennt verschiedene Systemordner, wie den Order für die eigenen Dateien oder Bilder. Der Pfad zu diesen Ordnern kann über eine ID abgerufen werden, was im Beispiel die Funktion GetPathFromID tut, die wiederum die passende API-Funktion aufruft.

ONLINE Sie finden die Arbeitsmappe zu diesem Abschnitt im Ordner *Buch\Kap22* in der Datei *Bsp22_02.xlsm*.

CopyMemory

Die Funktion CopyMemory ist eine der wichtigsten – aber auch eine der gefährlichsten – API-Funktionen. Denn, es ist damit relativ leicht, Speicherbereiche zu überschreiben, die eigentlich unangetastet bleiben sollten. Die Verwechslung der Parameterübergabe ByVal mit ByRef ist dabei die häufigste Ursache für einen Absturz.

Die API-Funktion CopyMemory wird sehr häufig benutzt, um API-Strukturen in benutzerdefinierte Datentypen zu kopieren. Die Einsatzgebiete sind aber nicht nur darauf beschränkt. Sobald API-Funktionen irgendwelche Zeiger auf Speicherbereiche als Wert zurückliefern, muss der Speicherinhalt ab dieser Adresse in die VBA-Welt transferiert werden. Genau dafür ist CopyMemory bestens geeignet. Nachfolgend die Deklaration und eine kurze Beschreibung:

```
Private Declare Sub CopyMemory _
    Lib "kernel32" Alias "RtlMoveMemory" ( _
    Destination As Any, _
    Source As Any, _
    ByVal Length As Long)
```

- **Funktionalität** Die Prozedur CopyMemory kopiert Daten von einem Datenblock im Speicher an eine andere Stelle im Speicher. Das gilt ausschließlich für Daten im gleichen Prozessarbeitsraum. Über Prozessgrenzen hinweg können damit keine Daten ausgetauscht werden.

- **Destination** Der Parameter Destination ist ein Zeiger auf den Zieldatenblock, der mit den Daten ab dem Zeiger Source überschrieben werden soll. Sie sollten sicherstellen, dass der Zieldatenblock größer oder gleich der Länge ist, die in Length angegeben wurde.

  Viele Abstürze rühren daher, dass dieser Parameter falsch übergeben wird. Übergeben Sie beispielsweise das erste Element eines Byte-Arrays als Wert (ByVal x(1)), haben Sie schon verloren. Der Wert des ersten Elements wird dann als Zeiger betrachtet und Speicher ab dieser Adresse überschrieben. Richtig wäre hier die Übergabe als Referenz (ByRef x(1)).

- **Source** Der Parameter Source ist ein Zeiger auf den Quelldatenblock, von dem Daten in den Zieldatenblock ab dem Zeiger Destination geschrieben werden sollen.

- **Length** Der Parameter Length gibt die Anzahl der Bytes an, die kopiert werden sollen

Diese API-Prozedur erwartet für die ersten beiden Parameter einen Long-Wert auf dem Stack, der die Ziel- bzw. die Quelladresse angibt. Übergibt man das Element eines Arrays als Referenz (ByRef), wird genauso ein 4 Byte breiter Long-Wert mit der Adresse auf den Stack gelegt, selbst wenn man es bei den Daten mit einem Byte-Array zu tun hat.

Die Übergabe als Wert (ByVal) führt dagegen in fast allen Fällen zum sofortigen Absturz der Anwendung, da dabei der Wert, also der gespeicherte Inhalt der Variablen, auf den Stack gelegt wird. Und dieser Wert wird dann von der aufgerufenen API-Funktion/Prozedur vom Stack geholt und als Speicheradresse interpretiert.

Die gleiche Problematik gilt auch für andere Variablen, deren Speicheradresse man übergeben will. Nur die Übergabe als Referenz legt wirklich die Adresse zum Wert der Variablen auf den Stack.

Besitzt man statt einer Speicheradresse eine Variable in Form einer Long-Variablen, die eine Speicheradresse als Wert enthält, muss man diese als Wert (ByVal) übergeben, sonst gibt es wiederum einen Absturz. Übergibt man in einem derartigen Fall diese Long-Variable als Referenz (ByRef), wird die Speicheradresse zum Wert auf den Stack gelegt und nicht der Wert selbst, der in diesem Fall auf die eigentliche Adresse zeigt.

Einen solchen Long-Wert mit einer Speicheradresse bekommt man beispielsweise mit den nicht dokumentierten bzw. im Objektkatalog versteckten Funktionen VarPtr, ObjPtr und StrPtr. Übergibt man eine Variable, die einen solchen Wert enthält, als Referenz, wird auf den Stack zwar ein Long-Wert abgelegt, dieser verweist aber auf die Speicherstelle, an welcher der eigentliche Zeiger steht.

Datenpuffer

Um Daten von API-Funktionen zu bekommen, wird neben dem eigentlichen Rückgabewert der Funktion häufig ein Datenpuffer eingesetzt. Die Adresse dieses Puffers wird als Parameter übergeben, das heißt, man übergibt eine Variable als Referenz.

In den meisten Fällen wird dazu ein String-Puffer in der entsprechenden Größe verwendet. Dazu deklariert man eine String-Variable und weist dieser eine Zeichenkette in der gewünschten Länge des Puffers zu. Dazu bietet sich die VBA-Funktion String an. Als Füllzeichen verwenden wir fast durchgehend den Zeichencode Null, es lassen sich aber ohne Probleme auch andere Zeichen verwenden:

```
Dim strPuffer As String
strPuffer=String(50,0)
```

Arbeitet man mit Unicode-Funktionen, ist es meistens leichter, als Puffer entsprechend groß deklarierte Byte-Arrays zu verwenden:

```
Dim bytPuffer(1 To 100) As Byte
```

Muss man mit dem manipulierten Puffer noch weitere Berechnungen durchführen oder wird die API-Funktion selbst sehr häufig aufgerufen, kann es zeitlich von Vorteil sein, statt mit einem String-Puffer gleich mit Byte-Arrays zu arbeiten.

Zum einen entfällt die Unicode/ANSI-Umwandlung bei jedem Aufruf einer API-Funktion. Zum anderen ist das Ansprechen eines Datenfeldelementes schneller, als mit der VBA-Funktion Mid Teile der Zeichenkette zu extrahieren.

Übergeben wird im Falle eines Datenfeldes in den meisten Fällen das erste Element als Referenz (ByRef). Wie bereits mehrfach angesprochen, wird dabei die vier Byte große Adresse des Elementes auf den Stapel gelegt und nicht der Wert selbst. Diesen Sachverhalt kann man nicht oft genug wiederholen. Er ist einer der Grundpfeiler beim Verständnis der Arbeitsweise dieser Funktionen.

Koordinaten (Größenangaben)

Koordinaten beginnen links oben beim Punkt 0,0 und werden nach rechts unten größer. Bei negativen Koordinaten liegt der Punkt außerhalb des sichtbaren Bereichs. Bei diesen Angaben muss man immer darauf achten, worauf sie sich beziehen. Manche API-Funktionen liefern beispielsweise Koordinaten in Bezug auf den Bildschirm und andere auf den Container, in dem sich das Objekt befindet.

Die Größenangabe in Excel ist in den meisten Fällen Punkt, was laut Hilfe etwa 0,35 mm entspricht. Die ab und zu verwendete Einheit Twips liegt bei 1/20 Punkt oder auch 1/1.440 Zoll. Die Maßeinheit für API-Funktionen ist Pixel.

Eine weitere Maßeinheit ist HIMETRIC, welche definiert ist als ein Tausendstel eines Zentimeters. Bilder vom Typ IPictureDisp verwenden diese Maßeinheit. Noch exotischer ist EM (für engl. equal M) oder GEVIERT, welches die Schriftbreite und Schrifthöhe einer Schriftart angibt. Damit kann man recht wenig anfangen, aber kurz gesagt ist 1 EM die Browser-Standardschriftgröße.

Die Maßeinheiten Zoll und die metrische Einheit Millimeter sind in diesem Zusammenhang aber keine physisch greifbaren Einheiten, sie sind ein virtuelles Maß und entsprechen nicht einem mit dem Zollstock oder Lineal nachmessbaren Zoll oder Millimeter.

Bei den Einheiten muss man zum einen die Bildschirmauflösung, zum anderen die physische Breite des Monitors und zum dritten die Auflösung in DPI (Dots per Inch) mit berücksichtigen. Auf folgendem Bild ist zu erkennen, dass die Bildschirmauflösung auf 1.280x1.024 Pixel eingestellt ist. Die DPI-Einstellung ist in der Regel in Windows auf 96 DPI gesetzt.

Abbildg. 22.8   Bildschirmauflösung in Windows 8

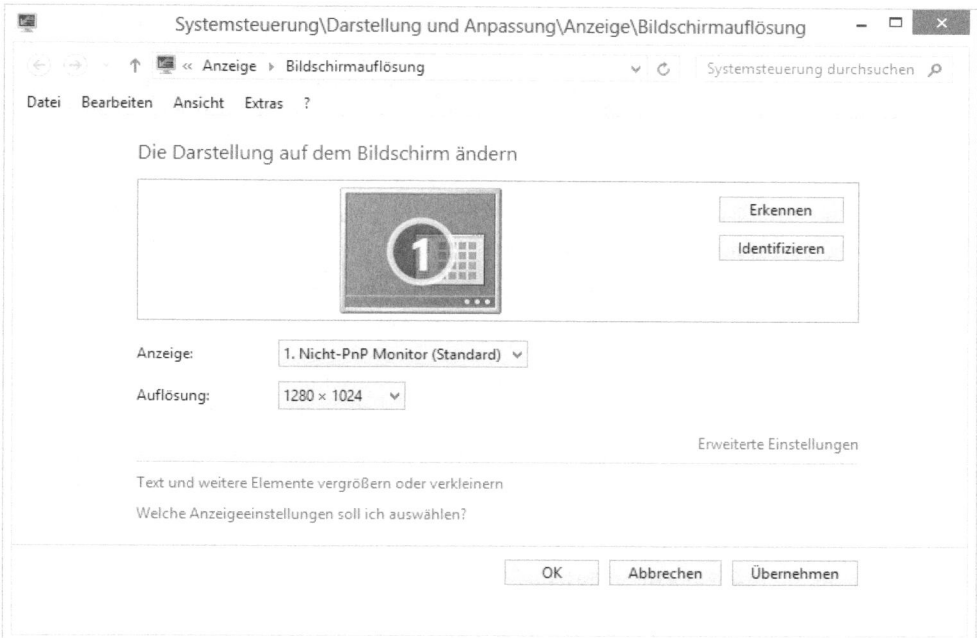

Die Größe eines Punkts ist zudem abhängig vom Ausgabegerät. Dies kann neben dem Bildschirm auch ein Drucker oder ein anderes grafisches Ausgabegerät sein.

Nehmen wir im folgenden Beispiel einen Punkt am Bildschirm: Ein fiktiver 20 Zoll großer Monitor hat eine sichtbare Breite von 15,75 Zoll. Dort können laut Einstellung nebeneinander 1.280 Pixel (1.280 x 1.024) dargestellt werden. Bei einer eingestellten Auflösung von 96 DPI sind also horizontal 13,33 virtuelle Zoll, also 33,86 virtuelle Zentimeter verfügbar (1.280/96). Ein Punkt (0,35 mm) auf diesem Bildschirm ist nun physisch 0,35 mm mal 1,18 (15,75/13,33), also etwa 0,41 mm groß.

Bei der gleichen Anzahl der Pixel in X- bzw. Y-Richtung, der gleichen Auflösung und einem größeren Bildschirm ist demnach ein Punkt größer, bei einem kleineren Monitor entsprechend kleiner.

Fenster

Wie man schon dem Namen (Windows) der Betriebssysteme von Microsoft entnehmen kann, spielen hier Fenster die alles entscheidende Rolle. Die meisten grafischen Objekte, Steuerelemente und auch UserForms sind solche Fenster. Jedes Fenster besitzt eine eindeutige Zugriffsnummer, auch Handle genannt, das dieses Fenster im System identifiziert und zur Laufzeit vergeben wird.

Fensternachrichten

Die Kommunikation zwischen Betriebssystem und den einzelnen Anwendungen spielt sich fast ausschließlich zwischen Betriebssystem und Fenstern ab. Windows ist vom Prinzip her ein ereignisgesteuertes System. Das heißt, Ereignisse wie die Bewegung der Maus lösen Nachrichten aus. Der Empfänger solcher vom Betriebssystem abgesetzter Nachrichten ist erst einmal die *Thread Message Queue*. Das ist ein Programm, welches in jedem Thread (Programmfaden) kontinuierlich läuft und nur solchen Nachrichten lauscht. Dieses Programm wertet die eingehenden Nachrichten aus und sendet sie, zum Teil in modifizierter Form, an die Fenster des eigenen Threads weiter.

Jedem Fenster ist eine Funktion zugeordnet, die sich `WindowProc` nennt und für solche eingehenden Nachrichten zuständig ist. Nachfolgend finden Sie den Funktionskopf dieser Funktion:

```
Public Function WindowProc(ByVal hwnd As Long, _
                           ByVal wMsg As Long, _
                           ByVal wParam As Long, _
                           ByVal lParam As Long) As Long
```

Die empfangenen Nachrichten werden darin ausgewertet und verschiedene Aktionen, wie beispielsweise das Neuzeichnen eines vorher überdeckten Bereichs, automatisch durchgeführt.

Aber auch die Interaktion mit dem laufenden Anwendungsprogramm wird in der `WindowProc` angestoßen, indem zum Beispiel die Ereignisprozedur `Click` einer Schaltfläche ausgelöst wird. Mittels *Subclassing* oder *Hook* ist es sogar möglich, sich in die Nachrichtenübermittlung einzuklinken und die Nachrichten zu empfangen, bevor diese die eigentliche `WindowProc` erreichen.

Da man die eingehenden Nachrichten anschließend selbst an die normalerweise zuständigen Fensterprozeduren weiterleiten muss, kann man bei einem Fehler recht schnell ein Anwendungsprogramm völlig blockieren. Andererseits lassen sich damit sehr schön unliebsame Nachrichten unterdrücken, indem man diese einfach nicht mehr weiter an die `WindowProc` schickt.

Man kann so bestimmte Nachrichten abfangen und durch andere ersetzen. Beispielsweise könnten Sie die Fensternachrichten, die beim Drücken und Loslassen der $\boxed{,}$-Taste gesendet werden, abfangen und durch die Nachrichten ersetzen, die durch die $\boxed{.}$-Taste ausgelöst werden.

Fensterhierarchie

Die Fensterstruktur des Systems ist baumartig aufgebaut, mit dem Desktop als Wurzel, darunter befinden sich die Hauptfenster der einzelnen Anwendungen. Diese Fenster wiederum können Kind-Fenster, also Unterfenster besitzen, welche auch wieder Kind-Fenster besitzen können, die aber alle dem gleichen Prozess des Hauptfensters angehören.

Ein Fenster kann aber nicht nur ein Kind-Fenster besitzen, es sind auf einer Ebene mehrere Fenster möglich, die das gleiche Eltern-Fenster besitzen. Die Fenster auf einer Ebene sind also sozusagen Geschwister.

Fensterklasse (Class)

Analog zu Objekten, die aus Klassen erzeugt werden, werden aus Fensterklassen Fensterobjekte. Die zugrunde liegende Fensterklasse legt grundlegende Eigenschaften der daraus erzeugten Fenster fest.

Mittels der API-Funktion `GetClassName` lässt sich mithilfe des Fensterhandles dessen Klassennamen ermitteln:

```
Private Declare Function GetClassName _
       Lib "user32" Alias "GetClassNameA" ( _
       ByVal hwnd As Long, _
       ByVal lpClassName As String, _
       ByVal nMaxCount As Long) As Long
```

- **Funktionalität** Mit der Funktion `GetClassName` kann man den Klassennamen des Fensters ermitteln. Als Funktionsergebnis liefert diese Funktion die Anzahl der in den Puffer kopierten Zeichen, wenn die Aktion erfolgreich war.

- **hwnd** Der Parameter `hwnd` ist das Handle des Fensters, dessen Klassenname gesucht wird

- **lpClassName** Der Parameter `lpClassName` ist ein Puffer, in den die Funktion den Klassennamen schreibt. Der Puffer muss mindestens so groß sein, wie im Parameter `nMaxCount` angegeben ist.

- **nMaxCount** Der Parameter `nMaxCount` gibt die Größe des Puffers an, in den die Funktion den Klassennamen schreibt. Es muss sichergestellt sein, dass der Puffer mindestens so groß ist wie dieser Wert.

Fenstertitel (Caption)

Die `Caption` oder der Fenstertitel ist eine weitere wichtige Eigenschaft eines Fensters. Dabei handelt es sich um den Text, der in der Titelleiste eines Fensters steht. Bei manchen Fensterklassen, die keine Titelleiste besitzen, wie beispielsweise bei der Klasse `Static` (Kind-Fenster eines Meldungsfeldes) ist das der Text, der im Fenster selbst angezeigt wird.

Mithilfe der API-Funktion `GetWindowText` kann man unter Zuhilfenahme des Fensterhandles diesen Text auslesen:

```
Private Declare Function GetWindowText _
       Lib "user32" Alias "GetWindowTextA" ( _
       ByVal hwnd As Long, _
       ByVal lpString As String, _
       ByVal cch As Long) As Long
```

- **Funktionalität** Mit der Funktion `GetWindowText` lässt sich der Fenstertitel ermitteln, also die `Caption` des Fensters. Als Ergebnis liefert diese Funktion die Anzahl der in den Puffer kopierten Zeichen, wenn die Aktion erfolgreich war.

- **hwnd** Der Parameter `hwnd` ist das Handle des Fensters, dessen Caption gesucht wird

- **lpString** Der Parameter `lpString` ist ein Puffer, in den die Funktion den Fenstertitel schreibt. Der Puffer muss mindestens so groß sein, wie im Parameter `cch` angegeben ist.

- **cch** Der Parameter `nMaxCount` gibt die Größe des Puffers an, in den die Funktion den Fenstertitel schreibt. Es muss sichergestellt sein, dass der Puffer mindestens so groß ist wie dieser Wert.

Fensterstil

Verschiedene Eigenschaften eines Fensters, wie beispielsweise das Vorhandensein von Bildlaufleisten und den Schaltflächen zum Minimieren oder Maximieren, werden durch den Fensterstil festgelegt. Darüber befinden zwei `Long`-Werte, deren gesetzte und nicht gesetzte Bits darüber entscheiden, ob eine bestimmte Eigenschaft vorhanden ist. Das sind zum einen der normale und zum anderen der erweiterte Fensterstil.

Die API-Funktion GetWindowLong kann den normalen und den erweiterten Stil eines Fensters liefern, mit SetWindowLong kann man diesen auch setzen.

Solche Long-Werte, deren einzelne Bits unabhängig voneinander verschiedene Funktionen haben, werden auch *Flagfelder* genannt. Diese treten im Zusammenhang mit API-Funktionen recht häufig auf. Meistens gibt es für jedes einzelne gesetzte Bit eine Konstante, deren Name schon weitgehend den Stil beschreibt.

Nachfolgend sind einige dieser Stilkonstanten aufgeführt, weitere finden Sie im Code des Beispiels »Liste aller vorhandenen Fenster« ab Seite 624.

Listing 22.9   Verschiedene Stilkonstanten

```
' Konstanten normaler Fensterstil
  Private Const GWL_STYLE          As Long = -16

  Private Const WS_MINIMIZE        As Long = &H20000000
  Private Const WS_MAXIMIZE        As Long = &H1000000
  Private Const WS_VSCROLL         As Long = &H200000
  Private Const WS_HSCROLL         As Long = &H100000
  Private Const WS_SYSMENU         As Long = &H80000
  Private Const WS_MINIMIZEBOX     As Long = &H20000
  Private Const WS_MAXIMIZEBOX     As Long = &H10000

' Konstanten erweiterter Fensterstil
  Private Const GWL_EXSTYLE        As Long = (-20)

  Private Const WS_EX_DLGMODALFRAME  As Long = &H1&
  Private Const WS_EX_MDICHILD       As Long = &H40&
  Private Const WS_EX_RIGHTSCROLLBAR As Long = &HO&
  Private Const WS_EX_TOPMOST        As Long = &H8&
```

Um zu überprüfen, ob das entsprechende Bit gesetzt ist, werden das Flagfeld und eine dieser Konstanten mit dem And-Operator verknüpft. Das Ergebnis ist anschließend ein Wert, der nur die gemeinsam gesetzten Bits beider verknüpfter Werte enthält:

```
If (lngStyle And WS_POPUPWINDOW) = WS_POPUPWINDOW Then
```

Benutzen sollte man ausschließlich die vorgegebenen Konstanten. Dies macht den Code lesbarer und auch erheblich wartbarer, als wenn man reine Zahlenwerte zum Überprüfen verwendet.

Zum Setzen eines oder mehrerer Bits wird der Or-Operator benutzt:

```
lngStyle = lngStyle Or WS_POPUPWINDOW
```

Zum Löschen wird die And-Verknüpfung benutzt, die Bits der Konstanten werden vorher aber invertiert (Not):

```
lngStyle = lngStyle And Not WS_POPUPWINDOW
```

Fensterhandle

Auf einem System, bei dem mehrere Programme gleichzeitig laufen, können sehr leicht mehrere hundert Fenster zusammenkommen. Jedes einzelne Fenster besitzt dabei eine eigene Zugriffsnummer, auch *Fensterhandle* (*HWnd*) genannt. Solche Fensterhandles sind letztendlich ein Zeiger und somit ein Long-Wert.

Nahezu alle API-Funktionen, die mit Fenstern zu tun haben, benötigen ein Handle auf ein Fenster. Mit der API-Funktion FindWindow kann man mithilfe des Fenstertitels und/oder des Klassennamens das Handle eines Hauptfenster ermitteln. Nachfolgend sind die Deklaration und Beschreibung dieser wichtigen Funktion aufgeführt:

```
Private Declare Function FindWindow _
        Lib "user32" Alias "FindWindowA" ( _
        ByVal lpClassName As String, _
        ByVal lpWindowName As String) As Long
```

- **Funktionalität**   Die Funktion FindWindow durchsucht alle Hauptfenster, um das Fenster zu finden, welches den Suchkriterien entspricht. Ein Hauptfenster ist ein Kind-Fenster des Desktops. Nur Fenster auf dieser Ebene können mit dieser Funktion gefunden werden. Kind-Fenster der Hauptfenster oder deren Kinder müssen mit anderen Funktionen gesucht werden.

  Als Ergebnis liefert diese Funktion die Zugriffsnummer zurück. Ist das Ergebnis Null, wurde kein entsprechendes Fenster gefunden.

- **lpClassName**   Der Parameter lpClassName ist eine Zeichenkette mit dem Klassennamen des Fensters. Wenn man den Klassennamen nicht kennt, wird ein Null-String übergeben. Dafür verwendet man am besten die Konstante vbNullString.

  Vorsicht: Ein Null-String ist nicht das Gleiche wie eine leere Zeichenkette (""). Wird eine leere Zeichenkette verwendet, sucht diese Funktion ein Fenster mit einer leeren Zeichenkette als Klassennamen, statt diesen Parameter zu ignorieren.

- **lpWindowName**   Der Parameter lpWindowName ist eine Zeichenkette mit dem Text der Titelleiste des Fensters. Wenn man den Fenstertitel nicht kennt, wird ein Null-String übergeben. Dafür verwendet man am besten die Konstante vbNullString. Auch hier gilt der vorherigen Hinweis zu den leeren Zeichenketten.

  Die Angabe des Klassennamens einer UserForm schränkt die Suche nach dem Fensterhandle zwar gewaltig ein, wenn man aber versionsunabhängigen Code schreiben will, sollte man darauf verzichten. Dies liegt daran, dass sich die Klassennamen durchaus verändern können, was z.B. seit Excel 97 bereits einmal der Fall war.

Es gibt aber noch andere Möglichkeiten, an das Handle eines Fenstern zu kommen. Mithilfe der API-Funktion GetWindow kann man die komplette Fensterstruktur eines Systems durchlaufen. Das ist wichtig, da man mit der API-Funktion FindWindow nur auf der Ebene der Hauptfenster *ein* Handle ermitteln kann.

Nachfolgend die Deklaration und Beschreibung der Funktion GetWindow:

```
Private Declare Function GetWindow _
        Lib "user32" ( _
        ByVal hwnd As Long, _
        ByVal wCmd As Long) As Long
```

- **Funktionalität**   Die Funktion `GetWindow` liefert das Handle des Fensters, das eine relative Position zu einem anderen Fenster aufweist. Das kann ein Kind-Fenster, das Eltern-Fenster oder ein anderes Fenster auf der gleichen Ebene, also mit dem gleichen Eltern-Fenster sein. Existiert kein solches gesuchtes Fenster, wird Null zurückgeliefert.

- **hwnd**   Der Parameter `hwnd` enthält die Fensterzugriffsnummer des Fensters, zu dem sich das gesuchte Fenster in einer relativen Position befindet, die mit dem Parameter `wCmd` angegeben wird

- **wCmd**   Der Parameter `wCmd` enthält einen Wert, der angibt, in welcher Position sich das gesuchte Fenster relativ zu dem im Parameter `hwnd` angegebenen Fenster befindet.

Die folgende Anweisung sucht ein Kind-Fenster des im Parameter `hwnd` angegebenen Fensters:

```
Private Const GW_CHILD       As Long = 5
```

Die folgende Anweisung sucht das erste Fenster auf der Ebene des im Parameter `hwnd` angegebenen Fensters:

```
Private Const GW_HWNDFIRST   As Long = 0
```

Die folgende Anweisung sucht das letzte Fenster auf der Ebene des im Parameter `hwnd` angegebenen Fensters:

```
Private Const GW_HWNDLAST    As Long = 1
```

Die folgende Anweisung sucht das nächste Fenster relativ zu dem im Parameter `hwnd` angegebenen Fenster:

```
Private Const GW_HWNDNEXT    As Long = 2
```

Die folgende Anweisung sucht das vorherige Fenster relativ zu dem im Parameter `hwnd` angegebenen Fenster:

```
Private Const GW_HWNDPREV    As Long = 3
```

Die folgende Anweisung sucht den Besitzer des im Parameter `hwnd` angegebenen Fensters:

```
Private Const GW_OWNER       As Long = 4
```

Devicekontext (DC)

Den Zugriff auf die grafische Oberfläche eines Fensters bekommt man über ein weiteres Handle, dem Handle auf den Devicekontext (Device Context, DC). Wenn also auf einem Fenster etwas gezeichnet oder geschrieben werden soll, benötigt man dessen DC.

Dazu leiht man sich mit der API-Funktion `GetDC` den aktuellen DC eines Fensters aus. Es ist wichtig, dass der ausgeliehene DC so schnell wie möglich mit `ReleaseDC` zurückgegeben wird, sonst gibt es

Probleme mit den Funktionen, die normalerweise auf diese Zeichenflächen zugreifen. Nachfolgend die Deklaration und Beschreibung der Funktion GetDC:

```
Private Declare Function GetDC Lib "user32" (ByVal hwnd As Long) As Long
```

- **Funktionalität** Die Funktion GetDC liefert ein Handle auf die grafische Oberfläche eines Fensters. Es wird Null zurückgeliefert, wenn die Aktion fehlgeschlagen ist.

- **hwnd** Der Parameter hwnd muss das Handle auf das Fenster enthalten, dessen DC man sich ausleihen will

Um den ausgeliehenen DC zurückzugeben, wird die API-Funktion ReleaseDC benutzt.

```
Private Declare Function ReleaseDC _
        Lib "user32" (ByVal hwnd As Long, ByVal hdc As Long) As LongW
```

- **Funktionalität** Die Funktion ReleaseDC gibt einen mit GetDC ausgeliehenen DC (Devicekontext) an das Fenster zurück. Als Ergebnis liefert diese Funktion einen Long-Wert zurück, der den Wert 1 hat, wenn die Funktion erfolgreich war. Bei einem Fehlschlag wird 0 (Null) zurückgeliefert.

- **hwnd** Der Parameter hwnd ist die Fensterzugriffsnummer des Fensters, an das der DC zurückgegeben wird

- **hdc** Der Parameter hdc ist der DC, der an das Fensters zurückgegeben werden soll

Mit der API-Funktion CreateCompatibleDC kann eine eigene grafische Oberfläche im Speicher angelegt werden, die zu einem vorhandenen Gerätekontext kompatibel ist. Dort können die gleichen grafischen Operationen durchgeführt werden, wie in dem als Vorlage dienenden Gerätekontext. Der angelegte DC muss aber nach Gebrauch wieder gelöscht werden; dies erledigt die Funktion DeleteDC.

Das Ergebnis kann mit der Funktion BitBlt oder StretchBlt auf einen Rutsch in einen vorhandenen DC kopiert werden. Damit können aufwändige Operationen erst einmal im Speicher durchgeführt werden, der Benutzer am Bildschirm bekommt davon noch überhaupt nichts mit. Dadurch, dass lediglich das Ergebnis in den sichtbaren DC kopiert wird, kann ein unschönes Flimmern verhindert werden.

Dabei kann man sogar in den Ziel-DC das Quellbild verzerren, invertieren, auf den Kopf stellen und mit allen möglichen (und unmöglichen) Operatoren mit dem Zielbild verknüpfen. Nachfolgend eine kurze Beschreibung der am häufigsten verwendeten Funktion StretchBlt:

```
Private Declare Function StretchBlt _
        Lib "gdi32" ( _
        ByVal hdc As Long, _
        ByVal X As Long, ByVal Y As Long, _
        ByVal nWidth As Long, ByVal nHeight As Long, _
        ByVal hSrcDC As Long, _
        ByVal xSrc As Long, ByVal ySrc As Long, _
        ByVal nSrcWidth As Long, ByVal nSrcHeight As Long, _
        ByVal dwRop As Long) As Long
```

- **Funktionalität** Die Funktion StretchBlt kopiert den grafischen Inhalt eines Devicekontextes in einen anderen Devicekontext. Dabei kann jeder beliebige rechteckige Bereich im Quell-DC in einen beliebig großen rechteckigen Bereich des Ziel-DCs kopiert werden. Verzerrungen sind dabei möglich. Als Ergebnis liefert diese Funktion einen Long-Wert zurück, der ungleich Null ist, wenn die Funktion erfolgreich war.

- **hdc** Der Parameter hdc ist ein Handle auf einen Ziel-Devicekontext (Ziel-DC)

- **x** Der Parameter x ist die X-Position der linken oberen Ecke des Bereichs im Ziel-DC

- **y** Der Parameter y ist die Y-Position der linken oberen Ecke des Bereichs im Ziel-DC

- **nWidth** Der Parameter nWidth ist die Breite des Bereichs im Ziel-DC. Ist dieser Wert negativ, wird das Bild horizontal gespiegelt. Das heißt, die einzelnen Bildpunkte werden ausgehend von der angegebenen X-Position nach links eingefügt.

- **nHeight** Der Parameter nHeight ist Höhe des Bereichs im Ziel-DC. Ist dieser Wert negativ, wird das Bild vertikal gespiegelt. Das heißt, die einzelnen Bildpunkte werden ausgehend von der angegebenen Y-Position nach oben eingefügt.

- **hSrcDC** Der Parameter hSrcDC ist ein Handle auf den Quell-DC

- **xSrc** Der Parameter xSrc ist X-Position der linken oberen Ecke des Bereichs im Quell-DC

- **ySrc** Der Parameter ySrc ist Y-Position der linken oberen Ecke des Bereichs im Quell-DC

- **nSrcWidth** Der Parameter nSrcWidth ist Breite des Bereichs im Quell-DC. Ist dieser Wert negativ, wird das Bild horizontal gespiegelt. Das heißt, die einzelnen Bildpunkte werden ausgehend von der angegebenen X-Position von rechts nach links kopiert und in den Zielbereich eingefügt.

- **nSrcHeight** Der Parameter nSrcHeight ist die Höhe des Bereichs im Quell-DC. Ist dieser Wert negativ, wird das Bild vertikal gespiegelt. Das heißt, die einzelnen Bildpunkte werden ausgehend von der angegebenen Y-Position von unten nach oben kopiert und in den Zielbereich eingefügt.

- **dwRop** Der Parameter dwRop gibt an, welche Rasteroperation durchgeführt werden soll. Damit wird festgelegt, wie der Rasterpunkt der Quelle mit dem entsprechenden Rasterpunkt des Zielhintergrunds verknüpft wird. Es gibt weitaus mehr Rasteroperationen als die nachfolgend angeführten. Die meisten ergeben aber in der Praxis nicht viel Sinn, deshalb haben wir nur die am häufigsten eingesetzten aufgelistet:

  - `Private Const SRCPAINT = &HEE0086`

  Das Quellbit wird mit dem logischen Operator Or mit dem Zielbit verknüpft.

  - `Private Const MERGEPAINT = &HBB0226`

  Das Quellbit wird mit dem logischen Operator Or mit dem Zielbit verknüpft. Vorher wird aber das Quellbit invertiert.

  - `Private Const SRCCOPY = &HCC0020`

  Das Zielbit entspricht dem Quellbit. Das ist wohl die häufigste Operation.

  - `Private Const NOTSRCCOPY = &H330008`

  Das Zielbit entspricht dem Quellbit. Vorher wird aber das Quellbit invertiert.

  - `Private Const SRCAND = &H8800C6`

  Das Quellbit wird mit dem logischen Operator And mit dem Zielbit verknüpft.

  - `Private Const SRCERASE = &H440328`

  Das Quellbit wird mit dem logischen Operator And mit dem Zielbit verknüpft. Vorher wird das Zielbit invertiert.

- ■ `Private Const NOTSRCERASE = &H1100A6`

Das Quellbit wird mit dem logischen Operator And mit dem Zielbit verknüpft. Vorher werden das Zielbit und das Quellbit invertiert.

- ■ `Private Const SRCINVERT = &H660046`

Das Quellbit wird mit dem logischen Operator Xor mit dem Zielbit verknüpft.

Regionen

Eine Region ist ein Rechteck, ein Vieleck, eine Ellipse oder eine Kombination aus diesen Formen. Zur Erzeugung von Regionen stehen verschiedene API-Funktionen zur Verfügung, wie CreateRectRgn, CreateRoundRectRgn, CreatePolygonRgn oder CreatePolyPolygonRgn. Nachfolgend sind die Deklarationen von zwei Funktionen aufgeführt, die auch in den Beispielen verwendet werden:

```
Private Declare Function CreateRoundRectRgn _
       Lib "gdi32" ( _
       ByVal X1 As Long, ByVal Y1 As Long, _
       ByVal X2 As Long, ByVal Y2 As Long, _
       ByVal X3 As Long, ByVal Y3 As Long) As Long
```

- ■ **Funktionalität** Mit der Funktion CreateRoundRectRgn kann eine runde oder ovale Region erzeugt werden. Im Prinzip werden dabei nur die Ecken eines Rechtecks gerundet. Als Ergebnis liefert diese Funktion ein Handle auf diese Region zurück.

- ■ **X1, Y1** Die Parameter X1, Y1 geben die linke obere Ecke des Rechtecks an, in welches die Region gezeichnet wird

- ■ **X2, Y2** Die Parameter X2, Y2 geben die rechte untere Ecke des Rechtecks an, in welches die Region gezeichnet wird

- ■ **X3, Y3** Die Parameter X3, Y3 geben die Breite und Höhe der Region an. Wenn X3 so groß ist wie die Breite des Rechtecks, und Y3 so hoch wie die Höhe des Rechtecks, ist die Rundung am größten. Wenn man also ein Quadrat benutzt und setzt die Parameter X3, Y3 auf die Seitenlänge, erhält man eine saubere, kreisförmige Region. Sind die Werte Null, erhält man ein Rechteck in der ursprünglichen Größe.

```
Private Declare Function CreatePolygonRgn _
       Lib "gdi32" Alias "CreatePolygonRgn" ( _
       lpPoint As POINTAPI, _
       ByVal nCount As Long, _
       ByVal nPolyFillMode As Long) As Long
```

- ■ **Funktionalität** Mit der Funktion CreatePolygonRgn lässt sich eine vieleckige Region erzeugen. Als Ergebnis liefert diese Funktion ein Handle auf diese Region zurück.

- ■ **lpPoint** Dieser Parameter ist ein Datenfeld vom Typ POINTAPI. Jedes Element beschreibt einen Eckpunkt des Vielecks.

```
Private Type POINTAPI
   X As Long
   Y As Long
End Type
```

X beschreibt dabei die horizontale, Y die vertikale Position eines Punktes.

- **nCount**   Anzahl der Eckpunkte

- **nPolyFillMode**   Einer von zwei möglichen Werten für den Füllmodus. Im Allgemeinen wird der Wert WINDING benutzt.

```
Private Const ALTERNATE = 1
Private Const WINDING = 2
```

Verschiedene solcher erzeugter Regionen können mit CombineRgn zu einer einzigen Region in einem gemeinsamen Koordinatensystem verknüpft werden, wobei vielfältige Verknüpfungsmöglichkeiten bereitstehen. Beispielsweise können Sie in der Zielregion den gemeinsamen Teil beider Regionen benutzen oder nur den Teil verwenden, der nicht gemeinsam ist. Es lässt sich also quasi ein Bereich aus einem anderen ausstanzen.

Das Wichtigste bei Regionen ist aber, dass es möglich ist, einem Fenster mit der API SetWindowRgn eine solche selbst erzeugte Region zuzuweisen. Anschließend wird das Fenster nur noch in der Form der erzeugten Region dargestellt. So lassen sich damit beispielsweise aus UserForms Löcher ausstanzen, sogar ein Mausklick auf das Loch geht durch die UserForm hindurch auf das darunter liegende Fenster.

Menüs

Die klassischen Menüs, wie etwa das vom Windows-Editor, sind an Hauptfenster gebunden, die direkt dem Desktop untergeordnet sind. Die Menüstruktur ähnelt sehr stark der Struktur von Fenstern und entspricht somit auch einer Baumstruktur. An der Wurzel sitzt das direkt dem Fenster zugeordnete Hauptmenü, welches alle anderen Untermenüs enthält.

Um an das Hauptmenü eines Fensters zu kommen, wird die Funktion GetMenu verwendet. Nachfolgend sind die Deklaration und eine kurze Beschreibung aufgeführt:

```
Private Declare Function GetMenu Lib "user32" (ByVal hwnd As Long) As Long
```

- **Funktionalität**   Die API-Funktion GetMenu liefert das Menühandle eines Fensters. Diese Funktion liefert Null zurück, wenn das Hauptfenster kein Menü enthält. Ist das Fenster ein Kind-Fenster, ist der Rückgabewert undefiniert.

- **hwnd**   Der Parameter hwnd ist ein Fensterhandle, dessen Menühandle zurückgegeben werden soll

Jedes Menü kann einen oder mehrere *Items* (Einträge, in diesem Fall Menüpunkte) enthalten. Die Anzahl dieser Items kann mit der API GetMenuItemCount ermittelt werden. Wenn es sich bei einem Item nicht gerade um einen Trennstrich handelt, kann jeder dieser Menüpunkte ein eigenes Submenü (Untermenü) enthalten, das nach einem Klick darauf geöffnet wird.

Um zu ermitteln, ob ein Menüpunkt ein Untermenü enthält, wird die API-Funktion GetSubMenu verwendet.

```
Private Declare Function GetSubMenu _
        Lib "user32" ( _
        ByVal hMenu As Long, _
        ByVal nPos As Long) As Long
```

- **Funktionalität** Die Funktion `GetSubMenu` liefert das Handle eines Dropdown- oder Unter-menüs bzw. Submenüs, falls der entsprechende Menüpunkt über ein solches verfügt.

  Als Ergebnis liefert diese Funktion das Handle dieses Menüs zurück. Wenn kein Menü vorhan-den ist, wird Null zurückgeliefert.

- **hMenu** Der Parameter `hMenu` ist ein gültiges Menühandle des übergeordneten Menüs

- **nPos** Der Parameter `nPos` gibt die Position des Menüpunktes im übergeordneten Menü an, dessen Dropdown- oder Submenü geliefert werden soll

Die Einträge sprich Items des Hauptmenüs sind die Einträge, die sich direkt unter der Titelleiste befinden, wie beispielsweise *Datei*, *Bearbeiten*, *Format*, *Ansicht* und so weiter. Als Untermenü im Menüeintrag *Datei* mit einem eigenen Menühandle fungieren beispielsweise die Menübefehle *Neu*, *Öffnen*, *Speichern*, *Speichern unter*, *Seite einrichten*, *Drucken* und *Beenden*.

Abbildg. 22.9 Das Menü des Windows-Editors

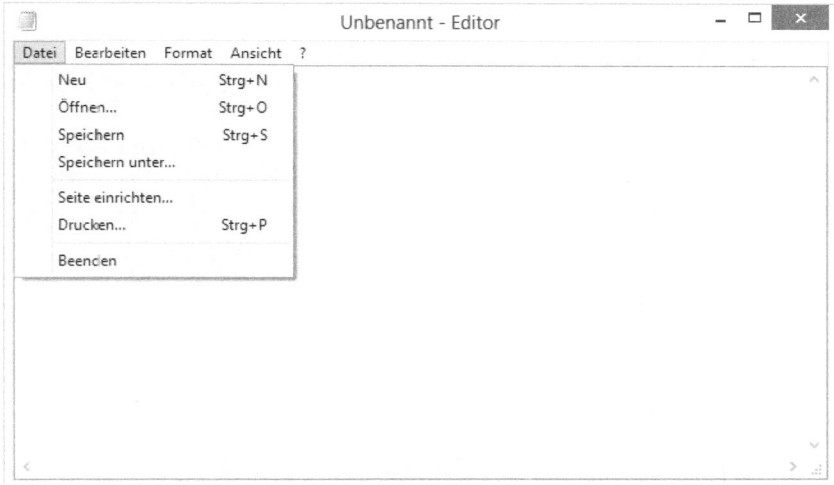

Jeder Menüpunkt der gesamten Struktur besitzt eine eigene Identifikationsnummer, die zusammen mit dem Menühandle des Fensters jeden einzelnen Punkt eindeutig kennzeichnet.

Mit `GetMenuItemID` kann diese ID-Nummer ermittelt werden. Dazu werden das Menühandle des übergeordneten Menüs und die Nummer des Eintrags benötigt. Die Anzahl der Einträge können zuvor mit der API-Funktion `GetMenuItemCount` abfragt werden.

Mit dieser ID und dem Menühandle des Fensters besteht anschließend die Möglichkeit, die Menü-punkte zu manipulieren. Diese können angeklickt, gesperrt, entsperrt oder mit einem Symbol ver-sehen werden und vieles andere mehr.

Mit `ModifyMenu` kann ein Menüpunkt manipuliert werden, mit `EnableMenuItem` lässt er sich deakti-vieren oder wieder aktivieren. Der aktuelle Status wird mit `GetMenuState` abgefragt und `CheckMenuItem` ist für das Häkchen an einem Menüpunkt zuständig.

Der Text eines Menüpunkts kann mit der API-Funktion `GetMenuString` abgefragt werden. Eine Besonderheit an dem zurückgelieferten Text ist das kaufmännische Und (&). Dieses Zeichen wird im Menütext nicht dargestellt, kennzeichnet aber das darauf folgende Zeichen als das Zeichen, welches zusammen mit der ⌐Alt¬-Taste diesen Menüpunkt auslöst. Dieses Zeichen wird im Menütext unterstrichen dargestellt.

Die API-Funktion `CreateMenu` legt ein neues Hauptmenü an, mit `CreatePopupMenu` wird ein Untermenü erstellt und mit `InsertMenuItem` wird dieses zusammen mit einem neuen Menüpunkt hinzugefügt. Mit `DestroyMenu` können Sie ein Menü bzw. Menüeintrag wieder löschen.

Beispiele

Die folgenden Beispiele sollen demonstrieren, was man mit der Windows-API alles anfangen kann. Selbstverständlich lässt sich im eingeschränkten Umfang dieses Buchs nur ein recht kurzer Ausschnitt der Möglichkeiten darstellen, die Ihnen tatsächlich zur Verfügung stehen.

Die Beispiele sind so gewählt, dass zu den meisten in diesem Kapitel angesprochenen Themen jeweils ein Beispiel vorhanden ist. Leider lässt sich aufgrund der übergreifenden Technologien nicht immer klar bestimmen, zu welchem Thema das Beispiel am besten passt.

Im Codeabschnitt der Beispiele ist aus Platzgründen darauf verzichtet worden, die Deklarationsanweisungen der eingesetzten API-Funktionen und die der zugehörigen Konstanten und Datentypen mit abzudrucken.

Selbstverständlich finden Sie innerhalb der Beispieldateien zum Buch den kompletten Code mitsamt den Deklarationsanweisungen, sonst wären die Beispiele auch nicht lauffähig. Bei Bedarf haben Sie also problemlos Zugriff auf die Deklarationsanweisungen.

Liste aller vorhandenen Fenster

Möchte man Fenster manipulieren, benötigt man deren Handle. Mit der Funktion `FindWindow` kann man aber nur Hauptfenster suchen. Wird ein Handle auf ein anderes, untergeordnetes Fenster benötigt, muss man anders vorgehen.

Dieses Beispiel zeigt, wie man den kompletten Fensterbaum eines Systems durchläuft und sich dabei Informationen über den Fenstertext, den Klassennamen, die Größe und Position, die Prozess- und Thread-ID und den Namen der zugehörigen Anwendung verschafft. Außerdem werden noch ein paar Informationen über die aktuell gesetzten Fensterstile geliefert.

Ausgegeben wird das Ergebnis in einem `TreeView`-Steuerelement, welches sich auf einer UserForm befindet. Nach einem Klick auf die Schaltfläche mit der Beschriftung *Fensterliste aktualisieren* werden die Informationen aller aktuell vorhandenen Fenster ausgelesen.

HINWEIS In dem Beispielcode zu diesem Abschnitt wird das `TreeView`-Steuerelement durch die Anweisung `Me.Controls.Add("MSComCtlLib.TreeCtrl.2")` zur Laufzeit erzeugt.

Falls Sie ein solches Steuerelement im Entwurfsmodus hinzufügen möchten, suchen Sie im Dialogfeld *Weitere Steuerelemente* der Werkzeugsammlung den Eintrag *Microsoft TreeView Control 6.0* heraus und aktivieren das Kontrollkästchen. Das Steuerelement taucht nur in der Liste auf wenn die Bibliothek korrekt im Ihrem System registriert ist.

Sobald Sie Ihrer UserForm ein TreeView hinzufügen, wird auch automatisch ein Verweis auf die Bibliothek *MSCOMCTL.ocx* gesetzt, die sich im Windows-Systemverzeichnis befindet. Anschließend stehen Ihnen IntelliSense sowie die Bibliothek im Objektkatalog zur Verfügung. Beachten Sie jedoch, dass die Online-Hilfe keine Unterstützung zu dem Steuerelement bietet.

Für jedes Fenster wird ein eigener Knoten mit der zugehörigen ausführbaren Datei als Beschriftung angelegt. Die zugehörigen Informationen des Fensters werden als untergeordnete Knoten dargestellt und enthalten als Text die eigentlichen Informationen.

Enthält ein Fenster untergeordnete Fenster, werden diese als untergeordnete Knoten des entsprechenden Fensterknotens angelegt. Es entsteht also eine Art Baumstruktur, welche die baumartige Fensterstruktur abbildet.

Abbildg. 22.10 Fensterliste

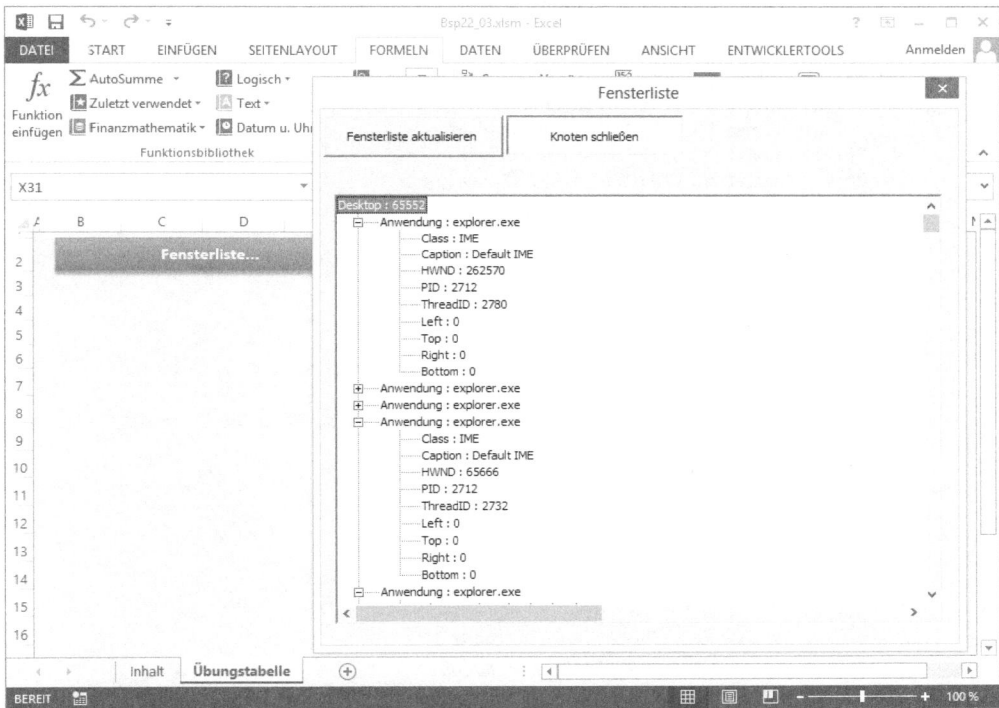

Um die Auflistung der Fensterinfos zu starten, klicken Sie auf die Schaltfläche *Fensterliste* in der Übungstabelle. Beachten Sie, dass das TreeView-Steuerelement nicht in einer 64-Bit-Version von Excel verwendet werden kann, weshalb eine entsprechende Abfrage und ggf. eine Benachrichtigung erfolgt.

ONLINE   Sie finden die Arbeitsmappe zu diesem Abschnitt im Ordner *\Buch\Kap22* in der Datei *Bsp22_03.xlsm*.

Nachfolgend der Code der UserForm aufgeführt.

```
Option Explicit
' ...............................................................
' Konstanten
' ...............................................................
' Konstanten für den Abruf der Fenster
  Private Const GW_CHILD = 5
  Private Const GW_HWNDNEXT = 2
  Private Const GW_HWNDFIRST = 0
' Konstanten für den Fensterstil
  Private Const GWL_STYLE = -16
  Private Const WS_OVERLAPPED = &H0&
  Private Const WS_POPUP = &H80000000
  Private Const WS_CHILD = &H40000000
  Private Const WS_MINIMIZE = &H20000000
  Private Const WS_VISIBLE = &H10000000
  Private Const WS_MAXIMIZE = &H1000000
  Private Const WS_CAPTION = &HC00000
  Private Const WS_BORDER = &H800000
  Private Const WS_DLGFRAME = &H400000
  Private Const WS_VSCROLL = &H200000
  Private Const WS_HSCROLL = &H100000
  Private Const WS_SYSMENU = &H80000
  Private Const WS_THICKFRAME = &H40000
  Private Const WS_MINIMIZEBOX = &H20000
  Private Const WS_MAXIMIZEBOX = &H10000
  Private Const WS_POPUPWINDOW = (WS_POPUP Or WS_BORDER Or WS_SYSMENU)
' ...
' Konstanten erweiterter Fensterstil
  Private Const GWL_EXSTYLE = (-20)
  Private Const WS_EX_APPWINDOW = &H40000
  Private Const WS_EX_CONTROL = &H10000
  Private Const WS_EX_DLGMODALFRAME = &H1&
  Private Const WS_EX_LEFTSCROLLBAR = &H4000&
  Private Const WS_EX_MDICHILD = &H40&
  Private Const WS_EX_TOOLWINDOW = &H80&
  Private Const WS_EX_TRANSPARENT = &H20&
' ...
' Sonstige Konstanten
  Private Const MAX_PATH = 260
  Private Const TH32CS_SNAPPROCESS As Long = 2
' ...............................................................
' Typen
' ...............................................................
  Private Type PROCESSENTRY32
    dwSize As Long
    cntUsage As Long
    th32ProcessID As Long
    th32DefaultHeapID As Long
    th32ModuleID As Long
    cntThreads As Long
    th32ParentProcessID  As Long
    pcPriClassBase As Long
    dwFlags As Long
    szExeFile As String * MAX_PATH
  End Type
```

Listing 22.10 Fensterliste *(Fortsetzung)*

```vba
Private Type RECT
  Left As Long
  Top As Long
  Right As Long
  Bottom As Long
End Type
' ........................................................................
' API
' ........................................................................
' …
' …
' ........................................................................
' Variablen
' ........................................................................
Private mobjTreeView As Object
' ........................................................................
' Ereignisse
' ........................................................................
Private Sub cmd_Update_Click()
  On Error Resume Next

'   Vorhandenes Steuerelement entfernen
    If Not mobjTreeView Is Nothing Then
      Me.Controls.Remove mobjTreeView.Name
    End If
'   Treeview in Form einfügen
    Set mobjTreeView = Me.Controls.Add("MSComCtlLib.TreeCtrl.2")
'   Prüfen
    If Not mobjTreeView Is Nothing Then
      tglExpand.Locked = False
      mobjTreeView.Name = "Tree"
      mobjTreeView.Left = 10
      mobjTreeView.Top = 60
      mobjTreeView.Width = Me.Width – 25
      mobjTreeView.Height = Me.Height – 95
'     WindowInfo abrufen
      WindowInfo
    Else
      MsgBox Err.Description
    End If
End Sub

Private Sub tglExpand_Click()
  If Not mobjTreeView Is Nothing Then
'   Knoten
    ExpandedNodes tglExpand.Value
'   Beschriftung
    If tglExpand Then
      tglExpand.Caption = "Knoten schließen"
    Else
      tglExpand.Caption = "Knoten expandieren"
    End If
  End If
End Sub
```

Listing 22.10   Fensterliste *(Fortsetzung)*

```
' ........................................................................
' Eigene Funktionen
' ........................................................................
  Private Sub ExpandedNodes(blnExpanded As Boolean, _
                            Optional objParent As Object)
    Dim objNode As Object

    If objNode Is Nothing Then
      For Each objNode In mobjTreeView.Nodes
        objNode.Expanded = blnExpanded
      Next
    Else
      For Each objNode In objParent.ChildNodes
        objNode.Expanded = blnExpanded
        ExpandedNodes blnExpanded, objNode
      Next
    End If
  End Sub


  Private Function GetExeFromWindow(lngWindow As Long, _
                                    lngPID As Long, _
                                    lngThreadID As Long) As String
    Dim lngSnapshot      As Long
    Dim udtProzessInfo   As PROCESSENTRY32
    Dim lngRet           As Long

'    Initialisierung
    lngPID = -1
'    PID und ThreadID vom Fenster ermitteln
    lngThreadID = GetWindowThreadProcessId(lngWindow, lngPID)
'    Schnappschuss aller momentan laufenden Prozesse erzeugen
    lngSnapshot = CreateToolhelp32Snapshot(TH32CS_SNAPPROCESS, O&)
    With udtProzessInfo
'      Länge der Struktur
      .dwSize = Len(udtProzessInfo)
'      Infos über ersten Prozess holen
      lngRet = Process32First(lngSnapshot, udtProzessInfo)
      Do While lngRet
'        Alle Prozesse durchlaufen
        If .th32ProcessID = lngPID Then
'          Der richtige Prozess ist gefunden, also exe-Datei extrahieren
'          und Schleife verlassen
          GetExeFromWindow = StringVonAsciiZ(.szExeFile)
          Exit Do
        End If
'        Infos über nächsten Prozess
        lngRet = Process32Next(lngSnapshot, udtProzessInfo)
      Loop
    End With
    CloseHandle lngSnapshot
  End Function
```

Listing 22.10   Fensterliste *(Fortsetzung)*

```vb
  Private Function StringVonAsciiZ(ASCIIZ As String)
    If InStr(1, ASCIIZ, Chr(0)) > 0 Then
      StringVonAsciiZ = Left$(ASCIIZ, InStr(1, ASCIIZ, Chr(0)) - 1)
    Else
      StringVonAsciiZ = ASCIIZ
    End If
  End Function

  Public Sub WindowInfo(Optional ByVal lngAct As Long, _
                        Optional objParent As Object)
    Dim lngChild      As Long
    Dim strCaption    As String
    Dim strExe        As String
    Dim strClass      As String
    Dim udtRect       As RECT
    Dim lngLen        As Long
    Dim lngStyle      As Long
    Dim lngPID        As Long
    Dim lngThreadID   As Long
    Dim objChild      As Object

    If lngAct = 0 Then
'     Ein Top-Level-Fenster unter dem Desktop finden
      lngAct = FindWindow(vbNullString, vbNullString)
'     Sourceknoten anlegen
      Set objParent = mobjTreeView.Nodes.Add(, 0, , "Desktop : " & GetDesktopWindow())
'     Aufklappen
      objParent.Expanded = True
    End If
    lngAct = GetWindow(lngAct, GW_HWNDFIRST)
    Do While lngAct <> 0
      With mobjTreeView
'       Klassenname des Fensters ermitteln
        strClass = String(255, 0)
        lngLen = GetClassName(lngAct, strClass, Len(strClass))
        strClass = Left(strClass, lngLen)
'       Fensterüberschrift ermitteln
        strCaption = String(255, 0)
        lngLen = GetWindowText(lngAct, strCaption, Len(strCaption))
        strCaption = Left(strCaption, lngLen)
'       Die Abmessungen des Fensters ermitteln
        GetWindowRect lngAct, udtRect
'       Ausführbare Datei ermitteln
        strExe = GetExeFromWindow(lngAct, lngPID, lngThreadID)
'       Knoten bzw. Eintrag in das TreeView einfügen
        Set objChild = .Nodes.Add(objParent, 4, , "Anwendung : " & strExe)
'       Aufklappen
        objChild.Expanded = True
'       Knoten bzw. Einträge in das TreeView einfügen
        .Nodes.Add objChild, 4, , "Class : " & strClass
        .Nodes.Add objChild, 4, , "Caption : " & strCaption
        .Nodes.Add objChild, 4, , "HWND : " & lngAct
        .Nodes.Add objChild, 4, , "PID : " & lngPID
        .Nodes.Add objChild, 4, , "ThreadID : " & lngThreadID
        .Nodes.Add objChild, 4, , "Left : " & udtRect.Left
```

Listing 22.10 Fensterliste *(Fortsetzung)*

```
            .Nodes.Add objChild, 4, , "Top : " & udtRect.Top
            .Nodes.Add objChild, 4, , "Right : " & udtRect.Right
            .Nodes.Add objChild, 4, , "Bottom : " & udtRect.Bottom
    '       Aktuellen Fensterstil ermitteln
            lngStyle = GetWindowLong(lngAct, GWL_STYLE)
    '       Knoten bzw. Einträge in das TreeView einfügen
            If (lngStyle And WS_POPUPWINDOW) = WS_POPUPWINDOW Then _
            .Nodes.Add objChild, 4, , "Stil : Popupfenster"
            If (lngStyle And WS_VISIBLE) = WS_VISIBLE Then _
            .Nodes.Add objChild, 4, , "Stil : Sichtbar"
            If (lngStyle And WS_CAPTION) = WS_CAPTION Then _
            .Nodes.Add objChild, 4, , "Stil : Titelleiste"
            If (lngStyle And WS_VSCROLL) = WS_VSCROLL Then _
            .Nodes.Add objChild, 4, , "Stil : V-Scrollbar"
            If (lngStyle And WS_HSCROLL) = WS_HSCROLL Then _
            .Nodes.Add objChild, 4, , "Stil : H-Scrollbar"
            If (lngStyle And WS_SYSMENU) = WS_SYSMENU Then _
            .Nodes.Add objChild, 4, , "Stil : Systemmenü"
            If (lngStyle And WS_MINIMIZEBOX) = WS_MINIMIZEBOX Then _
            .Nodes.Add objChild, 4, , "Stil : Minimierbox"
            If (lngStyle And WS_MAXIMIZEBOX) = WS_MAXIMIZEBOX Then _
            .Nodes.Add objChild, 4, , "Stil : Maximierbox"
    '       Aktuellen erweiterten Fensterstil ermitteln
            lngStyle = GetWindowLong(lngAct, GWL_EXSTYLE)
    '       Knoten bzw. Einträge in das TreeView einfügen
            If (lngStyle And WS_EX_LEFTSCROLLBAR) = WS_EX_LEFTSCROLLBAR Then _
            .Nodes.Add objChild, 4, , "EX-Stil : Scrollbar Links"
            If (lngStyle And WS_EX_TRANSPARENT) = WS_EX_TRANSPARENT Then _
            .Nodes.Add objChild, 4, , "EX-Stil : Transparent "
            If (lngStyle And WS_EX_TOOLWINDOW) = WS_EX_TOOLWINDOW Then _
            .Nodes.Add objChild, 4, , "EX-Stil : Toolwindow"
            If (lngStyle And WS_EX_MDICHILD) = WS_EX_MDICHILD Then _
            .Nodes.Add objChild, 4, , "EX-Stil : MDI Child"
            If (lngStyle And WS_EX_APPWINDOW) = WS_EX_APPWINDOW Then _
            .Nodes.Add objChild, 4, , "EX-Stil : APPWINDOW"
            If (lngStyle And WS_EX_DLGMODALFRAME) = WS_EX_DLGMODALFRAME Then _
            .Nodes.Add objChild, 4, , "EX-Stil : Dialog"
    '       Ein eventuell vorhandenes Kindfenster finden
            lngChild = GetWindow(lngAct, GW_CHILD)
    '       Wenn ein Kindfenster vorhanden ist, die Fensterliste
    '       unterhalb dem aktuellen durchsuchen. Dazu diese
    '       Funktion rekursiv aufrufen.
            If lngChild Then
               WindowInfo lngChild, objChild
            End If
    '       Das nächste Fenster auf dieser Ebene finden
            lngAct = GetWindow(lngAct, GW_HWNDNEXT)
        End With
    Loop
End Sub
```

Prozedur tglExpand_Click

Die Ereignisprozedur tglExpand_Click, welche durch einen Klick auf die Umschaltfläche tglExpand ausgelöst wird, sorgt dafür, dass alle Knoten des TreeView-Steuerelements je nach aktuellem Zustand geöffnet oder geschlossen werden. Dazu wird die Prozedur ExpandedNodes aufgerufen und anschließend die Beschriftung der Umschaltfläche geändert. Sie wird auf *Knoten schließen* gesetzt, wenn die Knoten geöffnet sind, oder auf *Knoten expandieren*, wenn diese geschlossen sind.

Prozedur ExpandedNodes

Die Prozedur ExpandedNodes durchläuft alle Kindknoten des als optionalen Parameter objParent übergebenen Knotens und schließt oder expandiert diese, je nachdem, wie der übergebene Parameter blnExpanded gesetzt ist. Wird der Parameter objParent nicht übergeben, werden die Hauptknoten des TreeView-Steuerelements durchlaufen. Enthält ein Knoten einen Kindknoten, ruft sich die Prozedur noch einmal selbst auf, dieses Mal wird der zweite Parameter objParent mit übergeben, sodass dort die Kindknoten des aktuellen Knotens durchlaufen werden.

Ereignisprozedur cmd_Update_Click

Die Ereignisprozedur cmd_Update_Click, welche durch einen Klick auf die Schaltfläche cmd_Update ausgelöst wird, löscht ein aktuell vorhandenes TreeView-Steuerelement. Anschließend wird mit der Controls.Add-Methode ein neues Steuerelement hinzugefügt und dessen Position und Größe angepasst. Schließlich wird noch die Prozedur WindowInfo aufgerufen, welche das TreeView-Steuerelement mit den Fensterinformationen füllt. Konnte das TreeView-Steuerelement nicht erzeugt werden, erscheint eine Fehlermeldung.

Funktion StringVonAsciiZ

Die Prozedur StringVonAsciiZ übernimmt als Parameter eine Zeichenkette, kürzt diese am ersten Nullzeichen und liefert als Funktionsergebnis die gekürzte Zeichenkette zurück. API-Funktionen liefern nullterminierte Zeichenketten, VBA benötigt aber BSTR-Zeichenketten. Da die Längenangaben bei nullterminierten Zeichenketten nicht mitgeliefert werden, muss man beim ersten Auftreten eines Nullzeichens die Zeichenkette kürzen.

Funktion WindowInfo

Die Prozedur WindowInfo übernimmt als optionalen Parameter ein Fensterhandle (lngAct) und optional einen Knoten (objParent) des TreeView-Steuerelements. Mit dem Parameter lngAct wird das Fensterhandle übergeben, auf und unterhalb dessen Ebene nach weiteren Fenstern gesucht werden soll.

Ist dieser Wert Null, wird als Eltern-Fenster der Desktop angenommen. Mithilfe der API-Funktion FindWindow und den auf vbNullString gesetzten Parametern wird in dem Fall irgendein Top-Level-Fenster gesucht. Gleichzeitig wird im TreeView-Steuerelement unter dem Variablennamen objParent ein erster Knoten angelegt und dabei als Text das Fensterhandle des Desktops verwendet, welches mit der API-Funktion GetDesktopWindow ermittelt wurde. Anschließend liefert die Funktion GetWindow in Verbindung mit der Konstanten GW_HWNDFIRST das erste Fenster auf dieser Ebene.

In einer Do While-Schleife werden nun nacheinander die Informationen aller Fenster dieser Ebene ausgelesen. Die Funktion GetClassName liefert dabei den Klassennamen, die Funktion GetWindowText den Fenstertext.

Die Abmessungen und die Position des Fensters werden mit der API-Funktion GetWindowRect ermittelt. In der von dieser Funktion ausgefüllten Struktur udtRect vom Typ RECT stecken dann die Koordinaten der linken oberen und der rechten unteren Ecke des Fensters in Pixel.

Mit der Unterfunktion GetExeFromWindow wird der Name der ausführbaren Datei und gleichzeitig die *Prozess-* und die *ThreadID* ermittelt. Ist der Name der ausführbaren Datei ermittelt, wird ein Kindknoten des aktuellen Knotens objParent angelegt, als Text wird der Name der ausführbaren Datei verwendet. Dieser Knoten wird in der Objektvariablen objChild gespeichert.

Die Funktion GetWindowLong liefert bei der Übergabe der Konstanten GWL_STYLE oder GWL_EXSTYLE jeweils einen Long-Wert mit Informationen zum Stil des gewünschten Fensters. Jedes gesetzte oder nicht gesetzte Bit hat dabei eine spezielle Bedeutung. Die Konstanten mit dem Präfix WS_EX_ und WS_ liefern die Bitmaske, das heißt, sind diese Bits im zurückgelieferten Wert gesetzt, ist auch der entsprechende Stil vorhanden.

Alle ermittelten Informationen des aktuellen Fensters werden nun als Kindknoten des Knotens objChild im TreeView-Steuerelements gespeichert. Anschließend wird mit GetWindow und dem auf GW_CHILD gesetzten wCmd-Parameter geprüft, ob ein Kind-Fenster des aktuellen Fensters existiert.

Ist das der Fall, ruft sich die Prozedur rekursiv auf. Als Parameter wird das aktuelle Fensterhandle und der Knoten objChild übergeben, der in der aufgerufenen Prozedur anschließend als objParent vorkommt. Alle Fenster auf dieser Ebene werden dort auf die gleiche Weise abgehandelt.

Dient das Fenster nicht als Container für andere Fenster, wird das nächste Fensterhandle dieser Ebene geholt, und es werden erneut die Informationen in der bereits bekannten Schleife ausgelesen und als Knoten gespeichert. Die Schleife wird erst dann verlassen, wenn alle Fenster auf dieser Suchebene durchlaufen wurden und die Funktion GetWindow mit der Konstante GW_HWNDNEXT den Wert Null zurückliefert.

Funktion GetExeFromWindow

In der Funktion GetExeFromWindow wird die zu dem im ersten Parameter übergebenen Fenster gehörende, ausführbare Datei ermittelt. Über die Parameter lngPID und lngThreadID gibt diese Funktion als Nebeneffekt noch die entsprechenden Nummern des aktuellen Prozesses und Threads zurück. Zum Ermitteln der ausführbaren Datei wird eigentlich nur die Prozess-ID benötigt, die API GetWindowThreadProcessId liefert aber ohne großen Mehraufwand auch die Thread-ID des Fensters.

Mit der Funktion CreateToolhelp32Snapshot wird eine Momentaufnahme aller zu diesem Zeitpunkt laufenden Prozesse erstellt und ein Handle auf diesen Schnappschuss zurückgeliefert. Die API-Funktion Process32First liefert dann den ersten Prozess dieser Prozessliste. Mit der API-Funktion Process32Next kommt man anschließend an den nächsten Prozess in der Liste.

Die gesamte Liste wird nun in einer Schleife durchlaufen und die Prozess-ID des Fensters mit der in der PROCESSENTRY32-Struktur enthaltenen Prozess-ID des gerade aktuell ausgelesenen Prozesses der Liste verglichen. Bei einer Übereinstimmung wird dann aus dem szExeFile-Element der PROCESSENTRY32-Struktur der Name der ausführbaren Datei extrahiert. Dieser Name wird anschließend durch die Funktion StringVonAsciiZ beim ersten Auftreten eines Nullzeichens gekürzt.

UserForms und Regionen

Mithilfe von Regionen lassen sich UserForms in nahezu beliebigen Formen herstellen. Der Fantasie sind dabei keinerlei Grenzen gesetzt, man muss sich lediglich aus ein paar Grundformen die gewünschte Zielform selbst zusammenstellen.

ONLINE Sie finden die Arbeitsmappe zu diesem Abschnitt im Ordner *Buch\Kap22* in der Datei *Bsp22_04.xlsm*.

Das folgende Beispiel erstellt eine dreieckige UserForm, die ein elliptisches Loch in der Mitte enthält. In Abbildung 22.11 ist die UserForm dargestellt.

Abbildg. 22.11 Dreieckige UserForm

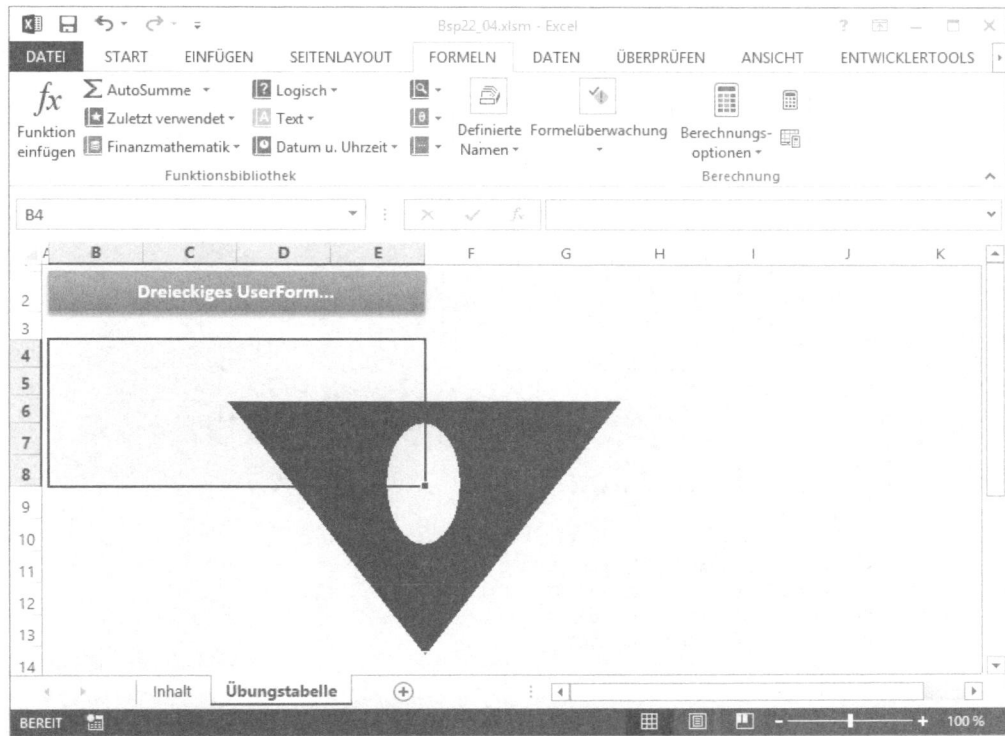

Wird die UserForm *nicht modal* mit `frmRegion.Show False` aufgerufen, wirkt sich ein Klick auf das Loch auf das darunter liegende Fenster aus. Das elliptische Loch ist also nicht nur transparent, es gehört auch nicht mehr zur UserForm. In Listing 22.11 ist der Code zur UserForm aufgeführt.

Listing 22.11 Dreieckige UserForm

```
    Option Explicit
' ..................................................................
' Konstanten
' ..................................................................
    Private Const WINDING = 2
    Private Const WM_NCLBUTTONDOWN = &HA1
    Private Const HTCAPTION = 2
    Private Const RGN_DIFF = 4
' ..................................................................
' Typen
' ..................................................................
    Private Type POINTAPI
      x As Long
      y As Long
    End Type

    Private Type RECT
      Left As Long
      Top As Long
      Right As Long
      Bottom As Long
    End Type
' ..................................................................
' API
' ..................................................................
' ...
' ...
' ..................................................................
' Variablen
' ..................................................................
    Private mlngMyHandle As Long
    Private mlngDest     As Long
    Private mlngRegion1  As Long
    Private mlngRegion2  As Long
' ..................................................................
' Ereignisse
' ..................................................................
    Private Sub UserForm_MouseDown(ByVal Button As Integer, _
                                   ByVal Shift As Integer, _
                                   ByVal x As Single, _
                                   ByVal y As Single)
      If Button = 1 Then
'       Verschieben
        ReleaseCapture
'       Klick auf Titelleiste simulieren
        SendMessage mlngMyHandle, WM_NCLBUTTONDOWN, HTCAPTION, 0
      Else
        Unload Me
      End If
    End Sub
```

Listing 22.11 Dreieckige UserForm *(Fortsetzung)*

```vb
Private Sub UserForm_Activate()
  If mlngMyHandle = 0 Then
    mlngMyHandle = GetWindowhandle
  End If
  If mlngRegion1 = 0 Then
    mlngRegion1 = CreateRegion1
    mlngRegion2 = CreateRegion2
'   Kombinieren, dabei Loch ausstanzen
    CombineRgn mlngRegion1, mlngRegion1, mlngRegion2, RGN_DIFF
'   Fensterregion ändern
    mlngDest = SetWindowRgn(mlngMyHandle, mlngRegion1, True)
  End If
End Sub

Private Sub UserForm_Terminate()
' Aufräumen und Regionen zerstören
  DeleteObject mlngDest
  DeleteObject mlngRegion2
  DeleteObject mlngRegion1
End Sub
' ..............................................................
' Eigene Funktionen
' ..............................................................
Private Function GetWindowhandle()
  Dim strCaption        As String
  Dim strSearchCaption  As String

' Suchstring für Fenster festlegen
  strSearchCaption = "Maninweb"
' Alten Fenstertext speichern
  strCaption = Me.Caption
' Fenstertext ändern
  Me.Caption = strSearchCaption
' Fensterhandle ermitteln
  GetWindowhandle = FindWindow(vbNullString, strSearchCaption)
' Alten Fenstertext zurückschreiben
  Me.Caption = strCaption
End Function

Private Function CreateRegion1() As Long
  Dim udtDimension         As RECT
  Dim audtEckpunkte(0 To 2) As POINTAPI
  Dim lngRegionDreieck     As Long

' Position und Größe der Form in Pixel ermitteln
' Position in Bildschirmkoordinaten
  GetWindowRect mlngMyHandle, udtDimension
  With udtDimension
'   Erster Punkt des Polygons
    audtEckpunkte(0).x = 3: audtEckpunkte(0).y = 30
'   Zweiter Punkt des Polygons
    audtEckpunkte(1).x = .Right - .Left – 3
    audtEckpunkte(1).y = 30
```

```
'    Dritter Punkt  des Polygons
     audtEckpunkte(2).x = (.Right - .Left) / 2
     audtEckpunkte(2).y = .Bottom - .Top
   End With
'    Region erzeugen
   lngRegionDreieck = CreatePolygonRgn(audtEckpunkte(0), 3, WINDING)
'    Region zurückliefern
   CreateRegion1 = lngRegionDreieck
 End Function

 Private Function CreateRegion2() As Long
   Dim udtDimension     As RECT
   Dim lngRegionRound   As Long
   Dim lngMidWidth      As Long
   Dim lngMidHeigth     As Long

'    Position und Größe der Form in Pixel ermitteln
'    Position in Bildschirmkoordinaten
   GetWindowRect mlngMyHandle, udtDimension
   With udtDimension
     lngMidWidth = (.Right - .Left) / 2
     lngMidHeigth = (.Bottom - .Top) / 2
'      Runde Region 1 erstellen
     lngRegionRound = CreateRoundRectRgn( _
     lngMidWidth - 30, lngMidHeigth - 70, _
     lngMidWidth + 30, lngMidHeigth + 30, 60, 100)
   End With
'    Region zurückliefern
   CreateRegion2 = lngRegionRound
 End Function
```

Ereignis UserForm_Activate

Im Aktivierungsereignis wird zuerst überprüft, ob das Fensterhandle der UserForm bereits ermittelt wurde. Ist die Variable mlngMyHandle noch Null, wird die Funktion GetWincowHandle aufgerufen, um die modulweit gültige Variable mlngMyHandle mit dem Fensterhandle zu füllen.

Falls die UserForm noch nicht verändert wurde, ist die Variable mlngRegion1 Null. Ist das der Fall, werden mit den Funktionen CreateRegion1 und CreateRegion2 eine dreieckige und eine elliptische Region erzeugt, die mit der API-Funktion CombineRgn miteinander kombiniert werden.

Als letzter Parameter der API-Funktion CombineRgn wird die Konstante RND_DIFF verwendet, das heißt, nur die nicht gemeinsamen Teile beider Regionen werden in die Zielregion mlngRegion1 übernommen, die elliptische wird dabei quasi aus der dreieckigen Region ausgestanzt.

Mit SetWindowRegion wird anschließend die aktuelle Region der UserForm geändert, sodass die UserForm in der Form der neu angelegten Region angezeigt wird.

Funktion GetWindowHandle

In dieser Funktion wird der aktuelle Caption-Fenstertext der UserForm zwischengespeichert und anschließend so verändert, dass der neue Fenstertext unverwechselbar ist. Mit der API-Funktion FindWindow wird nach einem Fenster mit dem entsprechenden Fenstertext gesucht. Als Klassenname wird dabei vbNullString verwendet, damit dieser Parameter bei der Suche ignoriert wird. Wurde das Handle ermittelt, wird der Fenstertext auf den ursprünglichen Wert zurückgesetzt.

Funktion CreateRegion1

Mit der API-Funktion GetWindowRect wird die Struktur RECT ausgefüllt. Sie enthält anschließend die Position der linken oberen und rechten unteren Ecke der UserForm, beschreibt also deren Position und Größe.

Mithilfe dieser Informationen wird ein Datenfeld vom Typ POINTAPI ausgefüllt, das die einzelnen Eckpunkte der zu erstellenden Region enthält. Die drei Punkte des Dreiecks sind so gewählt, dass eine vorhandene Titelleiste und die Randlinie ausgespart werden.

Die Anzahl der Eckpunkte, die Konstante WINDING und das Datenfeld selbst werden an die Funktion CreatePolygonRgn übergeben, welche die Region erzeugt und das Handle darauf zurückgibt.

Funktion CreateRegion2

Wiederum wird mit der API-Funktion GetWindowRect die Position und Größe der UserForm ermittelt. Ausgehend vom Mittelpunkt der Form wird mit der Funktion CreateRoundRectRgn eine elliptische Region erzeugt und das Handle darauf zurückgegeben.

Prozedur UserForm_MouseDown

Da die UserForm keine sichtbare Titelleiste mehr besitzt, die zum Verschieben der Form wichtig ist, muss man eine andere Möglichkeit dafür vorsehen. Bei einem Klick mit der linken Maustaste wird dazu mittels ReleaseCapture die Maus freigegeben und es wird mit SendMessage ein Drücken der linken Maustaste auf die (immer noch unsichtbar vorhandene) Titelleiste simuliert. Ein Klick mit einer anderen wie beispielsweise der rechten Maustaste entlädt die UserForm.

Prozedur UserForm_Terminate

Mittels der API DeleteObject werden die erzeugten Regionen vor dem Entladen der UserForm wieder zerstört.

UserForms und Fensterstile

UserForms unterliegen standardmäßig gewissen Beschränkungen. Die Symbolschaltflächen zum Minimieren und Maximieren links neben dem Kreuz fehlen beispielsweise. Auch kann man die Größe nicht durch das Ziehen mit der Maus am Rahmen verändern.

ONLINE Sie finden die Arbeitsmappe zu diesem Abschnitt im Ordner *Buch\Kap22* in der Datei *Bsp22_05.xlsm*.

Dennoch sind UserForms echte Fenster, die von Natur aus so etwas können, lediglich die entsprechenden Stilbits (siehe den Abschnitt »Fensterstil« ab Seite 615) sind dabei nicht gesetzt. Dem kann man aber recht leicht abhelfen, indem man den Fensterstil ausliest, das entsprechende Stilbit setzt und den veränderten Stil zurückschreibt.

Im folgenden Beispiel wird gezeigt, wie die Titelleiste und das Systemmenü entfernt, die UserForm mit einer Minimieren- und Maximieren-Schaltfläche ausgestattet und der Rahmen so verändert werden kann, dass eine stufenlose Größenänderung möglich wird.

Abbildg. 22.12 Fensterstil ändern

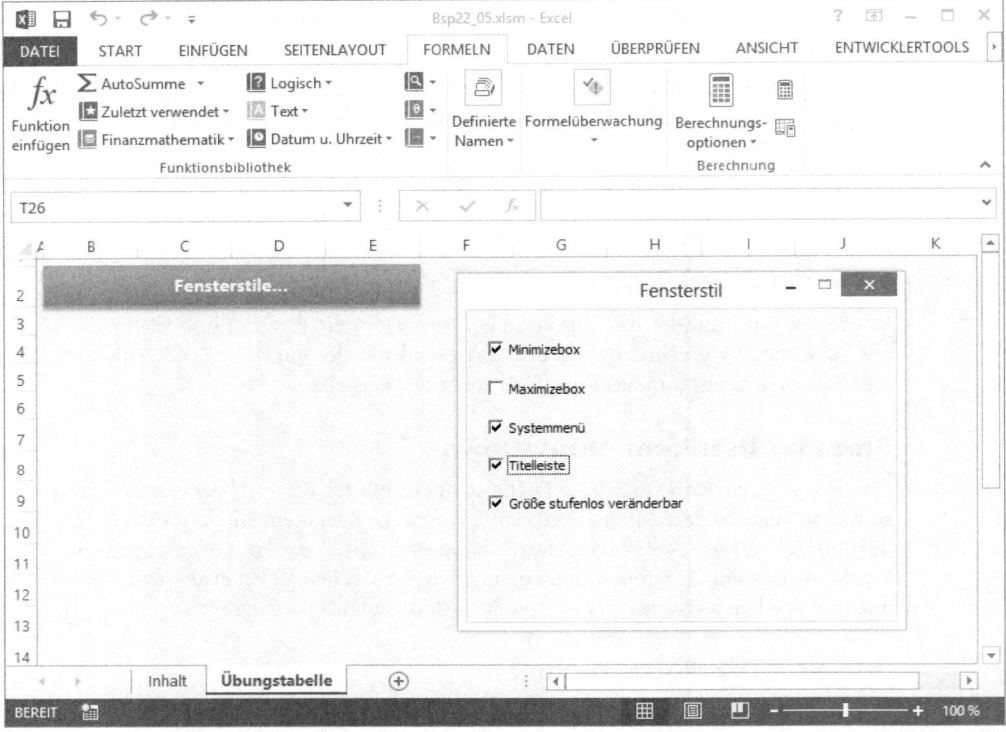

Dazu wird eine UserForm erstellt, auf der sich fünf Kontrollkästchen mit den Namen chkMinimizebox, chkMaximizebox, chkSysmenu, chkTitle, chkResize befinden. Nachfolgend der Code zur UserForm.

Listing 22.12 Fensterstil einer UserForm ändern

```
' .......................................................................
' Konstanten
' .......................................................................
  Private Const WS_MAXIMIZEBOX = &H10000
  Private Const WS_MINIMIZEBOX = &H20000
  Private Const WS_SYSMENU = &H80000
  Private Const WS_THICKFRAME = &H40000
  Private Const WS_DLGFRAME = &H400000
  Private Const WS_BORDER = &H800000
  Private Const GWL_STYLE = (-16)
' .......................................................................
' API
' .......................................................................
```

Listing 22.12   Fensterstil einer UserForm ändern *(Fortsetzung)*

```
'  …
'  …
' ..........................................................
' Variablen
' ..........................................................
Private mblnEnableClose As Long
Private mlngMyHandle    As Long
' ..........................................................
' Ereignisse
' ..........................................................
Private Sub chkMaximizebox_Click()
   SetStyle
End Sub

Private Sub chkMinimizebox_Click()
   SetStyle
End Sub

Private Sub chkResize_Click()
   SetStyle
End Sub

Private Sub chkSysmenu_Click()
   SetStyle
End Sub

Private Sub chkTitle_Click()
   SetStyle
End Sub

Private Sub UserForm_Initialize()
'  Fensterhandle ermitteln
   mlngMyHandle = GetWindowhandle()
   StilAnpassen
   mblnEnableClose = True
End Sub

Private Sub UserForm_QueryClose(Cancel As Integer, CloseMode As Integer)
'  Mit Alt+F4 kann die Form trotz ausgeblendetem Systemmenü
'  geschlossen werden. Das wird hiermit verhindert
   Cancel = True
'  Außerdem wird das Entladen verhindert, nur noch
'  verstecken ist möglich
   If mblnEnableClose Then
      Me.Hide
   End If
End Sub
' ..........................................................
' Eigene Funktionen
' ..........................................................
Private Sub SetStyle()
   Dim lngStyle As Long

'  Die Fensterstile ermitteln
   lngStyle = GetWindowLong(mlngMyHandle, GWL_STYLE)
   If chkMaximizebox Then
```

Listing 22.12   Fensterstil einer UserForm ändern *(Fortsetzung)*

```
'      Stilbit WS_MAXIMIZEBOX setzen
       lngStyle = lngStyle Or WS_MAXIMIZEBOX
     Else
'      Stilbit WS_MAXIMIZEBOX löschen
       lngStyle = lngStyle And Not WS_MAXIMIZEBOX
     End If
     If chkMinimizebox Then
'      Stilbit WS_MINIMIZEBOX setzen
       lngStyle = lngStyle Or WS_MINIMIZEBOX
     Else
'      Stilbit WS_MINIMIZEBOX löschen
       lngStyle = lngStyle And Not WS_MINIMIZEBOX
     End If
     If chkSysmenu Then
'      Stilbit WS_SYSMENU setzen
       lngStyle = lngStyle Or WS_SYSMENU
       mblnEnableClose = True
     Else
'      Stilbit WS_SYSMENU löschen
       lngStyle = lngStyle And Not WS_SYSMENU
       mblnEnableClose = False
     End If
     If chkResize Then
'      Stilbit WS_THICKFRAME setzen
       lngStyle = lngStyle Or WS_THICKFRAME
     Else
'      Stilbit WS_THICKFRAME löschen
       lngStyle = lngStyle And Not WS_THICKFRAME
     End If
     If chkTitle Then
'      Stilbit WS_DLGFRAME setzen
       lngStyle = lngStyle Or WS_DLGFRAME
     Else
'      Stilbit WS_DLGFRAME löschen
       lngStyle = lngStyle And Not WS_DLGFRAME
     End If
'    Den geänderten Stil setzen
     SetWindowLong mlngMyHandle, GWL_STYLE, lngStyle
'    Menübar neu zeichnen
     DrawMenuBar mlngMyHandle
   End Sub

   Private Function GetWindowhandle()
     Dim strCaption        As String
     Dim strSearchCaption  As String

'    Suchstring für Fenster festlegen
     strSearchCaption = "Maninweb"
'    Alten Fenstertext speichern
     strCaption = Me.Caption
'    Fenstertext ändern
     Me.Caption = strSearchCaption
'    Fensterhandle ermitteln
     GetWindowhandle = FindWindow(vbNullString, strSearchCaption)
'    Alten Fenstertext zurückschreiben
     Me.Caption = strCaption
   End Function
```

Klickereignisse der Kontrollkästchen (chkMinimizebox, chkMaximizebox, chkSysmenu, chkTitle, chkResize)

In diesen Ereignissen wird lediglich die Prozedur StilAnpassen aufgerufen.

Funktion GetWindowHandle

Diese Funktion entspricht genau derselben Funktion wie im vorherigen Beispiel und ermittelt das Handle zu dem Fenster.

Ereignis UserForm_Initialize

In diesem Ereignis, das beim Initialisieren der UserForm ausgeführt wird, wird die modulweit gültige Variable mlngMyHandle mit dem Fensterhandle der UserForm gefüllt. Anschließend wird die Prozedur StilAnpassen aufgerufen.

Ereignis UserForm_QueryClose

In diesem Ereignis, das vor dem Entladen der UserForm ausgeführt wird, wird das Entladen komplett verhindert, indem der Parameter Cancel auf Wahr (True) gesetzt wird. Ist das Systemmenü der UserForm aktiviert, was durch die Variable mblnEnableClose angezeigt wird, wird statt eines Entladens die UserForm versteckt. Die UserForm wird dann unsichtbar, befindet sich aber noch in einem geladenem Zustand.

Prozedur SetStyle

Diese Prozedur ist das eigentliche Arbeitstier und beinhaltet die tatsächliche Funktionalität. Zu Beginn wird der aktuelle Fensterstil ermittelt. Dazu wird die API-Funktion GetWindowLong eingesetzt, indem ihr als erster Parameter das Fensterhandle übergeben wird. Der zweite Parameter entscheidet darüber, welche Information über ein Fenster zurückgeliefert werden soll.

Da der Fensterstil ermittelt werden soll, wird an dieser Stelle die Konstante GWL_STYLE übergeben. Als Ergebnis bekommt man einen Long-Wert zurückgeliefert, der die Informationen zum Stil des gewünschten Fensters beinhaltet. Jedes gesetzte oder nicht gesetzte Bit der Variablen lngStyle, die den zurückgelieferten Wert enthält, hat dabei eine spezielle Bedeutung.

Nacheinander werden anschließend alle Kontrollkästchen daraufhin geprüft, ob der Haken gesetzt und die Standardeigenschaft Value somit Wahr (True) ist. Ist dies der Fall, wird das entsprechende Stilbit gesetzt, andernfalls gelöscht.

Die Konstanten WS_MAXIMIZEBOX, WS_MINIMIZEBOX, WS_SYSMENU, WS_THICKFRAME und WS_DLGFRAME enthalten ausschließlich das gesetzte Bit des entsprechenden Stils.

Zusammen mit dem Operator Or und der Variablen lngStyle wird das entsprechende Bit gesetzt. Invertiert (Not) und unter Verwendung des Operators And wird das entsprechende Bit der Variablen lngStyle auf Null gesetzt.

Der gewünschte Stil der UserForm, der in der Variablen lngStyle steckt, wird mit der API-Funktion SetWindowLong zurückgeschrieben. Anschließend wird noch die API-Funktion DrawMenuBar aufgerufen, die ein Neuzeichnen der Menüleiste anstößt, in der sich die Symbole zum Minimieren und Maximieren befinden.

UserForm mit Menü

UserForms sind standardmäßig ohne ein benutzerdefiniertes Menü ausgestattet. Das ist schade, denn Menüs sind übersichtlich und die einzelnen Menüpunkte lassen sich sehr schön ausschließlich mit der Tastatur bedienen.

ONLINE Sie finden die Arbeitsmappe zu diesem Abschnitt im Ordner *\Buch\Kap22* in der Datei *Bsp22_06.xlsm*.

Mit ein paar API-Funktionen ist aber nicht sehr schwer, sich selbst ein Menü nach den eigenen Wünschen zu erstellen. Die Gestaltungsmöglichkeiten sind dabei sehr vielfältig, im Rahmen dieses Beispiels kann jedoch nicht näher auf alle Einzelheiten eingegangen werden.

Abbildg. 22.13 UserForm mit eigenem Menü

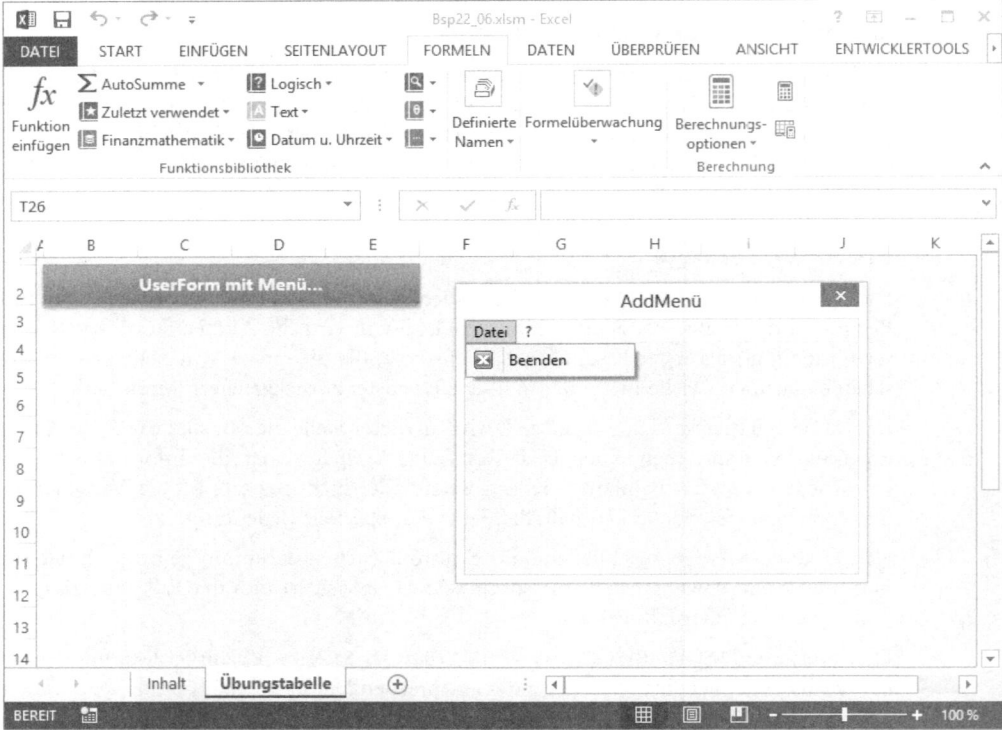

Das Problem ist nicht das Erstellen eines Menüs, problematisch wird erst das Reagieren auf die Auswahl eines Menüpunkts. Dazu müssen die Fensternachrichten abgehört werden, die an die UserForm gehen. Dafür ist ein Funktionszeiger auf eine benutzerdefinierte Funktion notwendig. Zu dieser Funktion werden die Nachrichten, die normalerweise an `WindowProc` gehen, umgeleitet.

Listing 22.13 UserForm mit Menü; Code im Codemodul der UserForm

```
' ..............................................................
' Konstanten
' ..............................................................
  Private Const MF_BITMAP = &H4&
  Private Const MF_CHECKED = &H8&
  Private Const MF_APPEND = &H100&
  Private Const MF_DISABLED = &H2&
  Private Const MF_GRAYED = &H1&
  Private Const MF_SEPARATOR = &H800&
  Private Const MF_STRING = &HO&

  Private Const MIIM_STATE As Long = &H1&
  Private Const MIIM_ID As Long = &H2&
  Private Const MIIM_TYPE = &H10
  Private Const MIIM_SUBMENU = &H4
  Private Const MIIM_CHECKMARKS = &H8

  Private Const GWL_WNDPROC = (-4)

  Private Const LR_LOADFROMFILE = &H10
  Private Const IMAGE_BITMAP = 0
' ..............................................................
' Typen
' ..............................................................
  Private Type MENUITEMINFO
    cbSize        As Long
    fMask         As Long
    fType         As Long
    fState        As Long
    wID           As Long
    hSubMenu      As Long
    hbmpChecked   As Long
    hbmpUnchecked As Long
    dwItemData    As Long
    dwTypeData    As String
    cch           As Long
  End Type
' ..............................................................
' API
' ..............................................................
' …
' …
' ..............................................................
' Variablen
' ..............................................................
  Private mlngUserform   As Long
  Private mlngMenuParent As Long
' ..............................................................
' Ereignisse
' ..............................................................
```

```
Private Sub UserForm_QueryClose(Cancel As Integer, CloseMode As Integer)
  Unload Me
End Sub

Private Sub UserForm_Terminate()
  DestroyMenu mlngMenuParent
  SetWindowLong mlngUserform, GWL_WNDPROC, glngOldProc
End Sub

Private Sub UserForm_Initialize()
  mlngUserform = GetWindowhandle
  MakeMenu
End Sub
' ................................................................
' Eigene Funktionen
' ................................................................
Private Sub MakeMenu()
  Dim udtMnuItem As MENUITEMINFO
  Dim lngSub    As Long
  Dim lngBMP    As Long
  Dim strBMP    As String

'   Menü anlegen
  mlngMenuParent = CreateMenu()
  With udtMnuItem
'     Länge der Struktur
    .cbSize = Len(udtMnuItem)
'     1. Submenü anlegen
    lngSub = CreatePopupMenu()
'     1. Hauptmenü
    .fMask = MIIM_TYPE Or MIIM_ID Or MIIM_SUBMENU
    .fType = MF_STRING        ' Text als Menüpunkt
    .wID = 100&               ' Eindeutige ID
    .hSubMenu = lngSub        ' Angabe des verbundenen Submenüs
    .dwTypeData = "&Datei"    ' Menütext
'     Menüpunkt ins Hauptmenü einfügen
    InsertMenuItem mlngMenuParent, 0&, True, udtMnuItem
'     1. Submenüpunkt, 1. Hauptmenü
    strBMP = Application.GetOpenFilename( _
          "Bitmaps (*.bmp), *.bmp", , _
          "Bitte eine Bitmap auswählen, die für " & _
          "den Menüpunkt 'Beenden' angezeigt wird")
    If Dir$(strBMP) <> "" Then
'       Bitmap laden
      lngBMP = LoadImage(GetModuleHandle(0), _
        strBMP, IMAGE_BITMAP, 0, 0, LR_LOADFROMFILE)
    End If
    .fMask = MIIM_TYPE Or MIIM_ID Or MIIM_STATE Or MIIM_CHECKMARKS
    .fType = MF_STRING        ' Text als Menüpunkt
'    .fState = MF_GRAYED       ' Ausgegraut, hier auskommentiert
    .wID = 120&               ' Eindeutige ID
    .hSubMenu = 0             ' Enthält kein Submenü
    .dwTypeData = "&Beenden"  ' Menütext
    .hbmpChecked = lngBMP
    .hbmpUnchecked = lngBMP
'     Menüpunkt ins 1. Submenü einfügen
```

Listing 22.13   UserForm mit Menü; Code im Codemodul der UserForm *(Fortsetzung)*

```
        InsertMenuItem lngSub, 0&, True, udtMnuItem
'       2. Submenü anlegen
        lngSub = CreatePopupMenu()
'       2. Hauptmenü
        .fMask = MIIM_TYPE Or MIIM_ID Or MIIM_SUBMENU
        .fType = MF_STRING       ' Text als Menüpunkt ( evtl. Bitmap)
        .wID = 200&              ' Eindeutige ID
        .hSubMenu = lngSub       ' Angabe des verbundenen Submenüs
        .dwTypeData = "&?"       ' Menütext
'       Menüpunkt ins Hauptmenü einfügen
        InsertMenuItem mlngMenuParent, 1&, True, udtMnuItem
'       1. Submenüpunkt, 2. Hauptmenü
        .fMask = MIIM_TYPE Or MIIM_ID
        .fType = MF_STRING       ' Text als Menüpunkt ( evtl. Bitmap)
        .wID = 210&              ' Eindeutige ID
        .hSubMenu = 0            ' Enthält kein Submenü
        .dwTypeData = "&Hilfe"   ' Menütext
'       Menüpunkt ins 2. Submenü einfügen
        InsertMenuItem lngSub, 0&, True, udtMnuItem
'       2. Submenüpunkt, 2. Hauptmenü
        .fMask = MIIM_TYPE Or MIIM_ID Or MIIM_CHECKMARKS Or MIIM_STATE
        .fType = MF_STRING       ' Text als Menüpunkt ( evtl. Bitmap)
        .fState = MF_CHECKED     ' Haken gesetzt
        .wID = 220&              ' Eindeutige ID
        .hSubMenu = 0            ' Enthält kein Submenü
        .dwTypeData = "&Über"    ' Menütext
        .hbmpChecked = 0         ' Default Haken
        .hbmpUnchecked = 0       ' Default Leer
'       Menüpunkt ins 2. Submenü einfügen
        InsertMenuItem lngSub, 2&, True, udtMnuItem
    End With
'   Menü mit UserForm verbinden
    SetMenu mlngUserform, mlngMenuParent
    DrawMenuBar mlngUserform
'   WindowProc umleiten
    glngOldProc = SetWindowLong(mlngUserform, GWL_WNDPROC, AddressOf MenueDispatcher)
End Sub

Private Function GetWindowhandle()
    Dim strCaption          As String
    Dim strSearchCaption    As String
'   Suchstring für Fenster festlegen
    strSearchCaption = "Maninweb"
'   Alten Fenstertext speichern
    strCaption = Me.Caption
'   Fenstertext ändern
    Me.Caption = strSearchCaption
'   Fensterhandle ermitteln
    GetWindowhandle = FindWindow(vbNullString, strSearchCaption)
'   Alten Fenstertext zurückschreiben
    Me.Caption = strCaption
End Function
```

Ereignis UserForm_Initialize

Die Ereignisprozedur ermittelt zunächst das Fensterhandle anhand der Funktion GetWindowhandle und ruft anschließend die Prozedur MakeMenu auf, um das Menü zu erstellen.

Ereignis UserForm_Terminate

Die Ereignisprozedur zerstört das erstellte Menü und leitet die Fensterprozedur wieder zur originalen WindowProc zurück.

Ereignis UserForm_QueryClose

Hiermit wird sichergestellt, dass die UserForm entladen und das Terminate-Ereignis ausgeführt wird.

Funktion GetWindowHandle

Die Funktion verhält sich genau wie in den vorherigen Beispielen.

Prozedur MakeMenu

Zu Beginn wird mit der API-Funktion CreateMenu ein neues Menü erzeugt, das aber zu diesem Zeitpunkt noch mit keinem Fenster verbunden ist. Dies ist die Menüleiste selbst und bildet die Wurzel der gesamten Menüstruktur. Danach muss noch die komplette Menüstruktur angelegt werden.

Menüpunkt Datei

Der erste Menüpunkt innerhalb der Menüleiste soll den Text &Datei erhalten. Dieser erscheint als der erste Hauptmenüpunkt und soll untergeordnete Menüpunkte enthalten. So wird zunächst mit CreatePopupMenu das erste Submenü (Untermenü) erzeugt.

Danach muss die Variable udtMnuItem vom benutzerdefinierten Datentyp MENUITEMINFO ausgefüllt werden. Den einzelnen Elementen dieses Datentyps werden die folgenden Werte zugewiesen:

- **fMask**   Als Element fMask werden die Konstanten MIIM_TYPE, MIIM_ID und MIIM_SUBMENU mit dem Or-Operator verknüpft und zugewiesen. Das bedeutet, dass die entsprechenden Bits des Flagfelds gesetzt werden. Das gesetzte Bit der Konstanten MIIM_CHECKMARKS wird nicht benötigt, da an dieser Stelle kein Häkchen vorgesehen ist. Ein Submenü ist vorgesehen, also wird auch MIIM_SUBMENU gesetzt.

- **fType**   Im Flagfeld fType wird das Bit der Konstanten MF_STRING gesetzt, damit der Typ dieses Menüpunkts als Text festgelegt wird. Möglich ist aber auch eine Trennlinie, wenn die Konstante MF_SEPARATOR benutzt wird.

- **wID**   Das Element wID bekommt die eindeutige Nummer 100 zugewiesen, damit der Menübefehl in der umgeleiteten WinProc identifiziert werden kann

- **hSubMenu**   Soll der Menüpunkt ein Submenü erhalten, was hier der Fall ist, bekommt das Element hSubMenu das Handle des zuvor mit CreatePopupMenu erzeugten Menüs zugewiesen

- **dwTypeData**   Der Text des Menüs wird dem Element dwTypeData übergeben. Das kaufmännische Und (&) kennzeichnet den nachfolgenden Buchstaben, der unterstrichen dargestellt werden soll, es wird aber selbst nicht dargestellt.

Mit der API-Funktion InsertMenuItem wird der Menüpunkt mit den gesetzten Eigenschaften erstellt. Das übergeordnete Menü wird dabei im ersten Parameter der API-Funktion angegeben. Da es sich um einen Menüpunkt der Menüleiste handelt, übergibt man dort dessen Handle.

Menüpunkt Datei/Beenden

Für den Menüpunkt mit dem Namen &Beenden, der ein Element des Submenüs vom Hauptmenüpunkt *Datei* sein soll, wird wiederum die Variable udtMnuItem mit den gewünschten Eigenschaften gefüllt. Vorher wird versucht, eine Bitmap mit der API-Funktion LoadImage in den Speicher zu laden. Sie finden hierzu im selben Ordner, in dem sich auf die Beispieldatei befindet, eine entsprechende Bitmap. Falls Sie das Dialogfeld zum Laden der Bilddatei abbrechen, wird der Aufruf der API-Funktion übersprungen.

- **fMask** Als Element fMask werden die Konstanten MIIM_TYPE, MIIM_ID, MIIM_STATE und MIIM_CHECKMARKS mit dem Or-Operator verknüpft und zugewiesen
- **fType** Im Flagfeld fType wird das Bit der Konstanten MF_STRING gesetzt, damit der Typ dieses Menüpunkts als Text festgelegt wird
- **fState** Das Element fState wird nicht gesetzt bzw. ist im Beispielcode auskommentiert
- **wID** Das Element wID bekommt die eindeutige Nummer 120 zugewiesen
- **hSubMenu** Das Element hSubMenu wird auf Null gesetzt, weil dieser Menüpunkt kein Submenü erhalten soll
- **dwTypeData** Der Text des Menüs &Beenden wird dem Element dwTypeData übergeben
- **hbmpChecked** An dieses Element wird das Handle der Bitmap übergeben, welche vor dem Menüpunkt erscheinen soll, wenn der Eintrag ausgewählt ist
- **hbmpUnchecked** An dieses Element wird das Handle der Bitmap übergeben, welche vor dem Menüpunkt erscheint, wenn der Eintrag nicht ausgewählt ist

Mit der API-Funktion InsertMenuItem wird auch dieser Menüpunkt erstellt, als übergeordnetes Menü wird aber das Submenü des ersten Hauptmenüpunkts benutzt. Auf ähnliche Art und Weise wird für die weiteren Menüpunkte verfahren: Initialisierung der Datenstruktur, Einfügen des neuen Menübefehls an gewünschter Position.

Verbinden mit der UserForm

Mit der API-Funktion SetMenu wird am Schluss das angelegte Hauptmenü mlngMenuParent mit der UserForm verbunden. Damit es auch sofort angezeigt wird, benutzt man anschließend die API-Funktion DrawMenuBar, die ein Neuzeichnen des Menüs auf dem Bildschirm veranlasst.

Umleiten der WindowProc

Um auf das Auswählen eines Menüpunkts reagieren zu können, werden die Fensternachrichten zu einer eigenen Prozedur mit dem Namen MenueDispatcher in einem Standardmodul umgeleitet. Dazu wird die API-Funktion SetWindowLong mit dem Parameter GWL_WNDPROC benutzt.

Funktion NewProc

Um die Fensternachrichten abzufangen und auf eine Menüauswahl zu reagieren, muss die ursprüngliche Funktion WindowProc umgangen werden. Dazu werden mit SetWindowLong die Fensternachrichten zu einer eigenen Prozedur umgeleitet. Diese Prozedur muss sich in einem Standardmodul befinden. In der Beispieldatei finden Sie diese Prozedur unter dem Namen MenueDispatcher im Modul basMenue.

WICHTIG Die Funktion MenueDispatcher hat einen festgelegten Funktionskopf, der nicht geändert werden darf.

In Listing 22.14 ist der vollständige Code des Moduls enthalten, inklusive der Prozedur für den Aufruf der UserForm.

Listing 22.14   UserForm mit Menü; Abfangen der Nachrichten vom Menü

```
' ...............................................................
' Konstanten
' ...............................................................
Private Const WM_COMMAND    As Long = &H111
' ...............................................................
' Variablen
' ...............................................................
Public glngOldProc          As Long
' ...............................................................
' API
' ...............................................................
Private Declare Function CallWindowProc _
        Lib "user32" Alias "CallWindowProcA" ( _
        ByVal lpPrevWndFunc As Long, _
        ByVal hwnd As Long, _
        ByVal Msg As Long, _
        ByVal wParam As Long, _
        ByVal lParam As Long) As Long
' ...............................................................
' Public
' ...............................................................
Public Sub Menue()
 #If Win64 Then
  MsgBox "Die 64-Bit-Version von Excel wird nicht unterstützt."
 #Else
  frmMenue.Show
 #End If
End Sub

Public Function MenueDispatcher(ByVal hwnd As Long, _
                                ByVal Msg As Long, _
                                ByVal wParam As Long, _
                                ByVal lParam As Long) As Long
'   Dispatchen
    Select Case Msg
      Case WM_COMMAND
        Select Case lParam
          Case 0
            Select Case wParam
              Case Is = 120
                MsgBox "'Beenden' gewählt"
              Case Is = 210
                MsgBox "'Hilfe' gewählt"
              Case Is = 220
                MsgBox "'Über' gewählt"
            End Select
          Case Else
        End Select
      Case Else
    End Select
'   Übergabe
    MenueDispatcher = CallWindowProc(glngOldProc, hwnd, Msg, wParam, lParam)
End Function
```

Ist der an diese Funktion übergebene Parameter `Msg` gleich der Konstante `WM_COMMAND`, wird überprüft, ob der Parameter `lParam` den Wert Null hat. Ist dies der Fall, wird der Parameter `wParam` auf die Menü-ID hin überprüft.

Dieser Wert entspricht den Werten, die wir zuvor an das Element `wID` des benutzerdefinierten Datentyps `MENUITEMINFO` übergeben hatten. Es versteht sich somit von selbst, dass diese Werte eindeutig sein sollten.

WICHTIG   Die Fensternachrichten müssen auch an die originale Fensterprozedur weitergeleitet werden. Unterlässt man dies, reagiert die UserForm auf nichts mehr. Grund ist, dass die ursprüngliche `WindowProc`-Funktion sich auch um viele weitere Dinge kümmert, wie Mausklicks, Verschieben des Fensters usw.

Zu Weiterleitung der Nachrichten an die ursprüngliche `WindowProc`-Funktion wird die API-Funktion `CallWindowProc` benutzt.

Kapitel 23

Klassenprogrammierung

In diesem Kapitel erfahren Sie, was Klassen sind und lernen deren Vor-, aber auch Nachteile kennen. Mit der Entwicklung von Beispielklassen wird demonstriert, wie Klassen angelegt und eingesetzt werden können. In einem zweiten Abschnitt dieses Kapitels wird aufgezeigt, wie mithilfe von Klassen die Ereignisse von dynamisch hinzugefügten Steuerelementen wie Befehlsschaltflächen oder Textfeldern überwacht werden können.

Klassen implementieren und Objekte instanziieren

Bevor wir jedoch beginnen, möchte ich Sie noch einmal auf das zweite Kapitel verweisen, wo Sie die Grundlagen der prozeduralen und objektorientierten Programmierung kennen gelernt haben. Sie erinnern sich sicherlich an das dortige Beispiel zur Kapselung der benutzerdefinierten Datentypen Person und Film. Abbildung 23.1 zeigt eine schematische Darstellung der beiden Datentypen.

In diesem Abschnitt wird beispielhaft aufgezeigt, wie Sie eine Implementierung der in der Abbildung dargestellten Struktur in Form von Klassen durchführen können.

Abbildg. 23.1 Beispiel aus dem zweiten Kapitel zu den Grundlagen der objektorientierten Programmierung

Der größte Vorteil des Einsatzes von Klassen ist die Fähigkeit der Kapselung von Daten und Code. Klassen bzw. die daraus per Set-Anweisung instanziierten Objekte stellen festgelegte Schnittstellen zur Verfügung. Die Benutzer der Objekte brauchen nicht zu wissen, wie die interne Implementierung aussieht. Durch die Kapselung kann außerdem der übergeordnete Programmablauf übersichtlicher gestaltet und auch viel besser verstanden werden.

Zudem lassen sich Verbesserungen und Fehlerkorrekturen der eingesetzten Objekte sehr leicht bewerkstelligen. Dazu muss lediglich die Klasse – also der Code – selbst angepasst werden. Der Code des Anwenders, der dieses Objekt benutzt, kann dagegen meistens unverändert bleiben.

Auch eine Erweiterung der Klasse mit neuen Eigenschaften und Methoden hat keinen Einfluss auf bestehenden Code, wenn die ursprünglich offengelegten Schnittstellen unverändert bleiben. Unverändert meint in diesem Zusammenhang aber nicht deren interne Implementierung. Lediglich die ursprünglichen Namen, Datentypen, Funktionsköpfe und die Übergabeparameter der bisherigen Eigenschaften und Methoden müssen gleich bleiben.

Nehmen wir an, Sie müssten das obige Beispiel in die Praxis umsetzen. Am einfachsten erscheint sicherlich die Umsetzung für den Datentyp Person: Sie würden die Variablen für den Vornamen, den Nachnamen und das Geburtsdatum definieren. Dann müssten Sie die Schnittstellen festlegen. In diesem Fall erscheint es sinnvoll, die Variablen auch von außen setzen und abfragen zu können. Und Sie könnten eine Möglichkeit zur Verfügung stellen, das Alter der Person zu berechnen und abzurufen.

Anschließend würden sie mit der Filmklasse fortfahren und dort ebenfalls die Variablen definieren und Methoden implementieren, die Ihnen beispielsweise den Namen des Regisseurs verraten oder das Alter des Produzenten zurückgeben. Stünde einmal die Basis, könnten Sie das Filmobjekt erweitern, beispielswiese um eine Liste der Schauspieler, das Erscheinungsdatum oder vielleicht um einzelne Drehorte.

Um Klassen in VBA zu implementieren stellt Ihnen VBA einige spezielle Schlüsselwörter zur Verfügung, die Sie in den folgenden Abschnitten kennenlernen werden.

Zunächst werfen wir jedoch einen Blick in den Objektkatalog. Sie sehen, dass quasi alle Excel-Objekte als Klassen definiert sind. Die Schnittstellen nach außen sind die Eigenschaften und Methoden, die Sie auf der rechten Seite des Fensters sehen.

Abbildg. 23.2   Excel-Objektkatalog

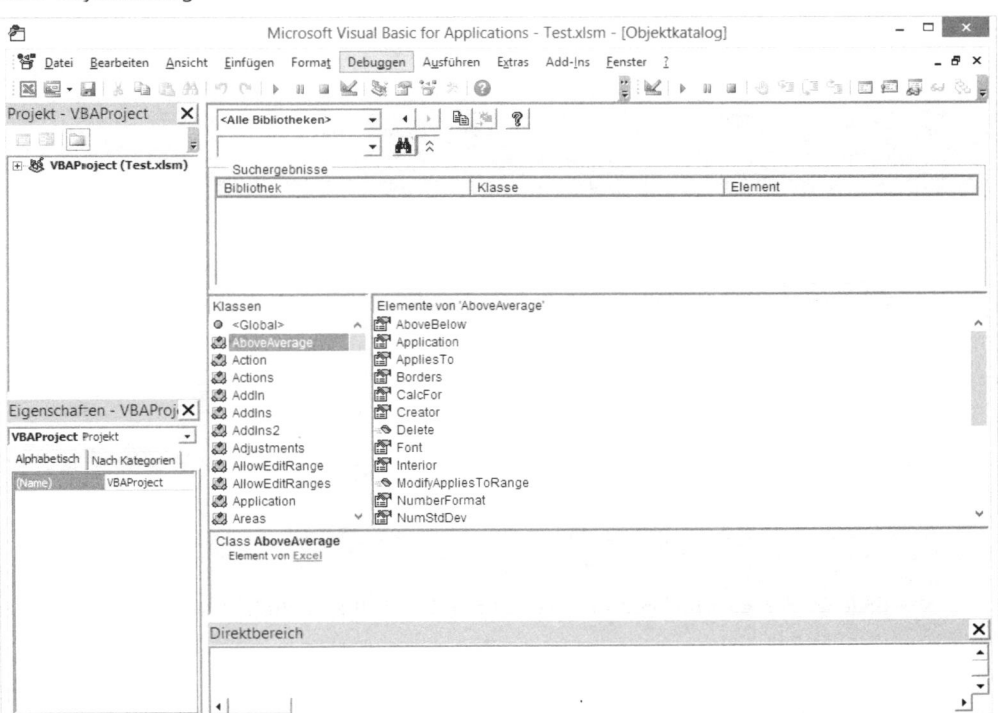

Wenn Sie eine eigene Klasse erstellen, wird diese zusammen mit ihren Eigenschaften und Methoden ebenfalls im Objektkatalog angezeigt. Probieren Sie dies am besten gleich aus: erstellen Sie eine neue Excel-Datei, öffnen Sie den VBA-Editor und legen Sie ein neues Klassenmodul im Projekt an. Klicken Sie beispielsweise dazu das Projekt im Projekt-Explorer mit der rechten Maustaste an und wählen Sie den Befehl *Einfügen/Klassenmodul* aus.

VBA fügt nun ein neues Klassenmodul in Ihr Projekt ein und öffnet auch gleich ein Codefenster, welches sich übrigens nicht von anderen Codefenstern unterscheidet. Vergeben Sie im Eigenschaftenfenster den Namen clsPerson für Ihre Klasse. Erstellen Sie anschließend die öffentliche mstrFirstname-Variable im Codefenster zu der Klasse:

```
Public mstrFirstname As String
```

Wenn Sie nun den Objektkatalog öffnen und in der Bibliotheksauswahl Ihr Projekt auswählen, sehen Sie die von Ihnen erstellte Klasse. Ihre Variable taucht ebenfalls im Objektkatalog als Eigenschaft auf, was Sie an dem Symbol mit der Hand erkennen.

Abbildg. 23.3   Excel-Objektkatalog mit eigener Klasse

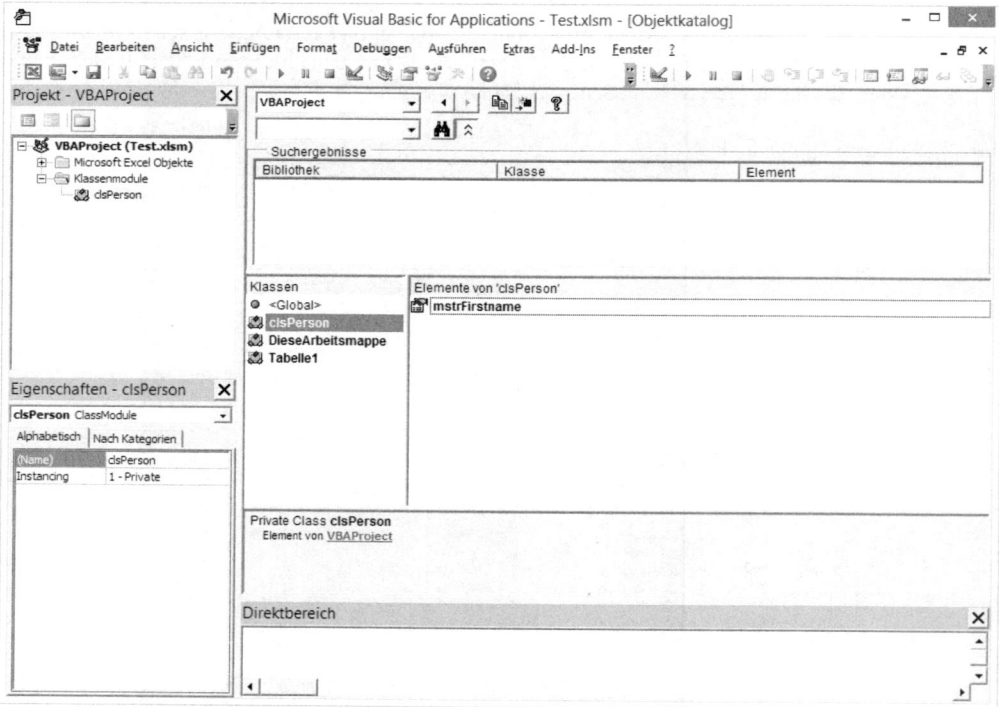

Erstellen Sie anschließend ein Standardmodul in Ihrem Projekt und geben Sie folgenden Code manuell ein:

Listing 23.1   Testprozedur für eine eigene Klasse

```
Sub Test()
  Dim objTest As clsPerson
  Set objTest = New clsPerson
  objTest.mstrFirstname = "Max"
  MsgBox objTest.mstrFirstname
End Sub
```

Während Sie den Code eingeben, steht Ihnen, wie bei den Excel-Objekten, IntelliSense zur Verfügung. Wenn Sie den Code ausführen, wird Ihnen in einem Meldungsfeld »Max« angezeigt.

Eigenschaftsprozeduren verwenden

Um öffentliche Eigenschaften in Ihrer Klasse anzulegen, gibt es verschiedene Möglichkeiten: Den einfachsten Fall haben Sie zuvor ausprobiert, nämlich das Anlegen einer mit `Public` deklarierten Variable im Klassenmodul. Sie erhalten durch die Deklaration Lese- und Schreibrechte auf die Variable und greifen dabei direkt auf diese zu.

Würden Sie die Variable als `Private` deklarieren, tauchte diese zwar im Objektkatalog auf, aber Sie könnten im Code außerhalb der Klasse keine Zuweisung mehr vornehmen. Wenn Sie beispielsweise Ihre Variable `mstrFirstname` umdeklarieren und sich die Testprozedur aus Listing 23.1 in einem Modul befindet, führt das Kompilieren des Projekts zu einer Fehlermeldung.

Eine weitere Methode, um öffentliche Eigenschaften in Ihrer Klasse anzulegen, ist das Verwenden sogenannter Eigenschaftsprozeduren. Dadurch, dass die Prozeduren *vor* der tatsächlichen Zuweisung bzw. dem Abruf der Variablen aufgerufen werden, erhalten Sie die Möglichkeit, in diesen Prozess einzugreifen. Sie könnten beispielsweise vor der Zuweisung den übergebenen Wert auf Gültigkeit prüfen. Oder vor dem Abruf eine Berechnung durchführen. VBA stellt drei Eigenschaftsprozeduren zum Lesen und Schreiben zur Verfügung:

- `Property Get`
- `Property Let`
- `Property Set`

`Property Let` und `Property Set` ermöglichen das Setzen einer Eigenschaft, wobei `Property Set` ausschließlich für die Übergabe von Objekten gedacht ist. `Property Get` dient zum Auslesen einer Eigenschaft.

Lässt man die `Get`-Prozedur weg, kann die Eigenschaft zwar noch gesetzt, aber nicht mehr ausgelesen werden. Beim Weglassen der `Let`- und `Set`-Prozedur kann die Eigenschaft wiederum ausgelesen, aber nicht mehr gesetzt werden. Mit dem Auslassen einer Eigenschaftsprozedur erreichen Sie also auf einfachste Weise einen Schreib- oder Leseschutz.

In Listing 23.2 demonstriert dies der Code anhand der Eigenschaften `Age` zur Berechnung des Alters sowie `Fullname` zur Ausgabe des vollständigen Namens der Person. Das Alter errechnet sich aus dem heutigen Datum und dem Geburtsjahr. Der vollständige Name lässt sich aus den beiden Variablen zum Vornamen und Nachnamen zusammensetzen. In dem Beispiel wurde beiden Eigenschaften zusätzlich noch ein Parameter zur Festlegung des Ausgabeformats spendiert.

Listing 23.2   Eigenschaftsprozeduren *Property Let* und *Property Get* in der Klasse *clsPerson*

```vba
' Interne Variable
Private mstrFirstname As String
Private mstrLastname  As String
Private mdatBirthday  As Date

' Eigenschaftsprozeduren
Public Property Get Age(Optional strFormat As String) As Long
  If Len(strFormat) < 1 Then
    Age = DateDiff("yyyy", CLng(mdatBirthday), CLng(Date), vbMonday)
  Else
    Age = DateDiff(strFormat, CLng(mdatBirthday), CLng(Date), vbMonday)
  End If
End Property

Public Property Get Birthday() As Date
  Birthday = mdatBirthday
End Property

Public Property Get Firstname() As String
  Firstname = mstrFirstname
End Property

Public Property Get Fullname(Optional lngOrder As Long) As String
  Select Case lngOrder
    Case 0
      Fullname = mstrFirstname & " " & mstrLastname
    Case 1
      Fullname = mstrLastname & " " & mstrFirstname
    Case Else
      Fullname = ""
  End Select
End Property

Public Property Get Lastname() As String
  Lastname = mstrLastname
End Property

' Let
Public Property Let Birthday(datBirthday As Date)
  mdatBirthday = datBirthday
End Property

Public Property Let Firstname(strData As String)
  mstrFirstname = strData
End Property

Public Property Let Lastname(strData As String)
  mstrLastname = strData
End Property
```

ONLINE   Sie finden die Arbeitsmappe zu diesem Abschnitt im Ordner \Buch\Kap23 in der Datei *Bsp23_01.xlsm*.

Um die erstellte Klasse zu testen, ist in einem Modul der Beispieldatei eine Testprozedur hinterlegt, die ein Objekt vom Typ clsPerson erzeugt sowie die Eigenschaftsprozeduren aufruft.

Listing 23.3   Testprozedur für die erstellte Klasse

```
Public Sub Test()
    Dim objPerson As clsPerson

'   Objekt erstellen
    Set objPerson = New clsPerson
'   Zuweisen
    objPerson.Birthday = CDate(DateSerial(1975, 12, 1))
    objPerson.Firstname = "Max"
    objPerson.Lastname = "Mustermann"
'   Abrufen
    MsgBox objPerson.Birthday
    MsgBox objPerson.Firstname
    MsgBox objPerson.Lastname
    MsgBox objPerson.Age
    MsgBox objPerson.Fullname
    MsgBox objPerson.Fullname(1)
'   Freigeben
    Set objPerson = Nothing
End Sub
```

Methoden in einer Klasse verwenden

Wie in Standardmodulen auch, lassen sich Methoden – also Prozeduren und Funktionen – in einer Klasse anlegen. Diese können öffentlich oder nur für interne Zwecke bestimmt sein.

Der Code in Listing 23.4 erweitert die Klasse um die Methode Clear zum Löschen der Daten innerhalb der Klasse sowie um die Methode SetBirthday zum Setzen eines Geburtsdatums anhand der Angabe des Jahres, Monats und Tags. Das Listing führt nur die Ergänzungen der Klasse im Verhältnis zum Code des vorherigen Abschnitts auf. Der Code ist selbstverständlich in der Beispielmappe vollständig vorhanden.

Listing 23.4   Erweiterte Klasse *clsPerson*

```
' ...
' Methoden
  Public Sub Clear()
    mdatBirthday = 0
    mstrFirstname = ""
    mstrLastname = ""
  End Sub

  Public Sub SetBirthday(ByVal lngYear As Long, _
                         ByVal lngMonth As Long, _
                         ByVal lngDay As Long)
    mdatBirthday = CDate(DateSerial(lngYear, lngMonth, lngDay))
  End Sub
```

ONLINE   Sie finden die Arbeitsmappe zu Listing 23.4 im Ordner *Buch**Kap23* in der Datei *Bsp23_02.xlsm*.

Interessantes für Fortgeschrittene

Objekte in einer Klasse verwenden

Wenden wir uns nun dem Filmobjekt zu. Wie in Abbildung 23.1 zu Beginn des Kapitels zu sehen ist, sind die zwei Personen »Regisseur« und »Produzent« als Elemente bzw. Variablen des Filmobjekts aufgeführt. Diese zwei Personen sind, um beim objektorientierten Entwurf zu bleiben, vom Typ `clsPerson`.

In Listing 23.5 ist der Code zu der Klasse aufgeführt. Die zwei Variablen `mobjDirector` und `mobjProducer` stehen für den Regisseur und den Produzenten des Films. Zudem wurde eine Variable für den Titel des Films angelegt.

Listing 23.5   Die Klasse *clsFilm*

```
' Interne Variablen
  Private mstrTitle      As String
  Private mobjDirector   As clsPerson
  Private mobjProducer   As clsPerson

' Ereignisse
  Private Sub Class_Initialize()
     Set mobjDirector = New clsPerson
     Set mobjProducer = New clsPerson
  End Sub

  Private Sub Class_Terminate()
     Set mobjDirector = Nothing
     Set mobjProducer = Nothing
  End Sub

' Eigenschaftsprozeduren
  Public Property Get Director() As clsPerson
     Set Director = mobjDirector
  End Property

  Public Property Get Producer() As clsPerson
     Set Producer = mobjProducer
  End Property

  Public Property Get Title() As String
     Title = mstrTitle
  End Property

' Let
  Public Property Let Title(strTitle As String)
     mstrTitle = strTitle
  End Property
```

In dem Klassenmodul sind die beiden Standardereignisse `Class_Initialize` und `Class_Terminate` enthalten. Das erste Ereignis wird automatisch ausgelöst, sobald Sie das Objekt für die Klasse anhand der New-Anweisung erzeugen. Beispiel:

```
Set objDokumentarfilm = New clsFilm
```

Das Ereignis `Class_Initialize` wird jedoch noch *nicht* ausgelöst, wenn Sie nur eine Variable vom Typ der Klasse deklarieren, also beispielsweise durch:

```
Dim objDokumentarfilm As clsFilm
```

Das Ereignis `Class_Terminate` wird immer dann aufgerufen, wenn das für die Klasse erzeugte Objekt freigegeben wird. Beispiel:

```
Set objDokumentarfilm = Nothing
```

Diese beiden Ereignisse ermöglichen es Ihnen somit, beim Erzeugen und Freigeben eines Objekts zu Ihrer Klasse eigenen Code auszuführen. In der Beispielklasse `clsFilm` werden die beiden Objekte für den Regisseur und den Produzenten erzeugt und freigegeben.

ONLINE Sie finden die Arbeitsmappe zu Listing 23.5 und zu Listing 23.6 im Ordner *\Buch\Kap23* in der Datei *Bsp23_03.xlsm*.

Im Modul *basSample* der Beispieldatei finden Sie drei Testprozeduren für das Filmobjekt, welches als modulweite Variable angelegt ist.

Listing 23.6   Testen der Klasse *clsFilm*

```
' Modulweite Variable
Dim mobjMovie As clsFilm

' Erzeugen
Public Sub Create()
   If mobjMovie Is Nothing Then
'      Objekt erstellen
      Set mobjMovie = New clsFilm
'      Eigenschaften
      mobjMovie.Title = "Dokumentarfilm"
'      Regisseur und Produzent anlegen
      mobjMovie.Director.Firstname = "Willy"
      mobjMovie.Director.Lastname = "Wichtig"
      mobjMovie.Producer.Firstname = "Karl"
      mobjMovie.Producer.Lastname = "Klammer"
'      Benachrichtigung
      MsgBox "Neues Filmobjekt erzeugt"
   Else
      MsgBox "Filmobjekt bereits angelegt"
   End If
End Sub

' Abfragen
Sub Query()
   If Not mobjMovie Is Nothing Then
      MsgBox "Titel = " & mobjMovie.Title
      MsgBox "Regisseur = " & mobjMovie.Director.Fullname
      MsgBox "Produzent = " & mobjMovie.Producer.Fullname
   Else
```

Listing 23.6   Testen der Klasse *clsFilm (Fortsetzung)*

```
      MsgBox "Kein Filmobjekt verfügbar"
    End If
  End Sub

' Freigeben
  Sub Destroy()
    Set mobjMovie = Nothing
    MsgBox "Filmobjekt freigegeben"
  End Sub
```

In dem Code ist gut zu sehen, wie sich die Objekthierarchie ähnlich zu den in Excel enthaltenen Objekten gliedert. Die Personen sind Teil des Objekts mobjMovie und werden über die Eigenschaften Director und Producer referenziert, wodurch Sie Zugriff auf deren Eigenschaften erhalten.

Abbildg. 23.4   Ein Filmobjekt erzeugen

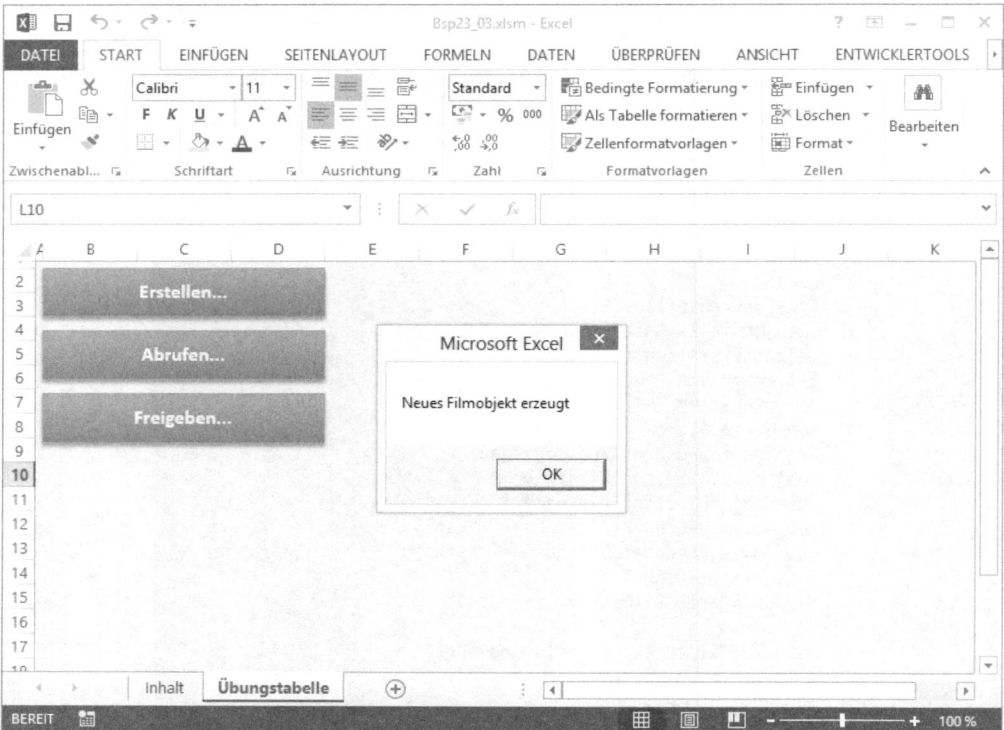

Datenfelder in einer Klasse verwenden

Nehmen wir an, Sie möchten Ihre Filmklasse um eine Liste der Schauspieler erweitern. Eine solche Liste müsste variabel sein, denn pro Film kann es eine unterschiedliche Anzahl an Schauspielern geben. Die Schauspieler jedoch alle als einzelne Variablen anzulegen wäre sicherlich sehr mühsam und recht unflexibel.

Sie könnten ein Datenfeld mit X-Einträgen anlegen, was jedoch die Anzahl letztlich begrenzen würde. Am sinnvollsten erscheint es somit, ein dynamisches Datenfeld anzulegen. Hierbei ergeben jedoch sich einige Schwierigkeiten, die wir nachfolgend an einer Beispielklasse aufzeigen werden.

Nehmen wir an, in Ihrer Klasse `clsArray` ist ein dynamisches Datenfeld deklariert. Über einen Index, den Sie als Argument an die Eigenschaftsprozeduren übergeben, lässt sich der interne Index des Datenfelds ansprechen. Das folgende Listing enthält den Code zu dieser Beispielklasse:

Listing 23.7   Datenfeld innerhalb einer Klasse

```
Private mlngArray() As Long

Private Sub Class_Initialize()
  ReDim mlngArray(0) As Long
End Sub

Private Sub Class_Terminate()
  Erase mlngArray
End Sub

Public Property Get Count() As Long
  Count = UBound(mlngArray) - LBound(mlngArray) + 1
End Property

Public Property Get Item(Index As Long) As Long
  If Index > LBound(mlngArray) - 1 And _
    Index < UBound(mlngArray) + 1 Then
    Item = mlngArray(Index)
  Else
    Item = 0
  End If
End Property

Public Property Let Item(Index As Long, Value As Long)
  If Index > LBound(mlngArray) - 1 Then
    If Index > UBound(mlngArray) Then
      ReDim Preserve mlngArray(Index)
    End If
    mlngArray(Index) = Value
  End If
End Property
```

In den beiden Ereignisprozeduren wird das Datenfeld einmalig dimensioniert bzw. der verwendete Speicher wieder freigegeben. Die Eigenschaftsprozedur `Property Let` prüft, ob bereits ein Datenfeldelement vorhanden ist und, falls nicht, wird das Datenfeld neu dimensioniert.

HINWEIS   Bei der `Property Let`-Prozedur dient das letzte Argument immer der Zuweisung des Werts. Außerhalb der Klasse ergibt sich dadurch eine Zuweisung in der Form:

```
objBeispiel.Eigenschaft([Argumente bis auf das letzte Argument]) = [Letztes Argument]
```

Somit lassen sich Argumente innerhalb der `Property Let` und `Property Set`-Prozeduren beispielsweise als Indizes verwenden, wie Listing 23.7 zeigt. Beachten Sie allerdings, dass bei den Eigenschaftsprozeduren `Property Get` und `Property Let` bzw. `Set` die übergebenen Argumente bis auf das letzte Argument von Property Let übereinstimmen müssen. Würden Sie beispielsweise in Listing 23.7 bei der Eigenschaftsprozedur Property Get das Argument Index weglassen, erhielten Sie einen Kompilierungsfehler.

Die Testprozedur zum Anlegen und Abrufen der Einträge in der Klasse sieht wie folgt aus:

Listing 23.8   Testprozedur zur Klasse *clsArray*

```
Public Sub Test()
  Dim objArray As clsArray

' Erzeugen
  Set objArray = New clsArray
' Zuweisungen
  objArray.Item(1) = 10
  objArray.Item(2) = 20
  objArray.Item(3) = 30
  objArray.Item(4) = 40
  objArray.Item(8) = 80
' Abfragen
  MsgBox "Element 1 = " & objArray.Item(1)
  MsgBox "Element 2 = " & objArray.Item(2)
  MsgBox "Element 3 = " & objArray.Item(3)
  MsgBox "Element 4 = " & objArray.Item(4)
  MsgBox "Element 5 = " & objArray.Item(5)
  MsgBox "Element 6 = " & objArray.Item(6)
  MsgBox "Element 7 = " & objArray.Item(7)
  MsgBox "Element 8 = " & objArray.Item(8)
' Anzahl
  MsgBox "Anzahl inklusive dem Index 0 ist " & objArray.Count
' Freigeben
  Set objArray = Nothing
End Sub
```

ONLINE   Sie finden die Arbeitsmappe zu Listing 23.7 und zu Listing 23.8 im Ordner *\Buch\Kap23* in der Datei *Bsp23_04.xlsm*.

Ein Nachteil dieser Vorgehensweise ist, dass, wenn Sie beispielsweise ein nicht mehr benötigtes Element des Datenfelds löschen möchten, ein recht hoher Implementierungsaufwand entstehen kann. Nehmen wir an, das zweite Feld müsste entfernt werden. Sie müssten alle nachfolgenden Einträge eine Position nach unten kopieren, das letzte Element löschen und die Indizes anpassen.

Ausserdem kann es bei dieser Vorgehensweise recht schnell passieren, dass Sie den Überblick über die Indizes verlieren. Besser wäre es, Sie könnten, wie in den Excel Auflistungsobjekten, sowohl mit einem Index als auch einem textbasierten Schlüssel arbeiten.

Excel stellt das Collection-Objekt zur Verfügung, welches genau dies ermöglicht. Die Elemente eines Collection-Objekts sind nicht an einen einzelnen Datentyp gebunden. Man kann jedem Element der Collection einen anderen Datentyp zuweisen, Objektverweise sind möglich und sogar neue Collection-Objekte können als Element benutzt werden. Jedes Element einer Collection lässt sich direkt über den Index oder über einen eindeutigen Schlüsselnamen ansprechen.

Ohne vorheriges Verschieben lassen sich an jeder Stelle der Collection Elemente mit der Methode Add einfügen oder mit Remove herauslöschen. Das Löschen und Einfügen von Elementen ist aber von der Geschwindigkeit her recht langsam.

Collection-Objekte sind zwar flexibel, die zusätzlichen Informationen schlagen jedoch mit einem höheren Speicherbedarf zu Buche. Außerdem ist das Durchlaufen von Collection-Objekten langsamer als bei einem Array.

Listing 23.9   Klasse *clsFilm* mit einer Auflistung (*Collection*) für die Schauspieler

```
Private mstrTitle      As String
Private mobjDirector   As clsPerson
Private mobjProducer   As clsPerson
Private mobjActors     As Collection

Private Sub Class_Initialize()
   Set mobjDirector = New clsPerson
   Set mobjProducer = New clsPerson
   Set mobjActors = New Collection
End Sub

Private Sub Class_Terminate()
   Set mobjDirector = Nothing
   Set mobjProducer = Nothing
   Set mobjActors = Nothing
End Sub

Public Property Get Actor(vntIndex As Variant) As clsPerson
   Set Actor = mobjActors(vntIndex)
End Property

Public Property Get Actors() As Collection
   Set Actors = mobjActors
End Property

Public Property Get ActorsCount() As Long
   ActorsCount = mobjActors.Count
End Property

Public Property Get Director() As clsPerson
   Set Director = mobjDirector
End Property

Public Property Get Producer() As clsPerson
   Set Producer = mobjProducer
End Property

Public Property Get Title() As String
   Title = mstrTitle
End Property
```

Listing 23.9   Klasse *clsFilm* mit einer Auflistung (*Collection*) für die Schauspieler *(Fortsetzung)*

```
Public Property Let Title(strTitle As String)
  mstrTitle = strTitle
End Property

Public Function Add(ByRef objActor As clsPerson)
  If Exists(objActor.Firstname & objActor.Lastname) Then
    MsgBox "Dieser Eintrag existiert bereits"
  Else
    mobjActors.Add objActor, objActor.Firstname & objActor.Lastname
  End If
End Function

Public Function AddByName(strFirstname As String, strLastname As String)
  Dim objActor As clsPerson
  If Exists(strFirstname & strLastname) Then
    MsgBox "Dieser Eintrag existiert bereits"
  Else
    Set objActor = New clsPerson
    objActor.Firstname = strFirstname
    objActor.Lastname = strLastname
    mobjActors.Add objActor, strFirstname & strLastname
  End If
End Function

Public Function Exists(vntIndex As Variant) As Boolean
  On Error Resume Next
  Exists = Not CBool(mobjActors(vntIndex) Is Nothing)
End Function

Public Sub Remove(vntIndex As Variant)
  mobjActors.Remove vntIndex
End Sub
```

Das Collection-Objekt wird wie die Objekte für Regisseur und Produzent in den Ereignisprozeduren angelegt bzw. freigegeben. Die Übergabe eines Schauspielers kann anhand eines clsPerson-Objekts oder per Übergabe des Vornamens und Nachnamens mit der AddByName-Methode erfolgen. Im letzteren Fall wird das clsPerson-Objekt in der Methode erzeugt und der Collection hinzugefügt. Zum Entfernen eines Elements wird die Remove-Methode der Auflistung (Collection) verwendet.

ONLINE   Sie finden die Arbeitsmappe zu Listing 23.7 und zu Listing 23.8 im Ordner *\Buch\Kap23* in der Datei *Bsp23_05.xlsm*.

Beachten Sie, dass Collection-Objekte einen eindeutigen Schlüssel erwarten. Würden Sie versuchen, einen bereits bestehenden Eintrag VornameNachname zu überschreiben, erhielten Sie einen Laufzeitfehler. Die Methode Exists überprüft die Existenz eines Eintrags.

Abbildg. 23.5   Ergebnis der Existenzprüfung für einen Eintrag in der Auflistung

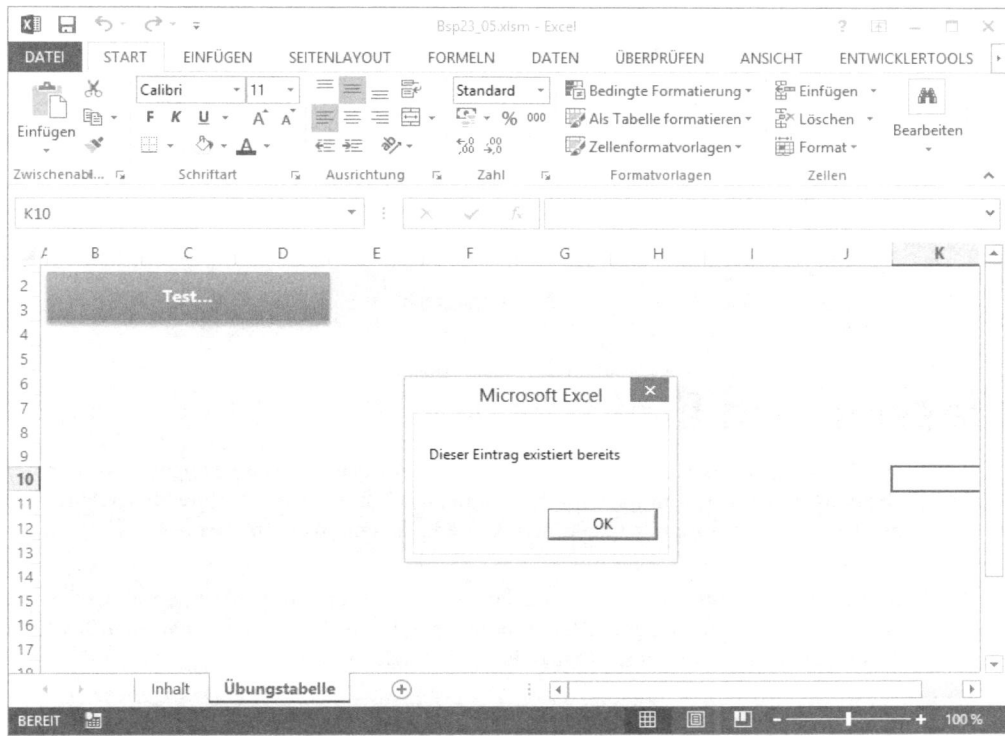

Nachfolgend ist die Testprozedur für die Klasse aufgeführt. Im Code werden insgesamt acht Schauspieler erzeugt und der Auflistung hinzugefügt. Anschließend wird der erste Eintrag anhand des Indizes gelöscht. Testweise erfolgt schließlich das Löschen eines Eintrags mithilfe des Schlüssels.

Listing 23.10   Testprozdur für die Klasse *clsFilm* mit den Schauspielern

```
Public Sub Test()
  Dim objMovie As clsFilm
  Dim lngIndex As Long

'   Objekt erstellen
  Set objMovie = New clsFilm
'   Eigenschaften
  objMovie.Title = "Action-Film"
'   Zwei Schauspieler anlegen
  For lngIndex = 1 To 8
    objMovie.AddByName "Vorname", "Nachname" & "-" & CStr(lngIndex)
  Next
'   Benachrichtigung
  MsgBox objMovie.ActorsCount
'   Erstes Element entfernen, die Einträge rücken nach vorne
  objMovie.Remove 1
```

Listing 23.10   Testprozdur für die Klasse *clsFilm* mit den Schauspielern *(Fortsetzung)*

```
    ' Benachrichtigung
      MsgBox objMovie.ActorsCount
      MsgBox objMovie.Actor(1).Fullname
    ' Schlüsselbasiertes Element entfernen
      objMovie.Remove "VornameNachname-3"
    ' Benachrichtigung
      MsgBox objMovie.ActorsCount
      MsgBox objMovie.Actor(1).Fullname
      MsgBox objMovie.Actor(2).Fullname
      MsgBox objMovie.Actor(3).Fullname
    ' Überschreiben
      objMovie.AddByName "Vorname", "Nachname-8"
   End Sub
```

Klassen und Ereignisse

In VBA können Sie Klassen auch dazu nutzen, um beispielsweise Ereignisse von Steuerelementen abzufangen. Dies kommt insbesondere dann zum Einsatz, wenn Sie die Steuerelemente dynamisch per Code innerhalb eines Containers wie z.B. einem Arbeitsblatt oder einer UserForm erzeugt haben.

In diesem Abschnitt wird zunächst erläutert, wie Sie Ereignisprozeduren anhand von WithEvents anlegen. Anschließend demonstriert Ihnen ein Beispiel, wie Sie dynamisch Textfelder in einer Tabelle anlegen und auf deren Change-Ereignis reagieren.

Ereignisprozeduren mit WithEvents

ActiveX-Objekte wie Textfelder oder Befehlsschaltflächen der Microsoft Forms, die in einen Container eingefügt werden, lösen zur Laufzeit Ereignisse aus. Bei statisch eingefügten Objekten werden die einzelnen Ereignisprozeduren im entsprechenden Codemodul abgelegt. Für eine UserForm ist dies dann das Codemodul der UserForm und für Arbeitsblätter sind dies die entsprechenden Codemodule der Arbeitsblätter.

WithEvents ermöglicht einer Objektvariable auf Ereignisse zu reagieren, die von dem zugewiesenen ActiveX-Objekt ausgelöst wurden. Sie dürfen allerdings die Objektvariable nicht mit dem allgemeinen Typ Object typisieren. Das benutzte ActiveX-Objekt *muss* angegeben werden. Beispiel:

```
Private WithEvents objTextfeld As MSForms.TextBox
```

Reagieren bedeutet in diesem Fall, dass Ereignisse des ActiveX-Objekts eine Prozedur anstoßen können, deren Prozedurname aus dem deklarierten Objektvariablennamen, einem Unterstrich und anschließend dem Ereignis selbst besteht. Diese Schreibweise entspricht der in Excel gängigen Benennung von Ereignissen, wie z.B. Worksheet_Change für ein Arbeitsblatt oder cmdClose_Click für ein Steuerelement auf einer UserForm.

Das Objekt muss natürlich ein solches Ereignis auch besitzen. Das Change-Ereignis der Objektvariablen objTextfeld für ein Textfeld würde somit folgendermaßen aussehen:

```
Private Sub objTextfeld_Change()
'   …
'   …
End Sub
```

Bei einigen Ereignissen, wie beispielsweise KeyPress, müssen Sie zusätzlich noch die korrekten Übergabeparameter mit angeben. Beispiel:

```
Private Sub objTextfeld_KeyPress(ByVal KeyAscii As MSForms.ReturnInteger)
'   …
'   …
End Sub
```

Glücklicherweise werden Sie aber kaum in die Verlegenheit kommen, die Prozedurrümpfe selbst einzutippen. Denn wurde die Objektvariable auf Modulebene mit WithEvents deklariert, können Sie im VBA-Editor das Objekt und das gewünschte Ereignis wie gewohnt aus den oberen Auswahllisten des Codefensters auswählen.

ONLINE Sie finden die Arbeitsmappe zu diesem Abschnitt im Ordner \Buch\Kap23 in der Datei *Bsp23_06.xlsm*.

Zur Demonstration der Funktionsweise von WithEvents sind in der Übungstabelle der Beispielmappe je zwei Textfelder und Schaltflächen hinterlegt. Im Code zum Arbeitsblatt ist der Code aus Listing 23.11 enthalten.

Listing 23.11 *WithEvents* und Ereignisprozedur

```
Private WithEvents objTextbox As MSForms.TextBox

Private Sub objTextbox_Change()
  MsgBox "Eigene Ereignisbehandlung, abgefangen wurde '" & _
          objTextbox.Name & vbCrLf & "' Aktueller Wert ist '" & _
          objTextbox.Text & "'"
End Sub

' Standardereignisse
Private Sub cmdTextbox1_Click()
  Set objTextbox = TextBox1
End Sub

Private Sub cmdTextbox2_Click()
  Set objTextbox = TextBox2
End Sub

Private Sub TextBox1_Change()
  MsgBox "Standardereignis für die erste Textbox"
End Sub

Private Sub TextBox2_Change()
  MsgBox "Standardereignis für die zweite Textbox"
End Sub
```

Wenn Sie in dem Arbeitsblatt auf die erste Schaltfläche klicken, wird ein Verweis auf das erste Textfeld gesetzt und ein eigenes Change-Ereignis implementiert. Dadurch löst eine Eingabe in dem Textfeld nicht nur das Standardereignis aus, sondern auch das für die Variable objTextbox implementierte Ereignis. Selbiges gilt für die zweite Schaltfläche.

> **HINWEIS** Arbeitsblätter und UserForms werden in Excel durch Klassen abgebildet, weshalb Sie in diesen Codemodulen WithEvents verwenden dürfen. In Standardmodulen ist dies nicht möglich.

Steuerelemente dynamisch anlegen und auf deren Ereignisse reagieren

Manchmal kommt es vor, dass Sie Ihre Steuerelemente dynamisch implementieren müssen – also während der Laufzeit und nicht während der Entwicklung. Um auf Ereignisse reagieren zu können, müssten Sie auch die benötigten Ereignisprozeduren für jedes Objekt hinzufügen.

Möglich wäre es, sich im Klassenmodul des Containers einen Vorrat an Ereignisprozeduren anzulegen, und dann die dynamisch hinzugefügten Objekte entsprechend zu benennen. Das wird aber einerseits sehr schnell unübersichtlich und ist andererseits recht unflexibel.

Eine weitere Möglichkeit besteht darin, entsprechenden Code programmgesteuert in das jeweilige Klassenmodul einzufügen – also Code per Code zu generieren. Das funktioniert zwar, ist aber nicht besonders empfehlenswert. Denn einige Virenscanner erkennen in einem solchen Ansinnen einen vermeintlichen Makrovirus, und die Warnungen bei jeder Weitergabe der Arbeitsmappe sind unerfreulich.

Die Lösung des Problems sind Klassen: Dabei verknüpfen Sie die Deklaration von Objektvariablen mit der WithEvents-Anweisung und benutzen zur Verwaltung der dynamischen Elemente das Collection-Objekt.

> **ONLINE** Sie finden die Arbeitsmappe zu diesem Abschnitt im Ordner \Buch\Kap23 in der Datei Bsp23_07.xlsm.

In der Beispielmappe werden in der Übungstabelle einzelne Textfelder dynamisch angelegt. Damit die Ereignisprozeduren der Textfelder aber auch aufgerufen werden können, muss jedes erzeugte Textfeld mit einem ereignisfähigen Objekt verknüpft werden. Im folgenden Listing 23.12 ist der Code der Klasse clsEvents aufgeführt, der das zuvor genannte ereignisfähige Objekt bei der Instanziierung zur Verfügung stellt.

Listing 23.12 Die Klasse *clsMyEvent*

```
' Variablen
  Private WithEvents objTextbox As MSForms.TextBox

' Ereignisse
  Private Sub objTextbox_KeyPress(ByVal KeyAscii As MSForms.ReturnInteger)
    DispatchKeyPress objTextbox.Name, KeyAscii
  End Sub

  Public Property Let Item(objItem As OLEObject)
    Set objTextbox = objItem.Object
  End Property
```

Nachfolgend ist der Code zum Erzeugen eines Textfeldes in der aktiven Tabelle aufgeführt. Die Prozedur ist mit einer AutoForm in der Übungstabelle verknüpft.

Listing 23.13   Neue Textfelder in der Übungstabelle erzeugen

```
' Liste der dynamischen Textfelder
  Private objControls As Collection

' Hinzufügen
  Public Sub AddControl()
    Dim lngIndex  As Long
    Dim objItem   As OLEObject

'   Alle OLE-Objekte nacheinander ansprechen
    For Each objItem In ActiveSheet.OLEObjects
'     Typ überprüfen
      If TypeOf objItem.Object Is MSForms.TextBox Then
        lngIndex = lngIndex + 1
      End If
    Next

'   Anzahl prüfen
    If lngIndex > 4 Then
      MsgBox "Mehr als fünf Textboxen sind nicht vorgesehen!"
    Else
'     Textfeld erzeugen
      Set objItem = ActiveSheet.OLEObjects.Add( _
              ClassType:="Forms.TextBox.1", _
              Left:=4.5, _
              Top:=lngIndex * 50 + 50, _
              Width:=200, _
              Height:=50)
'     Namen vergeben. Setzt sich aus Tabellennamen dem Wort "Textfeld" und dem
'     Index zusammen. Trennzeichen ist der Unterstrich, kann mit Split einfach
'     wieder getrennt werden
      objItem.Name = ActiveSheet.Name & "_Textfeld_" & lngIndex + 1
'     Zeitversetzt eine Prozedur zum Überwachen aufrufen
'     Als Argument den Tabellennamen übergeben
      Application.OnTime Now + TimeSerial(0, 0, 1), _
    "'CreateEventHandlers """ & ActiveSheet.Name & """'"
    End If
  End Sub
```

Im oberen Listing legt die Prozedur AddControl ein neues Textfeld an. Zuerst wird geprüft, wie viele Textfelder bereits angelegt wurden. Übersteigt deren Anzahl die Zahl 4, erscheint ein Hinweis. Das Hinzufügen eines Textfeldes selbst erfolgt über die Add-Methode des in Excel integrierten OLEObjects-Auflistungsobjekts.

HINWEIS   Textfelder und die weiteren ActiveX-Steuerelemente können anhand der OLEObjects-Auflistung angesprochen werden, sind also OLE-Objekte. OLE steht für *Object Linking and Embedding*.

Das Objekt zum Steuerelement selbst verbirgt sich hinter der Eigenschaft Object des OLE-Objekts, weshalb sowohl in Listing 23.12 als auch in Listing 23.13 darauf Bezug genommen wird.

Nachdem das Textfeld erzeugt wurde, wird diesem ein eindeutiger Name zugewiesen, der sich aus dem Namen der Tabelle, dem Text »Textfeld« und einer Nummer zusammensetzt.

Die Prozedur ruft abschließend zeitversetzt die Prozedur CreateEventHandlers auf, die die Ereignisbehandlungsobjekte für alle Textfelder in der Tabelle neu setzt.

Das hat folgenden Grund: Wenn Sie dynamisch ein Steuerelement in der Tabelle erzeugen, wechselt Excel kurzzeitig zum Entwurfsmodus. Dadurch werden aber auch alle Variablen zurückgesetzt und gehen somit verloren.

Im nachfolgenden Listing finden Sie nun die Prozedur, die die einzelnen Textfelder mit Objekten des Typs clsEvents verknüpft. Die Prozedur befindet sich im selben Modul, wie die Prozedur AddControl des vorherigen Listings.

Listing 23.14 Textfelder mit ereignisfähigen Objekten verknüpfen

```
Public Sub CreateEventHandlers(Optional strSheet As String)
    Dim objEvents As clsEvents
    Dim objItem   As OLEObject

'   Collection freigeben und neu erzeugen
    Set objControls = Nothing
    Set objControls = New Collection
'   Alle der angespochenen Tabelle durchlaufen
    For Each objItem In ThisWorkbook.Worksheets(strSheet).OLEObjects
'       Typ überprüfen
        If TypeOf objItem.Object Is MSForms.TextBox Then
'           Eine Textbox wurde gefunden und somit kann die
'           Ereignisklasse erzeugt werden
            Set objEvents = New clsEvents
'           Das zu überwachende Objekt an die Klasse übergeben
            objEvents.Item = objItem
'           Klassenobjekt haltbar machen, indem es der Collection
'           hinzugefügt wird
            objControls.Add objEvents
        End If
    Next
End Sub
```

Die Prozedur durchläuft alle OLE-Objekte in der Tabelle und filtert Textfelder anhand einer Abfrage heraus. Die ermöglicht der Operator TypeOf, womit Sie die Typen zweier Objekte miteinander vergleichen können.

Handelt es sich um ein Textfeld, wird die Ereignisklasse erzeugt und mit dem Textfeld verknüpft. Schließlich wird das Ereignisobjekt der Auflistung hinzugefügt, sodass dieses persistent ist und am Ende der Prozedur nicht verloren geht.

Abbildg. 23.6 Dynamisch erzeugte Textfelder und Überprüfung der Eingabe

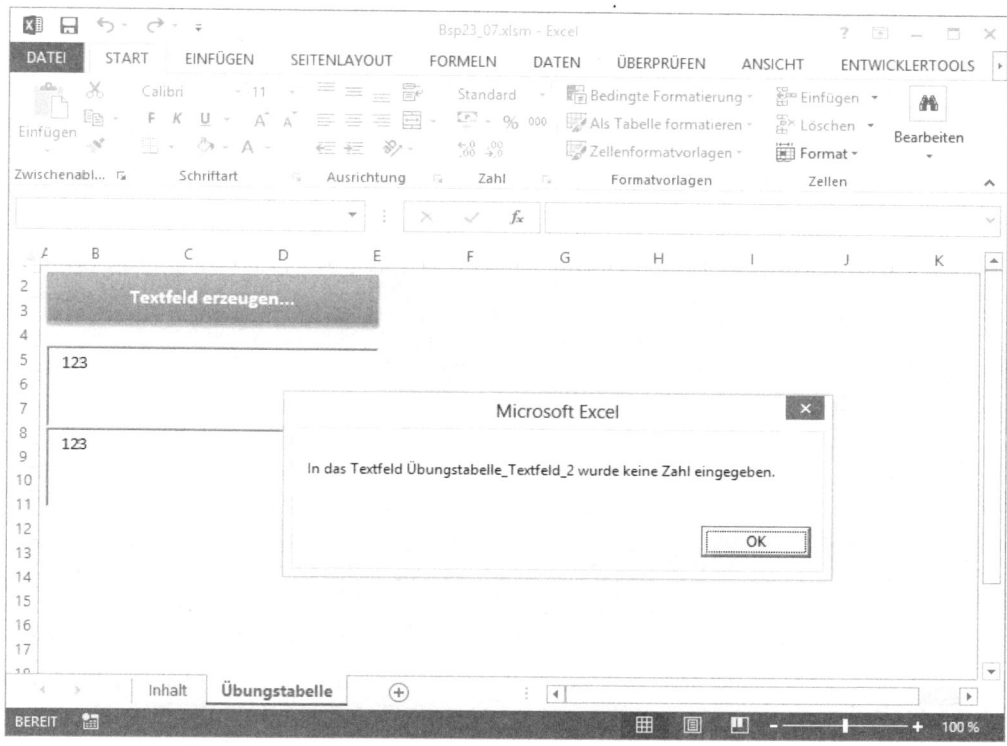

Damit ist es fast geschafft: Es fehlt nur noch eine Routine zu Behandlung des Ereignisses selbst. In der Klasse clsEvents wird im Ereignis objTextbox_KeyPress eine Prozedur aufgerufen, die für jedes Textfeld ausgeführt wird und die in Listing 23.15 zu sehen ist.

Listing 23.15 Global zur Verfügung stehende Ereignisroutine für einen Tastendruck in den Textfeldern

```
Public Sub DispatchKeyPress(strField As String, _
                    ByRef intKey As MSForms.ReturnInteger)
'   Eine gemeinsame Prozedur, die von den KeyPress-Ereignissen
'   in den angelegten Textfeldern aufgerufen wird
    If InStr("0123456789,", Chr(intKey)) < 1 Then
      MsgBox "In das Textfeld " & strField & " " & _
            "wurde keine Zahl eingegeben."
      intKey = 0
    End If
End Sub
```

In der Prozedur wird geprüft, ob eine Zahl in das Textfeld eingeben wurde. Falls nicht, erscheint eine Fehlermeldung.

Vorteile und Nachteile von Klassen

In diesem Abschnitt werden kurz die Vor- bzw. Nachteile von Klassen erörtert. Zunächst zu den Vorteilen:

- Klassen kapseln Funktionalitäten und kommunizieren nach außen hin über eine klar definierte Schnittstelle

- Durch das Benutzen der Eigenschaften und Methoden von Klassen ist der übergeordnete Programmablauf leichter zu verstehen

- Aus einer Klasse lassen sich beliebig viele gleichartige Objekte erzeugen, die trotzdem voneinander unabhängig existieren

- Die Wiederverwendbarkeit von Klassen ist groß. Statt jedes Mal bestimmte Codeabschnitte zu kopieren und in anderen VBA-Projekten einzufügen, wird einfach die Klasse weitergegeben

- Die Klasse lässt sich beliebig erweitern, wenn die ursprünglichen Eigenschaften und Methoden gleich bleiben

- Intern kann der Code der Klasse beliebig verändert werden, beispielsweise um die Geschwindigkeit zu erhöhen. Voraussetzung ist, dass die offengelegten Eigenschaften und Methoden gleich bleiben.

- Fehler in der Klasse lassen sich vom Entwickler beheben, ohne dass der Benutzer der Klasse seinen Code ändern muss. Lediglich die Klasse selbst wird ausgetauscht.

- In Klassen können Ereignisprozeduren von Objekten ausgeführt werden

Abschließend eine Auflistung von Nachteilen, die sich durch den Einsatz von Klassen ergeben:

- Durch die zusätzliche Abstraktionsebene ist es anfangs nicht leicht, sich mit Klassen anzufreunden

- Um den Code der Klasse zu testen, muss man erst ein Klassenobjekt erzeugen und auf die Eigenschaften und Methoden zugreifen. Möglicherweise muss man sogar Eigenschaften setzen, die man momentan noch gar nicht testen will.

- Die Objekterzeugung aus einer Klasse kostet Zeit

Teil G

Kommunikation mit der Außenwelt

Kapitel 24

Internet und E-Mail per VBA steuern

Dieses Kapitel widmet sich dem Umgang mit Hyperlinks in VBA, der Erstellung und dem Versenden von E-Mails und der Erstellung von Webabfragen.

Hyperlinks erstellen

Hyperlinks werden verwendet, um per Mausklick innerhalb eines Dokuments zu navigieren oder auf externe Websites zuzugreifen. Um manuell einen Hyperlink zu erstellen, klicken Sie im Menü *EINFÜGEN* in der Gruppe *Hyperlinks* auf die Schaltfläche *Hyperlink* oder drücken die Tastenkombination [Strg]+[K]. Daraufhin öffnet sich das Dialogfeld *Hyperlink einfügen*. Im linken Bereich wählen Sie die Art des Links aus. Je nach Auswahl ändert sich die Ansicht im rechten Teil des Dialogfelds.

Interne und externe Hyperlinks

Wenn Sie Hyperlinks innerhalb einer Mappe setzen möchten, klicken Sie im Dialogfeld *Hyperlink einfügen* in der linken Leiste auf *Aktuelles Dokument*. Im mittleren Bereich des Fensters werden nun die in der Mappe enthaltenen Tabellenblätter sowie alle benannten Bereiche angezeigt. Wählen Sie die gewünschte Tabelle oder den Bereich aus, zu dem der Hyperlink führen soll. Im Feld *Anzuzeigender Text* geben Sie den Namen ein, der in der Zelle angezeigt werden soll. Im Eingabefeld *Geben Sie den Zellbezug ein* vermerken Sie die Zelle, zu der der Hyperlink im angegebenen Tabellenblatt führen soll.

Abbildg. 24.1 Dialogfeld *Hyperlink einfügen*

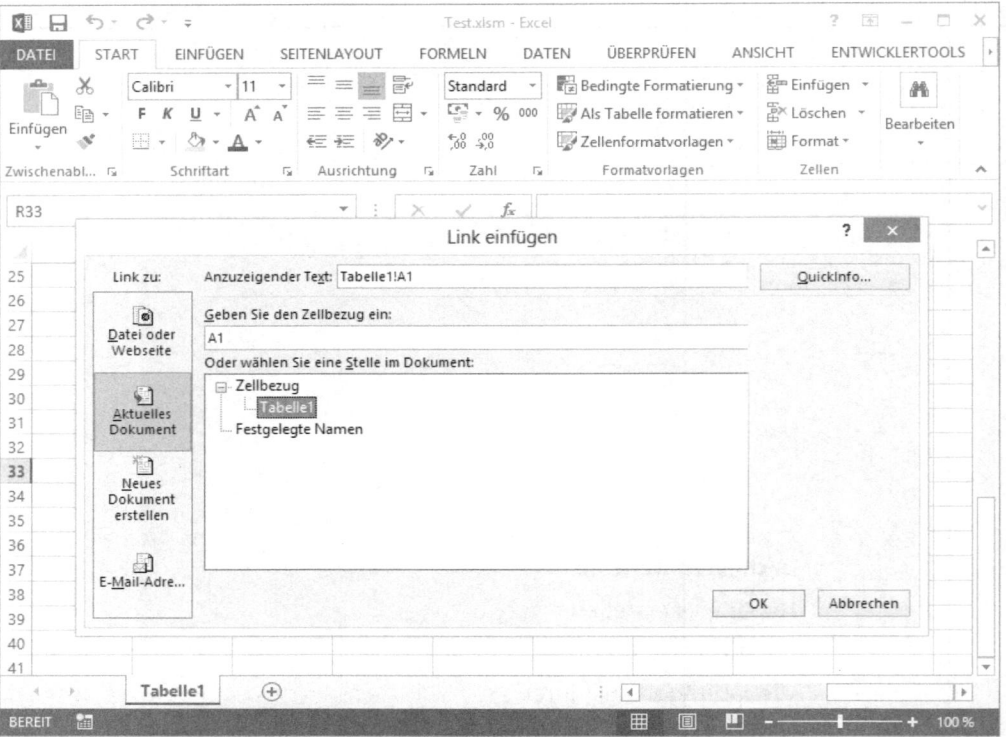

Um einen internen Hyperlink per VBA zu erstellen, verwenden Sie die Anweisung `Hyperlinks.Add`. Es können verschiedene Argumente übergeben werden, wobei zwei davon zwingend erforderlich sind. Das eine Argument lautet `Anchor`, was ins Deutsche übersetzt Anker heißt. An `Anchor` wird die Zelladresse übergeben, in die der Hyperlink eingefügt werden soll. Das zweite erforderliche Argument lautet `Address`. Diesem wird bei internem Gebrauch ein Leerstring übergeben. Bei einem Verweis auf eine Webseite wird die Webadresse (URL) zugewiesen.

Alle weiteren Argumente sind optional. Die `SubAddress` muss angegeben werden, wenn es sich um einen internen Hyperlink handelt. Es werden der Name der Tabelle, sowie die Zelladresse angegeben. Die beiden Werte werden durch ein Ausrufezeichen (!) voneinander getrennt.

Bei `TextToDisplay` kann der Text angegeben werden, der in der Zelle angezeigt werden soll. Dieser Text kann sich von der Hyperlinkadresse unterscheiden.

Ein weiteres optionales Argument nennt sich `ScreenTip`. Es wird verwendet, um einen eigenen Text für die QuickInfo zu bestimmen. Dieser Text erscheint in einem gelben Feld, wenn mit der Maus – ohne zu klicken – auf den Hyperlink gezeigt wird und der Mauszeiger einen Moment darauf verbleibt. Das folgende Listing zeigt einen Hyperlink, der innerhalb einer Mappe gesetzt wird.

Listing 24.1   Interner Hyperlink

```
Public Sub AddInternalHyperlink()
  ThisWorkbook.Worksheets(2).Hyperlinks.Add _
  Anchor:=ThisWorkbook.Worksheets(2).Range("B5"), _
  Address:="", _
  SubAddress:="Inhalt!C7", _
  TextToDisplay:="Mein Link zur Inhaltstabelle Zelle C7"
End Sub
```

Der nachfolgende Code zeigt, wie ein externer Hyperlink, also ein Link zu einer Webseite, erzeugt werden kann.

Listing 24.2   Externer Hyperlink

```
Public Sub AddExternalHyperlink()
  ThisWorkbook.Worksheets(2).Hyperlinks.Add _
  Anchor:=ThisWorkbook.Worksheets(2).Range("F5"), _
  Address:="http://excel-translator.de", _
  ScreenTip:="Excel Formeln in verschiedene Sprachen übersetzen.", _
  TextToDisplay:="Mein Link zum Excel Formel Übersetzer"
End Sub
```

> **ONLINE**   Sie finden die Arbeitsmappe zu diesem Abschnitt im Ordner *Buch**Kap24* in der Datei *Bsp24_01.xlsm*.

Hyperlinks aus Tabellenblattnamen erzeugen

In einer Arbeitsmappe, die viele Tabellenblätter umfasst, ist es oft mühsam, zwischen den einzelnen Tabellenblättern zu wechseln, indem die Pfeilsymbole der linken unteren Ecke von Excel verwendet werden. Per Klick auf einen dieser Pfeile wird in Excel 2007 und Excel 2010 ein Kontextmenü geöffnet, das die vorhandenen Tabellenblätter auf einen Blick anzeigt. Im Kontextmenü werden jedoch nicht mehr als fünfzehn Tabellenblätter angezeigt. Wenn die Liste aller Tabellenblätter angezeigt

Kommunikation mit der Außenwelt

werden soll, muss im Kontextmenü über die Auswahl des Eintrags *Weitere Blätter* das Dialogfeld *Aktivieren* geöffnet werden.

In Excel 2013 ist das Kontextmenü entfallen und das Dialogfeld wird sofort angezeigt.

Alternativ zu den bestehenden Möglichkeiten könnten Sie mit Hyperlinks arbeiten, um zwischen den Tabellenblättern zu wechseln. Im folgenden Beispiel wird in der Übungstabelle ein Inhaltsverzeichnis aller nachfolgenden Tabellen erstellt. Dazu werden die Tabellenblattnamen blockweise zu je zehn Einträgen geschrieben und mit einem Hyperlink versehen. Die Blöcke dienen dazu, die Übersicht über die verknüpften Tabellenblätter zu erhöhen.

Abbildg. 24.2 Inhaltsverzeichnis in Form von Hyperlinks

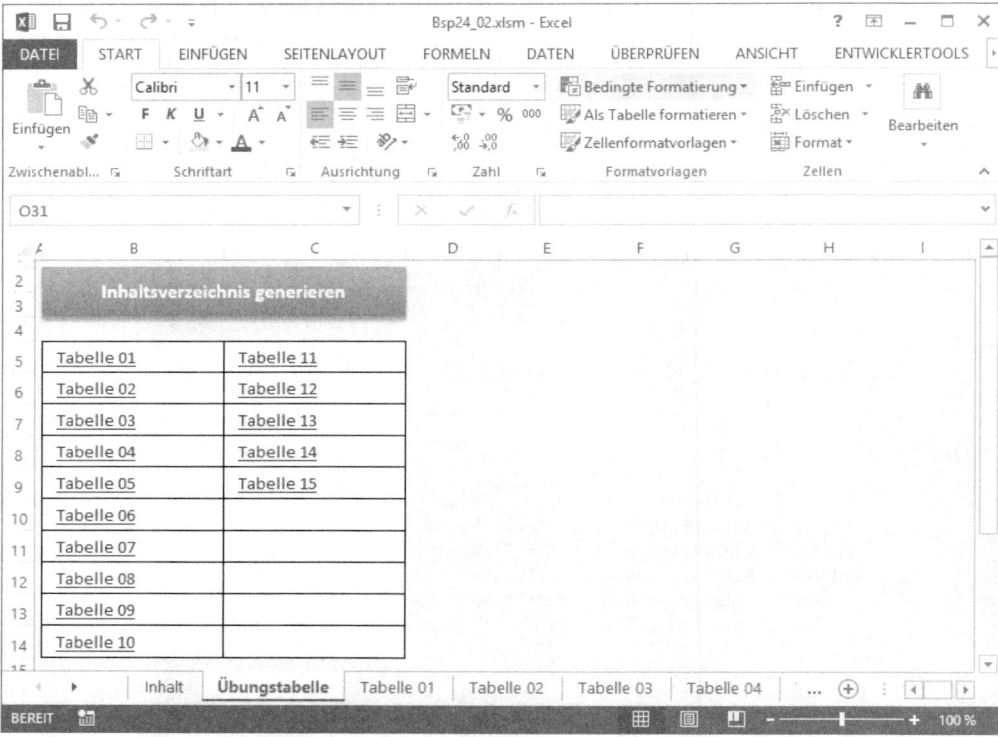

Sie finden die Arbeitsmappe zu diesem Abschnitt im Ordner *Buch**Kap24* in der Datei *Bsp24_02.xlsm*.

Nachfolgend ist der Code zu der in der Beispielmappe hinterlegten Prozedur aufgeführt. In der Beispielmappe sind alle Tabellen des Inhaltsverzeichnisses gleich aufgebaut sind, weshalb es sich anbietet, in jeder dieser Tabellen einen Link zum Inhaltsverzeichnis zu setzen.

Listing 24.3 Inhaltsverzeichnis erstellen

```
Public Sub CreateTableOfContents()
    Dim lngIndex  As Long
    Dim lngItem   As Long
    Dim lngColumn As Long
    Dim lngRow    As Long

    With ThisWorkbook.Worksheets(2)
'       Bereich löschen
        .Range("B4:C14").ClearContents
'       Reset
        lngRow = 5
        lngColumn = 2
        lngItem = 1
'       Durchlaufen
        For lngIndex = .Index + 1 To ThisWorkbook.Worksheets.Count
'           Hyperlink
            .Hyperlinks.Add _
            Anchor:=.Cells(lngRow, lngColumn), _
            Address:="", _
            SubAddress:="'" & ThisWorkbook.Worksheets(lngIndex).Name & "'!A1", _
            TextToDisplay:=ThisWorkbook.Worksheets(lngIndex).Name
'           Hyperlink zum Inhaltsverzeichnis
            ThisWorkbook.Worksheets(lngIndex).Cells(2, 6).ClearContents
            ThisWorkbook.Worksheets(lngIndex).Hyperlinks.Add _
            Anchor:=ThisWorkbook.Worksheets(lngIndex).Cells(2, 6), _
            Address:="", _
            SubAddress:="'" & .Name & "'!A1", _
            TextToDisplay:=.Name
'           Bei 10 Einträgen die Spalte wechseln
            If lngItem Mod 10 = 0 Then
                lngColumn = lngColumn + 1
                lngRow = 4
            End If
'           Nächste Zeile
            lngRow = lngRow + 1
            lngItem = lngItem + 1
        Next
    End With
End Sub
```

Hyperlinks ersetzen

Wenn sich die Webadresse zu einer Internetseite ändert oder der Link beispielsweise fehlerhaft ist, muss die Adresse im betroffenen Excel-Dokument angepasst werden. In einer Mappe, die viele Hyperlinks umfasst, ist es oft umständlich, zu ermitteln, hinter welcher Zelle die zu ändernden Hyperlinks zu finden sind. Es kann sehr zeitaufwändig sein, diese alle manuell anzupassen.

Abbildg. 24.3 Bestimmte Hyperlinkadressen finden und ersetzen

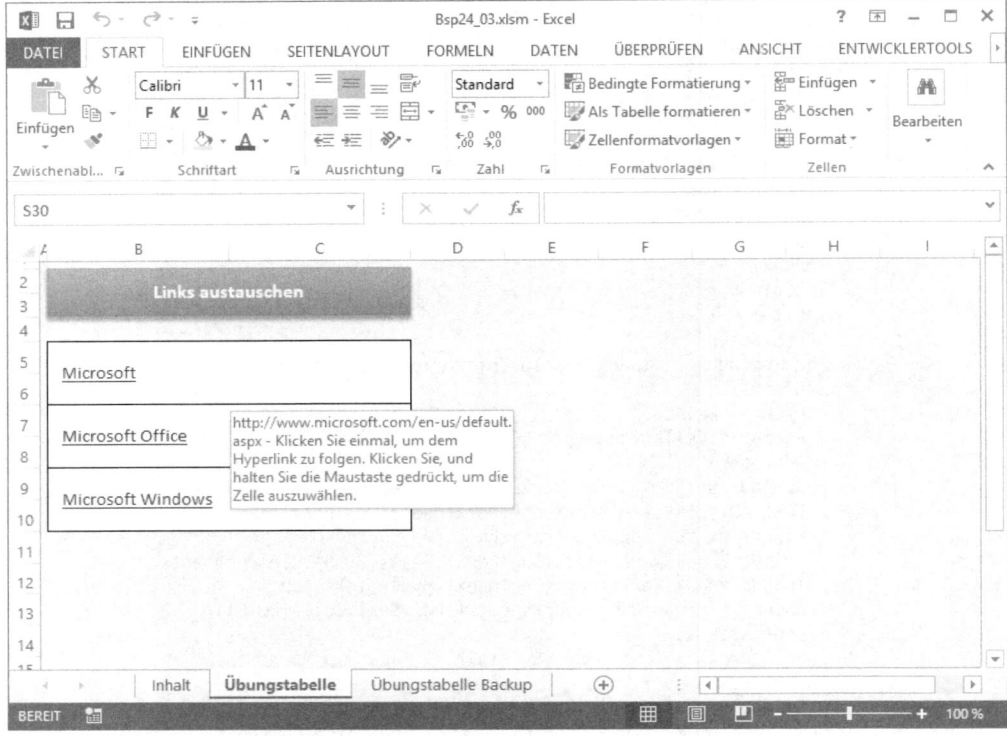

Der Code in der folgenden Prozedur demonstriert dies am Beispiel der Website von Microsoft, wo die Links, die *microsoft.com/en-us* enthalten, durch *microsoft.com/de-de-*Links ersetzt werden. In dem Beispiel werden auch Teil-Links ersetzt. Jedoch lässt sich die Prozedur recht einfach modifizieren, sodass beispielsweise nur vollständige Links verändert werden.

Listing 24.4 Hyperlinks ersetzen

```
Public Sub ReplaceHyperlinks()
  Dim objLink    As Hyperlink
  Dim strFound   As String

  For Each objLink In ThisWorkbook.Worksheets(2).Hyperlinks
    If InStr(1, LCase(objLink.Address), "microsoft.com/en-us/") > 0 Then
'     Ersetzen
      objLink.Address = Replace(LCase(objLink.Address), _
                       "microsoft.com/en-us/", "microsoft.com/de-de/")
'     Fundstelle
      strFound = strFound & vbCrLf & objLink.Name
    End If
  Next
```

Listing 24.4   Hyperlinks ersetzen *(Fortsetzung)*

```
    If Len(strFound) > 0 Then
      MsgBox "Hinter folgenden Textpassagen wurden Hyperlinks ersetzt:" & _
            vbCrLf & strFound
    Else
      MsgBox "Es konnte keine Übereinstimmung gefunden werden."
    End If
End Sub
```

ONLINE   Sie finden die Arbeitsmappe zu diesem Abschnitt im Ordner \Buch\Kap24 in der Datei *Bsp24_03.xlsm*.

Hyperlinks entfernen

Wenn Sie einen Hyperlink manuell entfernen möchten, klicken Sie mit der rechten Maustaste auf die Zelle, die den Hyperlink enthält und wählen im Kontextmenü den Eintrag *Hyperlink entfernen* aus. Auch in den aktuellen Excel-Versionen ist es nicht möglich, sämtliche Hyperlinks eines Tabellenblatts oder einer Mappe auf einmal zu entfernen. Diese alle von Hand zu löschen, kann recht mühsam sein. Eine VBA-Prozedur vereinfacht das Ganze erheblich.

Die nachfolgende Prozedur zeigt, wie ein einzelner Hyperlink aus einer Zelle entfernt werden kann:

Listing 24.5   Einen Hyperlink entfernen

```
Sub DeleteHyperlink()
  ThisWorkbook.Worksheets(2).Range("B5").Hyperlinks.Delete
End Sub
```

Unter Zuhilfenahme einer For Each-Schleife werden sämtliche Hyperlinks des angegebenen Arbeitsblatts entfernt:

Listing 24.6   Alle Hyperlinks eines Arbeitsblatts entfernen

```
Sub DeleteHyperlinksFromWorksheet()
  Dim objLink As Hyperlink
  For Each objLink In ThisWorkbook.Worksheets(2).Hyperlinks
    objLink.Delete
  Next
End Sub
```

Um sämtliche Hyperlinks einer Arbeitsmappe zu entfernen, müssen zusätzlich alle Arbeitsblätter durchlaufen werden. In der Beispielmappe ist diese Prozedur auskommentiert, da sonst das Backup für die Übungstabelle ebenfalls vom Löschen betroffen wäre.

Listing 24.7   Alle Hyperlinks einer Mappe entfernen

```
Sub DeleteHyperlinksFromWorkbook()
  Dim objLink   As Hyperlink
  Dim wksSheet  As Worksheet
  For Each wksSheet In ThisWorkbook.Worksheets
    For Each objLink In wksSheet.Hyperlinks
      objLink.Delete
```

Listing 24.7 Alle Hyperlinks einer Mappe entfernen *(Fortsetzung)*

```
      Next
    Next
End Sub
```

ONLINE Sie finden die Arbeitsmappe zu diesem Abschnitt im Ordner *Buch\Kap24* in der Datei *Bsp24_04.xlsm*.

E-Mail-Adressen einfügen

Eine E-Mail-Adresse kann wie ein Hyperlink beispielsweise anhand der Tastenkombination `Strg`+`K` in eine Zelle eingefügt werden. Aktivieren Sie im Dialogfeld *Hyperlink einfügen* im linken Teil des Fensters die Schaltfläche *E-Mail-Adresse*. Ins Eingabefeld *Anzuzeigender Text* geben Sie den Text ein, der in der Zelle angezeigt werden soll. Im Feld *E-Mail-Adresse* geben Sie die E-Mail-Adresse an. Noch während der Eingabe wird der Text *mailto:* vorangestellt. Unter *Betreff* können Sie einen vordefinierten Text für den Betreff der E-Mail eingeben.

Abbildg. 24.4 E-Mail-Adresse einfügen

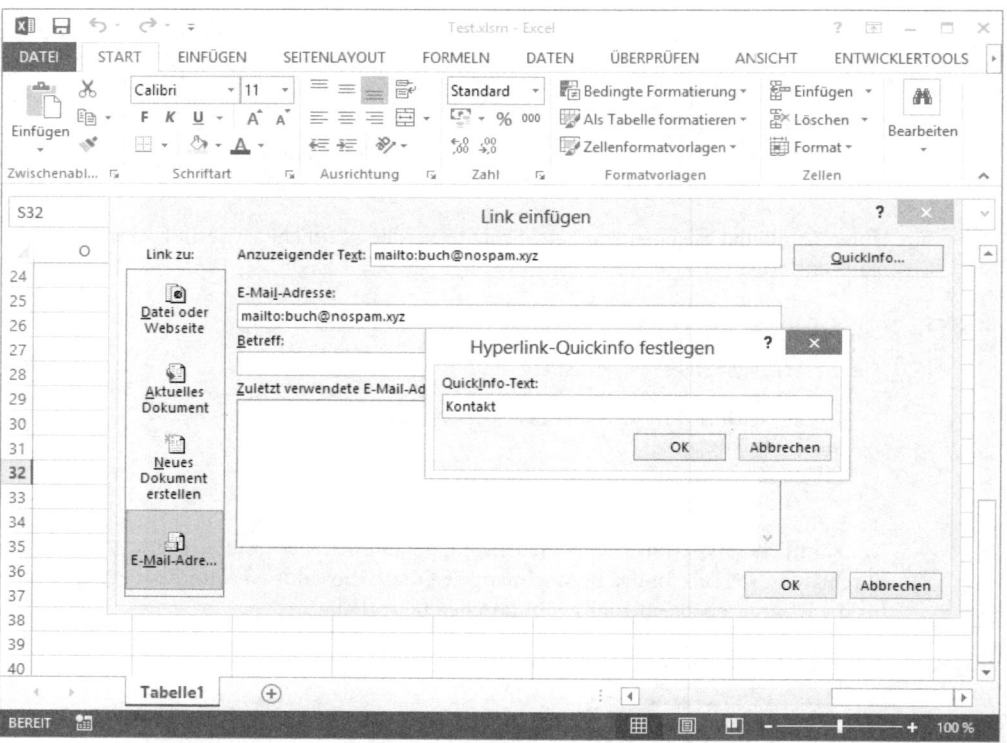

Des Weiteren haben Sie die Möglichkeit, eine QuickInfo zu hinterlegen. Klicken Sie auf die entsprechende Schaltfläche und hinterlegen Sie einen Text. Dieser Text wird angezeigt, wenn ohne zu Klicken der Mauszeiger einen Moment über dem E-Mail-Hyperlink positioniert wird. Sobald alle Eingaben getätigt sind, schließen Sie das Dialogfeld über die Schaltfläche *OK*. Der Zelle wird anschließend der E-Mail-Hyperlink hinzugefügt. Per Klick auf den Hyperlink öffnet sich – sofern installiert – Microsoft Outlook oder gegebenenfalls ein anderes als Standard definiertes Mail-Programm.

Die VBA-Prozedur, um eine E-Mail-Adresse in eine Zelle einzufügen, ist der eines Hyperlinks sehr ähnlich. Der Unterscheid besteht darin, dem Link den Ausdruck *mailto:* voranzustellen. Im folgenden Listing ist ein Beispielcode implementiert.

Listing 24.8   Eine E-Mail-Adresse einfügen

```
Public Sub AddEmailAddress()
  ThisWorkbook.Worksheets(2).Hyperlinks.Add _
  Anchor:=ThisWorkbook.Worksheets(2).Range("B5"), _
  Address:="mailto:buch@nospam.xyz", _
  SubAddress:="Inhalt!C7", _
  TextToDisplay:="Mourad's E-Mail Adresse"
End Sub
```

E-Mail-Adressen entfernen

Beim Löschen von Hyperlinks per Code werden auch E-Mail-Hyperlinks mit einbezogen. Sollen *nur* E-Mail-Hyperlinks entfernt werden, verwenden Sie die Funktion Left, um einen E-Mail-Link anhand der Zeichenfolge mailto: herauszufiltern. Alternativ lässt sich auch das Zeichen @ in dem Link suchen.

Listing 24.9   E-Mail-Adressen entfernen

```
Public Sub DeleteEMailLinks1()
  Dim objLink As Hyperlink
  For Each objLink In ThisWorkbook.Worksheets(2).Hyperlinks
    If InStr(objLink.Address, "mailto:") > 0 Then
      objLink.Delete
    End If
  Next objLink
End Sub

Public Sub DeleteEMailLinks2()
  Dim objLink As Hyperlink
  For Each objLink In ThisWorkbook.Worksheets(2).Hyperlinks
    If InStr(objLink.Address, "@") > 0 Then
      objLink.Delete
    End If
  Next objLink
End Sub
```

ONLINE   Sie finden die Arbeitsmappe mit den Beispielen zum Einfügen und Löschen einer E-Mail-Adresse im Ordner \Buch\Kap24 in der Datei *Bsp24_05.xlsm*.

Kommunikation mit der Außenwelt

E-Mails versenden

Um beispielsweise eine Arbeitsmappe per E-Mail zu versenden, verwenden Sie in Excel 2013 den Menübefehl *Datei/Freigeben/E-Mail/Als Anlage senden*. In älteren Versionen ist das Vorgehen recht ähnlich. So finden Sie den Befehl in Excel 2010 unter *Datei/Speichern und Senden/Per E-Mail senden* und unter Excel 2007 im Office Startmenü unter *Senden/E-Mail*.

Um mittels Excel oder per VBA eine E-Mail zu versenden, muss eine Mail-Software, wie Microsoft Outlook, Windows Mail oder Thunderbird auf Ihrem System installiert sein. Im Folgenden werden wir davon ausgehen, dass Outlook installiert ist und als Standardanwendung für das Versenden von E-Mails eingerichtet ist.

Eine E-Mail versenden

Von Excel aus gesehen handelt es sich bei Outlook um eine externe Applikation, die entsprechend referenziert werden muss, damit Objekte, Eigenschaften usw. zur Verfügung stehen.

Damit der VBA-Code in Listing 24.10 lauffähig ist, muss ein Verweis auf die Outlook-Bibliothek gesetzt werden. Dies geschieht in der VBA-Entwicklungsumgebung mittels des Menübefehls *Extras/Verweise* im *Verweise*-Dialogfeld. Blättern Sie mit der Bildlaufleiste so weit nach unten, bis der Eintrag *Microsoft Outlook NN.0 Object Library* sichtbar wird, und aktivieren Sie das Kontrollkästchen. Das *NN.0* steht für die Office-Version. Im Fall von Office 2013 ist dies 15.0, für Office 2010 wird 14.0 und für Office 2007 wird 12.0 angezeigt.

Listing 24.10   Eine E-Mail per VBA versenden

```
Public Sub SendMail()
    Dim objApp  As Outlook.Application
    Dim objMail As Outlook.MailItem

    Set objApp = CreateObject("Outlook.Application")
    Set objMail = objApp.CreateItem(olMailItem)

    objMail.To = "mourad@nospam.xyz; buch@nospam.xyz"
    objMail.CC = "irgendwer@nospam.xyz"
    objMail.BCC = "jemand@nospam.xyz"
    objMail.Subject = "Hier steht der Betreff"
    objMail.Body = "Hier steht der Nachrichtentext" & vbCrLf & "und eine weitere Zeile."
    objMail.ReadReceiptRequested = True

    objMail.Display

'   Folgende Code-Zeile würde die E-Mail versenden und wurde
'   deshalb auskommentiert
'   objMail.Send

'   Objekte wieder freigeben
    Set objApp = Nothing
    Set objMail = Nothing
  End Sub
```

Sobald der Verweis gesetzt ist, stehen die Outlook-Objekte, Eigenschaften, Methoden usw. zur Verfügung. Bei dieser Art der Einbindung von Verweisen steht IntelliSense ebenfalls zur Verfügung und liefert Unterstützung.

> **HINWEIS**   Der Verweis wäre im obigen Code nicht zwingend erforderlich, wenn Sie die beiden Objekte mit dem allgemeinen Datentyp `Object` deklarieren und die Konstante durch ihren Wert 0 ersetzen würden. Die Deklaration und Erzeugung der Objekte sähe dann wie folgt aus:

```
Dim objApp  As Object
Dim objMail As Object

Set objApp = CreateObject("Outlook.Application")
Set objMail = objApp.CreateItem(0)
```

> Die Methode `CreateObject` erzeugt das Outlook-Anwendungsobjekt anhand der Kennung `Outlook.Application`. Dieses Verfahren, das auch späte Bindung genannt wird, hat beispielsweise den Vorteil, dass versionsunabhängig ein Outlook-Objekt generiert werden kann. In Kapitel 25 werden wir auf diese Verfahren zurückkommen und detaillierter erläutern.

Zuerst werden die beiden erforderlichen Objekte deklariert. Dies sind einerseits das Objekt `Application`, das für Outlook selbst steht, und andererseits das Objekt `MailItem`, welches zum Versenden von Nachrichten dient. Das vorangestellte `Outlook` ist optional, jedoch empfehlenswert, da daran bereits bei der Variablendeklaration zu erkennen ist, auf welche Applikation zugegriffen wird.

Anschließend werden die beiden Objekte erzeugt, wobei hier die Reihenfolge relevant ist, denn die Methode `CreateItem(olMailItem)` ist eine Methode der Outlook-Anwendung. Schließlich werden die gewünschten Outlook-Eigenschaften an das Mail-Objekt übergeben, die Mail angezeigt und die beiden Objekte wieder freigegeben. Eine Beschreibung der einzelnen Eigenschaften können Sie Tabelle 24.1 entnehmen.

Tabelle 24.1   E-Mail-Eigenschaften

Eigenschaft	Beschreibung
To	*An* Der oder die Hauptempfänger. Wenn es mehrere sind, werden diese durch ein Semikolon (;) voneinander getrennt.
CC	*Cc* Cc ist die Abkürzung für *Carbon Copy*, zu Deutsch Durchschlag. Hier können die Empfänger eingetragen werden, die eine »Kopie« der E-Mail erhalten sollen. Dies ist eher symbolisch gedacht, denn die E-Mail ist dieselbe.
BCC	*Bcc* Bcc steht für *Blind Carbon Copy*, zu Deutsch Blindkopie. Die Empfänger, die unter **To** und **CC** eingetragen sind, sehen die Empfänger, die unter **BCC** eingetragen sind, nicht. Diese Einstellung ist mit Vorsicht zu genießen, denn beim Versand einer E-Mail über das Internet kann es vorkommen, dass Einträge in **BCC** zu **CC** konvertiert werden.
Subject	*Betreff* Hier wird der Betreff für die E-Mail eingetragen

Kommunikation mit der Außenwelt

Tabelle 24.1 E-Mail-Eigenschaften *(Fortsetzung)*

Eigenschaft	Beschreibung
Body	*Text* Der eigentliche Nachrichtentext
ReadReceiptRequested	Falls Sie eine Empfangsbestätigung erhalten möchten, übergeben Sie den Wert **True**. Ansonsten können Sie die Zeile gänzlich weglassen.
Display	Die E-Mail wird vor dem Versand angezeigt
Send	Die E-Mail wird direkt versendet

ONLINE Sie finden die Arbeitsmappe zu diesem Abschnitt im Ordner *Buch\Kap24* in der Datei *Bsp24_06.xlsm*.

Eine E-Mail mit Anhang versenden

Einer E-Mail können eine oder mehrere Dateien angehängt werden. In der nachfolgenden Prozedur sind es zwei. Die Eigenschaft, die zum Anhängen einer Datei dient, lautet Attachments, und die erforderliche Methode Add. Ihr wird der Name der Datei übergeben.

Abbildg. 24.5 Eine E-Mail mit zwei Dateianhängen versenden

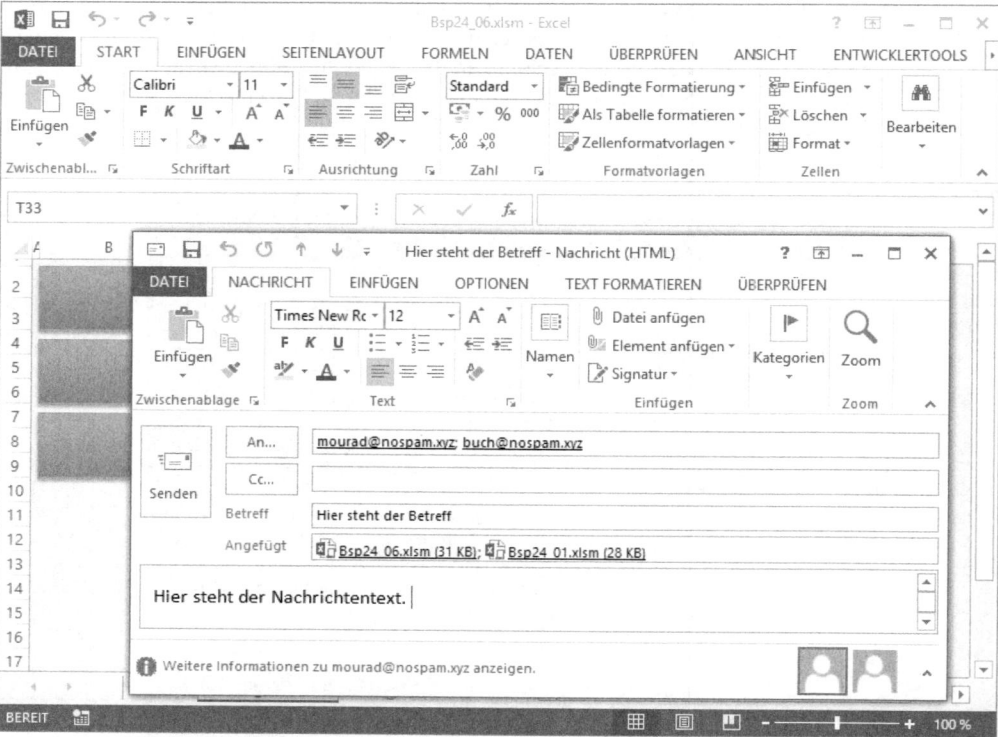

Sie finden die Arbeitsmappe zu diesem Abschnitt im Ordner *Buch\Kap24* ebenfalls in der Datei *Bsp24_06.xlsm*.

In dem Beispielcode werden die erste Beispieldatei aus diesem Kapitel und die aktuelle Arbeitsmappe an die Mail angefügt.

Listing 24.11 Eine E-Mail mit Datei anhängen

```
Public Sub SendMailWithAttachment()
    Dim strFile As String
    Dim objApp  As Outlook.Application
    Dim objMail As Outlook.MailItem

'   Anzuhängende Datei
    strFile = ThisWorkbook.Path & "\" & "Bsp24_01.xlsm"
'   Existenz
    If Dir(strFile) <> "" Then
        Set objApp = CreateObject("Outlook.Application")
        Set objMail = objApp.CreateItem(olMailItem)

        objMail.To = mourad@nospam.xyz; buch@nospam.xyz
        objMail.Subject = "Hier steht der Betreff"
        objMail.Body = "Hier steht der Nachrichtentext."
        objMail.Display

        objMail.Attachments.Add ThisWorkbook.Fullname
        objMail.Attachments.Add strFile

        Set objApp = Nothing
        Set objMail = Nothing
    Else
        MsgBox "Anzuhängende Datei wurde nicht gefunden."
    End If
End Sub
```

TIPP Wenn Sie beispielsweise einen Bereich Ihrer Mappe per E-Mail versenden möchten, erstellen Sie per Code eine Kopie des Bereichs in einer neuen Mappe und speichern diese
temporär. Anschließend können Sie diese Mappe an die E-Mail anhängen.

Eine E-Mail mit HTML-Tags

Sie haben die Möglichkeit, den Nachrichtentext einer E-Mail zu formatieren. Dabei muss mit zwei
weiteren Eigenschaften gearbeitet werden. Die eine lautet `BodyFormat`. Ihr wird die Konstante
`olFormatHTML` übergeben.

Abbildg. 24.6 Eine E-Mail im HTML-Format

Abbildg. 24.6 Eine E-Mail im HTML-Format

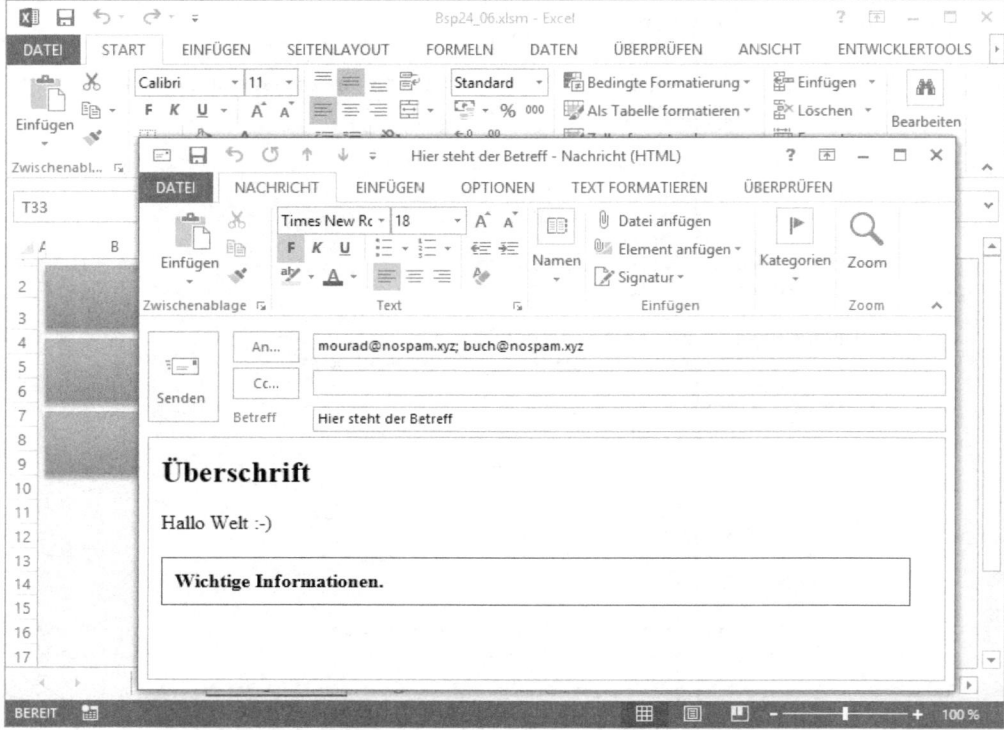

Die bis jetzt eingesetzte Eigenschaft Body wird durch HTMLBody ersetzt. Mit diesen Angaben haben Sie nun die Möglichkeit, eine Nachricht in der Seitenbeschreibungssprache HTML (Hypertext Markup Language) zu erstellen und zu gestalten, wobei einige Grundkenntnisse in HTML und/oder CSS erforderlich sind.

Listing 24.12 HTML-Tags in einer E-Mail

```
Public Sub SendMailAsHTML()
  Dim strHtml As String
  Dim objApp  As Outlook.Application
  Dim objMail As Outlook.MailItem

  strHtml = "<html>"
  strHtml = strHtml & "<body>"
  strHtml = strHtml & "<h2>" & "Überschrift" & "</h2>"
  strHtml = strHtml & "<p>Hallo Welt :-)</p>"
  strHtml = strHtml & "<div style='border:1px solid #CC0000; font-weight:bold;"
  strHtml = strHtml & " display:block; padding:10px;'>"
  strHtml = strHtml & "Wichtige Informationen."
  strHtml = strHtml & "</div>"
  strHtml = strHtml & "</body>"
  strHtml = strHtml & "</html>"
```

Listing 24.12 HTML-Tags in einer E-Mail *(Fortsetzung)*

```
    Set objApp = CreateObject("Outlook.Application")
    Set objMail = objApp.CreateItem(olMailItem)

    objMail.To = "mourad@nospam.xyz; buch@nospam.xyz"
    objMail.Subject = "Hier steht der Betreff"
    objMail.BodyFormat = olFormatHTML
    objMail.HTMLBody = strHtml

    objMail.Display
'   objMail.Send

    Set objApp = Nothing
    Set objMail = Nothing
  End Sub
```

ONLINE   Sie finden die Arbeitsmappe zu diesem Abschnitt im Ordner \Buch\Kap24 ebenfalls in der Datei *Bsp24_06.xlsm*.

Einen Bereich versenden

Seit Excel 2003 steht die Eigenschaft EnvelopeVisible zur Verfügung. Über diese Eigenschaft kann
der sogenannte E-Mail-Editierkopf eingeblendet werden:

```
ActiveWorkbook.EnvelopeVisible = True
```

Um den Befehl manuell verwenden zu können, muss dieser in Excel explizit in die Symbolleiste für
den Schnellzugriff eingebunden werden:

1. Klicken Sie mit der rechten Maustaste auf den Bereich für den *Schnellzugriff* und wählen Sie aus
   dem Kontextmenü in Excel 2007 oder Excel 2010 den Eintrag *Symbolleiste für den Schnellzugriff
   anpassen*. In Excel 2013 lautet der Eintrag *Passen Sie die Symbolleiste für den Schnellzugriff an*.
2. Wählen Sie im Kombinationsfeld *Befehle auswählen* den Eintrag *Alle Befehle*.
3. Suchen Sie im Listenfeld nach *An E-Mail-Empfänger senden* und wählen Sie diesen aus.
4. Klicken Sie auf die Schaltfläche *Hinzufügen* und schließen Sie das offene Dialogfeld.

ACHTUNG   Wenn Sie mehrere Office-Versionen parallel installiert haben, kann es vorkommen,
dass das Symbol im Schnellzugriff deaktiviert ist und das Setzen der Eigenschaft EnvelopeVisible
per Code mit einer Fehlermeldung fehlschlägt. Um diese Funktionalität nutzen zu können, sollte
Excel in derselben Version verwendet werden wie Outlook.

Abbildg. 24.7   E-Mail-Editierkopf in Excel 2013

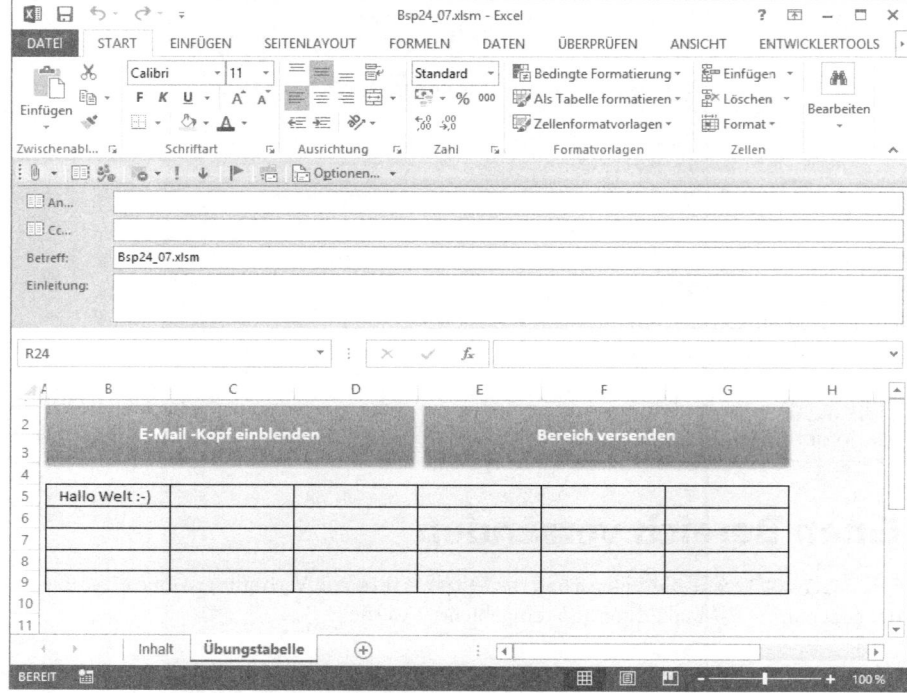

Im folgenden Code wird zunächst ein Bereich selektiert, der versendet werden soll. Danach wird sichergestellt, dass der Editierkopf eingeblendet ist. Mittels der Eigenschaft Introduction können Sie eine Überschrift innerhalb des Nachrichtentextes festlegen. Danach werden die Outlook-spezifischen Informationen programmiert.

Listing 24.13   Einen Bereich in den Nachrichtentext integrieren

```
Public Sub EMailHeaderSendRange()
  On Error Resume Next
' Den zu versendenden Bereich festlegen
  ThisWorkbook.Worksheets(2).Range("B5:G9").Select
' Den E-Mail-Editierkopf einblenden
  ThisWorkbook.EnvelopeVisible = True
' Die E-Mail versenden
  With ActiveSheet.MailEnvelope
    .Introduction = "Eine Textüberschrift"
    .Item.To = "mourad@nospam.xyz"
    .Item.Subject = "Ein Betreff"
    .Item.Display
  End With
End Sub
```

ONLINE   Sie finden die Arbeitsmappe zu diesem Abschnitt im Ordner \Buch\Kap24 in der Datei *Bsp24_07.xlsm*.

Webabfragen ausführen

Mittels einer Webabfrage können Daten aus einer Webseite in ein Tabellenblatt importiert werden. Bei Bedarf und bei einer aktiven Verbindung zum Internet können die Daten auf Tastendruck aktualisiert werden. Dies wird oft verwendet, wenn es sich um Aktien- oder Währungskurse handelt.

Um eine Webabfrage zu erstellen, klicken Sie im Menüband auf der Registerkarte *DATEN* in der Gruppe *Externe Daten abrufen* auf den Befehl *Aus dem Web*. Daraufhin wird das Dialogfeld *Neue Webabfrage* geöffnet. Geben Sie bei *Adresse* die Webadresse ein und klicken Sie auf die Schaltfläche *OK*. Die Webseite wird als Vorschau ins geöffnete Dialogfeld geladen. Häufig sind Webseiten in verschiedene Bereiche unterteilt. Wenn dies der Fall ist, können Sie wählen, welche(n) Bereich(e) Sie importieren möchten. Die Bereiche sind durch gelbe Vierecke, in denen ein schwarzer Pfeil enthalten ist, gekennzeichnet. Wenn Sie auf eines der gelben Vierecke klicken, ändert sich die Farbe in grün und das Pfeilsymbol ändert sich in ein Häkchen.

Abbildg. 24.8   Eine neue Webabfrage

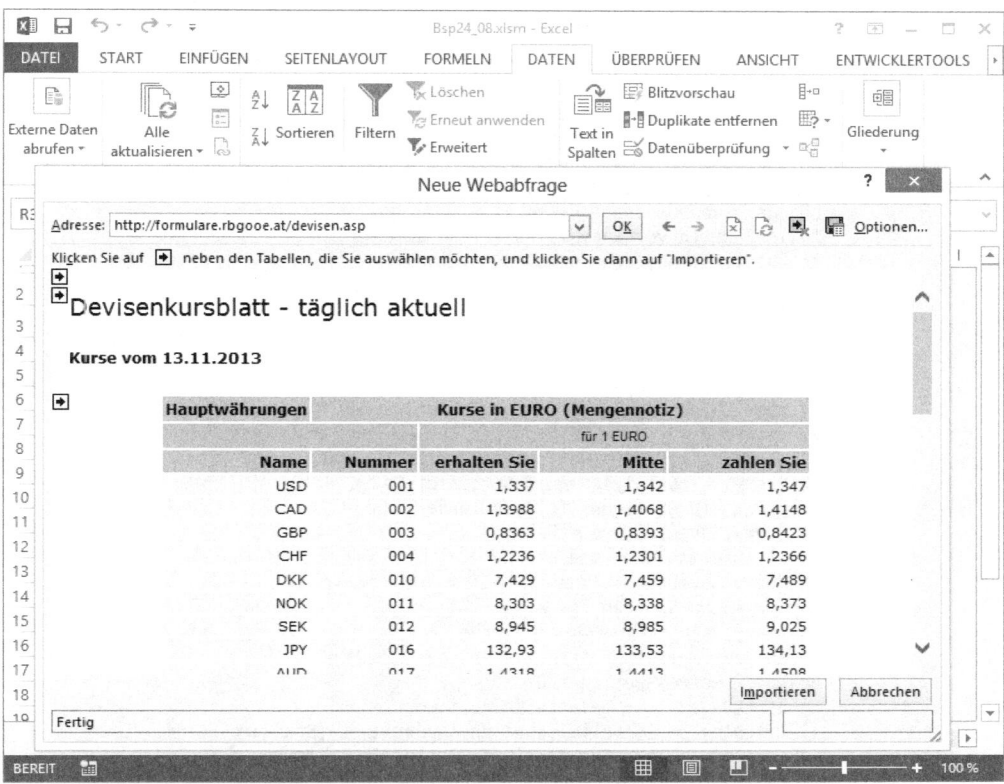

Nachdem Sie den oder die gewünschten Bereich(e) ausgewählt haben, betätigen Sie die Schaltfläche *Importieren*, um das Dialogfeld *Daten importieren* zu öffnen. Geben Sie die Zielzelle des aktiven Tabellenblatts an oder wählen Sie die Option *Neues Arbeitsblatt*. Hinter der Schaltfläche *Eigenschaften* finden Sie verschiedene Einstellungsmöglichkeiten zum Import. Klicken Sie auf die Schaltfläche

OK, um den Datenimport zu starten. Die Übertragung kann, je nach Geschwindigkeit der Internet-verbindung und der Menge der zu übertragenden Daten, einige Sekunden dauern.

Eine Webabfrage per VBA erzeugen

Der einfachste Weg, um den VBA-Code für eine Webabfrage zu erhalten, führt über den Makrore-korder. Eine Beschreibung zu den einzelnen Codezeilen finden Sie als Kommentare in der nachfol-genden Prozedur.

Listing 24.14   Eine Webabfrage per Code erstellen

```
Public Sub CreateWebquery()
  Dim objQuery As QueryTable

  With ThisWorkbook.Worksheets(2)
'     Alte Webabfrage löschen
    .Range("B5").CurrentRegion.Delete
'     Neue Webabfrage einfügen
    Set objQuery = .QueryTables.Add( _
                   Connection:="URL;http://formulare.rbgooe.at/devisen.asp", _
                   Destination:=Range("B5"))
'     Name, Spaltenüberschriften und Zeilennummern
'     für die Webabfrage festlegen
    objQuery.Name = "Devisenkurse"
    objQuery.FieldNames = False
    objQuery.RowNumbers = False
'     Falls Formeln vorhanden sind, diese aktualisieren
    objQuery.FillAdjacentFormulas = False
'     Pivot-Formatierungen, Aktualisierung, Abfrage im
'     Hintergrund durchführen
    objQuery.PreserveFormatting = True
    objQuery.RefreshOnFileOpen = False
    objQuery.BackgroundQuery = True
'     xlInsertDeleteCells: Teile von Zeilen werden hinzugefügt oder gelöscht
'     xlOverwrite      : Keine neuen Zeilen, nur bestehende überschreiben
'     xlInsertEntireRows : Falls erforderlich, ganze Zeilen hinzufügen
    objQuery.RefreshStyle = xlInsertDeleteCells
'     Kennwortinformationen, falls erforderlich
    objQuery.SavePassword = False
'     Pivot-Informationen speichern
    objQuery.SaveData = True
'     Automatische Spaltenbreite
    objQuery.AdjustColumnWidth = True
'     Anzahl automatischer Aktualisierungen pro Minute
    objQuery.RefreshPeriod = 0
'     xlEntirePage    : Gesamte Seite importieren
'     xlAllTables     : Alle Tabellen importieren (Standard)
'     xlSpecifiedTables: Nur bestimmte Zeilen importieren
    objQuery.WebSelectionType = xlSpecifiedTables
'     xlWebFormattingAll : Alle Formatierungen übernehmen
'     xlWebFormattingRTF : Nur RTF-Formatierungen übernehmen
'     xlWebFormattingNone: Keine Formatierungen übernehmen
    objQuery.WebFormatting = xlWebFormattingNone
'     Durch Komma getrennte Angabe, welche Webseiten importiert
'     werden sollen (Wenn Webselection = xlSpecifiedTables)
    objQuery.WebTables = "2"
```

Listing 24.14   Eine Webabfrage per Code erstellen *(Fortsetzung)*

```
'       Legt fest, ob Daten der HTML-Seite, die sich innerhalb von <pre>-Tags
'       befinden, beim Import in Spalten eingelesen werden.
        objQuery.WebPreFormattedTextToColumns = True
'       Legt fest, wie aufeinander folgende Trennzeichen von Daten innerhalb
'       von <pre>-Tags behandelt werden. Ist der Wert True, werden die Trenn-
'       zeichen wie ein einzelnes Trennzeichen behandelt. Zudem muss dabei
'       die Eigenschaft WebPreFormattedTextToColumns auf True gesetzt sein.
        objQuery.WebConsecutiveDelimitersAsOne = True
'       True, wenn die Daten innerhalb von <pre>-Tags beim Importieren der Seite
'       gleichzeitig verarbeitet werden sollen. False, wenn die Daten blockweise
'       in zusammenhängenden Zeilen importiert werden, damit Überschriften als
'       solche erkannt werden.
        objQuery.WebSingleBlockTextImport = False
'       True, wenn Daten, die Datumsangaben darstellen, beim
'       Importieren einer Webseite in eine Abfragetabelle als Text
'       analysiert werden
        objQuery.WebDisableDateRecognition = False
'       True, falls die Umleitung von Webabfragen für ein
'       QueryTable-Objekt deaktiviert wird
        objQuery.WebDisableRedirections = False
'       True, wenn Abfragen der PivotTable-Berichte oder
'       Abfragetabelle asynchron (im Hintergrund) durchgeführt werden
        objQuery.Refresh BackgroundQuery:=False
    End With
End Sub
```

ONLINE   Sie finden die Arbeitsmappe zu diesem Abschnitt im Ordner *\Buch\Kap24* in der Datei *Bsp24_08.xlsm*.

Webabfragen aktualisieren

Wenn Sie mit der rechten Maustaste auf die Webabfrage klicken und im Kontextmenü den Befehl *Aktualisieren* wählen, werden die Daten auf den aktuellsten Stand gebracht, wobei eine Verbindung zur Quelle hergestellt wird.

Die Übertragung kann, je nach Umfang der Daten, einige Sekunden andauern. Während dieser Dauer wird in der Statusleiste eine kleine Weltkugel angezeigt. Solange die Weltkugel sichtbar ist, sind noch nicht alle Daten übertragen worden.

Falls Sie die Aktualisierung per VBA vornehmen möchten, verwenden Sie die Methode Refresh, die Sie an die Eigenschaft QueryTable übergeben. Die Prozedur führt in diesem Fall keine explizite Überprüfung der Existenz der Webabfrage durch.

Listing 24.15   Eine Webabfrage aktualisieren

```
Public Sub RefreshWebquery()
  On Error Resume Next
  ThisWorkbook.Worksheets(2).Range("B5").QueryTable.Refresh
End Sub
```

Die nachfolgende Prozedur aktualisiert sämtliche Webabfragen *und* Pivot-Tabellen, die sich in der Mappe befinden. Wenn sich in der Mappe keine zu aktualisierende Tabelle befindet, entsteht dennoch keine Fehlermeldung.

Kommunikation mit der Außenwelt

Listing 24.16 Alle Abfragen einer Mappe aktualisieren

```
Public Sub RefreshAllTablesWorkbook()
    ThisWorkbook.RefreshAll
End Sub
```

ONLINE Sie finden die Arbeitsmappe zu diesem Abschnitt im Ordner \Buch\Kap24 ebenfalls in der Datei *Bsp24_08.xlsm*.

Webabfragen löschen

Beim Ausdruck »Webabfrage löschen« entsteht oftmals Verwirrung, denn die einen verstehen
darunter, die gesamte Tabelle, die die Webabfrage darstellt, zu löschen. Andere wiederum sprechen
lediglich davon, die Verbindung zum Internet zu trennen.

Wenn Sie tatsächlich die Tabelle mitsamt den Daten löschen möchten, geben Sie explizit den Bereich
an, oder Sie verwenden die Eigenschaft CurrentRegion, sofern die Größe des Bereichs nicht bekannt
ist oder variiert.

Listing 24.17 Bereich der Webabfrage löschen

```
Public Sub QueryDeleteRange()
   ThisWorkbook.Worksheets(2).Range("B5").CurrentRegion.Delete
End Sub
```

Wenn nur die Verbindung getrennt werden soll, dann verwenden Sie die Eigenschaft QueryTable in
Kombination mit der Methode Delete.

Listing 24.18 Die Verbindung einer Tabelle aufheben

```
Public Sub QueryDeleteConnectionFromSheet()
   On Error Resume Next
   ThisWorkbook.Worksheets(2).Range("B5").Range("A4").QueryTable.Delete
End Sub
```

Sollten sich mehrere Webabfragen in einem Tabellenblatt befinden, verwenden Sie zudem eine For
Each-Schleife.

Listing 24.19 Alle Verbindungen einer Tabelle aufheben

```
Public Sub QueryDeleteAllConnectionsFromSheet()
   Dim objQuery As QueryTable
   On Error Resume Next
   For Each objQuery In ThisWorkbook.Worksheets(2)
     objQuery.Delete
   Next
End Sub
```

ONLINE Sie finden die Arbeitsmappe zu diesem Abschnitt im Ordner \Buch\Kap24 ebenfalls in der Datei *Bsp24_08.xlsm*.

Kapitel 25

Schnittstellen zu anderen MS Anwendungen

In diesem Kapitel:

In diesem Kapitel werden Sie unter anderem erfahren, wie Sie Daten aus anderen Anwendungen per VBA in Excel importieren oder aus Excel heraus exportieren können. Das Gebiet rund um externe Applikationen ist so umfangreich, dass man dazu ein eigenes Buch schreiben könnte, weshalb in diesem Kapitel nur auf die wichtigsten Aspekte eingegangen werden kann. Jede der externen Applikationen hat ihre eigenen Objekte, Methoden und Eigenschaften, die von Excel aus angesprochen werden können.

> **HINWEIS** Wenn in diesem Kapitel von Microsoft-Anwendungen die Rede ist, sind ausschließlich Programme der Office-Familie gemeint wie beispielsweise Word, Outlook, Access usw.

Objekte aus externen Anwendungen verwenden

Es gibt zwei unterschiedliche Vorgehensweisen, um Objekte aus externen Applikationen zu verwenden. Man unterscheidet zwischen *Early Binding* und *Late Binding*, zu Deutsch frühe und späte Bindung. Im Grunde genommen wird mit beiden Praktiken dasselbe erreicht. Die Bibliothek der externen Anwendung wird in die Entwicklungsumgebung von Excel eingebunden, sodass die Objekte der externen Anwendungen verwendet werden können.

Das funktioniert natürlich nur, wenn eine solche Anwendung auch eine Bibliothek zur Verfügung stellt, wie eben beispielsweise Microsoft-Anwendungen. Aber auch z.B. Adobe und SAP stellen solche Bibliotheken zur Verfügung. »Zur Verfügung stellen« heißt aber noch nicht, dass alle Funktionen der Anwendung in der Bibliothek enthalten sind oder in VBA verwendet werden können. Es gibt auch andere Anwendungsmöglichkeiten, weshalb Sie im Dialogfeld zum Setzen von Verweisen eine ganze Reihe von Bibliotheken finden werden, die für VBA jedoch nicht nutzbar sind.

Zudem sind manche dieser Bibliotheken sehr spärlich dokumentiert. Dann heißt es, im Internet nach Anleitungen zu suchen oder mit dem Objektkatalog zu experimentieren. Bei den Bibliotheken der Office-Anwendungen müssen Sie sich jedoch keine Sorgen machen, denn die VBA-Hilfe ist für alle Anwendungen verfügbar. Wissen Sie mal nicht weiter, suchen Sie das Objekt und/oder die Methode bzw. Eigenschaft im Objektkatalog heraus und drücken $\boxed{\text{F1}}$.

Die frühe Bindung (Early Binding)

Eine frühe Bindung findet statt, wenn die Objektbibliothek der externen Applikation eingebunden wird, noch bevor die erste Codezeile geschrieben wurde. Um dieses Verfahren zu verwenden, wählen Sie in der VBA-Entwicklungsumgebung den Menübefehl *Extras/Verweise*. Im nun angezeigten Dialogfeld steht eine Vielzahl aktivierbarer Bibliotheken zur Verfügung. Die Anzahl hängt davon ab, wie viele Anwendungen auf Ihrem System installiert sind.

Wenn Sie beispielsweise auf die Objekte von Microsoft Word zugreifen möchten, aktivieren Sie das Kontrollkästchen *Microsoft Word NN.0 Object Library*. Das *NN.0* steht für die Office-Version. Im Fall von Office 2013 ist dies 15.0, für Office 2010 wird 14.0 und für Office 2007 wird 12.0 angezeigt. Noch ältere Versionen haben jeweils eine niedrigere Nummer. Die frühe Bindung ist somit an eine bestimmte Version gebunden.

Eine aktivierte Bibliothek steht nur in dem einen VBA-Projekt zur Verfügung, in dem sie aktiviert wurde. Nachdem die Bibliothek ausgewählt wurde, können die Objekte, Eigenschaften und Methoden der Applikation im *Objektkatalog* eingesehen werden. Wenn Sie die Bibliothek im Objektkatalog heraussuchen, werden nur die Einträge zu der Bibliothek angezeigt.

Abbildg. 25.1 Objektkatalog der PowerPoint-Bibliothek in Excel und Suche nach *Animation*

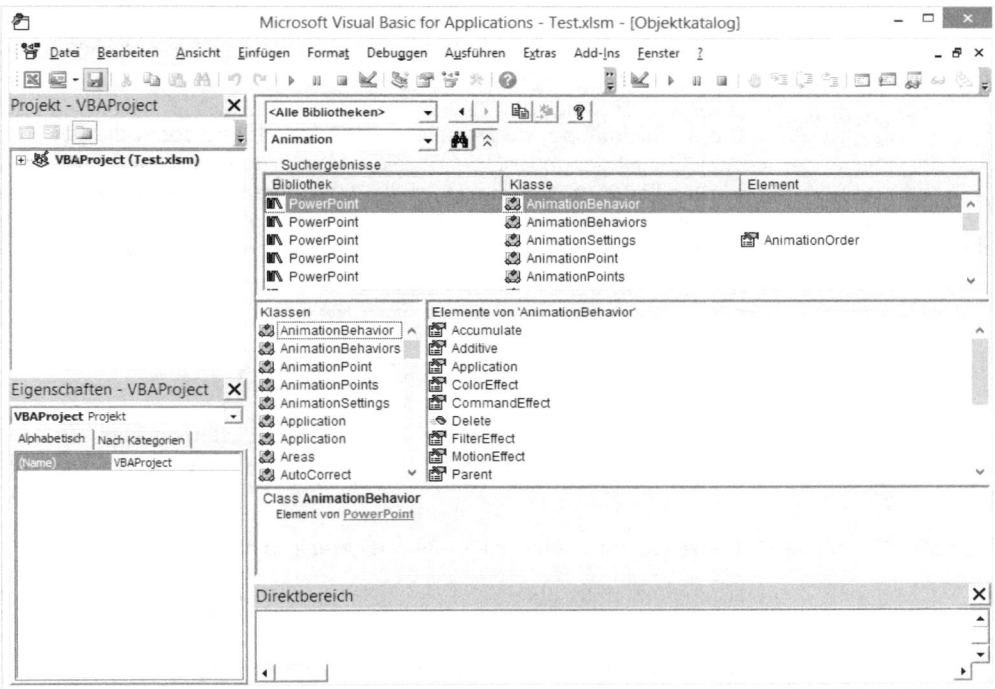

Wenn Sie mit der frühen Bindung arbeiten, sollten Sie das neue Objekt als Variable zu Beginn der Prozedur deklarieren und anschließend erzeugen. Damit wird auch die Anwendung im Hintergrund gestartet.

Wenn Sie beispielsweise einen Verweis auf PowerPoint setzen und folgenden Code in einer Prozedur ausführen lassen, bleibt diese bei der Anweisung Stop stehen:

Listing 25.1 PowerPoint öffnen, ein Verweis muss hierbei auf die PowerPoint-Bibliothek gesetzt sein

```
Public Sub PowerPointEarlyBinding()
'   Deklaration
    Dim objPowerPoint As PowerPoint.Application
'   Erzeugung des PowerPoint-Objekt
    Set objPowerPoint = New PowerPoint.Application
    Stop
End Sub
```

Kommunikation mit der Außenwelt

Lassen Sie die vom Debugger markierte Zeile erst mal stehen und rufen Sie den Task-Manager auf. Sie sehen in der Task-Liste den Eintrag *PowerPoint.exe*, wobei das Anwendungsfenster jedoch nicht sichtbar ist. Wenn Sie die Prozedur nun weiterlaufen lassen, wird PowerPoint wieder geschlossen.

ONLINE   Sie finden die Arbeitsmappe zu diesem Abschnitt im Ordner *Buch**Kap25* in der Datei *Bsp25_01.xlsm*.

Ein großer Vorteil beim Verwenden der frühen Bindung ist, dass nach der Deklaration automatisch die IntelliSense-Funktion zur Verfügung steht.

HINWEIS   Die Beispielmappe wurde in Excel 2013 erstellt und somit die PowerPoint-Bibliothek in der Version 15.0 eingebunden. Wenn Sie die Mappe in einer älteren Excel-Version öffnen und VBA einen Kompilierungsfehler melden sollte, überprüfen Sie den Verweis. Finden Sie dort einen Hinweis, dass der Verweis auf PowerPoint nicht gefunden werden kann, entfernen Sie das Kontrollkästchen und setzen erneut den Verweis auf die Bibliothek Ihrer Office-Version.

Dieser Hinweis gilt auch für die folgenden Beispiele.

Die späte Bindung (Late Binding)

Späte Bindung bedeutet, dass die Verbindung zur Bibliothek der externen Applikation während der Laufzeit hergestellt wird. Die Applikation wird als Objekt dimensioniert und entsprechend referenziert:

Listing 25.2   PowerPoint zur Laufzeit aufrufen, ohne einen Verweis gesetzt zu haben

```
Public Sub PowerPointLateBinding()
'   Deklaration
    Dim objPowerPoint As Object
'   Erzeugung des PowerPoint-Objekts
    Set objPowerPoint = CreateObject("Powerpoint.Application")
    Stop
End Sub
```

Die Stop-Anweisung dient hier wieder der Möglichkeit zur Überprüfung im Task-Manager. Der Vorteil der Verwendung der späten Bindung besteht hauptsächlich darin, dass unabhängig von der Version gearbeitet werden kann.

ONLINE   Sie finden die Arbeitsmappe zu diesem Abschnitt im Ordner *Buch**Kap25* in der Datei *Bsp25_02.xlsm*.

Wenn beispielsweise mehrere Office-Versionen auf Ihrem Rechner installiert sind und Sie gezielt eine Version ansprechen möchten, können Sie die Versionsnummer mit angeben. Hier beispielsweise die Version 2003:

```
Set objPowerPoint = CreateObject("Powerpoint.Application.11")
```

Das funktioniert auch mit Word oder Access. Wenn Sie sich für die späte Bindung entscheiden, sollten Sie mit den Objekten, Eigenschaften und Methoden der externen Applikation vertraut sein, denn weder der Objektkatalog noch IntelliSense stehen zur Verfügung.

Zusammenarbeit mit Word

Word ist die erste externe Microsoft-Anwendung, der wir uns zuwenden. Sie finden nachfolgend drei Beispiele. Das erste zeigt, wie Daten aus einer Excel-Tabelle nach Word exportiert werden können. Im zweiten Beispiel wird gezeigt, wie Daten aus Word in eine Excel-Tabelle importiert werden können. Und im dritten Beispiel wird ein Word-Dokument per Code aus Excel heraus formatiert.

ONLINE Sie finden die Arbeitsmappe zu diesem Abschnitt im Ordner \Buch\Kap25 in der Datei *Bsp25_03.xlsm*.

Daten nach Word exportieren

Der einfachste Weg, um Daten von Excel nach Word zu exportieren, besteht darin, die Funktion *Copy* & *Paste* zu verwenden.

Abbildg. 25.2   Excel-Tabelle nach Word kopieren

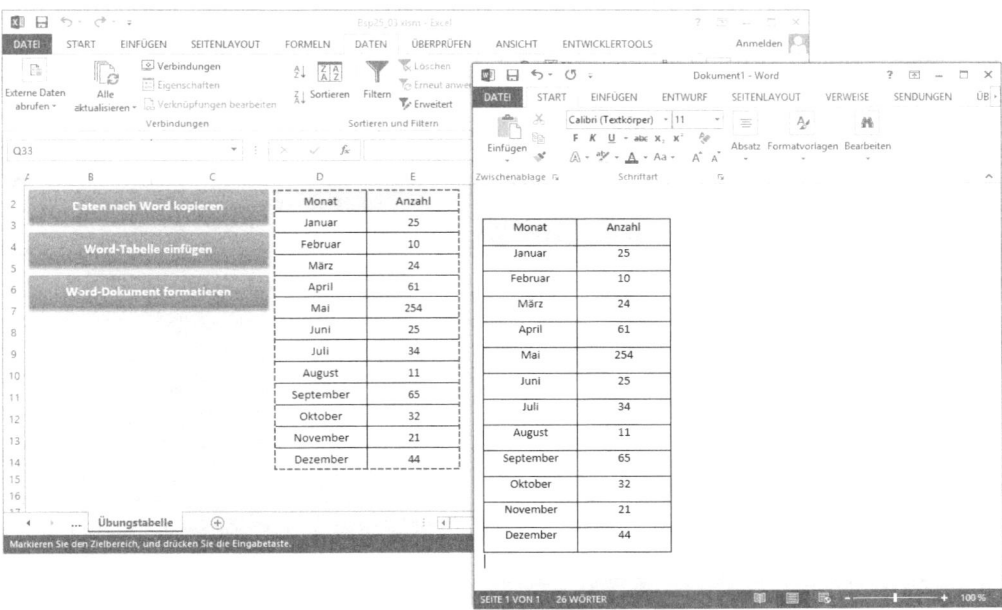

Nach der Dimensionierung wird der gewünschte Bereich der Excel-Tabelle kopiert. Der Code im folgenden Listing startet die Word-Applikation, setzt deren Sichtbarkeit auf True, erstellt ein neues Dokument und fügt den kopierten Bereich ein. Beachten Sie, dass Word beim Abschluss der Prozedur nicht geschlossen wird.

Listing 25.3 Daten nach Word exportieren

```
Public Sub ExportToWord()
  Dim objWord As Word.Application

'   Instanz erstellen
    Set objWord = New Word.Application
'   Excel-Bereich kopieren
    ThisWorkbook.Worksheets(2).Range("D2:E14").Copy
'   Sichtbarkeit
    objWord.Visible = True
'   Neues Dokument anlegen
    objWord.Documents.Add
'   Einfügen
    objWord.Selection.Paste
End Sub
```

Word-Daten importieren

Erstellen wir nun das Gegenstück zum vorangegangenen Beispiel. Es sollen die Daten einer Word-Tabelle in eine Excel-Tabelle kopiert werden. In dem Beispielcode wird davon ausgegangen, dass die Word-Datei vorliegt und sich im selben Verzeichnis wie die Beispielmappe befindet.

Abbildg. 25.3 Word-Tabelle nach Excel exportieren

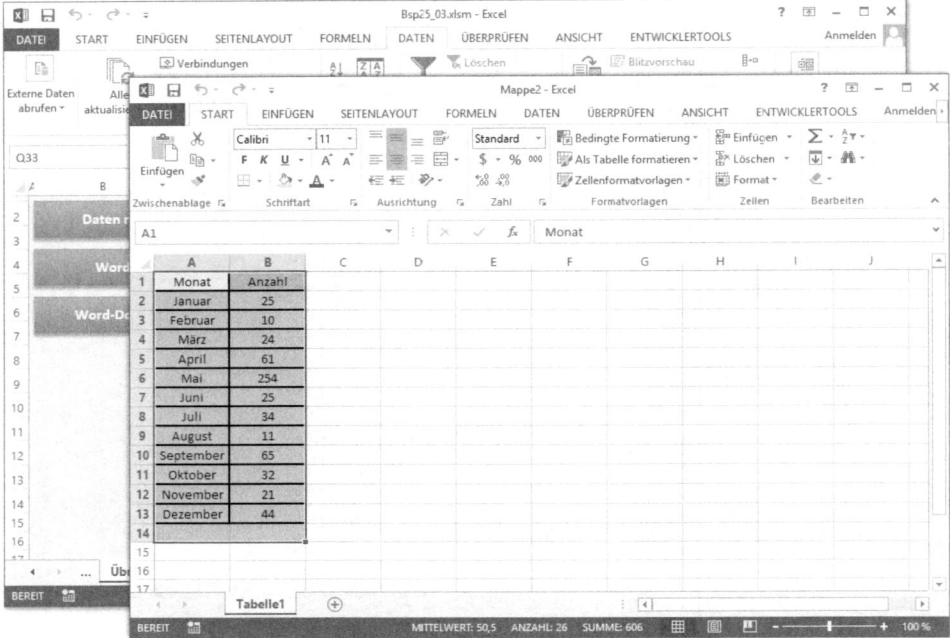

Die Prozedur öffnet ein bestehendes Word-Dokument, kopiert dessen Inhalt in die Zwischenablage, erstellt eine neue Arbeitsmappe und fügt den Inhalt der Zwischenablage in die erste Tabelle ein. Schließlich wird Word beendet und das Objekt freigegeben.

Listing 25.4 Import der Daten aus einem Word-Dokument

```
Public Sub ImportFromWord()
    Dim strFile As String
    Dim objWord As Word.Application

'   Instanz erstellen
    Set objWord = New Word.Application
'   Datei
    strFile = ThisWorkbook.Path & "\" & "Bsp25_03.docx"
'   Inhalt kopieren
    objWord.Documents.Open strFile
    objWord.Selection.WholeStory
    objWord.Selection.Copy
'   Neue Mappe erstellen
    Application.Workbooks.Add
'   Einfügen
    Application.Workbooks(Application.Workbooks.Count).Worksheets(1).Paste
'   Word beenden
    objWord.Quit
'   Freigeben
    Set objWord = Nothing
End Sub
```

Ein Word-Dokument mit Formatierungen

Diesmal arbeiten wir nicht mit Kopieren und Einfügen, sondern bauen das Word-Dokument Schritt für Schritt auf. Über der Tabelle soll eine Überschrift erscheinen, deren Text in der Schriftart *Calibri* auf 14 Punkt gesetzt ist. Anschließend soll eine Word-Tabelle erstellt und formatiert werden. Außerdem sollen die Inhalte des Bereichs D3:E14 in die Zellen der Word-Tabelle eingetragen werden.

Abbildg. 25.4 Ein formatiertes Word-Dokument

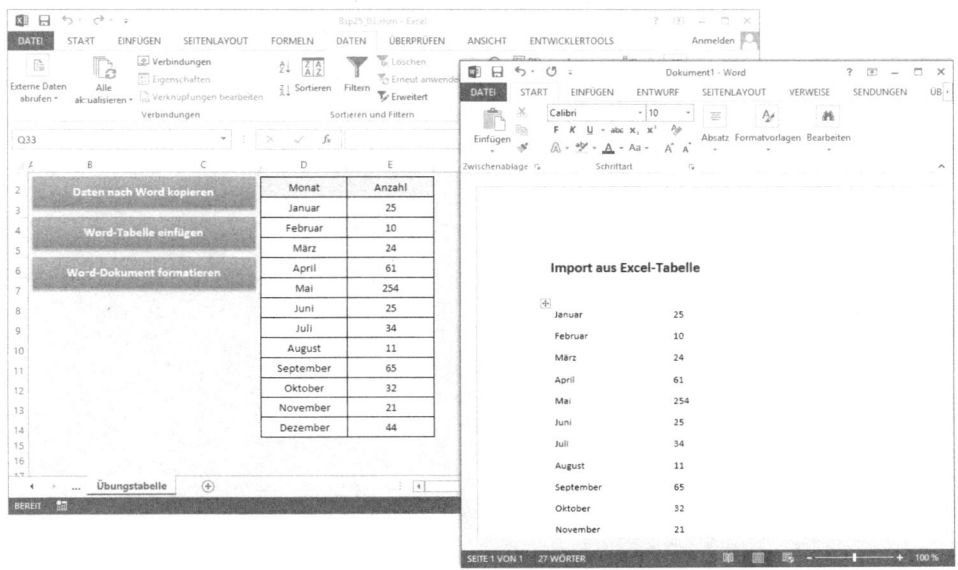

Weitere Erläuterungen sind als Kommentarzeilen im Code des folgenden Listings untergebracht:

Listing 25.5 Ein formatiertes Word-Dokument erstellen

```
Public Sub ExportToWordFormatted()
  Dim lngIndex As Long
  Dim objWord  As Word.Application

' Instanz erstellen
  Set objWord = New Word.Application
' Verkürzung
  With objWord
'   Bildschirmakutalisierung ausschalten
    .ScreenUpdating = False
'   Sichtbarkeit
    .Visible = True
'   Neues Dokument anlegen und aktivieren
    .Documents.Add
    .Activate
'   Aktuelle Position
    With .Selection
'     Überschrift formatieren
      .Font.Name = "Calibri"
      .Font.Size = 14
      .Font.Bold = True
      .Font.Color = wdColorBlue
'     Text und Absatzmarke einfügen
      .TypeText Text:="Import aus Excel-Tabelle"
      .TypeParagraph
'     Formatierungen für weiteren Text
      .Font.Name = "Calibri"
      .Font.Size = 10
      .Font.Bold = False
      .Font.Color = wdColorBlack
      .TypeParagraph
'     Tabelle in Word einfügen

      .Tables.Add Range:=.Range, NumRows:=15, NumColumns:=2
'     Spaltenbreite auf vier Zentimeter festlegen
      .Tables(1).Columns(1).PreferredWidth = CentimetersToPoints(4)
      .Tables(1).Columns(2).PreferredWidth = CentimetersToPoints(4)
'     Excel-Daten in Word-Tabelle schreiben (Bereich D3:E14)
      For lngIndex = 3 To 14
        .TypeText Text:=Cells(lngIndex, 4).Value
        .MoveRight Unit:=wdCell
        .TypeText Text:=Cells(lngIndex, 5).Value
        .MoveRight Unit:=wdCell
      Next
    End With
'   Bildschirmaktualisierung einschalten
    .ScreenUpdating = True
  End With
End Sub
```

Zusammenarbeit mit PowerPoint

In diesem Abschnitt finden Sie einige Beispiele zur Anbindung von PowerPoint an Excel. Die Beispiele gehen davon aus, dass ein Verweis auf die Bibliothek *Microsoft PowerPoint NN.0 Object Library* gesetzt ist, wobei das *NN* für die PowerPoint-Version steht (z.B. 15).

ONLINE Sie finden die Arbeitsmappe zu diesem Abschnitt im Ordner *\Buch\Kap25* in der Datei *Bsp25_04.xlsm*.

Daten nach PowerPoint exportieren

Die Ausgangslage für unser Beispiel ist eine Excel-Tabelle, die einen Tabellenbereich und ein Diagramm enthält. Es soll eine neue PowerPoint-Präsentation mit einer Folie erstellt werden. Das Excel-Diagramm wird kopiert und vergrößert auf der Präsentation eingefügt.

Abbildg. 25.5 Excel-Daten nach PowerPoint exportieren

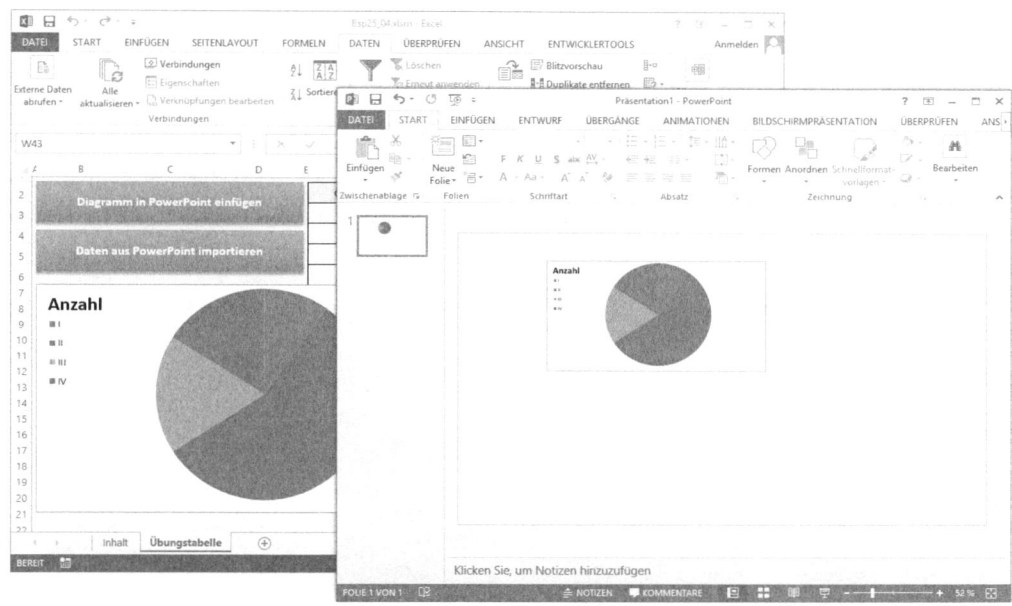

Die wichtigsten PowerPoint-Objekte in dem Beispiel sind die Präsentation selbst und die Folie. Das Objekt für die Präsentation lautet `Presentations` und das Objekt für die Folie `Slides`. Im Code finden Sie Kommentare, die die einzelnen Codezeilen beschreiben.

Listing 25.6 Eine PowerPoint-Präsentation aus Excel-Daten erstellen

```
Public Sub ExportToPowerPoint()
    Dim objPowerPoint As PowerPoint.Application
```

Listing 25.6 Eine PowerPoint-Präsentation aus Excel-Daten erstellen *(Fortsetzung)*

```
'   Instanz erstellen
    Set objPowerPoint = New PowerPoint.Application
'   Sichtbarkeit
    objPowerPoint.Visible = True
'   Neue Präsentation hinzufügen
    objPowerPoint.Presentations.Add
'   Verkürzung
    With objPowerPoint.Presentations(objPowerPoint.Presentations.Count)
'       Neue Folie
        .Slides.Add 1, ppLayoutBlank
'       Excel-Diagramm kopieren
        ThisWorkbook.Worksheets(2).ChartObjects(1).Copy
'       Einfügen
        .Slides(1).Shapes.Paste
'       Positionieren
        .Slides(1).Shapes(1).Height = 400
        .Slides(1).Shapes(1).Width = 400
        .Slides(1).Shapes(1).Top = 50
        .Slides(1).Shapes(1).Left = 160
    End With
End Sub
```

PowerPoint-Daten importieren

Diesmal soll der Transfer in die Gegenrichtung erfolgen. Es existiert eine PowerPoint-Präsentation, deren Folien in eine neue Mappe eingefügt werden. Jede Folie soll in ein eigenes Tabellenblatt kopiert werden.

Abbildg. 25.6 Folien aus PowerPoint-Präsentation in Excel importieren

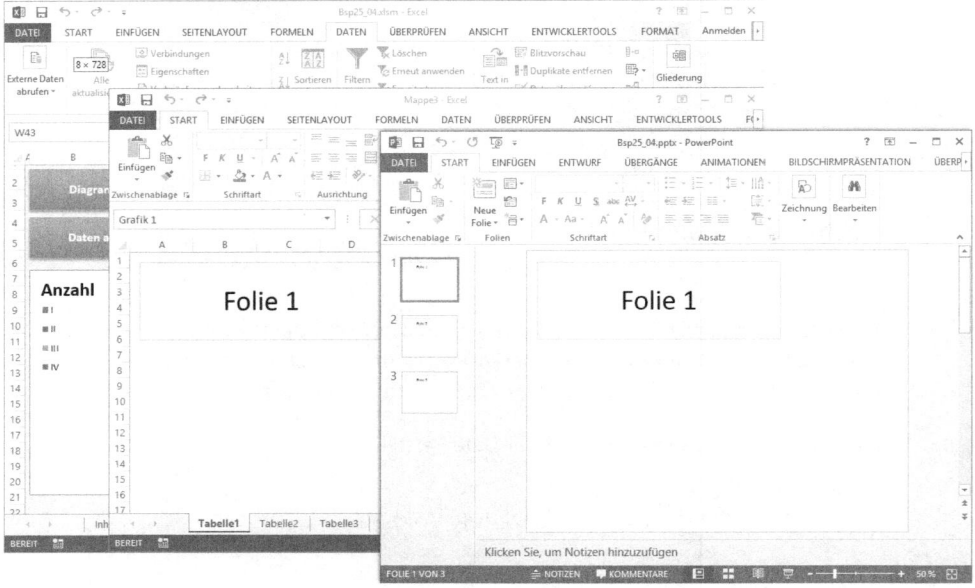

Die Prozedur in Listing 25.7 enthält Kommentarzeilen, die die einzelnen Schritte erläutern.

Listing 25.7 PowerPoint-Folien in Excel-Tabellenblätter einfügen

```
Public Sub ImportFromPowerPoint()
    Dim lngIndex     As Long
    Dim lngSheets    As Long
    Dim wkbBook      As Workbook
    Dim objPowerPoint As PowerPoint.Application

'   Instanz erstellen
    Set objPowerPoint = New PowerPoint.Application
'   Sichtbarkeit
    objPowerPoint.Visible = True
'   Präsentation öffnen
    objPowerPoint.Presentations.Open ThisWorkbook.Path & "\" & "Bsp25_04.pptx"
'   Verkürzen
    With objPowerPoint.Presentations(objPowerPoint.Presentations.Count)
'       Die Einstellung zur Anzahl vorhandener Blätter
'       einer neuen Mappe temporär sichern
        lngSheets = Application.SheetsInNewWorkbook
'       Diese Einstellung auf die Anzahl der Folien setzen
        Application.SheetsInNewWorkbook = .Slides.Count
'       Neue Mappe erzeugen
        Set wkbBook = Application.Workbooks.Add
'       Die Einstellung wiederherstellen
        Application.SheetsInNewWorkbook = lngSheets
'       Auf jedes Tabellenblatt eine Folie einfügen
        For lngIndex = 1 To .Slides.Count
          .Slides(lngIndex).Copy
            wkbBook.Worksheets(lngIndex).Paste
        Next
'       Freigeben
        Set wkbBook = Nothing
    End With
End Sub
```

Datenaustausch mit Access-Datenbanken

Um Daten zwischen Access und Excel zu transferieren, kann wahlweise mit der Bibliothek DAO (*Data Access Objects*) oder ADO (*ActiveX Data Objects*) gearbeitet werden. Bei DAO handelt es sich um den Vorgänger von ADO. Wir werden uns hier ausschließlich mit ADO befassen.

Um mit ADO arbeiten zu können, müssen Sie die Bibliothek *Microsoft ActiveX Data Objects 2.8 Library* aktivieren.

ONLINE   Sie finden die Arbeitsmappe zu diesem Abschnitt im Ordner *Buch\Kap25* in der Datei *Bsp25_05.xlsm*.

Daten nach Access exportieren

Um Excel-Daten in Access-Tabellen zu übertragen, sollten Sie zuerst eine leere Access-Datenbank mit den nötigen Tabellen und Relationen erstellen. Innerhalb der Beispieldateien zum Buch finden Sie eine Access-Datei (*Bsp25_05.mdb*), die zwei Tabellen enthält, die wir mit Daten füllen werden.

Abbildg. 25.7   Zwei Access-Tabellen die in Beziehung zueinander stehen

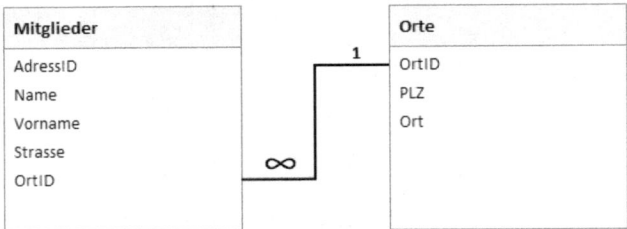

Zu Beginn der Prozedur sind zwei Referenzierungen wichtig. Die erste bezieht sich auf die Datenbankverbindung (Connection) und die zweite auf die Datensätze (Recordset). Nachdem die beiden Dimensionierungen erfolgt sind, kann eine Verbindung zur Datenbank hergestellt werden. Die Datenbank wird dabei nicht geöffnet, der Vorgang läuft im Hintergrund ab. Dennoch wird die Methode Open verwendet. Mit Provider=Microsoft.Jet.OLEDB.4.0; muss der Provider angegeben werden. Diesem folgt die Quellangabe Data Source, das heißt die Pfad- und Dateiangabe der Datenbank.

HINWEIS   Leider stellt Microsoft diese Schnittstelle nur für 32-Bit-Rechner zur Verfügung. Auf einem 64-Bit-Rechner sind die folgenden Prozeduren somit nicht lauffähig.

Da eine n:1-Beziehung von der Tabelle *Mitglieder* zur Tabelle *Ort* in der Access-Datenbank besteht, muss zuerst die Tabelle *Ort* aufbereitet werden. Ohne Einträge in der Tabelle *Ort* könnte die Tabelle *Mitglieder* nicht gefüllt werden.

Es werden also zuerst die Datensätze für die Tabelle *Ort* übertragen. Auch hier wird die Methode Open verwendet, diesmal jedoch in Bezug auf den Datensatz. Die Angaben CursorType:= adOpenKeyset, LockType:=adLockOptimistic sind zwingend erforderlich. Sie heben die vorbelegte Sperrung der Datensätze auf und lassen das Bewegen des Cursors zwischen den Feldern zu. Die Datensätze werden nach der Aktualisierung (Update) wieder gesperrt.

In der For-Schleife werden die Daten aus der Excel-Tabelle ausgelesen und in die Access-Datenbank geschrieben. Um eine neue Zeile in der Access-Datenbank zu erstellen, wird die Methode AddNew verwendet. Danach werden die Felder angesprochen. Erst mittels der Methode Update wird der Datensatz aktualisiert. Nach der For-Schleife wird die Verbindung zur Tabelle *Ort* getrennt.

In einem weiteren Schritt wird nun die Tabelle *Mitglieder* aufbereitet. Das Verfahren ist identisch mit dem für die Tabelle *Ort*. Achten Sie darauf, dass das Feld OrtID, das die Verbindung der Tabelle *Mitglieder* zur Tabelle *Ort* darstellt, gefüllt werden muss.

Am Ende der Prozedur muss auch die Verbindung zur Datenbank getrennt werden. Es wird zudem eine Meldung ausgegeben, die das Ende der Übertragung signalisiert.

> **HINWEIS** Bei mehrmaligem Ausführen der Prozedur werden die Datensätze erneut übertragen und sind somit mehrmals in Access vorhanden.

Nachfolgend ist der Code zur Übertragung der Daten in die Access-Datenbank aufgeführt.

Listing 25.8 Daten einer Excel-Tabelle in eine Access-Datenbank exportieren

```
Public Sub ExportToDatabase()
    Dim lngIndex      As Long
    Dim objConnection As ADODB.Connection
    Dim objRecordset  As ADODB.Recordset

    '   Instanziieren
    Set objConnection = New ADODB.Connection
    Set objRecordset = New ADODB.Recordset
    '   Verbindung herstellen
    objConnection.Open "Provider=Microsoft.Jet.OLEDB.4.0;" & _
                        "Data Source= " & ThisWorkbook.Path & "\Bsp25_05.mdb;"
    '   Ortstabelle ansprechen
    objRecordset.Open "Ort", _
                        objConnection, _
                        CursorType:=adOpenKeyset, _
                        LockType:=adLockOptimistic
    '   Daten übertragen
    With ThisWorkbook.Worksheets(2)
        For lngIndex = 1 To 4
            objRecordset.AddNew
            objRecordset.Fields("PLZ") = Cells(lngIndex + 2, 9)
            objRecordset.Fields("Ort") = Cells(lngIndex + 2, 10)
            objRecordset.Update
        Next
    End With
    '   Ortstabelle schließen
    objRecordset.Close
    '   Mitgliedertabelle ansprechen
    objRecordset.Open "Mitglieder", _
                        objConnection, _
                        CursorType:=adOpenKeyset, _
                        LockType:=adLockOptimistic
    '   Daten übertragen
    With ThisWorkbook.Worksheets(2)
        For lngIndex = 1 To 4
            objRecordset.AddNew
            objRecordset.Fields("Name") = .Cells(lngIndex + 2, 6)
            objRecordset.Fields("Vorname") = .Cells(lngIndex + 2, 7)
            objRecordset.Fields("Strasse") = .Cells(lngIndex + 2, 8)
            objRecordset.Fields("OrtID") = lngIndex
            objRecordset.Update
        Next
    End With
    '   Mitgliedertabelle schließen
    objRecordset.Close
    '   Verbindung zur Datenbank trennen
    objConnection.Close
```

Listing 25.8 Daten einer Excel-Tabelle in eine Access-Datenbank exportieren *(Fortsetzung)*

```
'   Freigeben
    Set objRecordset = Nothing
    Set objConnection = Nothing
'   Meldung
    MsgBox "Die Daten wurden übertragen."
  End Sub
```

Daten aus Access importieren

Die Implementierung des Datenimports ist der des Exports ähnlich. Auch hier werden zu Beginn der Prozedur die Access-Objekte referenziert. Danach wird die Verbindung zur Access-Datenbank hergestellt. Mittels der Methode CopyFromRecordset wird der gesamte Inhalt einer Access-Tabelle kopiert.

Das Verfahren, welches hier vorgestellt wird, ist recht simpel. Anhand der ADODB-Bibliothek können Sie viele weitere Möglichkeiten nutzen, wie beispielsweise die Abfrage von Daten aus der Datenbank via SQL-Abfragen, um die Daten zu filtern zu sortieren oder mehrere Tabellen in einem Rutsch anzusprechen. All diese Möglichkeiten hier aufzuführen, würde jedoch den Rahmen des Buchs sprengen. Im Internet lassen sich Unmengen an Beispielen zu ADODB finden.

Listing 25.9 Daten von Access nach Excel importieren

```
Public Sub ImportFromDatabase()
  Dim objConnection As ADODB.Connection
  Dim objRecordset  As ADODB.Recordset
  Dim wkbBook       As Workbook

'   Instanziieren
  Set objConnection = New ADODB.Connection
  Set objRecordset = New ADODB.Recordset
'   Verbindung herstellen
  objConnection.Open "Provider=Microsoft.Jet.OLEDB.4.0;" & _
                     "Data Source= " & ThisWorkbook.Path & "\Bsp25_05.mdb;"
'   Neue Mappe anlegen
  Set wkbBook = Application.Workbooks.Add
'   Mitglieder
  objRecordset.Open "Mitglieder", _
                    objConnection, _
                    CursorType:=adOpenKeyset, _
                    LockType:=adLockOptimistic
  wkbBook.Worksheets(1).Range("A1").CopyFromRecordset objRecordset
  objRecordset.Close
'   Orte
  objRecordset.Open "Ort", _
                    objConnection, _
                    CursorType:=adOpenKeyset, _
                    LockType:=adLockOptimistic
  wkbBook.Worksheets(1).Range("E1").CopyFromRecordset objRecordset
  objRecordset.Close
'   Verbindung zur Datenbank trennen
  objConnection.Close
```

Listing 25.9   Daten von Access nach Excel importieren *(Fortsetzung)*

```
'   Freigeben
    Set objRecordset = Nothing
    Set objConnection = Nothing
    Set wkbBook = Nothing
'   Meldung
    MsgBox "Die Daten wurden übertragen."
End Sub
```

Auf Outlook zugreifen

Wenn Sie von Outlook aus Daten auslesen möchten, stellt sich vorerst die Frage, welchen der elf Standardordner Sie ansprechen möchten. In folgender Tabelle sind diese Ordner aufgeführt.

Tabelle 25.1   Die Standardordner von Outlook

Ordner	Konstante
Kalender	olFolderCalendar
Kontakte	olFolderContacts
Gelöschte Objekte	olFolderDeletedItems
Entwürfe	olFolderDrafts
Posteingang	olFolderInbox
Journal	olFolderJournal
Notizen	olFolderNotes
Postausgang	olFolderOutbox
Gesendete Objekte	olFolderSentMail
Aufgaben	olFolderTasks
Alle öffentlichen Ordner	olPublicAllPublicFolders

Wenn Sie Outlook-Daten auslesen möchten, müssen Sie den Verweis auf die Bibliothek *Microsoft Outlook NN.0 Object Library* aktivieren, wobei *NN* für die Outlook-Versionsnummer steht. Outlook ist jedoch etwas empfindlicher, was die Version angeht. Falls Sie beispielsweise mehrere Office-Versionen nebeneinander installieren, lässt sich nur eine Outlook-Version installieren.

Unabhängig davon, welchen Ordner Sie auslesen möchten, erfolgen die Dimensionierung und Referenzierung immer nach den gleichen Regeln. Diese stützen sich auf die hierarchische Struktur von Outlook:

```
Dim objOutlook          As Outlook.Application
Dim objOutlookNameSpace As Outlook.Namespace
Dim objOutlookFolder    As Outlook.MAPIFolder
Dim objOutlookItems     As Outlook.Items
Dim objOutlookItem      As Object
```

```
Set objOutlook = New Outlook.Application
Set objOutlookNameSpace = objOutlook.GetNamespace("MAPI")
Set objOutlookFolder = objOutlookNameSpace.GetDefaultFolder(olFolderInbox)
Set objOutlookItems = objOutlookFolder.Items
```

An oberster Stelle der Hierarchie steht die Applikation. MAPI (Microsoft Application Programming Interface) ist die Schnittstelle zwischen Outlook und, von Outlook aus gesehen, der externen Applikation. Diese Verbindung muss in jedem Fall hergestellt werden, wenn Daten ausgelesen werden sollen.

Mittels `Outlook.MAPIFolder` wird das Ordner-Objekt dimensioniert. Bei der Referenzierung wird der Methode `GetDefaultFolder` die Konstante des Ordners übergeben, der ausgelesen werden soll. In Abhängigkeit davon, welcher Ordner ausgelesen werden soll, sind meist weitere Objekte erforderlich.

ONLINE   Sie finden die Arbeitsmappe zu diesem Abschnitt im Ordner *Buch**Kap25* in der Datei *Bsp25_06.xlsm*.

Den Posteingang auslesen

Wie zuvor beschrieben, werden die Objekte hierarchisch dimensioniert und referenziert. In unserem Beispiel wird danach eine neue Excel-Mappe erzeugt, in die die Daten geschrieben werden. In der For-Schleife werden einige der Daten des Posteingangs ausgelesen und über mehrere Spalten verteilt in die erste Excel-Tabelle der Mappe geschrieben.

Listing 25.10   Posteingang auslesen

```
Public Sub OutlookReadInbox()
    Dim lngRow              As Long
    Dim objOutlook          As Outlook.Application
    Dim objOutlookNameSpace As Outlook.Namespace
    Dim objOutlookFolder    As Outlook.MAPIFolder
    Dim objOutlookItems     As Outlook.Items
    Dim objOutlookItem      As Object

'   Instanziieren
    Set objOutlook = New Outlook.Application
    Set objOutlookNameSpace = objOutlook.GetNamespace("MAPI")
    Set objOutlookFolder = objOutlookNameSpace.GetDefaultFolder(olFolderInbox)
    Set objOutlookItems = objOutlookFolder.Items
'   Eine neue Excel-Mappe erstellen
    Application.Workbooks.Add
'   Verkürzen
    With Application.Workbooks(Application.Workbooks.Count).Worksheets(1)
'       Reset
        lngRow = 1
'       Auslesen
        For Each objOutlookItem In objOutlookItems
'           Prüfen, ob es sich um eine Mail handelt
            If objOutlookItem.Class = olMail Then
                .Cells(lngRow, 1) = objOutlookItem.SenderName     ' Absender
                .Cells(lngRow, 2) = objOutlookItem.Subject        ' Betreff
                .Cells(lngRow, 3) = objOutlookItem.ReceivedTime   ' Datum
                .Cells(lngRow, 4) = objOutlookItem.Size           ' Größe
                lngRow = lngRow + 1
```

Listing 25.10 Posteingang auslesen *(Fortsetzung)*

```
        End If
      Next
    End With
 '  Objekte freigeben
    Set objOutlookItems = Nothing
    Set objOutlookFolder = Nothing
    Set objOutlookNameSpace = Nothing
    Set objOutlook = Nothing
  End Sub
```

Kalender auslesen

Der Aufbau, um Daten aus dem Kalender auszulesen, ist im Grunde genommen derselbe wie beim Posteingang. Der Unterschied besteht hauptsächlich darin, dass andere Feldnamen verwendet werden.

Listing 25.11 Kalender auslesen

```
Public Sub OutlookReadCalendar()
    Dim lngRow              As Long
    Dim objOutlook          As Outlook.Application
    Dim objOutlookNameSpace As Outlook.Namespace
    Dim objOutlookFolder    As Outlook.MAPIFolder
    Dim objOutlookItems     As Outlook.Items
    Dim objOutlookItem      As Object

 '  Instanziieren
    Set objOutlook = New Outlook.Application
    Set objOutlookNameSpace = objOutlook.GetNamespace("MAPI")
    Set objOutlookFolder = objOutlookNameSpace.GetDefaultFolder(olFolderCalendar)
    Set objOutlookItems = objOutlookFolder.Items
 '  Eine neue Excel-Mappe erstellen
    Application.Workbooks.Add
 '  Verkürzen
    With Application.Workbooks(Application.Workbooks.Count).Worksheets(1)
 '    Reset
      lngRow = 1
 '    Auslesen
      For Each objOutlookItem In objOutlookItems
        .Cells(lngRow, 1) = objOutlookItem.Subject    ' Betreff
        .Cells(lngRow, 2) = objOutlookItem.Location    ' Ort
        .Cells(lngRow, 3) = objOutlookItem.Start    ' Startdatum / -zeit
        .Cells(lngRow, 4) = objOutlookItem.End    ' Enddatum / -zeit
        lngRow = lngRow + 1
      Next
    End With
 '  Objekte freigeben
    Set objOutlookItems = Nothing
    Set objOutlookFolder = Nothing
    Set objOutlookNameSpace = Nothing
    Set objOutlook = Nothing
  End Sub
```

Kontakte auslesen

Das letzte Beispiel, das wir uns in Bezug auf Outlook ansehen, behandelt das Auslesen von Kontaktinformationen. Das Verfahren ist wiederum dasselbe. Das einzige, was sich ändert, sind die Felder sowie die Konstante des Ordners.

Listing 25.12 Kontakte auslesen

```
Public Sub OutlookReadContacts()
    Dim lngRow            As Long
    Dim objOutlook        As Outlook.Application
    Dim objOutlookNameSpace As Outlook.Namespace
    Dim objOutlookFolder  As Outlook.MAPIFolder
    Dim objOutlookItems   As Outlook.Items
    Dim objOutlookItem    As Object

'   Instanziieren
    Set objOutlook = New Outlook.Application
    Set objOutlookNameSpace = objOutlook.GetNamespace("MAPI")
    Set objOutlookFolder = objOutlookNameSpace.GetDefaultFolder(olFolderContacts)
    Set objOutlookItems = objOutlookFolder.Items
'   Eine neue Excel-Mappe erstellen
    Application.Workbooks.Add
'   Verkürzen
    With Application.Workbooks(Application.Workbooks.Count).Worksheets(1)
'       Reset
        lngRow = 1
'       Auslesen
        For Each objOutlookItem In objOutlookItems
            If objOutlookItem.Class = olContact Then
              .Cells(lngRow, 1) = objOutlookItem.Firstname        ' Vorname
              .Cells(lngRow, 2) = objOutlookItem.Lastname         ' Nachname
              .Cells(lngRow, 3) = objOutlookItem.HomeAddress      ' Privatadresse
              .Cells(lngRow, 4) = objOutlookItem.BusinessAddress  ' Geschäftsadresse
              .Cells(lngRow, 5) = objOutlookItem.Email1Address    ' E-Mail 1
              .Cells(lngRow, 6) = objOutlookItem.Email2Address    ' E-Mail 2
                lngRow = lngRow + 1
            End If
        Next
    End With
'   Objekte freigeben
    Set objOutlookItems = Nothing
    Set objOutlookFolder = Nothing
    Set objOutlookNameSpace = Nothing
    Set objOutlook = Nothing
End Sub
```

Der Umgang mit Textdateien

Um auf Textdateien zuzugreifen, bestehen in VBA mehrere Möglichkeiten. Beispielsweise können Sie Text mit der Anweisungen Put, Print und Write in Dateien schreiben und mit Get und Input auslesen. Um Ein- und Ausgabeoperationen in Dateien durchzuführen zu können, müssen Sie bei dieser Methode die jeweilige Datei mit der Open-Anweisung öffnen. In der VBA-Hilfe sind einige Beispiele dazu aufgeführt.

Einfacher ist es, mit dem Dateisystemobjekt (FileSystem) zu arbeiten. Dazu müssen Sie die Biblio-thek *Microsoft Scripting Runtime* in Ihr Projekt entweder per Verweis oder dynamisch anhand von CreateObject einbinden.

In den meisten Fällen werden Daten einer Excel-Tabelle in eine Textdatei geschrieben, um damit eine Schnittstelle zu einem anderen Programm zu schaffen. Vielfach geschieht dies zum Datenaus-tausch zwischen Excel und einem Großsystem, respektive einer Datenbank.

Daten in eine Textdatei exportieren

Manuell lässt sich recht einfach aus einem Arbeitsblatt eine Textdatei erzeugen. Wählen Sie einfach unter *DATEI/Speichern unter* den entsprechenden Dateityp. Ein Nachteil ist allerdings, dass sich das Feldtrennzeichen nicht frei bestimmen lässt. Per VBA lässt sich dies recht flexible realisieren.

Abbildg. 25.8   Eine durch ein Semikolon getrennte Textdatei erzeugen

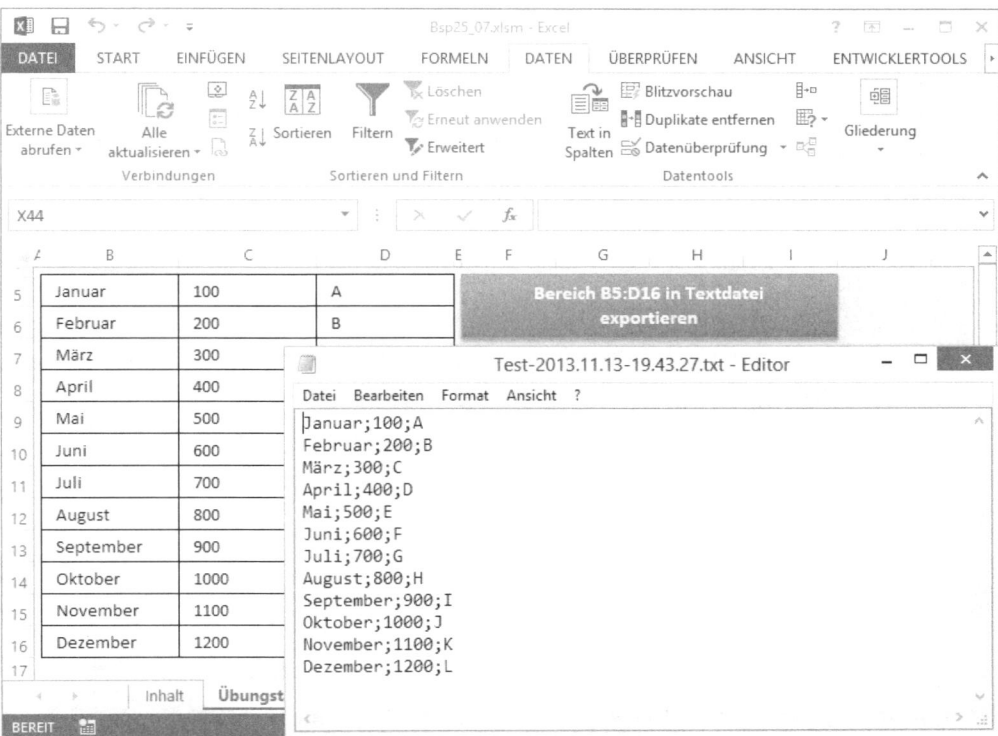

In Listing 25.13 finden Sie eine Funktion, die parametergesteuert eine Textdatei aus den Daten eines Bereichs erzeugt. Zum Testen enthält das Listing eine zweite Prozedur.

Die Funktion liest in zwei ineinander verschachtelten Schleifen die Werte des Bereichs aus und erzeugt Zeilen für die Textdatei, die durch das angegebene Trennzeichen voneinander getrennt sind. Das letzte Zeichen der Textzeile – ein Trennzeichen – wird wieder entfernt. Die Textdatei wird mit `CreateTextFile` physikalisch angelegt, und um die einzelnen Zeilen in die Datei zu schreiben wird die Methode `WriteLine` verwendet. Da es vorkommen kann, dass das `FileSystem`-Objekt auf dem Zielsystem nicht installiert ist, wird eine erfolgreiche Objekterzeugung geprüft.

Listing 25.13 Eine Textdatei erzeugen

```
Public Function ExportToTextfile(rngRange As Range, _
                                 strPath As String, _
                                 strFile As String, _
                                 strSeparator As String) As Long
  Dim lngColumn    As Long
  Dim lngRow       As Long
  Dim lngError     As Long
  Dim strRecord    As String
  Dim objScripting As Object
  Dim objFile      As Object

  On Error Resume Next

' FileSystem-Objekt erzeugen
  Set objScripting = CreateObject("Scripting.FileSystemObject")
' Prüfen
  If Not objScripting Is Nothing Then
'   Objekt erzeugen
    Set objFile = objScripting.CreateTextFile(strPath & "\" & strFile)
'   Prüfen
    If Not objFile Is Nothing Then
'     Zeilen durchlaufen
      For lngRow = 1 To rngRange.Rows.Count
'       Reset
        strRecord = ""
'       Spalten durchlaufen
        For lngColumn = 1 To rngRange.Columns.Count
          strRecord = strRecord & rngRange.Cells(lngRow, lngColumn) & strSeparator
        Next
'       Abschließendes Trennzeichen entfernen
        strRecord = Left(strRecord, (Len(strRecord)) - 1)
'       Zeile in Textdatei schreiben
        objFile.WriteLine strRecord
      Next
    Else
      lngError = 2
    End If
  Else
    lngError = 1
  End If
' Freigeben
  Set objFile = Nothing
  Set objScripting = Nothing
' Rückgabe
  ExportToTextfile = lngError
End Function
```

Listing 25.13 Eine Textdatei erzeugen *(Fortsetzung)*

```
Public Sub ExportToTextfileTester()
    Dim lngResult As Long
    Dim strFile   As String

'   Dateiname
    strFile = "Test-" & Format(Now, "YYYY.MM.DD-hh.mm.ss") & ".txt"
'   Export
    lngResult = ExportToTextfile( _
                ThisWorkbook.Worksheets(2).Range("B5:D16"), _
                ThisWorkbook.Path, strFile, ";")
'   Ergebnis
    If lngResult > 0 Then
        MsgBox "Fehler & " & CStr(lngResult)
    Else
        MsgBox "Daten in " & strFile & " exportiert"
    End If
End Sub
```

Daten aus einer Textdatei importieren

Die Import-Funktion in Excel ist etwas ausgereifter als die Export-Funktion. Wenn Sie manuell eine Textdatei importieren möchten, öffnen Sie die Textdatei mit dem Dialogfelde *Öffnen* und wählen dort unter den angebotenen Dateitypen den Eintrag *Textdateien* oder *Alle Dateien*.

Abbildg. 25.9 Textdatei öffnen

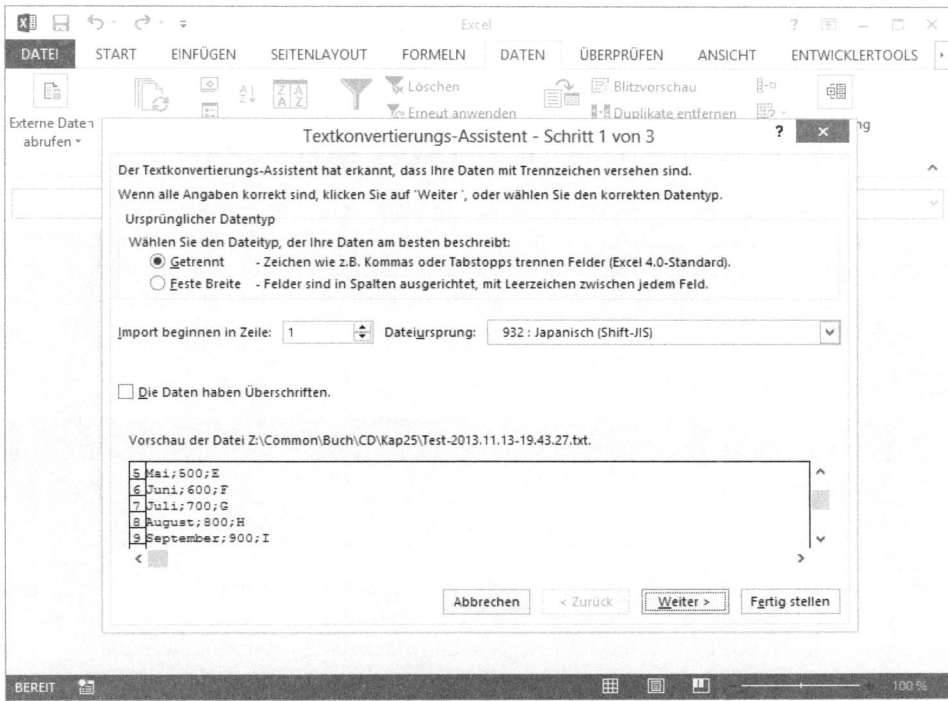

Sobald Sie eine Textdatei ausgewählt und bestätigt haben, erscheint in Excel der Textkonvertierungs-Assistent, der Sie beispielsweise angeben lässt, welches Trennzeichen verwendet wird, wie die Spalten aufgebaut sind und welches Zielformat – wie Standard, Text oder Datum – die importieren Daten annehmen sollen. Erweiterte Optionen, die Sie pro Spalte einstellen können, ermöglichen die Auswahl von Dezimal- und Tausendertrennzeichen.

Wenn die einzelnen Schritte beim manuellen Import häufig mit gleich aufgebauten Textdateien wiederholt werden müssen, kann eine geeignete VBA-Prozedur die Arbeit erheblich verkürzen.

Wenn Sie beim Import eine Aufzeichnung anhand des Makro-Rekorders durchführen, erstellt dieser einen Aufruf der OpenText-Methode. Diese weist laut VBA-Hilfe eine ganze Reihe von Argumenten auf, wovon Sie allerdings in der Regel nicht alle benötigen. Der aufgezeichnete Code sollte somit entsprechend angepasst werden.

Im folgenden Listing wird eine Textdatei aus demselben Verzeichnis importiert, in dem sich auch die Beispielmappe befindet.

Listing 25.14   Eine Textdatei importieren

```
Public Sub ImportTextfile()
    Dim strFile As String
    Dim strPath As String

    strFile = "Bsp25_07.txt"
    strPath = ThisWorkbook.Path
    If Dir(strPath & "\" & strFile) <> "" Then
        Application.Workbooks.OpenText _
                            Filename:=strPath & "\" & strFile, _
                            Semicolon:=True, _
                            DecimalSeparator:="."
    End If
End Sub
```

Eine bestehende Textdatei ergänzen

VBA bietet Ihnen auch die Möglichkeit, eine bestehende Textdatei am Ende um weitere Zeilen zu ergänzen. Um eine Textdatei zu öffnen, wird mit der Methode OpenTextFile gearbeitet. Wichtig dabei ist, dass nach der Angabe des Pfads und Dateinamens die Konstante ForAppending oder der Wert 8 angegeben wird. Es handelt sich dabei um den E/A-Modus (Eingabe/Ausgabe). In VBA lautet dieser Modus IOMode (Input/Output).

Tabelle 25.2   Konstanten des E/A-Modus

E/A-Modus	Wert	Beschreibung
ForReading	1	Öffnet eine Datei nur zum Lesen. Sie können nicht in diese Datei schreiben.
ForAppending	8	Öffnet eine Datei und schreibt am Ende der Datei weiter

Nach dem IOMode kann, getrennt durch ein Komma, eine weitere Konstante verwendet werden. Diese gibt das Format der Textdatei vor. Sie können erzwingen, dass die Datei im ASCII- oder Unicode-Format geöffnet wird. In der Regel kann jedoch darauf verzichtet werden.

Tabelle 25.3   Das Format der Textdatei festlegen

Konstante	Wert	Beschreibung
TristateUseDefault	−2	Öffnet die Datei mit den Systemvorgaben
TristateTrue	−1	Öffnet die Datei als Unicode-Datei
TristateFalse	0	Öffnet die Datei als ASCII-Datei

Mittels der Methode `WriteLine` wird die zu ergänzende Textzeile angefügt. Im folgenden Listing werden anstelle von Konstanten die entsprechenden Werte genutzt, da hier mit der späten Bindung gearbeitet wird.

Listing 25.15   Eine Textdatei ergänzen

```
Public Sub AppendDataToTextfile()
    Dim strPath       As String
    Dim strFile       As String
    Dim objScripting  As Object
    Dim objFile       As Object

    On Error Resume Next

'   FileSystem-Objekt erzeugen
    Set objScripting = CreateObject("Scripting.FileSystemObject")
'   Prüfen
    If Not objScripting Is Nothing Then
'       Datei
        strPath = ThisWorkbook.Path
        strFile = "Bsp25_07.txt"
'       Die Textdatei öffnen
        Set objFile = objScripting.OpenTextFile( _
                strPath & "\" & strFile, 8, 0)
'       Prüfen
        If Not objFile Is Nothing Then
            objFile.WriteLine "Januar;9999;M"
            MsgBox "Zeile wurde geschrieben"
        End If
    End If
'   Freigeben
    Set objFile = Nothing
    Set objScripting = Nothing
End Sub
```

Zugriff auf das Dateisystem

Um auf das Dateisystem zugreifen zu können – um beispielsweise die Existenz von Verzeichnissen abzufragen oder Dateien zu kopieren – stellt VBA einige Methoden bzw. Funktionen und Prozeduren bereit. Alternativ können Sie auch das `FileSystem`-Objekt nutzen und die Zugriffe mithilfe dieser Bibliothek durchführen.

In den Beispielen zu diesem Abschnitt werden, je nach Anforderung, eine oder beide Möglichkeiten zum Einsatz kommen.

Achten Sie beim Testen der Beispiele in diesem Abschnitt darauf, dass Sie beispielsweise nicht versehentlich wichtige Ordner löschen. Mit VBA gelöschte Dateien oder Ordner landen nicht im Papierkorb und sind somit mit Bordmitteln nicht wiederherstellbar. Richten Sie sich eine Testumgebung in einem Ordner ein, wo nichts passieren kann.

In der Tabelle 25.4 sind die wichtigsten VBA-Funktionen und Prozeduren zum Zugriff auf das Dateisystem aufgeführt, nebst einem Beispiel zum Aufruf dieser.

Tabelle 25.4 Zugriff auf das Dateisystem via VBA-Funktionen und Prozeduren

Befehl	Beschreibung	Beispiel
ChDir	Verzeichnis wechseln	ChDir ("F:\MyFiles")
ChDrive	Laufwerk wechseln	ChDrive ("F:")
CurDir	Aktueller Speicherpfad	MsgBox CurDir
Dir	Dateien auflisten	MsgBox Dir("C:\Test.txt")
Environ	Systeminformationen	MsgBox Environ("UserName")
FileCopy	Datei kopieren	FileCopy "C:\Test.txt", "C:\Ordner\Test.txt"
FileDateTime	Datum und Zeit der letzten Änderung	MsgBox FileDateTime("C:\Test.txt")
FileLen	Dateigröße in Byte	MsgBox FileLen("C:\Test.txt")
Kill	Datei löschen	Kill ("C:\Test.txt")
MkDir	Verzeichnis erstellen	MkDir ("C:\Test")
Name As	Datei umbenennen	Name ("C:\Test.txt") As ("C:\MyTest.txt")
RmDir	Verzeichnis löschen	RmDir ("C:\Test")

Verzeichnisse verwalten

In diesem Abschnitt erfahren Sie, wie Sie Verzeichnisse auslesen, kopieren und verschieben können oder wie Sie die Existenz eines Verzeichnisses überprüfen. Einige dieser Themen sind bereits an mehreren Stellen des Buchs zum Einsatz gekommen.

ONLINE Sie finden die Arbeitsmappe zu diesem Abschnitt im Ordner \Buch\Kap25 in der Datei *Bsp25_08.xlsm*.

Vollständigen Dateinamen zerlegen

Ab und zu kann es notwendig sein, einen vollständigen Dateinamen in seine Bestandteile – Pfad und Dateiname – zu zerlegen. Im folgenden Listing sind zwei Funktionen enthalten, die diese Aufgabe übernehmen und auf reinem VBA basieren.

GetFilename kehrt zunächst die Reihenfolge der Zeichen des vollständigen Dateinamens um und teilt anschließend die Zeichenkette mit der Split-Funktion auf. Dann wird das erste Element des durch die Split-Funktion erzeugten Datenfeldes extrahiert, und abschließend erfolgt erneut eine Umkehrung der Zeichenreihenfolge des Ergebnisses

Das erste Element des Datenfelds enthält den Dateinamen in umgekehrter Zeichenfolge. Dieses braucht abschließend nur erneut umgekehrt werden, um den Dateinamen zu erhalten. GetPath nutzt wiederum GetFilename, um den Dateinamen abzurufen. Der Pfad wird mithilfe der Left-Funktion ermittelt.

Listing 25.16   Vollständigen Dateinamen zerlegen

```
Public Function GetFilename(Fullname As String) As String
  GetFilename = StrReverse(Split(StrReverse(Fullname), "\")(0))
End Function
Public Function GetPath(Fullname As String) As String
  GetPath = Left(Fullname, Len(Fullname) - Len(GetFilename(Fullname)) - 1)
End Function
Public Sub GetPathAndGetFilenameTest()
  MsgBox GetPath(ThisWorkbook.Fullname)
  MsgBox GetFilename(ThisWorkbook.Fullname)
End Sub
```

Prüfen, ob ein Verzeichnis existiert

Um zu prüfen, ob ein Pfad existiert, verwenden Sie die Funktion Dir. Falls die Abfrage eine leere Zeichenkette zurückgibt, existiert der Pfad nicht und Sie können entsprechend reagieren.

Listing 25.17   Prüfen, ob ein Pfad existiert

```
Public Function CheckPath(strPath As String) As Boolean
  CheckPath = CBool(Dir(strPath, vbDirectory) <> "")
End Function
```

WICHTIG   Wichtig ist hierbei, dass als Argument vbDirectory an die Funktion übergeben wird. Wenn Sie die Angabe weglassen, wird auf eine bestimmte *Datei* innerhalb des Verzeichnisses Bezug genommen.

Tabelle 25.5   Die Konstanten zum *Attribute*-Argument

Konstante	Wert	Beschreibung
vbNormal	0	(Voreinstellung) Dateien ohne Attribute
vbReadOnly	1	Schreibgeschützte Dateien, zusätzlich zu Dateien ohne Attribute
vbHidden	2	Versteckte Dateien, zusätzlich zu Dateien ohne Attribute
vbSystem	4	Systemdatei, zusätzlich zu Dateien ohne Attribute
vbVolume	8	Datenträgerbezeichnung. Falls andere Attribute angegeben wurden, wird **vbVolume** ignoriert.
vbDirectory	16	Verzeichnis oder Ordner, zusätzlich zu Dateien ohne Attribute

Kommunikation mit der Außenwelt

Ein Verzeichnis wechseln

Um ein Verzeichnis zu wechseln, verwenden Sie die Anweisung ChDir. Um zu prüfen, in welchem Verzeichnis Sie sich momentan befinden, können Sie die Funktion CurDir einsetzen.

> **WICHTIG** Es ist entscheidend zu wissen, dass beim Wechseln des aktuellen Verzeichnisses die Anweisung ChDir in der Regel nicht ausreicht. Es muss auch das Laufwerk gewechselt werden. Verwenden Sie dazu die Anweisung ChDrive. Deutlich wird dies anhand der beiden folgenden Beispiele.

Unser erstes Beispiel zeigt die korrekte Vorgehensweise. Es wird zuerst das Laufwerk gewechselt, dann folgt der Pfad.

Listing 25.18   Korrekter Laufwerks- und Pfadwechsel

```
Public Sub ChangeDirectory(strPath As String)
  ChDrive strPath
  ChDir strPath
End Sub
```

Ein Verzeichnis relativ wechseln

Sie können einen Pfad auch relativ wechseln. Das heißt, ausgehend von einem bestehenden Verzeichnis in ein übergeordnetes Verzeichnis wechseln. Sie übergeben dazu der Anweisung ChDir zwei Punkte. Das Verfahren ist nicht ganz ungefährlich. Wenn ein Code mit einem relativen Pfadwechsel mehrmals ausgeführt wird, wird bei jedem Ausführen in das Verzeichnis oberhalb des aktuellen Verzeichnisses gewechselt wird.

Listing 25.19   Ein relativer Pfadwechsel

```
Public Sub ChangeDirectoryRelative()
  If Len(CurDir) > 3 Then
    ChDir ".."
  End If
End Sub
```

Nachfolgend ein Beispiel, welches vor dem Wechsel in das obere Verzeichnis zuerst zum aktuellen Pfad der Arbeitsmappe zurückkehrt.

Listing 25.20   Relativer Wechsel zum Verzeichnis oberhalb des Pfades der Mappe, die den Code ausführt

```
Public Sub ChangeDirectoryRelativeFromCurrent()
  ChDrive ThisWorkbook.Path
  ChDir ThisWorkbook.Path
  ChDir ".."
End Sub
```

Ein Verzeichnis anlegen

Um ein neues Verzeichnis anzulegen, verwenden Sie die Anweisung MkDir und übergeben dieser den vollständigen Pfad. Es empfiehlt sich zudem zu prüfen, ob das Verzeichnis bereits vorhanden ist.

Das folgende Beispiel führt zunächst eine Überprüfung durch und gibt den Pfad wieder zurück, wenn dieser angelegt werden konnte. Falls nicht, ist die Rückgabe leer, sodass Sie beim Aufruf eine entsprechende Auswertung durchführen können.

Listing 25.21 Ein neues Verzeichnis anlegen

```
Public Function CreateDirectory(strPath As String) As String
  If Not Dir(strPath, vbDirectory) <> "" Then
    MkDir strPath
    CreateDirectory = strPath
  Else
    CreateDirectory = ""
  End If
End Function
```

Ein Verzeichnis löschen

Bevor Sie ein Verzeichnis entfernen können, müssen Sie sicherstellen, dass darin weder Dateien noch Unterverzeichnisse vorhanden sind. Sollten sich nur Verknüpfungen im Verzeichnis befinden, werden diese kommentarlos mit dem Verzeichnis gelöscht. Um ein Verzeichnis zu löschen, verwenden Sie die Anweisung RmDir.

Listing 25.22 Ein Verzeichnis löschen, sofern möglich

```
Public Function RemoveDirectory(strPath As String) As Boolean
  On Error Resume Next
  If Dir(strPath, vbDirectory) = "" Then
    RemoveDirectory = False
  Else
'   Löschen
    RmDir strPath
'   Fehler
    RemoveDirectory = Not CBool(Err.Number <> 0)
  End If
End Function
```

Ein Verzeichnis verschieben

Um einen Ordner mitsamt seinen Inhalt zu verschieben, lässt sich am einfachsten die Methode MoveFolder des FileSystemObject-Objekts verwenden. Die Prozedur prüft sowohl die Erzeugung des FSO-Objekts als auch die Existenz der Pfade.

Listing 25.23 Ein Verzeichnis verschieben

```
Public Function MoveDirectory(strPathSource As String, _
                              strPathTarget As String) As Boolean
  Dim objFSO As Object
  On Error Resume Next

'   Erzeugen
  Set objFSO = CreateObject("Scripting.FileSystemObject")
'   Prüfen
  If Not objFSO Is Nothing Then
```

Listing 25.23 Ein Verzeichnis verschieben *(Fortsetzung)*

```
'       Existenz
        If objFSO.FolderExists(strPathSource) = True And _
           objFSO.FolderExists(strPathTarget) = False Then
           objFSO.MoveFolder strPathSource, strPathTarget
           MoveDirectory = True
        Else
           MoveDirectory = False
        End If
     Else
        MoveDirectory = False
     End If
  End Function
```

Ein Verzeichnis kopieren

Das Verfahren, um einen Ordner zu kopieren, ist dem des Verschiebens sehr ähnlich. Lediglich die Methode ändert sich. Zum Kopieren eines Verzeichnisses verwenden Sie CopyFolder.

Listing 25.24 Ein Verzeichnis kopieren

```
  Public Function CopyDirectory(strPathSource As String, _
                                strPathTarget As String) As Boolean
     Dim objFSO As Object
     On Error Resume Next

'    Erzeugen
     Set objFSO = CreateObject("Scripting.FileSystemObject")
'    Prüfen
     If Not objFSO Is Nothing Then
'       Existenz
        If objFSO.FolderExists(strPathSource) = True And _
           objFSO.FolderExists(strPathTarget) = False Then
           objFSO.copyFolder strPathSource, strPathTarget
           CopyDirectory = True
        Else
           CopyDirectory = False
        End If
     Else
        CopyDirectory = False
     End If
  End Function
```

Systeminformationen zu einer Datei auslesen

Mittels VBA haben Sie die Möglichkeit, verschiedene Dateiinformationen zu ermitteln. In der folgenden Prozedur wird ermittelt, wann die Datei erstellt wurde, wann der letzte Zugriff erfolgte und wann die Datei zuletzt geändert wurde.

Listing 25.25 Systeminformationen der Mappe auslesen, in welcher der Code ausgeführt wird

```
Public Sub GetSystemInfo()
    Dim objFSO    As Object
    Dim objFile   As Object
    Dim strResult As String

    On Error Resume Next

'   Erzeugen
    Set objFSO = CreateObject("Scripting.FileSystemObject")
'   Prüfen
    If Not objFSO Is Nothing Then
'       Erzeugen
        Set objFile = objFSO.GetFile(ThisWorkbook.Fullname)
'       Prüfen
        If Not objFile Is Nothing Then
            strResult = UCase(objFile.Path) & vbCrLf & vbCrLf
            strResult = strResult & "Erstellt am: " & objFile.DateCreated & vbCrLf
            strResult = strResult & "Letzter Zugriff: " & objFile.DateLastAccessed & vbCrLf
            strResult = strResult & "Zuletzt geändert: " & objFile.DateLastModified
            MsgBox strResult, vbInformation, "Systeminformationen"
        Else
            MsgBox "Das FSO-File-Objekt konnte nicht erzeugt werden."
        End If
    Else
        MsgBox "Das FSO-Objekt konnte nicht erzeugt werden."
    End If
End Sub
```

ONLINE   Sie finden die Arbeitsmappe zu diesem Abschnitt im Ordner \Buch\Kap25 in der Datei Bsp25_09.xlsm.

Der Tabelle 25.6 können Sie die Eigenschaften entnehmen, die der Ermittlung von Systeminformationen dienen.

Tabelle 25.6 Systeminformationen auslesen

Eigenschaft	Beschreibung
Attributes	Legt die Attribute von Dateien oder Ordnern fest bzw. gibt diese zurück
DateLastAccessed	Gibt das Datum und die Uhrzeit des letzten Zugriffs auf die angegebene Datei bzw. den angegebenen Ordner zurück. Schreibgeschützt.
DateLastModified	Gibt das Datum und die Uhrzeit der letzten Änderung der angegebenen Datei oder des angegebenen Ordners zurück. Schreibgeschützt.
Drive	Gibt den Laufwerkbuchstaben des Laufwerks zurück, auf dem sich die angegebene Datei bzw. der angegebene Ordner befindet. Schreibgeschützt.
Files	Gibt eine **Files**-Auflistung zurück, die aus allen in dem angegebenen Ordner enthaltenen **File**-Objekten besteht, einschließlich derer, für die verborgene Attribute und Systemdateiattribute festgelegt wurden.
IsRootFolder	Gibt **True** zurück, wenn es sich beim angegebenen Ordner um den Stammordner handelt; andernfalls wird **False** zurückgegeben

Tabelle 25.6   Systeminformationen auslesen *(Fortsetzung)*

Eigenschaft	Beschreibung
Name	Legt den Namen der angegebenen Datei oder des angegebenen Ordners fest bzw. gibt diesen zurück. Lese-/Schreibzugriff.
ParentFolder	Gibt das Ordnerobjekt des übergeordneten Ordners der angegebenen Datei bzw. des angegebenen Ordners zurück. Schreibgeschützt.
Path	Gibt den Pfad einer angegebenen Datei, eines angegebenen Ordners oder Laufwerks zurück
ShortName	Gibt den von Programmen, für die die frühere Benennungskonvention acht Zeichen für den Namen und einer Erweiterung von drei Zeichen vorsah, verwendeten Kurznamen zurück
ShortPath	Gibt den von Programmen, für die die frühere Benennungskonvention acht Zeichen für den Namen und einer Erweiterung von drei Zeichen vorsah, verwendeten Kurzpfad zurück
Size	Bei Dateien gibt diese Eigenschaft die Größe der angegebenen Datei in Byte zurück. Bei Ordnern gibt sie die Größe aller im Ordner enthaltenen Dateien und Unterordner in Byte zurück.
SubFolders	Gibt eine **Folders**-Auflistung zurück, die aus allen in einem bestimmten Ordner enthaltenen Ordnern, einschließlich derer mit dem Attribut *Verborgen* und *Systemdatei*, besteht
Type	Gibt Informationen über den Datei- oder Ordnertyp zurück. Bei Dateien mit der Erweiterung *.txt*, wird z.B. **Textdokument** zurückgegeben.

Dateien verwalten

Im den folgenden Abschnitten erfahren Sie, wie Sie Dateien in VBA manipulieren können. Auch hier der Hinweis, dass beispielsweise das Löschen von Dateien diese nicht in den Papierkorb verschieben, sondern endgültig löscht.

ONLINE   Sie finden die Arbeitsmappe zu diesem Abschnitt im Ordner *Buch**Kap25* in der Datei *Bsp25_10.xlsm*.

Ermitteln, ob eine Datei existiert

Wie bei Verzeichnissen können Sie zur Existenzprüfung von Dateien die Funktion Dir verwenden, wobei diese dann den Dateinamen zurückliefert, falls die Datei vorhanden ist und ansonsten eine leere Zeichenkette.

Listing 25.26   Prüfen, ob eine Datei existiert

```
Public Function CheckFile(strFullname As String) As Boolean
  CheckFile = CBool(Dir(strFullname, vbDirectory) <> "")
End Function
```

Dateien löschen

Um eine Datei aus einem Verzeichnis zu löschen, verwenden Sie die Anweisung Kill.

WICHTIG   Vor dem Löschen der Datei erfolgt vom System keine Rückfrage, ob dies wirklich geschehen soll. Wenn Sie eine solche Rückfrage wünschen, müssen Sie sie selbst in Ihr Programm integrieren.

Die Prozedur in folgendem Listing bedient sich der Funktion `CheckFile` des vorherigen Listings, um die Existenz der Datei zu prüfen.

Listing 25.27   Eine Datei löschen

```
Public Sub DeleteFile(strFullname As String)
    If MsgBox("Möchten Sie die Datei " & strFullname & " löschen?", _
            vbYesNo + vbQuestion, _
            "Nachfrage") <> vbNo Then
        If CheckFile(strFullname) Then
            Kill strFullname
        End If
    End If
End Sub
```

Sämtliche Dateien eines Verzeichnisses löschen

Sie können auch alle Dateien aus einem Verzeichnis entfernen. Verwenden Sie dazu, anstelle eines Dateinamens, die Zeichenfolge "*.*". Auch diese Prozedur kann bei Bedarf um eine Sicherheitsrückfrage ergänzt werden.

Listing 25.28   Alle Dateien eines Verzeichnisses löschen

```
Public Sub DeleteAllFiles(strPath As String)
    If MsgBox("Möchten Sie allen Dateien im Ordner " & strPath & " löschen?", _
            vbYesNo + vbQuestion, _
            "Nachfrage") <> vbNo Then
        Kill strPath & "\" & "*.*"
    End If
End Sub
```

Dateien umbenennen

Wenn Sie Dateien umbenennen möchten, arbeiten Sie mit der Anweisung `Name As`. Nach `Name` wird der alte Name eingetragen und nach `As` der neue Name. Die Angabe des Pfades ist unerlässlich. Die Prozedur in folgendem Listing verwendet zur Existenzprüfung die Funktion `CheckFile` aus der Beispielmappe.

Listing 25.29   Eine Datei umbenennen

```
Public Sub RenameFile(strFileSource As String, _
                      strFileTarget As String)
    If CheckFile(strFileSource) Then
        Name strFileSource As strFileTarget
    End If
End Sub
```

Dateien verschieben

Mit der Anweisung Name As können auch Dateien verschoben werden. Es ist dabei noch nicht einmal erforderlich, das Verzeichnis mittels ChDir und das Laufwerk mittels ChDrive zu wechseln. Übergeben Sie die beiden Pfad- und Dateiangaben an die beiden Variablen und gehen Sie dabei vor, wie in Listing 25.30 zu sehen. Die Prozedur geht aber davon aus, dass Quell- und Zielordner existieren.

Listing 25.30   Eine Datei verschieben

```
Public Sub MoveFile(strFileSource As String, _
                    strFileTarget As String)
  If Dir(strFileSource) <> "" And Dir(strFileTarget) = "" Then
    Name strFileSource As strFileTarget
  ElseIf Dir(strFileSource) = "" Then
    MsgBox "Die Datei existiert nicht im Quellverzeichnis."
  ElseIf Dir(strFileTarget) <> "" Then
    MsgBox "Die Datei existiert bereits im Zielverzeichnis."
  End If
End Sub
```

Eine Datei kopieren

Um eine Datei zu kopieren, verwenden Sie die Anweisung FileCopy. Ein Beispiel ist im folgenden Listing implementiert:

Listing 25.31   Eine Datei kopieren

```
Public Sub CopyFile(strPathSource As String, _
                    strPathTarget As String, _
                    strFile As String)
  If Dir(strPathSource & strFile) <> "" And _
     Dir(strPathTarget, vbDirectory) <> "" Then
    FileCopy strPathTarget & strFile, strPathTarget & strFile
  Else
    MsgBox "Fehlerhafte Pfad- oder Dateiangabe."
  End If
End Sub
```

Teil H

Anhang

Anhang A

Tabellarische Übersichten

In diesem Kapitel:

Im Verlauf dieses Buches sind Sie auf einige Tabellen gestoßen, die beispielsweise Präfixe, Konstanten und vieles mehr zum entsprechenden Thema aufgelistet haben.

Dieser Anhang führt die wichtigsten Tabellen aus diesem Buch nochmals auf, wie beispielsweise zu den Datentypen, Präfixen oder im Buch verwendeten VBA-Funktionen.

Des Weiteren ergänzt dieser Anhang das Buch um zusätzliche Inhalte, wie beispielsweise zu den in Excel belegten Tastenkombinationen oder den Tabellen zu RibbonX.

Tastenkombinationen

Wenn Sie ein Makro erzeugen, haben Sie die Möglichkeit, dieses mit einer Tastenkombination zu belegen. Eine solche Tastenkombination besteht immer aus der Kombination $\boxed{\text{Strg}}$ oder $\boxed{\text{Strg}}$ + $\boxed{\Diamond}$ und einem Buchstaben.

Da viele Tastenkombinationen bereits durch Excel vorbelegt sind, besteht die Gefahr, dass Excel-eigene Tastenkürzel außer Betrieb gesetzt werden.

ACHTUNG   Es kann keine Gewähr für die aufgelisteten Tastenkombinationen übernommen werden. Denn die in Excel verwendeten Tastenkombinationen sind sowohl von der Excel-Version als auch der installierten Sprachversion abhängig.

In einer englischen Excel-Version ist beispielsweise für die Tastenkombination $\boxed{\text{Strg}}$ + $\boxed{\text{B}}$ belegt (Schriftart in Fett formatieren), während diese in einer deutschen Excel-Version unbelegt ist.

Die Tabelle A.1 enthält einige der in einer deutschen Excel 2013 Version belegten Tastenkombinationen. Die Tabelle berücksichtigt hierbei eine Installation von Excel mit dem Sprachcode DE-DE. Weitere Tastenkombinationen finden Sie zudem in der Microsoft Online-Hilfe unter *http://office.microsoft.com/de-de*, wenn Sie nach »Tastenkombinationen in Excel« suchen.

Tabelle A.1   Auszug der belegten Tastenkombinationen einer deutschen (DE-DE) Excel-Version

Tastenkombination	Aktion
$\boxed{\text{Strg}}$ + $\boxed{\text{A}}$	Bereiche oder Tabelle markieren. Nach Eingabe eines Funktionsnamens: Öffnen des Dialogfelds *Funktionsargumente*.
$\boxed{\text{Strg}}$ + $\boxed{\text{C}}$	Markierten Bereich kopieren
$\boxed{\text{Strg}}$ + $\boxed{\text{E}}$	Blitzvorschau in Excel 2013 verwenden
$\boxed{\text{Strg}}$ + $\boxed{\text{F}}$	Dialogfeld *Suchen* öffnen
$\boxed{\text{Strg}}$ + $\boxed{\text{G}}$	Dialogfeld *Gehe zu* öffnen
$\boxed{\text{Strg}}$ + $\boxed{\text{H}}$	Dialogfeld *Suchen und Ersetzen* öffnen
$\boxed{\text{Strg}}$ + $\boxed{\text{K}}$	Hyperlink einfügen
$\boxed{\text{Strg}}$ + $\boxed{\text{L}}$	Liste erstellen
$\boxed{\text{Strg}}$ + $\boxed{\text{N}}$	Neue Arbeitsmappe erstellen
$\boxed{\text{Strg}}$ + $\boxed{\text{O}}$	Dialogfeld *Öffnen* anzeigen
$\boxed{\text{Strg}}$ + $\boxed{\text{P}}$	Dialogfeld *Drucken* anzeigen

Tabelle A.1   Auszug der belegten Tastenkombinationen einer deutschen (DE-DE) Excel-Version *(Fortsetzung)*

Tastenkombination	Aktion
`Strg` + `Q`	Schnellanalyse-Optionen in Excel 2013 anzeigen
`Strg` + `R`	Zelleninhalt nach rechts kopieren (zu füllender Bereich muss markiert sein)
`Strg` + `S`	Dialogfeld *Speichern unter* anzeigen, falls die Datei noch nicht gespeichert wurde
`Strg` + `T`	Zeigt das Dialogfeld *Tabelle erstellen* an
`Strg` + `U`	Zelleninhalt nach unten kopieren (zu füllender Bereich muss markiert sein)
`Strg` + `V`	Einfügen aus der Zwischenablage
`Strg` + `W`	Fenster schließen
`Strg` + `X`	Ausschneiden der Markierung
`Strg` + `Y`	Wiederholen der letzten Aktion
`Strg` + `Z`	Rückgängigmachen der letzten Aktion
`Strg` + `⇧` + `A`	Einfügen der Argumentnamen und Klammern, wenn eine Formel eingegeben wird
`Strg` + `⇧` + `F`	Formatierung *Fett*
`Strg` + `⇧` + `G`	Zur Nachverfolgung kennzeichnen (bei aktiver E-Mail)
`Strg` + `⇧` + `K`	Formatierung *Kursiv*
`Strg` + `⇧` + `K`	AutoFilter setzen bzw. entfernen
`Strg` + `⇧` + `O`	Markieren aller Zellen, die Kommentare enthalten
`Strg` + `⇧` + `P`	Dialogfeld *Zellen formatieren* mit aktivierter Registerkarte *Schrift* aufrufen
`Strg` + `⇧` + `U`	Formatierung *Unterstrichen*

Beispielhaft sind in folgender Tabelle drei Tastenkombinationen aufgeführt, die in einer englischen (EN-US) Excel-Version belegt sind.

Tabelle A.2   Drei belegte Tastenkombinationen einer englischen (EN-US) Excel-Version

Tastenkombination	Aktion
`Strg` + `B`	Formatierung *Fett* (*Bold*)
`Strg` + `D`	Zelleninhalt nach unten kopieren (*Fill Down*)
`Strg` + `I`	Formatierung *Kursiv* (*Italic*)

Datentypen in VBA

Die in VBA verfügbaren Datentypen werden in Kapitel 2 ausführlich behandelt. Nachfolgend eine Tabelle zu den in VBA verfügbaren Datentypen:

Tabelle A.3 Datentypen in VBA

Datentyp	Speicherbedarf	Wertebereich
Byte	1 Byte	0 bis 255
Boolean	2 Bytes	True oder False
Integer	2 Bytes	Genau von 32.768 bis 32.767
Long	4 Bytes	Genau von 2.147.483.648 bis 2.147.483.647
LongLong	8 Bytes	Ca. ±9,2 1018 nur auf 64-Bit-Systemen
LongPtr	4 Bytes auf 32-Bit-Systemen 8 Bytes auf 64-Bit-Systemen	Wie **Long** auf 32-Bit-Systemen Wie **LongLong** auf 64-Bit-Systemen
	4 Bytes	Ca. -3,4 1038 bis -1,4 10-45 (negativ) Ca. 1,4 10-45 bis 3,4 1038 (positiv)
Double	8 Bytes	Ca. -1,7 10308 bis -4,9 10-324 (negativ) Ca. 4,9 10-324 bis 1,7 10308 (positiv)
Currency	8 Bytes	Ca. ±9,2 1014
Decimal	14 Bytes	Ca. ±79 1027 ohne Dezimalzeichen Ca. ±7,9 mit max. 28 Nachkommastellen
Date	8 Bytes	1. Januar 100 bis 31. Dezember 9999
Object	4 Bytes	Verweis auf ein Objekt
String	Länge der Zeichenfolge plus 10 Byte, falls die Länge der Zeichenkette variabel ist	Bei fester Länge 0 bis ca. 65.400 Zeichen. Bei variabler Länge 0 bis ca. 2 109 Zeichen.
Variant	16 Bytes bei Zahlen, 22 Bytes plus Länge der Zeichenfolge für Zeichenketten	Bei Zahlen wie **Double**, bei Zeichenketten wie **String** mit variabler Länge

VBA erlaubt die Verwendung von Typkennzeichen für Variablen. Diese sollten vermieden werden, da beispielsweise der Code schwerer lesbar wird. Häufig trifft man aber noch Code in Foren an, der solche Typkennzeichen verwendet. Folgende Tabelle listet die wichtigsten Typkennzeichner auf:

Tabelle A.4 Typkennzeichen für Variablen

Datentyp	Typkennzeichen
Currency	@
Double	#
Integer	%
Long	&
Single	!
String	$

In manchen Situationen ist es notwendig, einen Datentyp in einen anderen zu konvertieren. Die Tabelle A.5 führt die dazu verfügbaren VBA-Funktionen auf.

Tabelle A.5   Typumwandlungsfunktionen in VBA

Funktion	Konvertierung	Anmerkungen
CBool	Boolean	
CByte	Byte	
CCur	Currency	
CDate	Date	
CDbl	Double	
CDec	Decimal	
CInt	Integer	Kommazahlen werden ab- bzw. aufgerundet
CLng	Long	Kommazahlen werden ab- bzw. aufgerundet
CLngLng	LongLong	Nur auf 64-Bit Plattformen zulässig, ab Excel 2010
CLngPtr	LongPtr	Ab Excel 2010
CSng	Single	
CStr	String	
CVar	Variant	

Die Tabelle A.6 bietet eine Übersicht über die Funktionen, die zur Überprüfung von Datentypen dienen und teilweise auch in diesem Buch zum Einsatz kommen. So dient beispielsweise die Funktion IsNumeric in Kapitel 19 zur Validierung der Eingaben in einem Textfeld.

Tabelle A.6   Datentypen prüfen

Funktion	Beschreibung
IsArray (VarName)	Prüft, ob ein Array vorliegt
IsDate (Ausdruck)	Prüft, ob ein Datum vorliegt
IsEmpty (Ausdruck)	Prüft, ob eine Variable initialisiert wurde
IsError (Ausdruck)	Prüft, ob ein Fehlerwert vorliegt
IsMissing (ArgName)	Prüft, ob einer Prozedur ein optionales Argument vom Typ Variant übergeben wurde
IsNull (Ausdruck)	Prüft, ob die Variable einen gültigen Wert enthält
IsNumeric (Ausdruck)	Prüft, ob der Ausdruck als Zahl gewertet werden kann
IsObject (Bezeichner)	Prüft, ob ein Bezeichner eine Objekt-Variable darstellt

Anhang

Präfixe und Namenskonventionen

In diesem Buch wird in mehreren Kapiteln die Verwendung von Präfixen bei der Benennung von Variablen, Gültigkeitsbereichen, Steuerelementen oder Windows API-Funktionen empfohlen. Die Tabelle A.7 listet die gebräuchlichsten Präfixe bei der Benennung von Variablen in VBA auf:

Tabelle A.7   Namenskonvention zur Benennung von Variablen

Datentyp	Präfix	Alternativ
Boolean	bln	
Byte	byt	byte
Currency	cur	
Date	dat	date
Double	dbl	
Decimal	dec	
Integer	int	
Long	lng	
Object	obj	
Single	sng	
String	str	
Variant	vnt	
Benutzerdefinierter Typ	udt	

Zur Kennzeichnung des Gültigkeitsbereichs von Variablen können Sie folgende Präfixe verwenden:

Tabelle A.8   Präfixe zur Kennzeichnung des Gültigkeitsbereichs

Gültigkeitsbereich	Präfix	Beispiel
Lokale Variable		strName
Globale Variable, modulweit	m	mstrName
Globale Variable, anwendungsweit	g	gstrName

Zur Deklaration von Objektvariablen, die den Typ eines Excel-Objekts einnehmen, haben sich folgend aufgeführte Präfixe eingebürgert:

Tabelle A.9   Präfixe zur Benennung von Objektvariablen für Excel Objekte

Excel Objekt	Präfix	Hinweis
Chart	cht	Diagramm
Shape	shp	Form, z.B. Rechteck

Tabelle A.9 Präfixe zur Benennung von Objektvariablen für Excel Objekte *(Fortsetzung)*

Excel Objekt	Präfix	Hinweis
Sheet	sht	Blatt jeder Art
Range	rng	Bereich
Workbook	wkb	Arbeitsmappe
Worksheet	wks	Arbeitsblatt

Auch für Steuerelemente bieten sich Präfixe an, die im Code erkennen lassen, um welches Steuerelement es sich handelt. Die Tabelle A.10 listet diese auf:

Tabelle A.10 Standardsteuerelemente mit Präfixen und Bezeichnungen

Präfix	Deutsche Bezeichnung	Englische Bezeichnung
chk	Kontrollkästchen	CheckBox
txt	Textfeld	TextBox
cmd	Befehlsschaltfläche	CommandButton
opt	Optionsfeld	OptionButton
lst	Listenfeld	ListBox
cmb	Kombinationsfeld	ComboBox
tgl	Umschaltfläche	ToggleButton
spn	Drehfeld	SpinButton
vsb/hsb	Bildlaufleiste (vertikal/horizontal)	ScrollBar
lbl	Bezeichnung	Label
img	Bild	Image

Die Windows API-Funktionen verwenden ebenfalls Präfixe bei der Benennung der Argumente. Diese unterscheiden sich von den VBA-Präfixen, da z.B. die Programmiersprache C++ mehr Datentypen als VBA kennt.

Tabelle A.11 Präfix von Datentypen in der Windows API-Welt

Präfix	Typ	Beschreibung
b	Boolean	32-Bit-Wahrheitswert. Null bedeutet Falsch, alles andere Wahr.
ch	Char, Byte, Tchar	Vorzeichenloser 8 Bit-Wert. Bei **Tchar** auch 16 Bit.
lpfn	FARPROC	32-Bit-Funktionszeiger
h	Handle	Vorzeichenloser 32-Bit-Wert
n	Integer	Vorzeichenbehafteter 32-Bit-Wert
l	Long	Vorzeichenbehafteter 32-Bit-Wert

Tabelle A.11 Präfix von Datentypen in der Windows API-Welt *(Fortsetzung)*

Präfix	Typ	Beschreibung
lp	Long Pointer	32-Bit-Zeiger auf einen Speicherbereich
lpi	Long Pointer	32-Bit-Zeiger auf einen vorzeichenbehafteten Wert
w	Word	Vorzeichenloser 16-Bit-Wert
dw	DoubleWord	Vorzeichenloser 32-Bit-Wert
f	Flag	32-Bit-Wert, bei dem die einzelnen Bits besondere Bedeutung haben, sozusagen als Flag dienen

VBA-Programmierung

Die nachfolgend aufgeführten Abschnitte orientieren sich größtenteils an der Reihenfolge der einzelnen Kapitel im Buch und greifen die wichtigsten Tabellen wieder auf.

Logische Operatoren

Die in Tabelle A.12 aufgeführten logischen Operatoren finden beispielsweise dann Verwendung, wenn Sie in einer Verzweigung – siehe dazu Kapitel 5 – mehrere Bedingungen miteinander verknüpfen möchten.

Tabelle A.12 Logische Operatoren

Logischer Operator	Bedeutung
And	Dient der Durchführung einer logischen Und-Verknüpfung (Konjunktion) zwischen zwei Ausdrücken
Eqv	Dient der Bestimmung einer logischen Äquivalenz zwischen zwei Ausdrücken
Imp	Dient der Durchführung einer logischen Folge (Implikation) zwischen zwei Ausdrücken
Not	Führt eine logische Negation eines Ausdrucks durch
Or	Dient der Durchführung einer logischen Oder-Verknüpfung (Disjunktion) von zwei Ausdrücken
Xor	Dient der Durchführung einer logischen Exklusion zwischen zwei Ausdrücken

Fehlerbehandlung

Das Excel-VBA-Objekt zur Fehlerbehandlung ermöglicht beispielsweise zur Laufzeit aufgetretene Fehler abzufragen. Folgende Tabellen listet die wichtigsten Eigenschaften und Methode des Objekts auf.

Tabelle A.13   Die wichtigsten Eigenschaften und Methoden des *Err*-Objekts

Eigenschaftt oder Methode	Beschreibung
Clear	Die Methode setzt alle Informationen des **Err**-Objekts zurück
Description	Diese Eigenschaft enthält eine kurze Beschreibung zum Fehler
Number	Diese Eigenschaft gibt die Fehlernummer zurück
Raise	Diese Methode generiert einen Fehler
Source	Diese Eigenschaft gibt die Quelle des Fehlers an

Arbeitsblätter

Arbeitsblätter lassen sich in VBA anhand der Visible-Eigenschaft durch die Zuweisung einer der folgenden Konstanten ein- und ausblenden:

Tabelle A.14   Konstanten für die Eigenschaft *Visible* eines *Worksheet*-Objekts

Konstante	Beschreibung
xlSheetHidden	Das Tabellenblatt wird ausgeblendet und kann per VBA oder manuell wieder eingeblendet werden
xlSheetVisible	Das Tabellenblatt wird eingeblendet
xlSheetVeryHidden	Das Tabellenblatt wird versteckt ausgeblendet, sodass es manuell unzugänglich ist

Die Auswahlfreiheit lässt sich in geschützten Arbeitsblättern durch die Zuweisung einer der folgenden Konstanten steuern:

Tabelle A.15   Konstanten für die Eigenschaft *EnableSelection* des *Worksheet*-Objekts

Konstante	Beschreibung
xlNoRestrictions	Gesperrte und nicht gesperrte Zellen dürfen in der geschützten Tabelle ausgewählt werden. Diese Einstellung entspricht der Standardeinstellung.
xlNoSelection	Keine Zelle kann in der geschützten Tabelle ausgewählt werden
xlUnlockedCells	Nur ungeschützte Zellen können in der geschützten Tabelle ausgewählt werden

Zellen und Bereiche

VBA ermöglicht es, Zellen auf Grund bestimmter Kriterien zu suchen und stellt hierzu die Methode SpecialCells des Range-Objekts bereit. Folgende in Tabelle A.16 aufgeführten Kriterien können Sie an die Methode übergeben.

Anhang

Tabelle A.16 Die Konstanten zur Methode *SpecialCells* sowie deren Beschreibung

xlCellType-Konstante	Beschreibung
xlCellTypeAllFormatConditions	Zellen mit beliebigem Format
xlCellTypeAllValidation	Zellen mit Gültigkeitskriterien
xlCellTypeBlanks	Leerzellen
xlCellTypeComments	Zellen mit Kommentaren
xlCellTypeConstants	Zellen mit Konstanten
xlCellTypeFormulas	Zellen mit Formeln
xlCellTypeLastCell	Die letzte Zelle im verwendeten Bereich
xlCellTypeSameFormatConditions	Zellen mit gleichem Format
xlCellTypeSameValidation	Zellen mit gleichen Gültigkeitskriterien
xlCellTypeVisible	Alle sichtbaren Zellen

Das erste Argument der PasteSpecial-Methode bestimmt, welche Aktion ausgeführt werden soll. Eine Auflistung der wichtigsten Konstanten zu der Methode finden Sie in folgender Tabelle:

Tabelle A.17 Excel-Konstanten für die *PasteSpecial*-Methode

Konstante	Beschreibung
xlPasteAll	Standardeinstellung. Es wird alles übernommen.
xlPasteAllExceptBorders	Alles außer Rahmenlinien wird übernommen
xlPasteColumnWidths	Spaltenbreite übernehmen
xlPasteComments	Kommentare übernehmen
xlPasteFormats	Formate übernehmen
xlPasteFormulas	Formeln übernehmen
xlPasteFormulasAndNumberFormats	Formeln und Zahlenformate übernehmen
xlPasteValidation	Gültigkeiten übernehmen
xlPasteValues	Werte übernehmen
xlPasteValuesAndNumberFormats	Werte und Zahlenformate übernehmen

Datum und Zeit

In Kapitel 10 wird ausführlich auf die Verwendung von Datums- und Zeitfunktionen in VBA eingegangen. Die Tabelle A.18 führt einige Beispiele zu den Formatierungsanweisungen für die Format-Funktion auf:

Tabelle A.18 Formatierungsanweisungen für die *Format*-Funktion

Format	Beschreibung
s	Sekunde ohne führende Nullen (0–59)
ss	Sekunde mit führenden Nullen (00–59)
n	Minute ohne führende Nullen (0–59)
nn	Minute mit führenden Nullen (00–59)
h	Stunde ohne führende Nullen (0–23)
hh	Stunde mit führenden Nullen (00–23)
ttttt	Komplett ausgeschriebene Uhrzeit (08:15:30)
d	Tag ohne führende Nullen (1–31)
dd	Tag mit führenden Nullen (01–31)
ddd	Tag im Kurzformat (So–Sa)
dddd	Tag im Langformat (Sonntag–Samstag)
ddddd	Ausgeschriebenes Datum nur mit Zahlen (01.01.2011)
dddddd	Komplett ausgeschriebenes Datum (Samstag, 1. Januar 2011)
w	Wochentagnummer (1 für Sonntag bis 7 für Samstag)
ww	Kalenderwoche (1–53)
m	Monat in Zahlen ohne führende Nullen (1–12)
mm	Monat in Zahlen mit führenden Nullen (01–12)
mmm	Monat im Kurzformat (Jan–Dez)
mmmm	Monat im Langformat (Januar–Dezember)
q	Quartal in Zahlen (1–4)
y	Kalendertag (1–366)
yy	Jahr im Kurzformat (00–99)
yyyy	Jahr im Langformat (000–9999)

Folgend eine Auflistung der Konstanten, die Sie für das Zeitintervall in der Funktion DateDiff angeben können.

Tabelle A.19 Einstellungsmöglichkeiten für die Funktion *DateDiff*

Einstellung	Beschreibung
s	Sekunde
h	Stunde
n	Minute
d	Tag

Anhang

Tabelle A.19 Einstellungsmöglichkeiten für die Funktion *DateDiff* (Fortsetzung)

Einstellung	Beschreibung
y	Tag des Jahres
w	Wochentag
ww	Woche
m	Monat
q	Quartal
yyyy	Jahr

Datenüberprüfung

In Kapitel 10 finden Sie einige Beispiele zum Umgang mit der Datenüberprüfung in VBA. Die Tabelle A.20 listet die Konstanten auf, die Sie an das Argument Type der Add-Methode des Validation-Objekts übergeben können:

Tabelle A.20 Konstanten zur Übergabe an das Argument *Type*

Type	Beschreibung
xlValdiateCustom	Benutzerdefiniert
xlValidateDate	Datum
xlValidateDecimal	Dezimal
xlValidateInputOnly	Jeder Wert
xlValidateList	Liste
xlValidateTextLength	Textlänge
xlValidateTime	Zeit
xlValidateWholeNumber	Ganze Zahl

Nachfolgende Tabelle listet auf, welche Konstanten Sie an das Argument AlertStyle der Add-Methode des Validation-Objekts übergeben können:

Tabelle A.21 Mögliche Symbole für die Datenüberprüfung (*AlertStyle*)

AlertStyle	Beschreibung
xlValidAlertInformation	Weiße Sprechblase mit blauem Ausrufezeichen
xlValidAlertStop	Roter Kreis mit weißem Kreuz
xlValidAlertWarning	Gelbes Dreieck mit schwarzem Ausrufezeichen

Das Argument Operator der Add-Methode des Validation-Objekts erlaubt die Angabe einer der in der Tabelle A.22 aufgeführten Konstanten:

Tabelle A.22   Konstanten zu den verschiedenen Operatoren

Operator	Beschreibung
xlBetween	Zwischen
xlEqual	Gleich
xlGreater	Größer als
xlGreaterEqual	Größer oder gleich
xlLess	Kleiner als
xlLessEqual	Kleiner oder gleich
xlNotBetween	Nicht zwischen
xlNotEqual	Ungleich

Formeln und Excel-Funktionen

In einigen Situationen bietet es sich an, per VBA auf die in Excel integrierten Funktionen zurückzugreifen. Die Kenntnis der englischen Entsprechung einiger deutscher Funktionsnamen ist hierbei hilfreich.

Tabelle A.23   Einige ausgewählte Excel-Funktionen in Deutsch und Englisch

Deutsch	Englisch
ANZAHL2	COUNTA
ARBEITSTAG	WORKDAY
DATUM	DATE
GLÄTTEN	TRIM
HEUTE	TODAY
ISTZAHL	ISNUMBER
JETZT	NOW
KGRÖSSTE	LARGE
KKLEINSTE	SMALL
KÜRZEN	TRUNC
MITTELWERT	AVERAGE
REST	MOD
RUNDEN	ROUND
SUMME	SUM
SUMMENPRODUKT	SUMPRODUCT
SVERWEIS	VLOOKUP

Anhang

Tabelle A.23   Einige ausgewählte Excel-Funktionen in Deutsch und Englisch *(Fortsetzung)*

Deutsch	Englisch
VERKETTEN	CONCATENATE
WENN	IF
WOCHENTAG	WEEKDAY
ZÄHLENWENN	COUNTIF

Kopf- und Fußzeilen

Kapitel 11 befasst sich mit der Programmierung von Kopf- und Fußzeilen in VBA. Folgend einige Tabellen aus diesem Kapitel, beginnend mit den Formatcodes zur Verwendung in Kopf- und Fußzeilen:

Tabelle A.24   Formatcodes für Kopf- und Fußzeilen

Formatcode	Ergebnis
&8	Schriftgröße in 8 Punkt anzeigen
&"Lucida Sans"	Schriftart Lucida Sans wählen
&R	Nach rechts ausrichten
&L	Nach links ausrichten
&C	Zentrieren
&U	Unterstreichen
&E"	Doppelt unterstreichen
&X"	Hochstellen
&Y"	Tiefstellen
&MFF0000	Rote Schriftfarbe verwenden
&M000000	Schwarze Schriftfarbe verwenden
&MFFFFFF"	Weiße Schriftfarbe verwenden

Neben den Formatcodes können auch Codes für Felder verwendet werden, die dynamisch Inhalte in die Kopf- und Fußzeilen einfügen. In Tabelle A.25 sind die möglichen Codes aufgeführt:

Tabelle A.25   Felder für Kopf- und Fußzeilen

Feld	Beschreibung
&P	Aktuelle Seite
&N	Gesamte Anzahl Seiten
&D	Datum

Tabelle A.25   Felder für Kopf- und Fußzeilen *(Fortsetzung)*

Feld	Beschreibung
&T	Uhrzeit
&Z	Dateipfad
&F	Dateiname
&A	Blattregistername
&G	Grafik
&&	Kaufmännisches Und-Zeichen

Grafische Objekte in Excel VBA

In Kapitel 13 wird erläutert, wie Sie grafische Objekte in VBA erstellen, ansprechen und verwalten können. VBA differenziert zwischen unterschiedlichen Typen an grafischen Objekten und stellt hierzu die Aufzählung MsoShapeType bereit. Tabelle A.26 listet die in dieser Aufzählung enthaltenen Konstanten für Excel ab Version 2010 auf.

Tabelle A.26   Konstarten für Objekttypen

Konstante	Beschreibung	Wert
msoAutoShape	AutoFormen	1
msoCallout	AutoForm-Legende	2
msoCanvas	Zeichnungsbereich in Word	20
msoChart	Diagramme	3
msoComment	Kommentare	4
msoDiagram	Schematische Darstellung	21
msoEmbeddedOLEObject	Eingebettete OLE-Objekte	7
msoFormControl	Formularsteuerelemente	8
msoFreeform	Freihandformen	5
msoGroup	Gruppen	6
msoInk	Farbe	22
msoInkComment	Farbe Kommentar	23
msoLine	Linien und Pfeile	9
msoLinkedOLEObject	Verlinkte OLE-Objekte	10
msoLinkedPicture	Verlinkte Bilder	11
msoMedia	Media-Daten	16
msoOLEControlObject	Steuerelemente	12

Anhang

Tabelle A.26   Konstanten für Objekttypen *(Fortsetzung)*

Konstante	Beschreibung	Wert
msoPicture	Grafiken	13
msoPlaceholder	Platzhalter	14
msoScriptAnchor	Anker	18
msoShapeTypeMixed	Gemischte Typen	-2
msoSlicer	Slicer	25
msoSmartArt	SmartArt	24
msoTable	Tabellen	19
msoTextBox	Textfelder	17
msoTextEffect	Texteffekte für WordArt Elemente	15
msoWebVideo	Video (Excel 2013)	26

Die Shapes-Auflistung bietet mehrere Methoden an, um einem Arbeitsblatt grafische Objekte hinzufügen. Diese Methoden orientieren sich hierbei an dem Typ des grafischen Objekts und werden in nachfolgender Tabelle aufgeführt.

Tabelle A.27   Methoden der *Shapes*-Auflistung zum Hinzufügen von grafischen Objekten

Methode	Beschreibung	Anmerkungen
AddCallout	Legende hinzufügen	
AddChart	Diagramm hinzufügen	In Excel 2013 verborgen
AddChart2	Diagramm hinzufügen	Nur ab Excel 2013 verfügbar
AddConnector	Verbindung hinzufügen	
AddCurve	Bézier-Kurve hinzufügen	
AddFormControl	Formularsteuerelement hinzufügen	
AddLabel	Beschriftung hinzufügen	
AddLine	Linie hinzufügen	
AddOLEObject	OLE-Objekt hinzufügen	
AddPicture	Grafik hinzufügen	
AddPicture2	Grafik hinzufügen	Nur ab Excel 2013 verfügbar
AddPolyline	Polylinie bzw. Vieleck hinzufügen	
AddShape	Form bzw. AutoForm hinzufügen	
AddSmartArt	SmartArt-Objekt hinzufügen	Nur ab Excel 2010 verfügbar
AddTextbox	Textfeld hinzufügen	

Tabelle A.27   Methoden der *Shapes*-Auflistung zum Hinzufügen von grafischen Objekten *(Fortsetzung)*

Methode	Beschreibung	Anmerkungen
AddTextEffect	WordArt-Objekt hinzufügen	
BuildFreeform	Freihandobjekt hinzufügen	

Funktionskategorien

Microsoft stellt in Excel 2007 und Excel 2010 insgesamt 12 und in Excel 2013 insgesamt 13 Standardkategorien zur Verfügung, denen die einzelnen Excel-Funktionen zugeordnet sind. Diesen Kategorien ist intern ein Index zugewiesen, den Sie nachfolgender Tabelle entnehmen können:

Tabelle A.28   Funktionskategorien

Index	Kategorienamen	Anmerkungen
1	Finanzmathematik	
2	Datum & Zeit	
3	Math. & Trigonom.	
4	Statistik	
5	Matrix	
6	Datenbank	
7	Text	
8	Logik	
9	Information	
10	Menübefehle *	
11	Benutzerorientiert *	
12	Makrosteuerung *	
13	DDE/Extern *	
14	Benutzerdefiniert *	
15	Technisch	
16	Cube	
17	Kompatibilität	
18	Web	Ab Excel 2013 verfügbar
	Benutzerdefinierte Kategorien *	

In der Tabelle sind versteckte Kategorien mit einem Stern gekennzeichnet. Diese werden erst dann sichtbar, wenn ihnen ein Makro zugewiesen wird. Der letzte Eintrag in der Tabelle verhält sich wie ein Platzhalter und ermöglicht das Anlegen benutzerdefinierter Kategorien.

Anhang

AutoFilter

In Kapitel 15 wird das Filtern, Sortieren und Vergleichen von Daten mit VBA thematisiert. Tabelle A.29 listet die Operatoren auf, die Sie bei der Angabe von Filterkriterien zu der AutoFilter-Methode verwenden können:

Tabelle A.29   Operatoren zur Verwendung innerhalb von Kriterien

Operator	Beschreibung
	Gleich
<>	Ungleich
<	Ist größer als
<=	Ist größer oder gleich
<	Ist kleiner als
<=	Ist kleiner oder gleich
=M*	Einträge, die mit dem Buchstaben »M« beginnen
<>M*	Einträge, die nicht mit dem Buchstaben »M« beginnen
=*M	Einträge, die mit dem Buchstaben »M« enden
<>*en	Einträge, die nicht mit der Zeichenfolge »en« enden
=*Max*	Einträge, die die Zeichenfolge »Max« enthalten
=M?x	Feste Zeichenfolge, die ein beliebiges Zeichen an zweiter Position enthält
=?i*	Einträge, die ein »i« an zweiter Position enthalten

Nachfolgende Tabelle führt die Operatoren auf, die Sie zur Verknüpfung von Kriterien bei der AutoFilter-Methode verwenden können:

Tabelle A.30   Operatoren zur Verknüpfung von Kriterien

Operator	Index	Beschreibung
xlAnd	1	Und
xlBottom10Items	4	Die niedrigsten x Werte
xlBottom10Percent	6	Die niedrigsten x Prozent
xlFilterAutomaticFontColor	13	Schriftfarbe, automatisch *
xlFilterCellColor	8	Zellfarbe
xlFilterDynamic	11	Dynamischer Filter
xlFilterFontColor	9	Schriftfarbe
xlFilterIcon	10	Filtersymbol
xlFilterNoFill	12	Keine Zellfarbe *
xlFilterNoIcon	14	Kein Zellsymbol *

Tabelle A.30   Operatoren zur Verknüpfung von Kriterien *(Fortsetzung)*

Operator	Index	Beschreibung
`xlFilterValues`	7	Filterwerte
`xlOr`	2	Oder
`xlTop10Items`	3	Die höchsten x Werte
`xlTop10Percent`	5	Die höchsten x Prozent

Diagramme

Excel stellt eine Vielzahl von Diagrammtypen zur Verfügung. Tabelle A.31 enthält einen Auszug dieser Diagrammtypen und deren Abbild in Konstanten innerhalb der `XlChartType`-Auflistung.

Tabelle A.31   Auszug der VBA-Konstanten zu verschiedenen Diagrammtypen

Kategorie	Diagrammtypen	Konstanten

Säule	Enthält die Diagrammtypen *Gruppierte Säulen*, *Gestapelte Säulen*, *Gestapelte Säulen (100%)* sowie deren 3D-Varianten	`xlColumnClustered`
		`xlColumnStacked`
		`xlColumnStacked100`
		`xl3DColumnClustered`
		`xl3DColumnStacked`
		`xl3DColumnStacked100`
		`xl3DColumn`

Linie	Enthält die Diagrammtypen *Linie*, *Gestapelte Linie*, *Gestapelte Linie (100%)* sowie deren Varianten mit Datenpunkten und den Diagrammtyp *3D-Linie*	`xlLine`
		`xlLineStacked`
		`xlLineStacked100`
		`xlLineMarkers`
		`xlLineMarkersStacked`
		`xlLineMarkersStacked100`
		`xl3DLine`

Kreis	Enthält die Diagrammtypen *Kreis*, *3D-Kreis*, *Kreis aus Kreis*, *Balken aus Kreis* und *Ring*	`xlPie`
		`xl3DPie`
		`xlPieOfPie`
		`xlBarOfPie`
		`xlDoughnut`

Balken	Enthält die Diagrammtypen *Gruppierte Balken*, *Gestapelte Balken*, *Gestapelte Balken (100%)* sowie deren 3D-Varianten	`xlBarClustered`
		`xlBarStacked`
		`xlBarStacked100`
		`xl3DBarClustered`
		`xl3DBarStacked`
		`xl3DBarStacked100`

Fläche	Enthält die Diagrammtypen *Fläche*, *Gestapelte Fläche*, *Gestapelte Fläche (100%)* und deren 3D-Varianten	`xlArea`
		`xlAreaStacked`
		`xlAreaStacked100`
		`xl3DArea`
		`xl3DAreaStacked`
		`xl3DAreaStacked100`

Anhang

Tabelle A.31 Auszug der VBA-Konstanten zu verschiedenen Diagrammtypen *(Fortsetzung)*

Kategorie	Diagrammtypen	Konstanten

Punkt (X Y)	Enthält die Diagrammtypen *Punkte (XY)*, *Blase* und *3D-Blase* und weitere Diagrammtypen zu Liniendiagrammen mit oder ohne Datenpunkte und mit interpolierten oder geraden Linien	`xlXYScatter`
		`xlXYScatterSmooth`
		`xlXYScatterSmoothNoMarkers`
		`xlXYScatterLines`
		`xlXYScatterLinesNoMarkers`
		`xlBubble`
		`xlBubble3DEffect`

Kurs	Enthält Diagrammtypen zu verschiedenen Kursdiagrammen, wie *Höchst-Tief-Schlusskurs*	`xlStockHLC`
		`xlStockOHLC`
		`xlStockVHLC`
		`xlStockVOHLC`

Oberfläche	Enthält die Diagrammtypen *Oberfläche*, *Oberfläche Ansicht von oben* sowie *3D-Oberfläche* mit oder ohne Drahtmodell	`xlSurface`
		`xlSurfaceWireframe`
		`xlSurfaceTopView`
		`xlSurfaceTopViewWireframe`

Netz	Enthält die Diagrammtypen *Netz*, *Netz mit Datenpunkten* und *Gefülltes Netz*	`xlRadar`
		`xlRadarMarkers`
		`xlRadarFilled`

Die Skalierung von Achsen lässt sich in VBA anhand des Zugriffs auf Eigenschaften steuern, wobei bei einigen Eigenschaften die Zuweisung von Konstanten vorgesehen ist. Folgende Tabelle listet diese Eigenschaften auf:

Tabelle A.32 Eigenschaften und Konstanten zur Skalierung

Beschreibung	Eigenschaft	Konstante
Minimum	`MinimumScale`	
Maximum	`MaximumScale`	
Hauptintervall	`MajorUnit`	
Hilfsintervall	`MinorUnit`	
Rubrikenachse (X) schneidet bei:	`Crosses`	`xlAxisCrossesAutomatic`
		`xlMinimum`
		`xlMaximum`
		`xlAxisCrossesCustom`
Logarithmische Skalierung	`ScaleType`	`xlScaleLinear`
		`xlScaleLogarithmic`
Werte in umgekehrter Reihenfolge	`True/False`	
Anzeigeeinheiten	`DisplayUnit`	`xlNone`
		`xlHundredMillions`
		`xlHundredThousands`

Tabelle A.32 Eigenschaften und Konstanten zur Skalierung *(Fortsetzung)*

Beschreibung	Eigenschaft	Konstante
		`xlMillions`
		`xlTenThousands`
		`xlThousands`
		`xlHundreds`
		`xlMillionMillions`
		`xlTenMillions`
		`xlThousandMillions`

VBA stellt sechs unterschiedliche Arten von Trendlinien zur Verfügung, die Sie in Tabelle A.33 finden:

Tabelle A.33 Die sechs verfügbaren Trendlinientypen

Trendlinien-Typ	Konstante
Linear	`xlLinear`
Logarithmisch	`xlLogarithmic`
Polynomisch	`xlPolynomial`
Potenz	`xlPower`
Exponential	`xlExponential`
Gleitender Durchschnitt	`xlMovingAvg`

Pivot-Tabellen

Die für Pivot-Tabellenfelder verfügbaren Berechnungsmethoden werden in VBA anhand der nachfolgend aufgeführten Konstanten abgebildet:

Tabelle A.34 Berechnungsmöglichkeiten für Pivot-Tabellenfelder

Konstante	Index	Funktion
`xlCount`	-4112	Anzahl
`xlCountNums`	-4113	Anzahl Zahlen
`xlMax`	-4136	Maximum
`xlMin`	-4139	Minimum
`xlAverage`	-4106	Mittelwert
`xlProduct`	-4149	Produkt
`xlStDev`	-4155	Standardabweichung (Stichprobe)

Tabelle A.34   Berechnungsmöglichkeiten für Pivot-Tabellenfelder *(Fortsetzung)*

Konstante	Index	Funktion
xlStDevP	-4156	Standardabweichung (Grundgesamtheit)
xlSum	-4157	Summe
xlUnknown	1000	Unbekannt
xlVarP	-4165	Varianz (Grundgesamtheit)
xlVar	-4164	Varianz (Stichprobe)

Zugriff auf das Dateisystem

In Kapitel 25 werden Zugriffe auf das Dateisystem via VBA behandelt. In Tabelle A.35 finden Sie eine Auflistung der gebräuchlichsten VBA-Funktionen für diesen Zweck:

Tabelle A.35   Zugriff auf das Dateisystem via VBA-Funktionen und Prozeduren

Befehl	Beschreibung	Beispiel
ChDir	Verzeichnis wechseln	ChDir ("F:\MyFiles")
ChDrive	Laufwerk wechseln	ChDrive ("F:")
CurDir	Aktueller Speicherpfad	MsgBox CurDir
Dir	Dateien auflisten	MsgBox Dir("C:\Test.txt")
Environ	Systeminformationen	MsgBox Environ("UserName")
FileCopy	Datei kopieren	FileCopy "C:\Test.txt", "C:\Ordner\Test.txt"
FileDateTime	Datum und Zeit der letzten Änderung	MsgBox FileDateTime("C:\Test.txt")
FileLen	Dateigröße in Byte	MsgBox FileLen("C:\Test.txt")
Kill	Datei löschen	Kill ("C:\Test.txt")
MkDir	Verzeichnis erstellen	MkDir ("C:\Test")
Name As	Datei umbenennen	Name ("C:\Test.txt") As ("C:\MyTest.txt")
RmDir	Verzeichnis löschen	RmDir ("C:\Test")

Die Dir-Funktion ermöglicht, die Existenz einer Datei oder eines Verzeichnisses abzufragen. Folgende Tabelle listet die Konstanten auf, die Sie für das Argument Attributes der Funktion verwenden können:

Tabelle A.36 Die Konstanten zum *Attribute*-Argument

Konstante	Wert	Beschreibung
vbNormal	0	(Voreinstellung) Dateien ohne Attribute
vbReadOnly	1	Schreibgeschützte Dateien, zusätzlich zu Dateien ohne Attribute
vbHidden	2	Versteckte Dateien, zusätzlich zu Dateien ohne Attribute
vbSystem	4	Systemdatei, zusätzlich zu Dateien ohne Attribute
vbVolume	8	Datenträgerbezeichnung. Falls andere Attribute angegeben wurden, wird vbVolume ignoriert.
vbDirectory	16	Verzeichnis oder Ordner, zusätzlich zu Dateien ohne Attribute

Sonstiges

Abschließend zu diesem Abschnitt eine Liste der Konstanten für Tabulatoren und Zeilenumbrüche:

Tabelle A.37 Konstanten für Tabulator und Umbrüche

Konstante	Beschreibung	Englisch	Code
vbTab	Tabulator	Tabulator	9
vbCr	Wagenrücklauf	Carriage return	10
vbLf	Zeilenvorschub	Line feed	13
vbCrLf	Wagenrücklauf, Zeilenvorschub	Carriage Return, Line Feed	

RibbonX

In Kapitel 20 erfahren Sie, wie Sie Anpassungen des Menübands durchführen können. Die nachfolgenden Abschnitte ergänzen das Kapitel um tabellarische Übersichten zu den RibbonX-Steuerelementen, Eigenschaften und Ereignissen sowie um eine Auswahl an Kombinationsmöglichkeiten.

RibbonX-Steuerelemente

Die nachfolgende Auflistung enthält eine Übersicht über die verfügbaren Steuerelemente, die Sie in Ihrem XML-Code verwenden können:

Tabelle A.38 RibbonX-Steuerelemente

Steuerelement	Kind-Elemente	Beschreibung
backstage	button tab	Registerkarte *Datei*

Anhang

Tabelle A.38 RibbonX-Steuerelemente *(Fortsetzung)*

Steuerelement	Kind-Elemente	Beschreibung
box	box button buttonGroup checkBox control dropDown dynamicMenu gallery labelControl menu splitButton toggleButton	Horizontales oder vertikales Ausrichten von Steuerelementen
button		Schaltfläche
buttonGroup	button control dynamicMenu gallery menu splitButton toggleButton	Gruppieren von Steuerelementen und optische Hervorhebung der Gruppen
checkBox		Kontrollkästchen
comboBox	item	Kombinationsfeld, das beim Ändern angezeigten Inhalt zurückgibt
contextualTabs	tabSet	Kontextbezogene Registerkarte
control		Microsoft-eigene Schaltflächen
customUI	backstage ribbon	Grafische Benutzeroberfläche
dialogBoxLauncher	button	Anfügen eines DialogBox-Launchers (rechte untere Ecke)
documentControls	button control separator	Schaltflächen der Symbolleiste *Schnellzugriff* auf Mappen-Ebene
dropDown	item	Kombinationsfeld
dynamicMenu	button checkbox control dynamicMenu gallery menu menuSeparator splitButton toggleButton	Dynamisches Menü, das zur Laufzeit des VBA-Codes erzeugt wird
editBox		Eingabefeld
gallery	button item	Ein Kombinationsfeld, das verschiedene Elemente enthalten kann

Tabelle A.38 RibbonX-Steuerelemente *(Fortsetzung)*

Steuerelement	Kind-Elemente	Beschreibung
group	box button buttonGroup checkbox comboBox control dialogBoxLauncher dropDown editBox gallery labelControl menu separator toggleButton	Gruppe in einer Registerkarte
item		Element in einem Kombinationsfeld
labelControl		Steuerelement, das zur Beschriftung dient. Es können keine Aktionen hinterlegt werden.
menu	button checkbox control dynamicMenu gallery menu menuSeparator splitButton toggleButton	Menu, das Steuerelemente und/oder Untermenüs enthalten kann
menuSeparator		Trennlinie innerhalb eines Menüs
qat	documentControls sharedControls	Symbolleiste für den Schnellzugriff
ribbon	contextualTabs qat tabs	Menüband
separator		Trennlinie
sharedControl	button control separator	Schaltflächen Symbolleiste Schnellzugriff auf Tabellenblatt-Ebene
splitButton	button toggleButton	Eine unterteilte Schaltfläche
tab	group firstColumn secondColumn ...	Register
tabs	tab	Register-Container
tabSet	tab	Kontextsensitives Register
toggleButton		Umschaltfläche

RibbonX-Eigenschaften

Die Tabelle A.39 enthält eine Liste der Eigenschaften, die den Steuerelementen zuordnet werden können:

Tabelle A.39   RibbonX-Eigenschaften

Eigenschaft	Datentyp	Werte	Beschreibung
boxStyle	String	horizontal, vertikal	Anordnung der Steuerelemente innerhalb der Box
columns	Long		Anzahl Spalten in einer Galerie
description	String		Beschriftung eines Menü-Elements. Nur sichtbar, wenn itemSize auf large eingestellt ist.
enabled	Boolean	false, true, 0, 1	Ein Steuerelement aktivieren oder deaktivieren
id	String		Eindeutige ID für ein benutzerdefiniertes Steuerelement
idMso	Long		Eindeutige ID für ein Microsoft-Steuerelement
idQ	Long		Steuerelement-ID, die Namespace-Bezeichnung enthält
image	String		Angabe des Namens der Bilddatei
imageMso	String		Verweis auf ein Microsoft-Bild
insertAfterMso	String		Bestimmen, an welcher Stelle nach einem bestehenden Steuerelement ein neues Element erscheinen soll
insertAfterQ	String		Bestimmen, hinter welchem idQ ein neues Steuerelement eingefügt werden soll
insertBeforeMso	String		Bestimmen, an welcher Stelle vor einem bestehenden Steuerelement ein neues Element erscheinen soll
insertBeforeQ	String		Bestimmen, vor welchem idQ ein neues Steuerelement eingefügt werden soll
itemHeight	Long		Die Höhe eines Steuerelements einer Galerie in Pixel angeben
itemSize	String	normal, large	Die Größe eines Menü-Elements festlegen
itemWidth	Long		Die Breite eines Steuerelements einer Galerie in Pixel angeben
keytip	String		Tastenkombination, beim Betätigen der Alt-Taste einblenden
label	String		Bezeichnungsfeld eines Steuerelements
maxLength	Long		Maximale Länge einer Zeichenkette
rows	Long		Anzahl Zeilen in einer Galerie
screentip	String		QuickInfo für ein Steuerelement
showImage	String	false, true, 0, 1	Anzuzeigendes Bild
showItemImage	String	false, true, 0, 1	Anzuzeigendes Bild für ein comboBox-, dropDown- oder gallery-Steuerelement

Tabelle A.39   RibbonX-Eigenschaften *(Fortsetzung)*

Eigenschaft	Datentyp	Werte	Beschreibung
showItemLabel	String	false, true, 0, 1	Bestimmen, ob eine Beschriftung für ein **comboBox**-, **dropDown**- oder **gallery**-Steuerelement angezeigt werden soll
showLabel	String	false, true, 0, 1	Ein- oder Ausblenden der Bezeichnung eines Steuerelements
size	String	normal, large	Festlegen der Größe eines Steuerelements
sizeString	String		Automatische Breite für ein Steuerelement
startFromScratch	String	false, true, 0, 1	Bestimmen, ob das Menüband komplett neu aufgebaut werden soll
supertip	String		QuickInfo anzeigen
tag	String		Eine bestimmte Registerkarte ansprechen
title	String		Beschriftung für einen Trennstrich eines **menu**-Steuerelements
visible	String	false, true, 0, 1	Steuerelement ein- oder ausblenden

RibbonX-Ereignisse (*Callbacks*)

In der folgenden Übersicht finden Sie eine Liste der Ereignisse, die Sie für den VBA-Code verwenden können:

Tabelle A.40   RibbonX-Ereignisse

Ereignis	Steuerelement	VBA-Syntax
getContent	dynamicMenu	Sub MakroName(control As iRibbonControl, _ ByRef return)
getDescription	(Verschiedene)	Sub MakroName(control As iRibbonControl, _ ByRef description)
getEnabled	(Verschiedene)	Sub MakroName(control As iRibbonControl, _ ByRef enabled)
getImage	(Verschiedene)	Sub MakroName(control As iRibbonControl, _ ByRef image)
getImageMso	(Verschiedene)	Sub MakroName(control As iRibbonControl, _ ByRef imageMso)
getItemCount	comboBox dropDown gallery	Sub MakroName(control As iRibbonControl, _ ByRef count)
getItemHeight	gallery	Sub MakroName(control As iRibbonControl, _ ByRef height)
getItem d	comboBox dropDown gallery	Sub MakroName(control As iRibbonControl, _ index as Integer, ByRef id)

Tabelle A.40 RibbonX-Ereignisse *(Fortsetzung)*

Ereignis	Steuerelement	VBA-Syntax
getItemImage	comboBox dropDown gallery	Sub MakroName(control As iRibbonControl, _ index as Integer, ByRef image)
getItemLabel	comboBox dropDown gallery	Sub MakroName(control As iRibbonControl, _ index as Integer, ByRef label)
getItemScreentip	comboBox dropDown gallery	Sub MakroName(control As iRibbonControl, _ index as Integer, ByRef screentip)
getItemSupertip	comboBox dropDown gallery	Sub MakroName(control As iRibbonControl, _ index as Integer, ByRef supertip)
getItemWidth	gallery	Sub MakroName(control As iRibbonControl, _ ByRef width)
getKeytip	(Verschiedene)	Sub MakroName(control As iRibbonControl, _ ByRef keytip)
getLabel	(Verschiedene)	Sub MakroName(control As iRibbonControl, _ ByRef label)
getPressed	checkBox toggleButton	Sub MakroName(control As iRibbonControl, _ ByRef return)
getScreentip	(Verschiedene)	Sub MakroName(control As iRibbonControl, _ ByRef screentip)
getSelectedItemID	dropDown gallery	Sub MakroName(control As iRibbonControl, _ ByRef index)
getSelectedItemIndex	dropDown gallery	Sub MakroName(control As iRibbonControl, _ ByRef index)
getShowImage	button	Sub MakroName(control As iRibbonControl, _ ByRef showimage)
getShowLabel	button	Sub MakroName(control As iRibbonControl, _ ByRef showlabel)
getSize	(Verschiedene)	Sub MakroName(control As iRibbonControl, _ ByRef size)
getSupertip	(Verschiedene)	Sub MakroName(control As iRibbonControl, _ ByRef supertip)
getText	comboBox editBox	Sub MakroName(control As iRibbonControl, _ ByRef text)
getTitle	menuSeparator	Sub MakroName(control As iRibbonControl, _ ByRef title)
getVisible	(Verschiedene)	Sub MakroName(control As iRibbonControl, _ ByRef visible)
loadImage	customUI	Sub MakroName(imageID As String, ByRef image)

Tabelle A.40 RibbonX-Ereignisse *(Fortsetzung)*

Ereignis	Steuerelement	VBA-Syntax
onAction	button	Sub MakroName(control As IRibbonControl, _ ByRef text As String)
onAction	checkBox toggleButton	Sub MakroName(control As IRibbonControl, _ ByRef pressed As Boolean)
onAction	dropDown Gallery	Sub MakroName(control As IRibbonControl, _ Byref selectedID As String, _ ByRef selectedIndex As Integer)
onChange	comboBox editBox	Sub MakroName(control As IRibbonControl, _ ByRef text As String)
onLoad	customUI	Sub MakroName(ribbon As IRibbonUI)

RibbonX-Kombinationsmöglichkeiten

Im Zusammenhang mit dem Menüband und XML gibt es verschiedenste Kombinationsmöglichkeiten an Steuerelementen mit deren Eigenschaften und/oder Ereignissen. Der nachfolgenden Tabelle können Sie eine Auswahl an Kombinationen entnehmen:

Tabelle A.41 RibbonX-Kombinationsmöglichkeiten

Steuerelement	Eigenschaften	Ereignisse
backstage	button tab	
button	description enabled id idMso idQ image imageMso insertAfterMso insertAfterQ insertBeforeMso insertBeforeQ keytip label screentip size supertip tag visible	getDescription getEnabled getImage getImageMso getKeytip getLabel getScreentip getShowImage getShowLabel getSize getSupertip getVisible onAction
buttonGroup	id idQ insertAfterMso insertAfterQ insertBeforeMso insertBeforeQ visible	getVisible

Anhang

Tabelle A.41 RibbonX-Kombinationsmöglichkeiten *(Fortsetzung)*

Steuerelement	Eigenschaften	Ereignisse
checkBox	description enabled id idMso idQ insertAfterMso insertAfterQ insertBeforeMso insertBeforeQ keytip label screenTip showLabel supertip tab visible	getDescription getEnabled getKeytip getLabel getPressed getScreentip getShowLabel getSupertip getVisible onAction
comboBox	enabled id idMso idQ image imageMso insertAfterMso insertAfterQ insertBeforeMso insertBeforeQ keytip label maxLength screentip showImage showItemImage showLabel sizeString supertip tab visible	getEnabled getImage getImageMso getItemCount getItemID getImageLabel getItemScreentip getItemSupertip getKeytip getLabel getScreentip getShowImage getShowItemImage getShowLabel getSupertip getText getVisible onChange
contextualTabs		
control		
customUI	loadImage	onLoad
dialogBoxLauncher		
documentControls		

Tabelle A.41   RibbonX-Kombinationsmöglichkeiten *(Fortsetzung)*

Steuerelement	Eigenschaften	Ereignisse
dropDown	enabled id idMso idQ image imageMso imageAfterMso imageAfterQ insertBeforeMso insertBeforeQ keytip label maxLength screentip showImage showItemImage showItemLabel showLabel sizeString supertip tag visible	getEnabled getImage getImageMso getItemCount getItemId getItemImage getItemLabel getItemScreentip getItemSupertip getKeytip getLabel getScreentip getSelectedItemID getSelectedItemIndex getShowImage getShowItemImage getShowLabel getSupertip getText getVisible onAction
dynamicMenu	description enabled id idMso idQ image imageMso insertAfterMso insertAfterQ insertBeforeMso insertBeforeQ keytip label screentip showImage showLabel supertip tag visible	getContent getDescription getEnabled getImage getImageMso getKeytip getLabel getScreentip getShowImage getShowLabel getSupertip getVisible

Tabelle A.41 RibbonX-Kombinationsmöglichkeiten *(Fortsetzung)*

Steuerelement	Eigenschaften	Ereignisse
editBox	enabled id idMso idQ image imageMso insertAfterMso insertAfterQ insertBeforeMso insertBeforeQ keytip label maxLength screentip showLabel sizeString supertip tag visible	getEnabled getImage getImageMso getKeytip getLabel getScreentip getShowImage getShowLabel getSupertip getText getVisible onChange
gallery	columns description enabled id idMso idQ image imageMso insertAfterMso insertAfterQ insertBeforeMso insertBeforeQ itemHeight itemWidth label maxLength supertip tab visible	getDescription getEnabled getImage getImageMso getItemContent getItemHeight getItemId getItemImage getItemLabel getItemScreentip getItemSupertip getItemWidth getKeytip getLabel getScreentip getSelectedItemID getSelectedItemIndex getShowImage getShowItemImage getShowLabel getSupertip getText onAction
group		
item	id image imageMso label screentip supertip	

Tabelle A.41 RibbonX-Kombinationsmöglichkeiten *(Fortsetzung)*

Steuerelement	Eigenschaften	Ereignisse
labelControl	description enabled id idMso idQ insertAfterMso insertAfterQ insertBeforeMso insertBeforeQ label screentip showLabel supertip tag visible	getEnabled getLabel getScreentip getShowLabel getSupertip getVisible
menu	description enabled id idMso idQ image imageMso insertAfterMso insertAfterQ insertBeforeMso insertBeforeQ itemSize keytip label keytip label screentip showImage showLabel supertip tag visible	getDescription getEnabled getImage getImageMso getKeytip getLabel getScreentip getShowLabel getSize getSupertip getVisible
menuSeparator	id idQ insertAfterMso insertAfterQ insertBeforeMso insertBeforeQ	getTitle
qat		
ribbon	startFromScratch	

Anhang

Tabelle A.41   RibbonX-Kombinationsmöglichkeiten *(Fortsetzung)*

Steuerelement	Eigenschaften	Ereignisse
separator	id idQ insertAfterMso insertAfterQ insertBeforeMso insertBeforeQ supertip tag visible	getVisible
sharedControl		
splitButton	enabled id idMso idQ insertAfterMso insertAfterQ insertBeforeMso insertBeforeQ keytip label showLabel size supertip tag visible	getEnabled getKeytip getShowLabel getSize getSupertip getVisible
tab	id idMso idQ insertAfterMso insertAfterQ insertBeforeMso insertBeforeQ keytip label tag visible	getKeytip getLabel getVisible
tabs		
tabSet	imageMso visible	getVisible

Tabelle A.41   RibbonX-Kombinationsmöglichkeiten *(Fortsetzung)*

Steuerelement	Eigenschaften	Ereignisse
toggleButton	description enabled id idMso idQ image imageMso insertAfterMso insertAfterQ insertBeforeMso insertBeforeQ keytip label screentip showImage supertip tag visible	getDescription getEnabled getImage getImageMso getKeytip getLabel getPressed getScreentip getShowLabel getSize getSupertip getVisible onAction

Stichwortverzeichnis

K